DIREITO INTERNACIONAL PÚBLICO

GERAL
E
AFRICANO

LUÍS BARBOSA RODRIGUES
Doutor em Direito

SÍLVIA ALVES
Mestre em Direito

Docentes da Faculdade de Direito da Universidade de Lisboa
e da Faculdade de Direito da Universidade Eduardo Mondlane

DIREITO INTERNACIONAL PÚBLICO

GERAL
E
AFRICANO

Prefácio de
FAUSTO DE QUADROS
Doutor em Direito
Professor Catedrático da Faculdade de Direito da Universidade de Lisboa

ALMEDINA

DIREITO INTERNACIONAL PÚBLICO
GERAL
E
AFRICANO

AUTORES
LUÍS BARBOSA RODRIGUES
SÍLVIA ALVES

EDITOR
EDIÇÕES ALMEDINA, SA
Rua da Estrela, n.º 6
3000-161 Coimbra
Tel.: 239 851 904
Fax: 239 851 901
www.almedina.net
editora@almedina.net

PRÉ-IMPRESSÃO • IMPRESSÃO • ACABAMENTO
G.C. – GRÁFICA DE COIMBRA, LDA.
Palheira – Assafarge
3001-453 Coimbra
producao@graficadecoimbra.pt

Janeiro, 2007

DEPÓSITO LEGAL
231784/05

Os dados e as opiniões inseridos na presente publicação
são da exclusiva responsabilidade do(s) seu(s) autor(es).

Toda a reprodução desta obra, por fotocópia ou outro qualquer processo,
sem prévia autorização escrita do Editor,
é ilícita e passível de procedimento judicial contra o infractor.

Prefácio

Os Autores desta Colectânea pediram-me umas palavras introdutórias a título de prefácio. Tenho muito gosto em aceder ao seu pedido.

A ideia de elaborar esta Colectânea parece-me muito feliz. Por isso, os seus Autores estão de parabéns.

Não se pode ensinar Direito Internacional Público sem nos servirmos das suas fontes. E o grande problema com que se defronta o estudioso de língua portuguesa daquele ramo de Direito reside no facto de muitas das fontes convencionais do Direito Internacional não serem acessíveis em língua portuguesa. Por isso, só o simples facto da existência desta Colectânea já merece ser especialmente saudado. Mas as felicitações a que os Autores têm direito ficam a dever-se também à circunstância de esta Colectânea ter um espectro bastante vasto. De facto, ela engloba textos importantes de Direito Internacional Público Geral e também de Direito Internacional Africano.

Não havia uma compilação desta índole e com este alcance em língua portuguesa. Ela vai, pois, ser extremamente útil ao ensino do Direito Internacional Público em Estados e Povos de língua portuguesa. Espero, portanto, que ela tenha o êxito que merece e que os seus Autores muito fizeram por alcançar.

Lisboa, Fevereiro de 2005

FAUSTO DE QUADROS
Doutor em Direito
Professor Catedrático da Faculdade de Direito da Universidade de Lisboa

ÍNDICE

A. Convenções Multilaterais Gerais 11
    I – Carta das Nações Unidas 13
    II – Estatuto do Tribunal Internacional de Justiça 39
    III – Convenção sobre as Relações Diplomáticas 55
    IV – Convenção sobre o Direito dos Tratados 71
    V – Convenção sobre o Direito do Mar 99
    VI – Pacto Internacional sobre os Direitos Civis e Políticos 229
    VII – Segundo Protocolo Adicional ao Pacto Internacional sobre os Direitos Civis e Políticos, com vista à Abolição da Pena de Morte ... 249
    VIII – Convenção Contra a Tortura e outras Penas ou Tratamentos Cruéis, Desumanos ou Degradantes 253
    IX – Convenção sobre a Eliminação de todas as Formas de Discriminação Contra as Mulheres 267
    X – Convenção sobre os Direitos da Criança 281
    XI – Alteração à Convenção sobre os Direitos da Criança 301
    XII – Protocolo Facultativo à Convenção sobre os Direitos da Criança Relativo ao Envolvimento de Crianças em Conflitos Armados 303
    XIII – Protocolo Facultativo à Convenção sobre os Direitos da Criança Relativo à Venda de Crianças, Prostituição e Pornografia Infantis 311
    XIV – Convenção Relativa à Interdição das Piores Formas de Trabalho das Crianças e à Acção Imediata com Vista à sua Eliminação 321
    XV – Convenção sobre a Proibição da Utilização, Armazenagem, Produção e Transferência de Minas Anti-pessoais e sobre a sua Destruição 327
    XVI – Convenção sobre a Proibição do Desenvolvimento, Produção, Armazenagem e Utilização de Armas Químicas e sobre a sua Destruição 341
    XVII – Convenção sobre o Controlo de Movimentos Transfronteiriços de Resíduos Perigosos e Sua Eliminação 471
    XVIII – Convenção Internacional para a Repressão de Atentados Terroristas à Bomba 495
    XIX – Convenção Internacional para a Eliminação do Financiamento do Terrorismo 507
    XX – Convenção Internacional Contra a Tomada de Reféns 521

XXI – Convenção Internacional Contra a Criminalidade Organizada
    Transnacional 529
XXII – Convenção para a Repressão da Captura Ilícita de Aeronaves 561
XXIII – Convenção para a Repressão de Actos Ilícitos Contra a Segurança
    da Aviação Civil 567
XXIV – Protocolo para a Repressão de Actos de Violência Ilícitos em
    Aeroportos Utilizados pela Aviação Civil Internacional 575
XXV – Convenção para a Supressão de Actos Ilícitos Contra a Segurança
    da Navegação Marítima 579

B. Convenções Multilaterais Restritas 589
    I – Quarta Convencão ACP-CEE 591
    II – Acordo de alteração da Quarta Convenção ACP-CEE 769
    III – Acordo de Parceria ACP-UE 799
    IV – Acto Constitutivo da União Africana (UA) 861
    V – Carta Africana dos Direitos do Homem e dos Povos 875
    VI – Acordo Geral de Cooperação Económica 891
    VII – Tratado da Comunidade do Desenvolvimento da África Austral
    (SADC) 895
    VIII – Protocolo da SADC sobre Cooperação nas Áreas de Política,
    Defesa e Segurança 911
    IX – Constituição do Fórum Parlamentar da SADC 921
    X – Protocolo para a Criação de uma Zona de Comércio Preferencial
    (PTA) 931
    XI – Tratado Constitutivo da Comunidade Económica Africana 957
    XII – Protocolo ao Tratado Constitutivo da Comunidade Económica Africana Relativo ao Estabelecimento do Parlamento Pan-Africano 1001
    XIII – Acordo sobre a Organização de Cooperação Económica, Científica e Técnica Marinha do Oceano Índico (IOMAC) 1011
    XIV – Declaração Constitutiva da Comunidade dos Países de Língua Portuguesa 1021
    XV – Declaração Constitutiva do Fórum dos Parlamentos de Língua Portuguesa (FPLP) 1031
    XVI – Estatuto do Fórum dos Parlamentos dos Países de Língua Portuguesa 1035
    XVII – Acordo de Cooperação que Estabelece o Regimento da Conferência dos Ministros da Justiça dos Países de Língua Oficial Portuguesa 1043
    XVIII – Protocolo Adicional ao Acordo de Cooperação que Estabelece o Regimento da Conferência dos Ministros da Justiça dos Países de Língua Oficial Portuguesa, para a Criação de um Secretariado Permanente da Conferência dos Ministros da Justiça 1047

C. **Convenções bilaterais entre Moçambique e a África do Sul** 1051
   I – Acordo de Não-Agressão e Boa Vizinhança 1053
   II – Acordo de Cooperação no Domínio da Defesa 1059

D. **Convenções bilaterais entre Moçambique e Portugal** 1063
   I – Acordo entre o Estado Português e a Frente de Libertação de Moçambique 1065
   II – Acordo Geral de Cooperação 1069
   III – Acordo de Cooperação nos Domínios da Educação, do Ensino, da Investigação Científica e da Formação de Quadros 1077
   IV – Acordo de Cooperação visando a criação do Centro de Ensino e Língua portuguesa de Maputo 1085
   V – Acordo de Cooperação Jurídica e Judiciária 1087
   VI – Protocolo de Cooperação Relativo à Instalação e Funcionamento do Centro de Formação e de Investigação Jurídica e Judiciária 1123
   VII – Protocolo de Cooperação no âmbito da Informática Jurídico--Documental 1127
   VIII – Acordo sobre a Promoção e a Protecção Recíproca de Investimentos .. 1129
   IX – Acordo de Cooperação Técnica no Domínio Militar 1137

E. **Legislação interna moçambicana com relevância internacional** 1141
   I – Acordo Geral de Paz 1143
   II – Lei Relativa ao Direito do Mar 1189

A. CONVENÇÕES MULTILATERAIS GERAIS

I – CARTA DAS NAÇÕES UNIDAS

Nós, os Povos das Nações Unidas, decididos:
A preservar as gerações vindouras do flagelo da guerra que por duas vezes, no espaço de uma vida humana, trouxe sofrimentos indizíveis à humanidade;
A reafirmar a nossa fé nos direitos fundamentais do homem, na dignidade e no valor da pessoa humana, na igualdade de direitos dos homens e das mulheres, assim como das nações, grandes e pequenas;
A estabelecer as condições necessárias à manutenção da justiça e do respeito das obrigações decorrentes de tratados e de outras fontes do direito internacional;
A promover o progresso social e melhores condições de vida dentro de um conceito mais amplo de liberdade, e para tais fins:
A praticar a tolerância e a viver em paz, uns com os outros, como bons vizinhos;
A unir as nossas forças para manter a paz e a segurança internacionais;
A garantir, pela aceitação de princípios e a instituição de métodos, que a força armada não será usada, a não ser no interesse comum;
A empregar mecanismos internacionais para promover o progresso económico e social de todos os povos;
Resolvemos conjugar os nossos esforços para a consecução desses objectivos.
Em vista disso, os nossos respectivos governos, por intermédio dos seus representantes reunidos na cidade de São Francisco, depois de exibirem os seus plenos poderes, que foram achados em boa e devida forma, adoptaram a presente Carta das Nações Unidas e estabelecem, por meio dela, uma organização internacional que será conhecida pelo nome de Nações Unidas.

CAPÍTULO I. Objectivos e princípios

Art. 1.º
Os objectivos das Nações Unidas são:
1) Manter a paz e a segurança internacionais e para esse fim: tomar medidas colectivas eficazes para prevenir e afastar ameaças à paz e reprimir os actos de

agressão, ou outra qualquer ruptura da paz e chegar, por meios pacíficos, e em conformidade com os princípios da justiça e do direito internacional, a um ajustamento ou solução das controvérsias ou situações internacionais que possam levar a uma perturbação da paz;

2) Desenvolver relações de amizade entre as nações baseadas no respeito do princípio da igualdade de direitos e da autodeterminação dos povos, e tomar outras medidas apropriadas ao fortalecimento da paz universal;

3) Realizar a cooperação internacional, resolvendo os problemas internacionais de carácter económico, social, cultural ou humanitário, promovendo e estimulando o respeito pelos direitos do homem e pelas liberdades fundamentais para todos, sem distinção de raça, sexo, língua ou religião;

4) Ser um centro destinado a harmonizar a acção das nações para a consecução desses objectivos comuns.

Art. 2.º

A Organização e os seus membros, para a realização dos objectivos mencionados no artigo 1.º, agirão de acordo com os seguintes princípios:

1) A Organização é baseada no princípio da igualdade soberana de todos os seus membros;

2) Os membros da Organização, a fim de assegurarem a todos em geral os direitos e vantagens resultantes da sua qualidade de membros, deverão cumprir de boa fé as obrigações por eles assumidas em conformidade com a presente Carta;

3) Os membros da Organização deverão resolver as suas controvérsias internacionais por meios pacíficos, de modo a que a paz e a segurança internacionais, bem como a justiça, não sejam ameaçadas;

4) Os membros deverão abster-se, nas suas relações internacionais, de recorrer à ameaça ou ao uso da força, quer seja contra a integridade territorial ou a independência política de um Estado, quer seja de qualquer outro modo incompatível com os objectivos das Nações Unidas;

5) Os membros da Organização dar-lhe-ão toda a assistência em qualquer acção que ela empreender em conformidade com a presente Carta e abster-se-ão de dar assistência a qualquer Estado contra o qual ela agir de modo preventivo ou coercitivo;

6) A Organização fará com que os Estados que não são membros das Nações Unidas ajam de acordo com esses princípios em tudo quanto for necessário à manutenção da paz e da segurança internacionais;

7) Nenhuma disposição da presente Carta autorizará as Nações Unidas a intervir em assuntos que dependam essencialmente da jurisdição interna de qualquer Estado, ou obrigará os membros a submeterem tais assuntos a uma solução, nos termos da presente Carta; este princípio, porém, não prejudicará a aplicação das medidas coercitivas constantes do capítulo VII.

CAPÍTULO II. Membros

Art. 3.º

Os membros originários das Nações Unidas serão os Estados que, tendo participado na Conferência das Nações Unidas sobre a Organização Internacional, realizada em São Francisco, ou, tendo assinado previamente a Declaração das Nações Unidas, de 1 de Janeiro de 1942, assinaram a presente Carta e a ratificaram, de acordo com o artigo 110.º.

Art. 4.º

1. A admissão como membro das Nações Unidas fica aberta a todos os outros Estados amantes da paz que aceitarem as obrigações contidas na presente Carta e que, a juízo da Organização, estiverem aptos e dispostos a cumprir tais obrigações.

2. A admissão de qualquer desses Estados como membros das Nações Unidas será efectuada por decisão da Assembleia Geral, mediante recomendação do Conselho de Segurança.

Art. 5.º

O membro das Nações Unidas contra o qual for levada a efeito qualquer acção preventiva ou coercitiva por parte do Conselho de Segurança poderá ser suspenso do exercício dos direitos e privilégios de membro pela Assembleia Geral, mediante recomendação do Conselho de Segurança. O exercício desses direitos e privilégios poderá ser restabelecido pelo Conselho de Segurança.

Art. 6.º

O membro das Nações Unidas que houver violado persistentemente os princípios contidos na presente Carta poderá ser expulso da Organização pela Assembleia Geral, mediante recomendação do Conselho de Segurança.

CAPÍTULO III. Órgãos

Art. 7.º

1. Ficam estabelecidos como órgãos principais das Nações Unidas: uma Assembleia Geral, um Conselho de Segurança, um Conselho Económico e Social, um Conselho de Tutela, um Tribunal Internacional de Justiça e um Secretariado.

2. Poderão ser criados, de acordo com a presente Carta, os órgãos subsidiários considerados necessários.

Art. 8.º

As Nações Unidas não farão restrições quanto ao acesso de homens e mulheres, em condições de igualdade, a qualquer função nos seus órgãos principais e subsidiários.

CAPÍTULO IV. Assembleia Geral

Composição

Art. 9.º

1. A Assembleia Geral será constituída por todos os membros das Nações Unidas.

2. Nenhum membro deverá ter mais de cinco representantes na Assembleia Geral.

Funções e poderes

Art. 10.º

A Assembleia Geral poderá discutir quaisquer questões ou assuntos que estiverem dentro das finalidades da presente Carta ou que se relacionarem com os poderes e funções de qualquer dos órgãos nela previstos, e, com excepção do estipulado no artigo 12.º, poderá fazer recomendações aos membros das Nações Unidas ou ao Conselho de Segurança, ou a este e àqueles, conjuntamente, com a referência a quaisquer daquelas questões ou assuntos.

Art. 11.º

1. A Assembleia Geral poderá considerar os princípios gerais de cooperação na manutenção da paz e da segurança internacionais, inclusivé os princípios que disponham sobre o desarmamento e a regulamentação dos armamentos, e poderá fazer recomendações relativas a tais princípios aos membros ou ao Conselho de Segurança, ou a este e àqueles conjuntamente.

2. A Assembleia Geral poderá discutir quaisquer questões relativas à manutenção da paz e da segurança internacionais, que lhe forem submetidas por qualquer membro das Nações Unidas, ou pelo Conselho de Segurança, ou por um Estado que não seja membro das Nações Unidas, de acordo com o artigo 35.º, n.º 2, e, com excepção do que fica estipulado no artigo 12.º, poderá fazer recomendações relativas a quaisquer destas questões ao Estado ou Estados interessados ou ao Conselho de Segurança ou a este e àqueles. Qualquer destas questões, para cuja solução seja necessária uma acção, será submetida ao Conselho de Segurança pela Assembleia Geral, antes ou depois da discussão.

3. A Assembleia Geral poderá chamar a atenção do Conselho de Segurança para situações que possam constituir ameaça à paz e à segurança internacionais.

4. Os poderes da Assembleia Geral enumerados neste artigo não limitarão o alcance geral do artigo 10.º.

Art. 12.º

1. Enquanto o Conselho de Segurança estiver a exercer, em relação a qualquer controvérsia ou situação, as funções que lhe são atribuídas na presente Carta,

a Assembleia Geral não fará nenhuma recomendação a respeito dessa controvérsia ou situação, a menos que o Conselho de Segurança o solicite.

2. O Secretário-Geral, com o consentimento do Conselho de Segurança, comunicará à Assembleia Geral, em cada sessão, quaisquer assuntos relativos à manutenção da paz e da segurança internacionais que estiverem a ser tratados pelo Conselho de Segurança, e da mesma maneira dará conhecimento de tais assuntos à Assembleia Geral, ou aos membros das Nações Unidas se a Assembleia Geral não estiver em sessão, logo que o Conselho de Segurança terminar o exame dos referidos assuntos.

Art. 13.º

1. A Assembleia Geral promoverá estudos e fará recomendações, tendo em vista:
   a) Fomentar a cooperação internacional no plano político e incentivar o desenvolvimento progressivo do Direito Internacional e a sua codificação;
   b) Fomentar a cooperação internacional no domínio económico, social, cultural, educacional e da saúde e favorecer o pleno gozo dos direitos do homem e das liberdades fundamentais, por parte de todos os povos, sem distinção de raça, sexo, língua ou religião.

2. As demais responsabilidades, funções e poderes da Assembleia Geral em relação aos assuntos acima mencionados, no n.º 1, alínea *b*), estão enumerados nos capítulos IX e X.

Art. 14.º

A Assembleia Geral, com ressalva das disposições do artigo 12.º, poderá recomendar medidas para a solução pacífica de qualquer situação, qualquer que seja a sua origem, que julgue prejudicial ao bem-estar geral ou às relações amistosas entre nações, inclusivé as situações que resultem da violação das disposições da presente Carta que estabelecem os objectivos e princípios das Nações Unidas.

Art. 15.º

1. A Assembleia Geral receberá e examinará os relatórios anuais e especiais do Conselho de Segurança. Esses relatórios incluirão uma relação das medidas que o Conselho de Segurança tenha adoptado ou aplicado a fim de manter a paz e a segurança internacionais.

2. A Assembleia Geral receberá e examinará os relatórios dos outros órgãos das Nações Unidas.

Art. 16.º

A Assembleia Geral desempenhará, em relação ao regime internacional de tutela, as funções que lhe são atribuídas nos capítulos XII e XIII, inclusivé as de aprovação de acordos de tutela referentes às zonas não designadas como estratégicas.

Art. 17.º
1. A Assembleia Geral apreciará e aprovará o orçamento da Organização.
2. As despesas da Organização serão custeadas pelos membros, segundo quotas fixadas pela Assembleia Geral.
3. A Assembleia Geral apreciará e aprovará quaisquer ajustes financeiros e orçamentais com as organizações especializadas, a que se refere o artigo 57.º, e examinará os orçamentos administrativos das referidas instituições especializadas, com o fim de lhes fazer recomendações.

Votação

Art. 18.º
1. Cada membro da Assembleia Geral terá um voto.
2. As decisões da Assembleia Geral sobre questões importantes serão tomadas por maioria de dois terços dos membros presentes e votantes. Essas questões compreenderão: as recomendações relativas à manutenção da paz e da segurança internacionais, a eleição dos membros não permanentes do Conselho de Segurança, a eleição dos membros do Conselho Económico e Social, a eleição dos membros do Conselho de Tutela de acordo com o n.º 1, alínea c), do artigo 86.º, a admissão de novos membros das Nações Unidas, a suspensão dos direitos e privilégios de membros, a expulsão de membros, as questões referentes ao funcionamento do regime de tutela e questões orçamentais.
3. As decisões sobre outras questões, inclusivé a determinação de categorias adicionais de assuntos a serem debatidos por maioria de dois terços, serão tomadas por maioria dos membros presentes e votantes.

Art. 19.º
O membro das Nações Unidas em atraso no pagamento da sua contribuição financeira à Organização não terá voto na Assembleia Geral, se o total das suas contribuições atrasadas igualar ou exceder a soma das contribuições correspondentes aos dois anos anteriores completos. A Assembleia Geral poderá, entretanto, permitir que o referido membro vote, se ficar provado que a falta de pagamento é devida a circunstâncias alheias à sua vontade.

Procedimento

Art. 20.º
A Assembleia Geral reunir-se-á em sessões anuais ordinárias e em sessões extraordinárias sempre que as circunstâncias o exigirem. As sessões extraordinárias serão convocadas pelo Secretário-Geral, a pedido do Conselho de Segurança ou da maioria dos membros das Nações Unidas.

Art. 21.º
A Assembleia Geral adoptará o seu próprio regulamento e elegerá o seu presidente para cada sessão.

Art. 22.º
A Assembleia Geral poderá estabelecer os órgãos subsidiários que julgar necessários ao desempenho das suas funções.

CAPÍTULO V.   Conselho de Segurança

Composição

Art. 23.º

1. O Conselho de Segurança será constituído por 15 membros das Nações Unidas. A República da China, a França, a União das Repúblicas Socialistas Soviéticas, o Reino Unido da Grã-Bretanha e Irlanda do Norte e os Estados Unidos da América serão membros permanentes do Conselho de Segurança. A Assembleia Geral elegerá 10 outros membros das Nações Unidas para membros não permanentes do Conselho de Segurança, tendo especialmente em vista, em primeiro lugar, a contribuição dos membros das Nações Unidas para a manutenção da paz e da segurança internacionais e para os outros objectivos da Organização e também uma distribuição geográfica equitativa.
2. Os membros não permanentes do Conselho de Segurança serão eleitos por um período de dois anos. Na primeira eleição dos membros não permanentes, depois do aumento do número de membros do Conselho de Segurança de 11 para 15, dois dos quatro membros adicionais serão eleitos por um período de um ano. Nenhum membro que termine o seu mandato poderá ser reeleito para o período imediato.
3. Cada membro do Conselho de Segurança terá um representante.

Funções e poderes

Art. 24.º

1. A fim de assegurar uma acção pronta e eficaz por parte das Nações Unidas, os seus membros conferem ao Conselho de Segurança a principal responsabilidade na manutenção da paz e da segurança internacionais e concordam em que, no cumprimento dos deveres impostos por essa responsabilidade, o Conselho de Segurança aja em nome deles.
2. No cumprimento desses deveres, o Conselho de Segurança agirá de acordo com os objectivos e os princípios das Nações Unidas. Os poderes específicos

concedidos ao Conselho de Segurança para o cumprimento dos referidos deveres estão definidos nos capítulos VI, VII, VIII e XII.

3. O Conselho de Segurança submeterá à apreciação da Assembleia Geral relatórios anuais e, quando necessário, relatórios especiais.

Art. 25.º
Os membros das Nações Unidas concordam em aceitar e aplicar as decisões do Conselho de Segurança, de acordo com a presente Carta.

Art. 26.º
A fim de promover o estabelecimento e a manutenção da paz e da segurança internacionais, desviando para armamentos o mínimo possível dos recursos humanos e económicos do mundo, o Conselho de Segurança terá o encargo de elaborar, com a assistência da Comissão de Estado-Maior a que se refere o artigo 47.º, os planos, a serem submetidos aos membros das Nações Unidas, tendo em vista estabelecer um sistema de regulamentação dos armamentos.

Votação

Art. 27.º
1. Cada membro do Conselho de Segurança terá um voto.
2. As decisões do Conselho de Segurança, em questões de procedimento, serão tomadas por um voto afirmativo de nove membros.
3. As decisões do Conselho de Segurança sobre quaisquer outros assuntos serão tomadas por voto favorável de nove membros, incluindo os votos de todos os membros permanentes, ficando entendido que, no que se refere às decisões tomadas nos termos do capítulo VI e do n.º 3 do artigo 52.º, aquele que for parte numa controvérsia se absterá de votar.

Procedimento

Art. 28.º
1. O Conselho de Segurança será organizado de maneira a que possa funcionar continuamente. Cada membro do Conselho de Segurança estará, para tal fim, em todos os momentos, representado na sede da Organização.
2. O Conselho de Segurança terá reuniões periódicas, nas quais cada um dos seus membros poderá, se assim o desejar, ser representado por um membro do governo ou por outro representante especialmente designado.
3. O Conselho de Segurança poderá reunir-se em outros lugares fora da sede da Organização, que julgue mais apropriados para facilitar o seu trabalho.

Art. 29.º
O Conselho de Segurança poderá estabelecer os órgãos subsidiários que julgar necessários para o desempenho das suas funções.

Art. 30.º
O Conselho de Segurança adoptará o seu próprio regulamento, que incluirá o modo de designação do seu presidente.

Art. 31.º
Qualquer membro das Nações Unidas que não seja membro do Conselho de Segurança poderá participar, sem direito a voto, na discussão de qualquer questão submetida ao Conselho de Segurança, sempre que este considere que os interesses do referido membro estão especialmente em jogo.

Art. 32.º
Qualquer membro das Nações Unidas que não seja membro do Conselho de Segurança ou qualquer Estado que não seja membro das Nações Unidas será convidado, desde que seja parte numa controvérsia submetida ao Conselho de Segurança, a participar, sem direito a voto, na discussão dessa controvérsia. O Conselho de Segurança determinará as condições que lhe parecerem justas para a participação de um Estado que não seja membro das Nações Unidas.

CAPÍTULO VI. Solução pacífica de controvérsias

Art. 33.º
1. As partes numa controvérsia que possa vir a constituir uma ameaça à paz e à segurança internacionais, procurarão, antes de tudo, chegar a uma solução por negociação, inquérito, mediação, conciliação, arbitragem, via judicial, recurso a organizações ou acordos regionais, ou qualquer outro meio pacífico à sua escolha.

2. O Conselho de Segurança convidará, se o julgar necessário, as referidas partes a resolver por tais meios as suas controvérsias.

Art. 34.º
O Conselho de Segurança poderá investigar sobre qualquer controvérsia ou situação susceptível de provocar atritos entre as Nações ou de dar origem a uma controvérsia, a fim de determinar se a continuação de tal controvérsia ou situação pode constituir ameaça à manutenção da paz e da segurança internacionais.

Art. 35.º
1. Qualquer membro das Nações Unidas poderá chamar a atenção do Conselho de Segurança ou da Assembleia Geral para qualquer controvérsia ou qualquer situação da natureza das que se acham previstas no artigo 34.º.

2. Um Estado que não seja membro das Nações Unidas poderá chamar a atenção do Conselho de Segurança ou da Assembleia Geral para qualquer controvérsia em que seja parte, desde que aceite previamente, em relação a essa controvérsia, as obrigações de solução pacífica previstas na presente Carta.
3. Os actos da Assembleia Geral a respeito dos assuntos submetidos à sua atenção, de acordo com este artigo, estarão sujeitos às disposições dos artigos 11.º e 12.º.

Art. 36.º

1. O Conselho de Segurança poderá, em qualquer fase de uma controvérsia da natureza daquelas a que se refere o artigo 33.º, ou de uma situação de natureza semelhante, recomendar os procedimentos ou métodos de solução apropriados.
2. O Conselho de Segurança deverá tomar em consideração quaisquer procedimentos para a solução de uma controvérsia que já tenham sido adoptados pelas partes.
3. Ao fazer recomendações, de acordo com este artigo, o Conselho de Segurança deverá também tomar em consideração que as controvérsias de carácter jurídico devem, em regra, ser submetidas pelas partes ao Tribunal Internacional de Justiça, de acordo com as disposições do Estatuto do Tribunal.

Art. 37.º

1. Se as partes numa controvérsia da natureza daquelas a que se refere o artigo 33.º não conseguirem resolvê-la pelos meios indicados no mesmo artigo, deverão submetê-la ao Conselho de Segurança.
2. Se o Conselho de Segurança julgar que a continuação dessa controvérsia pode, de facto, constituir uma ameaça à manutenção da paz e da segurança internacionais, decidirá se deve agir de acordo com o artigo 36.º ou recomendar os termos de solução que julgue adequados.

Art. 38.º

Sem prejuízo das disposições dos artigos 33.º a 37.º, o Conselho de Segurança poderá, se todas as partes numa controvérsia assim o solicitarem, fazer recomendações às partes, tendo em vista uma solução pacífica da controvérsia.

CAPÍTULO VII. Acção em caso de ameaça à paz, ruptura da paz e acto de agressão

Art. 39.º

O Conselho de Segurança determinará a existência de qualquer ameaça à paz, ruptura da paz ou acto de agressão e fará recomendações ou decidirá que medidas deverão ser tomadas de acordo com os artigos 41.º e 42.º, a fim de manter ou restabelecer a paz e a segurança internacionais.

I – Carta da Nações Unidas   Arts. 40.º-44.º

Art. 40.º
A fim de evitar que a situação se agrave, o Conselho de Segurança poderá, antes de fazer as recomendações ou decidir a respeito das medidas previstas no artigo 39.º, instar as partes interessadas a aceitar as medidas provisórias que lhe pareçam necessárias ou aconselháveis. Tais medidas provisórias não prejudicarão os direitos ou pretensões nem a situação das partes interessadas. O Conselho de Segurança tomará devida nota do não cumprimento dessas medidas.

Art. 41.º
O Conselho de Segurança decidirá sobre as medidas que, sem envolver o emprego de forças armadas, deverão ser tomadas para tornar efectivas as suas decisões e poderá instar os membros das Nações Unidas a aplicarem tais medidas. Estas poderão incluir a interrupção completa ou parcial das relações económicas, dos meios de comunicação ferroviários, marítimos, aéreos, postais, telegráficos, radioeléctricos, ou de outra qualquer espécie e o rompimento das relações diplomáticas.

Art. 42.º
Se o Conselho de Segurança considerar que as medidas previstas no artigo 41.º seriam ou demonstraram ser inadequadas, poderá levar a efeito, por meio de forças aéreas, navais ou terrestres, a acção que julgar necessária para manter ou restabelecer a paz e a segurança internacionais. Tal acção poderá compreender demonstrações, bloqueios e outras operações, por parte das forças aéreas, navais ou terrestres dos membros das Nações Unidas.

Art. 43.º
1. Todos os membros das Nações Unidas se comprometem, a fim de contribuir para a manutenção da paz e da segurança internacionais, a proporcionar ao Conselho de Segurança, a seu pedido e em conformidade com um acordo ou acordos especiais, forças armadas, assistência e facilidades, inclusivé direitos de passagem, necessários à manutenção da paz e da segurança internacionais.

2. Tal acordo ou tais acordos determinarão o número e tipos das forças, o seu grau de preparação e a sua localização geral, bem como a natureza das facilidades e da assistência a serem proporcionadas.

3. O acordo ou acordos serão negociados o mais cedo possível, por iniciativa do Conselho de Segurança. Serão concluídos entre o Conselho de Segurança e membros da Organização ou entre o Conselho de Segurança e grupos de membros e submetidos à ratificação, pelos Estados signatários, em conformidade com os respectivos procedimentos constitucionais.

Art. 44.º
Quando o Conselho de Segurança decidir recorrer ao uso da força, deverá, antes de solicitar a um membro nele não representado o fornecimento de forças

armadas em cumprimento das obrigações assumidas em virtude do artigo 43.º, convidar o referido membro, se este assim o desejar, a participar nas decisões do Conselho de Segurança relativas ao emprego de contingentes das forças armadas do dito membro.

Art. 45.º
A fim de habilitar as Nações Unidas a tomar medidas militares urgentes, os membros das Nações Unidas deverão manter, imediatamente utilizáveis, contingentes das forças aéreas nacionais para a execução combinada de uma acção coercitiva internacional. A potência e o grau de preparação desses contingentes, bem como os planos de acção combinada, serão determinados pelo Conselho de Segurança com a assistência da Comissão de Estado-Maior, dentro dos limites estabelecidos no acordo ou acordos especiais a que se refere o artigo 43.º.

Art. 46.º
Os planos para a utilização da força armada serão elaborados pelo Conselho de Segurança com a assistência da Comissão de Estado-Maior.

Art. 47.º
1. Será estabelecida uma Comissão de Estado-Maior destinada a orientar e assistir o Conselho de Segurança, em todas as questões relativas às exigências militares do mesmo Conselho, para a manutenção da paz e da segurança internacionais, utilização e comando das forças colocadas à sua disposição, regulamentação de armamentos e possível desarmamento.

2. A Comissão de Estado-Maior será composta pelos Chefes de Estado-Maior dos membros permanentes do Conselho de Segurança ou pelos seus representantes. Qualquer membro das Nações Unidas que não estiver permanentemente representado na Comissão será por esta convidado a tomar parte nos seus trabalhos, sempre que a sua participação for necessária ao eficiente cumprimento das responsabilidades da Comissão.

3. A Comissão de Estado-Maior será responsável, sob a autoridade do Conselho de Segurança, pela direcção estratégica de todas as forças armadas postas à disposição do dito Conselho. As questões relativas ao comando dessas forças serão resolvidas ulteriormente.

4. A Comissão de Estado-Maior, com a autorização do Conselho de Segurança e depois de consultar os organismos regionais adequados, poderá estabelecer subcomissões regionais.

Art. 48.º
1. A acção necessária ao cumprimento das decisões do Conselho de Segurança para a manutenção da paz e da segurança internacionais será levada a efeito por todos os membros das Nações Unidas ou por alguns deles, conforme seja determinado pelo Conselho de Segurança.

2. Essas decisões serão executadas pelos membros das Nações Unidas directamente e mediante a sua acção nos organismos internacionais apropriados de que façam parte.

Art. 49.º
Os membros das Nações Unidas associar-se-ão para a prestação de assistência mútua na execução das medidas determinadas pelo Conselho de Segurança.

Art. 50.º
Se um Estado for objecto de medidas preventivas ou coercivas tomadas pelo Conselho de Segurança, qualquer outro Estado, seja ou não membro das Nações Unidas, que enfrente dificuldades económicas especiais resultantes da execução daquelas medidas, terá o direito de consultar o Conselho de Segurança no que respeita à solução de tais dificuldades.

Art. 51.º
Nada na presente Carta prejudicará o direito inerente de legítima defesa individual ou colectiva, no caso de ocorrer um ataque armado contra um membro das Nações Unidas, até que o Conselho de Segurança tenha tomado as medidas necessárias para a manutenção da paz e da segurança internacionais. As medidas tomadas pelos membros no exercício desse direito de legítima defesa serão comunicadas imediatamente ao Conselho de Segurança e não deverão, de modo algum, atingir a autoridade e a responsabilidade que a presente Carta atribui ao Conselho para levar a efeito, em qualquer momento, a acção que julgar necessária à manutenção ou ao restabelecimento da paz e da segurança internacionais.

CAPÍTULO VIII.   Acordos regionais

Art. 52.º
1. Nada na presente Carta impede a existência de acordos ou de organizações regionais destinados a tratar dos assuntos relativos à manutenção da paz e da segurança internacionais que forem susceptíveis de uma acção regional, desde que tais acordos ou organizações regionais e suas actividades sejam compatíveis com os objectivos e princípios das Nações Unidas.

2. Os membros das Nações Unidas que forem parte em tais acordos ou que constituírem tais organizações empregarão todos os esforços para chegar a uma solução pacífica das controvérsias locais por meio desses acordos e organizações regionais, antes de as submeter ao Conselho de Segurança.

3. O Conselho de Segurança estimulará o desenvolvimento da solução pacífica de controvérsias locais mediante os referidos acordos ou organizações regionais, por iniciativa dos Estados interessados ou a instâncias do próprio Conselho de Segurança.

4. Este artigo não prejudica de modo algum a aplicação dos artigos 34.º e 35.º.

Art. 53.º
1. O Conselho de Segurança utilizará, quando for o caso, tais acordos e organizações regionais para uma acção coercitiva sob a sua própria autoridade. Nenhuma acção coercitiva será, no entanto, levada a efeito em conformidade com acordos ou organizações regionais sem autorização do Conselho de Segurança, com excepção das medidas contra um Estado inimigo, como está definido no n.º 2 deste artigo, que forem determinadas em consequência do artigo 107.º ou em acordos regionais destinados a impedir a renovação de uma política agressiva por parte de qualquer desses Estados, até ao momento em que a Organização possa, a pedido dos Governos interessados, ser incumbida de impedir qualquer nova agressão por parte de tal Estado.
2. O termo "Estado inimigo", usado no n.º 1 deste artigo, aplica-se a qualquer Estado que, durante a II ª Guerra Mundial, tenha sido inimigo de qualquer signatário da presente Carta.

Art. 54.º
O Conselho de Segurança será sempre informado de toda a acção empreendida ou projectada em conformidade com os acordos ou organizações regionais para a manutenção da paz e da segurança internacionais.

CAPÍTULO IX.   **Cooperação económica e social internacional**

Art. 55.º
Com o fim de criar condições de estabilidade e bem-estar, necessárias às relações pacíficas e amistosas entre as Nações, baseadas no respeito do princípio da igualdade de direitos e da autodeterminação dos Povos, as Nações Unidas promoverão:
  a) A elevação dos níveis de vida, o pleno emprego e condições de progresso e desenvolvimento económico e social;
  b) A solução dos problemas internacionais económicos, sociais, de saúde e conexos, bem como a cooperação internacional, de carácter cultural e educacional;
  c) O respeito universal e efectivo dos direitos do homem e das liberdades fundamentais para todos, sem distinção de raça, sexo, língua ou religião.

Art. 56.º
Para a realização dos objectivos enumerados no artigo 55.º, todos os membros da Organização se comprometem a agir em cooperação com esta, em conjunto ou separadamente.

Art. 57.º
1. As várias organizações especializadas, criadas por acordos intergovernamentais e com amplas responsabilidades internacionais, definidas nos seus estatutos, nos campos económico, social, cultural, educacional, de saúde e conexos, serão vinculadas às Nações Unidas, em conformidade com as disposições do artigo 63.º.

2. Tais organizações assim vinculadas às Nações Unidas serão designadas, daqui em diante, como organizações especializadas.

Art. 58.º
A Organização fará recomendações para a coordenação dos programas e actividades das organizações especializadas.

Art. 59.º
A Organização, quando for o caso, iniciará negociações entre os Estados interessados para a criação de novas organizações especializadas que forem necessárias ao cumprimento dos objectivos enumerados no artigo 55.º.

Art. 60.º
A Assembleia Geral e, sob a sua autoridade, o Conselho Económico e Social, que dispõe, para esse efeito, da competência que lhe é atribuída no capítulo X, são incumbidos de exercer as funções da Organização estipuladas no presente capítulo.

CAPÍTULO X.   Conselho Económico e Social

Composição

Art. 61.º
1. O Conselho Económico e Social será composto por 54 membros das Nações Unidas eleitos pela Assembleia Geral.

2. Com ressalva do disposto no n.º 3, serão eleitos cada ano, para um período de três anos, 18 membros do Conselho Económico e Social. Um membro cessante pode ser reeleito para o período imediato.

3. Na primeira eleição a realizar-se depois de elevado o número de 27 para 54 membros, 27 membros adicionais serão eleitos, além dos membros eleitos para a substituição dos nove membros cujo mandato expira ao fim daquele ano. Desses 27 membros adicionais, nove serão eleitos para um mandato que expirará ao fim de um ano, e nove outros para um mandato que expirará no fim de dois anos, de acordo com disposições adoptadas pela Assembleia Geral.

4. Cada membro do Conselho Económico e Social terá um representante.

Funções e poderes

Art. 62.º

1. O Conselho Económico e Social poderá fazer ou iniciar estudos e relatórios a respeito de assuntos internacionais de carácter económico, social, cultural, educacional, de saúde e conexos, e poderá fazer recomendações a respeito de tais assuntos à Assembleia Geral, aos membros das Nações Unidas e às organizações especializadas interessadas.

2. Poderá fazer recomendações destinadas a assegurar o respeito efectivo dos direitos do homem e das liberdades fundamentais para todos.

3. Poderá preparar, sobre assuntos da sua competência, projectos de convenções a serem submetidos à Assembleia Geral.

4. Poderá convocar, de acordo com as regras estipuladas pelas Nações Unidas, conferências internacionais sobre assuntos da sua competência.

Art. 63.º

1. O Conselho Económico e Social poderá estabelecer acordos com qualquer das organizações a que se refere o artigo 57.º, a fim de determinar as condições em que a organização interessada será vinculada às Nações Unidas. Tais acordos serão submetidos à aprovação da Assembleia Geral.

2. Poderá coordenar as actividades das organizações especializadas, por meio de consultas e recomendações às mesmas e de recomendações à Assembleia Geral e aos membros das Nações Unidas.

Art. 64.º

1. O Conselho Económico e Social poderá tomar as medidas adequadas afim de obter relatórios regulares das organizações especializadas. Poderá entrar em entendimento com os membros das Nações Unidas e com as organizações especializadas a fim de obter relatórios sobre as medidas tomadas para cumprimento das suas próprias recomendações e das que forem feitas pela Assembleia Geral sobre assuntos da competência do Conselho.

2. Poderá comunicar à Assembleia Geral as suas observações a respeito desses relatórios.

Art. 65.º

O Conselho Económico e Social poderá fornecer informações ao Conselho de Segurança e, a pedido deste, prestar-lhe assistência.

Art. 66.º

1. O Conselho Económico e Social desempenhará as funções que forem da sua competência em cumprimento das recomendações da Assembleia Geral.

2. Poderá, mediante aprovação da Assembleia Geral, prestar os serviços que lhe forem solicitados pelos membros das Nações Unidas e pelas organizações especializadas.

3. Desempenhará as demais funções especificadas em outras partes da presente Carta ou as que lhe forem atribuídas pela Assembleia Geral.

Votação

Art. 67.º
1. Cada membro do Conselho Económico e Social terá um voto.
2. As decisões do Conselho Económico e Social serão tomadas por maioria dos membros presentes e votantes.

Procedimento

Art. 68.º
O Conselho Económico e Social criará comissões para os assuntos económicos e sociais e para a protecção dos direitos do homem, assim como outras comissões necessárias ao desempenho das suas funções.

Art. 69.º
O Conselho Económico convidará qualquer membro das Nações Unidas a tomar parte, sem voto, nas deliberações sobre qualquer assunto que interesse particularmente a esse membro.

Art. 70.º
O Conselho Económico e Social poderá entrar em entendimentos para que representantes das organizações especializadas tomem parte, sem voto, nas suas deliberações e nas das comissões por ele criadas e para que os seus próprios representantes tomem parte nas deliberações das organizações especializadas.

Art. 71.º
O Conselho Económico e Social poderá entrar em entendimentos convenientes para a consulta com organizações não governamentais que se ocupem de assuntos no âmbito da sua própria competência. Tais entendimentos poderão ser feitos com organizações internacionais e, quando for o caso, com organizações nacionais, depois de efectuadas consultas com o membro das Nações Unidas interessado no caso.

Art. 72.º
1. O Conselho Económico e Social adoptará o seu próprio regulamento, que incluirá o método de escolha do seu presidente.
2. O Conselho Económico e Social reunir-se-á quando necessário, de acordo com o seu regulamento, que deverá incluir disposições referentes à convocação de reuniões a pedido da maioria dos seus membros.

CAPÍTULO XI.   Declaração relativa a territórios não autónomos

Art. 73.º

Os membros das Nações Unidas que assumiram ou assumam responsabilidades pela administração de territórios cujos Povos ainda não se governem completamente a si mesmos, reconhecem o princípio do primado dos interesses dos habitantes desses territórios e aceitam, como missão sagrada, a obrigação de promover no mais alto grau, dentro do sistema de paz e segurança internacionais estabelecido na presente Carta, o bem-estar dos habitantes desses territórios, e, para tal fim:

a) Assegurar, com o devido respeito pela cultura dos Povos interessados, o seu progresso político, económico, social e educacional, o seu tratamento equitativo e a sua protecção contra qualquer abuso;
b) Promover o seu governo próprio, ter na devida conta as aspirações políticas dos Povos e auxiliá-los no desenvolvimento progressivo das suas instituições políticas livres, de acordo com as circunstâncias peculiares a cada território e seus habitantes, e os diferentes graus do seu adiantamento;
c) Consolidar a paz e a segurança internacionais;
d) Favorecer medidas construtivas de desenvolvimento, estimular pesquisas, cooperar entre si e, quando e onde for o caso, com organizações internacionais especializadas, tendo em vista a realização prática dos objectivos de ordem social, económica e científica enumerados neste artigo;
e) Transmitir regularmente ao Secretário-Geral, para fins de informação, sujeitas às reservas impostas por considerações de segurança e de ordem constitucional, informações estatísticas ou de outro carácter técnico relativas às condições económicas, sociais e educacionais dos territórios pelos quais são respectivamente responsáveis e que não estejam compreendidos entre aqueles a que se referem os capítulos XII e XIII.

Art. 74.º

Os membros das Nações Unidas concordam também em que a sua política relativa aos territórios a que se aplica o presente capítulo deve ser baseada, do mesmo modo que a política nos respectivos territórios metropolitanos, no princípio geral de boa vizinhança, tendo na devida conta os interesses e o bem-estar do resto do mundo no que se refere às questões sociais, económicas e comerciais.

CAPÍTULO XII.   Regime internacional de tutela

Art. 75.º

As Nações Unidas estabelecerão sob a sua autoridade um regime internacional de tutela para a administração e fiscalização dos territórios que possam ser colocados sob esse regime em consequência de futuros acordos individuais. Esses territórios serão, daqui em diante, designados como territórios sob tutela.

Art. 76.º
As finalidades básicas do regime de tutela, de acordo com os objectivos das Nações Unidas enumerados no artigo 1.º da presente Carta, serão:
- *a)* Consolidar a paz e a segurança internacionais;
- *b)* Fomentar o progresso político, económico, social e educacional dos habitantes dos territórios sob tutela e o seu desenvolvimento progressivo para alcançar governo próprio ou independência, como mais convenha às circunstâncias particulares de cada território e dos seus habitantes e aos desejos livremente expressos dos Povos interessados e como for previsto nos termos de cada acordo de tutela;
- *c)* Encorajar o respeito pelos direitos do homem e pelas liberdades fundamentais para todos, sem distinção de raça, sexo, língua ou religião, e favorecer o reconhecimento da interdependência de todos os povos;
- *d)* Assegurar igualdade de tratamento nos domínios social, económico e comercial a todos os membros das Nações Unidas e seus nacionais e, a estes últimos, igual tratamento na administração da justiça, sem prejuízo dos objectivos acima expostos e sob reserva das disposições do artigo 80.º.

Art. 77.º
1. O regime de tutela será aplicado aos territórios das categorias seguintes que venham a ser colocados sob esse regime por meio de acordos de tutela:
- *a)* Territórios actualmente sob mandato;
- *b)* Territórios que possam ser separados de Estados inimigos em consequência da IIª Guerra Mundial;
- *c)* Territórios voluntariamente colocados sob esse regime por Estados responsáveis pela sua administração.

2. Será objecto de acordo ulterior a determinação dos territórios das categorias acima mencionadas a serem colocados sob o regime de tutela e das condições em que o serão.

Art. 78.º
O regime de tutela não será aplicado a territórios que se tenham tornado membros das Nações Unidas, cujas relações mútuas deverão basear-se no respeito pelo princípio da igualdade soberana.

Art. 79.º
As condições de tutela em que cada território será colocado sob este regime, bem como qualquer alteração ou emenda, serão determinadas por acordo entre os Estados directamente interessados, inclusive a potência mandatária no caso do território sob mandato de um membro das Nações Unidas, e serão aprovadas em conformidade com as disposições dos artigos 83.º e 85.º.

Art. 80.º

1. Salvo o que for estabelecido em acordos individuais de tutela, feitos em conformidade com os artigos 77.º, 79.º e 81.º, pelos quais se coloque cada território sob este regime e até que tais acordos tenham sido concluídos, nada neste capítulo será interpretado como alteração de qualquer espécie nos direitos de qualquer Estado ou Povo ou nos termos dos actos internacionais vigentes em que os membros das Nações Unidas forem partes.

2. O n.º 1 deste artigo não será interpretado como motivo para demora ou adiamento da negociação e conclusão de acordos destinados a colocar territórios sob o regime de tutela, conforme as disposições do artigo 77.º.

Art. 81.º

O acordo de tutela deverá, em cada caso, incluir as condições sob as quais o território sob tutela será administrado e designar a autoridade que exercerá essa administração. Tal autoridade, daqui em diante designada como autoridade administrante, poderá ser um ou mais Estados ou a própria Organização.

Art. 82.º

Poderão designar-se, em qualquer acordo de tutela, uma ou várias zonas estratégicas que compreendam parte ou a totalidade do território sob tutela a que o mesmo se aplique, sem prejuízo de qualquer acordo ou acordos especiais feitos em conformidade com o artigo 43.º.

Art. 83.º

1. Todas as funções atribuídas às Nações Unidas relativamente às zonas estratégicas, inclusivé a aprovação das condições dos acordos de tutela, assim como da sua alteração ou emendas, serão exercidas pelo Conselho de Segurança.

2. As finalidades básicas enumeradas no artigo 76.º serão aplicáveis às populações de cada zona estratégica.

3. O Conselho de Segurança, ressalvadas as disposições dos acordos de tutela e sem prejuízo das exigências de segurança, poderá valer-se da assistência do Conselho de Tutela para desempenhar as funções que cabem às Nações Unidas pelo regime de tutela, relativamente a matérias políticas, económicas, sociais ou educacionais dentro das zonas estratégicas.

Art. 84.º

A autoridade administrante terá o dever de assegurar que o território sob tutela presta a sua colaboração à manutenção da paz e da segurança internacionais. Para tal fim, a autoridade administrante poderá fazer uso de forças voluntárias, de facilidades e de ajuda do território sob tutela para o desempenho das obrigações por ela assumidas a este respeito perante o Conselho de Segurança, assim como para a defesa local e para a manutenção da lei e da ordem dentro do território sob tutela.

Art. 85.º

1. As funções das Nações Unidas relativas a acordos de tutela para todas as zonas não designadas como estratégicas, inclusivé a aprovação das condições dos acordos de tutela e da sua alteração ou emenda, serão exercidas pela Assembleia Geral.

2. O Conselho de Tutela, que funcionará sob a autoridade da Assembleia Geral, auxiliará esta no desempenho dessas atribuições.

CAPÍTULO XIII. O Conselho de Tutela

Composição

Art. 86.º

1. O Conselho de Tutela será composto dos seguintes membros das Nações Unidas:
   a) Os membros que administrem territórios sob tutela;
   b) Aqueles de entre os membros mencionados nominalmente no artigo 23.º que não administrem territórios sob tutela;
   c) Quantos outros membros eleitos por um período de três anos, pela Assembleia Geral, sejam necessários para assegurar que o número total de membros do Conselho de Tutela fique igualmente dividido entre os membros das Nações Unidas que administrem territórios sob tutela e aqueles que o não fazem.

2. Cada membro do Conselho de Tutela designará uma pessoa especialmente qualificada para representá-lo perante o Conselho.

Funções e poderes

Art. 87.º

A Assembleia Geral e, sob a sua autoridade, o Conselho de Tutela, no desempenho das suas funções, poderão:
   a) Examinar os relatórios que lhes tenham sido submetidos pela autoridade administrante;
   b) Receber petições e examiná-las, em consulta com a autoridade administrante;
   c) Providenciar sobre visitas periódicas aos territórios sob tutela em datas fixadas de acordo com a autoridade administrante;
   d) Tomar estas e outras medidas em conformidade com os termos dos acordos de tutela.

Art. 88.º
O Conselho de Tutela formulará um questionário sobre o desenvolvimento político, económico, social e educacional dos habitantes de cada território sob tutela, e a autoridade administrante de cada um destes territórios, submetidos à competência da Assembleia Geral, fará um relatório anual à Assembleia, baseado no referido questionário.

Votação

Art. 89.º
1. Cada membro do Conselho de Tutela terá um voto.
2. As decisões do Conselho de Tutela serão tomadas por maioria dos membros presentes e votantes.

Procedimento

Art. 90.º
1. O Conselho de Tutela adoptará o seu próprio regulamento, que incluirá o método de escolha do seu presidente.
2. O Conselho de Tutela reunir-se-á quando for necessário, de acordo com o seu regulamento, que incluirá uma disposição referente à convocação de reuniões a pedido da maioria dos seus membros.

Art. 91.º
O Conselho de Tutela valer-se-á, quando for necessário, da colaboração do Conselho Económico e Social e das organizações especializadas, a respeito das matérias no âmbito das respectivas competências.

CAPÍTULO XIV. O Tribunal Internacional de Justiça

Art. 92.º
O Tribunal de Justiça será o principal órgão judicial das Nações Unidas. Funcionará de acordo com o Estatuto anexo, que é baseado no Estatuto do Tribunal Permanente de Justiça Internacional e forma parte integrante da presente Carta.

Art. 93.º
1. Todos os membros das Nações Unidas são *ipso facto* partes no Estatuto do Tribunal Internacional de Justiça.
2. Um Estado que não for membro das Nações Unidas poderá tornar-se parte no Estatuto do Tribunal Internacional de Justiça, em condições que serão determinadas, em cada caso, pela Assembleia Geral, mediante recomendação do Conselho de Segurança.

Art. 94.º

1. Cada membro das Nações Unidas compromete-se a conformar-se com a decisão do Tribunal Internacional de Justiça em qualquer caso em que for parte.

2. Se uma das partes em determinado caso deixar de cumprir as obrigações que lhe incumbem em virtude de sentença proferida pelo Tribunal, a outra terá direito de recorrer ao Conselho de Segurança, que poderá, se o julgar necessário, fazer recomendações ou decidir sobre medidas a serem tomadas para o cumprimento da sentença.

Art. 95.º

Nada na presente Carta impedirá os membros das Nações Unidas de confiarem a solução dos seus diferendos a outros tribunais, em virtude de acordos já vigentes ou que possam ser concluídos no futuro.

Art. 96.º

1. A Assembleia Geral ou o Conselho de Segurança poderão solicitar parecer consultivo ao Tribunal Internacional de Justiça sobre qualquer questão jurídica.

2. Outros órgãos das Nações Unidas e organizações especializadas que forem em qualquer momento devidamente autorizadas pela Assembleia Geral, poderão também solicitar pareceres consultivos ao Tribunal sobre questões jurídicas surgidas dentro da esfera das suas actividades.

CAPÍTULO XV. O Secretariado

Art. 97.º

O Secretariado será composto por um Secretário-Geral e pelo pessoal exigido pela Organização. O Secretário-Geral será nomeado pela Assembleia Geral mediante recomendação do Conselho de Segurança. Será o principal funcionário administrativo da Organização.

Art. 98.º

O Secretário-Geral actuará nesta qualidade em todas as reuniões da Assembleia Geral, do Conselho de Segurança, do Conselho Económico e Social e do Conselho de Tutela e desempenhará outras funções que lhe forem atribuídas por estes órgãos. O Secretário-Geral fará um relatório anual à Assembleia Geral sobre os trabalhos da Organização.

Art. 99.º

O Secretário-Geral poderá chamar a atenção do Conselho de Segurança para qualquer assunto que em sua opinião possa ameaçar a manutenção da paz e da segurança internacionais.

Art. 100.º

1. No cumprimento dos seus deveres, o Secretário-Geral e o pessoal do Secretariado não solicitarão nem receberão instruções de qualquer governo ou de qualquer autoridade estranha à Organização. Abster-se-ão de qualquer acção que seja incompatível com a sua posição de funcionários internacionais responsáveis somente perante a Organização.

2. Cada membro das Nações Unidas compromete-se a respeitar o carácter exclusivamente internacional das atribuições do Secretário-Geral e do pessoal do Secretariado e não procurará exercer qualquer influência sobre eles no desempenho das suas funções.

Art. 101.º

1. O pessoal do Secretariado será nomeado pelo Secretário-Geral, de acordo com regras estabelecidas pela Assembleia Geral.

2. Será também nomeado, com carácter permanente, o pessoal adequado para o Conselho Económico e Social, para o Conselho de Tutela e, quando for necessário, para outros órgãos das Nações Unidas. Esses funcionários farão parte do Secretariado.

3. A consideração principal que prevalecerá no recrutamento do pessoal e na determinação das condições de serviço será a da necessidade de assegurar o mais alto grau de eficiência, competência e integridade. Deverá ser levada na devida conta a importância de ser o recrutamento do pessoal feito dentro do mais amplo critério geográfico possível.

CAPÍTULO XVI. Disposições diversas

Art. 102.º

1. Todos os tratados e todos os acordos internacionais concluídos por qualquer membro das Nações Unidas depois da entrada em vigor da presente Carta deverão, dentro do mais breve prazo possível, ser registados e publicados pelo Secretariado.

2. Nenhuma parte em qualquer tratado ou acordo internacional que não tenha sido registado em conformidade com as disposições do n.º 1 deste artigo poderá invocar tal tratado ou acordo perante qualquer órgão das Nações Unidas.

Art. 103.º

No caso de conflito entre as obrigações dos membros das Nações Unidas em virtude da presente Carta e as obrigações resultantes de qualquer outro acordo internacional, prevalecerão as obrigações assumidas em virtude da presente Carta.

Art. 104.º
A Organização gozará, no território de cada um dos seus membros, da capacidade jurídica necessária ao exercício das suas funções e à realização dos seus objectivos.

Art. 105.º
1. A Organização gozará, no território de cada um dos seus membros, dos privilégios e imunidades necessários à realização dos seus objectivos.
2. Os representantes dos membros das Nações Unidas e os funcionários da Organização gozarão, igualmente dos privilégios e imunidades necessários ao exercício independente das suas funções relacionadas com a Organização.
3. A Assembleia Geral poderá fazer recomendações com o fim de determinar os pormenores da aplicação dos n.os 1 e 2 deste artigo ou poderá propor aos membros das Nações Unidas convenções nesse sentido.

CAPÍTULO XVII. Disposições transitórias sobre segurança

Art. 106.º
Antes da entrada em vigor dos acordos especiais a que se refere o artigo 43.º, que, a juízo do Conselho de Segurança, o habilitem ao exercício das suas funções previstas no artigo 42.º, as partes na Declaração das Quatro Nações, assinada em Moscovo a 30 de Outubro de 1943, e a França, deverão, de acordo com as disposições do parágrafo 5 daquela Declaração, concertar-se entre si e, sempre que a ocasião o exija, com outros membros das Nações Unidas, a fim de ser levada a efeito, em nome da organização, qualquer acção conjunta que se torne necessária à manutenção da paz e da segurança internacionais.

Art. 107.º
Nada na presente Carta invalidará ou impedirá qualquer acção que, em relação a um Estado inimigo de qualquer dos signatários da presente Carta durante a IIª Guerra Mundial, for levada a efeito ou autorizada em consequência da dita guerra pelos governos responsáveis por tal acção.

CAPÍTULO XVIII. Emendas

Art. 108.º
As emendas à presente Carta entrarão em vigor, para todos os membros das Nações Unidas, quando forem adoptadas pelos votos de dois terços dos membros da Assembleia Geral e ratificadas, de acordo com os respectivos métodos constitucionais, por dois terços dos membros das Nações Unidas, inclusivé todos os membros permanentes do Conselho de Segurança.

Art. 109.º

1. Uma Conferência Geral dos membros das Nações Unidas, destinada a rever a presente Carta, poderá reunir-se em data e lugar a serem fixados pelo voto de dois terços dos membros da Assembleia Geral e de nove de quaisquer membros do Conselho de Segurança. Cada membro das Nações Unidas terá um voto nessa Conferência.

2. Qualquer modificação à presente Carta que for recomendada por dois terços dos votos da Conferência terá efeito depois de ratificada, de acordo com as respectivas regras constitucionais, por dois terços dos membros das Nações Unidas, inclusivé por todos os membros permanentes do Conselho de Segurança.

3. Se essa Conferência não se realizar antes da 10ª sessão anual da Assembleia Geral que se seguir à entrada em vigor da presente Carta, a proposta da sua convocação deverá figurar na agenda da referida sessão da Assembleia Geral e a Conferência será realizada, se assim for decidido por maioria de votos dos membros da Assembleia Geral e pelo voto de sete membros quaisquer do Conselho de Segurança.

CAPÍTULO XIX. Ratificação e assinatura

Art. 110.º

1. A presente Carta deverá ser ratificada pelos Estados signatários, de acordo com as respectivas regras constitucionais.

2. As ratificações serão depositadas junto do Governo dos Estados Unidos da América, que notificará de cada depósito todos os Estados signatários, assim como o Secretário-Geral da Organização depois da sua nomeação.

3. A presente Carta entrará em vigor depois do depósito de ratificações pela República da China, França, União das Repúblicas Socialistas Soviéticas, Reino Unido da Grã-Bretanha e Irlanda do Norte e Estados Unidos da América e pela maioria dos outros Estados signatários. O Governo dos Estados Unidos da América organizará, em seguida, um protocolo das ratificações depositadas, o qual será comunicado, por meio de cópias, aos Estados signatários.

4. Os Estados signatários da presente Carta que a ratificarem depois da sua entrada em vigor tornar-se-ão membros originários das Nações Unidas na data do depósito das suas ratificações respectivas.

Art. 111.º

A presente Carta, cujos textos em chinês, francês, russo, inglês e espanhol fazem igualmente fé, ficará depositada nos arquivos do Governo dos Estados Unidos da América. Cópias da mesma, devidamente autenticadas, serão transmitidas por este último Governo aos Governos dos outros Estados signatários.

Em fé do que os representantes dos Governos das Nações Unidas assinaram a presente Carta.

Feita na cidade de São Francisco, aos 26 dias do mês de Junho de 1945.

II – ESTATUTO DO TRIBUNAL INTERNACIONAL DE JUSTIÇA

Art. 1.º
O Tribunal Internacional de Justiça, estabelecido pela Carta das Nações Unidas como o principal órgão judicial das Nações Unidas, será constituído e funcionará em conformidade com as disposições do presente Estatuto.

CAPÍTULO I. Organização do Tribunal

Art. 2.º
O Tribunal será composto por um corpo de juízes independentes, eleitos sem ter em conta a sua nacionalidade, de entre pessoas que gozem de alta consideração moral e possuam as condições exigidas nos respectivos países para o desempenho das mais altas funções judiciais, ou que sejam jurisconsultos de reconhecida competência em direito internacional.

Art. 3.º
1. O Tribunal será composto por 15 membros, não podendo haver entre eles mais de um nacional do mesmo Estado.

2. A pessoa que possa ser considerada nacional de mais de um Estado será, para efeito da sua inclusão como membro do Tribunal, considerada nacional do Estado em que exercer habitualmente os seus direitos civis e políticos.

Art. 4.º
1. Os membros do Tribunal serão eleitos pela Assembleia Geral e pelo Conselho de Segurança de uma lista de pessoas apresentadas pelos grupos nacionais do Tribunal Permanente de Arbitragem, em conformidade com as disposições seguintes.

2. Quando se tratar de membros das Nações Unidas não representados no Tribunal Permanente de Arbitragem, os candidatos serão apresentados por grupos nacionais designados para esse fim pelos seus governos, nas mesmas condições que as estipuladas para os membros do Tribunal Permanente de Arbitragem pelo

artigo 44.º da Convenção da Haia, de 1907, referente à solução pacífica das controvérsias internacionais.

3. As condições pelas quais um Estado, que é parte no presente Estatuto, sem ser membro das Nações Unidas, poderá participar na eleição dos membros do Tribunal serão, na falta de acordo especial, determinadas pela Assembleia Geral mediante recomendação do Conselho de Segurança.

Art. 5.º

1. Três meses, pelo menos, antes da data da eleição, o Secretário-Geral das Nações Unidas convidará, por escrito, os membros do Tribunal Permanente de Arbitragem pertencentes a Estados que sejam parte no presente Estatuto e os membros dos grupos nacionais designados em conformidade com o artigo 5.º, n.º 2, para que indiquem, por grupos nacionais, dentro de um prazo estabelecido, os nomes das pessoas em condições de desempenhar as funções de membros do Tribunal.

2. Nenhum grupo deverá indicar mais de quatro pessoas, das quais, no máximo, duas poderão ser da sua nacionalidade. Em nenhum caso, o número dos candidatos indicados por um grupo poderá ser maior do que o dobro dos lugares a serem preenchidos.

Art. 6.º

Recomenda-se que, antes de fazer estas designações, cada grupo nacional consulte o seu mais alto tribunal de justiça, as faculdades e escolas de direito, academias nacionais e secções nacionais de academias internacionais que se dediquem ao estudo do direito.

Art. 7.º

1. O Secretário-Geral preparará uma lista, por ordem alfabética, de todas as pessoas assim designadas. Salvo o caso previsto no artigo 12.º, n.º 2, serão elas as únicas pessoas elegíveis.

2. O Secretário-Geral submeterá essa lista à Assembleia Geral e ao Conselho de Segurança.

Art. 8.º

A Assembleia Geral e o Conselho de Segurança procederão, independentemente um do outro, à eleição dos membros do Tribunal.

Art. 9.º

Em cada eleição, os eleitores devem ter presente não só que as pessoas a serem eleitas possuam individualmente as condições exigidas, mas também que, no seu conjunto, seja assegurada a representação das grandes formas de civilização e dos principais sistemas jurídicos do mundo.

Art. 10.º
1. Os candidatos que obtiverem maioria absoluta de votos na Assembleia Geral e no Conselho de Segurança serão considerados eleitos.

2. Nas votações do Conselho de Segurança, quer para a eleição dos juízes, quer para a nomeação dos membros da comissão prevista no artigo 12.º, não haverá qualquer distinção entre membros permanentes e não permanentes do Conselho de Segurança.

3. No caso em que a maioria absoluta de votos, tanto da Assembleia Geral como do Conselho de Segurança, contemple mais de um nacional do mesmo Estado, o mais velho dos dois será considerado eleito.

Art. 11.º
Se, depois da primeira reunião convocada para fins de eleição, um ou mais lugares continuarem vagos, deverá ser realizada uma segunda e, se necessário, uma terceira reunião.

Art. 12.º
1. Se, depois da terceira reunião, um ou mais lugares ainda continuarem vagos, uma comissão mista, composta por seis membros, três indicados pela Assembleia Geral e três pelo Conselho de Segurança, poderá ser formada em qualquer momento, por solicitação da Assembleia ou do Conselho de Segurança, com o fim de escolher, por maioria absoluta de votos, um nome para cada lugar ainda vago, o qual será submetido à Assembleia Geral e ao Conselho de Segurança para a sua respectiva aceitação.

2. A comissão mista, caso concorde unanimemente com a escolha de uma pessoa que preencha as condições exigidas, poderá inclui-la na sua lista, ainda que a mesma não tenha figurado na lista de designações a que se refere o artigo 7.º.

3. Se a comissão mista verificar a impossibilidade de assegurar a eleição, os membros já eleitos do Tribunal deverão, dentro de um prazo a ser fixado pelo Conselho de Segurança, preencher os lugares vagos por escolha de entre os candidatos que tenham obtido votos na Assembleia Geral ou no Conselho de Segurança.

4. No caso de empate na votação dos juízes, o mais velho deles terá voto decisivo.

Art. 13.º
1. Os membros do Tribunal serão eleitos por nove anos e poderão ser reeleitos; fica estabelecido, entretanto, que, dos juízes eleitos na primeira eleição, cinco terminarão as suas funções no fim de um período de três anos e outros cinco no fim de um período de seis anos.

2. Os juízes cujas funções deverão terminar no fim dos referidos períodos iniciais de três e seis anos serão escolhidos por sorteio, que será efectuado pelo Secretário-Geral imediatamente depois de terminada a primeira eleição.

3. Os membros do Tribunal continuarão no desempenho das suas funções até que as suas vagas tenham sido preenchidas. Ainda depois de substituídos, deverão terminar qualquer causa cuja apreciação tenham começado.

4. No caso de renúncia de um membro do Tribunal, o pedido de demissão deverá ser dirigido ao presidente do Tribunal, que o transmitirá ao Secretário-Geral. Esta última notificação dará origem a abertura de vaga.

Art. 14.º

As vagas serão preenchidas pelo método estabelecido para a primeira eleição, com observância da seguinte disposição: o Secretário-Geral, dentro de um mês, a contar da abertura da vaga, expedirá os convites a que se refere o artigo 5.º e a data da eleição será fixada pelo Conselho de Segurança.

Art. 15.º

O membro do Tribunal que tenha sido eleito em substituição de um membro cujo mandato não tenha ainda expirado concluirá o período do mandato do seu antecessor.

Art. 16.º

1. Nenhum membro do Tribunal poderá exercer qualquer função política ou administrativa ou dedicar-se a outra ocupação de natureza profissional.

2. Qualquer dúvida a esse respeito será resolvida por decisão do Tribunal.

Art. 17.º

1. Nenhum membro do Tribunal poderá servir como agente, consultor ou advogado em qualquer causa.

2. Nenhum membro poderá participar na decisão de qualquer causa na qual anteriormente tenha intervindo como agente, consultor ou advogado de uma das partes, como membro de um tribunal nacional ou internacional, ou de uma comissão de inquérito, ou em qualquer outra qualidade.

3. Qualquer dúvida a esse respeito será resolvida por decisão do Tribunal.

Art. 18.º

1. Nenhum membro do Tribunal poderá ser demitido, a menos que, na opinião unânime dos outros membros, tenha deixado de preencher as condições exigidas.

2. O Secretário-Geral será disso notificado, oficialmente, pelo escrivão do Tribunal.

3. Essa notificação dará origem a abertura de vaga.

Art. 19.º

Os membros do Tribunal quando no exercício das suas funções gozarão dos privilégios e imunidades diplomáticas.

Art. 20.º
Qualquer membro do Tribunal, antes de assumir as suas funções, fará, em sessão pública, a declaração solene de que exercerá as suas atribuições imparcial e conscienciosamente.

Art. 21.º
1. O Tribunal elegerá, por três anos, o seu presidente e o seu vice-presidente, que poderão ser reeleitos.
2. O Tribunal nomeará o seu escrivão e providenciará sobre a nomeação de outros funcionários que sejam necessários.

Art. 22.º
1. A sede do Tribunal será a cidade da Haia. Isto, entretanto, não impedirá que o Tribunal se reúna e exerça as suas funções em qualquer outro lugar que considere conveniente.
2. O presidente e o escrivão residirão na sede do Tribunal.

Art. 23.º
1. O Tribunal funcionará permanentemente, excepto durante as férias judiciais, cuja data e duração serão por ele fixadas.
2. Os membros do Tribunal gozarão de licenças periódicas, cujas datas e duração serão fixadas pelo Tribunal, sendo tomada em consideração a distância entre a Haia e o domicílio de cada juiz.
3. Os membros do Tribunal serão obrigados a ficar permanentemente à disposição do Tribunal, a menos que estejam em licença ou impedidos de comparecer por motivo de doença ou outra séria razão, devidamente justificada perante o presidente.

Art. 24.º
1. Se, por uma razão especial, um dos membros do Tribunal considerar que não deve tomar parte no julgamento de uma determinada causa, deverá comunicá-lo ao presidente.
2. Se o presidente considerar que, por uma razão especial, um dos membros do Tribunal não deve intervir numa determinada causa, deverá adverti-lo desse facto.
3. Se, em qualquer desses casos, o membro do Tribunal e o presidente não estiverem de acordo, o assunto será resolvido por decisão do Tribunal.

Art. 25.º
1. O Tribunal funcionará em sessão plenária, salvo excepção expressamente prevista no presente Estatuto.
2. O Regulamento do Tribunal poderá permitir que um ou mais juízes, de acordo com as circunstâncias e rotativamente, sejam dispensados das sessões,

desde que o número de juízes disponíveis para constituir o Tribunal não seja reduzido a menos de 11.

3. O quórum de nove juízes será suficiente para constituir o Tribunal.

Art. 26.º

1. O Tribunal poderá periodicamente formar uma ou mais câmaras, compostas por três ou mais juízes, conforme o mesmo determinar, a fim de tratar de questões de carácter especial, como, por exemplo, questões de trabalho e assuntos referentes a trânsito e comunicações.

2. O Tribunal poderá, em qualquer momento, formar uma câmara para tratar de uma determinada causa. O número de juízes que constituirão essa câmara será determinado pelo Tribunal, com a aprovação das partes.

3. As causas serão apreciadas e resolvidas pelas câmaras a que se refere o presente artigo, se as partes assim o solicitarem.

Art. 27.º

Uma sentença proferida por qualquer das câmaras a que se referem os artigos 26.º e 29.º, será considerada como sentença emanada do Tribunal.

Art. 28.º

As câmaras, a que se referem os artigos 26.º e 29.º, poderão, com o consentimento das partes, reunir-se e exercer as suas funções fora da cidade da Haia.

Art. 29.º

Tendo em vista o rápido despacho dos assuntos, o Tribunal formará anualmente uma câmara, composta por cinco juízes, a qual, a pedido das partes, poderá apreciar e resolver sumariamente as causas. Serão ainda designados dois juízes para substituir os que estiverem impossibilitados de actuar.

Art. 30.º

1. O Tribunal estabelecerá regras para o desempenho das suas funções, em especial as que se refiram ao processo.

2. O Regulamento do Tribunal poderá prever assessores com assento no Tribunal ou em qualquer das suas câmaras, sem direito a voto.

Art. 31.º

1. Os juízes da mesma nacionalidade de qualquer das partes conservam o direito de intervir numa causa julgada pelo Tribunal.

2. Se o Tribunal incluir entre os seus membros um juiz de nacionalidade de uma das partes, qualquer outra parte poderá designar uma pessoa para intervir como juiz. Essa pessoa deverá, de preferência, ser escolhida de entre as que figuraram como candidatos, nos termos dos artigos 4.º e 5.º.

3. Se o Tribunal não incluir entre os seus membros nenhum juiz de nacionalidade das partes, cada uma destas poderá proceder à escolha de um juiz, em conformidade com o n.º 2 deste artigo.

4. As disposições deste artigo serão aplicadas aos casos previstos nos artigos 26.º e 29.º. Em tais casos, o presidente solicitará a um ou, se necessário, a dois dos membros do Tribunal que integram a câmara que cedam seu lugar aos membros do Tribunal de nacionalidade das partes interessadas e, na falta ou impedimento destes, aos juízes especialmente designados pelas partes.

5. No caso de haver diversas partes com interesse comum na mesma causa, elas serão, para os fins das disposições precedentes, consideradas como uma só parte. Qualquer dúvida sobre este ponto será resolvida por decisão do Tribunal.

6. Os juízes designados em conformidade com os números 2, 3 e 4 deste artigo deverão preencher as condições exigidas pelos artigos 2.º, 17.º, n.º 2, 20.º e 24.º do presente Estatuto. Tomarão parte nas decisões em condições de completa igualdade com os seus colegas.

Art. 32.º

1. Os membros do Tribunal perceberão vencimentos anuais.
2. O presidente receberá, por ano, um subsídio especial.
3. O vice-presidente receberá um subsídio especial correspondente a cada dia em que desempenhe as funções de presidente.
4. Os juízes designados em conformidade com o artigo 31.º que não sejam membros do Tribunal receberão uma remuneração correspondente a cada dia em que exerçam as suas funções.
5. Esses vencimentos, subsídios e remunerações serão fixados pela Assembleia Geral e não poderão ser diminuídos enquanto durarem os mandatos.
6. Os vencimentos do escrivão serão fixados pela Assembleia Geral, por proposta do Tribunal.
7. O regulamento elaborado pela Assembleia Geral fixará as condições pelas quais serão concedidas pensões aos membros do Tribunal e ao escrivão e as condições pelas quais os membros do Tribunal e o escrivão serão reembolsados das suas despesas de viagem.
8. Os vencimentos, subsídios e remunerações acima mencionados estarão isentos de qualquer imposto.

Art. 33.º

As despesas do Tribunal serão custeadas pelas Nações Unidas da maneira que for decidida pela Assembleia Geral.

CAPÍTULO II. Competência do Tribunal

Art. 34.º

1. Só os Estados poderão ser partes em causas perante o Tribunal.

2. Sobre as causas que lhe forem submetidas, o Tribunal, nas condições prescritas pelo seu Regulamento, poderá solicitar informação de organizações internacionais públicas e receberá as informações que lhe forem prestadas, por iniciativa própria, pelas referidas organizações.

3. Sempre que, no julgamento de uma causa perante o Tribunal, for discutida a interpretação do instrumento constitutivo de uma organização internacional pública ou de uma convenção internacional adoptada em virtude do mesmo, o escrivão notificará a organização internacional pública interessada e enviar-lhe-á cópias de todo o expediente escrito.

Art. 35.º

1. O Tribunal será aberto aos Estados partes do presente Estatuto.

2. As condições pelas quais o Tribunal será aberto a outros Estados serão determinadas pelo Conselho de Segurança, ressalvadas as disposições especiais dos tratados vigentes; em nenhum caso, porém, tais condições colocarão as partes em posição de desigualdade perante o Tribunal.

3. Quando um Estado que não é membro das Nações Unidas for parte numa causa, o Tribunal fixará a importância com que ele deverá contribuir para as despesas do Tribunal. Esta disposição não será aplicada se tal Estado já contribuir para as referidas despesas.

Art. 36.º

1. A competência do Tribunal abrange todas as questões que as partes lhe submetam, bem como todos os assuntos especialmente previstos na Carta das Nações Unidas ou em tratados e convenções em vigor.

2. Os Estados partes do presente Estatuto poderão, em qualquer momento, declarar que reconhecem como obrigatória *ipso facto* e sem acordo especial, em relação a qualquer outro Estado que aceite a mesma obrigação, a jurisdição do Tribunal em todas as controvérsias jurídicas que tenham por objecto:

  a) A interpretação de um tratado;
  b) Qualquer questão de direito internacional;
  c) A existência de qualquer facto que, se verificado, constituiria violação de um compromisso internacional;
  d) A natureza ou a extensão da reparação devida pela ruptura de um compromisso internacional.

3. As declarações acima mencionadas poderão ser feitas pura e simplesmente ou sob condição de reciprocidade da parte de vários ou de certos Estados, ou por prazo determinado.

4. Tais declarações serão depositadas junto do Secretário-Geral das Nações Unidas, que as transmitirá, por cópia, às partes contratantes do presente Estatuto e ao escrivão do Tribunal.

5. Nas relações entre as partes contratantes do presente Estatuto, as declarações feitas de acordo com o artigo 36.º do Estatuto do Tribunal Permanente de

Justiça Internacional e que ainda estejam em vigor serão consideradas como importando a aceitação da jurisdição obrigatória do Tribunal Internacional de Justiça, pelo período em que ainda devem vigorar e em conformidade com os seus termos.

6. Qualquer controvérsia sobre a jurisdição do Tribunal será resolvida por decisão do próprio Tribunal.

Art. 37.º

Sempre que um tratado ou convenção em vigor disponha que um assunto deve ser submetido a uma jurisdição a ser instituída pela Sociedade das Nações ou ao Tribunal Permanente de Justiça Internacional, o assunto deverá, no que respeita às partes contratantes do presente Estatuto, ser submetido ao Tribunal Internacional de Justiça.

Art. 38.º

1. O Tribunal, cuja função é decidir em conformidade com o direito internacional as controvérsias que lhe forem submetidas aplicará:
   a) As convenções internacionais, quer gerais, quer especiais, que estabeleçam regras expressamente reconhecidas pelos Estados litigantes;
   b) O costume internacional, como prova de uma prática geral aceite como direito;
   c) Os princípios gerais de direito, reconhecidos pelas nações civilizadas;
   d) Com ressalva das disposições do artigo 59.º, as decisões judiciais e a doutrina dos publicistas mais qualificados das diferentes nações, como meio auxiliar para a determinação das regras de direito.

2. A presente disposição não prejudicará a faculdade do Tribunal de decidir uma questão *ex aequo et bono*, se as partes assim convierem.

CAPÍTULO III. Processo

Art. 39.º

1. As línguas oficiais do Tribunal serão o francês e o inglês. Se as partes concordarem em que todo o processo se efectue em francês, a sentença será proferida em francês. Se as partes concordarem em que todo o processo se efectue em inglês, a sentença será proferida em inglês.

Na ausência de acordo a respeito da língua que deverá ser utilizada, cada parte poderá, nas suas alegações, usar aquela das duas línguas que preferir; a sentença do Tribunal será proferida em francês e em inglês. Neste caso, o Tribunal determinará ao mesmo tempo qual dos dois textos fará fé.

3. A pedido de uma das partes, o Tribunal poderá autoriza-la a usar uma língua que não seja o francês ou inglês.

Art. 40.º

1. As questões serão submetidas ao Tribunal, conforme o caso, por notificação do acordo especial ou por uma petição escrita dirigida ao escrivão. Em qualquer dos casos, o objecto da controvérsia e as partes deverão ser indicados.

2. O escrivão comunicará imediatamente a petição a todos os interessados.

3. Notificará também os membros das Nações Unidas por intermédio do Secretário-Geral e quaisquer outros Estados com direito a comparecer perante o Tribunal.

Art. 41.º

1. O Tribunal terá a faculdade de indicar, se julgar que as circunstâncias o exigem, quaisquer medidas provisórias que devam ser tomadas para preservar os direitos de cada parte.

2. Antes que a sentença seja proferida, as partes e o Conselho de Segurança deverão ser informados imediatamente das medidas indicadas.

Art. 42.º

1. As partes serão representadas por agentes.

2. Estas poderão ser assistidas perante o Tribunal por consultores ou advogados.

3. Os agentes, os consultores e os advogados das partes perante o Tribunal gozarão dos privilégios e imunidades necessários ao livre exercício das suas atribuições.

Art. 43.º

1. O processo constará de duas fases: uma escrita e outra oral.

2. O processo escrito compreenderá a comunicação ao Tribunal e às partes de memórias, contra-memórias e, se necessário, réplicas, assim como quaisquer peças e documentos em apoio das mesmas.

3. Estas comunicações serão feitas por intermédio do escrivão na ordem e dentro do prazo fixado pelo Tribunal.

4. Uma cópia autenticada de cada documento apresentado por uma das partes será comunicada à outra parte.

5. O processo oral consistirá em fazer ouvir pelo Tribunal testemunhas, peritos, agentes, consultores e advogados.

Art. 44.º

1. Para notificação de outras pessoas que não sejam os agentes, os consultores ou os advogados, o Tribunal dirigir-se-á directamente ao governo do Estado em cujo território deva ser feita a notificação.

2. O mesmo processo será usado sempre que for necessário providenciar para obter quaisquer meios de prova no lugar do facto.

Art. 45.º
Os debates serão dirigidos pelo presidente ou, no impedimento deste, pelo vice-presidente; se ambos estiverem impossibilitados de presidir, o mais antigo dos juízes presentes ocupará a presidência.

Art. 46.º
As audiências do Tribunal serão públicas, a menos que o Tribunal decida de outra maneira ou que as partes solicitem a não admissão de público.

Art. 47.º
1. Será lavrada acta de cada audiência assinada pelo escrivão e pelo presidente.
2. Só essa acta fará fé.

Art. 48.º
O Tribunal proferirá decisões sobre o andamento do processo, a forma e o tempo em que cada parte terminará as suas alegações, e tomará todas as medidas relacionadas com a apresentação das provas.

Art. 49.º
O Tribunal poderá, ainda antes do início da audiência, instar os agentes a apresentarem quaisquer documentos ou a fornecerem quaisquer explicações. Qualquer recusa deverá constar da acta.

Art. 50.º
O Tribunal poderá, em qualquer momento, cometer a qualquer indivíduo, entidade, repartição, comissão ou outra organização à sua escolha a tarefa de proceder a um inquérito ou a uma peritagem.

Art. 51.º
Durante os debates, todas as perguntas de interesse serão feitas às testemunhas e peritos em conformidade com as condições determinadas pelo Tribunal no Regulamento a que se refere o artigo 30.º.

Art. 52.º
Depois de receber as provas e depoimentos dentro do prazo fixado para esse fim, o Tribunal poderá recusar-se a aceitar qualquer novo depoimento oral ou escrito que uma das partes deseje apresentar, a menos que a outra parte com isso concorde.

Art. 53.º
1. Quando uma das partes não comparecer perante o Tribunal ou não apresentar a sua defesa, a outra parte poderá solicitar ao Tribunal que decida a favor da sua pretensão.

2. O Tribunal, antes de decidir nesse sentido, deve certificar-se não só de que o assunto é de sua competência, em conformidade com os artigos 36.º e 37.º, mas também de que a pretensão é bem fundada, de facto e de direito.

Art. 54.º

1. Quando os agentes, consultores e advogados tiverem concluído, sob o controlo do Tribunal, a apresentação da sua causa, o presidente declarará encerrados os debates.
2. O Tribunal retirar-se-á para deliberar.
3. As deliberações do Tribunal serão tomadas em privado e permanecerão secretas.

Art. 55.º

1. Todas as questões serão decididas por maioria dos juízes presentes.
2. No caso de empate na votação, o presidente, ou juiz que o substitua, decidirá com o seu voto.

Art. 56.º

1. A sentença deverá declarar as razões em que se funda.
2. Deverá mencionar os nomes dos juízes que tomaram parte na decisão.

Art. 57.º

Se a sentença não representar, no todo ou em parte, a opinião unânime dos juízes, qualquer deles terá direito de lhe juntar a exposição da sua opinião individual.

Art. 58.º

A sentença será assinada pelo presidente e pelo escrivão. Deverá ser lida em sessão pública, depois de notificados devidamente os agentes.

Art. 59.º

A decisão do Tribunal só será obrigatória para as partes litigantes e a respeito do caso em questão.

Art. 60.º

A sentença é definitiva e inapelável. Em caso de controvérsia quanto ao sentido e ao alcance da sentença, caberá ao Tribunal interpretá-la a pedido de qualquer das partes.

Art. 61.º

1. O pedido de revisão de uma sentença só poderá ser feito em razão da descoberta de algum facto susceptível de exercer influência decisiva, o qual, na ocasião de ser proferida a sentença, era desconhecido do Tribunal e também da

parte que solicita a revisão, contanto que tal desconhecimento não tenha sido devido a negligência.

2. O processo de revisão será aberto por uma sentença do Tribunal, na qual se consignará expressamente a existência de facto novo, com o reconhecimento do carácter que determina a abertura da revisão e a declaração de que é cabível a solicitação nesse sentido.

3. O Tribunal poderá subordinar a abertura do processo de revisão à prévia execução da sentença.

4. O pedido de revisão deverá ser feito no prazo máximo de seis meses a partir da descoberta do facto novo.

5. Nenhum pedido de revisão poderá ser feito depois de transcorridos 10 anos da data da sentença.

Art. 62.º

1. Quando um Estado entender que a decisão de uma causa é susceptível de comprometer um interesse seu de ordem jurídica, esse Estado poderá solicitar ao Tribunal permissão para intervir em tal causa.

2. O Tribunal decidirá sobre esse pedido.

Art. 63.º

1. Quando se tratar da interpretação de uma convenção, da qual forem partes outros Estados, além dos litigantes, o escrivão notificará imediatamente todos os Estados interessados.

2. Cada Estado assim notificado terá o direito de intervir no processo; mas, se usar deste direito, a interpretação dada pela sentença será igualmente obrigatória para ele.

Art. 64.º

A menos que seja decidido em contrário pelo Tribunal, cada parte pagará as suas próprias custas no processo.

CAPÍTULO IV.   **Pareceres consultivos**

Art. 65.º

1. O Tribunal poderá dar parecer consultivo sobre qualquer questão jurídica a pedido do órgão que, de acordo com a Carta das Nações Unidas ou por ela autorizado, estiver em condições de fazer tal pedido.

2. As questões sobre as quais for pedido o parecer consultivo do Tribunal serão submetidas a ele por meio de petição escrita, que deverá conter uma exposição do assunto sobre o qual é solicitado o parecer e será acompanhada de todos os documentos que possam elucidar a questão.

Art. 66.º

1. O escrivão notificará imediatamente todos os Estados com direito a comparecer perante o Tribunal do pedido de parecer consultivo.

2. Além disso, o escrivão fará saber, por comunicação especial e directa a todo o Estado admitido a comparecer perante o Tribunal e a qualquer organização internacional, que, a juízo do Tribunal ou do seu presidente, se o Tribunal não estiver reunido, forem susceptíveis de fornecer informações sobre a questão, que o Tribunal estará disposto a receber exposições escritas, dentro de um prazo a ser fixado pelo presidente, ou a ouvir exposições orais, durante uma audiência pública realizada para tal fim.

3. Se qualquer Estado com direito a comparecer perante o Tribunal deixar de receber a comunicação especial a que se refere o n.º 2 deste artigo, tal Estado poderá manifestar o desejo de submeter a ele uma exposição escrita ou oral. O Tribunal decidirá.

4. Os Estados e organizações que tenham apresentado exposição escrita ou oral, ou ambas, terão a faculdade de discutir as exposições feitas por outros Estados ou organizações, na forma, extensão ou limite de tempo, que o Tribunal ou, se ele não estiver reunido, o seu presidente determinar, em cada caso particular. Para esse efeito, o escrivão deverá, no devido tempo, comunicar qualquer dessas exposições escritas aos Estados e organizações que submeterem exposições semelhantes.

Art. 67.º

O Tribunal dará os seus pareceres consultivos em sessão pública, depois de terem sido notificados o Secretário-Geral, os representantes dos membros das Nações Unidas, bem como de outros Estados e das organizações internacionais directamente interessadas.

Art. 68.º

No exercício das suas funções consultivas, o Tribunal deverá guiar-se, além disso, pelas disposições do presente Estatuto, que se aplicam em casos contenciosos, na medida em que, na sua opinião, tais disposições forem aplicáveis.

CAPÍTULO V. Emendas

Art. 69.º

As emendas ao presente Estatuto serão efectuadas pelo mesmo procedimento estabelecido pela Carta das Nações Unidas para as emendas à Carta, ressalvadas, entretanto, quaisquer disposições que a Assembleia Geral, por determinação do Conselho de Segurança, possa adoptar a respeito da participação de Estados que, tendo aceite o presente Estatuto, não são membros das Nações Unidas.

Art. 70.º

O Tribunal terá a faculdade de propor por escrito ao Secretário-Geral quaisquer emendas ao presente Estatuto que julgar necessárias, a fim de que as mesmas sejam consideradas em conformidade com as disposições do artigo 69.º.

III – CONVENÇÃO SOBRE AS RELAÇÕES DIPLOMÁTICAS

Os Estados Partes na presente Convenção

Considerando que, desde tempos remotos, os Povos de todas as nações têm reconhecido o estatuto dos agentes diplomáticos;

Conscientes dos propósitos e princípios da Carta das Nações Unidas relativos à igualdade soberana dos Estados, à manutenção da paz e da segurança internacionais e ao desenvolvimento das relações de amizade entre as nações;

Persuadidos que uma convenção internacional sobre relações, privilégios e imunidades diplomáticos contribuirá para o desenvolvimento de relações amistosas entre as nações, independentemente da diversidade dos seus regimes constitucionais e sociais;

Reconhecendo que a finalidade de tais privilégios e imunidades não é beneficiar indivíduos, mas sim a de garantir o eficaz desempenho das funções das missões diplomáticas, em seu carácter de representantes dos Estados;

Afirmando que as normas do direito internacional consuetudinário devem continuar regendo as questões que não tenham sido expressamente reguladas nas disposições da presente Convenção;

Convieram no seguinte:

Art. 1.º
Para os efeitos da presente Convenção:
a) «Chefe de missão» é a pessoa encarregada pelo Estado acreditado de agir nessa qualidade;
b) «Membros da missão» são o chefe da missão e os membros do pessoal da missão;
c) «Membros do pessoal da missão» são os membros do pessoal diplomático, do pessoal administrativo e técnico e do pessoal ao serviço da missão;
d) «Membros do pessoal diplomático» são os membros do pessoal da missão que tiverem a qualidade de diplomata;
e) «Agente diplomático» tanto é o chefe da missão como qualquer membro do pessoal diplomático da missão;
f) «Membros do pessoal administrativo e técnico» são os membros do pessoal da missão empregados no serviço administrativo e técnico da missão;

g) «Membros do pessoal de serviço» são os membros do pessoal da missão empregados no serviço doméstico da missão;
h) «Criado particular» é a pessoa do serviço doméstico de um membro da missão que não seja empregado do Estado acreditado;
i) «Locais da missão» são os edifícios, ou parte dos edifícios e terrenos anexos, seja quem for o seu proprietário, utilizados para as finalidades da missão, inclusive a residência do chefe da missão.

Art. 2.º
O estabelecimento de relações diplomáticas entre Estados e o envio de missões diplomáticas permanentes efectuam-se por consentimento mútuo.

Art. 3.º
1. As funções de uma missão diplomática consistem, nomeadamente, em:
a) Representar o Estado acreditado perante o Estado acreditador;
b) Proteger no Estado acreditador os interesses do Estado acreditado e de seus nacionais, dentro dos limites estabelecidos pelo direito internacional;
c) Negociar com o governo do Estado acreditador;
d) Inteirar-se por todos os meios lícitos das condições existentes e da evolução dos acontecimentos no Estado acreditador e informar a esse respeito o governo do Estado acreditado;
e) Promover relações amistosas e desenvolver as relações económicas, culturais e científicas entre o Estado acreditado e o Estado acreditador.
2. Nenhuma disposição da presente Convenção poderá ser interpretada como impedindo o exercício de funções consulares pela missão diplomática.

Art. 4.º
1. O Estado acreditado deverá certificar-se de que a pessoa que pretende nomear como chefe de missão perante o Estado acreditador obteve o *agrément* daquele Estado.
2. O Estado acreditador não está obrigado a dar ao Estado acreditado as razões da recusa do *agrément*.

Art. 5.º
1. O Estado acreditado poderá, depois de haver feito a devida notificação aos Estados acreditadores interessados, nomear um chefe de missão ou designar qualquer membro do pessoal diplomático perante dois ou mais Estados, a não ser que um dos Estados acreditadores a isso se oponha expressamente.
2. Se um Estado acredita um chefe de missão perante dois ou mais Estados, poderá estabelecer uma missão diplomática dirigida por um encarregado de negócios *ad interim* em cada um dos Estados onde o chefe da missão não tenha a sua residência permanente.

3. O chefe da missão ou qualquer membro do pessoal diplomático da missão poderá representar o Estado acreditado perante uma organização internacional.

Art. 6.º
Dois ou mais Estados poderão acreditar a mesma pessoa como chefe de missão perante outro Estado, a não ser que o Estado acreditador a isso se oponha.

Art. 7.º
Sob reserva das disposições dos artigos 5.º, 8.º, 9.º e 11.º, o Estado acreditado poderá nomear livremente os membros do pessoal da missão. No que respeita aos adidos militar, naval ou aéreo, o Estado acreditador poderá exigir que os seus nomes lhes sejam previamente submetidos para efeitos de aprovação.

Art. 8.º
1. Os membros do pessoal diplomático da missão deverão, em princípio, ter a nacionalidade do Estado acreditado.
2. Os membros do pessoal diplomático da missão não poderão ser nomeados de entre pessoas que tenham a nacionalidade do Estado acreditador, excepto com o consentimento do referido Estado, que poderá retirá-lo em qualquer momento.
3. O Estado acreditador pode reservar-se o mesmo direito em relação a nacionais de terceiro Estado que não sejam igualmente nacionais do Estado acreditado.

Art. 9.º
1. O Estado acreditador poderá a qualquer momento, e sem ser obrigado a justificar a sua decisão, notificar o Estado acreditado de que o chefe de missão ou qualquer membro do pessoal diplomático da missão é *persona non grata* ou que outro membro do pessoal da missão não é aceitável. O Estado acreditado, conforme o caso, retirará a pessoa em questão ou dará por terminadas as suas funções na missão. Uma pessoa poderá ser declarada *non grata* ou não aceitável mesmo antes de chegar ao território do Estado acreditador.
2. Se o Estado acreditado se recusa a cumprir, ou não cumpre dentro de um prazo razoável, as obrigações que lhe incumbem nos termos do parágrafo 1 deste artigo, o Estado acreditador poderá, recusar-se a reconhecer tal pessoa como membro da missão.

Art. 10.º
1. Serão notificados ao Ministério dos Negócios Estrangeiros do Estado acreditador, ou a outro Ministério em que se tenha convindo:
   a) A nomeação dos membros da missão, a sua chegada e partida definitiva ou o termo das suas funções na missão;
   b) A chegada e partida definitiva de pessoas pertencentes à família de um membro da missão, e, se for o caso, o facto de uma pessoa vir a ser ou deixar de ser membro da família de um membro da missão;

c) A chegada e a partida definitiva dos criados particulares ao serviço das pessoas a que se refere a alínea *a)* deste parágrafo e, se for o caso, o facto de terem deixado o serviço daquelas pessoas;

d) A admissão e o despedimento de pessoas residentes no Estado acreditador como membros da missão ou como criados particulares com direito a privilégios e imunidades.

2. Sempre que possível, a chegada e a partida definitiva deverão também ser previamente notificadas.

Art. 11.º

1. Não havendo acordo explícito acerca do número de membros da missão, o Estado acreditador poderá exigir que o efectivo da missão seja mantido dentro dos limites que considere razoáveis e normais, tendo em conta as circunstâncias e condições existentes nesse Estado e as necessidades da referida missão.

2. O Estado acreditador poderá igualmente, dentro dos mesmos limites e sem discriminação, recusar-se a admitir funcionários de uma determinada categoria.

Art. 12.º

O Estado acreditado não poderá, sem o consentimento expresso e prévio do Estado acreditador, instalar escritórios que façam parte da missão em localidades distintas daquela em que a missão tem a sua sede.

Art. 13.º

1. Considera-se que o chefe de missão assumiu as suas funções no Estado acreditador a partir do momento em que tenha entregue as suas credenciais ou tenha comunicado a sua chegada e apresentado as cópias figuradas das suas credenciais ao Ministério dos Negócios Estrangeiros ou ao Ministério em que tenha convindo, de acordo com a prática observada no Estado acreditador, a qual deverá ser aplicada de maneira uniforme.

2. A ordem de entrega das credenciais ou de sua cópia figurada será determinada pela data e hora da chegada do chefe da missão.

Art. 14.º

1. Os chefes de missão dividem-se em três classes:

a) Embaixadores ou núncios acreditados perante Chefes de Estado e outros chefes de missão de categoria equivalente;

b) Enviados, ministros ou internúncios acreditados perante Chefes de Estado;

c) Encarregados de negócios acreditados perante Ministros dos Negócios Estrangeiros.

2. Salvo em questões de precedência e etiqueta, não se fará nenhuma distinção entre chefes de missão em razão da sua classe.

Art. 15.º
Os Estados, por acordo, determinarão a classe a que devem pertencer os chefes de suas missões.

Art. 16.º
1. A precedência dos chefes de missão, dentro de cada classe, estabelecer-se-á de acordo com a data e hora em que tenham assumido as suas funções, nos termos do artigo 13.º.
2. As modificações nas credenciais de um chefe de missão, desde que não impliquem mudança de classe, não alteram a sua ordem de precedência.
3. O presente artigo não afecta a prática que exista ou venha a existir no Estado acreditador com respeito à precedência do representante da Santa Sé.

Art. 17.º
O chefe de missão notificará ao Ministério dos Negócios Estrangeiros, ou a outro Ministério em que as partes tenham convindo, a ordem de precedência dos membros do pessoal diplomático da missão.

Art. 18.º
O cerimonial a observar em cada Estado para a recepção dos chefes de missão deverá ser uniforme a respeito de cada classe.

Art. 19.º
1. Em caso de vacatura do posto de chefe de missão, ou se um chefe de missão estiver impedido de desempenhar as funções, um encarregado de negócios *ad interim* exercerá provisoriamente a chefia da missão. O nome do encarregado de negócios *ad interim* será comunicado ao Ministério dos Negócios Estrangeiros do Estado acreditador, ou ao Ministério em que as partes tenham convindo, pelo chefe de missão ou, se este não puder fazê-lo, pelo Ministério dos Negócios Estrangeiros acreditado.
2. No caso de nenhum membro do pessoal diplomático estar presente no Estado acreditador, um membro do pessoal administrativo e técnico poderá, com o consentimento do Estado acreditador, ser designado pelo Estado acreditado para encarregar-se dos assuntos administrativos correntes da missão.

Art. 20.º
Tanto a missão como o seu chefe terão o direito de usar a bandeira e o escudo do Estado acreditado nos locais da missão, inclusive na residência do chefe de missão, bem como nos seus meios de transporte.

Art. 21.º
1. O Estado acreditador deverá facilitar a aquisição em seu território, de acordo com as suas leis, pelo Estado acreditado, dos locais necessários à missão ou ajudá-lo a consegui-los de outra maneira.

2. Quando necessário, ajudará também as missões a obterem alojamento adequado para os seus membros.

Art. 22.º

1. Os locais da missão são invioláveis. Os agentes de Estado acreditador não poderão neles penetrar sem consentimento do chefe de missão.

2. O Estado acreditador tem a obrigação especial adoptar todas as medidas apropriadas para proteger locais contra qualquer intrusão ou dano e evitar perturbações que afectem a tranquilidade da missão ou ofensas à sua dignidade.

3. Os locais da missão, o seu mobiliário, demais bens neles situados, assim como os meios de transporte de missão, não poderão ser objecto de busca, requisição embargo ou medida de execução.

Art. 23.º

1. O Estado acreditado e o chefe de missão estão isentos de todos os impostos de taxas nacionais, regionais e municipais sobre os locais da missão de que sejam proprietários ou inquilinos, exceptuados os que representem pagamento de serviços específicos que lhes sejam prestados.

2. A isenção fiscal a que se refere este artigo aplica-se aos impostos e taxas cujo pagamento, em conformidade com a legislação do Estado acreditador, incumba às pessoas que contratem com o Estado acreditado ou com o chefe de missão.

Art. 24.º

Os arquivos e documentos da missão são invioláveis em qualquer momento e onde quer que se encontrem.

Art. 25.º

O Estado acreditador dará todas as facilidades para desempenho das funções da missão.

Art. 26.º

Salvo o disposto nas leis e regulamentos relativos a zona cujo acesso é proibido ou regulamentado por motivos de segurança nacional, o Estado acreditador garantirá a todos os membros da missão a liberdade de circulação e trânsito em seu território.

Art. 27.º

1. O Estado acreditador permitirá e protegerá a livre comunicação da missão para todos os fins oficiais. Para comunicar-se com o Governo e demais missões e consulado, do Estado acreditado, onde quer que se encontrem, a missão poderá empregar todos os meios de comunicação adequados, inclusivé correios diplomáticos e mensagens em código ou cifra. Não obstante, a missão só poderá instalar e usar uma emissora de rádio com o consentimento do Estado acreditador.

2. A correspondência oficial da missão é inviolável. Por correspondência oficial entende-se toda a correspondência relativa à missão e suas funções.

3. A mala diplomática não poderá ser aberta ou retida.

4. Os volumes que constituam a mala diplomática deverão ter sinais exteriores visíveis que indiquem o seu carácter e só poderão conter documentos diplomáticos ou objectos destinados a uso oficial.

5. O correio diplomático, que deverá estar munido de um documento oficial que indique a sua condição e número de volumes que constituem a mala diplomática será, no desempenho das suas funções, protegido pelo Estado acreditador. Gozará de inviolabilidade pessoal e não poderá ser objecto de qualquer forma de prisão e detenção.

6. O Estado acreditado ou a missão poderá designar correios diplomáticos *ad hoc*. Em tal caso, aplicar-se-ão as disposições do parágrafo 5 deste artigo, mas as imunidades nele mencionadas deixarão de se aplicar, desde que o referido correio tenha entregue ao destinatário a mala diplomática que lhe fora confiada.

7. A mala diplomática poderá ser confiada ao comandante de aeronave comercial que tenha de aterrar num aeroporto de entrada autorizada. O comandante deverá estar munido de um documento oficial que indique o número de volumes que constituem a mala, mas não será considerado correio diplomático.

A missão poderá enviar um dos seus membros para receber a mala diplomática, directa e livremente, das mãos do comandante da aeronave.

Art. 28.º

Os direitos e emolumentos que a missão perceba em razão da prática de actos oficiais estarão isentos de todos os impostos ou taxas.

Art. 29.º

A pessoa do agente diplomático é inviolável. Não poderá ser objecto de qualquer forma de detenção ou prisão. O Estado acreditador tratá-lo-á com o devido respeito e adoptará todas as medidas adequadas para impedir qualquer ofensa à sua pessoa, liberdade ou dignidade.

Art. 30.º

1. A residência particular do agente diplomático goza da mesma inviolabilidade e protecção que os locais da missão.

2. Os seus documentos, a sua correspondência e, sob reserva do disposto no parágrafo 3 do artigo 31.º, os seus bens, gozarão igualmente de inviolabilidade.

Art. 31.º

1. O agente goza de imunidade de jurisdição penal do Estado acreditador. Goza também da imunidade da sua jurisdição civil e administrativa, salvo se se trate de:

   a) Uma acção real sobre imóvel privado situado no território do Estado acreditador, salvo se o agente diplomático o possuir por conta do Estado acreditado para os fins da missão;

b) Uma acção sucessória na qual o agente diplomático figura, a título privado e não em nome do Estado, como executor testamentário, administrador, herdeiro ou legatário;

c) Uma acção referente a qualquer actividade profissional ou comercial exercida pelo agente diplomático no Estado acreditador fora das suas funções oficiais.

2. O agente diplomático não é obrigado a prestar depoimento como testemunha.

3. O agente diplomático não está sujeito a nenhuma nedida de execução, a não ser nos casos previstos nas alíneas a), b) e c) do parágrafo 1 deste artigo e desde que a execução possa realizar-se sem afectar a inviolabilidade de uma pessoa ou residência.

4. A imunidade de jurisdição de um agente diplomático no Estado acreditador não o isenta da jurisdição do Estado acreditado.

Art. 32.º

1. O Estado acreditado pode renunciar à imunidade de jurisdição dos seus agentes diplomáticos e das pessoas que gozam de imunidade nos termos do artigo 37.º.

2. A renúncia será sempre expressa.

3. Se um agente diplomático ou uma pessoa que goza de imunidade jurisdição nos termos do artigo 37.º inicia uma acção judicial, não lhe será permitido invocar a imunidade de jurisdição no tocante a uma reconvenção directamente ligada à acção principal.

4. A renúncia à imunidade de jurisdição no tocante às acções cíveis ou administrativas não implica renúncia à imunidades quanto às medidas de execução da sentença, para as quais nova renúncia é necessária.

Art. 33.º

1. Salvo o disposto no parágrafo 3 deste artigo, o agente diplomático está, no tocante aos serviços prestados ao Estado acreditado, isento das disposições de seguro social que possam vigorar no Estado acreditador.

2. A isenção prevista no parágrafo 1 deste artigo aplicar-se-á também aos criados particulares que se acham ao serviço exclusivo do agente diplomático que:

a) Não sejam nacionais do Estado acreditador nem nele tenham residência permanente; e

b) Estejam protegidos pelas disposições sobre seguro social vigentes no Estado acreditado ou em terceiro Estado.

3. O agente diplomático que empregue pessoas a quem não se aplique a isenção prevista no parágrafo 2 deste artigo deverá respeitar as obrigações impostas aos patrões pelas disposições sobre seguro social vigentes no Estado acreditador.

4. A isenção prevista nos parágrafos 1 e 2 deste artigo não exclui a participação voluntária no sistema de seguro social do Estado acreditador, desde que tal participação seja admitida pelo referido Estado.

5. As disposições deste artigo não afectam os acordos bilaterais ou multilaterais sobre seguro social já concluídos e não impedem a celebração ulterior de acordos de tal natureza.

Art. 34.º

O agente diplomático gozará de isenção de todos os impostos e taxas, pessoais ou reais, nacionais, regionais ou municipais, com as excepções seguintes:

 a) Os impostos indirectos que estejam normalmente incluídos do preço das mercadorias ou dos serviços;
 b) Os impostos e taxas sobre bens imóveis privados situados no território do Estado acreditador, a não ser que o agente diplomático os possua em nome do Estado acreditado e para os fins da missão;
 c) Os direitos de sucessão percebidos pelo Estado acreditador, salvo o disposto no parágrafo 4 do artigo 39.º.
 d) Os impostos e taxas sobre rendimentos privados que tenham a sua origem no Estado acreditador e os impostos sobre o capital referentes a investimentos em empresas comerciais situadas no Estado acreditador;
 e) Os impostos e taxas que incidam sobre a remuneração relativa a serviços específicos;
 f) Os direitos de registos, de hipoteca, custas judiciais e impostos do selo relativos a bens imóveis, salvo o disposto no artigo 23.º.

Art. 35.º

O Estado acreditador deverá isentar os agentes diplomáticos de toda a prestação pessoal, de todo serviço público, seja qual for a sua natureza, e de obrigações militares, tais como requisições, contribuições e alojamento militar.

Art. 36.º

1. De acordo com as leis e regulamentos que adopte, o Estado acreditador permitirá a entrada livre de pagamento de direitos aduaneiros, taxas e outros encargos conexos que não constituam despesas de armazenagem, transporte e outras relativas a serviços análogos:

 a) Dos objectos destinados ao uso oficial da missão;
 b) Dos objectos destinados ao uso pessoal do agente diplomático ou dos membros de sua família que com ele vivam, incluindo os objectos destinados à sua instalação.

2. A bagagem pessoal do agente diplomático não está sujeito a inspecção, salvo se existirem motivos sérios para crer que a mesma contém objectos não previstos nas isenções mencionadas no parágrafo 1 deste artigo, ou objectos cuja importação ou exportação é proibida pela legislação do Estado acreditador,

ou sujeitos aos seus regulamentos de quarentena. Nesse caso, a inspecção só poderá ser feita na presença do agente diplomático ou do seu representante autorizado.

Art. 37.º

1. Os membros da família de um agente diplomático que com ele vivam gozarão dos privilégios e imunidades mencionados nos artigos 29.º a 36.º, desde que não sejam nacionais do Estado acreditador.

2. Os membros do pessoal administrativo e técnico da missão, assim como os membros de suas famílias que com eles vivam, desde que não sejam nacionais do Estado acreditador nem nele tenham residência permanente, gozarão dos privilégios e imunidades mencionados nos artigos 29.º a 35.º, com a ressalva de que a imunidade de jurisdição civil e administrativa do Estado acreditador, mencionada no parágrafo 1 do artigo 31.º, não se estenderá aos actos por eles praticados fora do exercício de suas funções; gozarão também dos privilégios mencionados no parágrafo 1 do artigo 36.º, no que respeita aos objectos importados para a primeira instalação.

3. Os membros do pessoal de serviço da missão que não sejam nacionais do Estado acreditador nem nele tenham residência permanente gozarão de imunidade quanto aos actos praticados no exercício de suas funções, de isenção de impostos e taxas sobre os salários que perceberem pelos seus serviços e da isenção prevista no artigo 33.º.

4. Os criados particulares dos membros da missão que não sejam nacionais do Estado acreditador nem nele tenham residência permanente estarão isentos de impostos e taxas sobre os salários que perceberem pelos seus serviços. Nos demais casos, só gozarão de privilégios e imunidades na medida reconhecida pelo referido Estado. Todavia, o Estado acreditador deverá exercer a sua jurisdição sobre tais pessoas de modo a não interferir demasiadamente com o desempenho das funções da missão.

Art. 38.º

1. A não ser na medida em que o Estado acreditador conceda outros privilégios e imunidades, o agente diplomático que seja nacional do referido Estado ou nele tenha residência permanente gozará da imunidade de jurisdição e de inviolabilidade apenas quanto aos actos oficiais praticados no desempenho de suas funções.

2. Os demais membros do pessoal da missão e os criados particulares que sejam nacionais do Estado acreditador ou nele tenham a sua residência permanente gozarão apenas dos privilégios e imunidades que lhes forem reconhecidos pelo referido Estado. Todavia, o Estado acreditador deverá exercer a sua jurisdição sobre tais pessoas de maneira a não interferir demasiadamente com o desempenho das funções da missão.

Art. 39.º

1. Toda a pessoa que tenha direito a privilégios e imunidades gozará dos mesmos a partir do momento em que entrar no território do Estado acreditador para assumir o seu posto ou, no caso de já se encontrar no referido território, desde que a sua nomeação tenha sido notificada ao Ministério dos Negócios Estrangeiros ou ao Ministério em que se tenha convindo.

2. Quando terminarem as funções de uma pessoa que goze de privilégios e imunidades, esses privilégios e imunidades cessarão normalmente no momento em que essa pessoa deixar o país ou quando transcorrido um prazo razoável que lhe tenha sido concedido para tal fim, mas perdurarão até esse momento, mesmo em caso de conflito armado. Todavia, a imunidade subsiste no que diz respeito aos actos praticados por tal pessoa no exercício das suas funções como membro da missão.

3. Em caso de falecimento de um membro da missão os membros de sua família continuarão no gozo dos privilégios e imunidades a que têm direito até à expiração de um prazo razoável que lhes permita deixar o território do Estado acreditador.

4. Em caso de falecimento de um membro da missão que não seja nacional do Estado acreditador nem nele tenha residência permanente, ou de membro de sua família que com ele viva, o Estado acreditador permitirá que os bens móveis do falecido sejam retirados do país com excepção dos que nele foram adquiridos e cuja exportação seja proibida no momento do falecimento. Não serão cobrados direitos de sucessão sobre os bens móveis cuja situação no estado acreditador era devida unicamente à presença do falecido no referido Estado, como membro da missão ou como membro da família de um membro da missão.

Art. 40.º

1. Se o agente diplomático atravessa o território ou se encontra no território de um terceiro Estado, que lhe concedeu visto no passaporte, quando esse visto for exigido a fim de assumir ou reassumir o seu posto ou regressar ao seu país, o terceiro Estado conceder-lhe-á a inviolabilidade e todas as outras imunidades necessárias para lhe permitir o trânsito ou o regresso. Essa regra será igualmente aplicável aos membros da família que gozem de privilégios e imunidades, quer acompanhem o agente diplomático, quer viajem separadamente para reunir-se a ele ou regressar ao seu país.

2. Em circunstâncias análogas às previstas no parágrafo 1 deste artigo, os terceiros Estados não deverão dificultar a passagem através do seu território dos membros do pessoal administrativo e técnico ou de serviço da missão e dos membros de suas famílias.

3. Os terceiros Estados concederão à correspondência e a outras comunicações oficiais em trânsito, inclusive às mensagens em código ou cifra, a mesma liberdade e protecção concedidas pelo Estado acreditador. Concederão aos correios diplomáticos a quem um visto no passaporte tenha sido concedido, quando

esse visto for exigido, bem como às malas diplomáticas em trânsito, a mesma inviolabilidade e protecção a que se acha obrigado o Estado acreditador.

4. As obrigações dos terceiros Estados em virtude dos parágrafos 1, 2 e 3 deste artigo serão aplicáveis também às pessoas mencionadas, respectivamente, nesses parágrafos, bem como às comunicações oficiais e às malas diplomáticas que se encontrem no território do terceiro Estado por motivo de força maior.

Art. 41.º

1. Sem prejuízo dos seus privilégios e imunidades, todas as pessoas que gozem desses privilégios e imunidades deverão respeitar as leis e os regulamentos do Estado acreditador. Têm também o dever de não se imiscuir nos assuntos internos do referido Estado.

2. Todos os assuntos oficiais tratados com o Estado acreditador confiados à missão pelo Estado acreditado deverão sê-lo com o Ministério dos Negócios Estrangeiros do Estado acreditador ou por seu intermédio, ou com outro Ministério em que se tenha convindo.

3. Os locais da missão não devem ser utilizados de maneira incompatível com as funções da missão, tais como são enunciadas na presente Convenção, ou em outras normas de direito internacional geral ou em acordos especiais em vigor entre o Estado acreditado e o Estado acreditador.

Art. 42.º

O agente diplomático não exercerá no Estado acreditador nenhuma actividade profissional ou comercial em proveito próprio.

Art. 43.º

As funções de agente diplomático terminarão, nomeadamente:

 a) Pela notificação do Estado acreditado ao Estado acreditador de que as funções do agente diplomático terminaram;
 b) Pela notificação do Estado acreditador ao Estado acreditado de que, nos termos do parágrafo 2 do artigo 9.º, se recusa a reconhecer o agente diplomático como membro da missão.

Art. 44.º

O Estado acreditador deverá, mesmo no caso de conflito armado conceder facilidades para que as pessoas que gozem de privilégios e imunidades, e não sejam nacionais do Estado acreditador, bem como os membros de suas famílias, seja qual for a sua nacionalidade, possam deixar o seu território o mais depressa possível. Se necessário, deverá colocar à sua disposição os meios de transportes indispensáveis para tais pessoas e seus bens.

Art. 45.º
Em caso de ruptura das relações diplomáticas entre dois Estados ou se uma missão é retirada definitiva ou temporariamente:
  a) O Estado acreditador está obrigado a respeitar e a proteger mesmo em caso de conflito armado, os locais da missão, bem como os seus bens e arquivos;
  b) O Estado acreditado poderá confiar a guarda dos locais da missão, bem como dos seus bens e arquivos, a um terceiro Estado aceite pelo Estado acreditador;
  c) O Estado acreditado poderá confiar a protecção de seus interesses e os dos seus nacionais a um terceiro Estado aceite pelo Estado acreditador.

Art. 46.º
Com o consentimento prévio do Estado acreditador e a pedido de um terceiro Estado nele não representado, o Estado acreditado poderá assumir a protecção temporária dos interesses do terceiro Estado e dos seus nacionais.

Art. 47.º
1. Na aplicação das disposições da presente Convenção o Estado acreditador não fará nenhuma discriminação entre Estados.
2. Todavia, não será considerada discriminação:
  a) O facto de o Estado acreditador aplicar restritivamente uma das disposições da presente Convenção quando a mesma for aplicada de igual maneira à sua missão no Estado acreditado;
  b) O facto de os Estados, em virtude de costume ou convénio, se concederem reciprocamente um tratamento mais favorável do que o estipulado pelas disposições da presente Convenção.

Art. 48.º
A presente Convenção ficará aberta para assinatura de todos os Estados membros das Nações Unidas ou de uma organização especializada, bem como dos Estados Partes no Estatuto do Tribunal Internacional da Justiça e de qualquer outro Estado convidado pela Assembleia Geral das Nações Unidas a tornar-se Parte da Convenção da maneira seguinte: até 31 de Outubro de 1961, no Ministério Federal dos Negócios Estrangeiros da Áustria, e, depois, até 31 de Março de 1962, na sede das Nações Unidas, em Nova Iorque.

Art. 49.º
A presente Convenção será ratificada. Os instrumentos de ratificação serão depositados perante o Secretário-Geral das Nações Unidas.

Art. 50.º
A presente Convenção permanecerá aberta a adesão de todos os Estados pertencentes a qualquer das quatro categorias mencionadas no artigo 48.º. Os instrumentos de adesão serão depositados perante o Secretário-Geral das Nações Unidas.

Art. 51.º
1. A presente Convenção entrará em vigor no trigésimo dia que se seguir à data do depósito, perante o Secretário-Geral das Nações Unidas, do vigésimo segundo instrumento de ratificação ou adesão.
2. Para cada um dos Estados que ratificarem a Convenção ou a ela aderirem depois do depósito do vigésimo segundo instrumento de ratificação ou adesão, a convenção entrará em vigor no trigésimo dia após o depósito, por esse Estado, do instrumento de ratificação ou adesão.

Art. 52.º
O Secretário-Geral das Nações Unidas comunicará a todos os Estados pertencentes a qualquer das quatro categorias mencionadas no artigo 48.º:
   a) As assinaturas apostas à presente Convenção e o depósito dos intrumentos de ratificação ou adesão, nos termos dos artigos 48.º, 49.º e 50.º;
   b) A data em que a presente Convenção entrará em vigor, nos termos do artigo 51.º.

Art. 53.º
O original da presente Convenção, cujos textos em inglês, chinês, espanhol, francês e russo fazem igualmente fé, será depositado perante o Secretário-Geral das Nações Unidas, que enviará cópia certificada conforme a todos os Estados pertencentes a qualquer das quatro categorias mencionadas no artigo 48.º.

Em fé do que os plenipotenciários, devidamente autorizados pelos respectivos Governos, assinaram a presente Convenção.

Feita em Viena, aos 18 dias do mês de Abril de 1961.

Resolução n.º 4/81, de 2 de Setembro

Com a proclamação da Independência Nacional, em 25 de Junho de 1975, a República Popular de Moçambique afirmou-se como Estado soberano, dotado de personalidade jurídica internacional e, enquanto sujeito de direitos e deveres do ordenamento jurídico da comunidade dos Estados, tem vindo a assumir uma conduta pautada pela observância dos preceitos que regem as relações diplomáticas.

III – Convenção sobre as Relações Diplomáticas

O Estado moçambicano concede especial importância a que a convivência entre os membros da sociedade internacional se realize de forma harmoniosa, assente em princípios justos e perenes, que sejam universalmente aceites.

Tendo em conta que a Convenção de Viena sobre Relações Diplomáticas, encerra normas que fazem dela um instrumento jurídico útil ao relacionamento entre os Estados.

Nos termos do artigo 51.º da Constituição, a Comissão Permanente da Assembleia Popular determina:

Único. É aprovada a adesão à Convenção Sobre Relações Diplomáticas feita em Viena a 18 de Abril de 1961, cujos textos em língua francesa e em língua portuguesa se publicam em anexo à presente resolução.

Aprovada pela Comissão Permanente da Assembleia Popular.
Publique-se.
O Presidente da República, SAMORA MOISÉS MACHEL.

IV – CONVENÇÃO SOBRE O DIREITO DOS TRATADOS

Os Estados-Partes na presente Convenção,
Considerando o papel fundamental dos tratados na história das relações internacionais,
Reconhecendo a importância cada vez maior dos tratados como fonte de Direito Internacional e como meio de desenvolver a cooperação pacífica entre as nações, quaisquer que sejam os seus regimes constitucionais e sociais;
Constatando que os princípios de livre consentimento e da boa fé e a regra *"pacta sunt servanda"* são universalmente reconhecidos;
Afirmando que as controvérsias relativas aos tratados, tais como as outras controvérsias internacionais, devem ser solucionadas por meios pacíficos e de conformidade com os princípios da Justiça e do Direito Internacional;
Recordando a determinação dos povos das Nações Unidas de criarem condições necessárias à manutenção da Justiça e ao respeito das obrigações nascidas dos tratados;
Conscientes dos princípios de Direito Internacional incorporados na Carta das Nações Unidas, tais como o princípio da igualdade de direitos e da autodeterminação dos povos, da igualdade soberana e da independência de todos os Estados, da não ingerência nos assuntos internos dos Estados, da proibição da ameaça ou emprego da força e do respeito universal e efectivo dos direitos do homem e das liberdades fundamentais para todos;
Acreditando que a codificação e o desenvolvimento progressivo do direito dos tratados alcançados na presente Convenção promoverão os propósitos das Nações Unidas enunciados na Carta, que são a manutenção da paz e da segurança internacionais, o desenvolvimento das relações amistosas e a realização da cooperação entre as nações;
Afirmando que as regras do Direito Internacional consuetudinário continuarão a reger as questões que não forem reguladas nas disposições da presente Convenção;
Convencionaram o seguinte:

PARTE I. INTRODUÇÃO

Art. 1.º (Âmbito da presente Convenção)
A presente Convenção aplica-se a tratados entre Estados.

Art. 2.º (Expressões empregadas)
1. Para os fins da presente Convenção:
   a) «Tratado» significa um acordo internacional celebrado por escrito entre Estados e regido pelo Direito Internacional, quer conste de um instrumento único, quer de dois ou mais instrumentos conexos, qualquer que seja a sua denominação específica;
   b) «Ratificação», «aceitação», «aprovação» e «adesão», significam conforme o caso, o acto internacional assim denominado pelo qual um Estado estabelece no plano internacional o seu consentimento em obrigar-se por um tratado;
   c) «Plenos poderes» significa um documento expedido pela autoridade competente de um Estado e pelo qual são designadas uma ou várias pessoas para representar o Estado na negociação, adopção ou autenticação do texto de um tratado, para manifestar o consentimento do Estado em obrigar-se por um tratado ou para o praticar de qualquer outro acto relativo a um tratado;
   d) «Reserva» significa uma declaração unilateral, feita por um Estado, seja qual for a sua redacção ou denominação, ao assinar ratificar, aceitar ou aprovar um tratado ou a ele aderir, com objectivo de excluir ou modificar o efeito jurídico de certas disposições do tratado na sua aplicação a este Estado;
   e) «Estado negociador» significa um Estado que participou na elaboração e adopção do texto do tratado;
   f) «Estado contratante» significa um Estado que consentiu em se obrigar pelo tratado, esteja em vigor ou não;
   g) «Parte» significa um Estado que consentiu em se obrigar pelo tratado e em relação ao qual este esteja em vigor;
   h) «Terceiro Estado» significa um Estado que não é parte do tratado;
   i) «Organização internacional» significa uma organização intergovernamental.
2. As disposições do parágrafo 1 relativas às expressões empregadas na presente Convenção não prejudicam o emprego destas expressões, nem o significado que lhes possam ser dados na legislação interna de qualquer Estado.

Art. 3.º (Acordos internacionais excluídos do âmbito da presente Convenção)
O facto de a presente Convenção não se aplicar a acordos internacionais, concluídos entre Estados e outros sujeitos de Direito Internacional, ou entre estes e outros sujeitos de Direito Internacional, nem em forma não-escrita, não prejudicará:
   a) O valor jurídico desses acordos;

b) A aplicação a esses acordos de quaisquer regras enunciadas na presente Convenção às quais estariam submetidos em virtude do Direito Internacional, independentemente da referida Convenção;
   c) A aplicação da Convenção às relações entre Estados, reguladas em acordos internacionais, em que sejam igualmente partes outros sujeitos de Direito Internacional.

Art. 4.º   (Irretroactividade da presente Convenção)
Sem prejuízo da aplicação de quaisquer regras enunciadas na presente Convenção, às quais os tratados estejam submetidos em virtude do Direito Internacional independentemente da Convenção, esta somente se aplicará aos tratados concluídos por Estados depois da sua entrada em vigor, em relação a estes Estados.

Art. 5.º   (Tratados constitutivos de organizações internacionais e tratados adoptados no âmbito de uma organização internacional)
A presente Convenção aplica-se a todo tratado que seja acto constitutivo de uma organização internacional ou a todo tratado adoptado no âmbito de uma organização internacional, sem prejuízo das regras pertinentes à organização.

PARTE II. CONCLUSÃO E ENTRADA EM VIGOR DE TRATADOS

SECÇÃO I.   **Conclusão de tratados**

Art. 6.º   (Capacidade dos Estados para concluir tratados)
Todo o Estado tem capacidade para concluir tratados.

Art. 7.º   (Plenos poderes)
1. Uma pessoa é considerada representante de um Estado para adopção ou autenticação do texto de um tratado ou para expressar consentimento do Estado em obrigar-se por um tratado se:
   a) Apresentar plenos poderes apropriados; ou
   b) A prática dos Estados interessados ou outras circunstâncias indicarem que a intenção do Estado era considerar essa pessoa como seu representante para esses fins e dispensar os plenos poderes.
2. Em virtude das suas funções e independentemente da apresentação de plenos poderes, são considerados representantes do seu Estado:
   a) Os Chefes de Estado, os Chefes de Governo e os Ministros das Relações Exteriores, para os actos relativos à conclusão de um tratado;
   b) Os Chefes de missão diplomática, para adopção do texto de um tratado entre o Estado acreditante e o Estado acreditado;

c) Os representantes acreditados pelos Estados perante uma conferência ou organização internacional ou um de seus órgãos, para adopção do texto de um tratado em tal conferência, organização ou órgão.

Art. 8.º (Confirmação posterior de acto praticado sem autorização)
Um acto relativo à conclusão de um tratado praticado por uma pessoa que, nos termos do artigo 7.º, não pode ser considerada representante de um Estado para esse fim, não produz efeitos jurídicos, a não ser que seja confirmado, posteriormente por esse Estado.

Art. 9.º (Adopção do texto)
1. A adopção do texto do tratado efectua-se pelo consentimento de todos os Estados que participam na sua elaboração, sem prejuízo do disposto no parágrafo 2.
2. A adopção do texto de um tratado numa conferência internacional efectua-se pela maioria de dois terços dos Estados presentes e votantes, salvo se esses Estados, pela mesma maioria, decidirem uma regra diversa.

Art. 10.º (Autenticação do texto)
O texto de um tratado é, considerado autêntico e definitivo:
a) Mediante o processo previsto no texto de um tratado ou acordado pelos Estados que participem na sua elaboração;
b) Na ausência de tal processo, pela assinatura, assinatura *ad referendum* ou rubrica, pelos representantes desses Estados, do texto do tratado ou da Acta Final da Conferência que incorporar o referido texto.

Art. 11.º (Meios de manifestar consentimento em obrigar-se por um tratado)
O consentimento de um Estado em obrigar-se a um tratado pode manifestar-se pela assinatura, troca de instrumentos constitutivos do tratado, ratificação, aceitação, aprovação ou adesão, ou por quaisquer outros meios, se assim for acordado.

Art. 12.º (Consentimento em obrigar-se por um tratado manifestado pela assinatura)
1. O consentimento de um Estado obriga-se por um tratado manifesta-se pela assinatura do representante desse Estado:
a) Quando o tratado dispõe que a assinatura terá esse efeito;
b) quando se estabeleça, de outra forma, que os Estados negociadores acordam de dar à assinatura esse efeito; ou
c) Quando a intenção do Estado interessado em dar esse efeito à assinatura decorra dos plenos poderes de seu representante ou tenha sido manifestado durante a negociação.
2. Para efeitos do parágrafo 1:
a) A rubrica de um texto tem o valor de assinatura do tratado, quando fique estabelecido que os Estados negociadores nisso acordem;

b) A assinatura *ad referendum* de um tratado pelo representante de um Estado, quando confirmada pelo seu Estado, vale como assinatura definitiva do tratado.

Art. 13.º (Consentimento em obrigar-se por um tratado manifestado pela troca dos seus instrumentos constitutivos)

O consentimento dos Estados em se obrigarem por um tratado, constituído por instrumentos trocados entre eles, manifesta-se por essa troca:

a) Quando os instrumentos estabeleçam que a troca produz esse efeito; ou
b) Quando fique estabelecido, por outra forma, que esses Estados acordaram em que a troca dos instrumentos produz esse efeito.

Art. 14.º (Consentimento em obrigar-se por um tratado manifestado pela ratificação, aceitação ou aprovação)

1. O consentimento de um Estado em obrigar-se por um tratado manifesta-se pela ratificação:

a) Quando o tratado assim disponha expressamente;
b) Quando, por outra forma, se estabeleça que os Estados negociadores convencionaram a necessidade da ratificação;
c) Quando o representante do Estado assine o tratado sob reserva de ratificação; ou
d) Quando a intenção do Estado de assinar um tratado sob reserva de ratificação decorra dos plenos poderes de seu representante ou tenha sido manifestado durante e negociação.

2. O consentimento de um Estado em obrigar-se por um tratado manifesta-se pela aceitação ou aprovação em condições análogas às aplicáveis à ratificação.

Art. 15.º (Consentimento em obrigar-se por um tratado manifestado pela adesão)

O consentimento de um Estado em obrigar-se por um tratado manifesta-se pela adesão:

a) Quando o tratado assim disponha expressamente;
b) Quando por outra forma se estabeleça que os Estados negociadores convencionaram que este consentimento pode ser manifestado pela adesão; ou
c) Quando todas as partes convencionaram posteriormente que este consentimento pode ser manifestado pela adesão.

Art. 16.º (Troca ou depósito dos instrumentos de ratificação, aceitação, aprovação ou adesão)

Salvo disposição em contrário, os instrumentos de ratificação, aceitação, aprovação ou adesão estabelecem o consentimento de um Estado em obrigar-se por um tratado aquando;

a) Da sua troca entre os Estados contratantes;

b) Do seu depósito junto aos depositários; ou
c) Da sua notificação aos Estados contratantes ou ao depositário, se assim for convencionado.

Art. 17.º (Consentimento em obrigar-se por uma parte do tratado e escolha entre disposições diferentes)

1. Sem prejuízo do disposto nos artigos 19.º a 23.º, o consentimento de um Estado em obrigar-se por parte de um tratado só produz efeitos se o tratado permite ou se os outros Estados contratantes nisso acordarem.

2. O consentimento de um Estado em obrigar-se por um tratado que permite escolha entre as disposições diferentes só produz efeitos se as disposições a que se refere o consentimento forem claramente indicadas.

Art. 18.º (Obrigação de não frustrar o objecto e finalidade de um tratado antes da sua entrada em vigor)

Um Estado deve abster-se da prática de actos que frustrem o objecto e a finalidade de um tratado quando:
a) Tendo assinado ou trocado instrumentos constitutivos do tratado sob reserva de ratificação, aceitação ou aprovação, não manifestar a sua intenção de não se tornar parte no tratado;
b) Expressou o seu consentimento em obrigar-se por um tratado no período que precede a entrada em vigor do tratado e com a condição de esta não ser indevidamente retardada.

SECÇÃO II. **Reservas**

Art. 19.º (Formulação de reservas)

Um Estado pode ao assinar, ratificar, aceitar ou aprovar um tratado, ou a ele aderir, formular uma reserva, a não ser que:
a) A reserva seja proibida pelo tratado;
b) O tratado apenas autorize determinadas reservas, entre as quais não figure a reserva em questão; ou
c) Nos casos não previstos nas alíneas a) e b), a reserva seja incompatível com o objectivo e a finalidade do tratado.

Art. 20.º (Aceitação de reservas e objecções às reservas)

1. Uma reserva expressamente autorizada por um tratado não requer qualquer aceitação posterior pelos outros Estados contratantes, a não ser que o tratado assim disponha.

2. Quando resulta de um número limitado dos Estados negociadores, assim como do objecto e da finalidade do tratado, que a aplicação do tratado na íntegra entre todas as partes é condição essencial para o consentimento de cada uma delas em obrigar-se pelo tratado, uma reserva requere a aceitação de todas as partes.

3. Quando o tratado é um acto constitutivo de uma organização internacional, a reserva exige a aceitação do órgão competente a não ser que o tratado disponha diversamente.

4. Nos casos não previstos nos parágrafos precedentes e salvo disposição em contrário:
   a) A aceitação de uma reserva por outro Estado contratante torna o Estado autor da reserva parte no tratado em relação àquele Estado, se o tratado está em vigor ou quando entrar em vigor para esses Estados;
   b) A objecção feita a uma reserva por outro Estado contratante não impede que o tratado entre em vigor entre o Estado que formulou a objecção e o Estado autor da reserva, a não ser que uma intenção contrária tenha sido expressamente manifestada pelo Estado que formulou a objecção;
   c) Um acto que manifestar o consentimento de um Estado em obrigar-se por um tratado e que contiver uma reserva produz efeito logo que pelo menos outro Estado contratante aceitar a reserva.

5. Para os fins do parágrafos 2 e 4 e salvo disposição em contrário, uma reserva é tida como aceite por um Estado se este não formulou a objecção à reserva, quer no decurso do prazo de doze meses que se seguiu à data em que recebeu a notificação, quer na data em que manifestou o seu consentimento em obrigar-se pelo tratado, se esta for posterior.

Art. 21.º (Efeitos jurídicos das reservas e das objecções às reservas)
1. Uma reserva estabelecida em relação a outra parte, em conformidade com os artigos 19.º, 20.º e 23.º:
   a) Modifica para o autor da reserva em suas relações com a outra parte as disposições do tratado sobre as quais incide a reserva, na medida prevista por esta; e
   b) Modifica as disposições na mesma medida em relação a essa outra parte em suas relações com o Estado autor da reserva.

2. A reserva não modifica as disposições do tratado quanto às demais partes dos tratados em suas relações "inter se".

3. Quando um Estado que formulou uma objecção a uma reserva, considera o tratado em vigor entre ele e o próprio Estado autor da reserva, as disposições a que se refere a reserva não se aplicam entre os dois Estados na medida prevista pela reserva.

Art. 22.º (Retirada de reservas e de objecções às reservas)
1. Salvo disposição em contrário, uma reserva pode ser retirada a qualquer momento, sem que o consentimento do Estado que a aceitou seja necessário para sua retirada.

2. Salvo disposição em contrário, uma objecção a uma reserva pode, a qualquer momento, ser retirada.

3 – Salvo disposição em contrário, que fique acordada por outra forma:
   a) A retirada de uma reserva só produz efeitos em relação a outro Estado contratante, quando este Estado receber a correspondente notificação.
   b) A retirada de uma objecção a uma reserva só produz efeito quando o Estado que formulou a reserva receber notificação dessa retirada.

Art. 23.º (Processo relativo às reservas)

1. A reserva, a aceitação expressa de uma reserva e a objecção a uma reserva devem ser formuladas por escrito e comunicadas aos Estados contratantes e aos outros Estados que tenham direito de se tornarem partes do tratado.

2. Uma reserva formulada quando da assinatura do tratado sob reserva de ratificação, aceitação ou aprovação, deve ser formalmente confirmada pelo Estado que a formulou no momento em que manifestar o seu consentimento em obrigar-se pelo tratado. Neste caso a reserva considerar-se-á feita na data da sua confirmação.

3. Uma aceitação expressa de uma reserva ou uma objecção a uma reserva feita antes da confirmação da reserva não requer confirmação.

4. A retirada de uma reserva ou de uma objecção a uma reserva deve ser formulada por escrito.

SECÇÃO III. **Entrada em vigor dos tratados e aplicação provisória**

Art. 24.º (Entrada em vigor)

1. Um tratado entra em vigor na forma e na data previstas no tratado ou acordadas pelas partes.

2. Na ausência de tal disposição ou acordo, um tratado entra em vigor logo que o consentimento em obrigar-se por um tratado seja manifestado por todos os Estados negociadores.

3. Quando o consentimento de um Estado em obrigar-se por um tratado for manifestado depois da sua entrada em vigor, o tratado, salvo disposição em contrário, entrará em vigor em relação ao Estado nessa data.

4. As disposições de um tratado relativas à autenticação do seu texto, à manifestação do consentimento dos Estados em obrigarem-se pelo tratado, à maneira ou à data da sua entrada em vigor, às reservas, às funções de depositário e aos outros assuntos que surjam necessariamente antes da entrada em vigor do tratado, são aplicadas desde a adopção do texto.

Art. 25.º (Aplicação provisória)

1. Um tratado ou uma parte do tratado aplica-se provisoriamente enquanto não entra em vigor, se:
   a) O próprio tratado assim dispuser; ou
   b) Os Estados negociadores assim acordarem por outra forma.

2. Salvo disposição em contrário, ou os Estados negociadores acordarem diversamente, a aplicação provisória de um tratado ou parte de um tratado, em

relação a um Estado, termina se esse Estado notificar a outros Estados, entre os quais o tratado é aplicado provisoriamente, a sua intenção de não se tornar parte do tratado.

PARTE III. OBSERVÂNCIA, APLICAÇÃO E INTERPRETAÇÃO DE TRATADOS

SECÇÃO I. **Observância de tratados**

Art. 26.º (*Pacta sunt servanda*)
Todo o tratado em vigor obriga as partes e deve ser cumprido por elas de boa-fé.

Art. 27.º (**Direito interno e observância de tratados**)
Uma parte não pode invocar as disposições de seu direito interno para justificar o inadimplemento de um tratado. Esta regra não prejudicará o artigo 46.º.

SECÇÃO II. **Aplicação de tratados**

Art. 28.º (**Irretroactividade de tratados**)
A não ser que uma intenção diferente resulte do tratado, ou salvo disposição em contrário, as disposições de um tratado não obrigam uma parte em relação a um acto ou facto anterior ou a uma situação que deixou de existir antes da entrada em vigor do tratado em relação a essa parte.

Art. 29.º (**Aplicação territorial de tratados**)
A não ser que uma intenção diferente resulte do tratado, ou salvo disposição em contrário, um tratado obriga cada uma das partes em relação a todo o seu território.

Art. 30.º (**Aplicação de tratados sucessivos sobre o mesmo assunto**)
1. Sem prejuízo das disposições do artigo 103.º da Carta das Nações Unidas, os direitos e obrigações dos Estado-Partes em tratados sucessivos sobre o mesmo assunto serão determinados de conformidade com os parágrafos seguintes.

2. Quando um tratado estipular que está subordinado a um tratado anterior ou posterior ou que não deve ser considerado incompatível com esse outro tratado, as disposições deste último prevalecerão.

3. Quando todas as partes no tratado anterior são igualmente partes do tratado posterior, sem que o tratado anterior tenha cessado de vigorar ou sem que a sua aplicação tenha sido suspensa em virtude do artigo 59.º, o tratado anterior só se aplica na medida em que as suas disposições sejam compatíveis com o tratado posterior.

4. Quando as partes no tratado posterior não incluírem todas as partes no tratado anterior:
   a) Nas relações entre Estados-Partes nos dois tratados, aplicam-se as regras do parágrafo 3;
   b) Nas relações entre Estados-Partes nos dois tratados e um Estado-Parte apenas em um desses tratados, o tratado em que os dois Estados são partes rege os seus direitos e obrigações recíprocos.

5. O parágrafo 4 aplica-se sem prejuízo do artigo 41.º, ou de qualquer questão relativa à extinção ou suspensão da execução de um tratado em virtude do artigo 60.º ou de qualquer questão de responsabilidade que possa surgir para um Estado da conclusão ou da aplicação de um tratado cujas disposições sejam incompatíveis com as suas obrigações em relação a outro Estado, em virtude de outro tratado.

SECÇÃO III. **Interpretação de tratados**

Art. 31.º (Regra geral de interpretação)

1. Um tratado deve ser interpretado de boa-fé, segundo o sentido comum atribuível aos termos do tratado, em seu contexto e à luz do seu objecto e finalidade.

2. Para os fins de interpretação de um tratado, o contexto compreende, além do texto, o seu preâmbulo e anexos:
   a) Qualquer acordo relativo ao tratado e feito entre as partes por ocasião da conclusão do tratado;
   b) Qualquer instrumento estabelecido por uma ou várias partes por ocasião da conclusão do tratado e aceite pelas outras partes como instrumento relativo ao tratado.

3. Será levado em consideração, juntamente com o contexto:
   a) Qualquer acordo posterior entre as partes relativo à interpretação do tratado ou à aplicação de suas disposições;
   b) Qualquer prática seguida posteriormente na aplicação do tratado pela qual se estabeleça o acordo das partes relativo à sua interpretação;
   c) Qualquer regra pertinente de direito internacional aplicável às relações entre as partes.

Art. 32.º (Meios suplementares de interpretação)

Pode-se recorrer a meios suplementares de interpretação, inclusive aos trabalhos preparatórios do tratado e às circunstâncias de sua conclusão, a fim de confirmar o sentido resultante da aplicação do artigo 31.º ou a determinar o sentido quando a interpretação, de conformidade com o artigo 31.º:
   a) Deixa o sentido ambíguo ou obscuro; ou
   b) Conduz a um resultado que é manifestadamente absurdo ou desrazoável.

Art. 33.º (Interpretação de tratados autenticados em duas ou mais línguas)
1. Quando um tratado foi autenticado em duas ou mais línguas, o texto faz igualmente fé em cada uma delas, a não ser que o tratado disponha ou as partes concordem que, em caso de divergência, um texto determinado prevalecerá.
2. Uma versão do tratado em línguas diversas daquelas em que o texto foi autenticado só será considerada texto autêntico se o tratado o prever ou as partes nisso concordarem.
3. Presume-se que os termos do tratado têm o mesmo sentido nos diversos textos autênticos.
4. Salvo o caso em que determinado texto prevalece, nos termos do parágrafo 1 quando a comparação dos textos autênticos faz sobressair uma diferença de sentidos que a aplicação dos artigos 31.º e 32.º não elimina, adoptar-se-á o sentido que, tendo em conta o objecto e a finalidade do tratado, melhor concilie esses textos.

SECÇÃO IV. Tratados e terceiros Estados

Art. 34.º (Regra geral sobre terceiros Estados)
Um tratado não cria nem obrigações nem direitos para um terceiro Estado sem o seu consentimento.

Art. 35.º (Tratados que criam obrigações para terceiros Estados)
Uma obrigação nasce para um terceiro Estado de uma disposição de um tratado se as partes nesse tratado tiverem a intenção de criar essa obrigação por meio dessa disposição e o terceiro Estado aceitar expressadamente por escrito essa obrigação.

Art. 36.º (Tratados que criam direitos para terceiros Estados)
1. Um direito nasce para um terceiro Estado de uma disposição de um tratado se as partes nesse tratado tiverem a intenção de conferir, por meio dessa disposição, esse direito quer a um terceiro Estado, quer a um grupo de Estados a que pertença, quer a todos Estados, e se esse terceiro Estado nisso consentiu. Presume-se o consentimento até indicação em contrário, a menos que o tratado disponha diversamente.
2. Um Estado que exerce um direito nos termos do parágrafo 1, deve respeitar, para o exercício desse direito, as condições previstas no tratado ou estabelecidas de acordo com as suas disposições.

Art. 37.º (Revogação ou modificação de obrigações ou de direitos de terceiros Estados)
1. Nos casos em que uma obrigação tenha nascido de um terceiro Estado, nos termos do artigo 35.º, essa obrigação só pode ser revogada ou modificada mediante o consentimento das partes no tratado e das do terceiro Estado, salvo acordo em contrário.

2. Nos casos em que um direito tenha nascido para um terceiro Estado, nos termos do artigo 36.º, o direito não pode ser revogado ou modificado pelas partes se se dispuser que o direito não deve ser revogado ou modificado sem o consentimento do terceiro Estado.

Art. 38.º (Regras de um tratado tornadas obrigatórias para terceiros Estados por força do costume internacional)

Nada nos artigos 34.º a 37.º, impede que uma regra prevista em um tratado se torne obrigatória para terceiros Estados como regra consuetudinária de Direito Internacional, reconhecida como tal.

PARTE IV. EMENDA E MODIFICAÇÃO DE TRATADOS

Art. 39.º (Regra geral relativa à emenda dos tratados)

Um tratado poderá ser emendado por acordo entre as partes. As regras previstas na PARTE II aplicar-se-ão a tal acordo, salvo na medida em que o tratado dispuser de outra forma.

Art. 40.º (Emenda de tratados multilaterais)

1. Salvo disposição em contrário, a emenda de tratados multilaterais reger-se-á pelos parágrafos seguintes.

2. Qualquer proposta de emenda de um tratado multilateral entre todas as partes deverá ser notificada a todos os Estados contratantes, cada um dos quais tem o direito de participar:

   a) Na decisão sobre essa proposta;

   b) Na negociação e conclusão de qualquer acordo para a emenda do tratado.

3. Todo o Estado, que possa ser parte no tratado, pode igualmente ser parte no tratado emendado.

4. O acordo de emenda não vincula os Estados que já são partes no tratado e que não se tornaram partes no acordo emendado, em relação a esses Estados, aplicar-se-á o artigo 30.º, parágrafo 4, b.

5. Qualquer Estado que se torne parte do tratado depois da entrada em vigor do acordo da emenda é considerado, salvo declaração em contrário:

   a) Parte no tratado emendado; e

   b) Parte no tratado não emendado em relação às partes do tratado que não se vincularam ao acordo emendado.

Art. 41.º (Acordo para modificar tratados multilaterais somente entre algumas partes)

1. Duas ou mais partes num tratado multilateral podem concluir um acordo para modificar o tratado, somente entre si desde que:

   a) A possibilidade de tal modificação seja prevista no tratado;

b) A modificação em questão não for proibida pelo tratado;
c) A modificação em questão não for proibida pelo tratado; e
  i) Não prejudique o gozo pelas outras partes dos direitos provenientes do tratado, nem o cumprimento de suas obrigações;
  ii) Não diga respeito a uma disposição cuja derrogação seja compatível com a execução efectiva do objecto e da finalidade do tratado em seu conjunto.

2. A não ser que no caso previsto na alínea *a*) do parágrafo 1 o tratado disponha diversamente, as partes em questão devem notificar às outras partes a sua intenção de concluir o acordo e as modificações que esta introduz no tratado.

PARTE V. NULIDADE, EXTINÇÃO E SUSPENSÃO DE APLICAÇÃO DE TRATADOS

SECÇÃO I. **Disposições gerais**

Art. 42.º (Validade e vigência de tratados)

1. A validade de um tratado ou consentimento de um Estado em obrigar-se por um tratado só pode ser contestado em virtude da aplicação da presente Convenção.

2. A extinção de um tratado, sua denúncia ou a retirada de uma das partes só pode ocorrer em virtude da aplicação das disposições do tratado ou da presente Convenção. A mesma regra aplica-se à suspensão da execução do tratado.

Art. 43.º (Obrigações impostas pelo Direito Internacional independentemente de um tratado)

A nulidade de um tratado, sua extinção, sua denúncia, a retirada de uma das partes ou a suspensão da execução de um tratado em consequência da aplicação da presente Convenção ou das disposições do tratado não prejudicarão, de nenhum modo, o dever de um Estado de cumprir qualquer obrigação enunciada no tratado à qual estaria sujeito em virtude do Direito Internacional, independentemente do tratado.

Art. 44.º (Divisibilidade das disposições de um tratado)

1. O direito de uma parte, previsto num tratado ou decorrente do artigo 56.º de denunciar, retirar-se ou suspender a execução do tratado, só pode ser exercido em relação ao conjunto do tratado, a menos que este disponha ou as partes acordem diversamente.

2. Uma causa de nulidade, de extinção, de retirada de uma das partes ou suspensão da execução de um tratado, reconhecida na presente Convenção, só poderá ser invocada em relação à totalidade do tratado, salvo nas condições previstas nos parágrafos seguintes ou no artigo 60.º.

3. Se a causa em questão diz respeito apenas a certas cláusulas, só pode ser invocada em relação a essas cláusulas e desde que:
   a) Essas cláusulas sejam separáveis do resto do tratado no que concerne a sua aplicação;
   b) Resulte do tratado ou fique estabelecido de outra forma que a aceitação das referidas cláusulas não constitui para a outra parte, ou para outras partes no tratado, uma base essencial do seu consentimento em obrigar-se pelo tratado em seu conjunto;
   c) Não for injusto continuar a executar o resto do tratado.

4. Nos casos previstos nos artigos 49.º e 50.º, o Estado que tem direito de alegar o dolo ou a corrupção pode fazê-lo em relação ao conjunto do tratado ou, sob reserva das disposições do parágrafo 3, somente a certas cláusulas determinadas:

5. Nos casos previstos nos artigos 51.º, 52.º e 53.º, a divisão das disposições de um tratado não é permitida.

Art. 45.º (Perda do direito de invocar causa de nulidade, extinção, retirada ou suspensão da execução de um tratado)

Um Estado não pode invocar uma causa de nulidade, extinção, de retirada ou de suspensão da execução de um tratado em virtude dos artigos 46.º a 50.º ou dos artigos 60.º e 62.º se, depois de haver tomado conhecimento dos factos, esse Estado:
   a) Aceitou, expressadamente, considerar que o tratado é válido, permanence em vigor ou continua sendo aplicado, conforme o caso; ou
   b) Deve, em virtude da sua conduta, ser considerado como tendo concordado em que o tratado é válido, permanece em vigor ou continua sendo executado, conforme o caso.

SECÇÃO II. **Nulidade de tratados**

Art. 46.º (Disposições de Direito interno sobre competências para concluir tratados)

1. Um Estado não pode invocar o facto de o seu consentimento em obrigar-se por um tratado ter sido manifestado em violação de uma disposição de seu direito interno sobre competência para concluir tratados, como causa de nulidade de seu consentimento, a não ser que essa violação seja manifesta e diga respeito a uma regra de seu direito interno de importância fundamental.

2. Uma violação é manifesta, se for objectivamente evidente para qualquer Estado que proceda, na matéria, de conformidade com a prática normal e de boa-fé.

Art. 47.º (Restrição específica ao poder de manifestar o consentimento de um Estado)

Se o poder conferido a um representante de manifestar o consentimento de um Estado em obrigar-se por um determinado tratado for objecto de restrição específica, o facto de o representante não a respeitar não pode ser invocado para invalidar o consentimento expresso, salvo se aquela restrição tenha sido notificada aos outros Estados negociadores, antes da manifestação do seu consentimento.

Art. 48.º (Erro)
1. Um Estado pode invocar erro no tratado como tendo viciado o seu consentimento em obrigar-se por um tratado se o erro se referir a um facto ou situação que esse Estado supunha existir no momento em que o tratado foi concluído e que constituía uma base essencial de seu consentimento em obrigar-se por um tratado.

2. O parágrafo 1 não se aplica se o referido Estado contribuiu para tal erro pela sua conduta ou se as circunstâncias foram tais que o Estado devia ter-se apercebido da possibilidade do erro.

3. Um erro relativo somente a redacção do texto de um tratado não prejudicará a sua validade; neste caso aplicar-se-á o artigo 79.º.

Art. 49.º (Dolo)
Se um Estado foi levado a concluir um tratado pela conduta fraudulenta de outro Estado negociador, pode invocar o dolo como tendo viciado o seu consentimento em obrigar-se pelo tratado.

Art. 50.º (Corrupção do representante de um Estado)
Se a manifestação do consentimento de um Estado em obrigar-se por um tratado foi obtida por meio de corrupção de seu representante, pela acção directa ou indirecta de outro Estado negociador, o Estado pode invocar tal corrupção como tendo viciado o seu consentimento em obrigar-se pelo tratado.

Art. 51.º (Coacção exercida sobre representante de um Estado)
A manifestação do consentimento de um Estado em obrigar-se por um tratado obtida pela coacção exercida sobre seu representante, por meio de actos ou ameaças dirigidas contra ele, não produz efeitos jurídicos.

Art. 52.º (Coacção exercida sobre um Estado pela ameaça ou com o emprego da força)
É nulo o tratado cuja conclusão foi obtida pela ameaça ou com o emprego da força em violação dos princípios de Direito Internacional incorporados na Carta das Nações Unidas.

Art. 53.º (Tratado em conflito com uma norma imperativa de Direito Internacional Geral *jus cogens*)
É nulo o tratado que, no momento de sua conclusão, conflitue com uma norma imperativa de Direito Internacional Geral. Para os fins da presente Convenção, uma norma imperativa de Direito Internacional Geral é uma norma aceite

e reconhecida pela comunidade internacional dos Estados no seu conjunto, como uma norma da qual nenhuma derrogação é permitida e que só pode ser modificada por uma norma de Direito Internacional Geral da mesma natureza.

SECÇÃO III. **Extinção e suspensão da execução de Tratados**

Art. 54.º (Extinção ou retirada de um Tratado em virtude de suas disposições ou por consentimento das partes)

A extinção de um tratado ou a retirada de uma das partes pode ter lugar:

a) De conformidade com as disposições do tratado; ou

b) A qualquer momento, pelo consentimento de todas as partes, após consulta aos outros Estados contratantes.

Art. 55.º (Redução das partes num tratado multilateral aquém do exigido para a sua entrada em vigor)

Salvo disposição em contrário, um tratado multilateral não se extingue pelo simples facto de que o número de partes ficou aquém do número necessário para a sua entrada em vigor.

Art. 56.º (Denúncia ou retirada de um tratado que não contém diposições sobre extinção, denúncia ou retirada)

1. Um tratado que não contenha disposição relativa à sua extinção, e não preveja a sua denúncia ou a retirada, é susceptível de denúncia ou retirada, ou a não ser que:

a) Se tenha estabelecido terem as partes a possibilidade da denúncia ou da retirada, ou a não ser que:

b) O direito de denúncia ou de retirada possa ser deduzido da natureza do tratado.

2. Uma parte deve notificar, com pelo menos doze meses de antecedência, a sua intenção de denunciar ou de se retirar de um Tratado, de conformidade com o parágrafo 1.

Art. 57.º (Suspensão da execução de um tratado em virtude de suas disposições ou pelo consentimento das partes)

A execução de um tratado, em relação a todas as partes ou a uma parte determinada, pode ser suspensa:

a) De conformidade com as disposições do tratado; ou

b) A qualquer momento, pelo consentimento de todas as partes, após consulta a outros Estados contratantes.

Art. 58.º (Suspensão de execução de um tratado multilateral por acordo apenas entre certas partes)

1. Duas ou mais partes num tratado multilateral podem concluir um acordo

para suspender temporariamente, e somente entre si, a execução das disposições de um tratado:
   a) Se a possibilidade de tal suspensão estiver prevista pelo tratado; ou
   b) Se essa suspensão não for proibida pelo tratado e:
      i) Não prejudique o gozo das outras partes dos direitos decorrentes do tratado nem o cumprimento de suas obrigações; e
      ii) Não seja incompatível com o objecto e a finalidade do tratado.
   2. Salvo se, no caso previsto na alínea a) do parágrafo 1, o tratado dispuser diversamente, as partes em questão devem notificar as outras partes da sua intenção de concluir o acordo e das disposicões do tratado cuja execucão querem suspender.

Art. 59.º   (Extinção ou suspensão da execução de um tratado em virtude da conclusão de um tratado posterior)
   1. Considera-se extinto um tratado quando todas as suas partes concluirem um tratado posterior sobre o mesmo assunto e:
      a) Resulta do tratado posterior ou fica estabelecido por outra forma que a intenção das partes é regular o assunto por este Tratado; ou
      b) As disposições do tratado posterior forem de tal modo compatíveis com as do tratado anterior que os dois tratados não podem ser aplicados ao mesmo tempo.
   2. A execução do tratado anterior é considerada apenas suspensa quando se depreender do tratado posterior ou estiver estabelecido de outra forma que essa era a intenção das partes.

Art. 60.º   (Extinção ou suspensão da execução de um tratado em consequência de sua violação)
   1. Uma violação substancial de um tratado bilateral, por uma das partes autoriza a outra parte a invocar a violação como causa de extinção ou suspensão da sua execução no todo ou em parte.
   2. Uma violação substancial de um tratado multilateral por uma das partes autoriza:
      a) As outras partes, por consentimento unânime, a suspenderem a sua execução no todo ou em parte, ou a extingui-lo:
         i) Nas relações entre elas e o Estado autor da violação, ou
         ii) Entre todas as partes;
      b) A uma parte, especialmente prejudicada pela violação, de invocá-la como causa para suspender a execução do tratado, no todo ou em parte, nas relações entre ela própria e o Estado autor da violação;
      c) A qualquer parte, salvo o autor da violação, a invocar a violação como causa para suspender a execucão do tratado, no todo ou em parte, no que lhe diga respeito, se o tratado for de tal natureza que a violação substancial de suas disposições por uma parte modifique radicalmente a situação

de cada uma das partes quanto à execução posterior de suas obrigações em virtude do tratado.

3. Uma violação substâncial de um tratado, para os fins, deste artigo, consiste:
   a) Na rejeição do tratado não autorizado pela presente Convenção; ou
   b) Na violação de uma disposição essencial para a consecução do objecto ou da finalidade do tratado.

4. Os parágrafos anteriores não prejudicam qualquer disposição do Tratado aplicável em caso de violação.

5. Os parágrafos 1 e 3 não se aplicam às disposições sobre protecção da pessoa humana contidas em tratados de carácter humanitário, especialmente, e às disposições que proibem qualquer forma de represálias contra pessoas protegidas pelos referidos tratados.

Art. 61.º (Impossibilidade superveniente de cumprimento)

1. Uma parte pode invocar a impossibilidade de cumprir um tratado como causa de extinção ou de retirada, se esta impossibilidade resultar da destruição ou do desaparecimento definitivo de um objecto indispensável à execução do tratado. Se a impossibilidade for temporária, pode ser invocada somente como motivo para suspender a execução do tratado.

2. A impossibilidade de cumprimento não pode ser invocada por uma das partes como causa de extinção, de retirada ou de suspensão da execução do tratado, se essa impossibilidade resulta de uma violacão pela parte que a invoca, quer de uma obrigação do tratado, quer de qualquer outra obrigação internacional em relação a qualquer outra parte no tratado.

Art. 62.º (Mudança fundamental de circunstâncias)

1. Uma mudança fundamental de circunstâncias, ocorrida em relação àquelas existentes no momento da conclusão do tratado e não prevista pelas partes, não pode ser invocada como causa para a extinção ou a retirada do tratado, salvo se:
   a) A existência dessas circunstâncias tiver constituído uma condição essencial do consetimento das partes em obrigarem-se pelo tratado; e
   b) Essa mudança tiver por efeito a transformação radical da natureza das obrigações ainda pendentes de cumprimento em virtude do tratado.

2. Uma mudança fundamental de circunstâncias não pode ser invocada como causa para a extinção ou retirada do tratado:
   a) Se o tratado for de limites; ou
   b) Se a mudança fundamental resultar de violação pela parte que a invoca, seja de um tratado seja de qualquer outra obrigação internacional em relação às outras partes no tratado.

3. Se, nos termos dos parágrafos anteriores, uma parte pode invocar uma mudança fundamental de circunstâncias como causa para a extinção ou retirada do tratado, pode também invocá-la para suspender a execução do tratado.

Art. 63.º (Ruptura de relações diplomáticas e consulares)
A ruptura de relações diplomáticas ou consulares entre as partes num tratado não afecta as relações jurídicas estabelecidas entre elas pelo tratado, salvo na medida em que a existência de relações diplomáticas ou consulares seja indispensável à aplicação do tratado.

Art. 64.º (Superveniência de uma nova norma imperativa de direito internacional geral *jus cogens*)
Se sobrevier uma nova norma imperativa de Direito Internacional Geral, qualquer tratado existente em conflito com essa norma torna-se nulo e extingue-se.

SECÇÃO IV. Processo

Art. 65.º (Processo relativo à nulidade, à extinção, à retirada ou à suspensão da execução de um tratado)
1. Uma parte que, nos termos da presente Convenção, invocar um vício do seu consentimento em obrigar-se por um tratado ou uma causa para impugnar a sua validade, ou extinção, para a retirada dele ou para suspender a sua execução deve notificar sua pretensão às outras partes. A notificação deve indicar a medida que propõe tomar e as razões que a mantiveram.
2. Salvo em caso de extrema urgência, decorrido o prazo de pelo menos três meses contando do recebimento da notificação, se nenhuma parte formular objecções, a parte que fez a notificação pode tomar, nas formas previstas pelo artigo 67.º, a medida pleiteada.
3. Se, porém, qualquer outra parte tiver formulado uma objecção, as partes deverão procurar uma solução pelos meios previstos no artigo 33.º da Carta das Nações Unidas.
4. Nada nos parágrafos anteriores prejudicará os direitos ou obrigacões das partes, nos termos de qualquer disposição em vigor, entre elas, sobre solução de controvérsias.
5. Sem prejuízo do artigo 45.º, o facto de um Estado não ter feito a notificação prevista no parágrafo 1 não o impede de fazer esta notificação em resposta a outra parte que exija a execução do tratado ou alegue a sua violação.

Art. 66.º (Processo de solução judicial de arbitragem e de conciliação)
Se, nos termos do parágrafo 3, do artigo 65.º, nenhuma solução for alcançada, nos doze meses seguintes à data na qual a objecção foi formulada, o seguinte processo será adoptado:
    a) Qualquer parte na controvérsia sobre a aplicação ou a interpretação dos artigos 53.º ou 64.º, poderá, mediante pedido escrito, submetê-la à decisão do Tribunal Internacional de Justiça, salvo se as partes decidirem, de comum acordo, submeter a controvérsia à arbitragem;

b) Qualquer parte na controvérsia sobre a aplicação ou a interpretação de qualquer um dos outros artigos da Parte V da presente Convenção pode iniciar o processo previsto ao Anexo à Convenção, mediante pedido nesse sentido ao Secretário-Geral das Nações Unidas.

Art. 67.º (Instrumentos declaratórios da nulidade, da extinção, da retirada ou da suspensão da execução do Tratado)

1. A notificação prevista no parágrafo 1 do artigo 65.º deve ser feita por escrito.

2. Qualquer acto que declare a nulidade, a extinção, a retirada ou a suspensão da execução do Tratado, nos termos dos parágrafos 2 e 3 do artigo 65.º, deve ser consignado num instrumento comunicado às outras partes. Se o instrumento não for assinado pelo Chefe de Estado, Chefe de Governo ou Ministro das Relações Exteriores, o representante do Estado que fizer a comunicação poderá ser convidado a exibir plenos poderes.

Art. 68.º (Revogação das notificações e dos instrumentos previstos nos artigos 65.º e 67.º)

Uma notificação ou um instrumento previstos nos artigos 65.º e 67.º podem ser revogados em qualquer momento antes que produzam efeitos.

SECÇÃO V. Consequências da nulidade, da extinção e da suspensão da execução de um tratado

Art. 69.º (Consequências da nulidade de um tratado)

1. É nulo um tratado cuja nulidade resulta das disposições da presente Convenção. Os dispositivos de um tratado nulo não têm força legal.

2. Se, todavia, tiverem sido praticados actos em virtude desse tratado:

a) Qualquer parte pode exigir de qualquer outra parte restabelecer na medida do possível, em suas relações mútuas, a situação que teria existido se esses actos não tivessem sido praticados;

b) Os actos praticados de boa-fé, antes de a nulidade de um tratado haver sido invocada, não serão afectados pela nulidade do tratado.

3. Nos casos previstos pelos artigos 49.º, 50.º, 51.º ou 52.º, o parágrafo 2 não se aplica com relação à parte à qual é imputado o dolo, a coação ou a corrupção.

4. No caso da nulidade do consentimento de um Estado determinado em obrigar-se por um tratado multilateral, aplicam-se as regras anteriores entre esse Estado e as partes do tratado.

Art. 70.º

1. Salvo disposição do tratado ou acordo das partes em contrário, a extinção de um tratado, nos termos de suas disposições ou da presente Convenção:

a) Libera as partes de continuar a cumprir o tratado;

b) Não prejudica qualquer direito, obrigação ou situação jurídica das partes, criado pela execução do tratado antes de sua extinção.

2. Se um Estado denunciar um tratado multilateral ou dele se retirar, o parágrafo 1 aplica-se nas relações entre este Estado e cada uma das outras Partes no tratado, a partir da data dessa denúncia ou retirada.

Art. 71.º (Consequências da nulidade de um tratado em conflito com uma norma imperativa de Direito Internacional Geral)

1. No caso de um tratado nulo em virtude do artigo 53.º, as Partes são obrigadas a:
   a) Eliminar, na medida do possível, as consequências de qualquer acto praticado com base em uma disposição em conflito com a norma imperativa de Direito Internacional Geral; e
   b) Adaptar as suas relações mútuas à norma imperativa de Direito Internacional geral.

2. Quando um tratado se torne nulo e seja extinto, em virtude do artigo 64.º, a extinção do tratado:
   a) Libera as partes de continuarem a cumprir o tratado;
   b) Não prejudica qualquer direito, obrigação ou situação jurídica das partes, criados pela execução do tratado, antes de sua extinção, desde que estes direitos, obrigações ou situações possam ser mantidos posteriormente, na medida em que a sua manutenção não entre em conflito com a nova norma imperativa de Direito Internacional Geral.

Art. 72.º (Consequências da suspensão da execução de um tratado)

1. Salvo disposição do tratado ou acordo das partes em contrário, a suspensão da execução de um tratado nos termos de suas disposições ou da presente Convenção:
   a) Libera as partes, entre as quais a execução seja suspensa, da obrigação de cumprir o tratado nas suas relações mútuas durante o período da suspensão;
   b) Não tem outro efeito sobre as relações jurídicas estabelecidas pelo tratado entre as partes.

2. Durante o período de suspensão, as partes devem abster-se de actos tendentes a impedir o reinício da execução do tratado.

PARTE VI. DISPOSIÇÕES DIVERSAS

Art. 73.º (Casos de sucessão de Estados, de responsabilidade de um Estado ou de início de hostilidades)

As disposições da presente Convenção não afectam qualquer questão que possa surgir em relação a um tratado em virtude da sucessão de Estados, da responsabilidade internacional de um Estado ou do início de hostilidades entre Estados.

Art. 74.º (Relações diplomáticas e consulares e conclusão de tratados)
A ruptura de relações diplomáticas ou consulares, a ausência dessas relações entre dois ou mais Estados ou a inexistência de tais relações não obstam a conclusão de tratados entre os referidos Estados. A conclusão de um tratado, por si, não produz efeitos sobre as relações diplomáticas ou consulares.

Art. 75.º (Caso de Estado agressor)
As disposições da presente Convenção não afetam qualquer obrigação que possa resultar em virtude de um tratado, para um Estado agressor, de medidas tomadas, de acordo com a Carta das Nações Unidas, relativas à agressão cometida por esse Estado.

PARTE VII. DEPOSITÁRIOS, NOTIFICAÇÕES, RATIFICAÇÕES E REGISTO

Art. 76.º (Depositários de tratados)
1. A designação do depositário de um tratado pode ser feita pelos Estados negociadores no próprio tratado ou de qualquer outra maneira. O depositário pode ser um ou mais Estados, uma organização internacional ou o principal funcionário administrativo dessa organização.
2. As funções do depositário de um tratado têm carácter internacional e o depositário é obrigado a agir imparcialmente no desempenho destas funções. Em especial, o facto de um tratado não ter entrado em vigor entre algumas das partes ou ter surgido uma divergência, entre um Estado e o depositário, relativa ao desempenho das funções deste último não prejudica essa obrigação.

Art. 77.º (Funções dos depositários)
1. Salvo disposição do Tratado ou acordo das partes em contrário, as funções do depositário são principalmente as seguintes:
   a) Guardar o texto original de tratado e os plenos poderes que lhe tenham sido entregues;
   b) Preparar cópias autenticadas do texto original ou textos em outros idiomas exigidos pelo tratado e remetê-los às partes e aos Estados para neles se tornarem partes;
   c) Receber todas as assinaturas do tratado, receber e guardar todos os instrumentos e notificações pertinentes;
   d) Examinar se uma assinatura, um instrumento, uma notificação ou uma comunicação relativa ao tratado está em boa e devida forma e, se necessário, chamar a atenção da parte em causa sobre a questão;
   e) Informar as partes no tratado e aos Estados com direito de nele serem parte dos actos, comunicações ou notificações relativas ao tratado;

f) Informar os Estados com direito de serem partes no tratado da data na qual foi recebido ou depositado o número de assinaturas ou de instrumentos de ratifcacões, de aceitação de aprovação ou de adesão necessários para a entrada em vigor dos tratados;

g) Registar o tratado junto ao Secretariado das Nações Unidas;

h) Exercer as funções previstas em outras diposições da presente Convenção.

2. Se surgir uma divergência entre um Estado e o depositário a respeito do desempenho das funções deste último, o depositário deve levar a questão à atenção dos Estados signatários e dos Estados contratantes ou, se for o caso, do órgão competente da organização internacional em causa.

Art. 78.º (Notificações e comunicações)

Salvo disposição em contrário do tratado ou da presente Convenção, uma notificação ou comunicação que deva ser feita por um Estado, nos termos da presente Convenção:

a) Será transmitida, se não houver depositário, directamente aos Estados a que se destina, ou, se houver depositário, a este último;

b) Só será considerada como tendo sido feita pelo Estado em causa a partir do seu recebimento pelo Estado à qual é transmitida ou, se for o caso, pelo depositário;

c) Se tiver sido transmitida a um depositário, só será considerada como tendo sido recebida pelo Estado ao qual é destinada, a partir do momento em que este Estado tenha recebido do depositário a informação prevista na alínea *e)* do parágrafo 1 (c) do artigo 77.º.

Art. 79.º (Rectificação de erros em textos ou em cópias autenticadas de tratados)

1. Se, depois da autenticação do texto de um tratado, os Estados signitários e os Estados contratantes concordarem em que nele existe erro, este, salvo disposição em contrário, será corrigido:

a) Mediante a rectificação no próprio texto, rubricada pelos representantes devidamente credenciados;

b) Mediante a elaboração ou troca de instrumentos em que estiver consignada a rectificação que se convencionou fazer no texto;

c) Mediante a elaboração de um texto rectificado da totalidade do Tratado, segundo o processo utilizado para o texto original.

2. Se o tratado tiver um depositário, este deve notificar aos Estados signatários e contratantes a existência do erro e da proposta de rectificação e fixar um prazo apropriado dentro do qual podem ser formuladas objecções à proposta. Se, expirado o prazo:

a) Nenhuma objecção tiver sido feita, o depositário deve efectuar a rectificação do texto, rubricá-lo e lavrar a acta de rectificação do texto e remeter cópias às partes e aos Estados com o direito de se tornarem partes no tratado;

b) Uma objecção tiver sido feita, o depositário deve comunicá-la aos Estados signatários e aos Estados contratantes.

3. As regras enunciadas nos parágrafos 1 e 2 aplicam-se igualmente quando o texto autenticado em duas ou mais línguas apresentar uma falta de concordância que, de acordo com os Estados signatários e os Estados contratantes, deve ser rectificado.

4. O texto rectificado substitui *ab initio* o texto defeituoso, salvo decisão em contrário dos Estados signatários e dos Estados contratantes.

5. A rectificação do texto de um Tratado registado será notificada ao Secretariado das Nações Unidas.

6. Quando um erro é notado numa cópia autenticada de um tratado, o depositário deve lavrar uma acta de rectificação e remeter cópias aos Estados signitários e aos Estados contratantes.

Art. 80.º (Registo e publicação de tratados)

1. Depois de sua entrada em vigor, os tratados serão remetidos ao Secretariado das Nações Unidas para registro ou classificação e inscrição no reportório, conforme o caso, bem como de publicação.

2. A designação de um depositário constitui autorização para este praticar os actos previstos no parágrafo anterior.

PARTE VIII. CLÁUSULAS FINAIS

Art. 81.º (Assinatura)

A presente Convenção ficará aberta à assinatura de todos os Estados-Membros das Nações Unidas ou de uma entidade especializada ou da Agência Internacional de Energia Atómica, assim como de todo o Estado-Parte no Estatuto do Tribunal Internacional de Justiça ou de qualquer outro Estado convidado pela Assembleia Geral das Nações Unidas a tornar-se Parte na Convenção, da seguinte maneira: até 30 de Novembro de 1969, no Ministério Federal dos Negócios Estrangeiros da República da Áustria, e, depois, até 30 de Abril de 1970, na sede das Nações Unidas, em Nova Iorque.

Art. 82.º (Ratificação)

A presente Convenção é sujeita a ratificação. Os instrumentos de ratificação serão depositados junto ao Secretário-Geral das Nações Unidas.

Art. 83.º (Adesão)

A presente Convenção permanecerá aberta à adesão de todo o Estado pertencente a uma das categorias mencionadas no artigo 81.º. Os instrumentos de adesão serão depositados junto ao Secretário-Geral das Nações Unidas.

Art. 84.º (Entrada em vigor)

1. A presente Convenção entrará em vigor no trigésimo dia que se seguir à data do depósito do trigésimo quinto instrumento de ratificação ou de adesão.

2. Para cada um dos Estados que ratificarem a Convenção ou a ela aderirem depois do depósito do trigésimo quinto instrumento de ratificação ou de adesão, a Convenção entrará em vigor no trigésimo dia que se seguir ao depósito, por esse Estado, de seu instrumento de ratificação ou de adesão.

Art. 85.º (Textos autênticos)

O original da presente Convenção, cujos textos chinês, espanhol, francês, inglês e russo fazem igualmente fé, será depositado junto ao Secretário-Geral das Nações Unidas.

Em fé do que os plenipotenciários abaixo-assinados, devidamente autorizados pelos respectivos Governos, assinaram a presente Convenção.

Feito em Viena, aos vinte e três dias do mês de Maio de mil novecentos e sessenta e nove.

ANEXO

1. Compete ao Secretário-Geral das Nações Unidas elaborar e manter uma lista de conciliadores composta por juristas qualificados. Para esse fim, todo o Estado-Membro das Nações Unidas ou parte na presente Convenção será convidado a nomear dois conciliadores e os nomes das pessoas assim nomeadas constituirão a lista. A nomeação dos conciliadores, inclusivé aqueles nomeados para preencher uma vaga eventual, é feita por um período de cinco anos, renovável. Com a expiração do período para o qual forem nomeados, os conciliadores continuarão a exercer as funções para as quais tiverem sido escolhidos, nos termos do parágrafo seguinte.

2. Quando um pedido é submetido ao Secretário-Geral nos termos do artigo 66.º, o Secretário-Geral deve submeter a controvérsia a uma comissão de conciliação, constituída do seguinte modo:

O Estado ou os Estados-Partes na controvérsia nomeiam:
   a) Um conciliador da nacionalidade desse Estado ou de um desses Estados, escolhidos ou não da lista prevista do parágrafo 1; e
   b) Um conciliador que não seja da nacionalidade desse Estado ou de um desses Estados, escolhido da lista.

O Estado ou os Estados que constituírem a outra parte na controvérsia nomeiam dois conciliadores pelo mesmo processo. Os quatro conciliadores escolhidos pelas partes devem ser nomeados num prazo de sessenta dias a partir da data do recebimento do pedido pelo Secretário-Geral.

Nos sessenta dias que se seguirem à última nomeação, os quatro conciliadores nomeiam um quinto, escolhido da lista, que será o presidente. Se a nomeação do presidente ou de qualquer outro conciliador não for feita no prazo acima previsto para essa nomeação, será feita pelo Secretário-Geral nos sessenta dias seguintes à expiração deste prazo. O Secretário-Geral pode nomear como presidente uma das pessoas inscritas na lista ou um dos membros da Comissão de Direito Internacional. Qualquer um dos prazos, nos quais as nomeações devem ser feitas, pode ser prorrogado, mediante acordo das partes na controvérsia.

Qualquer vaga deve ser preenchida da maneira estabelecida para a nomeação inicial.

3. A Comissão de Conciliação adoptará o seu próprio processo. A Comissão, com consentimento das partes na controvérsia, pode convidar qualquer outra parte no Tratado a submeter o seu ponto-de-vista oralmente ou por escrito. A decisão e as recomendações da Comissão são tomadas por maioria de votos de seus cinco membros.

4. A Comissão pode chamar a atenção das partes na controvérsia para qualquer medida susceptível de facilitar uma solução amigável.

5. A Comissão deve ouvir as partes, examinar as pretensões e objecções e fazer propostas às partes a fim de ajudá-las a chegar a uma solução amigável da controvérsia.

6. A Comissão deve elaborar um relatório nos doze meses que se seguirem à sua constituição. O seu relatório deve ser depositado junto ao Secretário-Geral e comunicado às partes na controvérsia. O relatório da Comissão, inclusive todas as conclusões nele contidas quanto aos factos e às questões de direito, não vincula as partes e não terá outro valor senão o de recomendações submetidas à consideração das partes, a fim de facilitar uma solução amigável da controvérsia.

7. O Secretário-Geral fornecerá à Comissão a assistência e as facilidades de que ela possa necessitar. As despesas da Comissão serão custeadas pelas Nações Unidas.

Resolução n.º 22/2000, de 19 de Setembro

A Convenção de Viena sobre o Direito dos Tratados de 23 de Maio de 1969, é um instrumento jurídico internacional que visa a cooperação entre os Estados, no âmbito do Direito dos Tratados, desde que se conformem com os princípios de Direito Internacional, consubstanciados na Carta das Nações Unidas.

Considerando que a República de Moçambique, ainda não é parte desta Convenção, tornando-se pois necessário formalizar os instrumentos jurídicos para a sua adesão.

Nestes termos e ao abrigo do disposto na alínea *f)* do número 1 do artigo 153.º da Constituição da República, o Conselho de Ministros determina:

Art. 1.º A adesão da República de Moçambique à Convenção de Viena sobre o Direito dos Tratados de 23 de Maio de 1969, cujo texto em inglês e a sua tradução portuguesa, vão em anexo à presente resolução e dela são parte integrante.

Art. 2.º O Ministério dos Negócios Estrangeiros e Cooperação fica encarregue de realizar todos os trâmites necessários à efectivação da adesão da República de Moçambique à presente Convenção.

Aprovado pelo Conselho de Ministros.
Publique-se
O Primeiro Ministro, *Pascoal Manuel Mocumbi.*

V – CONVENÇÃO SOBRE O DIREITO DO MAR

Os Estados Partes nesta Convenção,
Animados do desejo de solucionar, num espírito de compreensão e cooperação mútuas, todas as questões relativas ao direito do mar e conscientes do significado histórico desta Convenção como importante contribuição para a manutenção da paz, da justiça e do progresso de todos os Povos do mundo;
Verificando que os factos ocorridos desde as Conferências das Nações Unidas sobre o Direito do Mar, realizadas em Genebra em 1958 e 1960, acentuaram a necessidade de uma nova Convenção sobre o direito do mar de aceitação geral;
Conscientes de que os problemas do espaço oceânico estão estreitamente interrelacionados e devem ser considerados como um todo;
Reconhecendo a conveniência de estabelecer por meio desta Convenção, com a devida consideração pela soberania de todos os Estados, uma ordem jurídica para os mares e oceanos que facilite as comunicações internacionais e promova os usos pacíficos dos mares e oceanos, a utilização equitativa e eficiente dos seus recursos, a conservação dos recursos vivos e o estudo, a protecção e a preservação do meio marinho;
Tendo presente que a consecução destes objectivos contribuirá para o estabelecimento de uma ordem económica internacional justa e equitativa que tenha em conta os interesses e as necessidades da humanidade em geral e, em particular, os interesses e as necessidades especiais dos países em desenvolvimento, quer costeiros quer sem litoral;
Desejando desenvolver pela presente Convenção os princípios consagrados na resolução 2749 (XXV) de 17 de Dezembro de 1970, na qual a Assembleia Geral das Nações Unidas declarou solenemente, *inter alia*, que os fundos marinhos e oceânicos e o seu subsolo para além dos limites da jurisdição nacional, bem como os respectivos recursos são património comum da humanidade e que a exploração e o aproveitamento dos mesmos fundos serão feitos em benefício da humanidade em geral, independentemente da situação geográfica dos Estados;
Convencidos de que a codificação e o desenvolvimento progressivo do Direito do Mar alcançados na presente Convenção contribuirão para o fortalecimento da paz, da segurança, da cooperação e das relações de amizade entre todas as nações, de conformidade com os princípios de justiça e igualdade de direitos e

promoverão o progresso económico e social de todos os Povos do mundo, de acordo com os Propósitos e Princípios das Nações Unidas, tais como enunciados na Carta;

Afirmando que as matérias não reguladas pela presente Convenção continuarão a ser regidas pelas normas e princípios do Direito Internacional Geral;

Acordam o seguinte:

PARTE I. INTRODUÇÃO

Art. 1.º (Termos utilizados e âmbito de aplicação)

1. Para efeitos da presente Convenção:

1) «Área» significa o leito do mar, os fundos marinhos, e o seu subsolo além dos limites da jurisdição nacional;

2) «Autoridade» significa a Autoridade Internacional dos Fundos Marinhos;

3) «Actividades na Área» significa todas as actividades de exploração e aproveitamento dos recursos na Área;

4) «Poluição do meio marinho» significa a introdução pelo homem, directa ou indirectamente, de substâncias ou de energia no meio marinho, incluindo os estuários, sempre que a mesma provoque ou possa vir a provocar efeitos nocivos, tais como danos aos recursos vivos e à vida marinha, riscos à saúde do homem, entrave às actividades marítimas, incluindo a pesca e as outras utilizações legítimas do mar, alteração da qualidade da água do mar, no que se refere à sua utilização, e deterioração dos locais de recreio;

5) *a*) «Alijamento» significa:
   i) Qualquer lançamento deliberado no mar de detritos e outras matérias, a partir de embarcações, aeronaves, plataformas ou outras construções;
   ii) Qualquer afundamento deliberado no mar de embarcações, aeronaves, plataformas ou outras construções;

b) O termo «alijamento» não incluirá:
   i) O lançamento de detritos ou outras matérias resultantes ou derivadas da exploração normal de embarcações, aeronaves, plataformas ou outras construções bem como o seu equipamento, com excepção dos detritos ou de outras matérias transportadas em embarcações, aeronaves, plataformas ou outras construções no mar ou para ele transferidos que sejam utilizadas para o lançamento destas matérias a bordo das referidas embarcações, aeronaves, plataformas ou construções;
   ii) O depósito de matérias para outros fins que não os do seu simples lançamento desde que tal depósito não seja contrário aos objectivos da presente Convenção.

2. 1) «Estados Partes» significa os Estados que tenham consentido em ficar obrigados pela Convenção e em relação aos quais a Convenção esteja em vigor.

2) A Convenção aplica-se *mutatis mutandis* às entidades mencionadas nas alíneas *b*), *c*), *d*), *e*) e *f*) do parágafo 1.º do artigo 305.º, que se tenham tornado Partes na presente Convenção de conformidade com as condições relativas a cada uma delas e, nessa medida, a expressão «Estados Partes» compreende essas entidades.

PARTE II. MAR TERRITORIAL E ZONA CONTÍGUA

SECÇÃO 1. Disposições gerais

Art. 2.º (Regime jurídico do mar territorial, seu espaço aéreo sobrejacente, leito e subsolo)

1. A soberania do Estado costeiro estende-se além do seu território e das suas águas interiores e, no caso de Estado arquipélago, das suas águas arquipelágicas, a uma zona de mar adjacente designada pelo nome de mar territorial.

2. Esta soberania estende-se ao espaço aéreo sobrejacente ao mar territorial, bem como ao leito e ao subsolo deste mar.

3. A soberania sobre o mar territorial é exercida de conformidade com a presente Convenção e as demais normas de Direito Internacional.

SECÇÃO 2. Limites do mar territorial

Art. 3.º (Largura do mar territorial)

Todo o Estado tem o direito de fixar a largura do seu mar territorial até um limite que não ultrapasse 12 milhas marítimas, medidas a partir de linhas de base determinadas de conformidade com a presente Convenção.

Art. 4.º (Limite exterior do mar territorial)

O limite exterior do mar territorial é definido por uma linha em que cada um dos pontos fica a uma distância do ponto mais próximo da linha de base igual à largura do mar territorial.

Art. 5.º (Linha de base normal)

Salvo disposição em contrário da presente Convenção, a linha de base normal para medir a largura do mar territorial é a linha de baixa-mar ao longo da costa, tal como indicada nas cartas marítimas de grande escala, reconhecidas oficialmente pelo Estado costeiro.

Art. 6.º (Recifes)

No caso de ilhas situadas em atóis ou de ilhas que têm cadeias de recifes, a linha de base para medir a largura do mar territorial é a linha de baixa-mar do recife que se encontra do lado do mar, tal como indicada por símbolo apropriado nas cartas reconhecidas oficialmente pelo Estado costeiro.

Art. 7.º (Linhas de base rectas)

1. Nos locais em que a costa apresente recortes profundos e reentrâncias ou em que exista uma franja de ilhas ao longo da costa na sua proximidade imediata, pode ser adoptado o método das linhas de base rectas que unam os pontos apropriados para traçar a linha de base a partir da qual se mede a largura do mar territorial.

2. Nos locais em que, devido à existência de um delta e de outros acidentes naturais, a linha da costa seja muito instável, os pontos apropriados podem ser escolhidos ao longo da linha de baixa-mar mais avançada em direcção ao mar e, mesmo que a linha de baixa-mar retroceda posteriormente, essas linhas de base rectas continuarão em vigor até que o Estado costeiro as modifique de conformidade com a presente Convenção.

3. O traçado dessas linhas de base rectas não deve afastar-se consideravelmente da direcção geral da costa e as zonas de mar situadas dentro dessas linhas devem estar suficientemente vinculadas ao domínio terrestre para ficarem submetidas ao regime das águas interiores.

4. As linhas de base rectas não serão traçadas em direcção aos baixios que emergem na baixa-mar, nem a partir deles, a não ser que sobre os mesmos se tenham construído faróis ou instalações análogas que estejam permanentemente acima do nível do mar, ou a não ser que o traçado de tais linhas de base rectas até àqueles baixios ou a partir destes tenha sido objecto de reconhecimento internacional geral.

5. Nos casos em que o método das linhas de base rectas for aplicável, nos termos do parágrafo 1, poder-se-á ter em conta, ao traçar determinadas linhas de base, os interesses económicos próprios da região de que se trate, cuja realidade e importância estejam claramente demonstradas por uso prolongado.

6. O sistema de linhas de base rectas não poderá ser aplicado por um Estado de modo a separar o mar territorial de outro Estado do alto mar ou de uma zona económica exclusiva.

Art. 8.º (Águas interiores)

1. Exceptuando o disposto na Parte IV, as águas situadas no interior da linha de base do mar territorial fazem parte das águas interiores do Estado.

2. Quando o traçado de uma linha de base recta, de conformidade com o método estabelecido no artigo 7.º, encerrar, como águas interiores, águas que anteriormente não eram consideradas como tais, aplicar-se-á a essas águas o direito de passagem inofensiva, de acordo com o estabelecido na presente Convenção.

Art. 9.º (Foz de um rio)

Se um rio desagua directamente no mar, a linha de base é uma recta traçada através da foz do rio entre os pontos limites da linha de baixa-mar das suas margens.

Art. 10.º (Baías)

1. Este artigo refere-se apenas a baías cujas costas pertencem a um único Estado.

2. Para efeitos da presente Convenção, uma baía é uma reentrância bem marcada, cuja penetração em terra, em relação à largura da sua entrada, é tal que contém águas cercadas pela costa e constitui mais do que uma simples inflexão da costa. Contudo, uma reentrância não será considerada como uma baía, se a sua superfície não for igual ou superior à de um semicírculo que tenha por diâmetro a linha traçada através da entrada da referida reentrância.

3. Para efeitos de medição, a superfície de uma reentrância é a compreendida entre a linha de baixa-mar ao longo da costa da reentrância e uma linha que una as linhas de baixa-mar dos seus pontos naturais de entrada. Quando, devido à existência de ilhas, uma reentrância tiver mais do que uma entrada, o semicírculo será traçado tomando como diâmetro a soma dos comprimentos das linhas que fechem as diferentes entradas. A superfície das ilhas existentes dentro de uma reentrância, será considerada como fazendo parte da superfície total da água da reentrância, como se essas ilhas fossem parte da mesma.

4. Se a distância entre as linhas de baixa-mar dos pontos naturais de entrada de uma baía não exceder 24 milhas marítimas, poderá ser traçada uma linha de demarcação entre estas duas linhas de baixa-mar e as águas assim encerradas serão consideradas águas interiores.

5. Quando a distância entre as linhas de baixa-mar dos pontos naturais de entrada de uma baía exceder 24 milhas marítimas, será traçada, no interior da baía, uma linha de base recta de 24 milhas marítimas de modo a encerrar a maior superfície de água que for possível abranger por uma linha de tal extensão.

6. As disposições precedentes não se aplicam às baías chamadas "históricas", nem nos casos em que se aplique o sistema de linhas de base rectas estabelecido no artigo 7.º.

Art. 11.º (Portos)

Para efeitos de delimitação do mar territorial, as instalações portuárias permanentes mais ao largo da costa que façam parte integrante do sistema portuário são consideradas como fazendo parte da costa. As instalações marítimas situadas ao largo da costa e as ilhas artificiais não são consideradas instalações portuárias permanentes.

Art. 12.º (Ancoradouros)

Os ancoradouros utilizados habitualmente para carga, descarga e fundeio de navios, os quais estariam normalmente situados, inteira ou parcialmente, fora do traçado geral do limite exterior, do mar territorial, são considerados como fazendo parte do mar territorial.

Art. 13.º (Baixios a descoberto)

1. Um "baixio a descoberto" é uma extensão natural de terra rodeada de água, que, na baixa-mar, fica acima do nível do mar, mas que submerge na praia--mar. Quando um "baixio a descoberto" se encontre, total ou parcialmente, a uma distância do continente ou de uma ilha que não exceda a largura do mar territorial, a linha de baixa-mar desse baixio pode ser utilizada como linha de base para medir a largura do mar territorial.

2. Quando um "baixio a descoberto" estiver, na totalidade, situado a uma distância do continente ou de uma ilha superior à largura do mar territorial, não possui mar territorial próprio.

Art. 14.º (Combinação de métodos para determinar as linhas de base)

O Estado costeiro poderá, segundo as circunstâncias, determinar as linhas de base por meio de qualquer dos métodos estabelecidos nos artigos precedentes.

Art. 15.º (Delimitação do mar territorial entre Estados com costas adjacentes ou situadas frente a frente)

Quando as costas de dois Estados são adjacentes ou se encontram situadas frente a frente, nenhum desses Estados tem o direito, salvo acordo de ambos em contrário, de estender o seu mar territorial além da linha mediana cujos pontos são equidistantes dos pontos mais próximos das linhas de base, a partir das quais se mede a largura do mar territorial de cada um desses Estados. Contudo, este artigo não se aplica quando, por motivo da existência de títulos históricos ou de outras circunstâncias, especiais, for necessário delimitar o mar territorial dos dois Estados de forma diferente.

Art. 16.º (Cartas marítimas e listas de coordenadas geográficas)

1. As linhas de base para medir a largura do mar territorial, determinadas de conformidade com os artigos 7.º, 9.º e 10.º ou os limites delas decorrentes, e as linhas de delimitação traçadas de conformidade com os artigos 12.º e 15.º figurarão em cartas de escala ou escalas adequadas para a determinação da sua posição. Essas cartas poderão ser substituídas por listas de coordenadas geográficas de pontos em que conste especificamente a sua origem geodésica.

2. O Estado costeiro dará a devida publicidade a tais cartas ou listas de coordenadas geográficas, e depositará um exemplar de cada carta ou lista junto do Secretário-Geral das Nações Unidas.

SECÇÃO 3. Passagem inofensiva pelo mar territorial

SUBSECÇÃO A. Normas aplicáveis a todos os navios

Art. 17.º (Direito de passagem inofensiva)
Salvo disposição em contrário da presente Convenção, os navios de qualquer Estado, costeiro ou sem litoral, gozarão do direito de passagem inofensiva pelo mar territorial.

Art. 18.º (Significado de passagem)
1. "Passagem" significa a navegação pelo mal territorial com o fim de:
   a) Atravessar esse mar sem penetrar nas águas interiores nem fazer escala num ancoradouro ou instalação portuária situada fora das águas interiores;
   b) Dirigir-se para as águas interiores ou delas sair ou fazer escala num desses ancoradouros ou instalações portuárias.
2. A passagem deverá ser contínua e rápida. No entanto, a passagem compreende o parar e o fundear, mas apenas na medida em que os mesmos constituam incidentes comuns de navegação ou sejam impostos por motivos de força maior ou por dificuldade grave ou tenham por fim prestar auxílio a pessoas, navios ou aeronaves em perigo ou em dificuldade grave.

Art. 19.º (Significado de passagem inofensiva)
1. A passagem é inofensiva desde que não seja prejudicial à paz, à boa ordem ou à segurança do Estado costeiro. A passagem deve efectuar-se de conformidade com a presente Convenção e demais normas de direito internacional.
2. A passagem de um navio estrangeiro será considerada prejudicial à paz, à boa ordem ou à segurança do Estado costeiro, se esse navio realizar, no mar territorial, alguma das seguintes actividades:
   a) Qualquer ameaça ou uso da força contra a soberania, a integridade territorial ou a independência política do Estado costeiro ou qualquer outra acção em violação dos princípios de direito internacional enunciados na Carta das Nações Unidas;
   b) Qualquer exercício ou manobra com armas de qualquer tipo;
   c) Qualquer acto destinado a obter informações em prejuízo da defesa ou da segurança do Estado costeiro;
   d) Qualquer acto de propaganda destinado a atentar contra a defesa ou a segurança do Estado costeiro;
   e) O lançamento, pouso ou recebimento a bordo de qualquer aeronave;
   f) O lançamento, pouso ou recebimento a bordo de qualquer dispositivo militar;
   g) O embarque ou desembarque de qualquer produto, moeda ou pessoa com violação das leis e regulamentos aduaneiros, fiscais, de imigração ou sanitários do Estado costeiro;

h) Qualquer acto intencional e grave de poluição contrário à presente Convenção;
i) Qualquer actividade de pesca;
j) A realização de actividades, de investigação ou de levantamentos hidrográficos;
k) Qualquer acto destinado a perturbar quaisquer sistemas de comunicação ou quaisquer outros serviços ou instalações do Estado costeiro;
l) Qualquer outra actividade que não esteja directamente relacionada com a passagem.

Art. 20.º (Submarinos e outros veículos submersíveis)

No mar territorial, os submarinos e quaisquer outros veículos submersíveis devem navegar à superfície e arvorar a sua bandeira.

Art. 21.º (Leis e regulamentos do Estado costeiro relativos à passagem inofensiva)

1. O Estado costeiro pode adoptar leis e regulamentos, de conformidade com as disposições da presente Convenção e demais normas de direito internacional, relativos à passagem inofensiva pelo mar territorial sobre todas ou alguma das seguintes matérias:
a) Segurança da navegação e regulamentação do tráfego marítimo;
b) Protecção das instalações e dos sistemas de auxilio à navegação e de outros serviços ou instalações;
c) Protecção de cabos e ductos;
d) Conservação dos recursos vivos do mar;
e) Prevenção de infracções às leis e regulamentos sobre pesca do Estado costeiro;
f) Preservação do meio ambiente do Estado costeiro e prevenção, redução e controlo da sua poluição;
g) Investigação científica marinha e levantamentos hidrográficos;
h) Prevenção das infracções às leis e regulamentos aduaneiros, fiscais, de imigração ou sanitários do Estado costeiro.

2. Tais leis e regulamentos não serão aplicados ao projecto, construção, tripulação ou equipamento de navios estrangeiros, a não ser que se destinem à aplicação de regras ou normas internacionais geralmente aceites.

3. O Estado costeiro dará a devida publicidade a todas estas leis e regulamentos.

4. Os navios estrangeiros que exerçam o direito de passagem inofensiva pelo mar territorial deverão observar todas essas leis e regulamentos, bem como todas as normas internacionais geralmente aceites relacionadas com a prevenção de abalroamentos no mar.

Art. 22.º (Rotas marítimas e sistemas de separação de tráfego no mar territorial)

1. O Estado costeiro pode, quando for necessário à segurança da navegação, exigir que os navios estrangeiros que exerçam o direito de passagem inofensiva pelo seu mar territorial utilizem as rotas marítimas e os sistemas de separação de tráfego que esse Estado tenha designado ou prescrito para a regulação da passagem de navios.

2. Em particular, pode ser exigido que os navios tanques, os navios de propulsão nuclear e outros navios que transportem substâncias ou materiais radioactivos ou outros produtos intrinsecamente perigosos ou nocivos utilizem unicamente essas rotas marítimas.

3. Ao designar as rotas marítimas e ao prescrever sistemas de separação de tráfego, nos termos do presente artigo, o Estado costeiro terá em conta:
   a) As recomendações da organização internacional competente;
   b) Quaisquer canais que se utilizem habitualmente para a navegação internacional;
   c) As características especiais de determinados navios e canais; e
   d) A densidade de tráfego.

4. O Estado costeiro indicará claramente tais rotas marítimas e sistemas de separação de tráfego em cartas marítimas a que dará a devida publicidade.

Art. 23.º (Navios estrangeiros de propulsão nuclear e navios transportando substâncias radioactivas ou outras substâncias intrinsecamente perigosas ou nocivas)

Ao exercer o direito de passagem inofensiva pelo mar territorial, os navios estrangeiros de propulsão nuclear e os navios transportando substâncias radioactivas ou outras substâncias intrinsecamente perigosas ou nocivas devem ter a bordo os documentos e observar as medidas especiais de precaução estabelecidas para esses navios nos acordos internacionais.

Art. 24.º (Deveres do Estado costeiro)

1. O Estado costeiro não deve pôr dificuldades à passagem inofensiva de navios estrangeiros pelo mar territorial, a não ser de conformidade com a presente Convenção. Em especial, na aplicação da presente Convenção ou de quaisquer leis e regulamentos adoptados de conformidade com a presente Convenção, o Estado costeiro não deve:
   a) Impôr aos navios estrangeiros obrigações que tenham na prática o efeito de negar ou dificultar o direito de passagem inofensiva; ou
   b) Fazer discriminação de direito ou de facto contra navios de determinado Estado ou contra navios que transportem cargas provenientes de determinado Estado ou a ele destinadas ou por conta de determinado Estado.

2. O Estado costeiro dará a devida publicidade a qualquer perigo de que tenha conhecimento e que ameace a navegação no seu mar territorial.

Art. 25.º (Direitos de protecção do Estado costeiro)
1. O Estado costeiro pode tomar, no seu mar territorial, as medidas necessárias para impedir toda a passagem que não seja inofensiva.
2. No caso de navios que se dirijam a águas interiores ou a escala numa instalação portuária situada fora das águas interiores, o Estado costeiro tem igualmente o direito de adoptar as medidas necessárias para impedir qualquer violação das condições a que está sujeita a admissão desses navios nessas águas interiores ou nessa instalação portuária.
3. O Estado costeiro pode, sem fazer discriminação de direito ou de facto entre navios estrangeiros, suspender temporariamente em determinadas áreas do seu mar territorial o exercício do direito de passagem inofensiva dos navios estrangeiros, se esta medida for indispensável para proteger a sua segurança, entre outras para lhe permitir proceder a exercícios com armas. Tal suspensão só produzirá efeito depois de ter sido devidamente tornada pública.

Art. 26.º (Taxas que podem ser impostas a navios estrangeiros)
1. Não podem ser impostas taxas a navios estrangeiros só com fundamento na sua passagem pelo mar territorial.
2. Não podem ser impostas taxas a um navio estrangeiro que passe pelo mar territorial a não ser como remuneração de determinados serviços prestados a esse navio. Estas taxas devem ser impostas sem discriminação.

SUBSECÇÃO B. **Normas aplicáveis a navios mercantes e navios de Estado utilizados para fins comerciais**

Art. 27.º (Jurisdição penal a bordo de navio estrangeiro)
1. A jurisdição penal do Estado costeiro não será exercida a bordo de navio estrangeiro que passe pelo mar territorial com o fim de deter qualquer pessoa ou de realizar qualquer investigação, com relação a infracção criminal cometida a bordo desse navio durante a sua passagem, salvo nos seguintes casos:
a) Se a infracção criminal tiver consequências para o Estado costeiro;
b) Se a infracção criminal for de tal natureza que possa perturbar a paz do país ou a ordem no mar territorial;
c) Se a assistência das autoridades locais tiver sido solicitada pelo capitão do navio ou pelo representante diplomático ou funcionar consular do Estado de bandeira; ou
d) Se essas medidas forem necessárias para a repressão do tráfico ilícito de estupefacientes ou de substâncias psicotrópicas.
2. As disposições precedentes não afectam o direito do Estado costeiro de tomar as medidas autorizadas pelo seu direito interno, a fim de proceder a apresamento e investigações a bordo de navio estrangeiro que passe pelo seu mar territorial procedente de águas interiores.

3. Nos casos previstos nos parágrafos 1 e 2, o Estado costeiro deverá, a pedido do capitão, notificar o representante diplomático ou o funcionário consular do Estado de bandeira antes de tomar quaisquer medidas, e facilitar o contacto entre esse representante ou funcionário e a tripulação do navio. Em caso de urgência, esta notificação poderá ser feita enquanto as medidas estiverem sendo tomadas.

4. Ao considerar se devem ou não proceder a um apresamento e à forma de o executar, as autoridades locais devem ter em devida conta os interesses da navegação.

5. Salvo em caso de aplicação das disposições da Parte XII ou de infracção às leis e regulamentos adoptados de conformidade com a Parte V, o Estado costeiro não poderá tomar qualquer medida a bordo de um navio estrangeiro que passe pelo seu mar territorial, para a detenção de uma pessoa ou para proceder a investigações relacionadas com qualquer infracção de carácter penal que tenha sido cometida antes do navio ter entrado no seu mar territorial, se esse navio, procedente de um porto estrangeiro, se encontrar só de passagem pelo mar territorial sem entrar nas águas interiores.

Art. 28.º (Jurisdição civil em relação a navios estrangeiros)

1. O Estado costeiro não deve parar nem desviar da sua rota um navio estrangeiro que passe pelo mar territorial, a fim de exercer a sua jurisdição civil em relação a uma pessoa que se encontre a bordo.

2. O Estado costeiro não pode tomar contra esse navio medidas executórias ou medidas cautelares em matéria civil, a não ser que essas medidas sejam tomadas por força de obrigações assumidas pelo navio ou de responsabilidades em que o mesmo haja incorrido, durante a navegação ou devido a esta quando da sua passagem pelas águas do Estado costeiro.

3. O parágrafo precedente não prejudica o direito do Estado costeiro de tomar, em relação a um navio estrangeiro que se detenha no mar territorial ou por ele passe precedente das águas interiores, medidas executórias ou medidas cautelares em matéria civil conforme o seu direito interno.

SUBSECÇÃO C. **Normas aplicáveis a navios de guerra e a outros navios de Estado utilizados para fins não comerciais**

Art. 29.º (Definição de navios de guerra)

Para efeitos da presente Convenção, "navio de guerra" significa qualquer navio pertencente às forças armadas de um Estado, que ostente sinais exteriores próprios de navios de guerra, da sua nacionalidade, sob o comando de um oficial devidamente designado pelo Estado cujo nome figure na correspondente lista de oficiais ou seu equivalente e cuja tripulação esteja submetida às regras da disciplina militar.

Art. 30.º (Não cumprimento das leis e regulamentos do Estado costeiro pelos navios de guerra)

Se um navio de guerra não cumprir as leis e regulamentos do Estado costeiro relativos à passagem pelo mar territorial e não acatar o pedido que lhe for feito para o seu cumprimento, o Estado costeiro pode exigir-lhe que saia imediatamente do mar territorial.

Art. 31.º (Responsabilidade do Estado de bandeira por danos causados por navio de guerra ou outro navio de Estado utilizado para fins não comerciais)

Caberá ao Estado de bandeira a responsabilidade internacional por qualquer perda ou dano causado ao Estado costeiro resultante do não-cumprimento, por um navio de guerra ou outro navio de Estado utilizado para fins não comerciais, das leis e regulamentos do Estado costeiro relativos à passagem pelo mar territorial ou das disposições da presente Convenção ou demais normas de direito internacional.

Art. 32.º (Imunidades dos navios de guerra e de outros navios de Estado utilizados para fins não comerciais)

Com as excepções previstas na subsecção A e nos artigos 30.º e 31.º, nenhuma disposição da presente Convenção afectará as imunidades dos navios de guerra e outros navios de Estado utilizados para fins não comerciais.

SECÇÃO 4. **Zona Contígua**

Art. 33.º (Zona Contígua)

1. Numa zona contígua ao seu mar territorial, denominada Zona Contígua, o Estado costeiro pode tomar as medidas de fiscalização necessárias a:
   a) Evitar as infracções às leis e regulamentos aduaneiros, fiscais, de imigração ou sanitários no seu território ou no seu mar territorial;
   b) Reprimir as infracções às leis e regulamentos no seu território ou no seu mar territorial.

2. A Zona Contígua não pode estender-se além de 24 milhas marítimas, contadas a partir das linhas de base que servem para medir a largura do mar territorial.

PARTE III. ESTREITOS UTILIZADOS PARA A NAVEGAÇÃO INTERNACIONAL

SECÇÃO 1. **Disposições gerais**

Art. 34.º (Regime jurídico das águas que formam os estreitos utilizados para a navegação internacional)

1. O regime de passagem pelos estreitos utilizados para a navegação internacional estabelecido na presente Parte não afectará, noutros aspectos, o regime jurídico das águas que formam esses estreitos, nem o exercício, pelos Estados ribeirinhos do estreito, da sua soberania ou da sua jurisdição sobre essas águas; seu espaço aéreo sobrejacente, leito e subsolo.

2. A soberania ou a jurisdição dos Estados ribeirinhos do estreito é exercida de conformidade com a presente Parte e as demais normas de direito internacional.

Art. 35.º (Âmbito de aplicação da presente Parte)

Nenhuma das disposições da presente Parte afecta:
   a) Qualquer área das águas interiores situadas num estreito, excepto quando o traçado de uma linha de base recta, de conformidade com o método estabelecido no artigo 7.º, tiver o efeito de o englobar nas águas interiores áreas que anteriormente não eram consideradas como tais;
   b) O regime jurídico das águas situadas além do mar territorial dos Estados ribeirinhos de um estreito como zonas económicas exclusivas ou alto mar; ou
   c) O regime jurídico dos estreitos em que a passagem esteja regulamentada, total ou parcialmente, por convenções internacionais de longa data em vigor que a eles se refiram especialmente.

Art. 36.º (Rotas de alto mar ou rotas que atravessem uma zona económica exclusiva através de estreitos utilizados para a navegação internacional)

A presente Parte não se aplica a um estreito utilizado para a navegação internacional se por esse estreito passar uma rota de alto mar ou uma rota que atravesse uma zona económica exclusiva, igualmente convenientes pelas suas características hidrográficas e de navegação; em tais rotas aplicam-se as outras Partes pertinentes da Convenção, incluindo as disposições relativas à liberdade de navegação e sobrevoo.

SECÇÃO 2. **Passagem em trânsito**

Art. 37.º (Âmbito de aplicação da presente Secção)

A presente secção aplica-se a estreitos utilizados para a navegação internacional entre uma parte do alto mar ou uma zona económica exclusiva e uma outra parte do alto mar ou uma zona económica exclusiva.

Art. 38.º (Direito de passagem em trânsito)

1. Nos estreitos a que se refere o artigo 37.º, todos os navios e aeronaves gozam do direito de passagem em trânsito, que não será impedido a não ser que o estreito seja formado por uma ilha de um Estado ribeirinho desse estreito e o seu território continental e do outro lado da ilha exista uma rota de alto mar ou uma rota que passe por uma zona económica exclusiva, igualmente convenientes pelas suas características hidrográficas e de navegação.

2. "Passagem em trânsito" significa o exercício, de conformidade com a presente Parte, da liberdade de navegação e sobrevoo exclusivamente para fins de trânsito contínuo e rápido pelo estreito entre uma parte do alto mar ou de uma zona económica exclusiva e uma outra parte do alto mar ou uma zona económica exclusiva. Contudo, a exigência de trânsito contínuo e rápido não impede a passagem pelo estreito para entrar no território do Estado ribeirinho ou dele sair ou a ele regressar sujeito às condições que regem a entrada no território desse Estado.

3. Qualquer actividade que não constitua um exercício do direito de passagem em trânsito por um estreito fica sujeita às demais disposições aplicáveis da presente Convenção.

Art. 39.º (Deveres dos navios e aeronaves durante a passagem em trânsito)

1. Ao exercer o direito de passagem em trânsito, os navios e aeronaves devem:
   a) Atravessar ou sobrevoar o estreito sem demora;
   b) Abster-se de qualquer ameaça ou uso da força contra a soberania, a integridade territorial ou a independência política dos Estados ribeirinhos do estreito ou de qualquer outra acção contrária aos princípios de direito internacional enunciados na Carta das Nações Unidas;
   c) Abster-se de qualquer actividade que não esteja relacionada com as modalidades normais de trânsito contínuo e rápido, salvo em caso de força maior ou de dificuldade grave;
   d) Cumprir as demais disposições pertinentes da presente Parte.

2. Os navios de passagem em trânsito devem:
   a) Cumprir os regulamentos, procedimentos e práticas internacionais de segurança no mar geralmente aceites, inclusive as Regras Internacionais para a Prevenção de Abalroamentos no Mar;
   b) Cumprir os regulamentos, procedimentos e práticas internacionais geralmente aceites para a prevenção, a redução e o controlo da poluição, proveniente de navios.

3. As aeronaves de passagem em trânsito devem:
   a) Observar as Normas de Trânsito Aéreo estabelecidas pela Organização da Aviação Civil Internacional aplicáveis às aeronaves civis; as aeronaves do Estado cumprirão normalmente essas medidas de segurança e agirão sempre tendo em conta a segurança da navegação;

b) Manter sempre sintonizada a radiofrequência atribuída pela autoridade competente de controlo de tráfego aéreo designada internacionalmente ou a correspondente rádiofrequência internacional de socorro.

Art. 40.º (Actividades de investigação e levantamentos hidrográficos)
Durante a passagem em trânsito pelos estreitos, os navios estrangeiros, incluindo navios de investigação científica marinha e navios hidrográficos, não podem efectuar quaisquer actividades de investigação ou de levantamento hidrográficos sem autorização prévia dos Estados ribeirinhos dos estreitos.

Art. 41.º (Rotas marítimas e sistemas de separação de tráfego em estreitos utilizados para a navegação internacional)
1. Os Estados ribeirinhos de estreitos podem, de conformidade com as disposições da presente Parte, designar rotas marítimas e estabelecer sistemas de separação de tráfego para a navegação pelos estreitos, sempre que a segurança da passagem dos navios o exija.
2. Tais Estados podem, quando as circunstâncias o exijam e após terem dado a devida publicidade a esta medida, substituir por outras rotas marítimas ou sistemas de separação de tráfego quaisquer rotas marítimas ou sistemas de separação de tráfego por eles anteriormente designados ou prescritos.
3. Tais rotas marítimas e sistemas de separação de tráfego devem ajustar-se à regulamentação internacional geralmente aceite.
4. Antes de designar ou substituir rotas marítimas ou de estabelecer ou substituir sistemas de separação de tráfego, os Estados ribeirinhos de estreitos devem submeter as suas propostas à organização internacional competente para sua adopção. A organização só pode adoptar as rotas marítimas e os sistemas de separação de tráfego que tenham sido acordados com os Estados ribeirinhos dos estreitos, após o que estes Estados poderão designar, estabelecer ou substituir as rotas marítimas ou os sistemas de separação de tráfego.
5. No caso de um estreito, em que se proponham a criação de rotas marítimas ou sistemas de separação de tráfego que atravessem as águas de dois ou mais Estados ribeirinhos do estreito, os Estados interessados cooperarão na formulação de propostas em consulta com a organização internacional competente.
6. Os Estados ribeirinhos de estreitos indicarão claramente todas as rotas marítimas e sistemas de separação de tráfego por eles designados ou prescritos em cartas de navegação ás quais darão a devida publicidade.
7. Os navios de passagem em trânsito respeitarão as rotas marítimas e sistemas de separação de tráfego aplicáveis, estabelecidos de conformidade com as disposições do presente artigo.

Art. 42.º (Leis e regulamentos dos Estados ribeirinhos de estreitos relativos à passagem em trânsito)
1 – Nos termos das disposições da presente secção, os Estados ribeirinhos

de estreitos podem adoptar leis e regulamentos relativos à passagem em trânsito pelos estreitos no que respeita a todos ou a alguns dos seguintes pontos:
   a) A segurança da navegação e a regulamentação do tráfego marítimo, de conformidade com as disposições do artigo 41.º;
   b) A prevenção, redução e controlo da poluição em cumprimento das regulamentações internacionais aplicáveis relativas a descarga no estreito de hidrocarbonetos, de resíduos de petróleo e de outras substâncias nocivas;
   c) No caso de embarcações de pesca a proibição de pesca, incluindo o acondicionamento dos aparelhos de pesca;
   d) O embarque ou desembarque de produto, moeda ou pessoa em contravenção das leis e regulamentos aduaneiros, fiscais, de imigração ou sanitários dos Estados ribeirinhos de estreitos.

2. Tais leis e regulamentos não farão discriminação de direito ou de facto entre os navios estrangeiros, nem a sua aplicação terá, na prática, o efeito de negar, dificultar ou impedir o direito de passagem em trânsito tal como definido na presente secção.

3. Os Estados ribeirinhos de estreitos darão a devida publicidade a todas essas leis e regulamentos.

4. Os navios estrangeiros que exerçam o direito de passagem em trânsito cumprirão essas leis e regulamentos.

5. O Estado de bandeira de um navio ou o Estado de registo de uma aeronave que goze de imunidade soberana e actue de forma contrária a essas leis e regulamentos ou a outras disposições da presente Parte incorrerá em responsabilidade internacional por qualquer perda ou dano causado aos Estados ribeirinhos dos estreitos.

Art. 43.º (Instalações de segurança e de auxílio à navegação e outros dispositivos. Prevenção, redução e controlo da poluição)

Os Estados usuários e os Estados ribeirinhos de um estreito deverão cooperar mediante acordos para:
   a) O estabelecimento e manutenção, no estreito, das instalações de segurança e auxílio necessárias à navegação ou de outros dispositivos destinados a facilitar a navegação internacional; e
   b) A prevenção, redução e controlo da poluição proveniente de navios.

Art. 44.º (Deveres dos Estados ribeirinhos de estreitos)

Os Estados ribeirinhos de um estreito não impedirão a passagem em trânsito e darão a devida publicidade a qualquer perigo de que tenham conhecimento e que ameace a navegação no estreito ou o sobrevoo do mesmo. Não haverá nenhuma suspensão da passagem em trânsito.

SECÇÃO 3. **Passagem Inofensiva**

Art. 45.º (Passagem inofensiva)
1. O regime de passagem inofensva, de conformidade com a secção 3 da Parte II, aplicar-se-á a estreitos utilizados para a navegação internacional:
   a) Excluídos da aplicação do regime de passagem em trânsito, em virtude do parágrafo 1 do artigo 38.º; ou
   b) Situados entre uma parte de alto mar ou uma zona económica exclusiva e o mar territorial de um Estado estrangeiro.
2. Não haverá nenhuma suspensão da passagem inofensiva por tais estreitos.

PARTE IV. ESTADOS ARQUIPÉLAGOS

Art. 46.º (Expressões utilizadas)
Para efeitos da presente Convenção:
   a) "Estado arquipélago" significa um Estado constituído totalmente por um ou vários arquipélagos, podendo incluir outras ilhas;
   b) "Arquipélago" significa um grupo de ilhas, incluindo partes de ilhas, as águas circunjacentes e outros elementos naturais, que estejam tão estreitamente relacionados entre si que essas ilhas, águas e outros elementos naturais formem intrinsecamente uma entidade geográfica, económica e política ou que historicamente tenham sido considerados como tal.

Art. 47.º (Linhas de base arquipelágicas)
1. O Estado arquipélago pode traçar linhas de base arquipelágicas rectas que unam os pontos extremos das ilhas mais exteriores e dos recifes emergentes do arquipélago, com a condição de que dentro dessas linhas de base estejam compreendidas as principais ilhas e uma zona em que a razão entre a superfície marítima e a superfície terrestre, incluindo os atóis, se situe entre um para um e nove para um.
2. O comprimento destas linhas de base não deve exceder 100 milhas marítimas, admitindo-se, no entanto, que até 3% do número total das linhas de base que encerram qualquer arquipélago possam exceder esse comprimento, até um máximo de 125 milhas marítimas.
3. O traçado de tais linhas de base não se deve desviar consideravelmente da configuração geral do arquipélago.
4. Tais linhas de base não serão traçadas em direcção aos baixios a descoberto, nem a partir deles, a não ser que sobre os mesmos se tenham construído faróis ou instalações análogas, que estejam permanentemente acima do nível do mar ou quando um baixio a descoberto esteja total ou parcialmente situado a uma distância da ilha mais próxima que não exceda a largura do mar territorial.

5. O sistema de tais linhas de base não pode ser aplicado por um Estado arquipélago de modo a separar do alto mar ou de uma zona económica exclusiva o mar territorial de outro Estado.

6. Se uma parte das águas arquipelágicas de um Estado arquipélago estiver situada entre duas partes de um Estado vizinho imediatamente adjacente, os direitos existentes e quaisquer outros interesses legítimos que este Estado tenha exercido tradicionalmente em tais águas e todos os direitos estipulados em acordos concluídos entre os dois Estados continuarão em vigor e serão respeitados.

7. Para fins de cálculo da razão entre a superfície marítima e a superfície terrestre, a que se refere o parágrafo 1, as superfícies podem incluir águas situadas no interior das cadeias de recifes de ilhas e atóis, incluindo a parte de uma plataforma oceânica com face lateral abrupta que se encontre encerrada, ou quase, por uma cadeia de ilhas calcárias e de recifes emergentes situados no perímetro da plataforma.

8. As linhas de base traçadas de conformidade com o presente artigo devem ser apresentadas em cartas de escala ou escalas adequadas para a determinação da sua posição. Tais cartas podem ser substituídas por listas de coordenadas geográficas de pontos, em que conste especificamente a origem geodésica.

9. O Estado arquipélago deve dar a devida publicidade a tais cartas ou listas de coordenadas geográficas e deve depositar um exemplar de cada carta ou lista junto do Secretário-Geral das Nações Unidas.

Art. 48.º (Medição da largura do mar territorial, da zona contígua, da zona económica exclusiva e da plataforma continental)

A largura do mar territorial, da zona contígua, da zona económica exclusiva e da plataforma continental é medida a partir das linhas de base arquipelágicas traçadas de conformidade com o artigo 47.º.

Art. 49.º (Regime jurídico das águas arquipelágicas, do espaço aéreo sobre águas arquipelágicas e do leito e subsolo dessas águas arquipelágicas)

1. A soberania de um Estado arquipélago estende-se às águas encerradas pelas linhas de base arquipelágicas, traçadas de conformidade com o artigo 47.º, denominadas águas arquipelágicas, independentemente da sua profundidade ou da sua distância da costa.

2. Esta soberania estende-se ao espaço aéreo situado sobre as águas arquipelágicas e ao seu leito e subsolo, bem como aos recursos neles existentes.

3. Esta soberania é exercida de conformidade com as disposições da presente Parte.

4. O regime de passagem pelas rotas marítimas arquipelágicas, estabelecido na presente Parte, não afecta em outros aspectos o regime jurídico das águas arquipelágicas, inclusive o das rotas marítimas, nem o exercício pelo Estado arquipélago de sua soberania sobre essas águas, seu espaço aéreo sobrejacente e seu leito e subsolo, bem como sobre os recursos neles existentes.

Art. 50.º (Delimitação das águas interiores)
Dentro das suas águas arquipelágicas, o Estado arquipélago pode traçar linhas de fecho para a delimitação das águas interiores, de conformidade com os artigos 9.º, 10.º e 11.º.

Art. 51.º (Acordos existentes, direitos de pesca tradicionais e cabos submarinos existentes)
1. Sem prejuízo das disposições do artigo 49.º, os Estados arquipélagos respeitarão os acordos existentes com outros Estados e reconhecerão os direitos de pesca tradicionais e outras actividades legítimas dos Estados vizinhos imediatamente adjacentes em certas áreas situadas nas águas arquipelágicas. As modalidades e condições para o exercício de tais direitos e actividades, incluindo a natureza, o alcance e as áreas em que se aplicam, serão, a pedido de qualquer dos Estados interessados, reguladas por acordos bilaterais entre eles. Tais direitos não poderão ser transferidos a terceiros Estados ou a seus nacionais, nem por eles compartilhados.
2. Os Estados arquipélagos respeitarão os cabos submarinos existentes que tenham sido colocados por outros Estados e que passem por suas águas sem tocar terra. Os Estados arquipélagos permitirão a conservação e a substituição de tais cabos, uma vez recebida a devida notificação da sua localização e da intenção de os reparar ou substituir.

Art. 52.º (Direito de passagem inofensiva)
1. Nos termos do artigo 53.º e sem prejuízo do disposto no artigo 50.º, os navios de todos os Estados gozam do direito de passagem inofensiva pelas águas arquipelágicas, de conformidade com a secção 3 da Parte II.
2. O Estado arquipélago pode, sem discriminação de direito ou de facto entre navios estrangeiros, suspender temporariamente, e em determinadas áreas das suas águas arquipelágicas, a passagem inofensiva de navios estrangeiros, se tal suspensão for indispensável para a protecção da sua segurança. A suspensão só produzirá efeito depois de ter sido devidamente publicada.

Art. 53.º (Direito de passagem pelas rotas marítimas arquipelágicas)
1. O Estado arquipélago pode designar rotas marítimas e rotas aéreas a elas sobrejacentes adequadas à passagem contínua e rápida de navios e aeronaves estrangeiros por ou sobre suas águas arquipelágicas e o mar territorial adjacente.
2. Todos os navios e aeronaves gozam do direito de passagem pelas rotas marítimas arquipelágicas, em tais rotas marítimas e aéreas.
3. A passagem pelas rotas marítimas arquipelágicas significa o exercício, de conformidade com a presente Convenção, dos direitos de navegação e sobrevoo de modo normal, exclusivamente para fins de trânsito contínuo, rápido e sem entraves entre uma parte do alto mar ou de uma zona económica exclusiva e uma outra parte do alto mar ou de uma zona económica exclusiva.

4. Tais rotas marítimas e aéreas atravessarão as águas arquipelágicas e o mar territorial adjacente e incluirão todas as rotas normais de passagem utilizadas como tais na navegação internacional através das águas arquipelágicas ou da navegação aérea internacional no espaço aéreo sobrejacente e, dentro de tais rotas, no que se refere a navios, todos os canais normais de navegação, desde que não seja necessário uma duplicação de rotas com conveniência similar entre os mesmos pontos de entrada e de saída.

5. Tais rotas marítimas e aéreas devem ser definidas por uma série de linhas axiais continuas desde os pontos de-entrada das rotas de passagem até aos pontos de saída. Os navios e aeronaves, na sua passagem pelas rotas marítimas arquipelágicas, não podem afastarse mais de 25 milhas marítimas para cada lado dessas linhas axais, ficando estabelecido que não podem navegar a uma distância da costa inferior a 10% da distância entre os pontos mais próximos situados em ilhas que circulam as rotas marítimas.

6. O Estado arquipélago que designe rotas marítimas de conformidade com o presente artigo pode também estabelecer sistemas de separação de tráfego para a passagem segura dos navios através de canais estreitos em tais rotas marítimas.

7. O Estado arquipélago pode, quando as circunstâncias o exijam, e após ter dado a devida publicidade a esta medida, substituir por outras rotas marítimas ou sistemas de separação de tráfego quaisquer rotas marítimas ou sistemas de separação de tráfego por ele anteriormente designados ou prescritos.

8. Tais rotas marítimas e sistemas de separação de tráfego devem ajustar-se à regulamentação internacional geralmente aceite.

9. Ao designar ou substituir rotas marítimas ou estabelecer ou substituir sistemas de separação de tráfego, o Estado arquipélago deve submeter propostas à organização internacional competente para a sua adopção. A organização só pode adoptar as rotas marítimas e os sistemas de separação de tráfego acordados com o Estado arquipélago, após o que o Estado arquipélago pode designar, estabelecer ou substituir as rotas marítimas ou os sistemas de separação de tráfego.

10. O Estado arquipélago indicará claramente os eixos das rotas marítimas e os sistemas de separação de tráfego por ele designados prescritos em cartas de navegação, às quais dará a devida publicidade.

11. Os navios, durante a passagem pelas rotas marítimas arquipelágicas, devem respeitar as rotas marítimas e os sistemas de separação de tráfego aplicáveis, estabelecidos de conformidade com o presente artigo.

12. Se um Estado arquipélago não designar rotas marítimas ou aéreas, o direito de passagem por rotas marítimas arquipelágicas pode ser exercido através das rotas utilizadas normalmente para a navegação internacional.

Art. 54.º (Deveres dos navios e aeronaves durante a passagem, actividades de investigação e levantamentos hidrográficos, deveres do Estado arquipélago e leis e regulamentos do Estado arquipélago relativos à passagem pelas rotas marítimas arquipelágicas)
Os artigos 39.º, 40.º, 42.º e 44.º aplicam-se, *mutatis mutandis*, à passagem pelas rotas marítimas arquipelágicas.

PARTE V. ZONA ECONÓMICA EXCLUSIVA

Art. 55.º (Regime jurídico específico da zona económica exclusiva)
A zona económica exclusiva é uma zona situada além do mar territorial e a este adjacente, sujeita ao regime jurídico específico estabelecido na presente Parte, segundo o qual os direitos e a jurisdição do Estado costeiro e os direitos e liberdades dos demais Estados são regidos pelas disposições pertinentes da presente Convenção.

Art. 56.º (Direitos, jurisdição e deveres do Estado costeiro na zona económica exclusiva)
1. Na zona económica exclusiva, o Estado costeiro tem:
   a) Direitos de soberania para fins de exploração e aproveitamento, conservação e gestão dos recursos naturais, vivos ou não vivos das águas sobrejacentes ao leito do mar, do leito do mar e seu subsolo, e no que se refere a outras actividades com vista à exploração e aproveitamento da zona para fins económicos, como a produção de energia a partir da água, das correntes e dos ventos;
   b) Jurisdição, de conformidade com as disposições pertinentes da presente Convenção, no que se refere a:
      i) Colocação e utilização de ilhas artificiais, instalações e estruturas;
      ii) Investigação científica marinha;
      iii) Protecção e preservação do meio marinho.
   c) Outros direitos e deveres previstos na presente Convenção.

2. No exercício dos seus direitos e no cumprimento dos seus deveres na zona económica exclusiva nos termos da presente Convenção, o Estado costeiro terá em devida conta os direitos e deveres dos outros Estados e agirá de forma compatível com as disposições da presente Convenção.

3. Os direitos enunciados no presente artigo referentes ao leito do mar e ao seu subsolo devem ser exercidos de conformidade com a Parte VI da presente Convenção.

Art. 57.º (Largura da zona económica exclusiva)
A zona económica exclusiva não se estenderá além de 200 milhas marítimas das linhas de base a partir das quais se mede a largura do mar territorial.

Art. 58.º (Direitos e deveres de outros Estados na zona económica exclusiva)

1. Na zona económica exclusiva, todos os Estados, quer costeiros quer sem litoral, gozam, nos termos das disposições da presente Convenção, das liberdades de navegação e sobrevoo e de colocação de cabos e ductos submarinos, a que se refere o artigo 87.º, bem como de outros usos do mar internacionalmente lícitos, relacionados com as referidas liberdades, tais como os ligados à operação de navios, aeronaves, cabos e ductos submarinos e compatíveis com as demais disposições da presente Convenção.

2. Os artigos 88.º a 115.º e demais normas pertinentes de direito internacional aplicam-se à zona económica exclusiva na medida em que não sejam incompatíveis com a presente Parte.

3. No exercício dos seus direitos e no cumprimento dos seus deveres na zona económica exclusiva, nos termos da presente Convenção, os Estados terão em devida conta os direitos e deveres do Estado costeiro e cumprirão as leis e regulamentos por ele adoptados de conformidade com as disposições da presente Convenção e demais normas de direito internacional na medida em que não sejam incompatíveis com a presente Parte.

Art. 59.º (Base para a solução de conflitos relativos à atribuição de direitos e jurisdição na zona económica exclusiva)

Nos casos em que a presente Convenção não atribua direitos ou jurisdição ao Estado costeiro ou a outros Estados na zona económica exclusiva, e surja um conflito entre os interesses do Estado costeiro e os de qualquer outro Estado ou Estados, o conflito deveria ser solucionado numa base de equidade e à luz de todas as circunstâncias pertinentes, tendo em conta a importância respectiva dos interesses em causa para as partes e para o conjunto da comunidade internacional.

Art. 60.º (Ilhas artificiais, instalações e estruturas na zona económica exclusiva)

1. Na zona económica exclusiva, o Estado costeiro tem o direito exclusivo de construir e de autorizar e regulamentar a construção, operação e utilização de:
   a) Ilhas artificiais;
   b) Instalações e estruturas para os fins previstos no artigo 56.º e para outras finalidades económicas;
   c) Instalações e estruturas que possam interferir com o exercício dos direitos do Estado costeiro na zona.

2. O Estado costeiro tem jurisdição exclusiva sobre essas ilhas artificiais, instalações e estruturas, incluindo jurisdição em matéria de leis e regulamentos aduaneiros, fiscais, de imigração, sanitários e de segurança.

3. A construção dessas ilhas artificiais, instalações ou estruturas deve ser devidamente notificada e devem ser mantidos meios permanentes para assinalar a sua presença. As instalações ou estruturas abandonadas ou inutilizadas devem ser retiradas, a fim de garantir a segurança da navegação, tendo em conta as normas

internacionais geralmente aceites que tenham sido estabelecidas sobre o assunto pela organização internacional competente. Para efeitos da remoção deve ter-se em conta a pesca, a protecção do meio marinho e os direitos e obrigações de outros Estados. Deve dar-se a devida publicidade da localização, dimensão e profundidade das instalações ou estruturas que não tenham sido completamente removidas.

4. O Estado costeiro pode, se necessário, criar em volta dessas ilhas artificiais, instalações e estruturas, zonas de segurança de largura razoável, nas quais pode tomar medidas adequadas para garantir tanto a segurança da navegação como a das ilhas artificiais, instalações e estruturas.

5. O Estado costeiro determinará a largura das zonas de segurança, tendo em conta as normas internacionais aplicáveis. Essas zonas de segurança devem ser concebidas de modo a responderem razoavelmente à natureza e às funções das ilhas artificiais, instalações ou estruturas, e não excederão uma distância de 500 metros em volta destas ilhas artificiais; instalações ou estruturas, distância essa medida a partir de cada ponto do seu bordo exterior, a menos que o autorizem as normas internacionais geralmente aceites ou o recomende a organização internacional competente. A extensão das zonas de segurança será devidamente notificada.

6. Todos os navios devem respeitar essas zonas de segurança e cumprir as normas internacionais geralmente aceites relativas à navegação nas proximidades das ilhas artificiais, instalações, estruturas e zonas de segurança.

7. Não podem ser estabelecidas ilhas artificiais, instalações e estruturas nem zonas de segurança em sua volta, quando interfiram na utilização das rotas marítimas reconhecidas essenciais para a navegação internacional.

8. As ilhas artificiais, instalações, e estruturas não têm o estatuto jurídico de ilhas. Não têm mar territorial próprio e a sua presença não afecta a delimitação do mar territorial, da zona económica exclusiva ou da plataforma continental.

Art. 61.º (Conservação dos recursos vivos)

1. O Estado costeiro fixará as capturas permissíveis dos recursos vivos na sua zona económica exclusiva.

2. O Estado costeiro, tendo em conta os melhores dados científicos de que disponha, assegurará, por meio de medidas apropriadas de conservação e gestão, que a preservação dos recursos vivos da sua zona económica exclusiva não seja ameaçada por um excesso de captura. O Estado costeiro e as organizações competentes sub-regionais, regionais ou mundiais, cooperarão, conforme o caso, para tal fim.

3. Tais medidas devem ter também a finalidade de preservar ou restabelecer as populações das espécies capturadas a níveis que possam produzir o máximo rendimento constante, determinado a partir de factores ecológicos e económicos pertinentes, incluindo as necessidades económicas das comunidades costeiras que vivem da pesca e as necessidades especiais dos Estados em desenvolvimento, e tendo em conta os métodos de pesca, a interdependência das populações e quaisquer outras normas mínimas internacionais geralmente recomendadas, sejam elas subregionais, regionais ou mundiais.

4. Ao tomar tais medidas, o Estado costeiro deve ter em conta os seus efeitos sobre espécies associadas às espécies capturadas, ou delas dependentes, a fim de preservar ou restabelecer as populações de tais espécies associadas ou dependentes acima de níveis em que a sua reprodução possa ficar seriamente ameaçada.

5. Periodicamente devem ser comunicadas ou trocadas informações científicas disponíveis, estatísticas de captura e de esforço de pesca e outros dados pertinentes para a conservação das populações de peixes, por intermédio das organizações internacionais competentes, sejam elas sub-regionais, regionais ou mundiais, quando apropriado, e com a participação de todos os Estados interessados, incluindo aqueles cujos nacionais estejam autorizados a pescar na zona económica exclusiva.

Art. 62.º (Utilização dos recursos vivos)

1. O Estado costeiro deve ter por objectivo promover a utilização óptima dos recursos vivos na zona económica exclusiva, sem prejuízo do artigo 61.º.

2. O Estado costeiro deve determinar a sua capacidade de capturar os recursos vivos da zona económica exclusiva. Quando o Estado costeiro não tiver capacidade para efectuar a totalidade da captura permissível deve dar a outros Estados acesso ao excedente desta captura, mediante acordos ou outros ajustes e de conformidade com as modalidades, condições e leis e regulamentos mencionados no parágrafo 4, tendo particularmente em conta as disposições dos artigos 69.º e 70.º, principalmente no que se refere aos Estados em desenvolvimento neles mencionados.

3. Ao dar a outros Estados acesso à sua zona económica exclusiva nos termos do presente artigo, o Estado costeiro deve ter em conta todos os factores pertinentes, incluindo, *inter alia*, a importância dos recursos vivos da zona para a economia do Estado costeiro correspondente e para os seus outros interesses nacionais, as disposições dos artigos 69.º e 70.º, as necessidades dos países em desenvolvimento da sub-região ou região no que se refere à captura de parte dos excedentes, e a necessidade de reduzir ao mínimo a perturbação da economia dos Estados, cujos nacionais venham habitualmente pescando na zona ou venham fazendo esforços substanciais na investigação e identificação de populações.

4. Os nacionais de outros Estados que pesquem na zona económica exclusiva devem cumprir as medidas de conservação e as outras modalidades e condições estabelecidas nas leis e regulamentos do Estado costeiro. Tais leis e regulamentos devem estar de conformidade com a presente Convenção e podem referir-se *inter alia*, às seguintes questões:

   a) Concessão de licenças a pescadores, embarcações e equipamento de pesca, incluindo o pagamento de taxas e outros encargos que, no caso dos Estados costeiros em desenvolvimento, podem consistir numa compensação adequada em matéria de financiamento, equipamento e tecnologia da indústria da pesca;

b) Determinação das espécies que podem ser capturadas e fixação das quotas de captura, que podem referir-se seja a determinadas populações ou a grupos de populações, seja à captura por embarcação durante um período de tempo, seja à captura por nacionais de um Estado durante um período determinado;
c) Regulamentação das épocas e zonas de pesca, do tipo, tamanho e número de aparelhos, bem como do tipo, tamanho e número de embarcações de pesca que podem ser utilizados;
d) Fixação da idade e do tamanho dos peixes e de outras espécies que podem ser capturados;
e) Indicação das informações que devem ser fornecidas pelas embarcações de pesca, incluindo estatísticas das capturas e do esforço de pesca e informações sobre a posição das embarcações;
f) Execução, sob a autorização e controlo do Estado costeiro, de determinados programas de investigação no âmbito das pescas e regulamentação da realização de tal investigação, incluindo a amostragem de capturas, destino das amostras e comunicação dos dados científicos conexos;
g) Embarque, pelo Estado costeiro, de observadores ou de estagiários a bordo de tais embarcações;
h) Descarga por tais embarcações da totalidade das capturas ou de parte delas nos portos do Estado costeiro;
i) Termos e condições relativos às empresas conjuntas ou a outros ajustes de cooperação;
j) Requisitos em matéria de formação de pessoal e de transferência de tecnologia de pesca, incluindo o reforço da capacidade do Estado costeiro para empreender investigação de pesca;
k) Medidas de execução.

5. Os Estados costeiros devem dar o devido conhecimento das leis e regulamentos em matéria de conservação e gestão.

Art. 63.º (Populações existentes dentro das zonas económicas exclusivas de dois ou mais Estados costeiros ou dentro da zona económica exclusiva e numa zona exterior e adjacente à mesma)

1. No caso de uma mesma população ou populações de espécies associadas se encontrarem nas zonas económicas exclusivas de dois ou mais Estados costeiros, estes Estados devem procurar, quer directamente quer por intermédio das organizações sub-regionais ou regionais apropriadas, concertar as medidas necessárias para coordenar e assegurar a conservação e o desenvolvimento de tais populações, sem prejuízo das demais disposições da presente Parte.

2. No caso de uma mesma população ou populações de espécies associadas se encontrarem tanto na zona económica exclusiva como numa área exterior e adjacente à mesma, o Estado costeiro, e os Estados que pesquem essas populações

na área adjacente devem procurar, quer directamente, quer por intermédio das organizações sub-regionais ou regionais apropriadas, concertar as medidas necessárias para a conservação dessas populações na área adjacente.

Art. 64.º (Espécies altamente migratórias)

1. O Estado costeiro e os demais Estados cujos nacionais pesquem, na região, as espécies altamente migratórias enumeradas no Anexo I, devem cooperar, quer directamente, quer por intermédio das organizações internacionais apropriadas, com vista a assegurar a conservação e promover o objectivo da utilização óptima de tais espécies em toda a região, tanto dentro como fora da zona económica exclusiva. Nas regiões em que não exista organização internacional apropriada, o Estado costeiro e os demais Estados cujos nacionais capturem essas espécies na região devem cooperar para criar uma organização deste tipo e devem participar nos seus trabalhos.

2. As disposições do parágrafo 1 aplicam-se conjuntamente com as demais disposições da presente Parte.

Art. 65.º (Mamíferos marinhos)

Nenhuma das disposições da presente Parte restringe quer o direito de um Estado costeiro quer eventualmente a competência de uma organização internacional, conforme o caso, para proibir, limitar ou regulamentar o aproveitamento dos mamíferos marinhos de maneira mais estrita que a prevista na presente Parte. Os Estados devem cooperar com vista a assegurar a conservação dos mamíferos marinhos e, no caso dos cetáceos, devem trabalhar em particular, por intermédio de organizações internacionais apropriadas, para a sua conservação, gestão e estudo.

Art. 66.º (Populações de peixes anádromos)

1. Os Estados em cujos rios se originem as populações de peixes anádromos devem ter por tais populações o interesse e a responsabilidade primordiais.

2. O Estado de origem das populações de peixes anádromos devem assegurar a sua conservação mediante a adopção de medidas apropriadas de regulamentação da pesca em todas as águas situadas dentro dos limites exteriores da sua zona económica exclusiva, bem como da pesca a que se refere a alínea b) do parágrafo 3. O Estado de origem pode, após consulta com os outros Estados mencionados nos parágrafos 3 e 4 que pesquem essas populações, fixar as capturas totais permissíveis das populações originárias dos seus rios.

3. a) A pesca das populações de peixes anádromos só pode ser efectuada nas águas situadas dentro dos limites exteriores da zona económica exclusiva, excepto nos casos em que esta disposição possa acarretar perturbações económicas para um outro Estado que não o Estado de origem. No que se refere a tal pesca além dos limites exteriores da zona económica exclusiva, os Estados interessados procederão a consultas com vista a

chegarem a acordo sobre modalidades e condições de tal pesca, tendo em devida consideração as exigências da conservação e as necessidades do Estado de origem no que se refere a tais populações.

b) O Estado de origem deve cooperar para reduzir ao mínimo as perturbações económicas causadas a outros Estados que pesquem essas populações, tendo em conta a captura normal e o modo de operação utilizado por esses Estados, bem como todas as zonas em que tal pesca tenha sido efectuada;

c) Os Estados mencionados na alínea *b*) que, por meio de acordos com o Estado de origem, participem em medidas para renovar as populações de peixes anádromos, particularmente com despesas feitas para esse fim, devem receber especial consideração do Estado de origem no que se, refere à captura de populações originárias dos seus rios;

d) A aplicação dos regulamentos relativos às populações de peixes anádromos além da zona económica exclusiva deve ser feita por acordo entre o Estado de origem e os outros Estados interessados.

4. Quando as populações de peixes anádromos migrem para ou através de águas situadas dentro dos limites exteriores da zona económica exclusiva de um outro Estado que não seja o Estado de origem, esse Estado cooperará com o Estado de origem no que se refere à conservação e gestão de tais populações.

5. O Estado de origem das populações de peixes anádromos e os outros Estados que pesquem estas populações devem concluir ajustes para a aplicação das disposições do presente artigo, quando apropriado, por intermédio de organizações regionais.

Art. 67.º (Espécies catádromas)

1. O Estado costeiro em cujas águas espécies catádromas passem a maior parte do seu ciclo vital deve ser responsável pela gestão dessas espécies e deve assegurar a entrada e a saída dos peixes migratórios.

2. A captura das espécies catádromas deve ser efectuada unicamente nas águas situadas dentro dos limites exteriores das zonas económicas exclusivas. Quando efectuada nas zonas económicas exclusivas, a captura deve estar sujeita às disposições do presente artigo e demais disposições da presente Convenção relativas à pesca nessas zonas.

3. Quando os peixes catádromos migrem, antes do estado adulto ou no início desse estado, através da zona económica exclusiva de outro Estado ou Estados, a gestão dessa espécie, incluindo a sua captura, é regulamentada por acordo entre o Estado mencionado no parágrafo 1 e o outro Estado interessado. Tal acordo deve assegurar a gestão racional das espécies e deve ter em conta as responsabilidades do Estado mencionado no parágrafo 1, no que se refere à conservação destas espécies.

Art. 68.º (Espécies sedentárias)
A presente Parte não se aplica às espécies sedentárias definidas no parágrafo 4 do artigo 77.º.

Art. 69.º (Direitos dos Estados sem litoral)
1. Os Estados sem litoral terão o direito a participar, numa base equitativa, no aproveitamento de uma parte apropriada dos excedentes dos recursos vivos das zonas económicas exclusivas dos Estados costeiros da mesma sub-região ou região, tendo em conta os factores económicos e geográficos pertinentes de todos os Estados interessados e de conformidade com as disposições do presente artigo e dos artigos 61.º e 62.º.
2. Os termos e condições desta participação devem ser estabelecidos pelos Estados interessados por meio de acordos bilaterais, sub-regionais ou regionais, tendo em conta *inter alia*:
   a) A necessidade de evitar efeitos prejudiciais às comunidades de pescadores ou às indústrias de pesca do Estado costeiro;
   b) A medida em que o Estado sem litoral, de conformidade com as disposições do presente artigo, participe ou tenha o direito de participar, no aproveitamento dos recursos vivos das zonas económicas exclusivas de outros Estados costeiros, nos termos de acordos bilaterais, sub-regionais ou regionais existentes;
   c) A medida em que outros Estados sem litoral e Estados geograficamente desfavorecidos participem no aproveitamento dos recursos vivos da zona económica exclusiva do Estado costeiro e a consequente necessidade de evitar uma carga excessiva para qualquer Estado costeiro ou para uma parte deste;
   d) As necessidades nutricionais das populações dos respectivos Estados.
3. Quando a capacidade de captura de um Estado costeiro se aproximar de um nível em que lhe seja possível efectuar a totalidade da captura permissível dos recursos vivos da sua zona económica exclusiva, o Estado costeiro e os demais Estados interessados cooperarão no estabelecimento de ajustes equitativos numa base bilateral, sub-regional ou regional para permitir aos Estados em desenvolvimento sem litoral da mesma sub-região ou região participarem no aproveitamento dos recursos vivos das zonas económicas exclusivas dos Estados costeiros da sub--região ou região de acordo com as circunstâncias e em condições satisfatórias para todas as partes. Na aplicação da presente disposição devem ser também tomados em conta os factores mencionados no parágrafo 2.
4. Os Estados desenvolvidos sem litoral terão, nos termos do presente artigo, direito a participar no aproveitamento dos recursos vivos só nas zonas económicas exclusivas dos Estados costeiros desenvolvidos da mesma sub-região ou região, tendo na devida conta a medida em que o Estado costeiro, ao dar acesso aos recursos vivos da sua zona económica exclusiva a outros Estados, tomou em consideração a necessidade de reduzir ao mínimo os efeitos prejudiciais para as

comunidades de pescadores e as perturbações económicas nos Estados cujos nacionais tenham pescado habitualmente na zona.

5. As disposições precedentes são aplicadas sem prejuízo dos ajustes concluídos nas sub-regiões ou regiões onde os Estados costeiros possam conceder a Estados sem litoral, da mesma subregião ou região, direitos iguais ou preferenciais para o aproveitamento dos recursos vivos nas zonas económicas exclusivas.

Art. 70.º (Direitos dos Estados geograficamente desfavorecidos)

1. Os Estados geograficamente desfavorecidos terão direito a participar, numa base equitativa, no aproveitamento de uma parte apropriada dos excedentes dos recursos vivos das zonas económicas exclusivas dos Estados costeiros da mesma sub-região ou região, tendo em conta os factores económicos e geográficos pertinentes de todos os Estados interessados e de conformidade com as disposições do presente artigo e dos artigos 61.º e 62.º.

2. Para os fins da presente Convenção, "Estados geograficamente desfavorecidos" significa os Estados costeiros, incluindo Estados ribeirinhos de mares fechados ou semifechados, cuja situação geográfica os torne dependentes do aproveitamento dos recursos vivos das zonas económicas exclusivas de outros Estados da sub-região ou região para permitir um adequado abastecimento de peixe para fins nutricionais da sua população ou de parte dela, e Estados costeiros que não possam reivindicar zonas económicas exclusivas próprias.

3. Os termos e condições desta participação devem ser estabelecidos pelos Estados interessados por meio de acordos bilaterais, sub-regionais ou regionais, tendo em conta *inter alia*:

  a) A necessidade de evitar efeitos prejudiciais às comunidades de pescadores ou às indústrias de pesca do Estado costeiro;

  b) A medida em que o Estado geograficamente desfavorecido, de conformidade com as disposições do presente artigo, participe ou tenha o direito a participar no aproveitamento dos recursos vivos das zonas económicas exclusivas de outros Estados costeiros nos termos de acordos bilaterais, sub-regionais ou regionais existentes;

  c) A medida em que outros Estados geograficamente desfavorecidos e Estados sem litoral participem no aproveitamento dos recursos vivos da zona económica exclusiva do Estado costeiro e a consequente necessidade de evitar uma carga excessiva para qualquer Estado costeiro ou para uma parte deste;

  d) As necessidades nutricionais das populações dos respectivos Estados.

4. Quando a capacidade de captura de um Estado costeiro se aproximar de um nível em que lhe seja possível efectuar a totalidade da captura permissível dos recursos vivos da sua zona económica exclusiva, o Estado costeiro e os demais Estados interessados cooperarão no estabelecimento de ajustes equitativos numa base bilateral, sub-regional, ou regional, para permitir aos Estados em desenvolvimento geograficamente desfavorecidos da mesma sub-região ou região partici-

parem no aproveitamento dos recursos vivos das zonas económicas exclusivas dos Estados costeiros da sub-região ou região de acordo com as circunstâncias e em condições satisfatórias para todas as partes. Na aplicação da presente disposição devem ser também tomados em conta os factores mencionados no parágrafo 3.

5. Os Estados geograficamente desfavorecidos terão, nos termos do presente artigo, direito a participar no aproveitamento dos recursos vivos só nas zonas económicas exclusivas dos Estados costeiros desenvolvidos da mesma sub-região ou região, tendo na devida conta a medida em que o Estado costeiro, ao dar acesso aos recursos vivos da sua zona económica Exclusiva a outros Estados, tomou em consideração a necessidade de reduzir ao mínimo os efeitos prejudiciais para as comunidades de pescadores e as perturbações económicas nos Estados cujos nacionais tenham pescado habitualmente na zona.

6. As disposições precedentes serão aplicadas sem prejuízo dos ajustes concluídos, nas sub-regiões ou regiões onde os Estados costeiros possam conceder a Estados geograficamente desfavorecidos da mesma sub-região ou região direitos iguais ou preferenciais para o aproveitamento dos recursos vivos nas zonas económicas exclusivas.

Art. 71.º (Não aplicação dos artigos 69.º e 70.º)

As disposições dos artigos 69.º e 70.º não se aplicam a um Estado costeiro cuja economia dependa preponderantemente do aproveitamento dos recursos vivos da sua zona económica exclusiva.

Art. 72.º (Restrições na transferência de direitos)

1. Os direitos conferidos nos termos dos artigos 69.º e 70.º para o aproveitamento dos recursos vivos não serão transferidos directa ou indirectamente a terceiros Estados ou a seus nacionais por concessão ou licença, nem pela constituição de empresas conjuntas, nem por qualquer outro meio que tenha por efeito tal transferência, a não ser que os Estados interessados acordem de outro modo.

2. A disposição anterior não impede que os Estados interessados obtenham assistência técnica ou financeira de terceiros Estados ou de organizações internacionais, a fim de facilitar o exercício dos direitos de acordo com os artigos 69.º e 70.º, sempre que isso não tenha o efeito a que se fez referência no parágrafo 1.

Art. 73.º (Execução de leis e regulamentos do Estado costeiro)

1. O Estado costeiro pode, no exercício dos seus direitos de soberania de exploração, aproveitamento, conservação e gestão dos recursos vivos da zona económica exclusiva, tomar as medidas que sejam necessárias, incluindo visita, inspecção, apresamento e medidas judiciais, para garantir o cumprimento das leis e regulamentos por ele adoptados de conformidade com a presente Convenção.

2. As embarcações apresadas e as suas tripulações devem ser libertadas sem demora logo que prestada uma fiança idónea ou outra garantia.

3. As sanções estabelecidas pelo Estado costeiro por violações das leis e regulamentos de pesca na zona económica exclusiva não podem incluir penas privativas de liberdade, salvo acordo em contrário dos Estados interessados, nem qualquer outra forma de pena corporal.

4. Nos casos de apresamento ou retenção de embarcações estrangeiras, o Estado costeiro deve, pelos canais apropriados, notificar sem demora o Estado de bandeira das medidas tomadas e das sanções ulteriormente impostas.

Art. 74.º (Delimitação da zona económica exclusiva entre Estados com costas adjacentes ou situadas frente a frente)

1. A delimitação da zona económica exclusiva entre Estados com costas adjacentes ou situadas frente a frente deve ser feita por acordo, de conformidade com o direito internacional, a que se faz referência no artigo 38.º do Estatuto do Tribunal Internacional de Justiça, a fim de se chegar a uma solução equitativa.

2. Se não se chegar a acordo dentro de um prazo razoável, os Estados interessados devem recorrer aos procedimentos previstos na Parte XV.

3. Enquanto não se chegar a um acordo conforme ao previsto no parágrafo 1, os Estados interessados, num espírito de compreensão e cooperação, devem fazer todos os esforços para chegar a ajustes provisórios de carácter prático e, durante este período de transição, nada devem fazer que possa comprometer ou entravar a conclusão do acordo definitivo. Tais ajustes não devem prejudicar a delimitação definitiva.

4. Quando existir um acordo em vigor entre os Estados interessados, as questões relativas à delimitação da zona económica exclusiva devem ser resolvidas de conformidade com as disposições desse acordo.

Art. 75.º (Cartas e listas de coordenadas geográficas)

1. Nos termos da presente Parte, as linhas de limite exterior da zona económica exclusiva e as linhas de delimitação traçadas de conformidade com o artigo 74.º devem ser indicadas em cartas de escala ou escalas adequadas para a determinação da sua posição. Quando apropriado, as linhas de limite exterior ou as linhas de delimitação podem ser substituídas por listas de coordenadas geográficas de pontos em que conste especificamente a sua origem geodésica.

2. O Estado costeiro deve dar a devida publicidade a tais cartas ou listas de coordenadas geográficas e deve depositar um exemplar de cada carta ou lista junto do Secretário-Geral das Nações Unidas.

PARTE VI. PLATAFORMA CONTINENTAL

Art. 76.º (Definição da plataforma continental)

1. A plataforma continental de um Estado costeiro compreende o leito e o subsolo das áreas submarinas que se estendem além do seu mar territorial, em

toda a extensão do prolongamento natural do seu território terrestre, até ao bordo exterior da margem continental, ou até uma distância de 200 milhas marítimas das linhas de base a partir das quais se mede a largura do mar territorial, nos casos em que o bordo exterior da margem continental não atinja essa distância.

2. A Plataforma Continental de um Estado costeiro não se deve estender além dos limites previstos nos parágrafos 4 a 6.

3. A margem continental compreende o prolongamento submerso da massa terrestre do Estado costeiro e é constituída pelo leito e subsolo da plataforma continental, pelo talude e pela elevação continental. Não compreende nem os grandes fundos oceânicos, com as suas cristas oceânicas, nem o seu subsolo.

4. *a*) Para os fins da presente Convenção, o Estado costeiro deve estabelecer o bordo exterior da margem continental, quando essa margem se estender além das 200 milhas marítimas das linhas de base, a partir das quais se mede a largura do mar territorial, por meio de:

   i) Uma linha traçada de conformidade com o parágrafo 7, com referência aos pontos fixos mais exteriores em cada um dos quais a espessura das rochas sedimentares seja pelo menos 1% da distância mais curta entre esse ponto e o pé do talude continental; ou

   ii) Uma linha traçada de conformidade com o parágrafo 7, com referência a pontos fixos situados a não mais de 60 milhas marítimas do pé do talude continental.

   b) Salvo prova em contrário, o pé do talude continental deve ser determinado como o ponto de variação máxima do gradiente na sua base.

5. Os pontos fixos que constituem a linha dos limites exteriores da plataforma continental no leito do mar, traçada de conformidade com as subalíneas *i*) e *ii*) da alínea *a*) do parágrafo 4, devem estar situados a uma distância que não exceda 350 milhas marítimas da linha de base a partir da qual se mede a largura do mar territorial ou a uma distância que não exceda 100 milhas marítimas da isóbata de 2500 metros, que é uma linha que une profundidades de 2500 metros.

6. Não obstante as disposições do parágrafo 5, no caso das cristas submarinas, o limite exterior da plataforma continental não deve exceder 350 milhas marítimas das linhas de base a partir das quais se mede a largura do mar territorial. O presente parágrafo não se aplica a elevações submarinas que sejam componentes naturais da margem continental, tais como os seus planaltos, elevações continentais, topes, bancos e esporões.

7. O Estado costeiro deve traçar o limite exterior da sua plataforma continental, quando esta se estender além de 200 milhas marítimas das linhas de base a partir das quais se mede a largura do mar territorial, unindo, mediante linhas rectas, que não excedam 60 milhas marítimas, pontos fixos definidos por coordenadas de latitude e longitude.

8. Informações sobre os limites da plataforma continental, além das 200 milhas marítimas das linhas de base a partir das quais se mede a largura do mar territorial, devem ser submetidas pelo Estado costeiro à Comissão de Limites da

Plataforma Continental, estabelecida de conformidade com o Anexo II, com base numa representação geográfica equitativa. A Comissão fará recomendações aos Estados costeiros sobre questões relacionadas com o estabelecimento dos limites exteriores da sua plataforma continental. Os limites da plataforma continental estabelecidos pelo Estado costeiro com base nessas recomendações serão definitivos e obrigatórios.

9. O Estado costeiro deve depositar junto de Secretário-Geral das Nações Unidas mapas e informações pertinentes, incluindo dados geodésicos, que descrevam permanentemente os limites exteriores da sua plataforma continental. O Secretário-Geral deve dar a esses documentos a devida publicidade.

10. As disposições do presente artigo não prejudicam a questão da delimitação da plataforma continental entre Estados com costas adjacentes ou situadas frente a frente.

Art. 77.º (Direitos do Estado costeiro sobre a plataforma continental)

1. O Estado costeiro exerce direitos de soberania sobre a plataforma continental para efeitos de exploração e aproveitamento dos seus recursos naturais.

2. Os direitos a que se refere o parágrafo 1 são exclusivos no sentido de que, se o Estado costeiro não explora a plataforma continental ou não aproveita os recursos naturais da mesma, ninguém pode empreender estas actividades, sem o expresso consentimento desse Estado.

3. Os direitos do Estado costeiro sobre a plataforma continental são independentes da sua ocupação, real ou fictícia, ou de qualquer declaração expressa.

4. Os recursos naturais a que se referem as disposições da presente Parte, são os recursos minerais e outros recursos não vivos do leito do mar e subsolo bem como os organismos vivos pertencentes a espécies sedentárias, isto é, aquelas que no período de captura estão imóveis no leito do mar ou no seu subsolo ou só podem mover-se em constante contacto físico com esse leito ou subsolo.

Art. 78.º (Regime jurídico das águas e do espaço aéreo sobrejacentes e direitos e liberdades de outros Estados)

1. Os direitos do Estado costeiro sobre a plataforma continental não afectam o regime jurídico das águas sobrejacentes ou do espaço aéreo acima dessas águas.

2. O exercício dos direitos do Estado costeiro sobre a plataforma continental não deve afectar a navegação ou outros direitos e liberdades dos demais Estados, previstos na presente Convenção, nem ter como resultado uma ingerência injustificada neles.

Art. 79.º (Cabos e ductos submarinos na plataforma continental)

1. Todos os Estados têm o direito de colocar cabos e ductos submarinos na plataforma continental de conformidade com as disposições do presente artigo.

2. Sob reserva do seu direito de tomar medidas razoáveis para a exploração da plataforma continental, o aproveitamento dos seus recursos naturais e a pre-

venção, redução e controlo da poluição causada por ductos, o Estado costeiro não pode impedir a colocação ou a manutenção dos referidos cabos ou ductos.

3. O traçado da linha para a colocação de tais ductos na plataforma continental fica sujeito ao consentimento do Estado costeiro.

4. Nenhuma das disposições da presente Parte afecta o direito do Estado costeiro de estabelecer condições para os cabos e ductos que penetrem no seu território ou no seu mar territorial, nem a sua jurisdição sobre os cabos e ductos construídos ou utilizados em relação com a exploração da sua plataforma continental ou com o aproveitamento dos seus recursos, ou com o funcionamento de ilhas artificiais, instalações e estruturas sob sua jurisdição.

5. Quando colocarem cabos ou ductos submarinos, os Estados devem ter em devida conta os cabos ou ductos já instalados. Em particular, não devem dificultar a possibilidade de reparar os cabos ou ductos existentes.

Art. 80.º (Ilhas artificiais, instalações e estruturas na plataforma continental)

O artigo 60.º aplica-se, *mutatis mutandis*, às ilhas artificiais, instalações e estruturas sobre a plataforma continental.

Art. 81.º (Perfurações na plataforma continental)

O Estado costeiro terá o direito exclusivo de autorizar e regulamentar as perfurações na plataforma continental, quaisquer que sejam os fins.

Art. 82.º (Pagamentos e contribuições relativos ao aproveitamento da plataforma continental além de 200 milhas marítimas)

1. O Estado costeiro deve efectuar pagamentos ou contribuições em espécie relativos ao aproveitamento dos recursos não vivos da plataforma continental além de 200 milhas marítimas das linhas de base, a partir das quais se mede a largura do mar territorial.

2. Os pagamentos e contribuições devem ser efectuados anualmente em relação a toda a produção de um sítio após os primeiros cinco anos de produção nesse sítio. No sexto ano, a taxa de pagamento ou contribuição será de 1% do valor ou volume da produção no sítio. A taxa deve aumentar 1% em cada ano seguinte até ao décimo segundo ano, e daí por diante deve ser mantida em 7%. A produção não deve incluir os recursos utilizados em relação com o aproveitamento.

3. Um Estado em desenvolvimento que seja importador substancial de um recurso mineral extraído da sua plataforma continental fica isento desses pagamentos ou contribuições em relação a esse recurso mineral.

4. Os pagamentos ou contribuições devem ser efectuados por intermédio da Autoridade, que os distribuirá entre os Estados Partes na presente Convenção na base de critérios de repartição equitativa, tendo em conta os interesses e necessidades dos Estados em desenvolvimento, particularmente entre eles, os menos desenvolvidos e os sem litoral.

Art. 83.º (Delimitação da plataforma continental entre Estados com costas adjacentes ou situadas frente a frente)

1. A delimitação da plataforma continental entre Estados com costas adjacentes ou situadas frente a frente deve ser feita por acordo, de conformidade com o direito internacional a que se faz referência no artigo 38.º do Estatuto do Tribunal Internacional de Justiça, a fim de se chegar a uma solução equitativa.

2. Se não se chegar a acordo dentro de um prazo razoável, os Estados interessados devem recorrer aos procedimentos previstos na Parte XV.

3. Enquanto não se chegar a um acordo conforme ao previsto no parágrafo 1, os Estados interessados, num espírito de compreensão e cooperação, devem fazer todos os esforços para chegar a ajustes provisórios de carácter prático e, durante este período de transição, nada devem fazer que possa comprometer ou entravar a conclusão do acordo definitivo. Tais ajustes não devem prejudicar a delimitação definitiva.

4. Quando existir um acordo em vigor entre os Estados interessados, as questões relativas à delimitação da plataforma continental devem ser resolvidas de conformidade com as disposições desse acordo.

Art. 84.º (Cartas e listas de coordenadas geográficas)

1. Nos termos da presente Parte, as linhas de limite exterior da plataforma continental e as linhas de delimitação traçadas de conformidade com o artigo 83.º devem ser indicadas em cartas de escala ou escalas adequadas para a determinação da sua posição.

Quando apropriado, as linhas de limite exterior ou as linhas de delimitação podem ser substituídas por listas de coordenadas geográficas de pontos, em que conste especificamente a sua origem geodésica.

2. O Estado costeiro deve dar a devida publicidade a tais cartas ou listas de coordenadas geográficas e deve depositar um exemplar de cada carta ou lista junto do Secretário-Geral das Nações Unidas e, no caso daquelas que indicam as linhas de limite exterior da plataforma continental, junto do Secretário-Geral da Autoridade.

Art. 85.º (Escavação de túneis)

A presente Parte não prejudica o direito do Estado costeiro de aproveitar o subsolo por meio de escavação de túneis independentemente da profundidade das águas no local considerado.

PARTE VII. ALTO MAR

SECÇÃO 1. **Disposições gerais**

Art. 86.º (Âmbito de aplicação da presente Parte)

As disposições da presente Parte, aplicam-se a todas as Partes do mar não incluídas na zona económica exclusiva, no mar territorial ou nas águas interiores de um Estado, nem nas águas arquipelágicas de um Estado arquipélago. O presente artigo não implica limitação alguma das liberdades de que gozam todos os Estados na zona económica exclusiva de conformidade com o artigo 58.º.

Art. 87.º (Liberdade do alto mar)

1. O alto mar está aberto a todos os Estados, quer costeiros quer sem litoral. A liberdade do alto mar é exercida nas condições estabelecidas na presente Convenção e nas demais normas de direito internacional. Compreende, *inter alia*, para os Estados quer costeiros quer sem litoral:

  a) Liberdade de navegação;
  b) Liberdade de sobrevoo;
  c) Liberdade de colocar cabos e ductos submarinos nos termos da Parte VI;
  d) Liberdade de construir ilhas artificiais e outras instalações permitidas pelo direito internacional, nos termos da Parte VI;
  e) Liberdade de pesca nos termos das condições enunciadas na secção 2;
  f) Liberdade de investigação científica, nos termos das Partes VI e XIII.

2. Tais liberdades devem ser exercidas por todos os Estados, tendo em devida conta os interesses de outros Estados no seu exercício da liberdade do alto mar, bem como os direitos relativos às actividades na Área previstos na presente Convenção.

Art. 88.º (Utilização do alto mar para fins pacíficos)

O alto mar será utilizado para fins pacíficos.

Art. 89.º (Ilegitimidade das reivindicações de soberania sobre o alto mar)

Nenhum Estado pode legitimamente pretender submeter qualquer parte do alto mar à sua soberania.

Art. 90.º (Direito de navegação)

Todos os Estados, quer costeiros quer sem litoral, têm o direito de fazer navegar no alto mar navios que arvorem a sua bandeira.

Art. 91.º (Nacionalidade dos navios)

1. Todo o Estado deve estabelecer os requisitos necessários para a atribuição da sua nacionalidade a navios, para o registo de navios no seu território e para o direito de arvorar a sua bandeira. Os navios possuem a nacionalidade do Estado

cuja bandeira estejam autorizados a arvorar. Deve existir um vínculo substancial entre o Estado e o navio.

2. Todo o Estado deve fornecer aos navios a que tenha concedido o direito de arvorar a sua bandeira os documentos pertinentes.

Art. 92.º (Estatuto dos navios)

1. Os navios devem navegar sob a bandeira de um só Estado e, salvo nos casos excepcionais previstos expressamente em tratados internacionais ou na presente Convenção, devem submeter-se, no alto mar, à jurisdição exclusiva desse Estado. Durante uma viagem ou em porto de escala, um navio não pode mudar de bandeira, a não ser no caso de transferência efectiva da propriedade ou de mudança de registo.

2. Um navio que navegue sob a bandeira de dois ou mais Estados, utilizando-as segundo as suas conveniências, não pode reivindicar qualquer dessas nacionalidades perante um terceiro Estado e pode ser considerado como um navio sem nacionalidade.

Art. 93.º (Navios arvorando a bandeira das Nações Unidas, das agências especializadas das Nações Unidas e da Agência Internacional de Energia Atómica)

Os artigos precedentes não prejudicam a questão dos navios que estejam ao serviço oficial das Nações Unidas, das agências especializadas das Nações Unidas e da Agência Internacional de Energia Atómica, arvorando a bandeira da Organização.

Art. 94.º (Deveres do Estado de bandeira)

1. Todo o Estado deve exercer, de modo efectivo, a sua jurisdição e seu controlo em questões administrativas, técnicas e sociais sobre navios que arvorem a sua bandeira.

2. Em particular, todo o Estado deve:
   a) Manter um registo de navios no qual figurem os nomes e as características dos navios que arvorem a sua bandeira, com excepção daqueles que, pelo seu reduzido tamanho, estejam excluídos dos regulamentos internacionais geralmente aceites; e
   b) Exercer sua jurisdição de conformidade com o seu direito interno sobre todo o navio que arvore a sua bandeira e sobre o capitão, os oficiais e a tripulação, em questões administrativas, técnicas e sociais que se relacionem com o navio.

3. Todo o Estado deve tomar, para os navios que arvorem a sua bandeira, as medidas necessárias para garantir a segurança no mar, no que se refere, *inter alia*, a:
   a) Construção, equipamento e condições de navegabilidade do navio;
   b) Composição, condições de trabalho e formação das tripulações, tendo em conta os instrumentos internacionais aplicáveis;

c) Utilização de sinais, manutenção de comunicações e prevenção de abalroamentos.
4. Tais medidas devem incluir as que sejam necessárias para assegurar que:
   a) Cada navio, antes do seu registo e posteriormente, a intervalos apropriados, seja examinado por um inspector de navios devidamente qualificado e leve a bordo as cartas, as publicações marítimas, e o equipamento e os instrumentos de navegação apropriados à segurança da navegação do navio;
   b) Cada navio esteja confiado a um capitão e a oficiais devidamente qualificados, em particular no que se refere à manobra, à navegação, às comunicações e à condução de máquinas, e a competência e o número dos tripulantes sejam os apropriados para o tipo, tamanho, máquinas e equipamento do navio;
   c) O capitão, os oficiais e, na medida do necessário, a tripulação conheçam perfeitamente e observem os regulamentos internacionais aplicáveis que se refiram à segurança da vida no mar, à prevenção de abalroamentos, à prevenção, redução e controlo da poluição marinha e à manutenção de radiocomunicações.
5. Ao tomar as medidas a que se referem os parágrafos 3 e 4 todo o Estado deve agir de conformidade com os regulamentos, procedimentos e práticas internacionais geralmente aceites, e fazer o necessário para garantir a sua observância.
6. Todo o Estado que tenha motivos sérios para acreditar que a jurisdição e o controlo apropriados sobre um navio não foram exercidos pode comunicar os factos ao Estado de bandeira. Ao receber tal comunicação, o Estado de bandeira investigará o assunto e, se for o caso, deve tomar todas as medidas necessárias para corrigir a situação.
7. Todo o Estado deve ordenar a abertura de um inquérito, efectuado por ou perante uma pessoa ou pessoas devidamente qualificadas, em relação a qualquer acidente marítimo ou incidente de navegação no alto mar, que envolva um navio arvorando a sua bandeira e no qual tenham perdido a vida ou sofrido ferimentos graves nacionais de outro Estado, ou se tenham provocado danos graves a navios ou a instalações de outro Estado ou ao meio marinho. O Estado, de bandeira e o outro Estado devem cooperar na realização de qualquer investigação que este último efectue em relação a esse acidente marítimo ou incidente de navegação.

Art. 95.º (Imunidade dos navios de guerra no alto mar)

Os navios de guerra no alto mar gozam de completa imunidade de jurisdição relativamente a qualquer outro Estado que não seja o da sua bandeira.

Art. 96.º (Imunidade dos navios utilizados unicamente em serviço oficial não comercial)

Os navios pertencentes a um Estado ou por ele operados e utilizados unicamente em serviço oficial não comercial, gozam no alto mar, de completa imunidade de jurisdição relativamente a qualquer Estado que não seja o da sua bandeira.

Art. 97.º (Jurisdição penal em caso de abalroamento ou de qualquer outro incidente de navegação)

1. Em caso de abalroamento ou de qualquer outro incidente de navegação ocorrido a um navio no alto mar que possa acarretar uma responsabilidade penal ou disciplinar para o capitão ou para qualquer outra pessoa ao serviço do navio, os procedimentos penais e disciplinares contra essas pessoas só podem ser iniciados perante as autoridades judiciais ou administrativas do Estado de bandeira ou perante as do Estado do qual essas pessoas sejam nacionais.

2. Em matéria disciplinar, só o Estado que tenha emitido um certificado de comando ou um certificado de competência ou licença é competente para, após o processo legal correspondente, decretar a retirada desses títulos, ainda que o titular não seja nacional deste Estado.

3. Nenhum apresamento ou retenção do navio pode ser ordenado, nem mesmo como medida de investigação, por outras autoridades que não as do Estado de bandeira.

Art. 98.º (Dever de prestar assistência)

1. Todo o Estado deverá exigir do capitão de um navio que arvore a sua bandeira, desde que o possa fazer sem acarretar perigo grave para o navio, para a tripulação ou para os passageiros, que:
   a) Preste assistência a qualquer pessoa encontrada no mar em perigo de desaparecer;
   b) Se dirija, tão depressa quanto possível, em socorro de pessoas em perigo, desde que esteja informado de que necessitam de assistência e sempre que tenha uma possibilidade razoável de fazê-lo;
   c) Preste, em caso de abalroamento, assistência ao outro navio, à sua tripulação e aos passageiros e, quando possível, comunique ao outro navio o nome do seu próprio navio, o porto de registo e o porto mais próximo em que fará escala.

2. Todo o Estado costeiro deve promover o estabelecimento, o funcionamento e a manutenção de um adequado e eficaz serviço de busca e salvamento para garantir a segurança marítima e aérea, e, quando as circunstâncias o exigirem, cooperar para esse fim com os Estados vizinhos por meio de ajustes regionais de cooperação mútua.

Art. 99.º (Proibição do transporte de escravos)

Todo o Estado deve tomar medidas eficazes para impedir e punir o transporte de escravos em navios autorizados a arvorar a sua bandeira e para impedir que, com esse fim, se use ilegalmente a sua bandeira. Todo o escravo que se refugie num navio, qualquer que seja a sua bandeira, ficará, *ipso facto*, livre.

Art. 100.º (Dever de cooperar na repressão da pirataria)

Todos os Estados devem cooperar na medida do possível na repressão da pirataria no alto mar ou em qualquer outro lugar que não se encontre sob a jurisdição de algum Estado.

Art. 101.º (Definição de pirataria)
Constituem pirataria quaisquer dos seguintes actos:
a) Todo o acto ilícito de violência ou de detenção ou todo o acto de depredação cometidos, para fins privados, pela tripulação ou pelos passageiros de um navio ou de uma aeronave privados, e dirigidos contra:
 i) Um navio ou uma aeronave em alto mar, ou pessoas ou bens a bordo dos mesmos;
 ii) Um navio ou uma aeronave, pessoas ou bens em lugar não submetido à jurisdição de algum Estado;
b) Todo o acto de participação voluntária na utilização de um navio ou de uma aeronave, quando aquele que o pratica tenha conhecimento de factos que dêem a esse navio ou a essa aeronave o carácter de navio ou aeronave pirata;
c) Toda acção que tenha por fim incitar ou ajudar intencionalmente a cometer um dos actos enunciados nas alíneas a) ou b).

Art. 102.º (Pirataria cometida por um navio de guerra, um navio de Estado ou uma aeronave de Estado cuja tripulação se tenha amotinado)
Os actos de pirataria definidos no artigo 101.º, perpetrados por um navio de guerra, um navio de Estado ou uma aeronave de Estado, cuja tripulação se tenha amotinado e apoderado do navio ou aeronave, são equiparados a actos cometidos por um navio ou aeronave privados.

Art. 103.º (Definição de navio ou aeronave pirata)
São considerados navios ou aeronaves piratas os navios ou aeronaves que as pessoas, sob cujo controlo efectivo se encontrem, pretendem utilizar para cometer qualquer dos actos mencionados no artigo 101.º. Também são considerados piratas os navios ou aeronaves que tenham servido para cometer qualquer de tais actos, enquanto se encontrem sob o controlo das pessoas culpadas desses actos.

Art. 104.º (Conservação ou perda da nacionalidade de um navio ou aeronave pirata)
Um navio ou uma aeronave pode conservar a sua nacionalidade, mesmo que se tenha transformado em navio ou aeronave pirata. A conservação ou a perda da nacionalidade deve ser determinada de acordo com a lei do Estado que tenha atribuído a nacionalidade.

Art. 105.º (Apresamento de um navio ou aeronave pirata)
Todo o Estado pode apresar, no alto mar ou em qualquer outro lugar não submetido à jurisdição de qualquer Estado, um navio ou aeronave pirata, ou um

navio ou aeronave capturados por actos de pirataria e em poder dos piratas e prender as pessoas e apreender os bens que se encontrem a bordo desse navio ou dessa aeronave. Os tribunais do Estado que efectuou o apresamento podem decidir as penas a aplicar e as medidas a tomar no que se refere aos navios, às aeronaves ou aos bens sem prejuízo dos direitos de terceiros de boa fé.

Art. 106.º (Responsabilidade em caso de apresamento sem motivo suficiente)
Quando um navio ou uma aeronave for apresado por suspeita de pirataria, sem motivo suficiente, o Estado que o apresou será responsável, perante o Estado de nacionalidade do navio ou da aeronave, por qualquer perda ou dano causados por esse apresamento.

Art. 107.º (Navios e aeronaves autorizados a efectuar apresamento por motivo de pirataria)
Só podem efectuar apresamento por motivo de pirataria os navios de guerra ou aeronaves militares, ou outros navios ou aeronaves que tragam sinais claros e sejam identificáveis como navios ou aeronaves ao serviço de um governo e estejam para tanto autorizados.

Art. 108.º (Tráfico ilícito de estupefacientes e substâncias psicotrópicas)
1. Todos os Estados devem cooperar para a repressão do tráfico ilícito de estupefacientes e substâncias psicotrópicas praticado por navios no alto mar com violação das convenções internacionais.
2. Todo o Estado que tenha motivos sérios para acreditar que um navio arvorando a sua bandeira se dedica ao tráfico ilícito de estupefacientes ou substâncias psicotrópicas poderá solicitar a cooperação de outros Estados para pôr fim a tal tráfico.

Art. 109.º (Transmissões não autorizadas a partir do alto mar)
1. Todos os Estados devem cooperar para a repressão das transmissões não autorizadas efectuadas a partir do alto mar.
2. Para efeitos da presente Convenção, "transmissões não autorizadas" significa as transmissões de rádio ou televisão difundidas a partir de um navio ou instalação no alto mar e dirigidas ao público em geral com violação dos regulamentos internacionais, excluídas as transmissões de chamadas de socorro.
3. Qualquer pessoa que efectue transmissões não autorizadas pode ser processada perante os tribunais:
   a) Do Estado da bandeira do navio;
   b) Do Estado de registo da instalação;
   c) Do Estado do qual a pessoa é nacional;
   d) De qualquer Estado em que possam receber-se as transmissões; ou
   e) De qualquer Estado cujos serviços autorizados de radiocomunicação sofram interferências.

4. No alto mar, o Estado que tenha jurisdição de conformidade com o parágrafo 3 poderá, nos termos do artigo 110.º, deter qualquer pessoa ou apresar qualquer navio que efectue transmissões não autorizadas e apreender o equipamento emissor.

Art. 110.º   (Direito de visita)

1. Salvo nos casos em que os actos de ingerência são baseados em poderes conferidos por tratados, um navio de guerra que encontre no alto mar um navio estrangeiro que não goze de completa imunidade de conformidade com os artigos 95.º e 96.º não terá o direito de visita, a menos que exista motivo razoável para suspeitar que:

a) O navio se dedica à pirataria;
b) O navio se dedica ao tráfico de escravos;
c) O navio é utilizado para efectuar transmissões não autorizadas e o Estado de bandeira do navio de guerra tem jurisidição nos termos do artigo 109.º;
d) O navio não tem nacionalidade; ou
e) O navio tem, na realidade, a mesma nacionalidade que o navio de guerra, embora arvore uma bandeira estrangeira ou se recuse a içar a sua bandeira.

2. Nos casos previstos no parágrafo 1, o navio de guerra pode proceder à verificação dos documentos que autorizem o uso da bandeira. Para isso, pode enviar uma embarcação ao navio suspeito, sob o comando de um oficial. Se, após a verificação dos documentos, as suspeitas persistem, pode proceder a bordo do navio a um exame ulterior, que deverá ser efectuado com toda a consideração possível.

3. Se as suspeitas se revelarem infundadas e o navio visitado não tiver cometido qualquer acto que as justifique, esse navio deve ser indemnizado por qualquer perda ou dano que possa ter sofrido.

4. Estas disposições aplicam-se, *mutatis mutandis*, às aeronaves militares.

5. Estas disposições aplicam-se também a quaisquer outros navios ou aeronaves devidamente autorizados que tragam sinais claros e sejam identificáveis como navios e aeronaves ao serviço de um governo.

Art. 111.º   (Direito de perseguição)

1. A perseguição de um navio estrangeiro pode ser empreendida quando as autoridades competentes do Estado costeiro tiverem motivos fundados para acreditar que o navio infringiu as suas leis e regulamentos. A perseguição deve iniciar-se quando o navio estrangeiro ou uma das suas embarcações se encontrar nas águas interiores, nas águas arquipelágicas, no mar territorial ou na zona contígua do Estado perseguidor, e só pode continuar fora do mar territorial ou da zona contígua se a perseguição não tiver sido interrompida. Não é necessário que o navio que dá a ordem de parar a um navio estrangeiro que navega pelo mar territorial ou pela zona contígua se encontre também no mar territorial ou na zona

contígua no momento em que o navio estrangeiro recebe a referida ordem. Se o navio estrangeiro se encontrar na zona contígua, como definida no artigo 33.º, a perseguição só pode ser iniciada se tiver havido violação dos direitos para cuja protecção a referida zona foi criada.

2. O direito de perseguição aplica-se, *mutatis mutandis*, às infracções, às leis e regulamentos do Estado costeiro aplicáveis, de conformidade com a presente Convenção, na zona económica exclusiva ou na plataforma continental, incluindo as zonas de segurança em volta das instalações situadas na plataforma continental, quando tais infracções tiverem sido cometidas nas zonas mencionadas.

3. O direito de perseguição cessa no momento em que o navio perseguido entre no mar territorial do seu próprio Estado ou no mar territorial de um terceiro Estado.

4. A perseguição não se considera iniciada até que o navio perseguidor se tenha certificado, pelos meios práticos de que disponha, de que o navio perseguido ou uma das suas lanchas, ou outras embarcações que trabalhem em equipa e utilizando o navio perseguido como navio mãe, se encontram dentro dos limites do mar territorial ou, se for o caso, na zona contígua, na zona económica exclusiva ou na plataforma continental. Só pode dar-se início à perseguição depois de ter sido emitido sinal de parar, visual ou auditivo, a uma distância que permita ao navio estrangeiro vê-lo ou ouvi-lo.

5. O direito de perseguição só pode ser exercido por navios de guerra ou aeronaves militares, ou por outros navios ou aeronaves que possuam sinais claros e sejam identificáveis como navios e aeronaves ao serviço de um governo e estejam para tanto autorizados.

6. Quando a perseguição for efectuada por uma aeronave:
   a) Aplicam-se, *mutatis mutandis*, as disposições dos parágrafos l a 4;
   b) A aeronave que tenha dado a ordem de parar deve continuar activamente a perseguição do navio até que um navio ou uma outra aeronave do Estado costeiro, alertado pela primeira aeronave, chegue ao local e continue a perseguição, a não ser que a aeronave possa por si só apresar o navio. Para justificar o apresamento de um navio fora do mar territorial, não basta que a aeronave o tenha descoberto a cometer uma infracção ou que seja suspeito de a ter cometido, é também necessário que lhe tenha sido dada ordem para parar e que tenha sido empreendida a perseguição sem interrupção pela própria aeronave ou por outras aeronaves ou navios.

7. Quando um navio for apresado num lugar submetido à jurisdição de um Estado e escoltado até um porto, desse Estado para investigação pelas autoridades competentes, não se pode pretender que seja posto em liberdade pelo simples facto de o navio e a sua escolta terem atravessado uma parte da zona económica exclusiva ou do alto mar, se as circunstâncias a isso obrigarem.

8. Quando um navio for parado ou apresado fora do mar territorial em circunstâncias que não justifiquem o exercício do direito de perseguição, deve ser indemnizado por qualquer perda ou dano que possa ter sofrido em consequência disso.

Art. 112.º (Direito de colocação de cabos e ductos submarinos)
1. Todos os Estados têm o direito de colocar cabos e ductos submarinos no leito do alto mar além da plataforma continental.
2. O parágrafo 5 do artigo 79.º aplica-se a tais cabos e ductos.

Art. 113.º (Ruptura ou danificação de cabos ou ductos submarinos)
Todo o Estado deve adoptar as leis e regulamentos necessários para que constituam infracções passíveis de sanções a ruptura ou danificação, por um navio arvorando a sua bandeira ou por uma pessoa submetida à sua jurisdição, de um cabo submarino no alto mar, causadas intencionalmente ou por negligência culposa de modo que possam interromper ou dificultar as comunicações telegráficas ou telefónicas, bem como a ruptura ou danificação, nas mesmas condições, de um cabo de alta tensão ou de um ducto submarino. Esta disposição aplica-se também aos cabos de alta tensão ou de um ducto submarino. Esta disposição aplica-se também aos actos que tenham por objecto causar essas rupturas ou danificações ou que possam ter esse efeito. Contudo, esta disposição não se aplica às rupturas ou às danificações cujos autores apenas actuaram com o propósito legítimo de proteger a própria vida ou a segurança dos seus navios, depois de terem tomado todas as precauções necessárias para evitar tal ruptura ou danificação.

Art. 114.º (Ruptura ou danificação de cabos ou de ductos submarinos provocados por proprietários de outros cabos ou ductos submarinos)
Todo o Estado deve adoptar as leis e regulamentos necessários para que pessoas sob sua jurisdição que sejam proprietárias de um cabo ou de um ducto submarino no alto mar e que, ao colocar ou reparar o cabo ou o ducto submarinos, provoquem a ruptura ou a danificação de outro cabo ou de outro ducto submarinos respondam pelo custo da respectiva reparação.

Art. 115.º (Indemnização por perdas ocorridas para evitar danificações a um cabo ou ducto submarinos)
Todo o Estado deve adoptar as leis e regulamentos necessários para que os proprietários de navios que possam provar ter perdido uma âncora, uma rede ou qualquer outro aparelho de pesca para evitar danificações a um cabo ou um ducto submarinos sejam indemnizados pelo proprietário do cabo ou do ducto submarinos, desde que o proprietário do navio tenha tomado previamente todas as medidas de precaução razoáveis.

SECÇÃO 2. **Conservação e gestão dos recursos vivos do alto mar**

Art. 116.º (Direito de pesca no alto mar)
Todos os Estados têm direito a que os seus nacionais se dediquem à pesca no alto mar, nos termos:
a) Das suas obrigações convencionais;

b) Dos direitos e deveres, bem como dos interesses dos Estados costeiros previstos, *inter alia*, no parágrafo 2 do artigo 63.º e nos artigos 64.º a 67.º; e
c) Das disposições da presente secção.

Art. 117.º (Dever dos Estados de tomar em relação aos seus nacionais medidas para a conservação dos recursos vivos do alto mar)

Todos os Estados têm o dever de tomar ou de cooperar com outros Estados para tomar as medidas que em relação aos seus nacionais, possam ser necessárias para a conservação dos recursos vivos do alto mar.

Art. 118.º (Cooperação entre Estados na conservação e gestão dos recursos vivos)

Os Estados devem cooperar entre si na conservação e gestão dos recursos vivos nas zonas do alto mar. Os Estados cujos nacionais aproveitem recursos vivos idênticos, ou recursos vivos diferentes situados na mesma zona, efectuarão negociações para tomar as medidas necessárias à conservação de tais recursos vivos.

Devem cooperar, quando apropriado, para estabelecer organizações sub-regionais ou regionais de pesca para tal fim.

Art. 119.º (Conservação dos recursos vivos do alto mar)

1. Ao fixar a captura permissível e ao estabelecer outras medidas de conservação para os recursos vivos no alto mar, os Estados devem:

a) Tomar medidas, com base nos melhores dados científicos de que disponham os Estados interessados, para preservar ou restabelecer as populações das espécies capturadas a níveis que possam produzir o máximo rendimento constante, determinado a partir de factores ecológicos e económicos pertinentes, incluindo as necessidades especiais dos Estados em desenvolvimento e tendo em conta os métodos de pesca, a interdependência das populações e quaisquer normas mínimas internacionais geralmente recomendadas, sejam elas sub-regionais, regionais ou mundiais;

b) Ter em conta os efeitos sobre as espécies associadas às espécies capturadas, ou delas dependentes, a fim de preservar ou restabelecer as populações de tais espécies associadas ou dependentes acima de níveis em que a sua reprodução possa ficar seriamente ameaçada.

2. Periodicamente devem ser comunicadas ou trocadas informações científicas disponíveis, estatísticas de captura e de esforço de pesca e outros dados pertinentes para a conservação das populações de peixes, por intermédio das organizações internacionais competentes, sejam elas sub-regionais, regionais ou mundiais, quando apropriado, e com a participação de todos os Estados interessados.

3. Os Estados interessados devem assegurar que as medidas de conservação e a aplicação das mesmas não sejam discriminatórias, nem de direito, nem de facto, para os pescadores de nenhum Estado.

Art. 120.º (Mamíferos marinhos)
O artigo 65.º aplica-se também à conservação e gestão dos mamíferos marinhos no alto mar.

PARTE VIII. REGIME DAS ILHAS

Art. 121.º (Regime das ilhas)
1. Uma ilha é uma formação natural de terra, rodeada de água, que fica a descoberto na praia-mar.
2. Salvo o disposto no parágrafo 3, o mar territorial, a zona contígua, a zona económica exclusiva e a plataforma continental de uma ilha serão determinados de conformidade com as disposições da presente Convenção aplicáveis a outras formações terrestres.
3. Os rochedos que, por si próprios, não se prestam à habitação humana ou à vida económica não devem ter zona económica exclusiva nem plataforma continental.

PARTE IX. MARES FECHADOS OU SEMIFECHADOS

Art. 122.º (Definição)
Para efeitos da presente Convenção, "mar fechado ou semifechado" significa um golfo, bacia ou mar rodeado por dois ou mais Estados e comunicando com outro mar ou com o oceano por uma saída estreita, ou formado inteira ou principalmente por mares territoriais e zonas económicas exclusivas de dois ou mais Estados costeiros.

Art. 123.º (Cooperação entre Estados costeiros de mares fechados ou semifechados)
Os Estados costeiros de um mar fechado ou semifechado deverão cooperar entre si no exercício dos seus direitos e no cumprimento dos seus deveres nos termos da presente Convenção. Para esse fim, directamente ou por intermédio de uma organização regional apropriada, devem procurar:
   a) Coordenar a conservação, gestão, exploração e aproveitamento dos recursos vivos do mar;
   b) Coordenar o exercício dos seus direitos e o cumprimento dos seus deveres no que se refere à protecção e preservação do meio marinho;
   c) Coordenar as suas políticas de investigação científica e empreender, quando apropriado, programas conjuntos de investigação cientifica na área;
   d) Convidar, quando apropriado, outros Estados interessados ou organizações internacionais a cooperar com eles na aplicação das disposições do presente artigo.

PARTE X. DIREITO DE ACESSO AO MAR E A PARTIR DO MAR DOS ESTADOS SEM LITORAL E LIBERDADE DE TRÂNSITO

Art. 124.º (Termos utilizados)
1. Para efeitos da presente Convenção:
   a) "Estado sem litoral" significa um Estado que não tenha costa marítima;
   b) "Estado de trânsito" significa um Estado com ou sem costa marítima situado entre um Estado sem litoral e o mar, através de cujo território passa o tráfego em trânsito;
   c) "Tráfego em trânsito" significa a passagem de pessoas, bagagens, mercadorias e meios de transporte através do território de um ou mais Estados de trânsito, quando a passagem através de tal território, com ou sem transbordo, armazenamento, fraccionamento da carga ou mudança de modo de transporte, seja apenas uma parte de uma viagem completa que comece ou termine dentro do território do Estado sem litoral;
   d) "Meio de transporte" significa:
      i) O material ferroviário rolante, as embarcações marítimas, lacustres e fluviais e os veículos rodoviários;
      ii) Quando as condições locais o exigirem, os carregadores e animais de carga.
2. Os Estados sem litoral e os Estados de trânsito podem, por mútuo acordo, incluir como meios de transporte ductos e gasodutos e outros meios de transporte diferentes dos incluídos no parágrafo 1.

Art. 125.º (Direito de acesso ao mar e a partir do mar e liberdade de trânsito)
1. Os Estados sem litoral têm o direito de acesso ao mar e a partir do mar para exercerem os direitos conferidos na presente Convenção, incluindo os relativos à liberdade do alto mar e ao património comum da humanidade. Para tal fim, os Estados sem litoral gozam de liberdade de trânsito através do território dos Estados de trânsito por todos os meios de transporte.
2. Os termos e condições para o exercício da liberdade de trânsito devem ser acordados entre os Estados sem litoral e os Estados de trânsito interessados por meio de acordos bilaterais, sub-regionais ou regionais.
3. Os Estados de trânsito, no exercício da sua plena soberania sobre o seu território, têm o direito de tomar todas as medidas necessárias para assegurar que os direitos e facilidades conferidos na presente Parte aos Estados sem litoral não prejudiquem de forma alguma os seus legítimos interesses.

Art. l26.º (Exclusão da aplicação da cláusula da nação mais favorecida)
As disposições da presente Convenção, bem como acordos especiais relativos ao exercício do direito de acesso ao mar e a partir do mar, que estabeleçam

direitos e concedam facilidades em razão da situação geográfica especial dos Estados sem litoral, ficam excluídas da aplicação da cláusula da nação mais favorecida.

Art. 127.º (Direitos aduaneiros, impostos e outros encargos)

1. O tráfego em trânsito não deve estar sujeito a quaisquer direitos aduaneiros, impostos ou outros encargos, com excepção dos encargos devidos por serviços específicos prestados com relação a esse tráfego.

2. Os meios de transporte em trânsito e outras facilidades concedidas aos Estados sem litoral e por eles utilizados não devem estar sujeitos a impostos ou encargos mais elevados que os fixados para o uso dos meios de transporte do Estado de trânsito.

Art. 128.º (Zonas francas e outras facilidades aduaneiras)

Para facilitar o tráfego em trânsito, podem ser estabelecidas zonas francas ou outras facilidades aduaneiras nos portos de entrada e de saída dos Estados de trânsito, mediante acordo entre estes Estados e os Estados sem litoral.

Art. 129.º (Cooperação na construção e melhoramento dos meios de transporte)

Quando nos Estados de trânsito não existam meios de transporte que permitam dar efeito ao exercício efectivo da liberdade de trânsito, ou quando os meios existentes, incluindo as instalações e equipamentos portuários, sejam deficientes, sob qualquer aspecto, os Estados de trânsito e Estados sem litoral interessados podem cooperar na construção ou no melhoramento desses meios de transporte.

Art. 130.º (Medidas para evitar ou eliminar atrasos ou outras dificuldades de carácter técnico no tráfego em trânsito)

1. Os Estados de trânsito devem tomar todas as medidas apropriadas para evitar atrasos ou outras dificuldades de carácter técnico no tráfego em trânsito.

2. No caso de se verificarem tais atrasos ou dificuldades, as autoridades competentes dos Estados, de trânsito e Estados sem litoral interessados devem cooperar para a sua pronta eliminação.

Art. 131.º (Igualdade de tratamento nos portos marítimos)

Os navios arvorando a bandeira de um Estado sem litoral devem gozar nos portos marítimos do mesmo tratamento concedido a outros navios estrangeiros.

Art. 132.º (Concessão de maiores facilidades de trânsito)

A presente Convenção não implica de modo algum a retirada de facilidades de trânsito que sejam maiores que as previstas na presente Convenção e que tenham sido acordadas entre os Estados Partes à presente Convenção ou concedidas por um Estado Parte. A presente Convenção não impede, também, a concessão de maiores facilidades no futuro.

PARTE XI. A ÁREA

SECÇÃO 1. Disposições gerais

Art. 133.º (Termos utilizados)
Para efeitos da presente Parte:
a) «Recursos» significa todos os recursos minerais sólidos, líquidos ou gasosos *in situ* na Área, no leito do mar ou no seu subsolo, incluindo os nódulos polimetálicos;
b) Os recursos, uma vez extraídos da Área, são denominados "minerais"

Art. 134.º (Âmbito de aplicação da presente Parte)
1. A presente Parte aplica-se à Área.
2. As actividades na Área devem ser regidas pelas disposições da presente Parte.
3. Os requisitos relativos ao depósito e à publicidade a dar às cartas ou listas de coordenadas geográficas que indicam os limites referidos no parágrafo 1 do artigo 1.º são estabelecidos na Parte VI.
4. Nenhuma das disposições do presente artigo afecta o estabelecimento dos limites exteriores da plataforma continental de conformidade com a Parte VI nem a validade dos acordos relativos à delimitação entre Estados com costas adjacentes ou situadas frente a frente.

Art. 135.º (Regime jurídico das águas e do espaço aéreo sobrejacentes)
Nem a presente Parte nem quaisquer direitos concedidos ou exercidos nos termos da mesma afectam o regime jurídico das águas sobrejacentes à Área ou o do espaço aéreo acima dessas águas.

SECÇÃO 2. Princípios que regem a Área

Art. 136.º (Património comum da humanidade)
A Área e seus recursos são património comum da humanidade.

Art. 137.º (Regime jurídico da Área e dos seus recursos)
1. Nenhum Estado pode reivindicar ou exercer soberania ou direitos de soberania sobre qualquer parte da Área ou seus recursos; nenhum Estado ou pessoa jurídica, singular ou colectiva, pode apropriar-se de qualquer parte da Área ou dos seus recursos. Não serão reconhecidos tal reivindicação ou exercício de soberania ou direitos de soberania nem tal apropriação.

2. Todos os direitos sobre os recursos da Área pertencem à humanidade em geral, em cujo nome actuará a Autoridade. Esses recursos são inalienáveis. No entanto, os minerais extraídos da Área só poderão ser alienados de conformidade com a presente Parte e com as normas, regulamentos e procedimentos da Autoridade.

3. Nenhum Estado ou pessoa jurídica, singular ou colectiva, poderá reivindicar, adquirir ou exercer direitos relativos aos minerais extraídos da Área, a não ser de conformidade com a presente Parte. De outro modo, não serão reconhecidos tal reivindicação, aquisição ou exercício de direitos.

Art. 138.º (Comportamento geral dos Estados em relação à Área)

O comportamento geral dos Estados em relação à Área deve conformar-se com as disposições da presente Parte, com os princípios enunciados na Carta das Nações Unidas e com outras normas de direito internacional, no interesse da manutenção da paz e da segurança e da promoção da cooperação internacional e da compreensão mútua.

Art. 139.º (Obrigação de zelar pelo cumprimento e responsabilidade por danos)

1. Os Estados Partes ficam obrigados a zelar para que as actividades na Área, realizadas, quer por Estados Partes, quer por empresas estatais ou por pessoas jurídicas, singulares ou colectivas, que possuam a nacionalidade dos Estados Partes ou se encontrem sob o controlo efectivo desses Estados ou dos seus nacionais, sejam realizadas de conformidade com a presente Parte. A mesma obrigação incumbe às organizações internacionais por actividades que realizem na Área.

2. Sem prejuízo das normas de direito internacional e do artigo 22.º do Anexo III, os danos causados pelo não-cumprimento por um Estado Parte ou uma organização internacional das suas obrigações, nos termos da presente Parte, implicam responsabilidade; os Estados Partes ou organizações internacionais que actuem em comum serão conjunta e solidariamente responsáveis. No entanto, o Estado Parte não será responsável pelos danos causados pelo não-cumprimento da presente Parte por uma pessoa jurídica e que esse Estado patrocinou nos termos da alínea b) do parágrafo 2 do artigo 153.º se o Estado Parte tiver tomado todas as medidas necessárias e apropriadas para assegurar o cumprimento efectivo do parágrafo 4 do artigo 153.º e do parágrafo 4 do artigo 4.º do Anexo III.

3. Os Estados Partes que sejam membros de organizações internacionais tomarão medidas apropriadas para assegurar a aplicação do presente artigo no que se refere a tais organizações.

Art. 140.º (Benefício da humanidade)

1. As actividades na Área devem ser realizadas, nos termos do previsto expressamente na presente Parte, em benefício da humanidade em geral, independentemente da situação geográfica dos Estados, costeiros ou sem litoral, e tendo

particularmente em conta os interesses e as necessidades dos Estados em desenvolvimento e dos povos que não tenham alcançado a plena independência ou outro regime de autonomia reconhecido pelas Nações Unidas de conformidade com a resolução 1514 (XV) e com as outras resoluções pertinentes da sua Assembleia Geral.

2. A Autoridade, através de mecanismo apropriado, numa base não discriminatória, deve assegurar a distribuição equitativa dos benefícios financeiros e dos outros benefícios económicos resultantes das actividades na Área, de conformidade com a subalínea i) da alínea f) do parágrafo 2 do artigo 160.º.

Art. 141.º (Utilização da Área exclusivamente para fins pacíficos)

A Área está aberta à utilização exclusivamente para fins pacíficos por todos os Estados, costeiros ou sem litoral, sem discriminação e sem prejuízo das outras disposições da presente Parte.

Art. 142.º (Direitos e interesses legítimos dos Estados costeiros)

1. As actividades na Área relativas aos depósitos de recursos que se estendem além dos limites da mesma devem ser realizadas tendo em devida conta os direitos e interesses legítimos do Estado costeiro sob cuja jurisdição se encontrem tais extensões daqueles depósitos.

2. Devem ser efectuadas consultas com o Estado interessado, incluindo um sistema de notificação prévia, a fim de se evitar qualquer violação de tais direitos e interesses. Nos casos em que as actividades na Área possam dar lugar ao aproveitamento de recursos sob jurisdição nacional, será necessário o consentimento prévio do Estado costeiro interessado.

3. Nem a presente Parte nem quaisquer direitos concedidos ou exercidos nos termos da mesma devem afectar os direitos dos Estados costeiros de tomarem medidas compatíveis com as disposições pertinentes da Parte XII que sejam necessárias para prevenir, atenuar ou eliminar um perigo grave e iminente para o seu litoral ou interesses conexos, resultantes de poluição ou de ameaça de poluição ou de outros acidentes resultantes de, ou causados por, quaisquer actividades na Área.

Art. 143.º (Investigação científica marinha)

1. A investigação científica marinha na Área deve ser realizada exclusivamente com fins pacíficos e em benefício da humanidade em geral, de conformidade com a Parte XIII.

2. A Autoridade pode realizar investigação científica marinha relativa à Área e seus recursos e celebrar contratos para tal fim. A Autoridade deve promover e impulsionar a realização da investigação científica marinha na Área, coordenar e difundir os resultados de tal investigação e análises, quando disponíveis.

3. Os Estados Partes podem realizar investigação científica marinha na Área.

Os Estados Partes devem promover a cooperação internacional no campo da investigação científica marinha na Área:
  a) Participando em programas internacionais e incentivando a cooperação no campo da investigação científica marinha pelo pessoal de diferentes países e da Autoridade;
  b) Assegurando que os programas sejam elaborados, por intermédio da Autoridade ou de outras organizações internacionais, conforme o caso, em benefício dos Estados em desenvolvimento e dos Estados tecnologicamente menos desenvolvidos com vista a:
    i) Fortalecer a sua capacidade de investigação;
    ii) Formar o seu pessoal e o pessoal da Autoridade nas técnicas e aplicações de investigação;
    iii) Favorecer o emprego do seu pessoal qualificado na investigação na Área;
  c) Difundindo efectivamente os resultados de investigação e análises, quando disponíveis, por intermédio da Autoridade ou de outros canais internacionais, quando apropriado.

Art. 144.º (Transferência de tecnologia)

1. De conformidade com a presente Convenção, a Autoridade deve tomar medidas para:
  a) Adquirir tecnologia e conhecimentos científicos relativos às actividades na Área; e
  b) Promover e incentivar a transferência de tal tecnologia e conhecimentos científicos para os Estados em desenvolvimento, de modo a que todos os Estados Partes sejam beneficiados.

2. Para tal fim a Autoridade e os Estados Partes devem cooperar para promover a transferência de tecnologia e conhecimentos científicos relativos às actividades realizadas na Área de modo a que a Empresa e todos os Estados Partes sejam beneficiados. Em particular, devem iniciar e promover:
  a) Programas para a transferência de tecnologia para a Empresa e para os Estados em desenvolvimento no que se refere às actividades na Área, incluindo, *inter alia*, facilidades de acesso da Empresa e dos Estados em desenvolvimento à tecnologia pertinente em modalidades e condições equitativas e razoáveis;
  b) Medidas destinadas a assegurar o progresso da tecnologia da Empresa e da tecnologia nacional dos Estados em desenvolvimento e em particular mediante a criação de oportunidades para a formação do pessoal da Empresa e dos Estados em desenvolvimento em matéria de ciência e tecnologia marinhas e para a sua plena participação nas actividades na Área.

Art. 145.º (Protecção do meio marinho)

No que se refere às actividades na Área, devem ser tomadas as medidas necessárias, de conformidade com a presente Convenção, para assegurar a protecção eficaz do meio marinho contra os efeitos nocivos que possam resultar de tais actividades. Para tal fim, a Autoridade adoptará normas, regulamentos e procedimentos apropriados para, *inter alia*:
- *a)* Prevenir, reduzir e controlar a poluição e outros perigos para o meio marinho, incluindo o litoral, bem como a perturbação do equilíbrio ecológico do meio marinho, prestando especial atenção à necessidade de protecção contra os efeitos nocivos de actividades, tais como a perfuração, dragagem, escavações, lançamento de detritos, construção e funcionamento ou manutenção de instalações, ductos e outros dispositivos relacionados com tais actividades;
- *b)* Proteger e conservar os recursos naturais da Área e prevenir danos à flora e à fauna do meio marinho.

Art. 146.º (Protecção da vida humana)

No que se refere às actividades na Área, devem ser tomadas as medidas necessárias para assegurar a protecção eficaz da vida humana. Para tal fim, a Autoridade adoptará normas, regulamentos e procedimentos apropriados que complementem o direito internacional existente tal como consagrado nos tratados sobre a matéria.

Art. 147.º (Harmonização das actividades na Área e no meio marinho)

1. As actividades na Área devem ser realizadas, tendo razoavelmente em conta outras actividades no meio marinho.

2. As instalações, utilizadas para a realização de actividades na Área, devem estar sujeitas às seguintes condições:
- *a)* Serem construídas, colocadas e retiradas exclusivamente de conformidade com a presente Parte e segundo as normas, regulamentos e procedimentos da Autoridade. A construção, colocação e remoção de tais instalações devem ser devidamente notificadas e, sempre que necessário, devem ser assegurados meios permanentes para assinalar a sua presença;
- *b)* Não serem colocadas onde possam interferir na utilização de rotas marítimas reconhecidas e essenciais para a navegação internacional ou em áreas de intensa actividade pesqueira;
- *c)* Serem estabelecidas zonas de segurança em volta de tais instalações, com sinais de navegação apropriados, para garantir a segurança da navegação e das instalações. A configuração e localização de tais zonas de segurança devem ser tais que não formem um cordão que impeça o acesso lícito dos navios a determinadas zonas marítimas ou a navegação por rotas marítimas internacionais;
- *d)* Serem utilizadas exclusivamente para fins pacíficos;

e) Não terem o estatuto jurídico de ilhas. Estas instalações não terem mar territorial próprio e a sua existência não afecta a delimitação do mar territorial, da zona económica exclusiva ou da plataforma continental.

3. As demais actividades no meio marinho devem ser realizadas tendo razoavelmente em conta as actividades da Área.

Art. 148.º (Participação dos Estados em desenvolvimento nas actividades na Área)

A participação efectiva dos Estados em desenvolvimento nas actividades na Área deve ser promovida tal como expressamente previsto na presente Parte, tendo em devida conta os seus interesses e necessidades especiais e, em particular, a necessidade especial dos Estados em desenvolvimento sem litoral ou em situação geográfica desfavorecida de superarem os obstáculos resultantes da sua localização desfavorável, incluindo o afastamento da Área, e a dificuldade de acesso à Área e a partir dela.

Art. 149.º (Objectos arqueológicos e históricos)

Todos os objectos de carácter arqueológico e histórico achados na Área serão conservados ou deles se disporá em benefício da humanidade em geral, tendo particularmente em conta os direitos preferenciais do Estado ou país de origem, do Estado de origem cultural ou do Estado de origem histórica e arqueológica.

SECÇÃO 3. **Aproveitamento dos recursos da Área**

Art. 150.º (Políticas gerais relativas às actividades na Área)

1. As actividades na Área devem ser realizadas tal como expressamente previsto na presente Parte de modo a fomentar o desenvolvimento harmonioso da economia mundial e o crescimento equilibrado do comércio internacional e a promover a cooperação internacional a favor do desenvolvimento geral de todos os países, especialmente dos Estados em desenvolvimento e com vista a assegurar:

a) O aproveitamento dos recursos da Área;

b) A gestão ordenada, segura e racional dos recursos da Área, incluindo a realização eficiente de actividades na Área e, de conformidade com os sãos princípios de conservação e a evitação de desperdícios desnecessários;

c) A ampliação das oportunidades de participação em tais actividades, em particular de forma compatível com os artigos 144.º e 148.º;

d) A participação da Autoridade nas receitas e transferência de tecnologia à Empresa e aos Estados em desenvolvimento, tal como disposto na presente Convenção;

e) O aumento da disponibilidade dos minerais provenientes da Área, na medida necessária para, juntamente com os obtidos de outras fontes, assegurar o abastecimento aos consumidores de tais minerais;

f) A formação de preços justos e estáveis, remuneradores para os produtores e razoáveis para os consumidores, relativos aos minerais provenientes tanto da Área como de outras fontes, e a promoção do equilíbrio a longo prazo entre a oferta e a procura;

g) Maiores oportunidades para que todos os Estados Partes, independentemente do seu sistema social e económico ou situação geográfica, participem no aproveitamento dos recursos da Área e na prevenção da monopolização das actividades na Área;

h) A protecção dos Estados em desenvolvimento no que se refere aos efeitos adversos nas suas economias ou nas suas receitas de exportação, resultantes de uma redução no preço de um mineral afectado ou no volume de exportação desse mineral, na medida em que tal redução seja causada por actividades na área, como previsto no artigo 151.º;

i) O aproveitamento do património comum em benefício da humanidade em geral; e

j) Que as condições de acesso aos mercados de importação de minerais provenientes dos recursos da Área e de importação de produtos básicos obtidos de tais minerais não sejam mais vantajosas que as de carácter mais favorável aplicadas às importações provenientes de outras fontes.

Art. 151.º (Políticas de produção)

1. *a)* Sem prejuízo dos objectivos previstos no artigo 150.º, e para efeitos de aplicação da alínea *h*) do referido artigo, a Autoridade deve, actuando através das instâncias existentes ou, segundo o caso, no quadro de novos ajustes ou acordos, com a participação de todas as partes interessadas, incluídos produtores e consumidores, tomar as medidas necessárias para promover o crescimento, a eficiência e a estabilidade dos mercados dos produtos básicos obtidos dos minerais provenientes da Área, a preços remuneradores para os produtores e razoáveis para os consumidores. Todos os Estados Partes devem cooperar para tal fim;

b) A Autoridade tem o direito de participar em qualquer conferência sobre produtos básicos, cujos trabalhos se refiram àqueles, e na qual participem todas as partes interessadas, incluídos produtores e consumidores. A Autoridade tem o direito de ser parte em qualquer ajuste ou acordo que resulte de tais conferências. A participação da Autoridade em quaisquer órgãos criados em virtude desses ajustes ou acordos deve ser com respeito à produção na Área e efectuar-se de conformidade com as normas pertinentes desses órgãos;

c) A Autoridade deve cumprir as obrigações que tenha contraído em virtude de ajustes ou acordos referidos no presente parágrafo de maneira a assegurar a sua aplicação uniforme e não discriminatória em relação à totalidade da produção dos minerais em causa na Área. Ao fazê-lo, a Autoridade deve actuar de forma compatível com os termos dos contratos existentes e os planos de trabalho aprovados da Empresa.

2. *a*) Durante o período provisório definido no parágrafo 3, a produção comercial não deve ser empreendida com base num plano de trabalho aprovado, até que o operador tenha pedido e obtido da Autoridade uma autorização de produção. Essa autorização de produção não pode ser pedida ou emitida antes de cinco anos da data do início previsto para a produção comercial nos termos do plano de trabalho, a menos que, tendo em conta a natureza e o calendário de execução do projecto, outro período seja estabelecido nas normas, regulamentos e procedimentos da Autoridade;

b) No período de autorização de produção, o operador deve especificar a quantidade anual de níquel que prevê extrair com base no plano de trabalho aprovado. O pedido deve incluir um plano de despesas a serem feitas pelo operador após o recebimento da autorização, as quais são razoavelmente calculadas para lhe permitir iniciar a produção comercial na data prevista;

c) Para efeitos das alíneas *a*) e *b*) a Autoridade deve estabelecer requisitos de execução apropriados, de conformidade com o artigo 17.º do Anexo III;

d) A Autoridade deve emitir uma autorização de produção para o volume de produção pedido, a menos que a soma desse volume e dos volumes já autorizados exceda, no decurso de qualquer ano de produção planeada compreendido no período provisório, o limite máximo de produção de níquel, calculado de conformidade com o parágrafo 4 no ano de emissão da autorização;

e) Uma vez emitida a autorização de produção, esta e o pedido aprovado farão parte do plano de trabalho aprovado;

f) Se, em virtude da alínea *d*), o pedido de autorização feito pelo operador for recusado, este pode submeter um novo pedido à Autoridade em qualquer momento.

3. O período provisório começará cinco anos antes do dia 1 de Janeiro do ano no qual está prevista a primeira produção comercial com base num plano de trabalho aprovado. Se o início dessa produção comercial for adiado para além do ano originalmente previsto, o início do período provisório e o tecto de produção inicialmente calculado deve ser reajustado em conformidade. O período provisório deve durar 25 anos ou até ao fim da Conferência de Revisão referida no artigo 155.º ou até ao dia da entrada em vigor dos novos ajustes ou acordos referidos no parágrafo 1, prevalecendo o de prazo mais curto. Se os referidos ajustes ou acordos caducarem ou deixarem de ter efeito por qualquer motivo, a Autoridade reassumirá os poderes estipulados no presente artigo para o resto do período provisório.

4. *a*) O tecto de produção para qualquer ano do período provisório é a soma de:

   i) A diferença entre os valores da curva de tendência do consumo de níquel, calculados de conformidade com a alínea *b*), para o ano imediatamente anterior ao da primeira produção comercial e para o ano imediatamente anterior ao do início do período provisório; e

  ii) Sessenta por cento da diferença entre os valores da curva de tendência do consumo de níquel calculados de conformidade com a alínea *b*) para o ano para o qual seja pedida a autorização de produção e para o ano imediatamente anterior ao da primeira autorização de produção comercial.

b) Para efeitos da alínea *a*):

  i) Os valores da curva de tendência utilizados para calcular o tecto de produção de níquel devem ser os valores do consumo anual de níquel numa curva de tendência calculada durante o ano no qual foi emitida uma autorização de produção. A curva de tendência deve ser calculada a partir da regressão linear dos logarítmos do consumo real de níquel correspondente ao período de 15 anos mais recente do qual se disponha de dados, sendo o tempo a variável independente. Esta curva de tendência deve ser denominada curva de tendência inicial;

  ii) Se a taxa anual de aumento indicada pela curva de tendência inicial for inferior a três por cento, a curva de tendência utilizada para determinar as quantidades mencionadas na alínea *a*) deve ser uma curva que corte a curva de tendência inicial no ponto que represente o valor do primeiro ano do período de 15 anos considerado e que aumente à razão de três por cento ao ano. No entanto, o tecto de produção estabelecido para qualquer ano do período provisório não pode exceder em caso algum a diferença entre o valor da curva de tendência inicial para esse ano e o valor da curva de tendência inicial para o ano imediatamente anterior ao do início do período provisório.

5. A Autoridade deve reservar para a produção inicial da Empresa, uma quantidade de 38 mil toneladas métricas de níquel da quantidade fixada como tecto de produção disponível calculada de conformidade com o parágrafo 4.

6. *a*) Um operador pode, em qualquer ano, não alcançar o volume de produção anual de minerais provenientes de nódulos polimetálicos especificado na sua autorização de produção ou pode excedê-lo até oito por cento, desde que o volume global da produção não exceda o especificado na autorização. Qualquer excedente, compreendido entre oito e vinte por cento em qualquer ano ou qualquer excedente no primeiro ano e nos anos posteriores a dois anos consecutivos em que houve excedente, deve ser negociado com a Autoridade a qual pode exigir ao operador que obtenha uma autorização de produção suplementar para cobrir a produção adicional;

b) Os pedidos para tal autorização de produção suplementar só podem ser examinados pela Autoridade, quando esta tiver decidido sobre todos os pedidos pendentes submetidos pelos operadores que ainda não tenham recebido autorizações de produção e depois de ter tido devidamente em conta outros prováveis peticionários. A Autoridade deve guiar-se pelo princípio de não exceder a produção total autorizada com base no tecto de produção em qualquer ano do período provisório. A Autoridade não deve autorizar, em qualquer plano de trabalho, a produção de uma quantidade que exceda 46500 toneladas métricas de níquel por ano.

7. Os volumes de produção de outros metais, tais como o cobre, cobalto e manganês, extraídos dos nódulos polimetálicos obtidos de conformidade com uma autorização de produção, não devem ser superiores aos que teriam sido obtidos se o operador tivesse obtido desses nódulos o volume máximo de níquel de conformidade com o presente artigo. A Autoridade deve adoptar normas, regulamentos e procedimentos de conformidade com o artigo 17.º do Anexo III para a aplicação do presente parágrafo.

8. Os direitos, e obrigações relativos a práticas económicas desleais nos acordos comerciais multilaterais pertinentes aplicam-se à exploração e aproveitamento dos minerais da Área. Na solução de controvérsias relativas à aplicação da presente disposição, os Estados Partes que sejam Partes em tais acordos comerciais multilaterais podem recorrer aos procedimentos de solução de controvérsias previstas nesses acordos.

9. A Autoridade tem o poder de limitar o volume de produção de minerais da Área, que não sejam os minerais provenientes de nódulos polimetálicos, nas condições e segundo os métodos apropriados, mediante a adopção de regulamentos de conformidade com o parágrafo 8 do artigo 161.º.

10. Por recomendação do Conselho, baseada no parecer da Comissão de Planeamento Económico, a Assembleia deve estabelecer um sistema de compensação ou tomar outras medidas de assistência para o reajuste económico, incluindo a cooperação com os organismos especializados e outras organizações internacionais, em favor dos países em desenvolvimento cujas receitas de exportação ou cuja economia sofram sérios prejuízos como consequência de uma diminuição no preço ou no volume exportado de mineral, na medida em que tal diminuição se deva a actividades na Área. A Autoridade, quando solicitada, deve iniciar estudos sobre os problemas desses Estados que possam ser mais gravemente afectados, afim de minimizar as suas dificuldades e prestar-lhes auxílio para o seu reajuste económico.

Art. 152.º (Exercício de poderes e funções pela Autoridade)

1. A Autoridade deve evitar qualquer discriminação no exercício dos seus poderes e funções, inclusive na concessão de oportunidades para realização de actividades na Área.

2. No entanto atenção especial pode ser dispensada aos países em desenvolvimento particularmente àqueles sem litoral ou em situação geográfica desfavorecida, em virtude do expressamente previsto na presente Parte.

Art. 153.º (Sistema de exploração e aproveitamento)

1. As actividades na Área devem ser organizadas, realizadas e controladas pela Autoridade em nome da humanidade, em geral de conformidade com o presente artigo, bem como com outras disposições pertinentes da presente Parte e dos anexos pertinentes e as normas, regulamentos e procedimentos da Autoridade.

2. As actividades na Área serão realizadas de conformidade com o parágrafo 3:
   a) Pela empresa; e
   b) Em associação com a Autoridade, por Estados Partes ou empresas estatais, ou pessoas jurídicas, singulares ou colectivas, que possuam a nacionalidade de Estados Partes ou sejam efectivamente controladas por eles ou seus nacionais, quando patrocinadas por tais Eslados, ou por qualquer grupo dos anteriores que preencha os requisitos previstos na presente Parte e no Anexo III.

3. As actividades na Área devem, ser realizadas de conformidade com um plano de trabalho formal escrito, preparacão de conformidade com o Anexo III e aprovado pelo Conselho após exame pela Comissão Jurídica e Técnica. No caso das actividades na Área, realizadas com autorização da Autoridade pelas entidades ou pessoas especificadas na alinea *b*) do parágrafo 2, o plano de trabalho deve ter a forma de um contrato, de conformidade com o artigo 3.º do Anexo III. Tal contrato pode prever ajustes conjuntos, de conformidade com o artigo 11.º do Anexo III.

4. A Autoridade deve exercer, sobre as actividades na Área, o controle que for necessário para assegurar o cumprimento das disposições pertinentes da presente Parte dos anexos pertinentes e das normas, regulamentos e procedimentos da Autoridade e dos planos de trabalho aprovados de conformidade com o parágrafo 3. Os Estados Partes devem prestar assistência à Autoridade tomando todas as medidas necessárias para assegurar tal cumprimento de conformidade com o artigo 139.º.

5. A Autoridade tem o direito de tomar a todo o momento quaisquer medidas previstas na presente Parte para assegurar o cumprimento das suas disposições e o exercício das funções de controlo e regulamentação que lhe são conferidas em virtude da presente Parte ou de um contrato. A Autoridade tem o direito de inspeccionar todas as instalações na Área utilizadas para actividades realizadas na mesma.

6. Um contrato celebrado nos termos do parágrafo 3 deve garantir a titularidade do contrato. Por isso, o contrato não deve ser modificado suspenso ou rescindido senão de conformidade com os artigos 18.º e 19.º do Anexo III.

Art. 154.º (Exame periódico)

Cinco anos a partir da entrada em vigor da presente Convenção, a Assembleia deve proceder a um exame geral e sistemático da forma como o regime internacional da Área, estabelecido pela Convenção, tem funcionado na prática.

À luz desse exame, a Assembleia pode tomar ou recomendar a outros órgãos que tomem medidas de conformidade com as disposições e procedimentos da presente Parte e dos anexos correspondentes, que permitam aperfeiçoar o funcionamento do regime.

Art. 155.º (Conferência de Revisão)

1. Quinze anos após o dia 1 de Janeiro do ano de início da primeira produção comercial com base num plano de trabalho aprovado, a Assembleia convocará uma conferência para revisão das disposições da presente Parte e dos anexos pertinentes que regulamentam a exploração e o aproveitamento dos recursos da Área. A Conferência de Revisão deve examinar em pormenor, à luz da experiência adquirida durante esse período:

   a) Se as disposições da presente Parte que regulamentam o sistema de exploração e aproveitamento dos recursos da Área atingiram os seus objectivos em todos os aspectos, inclusive se beneficiaram a humanidade em geral;
   b) Se, durante o período de quinze anos, as áreas reservadas foram aproveitadas de modo eficaz e equilibrado em comparação com áreas não reservadas;
   c) Se o desenvolvimento e a utilização da Área e dos seus recursos foram efectuados de modo a favorecer o desenvolvimento harmonioso da economia mundial e o crescimento equilibrado do comércio internacional;
   d) Se foi impedida a monopolização das actividades na Área;
   e) Se foram cumpridas as políticas estabelecidas nos artigos 150.º e 151.º; e
   f) Se o sistema permitiu a distribuição equitativa de benefícios resultantes das actividades na Área, tendo particularmente em conta os interesses e necessidades dos Estados em desenvolvimento.

2. A Conferência de Revisão deve igualmenle assegurar a manutenção do princípio do património comum da humanidade, do regime internacional para o aproveitamento equitativo dos recursos da Área em benefício do todos os países, especialmente dos Estados em desenvolvimento, e da existência de uma Autoridade que organize, realize e controle as actividades na Área. Deve também assegurar a manutenção dos princípios estabelecidos na presente Parte relativos à exclusão de reivindicações ou do exercício de soberania sobre qualquer parte da Área, aos direitos dos Estados e seu comportamento geral em relação à Área bem como a sua participação nas actividades na Área de conformidade com a presente Convenção, à prevenção da monopolização de actividades na Área, à utilização da Área exclusivamente científica marinha, à transferência de tecnologia, à protecção do meio marinho, à protecção da vida humana aos direitos dos Estados costeiros, ao estatuto jurídico das águas sobrejacentes à Área e do espaço aéreo acima dessas águas e à harmonização entre as actividades na Área e outras actividades no meio marinho.

3. O procedimento para a tomada de decisões aplicável à Conferência de Revisão deve ser o mesmo que aplicável à Terceira Conferência das Nações Unidas

sobre o Direito do Mar. A Conferência deve fazer todo o possível para chegar a acordo sobre quaisquer emendas por consenso, não devendo proceder à votação de tais questões até que se tenham esgotado todos os esforços para chegar a consenso.

4. Se, cinco anos após o seu início, não tiver chegado a acordo sobre o sistema de exploração e aproveitamento dos recursos da Área, a Conferência de Revisão pode, nos doze meses seguintes, por maioria de três quartos dos Estados Partes, decidir a adopção e apresentação aos Estados Partes para ratificação ou adesão das emendas que mudem ou modifiquem o sistema que julgue necessárias e apropriadas. Tais emendas entrarão em vigor para todos os Estados Partes doze meses após o depósito dos instrumentos de ratificação ou de adesão de dois terços dos Estados Partes.

5. As emendas adoptadas pela Conferência de Revisão de conformidade com o presente artigo, não afectam os direitos adquiridos em virtude de contratos existentes.

SECÇÃO 4. **A Autoridade**

SUBSECÇÃO A. **Disposições gerais**

Art. 156.º (Criação da Autoridade)

1. É criada a Autoridade Internacional dos Fundos Marinhos que funcionará de conformidade com a presente Parte.

2. Todos os Estados Partes são *ipso facto* membros da Autoridade.

3. Os observadores na Terceira Conferência das Nações Unidas sobre o Direito do Mar, que tenham assinado a Acta Final e não estejam referidos nas alíneas c), d), e) ou f) do parágrafo 1 do artigo 305.º, têm o direito de participar na Autoridade como observadores de conformidade com as suas normas, regulamentos e procedimentos.

4. A Autoridade terá a sua sede na Jamaica.

5. A Autoridade pode criar os centros ou escritórios regionais que julgue necessários para o exercício das suas funções.

Art. 157.º (Natureza e princípios fundamentais da Autoridade)

1. A Autoridade é a organização por intermédio da qual os Estados Partes, de conformidade com a presente Parte, organizam e controlam as actividades na Área, particularmente com vista à gestão dos recursos da Área.

2. A Autoridade tem os poderes e as funções que lhe são expressamente conferidos pela presente Convenção. A Autoridade terá os poderes subsidiários, compatíveis com a presente Convenção que sejam implícitos e necessários ao exercício desses poderes e funções no que se, refere às actividades na Área.

3. A Autoridade baseia-se no princípio da igualdade soberana de todos os seus membros.

4. Todos os membros da Autoridade devem cumprir de boa fé as obrigações contraídas de conformidade com a presente Parte, a fim de se assegurarem a cada um os direitos e benefícios decorrentes da sua qualidade de membro.

Art. 158.º (Órgãos da Autoridade)

1. São criados, como órgãos principais da Autoridade, uma Assembleia, um Conselho e um Secretariado.

2. É criada a Empresa, órgão por intermédio do qual a Autoridade exercerá as funções mencionadas no parágrafo 1 do artigo 170.º.

3. Podem ser criados, de conformidade com a presente Parte, os órgãos subsidiários considerados necessários.

4. Compete a cada um dos órgãos principais da Autoridade e à Empresa exercer os poderes e funções que lhes são conferidos. No exercício de tais poderes e funções, cada órgão deve abster-se de tomar qualquer medida que possa prejudicar ou impedir o exercício dos poderes e funções específicos conferidos a um outro órgão.

SUBSECÇÃO B. A Assembleia

Art. 159.º (Composição, procedimento e votação)

1. A Assembleia é composta por todos os membros da Autoridade. Cada membro tem um representante na Assembleia o qual pode ser acompanhado por um suplente e assessores.

2. A Assembleia reunir-se-á em sessão ordinária anual e em sessão extraordinária quando ela o decidir ou quando for convocada pelo Secretário-Geral a pedido do Conselho ou da maioria dos membros da Autoridade.

3. As sessões devem realizar-se na sede da Autoridade, a não ser que a Assembleia decida de outro modo.

4. A Assembleia adoptará o seu regulamento interno. No início de cada sessão ordinária elege o seu Presidente e os demais membros da Mesa que considere necessários. Estes devem manter-se em funções até à eleição de um novo Presidente e demais membros da Mesa na sessão ordinária seguinte.

5. O quórum é constituído pela maioria dos membros da Assembleia.

6. Cada membro da Assembleia dispõe de um voto.

7. As decisões sobre questões de procedimento, incluindo as decisões de convocação de sessões extraordinárias da Assembleia, devem ser tomadas por maioria dos membros presentes e votantes.

8. As decisões sobre questões de fundo serão tomadas por maioria de dois terços dos membros presentes e votantes, desde que tal maioria inclua uma maioria dos membros que participam na sessão. Em caso de dúvida sobre se uma questão é ou não de fundo, essa questão será tratada como questão de fundo, a não ser que a Assembleia decida de outro modo, pela maioria requerida para as decisões sobre questões de fundo.

9. Quando uma questão de fundo for submetida a votação pela primeira vez, o Presidente pode e deve, se pelo menos uma quinta parte dos membros da Assembleia o solicitar, adiar a decisão de submeter essa questão a votação por um período não superior a cinco dias. A presente norma só pode ser aplicada a qualquer questão uma vez e não deve ser aplicada para adiar a questão para além do encerramento da sessão.

10. Quando for apresentada ao presidente uma petição escrita que, apoiada por, pelo menos, um quarto dos membros da Autoridade, solicite um parecer sobre a conformidade com a presente Convenção de uma proposta à Assembleia sobre qualquer assunto, a Assembleia deve solicitar à Câmara de Controvérsias dos Fundos Marinhos do Tribunal Internacional do Direito do Mar que dê um parecer, e deve adiar a votação sobre tal proposta até que a Câmara emita o seu parecer. Se o parecer não for recebido antes da última semana da sessão em que foi solicitado, a Assembleia deve decidir quando se reunirá para votar a proposta adiada.

Art. 160.º (Poderes e funções)

1. A Assembleia, como único órgão da Autoridade composto por todos os seus membros, é considerada o órgão supremo da Autoridade, perante o qual devem responder os outros órgãos principais tal como expressamente previsto na presente Convenção. A Assembleia tem o poder de estabelecer a política geral sobre qualquer questão ou assunto da competência da Autoridade de conformidade com as disposições pertinentes da presente Convenção.

2. Além disso, a Assembleia tem os seguintes poderes e funções:

   a) Eleger os membros do Conselho de conformidade com o artigo 161.º;

   b) Eleger o Secretário-Geral dentre os candidatos propostos pelo Conselho;

   c) Eleger, por recomendação do Conselho, os membros do Conselho de Administração da Empresa e o Director-Geral desta;

   d) Criar, de conformidade com a presente Parte, os órgãos subsidiários que julgue necessários para o exercício das suas funções. Na composição destes órgãos devem ser tomadas em devida conta o princípio da distribuição geográfica equitativa, bens como os interesses especiais e a necessidade de assegurar o concurso de membros qualificados e competentes nas diferentes questões técnicas de que se ocupem tais órgãos;

   e) Determinar as contribuições dos membros para o orçamento administrativo da Autoridade de conformidade com uma escala acordada, com base na utilizada para o orçamento ordinário da Organização das Nações Unidas, até que a Autoridade disponha de receitas suficientes provenientes de outras fontes para fazer frente aos seus encargos administrativos;

   f) i) Examinar e aprovar, por recomendação do Conselho, as normas, regulamentos e procedimentos sobre a distribuição equitativa dos benefícios financeiros e outros benefícios económicos obtidos das actividades na Área, bem como os pagamentos e contribuições feitos de conformidade com o artigo 82.º, tendo particularmente em conta os interesses e necessidades dos Estados em desenvolvimento e dos povos que não tenham alcançado a plena independência ou outro regime de autonomia. Se a Assembleia não aprovar as recomendações do Conselho pode devolvê-las a este para reexame à luz das opiniões expressas pela Assembleia;

ii) Examinar e aprovar as normas, regulamentos e procedimentos da Autonomia e quaisquer emendas aos mesmos, adoptados provisoriamente pelo Conselho, de conformidade com a subalínea ii) da alínea o) do parágrafo 2 do artigo 162.º. Estas normas, regulamentos e procedimentos devem referir-se à prospecção, exploração e aproveitamento na Área, à gestão financeira e administrativa interna da Autoridade e, por recomendação do Conselho de Administração da Empresa, à transferência de fundos da Empresa para a Autoridade;

g) Decidir acerca da distribuição equitativa dos benefícios financeiros e outros benefícios económicos obtidos das actividades na Área, de forma compatível com a presente Convenção e com as normas, regulamentos e procedimentos da Autoridade;

h) Examinar e aprovar o projecto de orçamento anual da Autoridade apresentado pelo Conselho;

i) Examinar os relatórios periódicos do Conselho e da Empresa bem como os relatórios especiais pedidos ao conselho ou a qualquer outro órgão da Autoridade;

j) Proceder a estudos e fazer recomendações para promoção da cooperação internacional relativa às actividades na Área e para o encorajamento do desenvolvimento progressivo do direito internacional neste domínio e sua codificação;

k) Examinar os problemas de carácter geral relacionados com as actividades na Área, em particular os que se apresentem aos Estados em desenvolvimento, assim como os problemas de carácter geral relacionados com as actividades na Área que se apresentem aos Estados em virtude da sua situação geográfica, em particular aos Estados sem litoral ou em situação geográfica desfavorecida;

l) Estabelecer, por recomendação do Conselho baseada no parecer da Comissão de Planeamento Económico, um sistema de compensação ou adoptar outras medidas de assistência para o reajuste económico de conformidade com o parágrafo 10 do artigo 151.º;

m) Suspender o exercício de direitos e privilégios inerentes à qualidade de membro, nos termos do artigo 185.º;

n) Examinar qualquer questão ou assunto no âmbito de competência da Autoridade e decidir, de forma compatível com a distribuição de poderes e funções entre os órgãos da Autoridade, qual destes órgãos se deve ocupar de qualquer questão ou assunto que não seja expressamente atribuído a um órgão em particular.

SUBSECÇÃO C.   O Conselho

Art. 161.º   (Composição, procedimento e votação)

1. O Conselho é composto de 36 membros da Autoridade, eleitos pela Assembleia na seguinte ordem:
   a) Quatro membros dentre os Estados Partes que, durante os últimos cinco anos para os quais se disponha de estatísticas, tenham absorvido mais de 2% do consumo mundial total ou efectuado importações líquidas de mais de 2% das importações mundiais totais dos produtos básicos obtidos a partir das categorias de minerais que venham a ser extraídos da Área e, em qualquer caso, um Estado da região da Europa Oriental (Socialista), bem como o maior consumidor;
   b) Quatro membros dentre os oito Estados Partes que, directamente ou por intermédio dos seus nacionais, tenham feito os maiores investimentos na preparação e na realização de actividades na Área, incluindo, pelo menos, um Estado da região da Europa Oriental (Socialista);
   c) Quatro membros dentre os Estados Partes que, na base da produção nas áreas sob sua jurisdição, sejam grandes exportadores líquidos das categorias de minerais que venham a ser extraídos da Área, incluindo, pelo menos, dois Estados em desenvolvimento, cujas exportações de tais minerais tenham importância substancial para a sua economia;
   d) Seis membros dentre os Estados Partes em desenvolvimento, que representem interesses especiais. Os interesses especiais a serem representados devem incluir os dos Estados com grande população, os dos Estados sem litoral ou em situação geográfica desfavorecida, os dos Estados que sejam grandes importadores das categorias de minerais que venham a ser extraídos da Área, os dos Estados que sejam produtores potenciais de tais minerais e os dos Estados menos desenvolvidos;
   e) Dezoito membros eleitos de modo a assegurar o princípio de uma distribuição geográfica equitativa dos lugares do Conselho no seu conjunto, no entendimento de que cada região geográfica conte, pelo menos, com um membro eleito em virtude da presente alínea. Para tal efeito as regiões geográficas devem ser: África, América Latina, Ásia, Europa Ocidental e outros Estados, e Europa Oriental (Socialista).

2. Na eleição dos membros do Conselho de conformidade com o parágrafo 1, a Assembleia deve assegurar que:
   a) Os Estados sem litoral e aqueles em situação geográfica desfavorecida tenham uma representação, na medida do razoável, proporcional à sua representação na Assembleia;
   b) Os Estados costeiros, em particular os Estados em desenvolvimento, que não preencham as condições enunciadas nas alíneas a), b), c) ou d) do parágrafo 1, tenham uma representação, na medida do razoável, proporcional à sua representação na Assembleia;

c) Cada grupo de Estados Partes que a ser representado no Conselho esteja representado pelos membros que sejam eventualmente propostos por esse grupo.

3. As eleições são efectuadas nas sessões ordinárias da Assembleia. Cada membro do Conselho é eleito por quatro anos. Contudo, na primeira eleição o mandato de metade dos membros de cada um dos grupos previstos no parágrafo 1 é de dois anos.

4. Os membros do Conselho podem ser reeleitos, devendo, porém, ter-se em conta a conveniência da rotação de membros.

5. O Conselho funciona na sede da Autoridade e deve reunir-se com a frequência requerida pelos trabalhos da Autoridade, mas pelo menos três vezes por ano.

6. O quórum é constituído pela maioria dos membros do Conselho.

7. Cada membro do Conselho dispõe de um voto.

8. *a)* As decisões sobre questões de procedimento serão tomadas por maioria dos membros presentes e votantes.

b) As decisões sobre as questões de fundo que surjam em relação às alíneas *f)*, *g)*, *h)*, *i)*, *n)*, *p)* e *v)* do parágrafo 2 do artigo 162.º e com o artigo 191.º serão tomadas por maioria de dois terços dos membros presentes e votantes, desde que tal maioria inclua uma maioria dos membros do Conselho.

c) As decisões sobre as questões de fundo que surjam em relação às disposições a seguir enumeradas serão tornadas por maioria de três quartos dos membros presentes e votantes, desde que tal maioria inclua uma maioria dos membros do Conselho: parágrafo 1 do artigo 162.º; alíneas *a)*, *b)*, *c)*, *d)*, *e)*, *l)*, *q)*, *r)*, *s)* e *t)* do parágrafo 2 do artigo 162.º; alínea *u)* do parágrafo 2 do artigo 162.º, nos casos de não-cumprimento por parte de um contratante ou de um patrocinador; alínea *w)* do parágrafo 2 do artigo 162.º, desde que a obrigatoriedade das ordens dadas nos termos dessa alínea não exceda 30 dias, salvo se confirmadas por uma decisão tomada de conformidade com a alínea *d)* deste parágrafo; alíneas *x)*, *y)* e *z)* do parágrafo 2.º do artigo 162.º; parágrafo 2 do artigo 163.º; parágrafo 3 do artigo 174.º; artigo 11.º do Anexo IV.

d) As decisões sobre as questões de fundo que surjam em relação às alíneas *m)* e *o)* do parágrafo 2 do artigo 162.º bem como a aprovação de emendas à Parte XI serão tomadas por consenso.

e) Para efeitos das alíneas *d)*, *f)* e *g)* do presente parágrafo "consenso" significa ausência de qualquer objecção formal. Dentro dos 14 dias seguintes à apresentação de uma proposta ao Conselho, o Presidente verificará se haveria uma objecção formal à sua aprovação. Se o Presidente do Conselho constatar que haveria tal objecção criará e convocará nos três dias seguintes uma Comissão de Conciliação, integrada por não mais de nove membros do Conselho cuja presidência assumirá, com o objectivo de conciliar as divergências e preparar uma proposta susceptível de ser aprovada por consenso. A Comissão agirá imediatamente e relatará ao Conselho nos 14 dias seguintes à sua constituição. Se a comissão não puder recomendar uma proposta susceptível de ser aprovada por consenso, indicará no seu relatório os motivos que levaram à rejeição da proposta.

f) As decisões sobre as questões que não estejam enumeradas nas alíneas precedentes e que o Conselho esteja autorizado a tomarem virtude das normas, regulamentos e procedimentos da Autoridade ou a qualquer outro título, serão tomadas de conformidade com as alíneas do presente parágrafo especificadas nas normas, regulamentos e procedimentos da Autoridade ou, não sendo aí especificadas, por decisão do Conselho tomada por consenso, se possível antecipadamente,

g) Em caso de dúvida sobre se uma questão se inclui nas alíneas *a)*, *b)*, *c)* ou *d)*, a questão será tratada como se estivesse incluída na alínea que exige a maioria mais elevada ou consenso, segundo o caso, a não ser que o Conselho decida de outro modo por tal maioria ou consenso.

9. O Conselho estabelecerá um procedimento pelo qual um membro da Autoridade que não esteja representado no Conselho possa enviar um representante para assistir a uma sessão deste, quando esse membro o solicitar ou quando o Conselho examinar uma questão que o afecte particularmente. Tal representante poderá participar nos debates, mas sem direito de voto.

Art. 162.º (Poderes e funções)

1. O Conselho é o órgão executivo da Autoridade. O Conselho tem o poder de estabelecer, de conformidade com a presente Convenção e as políticas gerais estabelecidas pela Assembleia, as políticas específicas a serem seguidas pela Autoridade sobre qualquer questão ou assunto de sua competência.

2. Além disso, o Conselho:

a) Supervisionará e coordenará a aplicação das disposições da presente Parte sobre todas as questões e assuntos da competência da Autoridade e alertará a Assembleia para os casos de não-cumprimento;

b) Proporá à Assembleia uma lista de candidatos para a eleição do Secretário-Geral;

c) Recomendará à Assembleia candidatos para a eleição dos membros do Conselho de Administração da Empresa e do Director-Geral desta;

d) Estabelecerá, quando apropriado, e tendo em devida conta as exigências de economia e eficiência, os órgãos subsidiários que considere necessários para o exercício das suas funções, de conformidade com a presente Parte. Na composição de tais órgãos subsidiários, será dada ênfase à necessidade de se assegurar o consenso de membros qualificados e competentes nas matérias técnicas pertinentes de que se ocupem esses órgãos, tendo em devida conta o princípio da distribuição geográfica equitativa e os interesses especiais;

e) Adoptará o seu regulamento interno, incluindo o método de designação do seu presidente;
f) Concluirá, em nome da Autoridade e no âmbito da sua competência, com as Nações Unidas ou com outras organizações internacionais, acordos sujeitos à aprovação da Assembleia;
g) Examinará os relatórios da Empresa e transmiti-los-á à Assembleia com as suas recomendações;
h) Apresentará à Assembleia relatórios anuais e os relatórios especiais que esta lhe solicite;
i) Dará directrizes à Empresa de conformidade com o artigo 170.º;
j) Aprovará os planos de trabalho de conformidade com o artigo 6.º do Anexo III. O Conselho tomará uma decisão sobre cada plano de trabalho nos sessenta dias seguintes à sua apresentação pela Comissão Jurídica e Técnica a uma sessão do Conselho, de conformidade com os seguintes procedimentos:
  i) Quando a Comissão recomendar a aprovação de um plano de trabalho, este será considerado aprovado pelo Conselho, a menos que um membro do Conselho apresente ao Presidente uma objecção específica por escrito no prazo de 14 dias, na qual se alegue que não foram cumpridos os requisitos do artigo 6.º do Anexo III. Se houver uma objecção aplicar-se-á o procedimento de conciliação da alínea e) do parágrafo 8 do artigo 161.º. Se, uma vez concluído o procedimento de conciliação, a objecção ainda se mantiver, o plano de trabalho será considerado como aprovado pelo Conselho, a menos que este o não aprove por consenso dos seus membros, excluindo qualquer Estado ou Estados que tenham apresentado o pedido ou patrocinado o peticionário;
  ii) Quando a Comissão recomendar a não aprovação de um plano de trabalho ou não fizer uma recomendação, o Conselho pode aprová-lo por maioria de três quartos dos membros presentes e votantes, desde que tal maioria inclua a maioria dos membros participantes na sessão;
k) Aprovará os planos de trabalho apresentados pela Empresa de conformidade com o artigo 12.º do Anexo IV, aplicando, *mutatis mutandis*, os procedimentos previstos na alínea j);
l) Exercerá controlo sobre as actividades na Área, de conformidade com o parágrafo 4 do artigo 153.º e com as normas, regulamentos e procedimentos da Autoridade;
m) Tomará, por recomendação da Comissão de Planeamento Económico e de conformidade com a alínea h) do artigo 150.º, as medidas necessárias e apropriadas para proteger os Estados em desenvolvimento dos efeitos económicos adversos especificados nessa alínea;
n) Fará recomendações à Assembleia, com base no parecer da Comissão de Planeamento Económico, sobre o sistema de compensação ou outras

medidas de assistência para o reajuste económico como previsto no parágrafo 10 do artigo 151.º;

- o) i) Recomendará à Assembleia normas, regulamentos e procedimentos sobre a distribuição equitativa dos benefícios financeiros e outros benefícios económicos derivados das actividades na Área e sobre os pagamentos e contribuições feitos nos termos do artigo 82.º, tendo particularmente em conta os interesses e necessidades dos Estados em desenvolvimento e dos povos que não tenham alcançado a plena independência ou outro estatuto de autonomia;
  - ii) Adoptará e aplicará provisoriamente, até à sua aprovação pela Assembleia, as normas, os regulamentos e os procedimentos da Autoridade, e quaisquer emendas aos mesmos, tendo em conta as recomendações da Comissão Jurídica e Técnica ou de outro órgão subordinado pertinente. Estas normas, regulamentos e procedimentos referir-se-ão à prospecção, exploração e aproveitamento na Área e à gestão financeira e administração interna da Autoridade. Será dada prioridade à adopção de normas, regulamentos e procedimentos para a exploração e aproveitamento de nódulos polimetálicos. As normas, regulamentos e procedimentos para a exploração e aproveitamento de qualquer recurso que não nódulos polimetálicos serão adoptados dentro dos três anos a contar da data de um pedido feito à Autoridade por qualquer dos seus membros para que os adopte. Tais normas, regulamentos e procedimentos permanecerão em vigor, a título provisório, até serem aprovados pela Assembleia ou emendados pelo Conselho à luz das opiniões expressas pela Assembleia;
- p) Fiscalizará a cobrança de todos os pagamentos feitos à Autoridade e devidos a esta e relativos às actividades realizadas nos termos da presente Parte.
- q) Fará a selecção entre os peticionários de autorizações de produção de conformidade com o artigo 7.º do Anexo III, quando tal selecção for exigida por essa disposição;
- r) Apresentará à Assembleia, para aprovação, o projecto de orçamento anual da Autoridade;
- s) Fará à Assembleia recomendações sobre políticas relativas a quaisquer questões ou assuntos da competência da Autoridade;
- t) Fará à Assembleia, de conformidade com o artigo 185.º, recomendações sobre a suspensão do exercício dos direitos e privilégios inerentes à qualidade de membro;
- u) Iniciará, em nome da Autoridade, procedimentos perante a Câmara de Controvérsias dos Fundos Marinhos nos casos de não-cumprimento;
- v) Notificará a Assembleia da decisão da Câmara de Controvérsias dos Fundos Marinhos relativa aos processos instituídos nos termos da alínea u) e fará as recomendações que julgue apropriadas acerca das medidas a serem tomadas;

w) Emitirá ordens de emergência, inclusive ordens de suspensão ou de reajustamento das operações, a fim de prevenir qualquer dano grave ao meio marinho como consequência das actividades na Área;

x) Excluirá certas áreas do aproveitamento por contratantes ou pela Empresa, quando provas concludentes indiquem o risco de danos graves ao meio marinho;

y) Criará um órgão subsidiário para a elaboração de projectos de normas, regulamentos e procedimentos financeiros relativos:

  i) À gestão financeira de conformidade com os artigos 171.º a 175.º; e

  ii) A questões financeiras de conformidade com o artigo 13.º e a alínea *c*) do parágrafo 1 do artigo 17.º do Anexo III;

z) Estabelecerá mecanismos apropriados para dirigir e supervisionar um corpo de inspectores que devem fiscalizar as actividades na Área para determinar se na presente Parte, as normas, regulamentos e procedimentos da Autoridade bem como as cláusulas e condições de qualquer contrato celebrado com a mesma estão sendo cumpridos.

Art. 163.º (Órgãos do Conselho)

1. São criados, como órgãos do Conselho:

   a) Uma Comissão de Planeamento Económico
   b) Uma Comissão Jurídica e Técnica.

2. Cada Comissão é composta de 15 membros eleitos pelo Conselho entre os candidatos apresentados pelos Estados Partes. Contudo, o Conselho pode, se necessário, decidir aumentar o número de membros de qualquer das Comissões, tendo em devida conta as exigências de economia e eficiência.

3. Os membros de uma Comissão devem ter qualificações adequadas no âmbito de competência dessa Comissão. Os Estados Partes devem propor candidatos da mais alta competência e integridade que possuam qualificações nas matérias pertinentes, de modo a assegurar o funcionamento eficaz das Comissões.

4. Na eleição dos membros das Comissões deve ser tomada em devida conta a necessidade de uma distribuição geográfica equitativa e de uma representação de interesse especiais.

5. Nenhum Estado Parte pode propôr mais de um candidato para a mesma Comissão. Nenhuma pessoa pode ser eleita para mais de uma Comissão.

6. Os membros das Comissões são eleitos por cinco anos. Podem ser reeleitos para um novo mandato.

7. Em caso de falecimento, incapacidade ou renúncia de um membro de uma Comissão antes de ter expirado o seu mandato, o Conselho elegerá um membro da mesma região geográfica ou categoria de interesses, que exercerá o cargo até ao termo desse mandato.

8. Os membros das Comissões não devem ter interesses financeiros em qualquer actividade relacionada com a exploração e aproveitamento na Área. Sob reserva das suas responsabilidades perante as Comissões a que pertencerem, não

revelarão, nem mesmo após o termo das suas funções, qualquer segredo industrial, qualquer dado que seja propriedade industrial e que seja transferido para a Autoridade de conformidade com o artigo 14.º do Anexo III, bem como qualquer outra informação confidencial que chegue ao seu conhecimento em virtude do desempenho das suas funções.

9. Cada Comissão exercerá as suas funções de conformidade com as orientações e directrizes adoptadas pelo Conselho.

10. Cada Comissão deve elaborar e submeter à aprovação do Conselho as normas e os regulamentos necessários ao desempenho eficaz das suas funções.

11. Os procedimentos para a tomada de decisões nas Comissões devem ser estabelecidos pelas normas, regulamentos e procedimentos da Autoridade. As recomendações ao Conselho devem ser acompanhadas, quando necessário, de um resumo das divergências de opinião nas Comissões.

12. Cada Comissão deve exercer normalmente as suas funções na sede da Autoridade e reunir-se com a frequência requerida pelo desempenho eficaz das suas funções.

13. No exercício das suas funções, cada Comissão pode consultar, quando apropriado, uma outra Comissão, qualquer órgão competente das Nações Unidas ou das suas agências especializadas ou qualquer organização internacional com competência sobre o assunto objecto de consulta.

Art. 164.º (Comissão de Planeamento Económico)

1. Os membros da Comissão de Planeamento Económico devem possuir as qualificações adequadas, designadamente em matéria de actividades minerais, de gestão de actividades relacionadas com os recursos mineiros, de comércio internacional ou de economia internacional. O Conselho deve procurar que a composição da Comissão reflicta todas as qualificações pertinentes. A Comissão deve incluir pelo menos dois membros dos Estados em desenvolvimento cujas exportações das categorias de minerais a serem extraídas da Área tenham consequências importantes nas suas economias.

2. A Comissão deve:
   a) Propôr, a pedido do Conselho, medidas para aplicar as decisões relativas às actividades na Área, tomadas de conformidade com a presente Convenção;
   b) Examinar as tendências da oferta, da procura e dos preços dos minerais que possam ser extraídos da Área, bem como os factores que os influenciem, tendo em conta os interesses dos países importadores e dos países exportadores e, em particular, dos que entre eles forem Estados em desenvolvimento;
   c) Examinar qualquer situação susceptível de provocar os efeitos adversos referidos na alínea h) do artigo 150.º e para a qual a sua atenção tenha sido chamada pelo Estado Parte ou pelos Estados Partes interessados e fazer as recomendações apropriadas ao Conselho;

d) Propôr ao Conselho, para apresentação à Assembleia, nos termos do parágrafo 10 do artigo 151.º, um sistema de compensação ou outras medidas de assistência para o reajuste económico em favor dos Estados em desenvolvimento que sofram efeitos adversos como consequência das actividades na Área. A Comissão deve fazer ao Conselho as recomendações necessárias para a aplicação do sistema ou das medidas tomadas pela Assembleia, em casos concretos.

Art. 165.º (Comissão Jurídica e Técnica)

1. Os membros da Comissão Jurídica e Técnica devem possuir as qualificações adequadas designadamente em matéria de exploração, aproveitamento e tratamento de minerais, oceanologia, protecção do meio marinho ou assuntos económicos ou jurídicos relativos à mineração oceânica e outros domínios conexos. O Conselho deve procurar que a composição da Comissão reflicta todas as qualificações pertinentes.

2. A Comissão deve:
   a) Fazer, a pedido do Conselho, recomendações relativas ao exercício das funções da Autoridade;
   b) Examinar os planos de trabalho formais escritos relativos às actividades na Área, de conformidade com o parágrafo 3 do artigo 153.º bem como fazer recomendações apropriadas ao Conselho. A Comissão deve fundamentar as suas recomendações unicamente nas disposições do Anexo III e apresentar relatório completo ao Conselho sobre o assunto;
   c) Supervisionar, a pedido do Conselho, as actividades na Área, em consulta e colaboração, quando necessário, com qualquer entidade ou pessoa que realize tais actividades, ou com o Estado ou Estados interessados, e relatar ao Conselho;
   d) Preparar avaliações das consequências ecológicas das actividades na Área;
   e) Fazer recomendações ao Conselho sobre a protecção do meio marinho, tendo em conta a opinião de peritos reconhecidos na matéria;
   f) Elaborar e submeter ao Conselho as normas, regulamentos e procedimentos referidos na alínea *o)* do parágrafo 2 do artigo 162.º, tendo em conta todos os factores pertinentes, incluindo a avaliação das consequências ecológicas das actividades na Área;
   g) Examinar continuamente tais normas, regulamentos e procedimentos e, periodicamente, recomendar ao Conselho as emendas que julgue necessárias ou desejáveis;
   h) Fazer recomendações ao Conselho relativas ao estabelecimento de um programa de controlo sistemático para, regularmente, observar, medir, avaliar e analisar, mediante métodos científicos reconhecidos, os riscos ou as consequências da poluição do meio marinho, proveniente de actividades na Área, assegurar-se de que a regulamentação vigente seja ade-

quada e cumprida bem como coordenar a execução do programa de controlo sistemático aprovado pelo Conselho;

i) Recomendar ao Conselho, de conformidade com a presente Parte e com os anexos pertinentes o início, em nome da Autoridade, de procedimentos perante a Câmara de Controvérsias dos Fundos Marinhos tendo particularmente em conta o artigo 187.º;

j) Fazer recomendações ao Conselho relativas às medidas a tomar sobre uma decisão da Câmara de Controvérsias dos Fundos Marinhos nos procedimentos iniciados em virtude da alínea *i)*;

k) Recomendar ao Conselho que emita ordens de emergência, inclusive ordens de suspensão ou de reajuste de operações, a fim de prevenir qualquer dano grave ao meio marinho decorrente das actividades na Área. O Conselho deve examinar tais recomendações com carácter prioritário;

l) Recomendar ao Conselho que exclua certas áreas do aproveitamento por contratantes ou pela Empresa, quando provas concludentes indiquem o risco de danos graves ao meio marinho;

m) Fazer recomendações ao Conselho sobre a direcção e supervisão de um corpo de inspectores que devem fiscalizar as actividades na Área, para determinar se as disposições da presente Parte, as normas, regulamentos e procedimentos da Autoridade bem como as cláusulas e condições de qualquer contrato celebrado com a mesma estão sendo cumpridos;

n) Calcular o tecto de produção e, em nome da Autoridade, emitir autorizações de produção nos termos dos parágrafos 2 a 7 do artigo 151.º, depois do Conselho ter feito a necessária selecção entre os peticionários de conformidade com o artigo 7.º do Anexo III.

3. No desempenho das suas funções de supervisão e inspecção, os membros da Comissão serão acompanhados por um representante desse Estado ou parte interessada, a pedido de qualquer Estado Parte ou de outra parte interessada.

SUBSECÇÃO D.   O Secretariado

Art. 166.º   (O Secretariado)

1. O Secretariado da Autoridade compreende um Secretário-Geral e o pessoal de que a Autoridade possa necessitar.

2. O Secretário-Geral será eleito pela Assembleia para um mandato de quatro anos, dentre os candidatos propostos pelo Conselho e podendo ser reeleito.

3. O Secretário-Geral será o mais alto funcionário administrativo da Autoridade e, nessa qualidade, participará em todas as reuniões da Assembleia, do Conselho e de qualquer órgão subsidiário, e desempenhará as demais funções administrativas de que for incumbido por esses órgãos.

4. O Secretário-Geral apresentará à Assembleia um relatório anual sobre as actividades da Autoridade.

Art. 167.º (O pessoal da Autoridade)

1. O pessoal da Autoridade é composto de funcionários qualificados nos domínios científico e técnico, e demais pessoal necessário ao desempenho das funções administrativas da Autoridade.

2. A consideração dominante ao recrutar e contratar o pessoal e ao determinar as suas condições de emprego será a necessidade de assegurar o mais alto grau de eficiência, competência e integridade. Ressalvada esta consideração ter-se-á em devida conta a importância de recrutar o pessoal numa base geográfica tão ampla quanto possível.

3. O pessoal é nomeado pelo Secretário-Geral. As modalidades e condições de nomeação, remuneração e demissão do pessoal devem ser conforme com as normas, regulamentos e procedimentos da Autoridade.

Art. 168.º (Carácter internacional do Secretariado)

1. No cumprimento dos seus deveres, o Secretário-Geral e o pessoal da Autoridade não solicitarão nem receberão instruções de qualquer governo nem de nenhuma outra fonte estranha à Autoridade. Abster-se-ão de qualquer acto que possa afectar a sua condição de funcionários internacionais, responsáveis unicamente perante a Autoridade. Todo o Estado Parte compromete-se a respeitar o carácter exclusivamente internacional das funções do Secretário-Geral e do pessoal e a não procurar influenciá-los no desempenho das suas funções. Qualquer não cumprimento, por parte de um funcionário, das suas responsabilidades será submetido a um tribunal administrativo apropriado, como previsto nas normas regulamentos e procedimentos da Autoridade.

2. O Secretário-Geral e o pessoal não devem ter interesses financeiros em quaisquer actividades relacionadas com a exploração e aproveitamento na Área. Sob reserva das suas responsabilidades perante a Autoridade, não revelarão, mesmo após o termo das suas funções, qualquer segredo industrial, qualquer dado que seja propriedade industrial e que seja transferido para a Autoridade de conformidade com o artigo 14.º do Anexo III, bem como qualquer outra informação confidencial que chegue ao seu conhecimento em virtude do desempenho das suas funções.

3. O não-cumprimento, por parte de um funcionário da Autoridade, das demais obrigações enunciadas no parágrafo 2 deve ser, a pedido de um Estado Parte, ou de uma pessoa jurídica, singular ou colectiva, patrocinada por um Estado Parte nos termos da alínea *b*) do parágrafo 2 do artigo 153.º e lesados por tal não--cumprimento, submetido pela Autoridade contra o funcionário em causa perante um tribunal designado pelas normas, regulamentos e procedimentos da Autoridade. A Parte lesada terá o direito de participar no processo. Se o tribunal o recomendar, o Secretário-Geral demitirá o funcionário em causa.

4. As normas, regulamentos e procedimentos da Autoridade incluirão as disposições necessárias para a aplicação do presente artigo.

Art. 169.º (Consulta e cooperação com as organizações internacionais e não-governamentais)

1. O Secretário-Geral concluirá, nos assuntos da competência da Autoridade e com a aprovação do Conselho, ajustes apropriados para consulta e Cooperação com as organizações internacionais e não-governamentais reconhecidas pelo Conselho Económico e Social das Nações Unidas.

2. Qualquer organização com a qual o Secretário-Geral tiver concluído um ajuste, nos termos do parágrafo 1 pode dignar representantes para assistirem como observadores às reuniões dos órgãos da Autoridade, de conformidade com o regulamento interno destes órgãos. Serão estabelecidos procedimentos para que essas organizações dêem a conhecer a sua opinião nos casos apropriados.

3. O Secretário-Geral pode distribuir aos Estados Partes relatórios escritos, apresentados pelas organizações não governamentais referidas no parágrafo 1, sobre os assuntos que sejam da sua competência especial ou se relacionem com o trabalho da Autoridade.

SUBSECÇÃO E. A Empresa

Art. 170.º (A Empresa)

1. A Empresa é o órgão da Autoridade que realizará directamente as actividades na Área, em aplicação da alínea *a*) do parágrafo 2 do artigo 153.º bem como o transporte, o processamento e a comercialização dos minerais extraídos da Área.

2. No quadro da personalidade jurídica internacional da Autoridade, a Empresa terá a capacidade jurídica prevista no Estatuto que figura no Anexo IV. A Empresa agirá de conformidade com a presente Convenção e com as normas, regulamentos e procedimentos da Autoridade bem como com as políticas gerais estabelecidas pela Assembleia e estará sujeita às directrizes e ao controlo do Conselho.

3. A Empresa terá a sua instalação principal na sede da Autoridade.

4. A Empresa será dotada, de conformidade com o parágrafo 2.º do artigo 173.º e o artigo 11 do Anexo IV, dos fundos necessários ao desempenho das suas funções e receberá a tecnologia prevista no artigo 144.º e nas demais disposições pertinentes da presente Convenção.

SUBSECÇÃO F. Recursos financeiros da Autoridade

Art. 171.º (Recursos financeiros da Autoridade)

Os recursos financeiros da Autoridade incluirão:

a) As contribuições dos membros da Autoridade, fixadas de conformidade com a alínea *e*) do parágrafo 2 do artigo 160.º;

b) As receitas da Autoridade provenientes das actividades na Área, de conformidade com o artigo 13.º do Anexo III;

c) Os fundos transferidos da Empresa, de conformidade com o artigo 10.º do Anexo IV;
d) Os empréstimos contraídos nos termos do artigo 174.º;
e) As contribuições voluntárias dos membros ou de outras entidades; e
f) Os pagamentos efectuados, de conformidade com o parágrafo 10 do artigo 151.º, a um fundo de compensação cujas fontes devem ser recomendadas pela Comissão de Planeamento Económico.

Art. 172.º (Orçamento anual da Autoridade)

O Secretário-Geral preparará o projecto de orçamento anual da Autoridade e submetê-lo-á ao Conselho. Este examinará o projecto de orçamento anual e submetê-lo-á à Assembleia com as respectivas recomendações. A Assembleia examinará e aprovará o projecto de orçamento de conformidade com a alínea h) do parágrafo 2 do artigo 160.º.

Art. 173.º (Despesas da Autoridade)

1. As contribuições referidas na alínea a) do artigo 171.º serão depositadas numa conta especial para satisfazer as despesas administrativas da Autoridade, até que ela disponha de fundos suficientes provenientes de outras fontes para cobrir essas despesas.

2. Os fundos da Autoridade destinar-se-ão, em primeiro lugar, a cobrir as despesas administrativas. À excepção das contribuições referidas na alínea a) do artigo 171.º, os fundos restantes depois de cobertas as despesas administrativas poderão, *inter alia*:
   a) Ser distribuídos de conformidade com o artigo 140.º e com a alínea g) do parágrafo 2 do artigo 160.º;
   b) Ser utilizados para proporcionar fundos à Empresa, de conformidade com o parágrafo 4 do artigo 170.º;
   c) Ser utilizados para compensar os Estados em desenvolvimento de conformidade com o parágrafo 4 do artigo 151.º e com a alínea l) do parágrafo 2 do artigo 160.º.

Art. 174.º (Capacidade da Autoridade para contrair empréstimos)

1. A Autoridade tem capacidade para contrair empréstimos.

2. A Assembleia fixará os limites da capacidade da Autoridade para contrair empréstimos, no regulamento financeiro que adoptará de conformidade com a alínea f) do parágrafo 2 do artigo 160.º.

3. O Conselho exercerá o poder de contrair os empréstimos da Autoridade.

4. Os Estados Partes não serão responsáveis pelas dívidas da Autoridade.

Art. 175.º (Verificação anual das contas)

Os registos, livros e contas da Autoridade, inclusive os relatórios financeiros anuais, serão verificados todos os anos por um auditor independente designado pela Assembleia.

SUBSECÇÃO G.   Estatuto jurídico, privilégios e imunidades

Art. 176.º   (Estatuto jurídico)
A Autoridade tem personalidade jurídica internacional e a capacidade jurídica necessária ao exercício das suas funções e à consecução dos seus objectivos.

Art. 177.º   (Privilégios e imunidades)
A Autoridade, a fim de poder exercer as suas funções, goza, no território de cada Estado Parte, dos privilégios e imunidades estabelecidos na presente subsecção. Os privilégios e imunidades relativos à Empresa são os estabelecidos no artigo 13.º do Anexo IV.

Art. 178.º   (Imunidade de jurisdição e de execução)
A Autoridade, os seus bens e haveres gozam de imunidade de jurisdição e de execução, salvo na medida em que a Autoridade renuncie expressamente a esta imunidade num caso particular.

Art. 179.º   (Imunidade de busca ou de qualquer forma de detenção)
Os bens e haveres da Autoridade, onde quer que se encontrem e independentemente de quem os tiver em seu poder, gozam de imunidade de busca, requisição, confiscação, expropriação ou de qualquer outra forma de detenção por acção executiva ou legislativa.

Art. 180.º   (Isenção de restrições, regulamentação, controlo e moratórias)
Os bens e haveres da Autoridade estão isentos de qualquer tipo de restrições, regulamentação, controlo e moratórias.

Art. 181.º   (Arquivos e comunicações oficiais da Autoridade)
1. Os arquivos da Autoridade são invioláveis, onde quer que se encontrem.
2. Os dados que sejam propriedade industrial, os dados que constituam segredo industrial e as informações análogas, bem como os processos do pessoal, não são colocados em arquivos acessíveis ao público.
3. No que se refere às comunicações oficiais, cada Estado Parte concederá à Autoridade um tratamento não menos favorável do que o concedido por esse Estado a outras organizações internacionais.

Art. 182.º   (Privilégios e imunidades de pessoas ligadas à Autoridade)
Os representantes dos Estados Partes que assistam a reuniões da Assembleia, do Conselho ou dos órgãos da Assembleia ou do Conselho, bem como o Secretário-Geral e o pessoal da Autoridade, gozam no território de cada Estado Parte:
   a) De imunidade de jurisdição e de execução no que respeita a actos praticados no exercício das suas funções, salvo na medida em que o Estado que representam ou a Autoridade, conforme o caso, renuncie expressamente a esta imunidade num caso particular;

b) Não sendo nacionais desse Estado Parte, das mesmas isenções relativas a restrições de imigração, a formalidades de inscrição de estrangeiros e a obrigações do serviço nacional, das mesmas facilidades em matéria de restrições cambiais e de mesmo tratamento no que respeita a facilidades de viagem que esse Estado conceder aos representantes, funcionários e empregados de categoria equivalente de outros Estados Partes.

Art. 183.º (Isenção de impostos e de direitos alfandegários)

1. No âmbito das suas actividades oficiais, a Autoridade, seus haveres, bens e rendimentos, bem como as suas operações e transacções autorizadas pela presente Convenção ficarão isentos de qualquer imposto directo e os bens importados ou exportados pela Autoridade para seu uso oficial ficarão isentos de qualquer direito aduaneiro. A Autoridade não reivindicará isenção de taxas correspondentes a encargos por serviços prestados.

2. Quando a compra de bens ou serviços de um valor considerável, necessários às actividades oficiais da Autoridade, for efectuada por esta, ou em seu nome, e quando o preço de tais bens ou serviços incluir impostos ou direitos, os Estados Partes tomarão, na medida do possível, as medidas apropriadas para conceder a isenção de tais impostos ou direitos ou para assegurar o seu reembolso. As mercadorias importadas ou adquiridas sob o regime de isenção previsto no presente artigo não devem ser vendidas nem de outro modo alienadas no território do Estado Parte que tiver concedido a isenção, excepto em condições acordadas com esse Estado Parte.

3. Os Estados Partes não cobrarão directa ou indirectamente nenhum imposto sobre os vencimentos, emolumentos ou outros pagamentos feitos pela Autoridade ao Secretário-Geral e aos funcionários da Autoridade, bem como aos peritos que realizem missões para a Autoridade, que não sejam nacionais desses Estados.

SUBSECÇÃO H. **Suspensão do exercício de direitos e de privilégios dos membros**

Art. 184.º (Suspensão do exercício do direito de voto)

Qualquer Estado Parte, que esteja em atraso no pagamento das suas contribuições financeiras à Autoridade, não poderá votar quando o montante das suas dívidas for igual ou superior ao total das contribuições devidas para os dois anos anteriores completos. Contudo, a Assembleia, poderá autorizar esse membro a votar, caso verifique que a mora é devida a circunstâncias alheias à sua vontade.

Art. 185.º (Suspensão do exercício de direitos e privilégios inerentes à qualidade de membro)

1. Qualquer Estado Parte que tenha violado grave e persistentemente as disposições da presente Parte poderá, por recomendação do Conselho, ser suspenso pela Assembleia do exercício de direitos e privilégios inerentes à qualidade de membro.

2. Nenhuma decisão pode ser tomada nos termos do parágrafo 1, até que a Câmara de Controvérsias dos Fundos Marinhos tenha determinado que um Estado Parte violou grave e persistentemente as disposições da presente Parte.

SECÇÃO V. **Solução de controvérsias e pareceres consultivos**

Art. 186.º (**Câmara de Controvérsias dos Fundos Marinhos do Tribunal Internacional do Direito do Mar**)

O estabelecimento da Câmara de Controvérsias dos Fundos Marinhos e o modo como exercerá a sua competência serão regidos pelas disposições da presente secção, da Parte XV e do Anexo VI.

Art. 187.º (**Competência da Câmara de Controvérsias dos Fundos Marinhos**)

A Câmara de Controvérsias dos Fundos Marinhos terá competência, nos termos da presente Parte e dos Anexos com ela relacionados, para solucionar as seguintes categorias de controvérsias referentes a actividades na Área:

a) Controvérsias entre Estados Partes relativas à interpretação ou aplicação da presente Parte e dos Anexos com ela relacionadas;

b) Controvérsias entre um Estado Parte e a Autoridade relativas a:
   i) Actos ou omissões da Autoridade ou de um Estado Parte que se alegue constituírem violação das disposições da presente parte ou dos Anexos com ela relacionados, ou das normas, regulamentos e procedimentos da Autoridade adoptados de conformidade com as mesmas disposições; ou
   ii) Actos da Autoridade que se alegue constituírem abuso ou desvio de poder;

c) Controvérsias entre partes num contrato, quer se trate de Estados Partes, da Autoridade ou da Empresa, de empresas estatais e de pessoas jurídicas, singulares ou colectivas, referidas, na alínea *b*) do parágrafo 2 do artigo 153.º, relativas a:
   i) Interpretação ou execução de um contrato ou de um plano de trabalho, ou
   ii) Actos ou omissões de uma parte no contrato relacionados com actividades na Área que afectem a outra parte ou prejudiquem directamente os seus legítimos interesses;

d) Controvérsias, entre a Autoridade e um candidato a contratante que tenha sido patrocinado, por um Estado, nos termos da alínea *b*) do parágrafo 2 do artigo 153.º, e preenchido devidamente as condições estipuladas no parágrafo 6 do artigo 4.º e no parágrafo 2 do artigo 13.º do Anexo III, relativas a uma denegação de um contrato ou a uma questão jurídica suscitada na negociação do contrato;

e) Controvérsias entre a Autoridade e um Estado Parte, uma empresa estatal ou uma pessoa jurídica, singular ou colectiva, patrocinada por um Estado

Parte nos termos da alínea *b*) do parágrafo 2 do artigo 153.º, quando se alegue que a Autoridade incorreu em responsabilidade nos termos do artigo 22.º do Anexo III;

f) Quaisquer outras controvérsias relativamente às quais a jurisdição da Câmara esteja expressamente prevista na presente Convenção.

Art. 188.º (Submissão de controvérsias a uma Câmara Especial do Tribunal Internacional do Direito do Mar ou a uma Câmara *ad hoc* da Câmara de Controvérsias dos Fundos Marinhos ou a uma Arbitragem Comercial Obrigatória)

1. As controvérsias entre Estados Partes referidas na alínea *a*) do artigo 187.º podem ser submetidas:

a) A pedido das partes na controvérsia, a uma câmara especial do Tribunal Internacional do Direito do Mar constituída de conformidade com os artigos 15.º e 17.º do Anexo VI; ou

b) A pedido de qualquer das partes na controvérsia, a uma câmara *ad hoc* da Câmara de Controvérsias dos Fundos Marinhos constituída de conformidade com o artigo 36.º do Anexo VI.

2. *a*) As controvérsias relativas à interpretação ou execução de um contrato referidas na subalínea *i*) da alínea *c*) do artigo 187.º serão submetidas, a pedido de qualquer das partes na controvérsia, a uma arbitragem comercial obrigatória, salvo acordo em contrário das partes. O tribunal arbitral comercial, a que a controvérsia seja submetida, não terá jurisdição para decidir sobre qualquer questão de interpretação da presente Convenção. Quando a controvérsia suscitar também uma questão de interpretação da Parte XI e dos Anexos com ela relacionados relativamente às actividades na Área, essa questão será remetida à Câmara de Controvérsias dos Fundos Marinhos para decisão.

b) Se, no início ou no decurso de tal arbitragem, o tribunal arbitral comercial determinar, a pedido de uma das Partes na controvérsia ou por iniciativa própria, que a sua decisão depende de uma decisão da Câmara de Controvérsias dos Fundos Marinhos, o tribunal arbitral remeterá tal questão à Câmara para esta se pronunciar. O tribunal arbitral proferirá em seguida sentença de conformidade com a decisão da Câmara de Controvérsias dos Fundos Marinhos.

c) Na ausência de disposição no contrato sobre o procedimento arbitral a aplicar a uma controvérsia, a arbitragem processar-se-á de conformidade com as Regras de Arbitragem da Comissão das Nações Unidas sobre o Direito Comercial Internacional (UNCITRAL) ou com quaisquer outras regras de arbitragem sobre a matéria estabelecida nas normas, regulamentos e procedimentos da Autoridade, salvo acordo em contrário das partes na controvérsia.

Art. 189.º (Limitação da competência relativa a decisões da Autoridade)

A Câmara de Controvérsias dos Fundos Marinhos não terá competência para se pronunciar sobre o exercício pela Autoridade dos poderes discricionários que lhe são conferidos pela presente Parte; em nenhum caso a Câmara se substituirá à Autoridade no exercício dos poderes discricionários desta. Sem prejuízo do disposto no artigo 191.º, a Câmara de Controvérsias dos Fundos Marinhos, ao exercer a sua competência nos termos do artigo 187.º, não se pronunciará sobre a questão da conformidade com a presente Convenção das normas, regulamentos e procedimentos da Autoridade, nem declarará a invalidade de tais normas, regulamentos e procedimentos. A competência da Câmara limitar-se-á a decidir se a aplicação de quaisquer normas, regulamentos, e procedimentos da Autoridade em casos particulares estaria em conflito com as obrigações contratuais das partes na controvérsia ou com as obrigações emergentes da presente Convenção, bem como decidir os pedidos relativos a abuso ou desvio de poder e pedidos por perdas e danos ou outras indemnizações a serem devidas à parte interessada por não-cumprimento pela outra parte das suas obrigações contratuais, ou emergentes da presente Convenção.

Art. 190.º (Participação e intervenção nos procedimentos pelos Estados Partes patrocinadores)

1. Se uma pessoa jurídica, singular ou colectiva, for parte em qualquer das controvérsias referidas no artigo 187.º, o Estado patrocinador será disso notificado e terá o direito de participar nos procedimentos por meio de declarações escritas ou orais.

2. Se numa controvérsia mencionada na alínea c) do artigo 187.º, for intentada uma acção contra um Estado Parte por pessoa jurídica, singular ou colectiva, patrocinada por outro Estado Parte, o Estado contra o qual acção for intentada poderá requerer que o Estado que patrocina essa pessoa intervenha no procedimento em nome da mesma. Não ocorrendo tal intervenção, o Estado contra o qual a acção é intentada poderá fazer-se representar por pessoa colectiva da sua nacionalidade.

Art. 191.º (Pareceres consultivos)

A Câmara de Controvérsias dos Fundos Marinhos emitirá, a pedido da Assembleia ou do Conselho, pareceres consultivos sobre questões jurídicas que se suscitem no âmbito das suas actividades. Tais pareceres serão emitidos com carácter de urgência.

PARTE XII. PROTECÇÃO E PRESERVAÇÃO DO MEIO MARINHO

SECÇÃO I. Disposições Gerais

Art. 192.º (Obrigação geral)
Os Estados têm a obrigação de proteger e preservar o meio marinho.

Art. 193.º (Direito de soberania dos Estados para aproveitar os seus recursos naturais)
Os Estados têm o direito de soberania para aproveitar os seus recursos naturais de acordo com a sua política em matéria de meio ambiente e de conformidade com o seu dever de ,proteger e preservar o meio marinho.

Art. 194.º (Medidas para prevenir, reduzir e controlar a poluição do meio marinho)
1. Os Estados devem tomar, individual ou conjuntamente, como apropriado, todas as medidas compatíveis com a presente Convenção que sejam necessárias para prevenir, reduzir e controlar a poluição do meio marinho, qualquer que seja a sua fonte, utilizando para este fim os meios mais viáveis de que disponham e de conformidade com as suas possibilidades, e devem esforçar-se por harmonizar as suas políticas a esse respeito.

2. Os Estados devem tomar todas as medidas necessárias para garantir que as actividades sob sua jurisdição ou controlo se efectuem de modo a não causar prejuízos por poluição a outros Estados e ao seu meio ambiente, e que a poluição causada por incidentes ou actividades sob sua jurisdição ou controlo não se estenda além das áreas onde exerçam direitos de soberania, de conformidade com a presente Convenção.

3. As medidas tomadas, de acordo com a presente Parte, devem referir-se a todas as fontes de poluição do meio marinho. Estas medidas devem incluir, *inter alia*, as destinadas a reduzir tanto quanto possível:
   a) A emissão de substâncias tóxicas, prejudiciais ou nocivas, especialmente as não degradáveis, provenientes de fontes terrestres, provenientes da atmosfera ou através dela, ou por alijamento;
   b) A poluição proveniente de embarcações, em particular medidas para prevenir acidentes e enfrentar situações de emergência, garantir a segurança das operações no mar, prevenir descargas intencionais ou não e regulamentar o projecto, construção, equipamento, funcionamento e tripulação das embarcações;
   c) A poluição proveniente de instalações e dispositivos utilizados na exploração ou aproveitamento dos recursos naturais do leito do mar e do seu subsolo, em particular medidas para prevenir acidentes e enfrentar situações de emergência, garantir a segurança das operações no mar e regula-

mentar o projecto, construção, equipamento, funcionamento e tripulação de tais instalações ou dispositivos;
d) A poluição proveniente de outras instalações e dispositivos que funcionem no meio marinho, em particular medidas para prevenir acidentes e enfrentar situações de emergência, garantir a segurança das operações no mar e regulamentar o projecto, construção, equipamento, funcionamento e tripulação de tais instalações ou dispositivos.

4. Ao tomar medidas para prevenir, reduzir ou controlar a poluição do meio marinho, os Estados devem abster-se de qualquer ingerência injustificável nas, actividades realizadas por outros Estados no exercício de direitos e no cumprimento de deveres de conformidade com a presente Convenção.

5. As medidas tomadas de conformidade com a presente Parte devem incluir as necessárias para proteger e preservar os ecossistemas raros ou frágeis, bem como o habitat de espécies e outras formas de vida marinha em vias de extinção, ameaçadas ou em perigo.

Art. 195.º (Dever de não transferir danos ou riscos ou de não transformar um tipo de poluição em outro)

Ao tomar medidas para prevenir, reduzir e controlar a poluição do meio marinho, os Estados devem agir de modo a não transferir directa ou indirectamente os danos ou riscos de uma zona para outra ou a não transformar um tipo de poluição em outro.

Art. 196.º (Utilização de tecnologias ou introdução de espécies estranhas ou novas)

1. Os Estados devem tomar todas as medidas necessárias para prevenir, reduzir e controlar a poluição do meio marinho resultante da utilização de tecnologias sob sua jurisdição ou controlo, ou a introdução intencional ou acidental num sector determinado do meio marinho de espécies estranhas ou novas que nele possam provocar mudanças importantes e prejudiciais.

2. O disposto no presente artigo não afecta a aplicação da presente Convenção no que se refere à prevenção, redução e controlo da poluição do meio marinho.

SECÇÃO II. **Cooperação Mundial e Regional**

Art. 197.º (Cooperação no plano mundial ou regional)

Os Estados devem cooperar no plano mundial e, quando apropriado, no plano regional, directamente ou por intermédio de organizações internacionais competentes, na formulação e elaboração de regras e normas, bem como práticas e procedimentos recomendados de carácter internacional que sejam compatíveis com a presente Convenção, para a protecção e preservação do meio marinho, tendo em conta as características próprias de cada região.

Art. 198.º (Notificação de danos iminentes ou reais)
Quando um Estado tiver conhecimento de casos em que o meio marinho se encontre em perigo iminente de sofrer danos por poluição, ou já os tenha sofrido, deve notificá-lo imediatamente a outros Estados que julgue possam vir a ser afectados por esses danos, bem como às organizações internacionais competentes.

Art. 199.º (Planos de emergência contra a poluição)
Nos casos mencionados no artigo 198.º, os Estados da zona afectada, na medida das suas possibilidades, e as organizações internacionais competentes devem cooperar tanto quanto possível para eliminar os efeitos da poluição e prevenir ou reduzir ao mínimo os danos, para tal fim, os Estados devem elaborar e promover em conjunto planos de emergência para enfrentar incidentes de poluição no meio marinho.

Art. 200.º (Estudos, programas de investigação e troca de informações e dados)
Os Estados devem cooperar, directamente ou por intermédio de organizações internacionais competentes, para promover estudos, realizar programas de investigação científica e estimular a troca das informações e dos dados obtidos relativamente à poluição do meio marinho. Os Estados devem procurar participar activamente nos programas regionais e mundiais, com vista a adquirir os conhecimentos necessários para avaliação da natureza e grau de poluição, efeitos da exposição à mesma, seu trajecto, riscos e soluções aplicáveis.

Art. 201.º (Critérios científicos para a regulamentação)
À luz, das informações e dados adquiridos nos termos do artigo 200.º os Estados devem cooperar, directamente ou por intermédio das organizações internacionais competentes, no estabelecimento de critérios científicos apropriados para a formulação e elaboração de regras e normas, bem como práticas e procedimentos recomendados, para prevenir, reduzir e controlar a poluição do meio marinho.

SECÇÃO III. **Assistência Técnica**

Art. 202.º (Assistência científica e técnica aos Estados em desenvolvimento)
Os Estados, directamente ou por intermédio das organizações internacionais competentes devem:
  a) Promover programas de assistência científica, educativa, técnica e de outra índole, aos Estados em desenvolvimento para protecção e preservação do meio marinho e prevenção, redução e controlo da poluição marinha. Essa assistência deve consistir, *inter alia*, em:
    i) Formar pessoal científico e técnico;
    ii) Facilitar a participação desse pessoal em programas internacionais pertinentes;

iii) Proporcionar-lhes o equipamento e as facilidades necessárias;
iv) Aumentar a sua capacidade para fabricar esse equipamento;
v) Fornecer serviços de assessoria e desenvolver investigação, controlo sistemático, educação e outros;
b) Prestar assistência apropriada, especialmente aos Estados em desenvolvimento, para minimizar os efeitos dos acidentes importantes que possam provocar uma poluição grave do meio marinho.
c) Prestar assistência apropriada, especialmente, aos Estados em desenvolvimento, no que se refere à preparação de avaliações ecológicas.

Art. 203.º (Tratamento preferencial para os Estados em desenvolvimento)
A fim de prevenir, reduzir e controlar a poluição do meio marinho ou minimizar os seus efeitos, as organizações internacionais devem dar um tratamento preferencial aos Estados em desenvolvimento no que se refere à:
a) distribuição de fundos e assistência técnica apropriados; e
b) utilização dos seus serviços especializados.

SECÇÃO IV. **Controlo sistemático e avaliação ecológica**

Art. 204.º (Controlo sistemático dos riscos de poluição ou efeitos de poluição)
1. Os Estados, directamente ou por intermédio das organizações internacionais competentes, devem procurar, na medida do possível e tomando em consideração os direitos de outros Estados, observar, medir, avaliar e analisar, mediante métodos científicos reconhecidos, os riscos ou efeitos de poluição do meio marinho.
2. Em particular os Estados devem manter sob vigilância os efeitos de quaisquer actividades por eles autorizadas ou a que se dediquem a fim de determinarem se as referidas actividades são susceptíveis de poluir o meio marinho.

Art. 205.º (Publicação de relatórios)
Os Estados devem publicar, relatórios sobre os resultados obtidos nos termos do artigo 204.º, ou apresentar tais relatórios com a periodicidade apropriada, às organizações internacionais competentes, que devem pô-los à disposição de todos os Estados.

Art. 206.º (Avaliação dos efeitos potenciais de actividades)
Os Estados que tenham motivos razoáveis para acreditar que as actividades projectadas sob sua jurisdição ou controlo podem causar uma poluição considerável do meio marinho ou nele provocar modificações significativas e prejudiciais, devem avaliar, na medida do possível, os efeitos potenciais dessas actividades para o meio marinho e publicar relatórios sobre os resultados dessas avaliações nos termos previstos no artigo 205.º.

SECÇÃO V. **Regras Internacionais e Legislação Nacional para Prevenir, Reduzir e Controlar a Poluição do Meio Marinho**

Art. 207.º (Poluição de origem terrestre)
1. Os Estados devem adoptar leis e regulamentos para prevenir, reduzir e controlar a poluição do meio marinho proveniente de fontes terrestres, incluindo rios, estuários, ductos e instalações de descarga, tendo em conta regras e normas, bem como práticas e procedimentos recomendados e internacionalmente acordados.
2. Os Estados devem tomar outras medidas que possam ser necessárias para prevenir, reduzir e controlar tal poluição.
3. Os Estados devem procurar harmonizar as suas políticas a esse respeito no plano regional apropriado.
4. Os Estados, actuando em especial por intermédio das organizações internacionais competentes ou de uma conferência diplomática, devem procurar estabelecer regras e normas, bem como práticas e procedimentos recomendados, de carácter mundial e regional para prevenir, reduzir e controlar tal poluição, tendo em conta as características próprias de cada região, a capacidade económica dos Estados em desenvolvimento e a sua necessidade de desenvolvimento económico. Tais regras e normas, bem como práticas e procedimentos recomendados devem ser reexaminados com a periodicidade necessária.
5. As leis, regulamentos, medidas, regras e normas, bem como práticas e procedimentos recomendados, referidos nos parágrafos 1, 2 e 4 devem incluir disposições destinadas a minimizar, tanto quanto possível, a emissão no meio marinho de substâncias tóxicas, prejudiciais ou nocivas, especialmente as substâncias não degradáveis.

Art. 208.º (Poluição proveniente de actividades relativas aos fundos marinhos sob jurisdição nacional)
1. Os Estados costeiros devem adoptar leis e regulamentos para prevenir, reduzir e controlar a poluição do meio marinho, proveniente directa ou indirectamente de actividades relativas aos fundos marinhos sob sua jurisdição e proveniente de ilhas artificiais, instalações e estruturas sob sua jurisdição, nos termos dos artigo 60.º e 80.º.
2. Os Estados devem tomar outras medidas que possam ser necessárias para prevenir, reduzir e controlar tal poluição.
3. Tais leis, regulamentos e medidas não devem ser menos eficazes que as regras e normas, bem como práticas e procedimentos recomendados, de carácter internacional.
4. Os Estados devem procurar harmonizar as suas políticas a esse respeito no plano regional apropriado.
5. Os Estados, actuando em especial por intermédio das organizações internacionais competentes ou de uma conferência diplomática, devem estabelecer regras e normas, bem como práticas e procedimentos recomendados, de carácter

mundial e regional para prevenir, reduzir e controlar a poluição do meio marinho a que se faz referência no parágrafo 1. Tais regras e normas, bem como práticas e procedimentos recomendados, devem ser reexaminados com a periodicidade necessária.

Art. 209.º (Poluição proveniente de actividades na Área)
1. De conformidade com a Parte XI, devem estabelecer-se regras e normas, bem como práticas e procedimentos recomendados de carácter internacional, para prevenir, reduzir e controlar a poluição do meio marinho proveniente de actividades na Área. Tais regras e normas, bem como práticas e procedimentos recomendados devem ser reexaminados com a periodicidade necessária.
2. Nos termos das disposições pertinentes da presente secção, os Estados devem adoptar leis e regulamentos, para prevenir, reduzir e controlar a poluição do meio marinho proveniente de actividades na Área efectuadas por embarcações ou a partir de instalações, estruturas e outros dispositivos que arvorem a sua bandeira ou estejam registados no seu território, ou operem sob sua autoridade, segundo o caso. Tais leis e regulamentos não devem ser menos eficazes que as normas, regulamentos e procedimentos internacionais referidos no parágrafo 1.

Art. 210.º (Poluição por alijamento)
1. Os Estados devem adoptar leis e regulamentos para prevenir, reduzir e controlar a poluição do meio marinho por alijamento.
2. Os Estados devem tomar outras medidas que possam ser necessárias para prevenir, reduzir e controlar tal poluição.
3. Tais leis, regulamentos e medidas devem assegurar que o alijamento não se realize sem autorização das autoridades competentes dos Estados.
4. Os Estados, actuando em especial por intermédio das organizações internacionais competentes ou de uma conferência diplomática, devem procurar estabelecer regras e normas bem como práticas e procedimentos recomendados de carácter mundial e regional para prevenir, reduzir e controlar tal poluição. Tais regras e normas, bem como práticas e procedimentos recomendados devem ser reexaminados com a periodicidade necessária.
5. O alijamento no mar territorial e na zona económica exclusiva ou na plataforma continental não pode realizar-se sem o consentimento prévio expresso do Estado costeiro que tem o direito de autorizar, regular e controlar esse alijamento, depois de ter examinado devidamente a questão com outros Estados que, devido à sua situação geográfica, possam vir a ser desfavoravelmente afectados por tal alijamento.
6. As leis, regulamentos e medidas nacionais não devem ser menos eficazes que regras e normas de carácter mundial para prevenir, reduzir e controlar tal poluição.

Art. 211.º (Poluição proveniente de embarcações)
1. Os Estados, actuando por intermédio da organização internacional competente ou de uma conferência diplomática geral, devem estabelecer regras e normas de carácter internacional para prevenir, reduzir e controlar a poluição do meio marinho proveniente de embarcações e devem do mesmo modo promover a adopção, quando apropriado, de sistemas de fixação de tráfego destinados a minimizar o risco de acidentes que possam causar a poluição do meio marinho incluindo o litoral e danos de poluição relacionados com os interesses dos Estados costeiros. Tais regras e normas devem, do mesmo modo, ser reexaminadas com a periodicidade necessária.
2. Os Estados devem adoptar leis e regulamentos para prevenir, reduzir e controlar a poluição do meio marinho proveniente de embarcações que arvorem a sua bandeira ou estejam registadas no seu território. Tais leis e regulamentos devem ter pelo menos a mesma eficácia que as regras e normas internacionais geralmente aceites que se estabeleçam por intermédio da organização internacional competente ou de uma conferência diplomática geral.
3. Os Estados que estabeleçam requisitos especiais para prevenir, reduzir e controlar a poluição do meio marinho, como condição para a admissão de embarcações estrangeiras nos seus portos ou nas suas águas interiores ou para fazerem escala nos seus terminais ao largo da costa, devem dar a devida publicidade a esses requisitos e comunicá-los à organização internacional competente. Quando dois ou mais Estados costeiros estabeleçam de forma idêntica os referidos requisitos num esforço para harmonizar a sua política neste sector, a comunicação deve indicar quais os Estados que participam em tais ajustes de cooperação. Todo o Estado deve exigir ao capitão de uma embarcação que arvore a sua bandeira ou que esteja registada no seu território que, quando navegar no mar territorial de um Estado participante nos aludidos ajustes, informe, a pedido desse Estado, se se dirige a um Estado da mesma região que participe em tais ajustes e, em caso afirmativo, indique se a embarcação reúne os requisitos estabelecidos por esse Estado para a admissão nos seus portos. O presente artigo deve ser aplicado sem prejuízo da embarcação continuar a exercer o seu direito de passagem inofensiva ou da aplicação do parágrafo 2 do artigo 25.º.
4. Os Estados costeiros podem, no exercício da sua soberania no mar territorial, adoptar leis e regulamentos para prevenir, reduzir e controlar a poluição do meio marinho proveniente de embarcações estrangeiras, incluindo as embarcações que exerçam o direito de passagem inofensiva. De conformidade com a secção III da Parte II, tais leis e regulamentos não devem dificultar a passagem inofensiva de embarcações estrangeiras.
5. Os Estados costeiros podem, para fins da execução do estabelecido na secção VI, adoptar relativamente às suas zonas económicas exclusivas, leis e regulamentos para prevenir, reduzir e controlar a poluição proveniente de embarcações, de conformidade com e em aplicação das regras e normas internacionais geralmente aceites estabelecidas por intermédio da organização internacional competente ou de uma conferência diplomática geral.

6. *a*) Quando as regras e normas internacionais referidas no parágrafo 1 sejam inadequadas para enfrentar circunstâncias especiais, e os Estados costeiros tenham motivos razoáveis para acreditar que uma área particular e claramente definida das suas respectivas zonas económicas exclusivas requer a adopção de medidas obrigatórias especiais para prevenir a poluição proveniente de embarcações, por reconhecidas razões técnicas relacionadas com as suas condições oceanográficas e ecológicas, bem como pela sua utilização ou protecção dos seus recursos e o carácter particular do seu tráfego, os Estados costeiros podem, depois de terem devidamente consultado, por intermédio da organização internacional competente, qualquer outro Estado interessado, dirigir uma comunicação sobre essa área a tal organização, apresentando provas científicas e técnicas em seu apoio e informação sobre as instalações de recepção necessárias. Num prazo de doze meses após a recepção desta comunicação, a organização deve decidir se as condições nessa área correspondem aos requisitos anteriormente enunciados. Se a organização decide favoravelmente, os Estados costeiros podem adoptar para essa área leis e regulamentos destinados a prevenir, reduzir e controlar a poluição proveniente de embarcações, aplicando as regras e normas ou práticas de navegação internacionais que por intermédio da organização se tenham tornado aplicáveis às áreas especiais. Essas leis e regulamentos são aplicáveis a embarcações estrangeiras decorrido um prazo de quinze meses a contar da data em que a comunicação tenha sido apresentada à organização;
b) Os Estados costeiros devem publicar os limites de tal área particular e claramente definida;
c) Os Estados costeiros, ao apresentarem tal comunicação, devem notificar ao mesmo tempo a organização se têm intenção de adoptar para essa área leis e regulamentos adicionais destinados a prevenir, reduzir e controlar a poluição proveniente de embarcações. Tais leis e regulamentos adicionais podem referir-se às descargas ou práticas de navegação, mas não podem obrigar as embarcações estrangeiras a cumprir normas de projecto, construção, tripulação ou equipamento, diferentes das regras e normas internacionais geralmente aceites; são aplicáveis às embarcações estrangeiras decorrido um prazo de quinze meses a contar da data em que a comunicação tenha sido apresentada à organização desde que esta as aprove num prazo de doze meses a contar da data da apresentação da comunicação.
7. As regras e normas internacionais referidas no presente artigo devem incluir, *inter alia*, as relativas à imediata notificação dos Estados costeiros, cujo litoral ou interesses conexos possam ser afectados por incidentes, incluindo acidentes marítimos que originem ou possam originar descargas.

Art. 212.º (Poluição proveniente da atmosfera ou através dela)
1. Os Estados devem adoptar leis e regulamentos para prevenir, reduzir e controlar a poluição do meio marinho proveniente da atmosfera ou através dela, aplicáveis ao espaço aéreo sob sua soberania ou a embarcações que arvorem a sua bandeira ou a embarcações ou aeronaves que estejam registadas no seu território, tendo em conta as regras e normas, bem como práticas e procedimentos recomendados, internacionalmente acordados, e a segurança da navegação aérea.
2. Os Estados devem tomar outras medidas que sejam necessárias para prevenir, reduzir e controlar tal poluição.
3. Os Estados, actuando em especial por intermédio das organizações internacionais competentes ou de uma conferência diplomática, devem procurar estabelecer no plano mundial e regional regras e normas, bem como práticas e procedimentos recomendados, para prevenir, reduzir e controlar tal poluição.

SECÇÃO VI. Execução

Art. 213.º (Execução referente à poluição de origem terrestre)
Os Estados devem assegurar a execução das suas leis e regulamentos adoptados de conformidade com o artigo 207.º e adoptar leis e regulamentos e tomar outras medidas necessárias para pôr em prática as regras e normas internacionais aplicáveis estabelecidas por intermédio das organizações internacionais competentes ou de uma conferência diplomática para prevenir, reduzir e controlar a poluição do meio marinho de origem terrestre.

Art. 214.º (Execução referente à poluição proveniente de actividades relativas aos fundos marinhos)
Os Estados devem assegurar a execução das suas leis e regulamentos adoptados de conformidade com o artigo 208.º e adoptar leis e regulamentos e tomar outras medidas necessárias para pôr em prática as regras e normas internacionais aplicáveis, estabelecidas por intermédio das organizações internacionais competentes ou de uma conferência diplomática, para prevenir, reduzir e controlar a poluição do meio marinho proveniente directa ou indirectamente de actividades relativas aos fundos marinhos sob sua jurisdição e de ilhas artificiais, instalações e estruturas sob sua jurisdição, nos termos dos artigo 60.º e 80.º.

Art. 215.º (Execução referente à poluição proveniente de actividades na Área)
A execução das regras, normas e procedimentos internacionais estabelecidos, de conformidade com a Parte XI, para prevenir, reduzir e controlar a poluição do meio marinho proveniente de actividades na Área, deve ser regida pelas disposições dessa Parte.

Art. 216.º (Execução referente à poluição por alijamento)
1. As leis e regulamentos adoptados de conformidade com a presente Convenção e as regras e normas internacionais aplicáveis estabelecidas por intermédio

das organizações internacionais competentes ou de uma conferência diplomática para prevenir, reduzir e controlar a poluição do meio marinho por alijamento devem ser executados:

a) Pelo Estado costeiro no que se refere ao alijamento no seu mar territorial ou na sua zona económica exclusiva ou na sua plataforma continental;

b) Pelo Estado de bandeira no que se refere às embarcações que arvorem a sua bandeira ou às embarcações ou aeronaves que estejam registadas no seu território;

c) Por qualquer Estado no que se refere a actos de carga de detritos ou de outras matérias realizados no seu território ou nos seus terminais ao largo da costa.

2. Nenhum Estado é obrigado em virtude do presente artigo a iniciar procedimentos quando outro Estado já os tenha iniciado de conformidade com o presente artigo.

Art. 217.º (Execução pelos Estados de bandeira)

1. Os Estados devem assegurar que as embarcações que arvorem a sua bandeira ou estejam registadas no seu território cumpram as regras e normas internacionais aplicáveis, estabelecidas por intermédio da organização internacional competente ou de uma conferência diplomática geral, bem como as leis e regulamentos adoptados de conformidade com a presente Convenção para prevenir, reduzir e controlar a poluição do meio marinho proveniente de embarcações, e consequentemente adoptar as leis e regulamentos e tomar outras medidas necessárias para pô-los em prática. Os Estados de bandeira devem velar pela execução efectiva de tais regras, normas, leis e regulamentos, independentemente do local em que tenha sido cometida a infracção.

2. Os Estados devem, em especial, tomar as medidas apropriadas para assegurar que as embarcações que arvorem a sua bandeira ou estejam registadas no seu território sejam proibidas de navegar enquanto não estejam em condições de fazer-se ao mar em cumprimento dos requisitos, das regras e normas internacionais mencionadas no parágrafo 1, incluindo os relativos ao projecto, construção, equipamento e tripulação das embarcações.

3. Os Estados devem assegurar que as embarcações que arvorem a sua bandeira ou estejam registadas no seu território tenham a bordo os certificados exigidos pelas regras e normas internacionais mencionadas no parágrafo 1 e emitidos de conformidade com as mesmas. Os Estados devem assegurar que as embarcações que arvorem a sua bandeira sejam inspeccionadas periodicamente, afim de verificar se tais certificados estão de conformidade com as condições reais da embarcação. Tais certificados devem ser aceites pelos outros Estados como prova das condições da embarcação e ser-lhes reconhecida a mesma validade que aos certificados emitidos por eles próprios, a não ser que existam motivos sérios para acreditar que as condições da embarcação não correspondem substancialmente aos dados que constam dos certificados.

4. Se uma embarcação comete uma infracção às regras e normas estabelecidas por intermédio da organização internacional competente ou de uma conferência diplomática geral, o Estado de bandeira, sem prejuízo dos artigos 218.º, 220.º e 228.º, deve ordenar uma investigação imediata e, se necessário, iniciar procedimentos relativos à alegada infracção, independentemente do local em que tenha sido cometida a infracção ou do local em que a poluição proveniente de tal infracção tenha ocorrido ou tenha sido verificada.

5. Os Estados de bandeira que realizem uma investigação da infracção podem solicitar a ajuda de qualquer outro Estado cuja cooperação possa ser útil para esclarecer as circunstâncias do caso. Os Estados devem procurar atender as solicitações apropriadas do Estado de bandeira.

6. Os Estados devem, a pedido por escrito de qualquer Estado, investigar qualquer infracção que se alegue ter sido cometida pelas embarcações que arvorem a sua bandeira. Uma vez convencidos de que dispõem de provas suficientes para iniciar um procedimento relativo à alegada infracção, os Estados de bandeira devem iniciar sem demora esse procedimento de conformidade com o seu direito interno.

7. Os Estados de bandeira devem informar imediatamente o Estado solicitante e a organização internacional competente das medidas tomadas e do resultado obtido. Tal informação deve ser posta à disposição de todos os Estados.

8. As sanções previstas nas leis e regulamentos dos Estados para as embarcações que arvorem a sua bandeira devem ser suficientemente severas para desencorajar as infracções, independentemente do local em que tenham sido cometidas.

Art. 218.º (Execução pelo Estado do porto)

1. Quando uma embarcação se encontrar voluntariamente num porto ou num terminal ao largo da costa de um Estado, este Estado poderá realizar investigações e, se as provas o justificarem, iniciar procedimentos relativos a qualquer descarga procedente dessa embarcação realizada fora das águas interiores, mar territorial ou zona económica exclusiva desse Estado com violação das regras e normas internacionais aplicáveis estabelecidas por intermédio da organização internacional competente ou de uma conferência diplomática geral.

2. Não serão iniciados procedimentos nos termos do parágrafo 1 relativos a uma infracção por descarga nas águas interiores, mar territorial ou zona económica exclusiva de outro Estado, a não ser que o solicite esse Estado, o Estado de bandeira, ou qualquer Estado prejudicado ou ameaçado pela descarga, ou a não ser que a infracção tenha provocado ou possa vir a provocar poluição nas águas interiores, mar territorial ou zona económica exclusiva do Estado que tenha iniciado os procedimentos.

3. Quando uma embarcação se encontrar voluntariamente num porto ou num terminal ao largo da costa de um Estado, esse Estado deve atender, na medida do possível, às solicitações de qualquer Estado relativas à investigação de uma infracção por descarga referida no parágrafo 1, que se julgue ter sido cometida

nas águas interiores, mar territorial ou zona económica exclusiva do Estado solicitante que tenha causado ou ameace causar danos aos mesmos. O Estado do porto deve igualmente atender, na medida do possível, às solicitações do Estado de bandeira relativas à investigação de tal infracção, independentemente do local em que tenha sido cometida.

4. Os elementos da investigação efectuada pelo Estado do porto nos termos do presente artigo devem ser transmitidos ao Estado de bandeira ou ao Estado costeiro, a pedido destes. Quaisquer procedimentos iniciados pelo Estado do porto com base em tal investigação podem, salvo disposição em contrário da Secção I, ser suspensos a pedido do Estado costeiro, quando a infracção tiver sido cometida nas águas interiores, mar territorial ou zona económica exclusiva desse Estado. Em tal situação, as provas e os elementos do caso, assim como qualquer caução ou outra garantia financeira depositada junto das autoridades do Estado do porto, serão transferidos para o Estado costeiro. Esta transferência exclui a possibilidade de os procedimentos prosseguirem no Estado do porto.

Art. 219.º (Medidas relativas à navegabilidade das embarcações para evitar a poluição)

Salvo disposição em contrário da Secção VII, os Estados que, a pedido de terceiros ou por iniciativa própria, tenham comprovado que uma embarcação que se encontra num dos seus portos ou num dos seus terminais ao largo da costa, viola as regras e normas internacionais aplicáveis em matéria de navegabilidade das embarcações e ameaça, em consequência, causar danos ao meio marinho, devem tornar, sempre que possível, medidas administrativas para impedir que a mesma embarcação navegue. Tais Estados apenas podem autorizar a referida embarcação a prosseguir até ao estaleiro de reparações apropriado mais próximo e, eliminadas as causas da infracção, permitirão que a embarcação prossiga viagem sem demora.

Art. 220.º (Execução pelos Estados costeiros)

1. Quando uma embarcação se encontrar voluntariamente num porto ou num terminal ao largo da costa de um Estado, esse Estado pode, tendo em conta o disposto na Secção VI, iniciar procedimentos relativos a qualquer infracção às suas leis e regulamentos adoptados de conformidade com a presente Convenção ou com as regras e normas internacionais aplicáveis para prevenir, reduzir e controlar a poluição proveniente de embarcações, quando a infracção tiver sido cometida no seu mar territorial ou sua zona económica exclusiva.

2. Quando um Estado tiver motivos sérios para acreditar que uma embarcação que navegue no seu mar territorial violou, durante a sua passagem pelo mesmo, as leis e regulamentos desse Estado adoptados de conformidade com a presente Convenção ou as regras e normas internacionais aplicáveis para prevenir, reduzir e controlar a poluição proveniente de embarcações, esse Estado, sem prejuízo da aplicação das disposições pertinentes da Secção III da Parte II, pode

proceder à inspecção material da embarcação relativa à infracção e, quando as provas o justificarem, iniciar procedimentos, incluindo a detenção da embarcação, de conformidade com o seu direito interno, salvo disposição em contrário da Secção VII.

3. Quando um Estado tiver motivos sérios para acreditar que uma embarcação que navegue na sua zona económica exclusiva ou no seu mar territorial cometeu, na zona económica exclusiva, uma violação das regras e normas internacionais aplicáveis para prevenir, reduzir e controlar a poluição proveniente de embarcações ou das leis e regulamentos desse Estado adoptadas de conformidade com e que apliquem tais regras e normas, esse Estado pode exigir à embarcação que forneça informações sobre a sua identidade e o porto de registo, a sua última e próxima escala, e outras informações pertinentes, necessárias para determinar se foi cometida uma infracção.

4. Os Estados devem adoptar leis e regulamentos e tomar outras medidas para que as embarcações que arvorem a sua bandeira dêem cumprimento aos pedidos de informação feitos nos termos do parágrafo 3.

5. Quando um Estado tiver motivos sérios para acreditar que uma embarcação que navegue na sua zona económica exclusiva ou no seu mar territorial cometeu, na zona económica exclusiva, uma das infracções referidas no parágrafo 3, que tenha tido como resultado uma descarga substancial que provoque ou ameace provocar uma poluição importante no meio marinho, esse Estado pode proceder à inspecção material da embarcação sobre questões relacionadas com a infracção, se a embarcação se tiver negado a fornecer informações ou se as informações fornecidas pela mesma estiverem em manifesta contradição com a situação factual evidente e as circunstâncias do caso justificarem a referida inspecção.

6. Quando existir prova manifesta e objectiva de que uma embarcação que navegue na zona económica exclusiva ou no mar territorial de um Estado cometeu, na zona económica exclusiva, uma das infracções referidas no parágrafo 3 que tenha tido como resultado uma descarga que provoque ou ameace provocar danos importantes para o litoral ou para os interesses conexos do Estado costeiro ou para quaisquer recursos do seu mar territorial ou da sua zona económica exclusiva, esse Estado pode, tendo em conta o disposto na Secção VII, e quando as provas o justificarem, iniciar procedimentos, incluindo a detenção da embarcação, de conformidade com o seu direito interno.

7. Não obstante as disposições do parágrafo 6, sempre que tenham sido estabelecidos procedimentos apropriados quer por intermédio da organização internacional competente quer de outra forma acordados para garantir o cumprimento dos requisitos para prestação de caução ou de outra garantia financeira apropriada, o Estado costeiro, se vinculado por esses procedimentos, autorizará a embarcação a prosseguir a sua viagem.

8. As disposições dos parágrafos 3, 4 5, 6 e 7 também se aplicam às leis e regulamentos nacionais adoptados de conformidade com o parágrafo 6 do artigo 211.º.

Art. 221.º (Medidas para evitar a poluição resultante de acidentes marítimos)

1. Nenhuma das disposições da presente Parte deve prejudicar o direito dos Estados de, nos termos do direito internacional tanto consuetudinário como convencional, tomar e executar medidas além do mar territorial proporcionalmente ao dano efectivo ou potencial a fim de proteger o seu litoral ou interesses conexos, incluindo a pesca, contra a poluição ou a ameaça de poluição resultante de um acidente marítimo ou de actos relacionados com tal acidente, dos quais se possa de forma razoável prever que resultem importantes consequências nocivas.

2. Para efeitos do presente artigo, "acidente marítimo" significa um abalroamento, encalhe ou outro incidente de navegação ou acontecimento a bordo de uma embarcação ou no seu exterior, de que resultem danos materiais ou ameaça iminente de danos materiais à embarcação ou à sua carga.

Art. 222.º (Execução relativa à poluição proveniente da atmosfera ou através dela)

Os Estados devem assegurar a execução, no espaço aéreo sob sua soberania ou em relação a embarcações que arvorem a sua bandeira ou embarcações ou aeronaves que estejam registadas no seu território, das suas leis e regulamentos adoptados de conformidade com o parágrafo 1 do artigo 212.º e com outras disposições da presente Convenção, adoptar também leis e regulamentos e tomar outras medidas para dar cumprimento às regras e normas internacionais aplicáveis, estabelecidas por intermédio de uma organização internacional competente ou de uma conferência diplomática para prevenir, reduzir e controlar a poluição do meio marinho proveniente da atmosfera ou através dela, de conformidade com todas as regras e normas internacionais pertinentes, relativas à segurança da navegação aérea.

SECÇÃO VII. Garantias

Art. 223.º (Medidas para facilitar os procedimentos)

Nos procedimentos iniciados nos termos da presente Parte, os Estados devem tomar medidas para facilitar a audiência de testemunhas e a admissão de provas apresentadas por autoridades de outro Estado ou pela organização internacional competente e facilitar a assistência a esses procedimentos de representantes oficiais da organização internacional competente, do Estado de bandeira ou de qualquer Estado afectado pela poluição resultante de qualquer infracção. Os representantes oficiais que assistam a esses procedimentos terão os direitos e deveres previstos no direito interno ou no direito internacional.

Art. 224.º (Exercício dos poderes de polícia)

Somente os funcionários oficialmente habilitados bem como os navios de guerra ou aeronaves militares ou outros navios ou aeronaves que possuam sinais claros e sejam identificáveis como estando ao serviço de um governo e para tanto autorizados, podem exercer poderes de polícia em relação a embarcações estrangeiras em aplicação da presente Parte.

Art. 225.º (Obrigação de evitar consequências adversas no exercício dos poderes de polícia)

No exercício dos seus poderes de polícia previstos na presente Convenção em relação às embarcações estrangeiras, os Estados não devem pôr em perigo a segurança da navegação, nem fazer correr qualquer risco a uma embarcação nem a devem conduzir a um porto ou fundeadouro inseguro, nem expôr o meio marinho a um risco injustificado.

Art. 226.º (Investigação sobre embarcações estrangeiras)

1. *a*) Os Estados não devem reter uma embarcação estrangeira por mais tempo que o indispensável para os efeitos de investigações previstas nos artigos 216.º, 218.º e 220.º. A inspecção material de uma embarcação estrangeira deve ser limitada a um exame dos certificados, registos e outros documentos que a embarcação é obrigada a ter a bordo de acordo com as regras e normas internacionais geralmente aceites ou de qualquer outro documento similar que tiver a bordo. Só poderá ser feita uma inspecção material mais pormenorizada da embarcação depois de tal exame e apenas no caso de:

    i) Existirem motivos sérios para acreditar que a condição da embarcação ou do seu equipamento não corresponder essencialmente aos dados que figuram nesses documentos;

    ii) O conteúdo de tais documentos não ser suficiente para confirmar ou verificar uma presumida infracção; ou

    iii) A embarcação não ter a bordo certificados nem registos válidos.

    b) Se a investigação indicar uma violação das leis e regulamentos aplicáveis ou das regras e normas internacionais para a protecção e preservação do meio marinho, a embarcação será imediatamente liberta após o cumprimento de certas formalidades razoáveis, tais como a prestação de uma caução ou de outra garantia financeira apropriada.

    c) Sem prejuízo das regras e normas internacionais aplicáveis relativas à navegabilidade das embarcações, poderá ser negada a libertação de uma embarcação ou ser condicionada ao requisito de a embarcação se dirigir ao estaleiro de reparações apropriado mais próximo, sempre que a mesma libertação represente uma ameaça injustificada de dano para o meio marinho. No caso de a libertação ter sido negada ou condicionada a determinados requisitos, o Estado de bandeira deve ser imediatamente notificado e poderá diligenciar no sentido da libertação da embarcação de conformidade com a Parte XV.

2. Os Estados devem cooperar para estabelecer procedimentos que evitem inspecções materiais desnecessárias de embarcações no mar.

Art. 227.º (Não-discriminação em relação a embarcações estrangeiras)

Ao exercer os seus direitos e ao cumprir as suas obrigações nos termos da presente Parte, os Estados não devem fazer discriminação de direito ou de facto em relação às embarcações de qualquer outro Estado.

Art. 228.º (Suspensão de procedimentos e restrições à sua instauração)

1. Os procedimentos para imposição de penalidades decorrentes de qualquer infracção às leis e regulamentos aplicáveis ou às regras e normas internacionais relativas à prevenção, redução e controlo da poluição proveniente de embarcações, cometida por embarcação estrangeira além do mar territorial do Estado que instaurou tais procedimentos, serão suspensos no prazo de seis meses a contar da data da instauração desses procedimentos quando o Estado de bandeira tiver instaurado procedimentos para imposição de penalidades com base em acusações correspondentes, a menos que aqueles procedimentos se relacionem com um caso de dano grave causado ao Estado costeiro ou o Estado de bandeira em questão tiver reiteradamente faltado ao cumprimento da sua obrigação de assegurar a execução efectiva das regras e normas internacionais aplicáveis, relativas a infracções cometidas por suas embarcações. Sempre que o Estado de bandeira pedir a suspensão dos procedimentos de conformidade com o presente artigo deverá facultar em tempo oportuno ao Estado que primeiro tiver instaurado os procedimentos um dossier completo do caso, bem como as actas dos procedimentos. Concluídos os procedimentos instaurados pelo Estado de bandeira, os procedimentos suspensos serão extintos. Efectuado o pagamento do custo referentes a tais procedimentos, o Estado costeiro restituirá qualquer caução ou outra garantia financeira prestada em relação com os procedimentos suspensos.

2. Não serão instaurados procedimentos em relação a embarcações estrangeiras, uma vez decorridos três anos a contar da data em que a infracção foi cometida, e nenhum Estado poderá instaurar procedimentos quando outro Estado os tiver já instaurado, salvo disposição em contrário do parágrafo 1.

3. As disposições do presente artigo devem ser aplicadas sem prejuízo do direito do Estado de bandeira de tomar quaisquer medidas, incluindo a instauração de procedimentos de conformidade com o seu direito interno, independentemente dos procedimentos anteriormente instaurados por outro Estado.

Art. 229.º (Acção de responsabilidade civil)

Nenhuma das disposições da presente Convenção afecta o direito de intentar acção de responsabilidade civil por perdas ou danos causados pela poluição do meio marinho.

Art. 230.º (Penas pecuniárias e respeito dos direitos reconhecidos dos acusados)

1. Só podem ser impostas penas pecuniárias no caso de infracções às leis e regulamentos nacionais ou às regras e normas internacionais aplicáveis para prevenir, reduzir e controlar a poluição do meio marinho proveniente de embarcações estrangeiras além do mar territorial.

2. Só podem ser impostas penas pecuniárias no caso de infracções às leis e regulamentos nacionais ou às regras e normas internacionais aplicáveis para prevenir, reduzir e controlar a poluição do meio marinho proveniente de embarcações estrangeiras no mar territorial, salvo acto intencional e grave de poluição.

3. No decurso dos procedimentos instaurados para reprimir tais infracções cometidas por embarcação estrangeira, que possam dar lugar à imposição de sanções, devem ser respeitados os direitos reconhecidos dos acusados.

Art. 231.º (Notificação ao Estado de bandeira e a outros Estados interessados)

Os Estados devem notificar sem demora o Estado de bandeira e qualquer outro Estado interessado das medidas tomadas em relação a embarcações estrangeiras, nos termos da Secção VI, e remeter ao Estado de bandeira todos os relatórios oficiais relativos a tais medidas. Contudo, no caso de infracções cometidas no mar territorial, as referidas obrigações do Estado costeiro restringem-se às medidas que se tomem no decurso dos procedimentos. Os agentes diplomáticos ou funcionários consulares e, na medida do possível, a autoridade marítima do Estado de bandeira devem ser imediatamente informados de tais medidas.

Art. 232.º (Responsabilidade dos Estados decorrente de medidas de execução)

Os Estados serão responsáveis por perdas ou danos que lhes sejam imputáveis, decorrentes das medidas tomadas nos termos da Secção VI, quando tais medidas forem ilegais ou excederem o razoavelmente necessário à luz das informações disponíveis. Os Estados devem estabelecer meios para recorrer aos seus tribunais através de acções relativas a tais perdas ou danos.

Art. 233.º (Garantias relativas aos estreitos utilizados para a navegação internacional)

Nenhuma das disposições das Secções V, VI e VII afecta o regime jurídico dos estreitos utilizados para a navegação internacional. Contudo, se um navio estrangeiro, que não os mencionados na Secção X, cometer uma infracção às leis e regulamentos mencionados nas alíneas *a)* e *b)* do parágrafo 1 do artigo 42.º que cause ou ameace causar danos graves ao meio marinho dos estreitos, os Estados ribeirinhos dos estreitos podem tomar todas as medidas de execução apropriadas e, em tal caso, devem respeitar, *mutatis mutandis*, as disposições da presente Secção.

SECÇÃO VIII. Áreas cobertas de gelo

Art. 234.º (Áreas cobertas de gelo)
Os Estados costeiros têm o direito de adoptar e aplicar leis e regulamentos não discriminatórios para prevenir, reduzir e controlar a poluição do meio marinho proveniente de embarcações nas áreas cobertas de gelo dentro dos limites da zona económica exclusiva, quando condições de clima particularmente rigorosas e a presença de gelo sobre tais áreas durante a maior parte do ano criem obstruções ou perigos excepcionais para a navegação, e a poluição do meio marinho possa causar danos graves ao equilíbrio ecológico ou alterá-lo de modo irreversível. Tais leis e regulamentos devem ter em devida conta a navegação, protecção e preservação do meio marinho com base nos melhores dados científicos de que se disponha.

SECÇÃO IX. Responsabilidade

Art. 235.º (Responsabilidade)
1. Os Estados devem zelar pelo cumprimento das suas obrigações internacionais relativas à protecção e preservação do meio marinho. Serão responsáveis de conformidade com o direito internacional.
2. Os Estados devem assegurar através do seu direito interno, meios de recurso que permitam obter uma indemnização pronta e adequada ou outra reparação pelos danos resultantes da poluição do meio marinho por pessoas jurídicas, singulares ou colectivas, sob sua jurisdição.
3. A fim de assegurar indemnização pronta e adequada por todos os danos resultantes da poluição do meio marinho os Estados devem cooperar na aplicação do direito internacional vigente e no ulterior desenvolvimento do direito internacional relativo às responsabilidades quanto à avaliação dos danos e à sua indemnização e à solução das controvésias conexas, bem como, se for o caso, na elaboração de critérios e procedimentos para o pagamento de indemnização adequada, tais como o seguro obrigatório ou fundos de indemnização.

SECÇÃO X. Imunidade soberana

Art. 236.º (Imunidade soberana)
As disposições da presente Convenção relativas à protecção e preservação do meio marinho não se aplicam a navios de guerra, embarcações auxiliares, outras embarcações ou aeronaves pertencentes ou operadas por um Estado e utilizadas, no momento considerado, unicamente em serviço governamental não comercial. Contudo, cada Estado deve assegurar, através de medidas apropriadas que não dificultem as operações ou a capacidade operacional de tais embarcações ou aeronaves que lhes pertençam ou sejam por ele utilizadas, que tais embarcações ou aeronaves procedam, na medida do possível e razoável, de modo compatível com a presente Convenção.

SECÇÃO XI. **Obrigações contraídas em virtude de outras convenções sobre protecção e preservação do meio marinho**

Art. 237.º (Obrigações contraídas em virtude de outras convenções sobre protecção e preservação do meio marinho)

1. As disposições da presente Parte não afectam as obrigações específicas contraídas pelos Estados, em virtude de convenções e acordos especiais concluídos anteriormente sobre a protecção e preservação do meio marinho, nem os acordos que possam ser concluídos em aplicação dos princípios gerais enunciados na presente Convenção.

2. As obrigações específicas contraídas pelos Estados em virtude de convenções especiais, relativas à protecção e preservação do meio marinho, devem ser cumpridas de modo compatível com os princípios e, objectivos gerais enunciados na presente Convenção.

PARTE XIII

SECÇÃO I. **Disposições gerais**

Art. 238.º (Direito de realizar investigação científica marinha)

Todos os Estados, independentemente da sua situação geográfica, e as organizações internacionais competentes têm o direito de realizar investigação científica marinha sem prejuízo dos direitos e deveres de outros Estados tais como definidos na presente Convenção.

Art. 239.º (Promoção da investigação científica marinha)

Os Estados e as organizações internacionais competentes devem promover e facilitar o desenvolvimento e a realização da investigação científica marinha de conformidade com a presente Convenção.

Art. 240.º (Princípios gerais para a realização da investigação científica marinha)

Na realização da investigação científica marinha devem ser aplicados os seguintes princípios:

a) A investigação científica marinha deve ser realizada exclusivamente com fins pacíficos;
b) A investigação científica marinha deve ser realizada mediante métodos e meios científicos apropriados compatíveis com a presente Convenção;
c) A investigação científica marinha não deve interferir injustificadamente com outras utilizações legítimas do mar compatíveis com a presente Convenção e será devidamente tomada em consideração no exercício de tais utilizações;

d) A investigação científica marinha deve ser realizada nos termos de todos os regulamentos pertinentes adoptados de conformidade com a presente Convenção, incluindo os relativos à protecção e preservação do meio marinho.

Art. 241.º (Não reconhecimento da investigação científica marinha como fundamento jurídico para reivindicações)
As actividades de investigação científica marinha não devem constituir fundamento jurídico de nenhuma reivindicação de qualquer parte do meio marinho ou de seus recursos.

SECÇÃO II. Cooperação internacional

Art. 242.º (Promoção da cooperação internacional)
1. Os Estados e as organizações internacionais competentes devem, de conformidade com o princípio do respeito da soberania e da jurisdição e na base de benefício mútuo, promover a cooperação internacional no campo da investigação científica marinha com fins pacíficos.
2. Neste contexto, e sem prejuízo dos direitos e deveres dos Estados em virtude da presente Convenção, um Estado, ao aplicar a presente Parte, deve dar a outros Estados, quando apropriado, oportunidade razoável para obter do mesmo, ou mediante a sua cooperação, a informação necessária para prevenir e controlar os danos à saúde e à segurança das pessoas e ao meio marinho.

Art. 243.º (Criação de condições favoráveis)
Os Estados e as organizações internacionais competentes devem cooperar, mediante a celebração de acordos bilaterais e multilaterais, na criação de condições favoráveis à realização da investigação científica marinha no meio marinho e na integração dos esforços dos cientistas no estudo da natureza e interrelações dos fenómenos e processos que ocorrem no meio marinho.

Art. 244.º (Publicação e difusão de informação e conhecimentos)
1. Os Estados e as organizações internacionais competentes devem, de conformidade com a presente Convenção, mediante a publicação e difusão pelos canais apropriados, facultar informação sobre os principais programas propostos e seus objectivos, bem como os conhecimentos resultantes da investigação científica marinha.
2. Para tal fim, os Estados, quer individualmente quer em cooperação com outros Estados e com as organizações internacionais competentes, devem promover activamente a difusão de dados e informações científicos e a transferência dos conhecimentos resultantes da investigação científica marinha, em particular para os Estados em desenvolvimento, bem como o fortalecimento da capacidade

autónoma de investigação científica marinha dos Estados em desenvolvimento por meio de, *inter alia*, programas de formação e treino adequados ao seu pessoal técnico e científico.

SECÇÃO III. **Realização e promoção da investigação científica marinha**

Art. 245.º (Investigação científica marinha no mar territorial)
Os Estados costeiros, no exercício da sua soberania, têm o direito exclusivo de regulamentar, autorizar e realizar investigação científica marinha no seu mar territorial. A investigação científica marinha no seu mar territorial só deve ser realizada com o consentimento expresso do Estado costeiro e nas condições por ele estabelecidas.

Art. 246.º (Investigação científica marinha na zona económica exclusiva e na plataforma continental)
1. Os Estados costeiros, no exercício da sua jurisdição, têm o direito de regulamentar, autorizar e realizar investigação científica marinha na sua zona económica exclusiva e na sua plataforma continental de conformidade com as disposições pertinentes da presente Convenção.
2. A investigação científica marinha na zona económica exclusiva e na plataforma continental deve ser realizada com o consentimento do Estado costeiro.
3. Os Estados costeiros, em circunstâncias normais, devem dar o seu consentimento a outros Estados ou organizações internacionais competentes para que executem, de conformidade com a presente Convenção, projectos de investigação científica marinha na sua zona económica exclusiva ou na sua plataforma continental, exclusivamente com fins pacíficos e com o propósito de aumentar o conhecimento científico do meio marinho em benefício de toda a humanidade. Para tal fim, os Estados costeiros devem estabelecer regras e procedimentos para garantir que tal consentimento não seja retardado, nem denegado, sem justificação razoável.
4. Para os efeitos de aplicação do parágrafo 3, considera-se que podem existir circunstâncias normais independentemente da ausência de relações diplomáticas entre o Estado costeiro e o Estado que pretende investigar.
5. Os Estados costeiros poderão, contudo, discricionariamente, recusar-se a dar o seu consentimento à realização na sua zona económica exclusiva ou na sua plataforma continental de um projecto de investigação científica marinha de outro Estado ou organização internacional competente se o projecto:
   a) Tiver uma influência directa na exploração e aproveitamento dos recursos naturais, vivos ou não vivos;
   b) Implicar perfurações na plataforma continental, a utilização de explosivos ou a introdução de substâncias nocivas no meio marinho;
   c) Implicar a construção, funcionamento ou utilização das ilhas artificiais, instalações e estruturas referidas nos artigo 60.º e 80.º;

d) Contiver informação prestada nos termos do artigo 248.º, sobre a natureza e os objectivos do projecto que seja inexacta ou se o Estado ou a organização internacional competente que pretende realizar a investigação tiver obrigações pendentes para com o Estado costeiro decorrentes de um projecto de investigação anterior.

6. Não obstante as disposições do parágrafo 5, os Estados costeiros não podem exercer o seu poder discricionário de recusar o seu consentimento nos termos da alínea *a*) do referido parágrafo em relação aos projectos de investigação científica marinha, a serem realizados de conformidade com as disposições da presente Parte, na plataforma continental, além das 200 milhas marítimas das linhas de base, a partir das quais se mede a largura do mar territorial fora das áreas específicas que os Estados costeiros venham a designar publicamente, em qualquer momento, como áreas nas quais se estão a realizar ou se venham a realizar, num prazo razoável, actividades de aproveitamento ou operações pormenorizadas de exploração sobre essas áreas. Os Estados costeiros devem dar a devida publicidade à designação de tais áreas bem como a qualquer modificação das mesmas, mas não serão obrigados a dar pormenores das operações realizadas nessas áreas.

7. As disposições do parágrafo 6 não prejudicam os direitos dos Estados costeiros sobre a sua plataforma continental, como estabelecido no artigo 77.º.

8. As actividades de investigação científica marinha mencionadas no presente artigo não devem interferir injustificadamente com as actividades empreendidas pelos Estados costeiros no exercício dos seus direitos de soberania e da sua jurisdição previstos na presente Convenção.

Art. 247.º (Projectos de investigação científica marinha realizados por organizações internacionais ou sob os seus auspícios)

Entende-se que um Estado costeiro membro de uma organização internacional ou ligado por acordo bilateral a tal organização, e em cuja zona económica exclusiva ou plataforma continental essa organização pretende realizar, directamente ou sob os seus auspícios, um projecto de investigação científica marinha, autorizou a realização do projecto de conformidade com as especificações acordadas se esse Estado tiver aprovado o projecto pormenorizado quando a organização decidiu pela sua realização ou se o Estado costeiro pretende participar no projecto e não tiver formulado qualquer objecção até à expiração do prazo de quatro meses a contar da data em que o projecto lhe tenha sido comunicado pela organização internacional.

Art. 248.º (Dever de prestar informação ao Estado costeiro)

Os Estados e as organizações internacionais competentes que se proponham realizar investigação científica marinha na zona económica exclusiva ou na plataforma continental de um Estado costeiro devem fornecer a esse Estado, com a antecedência mínima de seis meses da data prevista para o início do projecto de investigação científica marinha, uma descrição completa de:

a) A natureza e os objectivos do projecto;

b) O método e os meios a utilizar, incluindo o nome, a tonelagem, o tipo e a categoria das embarcações e uma descrição do equipamento científico;
c) As áreas geográficas precisas onde o projecto se vai realizar;
d) As datas previstas da primeira chegada e da partida definitiva das embarcações de investigação, ou da instalação e remoção do equipamento, quando apropriado;
e) O nome da instituição patrocinadora, o do seu director e o da pessoa encarregada do projecto; e
f) O âmbito em que se considera a eventual participação ou representação do Estado costeiro no projecto.

Art. 249.º (Dever de cumprir certas condições)

1. Os Estados e as organizações internacionais competentes, quando realizem investigação científica marinha na zona económica exclusiva ou na plataforma continental de um Estado costeiro, devem cumprir as seguintes condições:
    a) Garantir ao Estado costeiro, se este o desejar, o direito de participar ou estar representado no projecto de investigação científica marinha, especialmente, quando praticável, a bordo de embarcações e de outras unidades de investigação ou nas instalações de investigação científica, sem pagar qualquer remuneração aos investigadores do Estado costeiro e sem que este tenha obrigação de contribuir para os custos do projecto;
    b) Fornecer ao Estado costeiro, a pedido deste, tão depressa quanto possível, relatórios preliminares bem como os resultados e conclusões finais uma vez terminada a investigação;
    c) Comprometer-se a dar acesso ao Estado costeiro, a pedido deste, a todos os dados e amostras resultantes do projecto de investigação científica marinha bem como a fornecer-lhe os dados que possam ser reproduzidos e as amostras que possam ser divididas sem prejuízo do seu valor científico;
    d) Fornecer ao Estado costeiro, a pedido deste, uma avaliação de tais dados, amostras e resultados da investigação ou assisti-lo na sua avaliação ou interpretação;
    e) Garantir, com ressalva do disposto no parágrafo 2, que os resultados da investigação estejam disponíveis, tão depressa quanto possível, no plano internacional por intermédio dos canais nacionais e internacionais apropriados;
    f) Informar imediatamente o Estado costeiro de qualquer mudança importante no programa de investigação;
    g) Salvo acordo em contrário, retirar as instalações ou o equipamento de investigação científica uma vez terminada a investigação.

2. O presente artigo não prejudica as condições estabelecidas pelas leis e regulamentos do Estado costeiro para o exercício do poder discricionário de dar ou recusar o seu consentimento nos termos do parágrafo 5 do artigo 246.º,

incluindo-se a exigência de acordo prévio para a divulgação no plano internacional dos resultados de um projecto de investigação com incidência directa na exploração e aproveitamento dos recursos naturais.

Art. 250.º (Comunicações relativas aos projectos de investigação científica marinha)

As comunicações relativas aos projectos de investigação científica marinha devem ser feitas por intermédio dos canais oficiais apropriados, salvo acordo em contrário.

Art. 251.º (Critérios gerais e directrizes)

Os Estados devem procurar promover, por intermédio das organizações internacionais competentes, o estabelecimento de critérios gerais e directrizes que os ajudem a determinar a natureza e as implicações da investigação científica marinha.

Art. 252.º (Consentimento tácito)

Os Estados ou as organizações internacionais, competentes podem empreender um projecto de investigação científica marinha, seis meses após a data em que tenham sido fornecidas ao Estado costeiro as informações previstas no artigo 248.º, a não ser que, no prazo de quatro meses após terem sido recebidas essas informações, o Estado costeiro tenha informado o Estado ou a organização que se propõe realizar a investigação de que:

   a) Recusa o seu consentimento nos termos do disposto no artigo 246.º; ou
   b) As informações fornecidas pelo Estado ou pela organização internacional competente sobre a natureza ou objectivos do projecto não correspondem a factos manifestamente evidentes; ou
   c) Solicita informação suplementar sobre as condições e as informações previstas nos artigos 248.º e 249.º; ou
   d) Existem obrigações pendentes relativamente às condições estabelecidas no artigo 249.º a respeito de um projecto de investigação científica marinha anteriormente realizado por esse Estado ou organização.

Art. 253.º (Suspensão ou cessação das actividades de investigação científica marinha)

1. O Estado costeiro tem o direito de exigir a suspensão de quaisquer actividades de investigação científica, marinha em curso na sua zona económica exclusiva ou na sua plataforma continental, se:

   a) As actividades de investigação não se realizarem de conformidade com as informações transmitidas nos termos do artigo 248.º e nas quais se tenha fundamentado o consentimento do Estado costeiro; ou
   b) O Estado ou a organização internacional competente que realizar as actividades de investigação não cumprir o disposto no artigo 249.º no que se refere aos direitos do Estado costeiro relativos ao projecto de investigação científica marinha.

2. O Estado costeiro tem o direito de exigir a cessação de quaisquer actividades de investigação científica marinha em caso de qualquer não cumprimento do disposto no artigo 248.º que implique mudança fundamental no projecto ou nas actividades de investigação.

3. O Estado costeiro pode também exigir a cessação das actividades de investigação científica marinha se, num prazo razoável, não forem corrigidas quaisquer das situações previstas no parágrafo 1.

4. Uma vez notificados pelo Estado costeiro da sua decisão de ordenar a suspensão ou cessação, os Estados ou as organizações internacionais competentes autorizados a realizar as actividades de investigação científica marinha devem pôr fim às actividades de investigação que são objecto de tal notificação.

5. A ordem de suspensão prevista no parágrafo 1 será revogada pelo Estado costeiro e permitida a continuação das actividades de investigação científica marinha quando o Estado ou a organização internacional competente que realizar a investigação tiver cumprido as condições exigidas nos artigos 248.º e 249.º.

Art. 254.º (Direitos dos Estados vizinhos sem litoral e dos Estados em situação geográfica desfavorecida)

1. Os Estados e as organizações internacionais competentes que tiverem apresentado a um Estado costeiro um projecto para realizar investigação científica marinha referida no parágrafo 3 do artigo 246.º devem informar os Estados vizinhos sem litoral e aqueles em situação geográfica desfavorecida do projecto de investigação proposto e devem notificar o Estado costeiro de que deram tal informação.

2. Depois do Estado costeiro interessado ter dado o seu consentimento ao projecto de investigação científica marinha proposto, de conformidade com o artigo 246.º e com outras disposições pertinentes da presente Convenção, os Estados e as organizações internacionais competentes, que realizem esse projecto devem proporcionar aos Estados vizinhos sem litoral e àqueles em situação geográfica desfavorecida, por solicitação desses Estados e quando apropriado, a informação pertinente especificada no artigo 248.º e na alínea f) do parágrafo 1 do artigo 249.º.

3. Aos referidos Estados vizinhos sem litoral e àqueles em situação geográfica desfavorecida deve ser dada, a seu pedido, a possibilidade de participarem, quando praticável, no projecto de investigação científica marinha proposto, por intermédio de peritos qualificados, nomeados por esses Estados e não recusados pelo Estado costeiro, segundo as condições acordadas para o projecto entre o Estado costeiro interessado e o Estado ou as organizações internacionais competentes que realizem a investigação científica marinha, de conformidade com as disposições da presente Convenção.

4. Os Estados e as organizações internacionais competentes referidos no parágrafo 1 devem prestar aos mencionados Estados sem litoral e àqueles em situação geográfica desfavorecida, a seu pedido, as informações e a assistência

especificadas na alínea *d)* do parágrafo 1 do artigo 249.º, salvo o disposto no parágrafo 2 do mesmo artigo.

Art. 255.º (Medidas para facilitar a investigação científica marinha e prestar assistência às embarcações de investigação)

Os Estados devem procurar adoptar normas, regulamentos e procedimentos razoáveis para promover e facilitar a investigação científica marinha realizada além do seu mar territorial de conformidade com a presente Convenção e, quando apropriado, facilitar o acesso aos seus portos e promover a assistências às embarcações de investigação científica marinha que cumpram as disposições pertinentes da presente Parte, salvo o disposto nas suas leis e regulamentos.

Art. 256.º (Investigação científica marinha na Área)

Todos os Estados, independentemente da sua situação geográfica, bem como as organizações internacionais competentes, têm o direito, de conformidade com as disposições da Parte XI de realizar investigação científica marinha na Área.

Art. 257.º (Investigação científica marinha na coluna de água além dos limites da zona económica exclusiva)

Todos os Estados, independentemente da sua situação geográfica, bem como as organizações internacionais competentes, têm o direito, de conformidade com a presente Convenção, de realizar investigação científica marinha na coluna de água além dos limites da zona económica exclusiva.

SECÇÃO IV. **Instalações e equipamento de investigação científica no meio marinho**

Art. 258.º (Colocação e utilização)

A colocação e utilização de qualquer tipo de instalação ou equipamento de investigação científica em qualquer área do meio marinho devem estar sujeitas às mesmas condições estabelecidas na presente Convenção para a realização de investigação científica marinha nessa mesma área.

Art. 259.º (Estatuto jurídico)

As instalações ou o equipamento referidos na presente Secção não têm o estatuto jurídico de ilhas. Não têm mar territorial próprio e a sua presença não afecta a delimitação do mar territorial, da zona económica exclusiva ou da plataforma continental.

Art. 260.º (Zonas de segurança)

Podem ser estabelecidas em volta das instalações de investigação científica, de conformidade com as disposições pertinentes da presente Convenção, zonas de segurança de largura razoável que não exceda uma distância de 500 metros. Todos os Estados devem velar por que as suas embarcações respeitem tais zonas de segurança.

Art. 261.º (Não-interferência nas rotas de navegação)
A colocação e a utilização de qualquer tipo de instalações ou equipamento de investigação científica não devem constituir obstáculo às rotas estabelecidas para a navegação internacional.

Art. 262.º (Marcas de identificação e sinais de aviso)
As instalações ou o equipamento mencionados na presente Secção devem dispôr de marcas de identificação que indiquem o Estado de registo ou a organização internacional a que pertencem, bem como dos adequados sinais de aviso internacionalmente acordados para garantir a segurança no mar e a segurança da navegação aérea, tendo em conta as regras e normas estabelecidas pelas organizações internacionais competentes.

SECÇÃO V. **Responsabilidades**

Art. 263.º (Responsabilidade)
1. Cabe aos Estados bem como às organizações internacionais competentes zelar por que a investigação científica marinha, efectuada por eles ou em seu nome, se realize de conformidade com a presente Convenção.
2. Os Estados e as organizações internacionais competentes são responsáveis pelas medidas que tomarem em violação da presente Convenção relativamente à investigação científica marinha realizada por outros Estados, suas pessoas jurídicas, singulares ou colectivas, ou por organizações internacionais competentes, e devem pagar indemnizações pelos danos resultantes de tais medidas.
3. Os Estados e as organizações internacionais competentes são responsáveis, nos termos do artigo 235.º, pelos danos causados pela poluição do meio marinho, resultante da investigação científica marinha realizada por eles, ou em seu nome.

SECÇÃO VI. **Solução de controvérsias e medidas provisórias**

Art. 264.º (Solução de controvérsias)
As controvérsias relativas à interpretação ou aplicação das disposições da presente Convenção referentes à investigação científica marinha devem ser solucionadas de conformidade com as Secções II e III da Parte XV.

Art. 265.º (Medidas provisórias)
Enquanto uma controvérsia não for solucionada de conformidade com as Secções II e III da Parte XV, o Estado ou a organização internacional competente autorizado a realizar um projecto de investigação científica marinha não deve permitir que se iniciem ou continuem as actividades de investigação sem o consentimento expresso do Estado costeiro interessado.

PARTE XIV. DESENVOLVIMENTO E TRANSFERÊNCIA DE TECNOLOGIA MARINHA

SECÇÃO I. Disposições gerais

Art. 266.º (Promoção do desenvolvimento e da transferência de tecnologia marinha)

1. Os Estados, directamente ou por intermédio das organizações internacionais competentes, devem cooperar, na medida das suas capacidades, para promover activamente o desenvolvimento e a transferência da ciência e da tecnologia marinhas segundo modalidades e condições equitativas e razoáveis.

2. Os Estados devem promover o desenvolvimento da capacidade científica e tecnológica marinha dos Estados que necessitem e solicitem assistência técnica neste domínio, particularmente os Estados em desenvolvimento, incluindo os Estados sem litoral e aqueles em situação geográfica desfavorecida, no que se refere à exploração, aproveitamento, conservação e gestão dos recursos marinhos, à protecção e preservação do meio marinho, à investigação científica marinha e outras actividades no meio marinho compatíveis com a presente Convenção, tendo em vista acelerar o desenvolvimento económico e social dos Estados em desenvolvimento.

3. Os Estados devem procurar favorecer condições económicas e jurídicas propícias à transferência de tecnologia marinha, numa base equitativa, em benefício de todas as partes interessadas.

Art. 267.º (Protecção dos interesses legítimos)

Ao promover a cooperação, nos termos do artigo 266.º, os Estados devem ter em devida conta todos os interesses legítimos, incluindo, *inter alia*, os direitos e deveres dos possuidores, fornecedores e recebedores de tecnologia marinha.

Art. 268.º (Objectivos fundamentais)

Os Estados, directamente ou por intermédio das organizações internacionais competentes, devem promover:
 a) A aquisição, avaliação e divulgação de conhecimentos de tecnologia marinha bem como facilitar o acesso a informação e dados pertinentes;
 b) O desenvolvimento de tecnologia marinha apropriada;
 c) O desenvolvimento da infra-estrutura tecnológica necessária para facilitar a transferência da tecnologia marinha;
 d) O desenvolvimento dos recursos humanos através da formação e ensino a nacionais dos Estados e países em desenvolvimento e, em especial, dos menos desenvolvidos entre eles; e
 e) A cooperação internacional em todos os níveis, particularmente em nível regional, sub-regional e bilateral.

Art. 269.º (Medidas para atingir os objectivos fundamentais)
Para atingir os objectivos mencionados no artigo 268.º, os Estados, directamente ou por intermédio das organizações internacionais competentes, devem procurar *inter alia*:
  a) Estabelecer programas de cooperação técnica para a efectiva transferência de todos os tipos de tecnologia marinha aos Estados que necessitem e solicitem assistência técnica nesse domínio, em especial aos Estados em desenvolvimento sem litoral e aos Estados em desenvolvimento em situação geográfica desfavorecida, bem como a outros Estados em desenvolvimento que não tenham podido estabelecer ou desenvolver a sua própria capacidade tecnológica no âmbito da ciência marinha e no da exploração e aproveitamento de recursos marinhos, nem podido desenvolver a infra--estrutura de tal tecnologia;
  b) Promover condições favoráveis à conclusão de acordos, contratos e outros ajustes similares em condições equitativas e razoáveis;
  c) Realizar conferências, seminários e simpósios sobre temas científicos e tecnológicos, em particular sobre políticas e métodos para a transferência de tecnologia marinha;
  d) Promover o intercâmbio de cientistas e peritos em tecnologia e outras matérias;
  e) Realizar projectos e promover empresas conjuntas e outras formas de cooperação bilateral e multilateral.

SECÇÃO II. **Cooperação Internacional**

Art. 270.º (Formas de cooperação internacional)
A cooperação internacional para o desenvolvimento e a transferência de tecnologia marinha deve ser efectuada, quando praticável e apropriado, através de programas bilaterais, regionais ou multilaterais existentes, bem como através de programas ampliados e de novos programas para facilitar a investigação científica marinha, a transferência de tecnologia marinha, particularmente em novos domínios e financiamento internacional apropriado da investigação e desenvolvimento dos oceanos.

Art. 271.º (Directrizes, critérios e normas)
Os Estados devem promover, directamente ou por intermédio das organizações internacionais competentes, o estabelecimento de directrizes, critérios e normas geralmente aceites para a transferência de tecnologia marinha numa base bilateral ou no âmbito das organizações internacionais e outros organismos, tendo particularmente em conta os interesses e necessidades dos Estados em desenvolvimento.

Art. 272.º (Coordenação de programas internacionais)
No domínio da transferência de tecnologia marinha, os Estados devem procurar assegurar que as organizações internacionais competentes coordenem as

suas actividades, incluindo quaisquer programas regionais ou mundiais, tendo em conta os interesses e necessidades dos Estados em desenvolvimento em particular dos Estados sem litoral e daqueles em situação geográfica desfavorecida.

Art. 273.º (Cooperação com organizações internacionais e com a Autoridade)
Os Estados devem cooperar activamente com as organizações internacionais competentes e com a Autoridade para encorajar e facilitar a transferência de conhecimentos especializados e de tecnologia marinha relativos às actividades na Área aos Estados em desenvolvimento, aos seus nacionais e à Empresa.

Art. 274.º (Objectivos da Autoridade)
Sem prejuízo de todos os interesses legítimos, incluindo, *inter alia*, os direitos e deveres dos possuidores, fornecedores e recebedores de tecnologia, a Autoridade, no que se refere às actividades na Área, deve assegurar que:
 a) Os nacionais dos Estados em desenvolvimento costeiros, sem litoral ou em situação geográfica desfavorecida sejam admitidos para fins de estágio, com base no princípio da distribuição geográfica equitativa; como membros do pessoal de gestão, de investigação e técnico recrutado para as suas actividades;
 b) A documentação técnica relativa ao equipamento maquinaria, dispositivos e processos pertinentes seja posta à disposição de todos os Estados, em particular dos Estados em desenvolvimento que necessitem e solicitem assistência técnica nesse domínio;
 c) Sejam tomadas pela Autoridade disposições apropriadas para facilitar a aquisição de assistência técnica no domínio da tecnologia marinha pelos Estados que dela necessitem e a solicitem, em particular os Estados em desenvolvimento, bem como a aquisição pelos seus nacionais dos conhecimentos técnicos e especializados necessários, incluindo a formação profissional;
 d) Seja prestada aos Estados a assistência técnica de que necessitem e solicitem nesse domínio, em especial aos Estados em desenvolvimento, bem como assistência na aquisição de equipamento, instalações, processos e outros conhecimentos técnicos necessários, mediante qualquer ajuste financeiro previsto na presente Convenção.

SECÇÃO III. **Centros Nacionais e Regionais de Investigação Científica e Tecnológica Marinha**

Art. 275.º (Estabelecimentos de centros nacionais)
1. Os Estados devem promover, directamente ou por intermédio das organizações internacionais competentes e da Autoridade, o estabelecimento, em especial nos Estados costeiros em desenvolvimento, de centros nacionais de investigação científica e tecnológica marinha bem como o reforço de centros nacionais exis-

tentes, a fim de estimular e impulsionar a realização de investigação científica marinha pelos Estados costeiros em desenvolvimento e de aumentar a sua capacidade nacional para utilizar e preservar os seus recursos marinhos em seu próprio benefício económico.

2. Os Estados devem prestar, por intermédio das organizações internacionais competentes e da Autoridade, apoio adequado para facilitar o estabelecimento e reforço de tais centros nacionais, a fim de fornecerem serviços de formação avançada, e equipamento e conhecimentos práticos técnicos necessários, bem como peritos técnicos, aos Estados que necessitem e solicitem tal assistência.

Art. 276.º (Estabelecimento de centros regionais)

1. Os Estados devem promover, em coordenação com as organizações internacionais competentes, com a Autoridade e com instituições nacionais de investigação cientifica tecnológica marinha, o estabelecimento de centros regionais de investigação científica e tecnológica marinha, em especial nos Estados em desenvolvimento, afim de estimular e impulsionar a realização de investigação científica marinha pelos Estados em desenvolvimento e de favorecer a transferência de tecnologia marinha.

2. Todos os Estados de uma região devem cooperar com os respectivos centros, regionais a fim de assegurarem a realização mais eficaz dos seus objectivos.

Art. 277.º (Funções dos centros regionais)

As funções dos centros regionais devem compreender, *inter alia*:

a) Programas de formação e ensino, em todos os níveis, sobre diversos aspectos da investigação cientifica e tecnológica marinha, em especial a biologia marinha, incluídas a conservação e a gestão dos recursos vivos, a oceanografia, a hidrografia, a engenharia, a exploração geológica dos fundos marinhos, a extracção mineira bem como a tecnologia de dessalinização;
b) Estudos de gestão;
c) Programas de estudos relacionados com a protecção e preservação do meio marinho e com a prevenção, redução e controlo da poluição;
d) Organização de conferências, seminários e simpósios regionais;
e) Aquisição e processamento de dados e informações sobre a ciência, e tecnologia marinhas;
f) Disseminação imediata dos resultados da investigação científica e tecnológica marinha por meio de poluições de fácil acesso;
g) Divulgação das políticas nacionais sobre transferência de tecnologia marinha e estudo comparativo sistemático dessas políticas;
h) Compilação e sistematização de informações sobre comercialização de tecnologia e sobre os contratos e outros ajustes relativos a patentes;
i) Cooperação técnica com outros Estados da região.

SECÇÃO IV. Cooperação entre Organizações Internacionais

Art. 278.º (Cooperação entre organizações internacionais)
As organizações internacionais competentes mencionadas na presente Parte e na Parte XIII devem tomar todas as medidas apropriadas para assegurarem, directamente ou em estreita cooperação entre si, o cumprimento efectivo das funções e responsabilidades decorrentes da presente Parte.

PARTE XV. SOLUÇÃO DE CONTROVÉRSIAS

SECÇÃO I. Disposições Gerais

Art. 279.º (Obrigação de solucionar controvérsias por meios pacíficos)
Os Estados Partes devem solucionar qualquer controvérsia entre eles relativa à interpretação ou aplicação da presente Convenção por meios pacíficos, de conformidade com o parágrafo 3 do artigo 2.º da Carta das Nações Unidas e, para tal fim, procurar uma solução pelos meios indicados no parágrafo 1 do artigo 33.º da Carta.

Art. 280.º (Solução de controvérsias por quaisquer meios pacíficos escolhidos pelas partes)
Nenhuma das disposições da presente Parte prejudica o direito dos Estados Partes de, em qualquer momento, acordarem na solução de uma controvérsia entre eles relativa à interpretação ou aplicação da presente Convenção por quaisquer meios pacíficos de sua própria escolha.

Art. 281.º (Procedimento aplicável quando as partes não tenham alcançado uma solução)
1. Se os Estados Partes que são partes numa controvérsia relativa à interpretação ou aplicação da presente Convenção tiverem acordado em procurar solucioná-la por um meio pacífico de sua própria escolha, os procedimentos estabelecidos na presente Parte só serão aplicados se não tiver sido alcançada uma solução por esse meio e se o acordo entre as partes não excluir a possibilidade de outro procedimento.
2. Se as partes tiverem também acordado num prazo, o disposto no parágrafo 1 só será aplicado depois de expirado esse prazo.

Art. 282.º (Obrigações decorrentes de acordos gerais, regionais ou bilaterais)
Se os Estados Partes que são partes numa controvérsia relativa à interpretação ou aplicação da presente Convenção tiverem ajustado, por meio de acordo geral, regional ou bilateral, ou de qualquer outra forma, em que tal controvérsia seja submetida, a pedido de qualquer das partes na mesma, a um

procedimento conducente a uma decisão obrigatória, esse procedimento será aplicado em lugar do previsto na presente Parte, salvo acordo em contrário das Partes na controvérsia.

Art. 283.º (Obrigação de trocar opiniões)

1. Quando surgir uma controvérsia entre Estados Partes relativa à interpretação ou aplicação da presente Convenção, as partes na controvérsia devem proceder sem demora a uma troca de opiniões, tendo em vista solucioná-la por meio de negociação ou de outros meios pacíficos.

2. As partes também devem proceder sem demora a uma troca de opiniões quando um procedimento para a solução de tal controvérsia tiver sido terminado sem que esta tenha sido solucionada ou quando se tiver obtido uma solução e as circunstâncias requeiram consultas sobre o modo como será implementada a solução.

Art. 284.º (Conciliação)

1. O Estado Parte que é parte numa controvérsia relativa à interpretação ou aplicação da presente Convenção pode convidar a outra ou outras partes a submetê-la a conciliação, de conformidade com o procedimento previsto na Secção I do Anexo V ou com outro procedimento de conciliação.

2. Se o convite for aceite e as partes acordarem no procedimento de conciliação a aplicar, qualquer parte pode submeter a controvérsia a esse procedimento.

3. Se o convite não for aceite ou as partes não acordarem no procedimento, o procedimento de conciliação deve ser considerado terminado.

4. Quando uma controvérsia tiver sido submetida a conciliação, o procedimento só se poderá dar por terminado de conformidade com o procedimento de conciliação acordado, salvo acordo em contrário das partes.

Art. 285.º (Aplicação da presente Secção às controvérsias submetidas nos termos da Parte XI)

Esta Secção aplica-se a qualquer controvérsia que, nos termos da Secção V da Parte XI da presente Convenção, tenha de ser solucionada de conformidade com os procedimentos previstos na presente Parte. Se uma entidade que não um Estado Parte for parte em tal controvérsia, esta Secção aplica-se *mutatis mutandis*.

SECÇÃO II. **Procedimentos compulsórios conducentes a decisões obrigatórias**

Art. 286.º (Aplicação dos procedimentos nos termos da presente Secção)

Salvo o disposto na Secção III, qualquer controvérsia relativa à interpretação ou aplicação da presente Convenção, quando não tiver sido solucionada mediante a aplicação da Secção I, será submetida, a pedido de qualquer das partes na controvérsia, à corte ou tribunal que tenha jurisdição nos termos da presente Secção.

Art. 287.º (Escolha do procedimento)

1. Um Estado ao assinar ou ratificar a presente Convenção ou a ela aderir, ou em qualquer momento ulterior, pode escolher livremente, por meio de declaração escrita, um ou mais dos seguintes meios para a solução das controvérsias relativas à interpretação ou aplicação da presente Convenção:
   a) O Tribunal Internacional do Direito do Mar estabelecido de conformidade com o Anexo VI;
   b) O Tribunal Internacional de Justiça;
   c) Um Tribunal arbitral constituído de conformidade com o Anexo VII;
   d) Um Tribunal arbitral especial constituído de conformidade com o Anexo VIII, para uma ou mais das categorias de controvérsias especificadas no referido Anexo.

2. Uma declaração feita nos termos do parágrafo 1 não deve afectar a obrigação de um Estado Parte de aceitar, na medida e na forma estabelecidas na Secção V da Parte XI, a competência da Câmara de Controvérsias dos Fundos Marinhos do Tribunal Internacional do Direito do Mar nem deve ser afectada por essa obrigação.

3. O Estado Parte que é parte numa controvérsia não abrangida por uma declaração vigente, deve ser considerado como tendo aceite a arbitragem, de conformidade com o Anexo VII.

4. Se as partes numa controvérsia tiverem aceite o mesmo procedimento para solução da controvérsia, esta só poderá ser submetida a esse procedimento, salvo acordo em contrário das partes.

5. Se as partes muna controvérsia não tiverem aceite o mesmo procedimento para a solução da controvérsia, esta só poderá ser submetida a arbitragem, de conformidade com o Anexo VII, salvo acordo em contrário das parte.

6. Uma declaração feita nos termos do parágrafo 1 manter-se-á em vigor até três meses depois da notificação de revogação ter sido depositada junto do Secretário-Geral das Nações Unidas.

7. Nenhuma nova declaração, notificação de revogação ou expiração de uma declaração afecta de modo algum os procedimentos pendentes numa corte ou tribunal que tenha jurisdição nos termos do presente artigo, salvo acordo em contrário das partes.

8. As declarações e notificações referidas no presente artigo serão depositadas junto do Secretário-Geral das Nações Unidas, que deve remeter cópias das mesmas aos Estados Partes.

Art. 288.º (Jurisdição)

1. O tribunal a que se refere o artigo 287.º tem jurisdição sobre qualquer controvérsia relativa à interpretação ou aplicação da presente Convenção que lhe seja submetida de conformidade com a presente Parte.

2. O tribunal a que se refere o artigo 287.º tem também jurisdição sobre qualquer controvérsia relativa à interpretação ou aplicação de um acordo interna-

cional relacionado com os objectivos da presente Convenção que lhe seja submetida de conformidade com esse acordo.

3. A Câmara de Controvérsias dos Fundos Marinhos do Tribunal Internacional do Direito do Mar estabelecida de conformidade com o Anexo VI, ou qualquer outra câmara ou tribunal arbitral a que se faz referência na Secção V da Parte XI, tem jurisdição sobre qualquer das questões que lhe sejam submetidas de conformidade com essa secção.

4. Em caso de controvérsia sobre a jurisdição de um tribunal, a questão será resolvida por decisão desse tribunal.

Art. 289.º (Peritos)

A côrte ou tribunal, no exercício da sua jurisdição nos termos da presente Secção, pode, em qualquer controvérsia em que se suscitem questões científicas ou técnicas, a pedido de uma parte ou, por iniciativa própria, seleccionar, em consulta com as partes, pelo menos dois peritos em questões científicas ou técnicas, escolhidos de preferência da lista apropriada preparada de conformidade com o artigo 2.º do Anexo VIII, para participarem nesse tribunal, sem direito a voto.

Art. 290.º (Medidas provisórias)

1. Se uma controvérsia tiver sido devidamente submetida a um tribunal que se considere, *prima facie*, com jurisdição nos termos da presente Parte ou da Secção V da Parte XI, o tribunal poderá decretar quaisquer medidas provisórias que considere apropriadas, às circunstâncias, para preservar os direitos respectivos das partes na controvérsia ou impedir danos graves ao meio marinho, até decisão definitiva.

2. As medidas provisórias podem ser modificadas ou revogadas desde que as circunstâncias que as justificaram se tenham modificado ou deixado de existir.

3. As medidas provisórias só podem ser decretadas, modificadas ou revogadas, nos temos do presente artigo, a pedido de uma das partes na controvérsia e após ter sido dada às partes a oportunidade de serem ouvidas.

4. O tribunal notificará imediatamente as partes na controvérsia e, se julgar apropriado, outros Estados Partes, de qualquer medida provisória ou de qualquer decisão que a modifique ou revogue.

5. Enquanto não estiver constituído o tribunal arbitral ao qual uma controvérsia esteja a ser submetida nos termos da presente Secção, qualquer tribunal, escolhido de comum acordo pelas partes ou, na falta de tal acordo, dentro de duas semanas subsequentes à data do pedido de medidas provisórias, o Tribunal Internacional do Direito do Mar, ou, tratando-se de actividades na Área, a Câmara de Controvérsias dos Fundos Marinhos, pode decretar, modificar ou revogar medidas provisórias nos termos do presente artigo, se considerar, *prima facie*, que o tribunal a ser constituído teria jurisdição e que a urgência da situação assim o requer. Logo que estiver constituído, o tribunal ao qual a controvérsia foi submetida pode, actuando de conformidade com os parágrafos 1 a 4, modificar, revogar ou confirmar essas medidas provisórias.

6. As partes na controvérsia devem cumprir sem demora quaisquer medidas provisórias decretadas nos termos do presente artigo.

Art. 291.º (Acesso)

1. Os Estados Partes têm acesso a todos os procedimentos de solução de controvérsias especificadas na presente Parte.

2. As entidades que não sejam Estados Partes têm acesso, apenas nos casos expressamente previstos na presente Convenção, aos procedimentos de solução de controvérsias especificados nesta Parte.

Art. 292.º (Pronta libertação das embarcações e das suas tripulações)

1. Quando as autoridades de um Estado Parte tiverem apresado uma embarcação que arvore a bandeira de um outro Estado Parte e for alegado que o Estado que procedeu à detenção não cumpriu as disposições da presente Convenção no que se refere à pronta libertação da embarcação ou da sua tripulação, mediante a prestação de uma caução idónea ou outra garantia financeira, a questão da libertação poderá ser submetida, salvo acordo em contrário das partes, a qualquer tribunal escolhido por acordo entre as partes ou, não havendo acordo no prazo de dez dias subsequentes ao momento da detenção, o tribunal aceite, nos termos do artigo 287.º, pelo Estado que fez a detenção ou ao Tribunal Internacional do Direito do Mar.

2. O pedido de libertação só pode ser feito pelo Estado de bandeira da embarcação ou em seu nome.

3. O tribunal apreciará imediatamente o pedido de libertação e ocupar-se-á exclusivamente da questão da libertação, sem prejuízo do mérito de qualquer acção judicial contra a embarcação, seu armador ou sua tripulação, intentada no foro nacional apropriado. As autoridades do Estado que tiverem efectuado a detenção continuarão a ser competentes para, em qualquer altura, ordenar a libertação da embarcação ou da sua tripulação.

4. Uma vez prestada a caução ou garantia financeira fixada pela corte ou tribunal, as autoridades do Estado que tiverem efectuado a detenção cumprirão imediatamente a decisão do tribunal relativa à libertação da embarcação ou da sua tripulação.

Art. 293.º (Direito aplicável)

1. O tribunal que tiver jurisdição nos termos desta secção deve aplicar a presente Convenção e outras normas de direito internacional que não forem incompatíveis com esta Convenção.

2. O parágrafo 1 não prejudicará a faculdade do tribunal que tiver jurisdição nos termos da presente secção de decidir um caso *ex aequo et bono*, se as partes assim o acordarem.

Art. 294.º (Procedimentos preliminares)
1. O tribunal referido no artigo 287.º ao qual tiver sido feito um pedido relativo a uma controvérsia mencionada no artigo 297.º, decidirá, por solicitação de uma parte, ou poderá decidir, por iniciativa própria, se o pedido constitui utilização abusiva dos meios processuais ou se *prima facie* é bem fundamentado. Se a côrte ou tribunal decidir que o pedido constitui utilização abusiva dos meios processuais ou é *prima facie* infundado, cessará a sua acção no caso.
2. Ao receber o pedido, o tribunal notificará imediatamente a outra parte ou partes e fixará um prazo razoável durante o qual elas possam solicitar-lhe que decida nos termos do parágrafo 1.
3. Nada no presente artigo prejudica o direito de qualquer parte numa controvérsia de deduzir excepções preliminares de conformidade com as normas processuais aplicáveis.

Art. 295.º (Esgotamento dos recursos internos)
Qualquer controvérsia entre os Estados Partes relativa à interpretação ou à aplicação da presente Convenção só pode ser submetida aos procedimentos estabelecidos na presente secção depois de esgotados os recursos internos de conformidade com o direito internacional.

Art. 296.º (Carácter definitivo e força obrigatória das decisões)
1. Qualquer decisão proferida por um tribunal com jurisdição nos termos da presente Secção será definitiva e deverá ser cumprida por todas as partes na controvérsia.
2. Tal decisão não terá força obrigatória senão para as partes na controvérsia e no que se refere a essa mesma controvérsia.

SECÇÃO III.   Limites e excepções à aplicação da Secção II

Art. 297.º (Limites à aplicação da Secção II)
1. As controvérsias relativas à interpretação ou aplicação da presente Convenção, no concernente ao exercício por um Estado costeiro dos seus direitos soberanos ou de jurisdição previstos na presente Convenção serão submetidas aos procedimentos estabelecidos na Secção II nos seguintes casos:
   a) Quando se alegue que um Estado costeiro actuou em violação das disposições da presente Convenção no concernente às liberdades e direitos de navegação ou de sobrevoo ou à liberdade e ao direito de colocação de cabos e ductos submarinos e outros usos do mar internacionalmente lícitos especificados no artigo 58.º; ou
   b) Quando se alegue que um Estado, ao exercer as liberdades, os direitos, ou os usos anteriormente mencionados, actuou em violação das disposições da presente Convenção ou das leis ou regulamentos adoptados pelo Estado costeiro, de conformidade com a presente Convenção e com outras normas de direito internacional que não sejam com ela incompatíveis; ou

c) Quando se alegue que um Estado costeiro actuou em violação das regras e normas internacionais específicas para a protecção e preservação do meio marinho aplicáveis ao Estado costeiro e que tenham sido estabelecidas pela presente Convenção ou por intermédio de uma organização internacional competente ou de uma conferência diplomática de conformidade com a presente Convenção.

2. a) As controvérsias relativas à interpretação ou aplicação das disposições da presente Convenção concernentes à investigação científica marinha serão solucionadas de conformidade com a Secção II, com a ressalva de que o Estado costeiro não será obrigado a aceitar submeter aos procedimentos de solução, qualquer controvérsia, que se suscite por motivo de:
   i) O exercício pelo Estado costeiro de um direito ou poder discricionário de conformidade com o artigo 246.º; ou
   ii) A decisão do Estado costeiro de ordenar a suspensão ou a cessão de um projecto de investigação de conformidade com o artigo 253.º.

b) A controvérsia suscitada quando o Estado que realiza as investigações alegar que, em relação a um determinado projecto, o Estado costeiro não está a exercer, de modo compatível com a presente Convenção, os direitos que lhe conferem os artigos 246.º e 253.º, será submetida, a pedido de qualquer das partes, ao procedimento de conciliação nos termos da Secção II do Anexo V, com a ressalva de que a comissão de conciliação não porá em causa o exercício pelo Estado costeiro do seu poder discricionário de designar as áreas específicas referidas no parágrafo 6 do artigo 246.º, ou do seu poder discricionário de recusar o seu consentimento, de conformidade com o parágrafo 5 do artigo 246.º.

3. a) As controvérsias relativas à interpretação ou aplicação das disposições da presente Convenção concernentes à pesca serão solucionadas de conformidade com a secção II, com a ressalva de que o Estado costeiro não será obrigado a aceitar submeter aos procedimentos se solução qualquer controvérsia relativa aos seus direitos soberanos referentes aos recursos vivos da sua zona económica exclusiva ou ao exercício desses direitos, incluídos os seus poderes discricionários de fixar a captura permissível, a sua capacidade de captura, a atribuição dos excedentes a outros Estados e as modalidades e condições estabelecidas nas suas leis e regulamentos de conservação e gestão.

b) Se a aplicação das disposições da Secção I da presente Parte não permitiu chegar a uma solução, a controvérsia será submetida, a pedido de qualquer das partes na controvérsia, ao procedimento de conciliação nos termos da Secção II do Anexo V, quando se alegue que um Estado costeiro:
   i) Tenha manifestamente deixado de cumprir as suas obrigações de assegurar, por meio de medidas apropriadas de conservação e gestão, que a manutenção dos recursos vivos da zona económica exclusiva não fique seriamente ameaçada;

ii) Tenha arbitrariamente recusado fixar, a pedido de outro Estado, a captura permissível e a sua própria capacidade de captura dos recursos vivos, no que se refere às populações que este outro Estado esteja interessado em pescar; ou

iii) Tenha arbitrariamente recusado atribuir a qualquer Estado, nos termos dos artigos 62.º, 69.º e 70.º, a totalidade ou parte do excedente que tenha declarado existir, segundo as modalidades e condições estabelecidas pelo Estado costeiro compatíveis com a presente Convenção.

c) Em nenhum caso a comissão de conciliação substituirá o seu poder discricionário pelo do Estado costeiro;

d) O relatório da comissão de conciliação deve ser comunicado às organizações internacionais competentes;

e) Ao negociar um acordo nos termos dos artigos 69.º e 70.º, os Estados Partes deverão incluir, salvo acordo em contrário, uma cláusula sobre as medidas que tomarão para minimizar a possibilidade de divergência relativa à interpretação ou aplicação do acordo e sobre o procedimento a seguir se, apesar disso, a divergência surgir.

Art. 298.º (Excepções de carácter facultativo à aplicação da Secção II)

1. Ao assinar ou ratificar a presente Convenção ou a ela aderir, ou em qualquer outro momento ulterior, um Estado pode, sem prejuízo das obrigações resultantes da Secção I, declarar por escrito não aceitar um ou mais dos procedimentos estabelecidos na Secção II, com respeito a uma ou várias das seguintes categorias de controvérsias:

a) i) As controvérsias relativas à interpretação ou aplicação dos artigos 15.º, 74.º e 83.º referentes à delimitação de zonas marítimas, ou às baías ou títulos históricos, com a ressalva de que o Estado que tiver feito a declaração, quando tal controvérsia surgir depois da entrada em vigor da presente Convenção e quando não se tiver chegado a acordo dentro de um prazo razoável de negociações entre as partes, aceite, a pedido de qualquer parte na controvérsia, submeter a questão ao procedimento de conciliação nos termos da Secção II do Anexo V; além disso, fica excluída de tal submissão qualquer controvérsia que implique necessariamente o exame simultâneo de uma controvérsia não solucionada relativa à soberania ou outros direitos sobre um território continental ou insular;

ii) Depois de a comissão de conciliação ter apresentado o seu relatório, no qual exporá as razões em que se fundamenta, as partes negociarão um acordo com base nesse relatório; se essas negociações não resultarem num acordo, as partes deverão, salvo acordo em contrário, submeter, por mútuo consentimento, a questão a um dos procedimentos previstos na Secção II;

iii) Esta alínea não se aplica a nenhuma controvérsia relativa à delimitação de zonas marítimas que tenha sido definitivamente solucionada por acordo entre as partes, nem a qualquer controvérsia que deva ser solucionada de conformidade com um acordo bilateral ou multilateral obrigatório para essas partes;
- *b*) As controvérsias relativas a actividades militares, incluídas as actividades militares de embarcações e aeronaves de Estado utilizadas em serviços não comerciais, e as controvérsias relativas a actividades destinadas a fazer cumprir normas legais tendo em vista o exercício de direitos soberanos ou da jurisdição excluídas, nos termos dos parágrafos 2 ou 3 do artigo 297.º, da jurisdição de um tribunal;
- *c*) As controvérsias a respeito das quais o Conselho de Segurança das Nações Unidas esteja a exercer as funções que lhe são conferidas pela Carta das Nações Unidas, a menos que o Conselho de Segurança retire a questão da sua ordem do dia ou convide as partes a solucioná-la pelos meios previstos na presente Convenção.

2. O Estado Parte que tiver feito uma declaração nos termos do parágrafo 1 poderá retirá-la em qualquer momento ou convir em submeter a controvérsia, excluída em virtude dessa declaração, a qualquer dos procedimentos estabelecidos na presente Convenção.

3. Um Estado Parte que tiver feito uma declaração nos termos do parágrafo 1 não pode submeter a controvérsia pertencente à categoria de controvérsias excluídas, a qualquer dos procedimentos previstos na presente Convenção, sem o consentimento de qualquer outro Estado Parte com o qual estiver em controvérsia.

4. Se um dos Estados Partes tiver feito uma declaração nos termos da alínea *a*) do parágrafo 1, qualquer outro Estado Parte poderá submeter, contra a parte declarante, qualquer controvérsia pertencente a uma das categorias exceptuadas ao procedimento especificado em tal declaração.

5. Uma nova declaração ou a retirada de uma declaração não afectará de modo algum os procedimentos em curso numa côrte ou tribunal nos termos do presente artigo, salvo acordo em contrário das partes.

6. As declarações e as notificações de retirada das declarações nos termos do presente artigo serão depositadas junto do Secretário-Geral das Nações Unidas, o qual enviará cópias das mesmas aos Estados Partes.

Art. 299.º (Direito de as partes convirem num procedimento)

1. A controvérsia excluída dos procedimentos de solução de controvérsias previstos na Secção II nos termos do artigo 297.º, ou exceptuada de tais procedimentos por meio de uma declaração feita de conformidade com o artigo 298.º, só poderá ser submetida a esses procedimentos por acordo das partes na controvérsia.

2. Nenhuma das disposições da presente Secção prejudica o direito de as partes na controvérsia convirem num outro procedimento para a solução de tal controvérsia ou de chegarem a uma solução amigável.

PARTE XVI. DISPOSIÇÕES GERAIS

Art. 300.º (Boa fé e abuso de direito)

Os Estados Partes devem cumprir de boa fé as obrigações contraídas nos termos da presente Convenção e exercer os direitos, jurisdição e liberdades reconhecidos na presente Convenção de modo a não constituir abuso de direito.

Art. 301.º (Utilização do mar para fins pacíficos)

No exercício dos seus direitos e no cumprimento das suas obrigações nos termos da presente Convenção, os Estados Partes devem abster-se de qualquer ameaça ou uso da força contra a integridade territorial ou a independência política de qualquer Estado, ou de qualquer outra forma incompatível com os princípios de direito internacional incorporados na Carta das Nações Unidas.

Art. 302.º (Divulgação de informações)

Sem prejuízo do direito de um Estado Parte de recorrer aos procedimentos de solução de controvérsias estabelecidos na presente Convenção, nada nesta Convenção deve ser interpretado no sentido de exigir que um Estado Parte, no cumprimento das suas obrigações nos termos da presente Convenção, forneça informações cuja divulgação seja contrária aos interesses essenciais da sua segurança.

Art. 303.º (Objectos arqueológicos e históricos achados no mar)

1. Os Estados têm o dever de proteger os objectos de carácter arqueológico e histórico achados no mar e devem cooperar para esse fim.

2. A fim de controlar o tráfico de tais objectos, o Estado costeiro pode presumir, ao aplicar o artigo 33.º, que a sua remoção dos fundos marinhos, na área referida nesse artigo, sem a sua autorização constitui uma infracção, cometida no seu território ou no seu mar territorial, das leis e regulamentos mencionados no referido artigo.

3. Nada no presente artigo afecta os direitos dos proprietários identificáveis, as normas de salvamento ou outras normas do direito marítimo bem como leis e práticas em matéria de intercâmbios culturais.

4. O presente artigo deve aplicar-se sem prejuízo de outros acordos internacionais e normas de direito internacional relativos à protecção de objectos de carácter arqueológico e histórico.

Art. 304.º (Responsabilidade por danos)

As disposições da presente Convenção relativa à responsabilidade por danos não prejudicam a aplicação das normas vigentes e a elaboração de novas normas relativas à responsabilidade nos termos do direito internacional.

PARTE XVII. DISPOSIÇÕES FINAIS

Art. 305.º (Assinatura)

1. A presente Convenção está aberta à assinatura de:
   a) Todos os Estados;
   b) A Namíbia, representada pelo Conselho das Nações Unidas para a Namíbia;
   c) Todos os Estados Autónomos associados que tenham escolhido este estatuto num acto de autodeterminação fiscalizado e aprovado pelas Nações Unidas de conformidade com a resolução 1514 (XV) da Assembleia Geral, e que tenham competências sobre matérias regidas pela presente Convenção, incluindo a de concluir tratados em relação a essas matérias;
   d) Todos os Estados autónomos associados que, de conformidade com os seus respectivos instrumentos de associação, tenham competência sobre as matérias regidas pela presente Convenção, incluindo a de concluir tratados em relação a essas matérias;
   e) Todos os territórios que gozem de plena autonomia interna, reconhecida como tal pelas Nações Unidas, mas que não tenham alcançado a plena independência de conformidade com a resolução 1514 (XV) da Assembleia Geral, e que tenham competência sobre matérias regidas pela presente Convenção, incluindo a de concluir tratados em relação a essas matérias;
   f) As organizações internacionais, de conformidade com o Anexo IX.

2. A presente Convenção está aberta à assinatura até 9 de Dezembro de 1984 no Ministério dos Negócios Estrangeiros da Jamaica e também, a partir de 1 de Julho de 1983 até 9 de Dezembro de 1984, na Sede das Nações Unidas em Nova Iorque.

Art. 306.º (Ratificação e confirmação formal)

A presente Convenção está sujeita à ratificação pelos Estados e outras entidades mencionadas nas alíneas b), c), d) e e) do parágrafo 1 do artigo 305.º, assim como a confirmação formal de conformidade com o Anexo IX, pelas entidades mencionadas na alínea f) do parágrafo 1 desse artigo. Os instrumentos de ratificação e de confirmação formal devem ser depositados junto do Secretário-Geral das Nações Unidas.

Art. 307.º (Adesão)

A presente Convenção está aberta à adesão dos Estados e das outras entidades mencionadas no artigo 305.º. A adesão das entidades mencionadas na alínea, f) do parágrafo 1 do artigo 305.º deve ser efectuada de conformidade com o Anexo IX.

Os instrumentos de adesão devem ser depositados junto do Secretário-Geral das Nações Unidas.

Art. 308.º (Entrada em vigor)

1. A presente Convenção entra em vigor doze meses após a data de depósito do sexagésimo instrumento de ratificação ou de adesão.

2. Para cada Estado que ratifique a presente Convenção ou a ela adira após o depósito do sexagésimo instrumento de ratificação ou de adesão, a Convenção entra em vigor no trigésimo dia seguinte à data de depósito do instrumento de ratificação ou, de adesão, com observância do parágrafo 1.

3. A Assembleia da Autoridade deve reunir-se na data da entrada em vigor da presente Convenção e eleger o Conselho da Autoridade. Se não for possível a aplicação estrita das disposições do artigo 161.º, o primeiro Conselho será constituído de forma compatível com o objectivo desse artigo.

4. As normas, regulamentos e procedimentos elaborados pela Comissão Preparatória devem aplicar-se provisoriamente até à sua aprovação formal pela Autoridade, de conformidade com a Parte XI.

5. A Autoridade e os seus órgãos devem actuar de conformidade com a resolução II da Terceira Conferência das Nações Unidas sobre o Direito do Mar, relativa aos investimentos preparatórios, e com as decisões tomadas pela Comissão Preparatória na aplicação dessa resolução.

Art. 309.º (Reservas e excepções)

A presente Convenção não admite quaisquer reservas ou excepções além das por ela expressamente autorizadas noutros artigos.

Art. 310.º (Declarações)

O artigo 309.º não impede um Estado Parte, quando assina ou ratifica a presente Convenção ou a ela adere, de fazer declarações, qualquer que seja a sua redacção ou denominação, com o fim de, *inter alia*, harmonizar as suas leis e regulamentos com as disposições da presente Convenção, desde que tais declarações não tenham por finalidade excluir ou modificar o efeito jurídico das disposições da presente Convenção na sua aplicação a esse Estado.

Art. 311.º (Relação com outras convenções e acordos internacionais)

1. A presente Convenção prevalece, nas relações entre os Estados Partes, sobre as Convenções de Genebra sobre o Direito do Mar de 29 de Abril de 1958.

2. A presente Convenção não modifica os direitos e as obrigações dos Estados Partes resultantes de outros acordos compatíveis com a presente Convenção e que não afectam o gozo por outros Estados Partes dos seus direitos nem o cumprimento das suas obrigações nos termos da mesma Convenção.

3. Dois ou mais Estados Partes podem concluir acordos, aplicáveis unicamente às suas relações entre si, que modifiquem as disposições da presente Convenção ou suspendam a sua aplicação, desde que tais acordos não se relacionem com nenhuma disposição cuja derrogação seja incompatível com a realização efectiva do objecto e fins da presente Convenção e, desde que tais acordos

não afectem a aplicação dos princípios fundamentais nela enunciados e que as disposições de tais acordos não afectem o gozo por outros Estados Partes dos seus direitos ou o cumprimento das suas obrigações nos termos da mesma Convenção.

4. Os Estados Partes que pretendam concluir um acordo dos referidos no parágrafo 3 devem notificar os demais Estados Partes, por intermédio do depositário da presente Convenção, da sua intenção de concluir o acordo bem como da modificação ou suspensão que tal acordo preveja.

5. O presente artigo não afecta os acordos internacionais expressamente autorizados ou salvaguardados por outros artigos da presente Convenção.

6. Os Estados Partes convém em que não podem ser feitas emendas ao princípio fundamental relativo ao património comum da humanidade estabelecido no artigo 136.º e em que não serão partes em nenhum acordo que derrogue esse princípio.

Art. 312.º (Emendas)

1. Decorridos 10 anos a contar da data de entrada em vigor da presente Convenção, qualquer Estado Parte pode propor, mediante comunicação escrita ao Secretário-Geral das Nações Unidas, emendas concretas à presente Convenção, excepto as que se refiram a actividades na Área, e pode solicitar a convocação de uma conferência para examinar as emendas propostas. O Secretário-Geral deve transmitir tal comunicação a todos os Estados Partes. Se, nos doze meses seguintes à data de transmissão de tal comunicação, pelo menos metade dos Estados Partes responderem favoravelmente a esse pedido, o Secretário-Geral deve convocar a conferência.

2. O procedimento de adopção de decisões aplicável na conferência de emendas deve ser o mesmo aplicado na Terceira Conferência das Nações Unidas sobre o Direito do Mar, a menos que a conferência decida de outro modo. A conferência deve fazer todo o possível para chegar a acordo sobre quaisquer emendas por consenso, não se devendo proceder a votação das emendas enquanto não se esgotarem todos os esforços para se chegar a consenso.

Art. 313.º (Emendas por procedimento simplificado)

1. Todo Estado Parte pode propor, mediante comunicação escrita ao Secretário-Geral das Nações Unidas, emenda à presente Convenção que não se relacione com actividades na Área, para ser adoptada pelo procedimento simplificado estabelecido no presente artigo sem a convocação de uma conferência. O Secretário-Geral deve transmitir a comunicação a todos os Estados Partes.

2. Se, nos doze meses seguintes a contar da data de transmissão da comunicação, um Estado Parte apresentar objecção à emenda proposta ou à sua adopção pelo procedimento simplificado, a emenda será considerada rejeitada. O Secretário-Geral deve notificar imediatamente todos os Estados Partes, em conformidade.

3. Se, nos doze meses seguintes a contar da data de transmissão da comunicação, nenhum Estado Parte tiver apresentado qualquer objecção à emenda proposta ou à sua adopção pelo procedimento simplificado, a emenda proposta será considerada adoptada. O Secretário-Geral deve notificar todos os Estados Partes de que a emenda proposta foi adoptada.

Art. 314.º (Emendas às disposições da presente Convenção relativas exclusivamente a actividades na Área)

1. Todo Estado Parte pode propor, mediante comunicação escrita ao Secretário-Geral da Autoridade, emenda às disposições da presente Convenção relativas exclusivamente a actividades na Área, incluindo a Secção IV do Anexo VI. O Secretário-Geral deve transmitir tal comunicação a todos os Estados Partes. A emenda proposta fica sujeita à aprovação pela Assembleia depois de aprovada pelo Conselho. Os representantes dos Estados Partes nesses órgãos devem ter plenos poderes para examinar e aprovar a emenda proposta. A emenda proposta, tal como aprovada pelo Conselho e pela Assembleia, considera-se adoptada.

2. Antes da aprovação de qualquer emenda nos termos do parágrafo 1, o Conselho e a Assembleia devem assegurar-se de que ela não afecta o sistema de exploração e aproveitamento dos recursos da Área até à realização da Conferência de Revisão, de conformidade com o artigo 155.º.

Art. 315.º (Assinatura, ratificação das emendas, adesão às emendas e textos autênticos das emendas)

1. Uma vez adoptadas, as emendas à presente Convenção ficam abertas à assinatura pelos Estados Partes na presente Convenção nos doze meses a contar da data da sua adopção, na Sede das Nações Unidas em Nova Iorque, salvo disposição em contrário na própria emenda.

2. Os artigos 306.º, 307.º e 320.º aplicam-se a todas as emendas à presente Convenção.

Art. 316.º (Entrada em vigor das emendas)

1. As emendas à presente Convenção, excepto as mencionadas no parágrafo 5, entram em vigor para os Estados Partes que as ratifiquem ou a elas adiram, no trigésimo dia seguinte ao depósito dos instrumentos de ratificação ou de adesão de dois terços dos Estados Partes ou de 60 Estados Partes, se este número for maior. Tais emendas não afectam o gozo por outros Estados Partes dos seus direitos ou o cumprimento das suas obrigações nos termos da presente Convenção.

2. Uma emenda pode prever, para a sua entrada em vigor, um número de ratificações ou de adesões maior do que o requerido pelo presente artigo.

3. Para qualquer Estado Parte que ratifique uma emenda referida no parágrafo 1 ou a ela adira, após o depósito do número requerido de instrumentos de ratificação ou de adesão, a emenda entra em vigor no trigésimo dia seguinte ao depósito do seu instrumento de ratificação ou de adesão.

4. Todo o Estado que venha a ser Parte na presente Convenção depois da entrada em vigor de uma emenda de conformidade com o parágrafo 1, se não manifestar intenção diferente, é considerado:
   a) Parte na presente Convenção, tal como emenda; e
   b) Parte na presente Convenção não emendada, em relação a qualquer Estado Parte que não esteja obrigado pela emenda.

5. As emendas relativas exclusivamente a actividades na Área e as emendas ao Anexo VI entram em vigor para todos os Estados Partes um ano após o depósito por três quartos dos Estados Partes dos seus instrumentos de ratificação ou de adesão.

6. Todo o Estado que venha a ser Parte na presente Convenção depois da entrada em vigor de emendas de conformidade com o parágrafo 5 é considerado Parte na presente Convenção, tal como emendada.

Art. 317.º (Denúncia)

1. Todo o Estado Parte pode, mediante notificação escrita dirigida ao Secretário-Geral das Nações Unidas, denunciar a presente Convenção e indicar as razões da denúncia. A omissão de tais razões não afecta a validade da denúncia. A denúncia terá efeito um ano após a data do recebimento da notificação, a menos que aquela preveja uma data ulterior.

2. Nenhum Estado fica dispensado, em virtude da denúncia, das obrigações financeiras e contratuais contraídas enquanto Parte na presente Convenção, nem a denúncia afecta nenhum direito, obrigação ou situação jurídica desse Estado decorrentes da aplicação da presente Convenção antes de esta deixar de vigorar em relação a esse Estado.

3. A denúncia em nada afecta o dever de qualquer Estado Parte de cumprir qualquer obrigação incorporada na presente Convenção a que esteja sujeito nos termos do direito internacional, independentemente da presente Convenção.

Art. 318.º (Estatuto dos Anexos)

Os Anexos são parte integrante da presente Convenção e, salvo disposição expressa em contrário, uma referência à presente Convenção ou a uma das suas Partes constitui uma referência aos Anexos correspondentes.

Art. 319.º (Depositário)

1. O Secretário-Geral das Nações Unidas é o depositário da presente Convenção e das emendas a esta.

2. Além das suas funções de depositário, o Secretário-Geral da Nações Unidas deve:
   a) Enviar relatórios a todos os Estados Partes, à Autoridade e às organizações internacionais competentes relativos a questões de carácter geral que surjam em relação à presente Convenção;

b) Notificar a Autoridade das ratificações, confirmações formais e adesões relativas à presente Convenção e das emendas a esta; bem como das denúncias da presente Convenção;

c) Notificar os Estados Partes dos acordos concluídos, de conformidade com o parágrafo 4 do artigo 311.º;

d) Transmitir aos Estados Partes, para ratificação ou adesão, as emendas adoptadas, de conformidade com a presente Convenção;

e) Convocar as reuniões necessárias dos Estados Partes, de conformidade com a presente Convenção.

3. *a)* O Secretário-Geral deve transmitir também aos observadores mencionados no artigo 156.º:

    i) Os relatórios mencionados na alínea *a)* do parágrafo 2;

    ii) As notificações mencionadas nas alíneas *b)* e *c)* do parágrafo 2; e

    iii) O texto das emendas mencionadas na alínea *d)* do parágrafo 2, para sua informação.

b) O Secretário-Geral deve convidar igualmente estes observadores a participarem, como observadores, nas reuniões dos Estados Partes mencionadas na alínea *e)* do parágrafo 2.

Art. 320.º (Textos autênticos)

O original da presente Convenção, cujos textos em Árabe, Chinês, Espanhol, Francês, Inglês e Russo fazem igualmente fé, fica depositado, sem prejuízo do disposto no parágrafo 2 do artigo 305.º, junto do Secretário-Geral das Nações Unidas.

Em fé do que os Plenipotenciários abaixo assinados, devidamente autorizados para o efeito, assinaram a presente Convenção.

Feito em Montego Bay, no dia dez de Dezembro de mil novecentos e oitenta e dois.

Resolução n.º 21/96, de 26 de Novembro

Na base do princípio de que os fundos marinhos internacionais são "património comum da humanidade" e que a sua exploração deveria ser feita em benefício de todos os Estados, especialmente dos países em vias de desenvolvimento, em 10 de Dezembro de 1982, na Jamaica, foi aprovada a Convenção das Nações Unidas sobre o Direito do Mar, tendo entrado em vigor a 16 de Novembro de 1994.

Como até às vésperas da entrada em vigor da Convenção a mesma tivesse sido ratificada maioritariamente pelos países em vias de desenvolvimento, houve necessidade de complementá-la, de modo a preencher princípios que possibilitassem a sua ratificação pelos Estados desenvolvidos. Foi assim que surgiu o

Acordo relativo à implementação da Parte XI da Convenção do Direito do Mar que estabelece o regime jurídico dos investidores pioneiros e que é parte integrante da Convenção.

A República de Moçambique tem uma extensa costa e desfruta de uma posição geograficamente vantajosa, constituindo assim uma via de acesso natural e económico viável para os Estados vizinhos.

Para que o aproveitamento e exploração de riquezas e de recursos vivos na plataforma continental e na zona económica exclusiva, a República de Moçambique necessita de observar os princípios previstos nas actividades da área ou para beneficiar dos recursos aí existentes terá de se guiar pelo Acordo de Implementação da Parte XI da Convenção.

Considerando que a República de Moçambique assinou em 1992 a Convenção do Direito do Mar e que em Julho de 1994 concordou com o texto tendo em conta as vantagens que lhe advirão da ratificação da Convenção e da adesão ao Acordo;

No uso da competência que lhe é conferida pela alínea *k*) do n.º 2 do artigo 135 da Constituição, a Assembleia da República determina:

Único: São ratificados a "Convenção das Nações Unidas sobre o Direito do Mar" e o "Acordo relativo à Implementação da Parte XI da mesma Convenção", adoptados pela Assembleia Geral das Nações Unidas, respectivamente, em 10 de Dezembro de 1982 e Julho de 1994.

Aprovada pela Assembleia da República.

VI – PACTO INTERNACIONAL SOBRE OS DIREITOS CIVIS E POLÍTICOS

Preâmbulo

Os Estados Partes no presente Pacto,
Considerando que, em conformidade com os princípios enunciados na Carta das Nações Unidas, o reconhecimento da dignidade inerente a todos os membros da família humana e dos seus direitos iguais e inalienáveis constitui o fundamento da liberdade, da justiça e da paz no Mundo;
Reconhecendo que estes direitos decorrem da dignidade inerente à pessoa humana;
Reconhecendo que, em conformidade com a Declaração Universal dos Direitos do Homem, o ideal do ser humano livre, usufruindo das liberdades civis e políticas e liberto do medo e da miséria, não pode ser realizado a menos que sejam criadas condições que permitam a cada um gozar dos seus direitos civis e políticos, bem como dos seus direitos económicos, sociais e culturais;
Considerando que a Carta das Nações Unidas impõe aos Estados a obrigação de promover o respeito universal e efectivo dos direitos das liberdades do homem;
Tomando em consideração o facto de que o indivíduo tem deveres em relação a outrem e em relação à colectividade a que pertence e tem a responsabilidade de se esforçar por promover e respeitar os direitos reconhecidos no presente Pacto:
Acordam o que segue:

PRIMEIRA PARTE

Art. 1.º
1. Todos os Povos têm direito a dispor deles mesmos. Em virtude deste direito, eles determinam livremente o seu estatuto político e dedicam-se livremente ao seu desenvolvimento económico, social e cultural.
2. Para atingir os seus fins, todos os Povos podem dispor livremente das suas riquezas e dos seus recursos naturais, sem prejuízo de quaisquer obrigações

que decorrem da cooperação económica internacional, fundada sobre o princípio do interesse mútuo e do direito internacional. Em nenhum caso pode um povo ser privado dos seus meios de subsistência

3. Os Estados Partes no presente Pacto, incluindo aqueles que têm a responsabilidade de administrar territórios não autónomos e territórios sob tutela, são chamados a promover a realização do direito dos Povos a disporem de si mesmos e a respeitar esse direito, conforme as disposições da Carta das Nações Unidas.

SEGUNDA PARTE

Art. 2.º

1. Cada Estado Parte no presente Pacto compromete-se a respeitar e a garantir a todos os indivíduos que se encontrem nos seus territórios e estejam sujeitos à sua jurisdição os direitos reconhecidos no presente Pacto, sem qualquer distinção, derivada nomeadamente, de raça, de cor, de sexo, de língua, de religião de opinião política, ou de qualquer outra opinião, de origem nacional ou social, de propriedade ou de nascimento, ou de outra situação.

2. Cada Estado Parte no Presente Pacto compromete-se a adoptar, de acordo com os seus processos constitucionais e com as disposições do presente Pacto, as medidas que permitam a adopção de decisões de ordem legislativa ou outra capazes de dar efeito aos direitos reconhecidos no presente Pacto que ainda não estiverem em vigor.

3. Cada Estado Parte no presente Pacto compromete-se a:
    a) Garantir que todas as pessoas cujos direitos e liberdades reconhecidas no presente Pacto forem violados disponham de recurso eficaz, mesmo no caso de a violação ter sido cometida por pessoas agindo no exercício das suas funções oficiais;
    b) Garantir que a competente autoridade judiciária administrativa ou legislativa, ou qualquer outra autoridade competente, segundo a legislação do Estado, estatua sobre os direitos da pessoa que forma o recurso e desenvolver as possibilidades de recurso jurisdicional;
    c) Garantir que as competentes autoridades façam cumprir os resultados de qualquer recurso que for reconhecido como justificação.

Art. 3.º

Os Estados Partes no presente Pacto comprometem-se a assegurar o direito igual dos homens e das mulheres a usufruir de todos os direitos civis e políticos enunciados no presente Pacto.

Art. 4.º

1. Em tempo de uma emergência pública que ameaça a existência da nação e cuja existência seja proclamada por um acto oficial, os Estados Partes no presente

Pacto podem tomar, na estrita medida em que a situação o exigir, medidas que derroguem as obrigações previstas no presente Pacto, sob reserva de que essas medidas não sejam incompatíveis com outras obrigações que lhes impõe o direito internacional e que elas não envolvam uma discriminação fundada unicamente sobre a raça, a cor, o sexo, a língua, a religião ou a origem social.

2. A disposição precedente não autoriza nenhuma derrogação aos artigos 6.º, 7.º, 8.º, parágrafos 1 e 2, 11.º, 15.º, 16.º e 18.º.

3. Os Estados Partes no presente Pacto que usam do direito de derrogação devem, por intermédio do Secretário-Geral da Organização das Nações Unidas, informar imediatamente os outros Estados Partes acerca das disposições derrogadas, bem como os motivos dessa derrogação. Uma nova comunicação será feita pela mesma via na data em que se pôs fim a essa derrogação.

Art. 5.º

1. Nenhuma disposição do presente Pacto pode ser interpretada como implicando para um Estado, um grupo ou um indivíduo qualquer direito de se dedicar a uma actividade ou de realizar um acto visando a destruição dos direitos e das liberdades reconhecidas no presente Pacto ou as suas limitações mais amplas que as previstas no dito Pacto.

2. Não pode ser admitida nehuma restrição ou derrogação aos direitos fundamentais do homem reconhecidos ou em vigor em todo o Estado Parte no presente Pacto em aplicação de leis, de convenções, de regulamentos ou de costumes, sob pretexto de que o presente Pacto não os reconhece ou reconhece-os em menor grau.

TERCEIRA PARTE

Art. 6.º

1. O direito à vida é inerente à pessoa humana. Este direito deve ser protegido pela lei: ninguém pode ser arbitrariamente privado da vida.

2. Nos países em que a pena de morte não foi abolida, uma sentença de morte só pode ser pronunciada para os crimes mais graves, em conformidade com a legislação em vigor, no momento em que o crime foi cometido e que não deve estar em contradição com as disposições do presente Pacto nem com a Convenção para a Prevenção e a Repressão do Crime de Genocídio. Esta pena não pode ser aplicada senão em virtude de um juízo definitivo pronunciado por um tribunal competente.

3. Quando a privação da vida constitui o crime de genocídio fica entendido que nenhuma disposição do presente artigo autoriza um Estado Parte no presente Pacto a derrogar de alguma maneira qualquer obrigação assumida em virtude das disposições da Convenção para a Prevenção e a Repressão do Crime de Genocídio.

4. Qualquer indivíduo condenado à morte terá o direito de solicitar o perdão ou comutação da pena. A amnistia, o perdão ou a comutação da pena de morte podem ser concedidos em todos os casos.

5. Uma sentença de morte não pode ser pronunciada em casos de crimes cometidos por pessoas de idade inferior a 18 anos e não pode ser executada sobre mulheres grávidas.

6. Nenhuma disposição do presente artigo pode ser invocada para retardar ou impedir a abolição da pena capital por um Estado Parte no presente Pacto.

Art. 7.º

Ninguém será submetido à tortura nem a pena ou a tratamentos cruéis, desumanos ou degradantes. Em particular, é interdito submeter uma pessoa a uma experiência médica ou científica sem o seu livre consentimemo.

Art. 8.º

1. Ninguém será submetido à escravidão; a escravidão e o tráfico de escravos, sob todas as suas formas são interditos.
2. Ninguém será mantido em servidão.
3. *a*) Ninguém será constrangido a realizar trabalho forçado ou obrigatório;
  b) A alínea *a*) do presente parágrafo não pode ser interpretada no sentido de proibir, em certos países onde crimes podem ser punidos de prisão acompanhados de trabalhos forçados, o cumprimento de uma pena de trabalhos forçados, infligida por um tribunal competente;
  c) Não é considerado como trabalho forçado ou obrigatório no sentido do presente parágrafo:
    i) Todo o trabalho não referido na alínea *b*) normalmente exigido de um indivíduo que é detido em virtude de uma decisão judicial legítima ou que tendo sido objecto de uma tal decisão é libertado condicionalmente;
    ii) Todo o serviço de carácter militar e, nos países em que a objecção por motivos de consciência é admitida, todo o serviço nacional exigido pela lei dos objectores de consciência;
    iii) Todo o serviço exigido nos casos de força maior ou de sinistros que ameacem a vida ou bem-estar da comunidade;
    iv) Todo o trabalho ou todo o serviço formando parte das obrigações cívicas normais.

Art. 9.º

1. Todo o indivíduo tem direito à liberdade e à segurança da sua pessoa. Ninguém pode ser objecto de prisão ou detenção arbitrária. Ninguém pode ser privado da sua liberdade a não ser por motivo e em conformidade com processos previstos na lei.

2. Todo o indivíduo preso será informado, no momento da sua detenção, das razões dessa detenção e receberá notificação imediata de todas as acusações apresentadas contra ele.

3. Todo o indivíduo preso ou detido sob acusação de uma infracção penal será prontamente conduzido perante um juiz ou uma outra autoridade habilitada pela lei a exercer funções judiciárias e deverá ser julgado num prazo razoável ou libertado. A detenção prisional de pesssoas aguardando julgamento não deve ser regra geral, mas a sua libertação pode ser subordinada a garantir que assegurem a presença do interessado no julgamento em qualquer outra fase do processo e, se for caso disso, para execução da sentença.

4. Todo o indivíduo que se encontrar privado de liberdade por prisão ou detenção terá o direito de intentar um recurso perante um tribunal, a fim de que este estatua sem demora sobre a legalidade da sua detenção e ordene a sua libertação se a detenção for ilegal.

5. Todo o indivíduo vítima de prisão ou de detenção ilegal terá direito a compensação.

Art. 10.º

1. Todos os indivíduos privados da sua liberdade devem ser tratados com humanidade e com respeito da dignidade inerente à pessoa humana.

2. *a*) Pessoas sob acusação serão, salvo circunstâncias excepcionais, separadas dos condenados e submetidas a um regime distinto, apropriado à sua condição de pessoas não condenadas;

b) Jovens sob detenção serão separados dos adultos e o seu caso será decidido o mais rapidamente possível.

3. O regime penitenciário comportará tratamento dos reclusos cujo fim essencial é a sua emenda e a sua recuperação social. Delinquentes jovens serão separados dos adultos e submetidos a um regime apropriado à sua idade e ao seu estatuto legal.

Art. 11.º

Ninguém pode ser aprisionado pela única razão de que não está em situação de executar uma obrigação contratual.

Art. 12.º

1. Todo o indivíduo legalmente no território de um Estado tem direito de circular livremente e de aí escolher livremente a sua residência.

2. Todas as pessoas são livres de deixar qualquer país, incluindo o seu.

3. Os direitos mencionados acima não podem ser objecto de restrições, a não ser que estas estejam previstas na lei e sejam necessárias para protoger a segurança nacional, a ordem pública, a saúde ou a moralidades públicas ou os direitos e liberdade de outrem e sejam compatíveis com os outros direitos reconhecidos pelo presente Pacto.

4. Ninguém pode ser arbitrariamente privado do direito de entrar no seu próprio país.

Art. 13.º

Um estrangeiro que se encontre legalmente no território de um Estado Parte no presente Pacto não pode ser expulso, a não ser em cumprimento de uma decisão tomada em conformidade com a lei e, a menos que razões imperiosas de segurança nacional se oponham, deve ter a possibilidade de fazer valer as razões que militam contra a sua expulsão e de fazer examinar o seu caso pela autoridade competente ou por uma ou várias pessoas especialmente designadas pela dita autoridade, fazendo-se representar para esse fim.

Art. 14.º

1. Todos são iguais perante os tribunais de justiça. Todas as pessoas têm direito a que a sua causa seja ouvida equitativa e publicamente por um tribunal competente, independente e imparcial, estabelecido pela lei, que decidirá quer do bem fundado de qualquer acusação em matéria penal dirigida contra elas, quer das constatações sobre os seus direitos e obrigações de carácter civil. As audições à porta fechada podem ser determinadas durante a totalidade ou uma parte do processo, seja no interesse dos bons costumes, da ordem pública ou da segurança nacional numa sociedade democrática, seja quando o interesse da vida privada das partes em causa o exija, seja ainda na medida em que o tribunal o considerar absolutamente necessário, quando, por motivo das circunstâncias particulares do caso, a publicidade prejudicasse os interesses da justiça; todavia qualquer sentença pronunciada em matéria penal ou civil será publicada, salvo se o interesse de menores exigir que se proceda de outra forma ou se o processo respeita a diferendos matrimoniais ou à tutela de crianças.

2. Qualquer pessoa acusada de infracção penal é de direito presumida inocente até que a sua culpabilidade tenha sido legalmente estabelecida.

3. Qualquer pessoa acusada de uma infracção penal terá direito, em plena igualdade, pelo menos às seguintes garantias:

   a) A ser prontamente informada, numa língua que ela compreenda, de modo detalhado, acerca da natureza e dos motivos da acusação apresentada contra ela;

   b) A dispôr do tempo e das facilidades necessárias para a preparação da defesa e a comunicar com um advogado da sua escolha;

   c) A ser julgada sem demora excessiva;

   d) A estar presente no processo e a defender-se a si própria ou a ter assistência de um defensor da escolha, se não tiver defensor, a ser informada dos direitos de ter um e, sempre que o interesse da justiça o exigir, a ser--lhe atribuído um defensor oficioso a título gratuito no caso de não ter meios para o remunerar;

e) A interrogar ou fazer interrogar as testemunhas de acusação e a obter a comparência e o interrogatório das testemunhas de defesa nas mesmas condições das testemunhas de acusação;

f) A fazer-se assistir gratuitamente de um intérprete se não compreender ou não falar a língua utilizada no tribunal;

g) A não ser forçada a testemunhar contra si própria ou a confessar-se culpada.

4. No processo aplicável às pessoas jovens a pena terá em conta a sua idade e o interesse que apresenta a sua reabilitação.

5. Qualquer pessoa declarada culpada de crime terá o direito de fazer examinar por uma jurisdição superior a declaração de culpabilidade e a sentença em conformidade com a lei.

6. Quando uma condenação penal definitiva ulteriormente anulada ou quando é concedido indulto porque um facto novo ou recentemente revelado prova concludentemente que se produziu um erro judiciário, a pessoa que cumpriu uma pena em virtude dessa condenação será indemnizada, em conformidade com a lei, a menos que se prove que a revelação em tempo útil do facto desconhecido lhe seja imputável no todo ou em parte.

7. Ninguém pode ser julgado ou punido novamente por motivo de uma infracção da qual já foi absolvido ou pela qual já foi condenado por sentença definitiva em conformidade com a lei e o processo penal de cada país.

Art. 15.º

1. Ninguém será condenado por actos ou omissões que não constituam um acto delituoso, segundo o direito nacional ou internacional, no momento em que forem cometidos. Do mesmo modo não será aplicada nenhuma pena mais forte do que aquela que era aplicável no momento em que a infracção foi cometida. Se posteriormente a esta infracção a lei prevê a aplicação de uma pena mais ligeira, o delinquente deve beneficiar da alteração.

2. Nada no presente artigo se opõe ao julgamento ou à condenação de qualquer indivíduo por motivo de actos ou omissões que no momento em que foram cometidas eram tidos por criminosos, segundo os princípios gerais de direito reconhecidos pela comunidade das nações.

Art. 16.º

Toda e qualquer pessoa tem direito ao reconhecimento, em qualquer lugar, da sua personalidade jurídica.

Art. 17.º

1. Ninguém será objecto de intervenções arbitrárias ou ilegais na sua vida privada, na sua família, no seu domicílio ou na sua correspondência, nem de atentados ilegais à sua honra e à sua reputação.

2. Toda e qualquer pessoa tem direito à protecção da lei contra tais intervenções ou tais atentados.

Art. 18.º

1. Toda e qualquer pessoa tem direito à liberdade de pensamento, de consciência e de religião; este direito implica a liberdade de ter ou de adoptar uma religião ou uma convicção da sua escolha, bem como a liberdade de manifestar a sua religião ou a sua convicção, individualmente ou conjuntamente com outros, tanto em público como em privado, pelo culto, o cumprimento dos ritos, as práticas e o ensino.
2. Ninguém será objecto de pressões que atentem à sua liberdade de ter ou de adoptar uma religião ou uma convicção da sua escolha.
3. A liberdade de manifestar a sua religião ou as suas convicções só pode ser objecto de restrições previstas na lei e que sejam necessárias à protecção da segurança da ordem e da saúde públicas ou da moral e das liberdades e direitos fundamentais de outrem.
4. Os Estados Partes no Presente Pacto comprometem-se a respeitar a liberdade dos pais e, em caso disso, dos tutores legais, a fazerem assegurar a educação religiosa e moral dos seus filhos e pupilos, em conformidade com as suas próprias convicções.

Art. 19.º

1. Ninguém pode ser inquietado pelas suas opiniões.
2. Toda e qualquer pessoa tem direito à liberdade de expressão; este direito compreende a liberdade de procurar, receber e expandir informações e ideias de toda a espécie, sem consideração de fronteiras, sob forma oral ou escrita, impressa ou artística, ou por qualquer outro meio à sua escolha.
3. O exercício das liberdades previstas no parágrafo 3 do presente artigo comporta deveres e responsabilidades especiais. Pode, em consequência, ser submetido a certas restrições, que devem, todavia, ser expressamente fixadas na lei e que são necessárias:
   a) Ao respeito dos direitos ou da reputação de outrem;
   b) À salvaguarda da segurança nacional, da ordem pública, da saúde e da moralidade públicas.

Art. 20.º

1. Toda a propaganda em favor da guerra deve ser interditada pela lei.
2. Todo o apelo ao ódio nacional, racial e religioso que constitua uma incitação à discriminação, à hostilidade ou à violência deve ser interditado pela lei.

Art. 21.º

O direito de reunião pacífica é reconhecido. O exercício deste direito só pode ser objecto de restrições impostas em conformidade com a lei e que são necessárias numa sociedade democrática, no interesse da segurança nacional, da segurança pública, da ordem pública ou para proteger a saúde e a moralidade públicas ou os direitos e as liberdades de outrem.

Art. 22.º

1. Toda e qualquer pessoa tem o direito de se associar livremente com outras, incluindo o direito de constituir sindicatos e de a eles aderir para a protecção dos seus interesses.

2. O exercício deste direito só pode ser objecto de restrições previstas na lei e que são necessárias numa sociedade democrática, no interesse da segurança nacional, da segurança pública, da ordem pública e para proteger a saúde ou a moralidade públicas ou os direitos e as liberdades de outrem. O presente artigo não impede de submeter a restrições legais o exercício deste direito por parte dos membros das forças armadas e da polícia.

3. Nenhuma disposição do presente artigo permite aos Estados Partes na Convenção de 1948 da Organização Internacional do Trabalho respeitante à liberdade sindical e à protecção do direito sindical tomar medidas legislativas que atentem ou aplicar a lei de modo a atentar contra as garantias previstas na dita Convenção.

Art. 23.º

1. A família é o elemento natural e fundamental da sociedade e tem direito à protecção da sociedade e do Estado.

2. O direito de se casar e de fundar uma família é reconhecido ao homem e à mulher a partir da idade núbil.

3. Nenhum casamento pode ser concluído sem o livre e pleno consentimento dos futuros esposos.

4. Os Estados Partes no presente Pacto tomarão as medidas necessárias para assegurar a igualdade dos direitos e das responsabilidades dos esposos em relação ao casamento, durante a constância do matrimónio e aquando da sua dissolução. Em caso de dissolução, serão tomadas disposições a fim de assegurar aos filhos a protecção necessária.

Art. 24.º

1. Qualquer criança, sem nenhuma discriminação de raça, cor, sexo, língua, religião, origem nacional ou social, propriedade ou nascimento, tem direito, da parte da sua família, da sociedade e do Estado, às medidas de protecção que exija a sua condição de menor.

2. Toda e qualquer criança deve ser registada imediatamente após o nascimento e ter um nome.

3. Toda e qualquer criança tem o direito de adquirir uma nacionalidade.

Art. 25.º

Todo o cidadão tem o direito e a possibilidade, sem nenhuma das discriminações referidas no artigo 2.º e sem restrições excessivas:

    a) De tomar parte na direcção dos negócios públicos, directamente ou por intermédio de representantes livremente eleitos;

b) De votar e ser eleito, em eleições periódicas, honestas, por sufrágio universal e igual e por escrutínio secreto, assegurando a livre expressão da vontade dos eleitores.
c) De aceder, em condições gerais de igualdade às funções públicas do seu país.

Art. 26.º
Todas as pessoas são iguais perante a lei e têm direito, sem discriminação, a igual protecção da lei. A este respeito, a lei deve proibir todas as discriminações e garantir a todas as pessoas protecção igual e eficaz contra toda a espécie de discriminação, nomeadamente por motivos de raça, de cor, de sexo, de língua, de religião, de opinião política ou de qualquer outra opinião, de origem nacional ou social de propriedade de nascimento ou de qualquer outra situação.

Art. 27.º
Nos Estados em que existam minorias étnicas, religiosas ou linguísticas, as pessoas pertencentes a essas minorias não devem ser privadas do direito de ter em comum com os outros membros do seu grupo, a sua própria vida cultural, de professar e de praticar a sua própria religião ou de empregar a sua própria língua.

QUARTA PARTE

Art. 28.º
1. É instituído um Comité dos Direitos do Homem (a seguir denominado Comité no presente Pacto). Este Comité é composto de dezoito membros e tem as funções definidas a seguir.
2. O Comité é composto de nacionais dos Estados Partes do presente Pacto, que devem ser personalidades de alta moralidade e possuidoras de reconhecida competência no domínio dos direitos do homem. Ter-se-á em conta o interesse, que se verifique, da participação nos trabalhos do Comité de algumas pessoas que tenham experiência jurídica.
3. Os membros do Comité são eleitos e exercem funções a título pessoal.

Art. 29.º
1. Os membros do Comité serão eleitos, por escrutínio secreto, de uma lista de indivíduos com as habilitações previstas no artigo 28.º e nomeados para o fim pelos Estados Partes no presente Pacto.
2. Cada Estado Parte no presente Pacto pode nomear não mais de dois indivíduos, que serão seus nacionais.
3. Qualquer indivíduo será elegível à renomeação.

Art. 30.º
1. A primeira eleição terá lugar, o mais tardar, seis meses depois da data da entrada em vigor do presente Pacto.

2. Quatro meses antes, pelo menos, da data de qualquer eleição para o Comité, que não seja uma eleição em vista a preencher uma vaga declarada em conformidade com o artigo 34.º, o Secretário-Geral da Organização das Nações Unidas convidará por escrito os Estados Partes no presente Pacto a designar, num prazo de três meses, os candidatos que eles propõem como membros do Comité.

3. O Secretário-Geral das Nações Unidas eleborará uma lista alfabética de todas as pessoas assim apresentadas, mencionando os Estados Partes que as nomearam, e comunicá-la-á aos Estados Partes no presente Pacto o mais tardar um mês antes da data de cada eleição.

4. Os membros do Comité serão eleitos no decurso de uma reunião dos Estados Partes no presente Pacto, convocada pelo Secretário-Geral das Nações Unidas na sede da Organização. Nesta reunião, em que o quórum é constituído por dois terços dos Estados Partes, no presente Pacto, serão eleitos membros do Comité os candidatos que obtiverem o maior número de votos e a maioria absoluta dos votos dos representantes dos Estados Partes presentes e votantes.

Art. 31.º
1. O Comité não pode incluir mais de um nacional de um mesmo Estado.

2. Nas eleições para o Comité ter-se-á em conta a repartição geográfica equitativa e a representação de diferentes tipos de civilização, bem como dos principais sistemas jurídicos.

Art. 32.º
1. Os membros do Comité são eleitos por quatro anos. São reelegíveis no caso de serem novamente propostos. Todavia, o mandato de nove membros eleitos aquando da primeira votação terminará ao fim de dois anos, imediatamente depois da primeira eleição, os nomes destes nove membros serão tirados à sorte pelo presidente da reunião referida no parágrafo 4 do artigo 30.º.

2. À data da expiração do mandato, as eleições terão lugar em conformidade com as disposições dos artigos precedentes da presente parte do Pacto.

Art. 33.º
1. Se, na opinião unânime dos outros membros, um membro do Comité cessar de cumprir as suas funções por qualquer causa que não seja por motivo de uma ausência temporária, o presidente do Comité informará o Secretário-Geral das Nações Unidas, o qual declarará vago o lugar que ocupava o dito membro.

2. Em caso de morte ou de demissão de um membro do Comité, o presidente informará imediatamente e Secretário-Geral das Nações Unidas, que declarará o lugar vago a contar da data da morte ou daquela em que a demissão produzir efeito.

Art. 34.º

1. Quando uma vaga for declarada em conformidade com o artigo 33.º e se o mandato do membro a substituir não expirar nos seis meses que seguem à data na qual a vaga foi declarada, o Secretário-Geral das Nações Unidas avisará os Estados Partes no presente Pacto de que podem designar candidatos num prazo de dois meses, em conformidade com as disposições do artigo 29.º, com vista a prover a vaga.

2. O Secretário-Geral das Nações Unidas elaborará uma lista alfabética das pessoas assim apresentadas e comunicá-la-á aos Estados Partes no presente Pacto.

A eleição destinada a preencher a vaga terá lugar, em conformidade com as relevantes disposições desta parte do presente Pacto.

3. Um membro do Comité eleito para um lugar declarado vago, em conformidade com o artigo 33.º, faz parte do Comité até à data normal de expiração do mandato do membro cujo lugar ficou vago no Comité, em conformidade com as disposições do referido artigo.

Art. 35.º

Os membros do Comité recebem, com a aprovação da Assembleia Geral das Nações Unidas, emolumentos provenientes dos recursos financeiros das Nações Unidas em termos e condições fixados pela Assembleia Geral, tendo em vista a importância das funções do Comité.

Art. 36.º

O Secretário-Geral das Nações Unidas porá à disposição do Comité o pessoal e os meios materiais necessários para o desempenho eficaz das funções que lhe são confiadas em virtude do presente Pacto.

Art. 37.º

1. O Secretario-Geral das Nações Unidas convocará a primeira reunião do Comité, na sede da Organização.

2. Depois da sua primeira reunião, o Comité reunir-se-á em todas as ocasiões previstas no seu regulamento interno.

3. As reuniões do Comité terão normalmente lugar na sede da Organização das Nações Unidas ou no Departamento das Nações Unidas em Genebra.

Art. 38.º

Todos os membros do Comité devem, antes de entrar em funções, tomar, em sessão pública, o compromisso solene de cumprir as suas funções com imparcialidade e com consciência.

Art. 39.º

1. O Comité elegerá o seu secretariado por um período de dois anos. Os membros do secretariado são reelegíveis.

2. O Comité eleborará o seu próprio regulamento interno; este deve, todavia, conter entre outras, as seguintes disposições;
   a) O quórum é de doze membros;
   b) As decisões do Comité são tomadas por maioria dos membros presentes.

Art. 40.º

1. Os Estados Partes no presente Pacto comprometem-se a apresentar relatórios sobre as medidas que houverem tomado e dêem efeito aos direitos nele consignados e sobre os progressos realizados no gozo destes direitos:
   a) Dentro de um ano a contar da data de entrada em vigor do presente Pacto, cada Estado Parte interessado;
   b) E ulteriormente, cada vez que o Comité o solicitar.

2. Todos os relatórios serão dirigidos ao Secretário-Geral das Nações Unidas, que os transmitirá ao Comité para apreciação. Os relatórios deverão indicar quaisquer factores e dificuldades que afectem a execução das disposições do presente Pacto.

3. O Secretário-Geral das Nações Unidas pode, após consulta ao Comité, enviar às agências especializadas interessadas cópias das partes do relatório que possam ter relação com o seu domínio de competência.

4. O Comité estudará os relatórios apresentados pelos Estados Partes no presente Pacto, e dirigirá aos Estados Partes os seus próprios relatórios, bem como todas as observações gerais que julgar apropriadas. O Comité pode igualmente transmitir ao Conselho Económico e Social essas suas observações acompanhadas de cópias dos relatórios que recebeu dos Estados Partes no presente Pacto.

5. Os Estados Partes no presente Pacto podem apresentar ao Comité os comentários sobre todas as observações feitas em virtude do parágrafo 4 do presente artigo.

Art. 41.º

1. Qualquer Estado Parte no presente Pacto, pode em virtude do presente artigo, declarar, a todo o momento, que reconhece a competência do Comité para receber e apreciar comunicações nas quais um Estado Parte pretende que um outro Estado Parte não cumpre as suas obrigações resultantes do presente Pacto. As comunicações apresentadas em virtude do presente artigo não podem ser recebidas e examinadas; a menos que emanem de um Estado Parte que fez uma declaração reconhecendo, no que lhe diz respeito, a competência do Comité. O Comité não receberá nenhuma comunicação que interesse a um Estado Parte que não fez uma tal declaração. O processo abaixo indicado aplica-se em relação às comunicações recebidas em conformidade com o presente artigo:
   a) Se um Estado Parte no presente Pacto julgar que um outro Estado igualmente Parte neste Pacto não aplica as respectivas disposições; pode chamar, por comunicação escrita, a atenção desse Estado sobre a questão. Num prazo de três meses a contar da recepção da comunicação o Estado

destinatário apresentará ao Estado que lhe dirigiu a comunicação explicações ou quaisquer outras declarações escritas elucidando a questão, que deverão incluir, na medida do possível e do útil, indicações sobre as regras de processo e sobre os meios de recurso, quer os já utilizados, quer os que estão em instância, quer os que permanecem abertos;
b) Se, num prazo de seis meses a contar da data da recepção da comunicação original pelo Estado destinatário, a questão não foi regulada satisfatoriamente para os dois Estados interessados, tanto um como o outro terão o direito de a submeter ao Comité, por meio de uma notificação feita ao Comité bem como ao outro Estado interessado;
c) O Comité só tomará conhecimento de um assunto que lhe é submetido depois de se ter assegurado de que todos os recursos internos disponíveis foram utilizados e esgotados, em conformidade com os princípios de direito internacional geralmente reconhecidos. Esta regra não se aplica nos casos em que os processos de recurso excedem prazos razoáveis;
d) O Comité realizará as suas audiências à porta fechada quando examinar as comunicações previstas no presente artigo;
e) Sob reserva das disposições da alínea c), o Comité põe os seus bons ofícios à disposição dos Estados Partes interessados, afim de chegar a uma solução amigável da questão, fundamentando-se no respeito dos direitos do homem e nas liberdades fundamentais, tais como os reconhece o presente Pacto;
f) Em todos os assuntos que lhe são submetidos o Comité pode pedir aos Estados Partes interessados visados na alínea b) que lhe forneçam todas as informações pertinentes;
g) Os Estados Partes interessados visados na alínea b) têm o direito de se fazer representar, aquando do exame da questão pelo Comité, e de apresentar observações oralmente e por escrito;
h) O Comité deverá apresentar um relatório num prazo de doze meses a contar do dia em que recebeu a notificação referida na alínea b):
  i) Se uma solução pode ser encontrada em conformidade com as disposições da alínea e), o Comité limitar-se-á no seu relatório a uma breve exposição dos factos e da solução encontrada;
  ii) Se uma solução não pode ser encontrada em conformidade com as disposições da alínca e), o Comité limitar-se-á, no seu relatório, a uma breve exposição dos factos; o texto das observações escritas e o processo verbal das observações orais apresentadas pelos Estados Partes interessados são anexados ao relatório.
Em todos os casos o relatório será comunicado aos Estados Partes interessados.

2. As disposições do presente artigo entrarão em vigor quando dez Estados Partes no presente Pacto fizerem a declaração prevista no parágrafo 1 do presente artigo. A dita declaração será deposta pelo Estado Parte junto do Secretário-Geral das Nações Unidas, que transmitirá cópia dela aos outros Estados Partes. Uma decla-

ração pode ser retirada a todo o momento por meio de uma notificação dirigida ao Secretário-Geral. O retirar de uma comunicação não prejudica o exame de todas as questões que são objecto de uma comunicação já transmitida em virtude do presente artigo, nenhuma outra comunicação de um Estado Parte será aceite após o Secretário-Geral ter recebido notificação de ter sido retirada a declaração, a menos que o Estado Parte interessado faça uma nova declaração.

Art. 42.º

1. *a)* Se uma questão submetida ao Comité em conformidade com o artigo 41.º não foi regulada satisfatoriamente para os Estados Partes, o Comité pode, com o assentimento prévio dos Estados Partes interessados, designar uma comissão de conciliação *ad hoc* (a seguir denominada Comissão). A Comissão põe os seus bons ofícios à disposição dos Estados Partes interessados a fim de chegar a uma solução amigável da questão, baseada sobre o respeito do presente Pacto;

    b) A Comissão será composta de cinco membros nomeados com o acordo dos Estados Partes interessados. Se os Estados Partes interessados não conseguirem chegar a um entendimento sobre toda ou parte da composição da Comissão no prazo de três meses, os membros da Comissão relativamente aos quais não chegaram a acordo serão eleitos por escrutínio secreto de entre os membros do Comité, por maioria de dois terços dos membros do Comité.

2. Os membros da Comissão exercerão as suas funções a título pessoal. Não devem ser naturais nem dos Estados Partes interessados nem de um Estado que não é Parte no presente Pacto, nem de um Estado Parte que não fez a declaração prevista no artigo 41.º.

3. A Comissão elegerá o seu presidente e adoptará o seu regulamento interno.

4. A Comissão realizará normalmente as suas sessões na sede da Organização das Nações Unidas em Genebra. Todavia, pode reunir-se em qualquer outro lugar apropriado, o qual pode ser determinado pela Comissão em consulta com o Secretário-Geral das Nações Unidas e os Estados Partes interessados.

5. O secretariado previsto no artigo 36.º presta igualmente os seus serviços às comissões designadas em virtude do presente artigo.

6. As informações obtidas e esquadrinhadas pelo Comité serão postas à disposição da Comissão e a Comissão poderá pedir aos Estados Partes interessados que lhe forneçam quaisquer informações complementares pertinentes.

7. Depois de ter estudado a questão sob todos os seus aspectos, mas em todo o caso num prazo mínimo de doze meses após tê-la admitido, a Comissão submeterá um relatório ao presidente do Comité para transmissão aos Estados Partes interessados.

    a) Se a Comissão não puder acabar o exame da questão dentro de doze meses, o seu relatório incluirá somente um breve apontamento indicando a que ponto chegou o exame da questão;

b) Se se chegar a um entendimento amigável fundado sobre o respeito dos direitos do homem reconhecido no presente Pacto, a Comissão limitar-se-á a indicar brevemente no seu relatório os factos e os entendimentos a que se chegou;

c) Se não se chegou a um entendimento no sentido da alínea *b)*, a Comissão fará figurar no seu relatório as suas conclusões sobre todas as matérias de facto relativas à questão debatida entre os Estados Partes interessados, bem como a sua opinião sobre as possibilidades de uma solução amigável do caso. O relatório incluirá igualmente as observações escritas e um processo verbal das observações orais apresentadas pelos Estados Partes interessados;

d) Se o relatório da Comissão for submetido em conformidade com a alínea *c)*, os Estados Partes interessados farão saber ao presidente do Comité, num prazo de três meses após a recepção do relatório, se aceitam ou não os termos do relatório da Comissão.

8. As disposições do presente artigo devem ser entendidas sem prejuízo das atribuições do Comité previstas no artigo 41.º.

9. Todas as despesas dos membros da Comissão serão repartidas igualmente entre os Estados Partes interessados, na base de estimativas fornecidas pelo Secretário-Geral das Nações Unidas.

10. O Secretário-Geral das Nações Unidas está habilitado, se necessário, a prover às despesas dos membros da Comissão antes de o seu reembolso ter sido efectuado pelos Estados Partes interessados, em conformidade com o parágrafo 9 do presente artigo.

Art. 43.º

Os membros do Comité e os Membros das comissões de conciliação *ad hoc* que forem designados em conformidade com o artigo 42.º tem direito às facilidades, privilégios e imunidades reconhecidos aos peritos em missões da Organização das Nações Unidas, conforme enunciados nas pertinentes secções da Convenção sobre os Privilégios e Imunidades das Nações Unidas.

Art. 44.º

As disposições relativas à execução do presente Pacto aplicam-se, sem prejuízo dos processos instituídos em matéria de direitos do homem, nos termos ou em virtude dos instrumentos constitutivos e das convenções da Organização das Nações Unidas e das agências especializadas e não impedem os Estados Partes de recorrer a outros processos para a solução de um diferendo, em conformidade com os acordos internacionais gerais ou especiais que os ligam.

Art. 45.º

O Comité apresentará cada ano à Assembleia Geral das Nações Unidas, por intermédio do Conselho Económico e Social, um relatório sobre os seus trabalhos.

QUINTA PARTE

Art. 46.º
Nenhuma disposição do presente Pacto pode ser interpretada em sentido limitativo das disposições da Carta das Nações Unidas e das constituições das agências especializadas que, definem as respectivas responsabilidades dos diversos órgãos da Organização das Nações Unidas e das agências especializadas no que respeita às questões tratadas no presente Pacto.

Art. 47.º
Nenhuma disposição do presente Pacto será interpretada em sentido limitativo do direito inerente a todos os povos de gozar e usar plenamente das suas riquezas e recursos naturais.

SEXTA PARTE

Art. 48.º
1. O presente Pacto está aberto à assinatura de todos os Estados Membros da Organização das Nações Unidas ou membros de qualquer das suas instituições especializadas, de todos os Estados Partes no Estatuto do Tribunal Internacional de Justiça, bem como de qualquer outro Estado convidado pela Assembleia Geral das Nações Unidas e tornar-se parte no presente Pacto.
2. O presente Pacto será sujeito a ratificação e os instrumentos de ratificação depositados junto do Secretário-Geral das Nações Unidas.
3. O presente Pacto será aberto à adesão de todos os Estados referidos no parágrafo 1 do presente artigo.
4. A adesão far-se-á pelo depósito de um instrumento de adesão junto do Secertário-Geral das Nações Unidas.
5. O Secretário-Geral das Nações Unidas informará todos os Estados que assinaram o presente Pacto ou que a ele aderiram acerca do depósito de cada instrumento de ratificação ou de adesão.

Art. 49.º
1. O presente Pacto entrará em vigor três meses após a data do depósito junto do Secretário-Geral das Nações Unidas do trigésimo quinto instrumento de ratificação ou de adesão.
2. Para cada um dos Estados que ratificarem o presente Pacto ou a ele aderirem, após o depósito do trigésimo quinto instrumento de ratificação ou adesão, o dito Pacto entrará em vigor três meses depois da data do depósito por parte desse Estado do seu instrumento de ratificação ou adesão.

Art. 50.º
As disposições do presente Pacto aplicam-se sem limitação ou excepção alguma a todas as unidades constitutivas dos Estados federais.

Art. 51.º
1. Qualquer Estado Parte no presente Pacto pode propor uma emenda e depositar o respectivo texto junto do Seceretário-Geral das Nações Unidas. O Secretário-Geral transmitirá então quaisquer projectos de emenda aos Estados Partes no presente Pacto, pedindo-lhes para indicar se desejam a convocação de uma conferência de Estados Partes para examinar estes projectos e submetê-los a votação. Se pelo menos um terço dos Estados se declararem a favor desta convenção, o Secretário-Geral convocará a conferência sob os auspícios da Organização das Nações Unidas. Qualquer emenda adoptada pela maioria dos Estados presentes e votantes na conferência será submetida, para aprovação, à Assembleia Geral das Nações Unidas.

2. As emendas entrarão em vigor quando forem aprovadas pela Assembleia Geral das Nações Unidas e aceites, em conformidade com as suas respectivas leis constitucionais, por uma maioria de dois terços dos Estados Partes no presente Pacto.

3. Quando as emendas entrarem em vigor, elas são obrigatórias para os Estados Partes que as aceitaram, ficando os outros Estados Partes ligados pelas disposições do presente Pacto e por todas as emendas anteriores que aceitaram.

Art. 52.º
Independentemente das notificações previstas no parágrafo 5 do artigo 48.º, o Secretário-Geral das Nações Unidas informará todos os Estados referidos no parágrafo 1 do citado artigo:
   a) Acerca de assinaturas apostas no presente Pacto, acerca de instrumentos de ratificação e de adesão depostos em conformidade com o artigo 48.º.
   b) Da data em que o presente Pacto entrará em vigor, em conformidade com o artigo 49.º, e da data em que entrarão em vigor as emendas previstas no artigo 51.º.

Art. 53.º
1. O presente Pacto, cujos textos em inglês, chinês, espanhol, francês e russo fazem igualmente fé, será deposto nos arquivos da Organização das Nações Unidas.

2. O Secretário-Geral das Nações Unidas transmitirá uma cópia certificada do presente Pacto a todos os Estados visados no artigo 48.º.

VI – Pacto Internacional sobre os Direitos Civis e Políticos

Resolução n.º 5/91, de 12 de Dezembro

O Título II da Constituição da República é dedicado à proclamação dos direitos, deveres e liberdades fundamentais.

A materialização dos princípios e normas, ali consagradas passa, entre outras medidas legislativas, pela recepção na ordem jurídica interna dos instrumentos de direito internacional que visam assegurar o reconhecimento e a extensão de tais princípios por todos os países.

Nestes termos, ao abrigo do disposto na alínea k) do n.º 2 do artigo 135.º da Constituição, a Assembleia da República determina:

Artigo único. É ratificado o Pacto Internacional sobre Direitos Civis e Políticos, adoptado pela Assembleia Geral das Nações Unidas, em 16 de Dezembro de 1966, cujo texto, em francês e português, é publicado em anexo e faz parte integrante da presente Resolução.

Aprovada pela Assembleia da República.

Publique-se.

O Presidente da Assembleia da República, Marcelino dos Santos.

VII – SEGUNDO PROTOCOLO ADICIONAL AO PACTO INTERNACIONAL SOBRE OS DIREITOS CIVIS E POLÍTICOS, COM VISTA À ABOLIÇÃO DA PENA DE MORTE

Os Estados Partes no presente Protocolo:

Convictos de que a abolição da pena de morte contribui para a promoção da dignidade humana e para o desenvolvimento progressivo dos direitos do homem;

Recordando o artigo 3.º da Declaração Universal dos Direitos do Homem, adoptada em 10 de Dezembro de 1948, bem como o artigo 6.º do Pacto Internacional sobre os Direitos Civis e Políticos, adoptados em 16 de Dezembro de 1966;

Tendo em conta que o artigo 6.º do Pacto Internacional sobre os Direitos Civis e Políticos prevê a abolição da pena de morte em termos que sugerem sem ambiguidade que é desejável a abolição desta pena;

Convictos de que todas as medidas de abolição da pena de morte devem ser consideradas como um progresso no gozo do direito à vida;

Desejosos de assumir por este meio um compromisso internacional para abrir a pena de morte;

Acordam o seguinte:

Art. 1.º

1. Nenhum indivíduo sujeito à jurisdição de um Estado Parte no presente Protocolo será executado.

2. Os Estados Partes devem tomar as medidas adequadas para abolir a pena de morte no âmbito da sua jurisdição.

Art. 2.º

1. Não é admitida qualquer reserva ao presente Protocolo, excepto a reserva formulada no momento da ratificação ou adesão prevendo a aplicação da pena de morte em tempo de guerra em virtude de condenação por infracção penal de natureza militar de gravidade externa cometida em tempo de guerra.

2. O Estado que formular uma tal reserva transmitirá ao Secretário-Geral das Nações Unidas, no momento da ratificação ou adesão, as disposições pertinentes da respectiva legislação nacional aplicável em tempo de guerra.

3. O Estado Parte que haja formulado uma tal reserva notificará o Secretário--Geral das Nações Unidas da declaração e do fim do estado de guerra no seu território.

Art. 3.º
Os Estados Partes no presente Protocolo devem informar, nos relatórios a submeter ao Comité dos Direitos do Homem, ao abrigo do artigo 40.º do Pacto, das medidas adoptadas para dar execução ao presente Protocolo.

Art. 4.º
Para os Estados Partes que hajam feito a declaração prevista no artigo 41.º, a competência reconhecida ao Comité dos Direitos do Homem para receber e apreciar comunicações nas quais um Estado Parte pretende que um outro Estado Parte não cumpre as suas obrigações é extensiva às disposições do presente Protocolo, excepto se o Estado Parte em causa tiver feito uma declaração em contrário no momento da respectiva ratificação ou adesão.

Art. 5.º
Para os Estados Partes no (Primeiro) Protocolo Adicional ao Pacto Internacional sobre os Direitos Civis e Políticos, adoptado em 16 de Dezembro de 1966, a competência reconhecida ao Comité dos Direitos do Homem para receber e apreciar comunicações provenientes de particulares sujeitos à sua jurisdição é igualmente extensiva às disposições do presente Protocolo, excepto se o Estado Parte em causa tiver feito uma declaração em contrário no momento da respectiva ratificação ou adesão.

Art. 6.º
1. As disposições do presente Protocolo aplicam-se como disposições adicionais ao Pacto.
2. Sem prejuízo da possibilidade de formulação da reserva prevista no artigo 2.º do presente Protocolo, o direito garantido no n.º 1 do artigo 1.º do presente Protocolo não pode ser objecto de qualquer derrogação ao abrigo do artigo 4.º do Pacto.

Art. 7.º
1. O presente Protocolo está aberto à assinatura dos Estados que tenham assinado o Pacto.
2. O presente Protocolo está sujeito à ratificação dos Estados que ratificaram o Pacto ou a ele aderiram. Os instrumentos de ratificação serão depositados junto do Secretário-Geral da Organização das Nações Unidas,
3. O presente Protocolo está aberto à adesão dos Estados que tenham ratificado o Pacto ou a ele tenham aderido.
4. A adesão far-se-á através do depósito de um instrumento de adesão junto do Secretário-Geral da Organização das Nações Unidas.

5. O Secretário-Geral da Organização das Nações Unidas informa todos os Estados que assinaram o presente Protocolo ou que a ele aderiram do depósito de cada instrumento da ratificação ou adesão.

Art. 8.º
1. O presente Protocolo entrará em vigor três meses após a data do depósito junto do Secretário-Geral da Organização das Nações Unidas do 10.º instrumento de ratificação ou de adesão.
2. Para os Estados que ratificarem o presente Protocolo ou a ele aderirem após o depósito do 10.º instrumento de ratificação ou adesão, o dito Protocolo entrará em vigor três meses após a data do depósito por esses Estados de seu instrumento de ratificação ou de adesão.

Art. 9.º
O disposto no presente Protocolo aplica-se, sem limitação ou excepção, a todas as unidades constitutivas dos Estados federais.

Art. 10.º
O Secretário-Geral da Organização das Nações Unidas informará todos os Estados referidos no n.º 1 do artigo 48.º do Pacto:
- *a)* Das reservas, comunicações e notificações recebidas nos termos do artigo 2.º do presente Protocolo:
- *b)* Das declarações feitas nos termos dos artigos 4.º ou 5.º do presente Protocolo;
- *c)* Das assinaturas apostas ao presente Protocolo e dos instrumentos de ratificação e de adesão depositado nos termos do artigo 7.º;
- *d)* Da data de entrada em vigor do presente Protocolo, nos termos do artigo 8.º.

Art. 11.º
1. O presente Protocolo, cujos textos em inglês, árabe, chinês, espanhol, francês e russo são igualmente válidos, será depositado nos arquivos da Organização das Nações Unidas.
2. O secretário-Geral da Organização das Nações Unidas transmitirá uma cópia autenticada do presente Protocolo a todos os Estados referidos no artigo 48.º do Pacto.

Resolução 6/91, de 12 de Dezembro

A abolição da pena de morte foi consagrada constitucionalmente através do artigo 70.º da Lei Fundamental.

O Estado moçambicano ratificou o Pacto Internacional sobre os Direitos Civis e Políticos.

Como forma de dar maior expressão à abolição da pena de morte e aos princípios internacionais recebidos na ordem jurídica interna, é conveniente a ratificação do Segundo Protocolo Adicional ao Pacto Internacional sobre os Direitos Civis e Políticos com vista à Abolição da Pena de Morte.

Neste termos, ao abrigo da alínea *k)* do n.º 2 do artigo 135.º da Constituição, a Assembleia da República determina:

Único. É ratificado o Segundo Protocolo Adicional ao Pacto Internacional sobre os Direitos Civis e Políticos com vista à Abolição da Pena de Morte, cujo texto em inglês e português, é publicado em anexo e faz parte integrante da presente Resolução.

Aprovada pela Assembleia da República.

Publique-se.

O Presidente da Assembleia da República, Marcelino dos Santos.

VIII – CONVENÇÃO CONTRA A TORTURA E OUTRAS PENAS OU TRATAMENTOS CRUÉIS, DESUMANOS OU DEGRADANTES

Os Estados partes na presente Convenção:
Considerando que, em conformidade com os princípios enunciados na Carta das Nações Unidas, o reconhecimento dos direitos iguais e inalienáveis de todas as pessoas é o fundamento da liberdade, da justiça e da paz no mundo;

Reconhecendo que esses direitos resultam da dignidade inerente ao ser humano;

Considerando que os Estados devem, em conformidade com a Carta, em especial com o seu artigo 55.º, encorajar o respeito universal e efectivo dos direitos do homem e das liberdades fundamentais;

Tendo em consideração o artigo 5.º da Declaração Universal dos Direitos do Homem e o artigo 7.º do Pacto Internacional relativo aos Direitos Civis e Políticos, que preconizam que ninguém deverá ser submetido a tortura ou a penas ou, tratamentos cruéis, desumanos ou degradantes;

Tendo igualmente em consideração a Declaração sobre a Protecção de Todas as Pessoas contra a Tortura e Outras Penas ou Tratamentos Cruéis, Desumanos ou Degradantes, adoptada pela Assembleia Geral a 9 de Dezembro de l975;

Desejosos de aumentar a eficácia da luta contra a tortura e outras penas ou tratamentos cruéis, desumanos ou degradantes em todo o Mundo;

Acordaram no seguinte:

PARTE I

Art. 1.º
1. Para os fins da presente Convenção, o termo "tortura" significa qualquer acto por meio do qual uma dor ou sofrimentos agudos, físicos ou mentais, são intencionalmente causados a uma pessoa com os fins de, nomeadamente, obter dela ou de uma terceira pessoa informações ou confissões, a punir por um acto que ela ou uma terceira pessoa cometeu ou se suspeita que tenha cometido, intimidar ou pressionar essa ou uma terceira pessoa, ou por qualquer outro motivo

baseado numa forma de discriminação, desde que essa dor ou esses sofrimentos sejam infligidos por um agente público ou qualquer outra pessoa agindo a título oficial a sua investigação ou com o seu consentimento expresso ou tácito. Este termo não compreende a dor ou os sofrimentos resultantes unicamente de sanções legítimas, inerentes a essas sanções ou por elas ocasionadas.

2. O presente artigo não prejudica a aplicação de qualquer instrumento internacional ou lei nacional que contenha ou possa vir a conter disposições de âmbito mais vasto.

Art. 2.º

1. Os Estados Partes tomarão as medidas legislativas, administrativas, judiciais ou quaisquer outras que se afigurem eficazes para impedir que actos de tortura sejam cometidos em qualquer território sob a sua jurisdição.

2. Nenhuma circunstância excepcional, qualquer que seja, quer se trate de estado de guerra ou de ameaça de guerra, de instabilidade política interna ou de outro estado de excepção, poderá ser invocada para justificar a tortura.

3. Nenhuma ordem de um superior ou de uma autoridade pública poderá ser invocada para justificar a tortura.

Art. 3.º

1. Nenhum Estado Parte expulsará, entregará ou extraditará uma pessoa para um outro Estado quando existam motivos sérios para crer que possa ser submetida a tortura.

2. A fim de determinar a existência de tais motivos, as autoridades competentes terão em conta todas considerações pertinentes, incluindo, eventualmente, a existência no referido Estado de um conjunto de violações sistemáticas, graves, flagrantes ou massivas dos direitos do homem.

Art. 4.º

1. Os Estados Partes providenciarão para que todos os actos de tortura sejam considerados infracções ao abrigo do seu direito criminal. O mesmo deverá ser observado relativamente à tentativa de prática de tortura ou de um acto cometido por qualquer pessoa constituindo cumplicidade ou participação no acto de tortura.

2. Os Estados Partes providenciarão no sentido de que essas infracções sejam passíveis de penas adequadas à sua gravidade.

Art. 5.º

1. Os Estados Partes deverão tomar as medidas necessárias para estabelecer a sua competência relativamente às infracções previstas no artigo 4.º nos seguintes casos:
    a) Sempre que a infracção tenha sido cometida em qualquer território sob a sua jurisdição ou a bordo de uma nave ou navio registados nesse Estado;
    b) Sempre que o presumível autor da infracção seja um nacional desse Estado;

c) Sempre que a vítima seja um nacional desse Estado e este o considere adequado.

2. Os Estados Partes deverão igualmente tomar as medidas necessárias com vista a estabelecer a sua competência relativamente às referidas infracções sempre que o autor presumido se encontre em qualquer território sob a sua jurisdição e se não proceda à sua extradição, em conformidade com o artigo 8.º, para um dos Estados mencionados no número 1 do presente artigo.

3. As disposições da presente Convenção não prejudicam qualquer competência criminal exercida em conformidade com as leis nacionais.

Art. 6.º

1. Sempre que considerem que as circunstâncias o justificam, após terem examinado as informações de que dispõem, os Estados Partes em cujo território se encontrem pessoas suspeitas de terem cometido qualquer das infracções previstas no artigo 4.º deverão assegurar a detenção dessas pessoas ou tomar quaisquer outras medidas legais necessárias para assegurar a sua presença. Tanto a detenção como as medidas a tomar deverão ser conforme a legislação desse Estado e apenas poderão ser mantidas pelo período de tempo necessário à elaboração do respectivo processo criminal ou de extradição.

2. Os referidos Estados deverão proceder imediatamente a um inquérito preliminar com vista ao apuramento dos factos.

3. Qualquer pesssoa detida em conformidade com o número 1 do presente artigo poderá entrar imediatamente em contacto com o mais próximo representante qualificado do Estado do qual seja nacional ou, tratando-se de apátrida, com representante do Estado em que resida habitualmente.

4. Sempre que um Estado detenha uma pessoa, em conformidade com as disposições do presente artigo, deverá imediatamente notificar os Estados mencionados no número 1 do artigo 5.º dessa detenção e das circunstâncias que a motivaram. O Estado que proceder ao inquérito preliminar referido no número 2 do presente artigo comunicará aos referidos Estados, o mais rapidamente possível, as conclusões desse inquérito e bem assim se pretende ou não exercer a sua competência.

Art. 7.º

1. Se o autor presumido de uma das infracções referidas no artigo 4.º for encontrado no território sob a jurisdição de um Estado Parte que o não extradite, esse Estado submeterá o caso, nas condições previstas no artigo 5.º, às suas autoridades competentes para o exercício da acção criminal.

2. Estas autoridades tomarão uma decisão em condições idênticas às de qualquer infracção de direito comun de carácter grave, em conformidade com a legislação desse Estado. Nos casos previstos no número 2 do artigo 5.º, as normas relativas à produção de prova aplicáveis ao procedimento e à condenação não deverão ser, de modo algum, menos rigorosas que as aplicáveis nos casos mencionados no número 1 do artigo 5.º.

3. Qualquer pessoa arguida da prática de uma das infracções previstas no artigo 4.º beneficiará da garantia de um tratamento justo em todas as fases do processo.

Art. 8.º

1. As infracções previstas no artigo 4.º serão consideradas incluídas em qualquer tratado de extradição existente entre os Estados Partes. Estes comprometem-se a incluir essas infracções em qualquer tratado de extradição que venha a ser concluído entre eles.

2. Sempre que a um Estado Parte que condiciona a extradição à existência de um tratado for apresentado um pedido de extradição por um outro Estado Parte com o qual não tenha celebrado qualquer tratado de extradição, esse Estado pode considerar a presente Convenção como base jurídica da extradição relativamente a essas infracções. A extradição ficará sujeita às demais condições previstas pela legislação do Estado requerido.

3. Os Estados Partes que não condicionam a extradição à existência de um tratado deverão reconhecer essas infracções como casos de extradição entre eles nas condições previstas pela legislação do Estado requerido.

4. Para fins de extradição entre os Estados Partes, tais infracções serão consideradas como tendo sido cometidas tanto no local da sua perpetração como no território sob a jurisdição dos Estados cuja competência deve ser estabelecida ao abrigo do número 1 do artigo 5.º.

Art. 9.º

1. Os Estados Partes comprometem-se a prestar toda a colaboração possível em qualquer processo criminal relativo às infracções previstas no artigo 4.º, incluindo a transmissão de todos os elementos de prova de que disponham necessários ao processo.

2. Os Estados Partes deverão cumprir o disposto no número 1 do presente artigo em conformidade com qualquer tratado de assistência judiciária em vigor entre eles.

Art. 10.º

1. Os Estados Partes deverão providenciar para que a instrução e a informação relativas à proibição da tortura constituam parte integrante da formação do pessoal civil ou militar encarregado da aplicação da lei, do pessoal médico, dos agentes da função pública e de quaisquer outras pessoas que possam intervir na guarda, no interrogatório ou no tratamento dos indivíduos sujeitos a qualquer forma de prisão, detenção ou encarceramento.

2. Os Estados Partes deverão incluir esta proibição nas normas ou instruções emitidas relativamente às obrigações e atribuições das pessoas referidas no número 1.

Art. 11.º

Os Estados Partes deverão exercer uma vigilância sistemática relativamente à aplicação das normas, instruções, métodos e práticas de interrogatório, e bem assim das disposições relativas à guarda e ao tratamento das pessoas sujeitas a qualquer forma de prisão, detenção ou encarceramento, em todos os territórios sob a sua jurisdição, a fim de evitar qualquer caso de tortura.

Art. 12.º

Os Estados Partes deverão providenciar para que as suas autoridades competentes procedam imediatamente a um rigoroso inquérito sempre que existam motivos razoáveis para crer que um acto de tortura foi praticado em qualquer território sob a sua jurisdição.

Art. 13.º

Os Estados Partes deverão garantir às pessoas que aleguem ter sido submetidas a tortura em qualquer território sob a sua jurisdição o direito de apresentar queixa perante as autoridades competentes desses Estados, que procederão de imediato ao exame rigoroso do caso. Deverão ser tomadas medidas para assegurar a protecção do queixoso e das testemunhas contra maus tratos ou intimidações em virtude da apresentação da queixa ou da prestação de declarações.

Art. 14.º

1. Os Estados Partes deverão providenciar para que o seu sistema jurídico garanta à vítima de um acto de tortura o direito de obter uma reparação e de ser indemnizada em termos adequados, incluindo os meios necessários à sua completa reabilitação. Em caso de morte da vítima como consequência de um acto de tortura, a indemnização reverterá a favor dos seus herdeiros.

2. O presente artigo não exclui qualquer direito a indemnização que a vítima ou outra pessoa possam ter por força das leis nacionais.

Art. 15.º

Os Estados Partes deverão providenciar para que qualquer declaração que se prove ter sido obtida pela tortura não possa ser invocada como elemento de prova num processo, salvo se for utilizada contra a pessoa acusada da prática de tortura para provar que a declaração foi feita.

Art. 16.º

1. Os Estados Partes comprometem-se a proibir, em todo o território sob a sua jurisdição, quaisquer outros actos que constituam penas ou tratamentos cruéis, desumanos ou degradantes e não sejam actos de tortura, tal como é definida no artigo 1.º, sempre que tais actos sejam cometidos por agente público ou qualquer outra pessoa agindo a título oficial, a sua instigação ou com o seu consentimento expresso ou tácito. Nomeadamente, as obrigações previstas nos arts. 10.º a 13.º,

deverão ser aplicadas substituindo a referência a tortura pela referência a outras formas de penas ou tratamentos cruéis, desumanos ou degradantes.

2. As disposições da presente Convenção não prejudicam a aplicação das disposições de qualquer outro instrumento internacional ou da lei nacional que proíbam as penas ou tratamentos cruéis, desumanos ou degradantes ou digam respeito à extradição ou à expulsão.

PARTE II

Art. 17.º

1. Será formado um Comité contra a tortura (adiante designado por Comité), que terá as funções a seguir definidas. O Comité será composto por dez peritos de elevado sentido moral e reconhecida competência no domínio dos direitos do homem, que terão assento a título pessoal. Os peritos serão eleitos pelos Estados Partes tendo em conta uma distribuição geográfica equitativa e o interesse que representa a participação nos trabalhos do Comité de pessoas com experiência jurídica.

2. Os membros do Comité serão eleitos por escrutínio secreto de uma lista de candidatos designados pelos Estados Partes.

Cada Estado Parte poderá designar um candidato escolhido de entre os seus nacionais. Os Estados Partes deverão ter em conta a conveniência de designar candidatos que sejam igualmente membros do Comité dos Direitos do Homem, instituído em virtude do Pacto Internacional Relativos aos Direitos Civis e Políticos e que estejam dispostos a fazer parte do Comité contra a tortura.

3. Os membros do Comité serão eleitos nas reuniões bienais dos Estados Partes, convocadas pelo Secretário-Geral da Organização das Nações Unidas. Nessas reuniões, em que o quórum será constituído por dois terços dos Estados Partes, serão eleitos membros do Comité os candidatos que obtenham o maior número de votos e a maioria absoluta dos votos dos representantes dos Estados Partes presentes e votantes.

4. A primeira eleição terá lugar, o mais tardar, seis meses após a data de entrada em vigor da presente Convenção. O Secretário-Geral da Organização das Nações Unidas enviará uma carta aos Estados Partes, com pelo menos quatro meses de antecedência sobre a data de cada eleição, convidando-os a apresentar as suas candidaturas num prazo de três meses. O Secretário-Geral preparará uma lista por ordem alfabética de todos os candidatos assim designados, com indicação dos Estados Partes que os indicaram, e comunicá-la-á aos Estados Partes.

5. Os membros do Comité serão eleitos por quatro anos. Poderão ser reeleitos desde que sejam novamente designados. No entanto, o mandato de cinco dos membros eleitos na primeira eleição terminará ao fim de dois anos; imediatamente após a primeira eleição, o nome desses cinco membros será tirado à sorte pelo presidente da reunião mencionada no n.º 3 do presente artigo.

6. No caso de um membro do Comité falecer, se demitir das suas funções ou não poder, por qualquer motivo, desempenhar as suas atribuições no Comité, o Estado Parte que o designou nomeará, de entre os seus nacionais, um outro perito que cumprirá o tempo restante do mandato, sob reserva da aprovação da maioria dos Estados Partes. Esta aprovação será considerada como obtida, salvo se metade ou mais dos Estados Partes emitirem uma opinião desfavorável num prazo de seis semanas a contar da data em que forem informados pelo Secretário-Geral da Organização das Nações Unidas da nomeação proposta.

7. Os Estados Partes terão a seu cargo as despesas dos membros do Comité durante o período de exercício das suas funções no Comité.

Art. 18.º

1. O Comité elegerá o seu gabinete por um período de dois anos, podendo os membros do gabinete ser reeleitos.

2. O Comité elaborará o seu regulamento interno, do qual deverão constar, entre outras, as seguintes disposições:

  a) O quórum será de seis membros;
  b) As decisões do Comité serão tomadas pela maioria dos membros presentes.

3. O Secretário-Geral da Organização das Nações Unidas porá à disposição do Comité o pessoal e as instalações necessários para o desempenho eficaz das funções que lhe serão confiadas ao abrigo da presente Convenção.

4. O Secretário-Geral da Organização das Nações Unidas convocará os membros do Comité para a primeira reunião. Após a realização da primeira reunião, o Comité reunir-se-á nas ocasiões previstas pelo seu regulamento interno.

5. Os Estados Partes encarregar-se-ão das despesas decorrentes da realização das reuniões efectuadas pelos Estados Partes e pelo Comité, incluindo o reembolso à Organização das Nações Unidas de todas as despesas, nomeadamente as relativas ao pessoal e ao custo de instalações que a organização tenha efectuado em conformidade com o número 3 do presente artigo.

Art. 19.º

1. Os Estados Partes apresentarão ao Comité, através do Secretário-Geral da Organização das Nações Unidas, relatórios sobre as medidas que tenham tomado para cumprir os compromissos assumidos ao abrigo da presente Convenção no prazo de um ano a contar da data da entrada em vigor da presente Convenção relativamente ao Estado Parte interessado. Posteriormente, os Estados Partes apresentarão relatórios complementares, de quatro em quatro anos, sobre quaisquer novas medidas tomadas e ainda todos os relatórios solicitados pelo Comité.

2. O Secretário-Geral da Organização das Nações Unidas transmitirá os referidos relatórios a todos os Estados Partes.

3. Os relatórios serão analisados pelo Comité, o qual poderá fazer-lhes comentários de ordem geral que considere apropriados, transmitindo de seguida,

esses comentários aos Estados Partes interessados. Estes Estados poderão comunicar ao Comité, em resposta, quaisquer observações que considerem úteis.

4. O Comité poderá decidir, por sua iniciativa, reproduzir no relatório anual, a elaborar em conformidade com o artigo 24.º, todos os comentários por ele formulados nos termos do n.º 3 do presente artigo, acompanhados das observações transmitidas pelos Estados Partes. Caso os Estados Partes interessados o solicitem, o Comité poderá, igualmente, reproduzir o relatório apresentado ao abrigo do n.º 1 do presente artigo.

Art. 20.º

1. Caso o Comité receba informações idóneas que pareçam conter indicações bem fundadas, de que a tortura é sistematicamente praticada no território de um Estado Parte, convidará o referido Estado a cooperar na análise dessas informações e, para esse fim, a comunicar-lhe as suas observações sobre essa questão.

2. Tendo em consideração todas as observações que o Estado Parte interessado tenha eventualmente, apresentado, bem assim as demais informações pertinentes, de que disponha, o Comité poderá, caso o julgue necessário, encarregar um ou mais dos seus membros de procederem a um inquérito confidencial, apresentando o respectivo relatório ao Comité com a máxima urgência.

3. Caso se efectue um inquérito ao abrigo do disposto no n.º 2 do presente artigo, o Comité procurará obter a cooperação do Estado Parte interessado. Por acordo com esse Estado Parte, o referido inquérito poderá englobar uma visita ao seu território.

4. Após ter examinado as conclusões do relatório apresentado pelo membro ou membros, de acordo com o n.º 2 do presente artigo, o Comité transmitirá essas conclusões ao Estado Parte interessado, acompanhadas de todos os comentários ou sugestões que o Comité considere apropriados à situação.

5. Todos os trabalhos elaborados pelo Comité a que se faz referência nos n.ᵒˢ 1 a 4 do presente artigo, terão carácter confidencial, procurando-se obter a cooperação do Estado Parte nas várias etapas dos trabalhos. Concluidos os trabalhos relativos a um inquérito elaborado nos termos do disposto no número 2, o Comité poderá após consultas com o Estado Parte interessado, decidir integrar um resumo sucinto dos resultados desses trabalhos no relatório anual a elaborar em conformidade com o artigo 24.º.

Art. 21.º

1. Qualquer Estado Parte da presente Convenção poderá, em conformidade com o presente artigo, declarar a qualquer momento que reconhece a competência do Comité para receber e analisar comunicações dos Estados Partes no sentido de que qualquer Estado Parte não está a cumprir as suas obrigações decorrentes da presente Convenção. Tais comunicações só serão recebidas e analisadas, nos termos do presente artigo, se provierem de um Estado Parte que tenha feito uma declaração reconhecendo, no que lhe diz respeito, a competência do Comité. Esta não

analisará as comunicações relativas a Estados Partes que não tenham feito a referida declaração. Às comunicações recebidas ao abrigo do presente artigo aplicar-se-á o seguinte procedimento:

a) Se um Estado Parte na presente Convenção considerar que outro Estado igualmente Parte não está a aplicar as disposições da Convenção, poderá chamar a atenção desse Estado, por comunicação escrita, sobre a questão. Num prazo de três meses a contar da data da recepção da comunicação, o Estado destinatário fornecerá ao Estado que enviou a comunicação explicações ou quaisquer outras declarações escritas sobre a questão, as quais deverão conter, na medida do possível e conveniente, indicações sobre as suas normas processuais e sobre as vias de recurso já utilizadas, pendentes ou ainda possíveis;

b) Se, num prazo de seis meses a contar da data de recepção da comunicação inicial pelo Estado destinatário, a questão ainda não estiver regulada a contento dos dois Estados Partes interessados, tanto um como o outro poderão submeter a questão ao Comité, por meio de notificação, enviando igualmente uma notificação ao outro Estado Parte interessado;

c) O Comité só poderá analisar uma questão a ele submetida ao abrigo do presente artigo depois de se ter certificado de que foram utilizados exaustivamente todos os recursos internos disponíveis, de acordo com os princípios de direito internacional geralmente reconhecidos. Esta regra não se aplicará aos casos em que os processos de recurso excedam prazos razoáveis, nem quando seja pouco provável que os processos de recurso venham a compensar a pessoa vítima de violação da presente Convenção;

d) As comunicações previstas no presente artigo serão analisadas pelo Comité em sessões à porta fechada;

e) Sem prejuízo do disposto na alínea *c)*, o Comité ficará à disposição dos Estados Partes interessados, com vista à obtenção de uma solução amigável da questão, tendo por base o respeito das obrigações previstas pela presente Convenção. Para esse fim, o Comité poderá, caso considere oportuno, estabelecer uma comissão de conciliação *ad hoc*;

f) O Comité poderá solicitar aos Estados Partes interessados, mencionados na alínea *b)*, que lhe forneçam todas as informações pertinentes de que disponham relativamente a qualquer assunto que lhe seja submetido nos termos do presente artigo;

g) Os Estados Partes interessados, mencionados na alínea *b)*, têm o direito de se fazerem representar, sempre que um caso seja analisado pelo Comité, bem como de apresentarem as suas observações, oralmente ou por escrito, bem assim por ambas as formas;

h) O Comité deverá apresentar um relatório num prazo de doze meses a contar da data da recepção da notificação referida na alínea *b)*:

  i) Se for possível alcançar uma solução de acordo com as disposições da alínea *e)*, o Comité poderá limitar-se, no seu relatório, a uma breve exposição dos factos e da solução alcançada;

ii) Se não for possível encontrar uma solução de acordo com as disposições da alínea *e*), o Comité limitar-se-á, no seu relatório, a uma breve exposição dos factos; o texto contendo as observações escritas, bem como o registo das observações orais apresentadas pelos Estados Partes interessados, serão anexadas ao relatório.

Os Estados Partes interessados receberão o relatório de cada caso.

2. As disposições do presente artigo entrarão em vigor logo que cinco Estados partes na presente Convenção tenham feito a declaração prevista no número 1 do presente artigo. A referida declaração será depositada pelo Estado Parte junto do Secretário-Geral da Organização das Nações Unidas, o qual transmitirá cópia aos outros Estados Partes. As declarações poderão ser retiradas a qualquer momento mediante notificação dirigida ao Secretário-Geral. Tal retirada não prejudicará a análise de qualquer questão já comunicada ao abrigo do presente artigo. O Secretário-Geral não receberá qualquer comunicação de um Estado Parte que já tenha feito notificação da retirada da sua declaração, salvo se esse Estado Parte tiver apresentado uma nova declaração.

Art. 22.º

1. Qualquer Estado Parte na presente Convenção poderá, ao abrigo do presente artigo, declarar a qualquer momento que reconhece a competência do Comité para receber e analisar as comunicações apresentadas por ou em nome de particulares sujeitos à sua jurisdição e que afirmem terem sido vítimas de violação, por um Estado Parte, das disposições da Convenção. O Comité não aceitará quaisquer comunicações referentes a Estados Partes que não tenham feito a referida declaração.

2. O Comité deverá declarar inaceitáveis as comunicações apresentadas ao abrigo do presente artigo que sejam anónimas ou que considere constituírem um abuso de direito de apresentação de tais comunicações, ou ainda que sejam incompatíveis com as disposições da presente Convenção.

3. Sem prejuízo do disposto no n.º 2, o Comité dará a conhecer qualquer comunicação, que lhe seja apresentada ao abrigo do presente artigo, ao Estado Parte na presente Convenção que tenha feito uma declaração ao abrigo do n.º 1 e tenha alegadamente violado alguma das disposições da presente Convenção. Nos seis meses seguintes, o referido Estado apresentará por escrito ao Comité as explicações ou declarações que esclareçam a questão, indicando, se for caso disso, as medidas que poderiam ter sido tomadas a fim de solucionar a questão.

4. O Comité analisará as comunicações recebidas ao abrigo do presente artigo, tendo em consideração todas as informações submetidas por ou em nome de um particular, e pelo Estado Parte interessado.

5. O Comité só analisará a informação de um particular, de acordo com o presente artigo, após se certificar de que:

a) Essa questão não constituiu nem constitui objecto de análise por parte de outra instância internacional de inquérito ou de decisão;

b) O particular já esgotou todos os recursos internos disponíveis; esta norma não se aplicará aos casos em que os processos de recurso excedam prazos razoáveis, nem quando seja pouco provável que os processos de recurso venham a compensar a pessoa vítima de violação da presente Convenção.

6. As comunicações previstas no presente artigo serão analisadas pelo Comité em sessões à porta fechada.

7. O Comité comunicará as suas conclusões ao Estado Parte interessado e ao particular

8. As disposições do presente artigo entrarão em vigor logo que cinco Estados Partes na presente Convenção tenham feito a declaração prevista no n.º 1 do presente artigo. A referida declaração será depositada pelo Estado Parte junto do Secretário-Geral da Organização das Nações Unidas, o qual transmitirá cópia aos outros Estados partes. As declarações poderão ser retiradas a qualquer momento mediante notificação dirigida ao Secretário-Geral. Tal retirada não prejudicará a análise de qualquer questão já comunicada ao abrigo do presente artigo; não serão, contudo, aceites quaisquer comunicações apresentadas por ou em nome de um particular ao abrigo da presente Convenção, após o Secretário-Geral ter recebido notificação da retirada da declaração, excepto se o Estado Parte interessado apresentar uma nova declaração.

Art. 23.º

Os membros do Comité e os membros das comissões de conciliação *ad hoc* que venham a ser nomeados de acordo com as disposições da alínea *c*) do n.º 1 do artigo 21.º gozarão das facilidades, dos privilégios e das imunidades concedidas aos peritos em missão para a Organização das Nações Unidas, tal como são enunciadas nas respectivas secções da Convenção sobre os privilégios e imunidades das Nações Unidas.

Art. 24.º

O Comité apresentará aos Estados Partes e à Assembleia Geral da Organização das Nações Unidas um relatório anual sobre as actividades já empreendidas em aplicação da presente Convenção

PARTE III

Art. 25.º

1. A presente Convenção fica aberta à assinatura de todos os Estados.

2. A presente Convenção fica sujeita a ratificação. Os instrumentos de ratificação serão depositados junto do Secretário-Geral da Organização das Nações Unidas.

Art. 26.º
Qualquer Estado poderá aderir à presente Convenção. A adesão será feita mediante depósito de um instrumento de adesão junto do Secretário-Geral da Organização das Nações Unidas.

Art. 27.º
1. A presente Convenção entrará em vigor no 30.º dia a partir da data do depósito do 20.º instrumento de ratificação ou de adesão junto do Secretário-Geral da Organização das Nações Unidas.

2. Para os Estados que ratificarem a Convenção ou a ela aderirem após o depósito do 20.º instrumento de ratificação ou adesão, a presente Convenção entrará em vigor no 30.º dia a partir da data do depósito por esse Estado do seu instrumento de ratificação ou de adesão.

Art. 28.º
1. Qualquer Estado poderá, no momento da assinatura, ratificação ou adesão da presente Convenção, declarar que não reconhece a competência concedida ao Comité nos termos do artigo 20.º.

2. Qualquer Estado Parte que tenha formulado uma reserva em conformidade com as disposições do n.º 1 do presente artigo poderá, a qualquer momento, retirar essa reserva mediante notificação dirigida ao Secretário-Geral da Organização das Nações Unidas.

Art. 29.º
1 – Qualquer Estado Parte na presente Convenção poderá propor uma alteração e depositar a sua proposta junto do Secretário-Geral da Organização das Nações Unidas. O Secretário-Geral transmitirá a proposta de alteração aos Estados Partes, solicitando-lhes que comuniquem se são favoráveis à realização de uma conferência de Estados Partes para analisarem a proposta e para a votarem. Se, nos quatro meses que se seguirem à referida comunicação, pelo menos um terço dos Estados Partes se pronunciarem a favor da realização da referida conferência, o Secretário-Geral organizará a conferência sob os auspícios da Organização das Nações Unidas. Qualquer alteração adoptada pela maioria dos Estados Partes presentes e votantes na conferência será submetida pelo Secretário-Geral à aceitação de todos os Estados Partes.

2. Qualquer alteração adoptada de acordo com as disposições do n.º 1 do presente artigo entrará em vigor logo que dois terços dos Estados Partes na presente Convenção tenham informado o Secretário-Geral da Organização das Nações Unidas de que a aceitam, em conformidade com o procedimento estabelecido nas suas constituições.

3. Logo que as alterações entrem em vigor, terão carácter obrigatório para todos os Estados Partes que as aceitaram, ficando os outros Estados Partes vinculados pelas disposições da presente Convenção. e por quaisquer alterações anteriores que tenham aceite.

Art. 30.º

1. Qualquer diferendo entre dois ou mais Estados Partes relativo à interpretação ou aplicação da presente Convenção que não possa ser regulado por via de negociação será submetido a arbitragem, a pedido de um dos Estados Partes. Se, num prazo de seis meses a contar da data do pedido de arbitragem, as partes não chegarem a acordo sobre a organização da arbitragem, qualquer dos Estados Partes poderá submeter o diferendo ao Tribunal Internacional de Justiça, apresentando um pedido em conformidade com o Estatuto do Tribunal.

2. Os Estados poderão, no momento da assinatura, ratificação ou adesão da presente Convenção, declarar que não se consideram vinculados pelas disposições do n.º 1 do presente artigo. Os outros Estados Partes não ficarão vinculados pelas referidas disposições relativamente aos Estados Partes que tenham feito tal reserva.

3. Qualquer Estado Parte que tenha formulado uma reserva em conformidade com as disposições do número 2 do presente artigo poderá, a qualquer momento, retirar essa reserva mediante notificação dirigida ao Secretário-Geral da Organização das Nações Unidas.

Art. 31.º

1. Qualquer Estado Parte poderá denunciar a presente Convenção mediante notificação escrita dirigida ao Secretário-Geral da Organização das Nações Unidas. A denúncia produzirá efeitos um ano após a data em que o Secretário-Geral tenha recebido a notificação.

2. Tal denúncia não desobrigará o Estado Parte das obrigações que lhe incumbam em virtude da presente Convenção, no que se refere a qualquer acto ou omissão cometidos antes da data em que a denúncia produzir efeitos, nem obstará à continuação da análise de qualquer questão já apresentada ao Comité à data em que a denúncia produzir efeitos.

3. Após a data em que a denúncia feita por um Estado Parte produzir efeitos, o Comité não se encarregará do exame de qualquer nova questão relativa a esse Estado.

Art. 32.º

O Secretário-Geral da Organização das Nações Unidas notificará todos os Estados membros da Organização das Nações Unidas, bem como todos os Estados que tenham assinado a presente Convenção ou que a ela tenham aderido:

- *a*) Das assinaturas, ratificações e adesões recebidas em conformidade com os artigos 25.º e 26.º;
- *b*) Da data da entrada em vigor da Convenção em conformidade com o artigo 27.º, bem como da data de entrada em vigor de qualquer alteração em conformidade com o artigo 29.º;
- *c*) Das denúncias recebidas em conformidade com o artigo 31.º.

Art. 33.º

1. A presente Convenção, cujos textos em inglês, árabe, chinês, espanhol, francês e russo fazem igualmente fé, será depositada junto do Secretário-Geral da Organização das Nações Unidas.

2. O Secretário-Geral da Organização das Nações Unidas enviará cópia certificada da presente Convenção a todos os Estados.

Resolução n.º 8/91, de 20 de Dezembro

O artigo 70.º da Constituição consagra o direito dos cidadãos à vida e à integridade física, proibindo a pena de morte, a tortura e os tratamentos cruéis ou desumanos.

Como um dos meios de tornar eficaz a aplicação deste princípio constitucional, importa aderir aos tratamentos internacionais que, de igual modo, promovem o respeito universal dos direitos humanos.

Nestes termos, ao abrigo da alínea k) do n.º 2 do artigo 135.º da Constituição, a Assembleia da República determina:

Artigo único. É ratificada a Convenção contra a Tortura e Outros Tratamentos ou Penas Cruéis, Desumanos ou Degradantes, aprovada pela Assembleia Geral das Nações Unidas, em 10 de Dezembro de 1984, cujo texto em francês e português, é publicado em anexo e faz parte integrante da presente Resolução.

Aprovada pela Assembleia da República.

Publique-se.

O Presidente da Assembleia da República, MARCELINO DOS SANTOS.

IX – CONVENÇÃO SOBRE A ELIMINAÇÃO DE TODAS AS FORMAS DE DISCRIMINAÇÃO CONTRA AS MULHERES

Os Estados Partes na presente Convenção,

Considerando que a Carta das Nações Unidas reafirma a fé nos direitos fundamentais do homem, na dignidade e no valor da pessoa humana e na igualdade de direitos dos homens e das mulheres;

Considerando que a Declaração Universal dos Direitos do Homem afirma o princípio da não discriminação e proclama que todos os seres humanos nascem livres e iguais em dignidade e em direitos e que cada pessoa pode prevalecer de todos os direitos e de todas as liberdades aí enunciados sem distinção alguma, nomeadamente de sexo;

Considerando que os Estados Partes nos pactos internacionais sobre direitos do homem têm a obrigação de assegurar a igualdade de direitos dos homens e das mulheres no exercício de todos os direitos económicos, sociais culturais, civis e políticos;

Considerando as convenções internacionais concluídas sob a égide da Organização das Nações Unidas e das instituições especializadas com vista a promover a igualdade de direitos dos homens e das mulheres;

Considerando igualmente as resoluções, declarações e recomendações adoptadas pela Organização das Nações Unidas e pelas instituições especializadas com vista a promover a igualdade de direitos dos homens e das mulheres;

Preocupados, no entanto, por constatarem que, apesar destes diversos instrumentos, as mulheres continuam a ser objecto de importantes discriminações;

Lembrando que a discriminação contra as mulheres viola os princípios da igualdade de direitos e do respeito da dignidade humana, que dificulta a participação das mulheres, nas mesmas condições que os homens, na vida política, social, económica e cultural do seu país, que cria obstáculos ao crescimento do bem-estar da sociedade e da família e que impede as mulheres de servirem o seu país e a humanidade em toda a medida das suas possibilidades;

Preocupados pelo facto de que em situações de pobreza as mulheres têm um acesso mínimo à alimentação, aos serviços médicos, à educação, à formação e às possibilidades de emprego e à satisfação de outras necessidades;

Convencidos de que a instauração da nova ordem económica internacional baseada na equidade e na justiça contribuirá de forma significativa para promover a igualdade entre os homens e as mulheres;

Sublinhando que a eliminação do *apartheid,* de todas as formas de racismo, de discriminação racial, de colonialismo, de neocolonialismo, de agressão, de ocupação e dominação estrangeiras e de ingerência nos assuntos internos dos Estados é indispensável ao pleno gozo dos seus direitos pelos homens e pelas mulheres;

Afirmando que o reforço da paz e da segurança internacionais, o abrandamento da tensão internacional, a cooperação entre todos os Estados, sejam quais forem os seus sistemas sociais e económicos, o desarmamento geral e completo, em particular e desarmamento nuclear sob controle internacional estrito e eficaz, a afirmação dos princípios da justiça, da igualdade e da vantagem mútua nas relações entre países e a realização do direito dos povos sujeitos a dominação estrangeira e colonial e a ocupação estrangeira à autodeterminação e à independência, assim como o respeito da soberania nacional e da integridade territorial, favorecerão o progresso social e o desenvolvimento e contribuirão em consequência para a realização da plena igualdade entre os homens e as mulheres;

Convencidos de que o desenvolvimento pleno de um país, o bem-estar do mundo e a causa da paz necessitam da máxima participação das mulheres, em igualdade com os homens, em todos os domínios;

Tomando em consideração a importância da contribuição das mulheres para o bem-estar da família e o progresso da sociedade que até agora não foi plenamente reconhecida, a importância social da maternidade e do papel de ambos os pais na família e na educação das crianças, e conscientes de que o papel das mulheres na procriação não deve ser uma causa de discriminação, mas de que a educação das crianças exige a partilha das responsabilidades entre os homens, as mulheres e a sociedade no seu conjunto;

Conscientes de que é necessária uma mudança no papel tradicional dos homens, tal como no papel das mulheres na família e na sociedade, se se quer alcançar uma real igualdade dos homens e das mulheres;

Resolvidos a pôr em prática os princípios enunciados na Declaração sobre a Eliminação da Discriminação contra as Mulheres e, com tal objectivo, a adoptar as medidas necessárias à supressão desta discriminação sob todas as suas formas e em todas as suas manifestações:

Acordam no seguinte:

PARTE I

Art. 1.º

Para os fins da presente Convenção, a expressão «discriminação contra as mulheres» significa qualquer distinção, exclusão ou restrição baseada no sexo que tenha como efeito ou como objectivo comprometer ou destruir o reconhecimento, o gozo ou o exercício pelas mulheres seja qual for o seu estado civil, com base na igualdade dos homens e das mulheres, dos direitos do homem e das liberdades fundamentais nos domínios político, económico social, cultural e civil ou com qualquer outro domínio.

Art. 2.º

Os Estados Partes condenam a discriminação contra as mulheres sob todas as suas formas, acordam em prosseguir, por todos os meios apropriados e sem demora, uma política tendente a eliminar a discriminação contra as mulheres e, com este fim, comprometem-se a:

a) Inscrever na sua Constituição nacional ou em qualquer outra lei apropriada o princípio da igualdade dos homens e das mulheres se o mesmo não tiver já sido feito, e assegurar por via legislativa ou por outros meios apropriados a aplicação efectiva do mesmo princípio;

b) Adoptar medidas legislativas e outras medidas apropriadas, incluindo a determinação de sanções em caso de necessidade, proibindo toda a discriminação contra as mulheres;

c) Instaurar uma protecção jurisdicional dos direitos das mulheres em pé de igualdade com os homens e garantir, por intermédio dos tribunais nacionais competentes e outras instituições públicas, a protecção efectiva das mulheres contra qualquer acto discriminatório;

d) Abster-se de qualquer acto ou prática discriminatórios contra as mulheres e actuar por forma que as autoridades e instituições públicas se conformem com esta obrigação;

e) Tomar todas as medidas apropriadas para eliminar a discriminação praticada contra as mulheres por uma pessoa, uma organização ou uma empresa qualquer;

f) Tomar todas as medidas apropriadas, incluindo disposições legislativas, para modificar ou revogar qualquer lei, disposição regulamentar, costume ou prática que constitua discriminação contra as mulheres;

g) Revogar todas as disposições penais que constituam discriminação contra as mulheres.

Art. 3.º

Os Estados Partes tomam em todos os domínios, nomeadamente nos domínios político, social, económico e cultural, todas as medidas apropriadas, incluindo disposições legislativas, para assegurar o pleno desenvolvimento e o progresso das mulheres, com vista a garantir-lhes o exercício e o gozo dos direitos do homem e das liberdades fundamentais, com base na igualdade com os homens.

Art. 4.º

1. A adopção pelos Estados Partes de medidas temporárias especiais visando acelerar a instauração de uma igualdade de facto entre os homens e as mulheres

não é considerada como um acto de discriminação, tal como definido na presente Convenção, mas não deve por nenhuma forma ter como consequência a manutenção de normas desiguais ou distintas; estas medidas devem ser postas de parte quando os ojectivos em matéria de igualdade de oportunidades e de tratamento tiverem sido atingidos.

2. A adopção pelos Estados Partes de medidas especiais incluindo as medidas previstas na presente Convenção que visem proteger a maternidade, não é considerada como um acto discriminatório.

Art. 5.º
Os Estados Partes tomam todas as medidas apropriadas para:
a) Modificar os esquemas e modelos de comportamento sócio-cultural dos homens e das mulheres com vista a alcançar a eliminação dos preconceitos e das práticas costumeiras, ou de qualquer outro tipo, que se fundem na ideia de inferioridade ou de superioridade de um ou de outro sexo ou de um papel estereotipado dos homens e das mulheres;
b) Assegurar que a educação familiar contribua para um entendimento correcto da maternidade como função social e para o reconhecimento da responsabilidade comum dos homens e das mulheres na educação e desenvolvimento dos filhos devendo entender-se que o interesse das crianças é consideração primordial em todos os casos.

Art. 6.º
Os Estados Partes tomam todas as medidas apropriadas incluindo disposições legislativas, para suprimir todas as formas de tráfico das mulheres e de exploração da prostituição das mulheres.

PARTE II

Art. 7.º
Os Estados Partes tomam todas as medidas apropriadas para eliminar a discriminação contra as mulheres na vida política e pública do país e em particular, asseguram-lhes, em condições de igualdade com os homens, o direito:
a) De votar em todas as eleições e em todos os referendos públicos e de ser elegíveis para todos os organismos publicamente eleitos;
b) De tomar parte na formulação da política do Estado e na sua execução de ocupar empregos públicos e de exercer todos os cargos públicos a todos os níveis do governo;
c) De participar nas organizações e associações não governamentais que se ocupem de vida pública e política do país.

Art. 8.º
Os Estados Partes tomam todas as medidas apropriadas para que as mulheres em condições de igualdade com os homens e sem nenhuma discriminação, tenham a possibilidade de representar os seus governos à escala internacional e de participar no trabalho das organizações internacionais.

Art. 9.º
1. Os Estados Partes concedem às mulheres direitos iguais aos dos homens no que respeita à aquisição, mudança e conservação da nacionalidade. Garantem, em particular, que nem o casamento com uma estrangeira, nem a mudança de nacionalidade do marido na constância do casamento produzem automaticamente a mudança de nacionalidade da mulher, a tornam apátrida ou a obrigam a adquirir a nacionalidade do marido.
2. Os Estados Partes concedem às mulheres direitos iguais aos dos homens no que respeita à nacionalidade dos filhos.

PARTE III

Art. 10.º
Os Estados Partes tomam todas as medidas apropriadas para eliminar a discriminação contra as mulheres com o fim de lhes assegurar direitos iguais aos dos homens no domínio da educação e, em particular, para assegurar com base na igualdade dos homens e das mulheres:
  a) As mesmas condições de orientação profissional, de acesso aos estudos e de obtenção de diplomas nos estabelecimentos de ensino de todas as categorias nas zonas rurais como nas zonas urbanas, devendo esta igualdade ser assegurada no ensino pré-escolar, geral, técnico, profissional e técnico superior, assim como em qualquer outro meio de formação profissional;
  b) O acesso aos mesmos programas, aos mesmos exames, a um pessoal de ensino possuindo qualificações do mesmo nível, a locais escolares e a equipamento da mesma qualidade;
  c) A eliminação de qualquer concepção estereotipada dos papéis dos homens e das mulheres a todos os níveis e em todas as formas de ensino, encorajando a co-educação e outros tipos de educação que ajudarão a realizar este objectivo, em particular revendo os livros e programas escolares e adaptando os métodos pedagógicos;
  d) As mesmas possibilidades no que respeita à concessão de bolsas e outros subsídios para os estudos;
  e) As mesmas possibilidades de acesso aos programas de educação permanente, incluindo os programas de alfabetização para adultos e da alfabetização funcional, com vista, nomeadamente, a reduzir o mais cedo possível qualquer desnível de instrução que exista entre os homens e as mulheres;

f) A redução das taxas de abandono feminino dos estudos e a organização de programas para as raparigas e as mulheres que abandonarem prematuramente a escola;

g) As mesmas possibilidades de participar activamente nos desportos e na educação física;

h) O acesso a informações específicas de carácter educativo tendentes a assegurar a saúde e o bem-estar das famílias incluindo a informação e o aconselhamento relativos ao planeamento da família.

Art. 11.º

1. Os Estados Partes comprometem-se a tomar todas as medidas apropriadas para eliminar a discriminação contra as mulheres no domínio do emprego, com o fim de assegurar, com base na igualdade dos homens e das mulheres os mesmos direitos, em particular:

a) O direito ao trabalho, enquanto direito inalienável de todos os seres humanos;

b) O direito às mesmas possibilidades de emprego, incluindo a aplicação dos mesmos critérios de selecção em matéria de emprego;

c) O direito à livre escolha da profissão e do emprego, o direito à promoção, à estabilidade do emprego e a todas as prestações e condições de trabalho e o direito à formação profissional e à reciclagem, incluíndo a aprendizagem, o aperfeiçoamento profissional e a formação permanente;

d) O direito à igualdade de remuneração, incluindo prestações, e à igualdade de tratamento para um trabalho de igual valor, assim como a igualdade de tratamento no que respeita à avaliação da qualidade do trabalho;

e) O direito à segurança social, nomeadamente às prestações de reforma, desemprego, doença, invalidez e velhice ou relativas a qualquer outra perda de capacidade de trabalho, assim como o direito a férias pagas;

f) O direito à protecção da saúde e à segurança nas condições de trabalho, incluindo a salvaguarda da função de reprodução.

2. Com o fim de evitar a discriminação contra as mulheres por causa do casamento ou da maternidade e de garantir o seu direito efectivo no trabalho, os Estados Partes comprometem-se a tomar medidas apropriadas para:

a) Proibir, sob pena de sanções, o despedimento por causa da gravidez ou de gozo do direito a um período de dispensa do trabalho por ocasião da maternidade, bem como a discriminação nos despedimentos fundada no estado matrimonial;

b) Instituir a concessão do direito a um período de dispensa do trabalho por ocasião da maternidade pago ou conferindo direito a prestações sociais comparáveis, com a garantia da manutenção do emprego anterior, dos direitos de antiguidade e das vantagens sociais;

c) Encorajar o fornecimento dos serviços sociais de apoio necessários para permitir aos pais conciliar as obrigações familiares com as responsabilidades profissionais e a participação na vida pública, em particular favorecendo a criação e o desenvolvimento de uma rede de estabelecimentos de guarda de crianças;

d) Assegurar uma protecção especial às mulheres grávidas cujo trabalho é comprovadamente nocivo.

3. A legislação que visa proteger as mulheres nos domínios abrangidos pelo presente artigo será revista periodicamente em função dos conhecimentos científicos e técnicos e será modificada, revogada ou alargada segundo as necessidades.

Art. 12.º

1. Os Estados Partes tomam todas as medidas apropriadas para eliminar a discriminação contra as mulheres no domínio dos cuidados de saúde, com vista a assegurar-lhes, com base na igualdade dos homens e das mulheres, o acesso aos serviços médicos, incluindo os relativos ao planeamento da família.

2. Não obstante as disposições do parágrafo 1 deste artigo, os Estados Partes fornecerão às mulheres durante a gravidez; durante o parto e depois do parto, serviços apropriados e, se necessário, gratuitos, assim como uma nutrição adequada durante a gravidez e o aleitamento.

Art. 13.º

Os Estados Partes comprometem-se a tomar todas as medidas apropriadas para eliminar a discriminação contra as mulheres em outros domínios da vida económica e social, com o fim de assegurar, com base na igualdade dos homens e das mulheres, os mesmos direitos, em particular:

a) O direito a prestações familiares;

b) O direito a empréstimos bancários, empréstimos hipotecários e outras formas de crédito financeiro;

c) O direito de participar nas actividades recreativas, nos desportos e em todos os aspectos da vida cultural.

Art. 14.º

1. Os Estados partes têm em conta os problemas particulares das mulheres rurais e o papel importante que estas mulheres desempenham para a sobrevivência económica das suas famílias, nomeadamente pelo seu trabalho nos sectores não monetários da economia, e tomam todas as medidas apropriadas para assegurar a aplicação das disposições da presente Convenção às mulheres das zonas rurais.

2. Os Estados Partes tomam todas as medidas apropriadas para eliminar a discriminação contra as mulheres nas zonas rurais, com o fim de assegurar, com base na igualdade dos homens e das mulheres, a sua participação no desenvolvimento rural e nas suas vantagens e, em particular, assegurando-lhes o direito:

a) De participar plenamente na elaboração e na execução dos planos do desenvolvimento a todos os níveis;

b) De ter acesso aos serviços adequados no domínio da saúde, incluindo a informação, aconselhamento e serviços em matéria de planeamento da família;
c) De beneficiar directamente dos programas de segurança social;
d) De receber qualquer tipo de formação e de educação, escolares ou não, incluindo em matéria de alfabetização funcional, e de poder beneficiar de todos os serviços comunitários e de extensão, nomeadamente para melhorar a sua competência técnica;
e) De organizar grupos de entreajuda e cooperativas com o fim de permitir a igualdade de oportunidades no plano económico, quer se trate de trabalho assalariado ou de trabalho independente;
f) De participar em todas as actividades da comunidade;
g) De ter acesso ao crédito e aos empréstimos agrícolas, assim como aos serviços de comercialização e às tecnologias apropriadas, e de receber um tratamento igual nas reformas fundiárias e agrárias e nos projectos de reordenamento rural;
h) De beneficiar de condições de vida convenientes, nomeadamente no que diz respeito a alojamento, saneamento, fornecimento de electricidade e de água, transportes e comunicações.

PARTE IV

Art. 15.º

1. Os Estados Partes reconhecem às mulheres a igualdade com os homens perante a lei.

2. Os Estados Partes reconhecem às mulheres, em matéria civil, capacidade jurídica idêntica à dos homens e as mesmas possibilidades de exercício dessa capacidade. Reconhecem-lhes, em particular, direitos iguais no que respeita à celebração de contratos e à administração dos bens e concedem-lhes o mesmo tratamento em todos os estádios do processo judicial.

3. Os Estados Partes acordam em que qualquer contrato e qualquer outro instrumento privado, seja de que tipo for, que vise limitar a capacidade jurídica da mulher deve ser considerado como nulo.

4. Os Estados Partes reconhecem aos homens e às mulheres os mesmos direitos no que respeita à legislação relativa à livre circulação das pessoas e à liberdade de escolha de residência e domicílio.

Art. 16.º

1. Os Estados Partes tomam todas as medidas necessárias para eliminar a discriminação contra as mulheres em todas as questões relativas ao casamento e às relações familiares e, em particular, asseguram, com base na igualdade dos homens e das mulheres:

a) O mesmo direito de contrair casamento;

b) O mesmo direito de escolher livremente o cônjuge e de só contrair casamento de livre e plena vontade;
c) Os mesmos direitos e as mesmas responsabilidades na constância do casamento e aquando da sua dissolução;
d) Os mesmos direitos e as mesmas responsabilidades enquanto pais, seja qual for o estado civil, para as questões relativas aos seus filhos; em todos os casos, o interesse das crianças será a consideração primordial;
e) Os mesmos direitos de decidir livremente e com todo o conhecimento de causa do número e do espaçamento dos nascimentos e de ter acesso à informação, à educação e aos meios necessários para permitir o exercício destes direitos;
f) Os mesmos direitos e responsabilidades em matéria de tutela, curatela, guarda e adopção das crianças, ou instituições similares, quando estes institutos existam na legislação nacional; em todos os casos, o interesse das crianças será a consideração primordial;
g) Os mesmos direitos pessoais ao marido e à mulher, incluindo o que respeita à escolha do nome de família, de uma profissão e de uma ocupação;
h) Os mesmos direitos a cada um dos cônjuges em matéria de propriedade, aquisição, gestão, administração, gozo e disposição dos bens, tanto a título gratuito como a título oneroso.

2. A promessa de casamento e o casamento de crianças não terão efeitos jurídicos e todas as medidas necessárias, incluindo disposições legislativas serão tomadas com o fim de fixar uma idade mínima para casamento e de tornar obrigatório o registo do casamento num registo oficial.

PARTE V

Art. 17.º

1. Com o fim de examinar os progressos realizados na aplicação da presente Convenção, é constituído um Comité para a Eliminação da Discriminação contra as Mulheres (em seguida denominado Comité), que se compõe no momento da entrada em vigor da Convenção, de dezoito e depois da sua ratificação ou da adesão do 35.º Estado Parte, de vinte e três peritos de uma alta autoridade moral e de grande competência no domínio abrangido pela presente Convenção. Os peritos são eleitos pelos Estados Partes de entre os seus nacionais e exercem as suas funções a título pessoal devendo ter-se em conta o princípio de uma repartição geográfica equitativa e de representação das diferentes formas de civilização assim como dos principais sistemas jurídicos.

2. Os membros do Comité são eleitos por escrutínio secreto de entre uma lista de candidatos designados pelos Estados Partes. Cada Estado Parte pode designar um candidato escolhido de entre os seus nacionais.

3. A primeira eleição tem lugar seis meses depois da data da entrada em vigor da presente Convenção. Pelo menos três meses antes da data de cada eleição, o Secretário-Geral da Organização das Nações Unidas dirige uma carta aos Estados Partes para os convidar a submeter as suas candidaturas num prazo de dois meses. O Secretário-Geral elabora uma lista alfabética de todos os candidatos, indicando por que Estado foram designados, lista que comunica aos Estados Partes.

4. Os membros do Comité são eleitos no decurso de uma reunião dos Estados Partes convocada pelo Secretário-Geral para a sede da Organização das Nações Unidas. Nesta reunião, em que o quórum é constituído por dois terços dos Estados Partes, são eleitos membros do Comité os candidatos que tenham obtido o maior número de votos e a maioria absoluta dos votos dos representantes dos Estados Partes presentes e votantes.

5. Os membros do Comité são eleitos para um período de quatro anos. No entanto, o mandato de nove dos membros eleitos na primeira eleição termina ao fim de dois anos; o presidente do Comité tira à sorte os nomes destes nove membros imediatamente depois da primeira eleição.

6. A eleição dos cinco membros adicionais do Comité realiza-se nos termos das disposições dos parágrafos 2, 3 e 4 do presente artigo, a seguir à 35.ª ratificação ou adesão. O mandato de dois dos membros adicionais eleitos nesta ocasião termina ao fim de dois anos; o nome destes dois membros é tirado à sorte pelo presidente do Comité.

7. Para suprir eventuais vagas, o Estado Parte, cujo perito tenha cessado de exercer as suas funções de membro do Comité nomeia um outro perito de entre os seus nacionais, sob reserva da aprovação do Comité.

8. Os membros do Comité recebem, com a aprovação da Assembleia Geral, emolumentos retirados dos fundos da Organização das Nações Unidas, nas condições fixadas pela Assembleia, tendo em conta a importância das funções do Comité.

9. O Secretário-Geral da Organização das Nações Unidas põe à disposição do Comité o pessoal e os meios materiais que lhe são necessários para o desempenho eficaz das funções que lhe são confiadas pela presente Convenção.

Art. 18.º

1. Os Estados Partes comprometem-se a apresentar ao Secretário-Geral da Organização das Nações Unidas, para exame pelo Comité, um relatório sobre as medidas de ordem legislativa, judiciária, administrativa ou outra que tenham adoptado para dar aplicação às disposições da presente Convenção e sobre os progressos realizados a este respeito:

a) No ano seguinte à entrada em vigor da Convenção para o Estado interessado;

b) Em seguida, de quatro em quatro anos, e sempre que o Comité o pedir.

2. Os relatórios podem indicar os factores e dificuldades que afectam a medida em que são cumpridas as obrigações previstas pela presente Convenção.

Art. 19.º
1. O Comité adopta o seu próprio regulamento interno.
2. O Comité elege o seu secretariado para um período de dois anos.

Art. 20.º
1. O Comité reúne normalmente durante um período de duas semanas no máximo em cada ano para examinar os relatórios apresentados nos termos do artigo 18.º da presente Convenção.
2. As sessões do Comité têm lugar normalmente na sede da Organização das Nações Unidas ou em qualquer outro lugar adequado determinado pelo Comité.

Art. 21.º
1. O Comité presta contas todos os anos à Assembleia Geral da Organização das Nações Unidas, por intermédio do Conselho Económico e Social, das suas actividades e pode formular sugestões e recomendações gerais fundadas no exame dos relatórios e das informações recebidas dos Estados Partes. Estas sugestões e recomendações são incluídas no relatório do Comité, acompanhadas, sendo caso disso, das observações dos Estados Partes.
2. O Secretário-Geral transmite os relatórios do Comité à Comissão do Estatuto das Mulheres para informação.

Art. 22.º
As instituições especializadas têm o direito de estar representadas aquando do exame da aplicação de qualquer disposição da presente Convenção que entre no âmbito das suas actividades. O Comité pode convidar as instituições especializadas a submeter relatórios sobre a aplicação da Convenção nos domínios que entram no âmbito das suas actividades.

PARTE VI

Art. 23.º
Nenhuma das disposições da presente Convenção põe em causa as disposições mais propícias à realização da igualdade entre os homens e as mulheres que possam conter-se:
 a) Na legislação de um Estado Parte;
 b) Em qualquer outra Convenção, tratado ou acordo internacional em vigor nesse Estado.

Art. 24.º
Os Estados Partes comprometem-se a adoptar todas as medidas necessárias ao nível nacional para assegurar o pleno exercício dos direitos reconhecidos pela presente Convenção.

Art. 25.º

1. A presente Convenção está aberta à assinatura de todos os Estados.
2. O Secretário-Geral da Organização das Nações Unidas é designado como depositário da presente Convenção.
3. A presente Convenção está sujeita a ratificação e os instrumentos de ratificação são depositados junto do Secretário-Geral da Organização das Nações Unidas.
4. A presente Convenção está aberta à adesão de todos os Estados. A adesão efectua-se pelo depósito de um instrumento de adesão junto do Secretário-Geral da Organização das Nações Unidas.

Art. 26.º

1. Qualquer Estado Parte pode pedir em qualquer momento a revisão da presente Convenção, dirigindo uma comunicação escrita para este efeito ao Secretário-Geral das Nações Unidas.
2. A Assembleia Geral da Organização das Nações Unidas decide das medidas a tomar, sendo caso disso, em relação a um pedido desta natureza.

Art. 27.º

1. A presente Convenção entra em vigor no 30.º dia a seguir à data do depósito junto do Secretário-Geral da Organização das Nações Unidas do 20.º instrumento de ratificação ou de adesão.
2. Para cada um dos Estados que ratifiquem a presente Convenção ou a ela adiram depois do depósito do 20.º instrumento de ratificação ou de adesão, a mesma Convenção entra em vigor no 30.º dia a seguir à data do depósito por esse Estado do seu instrumento de ratificação ou de adesão.

Art. 28.º

1. O Secretário-Geral da Organização das Nações Unidas recebe e comunica a todos os Estados o texto das reservas que forem feitas no momento da ratificação ou da adesão.
2. Não é autorizada nenhuma reserva incompatível com o objecto e o fim da presente Convenção.
3. As reservas podem ser retiradas em qualquer momento por via de notificação dirigida ao Secretário-Geral da Organização das Nações Unidas, o qual informa todos os Estados Partes na Convenção. A notificação tem efeitos na data da recepção.

Art. 29.º

1. Qualquer diferendo entre dois ou mais Estados Partes relativamente à interpretação ou à aplicação da presente Convenção que não seja resolvido por via de negociação é submetido a arbitragem, a pedido de um, de entre eles. Se nos seis meses a seguir a data do pedido de arbitragem as Partes não chegarem a

acordo sobre a organização da arbitragem, qualquer delas pode submeter o diferendo ao Tribunal Internacional de Justiça, mediante um requerimento nos termos do Estatuto do Tribunal.

2. Qualquer Estado Parte pode, no momento em que assinar a presente Convenção, ratificar ou a ela aderir, declarar que não se considera vinculado pelas disposições do parágrafo 1 do presente artigo. Os outros Estados Partes não estão vinculados pelas mesmas disposições nas suas relações com um Estado Parte que tiver formulado uma tal reserva.

3. Qualquer Estado Parte que tenha formulado uma reserva conformemente às disposições do parágrafo 2 do presente artigo pode em qualquer momento retirar essa reserva por uma notificação dirigida ao Secretário-Geral da Organização das Nações Unidas.

Art. 30.º
A presente Convenção, cujos textos em inglês, árabe, chinês, espanhol, francês e russo fazem igualmente fé, é depositada junto do Secretário-Geral da Organização das Nações Unidas.

Resolução n.º 4/93, de 2 de Junho

A Convenção sobre a Eliminação de Todas as Formas de Discriminação contra as Mulheres, adoptada pelas Nações Unidas, consagra disposições que contemplam princípios elementares contra práticas de todas as formas de discriminação da mulher e estabelece normas e procedimentos a serem observados pelos Estados membros da Convenção, visando a defesa e a promoção dos direitos da mulher em igualdade de circunstâncias com os do homem.

A lei fundamental do país, acolhendo o princípio da dignificação da mulher e o seu papel na sociedade, estabelece no seu artigo 67.º, a igualdade entre o homem e a mulher perante a lei e em todos os domínios da vida política, económica, social e cultural.

Assim, havendo necessidade de se proceder à ratificação da referida Convenção, ao abrigo do disposto na alínea k) do n.º 2 do artigo 135.º da Constituição, a Assembleia da República determina:

Artigo único. É ratificada a Convenção sobre a Eliminação de Todas as Formas de Discriminação contra as Mulheres, cujos textos em anexo, em português e inglês, fazem parte integrante do presente diploma.

Aprovada pela Assembleia da República.

Publique-se.

O Presidente da Assembleia da República, MARCELINO DOS SANTOS.

X – CONVENÇÃO SOBRE OS DIREITOS DA CRIANÇA

Preâmbulo

Os Estados Partes na presente Convenção,

Considerando que, em conformidade com os princípios proclamados na Carta das Nações Unidas, o reconhecimento da dignidade inerente a todos os membros da família humana, bem como dos seus direitos iguais e inalienáveis constitui o fundamento da liberdade, da justiça e da paz no mundo;

Tendo presente que os povos das Nações Unidas reafirmaram, na Carta, a sua fé nos direitos fundamentais do homem, na dignidade e no valor da pessoa humana, e que decidiram promover o progresso social e melhores condições de vida, dentro de um conceito mais amplo de liberdade;

Reconhecendo que as Nações Unidas na Declaração Universal dos Direitos do Homem e nos Pactos Internacionais relativos aos direitos do homem, proclamaram e acordaram, que a pessoa humana tem todos os direitos e liberdades neles enunciados, sem distinção alguma, seja de raça, cor, sexo, língua, religião, opinião política ou outra, origem nacional ou social, posição económica, nascimento ou qualquer outra condição;

Recordando que, na Declaração Universal dos Direitos do Homem, as Nações Unidas proclamaram que a infância tem direito a cuidados e assistência especiais;

Convencidos de que a família, elemento fundamental da sociedade e meio natural para o crescimento e bem-estar de todos os seus membros, e em particular das crianças, deve receber a protecção e a assistência necessárias, para poder assumir plenamente as suas responsabilidades na comunidade;

Reconhecendo que a criança, para o desenvolvimento pleno e harmonioso da sua personalidade, deve crescer no seio da família, em clima de felicidade, amor e compreensão;

Considerando que a criança deve estar plenamente preparada para uma vida individual em sociedade e ser educada no espírito dos ideais proclamados na Carta das Nações Unidas e, em particular, num espírito de paz, dignidade, tolerância, liberdade, igualdade e solidariedade;

Tendo presente que a necessidade de proporcionar à criança uma protecção especial foi enunciada na Declaração de Genebra de 1924 sobre os Direitos da Criança e na Declaração dos Direitos da Criança, adoptada pela Assembleia Geral, em 20 de Novembro de 1959, e foi reconhecida na Declaração Universal dos Direitos do Homem, no Pacto Internacional sobre os Direitos Civis e Políticos (em particular nos artigos 23.º e 24.º), no Pacto Internacional sobre os Direitos Económicos, Sociais e Culturais (em particular no artigo 10.º) e nos estatutos e instrumentos pertinentes das agências especializadas e das organizações internacionais que se dedicam ao bem-estar da criança;

Tendo presente que, tal como indicado na Declaração dos Direitos da Criança, «a criança, em virtude da sua maturidade física e mental, necessita de protecção e cuidados especiais, inclusive protecção jurídica adequada, tanto antes como depois do nascimento»;

Recordando as disposições da Declaração sobre os Princípios Sociais e Jurídicos Relativos à Protecção e Bem-Estar das Crianças, com especial referência à adopção e colocação familiar nos planos nacional e internacional, das Regras Mínimas das Nações Unidas para a Administração da Justiça de Menores (Regras de Beijing) e da Declaração sobre Protecção de Mulheres e Criança em Situação de Emergência ou de Conflito Armado;

Reconhecendo que em todos os países do mundo há crianças que vivem em condições excepcionalmente difíceis e que necessitam de uma especial atenção;

Tendo devidamente em conta a importância das tradições e dos valores culturais de cada Povo para a protecção e o desenvolvimento harmonioso da criança;

Reconhecendo a importância da cooperação internacional para a melhoria das condições de vida das crianças em todos os países, em particular nos países em desenvolvimento,

Acordam o seguinte:

PARTE I

Art. 1.º

Para os efeitos da presente Convenção, considera-se criança todo o ser humano menor de dezoito anos, salvo se, nos termos da lei que lhe for aplicável, a maioridade for atingida mais cedo.

Art. 2.º

1. Os Estados Partes respeitarão os direitos enunciados na presente Convenção e garantirão a sua aplicação a cada criança sujeita à sua jurisdição, sem discriminação alguma, independentemente da raça, cor, sexo, língua, religião, opinião política ou outra, origem nacional, étnica ou social, posição económica, incapacidade, nascimento ou de qualquer outra condição da criança, de seus pais ou dos representantes legais.

2. Os Estados Partes adoptarão todas as medidas adequadas para garantir que a criança seja efectivamente protegida contra todas as formas de discriminação ou de punição por motivo da condição, actividades, opiniões expressas ou convicções de seus pais, representantes legais ou membros da sua família.

Art. 3.º
1. Em todas as medidas relativas a crianças, adoptadas por instituições públicas ou privadas de bem-estar social, tribunais, autoridades administrativas, ou órgãos legislativos, deve-se ter primordialmente em conta o interesse superior da criança.
2. Os Estados Partes, comprometem-se a garantir à criança a protecção e os cuidados necessários ao seu bem-estar, tendo em conta os direitos e deveres do país, representantes legais ou outras pessoas legalmente responsáveis por ela e, para este efeito, tomarão todas as medidas legislativas e administrativas adequadas.
3. Os Estados Partes garantirão que as instituições, serviços e estabelecimentos responsáveis pelo cuidado ou pela protecção de crianças, actuem em conformidade com as normas fixadas pelas autoridades competentes, especialmente em matéria de segurança, saúde, número e qualificação do seu pessoal, bem como quanto à existência de uma fiscalização adequada.

Art. 4.º
Os Estados Partes adoptarão todas as medidas legislativas, administrativas e outras necessárias à implementação dos direitos reconhecidos na presente Convenção. Tratando-se de direitos económicos, sociais e culturais, os Estados Partes adoptarão essas medidas até ao limite máximo dos seus recursos disponíveis e, quando necessário, no quadro da cooperação internacional.

Art. 5.º
Os Estados Partes respeitarão as responsabilidades, os direitos e os deveres dos pais ou, se for esse o caso, dos membros da família alargada ou da comunidade de acordo com os costumes locais, dos representantes legais, ou de outras pessoas legalmente responsáveis, de assegurar à criança, de forma compatível com o desenvolvimento das suas capacidades, direcção e orientação adequadas ao exercício dos direitos que lhe são reconhecidos na presente Convenção.

Art. 6.º
1. Os Estados Partes reconhecem que a criança tem o direito inerente à vida.
2. Os Estados Partes garantirão, no máximo possível, a sobrevivência e o desenvolvimento da criança.

Art. 7.º
1. A criança será registada imediatamente após o nascimento e terá, desde que nasce, direito a um nome, a adquirir uma nacionalidade e sempre que possível, a conhecer os seus pais e a ser cuidada por eles.

2. Os Estados Partes garantirão a implementação destes direitos em conformidade com a legislação nacional e as obrigações decorrentes de instrumentos internacionais relevantes neste domínio, em particular se, de outro modo, a criança ficasse apátrida.

Art. 8.º

1. Os Estados Partes comprometem-se a respeitar o direito da criança a preservar a sua identidade, incluindo a sua nacionalidade, o nome e as relações familiares, nos termos da lei e sem ingerência ilegal.
2. Quando uma criança for ilegalmente privada de alguns ou de todos os elementos da sua identidade, os Estados Partes deverão prestar-lhe a assistência e a protecção adequadas, de forma a reestabelecer rapidamente a sua identidade.

Art. 9.º

1. Os Estados Partes garantirão que a criança não seja separada de seus pais contra a vontade destes, salvo se as autoridades competentes decidirem, sem prejuízo de revisão judicial e em conformidade com a legislação e as regras de processo aplicáveis, que essa separação é necessária no interesse superior da criança. Tal decisão pode ser necessária no caso de, por exemplo, os pais maltratarem ou negligenciarem a criança, ou os pais viverem separados e uma decisão sobre o lugar de residência da criança tiver de ser tomada.
2. Em todos os casos previstos no número 1, todas as partes interessadas deverão ter a possibilidade de participar no processo e de dar a conhecer as suas opiniões.
3. Os Estados Partes respeitarão o direito da criança separada de um ou de ambos os pais de manter regularmente relações pessoais e contactos directos com ambos, a menos que tal seja contrário ao interesse superior da criança.
4. Quando a separação resultar de medidas adoptadas por um Estado Parte, tais como a detenção, prisão, exílio, deportação ou morte (incluindo a morte, qualquer que seja a causa, ocorrida durante a detenção), de um dos pais ou de ambos, ou da própria criança, o Estado Parte, quando lhe for solicitado, proporcionará aos pais, à criança, ou sendo esse o caso, a um outro membro da família, informações essenciais sobre o local onde se encontra o membro ou os membros da família ausentes, a não ser que a divulgação de tais informações seja prejudicial ao bem-estar da criança. Os Estados Partes comprometem-se, além disso, a que a apresentação de um tal pedido não acarrete, por si só, consequências adversas para a pessoa ou pessoas interessadas.

Art. 10.º

1. Nos termos da obrigação decorrente para os Estados Partes, em virtude do número 1 do artigo 9.º, todos os pedidos formulados por uma criança ou por seus pais para entrar num Estado Parte ou para dele sair, com o objectivo de reunificação familiar, serão considerados pelos Estados Partes de forma positiva, humana

e diligente. Os Estados Partes garantirão, além disso, que a apresentação de um tal pedido não acarreterá consequências adversas nem para os seus autores nem para os membros da sua família.

2. A criança, cujos pais residam em Estados diferentes, terá o direito de manter periodicamente, salvo circunstâncias excepcionais, relações pessoais e contactos directos com ambos. Para este efeito, e nos termos da obrigação decorrente para os Estados Partes, em virtude do número 2 do artigo 9.º, os Estados Partes respeitarão o direito da criança e de seus pais de sair de qualquer país, incluindo o seu, e de entrar no seu próprio país. O direito de sair de qualquer país só poderá ser objecto das restrições que, estando previstas na lei, sejam necessárias para proteger a segurança nacional, a ordem pública, a saúde ou a moral públicas, ou os direitos e liberdades de outrem, e sejam compatíveis com os demais direitos reconhecidos na presente Convenção.

Art. 11.º

1. Os Estados Partes adoptarão medidas para combater a deslocação ilícita de crianças para o exterior do país e a sua retenção ilícita no exterior do país.

2. Para esse efeito, os Estados Partes promoverão a conclusão de acordos bilaterais ou multilaterais ou a adesão a acordos existentes.

Art. 12.º

1. Os Estados Partes garantirão à criança com capacidade de discernimento o direito de expressar livremente a sua opinião sobre todas as questões que lhe dizem respeito, tendo devidamente em conta as opiniões da criança, de acordo com a sua idade e maturidade.

2. Com tal propósito, deverá assegurar-se à criança, em particular, a oportunidade de ser ouvida em todos os processos judiciais ou administrativos que lhe digam respeito, seja directamente, seja através de representantes ou de organismo adequado, em conformidade com as regras de processo da legislação nacional.

Art. 13.º

1. A criança tem direito à liberdade de expressão. Este direito compreende a liberdade de procurar, receber e divulgar informações e ideias de toda a espécie, independentemente de fronteiras, de forma oral, escrita, impressa, artística ou por qualquer outro meio à escolha da criança.

2. O exercício deste direito só poderá ser objecto das restrições previstas na lei e que sejam necessárias:

   a) Para o respeito dos direitos ou da reputação de outrem; ou
   b) Para a salvaguarda da segurança nacional e da ordem pública, ou para protecção da saúde e da moral públicas.

Art. 14.º

1. Os Estados Partes respeitarão o direito da criança à liberdade de pensamento, de consciência e de religião.

2. Os Estados Partes respeitarão os direitos e deveres dos pais e, se for esse o caso, dos representantes legais, de orientar a criança no exercício deste direito de forma compatível com o desenvolvimento das suas capacidades.

3. A liberdade de professar a sua religião ou crença só poderá ser objecto das restrições previstas na lei e que sejam necessárias para proteger a segurança, a ordem, a saúde ou moral públicas ou os direitos e liberdades fundamentais de outrem.

Art. 15.º

1. Os Estados Partes reconhecem o direito da criança à liberdade de associação e à liberdade de reunião pacífica.

2. O exercício destes direitos só poderá ser objecto das restrições previstas na lei e que sejam necessárias numa sociedade democrática, no interesse da segurança nacional ou da segurança pública da ordem pública, da protecção da saúde ou da moral públicas ou da protecção dos direitos e liberdades de outrem.

Art. 16.º

1. Nenhuma criança será sujeita a intromissões arbitrárias ou ilegais na sua vida privada, na sua família, no seu domicílio ou sua correspondência, nem a ofensas ilegais à sua honra e reputação.

2. A criança tem direito à protecção da lei contra tais intromissões ou ofensas.

Art. 17.º

Os Estados Partes reconhecem a importante função desempenhada pelos meios de comunicação social e garantirão o acesso da criança à informação e ao material provenientes de diversas fontes nacionais e internacionais, em especial aqueles que visem promover o seu bem-estar social, espiritual e moral, bem como a sua saúde física e mental. Para esse efeito os Estados Partes deverão:

   a) Encorajar os meios de comunicação social a difundir informação e material de interesse social e cultural para a criança, de acordo com o espírito do artigo 29.º;
   b) Encorajar a cooperação internacional no campo da produção, troca e difusão de informação e material dessa natureza, provenientes de diversas fontes culturais nacionais e internacionais;
   c) Encorajar a produção e difusão de livros para crianças;
   d) Encorajar os meios de comunicação social a ter particularmente em conta as necessidades linguísticas da criança que pertença a um grupo minoritário ou que seja autóctone;
   e) Encorajar a elaboração de directrizes adequadas à protecção da criança contra toda a informação e material prejudiciais ao seu bem-estar, tendo presente o disposto nos artigos 13.º e 18.º.

Art. 18.º

1. Os Estados Partes deverão empenhar-se ao máximo por garantir o reconhecimento do princípio segundo o qual ambos os pais têm responsabilidade comum na educação e no desenvolvimento da criança. A responsabilidade pela educação e desenvolvimento da criança cabe primordialmente aos pais ou, se for esse o caso, aos representantes legais. O interesse superior da criança deve constituir a preocupação fundamental.

2. Para garantir e promover os direitos enunciados na presente Convenção, os Estados Partes prestarão a assistência adequada aos pais e aos representantes legais, no exercício das suas responsabilidades na educação da criança e garantirão a criação de instituições, instalações e serviços para o cuidado da criança.

3. Os Estados Partes adoptarão todas as medidas adequadas para garantir às crianças, cujos pais trabalhem, o direito de beneficiar de serviços e instalações de assistência, para as que reúnam as condições necessárias.

Art. 19.º

1. Os Estados Partes adoptarão todas as medidas legislativas, administrativas, sociais e educativas adequadas à protecção da criança contra toda a forma de prejuízo ou abuso físico ou mental, de descuido ou tratamento negligente, de maus tratos ou exploração, incluindo o abuso sexual, enquanto se encontrar à guarda dos pais, de representante legal ou de qualquer outra pessoa que a tenha a seu cargo.

2. Tais medidas de protecção deveriam incluir, quando se mostre conveniente, processos eficazes para o estabelecimento de programas sociais destinados a assegurar a assistência necessária à criança e àqueles que dela cuidam, bem como outras formas de prevenção, de identificação, de notificação, entrega a instituição, investigação, tratamento e acompanhamento ulterior dos casos de maus tratos da criança aqui descritos e, se necessário, a intervenção judicial.

Art. 20.º

1. As crianças, temporária ou permanentemente privadas do seu ambiente familiar, ou cujo interesse superior exija a não permanência nesse meio, terão direito a protecção e a assistência especiais do Estado.

2. Os Estados Partes garantirão, em conformidade com as suas leis nacionais, outro tipo de cuidados para tais crianças.

3. Entre esses cuidados figurarão, nomeadamente, a colocação numa família substituta, a Kafala do Direito Islâmico, a adopção ou, se necessário, a colocação em instituições destinadas à protecção de menores. Na selecção de uma destas soluções, prestar-se-á especial atenção à conveniência de se dar continuidade à educação da criança e à sua origem étnica, religiosa, cultural e linguística.

Art. 21.º

Os Estados Partes que reconhecem ou admitem o sistema de adopção, assegurarão que nesta matéria o interesse superior da criança seja de primordial consideração, e:

a) Velarão por que a adopção de uma criança só seja autorizada pelas autoridades competentes, que verificarão, em conformidade com a lei, com as regras de processo aplicáveis e com base na informação fidedigna relativa ao caso, se a adopção pode ter lugar face à situação jurídica da criança em relação aos seus pais, parentes e representantes legais e que, quando seja caso disso, as pessoas interessadas tenham dado, com conhecimento de causa, o seu consentimento à adopção, após terem sido esclarecidas convenientemente;
b) Reconhecerão que a adopção por estrangeiro, pode ser considerada como um dos meios de assegurar cuidados necessários à criança, caso ela não possa ser colocada, no seu país de origem, em família substituta ou adoptiva ou não possa ser convenientemente atendida;
c) Velarão, em caso de adopção por estrangeiro, para que a criança beneficie das garantias e das normas aplicáveis à adopção no país de origem;
d) Adoptarão as medidas apropriadas a garantir que, em caso de adopção por estrangeiro, a colocação da criança não se traduza em benefícios materiais indevidos para quem nela participe;
e) Promoverão os objectivos do presente artigo concluindo convénios ou acordos bilaterais ou multilaterais, quando se justifique, e esforçar-se-ão, dentro deste quadro, por garantir que a colocação da criança no estrangeiro se efectue através de autoridade ou organismo competente.

Art. 22.º

1. Os Estados Partes adoptarão as medidas adequadas a garantir que a criança que obtiver o estatuto de refugiada ou como tal seja considerada em conformidade com o direito e regras internacionais ou nacionais aplicáveis, estando só ou acompanhada por seus pais, receba a protecção e a assistência humanitária apropriadas para que possa disfrutar dos direitos enunciados na presente convenção e noutros instrumentos internacionais de direitos humanos ou de carácter humanitário de que os referidos Estados sejam parte.

2. Para tal fim, os Estados Partes, sob a forma mais apropriada, cooperarão nos esforços das Nações Unidas, das demais organizações intergovernamentais competentes e das organizações não-governamentais que cooperem com as Nações Unidas na protecção e ajuda à criança refugiada e na localização dos seus pais ou de membros da sua família, para obter informação necessária para que ela se reúna à sua família. Quando não for possível localizar nenhum dos pais ou membros da família, conceder-se-á à criança idêntica protecção que a dispensada àquela que, por qualquer motivo, se encontre permanente ou temporariamente privada do seu meio familiar, conforme o que dispõe a presente Convenção.

Art. 23.º

1. Os Estados Partes reconhecem que a criança mental ou fisicamente incapacitada deverá disfrutar de uma vida plena e decente, em condições que garantam a sua dignidade, favoreçam a sua autonomia e facilitem a sua participação activa na vida da comunidade.

2. Os Estados Partes reconhecem às crianças incapacitadas o direito de beneficiar de cuidados especiais e encorajarão e assegurarão, na medida dos recursos disponíveis, o fornecimento às crianças que reúnam as condições requeridas e àqueles que as tenham a seu cargo, de uma ajuda correspondente ao pedido formulado e adequada ao estado da criança e às condições dos pais ou daqueles que a tiverem a seu cargo.

3. Reconhecendo as particulares necessidades da criança incapacitada, sempre que tal seja possível, será gratuita a assistência fornecida nos termos do n.º 2, tendo em conta a situação económica dos pais ou daqueles que as tiverem a seu cargo, e será concebida de maneira a que a criança incapacitada tenha acesso efectivo à educação, à formação, a cuidados de saúde, de reabilitação, de preparação para o trabalho e a actividades recreativas, e beneficie desses serviços de forma a assegurar-se, tanto quanto possível, a sua integração social e o seu desenvolvimento individual, incluindo o cultural e espiritual.

4. Num espírito de cooperação internacional, os Estados Partes promoverão a troca de informações pertinentes no domínio dos cuidados de medicina preventiva e de tratamento médico, psicológico e funcional das crianças incapacitadas, incluindo a difusão de informações sobre métodos de reabilitação e de serviços de educação e formação profissional, bem como o acesso a esses dados, com vista a permitir que os Estados Partes possam melhorar as suas capacidades e os seus conhecimentos, e a aumentar a sua experiência nesses domínios. A este respeito ter-se-á especialmente em conta as necessidades dos países em desenvolvimento.

Art. 24.º

1. Os Estados Partes reconhecem à criança o direito a fruir do melhor estado de saúde possível e a beneficiar de serviços médicos e de reabilitação. Os Estados Partes esforçar-se-ão por garantir que nenhuma criança seja privada do direito de beneficiar destes serviços.

2. Os Estados Partes assegurarão a realização integral deste direito e, em especial, adoptarão medidas apropriadas a:

   a) Reduzir a mortalidade infantil e de crianças;
   b) Assegurar a assistência médica e os cuidados de saúde necessários a todas as crianças, dando particular atenção ao desenvolvimento dos cuidados primários de saúde;
   c) Lutar contra a doença e a má nutrição, no quadro dos cuidados primários de saúde, mediante, entre outras coisas, a utilização de tecnologia disponível, o fornecimento de alimentos nutritivos e de água potável, tendo em conta os perigos e riscos de contaminação do meio ambiente;

d) Assegurar às mães os cuidados de saúde pré-natais e post-natais adequados;
e) Assegurar que todos os sectores da sociedade e, em particular, os pais e as crianças conheçam os princípios básicos de saúde e de nutrição, as vantagens do aleitamento materno, da higiene e do saneamento do meio ambiente, bem como das medidas de prevenção de acidentes, e beneficiem de ajuda que lhes permita tirar proveito dessa informação;
f) Desenvolver os cuidados preventivos de saúde, a orientação aos pais e a educação e os serviços de planeamento familiar.

3. Os Estados Partes adoptarão, medidas eficazes e adequadas com vista a abolir práticas tradicionais prejudiciais à saúde das crianças.

4. Os Estados Partes comprometem-se a promover e a encorajar a cooperação internacional, de forma a garantir progressivamente a plena realização do direito reconhecido no presente artigo. Para tal ter-se-á especialmente em conta as necessidades dos países em desenvolvimento.

Art. 25.º

Os Estados Partes reconhecem à criança que, para fins de assistência, protecção ou tratamento da sua saúde física ou mental, tenha sido internada em estabelecimento, pelas autoridades competentes, o direito a um exame periódico do tratamento a que esteja a ser submetida e de quaisquer outras circunstâncias ligadas ao seu internamento.

Art. 26.º

1. Os Estados Partes reconhecerão a toda a criança o direito de beneficiar da segurança social, incluindo o seguro social e tomarão as medidas necessárias para assegurar a plena realização desse direito, em conformidade com a sua legislação nacional.

2. As prestações deveriam ser atribuídas, se a elas houver lugar, tendo em conta os recursos e a situação da criança e das pessoas responsáveis pela sua manutenção, bem como qualquer outra circunstância relativa a um pedido de prestação feito pela criança ou em seu nome.

Art. 27.º

1. Os Estados Partes reconhecem a toda a criança o direito a um nível de vida adequado, por forma a permitir o seu desenvolvimento físico, mental, espiritual, moral e social.

2. Incumbe aos pais e às pessoas que têm a criança a seu cargo, a principal responsabilidade de assegurar, dentro das suas possibilidades e dos seus recursos financeiros, as condições de vida necessárias ao seu desenvolvimento.

3. Os Estados Partes, tendo em conta as condições nacionais e as suas possibilidades, adoptarão as medidas adequadas, a ajudar os pais e outras pessoas que tenham a criança a seu cargo, a efectivar este direito e, em caso de necessidade,

proporcionarão assistência material e programas de apoio, especialmente no tocante à alimentação, a vestuário e a alojamento.

4. Os Estados Partes tomarão todas as medidas apropriadas tendentes a assegurar o pagamento de pensão alimentar à criança por parte dos pais ou de outras pessoas que tenham responsabilidade financeira em relação à criança, quer estejam no território do Estado Parte, quer no estrangeiro. Especialmente, quando a pessoa que tenha responsabilidade económica em relação à criança viva em país diferente do dela, os Estados Partes promoverão a adesão a acordos internacionais ou à conclusão de tais convénios, bem como a adopção de quaisquer outras medidas adequadas.

Art. 28.º

1. Os Estados Partes reconhecem o direito da criança à educação e, com vista a assegurar o exercício progressivo desse direito em condições de igualdade de oportunidade, deverão em especial:

   a) Tornar disponíveis e acessíveis a toda a criança, o ensino primário obrigatório e gratuito para todos;
   b) Fomentar o desenvolvimento do ensino secundário, nas mais diversas formas, incluindo o ensino geral e profissional, de modo a torná-los acessíveis a todas as crianças, e tomar as medidas apropriadas, como seja o estabelecimento da gratuitidade do ensino e a concessão de ajuda financeira em caso de necessidade;
   c) Tornar por todos os meios apropriados, o ensino superior acessível a todos, em função das capacidades de cada um;
   d) Tornar disponíveis e acessíveis a toda a criança, a informação e orientação sobre questões educativas e profissionais;
   e) Adoptar medidas para fomentar a assistência regular às escolas e reduzir taxas de abandono escolar.

2. Os Estados Partes tomarão todas as medidas adequadas para velar por que a disciplina escolar seja aplicada de forma compatível com a dignidade humana da criança e em conformidade com a presente Convenção.

3. Os Estados Partes favorecerão e encorajarão a cooperação internacional no domínio da educação, em particular como meio de contribuir para a eliminação da ignorância e do analfabetismo no mundo e de facilitar o acesso aos conhecimentos científicos e técnicos e aos modernos métodos de ensino. A este propósito, ter-se-á em conta, especialmente, as necessidades dos países em desenvolvimento.

Art. 29.º

1. Os Estados Partes acordam em que a educação da criança deve visar:

   a) O desenvolvimento da personalidade, das aptidões e das capacidades mentais e físicas da criança, até ao máximo das suas potencialidades;
   b) O desenvolvimento do respeito pelos direitos do homem e pelas liberdades fundamentais, e pelos princípios consagrados na Carta das Nações Unidas;

c) O desenvolvimento do respeito pelos seus pais, da sua própria identidade cultural, da sua língua e dos seus valores, dos valores nacionais do país em que vive, do país de que seja originária e das civilizações distintas da sua;

d) A sua preparação para assumir as responsabilidades da vida numa sociedade livre, com espírito de compreensão, de paz, tolerância, igualdade entre os sexos e amizade entre todos os povos e grupos étnicos nacionais e religiosos e pessoas de origem autóctone;

e) O desenvolvimento do respeito pelo meio ambiente.

2. Nenhuma disposição do presente artigo ou do artigo 28.º poderá ser interpretada como restrição à liberdade de particulares ou de entidades de criar e dirigir estabelecimentos de ensino, desde que os princípios enunciados no número 1 deste artigo sejam respeitados e que a educação ministrada nesses estabelecimentos se ajustem às normas mínimas prescritas pelo Estado.

Art. 30.º

Nos Estados em que existam minorias étnicas, religiosas ou linguísticas ou pessoas do origem autóctone, nenhuma criança pertencente a essas minorias ou sendo autóctone poderá ser privada do direito que lhe assiste, conjuntamente com os demais membros do seu grupo, de ter a sua própria vida cultural, de professar e praticar a sua própria religião ou de utilizar a sua própria língua.

Art. 31.º

1. Os Estados Partes reconhecem à criança o direito ao repouso e aos tempos livres, a participar em jogos a actividades recreativas próprios da sua idade e a participar livremente na vida cultural e artística.

2. Os Estados Partes respeitarão e promoverão o direito da criança a participar plenamente na vida cultural e artística e propiciarão as devidas oportunidades para, em igualdade de condições, participar na vida cultural, artística, recreativa e de repouso.

Art. 32.º

1. Os Estados Partes reconhecem à criança o direito de estar protegida contra a exploração económica e contra o desempenho de qualquer trabalho que possa ser perigoso ou que prejudique a sua educação, ou que seja nocivo para a sua saúde ou para o seu desenvolvimento físico, mental, espiritual, moral ou social.

2. Os Estados Partes adoptarão medidas legislativas e administrativas, sociais e educativas, tendentes a assegurar a implementação do presente artigo. Para tal, e tendo em conta as disposições relevantes de outros instrumentos internacionais, os Estados Partes tomarão nomeadamente as seguintes medidas:

a) O estabelecimento de uma idade mínima ou de idades mínimas para o trabalho;

b) A regulamentação apropriada de horários e de condições de trabalho;

c) A fixação de penas ou de outras sanções apropriadas, com vista a assegurar uma efectiva implementação do presente artigo.

Art. 33.º

Os Estados Partes adoptarão todas as medidas adequadas, incluindo medidas legislativas, administrativas, sociais e educativas, por forma a proteger as crianças contra o uso ilícito de estupefacientes e de substâncias psicotrópicas definidos em tratados internacionais pertinentes, e a impedir a utilização de crianças na produção e no tráfico ilícito de tais substâncias.

Art. 34.º

Os Estados Partes comprometem-se a proteger a criança contra todas as formas de exploração e abuso sexual. Para tal, os Estados Partes tomarão, em especial, todas as medidas necessárias, nos planos nacional, bilateral e multilateral, para impedir:

a) Que uma criança seja incitada ou coagida a dedicar-se a uma actividade sexual ilícita;
b) A exploração de crianças na prostituição ou noutras práticas sexuais ilícitas;
c) A exploração de crianças em espectáculos ou materiais de natureza pornográfica.

Art. 35.º

Os Estados Partes tomarão todas as medidas de carácter nacional, bilateral ou multilateral necessárias para impedir o rapto, a venda ou o tráfico de crianças, independentemente do seu fim ou da sua forma.

Art. 36.º

Os Estados Partes protegerão a criança contra todas as outras formas de exploração prejudiciais a qualquer aspecto do seu bem-estar.

Art. 37.º

Os Estados Partes assegurarão que:

a) Nenhuma criança seja submetida a torturas nem a outros tratamentos ou penas cruéis, desumanos ou degradantes. Não serão impostas a pena de morte nem a pena de prisão perpétua, sem a possibilidade de libertação, por crimes cometidos por menores de 18 anos de idade;
b) Nenhuma criança seja privada da sua liberdade ilegal ou arbitrariamente. A detenção, encarceramento ou prisão de uma criança deverá ser efectuada em conformidade com a lei, revestindo medida de último recurso e por período de tempo o mais curto possível;
c) Toda a criança privada de liberdade será tratada com a humanidade e o respeito que merece a dignidade inerente à pessoa humana, e de maneira a que se tenham em conta as necessidades das pessoas da sua idade.

Em especial, a criança privada de liberdade será separada dos adultos; a menos que, se considere contrário ao superior interesse da criança, e terá direito a manter contacto com a sua família, através de correspondência e de visitas, salvo em circunstâncias excepcionais;

  d) Toda a criança privada de liberdade terá direito a um pronto acesso a assistência jurídica e a toda e qualquer outra assistência adequada, bem como direito de impugnar a legalidade da privação de liberdade junto de um tribunal ou de outra autoridade competente, independente e imparcial, e a uma decisão rápida sobre tal medida.

Art. 38.º

1. Os Estados Partes comprometem-se a respeitar e a fazer respeitar as normas de direito internacional humanitário que lhes sejam aplicáveis em caso de conflito armado e que se mostrem relevantes para a criança.

2. Os Estados Partes adoptarão todas as medidas possíveis com vista a assegurar que pessoas que ainda não tenham perfeito 15 anos de idade não participem directamente nas hostilidades.

3. Os Estados Partes abster-se-ão de recrutar para as suas forças armadas pessoas menores de 15 anos. No caso de serem recrutados maiores de 15 e menores de 18 anos de idade, os Estados Partes procurarão dar prioridade aos de mais idade.

4. Em conformidade com as obrigações dimanadas do direito internacional humanitário para a protecção da população civil durante conflitos armados, os Estados Partes adoptarão todas as medidas possíveis, com vista a assegurar protecção e assistência às crianças afectadas por um conflito armado.

Art. 39.º

Os Estados Partes adoptarão as medidas adequadas a assegurar a recuperação física e psicológica e a reintegração social da criança vítima de toda a forma de abandono, exploração ou abuso, de tortura ou outra forma de tratamento ou penas cruéis, desumanas ou degradantes, ou de conflitos armados. Esta recuperação e reintegração terá lugar em ambiente que favoreça a saúde, o respeito por si mesma e a dignidade da criança.

Art. 40.º

1. Os Estados Partes reconhecem à criança, acusada ou declarada culpada de ter infringido a lei penal, o direito a um tratamento capaz de favorecer o seu sentido de dignidade e valor pessoal, e de reforçar o seu respeito pelos direitos humanos e pelas liberdades fundamentais de outrem, tendo em conta a sua idade e a importância de promover a reintegração da criança, e que assuma uma função construtiva na sociedade.

2. Com esse objectivo, e tendo em conta as disposições relevantes dos instrumentos internacionais, os Estados Partes garantirão, em especial, que:

  a) Nenhuma criança seja, acusada ou declarada culpada de infringir as leis

penais, por actos ou omissões que não forem proibidos pelas leis nacionais ou internacionais, no momento em que tenham sido cometidos;
  b) A criança suspeita ou acusada de ter infringido a lei penal tenha, pelo menos, as seguintes garantias:
      i) Se presuma inocente até que se prove a sua culpabilidade nos termos da lei;
      ii) Seja directa e prontamente informada das acusações que pendam contra ela, e, quando se justifique, por intermédio dos seus pais ou do seu representante legal, e beneficie de assistência jurídica ou de qualquer outra assistência apropriada para a preparação e a apresentação da sua defesa;
      iii) O processo seja decidido sem demora por autoridade ou órgão judicial competente, independente e imparcial, em audiência realizada nos termos da lei, com presença de assessor jurídico ou outro tipo de assessor capacitado, a menos que tal se mostre contrário ao interesse superior da criança, tendo em conta, em particular, a sua idade ou situação dos seus pais ou os seus representantes legais;
      iv) Não seja obrigada a depor ou a declarar-se culpada, possa interrogar ou solicitar que se interroguem as testemunhas de acusação e, em condições de igualdade, obter a participação e interrogatório de testemunhas de defesa;
      v) Quando se considerar que infringiu leis penais, possa recorrer da decisão e de qualquer medida imposta como consequência da mesma para autoridade ou órgão judicial superior competente, independente e imparcial, nos termos previstos na lei;
      vi) A criança seja assistida gratuitamente por um intérprete quando não compreenda ou fale a língua utilizada;
      vii) Seja completamente respeitada a sua vida privada em todas as fases do processo.
  3. Os Estados Partes empenhar-se-ão por promover a adopção de leis, de regras de processo, por criar e instituições destinadas especificamente às crianças acusadas ou declaradas culpadas de infringir leis penais e, em particular, por:
  a) Estabelecer uma idade mínima de imputabilidade criminal;
  b) Tomar medidas, sempre que se mostre possível e adequado, de tratamento dessas crianças sem recurso à acção judicial, desde que se respeitem completamente os direitos do homem e as garantias legais previstas na lei.
  4. Todo o tipo de medidas, nomeadamente sobre cuidados, orientação e supervisão, assessoramento, liberdade vigiada, colocação familiar, programa de ensino geral e profissional, bem como soluções alternativas ao internamento em instituições estabelecer-se-ão com vista a assegurar à criança um tratamento apropriado ao seu bem-estar e adequado à sua situação e às características da infracção.

Art. 41.º

Nenhuma disposição da presente Convenção poderá prejudicar disposições mais favoráveis à realização dos direitos da criança que possam existir:

a) Na legislação de um Estado Parte; ou
b) Na legislação internacional em vigor nesse Estado.

PARTE II

Art. 42.º

Os Estados Partes comprometem-se a tornar amplamente conhecidos, através de meios eficazes e apropriados, os princípios e as disposições da presente Convenção, tanto pelos adultos como pelas crianças.

Art. 43.º

1. Com o objectivo de examinar os progressos realizados pelos Estados Partes no cumprimento das obrigações por eles contraídas em virtude da presente Convenção, será instituído um Comité dos Direitos da Criança, que desempenhará as funções a seguir definidas.

2. O Comité é composto por dez peritos de grande integridade moral e de reconhecida competência nas áreas abrangidas pela presente Convenção. Os membros do Comité serão eleitos pelos Estados Partes, de entre os seus nacionais, e exercerão as suas funções a título pessoal, devendo ter-se em conta a distribuição geográfica, bem como os principais sistemas jurídicos.

3. Os membros do Comité serão eleitos, por escrutínio secreto, de entre uma lista de pessoas designadas pelos Estados Partes. Cada Estado pode designar um candidato de entre os seus próprios nacionais.

4. A primeira eleição terá lugar o mais tardar nos seis meses seguintes à data da entrada em vigor da presente Convenção e, ulteriormente, em cada dois anos. Pelo menos quatro meses antes da data de cada eleição, o Secretário-Geral das Nações Unidas convidará, por escrito, os Estados Partes a propor os seus candidatos num prazo de dois meses. Em seguida, o Secretário-Geral elaborará uma lista na qual constarão por ordem alfabética os candidatos propostos, com a indicação dos Estados que os designaram, e comunicá-lo-á aos Estados Partes na presente Convenção.

5. As eleições realizar-se-ão numa das reuniões dos Estados Partes, convocadas pelo Secretário-Geral para a sede da Organização das Nações Unidas. Nesta reunião, em que o quórum é constituído por dois terços dos Estados Partes, serão eleitos para o Comité os candidatos que obtiverem o maior número de votos e a maioria absoluta de votos dos representantes dos Estados Partes presentes e votantes.

6. Os membros do Comité serão eleitos por um período de quatro anos, e poderão ser reeleitos em caso de recandidatura. O mandato de cinco dos membros

eleitos na primeira eleição terminará ao cabo de dois anos. O presidente da reunião tirará à sorte, imediatamente após a primeira eleição, os nomes destes cinco membros.

7. Em caso de morte ou de demissão de um membro do Comité ou se, por qualquer outra razão, não puder continuar a exercer funções no Comité, o Estado Parte que o havia proposto designará um outro perito, de entre os seus nacionais, para exercer o mandato até ao seu termo, sujeito, no entanto, à aprovação do Comité.

8. O Comité adoptará o seu próprio regulamento.

9. O Comité elegerá o seu secretariado por um período de dois anos.

10. As reuniões do Comité terão habitualmente lugar na sede da Organização das Nações Unidas ou em qualquer outro lugar julgado conveniente e determinado pelo Comité. O Comité reunirá, em regra, anualmente. A duração das sessões do Comité será determinada, e se necessário revista, em reunião dos Estados Partes na presente Convenção, e sujeita à aprovação da Assembleia Geral.

11. O Secretário-Geral das Nações Unidas porá à disposição do Comité o pessoal e os serviços necessários para o desempenho eficaz das funções que lhe são confiadas nos termos da presente Convenção.

12. Os membros do Comité institucionalizado pela presente Convenção receberão emolumentos retirados dos fundos das Nações Unidas, mediante prévia aprovação, segundo as condições fixadas pela Assembleia Geral.

Art. 44.º

1. Os Estados Partes comprometem-se a apresentar ao Comité, por intermédio do Secretário-Geral das Nações Unidas, relatórios sobre as medidas que hajam adoptado com vista a efectivar os direitos reconhecidos pela Convenção e sobre os progressos realizados no que concerne ao gozo desses direitos:

   a) No prazo de dois anos a partir da data da entrada em vigor da presente Convenção para cada Estado Parte;

   b) Depois, de cinco em cinco anos.

2. Os relatórios a apresentar nos termos do presente artigo devem indicar as circunstâncias e as dificuldades, se as houver, que afectem o grau de cumprimento das obrigações decorrentes da presente Convenção. Deverão igualmente conter informações suficientes para que o Comité tenha uma completa percepção do modo como está sendo aplicada a Convenção no respectivo país.

3. Os Estados Partes que tenham apresentado um relatório inicial e completo ao Comité não necessitam de repetir a informação básica anteriormente comunicada, nos relatórios seguintes, a submeter nos termos da alínea *b)* do número 1.

4. O Comité poderá solicitar aos Estados Partes informações complementares relativas à aplicação da Convenção.

5. O Comité apresentará relatório das suas actividades, de dois em dois anos, à Assembleia Geral das Nações Unidas, por intermédio do Conselho Económico e Social.

6. Os Estados Partes assegurarão uma larga difusão dos seus relatórios junto do público dos respectivos países.

Art. 45.º

De forma a promover a aplicação efectiva da Convenção e a encorajar a cooperação internacional nas áreas cobertas pela Convenção:

a) As agências especializadas, o UNICEF e os demais organismos das Nações Unidas terão o direito a fazer-se representar quando for apreciada a aplicação das disposições da presente Convenção, que se inscrevam no seu mandato. O Comité pode convidar as agências especializadas, o, UNICEF e outros organismos competentes considerados relevantes, a fornecer o seu parecer técnico sobre a aplicação da Convenção nas áreas relativas aos seus respectivos mandatos. O Comité poderá convidar as agências especializadas, a UNICEF e outros organismos das Nações Unidas a apresentar relatórios sobre a aplicação das disposições da Convenção abrangidas pelo âmbito das suas actividades;

b) O Comité, quando julgar conveniente, transmitirá às agências especializadas, à UNICEF e aos outros organismos competentes, os relatórios dos Estados Partes que contenham solicitações de assessoramento ou de assistência técnica, acompanhados de eventuais observações e sugestões do Comité, se os houver, relativos a tais pedidos ou indicações;

c) O Comité poderá recomendar à Assembleia Geral que solicite ao Secretário-Geral a realização, em seu nome, de estudos sobre questões específicas relativas aos direitos da criança;

d) O Comité poderá fazer sugestões e recomendações de ordem geral com base, nas informações recebidas nos termos dos artigos 44.º e 45.º da presente Convenção. Tais sugestões e recomendações de ordem geral deverão, ser transmitidas aos Estados Partes interessados e levados ao conhecimento, da Assembleia Geral, acompanhadas, se necessário, dos comentários dos Estados Partes.

PARTE III

Art. 46.º

A presente Convenção estará aberta à assinatura de todos os Estados.

Art. 47.º

A presente Convenção está sujeita a ratificação. Os instrumentos de ratificação serão depositados em poder do Secretário-Geral das Nações Unidas.

Art. 48.º

A presente Convenção permanecerá aberta à adesão de qualquer Estado. Os instrumentos de adesão serão depositados em poder do Secretário-Geral das Nações Unidas.

Art. 49.º
1. A presente Convenção entrará em vigor no 30.º dia seguinte à data do depósito junto do Secretário-Geral das Nações Unidas do 20.º instrumento de ratificação ou de adesão.
2. Para cada um dos Estados que ratifiquem, a Convenção, ou a ela adiram depois do depósito do 20.º instrumento de ratificação ou de adesão, a Convenção entrará em vigor no 30.º dia seguinte à data do depósito por esse Estado do seu instrumento de ratificação ou de adesão.

Art. 50.º
1. Qualquer Estado Parte poderá propor uma emenda e depositá-la em poder do Secretário-Geral das Nações Unidas. O Secretário-Geral transmitirá a proposta de emenda aos Estados Partes, solicitando que lhe comuniquem se são favoráveis à organização de uma conferência de Estados Partes para exame e votação da proposta. Se, nos quatro meses subsequentes à data da comunicação, pelo menos, um terço dos Estados Partes se pronunciar favoravelmente à realização da referida conferência, o Secretário-Geral convocá-la-á sob os auspícios das Nações Unidas. As emendas adoptadas pela maioria dos Estados Partes, presentes que votem na conferência, serão submetidas pelo Secretário-Geral à Assembleia Geral para a sua aprovação.
2. As emendas adoptadas, nos termos do disposto pelo número 1 do presente artigo, entrarão em vigor no momento da sua aprovação pela Assembleia Geral das Nações Unidas e da sua aceitação por uma maioria de dois terços dos Estados Partes.
3. Quando as emendas entrarem em vigor terão carácter obrigatório para os Estados Partes que as hajam aceitado, ficando os outros Estados Partes obrigados pelas disposições da presente Convenção e por todas as emendas anteriormente aceites.

Art. 51.º
1. O Secretário-Geral das Nações Unidas receberá e comunicará a todos os Estados o texto das reservas formuladas pelos Estados no momento da ratificação ou da adesão.
2. Não se aceitará nenhuma reserva incompatível com os objectivos e com as finalidades da presente Convenção.
3. As reservas poderão ser retiradas, em qualquer momento, por meio de notificação dirigida para o efeito ao Secretário-Geral das Nações Unidas, o qual informará todos os Estados. A notificação produzirá efeitos a partir da data da sua recepção pelo Secretário-Geral.

Art. 52.º
Todo o Estado Parte poderá denunciar a presente Convenção por notificação escrita dirigida ao Secretário-Geral das Nações Unidas. A denúncia produzirá efeitos um ano após a data da recepção da notificação pelo Secretário-Geral.

Art. 53.º
Designa-se como depositário da presente Convenção o Secretário-Geral das Nações Unidas.

Art. 54.º
O original da presente Convenção, cujos textos em árabe, chinês, espanhol, francês, inglês e russo, fazem igualmente fé, será depositado em poder do Secretário-Geral das Nações Unidas.

Resolução n.º 19/90, de 23 de Outubro

A contínua deterioração da situação da criança no mundo conduziu a que a comunidade internacional tomasse consciência da necessidade urgente de adoptar um instrumento jurídico, que ao vincular cada Estado, garantisse uma maior protecção à criança.

Com esse objectivo a 44.ª Sessão da Assembleia Geral das Nações Unidas aprovou a Convenção sobre os Direitos da Criança.

A Convenção, ao consagrar o mais amplo leque de direitos, cria assim condições para que sejam salvaguardados os direitos à sobrevivência, protecção e desenvolvimento da criança.

Nesta perspectiva, conscientes da alta responsabilidade que cabe ao país na formação das novas gerações, cientes de que a Convenção constitui mais um instrumento que contribuirá para a defesa dos interesses da criança moçambicana e tendo presente que em 30 de Setembro de 1990 Moçambique a subscreveu, torna-se assim necessário proceder à sua ratificação.

Nestes termos, ao abrigo do disposto na alínea d) do artigo 60.º da Constituição da República, o Conselho de Ministros determina:

Artigo único. É ratificada a adesão da República Popular de Moçambique à Convenção sobre os Direitos da Criança adoptada na 44.ª Sessão Ordinária da Assembleia Geral das Nações Unidas em 20 de Novembro de 1989, cujo texto original em língua espanhola e a respectiva tradução em língua portuguesa vão anexos à presente resolução e dela fazem parte integrante.

Aprovada pelo Conselho de Ministros.

Publique-se.

O Primeiro-Ministro, *Mário Fernandes da Graça Machungo.*

XI – ALTERAÇÃO À CONVENÇÃO SOBRE OS DIREITOS DA CRIANÇA

Adopção da proposta de alteração ao n.º 2 do artigo 43.º.

O Secretário-Geral da Organização das Nações Unidas, agindo na qualidade de depositário e reportando-se à notificação depositária C.N.138.1995 TREATIES-3, de 22 de Maio de 1995, comunica o seguinte:

Relembra-se que os Estados Partes na Convenção acima referida decidiram, por ocasião da Conferência dos Estados Partes realizada a 12 de Dezembro de 1995, adoptar a alteração ao n.º 2 do artigo 43.º da Convenção acima referida.

Tendo a Assembleia Geral aprovado a alteração na sua 50.ª sessão através da Resolução n.º 50/155, de 21 de Dezembro de 1995, tal alteração entrará em vigor logo após ter sido aceite por uma maioria de dois terços dos Estados Partes, em conformidade com o n.º 2 do artigo 50.º da Convenção.

Os exemplares autenticados da alteração adoptada ficam, pela presente notificação depositária, submetidos à aceitação de todos os Estados Partes.

29 de Março de 1996

ANEXO

Alteração ao n.º 2 do artigo 43.º da Convenção sobre os Direitos da Criança.

(Adoptada pela Conferência dos Estados Partes realizada a 12 de Dezembro de 1995)

Decide adoptar a alteração proposta ao n.º 2 do artigo 43.º da Convenção sobre os Direitos da Criança, substituindo a palavra "dez" pela palavra "dezoito".

Certifico que o texto supra é uma cópia autenticada da alteração ao n.º 2 do artigo 43.º da Convenção sobre os Direitos da criança, adoptada pela Conferência dos Estados Partes realizada a 12 de Dezembro de 1995, cujo original se encontra depositado junto do Secretário-Geral das Nações Unidas.

Nações Unidas, Nova Iorque, 21 de Março de 1996.

Resolução n.º 22/99, de 29 de Junho

Tornando-se necessário dar cumprimento às formalidades previstas na Convenção das Nações Unidas sobre os Direitos da Criança:

Usando da competência que lhe é atribuída pela alínea *f*) do artigo 153.º da Constituição da República, o Conselho de Ministros determina:

Único: É ratificada a Emenda ao n.º 2 do artigo 43.º da Convenção sobre os Direitos da Criança, assinada em 20 de Novembro de 1989, na Assembleia Geral das Nações Unidas, cujos textos em línguas portuguesa e inglesa, em anexo, fazem parte integrante da presente Resolução.

Aprovada pelo Conselho de Ministros.

Publique-se.

O Primeiro-Ministro, *Pascoal Manuel Mocumbi.*

XII – PROTOCOLO FACULTATIVO À CONVENÇÃO SOBRE OS DIREITOS DA CRIANÇA RELATIVO AO ENVOLVIMENTO DE CRIANÇAS EM CONFLITOS ARMADOS

Os Estados Partes no presente Protocolo:

Encorajados pelo apoio esmagador à Convenção sobre os Direitos da Criança, o qual denota a existência de um empenho generalizado na promoção e protecção dos direitos da criança;

Reafirmando que os direitos da criança requerem uma protecção especial e fazendo um apelo para que a situação das crianças, sem distinção, continue a ser melhorada e que elas se possam desenvolver e ser educadas em condições de paz e segurança;

Preocupados com o impacto nocivo e alargado dos conflitos armados nas crianças e com as suas repercusões a longo prazo em matéria de manutenção da paz, segurança e desenvolvimento duradouros;

Condenando o facto de em situações de conflitos armados as crianças serem alvo de ataques, bem como os ataques directos contra objectos protegidos pelo direito internacional, incluindo a locais nos quais existe geralmente uma grande presença de crianças, tais como as escolas e os hospitais;

Tomando nota da adopção do Estatuto de Roma do Tribunal Penal Internacional, que inclui em particular entre os crimes de guerra cometidos em conflitos armados, tanto internacionais como não-internacionais, o recrutamento e alistamento de crianças de menos de 15 anos nas forças armadas nacionais ou o facto de as fazer participar activamente em hostilidades;

Considerando, por conseguinte que, para um continuado reforço da aplicação dos direitos reconhecidos na Convenção sobre os Direitos da Criança, é necessário aumentar a protecção das crianças contra qualquer envolvimento em conflitos armados;

Notando que o artigo 1.º da Convenção sobre os Direitos da Criança especifica que, para os fins da Convenção, se entende por criança qualquer ser humano abaixo da idade de 18 anos salvo se, nos termos da lei que lhe for aplicável, atingir a maioridade mais cedo;

Convencidos de que a adopção de um protocolo facultativo à Convenção destinado a aumentar a idade mínima para o possível recrutamento de pessoas nas forças armadas e a sua participação nas hostilidades contribuirá de forma efectiva à aplicação do princípio segundo o qual o interesse superior da criança deve consistir numa consideração primacial em todas as acções relativas às crianças;

Notando que a vigésima sexta Conferência Internacional da Cruz Vermelha e do Crescente Vermelho realizada em Dezembro de 1995 recomendou, *inter alia*, que as partes num conflito adoptem todas as medidas possíveis para evitar que as crianças com menos de 18 anos participem em hostilidades;

Felicitando-se com a adopção por unanimidade, em Julho de 1999, da Convenção da Organização Internacional do Trabalho n.º 182 sobre a Proibição e Acção Imediata para a Eliminação das Piores Formas de Trabalho Infantil, que proíbe, *inter alia*, o recrutamento forçado ou obrigatório de crianças com vista à sua utilização em conflitos armados;

Condenando com profunda inquietude o recrutamento, formação e utilização de crianças em hostilidades, dentro e fora das fronteiras nacionais, por grupos armados distintos das forças armadas de um Estado, e reconhecendo a responsabilidade daqueles que recrutam, formam e usam crianças desta forma;

Relembrando a obrigação de cada parte num conflito armado de respeitar as disposições do Direito Internacional Humanitário;

Sublinhando que o presente Protocolo deve ser entendido sem prejuízo dos fins e princípios contidos na Carta das Nações Unidas, incluindo o artigo 51.º e as normas relevantes de direito humanitário;

Tendo em conta que as condições de paz e segurança baseadas no pleno respeito pelos fins e princípios contidos na Carta e o respeito pelos instrumentos de direitos humanos aplicáveis são indispensáveis para a plena protecção das crianças, em particular durante conflitos armados e em situações de ocupação estrangeira;

Reconhecendo as necessidades especiais das crianças que, em função da sua situação económica e social ou do seu sexo, estão especialmente expostas ao recrutamento ou utilização em hostilidades, de forma contrária ao presente Protocolo;

Conscientes da necessidade de serem tidas em conta as causas económicas, sociais e políticas que motivam a participação de crianças em conflitos armados;

Convencidos da necessidade de fortalecer a cooperação internacional para assegurar a aplicação do presente Protocolo, bem como as actividades de reabilitação física e psico-social e de reintegração social de crianças vítimas de conflitos armados;

Encorajando a participação das comunidades e, em particular, das crianças e das crianças vítimas na divulgação de programas informativos e educativos relativos à aplicação do Protocolo;

Acordaram no seguinte:

Art. 1.º
Os Estados Partes devem adoptar todas as medidas possíveis para assegurar que os membros das suas forças armadas que não atingiram a idade de 18 anos não participem directamente nas hostilidades.

Art. 2.º
Os Estados Partes devem assegurar que as pessoas que não atingiram a idade de 18 anos não são alvo de um recrutamento obrigatório nas suas forças armadas.

Art. 3.º
1. Os Estados Partes devem aumentar a idade mínima de recrutamento voluntário de pessoas nas suas forças armadas nacionais para uma idade acima daquela que se encontra fixada no n.º 3 do artigo 38.º da Convenção sobre os Direitos da Criança, tendo em conta os princípios contidos naquele artigo e reconhecendo que, nos termos da Convenção, as pessoas abaixo de 18 anos têm direito a uma protecção especial.

2. Cada Estado Parte deve depositar uma declaração vinculativa no momento da ratificação ou adesão ao presente Protocolo, indicando uma idade mínima a partir da qual autoriza o recrutamento voluntário nas suas forças armadas nacionais e descrevendo as garantias adoptadas para assegurar que esse recrutamento não se realiza através da força nem por coacção.

3. Os Estados Partes que permitam o recrutamento voluntário nas suas forças armadas nacionais de pessoas abaixo dos 18 anos de idade devem estabelecer garantias que assegurem no mínimo que:
   a) Esse recrutamento é genuinamente voluntário;
   b) Esse recrutamento é realizado com o consentimento informado dos pais ou representantes legais do interessado;
   c) Essas pessoas estão plenamente informadas dos deveres que decorrem do serviço militar nacional;
   d) Essas pessoas apresentam provas fiáveis da sua idade antes de serem aceites no serviço militar nacional.

4. Cada Estado Parte poderá, a todo o momento, reforçar a sua declaração, através de uma notificação para tais fins dirigida ao Secretário-Geral das Nações Unidas, o qual deve informar todos os Estados Partes. Essa notificação deve produzir efeitos a partir da data em que for recebida pelo Secretário-Geral.

5. A obrigação de aumentar a idade referida no número 1 do presente artigo não é aplicável aos estabelecimentos de ensino sob a administração ou controlo das forças armadas dos Estados Partes, em conformidade com os arts. 28.º e 29.º da Convenção sobre os Direitos da Criança.

Art. 4.º
1. Os grupos armados distintos das forças armadas de um Estado não devem, em circunstância alguma, recrutar ou usar pessoas com idades abaixo dos 18 anos em hostilidades.

2. Os Estados Partes adoptam todas as medidas possíveis para evitar esse recrutamento e uso, incluindo através da adopção de medidas de natureza jurídica necessárias para proibir e penalizar essas práticas.

3. A aplicação do presente preceito não afecta o estatuto jurídico de nenhuma das partes num conflito armado.

Art. 5.º

Nenhuma disposição do presente Protocolo poderá ser interpretada de forma a impedir a aplicação de disposições da legislação de um Estado Parte, de instrumentos internacionais ou do direito internacional humanitário mais favoráveis à realização dos direitos da criança.

Art. 6.º

1. Cada Estado Parte adoptará, dentro da sua jurisdição, todas as medidas jurídicas, administrativas e outras para assegurar a aplicação e o respeito efectivo das disposições do presente Protocolo.

2. Os Estados Partes comprometem-se a divulgar e promover amplamente, através dos meios adequados, os princípios e disposições do presente Protocolo, tanto junto de adultos como de crianças.

3. Os Estados Partes devem adoptar todas as medidas possíveis para assegurar que as pessoas que se encontram sob a sua jurisdição e tenham sido recrutadas ou utilizadas em hostilidades de forma contrária ao presente Protocolo são desmobilizadas ou de outra forma libertadas das obrigações militares. Os Estados Partes devem, quando necessário, conceder a essas pessoas toda a assistência adequada à sua recuperação física e psico-social e à sua reintegração social.

Art. 7.º

1. Os Estados Partes devem cooperar na aplicação do presente Protocolo, incluindo na prevenção de qualquer actividade contrária ao mesmo, e na readaptação e reinserção social das pessoas vítimas de actos contrários ao presente Protocolo, nomeadamente através de cooperação técnica e assistência financeira. Tal assistência e cooperação deverão ser empreendidas em consulta com os Estados Partes afectados e com as organizações internacionais pertinentes.

2. Os Estados Partes em posição de fazê-lo, devem prestar assistência através de programas de natureza multilateral, bilateral ou outros já existentes ou, entre outros, através de um fundo voluntário estabelecido de acordo com as regras da Assembleia Geral.

Art. 8.º

1. Cada Estado Parte deverá apresentar ao Comité dos Direitos da Criança, no prazo de dois anos após a entrada em vigor do Protocolo para o Estado Parte em causa, um relatório contendo informação detalhada sobre as medidas por si adoptadas para tornar efectivas as disposições do Protocolo, incluindo as medidas adoptadas para aplicar as disposições sobre participação e recrutamento.

2. Após a apresentação do relatório detalhado, cada Estado Parte deverá incluir nos relatórios que apresenta ao Comité dos Direitos da Criança, em conformidade com o artigo 44.º da Convenção, quaisquer informações suplementares relativas à aplicação do Protocolo. Os outros Estados Partes no Protocolo deverão apresentar um relatório a cada cinco anos.

3. O Comité dos Direitos da Criança poderá solicitar aos Estados Partes informação adicional de relevo sobre a aplicação do presente Protocolo.

Art. 9.º

1. O presente Protocolo está aberto à assinatura de todos os Estados que sejam partes na Convenção ou a tenham assinado.

2. O presente Protocolo está sujeito a ratificação e aberto à adesão de todos os Estados que sejam partes na Convenção ou a tenham assinado. Os instrumentos de ratificação ou adesão serão depositados junto do Secretário-Geral das Nações Unidas.

3. O Secretário-Geral, na sua capacidade de depositário da Convenção e do Protocolo, deve informar todos os Estados Partes na Convenção e todos os Estados que a tenham assinado de cada um dos instrumentos de declaração que tenham sido depositados em conformidade com o artigo 3.º.

Art. 10.º

1. O presente Protocolo entrará em vigor três meses após o depósito do décimo instrumento de ratificação ou adesão.

2. Para cada um dos Estados que ratifiquem o presente Protocolo ou a ele adiram após a respectiva entrada em vigor, o presente Protocolo entrará em vigor um mês após a data de depósito do seu próprio instrumento de ratificação ou adesão.

Art. 11.º

1. Qualquer Estado Parte poderá denunciar o presente Protocolo a todo o tempo, por notificação escrita dirigida ao Secretário-Geral das Nações Unidas, que deverá então informar os outros Estados Partes na Convenção e todos os Estados que a tenham assinado. A denúncia produzirá efeitos um ano após a data da recepção da notificação pelo Secretário-Geral das Nações Unidas.

2. Tal denúncia não terá como efeitos exonerar o Estado Parte das suas obrigações em virtude do Protocolo relativamente a qualquer infracção que ocorra antes da data em que a denúncia comece a produzir efeitos. A denúncia não obstará de forma alguma a que o Comité prossiga a consideração de qualquer matéria cujo exame tenha sido iniciado antes da data em que a denúncia comece a produzir efeitos.

Art. 12.º

1. Qualquer Estado Parte poderá propor uma emenda e depositar o seu texto junto do Secretário-Geral das Nações Unidas. O Secretário-Geral transmite, em

seguida, a proposta de emenda aos Estados Partes, solicitando que lhe seja comunicado se são favoráveis à convocação de uma conferência de Estados Partes para apreciação e votação da proposta. Se, nos quatro meses subsequentes a essa comunicação, pelo menos um terço dos Estados Partes se declarar a favor da realização da referida conferência, o Secretário-Geral convocá-la-á sob auspícios da Organização das Nações Unidas. As emendas adoptadas pela maioria dos Estados Partes presentes e votantes na conferência serão submetidas à Assembleia Geral das Nações Unidas para aprovação.

2. As emendas adoptadas nos termos do disposto no n.º 1 do presente artigo entrarão em vigor quando aprovadas pela Assembleia Geral das Nações Unidas e aceites por uma maioria de dois terços dos Estados Partes.

3. Quando uma emenda entrar em vigor, terá força vinculativa para os Estados Partes que a hajam aceite, ficando os restantes Estados Partes vinculados pelas disposições do presente Protocolo e por todas as emendas anteriores que tenham aceite.

Art. 13.º

1. O presente Protocolo, cujos textos em árabe, chinês, inglês, francês, russo e espanhol, fazem igualmente fé, ficará depositado nos arquivos das Nações Unidas.

2. O Secretário-Geral das Nações Unidas enviará cópias certificadas do presente Protocolo a todos os Estados Partes na Convenção e a todos os Estados que hajam assinado a Convenção.

Resolução n.º 42/2002, de 28 de Maio

Pela Resolução número19/90, de 23 de Outubro, o Conselho de Ministros ratificou a Convenção das Nações Unidas sobre os Direitos da Criança.

Tendo a Assembleia Geral das Nações Unidas adoptado em 25 de Maio de 2000, o Protocolo Facultativo à Convenção das Nações Unidas sobre os Direitos da Criança relativo ao Envolvimento de Crianças em Conflitos Armados.

Havendo necessidade de a República de Moçambique aderir àquele instrumento jurídico internacional;

Nestes termos e ao abrigo do disposto na alínea *f)* do número 1 do artigo 153.º da Constituição da República, o Conselho de Ministros determina:

Art. 1.º

A adesão da República de Moçambique ao Protocolo Facultativo à Convenção das Nações Unidas sobre os Direitos da Criança relativo ao Envolvimento de Crianças em Conflitos Armados, cujo texto em inglês e a respectiva tradução em português vão em anexo, e fazem parte integrante da presente Resolução.

Art. 2.º

Os Ministérios da Mulher e Coordenação da Acção Social e da Defesa Nacional ficam encarregues da preparação das medidas apropriadas para a implementação do presente Protocolo.

Art. 3.º

O Ministério dos Negócios Estrangeiros e Cooperação fica encarregue de realizar todos os trâmites necessários à efectivação desta adesão.

Aprovada pelo Conselho de Ministros.

Publique-se.

O Primeiro-Ministro, *Pascoal Manuel Mocumbi.*

XIII – PROTOCOLO FACULTATIVO À CONVENÇÃO SOBRE OS DIREITOS DA CRIANÇA RELATIVO À VENDA DE CRIANÇAS, PROSTITUIÇÃO E PORNOGRAFIA INFANTIS

Os Estados Partes no presente Protocolo;

Considerando que, para melhor realizar os objectivos da Convenção sobre os Direitos da Criança e a aplicação das suas disposições, especialmente dos artigos 1.º, 11.º, 21.º, 32.º, 33.º, 34.º, 35.º e 36.º, seria adequado alargar as medidas que os Estados Partes devem adoptar a fim de garantir a protecção da criança contra a venda de crianças, prostituição e pornografia infantis;

Considerando também que a Convenção sobre os Direitos da Criança reconhece o direito da criança a ser protegida contra a exploração económica e contra a sujeição a qualquer trabalho susceptível de ser perigoso ou comprometer a sua educação, prejudicar a sua saúde ou o seu desenvolvimento físico, mental, espiritual, moral ou social;

Gravemente inquietos perante o significativo e crescente tráfico internacional de crianças, para fins de venda de crianças, prostituição e pornografia infantis;

Profundamente inquietos com a prática generalizada e contínua do turismo sexual, à qual as crianças são especialmente vulneráveis, na medida em que promove directamente a venda de crianças, prostituição e pornografia infantis;

Reconhecendo que determinados grupos particularmente vulneráveis, nomeadamente as raparigas, se encontram em maior risco de exploração sexual, e que se regista um número desproporcionadamente elevado de raparigas entre as vítimas de exploração sexual;

Inquietos com a crescente disponibilização de pornografia infantil na Internet e outros novos suportes tecnológicos, e recordando a Conferência Internacional sobre o Combate à Pornografia Infantil na Internet (Viena, 1999) e, em particular, as suas conclusões que apelam à criminalização mundial da produção, distribuição, exportação, transmissão, importação, posse intencional e publicidade da pornografia infantil, e sublinhando a importância de uma cooperação e parceria mais estreitas entre os Governos e a indústria da Internet;

Acreditando que a eliminação da venda de crianças, prostituição e pornografia infantis será facilitada pela adopção de uma abordagem global que tenha em conta os factores que contribuem para a existência de tais fenómenos, nomeadamente o subdesenvolvimento, a pobreza, as desigualdades económicas, a iniquidade da escritura sócio-económica, a disfunção familiar, a falta de educação, o êxodo rural, a discriminação sexual, o comportamento sexual irresponsável dos adultos, as práticas tradicionais nocivas, os conflitos armados e o tráfico de crianças;

Acreditando que são necessárias medidas de sensibilização pública para reduzir a procura que está na origem da venda de crianças, prostituição e pornografia infantis, e acreditando também na importância de reforçar a parceria global entre todos os agentes e de aperfeiçoar a aplicação da lei a nível nacional;

Tomando nota das disposições dos instrumentos jurídicos internacionais pertinentes em matéria de protecção das crianças, nomeadamente a Convenção da Haia sobre a Protecção das Crianças e a Cooperação Relativamente à Adopção Internacional, a Convenção da Haia sobre os Aspectos Civis do Rapto Internacional de Crianças, a Convenção da Haia sobre a Jurisdição, Direito Aplicável, Reconhecimento, Aplicação e Cooperação Relativamente à Responsabilidade Parental e Medidas para Protecção das Crianças, e a Convenção número 182 da Organização Internacional do Trabalho, Relativa à Interdição das Piores Formas de Trabalho das Crianças e à Acção Imediata com vista à sua eliminação;

Encorajados pelo apoio esmagador à Convenção sobre os Direitos da Criança, demonstrativo da existência de um empenho generalizado na promoção e protecção dos direitos da criança;

Reconhecendo a importância da aplicação das disposições do Programa de Acção para a Prevenção da Venda de Crianças, Prostituição e Pornografia Infantis e da Declaração e Programa de Acção adoptados no Congresso Mundial contra a Exploração Sexual Comercial de Crianças, realizado em Estocolmo de 27 a 31 de Agosto de 1996, e outras decisões e recomendações pertinentes dos organismos internacionais competentes;

Tendo devidamente em conta a importância das tradições e dos valores culturais de cada povo para a protecção e o desenvolvimento harmonioso da criança, acordam no seguinte:

Art. 1.º

Os Estados Partes deverão proibir a venda de crianças, a prostituição infantil e a pornografia infantil, conforme disposto no presente Protocolo.

Art. 2.º

Para os fins do presente Protocolo:
  a) Venda de crianças significa qualquer acto ou transacção pelo qual uma criança seja transferida por qualquer pessoa ou grupo de pessoas para outra pessoa ou grupo contra remuneração ou qualquer outra retribuição;

b) Prostituição infantil significa a utilização de uma criança em actividades sexuais contra remuneração ou qualquer outra retribuição;
c) Pornografia infantil significa qualquer representação, por qualquer meio, de uma criança no desempenho de actividades sexuais explícitas reais ou simuladas ou qualquer representação dos órgãos sexuais de uma criança para fins predominantemente sexuais.

Art. 3.º
1. Todos os Estados Partes deverão garantir que, no mínimo, os seguintes actos e actividades sejam plenamente abrangidos pelo seu direito criminal ou penal, quer seja cometido a nível interno ou transnacional ou numa base individual ou organizada:
   a) No contexto da venda de crianças, conforme definida na alínea *a)* do artigo 2.º:
      i) A oferta, entrega, ou aceitação de uma criança, por qualquer meio, para fins de:
         a. Exploração sexual da criança;
         b. Transferência dos órgãos da criança com intenções lucrativas;
         c. Submissão da criança a trabalho forçado;
      ii) A indução do consentimento de forma indevida, como intermediário, para a adopção de uma criança em violação dos instrumentos internacionais aplicáveis em matéria de adopção;
   b) A oferta, obtenção, procura ou entrega de uma criança para fins de prostituição infantil, conforme definida na alínea *b)*, artigo 2.º.
   c) A produção, distribuição, difusão, importação, exportação, oferta, venda ou posse para os anteriores fins de pornografia infantil, conforme definida na alínea *c)* do artigo 2.º.
2. Sem prejuízo das disposições da lei interna do Estado Parte, o mesmo se aplica à tentativa de cometer qualquer destes actos e à cumplicidade ou participação em qualquer destes actos.
3. Todos os Estados Partes deverão penalizar estas infracções com penas adequadas que tenham em conta a sua grave natureza.
4. Sem prejuízo das disposições da sua lei interna, todos os Estados Partes deverão adoptar medidas, sempre que necessário, para estabelecer a responsabilidade das pessoas colectivas pelas infracções enunciadas no número 1 do presente artigo, de acordo com os princípios jurídicos do Estado Parte, a responsabilidade das pessoas colectivas poderá ser penal, civil ou administrativa.
5. Os Estados Partes deverão adoptar todas as medidas legislativas e administrativas adequadas a fim de garantir que as pessoas envolvidas na adopção de uma criança actuam em conformidade com os instrumentos jurídicos internacionais aplicáveis.

Art. 4.º

1. Todos os Estados Partes deverão adoptar as medidas que possam ser necessárias para estabelecer a sua competência relativamente às infracções previstas no artigo 3.º, número 1, caso essas infracções sejam cometidas no seu território ou a bordo de um navio ou aeronave registado nesse Estado.

2. Cada Estado Parte poderá adoptar as medidas que possam ser necessárias para estabelecer a sua competência relativamente às infracções previstas no artigo 3.º, número 1, nos seguintes casos:

   a) Caso o alegado autor seja nacional desse Estado ou tenha a sua residência habitual no respectivo território;
   b) Caso a vítima seja nacional desse Estado.

3. Todos os Estados Partes deverão adoptar também as medidas que possam ser necessárias para estabelecer a sua competência relativamente às infracções acima referidas sempre que o alegado autor se encontre no seu território e não seja extraditado para outro Estado Parte com fundamento no facto de a infracção ter sido cometida por um dos seus nacionais.

4. O presente Protocolo não prejudica qualquer competência penal exercida em conformidade com a lei interna.

Art. 5.º

1. As infracções previstas no artigo 3.º, número 1, serão consideradas incluídas em qualquer tratado de extradição existente entre os Estados Partes e serão incluídas em qualquer tratado de extradição que venha a ser concluído entre eles subsequentemente, em conformidade com as condições estabelecidas nesses tratados.

2. Sempre que a um Estado Parte que condiciona a extradição à existência de um tratado for apresentado um pedido de extradição por um outro Estado Parte com o qual não tenha celebrado qualquer tratado de extradição, esse Estado pode considerar o presente Protocolo como base jurídica da extradição relativamente a essas infracções. A extradição ficará sujeita às condições previstas pela lei do Estado requerido.

3. Os Estados Partes que não condicionam a extradição à existência de um tratado deverão reconhecer essas infracções como passíveis de extradição entre si, nas condições previstas pela lei do Estado requerido.

4. Tais infracções serão consideradas, para fins de extradição entre os Estados Partes, como tendo sido cometidas não apenas no local onde tenham ocorrido mas também nos territórios dos Estados obrigados a estabelecer a sua competência em conformidade com o artigo 4.º.

5. Sempre que seja apresentado um pedido de extradição relativamente a uma infracção prevista no artigo 3.º, número 1, e caso o Estado Parte requerido não possa ou não queira extraditar com fundamento na nacionalidade do infractor, esse Estado deverá adoptar medidas adequadas para apresentar o caso às suas autoridades competentes para efeitos de exercício da acção penal.

Art. 6.º

1. Os Estados Partes deverão prestar-se mutuamente toda a colaboração possível no que concerne à investigações ou processos criminais ou de extradição que se iniciem relativamente às infracções previstas no artigo 3.º, número 1, incluindo assistência na recolha dos elementos de prova ao seu dispor que sejam necessários ao processo.

2. Os Estados Partes deverão cumprir as suas obrigações ao abrigo do número 1 do presente artigo em conformidade com quaisquer tratados ou outros acordos sobre assistência judiciária recíproca que possam existir entre eles. Na ausência de tais tratados ou acordos, os Estados Partes deverão prestar-se assistência mútua em conformidade com as disposições da sua lei interna.

Art. 7.º

Os Estados Partes deverão, em conformidade com as disposições da sua lei interna:
  a) Adoptar medidas a fim de providenciar pela apreensão e o confisco, conforme necessário, de:
    i) Bens, tais como materiais, valores e outros instrumentos utilizados para cometer ou facilitar a comissão das infracções previstas no presente Protocolo;
    ii) Produtos derivados da prática dessas infracções;
  b) Satisfazer pedidos de outros Estados Partes para apreensão ou confisco dos bens ou produtos enunciados na alínea a), i);
  c) Adoptar medidas destinadas a encerrar, temporária ou definitivamente, as instalações utilizadas para cometer tais infracções.

Art. 8.º

1. Os Estados Partes deverão adoptar medidas adequadas para proteger, em todas as fases do processo penal, os direitos e interesses das crianças vítimas das práticas proibidas pelo presente Protocolo, em particular:
  a) Reconhecendo a vulnerabilidade das crianças vítimas e adoptando os procedimentos às suas necessidades especiais, incluindo as suas necessidades especiais enquanto testemunhas;
  b) Informando as crianças vítimas, a respeito dos seus direitos, do seu papel e do âmbito, duração e evolução do processo e da solução dada ao seu caso;
  c) Permitindo que as opiniões, necessidades e preocupações das crianças vítimas sejam apresentadas e tomadas em consideração nos processos que afectem os seus interesses pessoais, de forma consentânea com as regras processuais do direito interno;
  d) Proporcionando às crianças vítimas serviços de apoio adequados ao longo de todo o processo judicial;

e) Protegendo, sempre que necessário, a privacidade e identidade das crianças vítimas e adoptando medidas em conformidade com a lei interna a fim de evitar uma imprópria difusão de informação que possa levar à identificação das crianças vítimas;

f) Garantindo, sendo caso disso, a segurança das crianças vítimas, bem como das suas famílias e testemunhas favoráveis, contra actos de intimidação e represálias;

g) Evitando atrasos desnecessários na decisão das causas e execução de sentenças ou despachos que concedam indemnização às crianças vítimas.

2. Os Estados Partes deverão garantir que a incerteza quanto à verdadeira idade da vítima não impeça o início das investigações criminais, nomeadamente das investigações destinadas a apurar a idade da vítima.

3. Os Estados Partes deverão garantir que, no tratamento dado pelo sistema de justiça penal às crianças vítimas das infracções previstas no presente Protocolo, o interesse superior da criança seja a consideração primacial.

4. Os Estados Partes deverão adoptar medidas destinadas a garantir a adequada formação, em particular nos domínios do direito e da psicologia, das pessoas que trabalham junto das vítimas das infracções proibidas nos termos do presente Protocolo.

5. Os Estados Partes deverão, sempre que necessário, adoptar medidas a fim de proteger a segurança e integridade das pessoas e/ou organizações envolvidas na prevenção e/ou protecção e reabilitação das vítimas de tais infracções.

6. Nenhuma das disposições do presente artigo poderá ser interpretada no sentido de prejudicar ou comprometer os direitos do arguido a um processo equitativo e imparcial.

Art. 9.º

1. Os Estados Partes deverão adoptar ou reforçar, aplicar e difundir legislação, medidas administrativas, políticas e programas sociais a fim de prevenir a ocorrência das infracções previstas no presente Protocolo. Deverá ser prestada particular atenção à protecção das crianças especialmente vulneráveis a tais práticas.

2. Os Estados Partes deverão promover a sensibilização do público em geral, nomeadamente crianças, através da informação por todos os meios apropriados, da educação e da formação, a respeito das medidas preventivas e efeitos nocivos das infracções previstas no presente Protocolo. No cumprimento das obrigações impostas pelo presente artigo, os Estados Partes deverão estimular a participação da comunidade e, em particular, das crianças e crianças vítimas, nesses programas de educação e formação, designadamente a nível internacional.

3. Os Estados Partes deverão adoptar todas as medidas que lhes sejam possíveis a fim de assegurar toda a assistência adequada às vítimas de tais infracções, nomeadamente a sua plena reinserção social e completa recuperação física e psicológica.

4. Os Estados Partes deverão garantir que todas as crianças vítimas das infracções enunciadas no presente Protocolo tenham acesso a procedimentos adequados que lhes permitam, sem descriminação, reclamar indemnização por danos aos alegados responsáveis.

5. Os Estados Partes deverão adoptar todas as medidas adequadas a fim de proibir eficazmente a produção e difusão de material que faça publicidade às infracções previstas no presente Protocolo.

Art. 10.º

1. Os Estados Partes deverão adoptar todas as medidas necessárias a fim de reforçar a cooperação internacional através de acordos multilaterais, regionais e bilaterais para a prevenção, detecção, investigação, exercício da acção penal e punição dos responsáveis por actos que envolvam a venda de crianças, prostituição, pornografia e turismo sexual infantis. Os Estados Partes deverão também promover a cooperação e coordenação internacionais entre as suas autoridades, organizações não-governamentais nacionais e internacionais e organizações internacionais.

2. Os Estados Partes deverão promover a cooperação internacional destinada a auxiliar as crianças vítimas na sua recuperação física e psicológica, reinserção social e repatriamento.

3. Os Estados Partes deverão promover o reforço da cooperação internacional a fim de lutar contra as causas profundas, nomeadamente a pobreza e o subdesenvolvimento, que contribuem para que as crianças se tornem vulneráveis aos fenómenos da venda de crianças, prostituição, pornografia e turismo sexual infantis.

4. Os Estados Partes em posição de o fazer deverão prestar assistência financeira, técnica ou de outro tipo através dos programas existentes a nível multilateral, regional, bilateral ou outro.

Art. 11.º

Nenhuma disposição do presente Protocolo afecta as disposições mais favoráveis à realização dos direitos da criança que possam figurar:

a) Na legislação de um Estado Parte;
b) No Direito Internacional em vigor para esse Estado.

Art. 12.º

1. Cada Estado Parte deverá apresentar ao Comité dos Direitos da Criança, no prazo de dois anos após a entrada em vigor do Protocolo para o Estado Parte em causa, um relatório contendo informação detalhada sobre as medidas por si adoptadas para tornar efectivas as disposições do Protocolo.

2. Após a apresentação do relatório detalhado, cada Estado Parte deverá incluir nos relatórios que apresenta ao Comité dos Direitos da Criança, em conformidade com o artigo 44.º da Convenção, quaisquer informações suplementares

relativas à aplicação do Protocolo. Os outros Estados Partes no Protocolo deverão apresentar um relatório a cada cinco anos.

3. O Comité dos Direitos da Criança poderá solicitar aos Estados Partes o fornecimento de informação suplementar pertinente para efeitos da aplicação do presente Protocolo.

Art. 13.º

1. O presente Protocolo está aberto à assinatura de todos os Estados que sejam partes na Convenção ou a tenham assinado.

2. O presente Protocolo está sujeito a ratificação e aberto à adesão de todos os Estados que sejam partes na Convenção ou a tenham assinado. Os instrumentos de ratificação ou adesão serão depositados junto do Secretário-Geral das Nações Unidas.

Art. 14.º

1. O presente Protocolo entrará em vigor três meses após o depósito do décimo instrumento de ratificação ou adesão.

2. Para cada um dos Estados que ratifiquem o presente Protocolo ou a ele adiram após a respectiva entrada em vigor, o presente Protocolo entrará em vigor um mês após a data de depósito do seu próprio instrumento de ratificação ou adesão.

Art. 15.º

1. Qualquer Estado Parte poderá denunciar o presente Protocolo a todo o tempo, por notificação escrita dirigida ao Secretário-Geral das Nações Unidas, que deverá então informar os outros Estados Partes na Convenção e todos os Estados que tenham assinado a Convenção. A denúncia produzirá efeitos um ano após a data de recepção da notificação pelo Secretário-Geral das Nações Unidas.

2. Tal denúncia não terá como efeitos exonerar o Estado Parte das suas obrigações em virtude do Protocolo relativamente a qualquer infracção que ocorra antes da data em que a denúncia comece a produzir efeitos. A denúncia não obstará de forma alguma a que o Comité prossiga a consideração de qualquer matéria cujo exame tenha sido iniciado antes da data em que a denúncia comece a produzir efeitos.

Art. 16.º

1. Qualquer Estado Parte poderá propor uma emenda e depositar o seu texto junto do Secretário-Geral das Nações Unidas. O Secretário-Geral transmite, em seguida, a proposta de emenda aos Estados Partes, solicitando que lhe seja comunicado se são favoráveis à convocação de uma conferência de Estados Partes para apreciação e votação da proposta. Se, nos quatro meses subsequentes a essa comunicação, pelo menos um terço dos Estados Partes se declarar a favor da realização da referida conferência, o Secretário-Geral convocá-la-á sob os auspícios da Orga-

nização das Nações Unidas. As emendas adoptadas pela maioria dos Estados Partes presentes e votantes na conferência serão submetidas à Assembleia Geral das Nações Unidas para aprovação.

2. As emendas adoptadas nos termos do disposto no n.º 1 do presente artigo entrarão em vigor quando aprovadas pela Assembleia Geral das Nações Unidas e aceites por maioria de dois terços dos Estados Partes.

3. Quando uma emenda entrar em vigor, terá força vinculativa para os Estados Partes que a hajam aceite, ficando os restantes Estados Partes vinculados pelas disposições do presente Protocolo e por todas as emendas anteriores que tenham aceite.

Art. 17.º

1. O presente Protocolo, cujos textos em árabe, chinês, inglês, francês, russo e espanhol fazem igualmente fé, ficará depositado nos arquivos das Nações Unidas.

2. O Secretário-Geral das Nações Unidas enviará cópias certificadas do presente Protocolo a todos os Estados Partes na Convenção e a todos os Estados que hajam assinado a Convenção.

Resolução n.º 43/2002, de 28 de Maio

Pela Resolução n.º 19/90, de 23 de Outubro, o Conselho de Ministros ratificou a Convenção das Nações Unidas sobre os Direitos da Criança.

Tendo a Assembleia Geral das Nações Unidas adoptado em 25 de Maio de 2000, o Protocolo Facultativo à Convenção das Nações Unidas sobre os Direitos da Criança relativo à Venda de Crianças, Prostituição e Pornografia Infantis;

Havendo necessidade de a República de Moçambique aderir àquele instrumento jurídico internacional;

Nestes termos e ao abrigo do disposto na alínea *f)* do número1 do artigo 153.º da Constituição da República, o Conselho de Ministros determina:

Art. 1.º

A adesão da República de Moçambique ao Protocolo Facultativo à Convenção das Nações Unidas sobre os Direitos da Criança relativo à Venda de Crianças, Prostituição e Pornografia Infantis, cujo texto em inglês e a respectiva tradução em português vão em anexo, e fazem parte integrante da presente Resolução.

Art. 2.º

Os Ministros da Mulher e Coordenação da Acção Social e da Justiça ficam encarregues da preparação das medidas apropriadas para a implementação do presente Protocolo.

Art. 3.º

O Ministro dos Negócios Estrangeiros e Cooperação fica encarregue de realizar todos os trâmites necessários à efectivação desta adesão.

Aprovada pelo Conselho de Ministros.

Publique-se.

O Primeiro-Ministro, *Pascoal Manuel Mocumbi.*

XIV – CONVENÇÃO RELATIVA À INTERDIÇÃO DAS PIORES FORMAS DE TRABALHO DAS CRIANÇAS E À ACÇÃO IMEDIATA COM VISTA À SUA ELIMINAÇÃO

A Conferência Geral da Organização Internacional do Trabalho,
Convocada para Genebra pelo Conselho de Administração da Repartição Internacional do Trabalho e aí reunida a 1 de Junho de 1999, na sua 87.ª Sessão;
Considerando a necessidade de adoptar novos instrumentos com vista à proibição e eliminação das piores formas de trabalho das crianças, enquanto prioridade principal da acção nacional e internacional, nomeadamente da cooperação e da assistência internacional, para completar a Convenção e a Recomendação Relativas à Idade Mínima de Admissão ao Emprego, de 1973, que continuam a ser instrumentos fundamentais no que diz respeito ao trabalho das crianças;
Considerando que a eliminação efectiva das piores formas de trabalho das crianças exige uma acção de conjunto imediata que tenha em consideração a importância de uma educação de base gratuita e a necessidade de libertar as crianças envolvidas de todas essas formas de trabalho e de assegurar a sua readaptação e a sua integração social, tendo ao mesmo tempo em consideração as necessidades das respectivas famílias;
Recordando a Resolução relativa à Eliminação do Trabalho das Crianças adoptada pela Conferência Internacional do Trabalho na sua 83.ª Sessão, em 1996;
Reconhecendo que o trabalho das crianças é, em grande medida, provocado pela pobreza e que a solução a longo prazo reside no crescimento económico sustentado que conduza ao progresso social e, em particular, à diminuição da pobreza e à educação universal;
Recordando a Convenção Relativa aos Direitos da Criança, adoptada em 20 de Novembro de 1989 pela Assembleia Geral das Nações Unidas;
Recordando a Declaração da OIT relativa aos Princípios e Direitos Fundamentais no Trabalho e ao seu acompanhamento, adoptada pela Conferência Internacional do Trabalho na sua 86.ª Sessão, em 1998;
Recordando que algumas das piores formas de trabalho das crianças são abrangidas por outros instrumentos internacionais, em particular a Convenção sobre

o Trabalho Forçado, de 1930, e a Convenção Suplementar das Nações Unidas relativa à Abolição da Escravatura, do Tráfico de Escravos e das Instituições e Práticas Análogas à Escravatura, de 1956;

Após ter decidido adoptar diversas propostas relativas ao trabalho das crianças, questão que constitui o 4.º ponto da ordem de trabalhos da Sessão;

Após ter decidido que essas propostas tomariam a forma de uma Convenção Internacional;

Adopta, neste dia 17 de Junho de 1999, a seguinte Convenção, que será denominada Convenção sobre as Piores Formas de Trabalho das Crianças, 1999.

Art. 1.º

Qualquer membro que ratificar a presente Convenção deve tomar, com a maior urgência, medidas imediatas e eficazes para assegurar a proibição e a eliminação das piores formas de trabalho das crianças.

Art. 2.º

Para os efeitos da presente Convenção, o termo «criança» aplica-se a todas as pessoas com menos de 18 anos.

Art. 3.º

Para os efeitos da presente Convenção, a expressão «as piores formas de trabalho das crianças» abrange:

a) Todas as formas de escravatura ou práticas análogas, tais como a venda e o tráfico de crianças, a servidão por dívidas e a servidão, bem como o trabalho forçado ou obrigatório, incluindo o recrutamento forçado ou obrigatório das crianças com vista à sua utilização em conflitos armados;

b) A utilização, o recrutamento ou a oferta de uma criança para fins de prostituição, de produção de material pornográfico ou de espectáculos pornográficos;

c) A utilização, o recrutamento ou a oferta de uma criança para actividades ilícitas, nomeadamente para a produção e o tráfico de estupefacientes tal como são definidos pelas convenções internacionais pertinentes;

d) Os trabalhos que, pela sua natureza ou pelas condições em que são exercidos, são susceptíveis de prejudicar a saúde, a segurança ou moralidade da criança.

Art. 4.º

1. Os tipos de trabalhos visados na alínea *d)* do artigo 3.º devem ser determinados pela legislação nacional ou pela autoridade competente, após consulta das organizações de empregadores e de trabalhadores interessadas, tomando em consideração as normas internacionais pertinentes e, em particular, os parágrafos 3 e 4 da recomendação sobre as Piores Formas de Trabalho das Crianças, 1999.

2. A autoridade competente, após consulta das organizações de empregadores e de trabalhadores interessadas deve localizar os tipos de trabalho assim determinados.

3. A lista dos tipos de trabalho determinados de acordo com o n.º 1 do presente artigo deve ser periodicamente examinada e, se necessário, revista mediante consulta das organizações de empregadores e de trabalhadores interessadas.

Art. 5.º

Qualquer membro deve, após consulta das organizações de empregadores e de trabalhadores, estabelecer ou designar mecanismos apropriados para fiscalizar a aplicação das disposições que apliquem a presente Convenção.

Art. 6.º

1. Qualquer membro deve elaborar e pôr em prática programas de acção visando prioritariamente eliminar as piores formas de trabalho das crianças.

2. Esses programas de acção devem ser elaborados e postos em prática mediante consulta das instituições públicas competentes e das organizações de empregadores e de trabalhadores e, se for caso disso, tomando em consideração as opiniões de outros grupos interessados.

Art. 7.º

1. Qualquer membro deve tomar todas as medidas necessárias para assegurar a aplicação efectiva e o respeito das disposições que apliquem a presente Convenção, incluindo o estabelecimento e a aplicação de sanções penais ou, se for caso disso, outras sanções.

2. Tendo em conta a importância da educação na eliminação do trabalho das crianças, qualquer membro deve adoptar medidas eficazes dentro de um prazo determinado para:
   a) Impedir que as crianças sejam envolvidas nas piores formas de trabalho das crianças;
   b) Prover a ajuda directa necessária e apropriada para libertar as crianças das piores formas de trabalho das crianças e assegurar a sua readaptação e a sua integração social;
   c) Assegurar a todas as crianças que tenham sido libertadas das piores formas de trabalho das crianças o acesso à educação de base gratuita e, sempre que for possível e apropriado, à formação profissional;
   d) Identificar as crianças particularmente expostas a risco e entrar em contacto directo com elas;
   e) Ter em conta a situação particular das raparigas.

3. Qualquer membro deve designar a autoridade competente encarregada da execução das disposições que apliquem a presente Convenção.

Art. 8.º
Os membros devem adoptar medidas apropriadas a fim de se ajudarem mutuamente para aplicarem as disposições da presente Convenção, através de uma cooperação ou uma assistência internacional reforçadas, incluindo através de medidas de apoio ao desenvolvimento económico e social, aos programas de erradicação da pobreza e à educação universal.

Art. 9.º
As ratificações formais da presente Convenção serão comunicadas ao Director-Geral da Repartição Internacional do Trabalho e por este registadas.

Art. 10.º
1. A presente Convenção apenas obriga os membros da Organização Internacional de Trabalho cuja ratificação tenha sido registada pelo Director-Geral da Repartição Internacional de Trabalho.

2. Ela entrará em vigor 12 meses depois de as ratificações de dois membros terem sido registadas pelo Director-Geral.

3. Em seguida, esta Convenção entrará em vigor para cada membro 12 meses após a data em que a sua ratificação tiver sido registada.

Art. 11.º
1. Qualquer membro que tenha ratificado a presente Convenção pode denunciá-la após um período de 10 anos a contar da data da entrada em vigor inicial da Convenção, mediante uma comunicação ao Director-Geral da Repartição Internacional do Trabalho e por este registada. A denúncia só produzirá efeitos um ano após ter sido registada.

2. Qualquer membro que tenha ratificado a presente Convenção e que, no prazo de 1 ano após o termo do período de 10 anos mencionado no número anterior, não fizer uso da faculdade de denúncia prevista no presente artigo ficará vinculado durante um novo período de 10 anos e, em seguida, poderá denunciar a presente Convenção no termo de cada período de 10 anos nas condições previstas no presente artigo.

Art. 12.º
1. O Director-Geral da Repartição Internacional do Trabalho notificará todos os membros da Organização Internacional do Trabalho do registo de todas as ratificações e de todos os actos de denúncia que lhe forem comunicados pelos membros da Organização.

2. Ao notificar os membros da Organização do registo da segunda ratificação que lhe tiver sido comunicada, o Director-Geral chamará a atenção dos membros da Organização para a data em que a presente Convenção entrará em vigor.

Art. 13.º

O Director-Geral da Repartição Internacional do Trabalho comunicará ao Secretário-Geral das Nações Unidas, para efeitos de registo de acordo com o artigo 102.º da Carta das Nações Unidas, informações completas sobre todas as ratificações e todos os actos de denúncia que tiver registado em conformidade com os artigos anteriores.

Art. 14.º

Sempre que o considerar necessário, o Conselho de Administração da Repartição Internacional do Trabalho apresentará à Conferência Geral um relatório sobre a aplicação da presente Convenção e examinará a conveniência de inscrever na ordem do dia da Conferência a questão da sua revisão total ou parcial.

Art. 15.º

1. Se a Conferência adoptar uma nova convenção que reveja total ou parcialmente a presente Convenção e salvo disposição em contrário da nova convenção:

   a) Sem prejuízo do artigo 11.º, a ratificação por um membro da nova convenção de revisão implicará de pleno direito a denúncia imediata da presente Convenção, contando que a nova convenção de revisão tenha entrado em vigor;
   b) A presente Convenção deixará de estar aberta à ratificação dos membros a partir da data de entrada em vigor da nova convenção de revisão.

2. A presente Convenção continuará em vigor na sua actual forma e conteúdo para os membros que a tiverem ratificado e que não ratificarem a convenção de revisão.

Art. 16.º

As versões francesa e inglesa do texto da presente Convenção fazem igualmente fé.

Resolução n.º 6/2003, de 23 de Abril

Na prossecução dos seus objectivos, a Organização Internacional do Trabalho definiu oito Convenções como fundamentais, no âmbito da promoção dos Princípios e Direitos do Homem na esfera laboral, das quais cinco já foram ratificadas pela República de Moçambique.

Havendo necessidade de ratificar a Convenção n.º 182, sobre a Proibição e Eliminação das Piores Formas do Trabalho Infantil, de 1999, em conformidade com o disposto na alínea k), n.º 2 do artigo 135.º da Constituição, a Assembleia da República determina:

Artigo único. É ratificada a Convenção n.º 182, sobre a Proibição e Eliminação das Piores Formas do Trabalho Infantil, de 1999, cujo texto é publicado em anexo à presente Resolução e dela faz parte integrante.

Aprovada pela Assembleia da República, 23 de Abril de 2003.

Publique-se.

O Presidente da Assembleia da República, EDUARDO JOAQUIM MULÉMBWÈ.

XV – CONVENÇÃO SOBRE A PROIBIÇÃO DA UTILIZAÇÃO, ARMAZENAGEM, PRODUÇÃO E TRANSFERÊNCIA DE MINAS ANTI-PESSOAIS E SOBRE A SUA DESTRUIÇÃO

Preâmbulo

Os Estados Partes,

Decididos a pôr fim ao sofrimento e às mortes causadas pelas minas anti-pessoais, que matam ou mutilam centenas de pessoas todas as semanas, na grande maioria civis inocentes e indefesos, especialmente crianças, impedem o desenvolvimento económico e a reconstrução, inibem a repartição de refugiados e de pessoas deslocadas a nível interno, para além de consequências graves durante muitos anos após a sua colocação.

Convencidos de que é necessário fazer todos os esforços possíveis para fazer face, de forma eficaz e coordenada, ao desafio que representa a remoção de minas anti-pessoais colocadas em todo o mundo, e de garantir a sua destruição.

Desejando fazer todos os esforços possíveis na prestação de assistência para cuidar e reabilitar as vítimas das minas, incluindo a sua reintegração social e económica,

Reconhecendo que uma proibição total de minas anti-pessoais seria também uma importante medida criadora de confiança.

Acolhendo com satisfação a adopção do Protocolo sobre a Proibição ou Limitação da Utilização de Minas, Armadilhas e Outros Dispositivos, conforme foi modificado em 3 de Maio de 1996 e anexo à Convenção sobre a Proibição ou Limitação do Uso de Certas Armas Convencionais que podem ser consideradas como produzindo efeitos traumáticos ou ferindo indiscriminadamente, e apelando a todos os Estados para uma rápida ratificação do referido Protocolo.

Acolhendo com satisfação, ainda, a adopção da Resolução n.º 51/455, de 10 de Dezembro de 1996, da Assembleia Geral das Nações Unidas, exortando todos os Estados Partes a prosseguir sem demora as negociações relativas a um acordo internacional eficaz e juridicamente vinculativo para banir a utilização, armazenagem, produção e transferência de minas anti-pessoais.

Acolhendo com satisfação, também as medidas tomadas nos últimos anos, a nível unilateral e multilateral, com vista a proibir, limitar ou suspender a utilização, armazenagem, produção e transferência de minas anti-pessoais.

Salientando o papel que desempenham os ditames da consciência pública no fomento dos princípios humanitários, como comprova o apelo à interdição total de minas anti-pessoais e reconhecendo os esforços empreendidos pelo Movimento Internacional da Cruz Vermelha e do Crescente Vermelho, a Campanha Internacional para a Proibição de Minas e outras numerosas organizações não-governamentais de todo o mundo.

Recordando a declaração de Otawa de 5 de Outubro de 1996, e a Declaração de Bruxelas de 27 de Junho de 1997 exortando todos os Estados Partes a prosseguir sem demora as negociações relativas a um acordo internacional eficaz e juridicamente vinculativo para banir a utilização, armazenagem, produção, e transferência de minas anti-pessoais.

Sublinhando a oportunidade de suscitar a adesão de todos os Estados na presente Convenção, e decididos a trabalhar energicamente para promover a sua universalidade em todos os Fóruns pertinentes, incluindo, entre outros, as Nações Unidas, a Conferência do Desarmamento, as organizações e grupos regionais, e as conferências de exame da Convenção sobre a Proibição ou Limitação do Uso de Certas Armas Convencionais que podem ser consideradas como produzindo efeitos traumáticos ou ferindo indiscriminadamente.

Baseando-se no princípio do direito internacional segundo o qual o direito das partes num conflito armado de escolher os métodos ou os meios de guerra não é ilimitado, e sobre o princípio que proíbe a utilização nos conflitos armados de armas, projécteis, materiais e métodos de guerra de tal natureza que causem males supérfluos e sofrimento desnecessário, e no princípio segundo o qual é necessário fazer uma distinção entre civis e combatentes.

Acordaram no seguinte:

Art. 1.º (Obrigações gerais)

1. Cada Estado Parte compromete-se, quaisquer que sejam as circunstâncias, a nunca:

   a) Utilizar minas anti-pessoais;
   b) Desenvolver, produzir, adquirir de outra forma, armazenar, conservar ou transferir para quem quer que seja, directa ou indirectamente, minas anti-pessoais;
   c) Ajudar, encorajar ou induzir outrem, por qualquer forma, a participar numa actividade proibida a um Estado Parte ao abrigo da presente Convenção.

2. Cada Estado Parte compromete-se a destruir ou a assegurar a destruição de todas as minas anti-pessoais, em conformidade com as disposições da Presente Convenção.

Art. 2.º

1. Por "mina anti-pessoal" entende-se uma mina concebida para explodir devido à presença, proximidade ou contacto de uma pessoa e destinada a incapa-

citar, ferir ou matar uma ou várias pessoas. As minas concebidas para detonar pela presença, proximidade ou contacto de um veículo e não de uma pessoa, que estão munidos com dispositivos anti-manipulação, não são consideradas minas anti-pessoais pelo facto de possuírem esse dispositivo.

    2. Por "mina" entende-se munição colocada sob, no, ou perto do solo ou de outra superfície e concebida para detonar ou explodir pela presença, proximidade ou contacto de uma pessoa ou veículo.

    3. Por "dispositivo anti-manipulação" entende-se, um dispositivo destinado a proteger uma mina, o qual é parte integrante desta, está ligado ou agregado a esta, ou colocado por baixo desta e que é activado em caso de tentativa de manipulação ou activação intencional da mina.

    4. Por "transferência" entende-se, para além da deslocação física de minas para o interior ou exterior do território nacional, a transferência do direito de propriedade e de controlo dessas minas, mas não envolve a transferência de um território no qual tenham sido colocadas minas anti-pessoais.

    5. Por "zona minada" entende-se, uma zona que é considerada perigosa devido à presença de minas.

Art. 3.º (Excepções)
    1. Sem prejuízo das obrigações gerais previstas no artigo 1.º, será permitida a conservação ou transferência de uma quantidade de minas anti-pessoais para o desenvolvimento de técnicas de detecção, levantamento ou destruição de minas e para a instrução dessas técnicas. Essa quantidade de minas não deverá exceder a quantidade mínima absolutamente necessária para os fins acima mencionados.

    2. A transferência de minas anti-pessoais para fins de destruição é autorizada.

Art. 4.º (Destruição das minas anti-pessoais armazenadas)
    Com excepção do disposto no artigo 3.º, cada Estado Parte compromete-se a destruir, ou garantir a destruição de todas as minas anti-pessoais armazenadas de sua propriedade ou na sua posse, ou que se encontrem em qualquer local sob a sua jurisdição ou controlo, com a brevidade possível, e o mais tardar num prazo de quatro anos após a entrada em vigor da presente Convenção para esse Estado Parte.

Art. 5.º (Destruição das minas anti-pessoais colocadas nas zonas minadas)
    1. Cada Estado Parte compromete-se a destruir ou a garantir a destruição de todas as minas anti-pessoais colocadas nas zonas minadas sob a sua jurisdição ou controlo, com a brevidade possível, e o mais tardar dez anos após entrada em vigor da presente Convenção para esse Estado Parte.

    2. Cada Estado Parte esforçar-se-á por identificar todas as zonas sob a sua jurisdicação ou controlo nas quais existam ou se suspeite que tenham sido colocadas minas anti-pessoais, e tomará todas as medidas necessárias, com a brevidade possível, para que todas as zonas minadas, sob a sua jurisdição ou controlo, onde

tenham sido colocadas minas, tenham o perímetro demarcado, estejam vigiadas e protegidas por cercas ou outros meios, por forma a impedir de forma eficaz que os civis não as penetrem, até que todas as minas anti-pessoais colocadas nessas zonas minadas tenham sido destruídas. A sinalização deverá estar, tanto quanto possível, em conformidade com as normas estabelecidas no Protocolo sobre a proibição ou limitação da utilização de minas, armadilhas e outros dispositivos, conforme foi modificado em 3 de Maio de 1996 e anexo à Convenção sobre a proibição ou limitação de uso de certas armas convencionais que podem ser consideradas como produzindo efeitos traumáticos ou ferindo indiscriminadamente.

3. No caso em que um Estado Parte crê não conseguir destruir ou garantir a destruição de todas as minas anti-pessoais referidas no parágrafo 1.º no prazo previsto, poderá apresentar, na Reunião dos Estados Partes ou na Conferência de Revisão, um pedido do período de prorrogação, até um máximo de dez anos, para concluir a destruição dessas minas anti-pessoais.

4. No pedido deverá constar:
   a) A duração da prorrogação proposta;
   b) Uma explicação pormenorizada justificando as razões para o pedido de prorrogação, incluindo:
      i) A preparação e o ponto de situação do trabalho efectuado no âmbito dos programas nacionais de desminagem;
      ii) Os meios financeiros e técnicos que o Estado Parte dispõe para efectuar a destruição de todas as minas anti-pessoais;
      iii) As circunstâncias que impeçam o Estado Parte de destruir todas as minas anti-pessoais nas zonas minadas; e
   c) As implicações humanitárias, sociais, económicas e ambientais da prorrogação; e
   d) Qualquer outra informação pertinente relativa à prorrogação proposta.

5. A Reunião dos Estados Partes ou a Conferência de Revisão avaliará, tendo em conta os factos enunciados no parágrafo 4, o pedido e decidirá por maioria de votos dos Estados Partes presentes se a prorrogação é concedida.

6. A referida prorrogação pode ser renovada mediante a apresentação de um novo pedido em conformidade com os parágrafos 3, 4 e 5 do presente artigo. O Estado Parte deverá juntar ao novo pedido de prorrogação informação adicional pertinente relativamente ao que foi efectuado durante o anterior período de prorrogação.

Art. 6.º (Cooperação e assistência internacionais)

1. No cumprimento das suas obrigações ao abrigo da presente Convenção, cada Estado Parte tem o direito de solicitar e receber assistência de outros Estados Partes, sempre que for viável e na medida do possível.

2. Cada Estado Parte compromete-se a facilitar o intercâmbio, mais completo possível, de equipamento, material e informação científica e técnica relacionada com a aplicação do presente Protocolo e terá o direito de participar nesse

XV – Convenção Sobre Minas Anti-Pessoais   Art. 6.º

intercâmbio. Os Estados Partes não imporão restrições indevidas ao fornecimento, para fins humanitários, de equipamento para e desminagem e de informação técnica correspondente.

3. Cada Estado Parte que esteja em condições de o fazer fornecerá assistência para cuidados e reabilitação das vítimas das minas, e sua integração social e económica, bem como para os programas de sensibilização sobre minas. Esta assistência pode ser fornecida, *inter alia*, através do sistema das Nações Unidas, de organizações ou instituições internacionais, regionais ou nacionais, do Comité Internacional da Cruz Vermelha e das sociedades nacionais da Cruz Vermelha e do Cerscente Vermelho e da sua Federação Internacional, de organizações não-governamentais, ou numa base bilateral.

4. Cada Estado Parte que esteja em condições de o fazer fornecerá assistência para a desminagem e actividades conexas. Essa assistência poderá ser fornecida, *inter alia*, através do sistema das Nações Unidas, de organizações ou instituições internacionais ou regionais, de organizações não-governamentais, ou numa base bilateral, ou contribuindo para o Fundo Voluntário das Nações Unidas para Assistência à Desminagem ou outros fundos regionais relacionados com a desminagem.

5. Cada Estado Parte que esteja em condições de o fazer fornecerá assistência para a destruição de minas anti-pessoais armazenadas.

6. Cada Estado Parte compromete-se a facultar informação à base de dados sobre desminagem estabelecida no sistema das Nações Unidas, em especial, informação relativa aos diversos meios e tecnologias de desminagem, bem como listas de peritos, organismos especializados ou centros nacionais de contacto para a desminagem.

7. Os Estados Partes podem solicitar às Nações Unidas, às organizações regionais, a outros Estados Partes ou a outros **fóruns** intergovernamentais ou não--governamentais competentes que auxiliem as suas autoridades na elaboração de um programa nacional de desminagem com vista a determinar *inter alia*:

   a) A amplitude e âmbito do programa das minas anti-pessoais;
   b) Os recursos financeiros, tecnológicos e humanos necessários para a implementação do programa;
   c) Uma estimativa do número de anos necessários para destruir todas as minas anti-pessoais das zonas minadas sob a jurisdição ou controlo do Estado Parte em causa;
   d) As actividades de sensibilização sobre o problema das minas com o objectivo de reduzir a incidência de ferimentos ou mortes causadas pelas minas;
   e) Assistência às vítimas das minas;
   f) As relações entre o Governo do Estado Parte em causa e as entidades governamentais, intergovernamentais ou não-governamentais pertinentes, que participarão na aplicação do programa.

8. Cada Estado Parte que proporcione ou receba assistência segundo as disposições do presente artigo cooperará com vista a assegurar a aplicação rápida e integral dos programas de assistência acordados.

Art. 7.º (Medidas de transparência)
1. Cada Estado Parte informará o Secretário-Geral das Nações Unidas com a prontidão possível, mas o mais tardar 180 dias a partir da entrada em vigor da presente Convenção para esse Estado sobre:
   a) As medidas de aplicação a nível nacional segundo o previsto no artigo 9.º;
   b) O número total de minas anti-pessoais armazenadas que sejam sua propriedade ou estejam na sua posse, ou que estejam sob a sua jurisdição ou controlo, incluindo a descrição do tipo, quantidade e, se possível, os números do lote de cada tipo de minas anti-pessoais armazenadas;
   c) Na medida do possível, a localização de todas as zonas minadas sob a sua jurisdição ou controlo nas quais existam ou se suspeite que tenham sido colocadas minas anti-pessoais, incluindo a informação mais pormenorizada possível relativamente ao tipo e à quantidade de cada tipo de minas anti-pessoais colocadas em cada zona minada e a data da sua colocação;
   d) Os tipos, quantidades e, se possível, os números de lote de todas as minas anti-pessoais retidas ou transferidas para o desenvolvimento de técnicas de detecção, desminagem ou destruição de minas, e para a instrução dessas técnicas, ou as que foram transferidas para fins.

Art. 8.º (Ajuda e pedido de esclarecimento sobre o cumprimento)
1. Os Estados Partes concordaram em efectuar consultas e a cooperar entre si relativamente à aplicação das disposições da presente Convenção, e de trabalhar conjuntamente num espírito de cooperação por forma a facilitar o cumprimento por parte dos Estados Partes das suas obrigações ao abrigo da presente Convenção.
2. Se um ou mais Estados Partes desejarem esclarecer ou resolver questões relacionadas com o cumprimento das disposições da presente Convenção, por parte de outro Estado Parte, podem apresentar, por intermédio do Secretário-Geral das Nações Unidas, um pedido de esclarecimento sobre o assunto a esse Estado Parte. Esse pedido deverá conter toda a informação pertinente. Cada Estado Parte abster-se-á de solicitar pedidos de esclarecimentos não fundamentados, por forma a evitar a utilização abusiva desse mecanismo. O Estado Parte que recebe um pedido de esclarecimento entregará ao Estado Parte solicitante, por intermédio do Secretário-Geral das Nações Unidas, toda a informação que possa ajudar a esclarecer o assunto, no prazo máximo de 28 dias após ter recebido o pedido.
3. Se o Estado Parte solicitante não obtiver resposta por intermédio do Secretário-Geral das Nações Unidas dentro do prazo mencionado, ou considere que esta não é satisfatória; pode submeter o assunto à próxima Reunião dos Estados Partes. O Secretário-Geral das Nações Unidas transmitirá a todos os Estados Partes o pedido apresentado, acompanhado de toda a informação pertinente relativa ao pedido de esclarecimento. Toda essa informação será transmitida ao Estado Parte solicitado, o qual terá o direito de formular uma resposta.

4. Aguardando a convocação da reunião dos Estados Partes, qualquer Estado Parte interessado poderá solicitar ao Secretário-Geral das Nações Unidas que exerça os seus bons ofícios por forma a facilitar os esclarecimentos solicitados.

5. O Estado Parte solicitante pode propor, por intermédio do Secretário--Geral das Nações Unidas, a convocação de uma Reunião Extraordinária dos Estados Partes para examinar o assunto. O Secretário-Geral das Nações Unidas comunicará a todos os Estados Partes essa proposta e toda a informação apresentada pelos Estados Partes interessados, solicitando-lhes que indiquem se estão a favor de uma Reunião Extraordinária dos Estados Partes para examinar o assunto. No caso em que, no prazo de catorze dias após a entrega dessa comunicação, pelo menos um terço dos Estados Partes esteja a favor da referida Reunião Extraordinária, o Secretário-Geral das Nações Unidas convocará essa Reunião Extraordinária dos Estados Partes no prazo máximo de 14 dias. O quórum para essa reunião será constituído pela maioria dos Estados Partes presentes.

6. A Reunião dos Estados Partes ou a Reunião Extraordinária dos Estados Partes, consoante o caso, deverá determinar em primeiro lugar se haverá necessidade de reexaminar o assunto, tendo em conta toda a informação apresentada pelos Estados Partes interessados. A Reunião dos Estados Partes ou a Reunião Extraordinária dos Estados Partes, deverão fazer os possíveis por tomar uma decisão por consenso. Se apesar de todos os esforços não se conseguir chegar a acordo, a decisão será tomada por maioria dos Estados Partes presentes e votantes.

7. Todos os Estados Partes cooperarão plenamente com a Reunião dos Estados Partes ou com a Reunião Extraordinária dos Estados Partes na avaliação do assunto, incluindo as missões de apuramento de factos autorizadas em conformidade com o parágrafo 8.

8. Caso sejam necessários mais esclarecimentos, a Reunião dos Estados Partes ou a Reunião Extraordinária dos Estados Partes autorizará uma missão de apuramento de factos e decidirá o seu mandato por maioria dos Estados Partes presentes e votantes. Em qualquer altura o Estado Parte solicitado poderá convidar uma missão de apuramento de factos ao seu território. A missão será realizada sem que seja necessária uma decisão da Reunião dos Estados Partes ou da Reunião Extraordinária dos Estados Partes. A missão, composta por um máximo de nove peritos, designados e aprovados em conformidade com os parágrafos 9 e 10, poderá recolher informação adicional relativa ao cumprimento questionado, *in situ* ou noutros locais directamente relacionados com o assunto do cumprimento questionado sob a jurisdição ou controlo do Estado Parte solicitado.

9. O Secretário-Geral das Nações Unidas preparará e actualizará uma lista com os nomes e nacionalidades de peritos qualificados, bem como outros dados pertinentes recebidos dos Estados Partes, e comunicá-la-á a todos os Estados Partes. O perito incluído nesta lista ficará designado para todas as missões de apuramento de factos, a menos que um Estado Parte se oponha por escrito à sua designação. No caso de oposição, o perito não participará nas missões de determi-

nação de factos no território ou em qualquer outro local sob jurisdição ou controlo do Estado Parte que opôs à sua designação, desde que a recusa se tenha verificado antes da nomeação do perito para a referida missão.

10. Após recepção de um pedido procedente da Reunião dos Estados Partes ou da Reunião Extraordinária dos Estados Partes, o Secretário-Geral das Nações Unidas designará, após consulta com o Estado Parte solicitante, os membros da missão, incluindo o seu chefe. Os nacionais dos Estados Partes solicitando a missão de apuramento de factos, ou todos os Estados Partes que sejam directamente afectados, não poderão ser nomeados para a missão. Os membros da missão de apuramento de factos usufruirão dos privilégios e imunidades previstos no artigo 6.º da Convenção sobre os privilégios das Nações Unidas, adoptada em 13 de Fevereiro de 1946.

11. Após um pré-aviso mínimo de 72 horas, os membros da missão de apuramento de factos chegarão, logo que possível, ao território do Estado Parte solicitado. O Estado Parte solicitado tomará as medidas administrativas necessárias para receber, transportar e alojar a missão. Também será responsável, na medida do possível, pela segurança dos membros da missão enquanto estes estiverem no território sob o seu controlo.

12. Sem prejuízo da soberania do Estado Parte solicitado, a missão de apuramento de factos poderá somente trazer para o território do Estado Parte solicitado o equipamento necessário que será exclusivamente utilizado na recolha de informação para o esclarecimento do assunto do cumprimento. Antes da chegada, a missão informará o Estado Parte solicitado quanto ao equipamento que tenciona utilizar no decorrer da missão de apuramento de factos.

13. O Estado Parte solicitado fará todos os esforços possíveis para garantir que seja facultada à missão de apuramento de factos a possiblidade de falar com todas as pessoas que possam fornecer informação relativa ao assunto do cumprimento.

14. O Estado Parte solicitado facultará à missão de apuramento de factos o acesso a todas as zonas e instalações sob o seu controlo onde se preveja ser possível recolher factos relativos ao cumprimento questionado. O acesso estará sujeito a qualquer medida que o Estado Parte considere necessário para:

   a) A protecção de equipamentos, informação e zonas sensíveis;
   b) A protecção de obrigações constitucionais que o Estado Parte solicitado possa ter relativamente a direitos de propriedade, registos e apreensão, e outros direitos constituicionais; ou
   c) A protecção e segurança física dos membros da missão de apuramento de factos.

No caso em que o Estado Parte solicitado adopte essas medidas, deverá fazer todos os esforços razoáveis para demonstrar, através de meios alternativos, o cumprimento da presente Convenção.

15. A missão de apuramento de factos permanecerá no território do Estado Parte solicitado por um período máximo de catorze dias, e em qualquer local determinado nunca mais que sete dias, a menos que acordado de outra forma.

16. Toda a informação fornecida a título confidencial e que não esteja relacionada com o assunto relativo à missão de apuramento de factos deverá ser tratada numa base confidencial.

17. A missão de apuramento de factos informará, por intermédio do Secretário-Geral das Nações Unidas, a Reunião dos Estados Partes ou a Reunião Extraordinária dos Estados Partes, sobre os resultados do apuramento dos factos.

18. A Reunião dos Estados Partes ou a Reunião Extraordinária dos Estados Partes, examinará toda a informação pertinente, incluindo o relatório submetido pela missão de apuramento de factos, e poderá pedir ao Estado Parte solicitado que tome medidas para resolver o assunto do cumprimento num prazo estipulado. O Estado Parte solicitado informará quanto às medidas tomadas para resolver esse pedido.

19. A Reunião dos Estados Partes ou a Reunião Extraordinária dos Estados Partes, poderá sugerir aos Estados Partes interessados, meios e formas para esclarecer mais ainda ou resolver o assunto em consideração, incluindo a abertura de procedimentos apropriados em conformidade com o Direito Internacional. Nos casos em que se determine que o assunto em causa se deve a circunstâncias fora do controlo do Estado Parte solicitado, a Reunião dos Estados Partes ou a Reunião Extraordinária dos Estados Partes poderá recomendar medidas apropriadas, incluindo o recurso a medidas de cooperação referidas no artigo 6.º.

20. A Reunião dos Estados Partes ou a Reunião Extraordinária dos Estados Partes, fará o possível por adoptar as decisões referidas nos parágrafos 18 e 19 por consenso, e caso não seja possível, as decisões serão tomadas por maioria de dois terços dos Estados Partes presentes e votantes.

Art. 9.º (Medidas de aplicação nacionais)

Cada Estado Parte adoptará todas a medidas pertinentes, incluindo medidas legais, administrativas e de outra índole, incluindo a imposição de sanções penais, para evitar e impedir qualquer actividade proibida a um Estado Parte ao abrigo da presente Convenção, cometidas por pessoas, ou num território sob a sua jurisdição ou controlo.

Art. 10.º (Resolução de diferendos)

1. Os Estados Partes consultar-se-ão e cooperarão entre si para resolver qualquer disputa que possa surgir relativamente à aplicação ou interpretação da presente Convenção. Cada Estado Parte poderá apresentar a questão do diferendo à Reunião dos Estados Partes.

2. A Reunião dos Estados Partes poderá contribuir para a resolução de um diferendo pelos meios que considerar adequados, incluindo a oferta dos seus bons ofícios, convidando os Estados Partes no diferendo a iniciar o processo de resolução que tiverem escolhido e recomendado um prazo para qualquer procedimento acordado.

3. O presente artigo é sem prejuízo das disposições da presente Convenção relativas à ajuda e esclarecimento do cumprimento.

Art. 11.º (Reuniões dos Estados Partes)
1. Os Estados Partes reunir-se-ão regularmente para examinar qualquer assunto relativo à implementação ou aplicação da presente Convenção, incluindo:
   a) O funcionamento e o estatuto da presente Convenção;
   b) Os assuntos relacionados com os relatórios apresentados ao abrigo das disposições da presente Convenção;
   c) A cooperação e a assistência internacionais de acordo com o previsto no artigo 6.º;
   d) O desenvolvimento de tecnologias para a remoção de minas anti-pessoais;
   e) Os pedidos dos Estados Partes referidos no artigo 8.º; e
   f) As decisões relativas à apresentação de pedidos dos Estados Partes, em conformidade com o artigo 5.º.

2. A primeira Reunião dos Estados Partes será convocada pelo Secretário--Geral das Nações Unidas no prazo máximo de um ano após a entrada em vigor da presente Convenção. As reuniões subsequentes serão convocadas anualmente pelo Secretário-Geral das Nações Unidas até à primeira Conferência de Exame.

3. Em virtude das disposições previstas no artigo 8.º, o Secretário-Geral das Nações Unidas convocará uma Reunião Extraordinária dos Estados Partes.

4. Os Estados Partes na presente Convenção, bem como as Nações Unidas, outros organismos internacionais ou instituições pertinentes, organizações regionais, o Comité Internacional da Cruz Vermelha e organizações não-governamentais pertinentes, podem ser convidados a assistir a estas reuniões como observadores, de acordo com as Regras de Procedimento acordadas.

Art. 12.º (Conferências de Exame/Avaliação)
1. Uma Conferência de Exame será convocada pelo Secretário-Geral das Nações Unidas cinco anos após a entrada em vigor da presente Convenção. O Secretário-Geral das Nações Unidas convocará outras Conferências de Exame caso um ou mais Estados Partes o solicitem, desde que o intervalo entre estas não seja inferior a cinco anos. Todos os Estados Partes na presente Convenção serão convidados a assistir a cada Conferência de Exame.

2. A Conferência de Exame terá como objectivo:
   a) Examinar o funcionamento e o estatuto da presente Convenção;
   b) Avaliar a necessidade de convocar posteriores Reuniões dos Estados Partes referidos no parágrafo 2 do artigo 11.º e de determinar o intervalo entre essas reuniões;
   c) Tomar decisões sobre apresentação de pedido dos Estados Partes previstos no artigo 5.º;
   d) Adoptar no seu relatório final, quando necessário, as conclusões relativas à implementação da presente Convenção.

3. Os Estados não Partes na presente Convenção, bem como as Nações Unidas, outros organismos internacionais ou instituições pertinentes, organizações

regionais, o Comité Internacional da Cruz Vermelha e organizações não-governamentais, podem ser convidados a assistir a cada Conferência de Exame como observadores, de acordo com as Regras de procedimento acordadas.

Art. 13.º (Emendas)

1. Após a entrada em vigor da presente Convenção, qualquer Estado Parte pode, a todo o momento, propor emendas à presente Convenção. Qualquer proposta de emenda será comunicada ao depositário, que a transmitirá a todos os Estados Partes e pedirá a sua opinião quanto à convocação de uma Conferência de Emenda para examinar a proposta. Se uma maioria de Estados Partes notifica ao Depositário, o mais tardar trinta dias após a distribuição da proposta de emenda, que está a favor de uma apreciação da proposta, o Depositário convocará uma Conferência de Emenda para a qual estão convidados todos os Estados Partes.

2. Os Estados não Partes na presente Convenção, bem como as Nações Unidas, outros organismos internacionais ou instituições pertinentes, organizações regionais, o Comité Internacional da Cruz Vermelha e organizações não-governamentais, podem ser convidados a assistir a cada Conferência de Emenda como observadores, de acordo com as Regras de Procedimento acordadas.

3. A Conferência de Emenda realizar-se-á imediatamente após uma Reunião dos Estados Partes ou uma Reunião Extraordinária dos Estados Partes, a menos que uma maioria de Estados Partes solicite que se realize antes.

4. Qualquer emenda à presente Convenção será adoptada por uma maioria de dois terços dos Estados Partes presentes e votantes na Conferência de Emenda. O Depositário comunicará aos Estados Partes qualquer emenda adoptada.

5. Uma emenda à presente Convenção entrará em vigor para todos os Estados Partes da presente Convenção que a tenham aceite, quando a maioria dos Estados Partes depositar junto do depositário os instrumentos de aceitação.

Art. 14.º (Despesas)

1. As despesas das Reuniões dos Estados Partes, Reuniões Extraordinárias dos Estados Partes, Conferências de Exame e Conferências de Emenda serão assumidas pelos Estados Partes e pelos Estados não Partes na presente Convenção que nelas participem, de acordo com a escala de quotas das Nações Unidas devidamente ajustada.

2. As despesas contraídas pelo Secretário-Geral das Nações Unidas de acordo com os artigos 7.º e 8.º, e as despesas de qualquer missão de apuramento de factos, serão assumidas pelos Estados Partes em conformidade com a escala de quotas das Nações Unidas devidamente ajustada.

Art. 15.º (Assinatura)

A presente Convenção, feita em Oslo, Noruega, em 18 de Setembro de 1997, estará aberta à assinatura de todos os Estados em Otava, Canadá, de 3 a 4 de Dezembro de 1997 e na sede das Nações Unidas em Nova Iorque, a partir de 5 de Dezembro de 1997 até à sua entrada em vigor.

Art. 16.º (Ratificação, aceitação, aprovação ou adesão)
1. A presente Convenção será submetida à ratificação, aceitação ou aprovação pelos Signatários.
2. A presente Convenção estará aberta à adesão de qualquer Estado não Signatário.
3. Os instrumentos de ratificação, aceitação, aprovação ou adesão serão depositados junto do Depositário.

Art. 17.º (Entrada em vigor)
1. A presente Convenção entrará em vigor no primeiro dia do sexto mês após a data de depósito do quadragésimo instrumento de ratificação, aceitação, aprovação ou adesão.
2. Para qualquer Estado que deposite o seu instrumento de ratificação, aceitação, aprovação ou adesão após a data de depósito do quadragésimo instrumento de ratificação, aceitação, aprovação ou adesão, a presente Convenção entrará em vigor no primeiro dia do sexto mês a partir da data em que esse Estado tenha depositado o seu instrumento de ratificação, aceitação, aprovação ou adesão.

Art. 18.º (Aplicação a título provisório)
Qualquer Estado pode, quando depositar o seu instrumento de ratificação, aceitação, aprovação ou adesão, declarar que aplicará a título provisório o parágrafo 1 do artigo 1.º da presente Convenção até à sua entrada em vigor.

Art. 19.º (Reservas)
Não poderão ser formuladas reservas aos artigos da presente Convenção.

Art. 20.º (Duração e denúncia)
1. A presente Convenção terá duração ilimitada.
2. Cada Estado Parte terá, no exercício da sua soberania nacional, o direito de denunciar a presente Convenção. Esse Estado Parte notificará dessa denúncia, todos os outros Estados Partes, o Depositário e o Conselho de Segurança das Nações Unidas. Esse instrumento de denúncia incluirá uma explicação completa sobre as razões que motivaram a denúncia.
3. Essa denúncia só produzirá efeitos seis meses após a recepção do instrumento de denúncia pelo Depositário. No entanto, se no termo desse período de denúncia de seis meses, o Estado Parte denunciante estiver envolvido num conflito armado, a denúncia não produzirá efeitos antes do final do conflito armado.
4. A denúncia de um Estado Parte da presente Convenção não afectará de forma alguma o dever dos Estados de continuarem a cumprir com as obrigações contraídas ao abrigo das regras pertinentes do Direito Internacional.

Art. 21.º (Depositário)
O Secretário-Geral das Nações Unidas é designado como o Depositário da presente Convenção.

Art. 22.º (Textos autênticos)
O texto original da presente Convenção, cujos textos em árabe, chinês, espanhol, francês, inglês e russo, são igualmente autênticos, será depositado junto do Secretário-Geral das Nações Unidas.

Resolução n.º 21/98, de 26 de Maio

Considerando que a República de Moçambique é subscritora da Convenção sobre a proibição da utilização, armazenagem, produção e transferência de minas anti-pessoais e sobre a destruição, adoptada em Otawa a 3 de Dezembro de 1997;

Considerando que no artigo 17.º da Convenção se estatui que esta entra em vigor após a sua ratificação, aceitação, aprovação ou adesão;

Considerando a importância desta Convenção na consolidação da paz e estabilidade nacional, regional e mundial e na promoção dos processos de consolidação da paz e da reabilitação e desenvolvimento sócio-económico;

Considerando igualmente a importância desta Convenção no incentivo e promoção das acções tendentes ao combate do flagelo de minas anti-pessoais no país, em especial, e no mundo, em geral e havendo necessidade urgente de ela entrar em vigor na ordem jurídica nacional.

Ao abrigo do disposto no n.º 1, alínea f), do artigo 153.º da Constituição da República, o Conselho de Ministros determina:

Artigo único. É ratificada a Convenção sobre a proibição da utilização, armazenagem, produção e transferência de minas anti-pessoais e sobre a sua destruição cujas versões em português e inglês vem em anexo e são parte integrante desta Resolução.

Aprovada pelo Conselho de Ministros.

Publique-se.

O Primeiro-Ministro, *Pascoal Manuel Mocumbi*.

XVI – CONVENÇÃO SOBRE A PROIBIÇÃO DO DESENVOLVIMENTO, PRODUÇÃO, ARMAZENAGEM E UTILIZAÇÃO DE ARMAS QUÍMICAS E SOBRE A SUA DESTRUIÇÃO

Preâmbulo

Os Estados Partes na Presente Convenção:
Determinados a agir com vista a realizar progressos efectivos para o desarmamento geral e completo sob um controlo internacional estrito e eficaz, incluindo a proibição e a eliminação de todos os tipos de armas de destruição em massa;

Desejando contribuir para a realização dos fins e princípios da Carta das Nações Unidas;

Recordando que a Assembleia Geral das Nações Unidas tem condenado repetidamente todas as acções contrárias aos princípios e objectivos do Protocolo Relativo à Proibição da Utilização em Guerra de Gases Asfixiantes, Tóxicos ou Similares e de Métodos Bacteriológicos de Guerra, assinado em Genebra em 17 de Junho de 1925;

Reconhecendo que a presente Convenção reafirma os princípios e objectivos do Protocolo de Genebra de 1925 e da Convenção sobre a Proibição do Desenvolvimento, Produção e do armazenamento de armas Bacteriológicas (Biológicas) ou à Base de Toxinas e sobre a sua Destruição, assinada em Londres, Moscovo e Washington em 10 de Abril de 1972, bem como as obrigações contraídas em virtude desses instrumentos;

Tendo presente o objectivo enunciado no artigo 9.º da Convenção sobre a Proibição do Desenvolvimento, Produção e do armazenamento de armas Bacteriológicas (Biológicas), ou à Base de Toxinas e sobre a sua Destruição;

Determinados, para o bem da humanidade, a excluir completamente a possibilidade de utilização de armas químicas, mediante a implementação e aplicação das disposições da presente Convenção, complementando assim as obrigações assumidas em virtude do Protocolo de Genebra de 1925;

Reconhecendo a proibição, incluída nos acordos pertinentes e princípios relevantes do direito internacional, da utilização de herbicidas como método de guerra;

Considerando que os progressos na área da química devem ser utilizados exclusivamente em benefício da humanidade;

Desejando promover o livre comércio de produtos químicos, assim como a cooperação internacional e o intercâmbio de informação científica e técnica na área das actividades químicas para fins não proibidos pela presente Convenção, com vista a reforçar o desenvolvimento económico e tecnológico de todos os Estados Partes;

Convencidos de que a proibição completa e eficaz do desenvolvimento, produção, aquisição, armazenagem, retenção, transferência e utilização de armas químicas, e a sua destruição, representam um passo necessário para a realização destes objectivos comuns;

Acordaram nas seguintes disposições:

Art. 1.º (Obrigações gerais)

1. Cada Estado Parte na presente Convenção compromete-se, quaisquer que sejam as circunstâncias, a:
   a) Não desenvolver, produzir, obter de outra forma, armazenar ou conservar armas químicas, nem a transferir essas armas para quem quer que seja, directa ou indirectamente;
   b) Não utilizar armas químicas;
   c) Não proceder a quaisquer preparativos militares para a utilização de armas químicas;
   d) Não auxiliar, encorajar ou induzir outrem, por qualquer forma, a tomar parte em qualquer actividade proibida aos Estados Partes ao abrigo da presente Convenção.

2. Cada Estado Parte compromete-se a destruir as armas químicas de sua propriedade ou na sua posse, ou que se encontrem em qualquer local sob a sua jurisdição ou controlo, em conformidade com as disposições da presente Convenção.

3. Cada Estado Parte compromete-se a destruir todas as armas químicas que tiver abandonado no território de outro Estado Parte, em conformidade com as disposições da presente Convenção.

4. Cada Estado Parte compromete-se a destruir todas as instalações de produção de armas químicas de sua propriedade ou na sua posse, ou que se encontrem em qualquer local sob a sua jurisdição ou controlo, em conformidade com as disposições da presente Convenção.

5. Cada Estado Parte compromete-se a não utilizar agentes anti-motins como método de guerra.

Art. 2.º (Definições e critérios)

Para efeitos da presente Convenção:

1. Por «armas químicas» entende-se, conjunta ou separadamente, o seguinte:
   a) Os produtos químicos tóxicos e seus precursores, excepto quando se destinem a fins não proibidos, pela presente Convenção, desde que os tipos e as quantidades desses produtos sejam compatíveis com esses fins;

b) As munições e dispositivos especificamente concebidos para causar a morte ou provocar lesões através das propriedades tóxicas dos produtos químicos especificados na alínea *a*), quando libertados como resultado da utilização dessas munições ou dispositivos;

c) Qualquer equipamento especificamente concebido para ser utilizado em relação directa com a utilização das munições e dispositivos especificados na alínea *b*).

2. Por «produto químico tóxico» entende-se todo o produto químico que, pela sua acção química sobre os processos vitais, possa causar a morte, a incapacidade temporária ou lesões permanentes em seres humanos ou animais. Ficam abrangidos todos os produtos químicos deste tipo, independentemente da sua origem ou método de produção, e quer sejam produzidos em instalações, como munições ou de outra forma.

(Para efeitos de aplicação da presente Convenção, os produtos químicos tóxicos que foram reconhecidos como devendo ser objecto de medidas de verificação estão enumerados nas listas incluídas no Anexo sobre Produtos Químicos).

3. Por «precursor» entende-se todo o reagente químico que intervenha em qualquer fase da produção de um produto químico tóxico, qualquer que seja o método utilizado. Fica abrangido qualquer componente-chave de um sistema químico binário ou multicomponente.

(Para efeitos da aplicação da presente Convenção, os precursores que foram reconhecidos como devendo ser objecto de medidas de verificação estão enumerados nas listas incluídas no Anexo sobre Produtos Químicos).

4. Por componente-chave «de sistemas químicos binários ou multicomponentes» (adiante designado por componente-chave) entende-se o precursor que desempenhe o papel mais importante na determinação das propriedades tóxicas do produto final e que reaja rapidamente com outros produtos químicos no sistema binário ou multicomponente.

5. Por «armas químicas antigas» entendem-se:

a) As armas químicas produzidas antes de 1925; ou

b) As armas químicas produzidas entre 1925 e 1946 que se tenham de tal forma deteriorado que não possam já ser utilizadas como armas químicas.

6. Por «armas químicas abandonadas» entendem-se as armas químicas, incluindo as armas químicas antigas, que um Estado tenha abandonado após 1 de Janeiro de 1925 no território de outro Estado sem o consentimento deste último.

7. Por «agente anti-motins» entende-se qualquer produto químico não incluído em qualquer das listas, que possa provocar rapidamente nos seres humanos uma irritação sensorial ou uma incapacidade física que desaparece pouco tempo após terminada a exposição ao agente.

8. Por «instalação de produção de armas químicas» entende-se:

a) Todo o equipamento, assim como qualquer edifício em que esse equipamento estiver abrigado, que tenha sido concebido, construído ou utilizado a todo o tempo após 1 de Janeiro de 1946:

i) Como parte da etapa de produção de produtos químicos (etapa tecnológica final) em que os fluxos de materiais incluam, quando o equipamento está em funcionamento:
    1) Qualquer produto químico enumerado na lista n.º 1 do Anexo sobre Produtos Químicos; ou
    2) Qualquer outro produto químico que não tenha utilização, em quantidade superior a 1 t por ano, no território de um Estado Parte ou em qualquer outro local sob a sua jurisdição ou controlo, para fins não proibidos pela presente Convenção, mas que possa ser utilizado para fins de armas químicas; ou
  ii) Para enchimento de armas químicas, incluindo, nomeadamente, o enchimento de produtos químicos enumerados na lista n.º 1 em munições, dispositivos ou contentores de armazenagem a granel; o enchimento de produtos químicos em contentores que façam parte de munições e dispositivos binários compósitos ou em submunições químicas que façam parte de munições e dispositivos unitários compósitos, e o enchimento dos contentores e submunições químicas nas respectivas munições e dispositivos;
b) Não significa:
  i) Qualquer instalação cuja capacidade de produção para a síntese dos produtos químicos especificados na alínea *a)*, *f)*, for inferior a 1 t;
  ii) Qualquer instalação onde se produza ou tenha produzido um produto químico especificado na alínea *a)*, *i)*, como subproduto inevitável de actividades destinadas a fins não proibidos pela presente Convenção, desde que esse produto químico não exceda 3% da quantidade do produto total e que a instalação seja submetida a declaração e inspecção segundo o Anexo sobre Implementação e Verificação (adiante designado por Anexo sobre Verificação); nem
  iii) Uma instalação única de pequena escala que se destine à produção de produtos químicos enumerados na lista n.º 1 para fins não proibidos pela presente Convenção, como referido na parte VI do Anexo sobre Verificação.
9. Por «fins não proibidos pela presente Convenção» entende-se:
a) Actividades industriais, agrícolas, de investigação, médicas, farmacêuticas ou outras realizadas com outros fins pacíficos;
b) Fins de protecção, nomeadamente os relacionados directamente com a protecção contra os produtos químicos tóxicos e a protecção contra as armas químicas:
c) Fins militares não relacionados com a utilização de armas químicas e que não dependam das propriedades tóxicas de produtos químicos como método de guerra;
d) Manutenção da ordem, incluindo o controlo de motins a nível interno.

10. Por «capacidade de produção» entende-se o potencial quantitativo anual de produção de um produto químico específico através do processo tecnológico que a instalação em causa efectivamente utiliza ou, caso o processo não esteja ainda operacional, que nela se tenciona utilizar. Considera-se esta capacidade equivalente à capacidade nominal ou, quando esta não estiver disponível à capacidade projectada. A capacidade nominal é a quantidade de produto obtido em condições optimizadas para que a instalação produza a quantidade máxima, como demonstrado através de um ou mais ensaios. A capacidade projectada é a correspondente quantidade de produto produzido determinada através de cálculos teóricos.

11. Por «organização» entende-se a Organização para a Proibição de Armas Químicas, estabelecida em conformidade com o artigo 8.º da presente Convenção.

12. Para efeitos do artigo 6.º:

a) Por «produção» de um produto químico entende-se a sua formação mediante reacção química;
b) Por «processamento» de um produto químico entende-se um processo físico, tal como formulação, extracção e purificação, em que o produto químico não é convertido noutro produto químico;
c) Por «consumo» de um produto químico entende-se a sua transformação noutro produto químico mediante reacção química.

Art. 3.º (Declarações)

1. Cada Estado Parte apresentará à Organização, no prazo máximo de 30 dias após a entrada em vigor da presente Convenção nesse Estado, as seguintes declarações em que:

a) No que diz respeito às armas químicas:

i) Declarará se tem a propriedade ou se tem na sua posse quaisquer armas químicas ou se existem armas químicas em qualquer local sob a sua jurisdição ou controlo;

ii) Indicará a localização exacta, a quantidade total e o inventário pormenorizado das armas químicas de sua propriedade ou que tenha na sua posse, ou as que se encontrem em qualquer local sob a sua jurisdição ou controlo, em conformidade com os parágrafos 1 a 3 da Parte IV (A) do Anexo sobre Verificação, com excepção das armas químicas mencionadas no ponto iii);

iii) Notificará da existência no seu território de quaisquer armas químicas de propriedade ou na posse de um outro Estado e que se encontrem em qualquer local sob a jurisdição ou controlo de outro Estado em conformidade com o parágrafo 4 da Parte IV (A) do Anexo sobre Verificação;

iv) Declarará se transferiu ou recebeu, directa ou indirectamente, quaisquer armas químicas desde 1 de Janeiro de 1946 e indicará a transferência ou a recepção dessas armas, em conformidade com o parágrafo 5 da Parte IV (A) do Anexo sobre Verificação;

  v) Facultará o seu plano geral para a destruição das armas químicas de sua propriedade ou que estejam na sua posse, ou que, se encontrem em qualquer local sob a sua jurisdição ou controlo, em conformidade com o parágrafo 6.º da Parte IV (A) do Anexo sobre Verificação;
b) No que diz respeito às armas químicas antigas e às armas químicas abandonadas:
  i) Declarará a existência no seu território de armas químicas antigas e facultará toda a informação disponível, em conformidade com o parágrafo 3 da Parte IV (B) do Anexo sobre Verificação;
  ii) Declarará a existência de armas químicas abandonadas no seu território e facultará toda a informação disponível, em conformidade com o parágrafo 8 da Parte IV (B) do Anexo sobre Verificação;
  iii) Declarará se abandonou armas químicas no território de outros Estados e facultará toda a informação disponível, em conformidade com o parágrafo 10 da Parte IV (B) do Anexo sobre Verificação;
c) No que diz respeito às instalações de produção de armas químicas:
  i) Declarará se tem ou teve a propriedade ou a posse de qualquer instalação de produção de armas químicas ou se uma instalação desse tipo se encontra ou encontrou em qualquer local sob a sua jurisdição ou controlo a todo o tempo desde 1 de Janeiro de 1946;
  ii) Indicará qualquer instalação de produção de armas químicas que seja ou tenha sido de sua propriedade ou que esteja ou tenha estado na sua posse, ou que se encontre ou tenha encontrado em qualquer local sob a sua jurisdição ou controlo a todo o tempo desde 1 de Janeiro de 1946, em conformidade com o parágrafo 1 da Parte V do, Anexo sobre Verificação, com excepção das instalações mencionadas no ponto *iii*);
  iii) Notificará da existência de qualquer instalação de produção de armas químicas no seu território relativamente à qual um outro Estado tenha ou tenha tido a propriedade ou a posse ou que se encontre ou tenha encontrado em qualquer local sob a jurisdição ou controlo desse outro Estado a todo o tempo desde 1 de Janeiro de 1946, em conformidade com o parágrafo 2 da Parte V do Anexo sobre Verificação;
  iv) Declarará se transferiu ou recebeu, directa ou indirectamente, qualquer equipamento para a produção de armas químicas desde 1 de Janeiro de 1946 e indicará a transferência ou a recepção desse equipamento, em conformidade com os parágrafos 3 a 5 da Parte V do Anexo sobre Verificação;
  v) Facultará o seu plano geral para a destruição de qualquer instalação de produção de armas químicas de sua propriedade ou que esteja na sua posse, ou que se encontre em qualquer local sob a sua jurisdição ou controlo, em conformidade com o parágrafo 6 da Parte V do Anexo sobre Verificação;
  vi) Indicará as medidas a tomar para o encerramento de qualquer instalação de produção de armas químicas de sua propriedade ou que

esteja na sua posse, ou que se encontre em qualquer local sob a sua jurisdição ou controlo, em conformidade com o parágrafo 1, alínea *l*), da Parte V do Anexo sobre Verificação;

vii) Facultará o seu plano geral para qualquer conversão temporária de qualquer instalação de produção de armas químicas de sua propriedade ou que esteja na sua posse, ou que se encontre em qualquer local sob a sua jurisdição ou controlo, numa instalação de destruição de armas químicas, em conformidade com o parágrafo 7 da Parte V do Anexo sobre Verificação.

d) No que diz respeito a outras instalações, indicará a localização exacta, a natureza e o âmbito geral das actividades de qualquer instalação ou unidade de sua propriedade ou que esteja na sua posse, ou que se encontre em qualquer local sob a sua jurisdição ou controlo, e que, a todo o tempo desde 1 de Janeiro de 1946, tenha sido principalmente concebida, construída ou utilizada para o desenvolvimento de armas químicas. A declaração abrangerá, nomeadamente, os laboratórios e os locais de ensaio e de avaliação;

e) No que diz respeito aos agentes anti-motins indicará o nome químico, a fórmula estrutural e o número de registo do Chemical Abstracts Service (CAS), se já atribuído, para cada um dos produtos químicos que detenha para fins de controlo de motins. Esta declaração será actualizada no prazo máximo de 30 dias após a efectivação de qualquer alteração.

2. As disposições do presente artigo e as disposições pertinentes da Parte IV do Anexo sobre Verificação não se aplicarão à discrição de cada Estado Parte, às armas químicas enterradas no seu território antes de 1 de Janeiro de 1977 e que permanecem enterradas ou que tenham sido lançadas no mar antes de 1 de Janeiro de 1985.

Art. 4.º (Armas químicas)

1. As disposições do presente artigo e os procedimentos pormenorizados para a sua implementação aplicar-se-ão a todas as armas químicas de propriedade ou na posse de um Estado Parte, ou que se encontrem em qualquer local sob a sua jurisdição ou controlo, com excepção das armas químicas antigas e das armas químicas abandonadas relativamente às quais se aplica a Parte IV (B) do Anexo sobre Verificação.

2. Os procedimentos para a aplicação do presente artigo encontram-se especificados de forma pormenorizada no Anexo sobre Verificação.

3. Todos os locais nos quais se armazene ou destrua as armas químicas especificadas no parágrafo 1 serão sujeitos a verificação sistemática mediante inspecção *in situ* e vigilância com instrumentos instalados no local, em conformidade com a Parte IV (A) do Anexo sobre Verificação.

4. Cada Estado Parte, imediatamente após ter apresentado a declaração prevista no parágrafo 1, alínea *a*), do artigo 3.º, facultará o acesso às armas químicas,

especificadas no parágrafo 1, para efeitos de verificação sistemática da declaração mediante inspecção *in situ*. A partir desse momento, nenhum Estado Parte retirará qualquer dessas armas químicas excepto se destinadas a uma instalação de destruição de armas químicas. Cada Estado Parte facultará o acesso a essas armas químicas, para efeitos de verificação sistemática *in situ*.

5. Cada Estado Parte facultará o acesso a qualquer instalação de destruição de armas químicas e às suas zonas de armazenagem, que sejam de sua propriedade ou que estejam na sua posse, ou que se encontrem em qualquer local sob a sua, jurisdição ou controlo, para efeitos de verificação sistemática mediante inspecção *in situ* e vigilância com instrumentos instalados no local.

6. Cada Estado Parte destruirá todas as armas químicas especificadas no parágrafo 1 em conformidade com o Anexo sobre Verificação, observando o ritmo e a sequência de destruição acordados (adiante designados por ordem de destruição). Essa destruição iniciar-se-á no prazo máximo de dois anos após a entrada em vigor da presente Convenção no Estado Parte e deverá ficar concluída no prazo máximo de 10 anos após a entrada em vigor da presente Convenção. Nada impede que um Estado Parte destrua essas armas químicas a um ritmo mais rápido.

7. Cada Estado Parte:

a) Apresentará planos pormenorizados para a destruição das armas químicas especificadas no parágrafo 1, no prazo máximo de 60 dias antes do início de cada período anual de destruição, em conformidade com o parágrafo 29 da Parte IV (A) do Anexo sobre Verificação; esses planos pormenorizados abrangerão todos os arsenais a destruir no período anual de destruição seguinte;

b) Apresentará declarações anuais sobre a execução dos seus planos para a destruição das armas químicas especificadas no parágrafo 1 no prazo máximo de 60 dias após o fim de cada período anual de destruição; e

c) Certificará, no prazo máximo de 30 dias após a conclusão do processo de destruição, que todas as armas químicas especificadas no parágrafo 1 foram destruídas.

8. Se um Estado ratificar ou aderir à presente Convenção após decorrido o período de 10 anos estabelecido para a destruição nos termos do parágrafo 6, destruirá as armas químicas especificadas no parágrafo 1 o mais rapidamente que lhe for possível. O Conselho Executivo determinará a ordem de destruição e os procedimentos de verificação rigorosos para esse Estado parte.

9. Quaisquer armas químicas que venham a ser descobertas por um Estado Parte após ter sido comunicada a declaração inicial das armas químicas serão comunicadas, desactivadas e destruídas em conformidade com a Parte IV (A) do Anexo sobre Verificação.

10. Cada Estado Parte atribuirá a mais alta prioridade à garantia da segurança das pessoas e à protecção do ambiente durante o transporte, a recolha de amostras, a armazenagem e a destruição das armas químicas. Cada Estado Parte procederá ao transporte, recolha de amostras, armazenagem e destruição de armas químicas

em conformidade com as suas normas nacionais de segurança e de protecção ambiental.

11. Todo o Estado Parte que tiver no seu território armas químicas de propriedade ou na posse de outro Estado, ou que se encontrem em qualquer local sob a jurisdição ou controlo de outro Estado, desenvolverá os maiores esforços para assegurar a remoção dessas armas químicas do seu território no prazo máximo de um ano após a entrada em vigor da presente Convenção no Estado Parte. Se essas armas não forem retiradas no prazo de um ano, o Estado Parte poderá pedir ajuda à Organização e aos outros Estados Partes para a destruição dessas armas químicas.

12. Cada Estado Parte compromete-se a cooperar com os outros Estados Partes que solicitem informação ou assistência, seja de forma bilateral ou por intermédio do Secretariado Técnico, relativamente aos métodos e tecnologias para a destruição segura e eficaz das armas químicas.

13. Ao realizar as actividades de verificação nos termos do presente artigo e da Parte IV (A) do Anexo sobre Verificação, a Organização deliberará sobre medidas para evitar uma duplicação desnecessária de acordos bilaterais ou multilaterais celebrados entre Estados Partes sobre a verificação da armazenagem de armas químicas e sua destruição.

Com este objectivo, o Conselho Executivo decidirá quanto à limitação da verificação a medidas complementares às adoptadas em virtude desses acordos bilaterais ou multilaterais, se considerar que:

   a) As disposições desses acordos relativas à verificação são compatíveis com as disposições relativas à verificação contidas no presente artigo e na Parte IV (A) do Anexo sobre Verificação;
   b) A aplicação de tais acordos oferece uma garantia suficiente do cumprimento das disposições pertinentes da presente Convenção; e
   c) As Partes nos acordos bilaterais ou multilaterais mantêm a Organização plenamente informada sobre as suas actividades de verificação.

14. Se o Conselho Executivo deliberar nos termos do disposto no parágrafo 13, a Organização terá o direito de vigiar a aplicação do acordo bilateral ou multilateral.

15. Nenhuma das disposições contidas nos parágrafos 13 e 14 suprime a obrigação de um Estado Parte apresentar declarações em conformidade com o artigo 3.º, com o presente artigo e com a Parte IV (A) do Anexo sobre Verificação.

16. Cada Estado Parte assumirá as despesas relativas à destruição das armas químicas que é obrigado a destruir. Assumirá também as despesas de verificação da armazenagem e da destruição destas armas químicas, salvo outra decisão do Conselho Executivo. Caso o Conselho Executivo decida limitar as medidas de verificação da Organização nos termos do parágrafo 13, as despesas de verificação e vigilância complementares que a Organização realizar serão pagas em conformidade com a escala de quotas das Nações Unidas, como especificado no parágrafo 7 do artigo 8.º.

17. As disposições do presente artigo e M disposições pertinentes da Parte IV do Anexo sobre Verificação não se aplicarão, à discrição de cada Estado Parte, às armas químicas que tenham sido enterradas no seu território antes de 1 de Janeiro de 1977 e que permanecem enterradas, ou que tenham sido lançadas no mar antes de 1 de Janeiro de 1985.

Art. 5.º (Instalações de produção de armas químicas)

1. As disposições do presente artigo e os procedimentos pormenorizados para a sua implementação aplicar-se-ão a todas e quaisquer instalações de produção de armas químicas que sejam da propriedade, ou estejam na posse de um Estado Parte, ou que se encontrem em qualquer local sob a sua jurisdição ou controlo.

2. Os procedimentos pormenorizados para a aplicação do presente artigo encontram-se enunciados no Anexo sobre Verificação.

3. Todas as instalações de produção de armas químicas especificadas no parágrafo 1 serão submetidas a verificação sistemática mediante inspecção *in situ* e vigilância com instrumentos instalados no local em conformidade com a Parte V do Anexo sobre Verificação.

4. Cada Estado Parte cessará imediatamente todas as actividades nas instalações de produção de armas químicas especificadas no parágrafo 1, com excepção das actividades necessárias para o encerramento.

5. Nenhum Estado Parte construirá quaisquer novas instalações de produção de armas químicas nem modificará nenhuma das instalações existentes para fins de produção de armas químicas ou para qualquer outra actividade proibida pela presente Convenção.

6. Cada Estado Parte, imediatamente após ter apresentado a declaração prevista no parágrafo 1, alínea *c*), do artigo 3.º, facultará o acesso às instalações de produção de armas químicas especificadas no parágrafo 1, para fins de verificação sistemática dessa declaração mediante inspecção *in situ*.

7. Cada Estado Parte:
   a) Encerrará, no prazo máximo de 90 dias após a entrada em vigor da presente Convenção nesse Estado, todas as instalações de produção de armas químicas especificadas no parágrafo 1, em conformidade com a Parte V do Anexo sobre Verificação, e notificará desse encerramento; e
   b) Facultará o acesso às instalações de produção de armas químicas especificadas no parágrafo 1, após o seu encerramento, para efeitos de verificação sistemática mediante inspecção *in situ* e vigilância com instrumentos instalados no local, por forma a garantir que as instalações permanecem encerradas e são subsequentemente destruídas.

8. Cada Estado Parte destruirá todas as instalações de produção de armas químicas especificadas no parágrafo 1 e as instalações e equipamentos conexos, em conformidade com o Anexo sobre Verificação, observando o ritmo e a sequência de destruição acordados (adiante designados por ordem de destruição). Essa

destruição iniciar-se-á no prazo máximo de um ano após a entrada em vigor da presente Convenção no Estado Parte e deverá ficar concluída no prazo máximo de 10 anos após a entrada em vigor da presente Convenção. Nada impede que um Estado Parte destrua essas instalações a um ritmo mais rápido.

9. Cada Estado Parte:

   a) Apresentará planos pormenorizados para a destruição das instalações de produção de armas químicas especificadas no parágrafo 1.º no prazo máximo de 180 dias antes do início da destruição de cada instalação;

   b) Apresentará anualmente declarações sobre a execução dos seus planos para a destruição de todas as instalações de produção de armas químicas especificadas no parágrafo 1, no prazo máximo de 90 dias após o final de cada período anual de destruição; e

   c) Certificará, no prazo máximo de 30 dias após a conclusão do processo de destruição, que todas as instalações de produção de armas, químicas especificadas no parágrafo 1 foram destruídas.

10. Se um Estado ratificar ou aderir à presente Convenção após ter decorrido o período de 10 anos para a destruição estabelecido no parágrafo 8, destruirá o mais cedo possível as instalações de produção de armas químicas especificadas no parágrafo 1. O Conselho Executivo determinará para esse Estado Parte a ordem de destruição e os procedimentos para uma verificação rigorosa.

11. Cada Estado Parte, durante a destruição das instalações de produção de armas químicas, atribuirá a mais alta prioridade à garantia da segurança das pessoas e da protecção do ambiente. Cada Estado Parte destruirá as instalações de produção de armas químicas em conformidade com as suas normas nacionais de segurança e de protecção do ambiente.

12. As instalações de produção de armas químicas especificadas no parágrafo 1 poderão ser reconvertidas temporariamente para a destruição de armas químicas em conformidade com os parágrafos 18 a 25 da Parte V do Anexo sobre Verificação. Essas instalações reconvertidas deverão ser destruídas logo que deixem de ser utilizadas para a destruição de armas químicas, mas em qualquer caso no prazo máximo de 10 anos após a entrada em vigor da presente Convenção,

13. Em casos excepcionais de necessidade imperiosa, um Estado Parte poderá pedir autorização para utilizar uma instalação de produção de armas químicas especificadas no parágrafo 1 para fins não proibidos pela presente Convenção. Por recomendação do Conselho Executivo, a Conferência dos Estados Partes decidirá da aprovação ou do indeferimento do pedido e estabelecerá as condições a que ficará sujeita a aprovação do pedido, em conformidade com a Parte V, Secção D, do Anexo sobre Verificação.

14. A instalação de produção de armas químicas será convertida de tal forma que, uma vez convertida, não possa ser reconvertida numa instalação de produção de armas químicas com maior facilidade do que qualquer outra instalação que seja utilizada para fins industriais, agrícolas, de investigação, médicos, farmacêuticos ou outros fins pacíficos que não envolvam produtos químicos enumerados na lista número 1.

15. Todas as instalações reconvertidas serão submetidas a verificação sistemática mediante inspecção *in situ* e vigilância com instrumentos instalados no local, em conformidade com a Parte V, Secção D, do Anexo sobre Verificação.

16. Ao realizar as actividades de verificação nos termos do presente artigo e da Parte V do Anexo sobre Verificação, a Organização deliberará sobre medidas para evitar uma duplicação desnecessária dos acordos bilaterais ou multilaterais celebrados entre Estados Partes sobre verificação de instalações de produção de armas químicas e sua destruição.

Com este objectivo, o Conselho Executivo decidirá quanto à limitação da verificação a medidas complementares às que forem adoptadas em virtude desses acordos bilaterais ou multilaterais, se considerar que:

a) As disposições desses acordos relativas à verificação são compatíveis com as disposições relativas à verificação contidas no presente artigo e com a Parte V do Anexo sobre Verificação;

b) A aplicação de tais acordos oferece uma garantia suficiente do cumprimento das disposições pertinentes da presente Convenção; e

c) As Partes nos acordos bilaterais ou multilaterais mantêm a Organização plenamente informada sobre as suas actividades de verificação.

17. Se o Conselho Executivo deliberar nos termos do disposto no parágrafo 16, a Organização terá o direito de vigiar a aplicação do acordo bilateral ou multilateral.

18. Nenhuma das disposições contidas nos parágrafos 16 e 17 suprime a obrigação de um Estado Parte apresentar declarações em conformidade com o artigo 3.º, com o presente artigo e com a Parte V do Anexo sobre Verificação.

19. Cada Estado Parte assumirá as despesas relativas à destruição das instalações de produção de armas químicas a que é obrigado. Assumirá também as despesas de verificação previstas no presente artigo, salvo outra decisão do Conselho Executivo. Se o Conselho Executivo decidir limitar as medidas de verificação da Organização nos termos do parágrafo 16, as despesas das medidas de verificação e vigilância complementares que a Organização realizar serão pagas em conformidade com a escala de quotas das Nações Unidas, nos termos previstos no parágrafo 7 do artigo 3.º.

Art. 6.º (Actividades não proibidas pela presente Convenção)

1. Cada Estado Parte tem o direito de, sujeito às disposições da presente Convenção, desenvolver, produzir, obter de qualquer outro modo, conservar, transferir e utilizar produtos químicos tóxicos e seus precursores para fins não proibidos pela presente Convenção.

2. Cada Estado Parte aprovará as medidas necessárias para garantir que os produtos químicos tóxicos e seus precursores só são desenvolvidos, produzidos, obtidos de qualquer outro modo, conservados, transferidos ou utilizados no seu território ou em qualquer outro local sob a sua jurisdição ou controlo para fins não proibidos pela presente Convenção. Com este objectivo, e de forma a verificar-se que as actividades estão em conformidade com as obrigações estabelecidas na

presente Convenção, cada Estado Parte submeterá às medidas de verificação estabelecidas no Anexo sobre Verificação os produtos químicos tóxicos e seus precursores enumerados nas listas n.ºˢ 1, 2 e 3 do Anexo sobre Produtos Químicos, assim como as instalações relacionadas com esses produtos químicos, e outras instalações especificadas no Anexo sobre Verificação, que se encontrem no seu território ou em qualquer local sob a sua jurisdição ou controlo.

3. Cada Estado Parte submeterá os produtos químicos enumerados na lista n.º 1 (adiante designados por produtos químicos da lista n.º 1) às proibições relativas à produção, obtenção, conservação, transferência e utilização, tal como especificadas na Parte VI do Anexo sobre Verificação. Submeterá os produtos químicos da lista n.º 1 e as instalações especificadas na Parte VI do Anexo sobre Verificação, a verificação sistemática mediante inspecção *in situ* e vigilância com instrumentos instalados no local, em conformidade com essa parte do Anexo sobre Verificação.

4. Cada Estado Parte submeterá os produtos químicos especificados na lista n.º 2 (adiante designados por produtos químicos da lista n.º 2) e as instalações especificadas na Parte VII do Anexo sobre Verificação a controlo de dados e verificação *in situ*, em conformidade com essa parte do Anexo sobre Verificação.

5. Cada Estado Parte submeterá os produtos químicos especificados na lista n.º 3 (adiante designados por produtos químicos da lista n.º 3) e as instalações especificadas na Parte VIII do Anexo sobre Verificação a controlo de dados e verificação *in situ*, em conformidade com essa Parte do Anexo sobre Verificação.

6. Cada Estado Parte submeterá as instalações especificadas na Parte IX do Anexo sobre Verificação a controlo de dados e eventual verificação *in situ*, em conformidade com essa parte do Anexo sobre Verificação, salvo outra decisão da Conferência dos Estados Partes, segundo o parágrafo 22 da Parte IX do Anexo sobre Verificação.

7. Cada Estado Parte fará, no prazo máximo de 30 dias após a entrada em vigor da presente Convenção nesse Estado, uma declaração inicial sobre os produtos químicos e instalações pertinentes, em conformidade com o Anexo sobre Verificação.

8. Cada Estado Parte fará declarações anuais sobre os produtos químicos e instalações pertinentes, em conformidade com o Anexo sobre Verificação.

9. Para efeitos de verificação *in situ* cada Estado Parte facultará aos inspectores o acesso às instalações, como determinado no Anexo sobre Verificação.

10. Ao proceder a actividades de verificação, o Secretariado Técnico evitará qualquer intromissão desnecessária nas actividades químicas que o Estado Parte desenvolva para fins não proibidos pela presente Convenção, e, em particular, actuará em conformidade com as disposições estabelecidas no Anexo sobre a Protecção de Informações Confidenciais (adiante designado por Anexo sobre Confidencialidade).

11. As disposições do presente artigo serão aplicadas por forma a não entravar o desenvolvimento económico ou tecnológico dos Estados Partes, nem a coo-

peração internacional no campo das actividades químicas para fins não proibidos pela presente Convenção, incluindo o intercâmbio internacional de informação, científica e técnica e de produtos químicos e equipamentos para a produção, processamento ou utilização de produtos químicos para fins não proibidos pela presente Convenção.

Art. 7.º (Medidas nacionais de implementação)

Obrigações gerais

1. Cada Estado Parte aprovará, em conformidade com os seus procedimentos constitucionais, as medidas necessárias para implementar as suas obrigações, assumidas em virtude da presente Convenção. Em particular:
   a) Proibirá as pessoas físicas e jurídicas que se encontrem em qualquer parte do seu território, ou em qualquer outro local sob a sua jurisdição, conforme reconhecido pelo direito internacional, de realizar quaisquer actividades que a presente Convenção proíba a um Estado Parte, para o que promulgará legislação penal que abranja essas actividades;
   b) Não permitirá que em qualquer local sob o seu controlo se realize qualquer actividade que a presente Convenção proíba a um Estado Parte; e
   c) Tornará a legislação penal promulgada nos termos da alínea *a)* extensiva a qualquer actividade que a presente Convenção proíba a um Estado Parte quando realizada em qualquer local por pessoas físicas que possuam a sua nacionalidade, em conformidade com o direito internacional.

2. Cada Estado Parte cooperará com os outros Estados Partes e prestará a modalidade adequada de assistência jurídica para facilitar o cumprimento das obrigações decorrentes do parágrafo 1.

3. No cumprimento das obrigações contraídas em virtude da presente Convenção, cada Estado Parte atribuirá a mais alta prioridade à garantia da segurança das pessoas e à protecção do ambiente e cooperará nesse sentido, quando adequado, com outros Estados Partes.

Relações entre Estados Partes e a Organização

4. Com a finalidade de cumprir as obrigações contraídas em virtude da presente Convenção, cada Estado Parte designará ou constituirá uma autoridade nacional, que será o centro nacional de coordenação encarregado de manter uma ligação eficaz com a Organização e com os outros Estados Partes. No momento em que a presente Convenção entrar em vigor num Estado Parte, esse Estado Parte notificará a Organização da sua autoridade nacional.

5. Cada Estado Parte informará a Organização das medidas legislativas e administrativas que tiver adoptado para a aplicação da presente Convenção.

6. Cada Estado Parte tratará como confidencial e manuseará de forma especial a informação e dados relativos à aplicação da presente Convenção que receba

da Organização sob reserva de confidencialidade. Tratará essa informação e esses dados exclusivamente em relação com os direitos e as obrigações que lhe assistem ao abrigo da presente Convenção e em conformidade com as disposições estabelecidas no Anexo sobre Confidencialidade.

7. Cada Estado Parte compromete-se a colaborar com a Organização no exercício de todas as funções desta e, em particular, a prestar apoio ao Secretariado Técnico.

Art. 8.º (A Organização)

A – Disposições gerais

1. Os Estados Partes na presente Convenção estabelecem pelo presente artigo a Organização para a Proibição de Armas Químicas, a fim de atingir o objecto e fim da presente Convenção, de garantir a aplicação das suas disposições, incluindo as que dizem respeito à verificação internacional do seu cumprimento, e de proporcionar um fórum para a consulta e a cooperação entre Estados Partes.

2. Todos os Estados Partes na presente Convenção serão membros da Organização. Nenhum Estado Parte será privado da sua qualidade de membro da Organização.

3. A Organização terá a sua sede na Haia, no Reino dos Países Baixos.

4. Pelo presente artigo ficam estabelecidos, como órgãos da Organização a Conferência dos Estados Partes, o Conselho Executivo e o Secretariado Técnico.

5. A Organização levará a efeito as suas actividades de verificação, que lhe são atribuídas pela presente Convenção, da forma menos intrusiva possível, consistente com a realização atempada e eficaz dos seus objectivos. A Organização solicitará apenas as informações e os dados que forem necessários para o desempenho das responsabilidades que a presente Convenção lhe impõe. Tomará todas as precauções para proteger o carácter confidencial das informações sobre actividades e instalações civis e militares de que venha a ter conhecimento no âmbito da aplicação da presente Convenção e, em particular, sujeitar-se-á às disposições estabelecidas no Anexo sobre Confidencialidade.

6. No desempenho das suas actividades de verificação, a Organização elaborará medidas para tirar partido dos progressos da ciência e da tecnologia.

7. As despesas das actividades da Organização serão pagas pelos Estados Partes segundo a escala de quotas da Organização das Nações Unidas, ajustada para ter em conta as diferenças entre o número dos Estados membros da Organização das Nações Unidas e o número dos Estados Partes desta Organização, e sujeita às disposições dos arts. 4.º e 5.º. As contribuições financeiras dos Estados Partes para a Comissão Preparatória serão devidamente deduzidas das correspondentes contribuições para o orçamento ordinário. O orçamento da Organização incluirá dois capítulos distintos, um consagrado às despesas de administração e outras despesas e o outro às despesas relativas à verificação.

8. Qualquer membro da Organização que se atrase no pagamento da sua contribuição financeira para a Organização, perderá o direito de voto nesta, quando o total das suas contribuições em atraso igualar ou exceder a soma das contribuições devidas correspondentes aos dois anos completos precedentes. Não obstante, a Conferência dos Estados Partes poderá permitir que o referido membro vote quando considerar que a falta de pagamento é justificada por circunstâncias alheias à sua vontade.

B – A Conferência dos Estados Partes

Composição, procedimentos e deliberações

9. A Conferência dos Estados Partes (adiante designada por a Conferência) será constituída por todos os membros da Organização. Cada membro terá um representante na Conferência, que poderá fazer-se acompanhar por suplentes e assessores.

10. A primeira sessão da Conferência será convocada pelo depositário no prazo máximo de 30 dias após a entrada em vigor da presente Convenção.

11. A Conferência reunir-se-á em sessões ordinárias, que serão realizadas anualmente, salvo outra decisão.

12. As sessões extraordinárias da Conferência serão convocadas:
   a) Quando esta assim o decidir;
   b) Quando solicitado pelo Conselho Executivo;
   c) Quando solicitado por qualquer membro, com o apoio de um terço dos seus membros; ou
   d) Para examinar o funcionamento da presente Convenção, nos termos do parágrafo 22.

Com a excepção da situação prevista na alínea *d*), as sessões extraordinárias serão convocadas no prazo máximo de 30 dias após a recepção do pedido pelo director-geral do Secretariado Técnico, salvo outra indicação no pedido.

13. A Conferência poderá também reunir a título da Conferência de Revisão, nos termos do parágrafo 2 do artigo 15.º.

14. As sessões da Conferência serão realizadas na sede da Organização salvo outra decisão da própria Conferência.

15. A Conferência aprovará o seu próprio regulamento. No início de cada sessão ordinária, a Conferência elegerá o seu presidente e outros membros da mesa que sejam necessários. O presidente e os outros membros da mesa continuarão a exercer as suas funções até que seja eleito um novo presidente e novos membros da mesa na sessão ordinária seguinte.

16. O quórum para a Conferência será constituído pela maioria dos membros da Organização.

17. Cada membro da Organização terá um voto na Conferência.

18. A Conferência deliberará sobre questões de procedimento por maioria simples dos membros presentes e votantes. As decisões sobre questões de fundo, na medida do possível, deverão ser tomadas por consenso. Se não se conseguir obter consenso ao submeter uma questão a deliberação, o presidente adiará a votação por um período de vinte e quatro horas e, durante este período, desenvolverá todas as diligências possíveis para que se chegue a um consenso, informando a Conferência a esse respeito antes do final do referido período. Se não se conseguir um consenso ao fim dessas vinte e quatro horas, a Conferência tomará a decisão por maioria de dois terços dos membros presentes e votantes, salvo estabelecido de outro modo na presente Convenção. Quando existir divergência sobre se a questão é ou não de fundo, considerar-se-á que se trata de uma questão de fundo, salvo outra decisão da Conferência pela maioria exigida para as decisões sobre questões de fundo.

Poderes e funções

19. A Conferência é o órgão principal da Organização. A Conferência examinará todas as questões, assuntos ou problemas no âmbito da presente Convenção, incluindo os relacionados com os poderes e funções do Conselho Executivo e do Secretariado Técnico. A Conferência poderá fazer recomendações e deliberar sobre todas as questões, assuntos ou problemas relacionados com a presente Convenção que lhe sejam apresentados por um Estado Parte ou submetidos à sua atenção pelo Conselho Executivo.

20. A Conferência supervisará a aplicação da presente Convenção e actuará de forma a promover o seu objecto e fim. A Conferência avaliará o cumprimento da presente Convenção. Supervisará também as actividades do Conselho Executivo e do Secretariado Técnico e poderá emitir orientações, em conformidade com a presente Convenção, dirigidas a qualquer desses órgãos no exercício das suas funções.

21. A Conferência:
   a) Examinará e aprovará, em sessões ordinárias, o relatório, o programa e o orçamento da Organização, apresentados pelo Conselho Executivo, e examinará também outros relatórios;
   b) Decidirá sobre a escala de contribuições financeiras a ser pagas pelos Estados Partes em conformidade com o parágrafo 7;
   c) Elegerá os membros do Conselho Executivo;
   d) Nomeará o director-geral do Secretariado Técnico (adiante designado por director-geral);
   e) Aprovará o regulamento do Conselho Executivo, por este apresentado;
   f) Constituirá os órgãos subsidiários que julgar necessários ao desempenho das suas funções, em conformidade com a presente Convenção;
   g) Fomentará a cooperação internacional para fins pacíficos no campo das actividades químicas;

h) Examinará os desenvolvimentos científicos e tecnológicos que possam afectar o funcionamento da presente Convenção, e, neste contexto, encarregará o director-geral de estabelecer um Conselho Consultivo Científico que permita ao director-geral, no exercício das suas funções, prestar à Conferência, ao Conselho Executivo ou aos Estados Partes uma assistência especializada nas áreas científicas e tecnológicas relevantes para a presente Convenção. O Conselho Consultivo Científico será composto por peritos independentes designados em conformidade com os critérios aprovados pela Conferência;
i) Examinará e aprovará, na sua primeira sessão, qualquer projecto de acordo, disposições e directivas que a Comissão Preparatória tiver elaborado;
j) Instituirá, na sua primeira sessão o fundo voluntário de assistência, em conformidade com o artigo 10.°;
k) Tomará as medidas necessárias para garantir o cumprimento da presente Convenção e para reparar e corrigir qualquer situação que contravenha as disposições da Convenção, em conformidade com o artigo 12.°.

22. A Conferência reunirá em sessão extraordinária, no prazo máximo de um ano após o transcurso do 5.° e do 10.° ano desde a entrada em vigor da presente Convenção, e em qualquer outro momento dentro desses períodos que para tal se decida, para examinar o funcionamento da presente Convenção. Essa apreciação terá em conta toda a evolução científica e tecnológica pertinente. Posteriormente, e salvo outra decisão, a Conferência convocará de cinco em cinco anos sessões adicionais com o mesmo objectivo.

C – O Conselho Executivo

Composição, procedimentos e deliberações

23. O Conselho Executivo será composto por 41 membros. Cada Estado Parte terá o direito de participar no Conselho Executivo, segundo o princípio da rotatividade. Os membros do Conselho Executivo serão eleitos pela Conferência, para um mandato de dois anos. Para garantir o eficaz funcionamento da presente Convenção, e tendo em especial consideração quer uma distribuição geográfica equitativa, quer a importância da indústria química, quer ainda os interesses políticos e de segurança, a composição do Conselho Executivo será a seguinte:

a) Nove Estados Partes da África, que serão designados pelo grupo de Estados Partes situados nessa região. Entender-se-á como critério para tal designação que, desses nove Estados Partes, três serão, em regra, os Estados Partes cuja indústria química nacional estiver entre as mais importantes da região, como estabelecido através de dados divulgados e publicados a nível internacional; para além disso, o grupo regional poderá

também chegar a acordo quanto a outros factores regionais a ter em conta para designar esses três membros;
b) Nove Estados Partes da Ásia, que serão designados pelo grupo de Estados Partes situados nessa região. Entender-se-á como critério para tal designação que, desses nove Estados Partes, quatro serão, em regra, os Estados Partes cuja indústria química nacional estiver entre as mais importantes da região, como estabelecido através de dados divulgados e publicados a nível internacional; para além disso, o grupo regional poderá também chegar a acordo quanto a outros factores regionais a ter em conta para designar esses quatro membros;
c) Cinco Estados Partes da Europa Oriental, que serão designados pelo grupo de Estados Partes situados nessa região, entender-se-á como critério para tal designação que, desses cinco Estados Partes, um será, em regra, o Estado Parte cuja indústria química nacional estiver entre as mais importantes da região, como estabelecido através de dados divulgados e publicados a nível internacional; para além disso, o grupo regional poderá também chegar a acordo quanto a outros factores regionais a ter em conta para designar esse membro;
d) Sete Estados Partes da América Latina e das Caraíbas, que serão designados pelo grupo de Estados Partes situados nessa região. Entender-se-á como critério para tal designação que, desses sete Estados Partes, três serão, em regra, os Estados Partes cuja indústria química nacional estiver entre as mais importantes da região, como estabelecido através de dados divulgados, e publicados a nível internacional; para além disso, o grupo regional poderá acordar também outros factores regionais a ter em conta para designar esses três membros;
e) Dez Estados Partes de entre o grupo de Estados da Europa Ocidental e outros Estados, que serão designados pelo grupo de Estados Partes situados nessa região. Entender-se-á como critério para tal designação que, desses dez Estados Partes, cinco serão, em regra, os Estados Partes cuja indústria química nacional estiver entre as mais importantes da região, como estabelecido através de dados divulgados e publicados a nível internacional; para além disso, o grupo regional poderá também chegar a acordo quanto a outros factores regionais a ter em conta para designar esses cinco membros;
f) Um Estado Parte adicional, que será designado consecutivamente pelo grupo de Estados Partes situados nas regiões da Ásia, da América Latina e das Caraíbas. Entender-se-á como critério para a designação que esse Estado Parte será um membro dessas regiões em regime de rotatividade.

24. Na primeira eleição do Conselho Executivo, serão eleitos 20 membros para exercer um mandato de um ano, tendo em devida consideração as proporções numéricas estabelecidas tal como disposto no parágrafo 23.

25. Após a aplicação integral dos artigos 4.º e 5.º, a Conferência poderá, a pedido da maioria dos membros do Conselho Executivo, reexaminar a composição deste Conselho, tendo em consideração a evolução verificada quanto aos princípios indicados no parágrafo 23 para estabelecimento da composição do Conselho Executivo.

26. O Conselho Executivo elaborará o seu regulamento e submetê-lo-á à aprovação da Conferência.

27. O Conselho Executivo elegerá o seu presidente de entre os seus membros.

28. O Conselho Executivo reunir-se-á para sessões ordinárias. Entre os períodos de sessões ordinárias, o Conselho Executivo poderá reunir-se com a frequência que for necessária para o exercício dos seus poderes e funções.

29. Cada membro do Conselho Executivo terá direito a um voto. Salvo disposição em contrário na presente Convenção, as decisões sobre questões de fundo serão tomadas pelo Conselho Executivo por maioria de dois terços da totalidade dos seus membros. As decisões sobre questões de procedimento serão tomadas pelo Conselho Executivo por maioria simples de todos os seus membros. Quando existir dúvida sobre se a questão é ou não de fundo, considerar-se-á que se trata de uma questão de fundo, salvo outra decisão do Conselho Executivo pela maioria exigida para as decisões sobre questões de fundo.

Poderes e funções

30. O Conselho Executivo é o órgão executivo da Organização. O Conselho Executivo é responsável perante a Conferência. O Conselho Executivo desempenhará os poderes e funções que lhe atribui a presente Convenção, assim como as funções que lhe forem delegadas pela Conferência. No exercício dessas funções, actuará em conformidade com as recomendações, as decisões e os critérios da Conferência e garantirá a sua adequada e constante aplicação.

31. O Conselho Executivo promoverá a aplicação efectiva e o cumprimento da presente Convenção. Supervisará as actividades do Secretariado Técnico, cooperará com a autoridade nacional de cada Estado Parte e facilitará as consultas e a cooperação entre os Estados Partes a pedido destes.

32. O Conselho Executivo:
   a) Elaborará e submeterá à Conferência o projecto de programa e de orçamento da Organização;
   b) Elaborará e submeterá à Conferência o projecto do relatório da Organização sobre a aplicação da presente Convenção, o relatório sobre o desempenho das suas próprias actividades e os relatórios especiais que considerar necessários ou que a Conferência possa solicitar:
   c) Fará os preparativos necessários para as sessões da Conferência, incluindo a elaboração da agenda provisória.

33. O Conselho Executivo poderá solicitar a convocação de uma sessão extraordinária da Conferência.

34. O Conselho Executivo:
 a) Celebrará acordos ou protocolos com Estados e organizações internacionais em nome da Organização, sujeitos a aprovação prévia pela Conferência;
 b) Celebrará acordos com Estados Partes em nome da Organização, em relação ao artigo 10.º, e supervisará o fundo voluntário de contribuições mencionado no artigo 10.º;
 c) Aprovará os acordos ou protocolos relativos à aplicação das actividades de verificação negociadas pelo Secretariado Técnico com os Estados Partes.

35. O Conselho Executivo apreciará todas as questões ou assuntos que no âmbito da sua competência afectem a presente Convenção e a sua aplicação, incluindo as dúvidas relativas ao cumprimento, e os casos de incumprimento, e, quando apropriado, informará os Estados Partes e levará a questão ou assunto à atenção da Conferência.

36. Ao examinar as dúvidas e preocupações quanto ao cumprimento e os casos de incumprimento, incluindo, nomeadamente, o abuso dos direitos enunciados na presente Convenção, o Conselho Executivo consultará os Estados Partes envolvidos e, quando necessário, solicitará ao Estado Parte que tome medidas para reparar a situação num prazo determinado. Se considerar necessário, o Conselho Executivo aprovará, nomeadamente, uma ou mais das seguintes medidas:
 a) Informar todos os Estados Partes sobre a questão ou assunto;
 b) Levar a questão ou assunto à atenção da Conferência:
 c) Fazer recomendações à Conferência em relação a medidas para remediar a situação e assegurar o cumprimento da Convenção.

Nos casos de particular gravidade e urgência, o Conselho Executivo levará a questão ou assunto, incluídas as informações e conclusões pertinentes, directamente à atenção da assembleia geral e do Conselho de Segurança das Nações Unidas. Ao mesmo tempo, informará todos os Estados Partes sobre essa medida.

D – O Secretariado Técnico

37. O Secretariado Técnico dará apoio à Conferência e ao Conselho Executivo no cumprimento das suas funções. Cabe ao Secretariado Técnico realizar as medidas de verificação previstas na presente Convenção. Desempenhará as restantes funções que lhe são conferidas pela presente Convenção, assim como as funções que lhe forem delegadas pela Conferência e pelo Conselho Executivo.

38. O Secretariado Técnico:
 a) Elaborará e submeterá ao Conselho Executivo os projectos de programa e de orçamento da Organização;
 b) Elaborará e submeterá ao Conselho Executivo o projecto de relatório da Organização sobre a aplicação da presente Convenção e todos os outros relatórios que a Conferência ou o Conselho Executivo possam solicitar;

c) Dará apoio administrativo e técnico à Conferência, ao Conselho Executivo e aos órgãos subsidiários;
d) Remeterá aos Estados Partes e receberá destes, em nome da Organização, comunicações sobre questões relativas à aplicação da presente Convenção;
e) Facultará apoio e assessoria técnica aos Estados Partes na aplicação das disposições da presente Convenção, incluindo a avaliação dos produtos químicos enumerados e não enumerados nas listas.

39. O Secretariado Técnico:
a) Negociará com os Estados Partes acordos ou protocolos relativos à implementação das actividades de verificação, sujeitos à aprovação do Conselho Executivo;
b) No prazo máximo de 180 dias após a entrada em vigor da presente Convenção, coordenará o estabelecimento e a manutenção de reservas permanentes de ajuda de emergência e humanitária, fornecidas pelos Estados Partes em conformidade com as alíneas b) e c) do parágrafo 7 do artigo 10.º. O Secretariado Técnico poderá inspeccionar os artigos dessa reserva para confirmar as suas condições de utilização. A Conferência examinará e aprovará as listas dos artigos a armazenar, em conformidade com a alínea i) do parágrafo 21 acima;
c) Administrará o fundo de contribuições voluntárias a que se refere o artigo 10.º, compilará as declarações feitas pelos Estados Partes e registará, quando a tal for solicitado, os acordos bilaterais celebrados entre Estados Partes ou entre um Estado Parte e a Organização para efeitos do artigo 10.º.

40. O Secretariado Técnico informará o Conselho Executivo sobre qualquer problema que tenha surgido no exercício das suas funções, incluindo as dúvidas, ambiguidades ou incertezas sobre o cumprimento da presente Convenção que tenha constatado na execução das suas actividades de verificação e que não tenha podido resolver ou esclarecer através de consultas com o Estado Parte em causa.

41. O Secretariado Técnico é composto por um director-geral, que será o seu chefe e mais alto funcionário administrativo, por inspectores e por pessoal cientifico, técnico e de outro perfil que seja necessário.

42. O corpo de inspectores é uma unidade do Secretariado Técnico e actua sob a supervisão do director-geral.

43. O director-geral será nomeado pela Conferência, com prévia recomendação do Conselho Executivo, para exercer um mandato de quatro anos, renovável uma única vez.

44. O director-geral será responsável, perante a Conferência e o Conselho Executivo, pela nomeação dos membros do pessoal, assim como pela organização e funcionamento do Secretariado Técnico. O factor primordial a considerar no recrutamento do pessoal e na determinação das condições de trabalho será a necessidade de garantir o mais elevado grau de eficiência, competência e integridade. O director-geral, os inspectores e os outros membros do pessoal profissional e administrativo só poderão ser cidadãos dos Estados Partes. Ter-se-á em devida

consideração a importância de recrutar pessoal de forma que a representação geográfica seja a mais ampla possível. O recrutamento reger-se-á pelo princípio de manutenção dos efectivos de pessoal no mínimo necessário para o adequado desempenho das responsabilidades que cabem ao Secretariado Técnico.

45. O director-geral será responsável pela organização e funcionamento do Conselho Consultivo Científico, referido na alínea *h*) do parágrafo 21. O director--geral nomeará, em consulta com os Estados Partes, os membros do Conselho Consultivo Científico, que prestarão serviço a título pessoal. Os membros do Conselho serão nomeados com base nos seus conhecimentos nas áreas científicas particulares relevantes para a aplicação da presente Convenção. O director-geral poderá também em consulta com os membros do Conselho, estabelecer grupos de trabalho temporários, constituídos por peritos científicos, para elaborar recomendações relativas a questões específicas. Para tal, os Estados Partes poderão submeter listas de peritos ao director-geral.

46. No exercício das suas funções, o director-geral, os inspectores e os outros membros do pessoal não solicitarão nem receberão instruções de qualquer Governo nem de qualquer outra fonte exterior à Organização. Para além disso, abster-se-ão de agir de forma não compatível com a sua posição de funcionários internacionais, exclusivamente responsáveis perante a Conferência e o Conselho Executivo.

47. Cada Estado Parte respeitará o carácter exclusivamente internacional das responsabilidades do director-geral, dos inspectores e dos outros membros do pessoal e não tentará influenciá-los no cumprimento das suas funções.

E – Privilégios e imunidades

48. A Organização usufruirá no território de cada Estado Parte, e em qualquer outro local sob a sua jurisdição ou controlo, da capacidade jurídica e dos privilégios e imunidades que forem necessários para o exercício das suas funções.

49. Os representantes dos Estados Partes, juntamente com os seus substitutos e assessores, os representantes nomeados pelo Conselho Executivo, juntamente com os seus substitutos e assessores, o director-geral e o pessoal da Organização gozarão dos privilégios e imunidades que forem necessários para o exercício independente das suas funções com relação à Organização.

50. A capacidade jurídica, os privilégios e as imunidades referidos no presente artigo serão definidos em acordos celebrados entre a Organização e os Estados Partes assim como num acordo celebrado entre a Organização e o Estado onde se localiza a sede da Organização. Esses acordos serão examinados e aprovados pela Conferência, em conformidade com a alínea *i*) do parágrafo 21.

51. Não obstante o disposto nos parágrafos 48 e 49, o director-geral e o pessoal do Secretariado Técnico gozarão, durante a condução das actividades de verificação, dos privilégios e imunidades enunciados na Secção B da Parte II do Anexo sobre Verificação.

Art. 9.º (Consultas, cooperação e inquérito de factos)

1. Os Estados Partes consultar-se-ão e cooperarão, directamente entre si, ou por intermédio da Organização ou ainda segundo outros procedimentos internacionais adequados, incluindo os procedimentos previstos no quadro da Organização das Nações Unidas e em conformidade com a sua Carta, sobre qualquer questão relacionada com o objecto e fim, ou com a aplicação das disposições da presente Convenção.

2. Sem prejuízo do direito que assiste a qualquer Estado Parte de pedir uma inspecção por suspeita, os Estados Partes devem primeiro, sempre que possível, fazer todos os esforços para esclarecer e resolver, através de intercâmbio de informações e por consultas entre si, qualquer questão que possa suscitar dúvidas quanto ao cumprimento da presente Convenção, ou que possa originar preocupações relativas a uma questão conexa considerada ambígua. Qualquer Estado Parte que receba de outro Estado Parte um pedido de esclarecimento sobre qualquer questão que o Estado Parte solicitante considere ser a causa de tais dúvidas ou preocupações, facultará ao Estado Parte solicitante, logo que possível, mas, em qualquer caso, no prazo máximo de 10 dias após a recepção do pedido, a informação suficiente para responder às dúvidas ou preocupações suscitadas, assim como uma explicação acerca da forma como a informação fornecida resolve a questão. Nenhuma disposição da presente Convenção põe em causa o direito de dois ou mais Estados Partes, por mútuo consentimento, organizarem inspecções ou estabelecerem quaisquer outros procedimentos entre si para esclarecer e resolver qualquer questão que possa suscitar dúvidas quanto ao cumprimento da presente Convenção ou que possa originar preocupações relativas a uma questão conexa considerada ambígua. Esses protocolos não afectarão os direitos e obrigações de qualquer Estado Parte quanto a outras disposições da presente Convenção.

Procedimentos para pedido de esclarecimentos

3. Qualquer Estado Parte terá o direito de solicitar ao Conselho Executivo que o ajude a esclarecer qualquer situação que possa ser considerada ambígua ou que possa suscitar preocupações quanto ao eventual incumprimento da presente Convenção por outro Estado Parte. O Conselho Executivo facultará as informações adequadas que estiverem na sua posse, relevantes para essa preocupação.

4. A qualquer Estado Parte assiste o direito de solicitar ao Conselho Executivo que obtenha esclarecimentos de outro Estado Parte quanto a qualquer questão que possa ser considerada ambígua ou que suscite preocupação quanto ao eventual incumprimento da presente Convenção. Aplicar-se-ão nesse caso, as seguintes disposições:

    a) O Conselho Executivo transmitirá o pedido de esclarecimento ao Estado Parte interessado, por intermédio do director-geral, no prazo máximo de vinte e quatro horas após a sua recepção;

b) O Estado Parte solicitado facultará os esclarecimentos ao Conselho Executivo, logo que possível, mas, em qualquer caso, no prazo máximo de 10 dias após ter recebido o pedido;

c) O Conselho Executivo tomará nota dos esclarecimentos e transmiti-los-á ao Estado Parte solicitante, no prazo máximo de vinte e quatro horas após a sua recepção;

d) Se o Estado Parte solicitante considerar os esclarecimentos inadequados, terá o direito de pedir do Conselho Executivo que obtenha esclarecimentos adicionais ao Estado Parte solicitado;

e) Para obter esclarecimentos adicionais em virtude da alínea *d*), o Conselho Executivo pode chamar o director-geral a designar um grupo de especialistas do Secretariado Técnico, ou, se este não dispuser do pessoal apropriado, de outra origem, para examinar toda a informação e dados disponíveis relevantes para a situação que originou preocupação. O grupo de especialistas submeterá ao Conselho Executivo um relatório factual das suas investigações;

f) Se o Estado Parte solicitante considerar que o esclarecimento obtido em virtude das alíneas *d*) e *e*) não é satisfatório, terá o direito de requerer uma reunião extraordinária do Conselho Executivo, na qual poderão participar os Estados Partes interessados que não sejam membros do Conselho Executivo. Nessa reunião extraordinária, o Conselho Executivo examinará a questão e poderá recomendar quaisquer medidas que considerar adequadas para resolver a situação.

5. Qualquer Estado Parte terá também o direito de requerer ao Conselho Executivo que esclareça qualquer situação que tenha sido considerada ambígua ou que tenha originado preocupação quanto ao eventual incumprimento da presente Convenção. O Conselho Executivo responderá a esse pedido fornecendo a assistência adequada.

6. O Conselho Executivo informará os Estados Partes acerca de qualquer pedido de esclarecimento que tiver sido formulado como previsto no presente artigo.

7. Se a dúvida ou preocupação de um Estado Parte quanto a um eventual incumprimento da Convenção não ficar resolvida dentro de 60 dias seguintes à apresentação do pedido de esclarecimento ao Conselho Executivo, ou se esse Estado considerar que as suas dúvidas justificam um exame urgente, pode esse Estado, sem prejuízo do direito de pedir uma inspecção por suspeita que igualmente lhe assiste, requerer uma reunião extraordinária da Conferência, em conformidade com a alínea *c*) do parágrafo 12 do artigo 8.º. Nessa reunião extraordinária, a Conferência examinará a questão e poderá recomendar quaisquer medidas que considerar adequadas para resolver a situação.

Procedimentos para inspecções por suspeita

8. Cada Estado Parte tem o direito de requerer uma inspecção por suspeita, *in situ*, a qualquer instalação ou localidade no território de qualquer outro Estado Parte ou em qualquer outro local sob a jurisdição ou controlo deste, com o fim exclusivo de esclarecer e resolver quaisquer questões relativas ao eventual incumprimento das disposições da presente Convenção, e de fazer com que essa inspecção seja realizada em qualquer local e sem demora por uma equipa de inspecção designada pelo director-geral e em conformidade com o Anexo sobre Verificação.

9. Cada Estado Parte tem a obrigação de manter o pedido de inspecção dentro do âmbito da presente Convenção e fornecer nesse pedido de inspecção toda a informação adequada que estiver na origem da preocupação quanto ao eventual incumprimento da presente Convenção, como especificado no Anexo sobre Verificação. Cada Estado Parte abster-se-á de formular pedidos de inspecção não fundamentados, evitando abusos. A inspecção por suspeita será realizada exclusivamente com a finalidade de provar factos relacionados com o eventual incumprimento da Convenção.

10. Para efeitos de verificação do cumprimento das disposições da presente Convenção, cada Estado Parte facultará ao Secretariado Técnico a realização da inspecção por suspeita *in situ*, em conformidade com o parágrafo 8.

11. Após um pedido de inspecção por suspeita de uma instalação ou localidade, e em conformidade com os procedimentos previstos no Anexo sobre Verificação, o Estado Parte inspeccionado terá:

   a) O direito e a obrigação de fazer tudo o que for razoavelmente possível para demonstrar o seu cumprimento da presente Convenção e, com este fim, permitir que a equipa de inspecção desempenhe cabalmente o seu mandato;

   b) A obrigação de permitir o acesso ao local a inspeccionar, com a finalidade exclusiva de determinar factos relacionados com o eventual incumprimento da presente Convenção; e

   c) O direito de tomar medidas para proteger as instalações sensíveis e de impedir a divulgação de informação e de dados confidenciais que não estiverem relacionados com a presente Convenção.

12. No que diz respeito à presença de um observador na inspecção aplicar-se-á o seguinte:

   a) O Estado Parte solicitante poderá, com o consentimento do Estado Parte inspeccionado, enviar um representante, que poderá ser um cidadão nacional do Estado Parte solicitante ou de um terceiro Estado Parte, para observar a realização da inspecção por suspeita;

   b) O Estado Parte inspeccionado concederá então acesso ao observador, em conformidade com o Anexo sobre Verificação;

   c) Em regra, o Estado Parte inspeccionado aceitará o observador proposto, mas, se o recusar, este facto será registado no relatório final.

13. O Estado Parte solicitante apresentará um pedido de inspecção por suspeita, *in situ*, ao Conselho Executivo e, simultaneamente, no director-geral, para a sua imediata tramitação.

14. O director-geral certificar-se-á prontamente de que o pedido de inspecção preenche os requisitos especificados no parágrafo 4 da Parte X do Anexo sobre Verificação e, caso necessário, auxiliará o Estado Parte solicitante a formular o pedido de inspecção da forma adequada. Quando o pedido de inspecção preencher todos os requisitos, iniciar-se-ão os preparativos para a inspecção por suspeita:

15. O director-geral transmitirá o pedido de inspecção ao Estado Parte a ser inspeccionado no prazo máximo de doze horas antes da chegada prevista da equipa de inspecção ao ponto de entrada.

16. Após ter recebido o pedido de inspecção, o Conselho Executivo tomará conhecimento das medidas adoptadas a esse respeito pelo director-geral e manterá o assunto em apreciação durante todo o procedimento da inspecção. Porém, as suas deliberações não deverão atrasar o processo de inspecção.

17. No prazo máximo de doze horas após a recepção do pedido de inspecção, o Conselho Executivo poderá decidir, por maioria de três quartos de todos os seus membros, contra a realização da inspecção por suspeita, se considerar que o pedido de inspecção é improcedente, abusivo ou que excede claramente o âmbito da presente Convenção, como descrito no parágrafo 8. Nem o Estado Parte solicitante, nem o Estado Parte a ser inspeccionado participarão nessa decisão. Se o Conselho Executivo decidir contra a realização da inspecção por suspeita, interromper-se-ão os preparativos, não será dado seguimento a outras medidas relativas ao pedido de inspecção e os Estados Partes interessados serão informados em conformidade.

18. O director-geral expedirá um mandato de inspecção para a realização da inspecção por suspeita. O mandato de inspecção será o pedido de inspecção referido nos parágrafos 8 e 9 expresso em termos operacionais e deverá estar em conformidade com o pedido de inspecção.

19. A inspecção por suspeita será realizada em conformidade com a Parte X ou, em caso de alegada utilização, em conformidade com a Parte XI do Anexo sobre Verificação. A equipa de inspecção orientar-se-á pelo princípio da realização da inspecção por suspeita da forma menos intrusiva possível, compatível com o eficaz e atempado desempenho da sua missão.

20. O Estado Parte inspeccionado prestará assistência à equipa de inspecção durante toda a inspecção por suspeita e facilitará a sua tarefa. Se o Estado Parte inspeccionado em conformidade com a Secção C da Parte X do Anexo sobre Verificação, propuser outras medidas para demonstrar o cumprimento da presente Convenção, como alternativa a um acesso geral e completo, fará tudo o que lhe for razoavelmente possível, através de consultas com a equipa de inspecção, para chegar a um acordo sobre as modalidades para estabelecimento dos factos a fim de demonstrar o seu cumprimento.

21. O relatório final incluirá os factos constatados, assim como, uma avaliação pela equipa de inspecção quanto ao grau e à natureza do acesso e da coo-

peração concedidos para a realização satisfatória da inspecção por suspeita. O director-geral transmitirá prontamente o relatório final da equipa de inspecção ao Estado Parte solicitante, ao Estado Parte inspeccionado, ao Conselho Executivo e a todos os outros Estados Partes. O director-geral transmitirá também sem demora ao Conselho Executivo as avaliações do Estado Parte solicitante e do Estado Parte inspeccionado, assim como as opiniões de outros Estados Partes que tiverem sido transmitidas ao director-geral com essa finalidade, e comunicá-las-á em seguida a todos os Estados Partes.

22. O Conselho Executivo examinará, em conformidade com os seus poderes e funções, o relatório final da equipa de inspecção, logo que este lhe for apresentado, e analisará qualquer motivo de preocupação quanto a:

a) Se houve qualquer incumprimento;
b) Se o pedido se situava no âmbito da presente Convenção; e
c) Se houve abuso do direito de pedido de uma Inspecção por suspeita.

23. Se, em conformidade com os seus poderes e funções, o Conselho Executivo chegar à conclusão de que é necessário tomar medidas adicionais relativamente ao parágrafo 22, tomará as medidas adequadas para reparar a situação e garantir o cumprimento da presente Convenção, incluindo a formulação de recomendações específicas à Conferência. Em caso de abuso de direito, o Conselho Executivo examinará se o Estado Parte solicitante deve suportar qualquer das consequências financeiras da inspecção por suspeita.

24. O Estado Parte solicitante e o Estado Parte inspeccionado têm o direito de participar no procedimento de exame. O Conselho Executivo informará do resultado do processo os Estados Partes e a sessão seguinte da Conferência.

23. Se o Conselho Executivo tiver feito recomendações específicas à Conferência, esta deliberará sobre as medidas a aprovar, em conformidade com o artigo 7.º.

Art. 10.º (Assistência e protecção contra armas químicas)

1. Para efeitos do presente artigo, entende-se por «assistência» a coordenação e o fornecimento aos Estados Partes de meios de protecção contra as armas químicas, incluindo, nomeadamente, os seguintes: equipamento de detecção e sistemas de alarme; equipamento de protecção; equipamento de descontaminação e descontaminantes; antídotos e tratamentos médicos; e recomendações sobre qualquer destas medidas de protecção.

2. Nenhuma das disposições da presente Convenção poderá ser interpretada de forma a prejudicar o direito de qualquer Estado Parte a proceder a investigações sobre meios de protecção contra as armas químicas e de desenvolver, produzir, obter, transferir ou utilizar esses meios para fins não proibidos pela presente Convenção.

3. Cada Estado Parte compromete-se a facilitar o intercâmbio, o mais amplo possível, de equipamento, materiais ou informação científica e tecnológica sobre os meios de protecção contra as armas químicas.

4. Com o objectivo de aumentar a transparência dos programas nacionais relacionados com objectivos de protecção, cada Estado Parte facultará anualmente ao Secretariado Técnico informações sobre o seu programa, segundo os procedimentos que serão examinados e aprovados pela Conferência em conformidade com a alínea *i*) do parágrafo 21 do artigo 8.º.

5. O Secretariado Técnico constituirá, no prazo máximo de 180 dias após a entrada em vigor da presente Convenção e manterá à disposição de qualquer Estado Parte que o solicite, uma base de dados que contenha informação livremente disponível sobre os diversos meios de protecção contra as armas químicas, assim como a informação que possa ser fornecida pelos Estados Partes. Dentro dos recursos à sua disposição, e a pedido de um Estado Parte, o Secretariado Técnico prestará também assessoria técnica e auxiliará esse Estado Parte a determinar o modo de implementação dos seus programas para o desenvolvimento e melhoria de uma capacidade de protecção própria contra as armas químicas.

6. Nenhuma disposição da presente Convenção poderá ser interpretada de forma a prejudicar o direito dos Estados Partes a solicitar e prestar assistência no plano bilateral e a celebrar com outros Estados Partes acordos individuais relativos à prestação de assistência em casos de emergência.

7. Cada Estado Parte compromete-se a prestar assistência por intermédio da Organização e, para esse fim, optar por uma ou mais das seguintes medidas:

   a) Contribuir para o fundo de contribuições voluntárias para a prestação de assistência que a Conferência estabelecerá na sua primeira sessão;

   b) Celebrar com a Organização acordos sobre a obtenção de assistência, quando solicitada, se possível no prazo máximo de 180 dias após a entrada em vigor nesse Estado da presente Convenção;

   c) Declarar, no prazo máximo de 180 dias após a entrada em vigor da presente Convenção nesse Estado, o tipo de assistência que poderá fornecer em resposta a um pedido da Organização. Não obstante, se um Estado Parte não puder posteriormente fornecer a assistência prevista na sua declaração, permanecerá ainda obrigado a prestar assistência em conformidade com o presente parágrafo.

8. Cada Estado Parte tem o direito de solicitar e, sujeito aos procedimentos estabelecidos nos parágrafos 9, 10 e 11, de receber assistência e protecção contra a utilização ou ameaça de utilização de armas químicas, se considerar que:

   a) Foram contra ele utilizadas armas químicas;

   b) Foram contra ele utilizados agentes anti-motins como método de guerra;

   c) Se encontra ameaçado por acções ou actividades de qualquer Estado proibidas aos Estados Partes em virtude do artigo 1.º.

9. O pedido, consubstanciado por informação pertinente, será apresentado ao director-geral, que o transmitirá de imediato ao Conselho Executivo e a todos os Estados Partes. O director-geral transmitirá prontamente o pedido aos Estados Partes que se tiverem oferecido voluntariamente, em conformidade com as alíneas *b*) e *c*) do parágrafo 7, a enviar assistência de emergência em caso de utilização de

armas químicas ou de agentes anti-motins como método de guerra, ou ajuda humanitária em caso de ameaça grave de utilização de armas químicas ou de ameaça grave de utilização de agentes anti-motins como método de guerra, ao Estado Parte interessado, no prazo máximo de doze horas após a recepção do pedido. O director-geral iniciará uma investigação, no prazo máximo de vinte e quatro horas após a recepção do pedido, de forma a poder fundamentar medidas ulteriores. O director-geral concluirá a investigação num prazo não superior a setenta e duas horas e apresentará um relatório ao Conselho Executivo. Se for necessário um prazo adicional para completar a investigação, será apresentado um relatório intermédio dentro do prazo indicado. O prazo adicional requerido para a investigação não excederá setenta e duas horas. Poderá não obstante, ser prorrogado por idênticos períodos. No final de cada prazo adicional, serão apresentados relatórios ao Conselho Executivo. A investigação estabelecerá, como adequado e em conformidade com o pedido e a informação que o acompanha, os factos pertinentes relacionados com o pedido, assim como as modalidades e a extensão da assistência e da protecção suplementares necessárias.

10. O Conselho Executivo reunir-se-á no prazo máximo de vinte e quatro horas após ter recebido um relatório sobre os resultados da investigação para avaliar a situação e, dentro das vinte e quatro horas seguintes, decidirá por maioria simples se o Secretariado Técnico deve fornecer assistência suplementar. O Secretariado Técnico comunicará prontamente a todos os Estados Partes e organizações internacionais competentes o relatório da investigação e a decisão tomada pelo Conselho Executivo. Quando o Conselho Executivo assim o decidir, o director--geral facultará assistência imediata. Para este efeito, o director-geral poderá cooperar com o Estado Parte solicitante, com outros Estados Partes e com organizações internacionais competentes. Os Estados Partes desenvolverão todos os esforços possíveis para prestar assistência.

11. Se a informação disponível como resultado da investigação em curso ou de outras fontes fidedignas fornecer provas suficientes de que a utilização de armas químicas provocou vítimas, e que é indispensável tomar medidas imediatas, o director-geral notificará todos os Estados Partes e tomará medidas urgentes de assistência utilizando os recursos que a Conferência tiver posto à sua disposição para tais eventualidades. O director-geral manterá a Conselho Executivo informado das medidas que tomar em conformidade com o disposto no presente parágrafo.

Art. 11.º (Desenvolvimento económico e tecnológico)

1. As disposições da presente Convenção serão aplicadas por forma a não entravar o desenvolvimento económico e tecnológico dos Estados Partes e a cooperação internacional no campo das actividades químicas para fins não proibidos pela presente Convenção, incluindo o intercâmbio internacional de informação científica e técnica e de produtos químicos e equipamentos destinados à produção, processamento ou utilização de produtos químicos para fins não proibidos pela presente Convenção.

2. Sujeitos às disposições da presente Convenção, e sem prejuízo dos princípios e das regras aplicáveis do direito internacional, os Estados Partes:
 a) Têm o direito, individual ou colectivamente, de fazer investigação com produtos químicos e de desenvolver, produzir, obter, conservar, transferir e utilizar esses produtos;
 b) Comprometem-se a facilitar o intercâmbio mais completo possível de produtos químicos, equipamentos e informação científica e técnica relacionada com o desenvolvimento e a aplicação da química para fins não proibidos pela presente Convenção, e têm o direito de nele participar;
 c) Comprometem-se a não manter entre si, quaisquer restrições, incluindo as que, constem em quaisquer acordos internacionais, que sejam incompatíveis com as obrigações contraídas ao abrigo da presente Convenção, e que limitem ou impeçam o comércio e o desenvolvimento e a promoção dos conhecimentos científicos e tecnológicos no campo da química para fins industriais, agrícolas, de investigação, médicos, farmacêuticos ou outros fins pacíficos;
 d) Comprometem-se a não se servir da presente Convenção como fundamento para aplicar quaisquer medidas que não sejam as que estão previstas, ou sejam permitidas, pela Convenção, e a não se servir de qualquer outro acordo internacional para prosseguir um objectivo incompatível com a presente Convenção;
 e) Comprometem-se a rever as normas nacionais existentes em matéria de comercialização de produtos químicos de forma a torná-las compatíveis com o objecto e fim da presente Convenção.

Art. 12.º (Medidas para reparar uma situação e garantir o cumprimento, incluindo as sanções)

1. A Conferência tornará as medidas necessárias, conforme previsto nos parágrafos 2, 3 e 4, para garantir o cumprimento da presente Convenção e para reparar e corrigir qualquer situação que contravenha as disposições da Convenção. Ao examinar as medidas a aprovar em virtude do presente parágrafo, a Conferência terá em conta toda a informação e recomendações sobre as questões pertinentes apresentadas pelo Conselho Executivo.

2. Se o Conselho Executivo tiver solicitado a um Estado Parte que tomasse medidas para corrigir uma situação que suscitou problemas relacionados com o cumprimento da Convenção, e este não tiver respondido à solicitação no prazo especificado, a Conferência poderá, nomeadamente, e mediante recomendação do Conselho Executivo, restringir ou suspender os direitos e privilégios que a presente Convenção confere ao Estado Parte até este tomar as medidas necessárias para cumprir as obrigações que contraiu em virtude da presente Convenção.

3. Nos casos em que a realização de actividades proibidas pela presente Convenção, em particular pelo seu artigo 1.º, possa prejudicar gravemente o objecto o fim desta, a Conferência poderá recomendar medidas colectivas aos Estados Partes, em conformidade com o direito internacional.

4. Nos casos particularmente graves, a Conferência levará a questão, incluindo as informações e conclusões pertinentes, à atenção da Assembleia Geral e do Conselho de Segurança das Nações Unidas.

Art. 13.º (Relação com outros acordos internacionais)
Nenhuma disposição da presente Convenção poderá ser interpretada como limitando ou diminuindo as obrigações assumidas por qualquer Estado em virtude do Protocolo Relativo à Proibição da Utilização em Guerra de Gases Asfixiantes, Tóxicos ou Similares e de Meios Bacteriológicos de Guerra, assinado em Genebra em 17 de Junho de 1925, e da Convenção sobre a Proibição do Desenvolvimento, Fabricação e Armazenagem de Armas Bacteriológicas (Biológicas) e à Base de Toxinas e sobre a sua destruição, assinada em Londres, Moscovo e Washington, em 10 de Abril, de 1972.

Art. 14.º (Resolução de diferendos)
1. Os diferendos que possam surgir relativamente à aplicação ou à interpretação da presente Convenção serão resolvidos em conformidade com as disposições pertinentes desta Convenção e em conformidade com as disposições da Carta das Nações Unidas.
2. Quando surgir um diferendo entre dois ou mais Estados Partes, ou entre um ou mais Estados Partes e a Organização, a respeito da interpretação ou aplicação da presente Convenção, as partes interessadas consultar-se-ão com vista a uma rápida resolução do diferendo por via da negociação ou por outro meio pacífico à escolha das partes, incluindo o recurso aos órgãos competentes da presente Convenção e, por mútuo consentimento, ao Tribunal Internacional de Justiça, em conformidade com o Estatuto deste. Os Estados Partes em causa manterão o Conselho Executivo informado sobre as medidas tomadas.
3. O Conselho Executivo pode contribuir para a resolução de um diferendo pelos meios que considerar adequados, incluindo a oferta dos seus bons ofícios, convidando os Estados Partes no diferendo a iniciar o processo de resolução que tiverem escolhido e recomendando um prazo para qualquer procedimento acordado.
4. A Conferência examinará as questões relacionadas com os diferendos surgidos entre Estados Partes, ou que forem levadas ao seu conhecimento pelo Conselho Executivo. A Conferência, se o considerar necessário, constituirá ou designará órgãos para desempenhar as tarefas relacionadas com a resolução desses diferendos, em conformidade com a alínea *f*) do parágrafo 21 do artigo 8.º.
5. A Conferência e o Conselho Executivo têm separadamente poderes para, sujeitos à autorização da Assembleia Geral das Nações Unidas, solicitar ao Tribunal Internacional de Justiça um parecer consultivo sobre qualquer questão jurídica surgida no âmbito das actividades da Organização. A Organização e as Nações Unidas celebrarão um acordo para este fim em conformidade com a alínea *a*) do parágrafo 34 do artigo 8.º.

6. As disposições do presente artigo não afectam as disposições do artigo 9.º nem as disposições relativas às medidas para reparar uma situação e garantir o cumprimento da presente Convenção, incluindo sanções.

Art. 15.º (Emendas)

1 – Qualquer Estado Parte pode propor emendas à presente Convenção. Qualquer Estado Parte pode também propor modificações aos Anexos da Convenção, conforme especificado no parágrafo 4. As propostas de emenda ficam sujeitas aos procedimentos enunciados nos parágrafos 2 e 3. As propostas de modificação, segundo o especificado no parágrafo 4 estão sujeitas aos procedimentos enunciados, no parágrafo 5.

2. O texto da proposta de emenda será, submetido ao director-geral para ser distribuído a todos os Estados Partes e ao depositário. A emenda proposta só poderá ser examinada por uma Conferência de Revisão. Essa Conferência de Revisão será convocada se, no prazo máximo de 30 dias após a distribuição da proposta, um terço ou mais dos Estados Partes notificarem o director-geral de que apoiam a apreciação dessa proposta. A Conferência de Revisão realizar-se-á imediatamente após uma sessão ordinária da Conferência, salvo se os Estados Partes requerentes solicitarem uma reunião antecipada. Em caso algum poderá a Conferência de Revisão ter lugar num prazo inferior a 60 dias após a distribuição da proposta de emenda.

3. As emendas entrarão em vigor para todos os Estados Partes 30 dias após o depósito dos instrumentos de ratificação ou de aceitação por todos os Estados Partes indicados na alínea *b*) do presente parágrafo:

   a) Quando forem adoptadas pela Conferência de Revisão por voto afirmativo da maioria de todos os Estados Partes sem que nenhum Estado Parte tenha votado contra; e

   b) Quando forem ratificadas ou aceites por todos os Estados Partes que tiverem votado afirmativamente na Conferência de Revisão.

4. Para garantir a viabilidade e a eficácia da presente Convenção, as disposições dos Anexos estão sujeitas a modificações em conformidade com o parágrafo 5, se as modificações propostas se referirem unicamente a questões de carácter administrativo ou técnico. Todas as modificações ao Anexo sobre Produtos Químicos serão feitas em conformidade com o parágrafo 5. Não serão objecto de modificações, em conformidade com o parágrafo 5 as secções A e C do Anexo sobre Confidencialidade, a Parte X do Anexo sobre Verificação e as definições da Parte I do Anexo sobre Verificação exclusivamente relacionadas com inspecções por suspeita.

5. As propostas de modificação mencionadas no parágrafo 4 serão feitas em conformidade com os seguintes procedimentos:

   a) O texto das propostas de modificação será transmitido, acompanhado da informação necessária, ao director-geral. Qualquer Estado Parte e o director-geral podem fornecer informações adicionais para apreciação

das propostas. O director-geral comunicará prontamente quaisquer propostas e informações dessa natureza a todos os Estados Partes, ao Conselho Executivo e ao depositário;
b) No prazo máximo de 60 dias após a recepção da proposta, o director-geral apreciá-la-á a fim de determinar todas as suas possíveis consequências relativamente às disposições da presente Convenção e à sua aplicação e comunicará essa informação a todos os Estados Partes e ao Conselho Executivo;
c) O Conselho Executivo examinará a proposta à luz de toda a informação disponível, nomeadamente para determinar se a proposta satisfaz os requisitos do parágrafo 4. No prazo máximo de 90 dias após a recepção da proposta, o Conselho Executivo notificará todos os Estados Partes da sua recomendação, acompanhada das explicações apropriadas, para ser apreciada. Os Estados Partes acusarão a recepção dessa recomendação num prazo não superior a 10 dias;
d) Se o Conselho Executivo recomendar a todos os Estados Partes que a proposta deva ser aceite, esta será considerada como aprovada se nenhum Estado Parte a tal se opuser nos 90 dias seguintes à recepção da recomendação. Se o Conselho Executivo recomendar a rejeição da proposta, esta será considerada como rejeitada se nenhum Estado Parte a tal se opuser nos 90 dias seguintes à recepção da recomendação;
e) Se uma recomendação do Conselho Executivo não receber a aprovação exigida nos termos da alínea d), na sua sessão seguinte a Conferência deliberará sobre a proposta considerada como uma questão de fundo, e nomeadamente quando a proposta satisfazer ou não os requisitos do parágrafo 4;
f) O director-geral notificará todos os Estados Partes e o depositário de qualquer decisão tomada em conformidade com o presente parágrafo;
g) As modificações aprovadas em virtude deste procedimento entrarão em vigor para todos os Estados Partes 180 dias após a data de notificação da sua aprovação pelo director-geral, salvo se outro prazo for recomendado pelo Conselho Executivo ou decidido pela Conferência.

Art. 16.º (Duração e denúncia)

1. A presente Convenção terá duração ilimitada.

2. Qualquer Estado Parte terá, no exercício da sua soberania nacional, o direito de denunciar a presente Convenção se considerar que acontecimentos extraordinários, relacionados com a matéria que é objecto da presente Convenção, comprometerem os supremos interesses do país. Esse Estado Parte notificará dessa denúncia, com 90 dias de antecedência, todos os outros Estados Partes, o Conselho Executivo, o depositário e o Conselho de Segurança da Organização das Nações Unidas. Essa notificação incluirá uma declaração sobre os acontecimentos extraordinários que considera terem comprometido os seus supremos interesses.

3. A denúncia da presente Convenção por um Estado Parte não suprime de forma alguma o dever dos Estados de continuar a cumprir as obrigações assumidas em virtude de quaisquer normas pertinentes do direito internacional, em particular as do Protocolo de Genebra de 1925.

Art. 17.º (Condição jurídica dos Anexos)
Os Anexos constituem parte integrante da presente Convenção. Qualquer referência à presente Convenção inclui os seus Anexos.

Art. 18.º (Assinatura)
A presente Convenção estará aberta à assinatura de todos os Estados até à sua entrada em vigor.

Art. 19.º (Ratificação)
A presente Convenção será submetida a ratificação pelos Estados signatários em conformidade com as respectivas regras constitucionais.

Art. 20.º (Adesão)
Todo o Estado que não assinar a presente Convenção antes da sua entrada em vigor pode posteriormente aderir-lhe a todo o tempo.

Art. 21.º (Entrada em rigor)
1. A presente Convenção entrará em vigor 180 dias após a data de depósito do 65.º instrumento de ratificação, mas em caso algum antes de decorridos dois anos a partir da data de abertura para assinatura.
2. Para os Estados cujos instrumentos de ratificação ou de adesão forem depositados após a entrada em vigor da presente Convenção, esta entrará em vigor no 30.º dia seguinte à data de depósito dos seus instrumentos de ratificação ou de adesão.

Art. 22.º (Reservas)
Não poderão ser formuladas reservas aos artigos da presente Convenção. Em relação aos Anexos da presente Convenção, não poderão ser formuladas reservas que sejam incompatíveis com o objecto e fim da presente Convenção.

Art. 23.º (Depositário)
O Secretário-Geral da Organização das Nações Unidas é designado como o depositário da presente Convenção e, nomeadamente:
  a) Comunicará de imediato a todos os Estados signatários e aderentes a data de cada assinatura, a data do depósito de cada instrumento de ratificação ou de adesão e a data de entrada em vigor da presente Convenção, assim como a recepção de outras notificações;
  b) Transmitirá cópias devidamente certificadas da presente Convenção aos Governos de todos os Estados signatários e aderentes; e

c) Registará a presente Convenção em conformidade com as disposições do artigo 102.º da Carta das Nações Unidas.

Art. 24.º (Textos autênticos)

A presente Convenção, cujos textos em árabe, chinês, espanhol, francês e russo são igualmente autênticos, será depositada junto do Secretário-Geral das Nações Unidas.

Em fé do que os abaixo assinados, devidamente autorizados para o efeito, assinaram a presente Convenção.

Feita em Paris, aos 13 dias de Janeiro de 1993.

ANEXO SOBRE PRODUTOS QUÍMICOS

A – Critérios para as listas de produtos químicos

Critérios para a lista n.º 1

1. Para se decidir sobre a inclusão de um dado produto químico tóxico ou de um precursor na lista n.º 1, serão considerados os seguintes critérios:
   a) Esse produto, químico foi desenvolvido, produzido, armazenado ou utilizado como arma química segundo a definição do artigo 2.º;
   b) Constitui, por qualquer outra forma, um risco grave para o objecto e fim da presente Convenção, devido ao seu elevado potencial para utilização em actividades por esta proibidas por preencher uma ou mais das seguintes condições:
      i) Possui uma estrutura química estreitamente relacionada com a de outros produtos químicos tóxicos constante da lista n.º 1 e tem, ou pode prever-se que tenha propriedades comparáveis;
      ii) Possui um tal grau de toxicidade que o torna letal ou incapacitante, bem como outras propriedades que poderiam permitir o seu uso como arma química;
      iii) Pode ser usado como precursor na última etapa química da fase tecnológica para a obtenção de um produto químico tóxico enumerado na lista n.º 1, independentemente do facto de essa etapa decorrer em instalações de munições ou noutra sede;
   c) Tem utilidade escassa ou nula para fins não proibidos pela presente Convenção.

Critérios para a lista n.º 2

2. Para se decidir sobre a inclusão na lista n.º 2 de um dado produto químico tóxico não enumerado na lista n.º 1, ou de um precursor relacionado com um produto

químico enumerado na lista n.º 1, ou de um produto químico da Parte A da lista n.º 2, serão considerados os seguintes critérios:
- *a)* Constitui um risco considerável para o objecto e fim da presente Convenção porque possui um tal grau de toxicidade que o torna letal ou incapacitante, bem como outras propriedades que poderiam permitir o seu uso como arma química;
- *b)* Pode ser usado como precursor numa das reacções químicas da fase final de formação de um produto químico enumerado na lista número 1 ou na Parte A da lista n.º 2;
- *c)* Constitui um risco considerável para o objecto e fim da presente Convenção devido à sua importância para a produção de um produto químico enumerado na lista número 1 ou na Parte A da lista n.º 2;
- *d)* Não é produzido comercialmente em quantidades elevadas para fins não proibidos pela presente Convenção.

Critérios para a lista n.º 3

3. Para se decidir sobre a inclusão na lista n.º 3 de um dado produto químico tóxico ou de um precursor que não conste noutras listas, serão considerados os seguintes critérios:
- *a)* Foi produzido, armazenado ou utilizado como arma química;
- *b)* Constitui, por qualquer outra forma, um risco para o objecto e fim da presente Convenção, porque possui um tal grau de toxicidade que o torna letal ou incapacitante, bem como outras propriedades que poderiam permitir o seu uso como arma química;
- *c)* Constitui um risco para o objecto e fim da presente Convenção devido à sua importância para a produção de um ou mais dos produtos químicos enumerados na lista n.º 1 ou na Parte B da lista n.º 2;
- *d)* Pode ser produzido comercialmente em quantidades elevadas, para fins não proibidos pela presente Convenção.

B – Listas de produtos químicos

Nas listas seguintes estão enumerados os produtos químicos tóxicos e os seus precursores. Para efeitos da aplicação da presente Convenção, identificam-se nessas listas os produtos químicos que são objecto de medidas de verificação conforme o previsto nas disposições do Anexo sobre Verificação. Em conformidade com a alínea *a)* do parágrafo 1 do artigo 2.º, estas listas não constituem uma definição de armas químicas.

(Sempre que se faz referência a grupos de produtos químicos dialquilados seguidos por uma lista de grupos alquilo entre parêntesis, entende-se que estão incluídos na respectiva lista todos os produtos químicos possíveis resultantes de todas as combinações possíveis dos grupos alquilo indicados entre parêntesis, desde que não estejam expressamente excluídas. Os produtos químicos assinalados com

«(*)» na Parte A da lista número 2 estão sujeitos a limites especiais para fins de declaração e verificação como disposto na Parte VII do Anexo sobre Verificação.)

Lista n.º 1

A – Produtos químicos tóxicos

(1) Alquil(Me. Et. n-Pr ou i-Pr)fosfonofluoridatos de O-alquilo (SC_{10} incluindo cicloalquilo).
Ex.:
   Saria: metilfosfonofluoridato de O
    isopropilo (107-44-8)
   Soman: metilfosfonafluoridato de O
    pinacolilo (96-64-0)
(2) N,N.dialquil(Me. Et. N-Pr ou i-Pr)fosforamidocianidatos de O-alquilo (SC_{10}, incluindo cicloalquilo).
   Ex.: Tabun: N.N-dimetilfosforamidocianidato
    de O-etilo (77-81-6)
(3) Alquil(Me, Et, n-Pr ou i-Pr)fosfonotiolatos de O-alquilo (H ou SC_{10}, Incluindo cicloalquilo) e S-2-dialquil-(Me, Et, n-Pr ou i-Pr)aminoetilo e os seis alquilados ou protonados correspondentes.
   Ex.: VX: metilfosfonotiolato de O-etilo e
    S-2-diisopropilaminoetilo (50782-69-9)
(4) Mostardas de enxofre:
   Sulfuroto de 2-cloroetiloclorormetilo (2625-76-5)
   Gás mostarda: sulfureto de bis(2-cloroetilo) (506-60-2)
   Bis(2-cloroetiltio)metano (63869-13-6)
   Sesquimostarda:1,2-bis(2-cloroetiltio)etano (3563-36-8)
   1,3-bis(2-cloroetiltio)-n-propano (63905-10-2)
   1,4-bis(2-cloroetiltio)-n-butano (142868-93-7)
   1,5-bis(2-cloroetiltio)-n-pentano (142868-94-8)
   Óxido de bis(2-cloroetiltiometilo) (63918-89-1)
   Mostarda O: óxido de bis(2-cloroetiltioetilo) (63918-89-8)
(5) Lewisites:
   Lewisite 1: 2-clorovinildicloroarsina (541-25-3)
   Lewisite 2: bis(2-clorovinil)cloroarsina (40334-69-8)
   Lewisite 3: tris(2-clorovinil)arsina (40334-70-1)
(6) Mostardas de azoto:
   HN1: bis(2-cloroetil)etilamina (538-07-8)
   HN2: bis(2-cloroetil)metilamina (51-75-2)
   HN3: tris(2-cloroetil)amina (555-77-1)
(7) Saxitoxina (35523-89-8)
(8) Ricina (9009-86-3)

B – Precursores
   (9) Difluoretos do alquil(Me, Et, n-Pr ou i-Pr)fosfonilo.
   Ex.: DF: difluoreto de metilfosfonilo (676-99-3)
   (10) Alquil(Me, Er, n-Pr ou i-Pr)fosfonitos de O.
   alquilo(H ou SC_{10} incluindo cicloalquilo) e O-2-dialquil (Me, Et, n-Pr ou
   i-Pr)aminoetilo, e os sais alquilados ou protonados correspondentes.
   Ex.: QL: metilfosforito de O-etilo e de O-2
   disopropilaminoetilo (57856-11-8)
   (11) Cloro-sarin: metilfosfonocloridato de O-isopropilo (1445-76-7)
   (12) Cloro-soman: metilfosfonocloridato de O-pinacolilo (7040-57-5)

Lista n.º 2

A – Produtos químicos tóxicos
   (1) Amiton fosforotiolato de O.O-dietilo e de S-[2-(dietilamino)etilo], e sais alquilados ou protonados correspondenes. (78-53-5)
   (2) PFIB 1,1,3,3,3-pentafluoro-2-(trifluorometil)-1-propeno. (382-21-8)
   (3) BZ benzilato de 3-quinuclidinilo(*). (6581-06-2)

B – Precursores
   (4) Produtos químicos, com excepção dos contidos na lista n.º 1, que possuam na sua molécula um átomo de fósforo ligado a um grupo metilo, etilo ou propilo (normal ou iso), mas sem mais átomos de carbono.
   Ex.:
      Dicloreto de metilfosfonilo. (676-97-1)
      Metilfosnato de dimetilo. (756-79-6)
      Com exclusão de: fonofos; etilfosfonotiolo-tionato de O-etilo e S-fenilo. (944-22-9)

   (5) Di-halogenetos N,N-dialquil(Me, Et, n-Pr ou i-Pr)fosforamídicos
   (6) N,N-dialquil(Me, Et, n-Pr ou i-Pr) da fosforamiatos de dialquilo(Me, Et, n-Pr ou i-Pr)
   (7) Tricloreto de arsénio. (7784-34-1)
   (8) Ácido 2,2-difenil-2-hidroxiacético. (76-93-7)
   (9) Quinuclidin-3-ol. (1619-34-7)
   (10) 2-cloretos de N,N-dialquil (Me, Et, n-Pr ou i-Pr) aminoetilo, e os sais protonatos correspondentes.
   (11) N,N-dialquil (Me, Et, n-Pr ou i-Pr)aminoetan-2-óis, e os sais protonados correspondentes.
   Com exclusão de:
   N,N-dimetilaminoetanol e os sais protonados correspondentes. (108-01-0)
   N,N-dietilaminoetanol e os sais protonados correspondentes. (108-37-8)

(12) N,N-dialquil (Me, Et, n-Pr ou i-Pr)aminoetanotiol, e os sais protonados correspondentes.
(13) Tiodiglicol, sulfureto de bis(2-hidroxietilo). (111-48-8)
(14) Álcool pinacolílio: 3,3-dimetilbutan-2-ol. (464-07-3)

Lista n.º 3

A – Produtos químicos tóxicos
(1) Fosgénio dicloreto de carbonilo. (75-44-5)
(2) Cloreto de cianogénio. (506-77-4)
(3) Cianeto de hidrogénio. (74-90-8)
(4) Cloropicrina tricloronitrometano. (76-02-2)

B – Precursores
(5) Oxicloreto de fósforo. (10025-87-3)
(6) Tricloreto de fósforo. (7719-12-2)
(7) Pentacloreto de fósforo. (10026-13-8)
(8) Fosfito de trimetilo. (121-45-9)
(9) Fosfito de trietilo. (122-52-1)
(10) Fosfito de dimetilo. (868-85-9)
(11) Fosfito de dietilo. (762-04-9)
(12) Monocloreto de enxofre. (10025-67-9)
(13) Dicloreto de enxofre. (10545-99-0)
(14) Cloreto de tionilo. (7719-09-7)
(15) Etildietanolamina. (139-87-7)
(16) Metildietanolina. (105-59-9)
(17) Trietanolamina. (102-71-6)

ANEXO SOBRE IMPLEMENTAÇÃO E VERIFICAÇÃO (ANEXO SOBRE VERIFICAÇÃO)

PARTE I. DEFINIÇÕES

1. Por «equipamento aprovado» entende-se os dispositivos e instrumentos necessários para a realização das tarefas cometidas à equipa de inspecção e que tenham sido homologados pelo Secretariado Técnico segundo normas por este preparadas, nos termos do parágrafo 27 da Parte II do presente Anexo, Esse equipamento pode também referir-se a materiais administrativos e de registo a utilizar pela equipa de inspecção.

2. O termo «edifício», utilizado na definição de instalação de produção de armas químicas no artigo 2.º, compreende os edifícios especializados e os edifícios de tipo corrente.

a) Entende-se por «edifício especializado»:
  i) Qualquer edifício, incluindo as suas estruturas subterrâneas, que contenha equipamento especializado numa disposição de produção ou de enchimento;
  ii) Qualquer edifício, incluindo as suas estruturas subterrâneas, que tenha características próprias que o distingam dos edifícios normalmente utilizados para actividades de produção e de enchimento de produtos químicos não proibidas nos termos da presente Convenção.
b) Por «edifício de tipo corrente» entende-se qualquer edifício, incluindo as suas estruturas subterrâneas, construído segundo as normas industriais aplicáveis às instalações que não produzam qualquer dos produtos químicos especificados na alínea *a)*, *i)*, do parágrafo 8 do artigo 2.º, ou produtos químicos corrosivos.

3. Por «inspecção por suspeita» entende-se a inspecção de qualquer instalação em local no território de um Estado Parte, ou em qualquer outro local sob a sua jurisdição ou controlo, solicitada por outro Estado Parte nos termos dos parágrafos 8 a 25 do artigo 9.º.

4. Por «produto químico orgânico individual» entende-se qualquer produto químico pertencente à classe constituída por todos os compostos de carbono, com excepção dos respectivos óxidos, sulfuretos e carbonatos de metais, identificável pelo seu nome químico, fórmula de estrutura, se conhecida, e pelo número de registo do Chemical Abstracts Service, se já atribuído.

5. O termo «equipamento», mencionado na definição de instalação de produção de armas químicas no artigo 2.º, compreende equipamento especializado e equipamento corrente.

a) Entende-se por «equipamento especializado»:
  i) O circuito principal de produção, compreendendo qualquer reactor ou equipamento para a síntese, separação e purificação de produtos, qualquer equipamento usado directamente para a transferência de calor na etapa tecnológica final, como, por exemplo, em reactores ou na separação de produtos, bem como qualquer outro equipamento que tenha estado em contacto com qualquer produto químico especificado na alínea *a)*, *i)*, do parágrafo 8 do artigo 2.º, ou que estaria em contacto com esses produtos químicos se a instalação estivesse em funcionamento;
  ii) Qualquer máquina para o enchimento de armas químicas;
  iii) Qualquer outro equipamento que tenha sido especialmente concebido, construído ou montado para a exploração da instalação como a instalação de produção de armas químicas, em contraste com uma instalação que tivesse sido construída segundo as normas da indústria comercial aplicáveis a instalações que não produzam qualquer dos produtos químicos especificados na alínea *a)*, *i)*, do parágrafo 8 do artigo 2.º, ou produtos químicos corrosivos, como, por exemplo:

equipamento fabricado em ligas ricas em níquel ou qualquer outro material especial resistente à corrosão; equipamento especial para controlo de resíduos, tratamento de resíduos, filtração do ar, ou recuperação de solventes; recintos especiais de contenção e barreiras de protecção; equipamento de laboratório não corrente usado para a análise de produtos químicos tóxicos para fins de armas químicas, painéis de controlo de processos especialmente concebidos ou peças de reserva específicas para o equipamento especializado.

  b) Entende-se por «equipamento corrente»:
  i) O equipamento de produção que geralmente se utiliza na indústria química e que não está incluído nos tipos de equipamento especializado;
  ii) Outro equipamento utilizado habitualmente na indústria química, tal como: equipamento para combate a incêndios; equipamento de vigilância para serviço de guarda e de protecção/segurança; instalações médicas; instalações laboratoriais ou equipamento de comunicações.

6. Por «instalação» no contexto do artigo 6.º, entende-se qualquer das localizações industriais que a seguir se define («complexo industrial», «fábrica» e «unidade»).

  a) Por «complexo industrial» entende-se a integração local de uma ou mais fábricas, com quaisquer níveis administrativos intermédios, que estão dependentes de uma chefia operacional, e com infra-estruturas comuns, tais como:
  i) Serviços administrativos e outros;
  ii) Oficinas de reparação e manutenção;
  iii) Centro médico;
  iv) Equipamento colectivo;
  v) Laboratório centralizado de análises;
  vi) Laboratórios de investigação e desenvolvimento;
  vii) Zonas de tratamento centralizado de efluentes e resíduos: e
  viii) Armazéns.

  b) Por «fábrica» (instalação de produção, oficina) entende-se uma zona, estrutura ou edifício relativamente autónomo, compreendendo uma ou mais unidades com uma infra-estrutura auxiliar e conexa, tal como:
  i) Uma pequena secção administrativa:
  ii) Zonas de armazenagem/manipulação de matérias-primas e produtos;
  iii) Zona de manipulação/tratamento de efluentes/resíduos;
  iv) Laboratório de controlo/análise;
  v) Serviço médico de primeiros socorros/serviços médicos conexos; e
  vi) Registos relacionados com os movimentos de entrada, de movimentação interna e de saída de produtos químicos declarados e das suas matérias-primas ou dos produtos produzidos a partir destes, consoante for aplicável.

c) Por «unidade» (unidade de produção, unidade de processo) entende-se uma combinação dos elementos do equipamento, incluindo recipientes e a sua disposição, que são necessários para a produção, processamento ou consumo de um produto químico.

7. Por «acordo de instalação» entende-se um acordo ou combinação formalmente celebrado entre um Estado Parte e a Organização relativamente a uma dada instalação sujeita a verificação *in situ* em conformidade com os artigos 4.º, 5.º e 6.º.

8. Por «Estado anfitrião» entende-se o Estado em cujo território se encontram as instalações ou áreas de outro Estado Parte na presente Convenção, e que estão sujeitas a inspecção por força desta.

9. Por «equipa de acompanhamento no país» entende-se as pessoas indicadas pelo Estado Parte inspeccionado e, quando aplicável, pelo Estado anfitrião para, se o desejarem, acompanhar e prestar assistência à equipa de inspecção durante todo o «período de permanência no país».

10. Por «período de permanência no país» entende-se o período compreendido entre a chegada da equipa de inspecção a um ponto de entrada e a sua partida do Estado por um ponto de entrada.

11. Por «inspecção inicial» entende-se a primeira inspecção *in situ* das instalações para verificação das declarações apresentadas nos termos dos artigos 3.º, 4.º, 5.º e 6.º.

12. Por «Estado Parte inspeccionado» entende-se o Estado Parte em cujo território, ou em qualquer outro local sob a sua jurisdição ou controlo, é realizada uma inspecção nos termos da presente Convenção, ou o Estado Parte cuja instalação ou área no território de um Estado anfitrião for objecto de inspecção; contudo, não se considera incluído o Estado Parte referido no parágrafo 21 da Parte II do presente Anexo.

13. Por «assistente de inspecção» entende-se uma pessoa nomeada pelo Secretariado Técnico, nos termos da Secção A da Parte II do presente Anexo, para apoiar os inspectores numa inspecção ou visita, tal como pessoal médico, de segurança e administrativo, e intérpretes.

14. Por «mandato de inspecção» entende-se as instruções transmitidas pelo director-geral à equipa de inspecção para a realização de uma determinada inspecção.

15. Por «manual de inspecções» entende-se a compilação de procedimentos adicionais a observar na realização de inspecções, elaborada pelo Secretariado Técnico.

16. Por «polígono de inspecção» entende-se qualquer instalação ou área em que se realize uma inspecção e que estiver especificamente definida no correspondente acordo de instalação ou no mandato de inspecção ou, ainda, no pedido de inspecção com as extensões que resultem do perímetro alternativo ou definitivo.

17. Por «equipa de inspecção» entende-se o grupo de inspectores e assistentes de inspecção designados pelo director-geral para realizar uma dada inspecção.

18. Por «inspector» entende-se uma pessoa nomeada pelo Secretariado Técnico em conformidade com os procedimentos estipulados na Secção A da Parte II do presente Anexo, para realizar uma inspecção ou visita nos termos da presente Convenção.

19. Por «acordo modelo» entende-se um documento que indica a forma e o conteúdo gerais para um acordo celebrado entre um Estado Parte e a Organização com o fim de cumprir as disposições relativas à verificação que constam do presente Anexo.

20. Por «observador» entende-se um representante do Estado Parte solicitante ou de um terceiro Estado Parte para observar uma inspecção por suspeita.

21. Por «perímetro», no caso de uma inspecção por suspeita, entende-se o limite externo do polígono de inspecção, definido por coordenadas geográficas, ou por traçado num mapa.

a) Por «perímetro solicitado» entende-se o perímetro do polígono de inspecção especificado em conformidade com o parágrafo 8 da Parte X do presente Anexo:
b) Por «perímetro alternativo» entende-se o perímetro do polígono de inspecção que tiver sido proposto pelo Estado Parte inspeccionado como alternativa ao perímetro solicitado; deve obedecer aos requisitos constantes do parágrafo 17 da Parte X do presente Anexo.
c) Por «perímetro definitivo», entende-se o perímetro do polígono de inspecção que vier a ser definitivamente fixado através de negociações entre a equipa de inspecção e o Estado Parte inspeccionado, em conformidade com os parágrafos 16 a 21 da Parte X do presente Anexo.
d) Por «perímetro declarado» entende-se o limite exterior da instalação declarada em conformidade com os artigos 3.º, 4.º, 5.º e 6.º.

22. Por «período de inspecção» para efeitos do artigo 9.º entende-se o período de tempo decorrido desde que for facultado à equipa de inspecção o acesso ao, polígono de inspecção até à saída da equipa de inspecção deste, com exclusão do tempo despendido em reuniões de informação que tiverem lugar antes e depois das actividades de verificação.

23. Por «período de inspecção» para efeitos dos artigos 4.º, 5.º e 6.º entende-se o período de tempo decorrido desde a chegada da equipa de inspecção ao polígono de inspecção até, à sua saída deste, com exclusão do tempo despendido em reuniões de informação que tiverem lugar antes e depois das actividades de verificação.

24. Por «ponto de entrada»/«ponto de saída» entende-se, respectivamente, o local designado para chegada ao país das equipas de inspecção com o objectivo de realizar inspecções nos termos da presente Convenção, ou para a saída destas, após terem concluído a sua missão.

25. Por «Estado Parte solicitante» entende-se o Estado Parte que tiver pedido uma inspecção por suspeita em conformtidade com o artigo 9.º.

26. Por «tonelada» entende-se uma tonelada métrica, i. e., 1000 kg.

PARTE II. NORMAS GERAIS DE VERIFICAÇÃO

A – Nomeação dos inspectores e dos assistentes de inspecção

1. No prazo máximo de 30 dias após a entrada em vigor da presente Convenção, o Secretariado Técnico comunicará por escrito a todos os Estados Partes os

nomes, as nacionalidades e as categorias dos inspectores e dos assistentes de inspecção que se propõe nomear, complementando esta informação com uma descrição das respectivas qualificações e experiência profissional.

2. Cada Estado Parte acusará de imediato a recepção da lista de inspectores e de assistentes de inspecção propostos para nomeação que lhe tiver sido comunicada. No prazo máximo de 30 dias após ter acusado a recepção da lista, o Estado Parte informará por escrito, o Secretariado Técnico quanto à sua aceitação de cada inspector e assistente de inspecção. Qualquer inspector ou assistente de inspecção que faça parte da lista será considerado como nomeado, a não ser que um Estado Parte, no prazo máximo de 30 dias após ter acusado a recepção da lista, declare por escrito a objecção a essa nomeação. O Estado Parte pode indicar a razão da sua objecção.

Em caso de objecção, o inspector ou assistente de inspecção proposto não realizará nem participará em actividades de verificação que decorram no território do Estado Parte que formulou a sua objecção, ou em qualquer outro local que se encontre sob a sua jurisdição ou controlo. Se necessário, o Secretariado Técnico apresentará novas propostas adicionais à lista original.

3. As actividades de verificação decorrentes da presente Convenção só podem ser realizadas por inspectores e assistentes de inspecção que tiverem sido nomeados.

4. Sem prejuízo do disposto no parágrafo 5, um Estado Parte tem o direito de, a todo o tempo, apresentar objecções contra um inspector ou assistente de inspecção que já tiver sido nomeado. Tal objecção deverá ser notificada por escrito pelo Estado Parte ao Secretariado Técnico, e pode incluir o seu motivo. Essa objecção produzirá efeitos 30 dias após ter sido recebida pelo Secretariado Técnico. O Secretariado Técnico comunicará prontamente ao Estado Parte interessado a revogação da nomeação do inspector ou do assistente de inspecção.

5. Nenhum Estado Parte que tiver sido notificado de uma inspecção poderá tentar excluir da equipa de inspecção designada para essa inspecção qualquer dos inspectores ou dos assistentes de inspecção que tiverem sido nomeados e constem do elenco dessa equipa de inspecção.

6. O número de inspectores ou de assistentes de inspecção nomeados para um dado Estado Parte e por este aceites, deve ser suficiente para permitir a disponibilidade e a rotação do número adequado de inspectores e de assistentes de inspecção.

7. Se na opinião do director-geral, a objecção a inspectores ou assistentes de inspecção propostos dificultar a nomeação de um número suficiente de inspectores ou de assistentes de inspecção ou, por qualquer outra forma, criar entraves ao eficaz cumprimento das tarefas que competem ao Secretariado Técnico, remeterá a questão ao Conselho Executivo.

8. Sempre que for necessário ou sempre que for solicitada a alteração das referidas listas de inspectores e de assistentes de inspecção, proceder-se-á à nomeação dos inspectores e assistentes de inspecção substitutos da mesma forma que a estabelecida para a lista inicial.

9. Para a designação de membros de uma equipa de inspecção que realiza a inspecção da instalação de um Estado Parte mas situada no território de outro Estado Parte, observar-se-á os procedimentos que, expressos no presente Anexo, se apliquem tanto ao Estado Parte inspeccionado como ao Estado Parte anfitrião.

B – Privilégios e imunidades

10. No prazo máximo de 30 dias após a confirmação da recepção da lista de inspectores e de assistentes de inspecção, ou de alterações a esta, cada Estado Parte concederá vistos para múltiplas entradas/saídas ou em trânsito e quaisquer outros documentos que permitam que cada inspector ou assistente de inspecção possa entrar e permanecer no território desse Estado Parte com a finalidade de proceder a actividades de inspecção. Esses documentos serão válidos, no mínimo, por dois anos a contar da data da sua entrega ao Secretariado Técnico.

11. Para o eficaz exercício das suas funções, reconhecer-se-á aos inspectores e assistentes de inspecção os privilégios e imunidades estabelecidos nas alíneas *a*) a *i*), deste parágrafo. Os privilégios e imunidades serão concedidos aos membros da equipa de inspecção no interesse da presente Convenção, e não para seu proveito pessoal. Os privilégios e imunidades ser-lhes-ão concedidos durante todo o período compreendido entre a chegada ao território do Estado Parte inspeccionado, ou do Estado anfitrião, se for esse o caso, e a saída deste e, posteriormente, no referente aos actos que tiverem sido anteriormente praticados no exercício das suas funções oficiais.

   a) Os membros da equipa de inspecção gozam da mesma inviolabilidade de que gozam os agentes diplomáticos, em conformidade com o artigo 29.º da Convenção de Viena sobre Relações Diplomáticas de 18 de Abril de 1961.

   b) Aos locais de residência e de trabalho ocupados pela equipa que, em conformidade com a presente Convenção, realize actividades de inspecção, serão conferidas as mesmas inviolabilidade e protecção de que gozam os alojamentos privados dos agentes diplomáticos em virtude do parágrafo 1 do artigo 30.º da Convenção de Viena sobre Relações Diplomáticas.

   c) Os documentos e a correspondência da equipa de inspecção, incluindo arquivos, gozarão da inviolabilidade conferida a todos os documentos e correspondência dos agentes diplomáticos nos termos do parágrafo 2 do artigo 30.º da Convenção de Viena sobre Relações Diplomáticas. A equipa de inspecção terá o direito de utilizar códigos nas suas comunicações com o Secretariado Técnico.

   d) As amostras e o equipamento aprovado transportados pelos membros da equipa de inspecção serão invioláveis, sujeitos às disposições contidas na presente Convenção, e ficarão isentos de quaisquer direitos alfandegários. As amostras perigosas serão transportadas em conformidade com os regulamentos relevantes.

   e) Os membros da equipa de inspecção gozarão das mesmas imunidades de que gozam os agentes diplomáticos nos termos dos parágrafos 1, 2 e 3 do artigo 31.º da Convenção de Viena sobre Relações Diplomáticas.

   f) Os membros da equipa de inspecção que desenvolvam actividades nos termos da presente Convenção gozarão da isenção de direitos e de impostos de que gozam os agentes diplomáticos nos termos do artigo 34.º da Convenção de Viena sobre Relações Diplomáticas.

g) Os membros da equipa de inspecção serão autorizados a introduzir no território do Estado Parte inspeccionado ou do Estado Parte anfitrião, artigos de uso pessoal, que serão livres de direitos aduaneiros ou de quaisquer gravames idênticos, com excepção daqueles artigos cuja importação e exportação estiver legalmente proibida ou sujeita a quarentena.

h) Os membros da equipa de inspecção, em termos de regulamentações monetárias e de câmbio, gozarão das mesmas facilidades que são acordadas aos representantes de Governos estrangeiros em missões oficiais temporárias.

i) Os membros da equipa de inspecção não exercerão qualquer actividade profissional ou comercial em benefício próprio no território do Estado Parte inspeccionado ou do Estado anfitrião.

12. Quando em trânsito em território de Estados Partes não inspeccionados, aos membros da equipa de inspecção serão reconhecidos os mesmos privilégios e imunidades de que gozam os agentes diplomáticos nos termos do parágrafo 1 do artigo 40.º da Convenção de Viena sobre Relações Diplomáticas. Aos documentos e à correspondência, incluindo arquivos, e às amostras e equipamento aprovado que transportarem serão concedidos os privilégios e imunidades enunciados nas alíneas *c)* e *d)* do parágrafo 11.

13. Sem prejuízo dos seus privilégios e imunidades, os membros da equipa de inspecção serão obrigados a respeitar as leis e regulamentos do Estado Parte inspeccionado ou do Estado anfitrião e, na extensão compatível com o mandato de inspecção, ficam obrigados a não interferir nos assuntos internos desse Estado. Se o Estado Parte inspeccionado ou o Estado Parte anfitrião considerar que houve abuso de privilégios e imunidades estabelecidos no presente Anexo, deverão realizar-se consultas entre esse Estado Parte e o director-geral para determinar se esse abuso ocorreu e, se assim determinado, para impedir a sua repetição.

14. O director-geral poderá suspender a imunidade de jurisdição dos membros da equipa de inspecção nos casos em que, na sua opinião, tal imunidade possa obstruir a acção da justiça e quando o puder fazer sem prejuízo da aplicação das disposições da presente Convenção. Essa suspensão deverá ser sempre expressa.

15. Aos observadores serão concedidos os mesmos privilégios e imunidades concedidos aos inspectores, em conformidade com a presente secção, com excepção dos referidos na alínea *d)* do parágrafo 11.

C – Acordos permanentes

Pontos de entrada

16. Cada Estado Parte, no prazo máximo de 30 dias após a entrada em vigor da presente Convenção nesse Estado, designará os pontos de entrada e facultará ao Secretariado Técnico a informação necessária. Tais pontos de entrada deverão situar-se de modo que a equipa de inspecção possa chegar, no prazo de doze horas, a qualquer polígono de inspecção a partir de pelo menos um dos pontos de entrada. A localização dos pontos de entrada será fornecida pelo Secretariado Técnico a todos os Estados Partes.

17. Qualquer Estado Parte poderá alterar os seus pontos de entrada, notificando o Secretariado Técnico dessa alteração. As alterações tornar-se-ão efectivas 30 dias após a recepção da notificação pelo Secretariado Técnico, para permitir a notificação dessa alteração a todos os Estados Partes.

18. Se o Secretariado Técnico considerar que os pontos de entrada são insuficientes para a realização das inspecções em tempo oportuno ou que as alterações dos pontos de entrada propostos por um Estado Parte entravariam a realização das inspecções em tempo oportuno, realizará consultas com o Estado Parte envolvido para a resolução do problema.

19. Nos casos em que a instalação ou áreas de um Estado Parte inspeccionado estiverem localizadas no território de um Estado anfitrião, ou quando o acesso às instalações ou áreas a inspeccionar, a partir do ponto de entrada, implicar o trânsito através do território de outro Estado Parte, o Estado Parte inspeccionado exercerá os direitos e cumprirá as obrigações relativos a essas inspecções em conformidade com o presente Anexo. O Estado Parte anfitrião facilitará a inspecção das referidas instalações ou áreas e facultará o apoio necessário para o cumprimento oportuno e eficaz dos trabalhos da equipa de inspecção. Os Estados Partes por cujo território for necessário transitar para proceder à inspecção de instalações ou áreas de um Estado Parte inspeccionado facilitarão esse trânsito.

20. Nos casos em que as instalações ou áreas de um Estado Parte inspeccionado estiverem situadas no território de um Estado que não seja Parte da presente Convenção, o Estado Parte inspeccionado tomará as medidas necessárias para garantir que as inspecções dessas instalações ou áreas decorrem em conformidade com as disposições do presente Anexo. Qualquer Estado Parte que tiver uma ou mais instalações ou áreas no território de um Estado que não for Parte da presente Convenção tomará todas as medidas necessárias para assegurar que o Estado anfitrião aceitará os inspectores e assistentes de inspecção que forem nomeados para esse Estado Parte. Se um Estado Parte inspeccionado não puder garantir esse acesso, caber-lhe-á demonstrar que tomou as medidas necessárias para assegurar esse acesso.

21. Nos casos em que as instalações ou áreas a inspeccionar estiverem situadas no território de um Estado Parte, mas em local submetido à jurisdição ou controlo de um Estado que não for Parte na presente Convenção, o Estado Parte tomará todas as medidas necessárias exigidas a um Estado Parte inspeccionado e a um Estado Parte anfitrião para garantir que as inspecções dessas instalações ou áreas são realizadas em conformidade com o disposto no presente Anexo. Se o Estado Parte não puder garantir o acesso a essas instalações ou áreas, caber-lhe-á demonstrar que tomou todas as medidas necessárias para assegurar esse acesso. O presente parágrafo não se aplica quando as instalações ou áreas a inspeccionar pertencem ao próprio Estado Parte.

Acordos para a utilização de aviões em voo não regular

22. Para a realização de inspecções em conformidade com o artigo 9.º e para outras inspecções em que não for possível a realização atempada da viagem utilizando transportes comerciais regulares, uma equipa de inspecção poderá precisar de utilizar um avião de propriedade do Secretariado Técnico ou por este fretado. Cada

Estado Parte, no prazo máximo de 30 dias a partir da entrada em vigor da presente Convenção nesse Estado, informará o Secretariado Técnico do número de autorização diplomática permanente para aviões em voo não regular que transportem equipas de inspecção e equipamento necessário para a inspecção em viagens de ida e volta até ao território em que está situado o polígono de inspecção. O itinerário dos aviões, para chegar ao ponto de entrada designado e dele sair, ajustar-se-á às rotas aéreas internacionais acordadas entre os Estados Partes e o Secretariado Técnico como base para a concessão da autorização diplomática.

23. Quando for utilizado um avião em voo não regular, o Secretariado Técnico transmitirá ao Estado Parte inspeccionado, por intermédio da sua autoridade nacional, o plano de voo desde o último aeroporto anterior à entrada no espaço aéreo do Estado em que estiver localizado o polígono de inspecção até ao ponto de entrada, com a antecedência mínima de seis horas relativamente à hora prevista para a partida desse aeroporto. Esse plano será apresentado em conformidade com os procedimentos da Organização Internacional da Aviação Civil aplicáveis a aviões civis, Nos voos em aviões que forem propriedade do Secretariado Técnico ou por ele fretados, o Secretariado Técnico mencionará na secção relativa a observações de cada plano de voo o número da autorização diplomática permanente e a notação adequada que identifica o avião como um avião de inspecção.

24. Com a antecedência mínima de três horas relativamente à partida prevista da equipa de inspecção do último aeroporto anterior à entrada no espaço aéreo do Estado onde a inspecção vai ter lugar, o Estado Parte inspeccionado ou o Estado Parte anfitrião assegurarão a aprovação do plano de voo que tiver sido transmitido em conformidade com o parágrafo 23, de modo que a equipa de inspecção, possa chegar ao ponto de entrada à hora prevista.

25. O Estado Parte inspeccionado proporcionará, no ponto de entrada, o estacionamento, protecção de segurança, serviços de manutenção e combustível que lhe forem solicitados pelo Secretariado Técnico para o avião que transporta a equipa de inspecção quando este for propriedade do Secretariado Técnico ou por ele fretado. Tal avião não estará sujeito ao pagamento de taxas de aterragem, impostos de saída ou gravames de idêntico teor. O Secretariado Técnico cobrirá os encargos referentes ao combustível, protecção de segurança e serviços de manutenção.

Acordos administrativos

26. O Estado Parte inspeccionado facultará ou porá à disposição da equipa de inspecção as facilidades necessárias tais como meios de comunicação, serviços de intérpretes na extensão necessária para a realização de entrevistas e outras tarefas, transporte, espaço de trabalho, alojamento, alimentação e cuidados médicos. O Estado Parte inspeccionado será reembolsado pela Organização das despesas correspondentes em que incorrer a equipa de inspecção.

Equipamento aprovado

27. Sem prejuízo do disposto no parágrafo 29, o Estado Parte inspeccionado não porá restrições a que a equipa de inspecção transporte consigo, até ao polígono

de inspecção, o equipamento aprovado em conformidade com o parágrafo 28, que o Secretariado Técnico tiver considerado como necessário para cumprir os requisitos da inspecção. O Secretariado Técnico preparará e, quando necessário, actualizará uma lista do equipamento aprovado que pode ser necessário para tais objectivos e as regulamentações referentes a esse equipamento, que serão conformes com as disposições do presente Anexo. Ao elaborar a lista de equipamento aprovado e as regulamentações correspondentes, o Secretariado Técnico assegurará que são integralmente considerados todos os requisitos de segurança para todos os tipos de instalações em que, previsivelmente, o equipamento possa vir a ser usado. A Conferência examinará e aprovará uma lista de equipamento aprovado, em conformidade com a alínea *i*) do parágrafo 21 do artigo 8.º.

28. O equipamento ficará depositado no Secretariado Técnico e será por este designado, calibrado e aprovado. Na medida do possível, o Secretariado Técnico escolherá o equipamento que tiver sido especificamente concebido para o tipo particular de inspecção requerida. O equipamento designado e aprovado ficará protegido especificamente contra qualquer alteração não autorizada.

29. O Estado Parte inspeccionado terá o direito de, dentro dos prazos estabelecidos inspeccionar o equipamento no ponto de entrada e na presença dos membros da equipa de inspecção, ou seja, de confirmar a identidade do equipamento trazido para ou retirado do território do Estado Parte inspeccionado ou do Estado anfitrião. Para facilitar essa identificação, o Secretariado Técnico juntará documentos e dispositivos para autenticar a sua designação e aprovação desse equipamento. A inspecção do equipamento deverá igualmente dar adequada satisfação ao Estado Parte inspeccionado quanto à sua conformidade com a descrição do equipamento aprovado para o tipo concreto de inspecção a realizar. O Estado Parte inspeccionado poderá recusar equipamento que não estiver conforme com a descrição ou que não tiver os referidos documentos ou dispositivos de autenticação. Os procedimentos a observar para a inspecção do equipamento deverão ser examinados e aprovados pela Conferência, nos termos da alínea *i*) do parágrafo 21 do artigo 8.º.

30. Caso a equipa de inspecção considere necessária a utilização de equipamento disponível no próprio local que não pertença ao Secretariado Técnico, e solicite ao Estado Parte inspeccionado autorização para a utilização desse equipamento, o Estado Parte inspeccionado deverá, dentro do possível, satisfazer tal pedido.

D – Actividades prévias à inspecção

Notificação

31. Antes da chegada prevista da equipa de inspecção ao ponto de entrada e dentro dos prazos prescritos, quando estipulados, o director-geral notificará o Estado Parte da sua intenção de proceder a uma inspecção.

32. As notificações a emitir pelo director-geral conterão as seguintes indicações:
   a) O tipo de inspecção;
   b) O ponto de entrada;

c) A data e a hora previstas de chegada da equipa de inspecção ao ponto de entrada;
   d) O meio de transporte usado até ao ponto de entrada;
   e) O polígono a inspeccionar;
   f) Os nomes dos inspectores e dos assistentes de inspecção;
   g) Quando aplicável, a autorização para que aviões efectuem voos especiais.

33. O Estado Parte inspeccionado confirmará ao Secretariado Técnico a recepção da notificação por este feita da sua intenção de proceder a uma inspecção, no prazo máximo de uma hora após a recepção daquela notificação.

34. No caso de uma inspecção de uma instalação de um Estado Parte situada no território de outro Estado Parte, ambos os Estados Partes serão notificados simultaneamente, nos termos dos parágrafos 31 e 32.

Entrada no território do Estado Parte inspeccionado ou do Estado Parte anfitrião e condução até ao polígono de inspecção

35. O Estado Parte inspeccionado ou o Estado Parte anfitrião que tiver sido notificado da chegada de uma equipa de inspecção assegurará a sua imediata entrada no território e, através de uma equipa de acompanhamento no país ou por outros meios, fará tudo o que estiver ao seu alcance para garantir a condução segura da equipa de inspecção e do respectivo equipamento e bagagem, desde o seu ponto de entrada até ao polígono de inspecção e deste, ou destes, até um ponto de saída.

36. O Estado Parte inspeccionado ou o Estado Parte anfitrião prestará o apoio que for necessário à equipa de inspecção para que chegue ao polígono de inspecção no prazo máximo de doze horas após a sua chegada ao ponto de entrada.

Informação prévia à inspecção

37. Ao chegar ao polígono de inspecção, e antes do início desta, a equipa de inspecção será informada, na própria instalação e por representantes desta, com a ajuda de mapas e outra documentação pertinente, sobre as actividades realizadas na instalação, medidas de segurança e os preparativos administrativos e logísticos necessários para a inspecção. O período de tempo destinado, a essa informação deverá limitar-se ao mínimo necessário e em caso algum excederá três horas.

E – Condução da inspecção

Normas gerais

38. Os membros da equipa de inspecção desempenharão as suas funções em conformidade com as disposições da presente Convenção, as normas estabelecidas pelo director-geral e os acordos de instalação celebrados entre os Estados Partes e a Organização.

39. A equipa de inspecção observará estritamente o mandato de inspecção emitido pelo director-geral. Abster-se-á de quaisquer actividades que excedam esse mandato.

40. As actividades da equipa de inspecção serão organizadas de forma a assegurar o cumprimento atempado e eficaz das suas funções e a causar o menor inconveniente possível ao Estado Parte inspeccionado ou ao Estado Parte anfitrião e a menor perturbação possível, na instalação ou área inspeccionada. A equipa de inspecção evitará criar obstáculos ou atrasos desnecessários ao funcionamento de uma instalação e interferir na sua segurança. Em particular, a equipa de inspecção não porá em funcionamento qualquer instalação. Se, para cumprimento do seu mandato, os inspectores considerarem necessária a realização de determinadas operações numa instalação, solicitarão ao representante designado pela instalação inspeccionada que faça proceder a essas operações. Na medida do possível, o representante satisfará essa solicitação.

41. No cumprimento dos seus deveres no território de um Estado Parte inspeccionado ou de um Estado Parte anfitrião, caso o Estado Parte inspeccionado o solicite, os membros da equipa de inspecção serão acompanhados por representantes desse Estado, mas sem que tal facto possa criar demoras ou levantar entraves ao exercício das suas funções.

42. Tendo em conta as orientações que a Conferência examinará e aprovará em conformidade com a alínea *i*) do parágrafo 21 do artigo 8.º, serão estabelecidos pelo Secretariado Técnico procedimentos pormenorizados para a condução das inspecções para inclusão no manual de inspecções.

Segurança

43. No exercício das suas funções, os inspectores e os assistentes de inspecção observarão os regulamentos de segurança em vigor no polígono de inspecção, incluindo os que se referem à protecção de ambientes controlados no interior de uma instalação e à segurança pessoal. Para implementação destes requisitos, a Conferência examinará e aprovará, nos termos da alínea *i*) do parágrafo 21 do artigo 8.º, os procedimentos pormenorizados adequados.

Comunicações

44. Durante todo o período de permanência no país, os inspectores terão o direito de comunicar com a sede do Secretariado Técnico. Para isso poderão utilizar o seu próprio equipamento aprovado, devidamente homologado, ou poderão solicitar ao Estado Parte inspeccionado, ou ao Estado Parte anfitrião, que lhes faculte o acesso a outras telecomunicações. A equipa de inspecção terá o direito de utilizar o seu próprio sistema de comunicações bidireccionais via rádio entre o pessoal que patrulha o perímetro e outros membros da equipa de inspecção.

Direitos da equipa de inspecção e do Estado Parte Inspeccionado

45. Nos termos dos artigos e Anexos aplicáveis da presente Convenção, dos acordos de instalação e dos procedimentos estabelecidos no manual de inspecções, a equipa de inspecção terá direito de acesso, sem restrições, ao polígono de inspecção. Os elementos a inspeccionar serão seleccionados pelos inspectores.

46. Os inspectores terão o direito de entrevistar qualquer membro do pessoal da instalação, na presença de representantes do Estado Parte inspeccionado, para averiguação de factos pertinentes. Os inspectores limitar-se-ão a solicitar informações e dados que forem necessários para a condução da inspecção, e o Estado Parte inspeccionado facultará as informações solicitadas. O Estado Parte inspeccionado terá o direito de formular objecções a perguntas feitas ao pessoal da instalação quando as considerar como não relevantes para a inspecção. Se o chefe da equipa de inspecção contestar essas objecções, afirmando a pertinência das perguntas formuladas, as perguntas serão entregues por escrito ao Estado Parte inspeccionado para que responda. A equipa de inspecção poderá tomar nota, na parte do relatório que se refere à colaboração do Estado Parte inspeccionado, de qualquer recusa de entrevistas ou da permissão de respostas a perguntas e quaisquer explicações dadas.

47. Os inspectores terão o direito de inspeccionar documentos e registos que considerarem pertinentes para o cumprimento da sua missão.

48. Os inspectores terão o direito de solicitar que representantes do Estado Parte inspeccionado ou da instalação inspeccionada tirem fotografias a seu pedido. Para o efeito, estará disponível no local equipamento fotográfico com revelação imediata. A equipa de inspecção verificará se as fotografias correspondem às solicitadas, e, caso não se constate essa correspondência, serão tiradas outras fotografias. Tanto a equipa de inspecção como o Estado Parte inspeccionado conservarão uma cópia de cada fotografia.

49. Os representantes do Estado Parte inspeccionado têm o direito de observar todas as actividades de verificação realizadas pela equipa de inspecção.

50. Caso o solicite, o Estado Parte inspeccionado receberá cópias das informações e dos dados recolhidos pelo Secretariado Técnico sobre a sua instalação ou instalações.

51. Os inspectores terão o direito de pedir esclarecimentos quanto às ambiguidades surgidas durante uma inspecção. Esses esclarecimentos serão pedidos sem demora por intermédio do representante do Estado Parte inspeccionado. Durante a inspecção, o representante do Estado Parte inspeccionado facultará à equipa de inspecção os esclarecimentos que forem necessários para dissipar a ambiguidade Caso não fiquem resolvidas as questões referentes a um objecto ou edifício situado no polígono de inspecção, serão tratadas, mediante pedido, fotografias desse objecto ou edifício para efeitos de esclarecimento quanto à sua natureza ou função. Se a ambiguidade não puder ser resolvida durante a inspecção, os inspectores notificarão de imediato o Secretariado Técnico. Os inspectores incluirão no relatório de inspecção qualquer questão que não tiver ficado resolvida, com os esclarecimentos pertinentes e as cópias de quaisquer fotografias que tiverem sido tiradas.

Recolha, manipulação e análise de amostras

52. A pedido da equipa de inspecção, os representantes do Estado Parte inspeccionado ou da instalação inspeccionada recolherão amostras, na presença dos inspectores. Quando previamente acordado com os representantes do Estado Parte inspeccionada ou da instalação inspeccionada, a própria equipa de inspecção poderá proceder à recolha de amostras.

53. Sempre que possível, as amostras serão analisadas no próprio local. A equipa de inspecção terá o direito de analisar as amostras no próprio local, utilizando o equipamento aprovado que transportar consigo. A pedido da equipa de inspecção, o Estado Parte inspeccionado, em conformidade com os procedimentos acordados, dará apoio à análise das amostras no próprio local. Em alternativa, a equipa de inspecção poderá solicitar que as amostras sejam analisadas no próprio local na sua presença.

54. O Estado Parte inspeccionado tem o direito de conservar alíquotas de todas as amostras recolhidas ou de recolher duplicados das amostras, e de estar presente quando se proceder à análise das amostras no próprio local.

55. Caso considere necessário, a equipa de inspeção transferirá amostras para análise em laboratórios designados pela Organização.

56. Cabe ao director-geral a responsabilidade principal quanto à garantia da segurança, integridade e conservação das amostras e à protecção do carácter confidencial das amostras que tiverem sido transferidas para análise. O director-geral assumirá essa responsabilidade em conformidade com os procedimentos que a Conferência examinará e aprovará, nos termos da alínea *i*) do parágrafo 21 do artigo 8.º, para inclusão no manual de inspecções.

O director-geral:

a) Estabelecerá um regime rigoroso para a recolha, manipulação, transporte e análise de amostras;

b) Homologará os laboratórios designados para realizar diferentes tipos de análises;

c) Supervisionará a normalização do equipamento e dos procedimentos a utilizar nesses laboratórios, bem como do equipamento para análise e procedimentos em laboratórios móveis, e vigiará também o controlo de qualidade e as normas gerais relativas à homologação desses laboratórios, equipamento móvel e procedimentos; e

d) Elegerá, de entre os laboratórios designados, os que farão determinações analíticas ou de outra índole referentes a investigações específicas.

57. Sempre que as amostras tiverem de ser analisadas fora do polígono de inspecção, as análises serão realizadas em pelo menos dois laboratórios designados. O Secretariado Técnico garantirá a realização expedita das análises. Cabe ao Secretariado Técnico a responsabilidade pelas amostras e quaisquer amostras ou alíquotas não utilizadas serão devolvidas, ao Secretariado Técnico.

58. O Secretariado Técnico compilará os resultados das análises laboratoriais de amostras relevantes para o cumprimento, da presente Convenção e incluí-los-á no relatório final sobre a inspecção. Nesse relatório, o Secretariado Técnico incluirá informação pormenorizada sobre o equipamento e a metodologia usados pelos laboratórios designados.

Prorrogação da duração da inspecção

59. Os períodos de inspecção podem ser prorrogados mediante acordo com o representante do Estado Parte inspeccionado.

Primeiras informações sobre a inspecção

60. Ao ser concluída a inspecção, a equipa de inspecção reunir-se-á com representantes do Estado Parte inspeccionado e o pessoal responsável pelo polígono de inspecção, para examinar as conclusões preliminares da equipa de inspecção e esclarecer quaisquer ambiguidades. A equipa de inspecção comunicará as suas conclusões preliminares por escrito aos representantes do Estado Parte inspeccionado, utilizando um formato normalizado e tendo como anexos uma lista de quaisquer amostras, cópias de informações escritas, dados obtidos e outros documentos que tiverem de ser retirados do polígono de inspecção. O documento será assinado pelo chefe da equipa de inspecção. Para demonstrar que tomou conhecimento do seu conteúdo, o representante do Estado Parte inspeccionado assinará também esse documento. Esta reunião deverá ficar concluída no prazo máximo de vinte e quatro horas após a conclusão da inspecção.

F – Partida

61. Concluídos os procedimentos subsequentes à inspecção a equipa de inspecção abandonará, tão cedo quanto possível, o território do Estado Parte inspeccionado ou do Estado anfitrião.

62. No prazo máximo de 10 dias após a inspecção, os inspectores elaborarão um relatório factual final sobre as actividades realizadas e as suas conclusões. Esse relatório limitar-se-á aos factos relevantes para o cumprimento da presente Convenção, como previsto no mandato de inspecção. O relatório fornecerá igualmente informação referente à forma como o Estado Parte inspeccionado colaborou com a equipa de inspecção. Ao relatório poderão ser anexadas observações divergentes feitas pelos inspectores. O relatório terá caracter confidencial.

63. O relatório final será apresentado de imediato ao Estado Parte inspeccionado. Ao relatório serão anexados quaisquer comentários que o Estado Parte inspeccionado pretenda imediatamente formular por escrito sobre as conclusões nele apresentadas, O relatório final, incluindo os comentários anexados feitos pelo Estado Parte inspeccionado, será apresentado ao director-geral no prazo máximo de 30 dias após a inspecção.

64. Se o relatório contiver ainda pontos duvidosos, ou se a colaboração entre a autoridade nacional e os inspectores não tiver estado à altura das normas exigidas, o director-geral entrará em contacto com o Estado Parte para obter esclarecimentos.

65. Se não for possível eliminar os pontos duvidosos ou se a natureza dos factos determinados indiciar o incumprimento das obrigações contraídas nos termos da presente Convenção, o director geral informará sem demora o Conselho Executivo.

H – Aplicação das disposições gerais

66. As disposições da presente parte aplicar-se-ão a todas as inspecções realizadas nos termos da presente Convenção, excepto quando as disposições da presente parte diferirem das disposições estabelecidas para tipos específicos de inspecções nas Partes III a XI do presente Anexo, caso em que estas últimas terão precedência.

PARTE III. **Disposições gerais relativas às medidas de verificação nos termos dos arts. 4.º e 5.º e do parágrafo 3 do artigo 6.º**

A – Inspecções iniciais e acordos de instalação

1. Cada instalação declarada sujeita a inspecções *in situ*, nos termos dos artigos 4.º e 5.º e do parágrafo 3 do artigo 6.º, receberá uma inspecção inicial logo após ter sido feita a respectiva declaração. O objectivo desta inspecção da instalação será verificar a informação fornecida e obter toda a informação adicional que for necessária para planear futuras actividades de verificação da instalação, incluindo inspecções *in situ* e a vigilância contínua por instrumentos instalados no local, e para elaborar os acordos de instalação.

2. Cabe aos Estados Partes garantir que tanto a verificação das declarações como o início das medidas de verificação sistemática possam ser executadas pelo Secretariado Técnico em todas as instalações, dentro da calendarização estabelecida após a entrada em vigor da presente Convenção nesses Estados.

3. Cada Estado Parte celebrará com a Organização um acordo de instalação por cada instalação declarada e que estiver sujeita a inspecções *in situ*, nos termos dos artigos 4.º e 5.º e do parágrafo 3 do artigo 6.º.

4. Os acordos de instalação serão concluídos no prazo máximo de 180 dias após a entrada em vigor da presente Convenção no Estado Parte ou depois de a instalação ter sido declarada pela primeira vez, excepto para uma instalação de destruição de armas químicas à qual se aplicarão os parágrafos 5 a 7.

5. No caso de uma instalação de destruição de armas químicas que inicie as suas operações decorrido mais de um ano sobre a data de entrada em vigor da presente Convenção no Estado Parte, o acordo de instalação ficará concluído com a antecedência mínima de 180 dias relativamente ao início do funcionamento da instalação.

6. No caso de uma instalação de destruição de armas químicas que esteja já em funcionamento na data de entrada em vigor da presente Convenção no Estado Parte, ou que inicie as suas operações dentro de, no máximo, um ano sobre essa data, o acordo de instalação ficará concluído no prazo de 210 dias após a entrada em vigor da presente Convenção no Estado Parte, excepto quanto o Conselho Executivo decidir que são suficientes os acordos de verificação transitórios, aprovados nos termos do parágrafo 51 da Parte IV (A) deste Anexo, e que incluirão um acordo de instalação transitório, disposições, para verificação por inspecções *in situ* e vigilância por instrumentos instalados no local, e uma calendarização para aplicação desses acordos.

7. Caso uma instalação tal como referido no parágrafo 6 cesse as suas operações no prazo máximo de dois anos após a entrada em vigor da presente Convenção no Estado Parte, o Conselho Executivo poderá decidir que são suficientes os acordos de verificação transitórios, aprovados nos termos do parágrafo 51 da Parte IV (A) deste Anexo, e que incluirão um acordo de instalação transitório, disposições para verificação por inspecções *in situ* e vigilância por instrumentos instalados no locàl, e uma calendarização para aplicação desses acordos.

8. Os acordos de instalação basear-se-ão em modelos especificamente estabelecidos para acordos dessa natureza e incluirão procedimentos pormenorizados que

regerão as inspecções a ter lugar em cada instalação. Os acordos modelo incluirão disposições para acolher futuros desenvolvimentos, tecnológicos e serão examinados e aprovados pela Conferência, nos termos da alínea *i*) do parágrafo 21 do artigo 8.º.

9. O Secretariado Técnico poderá manter, em cada polígono de inspecção, um recipiente selado destinado a guardar fotografias, desenhos e demais informações de que possa vir a precisar em inspecções subsequentes.

B – Acordos permanentes

10. Quando aplicável, o Secretariado Técnico terá o direito de instalar e utilizar instrumentos e sistemas de vigilância contínua e a pôr selos, em conformidade com as disposições pertinentes da presente Convenção e os acordos de instalação celebrados entre os Estados Partes e a Organização.

11. O Estado Parte inspeccionado, em conformidade com os procedimentos acordados, terá o direito de inspeccionar qualquer instrumento utilizado ou instalado, pela equipa de inspecção e de o fazer ser testado na presença de representantes seus. A equipa de inspecção terá direito à utilização, dos instrumentos que tiverem sido instalados pelo Estado Parte inspeccionado para realizar a sua própria vigilância do processo tecnológico de destruição de armas químicas. Com essa finalidade, a equipa de inspecção terá o direito de inspeccionar os instrumentos que o Estado Parte pretender utilizar para a verificação da destruição de armas químicas e ele fazer com que estes sejam verificados na sua presença.

12. O Estado Parte inspeccionado facultará a preparação e o apoio necessários para a instalação dos instrumentos e dos sistemas de vigilância contínua.

13. Para aplicação das disposições dos parágrafos 11 e 12, a Conferência, nos termos da alínea *i*) do parágrafo 21 do artigo 8.º, examinará e aprovará os procedimentos pormenorizados apropriados.

14. O Estado Parte inspeccionado notificará prontamente o Secretariado Técnico de qualquer ocorrência ou possibilidade desta em qualquer instalação onde tenham sido instalados instrumentos de vigilância e que os possa afectar. O Estado Parte inspeccionado e o Secretariado Técnico coordenarão as acções subsequentes para o restabelecimento do funcionamento do sistema de vigilância e, se necessário, adoptarão medidas intercalares com a máxima brevidade.

15. A equipa de inspecção verificará, durante cada inspecção, se o sistema de vigilância está a funcionar correctamente e se se mantêm inviolados os selos apostos. Para além disso, poderão ser necessárias visitas para manutenção da operacionalidade do sistema de vigilância, seja para manutenção e substituição de equipamento, seja para ajustar a extensão por ele abrangida.

16. Se o sistema de vigilância indicar qualquer anomalia, o Secretariado Técnico adoptará medidas imediatas para determinar se tal resulta de mau funcionamento do próprio sistema ou se provém de actividades realizadas na instalação. Se após este exame a questão permanecer sem solução, o Secretariado Técnico esclarecerá sem demora qual a situação real, nomeadamente através de uma imediata inspecção *in situ*, ou de uma visita à instalação, se necessário. O Secretariado Técnico comunicará prontamente qualquer problema desta natureza ao Estado Parte inspeccionado, que colaborará na respectiva solução.

C – Actividades prévias à inspecção

17. Com a excepção prevista no parágrafo 18, o Estado Parte inspeccionado será notificado de inspecções com a antecedência mínima de vinte e quatro horas relativamente à chegada prevista da equipa de inspecção ao ponto de entrada.

18. O Estado Parte inspeccionado será notificado das inspecções iniciais com a antecedência mínima de setenta e duas horas relativamente à chegada prevista da equipa de inspecção ao ponto de entrada.

PARTE IV (A). DESTRUIÇÃO DE ARMAS QUÍMICAS E SUA VERIFICAÇÃO NOS TERMOS DO ARTIGO 4.º

A – Declarações

Armas químicas

1. A declaração de armas químicas por um Estado Parte, em conformidade com a alínea *a*), *ii*), do parágrafo 1 do artigo 3.º, conterá as seguintes informações:
    a) A quantidade total de cada um dos produtos químicos declarados;
    b) A localização exacta de cada instalação de armazenagem de armas químicas, indicada por meio de:
      i) Nome;
      ii) Coordenadas geográficas; e
      iii) Um diagrama pormenorizado do polígono, incluindo um mapa do contorno e a localização das casamatas/zonas de armazenagem dentro da instalação;
    c) O inventário pormenorizado de cada instalação de armazenagem de armas químicas, incluindo:
      i) Os produtos químicos definidos como armas químicas em conformidade com o artigo 2.º;
      ii) As munições, submunições, dispositivos e equipamentos não carregados definidos como armas químicas;
      iii) O equipamento especificamente concebido para ser utilizado em relação directa como emprego de munições, submunições, dispositivos ou equipamentos especificados no ponto *ii*);
      iv) Os produtos químicos especificamente concebidos, para serem usados em relação, directa com o emprego de munições, submunições dispositivos ou equipamentos especificados no ponto *ii*).

2. Para a declaração dos produtos químicos mencionados na alínea *c*), *i*), do parágrafo 1 observar-se-á o seguinte:
    a) Os produtos químicos serão declarados em conformidade com as listas especificadas no Anexo sobre Produtos Químicos;
    b) Para qualquer produto químico que não estiver incluído nas listas do Anexo sobre Produtos Químicos, será fornecida a informação necessária para a eventual inclusão desse produto na lista apropriada, incluindo a toxicidade do produto puro. Para qualquer precursor, será indicada a toxicidade e a identidade do ou dos principais produtos da reacção final;

c) Os produtos químicos serão identificados pelo seu nome químico, em conformidade com a nomenclatura em vigor da União Internacional de Química Pura e Aplicada (IUPAC), a fórmula de estrutura e o número de registo do Chemical Abstract Service [CAS], se já tiver sido atribuído. Para os precursores, será fornecida a toxicidade e a identidade do ou dos principais produtos da reacção;
d) No caso de misturas de dois ou mais produtos químicos, será identificado cada um dos produtos e indicada a sua percentagem na mistura, e a mistura será declarada na categoria a que corresponde o produto químico mais tóxico. Se um componente de uma arma química binária for constituído por uma mistura de dois ou mais produtos químicos, cada um deles será identificado e indicada a sua percentagem na mistura;
e) As armas químicas binárias serão declaradas em conformidade com o produto final relevante, dentro do quadro de categorias de armas químicas a que se refere o parágrafo 16. Para cada tipo de munição química binária/dispositivo químico binário será facultada a seguinte informação complementar:
   i) O nome químico do produto final tóxico;
   ii) A composição química e a quantidade de cada componente;
   iii) A relação ponderal efectiva dos componentes;
   iv) A indicação do componente considerado como componente chave;
   v) A quantidade projectada de produto tóxico final, calculada numa base estequeométrica a partir do componente-chave pressupondo um rendimento de 100%. A quantidade declarada (em toneladas) do componente-chave destinado à obtenção de um determinado produto tóxico será considerada equivalente à quantidade (em toneladas) deste produto tóxico final, calculada numa base estequeométrica para um rendimento de 100%;
f) Para as armas químicas com multicomponentes, a declaração será análoga à prevista para as armas químicas binárias;
g) Para cada produto químico será declarada a forma de armazenagem, isto é, em munições, submunições, dispositivos, equipamentos ou contentores de armazenagem a granel ou outros contentores. Para cada uma destas formas de armazenagem serão indicados:
   i) Tipo;
   ii) Tamanho ou calibre;
   iii) Número de unidades; e
   iv) Peso nominal de carga química por unidade;
h) Para cada produto químico será declarado o peso total existente na instalação de armazenagem;
i) Além disso, para os produtos químicos armazenados a granel será também declarado o grau de pureza, em temos percentuais, se conhecido.

3. Para cada tipo de munições, submunições, dispositivos ou equipamentos que não estiverem carregados, referidos na alínea c), ii), do parágrafo 1, a informação a prestar incluirá:
   a) O número de unidades;

b) O volume nominal de carga por unidade;
c) A carga química que lhes é destinada.

Declarações de armas químicas nos termos da alínea *a*), *iii*), do parágrafo 1 do artigo 3.º

4. A declaração de armas químicas, a apresentar em conformidade com a alínea *a*), *iii*), do parágrafo 1, conterá todas as informações especificadas nos parágrafos 1 a 3 acima. É da responsabilidade do Estado Parte em cujo território se encontram as armas químicas tomar as medidas necessárias conjuntamente com o outro Estado para garantir que as declarações são feitas. Se o Estado Parte em cujo território se encontram as armas químicas não puder cumprir as obrigações impostas pelo presente parágrafo, deverá explicar os motivos correspondentes.

Declarações de transferência e de recepções anteriores

5. O Estado Parte que tiver transferido ou recebido armas químicas após 1 de Janeiro de 1946 declarará essas transferências ou recepções em conformidade com a alínea *a*), *iv*), do parágrafo 1 do artigo 3.º, desde que a quantidade transferida ou recebida exceda 1 t por produto químico por ano a granel e ou sob a forma de munições. Essa declaração será feita em conformidade com o modelo de inventário especificado nos parágrafos 1 e 2. Nesta declaração também serão indicados os países fornecedores ou destinatários, as datas das transferências ou recepções e, com a maior exactidão possível, o local onde actualmente se encontram os elementos movimentados. Quando não estiverem disponíveis todas as informações especificadas para transferências ou recepções de armas químicas realizadas entre 1 de Janeiro de 1946 e 1 de Janeiro de 1970, o Estado Parte declarará as informações ainda disponíveis e explicará a razão por que não pode apresentar uma declaração completa.

Apresentação do plano geral para a destruição de armas químicas

6. O plano geral para a destruição de armas químicas, a apresentar em conformidade com a alínea *a*), *v*), do parágrafo 1 do artigo 3.º, proprocionará uma descrição geral de todo o programa nacional de destruição de armas químicas e informação sobre os esforços desenvolvidos pelo Estado Parte para cumprir as exigências de destruição estipuladas nesta Convenção. No plano especificar-se-á:
   a) Uma calendarização para a destruição, indicando os tipos e as quantidades aproximadas de armas químicas que se projecta destruir em cada período anual de destruição para cada instalação de destruição de armas químicas existente e, se possível, para cada instalação de destruição de armas químicas projectada;
   b) O número de instalações de destruição de armas químicas existentes ou projectadas que entrem em funcionamento durante o período de destruição;
   c) Para cada instalação de destruição de armas químicas existente ou projectada:
      i) O nome e a localização; e

ii) Os tipos e as quantidades aproximadas de armas químicas e o tipo (por exemplo: agente neurotóxico ou agente vesicante) e a quantidade aproximada de carga química a ser destruída;

d) Os planos e programas para a formação do pessoal encarregado do funcionamento das instalações de destruição;

e) Os padrões nacionais de segurança e os níveis de emissões que as instalações de destruição terão de cumprir;

f) Informação sobre o desenvolvimento de novos métodos para a destruição de armas químicas e sobre a melhoria dos métodos existentes;

g) As estimativas de custos para a destruição de armas químicas; e

h) Quaisquer matérias que possam afectar de modo adverso o programa nacional de destruição.

B – Medidas para garantir o encerramento em segurança e a preparação das instalações de armazenagem

7. O mais tardar com a apresentação da sua declaração de armas químicas, cada Estado Parte tomará as medidas que considerar adequadas para o encerramento em segurança das suas instalações de armazenagem e para impedir qualquer movimento de saída das suas armas químicas dessas instalações, excepto quando destinadas a destruição.

8. Cada Estado Parte assegurará que as armas químicas existentes nas suas instalações de armazenagem estão de tal modo armazenadas que permitem um acesso imediato para efeitos de verificação em conformidade com as disposições dos parágrafos 37 a 49.

9. Enquanto uma instalação de armazenagem permanecer encerrada a qualquer movimento de saída de armas químicas, excepto se retiradas para destruição, um Estado Parte poderá prosseguir nessa instalação com actividades normais de manutenção, incluindo a manutenção corrente das armas químicas, actividades de verificação de segurança e de protecção física e preparação de armas químicas para destruição.

10. Não estão incluídas nas actividades de manutenção de armas químicas as seguintes:

a) A substituição de agentes ou de corpos de munições;

b) A modificação das características iniciais das munições, ou de partes ou componentes destas.

11. Todas as actividades de manutenção estarão sujeitas a vigilância pelo Secretariado Técnico.

C – Destruição

Princípios e métodos para a destruição de armas químicas

12. Por «destruição de armas químicas» entende-se qualquer processo pelo qual os produtos químicos são convertidos de modo essencialmente irreversível, numa forma que já não sirva para a produção de armas químicas e, também de modo irreversível, inutilize munições e demais dispositivos como armas químicas.

13. Cada Estado Parte determinará o processo que utilizará para a destruição das armas químicas, abstendo-se, porém, de recorrer aos seguintes processos: descarga em qualquer massa líquida, enterramento no solo ou incineração a céu aberto. O Estado Parte só destruirá as armas químicas em instalações especialmente designadas e concebidas e adequadamente equipadas para o efeito.

14. Cada Estado Parte assegurará que as suas instalações de destruição de armas químicas estão construídas e operam de modo a garantir a destruição das armas químicas, e que o processo de destruição pode ser verificado em conformidade com as disposições da presente Convenção.

Ordem de destruição

15. A ordem de destruição das armas químicas baseia-se nas obrigações estabelecidas pelo artigo 1.º e demais artigos, incluindo as obrigações relativas à verificação sistemática *in situ*. Essa ordem tem em conta os interesses dos Estados Partes quanto à sua segurança durante o modo de destruição, o estímulo à confiança nos estádios iniciais do período de destruição, a aquisição gradual de experiência no decurso da destruição das armas químicas, a aplicabilidade, independentemente da composição efectiva dos arsenais e dos métodos escolhidos para a destruição das armas químicas. A ordem de destruição baseia-se no princípio do nivelamento.

16. Para efeitos de destruição, as armas químicas declaradas por cada Estado Parte serão divididas em três categorias:

Categoria 1: armas químicas baseadas nos produtos químicos da lista número 1, e respectivas peças e componentes;

Categoria 2: armas químicas baseadas em todos os outros produtos químicos, e respectivas peças e componentes;

Categoria 3: munições e dispositivos não carregados e equipamentos concebidos especificamente para utilização em relação directa com o emprego de armas químicas.

17. Cada Estado Parte:

a) Iniciará a destruição das armas químicas da categoria 1 no prazo máximo de dois anos após a entrada em vigor da presente Convenção nesse Estado e completará a destruição no prazo máximo de 10 anos após a entrada em vigor da presente Convenção. Cada Estado Parte destruirá as armas químicas em conformidade com os seguintes prazos limite de destruição:

   i) Fase 1: no prazo máximo de dois anos após a entrada em vigor desta Convenção, estará concluído o ensaio da sua primeira instalação de destruição. Pelo menos 1% das armas químicas da categoria 1 será destruída no prazo máximo de três anos a partir da entrada em vigor desta Convenção;

   ii) Fase 2: pelo menos 20% das armas químicas da categoria 1 serão destruídas dentro do prazo máximo de cinco anos após a entrada em vigor desta Convenção;

   iii) Fase 3: pelo menos 45% das armas químicas da categoria 1 serão destruídas no prazo máximo de sete anos após a entrada em vigor desta Convenção;

iv) Fase 4: todas as armas químicas da categoria 1 serão destruídas no prazo máximo de 10 anos após a entrada em vigor desta Convenção;

b) Iniciará a destruição das armas químicas da categoria 2 no prazo máximo de um ano após a entrada em vigor da presente Convenção nesse Estado e completará a destruição no prazo máximo de cinco anos após a entrada em vigor desta Convenção. As armas químicas da categoria 2 serão destruídas em lotes anuais iguais, ao longo do período de destruição. O factor de comparação para estas armas é o peso dos produtos químicos da categoria 2; e

c) Iniciará a destruição das armas químicas da categoria 3 no prazo máximo de um ano, após a entrada em vigor da presente Convenção nesse Estado e completará essa destruição no prazo máximo de cinco anos após a entrada em vigor desta Convenção. As armas químicas da categoria 3 serão destruídas em lotes anuais iguais, ao longo do período de destruição. O factor de comparação para as munições e dispositivos não carregados é expresso pelo volume nominal de carga (metro cúbico) e para os equipamentos pelo número de unidades.

18. Para a destruição de armas químicas binárias, aplicar-se-á o seguinte:

a) Para efeitos da ordem de destruição, considerar-se-á que a quantidade declarada (em toneladas) do componente chave destinado à obtenção de um determinado produto final tóxico equivale à quantidade (em toneladas) desse produto final tóxico calculada numa base estequeométrica pressupondo um rendimento de 100%;

b) A exigência de destruição de uma determinada quantidade do componente--chave implica a exigência de destruição da quantidade correspondente do outro componente calculada a partir da relação ponderal dos componentes no tipo relevante de munição química/dispositivo químico binário;

c) Se for declarada uma quantidade superior à necessária do outro componente, com base na relação ponderal entre componentes, o excesso será destruído ao longo dos dois primeiros anos a contar do início das operações de destruição;

d) No final de cada período anual de destruição subsequente, um Estado Parte pode conservar uma quantidade do outro componente declarado, determinada com base na relação ponderal entre os componentes no tipo relevante de munição química binária/dispositivo químico binário.

19. Para as armas químicas multicomponentes, a ordem de destruição será análoga à prevista para as armas químicas binárias.

Modificação de prazos de destruição intermédios

20. O Conselho Executivo examinará os planos gerais para a destruição das armas químicas apresentados em cumprimento da alínea *a)*, *v)*, do parágrafo 1 do artigo 3.º, e em conformidade com o parágrafo 6, para, nomeadamente, se certificar da sua conformidade com a ordem de destruição estipulada nos parágrafos 15 a 19. O Conselho Executivo realizará consultas com qualquer Estado Parte cujo, plano não estiver conforme, com o objectivo de levar esse plano à conformidade requerida.

21. Se, por circunstâncias excepcionais fora do seu controlo, um Estado Parte considerar que não pode atingir os níveis de destruição especificados para a fase 1, a fase 2 ou a fase 3 da ordem de destruição de armas químicas da categoria 1, pode propor alterações a esses níveis. Essa proposta tem de ser formulada no prazo máximo de 120 dias após a entrada em vigor desta Convenção e conterá uma exposição pormenorizada das razões que a determinam.

22. Cada Estado Parte tomará todas as medidas necessárias para garantir a destruição das armas químicas da categoria 1 em conformidade com os prazos limite de destruição estipulados na alínea *a*) do parágrafo 17, com as modificações introduzidas nos termos do parágrafo 21. Contudo, se um Estado Parte considerar que não poderá garantir a destruição da percentagem de armas químicas da categoria 1 requerida num prazo intermédio de destruição, pode solicitar ao Conselho Executivo que recomende à Conferência a concessão de uma prorrogação para o cumprimento dessa obrigação. Esse pedido tem de ser formulado com a antecedência mínima de 180 dias relativamente ao termo do prazo de destruição intermédio em causa e conterá uma exposição pormenorizada das razões do pedido e os planos intermédios do Estado Parte para garantir que será capaz de cumprir a sua obrigação respeitando o prazo de destruição intermédio seguinte.

23. Se for concedida uma prorrogação, o Estado Parte continuará ainda obrigado a cumprir as exigências cumulativas de destruição estipuladas para o prazo de destruição intermédio seguinte. As prorrogações concedidas nos termos desta secção não modificarão, por qualquer forma, a obrigação do Estado Parte de destruir todas as armas químicas da categoria 1 no prazo máximo de 10 anos após a entrada em vigor da presente Convenção.

Prorrogação do prazo para conclusão da destruição

24. Se um Estado Parte considerar que não poderá garantir a destruição da totalidade das armas químicas da categoria 1 no prazo máximo de 10 anos após a entrada em vigor da presente Convenção, poderá apresentar um pedido ao Conselho Executivo para que lhe seja prorrogado esse prazo limite, por forma a poder completar a destruição dessas armas químicas. Esse pedido tem de ser apresentado no prazo máximo de nove anos após a entrada em vigor da presente Convenção.

25. Do pedido referido no parágrafo anterior constarão:

   a) A extensão da prorrogação proposta;

   b) Uma explicação pormenorizada dos motivos para a prorrogação proposta; e

   c) Um plano pormenorizado para a destruição durante a prorrogação proposta e a parte restante do período de 10 anos originalmente previsto para a destruição.

26. Por recomendação do Conselho Executivo, a Conferência, na sessão seguinte, tomará uma decisão sobre o pedido. Qualquer prorrogação que venha a ser concedida terá a extensão mínima necessária para a conclusão da destruição, mas em caso algum será prorrogado o prazo limite para que qualquer Estado Parte conclua a destruição para além de 15 anos contados a partir da entrada em vigor da presente Convenção. O Conselho Executivo estabelecerá as condições para a concessão da prorrogação,

incluindo as medidas específicas de verificação consideradas necessárias bem como as medidas concretas que devem ser tomadas pelo Estado Parte para superar os problemas relativos ao seu programa de destruição. Os custos da verificação durante o período de prorrogação serão atribuídos em conformidade com o disposto no parágrafo 16 do artigo 4.º.

27. Se for concedida uma prorrogação, o Estado Parte tomará as medidas necessárias para cumprir todos os prazos posteriores.

28. O Estado Parte continuará a apresentar planos anuais pormenorizados de destruição, em conformidade com o parágrafo 29, e relatórios anuais sobre a destruição de armas químicas da categoria 1, em conformidade com o parágrafo 36, até todas as armas químicas da categoria 1 terem sido destruídas. Além disso, com periodicidade não superior a 90 dias e enquanto durar o período de prorrogação, o Estado Parte submeterá ao Conselho Executivo relatórios sobre o progresso das suas actividades de destruição. O Conselho Executivo examinará os progressos conseguidos com vista à conclusão da destruição e tomará as medidas necessárias para documentar esses progressos. O Conselho Executivo facultará, aos Estados Partes que o solicitarem, todas as informações relativas às actividades de destruição durante o período de prorrogação.

Planos anuais pormenorizados para a destruição

29. Os planos anuais pormenorizados para a destruição serão apresentados ao Secretariado Técnico com a antecedência mínima de 60 dias relativamente ao início de cada período anual de destruição, nos temos da alínea *a*) do parágrafo 7 do artigo 4.º, e conterão as seguintes informações:

a) A quantidade de cada tipo específico de arma química a ser destruída em cada instalação de destruição e as datas em que ficará concluída a destruição de cada tipo específico de arma química;

b) O esquema pormenorizado do polígono referente a cada instalação de destruição de armas químicas com indicação de quaisquer modificações que tiverem sido introduzidas relativamente a esquemas anteriormente apresentados;

c) A calendarização pormenorizada das actividades previstas para o ano seguinte em cada instalação de destruição de armas químicas, com indicação do tempo necessário para o projecto, a construção ou a modificação da instalação, para a montagem do equipamento e sua verificação, para a formação de operadores e para as operações de destruição para cada tipo específico de armas químicas, bem como a programação dos períodos de inactividade.

30. Cada Estado Parte facultará informações pormenorizadas sobre cada uma das instalações de destruição de armas químicas, com o objectivo de apoiar o Secretariado Técnico na elaboração dos procedimentos preliminares de inspecção a ser aplicados em cada uma das instalações.

31. As informações pormenorizadas sobre cada uma das instalações de destruição incluirão:

a) O nome, o endereço e a localização;

b) Esquemas pormenorizados e explicativos da instalação;
c) Esquemas do projecto da instalação, esquemas de processos e esquemas de projecto das tubagens e da instrumentação;
d) Descrições técnicas pormenorizadas, incluindo esquemas de projecto e especificações de instrumentos, do equipamento destinado a: extracção da carga química das munições, dispositivos e contentores; armazenagem temporária da carga química extraída; destruição do agente químico, e destruição das munições, dispositivos e contentores;
e) Descrições técnicas pormenorizadas do processo de destruição, com indicação de caudais, temperaturas e pressões dos materiais e do rendimento da destruição projectado;
f) Capacidade projectada para cada tipo específico de armas químicas;
g) Descrição pormenorizada dos produtos de destruição e do correspondente método de eliminação definitiva;
h) Descrição técnica pormenorizada das medidas para facilitar as inspecções previstas na presente Convenção;
i) Descrição pormenorizada de qualquer zona de armazenagem temporária existente na instalação de destruição utilizada para fornecimento directo das armas químicas a destruir, à instalação de destruição, incluindo esquemas do polígono e da instalação, e informações sobre a capacidade de armazenagem para cada tipo específico de armas químicas a ser destruído na instalação;
j) Descrição pormenorizada das medidas de segurança e de saúde em vigor na instalação;
k) Descrição pormenorizada dos locais de residência e de trabalho reservados para os inspectores; e
l) Medidas propostas para a verificação internacional.

32. Para cada uma das suas instalações de destruição de armas químicas, cada Estado Parte apresentará os manuais de operação da instalação, os planos de segurança e de saúde, os manuais relativos às operações laboratoriais e de controlo e garantia de qualidade, bem como as autorizações relativas ao cumprimento de exigências ambientais, excepto se já os tiver apresentado anteriormente.

33. Cada Estado Parte notificará sem demora o Secretariado Técnico de qualquer facto que se possa repercutir sobre as actividades de inspecção nas suas instalações de destruição.

34. Os prazos para a apresentação das informações especificadas nos parágrafos 30 a 32 serão analisados e aprovados pela Conferência, em conformidade com a alínea *i)* do parágrafo 21 do artigo 8.º.

35. Após ter examinado as informações pormenorizadas referentes a cada instalação de destruição, o Secretariado Técnico, caso necessário, realizará consultas com o Estado Parte interessado para se certificar de que as instalações de destruição de armas químicas foram projectadas para garantir a destruição das armas químicas, para estabelecer uma planificação antecipada da aplicação das medidas de verificação, para assegurar que a aplicação dessas medidas é compatível com o funcionamento normal da instalação, e que o funcionamento da instalação permite uma verificação adequada.

Relatórios anuais de destruição

36. As informações relativas à execução dos planos de destruição serão apresentadas ao Secretariado Técnico, nos termos da alínea b) do parágrafo 7 do artigo 4.º, no prazo máximo de 60 dias após o termo de cada período anual de destruição e indicarão as quantidades de armas químicas efectivamente destruídas durante o ano anterior em cada instalação de destruição. Quando aplicável, devem ser explicitadas as razões de não terem sido atingidos os objectivos de destruição.

D – Verificação

Verificação por inspecção *in situ* das declarações de armas químicas

37. O objectivo da verificação das declarações de armas químicas será verificar, mediante inspecção conduzida *in situ*, a exactidão das declarações relevantes produzidas em conformidade com o artigo 3.º.

38. Os inspectores procederão prontamente a essa verificação logo que for apresentada uma declaração. Verificarão, nomeadamente, a quantidade e a identidade dos produtos químicos, os tipos e número de munições, dispositivos e demais equipamento.

39. Para facilitar uma inventariação exacta das armas químicas em cada instalação de armazenagem, os inspectores utilizarão, consoante for apropriado, selagens, marcações e outros procedimentos de controlo de inventário previamente acordados.

40. À medida que a inventariação avançar, os inspectores procederão à aposição desses selos previamente acordados quando forem necessários para indicar claramente a remoção de qualquer parte do inventário e para garantir a inviolabilidade da instalação de armazenagem enquanto a inventariação estiver em curso. Concluída a inventariação, esses selos serão retirados, salvo se acordado de outra forma.

Verificação sistemática das instalações de armazenagem

41. O objectivo da verificação sistemática das instalações de armazenagem será garantir que nenhuma remoção de armas químicas dessas instalações possa ocorrer indetectada.

42. A verificação sistemática será iniciada o mais cedo possível após a apresentação da declaração de armas químicas e prosseguirá, até todas as armas químicas terem sido removidas da instalação de armazenagem. Em conformidade com o acordo de instalação, essa verificação poderá combinar inspecções *in situ* com vigilância por instrumentos instalados no local.

43. Quando todas as armas químicas tiverem sido removidas da instalação de armazenagem, o Secretariado Técnico confirmará a correspondente declaração do Estado Parte. Após esta confrmação, o Secretariado Técnico dará por concluída a verificação sistemática da instalação de armazenagem e retirará prontamente qualquer instrumento de vigilância que tiver sido instalado pelos inspectores.

Inspecções e visitas

44. A instalação de armazenagem a ser inspeccionada será escolhida pelo Secretariado Técnico de tal forma que não seja possível prever o momento exacto em que

essa inspecção terá lugar. As orientações para determinar a frequência das inspecções sistemáticas *in situ* serão elaboradas pelo Secretariado Técnico, tendo em consideração as recomendações que a Conferência examinará e aprovará em conformidade com a alínea *i*) do parágrafo 21 do artigo 8.º.

45. O Secretariado Técnico notificará o Estado Parte inspeccionado da sua decisão de inspeccionar ou visitar a instalação de armazenagem quarenta e oito horas antes da chegada prevista da equipa de inspecção à instalação para proceder a inspecções sistemáticas ou visitas. Este prazo poderá ser reduzido no caso de inspecções ou visitas que se destinem a resolver problemas urgentes. O Secretariado Técnico especificará qual a finalidade da inspecção ou visita.

46. O Estado Parte inspeccionado fará todos os preparativos necessários para a chegada dos inspectores e assegurará o seu rápido transporte desde o ponto de entrada até à instalação de armazenagem. O acordo de instalação especificará os preparativos de ordem administrativa para os inspectores.

47 – Quando a equipa de inspecção chegar à instalação de armazenagem de armas químicas para proceder à inspecção, o Estado Parte inspeccionado facultar-lhe-á os seguintes elementos referentes à instalação:

  a) Número de edifícios de armazenagem e de zonas de armazenagem;
  b) Para cada edifício de armazenagem e zona de armazenagem, o tipo e o número de identificação ou a designação, tal como referida no esquema da área; e
  c) Para cada edifício de armazenagem e zona de armazenagem da instalação, o número de unidades de cada tipo específico de arma química e, para contentores que não façam parte de munições binárias, a quantidade de carga química efectiva em cada contentor.

48. Ao realizar o inventário, dentro do prazo para tal disponível, os inspectores terão o direito de:

  a) Utilizar qualquer das seguintes técnicas de inspecção:
    i) Inventariação da totalidade das armas químicas armazenadas na instalação;
    ii) Inventariação de todas as armas químicas armazenadas em edifícios ou locais específicos da instalação, à escolha dos inspectores;
    iii) Inventariação de todas as armas químicas de um ou mais tipos específicos armazenadas na instalação, à escolha dos inspectores; e
  b) Confrontar todos os elementos inventariados com os registos que tiverem sido acordados.

49. Em conformidade com os acordos de instalação, os inspectores:

  a) Terão livre acesso a todas as partes das instalações de armazenagem, incluindo quaisquer munições, dispositivos, contentores, a granel, ou outros contentores que nelas se encontrem. No desempenho das suas actividades, os inspectores observarão os regulamentos de segurança da instalação. Os inspectores seleccionarão quais os elementos a ser inspeccionados; e
  b) Terão o direito, durante a primeira inspecção e qualquer inspecção subsequente de cada instalação de armazenagem de armas químicas, de designar as munições, dispositivos e contentores dos quais devem ser recolhidas

amostras, e de afixar nessas munições, dispositivos e contentores uma etiqueta singular que indique qualquer tentativa de remoção ou de alteração dessa etiqueta. De cada elemento etiquetado será recolhida uma amostra numa instalação de armazenagem de armas químicas ou numa instalação de destruição de armas químicas logo que isso for praticável em conformidade com os correspondentes planos de destruição, e jamais após o termo das operações de destruição.

Verificação sistemática da destruição de armas químicas

50. O objectivo da verificação da destruição de armas químicas será:
a) Confirmar a identidade e a quantidade dos arsenais de armas químicas a ser destruídos; e
b) Confirmar a destruição desses arsenais.

51. As operações de destruição de armas químicas realizadas durante os primeiros 390 dias após a entrada em vigor da presente Convenção serão regidas por acordos de verificação transitórios. Esses acordos, incluindo um acordo de instalação transitório, disposições para a verificação mediante inspecção *in situ* e vigilância por instrumentos instalados no local, e a calendarização para a respectiva aplicação, serão estabelecidos entre a Organização e o Estado Parte inspeccionado. Estes acordos serão aprovados pelo Conselho Executivo no prazo máximo de 60 dias após a entrada em vigor da presente Convenção no Estado Parte, tendo em consideração as recomendações do Secretariado Técnico, formuladas com base numa apreciação das informações pormenorizadas sobre a instalação fornecidas nos termos do parágrafo 31 e numa visita à instalação. Na sua primeira reunião, o Conselho Executivo estabelecerá as orientações relativas aos acordos de verificação transitórios, com fundamento em recomendações que a Conferência analisará e aprovará, nos termos da alínea *i)* do parágrafo 21 do artigo 8.º. Os acordos de verificação transitórios serão concebidos por forma a permitir, durante todo o período de transição, a verificação da destruição das armas químicas em conformidade com os objectivos estabelecidos no parágrafo 50, e a evitar entraves às operações de destruição em curso.

52. As disposições dos parágrafos 53 a 61 aplicar-se-ão às operações de destruição de armas químicas que tenham início, não antes de decorridos 390 dias após a entrada em vigor da presente Convenção.

53. Com base na presente Convenção e nas informações pormenorizadas relativas a cada instalação de destruição e, caso exista, na experiência colhida em inspecções anteriores, o Secretariado Técnico elaborará um plano preliminar de inspecção da destruição de armas químicas em cada instalação de destruição. O plano será concluído e apresentado para comentários ao Estado Parte inspeccionado com a antecedência mínima de 270 dias relativamente ao início das operações de destruição nessa instalação em conformidade com a presente Convenção. Quaisquer divergências entre o Secretariado Técnico e o Estado Parte inspeccionado devem ser resolvidas por meio de consultas. Qualquer questão que não ficar resolvida será remetida ao Conselho Executivo para que este tome as medidas adequadas para facilitar a plena aplicação da presente Convenção.

54. O Secretariado Técnico realizará uma visita inicial a cada instalação de destruição de armas químicas do Estado Parte inspeccionado com a antecedência mínima de 240 dias relativamente ao início das operações em cada instalação em conformidade com a presente Convenção, a fim de poder familiarizar-se com a instalação e avaliar a adequação do plano de inspecção.

55. No caso de uma instalação existente onde já tiverem sido iniciadas operações de destruição de armas químicas, não se requer do Estado Parte inspeccionado que proceda à descontaminação da instalação antes de uma visita inicial do Secretariado Técnico. A visita não durará mais do que cinco dias e a equipa visitante não excederá os 15 elementos.

56. Uma vez acordados, os planos pormenorizados de verificação, juntamente com uma recomendação adequada do Secretariado Técnico, serão remetidos para apreciação ao Conselho Executivo. O Conselho Executivo apreciará os planos com vista à sua aprovação, se estiverem conformes com os objectivos da verificação e as obrigações decorrentes da presente Convenção. A apreciação confirmará também se os esquemas de verificação da destruição correspondem aos objectivos da verificação e se são eficazes e práticos. Esta apreciação deverá ficar concluída com a antecedência mínima de 180 dias relativamente ao início do período de destruição.

57. Qualquer membro do Conselho Executivo poderá consultar o Secretariado Técnico sobre quaisquer questões relativas à adequação do plano para verificação. Caso nenhum membro do Conselho Executivo levante objecções, o plano será aplicado.

58. Se surgirem quaisquer dificuldades, o Conselho Executivo procurará solucioná-las através de consultas, com o Estado Parte. Quando, após consultas, subsistirem questões por resolver, estas serão submetidas à Conferência.

59. Os acordos pormenorizados para as instalações de destruição de armas químicas, tendo em consideração as características específicas de cada instalação de destruição e o seu modo de operação, indicarão:

   a) Os procedimentos pormenorizados para inspecção *in situ*; e
   b) As medidas para verificação por meio de vigilância contínua por instrumentos instalados no local e da presença física de inspectores.

60. Será permitido aos inspectores o acesso a cada instalação de destruição de armas químicas com a antecedência mínima de 60 dias relativamente ao início das operações de destruição na instalação, em conformidade com a presente Convenção. Esse acesso será concedido para efeitos de supervisão da montagem do equipamento de inspecção, da inspecção e ensaio desse equipamento, bem como da realização de uma vistoria técnica final à instalação. Caso se trate de uma instalação existente onde já foram iniciadas as operações de destruição de armas químicas, essas operações de destruição serão interrompidas durante o período mínimo necessário, que não excederá 60 dias, para a montagem e ensaio do equipamento de inspecção. Dependendo dos resultados dos ensaios e da vistoria, o Estado Parte e o Secretariado Técnico poderão acordar na introdução de cláusulas adicionais ou de modificações no acordo de instalação pormenorizado referente a essa instalação.

61. O Estado Parte inspeccionado notificará, por escrito, o chefe da equipa de inspecção que se encontrar numa instalação de destruição de armas químicas, com a antecipação mínima de quatro horas, do momento de saída de cada remessa de armas

químicas de uma instalação de armazenagem de armas químicas com destino a essa instalação de destruição. Esta notificação especificará o nome da instalação de armazenagem, as horas previstas de saída e de chegada, os tipos específicos e as quantidades de armas químicas que irão ser transportadas, a inclusão na remessa de qualquer elemento etiquetado e qual o meio de transporte. Esta notificação poderá referir-se a mais do que uma remessa. O chefe da equipa de inspecção será prontamente notificado, por escrito, de quaisquer alterações àquela informação.

Instalações de armazenagem de armas químicas situadas em instalações de destruição de armas químicas

62. Os inspectores verificarão a chegada das armas químicas à instalação de destruição e a armazenagem dessas armas nesta instalação. Antes da destruição das armas químicas, os inspectores verificarão o inventário de cada remessa, utilizando procedimentos acordados compatíveis com as normas de segurança da instalação. Para facilitar uma inventariação exacta das armas químicas antes da destruição, os inspectores utilizarão, conforme apropriado, selagens, marcações ou outros procedimentos de controlo de inventário previamente acordados.

63. Desde que, e enquanto permanecerem armazenadas armas químicas em instalações de armazenagem de armas químicas localizadas em instalações de destruição de armas químicas, estas instalações de armazenagem ficarão sujeitas a verificação sistemática em conformidade com os acordos de instalação relevantes.

64. No final de uma fase de destruição activa, os inspectores farão o inventário das armas químicas que foram retiradas da instalação de armazenagem para serem destruídas. Verificarão a exactidão do inventário das armas químicas restantes, utilizando os procedimentos de controlo de inventário referidos no parágrafo 62.º

Medidas de verificação sistemática *in situ* de instalações de destruição de armas químicas

65. Para o exercício das suas actividades, será concedido aos inspectores acesso às instalações de destruição de armas químicas e às instalações de armazenagem de armas químicas localizadas naquelas instalações durante toda a fase activa de destruição.

66. Em cada instalação de destruição de armas químicas, para poderem assegurar que não houve desvio de armas químicas e que o processo de destruição foi completado, os inspectores terão o direito, através da sua própria presença física e da vigilância por instrumentos instalados no local, de verificar:

 a) A recepção de armas químicas na instalação;
 b) A área de armazenagem temporária das armas químicas e os tipos específicos e quantidades de armas químicas armazenadas nessa área;
 c) Os tipos específicos e as quantidades de armas químicas a destruir;
 d) O processo de destruição;
 e) O produto final da destruição;
 f) A inutilização das partes metálicas; e
 g) A integridade do processo de destruição e da instalação no seu conjunto.

67. Os inspectores terão o direito de etiquetar, para recolha de amostras, as munições, dispositivos, ou contentores localizados nas áreas de armazenagem temporária das instalações de destruição de armas químicas.

68. Na medida em que satisfizer os requisitos de inspecção, a informação sobre operações de rotina de uma instalação, devidamente autenticada, será utilizada para fins de inspecção.

69. Após a conclusão de cada período de destruição, o Secretariado Técnico confirmará a declaração do Estado Parte, informando que se encontra concluída a destruição da quantidade de armas químicas especificada.

70. Em conformidade com os acordos de inspecção, os inspectores:

a) Terão livre acesso a todas as partes das instalações de destruição de armas químicas e das instalações de armazenagem de armas químicas nelas localizadas, incluindo quaisquer munições, dispositivos, contentores a granel ou outros contentores que aí se encontrem. Os inspectores escolherão quais os elementos a inspeccionar em conformidade com o plano de verificação acordado pelo Estado Parte inspeccionado e aprovado pelo Conselho Executivo;

b) Vigiarão a análise sistemática de amostras no próprio local durante o processo de destruição; e

c) Receberão, quando necessário, amostras recolhidas, a seu pedido, de quaisquer dispositivos, contentores a granel e outros contentores na instalação de destruição ou na instalação de armazenagem nela localizada.

PARTE IV (B). ARMAS QUÍMICAS ANTIGAS E ARMAS QUÍMICAS ABANDONADAS

A – Disposições gerais

1. As armas químicas antigas serão destruídas em conformidade com a Secção B da presente parte.

2. As armas químicas abandonadas, incluindo também as definidas na alínea *b*) do parágrafo 5 do artigo 2.º, serão destruídas em conformidade com a Secção C.

B – Regime aplicável às armas químicas antigas

3. Qualquer Estado Parte que tiver no seu território armas químicas antigas, como definidas na alínea *a*) do parágrafo 5 do artigo 2.º, apresentará ao Secretariado Técnico, no prazo máximo de 30 dias após a entrada em vigor da presente Convenção nesse Estado, todas as informações relevantes disponíveis, incluindo, na medida do possível, a localização, tipo, quantidade e estado actual dessas armas químicas antigas.

No caso de armas químicas antigas como definidas na alínea *b*) do parágrafo 5 do artigo 2.º o Estado Parte apresentará ao Secretariado Técnico uma declaração nos termos da alínea *b*), subalínea *i*), do parágrafo 1 do artigo 3.º, incluindo, na medida do possível, as informações especificadas nos parágrafos 1 a 3 da Parte IV (A) deste Anexo.

4. Um Estado Parte que descobrir armas químicas antigas após a entrada em vigor da presente Convenção nesse Estado apresentará ao Secretariado Técnico as informações especificadas no parágrafo 3.º no prazo máximo de 180 dias após a descoberta dessas armas químicas antigas.

5. O Secretariado Técnico procederá a uma inspecção inicial, e a quaisquer inspecções adicionais que forem necessárias, para verificar as informações apresentadas nos termos dos parágrafos 3 e 4 e, em particular, para determinar se as armas químicas estão conformes com a definição de armas químicas antigas expressa no parágrafo 5 do artigo 2.º. A Conferência examinará e aprovará, nos termos da alínea *i*) do parágrafo 21 do artigo 8.º, as orientações para determinação do potencial de utilização das armas químicas produzidas entre 1925 e 1946.

6. Cada Estado Parte tratará como resíduos tóxicos as armas químicas antigas que tiverem sido confirmadas pelo Secretariado Técnico como estando em conformidade com a definição da alínea *a*) do parágrafo 5 do artigo 2.º. O Estado Parte informará o Secretariado Técnico das medidas que estão a ser tomadas para destruir ou para eliminar por outra forma essas armas químicas antigas como resíduos tóxicos, em conformidade com a sua legislação nacional.

7. Observando o disposto nos parágrafos 3 a 5, cada Estado Parte destruirá as armas químicas antigas que o Secretariado Técnico tiver confirmado estarem em conformidade com a definição da alínea *b*) do parágrafo 5 do artigo 2.º, segundo o disposto no artigo 4.º e a Parte IV (A) do presente Anexo. Contudo, a pedido de um Estado Parte, o Conselho Executivo poderá modificar as disposições relativas a prazos e à ordem de destruição dessas armas químicas antigas, se concluir que tal não representa um risco para o objecto e fim da presente Convenção. O pedido conterá propostas específicas para a modificação das disposições e uma explicação pormenorizada das razões da modificação proposta.

C – Regime aplicável às armas químicas abandonadas

8. Um Estado Parte em cujo território existam armas químicas abandonadas (adiante designado por Estado Parte territorial) apresentará ao Secretariado Técnico, no prazo máximo de 30 dias após a entrada em vigor da presente Convenção nesse Estado, todas as informações relevantes disponíveis sobre as armas químicas abandonadas. Na medida do possível, esta informação incluirá a localização, tipo, quantidade e condição actual das armas químicas abandonadas, bem como elementos sobre as circunstâncias do abandono.

9. Um Estado Parte que descobrir armas químicas abandonadas após a entrada em vigor da presente Convenção nesse Estado, apresentará ao Secretariado Técnico, no prazo máximo de 180 dias após a descoberta, todas as informações relevantes disponíveis sobre as armas químicas abandonadas descobertas. Esta informação incluirá, na medida do possível, a localização, tipo, quantidade e condição actual das armas químicas abandonadas, bem como elementos sobre as circunstâncias do abandono.

10. Um Estado Parte que tiver abandonado armas químicas no território de outro Estado Parte (adiante designado por Estado Parte autor do abandono) apresentará ao Secretariado Técnico, no prazo máximo de 30 dias após a entrada em vigor da presente Convenção nesse Estado, todas as informações relevantes disponíveis sobre as armas químicas abandonadas. Esta informação incluirá, na medida do possível, a localização, tipo, quantidade e elementos sobre as circunstâncias do abandono e a condição actual das armas químicas abandonadas.

11. O Secretariado Técnico realizará uma inspecção inicial, e quaisquer outras inspecções que forem necessárias, para verificar todas as informações relevantes disponíveis que tiverem sido apresentadas nos termos dos parágrafos 8 a 10 e determinar se é necessária uma verificação sistemática em conformidade com os parágrafos 41 a 43 da Parte IV (A) deste Anexo. Quando necessário, o Secretariado Técnico verificará a origem das armas químicas abandonadas e obterá provas sobre o abandono e a identidade do Estado autor do abandono.

12. O relatório do Secretariado Técnico será apresentado ao Conselho Executivo, ao Estado Parte territorial e ao Estado Parte autor do abandono, ou ao Estado Parte que o Estado Parte territorial declarou ou o Secretariado Técnico identificou como tendo sido o autor do abandono de armas químicas. Se um dos Estados Partes directamente envolvidos não estiver de acordo com o relatório, assiste-lhe o direito de resolver a questão em conformidade com as disposições da presente Convenção ou de remeter a questão à apreciação do Conselho Executivo para que este encontre uma solução rápida.

13. Em conformidade com o parágrafo 3 do artigo 1.º, o Estado Parte territorial terá o direito de pedir ao Estado Parte que tiver sido identificado como o Estado Parte autor do abandono, nos termos dos parágrafos 8 a 12, para participar em consultas com o objectivo de proceder à destruição das armas químicas abandonadas em cooperação com o Estado Parte territorial. O Estado Parte territorial informará de imediato o Secretariado Técnico sobre o pedido formulado.

14. As consultas entre o Estado Parte territorial e o Estado Parte autor do abandono, com o objectivo de estabelecer um plano mutuamente aceite para a destruição, terão início no prazo máximo de 30 dias após o Secretariado Técnico ter sido informado do pedido a que se refere o parágrafo 13. O plano mutuamente aceite para a destruição será transmitido ao Secretariado Técnico no prazo máximo de 180 dias após o Secretariado Técnico ter sido informado do pedido a que se refere o parágrafo 13. A pedido do Estado Parte autor do abandono e do Estado Parte territorial, o Conselho Executivo poderá prorrogar o prazo para a transmissão do plano mutuamente aceite para a destruição.

15. Para efeitos da destruição de armas químicas abandonadas, o Estado Parte autor do abandono facultará todos os meios financeiros, técnicos, de especialistas, de instalação e recursos de outra natureza que forem necessários. O Estado Parte territorial proporcionará uma colaboração adequada.

16. Se o Estado Parte autor do abandono não puder ser identificado ou se o autor do abandono não for um Estado Parte, o Estado Parte territorial, com o objectivo de garantir a destruição destas armas químicas abandonadas poderá solicitar à Organização e aos demais Estados Partes que lhe prestem apoio na destruição dessas armas químicas abandonadas.

17. Sem prejuízo das disposições constantes dos parágrafos 8 a 16, aplicar-se-á também à destruição de armas químicas antigas abandonadas o artigo 4.º da Convenção e a Parte IV (A) do presente Anexo. Para as armas químicas abandonadas que satisfaçam igualmente a definição de armas químicas antigas da alínea b) do parágrafo 5 do artigo 2.º, o Conselho Executivo, a pedido do Estado Parte territorial, formulado individual ou conjuntamente com o Estado Parte autor do abandono, pode

modificar ou, em casos excepcionais, suspender a aplicação das disposições relativas à destruição, se concluir que essa medida não representa um risco para o objecto e fim da presente Convenção. Para armas químicas abandonadas a que não se aplicar a definição de armas químicas antigas da alínea *b*) do parágrafo 5 do artigo 2.º, o Conselho Executivo, a pedido do Estado Parte territorial, formulado individual ou conjuntamente com o Estado Parte autor do abandono, pode, em circunstâncias excepcionais, modificar as disposições relativas aos prazos e à ordem de destruição dessas armas químicas, se concluir que essa medida não representa um risco para o objectivo e o fim da presente Convenção. Qualquer pedido formulado nos termos do presente parágrafo conterá propostas específicas para a modificação das disposições e uma explicação pormenorizada das razões para as modificações propostas.

18. Os Estados Partes podem celebrar entre si acordos ou protocolos relativos à destruição de armas químicas abandonadas. O Conselho Executivo pode, a pedido do Estado Parte territorial, formulado individual ou conjuntamente com o Estado Parte autor do abandono, decidir que determinadas disposições desses acordos ou protocolos tomam precedência sobre as disposições da presente secção, se concluir que o acordo ou protocolo garante a destruição das armas químicas abandonadas em conformidade com o parágrafo 17.

PARTE V. **DESTRUIÇÃO DAS INSTALAÇÕES DE PRODUÇÃO DE ARMAS QUÍMICAS E VERIFICAÇÃO DA SUA DESTRUIÇÃO NOS TERMOS DO ARTIGO 5.º**

A – Declarações

Declarações das instalações de produção de armas químicas

1. A declaração das instalações de produção de armas químicas por um Estado Parte nos termos da alínea *c*), subalínea *ii*), do parágrafo 1 do artigo 3.º, incluirá as seguintes informações para cada uma das instalações:

   a) A denominação da instalação, o nome dos proprietários e a denominação das sociedades ou entidades que a tiverem explorado desde 1 de Janeiro de 1946;

   b) A localização precisa da instalação, compreendendo o seu endereço a localização do complexo industrial, a localização da instalação dentro do complexo, com indicação do número do edifício e estrutura específicos, se existirem;

   c) Declaração sobre se a instalação se destina à produção de produtos químicos definidos como armas químicas ou ao enchimento de armas químicas, ou ambos;

   d) A data da conclusão da construção da instalação e os períodos em que nela foram introduzidas quaisquer alterações, incluindo a instalação de equipamento novo ou modificado que tenha alterado significativamente as características dos processos de produção nela utilizados;

   e) Informações sobre os produtos químicos definidos como armas químicas que foram fabricados na instalação, as munições, dispositivos e contentores que nela foram carregados e as datas de início e de conclusão dessas produções ou enchimentos:

i) Para produtos químicos definidos como armas químicas que tiverem sido fabricados na instalação, essas informações serão prestadas em termos dos tipos específicos de produtos químicos produzidos, com indicação do nome químico em conformidade com a nomenclatura actual da União Internacional de Química Pura e Aplicada (IUPAC), fórmula de estrutura e número de registo do Chemical Abstracts Service, se atribuído, e em termos da quantidade de cada produto químico expressa em toneladas;

ii) Para munições, dispositivos e contentores que tiverem sido carregados na instalação, essas informações serão prestadas em termos do tipo específico de armas químicas carregadas e do peso de arma química carregado por unidade;

f) A capacidade de produção da instalação de produção de armas químicas:
  i) Para instalações destinadas à produção de armas químicas, a capacidade de produção será expressa em termos do potencial quantitativo anual para a produção de um produto químico específico com base no processo tecnológico efectivamente usado ou, no caso de processos ainda não utilizados, que se planeie vir a usar na instalação;
  ii) Para instalações de enchimento de armas químicas, a capacidade de produção será expressa em termos da quantidade de produto químico com que a instalação pode anualmente encher cada tipo de arma química;

g) Para cada instalação de produção de armas químicas que não tiver sido destruída, uma descrição da instalação, incluindo:
  i) Um esquema do polígono;
  ii) Um diagrama de processo da instalação; e
  iii) Um inventário dos edifícios que constituem a instalação e do equipamento especializado nela existente e de quaisquer peças de reserva para esse equipamento;

h) O estado actual da instalação, mencionando:
  i) A data em que decorreu a última produção de armas químicas na instalação;
  ii) Se a instalação foi destruída, com menção da data de destruição e da forma como a destruição foi realizada;
  iii) Se a instalação foi utilizada ou modificada antes da entrada em vigor da presente Convenção para uma actividade não relacionada com a produção de armas químicas e, em caso afirmativo, informação sobre quais as modificações realizadas, a data em que teve início essa actividade não relacionada com a produção de armas químicas, e a natureza dessa actividade, com indicação, se for aplicável, do tipo do produto;

i) Uma descrição das medidas que foram tomadas pelo Estado Parte para encerramento da instalação, e descrição das medidas que foram ou que virão a ser tomadas pelo Estado Parte para desactivar a instalação;

j) Uma descrição do conjunto de actividades correntes para segurança e protecção na instalação inactivada; e

k) Uma declaração sobre se a instalação será convertida para a destruição de armas químicas e, em caso afirmativo, as datas para essa conversão.

Declarações das instalações de produção de armas químicas nos termos da alínea c), subalínea iii), do parágrafo 1 do artigo 3.º

2. As declarações das instalações de produção de armas químicas nos termos da alínea c), subalínea iii), do parágrafo 1 do artigo 3.º incluirão toda a informação mencionada no parágrafo 1 anterior. É da responsabilidade do Estado Parte em cujo território está ou esteve localizada a instalação, tomar as medidas adequadas junto do outro Estado para garantir que são feitas as declarações. Se o Estado Parte em cujo território está ou esteve localizada a instalação não puder cumprir esta obrigação, explicará as razões de tal facto.

Declarações de transferências e de recepções anteriores

3. O Estado Parte que tiver transferido ou recebido equipamento para a produção de armas químicas após 1 de Janeiro de 1946 declarará essas transferências e recepções tal como o disposto na alínea c), subalínea iv), do parágrafo 1 do artigo 3.º, e em conformidade com o parágrafo 5 da presente parte. Quando não dispuser da totalidade da informação especificada para a transferência e recepção do referido equipamento no período de 1 de Janeiro de 1946 a 1 de Janeiro de 1970, o Estado Parte fará a declaração com base na informação disponível e informará das razões por que não pode apresentar uma declaração completa.

4. Entende-se por equipamento para a produção de armas químicas, para efeitos do parágrafo 3:

   a) Equipamento especializado;
   b) Equipamento para a produção de equipamento especificamente concebido para utilização directa em relação com o emprego de armas químicas; e
   c) Equipamento concebido ou exclusivamente usado para a produção de partes não químicas destinadas a munições químicas.

5. A declaração relativa à transferência e recepção de equipamento para a produção de armas químicas especificará:

   a) Quem recebeu/transferiu o equipamento para a produção de armas químicas;
   b) A identidade desse equipamento;
   c) A data da transferência ou de recepção;
   d) Se o equipamento foi destruído, se disso se tiver conhecimento; e
   e) A disposição actual do equipamento, se for conhecida.

Apresentação de planos gerais para a destruição

6. Para cada instalação de produção de armas químicas, o Estado Parte facultará as seguintes infomações:

   a) O calendário previsto das medidas a tomar; e
   b) Os métodos de destruição.

7. Para cada instalação de produção de armas químicas que um Estado Parte pretender converter provisoriamente em instalação de destruição de amas químicas, o Estado Parte facultará as seguintes informações:

   a) O calendário previsto para a conversão em instalações de destruição;

b) O calendário previsto para a utilização da instalação como instalação de destruição de armas químicas;
c) A descrição da nova instalação;
d) O método de destruição de equipamento especial;
e) O calendário para a destruição da instalação convertida após a sua utilização para a destruição de armas químicas; e
f) O método de destruição da instalação convertida.

Apresentação de planos anuais para destruição e de relatórios anuais sobre as destruições realizadas

8. Cada Estado Parte apresentará um plano anual para destruição com a antecedência mínima de 90 dias relativamente ao final do ano de destruição anterior. Esse plano anual indicará:
a) A capacidade a destruir;
b) A denominação e localização das instalações em que terá lugar a destruição;
c) A lista, para cada instalação, dos edifícios e do equipamento que nela serão destruídos; e
d) O(s) método(s) de destruição previsto(s)

9. Cada Estado Parte apresentará um relatório anual sobre as destruições realizadas no prazo máximo de 90 dias após o fim de cada ano em que se realizem destruições. O relatório anual especificará:
a) A capacidade destruída;
b) A denominação e a localização de cada instalação onde teve lugar a destruição;
c) A lista dos edifícios e dos equipamentos que foram destruídos em cada instalação; e
d) Os Métodos de destruição utilizados.

10. Para uma instalação de produção de armas químicas declarada nos termos da alínea *c)*, *iii)*, do parágrafo 1 do artigo 3.º, é da responsabilidade do Estado Parte em cujo território está ou esteve localizada a instalação, tomar as medidas adequadas para garantir que são feitas as declarações especificadas nos parágrafos 6 a 9 da presente parte. Se o Estado Parte em cujo território está ou esteve localizada a instalação não puder cumprir esta obrigação, explicará as razões de tal facto.

B – Destruição

Princípios gerais para a destruição de instalações de produção de armas químicas

11. Compete a cada Estado Parte decidir quais os métodos a aplicar para a destruição das instalações de produção de armas químicas, em conformidade com os princípios enunciados no artigo 5.º e na presente parte.

Princípios e métodos para o encerramento de uma instalação de produção de armas químicas

12. O objectivo do encerramento de uma instalação de produção de armas químicas é a sua inactivação.

13. Cabe ao Estado Parte tomar as medidas acordadas para o encerramento tendo em devida conta as características específicas de cada instalação. Essas medidas incluirão, nomeadamente, as seguintes:
   a) Proibição da ocupação dos edifícios da instalação, quer especializados, quer de tipo corrente, salvo para actividades que tiverem sido acordadas;
   b) Desconexão do equipamento directamente ligado à produção de armas químicas, incluindo, nomeadamente, o equipamento de controlo de processos e os serviços;
   c) Desactivação das instalações e do equipamento de protecção exclusivamente utilizados para a segurança das operações da instalação de produção de armas químicas;
   d) Instalação de juntas cegas e de outros dispositivos apropriados para impedir a introdução ou remoção de produtos químicos em qualquer equipamento especializado de processo para síntese, separação ou purificação de produtos químicos definidos como armas químicas, qualquer depósito de armazenagem, ou qualquer máquina de enchimento de armas químicas, e para impedir o fornecimento de aquecimento, refrigeração, ou corrente eléctrica ou de outras formas de energia a esse equipamento, depósitos de armazenagem, ou máquinas; e
   e) Interrupção dos acessos à instalação de produção de armas químicas por caminho de ferro, estrada e outras vias de comunicação para transportes pesados, com excepção das necessárias para as actividades acordadas.

14. Enquanto a instalação de produção de armas químicas permanecer encerrada, o Estado Parte poderá dar seguimento a actividades de segurança e protecção física nessa instalação.

Manutenção técnica de instalações de produção de armas químicas no período anterior à sua destruição

15. Em instalações de produção de armas químicas cada Estado Parte só poderá conduzir actividades de manutenção corrente, incluindo inspecção visual, manutenção preventiva, e reparações correntes, quando justificadas por razões de segurança.

16. Todas as actividades de manutenção planeadas serão especificadas no plano geral e no plano pormenorizado de destruição. Não poderão ser consideradas como actividades de manutenção as seguintes:
   a) A substituição de qualquer equipamento de processo;
   b) A modificação das características do equipamento de processo químico;
   c) A produção de produtos químicos de qualquer tipo.

17. Todas as actividades de manutenção estarão sujeitas a vigilância pelo Secretariado Técnico.

Princípios e métodos para a conversão provisória de instalações de produção de armas químicas em instalações de destruição de armas químicas.

18. As medidas relativas à conversão provisória de instalações de produção de armas químicas em instalações de destruição de armas químicas assegurarão que o

regime aplicável às instalações convertidas provisoriamente é, no mínimo, tão rigoroso quanto o regime aplicável a instalações de produção de armas químicas que não tiverem sido convertidas.

19. As instalações de produção de armas químicas que, antes da entrada em vigor da presente Convenção, tiverem sido convertidas em instalações de destruição de armas químicas serão declaradas na categoria das instalações de produção de armas químicas.

Estarão sujeitas a uma visita inicial pelos inspectores que confirmarão a exactidão das informações que sobre elas foram prestadas. Será igualmente exigida a verificação de que a transformação dessas instalações foi realizada de modo a torná-las inoperantes como instalações de produção de armas químicas; esta verificação inscreve-se no quadro das medidas previstas para as instalações que devem ser tomadas inoperantes no prazo máximo de 90 dias após a entrada em vigor da presente Convenção.

20. Um Estado Parte que tenciona converter uma instalação de produção de armas químicas numa instalação de destruição de armas químicas, apresentará ao Secretariado Técnico um plano geral de conversão da instalação no prazo máximo de 30 dias após a entrada em vigor da presente Convenção nesse Estado, ou no prazo máximo de 30 dias após ter sido tomada uma decisão para proceder à conversão provisória, e subsequentemente, apresentará planos anuais.

21. Quando a um Estado Parte se tornar necessária a conversão numa instalação de destruição de armas químicas de uma instalação de produção de armas químicas que tiver sido encerrada após a entrada em vigor da presente Convenção nesse Estado, informará do facto o Secretariado Técnico com a antecedência mínima de 150 dias relativamente à conversão. O Secretariado Técnico, conjuntamente com o Estado Parte, assegurar-se-á de que são tomadas as medidas necessárias para que, após a conversão, essa instalação fique inoperante como instalação de produção de armas químicas.

22. As possibilidades de retomar a produção de armas químicas numa instalação que tiver sido convertida para a destruição de armas químicas não deverão ser superiores às possibilidades de uma instalação de produção de armas químicas que tiver sido encerrada e onde for assegurada a manutenção. A sua reactivação para tal fim não poderá exigir menos tempo do que o requerido para uma instalação de produção de armas químicas que tiver sido encerrada e onde estiver assegurada a manutenção.

23. As instalações de produção de armas químicas convertidas em instalações de destruição de armas químicas serão destruídas no prazo máximo de 10 anos após a entrada em vigor da presente Convenção.

24. Quaisquer medidas para a conversão de uma dada instalação de produção de armas químicas serão específicas para essa instalação e dependerão das suas características próprias.

25. As medidas aplicadas para efeitos de conversão de uma instalação de produção de armas químicas numa instalação de destruição de armas químicas não poderão ser, no seu conjunto, inferiores às medidas a aplicar para que outras instalações de produção de armas químicas fiquem inoperantes no prazo máximo de 90 dias após a entrada em vigor da presente Convenção no Estado Parte.

Princípios e métodos de destruição de uma instalação de produção de armas químicas

26. Um Estado Parte destruirá o equipamento e os edifícios compreendidos na definição de instalação de produção de armas químicas, como se segue:
   a) Todo o equipamento especializado e o equipamento corrente serão fisicamente destruídos;
   b) Todos os edifícios especializados e de tipo corrente serão fisicamente destruídos.

27. Um Estado Parte destruirá as instalações de produção de munições químicas sem enchimento e de equipamento destinado ao emprego de armas químicas, como seguidamente se indica:
   a) Serão declaradas e destruídas as instalações exclusivamente utilizadas para a produção de partes não químicas para munições químicas ou equipamento especificamente destinado a ser utilizado em relação directa com o emprego de armas químicas. O processo de destruição e a verificação da destruição serão conduzidos em conformidade com as disposições do artigo 5.º e da presente parte deste Anexo que regem a destruição de instalações de produção de armas químicas;
   b) Todo o equipamento exclusivamente concebido ou utilizado para a produção de peças não químicas para munições químicas será fisicamente destruído. Este equipamento, que compreende moldes e matrizes especificamente concebidas para enformação de metais, poderá ser conduzido para um local especial a fim de ser destruído;
   c) Todos os edifícios e equipamentos correntes utilizados para essas actividades de produção serão destruídos ou convertidos para fins não proibidos segundo a presente Convenção, obtendo-se a necessária confirmação através de consultas e inspecções como previsto no artigo 9.º;
   d) As actividades para fins não proibidos pela presente Convenção poderão prosseguir enquanto decorrer a destruição ou a conversão.

Ordem de destruição

28. A ordem de destruição de instalações de produção de armas químicas fundamenta-se nas obrigações previstas no artigo 1.º e demais artigos da presente Convenção, incluindo as obrigações relacionadas com a verificação sistemática *in situ*. A referida ordem toma em consideração: os interesses dos Estados Partes em manter intacto o seu nível de segurança durante o período de destruição; o fomento da confiança no início do período de destruição; a aquisição gradual de experiência durante a destruição de instalações de produção de armas químicas, e a aplicabilidade, independentemente das características próprias das instalações de produção e dos métodos que forem escolhidos para a sua destruição. A ordem de destruição baseia-se no princípio do nivelamento.

29. Para cada período de destruição, o Estado Parte definirá quais as instalações de produção de armas químicas a ser destruídas e procederá à sua destruição de tal modo que no fim de cada período de destruição não reste mais do que o disposto nos

parágrafos 30 e 31. Nada impede que um Estado Parte proceda à destruição das suas instalações a um ritmo mais rápido.

30. As seguintes disposições aplicar-se-ão às instalações de produção de armas químicas que fabricam produtos químicos da lista n.º 1:

  a) Cada Estado Parte começará a destruição dessas instalações no prazo máximo de 1 ano após a entrada em vigor da presente Convenção nesse Estado, e completá-la-á no prazo máximo de 10 anos após a entrada em vigor da presente Convenção. Para um Estado que já for Parte no momento da entrada em vigor da presente Convenção, este período global será dividido em três períodos de destruição distintos, a saber do 2.º ao 5.º ano, do 6.º ao 8.º ano e do 9.º ao 10.º ano. Para os Estados que só se tornem Partes após a entrada em vigor da presente Convenção, os períodos de destruição serão adaptados, tendo em consideração as disposições dos parágrafos 28 e 29;
  b) A capacidade de produção será utilizada como o termo de comparação entre estas instalações. Será expressa em toneladas de agente, tomando em consideração as regras enunciadas para as armas químicas binárias;
  c) Serão estabelecidos por acordo os níveis de capacidade de produção que devem ser atingidos no fim do 8.º ano contado a partir da data de entrada em vigor da presente Convenção. A capacidade de produção que exceder o correspondente nível será destruída em incrementos iguais nos dois primeiros períodos de destruição;
  d) O requisito para destruir uma quantidade determinada da capacidade de produção acarretará o requisito de destruir qualquer outra instalação de produção de armas químicas que abasteceu a instalação de produção com produtos químicos da lista n.º 1 ou que carregou os produtos químico da lista n.º 1 aí produzido em munições ou dispositivos;
  e) As instalações de produção de armas químicas que tiverem sido convertidas provisoriamente para a destruição de armas químicas continuarão sujeitas à obrigação de destruição da capacidade nos termos das disposições do presente parágrafo.

31. Cada Estado Parte iniciará a destruição das instalações de produção de armas químicas não incluídas no parágrafo 30 no prazo máximo de um ano após a entrada em vigor da presente Convenção nesse Estado, e completá-la-á no prazo máximo de cinco anos após a entrada em vigor da presente Convenção.

Planos pormenorizados para a destruição

32. Pelo menos 180 dias antes de iniciar a destruição de uma instalação de produção de armas químicas, cada Estado Parte apresentará ao Secretariado Técnico os planos pormenorizados para destruição da instalação, incluindo as medidas que propõe para verificação da destruição previstas na alínea f) do parágrafo 33, no que se refere, nomeadamente, a:

  a) Calendário da presença dos inspectores na instalação a destruir; e
  b) Procedimentos para verificação de medidas a aplicar a cada elemento do inventário declarado.

33. Os planos pormenorizados para a destruição de cada instalação de produção de armas químicas incluirão:
   a) O calendário pormenorizado do processo de destruição;
   b) A planta da instalação;
   c) O diagrama de processo;
   d) O inventário pormenorizado de equipamentos, edifícios e demais elementos a destruir;
   e) As medidas a ser aplicadas a cada elemento do inventário;
   f) As medidas propostas para a verificação;
   g) As medidas de protecção/segurança a observar durante a destruição da instalação; e
   h) As condições de trabalho e de alojamento a proporcionar aos inspectores.

34. Se um Estado Parte pretender proceder à conversão provisória de uma instalação de produção de armas químicas numa instalação de destruição de armas químicas, notificará o Secretariado Técnico com a antecedência mínima de 150 dias relativamente ao início de qualquer actividade de conversão. Essa notificação:
   a) Especificará a denominação, o endereço e a localização da instalação;
   b) Facultará um esquema do polígono indicando todas as estruturas e zonas a ser envolvidas na destruição de armas químicas e identificará também todas as estruturas da instalação de produção de armas químicas que será convertida provisoriamente;
   c) Especificará os tipos de armas químicas e o tipo e a quantidade de carga química que irão ser destruídos;
   d) Especificará o método de destruição;
   e) Facultará um diagrama de processo, indicando quais as partes do processo de produção e o equipamento especializado que serão convertidos para a destruição das armas químicas;
   f) Especificará os selos e o equipamento de inspecção potencialmente afectados pela conversão, quando aplicável; e
   g) Facultará um calendário, discriminando os períodos destinados ao projecto, à conversão provisória da instalação, à montagem do equipamento, à verificação do equipamento, às operações de destruição e ao encerramento.

35. Para a destruição de uma instalação que tiver sido convertida provisoriamente para a destruição de armas químicas, será prestada a informação referida nos parágrafos 32 e 33.

Exame dos planos pormenorizados

36. Com base no plano pormenorizado para a destruição e nas medidas propostas para verificação apresentadas pelo Estado Parte, e na experiência de inspecções anteriores, o Secretariado Técnico elaborará um plano para verificar a destruição da instalação, em estreita consulta com o Estado Parte. Quaisquer divergências entre o Secretariado Técnico e o Estado Parte quanto à adopção de medidas adequadas deverá ser resolvida mediante consultas. Quaisquer questões que não fiquem resolvidas serão enviadas ao Conselho Executivo para que este tome as medidas apropriadas destinadas a facilitar a aplicação plena da presente Convenção.

37. Para garantir o cumprimento das disposições do artigo 5.º e da presente Parte, o Conselho Executivo e o Estado Parte acordarão quanto ao conjunto dos planos para a destruição e para a verificação. Este acordo deverá ficar concluído pelo menos 60 dias antes do início previsto da destruição.

38. Qualquer membro do Conselho Executivo poderá consultar o Secretariado Técnico sobre quaisquer questões relativas à adequação do plano conjunto para a destruição e a verificação. Se nenhum membro do Conselho Executivo levantar objecções, o plano será aplicado.

39. No caso de surgirem dificuldades nesta fase, o Conselho Executivo entrará num processo de consultas com o Estado Parte para as resolver. Se houver dificuldades por resolver, serão remetidas à Conferência. A resolução de quaisquer diferendos sobre métodos de destruição não atrasarão a execução de outras partes do plano para destruição que tiverem sido aceites.

40. Se o Estado Parte e o Conselho Executivo não chegarem a acordo quanto a aspectos da verificação, ou se o plano de verificação aprovado não puder ser posto em prática, a verificação da destruição será realizada por meio de vigilância contínua através de instrumentos instalados no local e da presença física de inspectores.

41. A destruição e a verificação decorrerão em conformidade com o plano acordado. A verificação não entravará desnecessariamente o processo de destruição e realizar-se-á mediante a presença no local de inspectores para pessoalmente presenciarem a destruição.

42. Se as actividades de destruição ou de verificação não decorrerem em conformidade com o previsto, todos os Estados Partes serão informados a esse respeito.

C – Verificação

Verificação por inspecções *in situ* das declarações referentes a instalações de produção de armas químicas

43. O Secretariado Técnico realizará uma inspecção inicial de cada instalação de produção de armas químicas, entre os 90 e os 120 dias subsequentes à entrada em vigor da presente Convenção no respectivo Estado Parte.

44. A inspecção inicial terá os seguintes objectivos:

   a) Confirmar que cessou a produção de armas químicas e que a instalação foi inactivada em conformidade com a presente Convenção.
   b) Permitir que o Secretariado Técnico se familiarize com as medidas que forem tomadas para cessar a produção de armas químicas na instalação;
   c) Permitir que os inspectores procedam à aposição de selos temporários;
   d) Permitir que os inspectores confirmem o inventário dos edifícios e equipamento especializado;
   e) Obter as informações necessárias para o planeamento das actividades de inspecção na instalação, incluindo a aposição de selos e outros dispositivos acordados indicadores de tentativa de violação, que serão colocados em conformidade com o acordo de instalação pormenorizado para essa instalação particular; e

f) Proceder à discussão prévia de um acordo pormenorizado quanto aos procedimentos de inspecção nessa instalação.

45. Os inspectores utilizarão, conforme for apropriado, selos, marcas e outros procedimentos de controlo de inventário que tiverem sido acordados para facilitar um inventário exacto dos elementos declarados em cada instalação de produção de armas químicas.

46. Os inspectores instalarão esses dispositivos acordados onde forem necessários para indicar se ocorreu qualquer retoma da produção de armas químicas, ou se qualquer elemento declarado foi removido. Os inspectores tomarão as precauções necessárias para não entravar as actividades de encerramento pelo Estado Parte inspeccionado. Os inspectores poderão regressar para manter e verificar a integridade dos referidos dispositivos.

47. Se, com base na inspecção inicial, o director-geral considerar que são necessárias medidas adicionais para inactivar a instalação nos termos da presente Convenção, poderá solicitar, no prazo máximo de 135 dias após a entrada em vigor da presente Convenção no Estado Parte, que essas medidas sejam implementadas pelo Estado Parte inspeccionado no prazo máximo de 180 dias após a entrada em vigor da presente Convenção nesse Estado. O cumprimento desta solicitação fica à opção do Estado Parte. Caso o Estado Parte inspeccionado não satisfaça a solicitação, o director-geral procurará resolver a questão através de consultas.

Verificação sistemática das instalações de produção de armas químicas e da cessação das suas actividades

48. O objectivo da verificação sistemática de uma instalação de produção de armas químicas será garantir a detecção nessa instalação de qualquer retoma da produção de armas químicas ou da remoção de quaisquer elementos declarados.

49. O acordo de instalação pormenorizado para cada instalação de produção de armas químicas indicará:

a) Procedimentos pormenorizados para inspecção *in situ*, que poderão incluir:
  i) Exames visuais;
  ii) Verificação e manutenção de selos e outros dispositivos acordados; e
  iii) Recolha e análise de amostras;
b) Procedimentos para utilização de selos ou outros dispositivos indicadores de violação acordados para prevenção da reactivação indetectada da instalação onde se especificará:
  i) O tipo, a localização e os procedimentos para a aposição;
  ii) A manutenção desses selos e dispositivos; e
c) Outras medidas acordadas.

50. Os selos ou outros dispositivos acordados num acordo pormenorizado sobre medidas de inspecção para essa instalação serão apostos num prazo não superior a 240 dias após a entrada em vigor da presente Convenção no Estado Parte. Os inspectores serão autorizados a visitar cada uma das instalações de produção de armas químicas para a aposição desses selos ou dispositivos.

51. O Secretariado Técnico será autorizado, em cada ano, a realizar até quatro inspecções em cada instalação de produção de armas químicas.

52. O director-geral notificará o Estado Parte inspeccionado da sua decisão de inspeccionar ou visitar uma instalação de produção de armas químicas com quarenta e oito horas de antecedência em relação à hora prevista para a chegada da equipa de inspecção a essa instalação para inspecções sistemáticas ou visitas. No caso de inspecções ou visitas para resolver problemas urgentes, esse período pode ser reduzido. O director-geral especificará o objectivo da inspecção ou visita.

53. Em conformidade com os acordos de instalação, os inspectores terão livre acesso a todas as partes das instalações de produção de armas químicas. Os elementos do inventário declarado a ser inspeccionados serão seleccionados pelos inspectores.

54. Nos termos da alínea *i*) do parágrafo 21 do artigo 8.º, a Conferência examinará e aprovará as directivas para a determinação da frequência das inspecções sistemáticas *in situ*. O Secretariado Técnico seleccionará a instalação particular a inspeccionar de tal forma que não possa prever-se qual o momento exacto para a realização dessa inspecção.

Verificação de destruição de instalação de produção de armas químicas

55. O objectivo da verificação sistemática da destruição de instalações de produção de armas químicas será confirmar a destruição das instalações em conformidade com as obrigações contraídas como consequência da presente Convenção e a destruição de cada elemento do inventário declarado em conformidade com o plano pormenorizado acordado para a destruição.

56. Após a destruição de todos os elementos constantes do inventário declarado, o Secretariado Técnico confirmará a declaração nesse sentido feita pelo Estado Parte. Após essa confirmação, o Secretariado Técnico dará por terminada a verificação sistemática da instalação de produção de armas químicas e retirará prontamente todos os dispositivos e instrumentos de vigilância colocados pelos inspectores.

57. Obtida a confirmação mencionada no parágrafo anterior, o Estado Parte fará declaração de que a instalação foi destruída.

Verificação da conversão provisória de uma instalação de produção de armas químicas numa instalação de destruição de armas químicas.

58. No prazo máximo de 90 dias após ter recebido do Estado Parte a notificação inicial da sua intenção de converter provisoriamente uma instalação de produção de armas químicas, os inspectores terão o direito de visitar a instalação para se familiarizar com a conversão provisória proposta e estudar as possíveis medidas de inspecção que serão requeridas durante a conversão.

59. No prazo máximo de 60 dias após essa visita, o Secretariado Técnico e o Estado Parte inspeccionado celebrarão um acordo transitório contendo medidas adicionais de inspecção para o período de conversão provisória. O acordo transitório especificará os procedimentos de inspecção, incluindo o uso de selos, de equipamento de vigilância, e inspecções, que permitirão assegurar que não serão fabricadas armas químicas durante o processo de conversão. Esse acordo vigorará desde o início das actividades de conversão provisória até a instalação começar a funcionar como uma instalação de destruição de armas químicas.

60. Até estar concluído o acordo transitório, o Estado Parte inspeccionado não retirará ou converterá qualquer parte da instalação, nem retirará ou modificará qualquer selo ou outro equipamento de inspecção acordado que possa ter sido instalado nos termos da presente Convenção.

61. Logo que a instalação começar a funcionar como instalação de destruição de armas químicas, ficará sujeita às disposições da Parte IV (A) do presente Anexo aplicáveis às instalações de destruição de armas químicas. Quaisquer preparativos para o período imediatamente anterior ao início dessa operação reger-se-ão pelo acordo transitório.

62. Durante as operações de destruição os inspectores terão acesso a todas as partes das instalações de produção de armas químicas convertidas provisoriamente, incluindo as que não estão directamente envolvidas na destruição de armas químicas.

63. Antes do início dos trabalhos na instalação para a sua conversão provisória numa instalação de destruição de armas químicas e depois de a instalação ter cessado o seu funcionamento como instalação para a destruição de armas químicas, a instalação ficará sujeita às disposições da presente parte aplicáveis às instalações de produção de armas químicas.

D – Conversão de instalações da produção de armas químicas para fins não proibidos pela presente Convenção

Procedimentos para requerer a conversão

64. Um pedido para utilização para fins não proibidos pela presente Convenção de uma instalação de produção de armas químicas pode ser apresentado para qualquer instalação que um Estado Parte já utilizava para esses fins antes da entrada em vigor da presente Convenção nesse Estado, ou que planeia utilizar para esses fins.

65. Para uma instalação de produção de armas químicas que já estava a ser utilizada para fins não proibidos pela presente Convenção quando da sua entrada em vigor no Estado Parte, o pedido será apresentado pelo Estado Parte ao director-geral no prazo máximo de 30 dias após a entrada em vigor da presente Convenção nesse Estado. O pedido conterá, para além dos dados indicados na alínea *h*), *iii*), do parágrafo 1, as seguintes informações:

  a) Uma justificação pormenorizada do pedido;
  b) Um plano geral de conversão da instalação, que explicite:
    i) A natureza das actividades que vão ser realizadas na instalação;
    ii) Se as actividades previstas compreendem a produção, tratamento ou consumo de produtos químicos: o nome de cada um desses produtos o diagrama de processo da instalação e as quantidades que se prevê produzir, processar ou consumir anualmente;
    iii) Quais os edifícios ou estruturas a utilizar e quais as modificações propostas, caso existam;
    iv) Quais os edifícios ou estruturas que foram já destruídos ou que se propõe destruir e os respectivos planos de destruição;
    v) Qual o equipamento a utilizar na instalação;

vi) Que equipamento foi já retirado e destruído e que equipamento se propõe retirar e destruir e os respectivos planos de destruição;
vii) O calendário proposto para a conversão, se aplicável; e
viii) A natureza das actividades de cada uma das restantes instalações funcionando no polígono; e

c) Uma explicação pormenorizada de como as medidas enunciadas na alínea *b)*, bem como quaisquer outras medidas propostas pelo Estado Parte, garantirão que não subsiste uma capacidade latente de produção de armas químicas na instalação.

66. Para uma instalação de produção de armas químicas que não estiver a ser utilizada para fins não proibidos pela presente Convenção quando da sua entrada em vigor no Estado Parte, o pedido será apresentado pelo Estado Parte ao director-geral no prazo máximo de 30 dias após ter sido decidida a conversão, mas nunca depois de decorridos quatro anos após a entrada em vigor da presente Convenção nesse Estado. O pedido conterá as seguintes informações:

a) Uma justificação pormenorizada do pedido, incluindo uma exposição sobre a sua justificação económica;

b) Um plano geral de conversão da instalação, que explicite:
  i) A natureza das actividades que vão ser realizadas na instalação;
  ii) Se as actividades previstas compreendem a produção, tratamento ou consumo de produtos químicos: o nome de cada um desses produtos, o diagrama de processo da instalação e as quantidades que se prevê produzir, processar ou consumir anualmente;
  iii) Quais os edifícios ou estruturas a manter e quais as modificações propostas, caso existam;
  iv) Quais os edifícios ou estruturas que foram já destruídos ou que se propõe destruir e os respectivos planos de destruição;
  v) Qual o equipamento a utilizar na instalação;
  vi) Que equipamento se propõe retirar e destruir e os respectivos planos de destruição;
  vii) O calendário proposto para a conversão; e
  viii) A natureza das actividades de cada uma das restantes instalações funcionando no polígono; e

c) Uma explicação pormenorizada de como as medidas enunciadas na alínea *b)*, bem como quaisquer outras medidas propostas pelo Estado Parte, garantirão que não subsiste uma capacidade latente de produção de armas químicas na instalação.

67. O Estado Parte poderá propor no seu pedido quaisquer outras medidas que considere apropriadas para o reforço da confiança.

Disposições a observar enquanto se aguarda uma decisão

68. Até que a Conferência tome uma decisão, o Estado Parte poderá continuar a utilizar para fins não proibidos pela presente Convenção a instalação que vinha utilizando para esses mesmos fins antes da entrada em vigor desta Convenção nesse

Estado, mas só quando o Estado Parte confirmar no seu pedido que não está a utilizar qualquer equipamento especializado ou edifício especializado e que o equipamento especializado e os edifícios especializados foram inactivados utilizando os métodos especificados no parágrafo 13.

69. Se a instalação a que se referir o pedido feito não estava a ser utilizada para fins não proibidos pela presente Convenção antes de esta entrar em vigor no Estado Parte, ou se não for apresentada a confirmação referida no parágrafo 68, o Estado Parte cessará de imediato todas as actividades nos termos do parágrafo 4 do artigo 5.º. O Estado Parte encerrará a instalação em conformidade com o parágrafo 13 no prazo máximo de 90 dias após a entrada em vigor da presente Convenção nesse Estado.

Condições para a conversão

70. Como condição para a conversão de uma instalação de produção de armas químicas para fins não proibidos pela presente Convenção, terá de ser destruído todo o seu equipamento especializado e eliminadas todas as características especiais dos edifícios e estruturas que os distinguem dos edifícios e estruturas normalmente utilizados para fins não proibidos pela presente Convenção e que não envolvam produtos químicos da lista n.º 1.

71. Uma instalação convertida não será utilizada:

 a) Para qualquer actividade que envolva a produção, processamento ou consumo de um produto químico da lista n.º 1 ou de um produto químico da lista n.º 2; ou

 b) Para a produção de qualquer produto químico de elevada toxicidade, incluindo qualquer produto químico organofosforado de elevada toxicidade, ou para qualquer outra actividade que exija equipamento especial para manipular produtos químicos altamente tóxicos ou altamente corrosivos, salvo quando o Conselho Executivo decidir que essa produção ou actividade não é susceptível de pôr em risco os fins e objectivos da presente Convenção, tendo em conta os critérios para a toxicidade, poder corrosivo e, quando aplicáveis, outros factores de ordem técnica, a ser analisados e aprovados pela Conferência em conformidade com a alínea *i*) do parágrafo 21 do artigo 8.º.

72. A conversão de uma instalação de produção de armas químicas ficará concluída no prazo máximo de seis anos após a entrada em vigor da presente Convenção.

Decisões do Conselho Executivo e da Conferência

73. Depois de o director-geral ter recebido o pedido, o Secretariado Técnico realizará uma inspecção inicial à instalação no prazo máximo de 90 dias. O objectivo dessa inspecção será determinar a exactidão das informações constante do pedido, obter informações sobre as características técnicas da instalação que se pretende converter e avaliar as condições em que pode ser permitida a sua utilização para fins não proibidos pela presente Convenção. O director-geral enviará prontamente um relatório ao Conselho Executivo, à Conferência e a todos os Estados Partes, contendo as suas recomendações sobre as medidas necessárias para conversão da instalação para fins

não proibidos pela presente Convenção e para garantir que a instalação, uma vez convertida, será utilizada exclusivamente para fins não proibidos pela presente Convenção.

74. Se a instalação tiver sido utilizada para fins não proibidos pela presente Convenção antes da sua entrada em vigor no Estado Parte, e continuar em funcionamento, mas não tiverem sido tomadas as medidas requeridas a ser confirmadas nos termos do parágrafo 68, o director-geral informará de imediato o Conselho Executivo, que poderá exigir a aplicação das medidas que considerar apropriadas, incluindo o encerramento da instalação e a remoção de equipamento especializado, bem como a modificação de edifícios e estruturas. O Conselho Executivo fixará um prazo para a aplicação dessas medidas e suspenderá o exame do pedido até serem cumpridas de forma satisfatória. Expirado o prazo, a instalação será prontamente inspeccionada para determinar se foram aplicadas as medidas. Em caso negativo, será o Estado Parte obrigado a encerrar totalmente quaisquer operações na instalação.

75. A Conferência, logo após ter recebido o relatório do director-geral, por recomendação do Conselho Executivo e tomando em consideração o relatório e quaisquer opiniões expressas pelos Estados Partes, decidirá quanto à aprovação do pedido e determinará as condições a que subordina a sua aprovação. Se algum Estado Parte formular objecções à aprovação do pedido e das condições que lhe estão associadas, os Estados Partes interessados realizarão consultas entre si durante um prazo não superior a 90 dias para procurar encontrar uma solução mutuamente aceitável. A decisão sobre o pedido e as condições a ele associadas, bem como quaisquer modificações propostas, será tomada como questão de fundo e tão cedo quanto possível após o final do prazo para consultas.

76. Se o pedido for aprovado, será celebrado um acordo de instalação no prazo máximo de 90 dias após a aprovação dessa decisão. O acordo de instalação incluirá as condições mediante as quais são permitidas a conversão e utilização da instalação, incluindo as medidas de verificação. A conversão não será iniciada antes de estar concluído o acordo de instalação.

Planos pormenorizados de conversão

77. Com a antecedência mínima de 180 dias relativamente à data prevista para o início da conversão de uma instalação de produção de armas químicas, o Estado Parte apresentará ao Secretariado Técnico os planos pormenorizados para a conversão da instalação, incluindo as medidas propostas para a verificação em relação, nomeadamente, aos seguintes aspectos:

   a) Calendário da presença dos inspectores na instalação a converter; e
   b) Procedimentos para verificação das medidas a ser aplicadas a cada elemento do inventário declarado.

78. O plano pormenorizado para a conversão de cada instalação de produção de armas químicas especificará:

   a) O calendário pormenorizado do processo de conversão;
   b) A disposição da instalação, em planta, antes e depois da conversão;
   c) O diagrama de processo de produção da instalação antes e, se aplicável, depois da conversão;

d) O inventário pormenorizado do equipamento, edifícios e estruturas e outros elementos a ser destruídos e dos edifícios e estruturas a ser modificados;
e) Quando aplicável, as medidas a serem tomadas para cada elemento do inventário;
f) As medidas propostas para a verificação;
g) As medidas de protecção/segurança a serem observadas durante a conversão da instalação; e
h) As condições de vida e de trabalho a proporcionar aos inspectores.

Exame dos planos pormenorizados

79. Com base no plano pormenorizado de conversão e nas medidas propostas para verificação apresentadas pelo Estado Parte, e na experiência de inspecções anteriores, o Secretariado Técnico elaborará um plano para verificação da conversão da instalação, em estreita consulta com o Estado Parte. Quaisquer divergências entre o Secretariado Técnico e o Estado Parte quanto à adopção de medidas adequadas serão resolvidas mediante consultas. Quaisquer questões que não fiquem resolvidas serão remetidas ao Conselho Executivo, para que tome as medidas adequadas com o objectivo de facilitar a aplicação plena da presente Convenção.

80. Para garantir o cumprimento das disposições do artigo 5.º e da presente parte, o Conselho Executivo e o Estado Parte acordarão quanto aos planos conjuntos para a conversão e a verificação. Esse acordo ficará concluído com a antecedência mínima de 60 dias relativamente ao início previsto para a conversão.

81. Cada membro do Conselho Executivo poderá consultar o Secretariado Técnico sobre quaisquer questões relativas à adequação do plano conjunto de conversão e verificação. Se nenhum membro do Conselho Executivo formular objecções, o plano conjunto será aplicado.

82. Caso surjam dificuldades nesta fase, para as resolver o Conselho Executivo abrirá um processo de consultas com o Estado Parte. As questões que não tiverem sido resolvidas serão remetidas à Conferência. A resolução de quaisquer diferendos relativos a métodos de conversão não deverá atrasar a execução de outras partes do plano de conversão que tiverem sido aceites.

83. Se o Estado Parte e o Conselho Executivo não chegarem a acordo quanto a aspectos da verificação, ou se o plano de verificação acordado não puder ser posto em prática, a verificação da conversão será efectuada por vigilância contínua através de instrumentos colocados no local e da presença física de inspectores.

84. A conversão e a verificação serão executadas em conformidade com o plano acordado. A verificação não entravará desnecessariamente o processo de conversão e realizar-se-á mediante a presença de inspectores para confirmar a conversão.

85. Durante os 10 anos seguintes à confirmação da conclusão da conversão pelo director-geral, o Estado Parte facultará aos inspectores, e em qualquer momento, o livre acesso à instalação. Os inspectores terão o direito de observar todas as zonas, todas as actividades e todos os elementos do equipamento da instalação. Os inspectores terão o direito de verificar se as actividades realizadas na instalação são compatíveis com quaisquer condições estabelecidas nos termos da presente parte, pelo Conselho Executivo e pela Conferência. Os inspectores, em conformidade com as

disposições da Secção E da Parte II do presente Anexo, terão o direito de receber amostras recolhidas em qualquer zona da instalação e de as analisar para verificar a ausência de produtos químicos da lista n.º 1, dos seus subprodutos e produtos de decomposição estáveis e de produtos químicos da lista número 2, e para verificar que as actividades realizadas na instalação são compatíveis com quaisquer outras condições sobre actividades químicas estabelecidas nos termos da presente parte, pelo Conselho Executivo e pela Conferência. Os inspectores terão também o direito de acesso controlado ao complexo industrial onde se encontra a instalação, em conformidade com a Secção C da Parte X do presente Anexo. Durante o período de 10 anos, o Estado Parte facultará informações anuais sobre as actividades realizadas na instalação convertida. Concluído o mencionado período de 10 anos, o Conselho Executivo, tendo em consideração as recomendações do Secretariado Técnico, decidirá sobre a natureza da continuação das medidas de verificação.

86. Os custos de verificação da instalação convertida serão repartidos em conformidade com o parágrafo 19 do artigo 5.º.

PARTE VI. **ACTIVIDADES NÃO PROIBIDAS PELA PRESENTE CONVENÇÃO NOS TERMOS DO ARTIGO 6.º**

Regime aplicável aos produtos químicos da lista n.º 1 e às instalações relacionadas com esses produtos

A – **Disposições gerais**

1. Nenhum Estado Parte produzirá, adquirirá, conservará ou utilizará produtos químicos da lista n.º 1 fora dos territórios dos Estados Partes, nem os transferirá para fora do seu território, salvo se for para outro Estado parte.

2. Nenhum Estado Parte produzirá, adquirirá, conservará, transferirá ou utilizará produtos químicos da lista n.º 1, salvo quando:

   a) Os produtos químicos se destinarem a fins de investigação, médicos, farmacêuticos ou de protecção; e
   b) Os tipos e quantidades dos produtos químicos estiverem estritamente limitados aos que podem ser justificados por esses fins;
   c) A quantidade acumulada desses produtos químicos em qualquer momento, destinados aos referidos fins, for igual ou menor do que 1 t.; e
   d) A quantidade total que um Estado Parte adquirir para esses fins, em qualquer ano, por produção, remoção de um arsenal de armas químicas ou transferência, for igual ou menor do que 1 t.

B – **Transferências**

3. Nenhum Estado Parte poderá transferir produtos químicos da lista n.º 1 para fora do seu território, a não ser para o território de outro Estado Parte e unicamente para fins de investigação, médicos, farmacêuticos ou de protecção, em conformidade com o parágrafo 2.

4. Os produtos químicos transferidos não serão retransferidos para um terceiro Estado.

5. Com a antecedência mínima de 30 dias relativamente a qualquer transferência entre Estados Partes, ambos os Estados Partes notificarão o Secretariado Técnico dessa transferência.

6. Cada Estado Parte fará anualmente uma declaração pormenorizada sobre as transferências que efectuou no ano anterior. A declaração será apresentada no prazo máximo de 90 dias após o fim desse ano e conterá, para cada produto químico da lista n.º 1 que tiver sido transferido, as seguintes informações:

   a) O nome químico, a fórmula da estrutura e o número de registo do Chemical Abstracts Service, se já atribuído;

   b) A quantidade adquirida a outros Estados ou transferida para outros Estados Partes. Em relação a cada transferência será indicada a quantidade, o destinatário e a finalidade a que se destina.

C – Produção

Princípios gerais da produção

7. Cada Estado Parte, no decurso das actividades de produção referidas nos parágrafos 8 a 12, atribuirá a máxima prioridade à garantia da segurança das pessoas e à protecção do ambiente. Cada Estado Parte conduzirá essas actividades de produção em conformidade com as suas normas nacionais em matéria de segurança e de protecção do ambiente.

Instalação única de pequena escala

8. Cada Estado Parte que produzir produtos químicos da lista n.º 1 para fins de investigação, médicos, farmacêuticos ou de protecção efectuará a produção numa instalação única de pequena escala aprovada pelo Estado Parte, só sendo admitidas como excepções as referidas nos parágrafos 10, 11 e 12.

9. Numa instalação única de pequena escala, a produção será realizada em reactores incluídos em linhas de produção que não estejam configuradas para a produção contínua. O volume de cada reactor não excederá os 100 l, e o volume acumulado de todos os reactores com capacidade individual superior a 5 l não excederá os 500 l.

Outras instalações

10. A produção de produtos químicos da lista n.º 1 para fins de protecção poderá ser realizada numa instalação fora da instalação única de pequena escala desde que em quantidades globais não superiores a 10 kg por ano. Essa instalação deverá ser aprovada pelo próprio Estado Parte.

11. A produção da produtos químicos da lista n.º 1 em quantidades anuais superiores a 100 g poderá ser feita para fins de investigação, médicos ou farmacêuticos em instalações fora da instalação única de pequena escala, desde que em quantidades globais não superiores a 10 kg por ano e por instalação. Essas instalações serão aprovadas pelo Estado Parte.

12. A síntese de produtos químicos da lista n.º 1 para fins de investigação, médicos ou farmacêuticos, mas não para fins de protecção, poderá ser realizada em laboratórios desde que em quantidades totais inferiores a 100 g por ano e por instalação. Estes laboratórios não ficam sujeitos a qualquer das obrigações relacionadas com as declarações e verificações especificadas nas secções D e E.

D – Declarações

Instalação única de pequena escala

13. Cada Estado Parte que tiver a intenção de explorar uma instalação única de pequena escala comunicará ao Secretariado Técnico a sua localização exacta e facultará uma descrição técnica pormenorizada da instalação, incluindo um inventário do equipamento e esquemas pormenorizados. Para instalações já existentes, esta declaração inicial será formulada no prazo máximo de 30 dias após a entrada em vigor da presente Convenção nesse Estado. As declarações iniciais para instalações novas serão apresentadas com a antecedência mínima de 180 dias relativamente ao início do respectivo funcionamento.

14. Cada Estado Parte notificará com antecedência as modificações planeadas em relação às informações prestadas na declaração inicial. A notificação será feita com a antecedência mínima de 180 dias relativamente à introdução dessas modificações.

15. Cada Estado Parte que produzir produtos químicos da lista n.º 1 numa instalação única de pequena escala fará uma declaração anual pormenorizada sobre as actividades da instalação no ano anterior. A declaração será apresentada no prazo máximo de 90 dias após o fim desse ano e incluirá:

  a) A identificação da instalação;
  b) Para cada produto químico da lista n.º 1 produzido, adquirido, consumido ou armazenado na instalação, as informações seguintes:
   i) O nome químico, a fórmula de estrutura e o número de registo do Chemical Abstracts Service, se já atribuído;
   ii) Os métodos utilizados e a quantidade produzida;
   iii) O número e a quantidade de precursores das listas n.ºs 1, 2 ou 3 utilizados para a produção de produtos químicos da lista número 1;
   iv) A quantidade consumida na instalação e a(s) finalidade(s) do consumo;
   v) A quantidade recebida de, ou enviada para outras instalações no Estado Parte. Para cada partida deve ser incluída a quantidade, o destinatário e a finalidade;
   vi) A quantidade máxima armazenada em qualquer momento, durante o ano; e
   vii) A quantidade armazenada no fim do ano; e
  c) Informação sobre quaisquer modificações ocorridas na instalação durante o ano, confrontando-a com as descrições técnicas pormenorizadas anteriormente apresentadas sobre a instalação, incluindo inventários do equipamento e esquemas pormenorizados.

16. Cada Estado Parte que produzir produtos químicos da lista n.º 1 numa instalação única de pequena escala fará uma declaração anual pormenorizada sobre as actividades projectadas e a produção prevista nessa instalação para o ano seguinte. A declaração será apresentada com a antecedência mínima de 90 dias relativamente ao início desse ano e incluirá:
   a) A identificação da instalação;
   b) Para cada produto químico da lista n.º 1 que se prevê produzir, consumir ou armazenar na instalação, as seguintes informações:
      i) O nome químico, a fórmula de estrutura e o número de registo do Chemical Abstracts Service, se já atribuído;
      ii) A quantidade que se prevê fabricar e a finalidade da produção; e
   c) Informação sobre qualquer modificação prevista para a instalação durante o ano seguinte, confrontando-a com as descrições técnicas pormenorizadas anteriormente apresentadas sobre a instalação, incluindo inventários de equipamento e esquemas pormenorizados.

Outras instalações mencionadas nos parágrafos 10 e 11

17. Para cada instalação, o Estado Parte comunicará ao Secretariado Técnico o seu nome, a sua localização e uma descrição técnica pormenorizada da instalação ou da(s) parte(s) pertinente(s) desta, conforme solicitado pelo Secretariado Técnico. Será especialmente identificada a instalação que produz produtos químicos da lista n.º 1 para fins de protecção. Para instalações já existentes, esta declaração inicial será apresentada no prazo máximo de 30 dias após a entrada em vigor da presente Convenção nesse Estado. Para instalações novas, as declarações iniciais serão apresentadas com a antecedência mínima de 180 dias relativamente ao início do respectivo funcionamento.

18. Cada Estado Parte informará com antecedência o Secretariado Técnico das modificações planeadas em relação às informações prestadas na declaração inicial. A notificação será apresentada com a antecedência mínima de 180 dias relativamente à introdução dessas modificações.

19. Para cada instalação, cada Estado Parte fará uma declaração anual pormenorizada sobre as actividades da instalação no ano anterior. A declaração será apresentada no prazo máximo de 90 dias após o fim desse ano e incluirá:
   a) A identificação da instalação;
   b) Para cada produto químico da lista n.º 1, as informações seguintes:
      i) O nome químico, a fórmula de estrutura e o número de registo do Chemical Abstracts Service, se já atribuído;
      ii) A quantidade produzida e, se a produção se destinar a fins de protecção, os métodos utilizados;
      iii) O número e a quantidade de precursores das listas número 1, 2 ou 3 utilizados para a produção de produtos químicos da lista n.º 1;
      iv) A quantidade consumida na própria instalação e a finalidade do consumo;
      v) A quantidade transferida para outras instalações no Estado Parte. Para cada partida deve ser indicada a quantidade, o destinatário e a finalidade:

vi) A quantidade máxima armazenada em qualquer momento, durante o ano; e

vii) A quantidade armazenada no fim do ano; e

c) Informação sobre quaisquer modificações ocorridas na instalação ou nas suas partes relevantes durante o ano, confrontando-a com a descrição técnica pormenorizada da instalação anteriormente apresentada.

20. Para cada instalação, cada Estado Parte fará uma declaração anual pormenorizada sobre as actividades projectadas e a produção prevista nessa instalação para o ano seguinte. A declaração será apresentada com a antecedência mínima de 90 dias relativamente ao início desse ano e incluirá:

a) A identificação da instalação;

b) Para cada produto químico da lista n.º 1, as informações seguintes:

i) O nome químico, a fórmula de estrutura e o número de registo do Chemical Abstracts Service, se já atribuído; e

ii) A quantidade que se prevê produzir, os períodos de produção previstos e as finalidades da produção; e

c) Informação sobre qualquer modificação prevista na instalação ou nas suas partes relevantes durante o ano, confrontando-a com as descrições técnicas pormenorizadas da instalação anteriormente apresentadas.

E – Verificação

Instalação única de pequena escala

21. O objectivo das actividades de verificação numa instalação única de pequena escala será verificar que as quantidades produzidas de produtos químicos da lista n.º 1 estão correctamente declaradas e, em especial, que o inventário total acumulado desses produtos químicos não ultrapassa 1 t.

22. A instalação será objecto de verificação sistemática mediante inspecções *in situ* e vigilância por instrumentos instalados no local.

23. O número, extensão, duração, calendário e modo das inspecções para uma determinada instalação basear-se-ão no risco que representam para o objecto e fim da presente Convenção os produtos químicos pertinentes, as características da instalação e a natureza das actividades nela realizadas. A Conferência analisará e aprovará os princípios orientadores adequados, nos termos da alínea *i*) do parágrafo 21 do artigo 8.º.

24. O objectivo da inspecção inicial será verificar a informação prestada relativamente à instalação, incluindo a verificação dos limites impostos no parágrafo 9 para os reactores.

25. Cada Estado Parte, no prazo máximo de 180 dias após a entrada em vigor da presente Convenção nesse Estado, celebrará com a Organização um acordo de instalação, baseado num acordo modelo, que compreenderá os procedimentos pormenorizados para inspecção da instalação.

26. Cada Estado Parte que se propuser construir uma instalação única de pequena escala depois de a presente Convenção ter entrado em vigor nesse Estado, antes do início das operações na instalação ou da sua utilização, celebrará com a Organização

um acordo de instalação, baseado num acordo modelo, que compreenderá os procedimentos pormenorizados a observar para inspecção da instalação.

27. A Conferência examinará e aprovará um modelo para os acordos, em conformidade com a alínea *i*) do parágrafo 21 do artigo 8.º.

Outras instalações mencionadas nos parágrafos 10 e 11

28 O ojectivo das actividades, de verificação em qualquer instalação mencionada nos parágrafos 10 e 11 será verificar que:

   a) A instalação não é utilizada para fabricar qualquer outro produto químico da lista n.º 1, excepto os que foram declarados;
   b) As quantidades produzidas, processadas ou consumidas de produtos químicos da lista n.º 1 estão correctamente declaradas e correspondem às necessidades para o fim declarado; e
   c) O produto químico da lista n.º 1 não é desviado nem utilizado para outros fins.

29. A instalação será objecto de verificação sistemática mediante inspecção *in situ* e vigilância por instrumentos instalados no local.

30. O número, extensão, duração, calendário e modo das inspecções para uma determinada instalação basear-se-ão no risco que representam para o objecto e fim da presente Convenção as quantidades de produtos químicos produzidos, as características da instalação e a natureza das actividades que nela têm lugar. A Conferência examinará e aprovará os princípios orientadores adequados, nos termos da alínea *i*) do parágrafo 21 do artigo 8.º.

31. Cada Estado Parte, no prazo máximo de 180 dias após a entrada em vigor da presente Convenção nesse Estado, celebrará com a Organização acordos de instalação, baseados num acordo modelo, que compreenderão os procedimentos pormenorizados para a inspecção de cada instalação.

32. Cada Estado Parte que se propuser construir uma instalação desta natureza depois da entrada em vigor da presente Convenção nesse Estado celebrará um acordo de instalação antes do início das operações na instalação ou da sua utilização.

PARTE VII. ACTIVIDADES NÃO PROIBIDAS PELA PRESENTE CONVENÇÃO NOS TERMOS DO ARTIGO 6.º

Regime aplicável aos produtos químicos da lista n.º 2 e às instalações relacionadas com esses produtos

A – Declarações

Declarações dos dados nacionais acumulados

1. As declarações iniciais e anuais a apresentar por cada Estado Parte, em conformidade com os parágrafos 7 e 8 do artigo 6.º, incluirão os dados nacionais acumulados relativos ao ano anterior das quantidades de cada produto químico da

lista n.º 2 produzidas, processadas, consumidas, importadas e exportadas, bem como uma discriminação das quantidades importadas e exportadas para cada um dos países envolvidos.

2. Cada Estado Parte apresentará:
   a) Declarações iniciais, como referidas no parágrafo 1, no prazo máximo de 30 dias após a entrada em vigor da presente Convenção nesse Estado; e
   b) A partir do ano civil seguinte, declarações anuais, no prazo máximo de 90 dias após o termo do ano civil anterior.

Declarações de complexos industriais que produzam, processem ou consumam produtos químicos da lista n.º 2

3. Serão apresentadas declarações iniciais e anuais para todos os complexos industriais que compreendam uma ou mais instalações que tenham produzido, processado ou consumido em qualquer dos três anos civis anteriores, ou que se preveja venham a produzir, processar ou consumir no próximo ano civil, mais de:
   a) 1 kg de qualquer produto químico assinalado com o símbolo «(*)» na Parte A da lista n.º 2;
   b) 100 kg de qualquer outro produto químico constante da Parte A da lista n.º 2; ou
   c) 1 t de qualquer produto químico mencionado na Parte B da lista número 2.

4. Cada Estado Parte apresentará:
   a) Declarações iniciais em conformidade com o disposto no parágrafo 3, no prazo máximo de 30 dias após a entrada em vigor da presente Convenção nesse Estado; e
   b) A partir do ano civil seguinte, declarações anuais sobre actividades anteriores, no prazo máximo de 90 dias após o fim do ano civil anterior; e
   c) Declarações anuais sobre actividades previstas, com a antecedência mínima de 60 dias relativamente ao inicio do ano civil seguinte. Qualquer actividade adicional só prevista após ter sido apresentada a declaração anual será declarada com a antecipação mínima de cinco dias relativamente ao início da actividade.

5. Regra geral, não serão necessárias declarações em conformidade com o parágrafo 3 para misturas com um baixo teor de um produto da lista n.º 2. Essas declarações só serão requeridas, em conformidade com as princípios orientadores, quando a facilidade de recuperação de um produto químico da lista n.º 2 a partir da mistura e a massa total envolvida constituírem um risco para o objecto e fim da presente Convenção. A Conferência examinará e aprovará os referidos princípios orientadores, em conformidade com a alínea i) do parágrafo 21 do artigo 8.º.

6. As declarações relativas a complexos industriais, a apresentar nos termos do parágrafo 3, mencionarão:
   a) A denominação do complexo industrial e a identificação do proprietário, sociedade ou organização que o explora;
   b) A localização exacta do complexo industrial, incluindo o endereço; e
   c) O número de instalações dentro do complexo industrial que são declaradas nos termos do disposto na Parte VIII do presente Anexo.

7. As declarações relativas a complexos industriais, a apresentar nos termos do parágrafo 3 mencionarão também, para cada instalação nele situada a que se apliquem as especificações referidas no parágrafo 3, as seguintes informações:
   a) A denominação da instalação e a identificação do proprietário, Sociedade ou organização que a explora;
   b) A localização exacta dentro do complexo industrial, incluindo a indicação do número que identifica o respectivo edifício ou estrutura, se existir;
   c) As suas actividades principais;
   d) Se a instalação:
      i) Produz, processa ou consome o produto ou produtos químicos constantes da lista n.º 2 que foram declarados;
      ii) É exclusivamente dedicada a tais actividades ou é uma instalação polivalente, permitindo utilizações múltiplas; e
      iii) Permite realizar outras actividades relativamente ao produto ou produtos químicos declarados na lista n.º 2, especificando neste caso a natureza dessas outras actividades (por exemplo, armazenagem); e
   e) A capacidade de produção da instalação para cada produto químico da lista n.º 2 que tiver sido declarado.

8. As declarações relativas a complexos industriais, a apresentar nos termos do parágrafo 3, incluirão ainda as seguintes informações para cada produto químico da lista n.º 2 que for produzido, processado ou consumido em quantidade superior ao limiar de declaração:
   a) O nome químico, o nome comum ou comercial usado na instalação, a fórmula de estrutura e o número de registo do Chemical Abstracts Service, se já atribuído;
   b) Se se tratar de uma declaração inicial: a quantidade total produzida, processada, consumida, importada e exportada pelo complexo industrial em cada um dos três anos civis anteriores;
   c) Se se tratar de uma declaração anual sobre actividades anteriores: a quantidade total produzida, processada, consumida, importada e exportada pelo complexo industrial no ano civil imediatamente anterior;
   d) Se se tratar de uma declaração anual sobre actividades futuras: a quantidade total que se prevê que o complexo industrial produza, processe e consuma no ano civil imediatamente seguinte, incluindo o calendário previsto da produção, processamento ou consumo; e
   e) Os fins para os quais o produto químico é ou será produzido, processado ou consumido:
      i) Processamento e consumo no próprio local, com indicação dos tipos de produtos obtidos;
      ii) Venda ou transferência dentro do território do Estado Parte, ou para qualquer outro local sob a sua jurisdição ou controlo, indicando se se destina a outra indústria, ao comércio ou outra finalidade e, se possível, quais os tipos de produto final;
      iii) Exportação directa, com indicação dos Estados envolvidos; ou
      iv) Outras finalidades, especificando quais.

Declarações da produção anterior de produtos químicos da lista n.º 2 para fins ligados a armas químicas

9. Cada Estado Parte, no prazo máximo de 30 dias após a entrada em vigor da presente Convenção nesse Estado, declarará todos os complexos industriais em que se localizem instalações que, a todo o tempo, desde 1 de Janeiro de 1946, tiverem produzido produtos da lista n.º 2 para fins ligados a armas químicas.

10. As declarações relativas a um complexo industrial nos termos do parágrafo 9 incluirão:

    a) A denominação do complexo industrial e a identificação do proprietário, sociedade ou organização que o explora;
    b) A localização exacta do complexo industrial, com indicação do seu endereço;
    c) Para cada instalação situada no complexo industrial, e que corresponda à especificação do parágrafo 9, a mesma informação que é determinada pelas alíneas a) a e) do parágrafo 7; e
    d) Para cada produto químico da lista n.º 2 produzido para fins ligados a armas químicas:
        i) O nome químico, o nome comum ou comercial usado no complexo industrial para objectivos de produção de armas químicas, a fórmula de estrutura e o número de registo do Chemical Abstracts Service, se já atribuído;
        ii) As datas em que o produto químico foi produzido e a quantidade produzida; e
        iii) O local onde o produto químico foi entregue e qual o produto final aí produzido, se conhecido.

Informação aos Estados Partes

11. O Secretariado Técnico transmitirá aos Estados Partes, quando por estes solicitado, uma lista dos complexos industriais declarados nos termos desta secção, incluindo as informações fornecidas ao abrigo do parágrafo 6, das alíneas a), c) e d), subalíneas i) e iii), do parágrafo 7, da alínea a) do parágrafo 8 e do parágrafo 10.

B – Verificação

Disposições gerais

12. A verificação prevista no parágrafo 4 do artigo 6.º será realizada mediante inspecções *in situ* nos complexos industriais declarados que compreendam uma ou mais instalações que tenham produzido, processado ou consumido, no decurso de qualquer dos três anos civis anteriores, ou que, segundo as previsões, tencionem produzir, processar ou consumir, no decurso do ano civil seguinte, mais de:

    a) 10 kg de qualquer produto químico assinalado pelo símbolo «(*)» na Parte A da lista n.º 2;
    b) 1 t de qualquer outro produto químico da Parte A da lista número 2; ou
    c) 10 t de qualquer produto químico da Parte B da lista número 2.

13. O programa e orçamento da Organização, a aprovar pela Conferência em conformidade com a alínea *a*) do parágrafo 21 do artigo 8.º, incluirá, como rubrica individualizada, um programa e orçamento para as actividades de verificação realizadas ao abrigo desta secção. Na repartição dos recursos atribuídos a tarefas de verificação a conduzir nos termos do artigo 6.º, o Secretariado Técnico dará prioridade, durante os três primeiros anos subsequentes à entrada em vigor da presente Convenção, às inspecções iniciais dos complexos industriais declarados nos termos da Secção A. Posteriormente a repartição adoptada será reapreciada face à experiência entretanto adquirida.

14. O Secretariado Técnico realizará as inspecções iniciais e as inspecções subsequentes em conformidade com os parágrafos 15 a 22.

Objectivo das inspecções

15. O objectivo geral da inspecções é verificar que as actividades realizadas são conformes com as obrigações impostas pela presente Convenção e são consistentes com as informações a ser, fornecidas nas declarações. Os objectivos particulares das, inspecções aos complexos industriais declarados em cumprimento da Secção A, incluirão a verificação da:

   a) Inexistência de qualquer produto químico da lista n.º 1 e muito especialmente da sua produção, salvo se realizada em conformidade com as disposições da Parte VI deste Anexo;
   b) Conformidade, com as declarações prestadas quanto aos níveis de podução, processamento ou consumo de produtos químicos da lista n.º 2; e
   c) Ausência de desvio de produtos químicos da lista n.º 2 para actividades proibidas pela presente Convenção.

Inspecções iniciais

16. Cada complexo industrial a ser inspeccionado em conformidade com o parágrafo 12 será sujeito a uma inspecção inicial tão cedo quanto possível, mas de preferência no prazo máximo de três anos após a entrada em vigor da presente Convenção. Os complexos industriais, declarados após terminado esse período, serão sujeitos a essa inspecção inicial no prazo máximo de um ano, após a primeira declaração inicial das respectivas produções, processamentos ou consumos. O Secretariado Técnico seleccionará os complexos industriais para inspecção inicial de modo a excluir a possibilidade de se prever com precisão quando terá lugar a inspecção.

17. Durante a inspecção inicial, será preparado um projecto de acordo de instalação para o complexo industrial, salvo se o Estado Parte e o Secretariado Técnico concordarem que não é necessário.

18. Quanto à frequência e à extensão das inspecções subsequentes, os inspectores durante a inspecção inicial, avaliarão os riscos que os produtos químicos relevantes, as características de localização do complexo industrial e a natureza das actividades nele realizadas representam para o objecto e fim da presente Convenção, tomando em consideração, nomeadamente, os seguintes critérios:

   a) A toxicidade dos produtos químicos incluídos nas listas e dos produtos finais produzidos a partir deles, quando aplicável;

b) A quantidade de produtos químicos incluídos nas listas normalmente armazenados no complexo inspeccionado;
c) A quantidade de matérias-primas para a produção de produtos químicos incluídos nas listas normalmente armazenados no complexo inspeccionado;
d) A capacidade de produção das instalações de produção de produtos químicos da lista n.º 2; e
e) A capacidade e convertibilidade para início da produção, armazenagem e enchimento de produtos químicos tóxicos no complexo inspeccionado.

Inspecções

19. Após a inspecção inicial, cada complexo industrial a inspeccionar em conformidade com o disposto no parágrafo 12 ficará sujeito a inspecções subsequentes.

20. Ao seleccionar os complexos industriais a inspeccionar e definir a frequência e a extensão das inspecções, o Secretariado Técnico tomará em devida conta o risco que o produto químico relevante, as características do complexo industrial e a natureza das actividades nele realizadas representam para o objecto e fim da presente Convenção, tomando em consideração o correspondente acordo de instalação, bem como os resultados da inspecção inicial e inspecções subsequentes.

21. O Secretariado Técnico escolherá o complexo industrial particular a inspeccionar de modo a excluir a possibilidade de se prever com precisão quando será realizada a inspecção.

22. Nenhum complexo industrial será submetido a mais do que duas inspecções em cada ano civil nos termos da presente secção. Esta disposição não limitará, porém, o número de inspecções efectuadas em conformidade com o artigo 9.º.

Procedimentos de inspecção

23. As inspecções serão conduzidas em conformidade com princípios orientadores acordados, outras disposições aplicáveis do presente Anexo e do Anexo de Confidencialidade e com os parágrafos 24 a 30 seguintes.

24. Entre o Estado Parte inspeccionado e a Organização será estabelecido um acordo de instalação para o complexo industrial declarado no prazo máximo de 90 dias após a conclusão da inspecção inicial, a não ser que o Estado Parte inspeccionado e o Secretariado Técnico concordem que não é necessário. Esse acordo de instalação basear-se-á num acordo modelo e regerá a condução das inspecções num determinado complexo industrial declarado. No acordo será especificada a frequência e a extensão das inspecções bem como os procedimentos pormenorizados de inspecção, compatíveis com o disposto nos parágrafos 25 a 29.

25. A inspecção incidirá sobre a instalação ou instalações que no complexo industrial declarado se relacionarem com produtos químicos da lista n.º 2. Se a equipa de inspecção requerer o acesso a outras partes do complexo industrial, esse acesso será concedido em conformidade com a obrigação da prestação de esclarecimentos a que se refere o parágrafo 51 da Parte II do presente Anexo e em conformidade com o acordo de instalação ou, na ausência deste, em conformidade com as regras do acesso controlado explicitadas na Secção C da Parte X deste Anexo.

26. Será concedido o acesso a registos, quando apropriado, para garantir que não houve desvio do produto químico declarado e que a produção está conforme com as declarações.

27. Proceder-se-á à recolha e análise de amostras para verificar a não existência de produtos químicos incluídos nas listas e não declarados.

28. As áreas a inspeccionar podem abranger:
   a) Áreas onde se recebe ou armazena matérias-primas químicas (reagentes);
   b) Áreas de manipulação de reagentes antes de introdução nos reactores;
   c) Tubagens de alimentação apropriadas das áreas referidas nas alíneas a) e b) supra, até aos reactores, incluindo as correspondentes válvulas, fluxímetros, etc.;
   d) Aspecto exterior dos reactores e do equipamento auxiliar;
   e) Tubagens que conduzem dos reactores a depósitos de armazenagem, seja esta de curta ou de longa duração, ou a equipamento destinado a posterior processamento dos produtos químicos declarados da lista número 2;
   f) Equipamentos de controlo relativos a quaisquer dos elementos descritos nas alíneas a) a e) supra;
   g) Equipamento e áreas para tratamento de resíduos e de efluentes;
   h) Equipamento e áreas para eliminação de produtos químicos que não cumprirem as especificações.

29. O período de inspecção não será superior a noventa e seis horas; contudo, a equipa de inspecção e o Estado Parte inspeccionado podem acordar quanto à sua prorrogação.

Notificação da inspecção

30. O Estado Parte será notificado da inspecção pelo Secretariado Técnico com a antecedência mínima de quarenta e oito horas relativamente à chegada da equipa de inspecção ao complexo industrial a inspeccionar.

C – Transferências para Estados não Partes na presente Convenção

31. Os produtos químicos da lista n.º 2 só poderão ser transferidos para Estados Partes ou recebidos destes. Esta obrigação tornar-se-á efectiva decorridos três anos sobre a entrada em vigor da presente Convenção.

32. Durante este período transitório de três anos, cada Estado Parte requererá um certificado de utilização final, como aqui definido, para qualquer transferência de produtos químicos da lista número 2 para Estados não Partes na presente Convenção. Para quaisquer dessas transferências, cada Estado Parte tomará as medidas necessárias para assegurar que os produtos químicos transferidos se destinam exclusivamente a fins não proibidos pela presente Convenção. Entre outras medidas, o Estado Parte exigirá do Estado receptor um certificado em que declare, relativamente aos produtos químicos transferidos:
   a) Que serão unicamente utilizados para fins não proibidos pela presente Convenção;
   b) Que não serão retransferidos;

c) Os tipos e as quantidades dos produtos químicos;
d) A utilização ou utilizações finais dos mesmos; e
e) O nome e endereço do utilizador ou utilizadores finais.

PARTE VIII. **ACTIVIDADES NÃO PROIBIDAS PELA PRESENTE CONVENÇÃO NOS TERMOS DO ARTIGO 6.º**

Regime aplicável aos produtos químicos da lista n.º 3 e às instalações relacionadas com esses produtos

A – Declarações

Declarações de dados nacionais acumulados

1. As declarações iniciais e anuais a apresentar por um Estado Parte em conformidade com os parágrafos 7 e 8 do artigo 6.º incluirão os dados nacionais acumulados do ano civil precedente referentes às quantidades de cada produto químico da lista n.º 3 produzidas, importadas e exportadas, bem como uma discriminação das quantidades importadas de e exportadas para cada país envolvido.

2. Cada Estado Parte apresentará:
   a) Declarações iniciais como referidas no parágrafo 1 no prazo máximo de 30 dias após a entrada em vigor da presente Convenção nesse Estado; e
   b) A partir do ano civil seguinte, declarações anuais no prazo máximo de 90 dias após o termo do ano civil anterior.

Declaração de complexos industriais que produzam produtos químicos da lista n.º 3

3. Serão necessárias declarações iniciais e anuais para todos os complexos industriais que compreendam uma ou mais instalações que tenham produzido no ano civil anterior, ou que se preveja venham a produzir no ano civil seguinte, mais de 30 t. de um produto químico da lista n.º 3.

4. Cada Estado Parte apresentará:
   a) Declarações iniciais em conformidade com o disposto no parágrafo 3 no prazo máximo de 30 dias após a entrada em vigor da presente Convenção nesse Estado; e
   b) A partir do ano civil seguinte, declarações anuais sobre actividades anteriores no prazo máximo de 90 dias após o fim do ano civil anterior;
   c) Declarações anuais sobre actividades previstas no prazo máximo de 60 dias antes do início do ano civil seguinte. Qualquer actividade desta natureza que só tenha sido prevista após a apresentação da declaração anual será declarada com a antecedência mínima de cinco dias relativamente ao início dessa actividade.

5. Regra geral, as declarações a que se refere o parágrafo 3 não são necessárias para misturas contendo um baixo teor de um produto químico da lista n.º 3. Essas

declarações só serão necessárias, observando os princípios orientadores, quando a facilidade de recuperação de um produto químico da lista n.º 3 a partir da mistura e a massa total envolvida constituírem um risco para o objecto e o fim da presente Convenção. A Conferência examinará e aprovará os referidos princípios orientadores em conformidade com a alínea *i*) do parágrafo 21 do artigo 8.º.

6. As declarações relativas a complexos industriais a apresentar nos termos do parágrafo 3 incluirão:

   a) A denominação do complexo industrial e a identificação do proprietário, sociedade ou organização que o explora;
   b) A sua localização exacta, incluindo o endereço; e
   c) O número de instalações dentro do complexo industrial que são declaradas, nos termos do disposto na Parte VII do presente Anexo.

7. As declarações relativas a complexos industriais a apresentar nos termos do parágrafo 3 mencionarão também, para cada instalação nele situada e a que se apliquem as especificações do parágrafo 3:

   a) A denominação da instalação e a identificação do proprietário, sociedade ou organização que a explora;
   b) A sua localização exacta dentro do complexo industrial, incluindo a indicação do número que identifica o respectivo edifício ou estrutura, se existir;
   c) As suas actividades principais.

8. As declarações relativas a complexos industriais a apresentar nos termos do parágrafo 3 mencionarão ainda, para cada produto químico da lista n.º 3 produzido em quantidade superior ao limiar de declaração:

   a) O nome químico, o nome comum ou comercial usado na instalação, a fórmula de estrutura e o número de registo do Chemical Abstracts Service, se já atribuído;
   b) A quantidade aproximada do produto químico produzido no ano civil anterior ou, se se tratar de uma declaração de actividades previstas, a produzir no ano civil seguinte expressa num dos seguintes intervalos: de 30 t. a 200 t., de 200 t. a 1000 t., de 1000 t. a 10 000 t., de 10 000 t. a 100 000 t. e acima de 100 000 t., e
   c) Os fins para os quais o produto químico foi ou é produzido.

Declarações da produção anterior de produtos químicos da lista n.º 3 para fins ligados a armas químicas

9. Cada Estado Parte, no prazo máximo de 30 dias após a entrada em vigor da presente Convenção nesse Estado, declarará todos os complexos industriais em que se localizarem instalações que, a todo o tempo, desde 1 de Janeiro de 1946, tenham produzido produtos químicos da lista n.º 3 para fins ligados a armas químicas.

10. As declarações relativas aos complexos industriais a que se refere o parágrafo 9 incluirão:

   a) A denominação do complexo industrial e a identificação do proprietário, sociedade ou organização que o explora;
   b) A localização exacta do complexo industrial, com indicação do endereço;

c) Para cada instalação situada no complexo industrial e que corresponda às especificações do parágrafo 9, a mesma informação determinada pelas alíneas *a*) a *c*) do parágrafo 7; e

d) Para cada produto químico da lista n.º 3 produzido para fins ligados a armas químicas:

   i) O nome químico, o nome comum ou comercial usado no complexo industrial para objectivos de produção de armas químicas, a fórmula de estrutura e o número de registo do Chemical Abstracts Service, se já atribuído;

   ii) As datas de produção do produto químico e a quantidade produzida; e

   iii) O local onde o produto químico foi entregue e qual o produto final que aí foi produzido, se conhecido.

Informação aos Estados Partes

11. O Secretariado Técnico transmitirá aos Estados Partes, quando solicitado por estes, uma lista dos complexos industriais declarados nos termos desta secção, incluindo as informações prestadas ao abrigo do parágrafo 6, das alíneas *a*) e *c*) do parágrafo 7 da alínea *a*) do parágrafo 8 e do parágrafo 10.

B – Verificação

Disposições gerais

12. A verificação prevista no parágrafo 5 do artigo 6.º será realizada mediante inspecções *in situ* nos complexos industriais declarados que tiverem produzido, no ano anterior, ou que prevejam produzir no decurso do ano civil seguinte, um total acumulado de mais de 200 t. de produtos químicos da lista número 3 que ultrapassem o limiar de declaração de 30 t.

13. O programa e orçamento da Organização, que a Conferência aprovará em conformidade com a alínea *a*) do parágrafo 21 do artigo 8.º, incluirá, como rubrica individualizada, um programa e orçamento para as actividades de verificação ao abrigo desta secção, tendo em conta o disposto no parágrafo 13 da Parte VII deste Anexo.

14. No quadro desta secção, o Secretariado Técnico seleccionará aleatoriamente os complexos industriais a inspeccionar por meio de procedimentos adequados, nomeadamente a utilização de programas informáticos especialmente concebidos, com base nos seguintes factores de ponderação:

   a) Uma distribuição geográfica equitativa das inspecções; e

   b) A informação existente no Secretariado Técnico sobre os complexos industriais declarados, relacionada com o produto químico pertinente, as características do complexo industrial e a natureza das actividades aí realizadas.

15. Nenhum complexo industrial será objecto de mais de duas inspecções por ano no quadro da presente secção. Esta disposição não limitará, porém a realização de inspecções nos termos do artigo 9.º.

16. Ao seleccionar os complexos a inspeccionar, no quadro da presente secção, o Secretariado Técnico observará o seguinte limite quanto ao total acumulado de inspecções a que um Estado Parte está sujeito em cada ano civil a título da presente

parte e da Parte IX deste Anexo: o número total de inspecções não será superior a três mais 5% do número total de complexos industriais declarados pelo Estado Parte no quadro da presente parte e da Parte IX deste Anexo, ou a 20 inspecções, se este número for menor.

Objectivo das inspecções

17. Nos complexos industriais declaraoos em conformidade com a Secção A, o objectivo geral das inspecções será verificar que as actividades neles realizadas são consistentes com as informações a ser fornecidas nas declarações. O objectivo particular será a verificação da não existência de qualquer produto químico da lista n.º 1, especialmente da sua produção, excepto se realizada em conformidade com a Parte VI deste Anexo.

Procedimentos de inspecção

18. Para além de princípios orientadores acordados, de outras disposições pertinentes do presente Anexo e do Anexo sobre Confidencialidade, aplicar-se-ão as seguintes disposições dos parágrafos 19 a 25.

19. Não serão estabelecidos acordos de instalação, salvo quando solicitados pelo Estado Parte inspeccionado.

20. A inspecção incidirá sobre a instalação ou instalações que no complexo industrial declarado produzem os produtos químicos declarados da lista número 3. Se, para esclarecer ambiguidades, a equipa de inspecção solicitar acesso a outras partes do complexo em conformidade com o parágrafo 51 da Parte II do presente Anexo, a extensão desse acesso será estabelecida por acordo entre a equipa de inspecção e o Estado Parte inspeccionado.

21. A equipa de inspecção poderá ter acesso a registos nos casos em que a equipa de inspecção e o Estado Parte inspeccionado concordarem que esse acesso contribuirá para atingir os objectivos da inspecção.

22. Poderão ser recolhidas amostras e analisadas no próprio local para verificação da ausência de produtos químicos não declarados constantes das listas. No caso de prevalecerem ambiguidades, as amostras, poderão ser analisadas num laboratório externo designado, desde que com o acordo do Estado Parte inspeccionado.

23. As áreas a inspeccionar podem abranger:

   a) Áreas onde se recebem ou armazenam matérias-primas químicas (reagentes);
   b) Áreas de manipulação de reagentes antes de introdução nos reactores;
   c) Tubagens de alimentação apropriadas das áreas referidas nas alíneas *a)* e *b)* supra, até aos reactores, incluindo as correspondentes válvulas, fluxímetros, etc.;
   d) Aspecto exterior dos reactores e do equipamento auxiliar;
   e) Tubagens que conduzem dos reactores a depósitos de armazenagem, seja esta de curta ou longa duração, ou a equipamento destinado a posterior processamento dos produtos químicos declarados da lista n.º 3;
   f) Equipamentos de controlo relativos a quaisquer dos elementos descritos nas alíneas *a)* a *e)* supra;

g) Equipamento e áreas para tratamento de resíduos e de efluentes;
h) Equipamento e áreas para eliminação de produtos químicos que não cumprirem as especificações.

24. O período de inspecção não será superior a vinte e quatro horas; contudo, a equipa de inspecção e o Estado Parte inspeccionado podem acordar quanto à sua prorrogação.

Notificação de inspecções

25. O Estado Parte será notificado da inspecção pelo Secretariado Técnico com a antecedência mínima de cento e vinte horas relativamente à chegada da equipa de inspecção ao complexo industrial a inspeccionar.

C – Transferências para Estados não Partes na presente Convenção

26. Ao transferir produtos químicos da lista n.º 3 para Estados não Partes na presente Convenção, todo o Estado Parte tomará as medidas necessárias para assegurar que os produtos químicos transferidos se destinam exclusivamente a fins não proibidos pela presente Convenção. Entre outras medidas, o Estado Parte exigirá do Estado receptor um certificado em que declare, relativamente aos produtos químicos transferidos:

a) Que serão unicamente utilizados para fins não proibidos pela presente Convenção;
b) Que não serão retransferidos;
c) Os tipos e as quantidades dos produtos químicos;
d) A utilização ou utilizações finais desses produtos químicos; e
e) O nome e o endereço do utilizador ou utilizadores finais.

27. Cinco anos após a entrada em vigor da presente Convenção, a Conferência terá em consideração a necessidade de definir outras medidas relativas à transferência de produtos químicos da lista n.º 3 para Estados que não forem Partes na presente Convenção.

PARTE IX. ACTIVIDADES NÃO PROIBIDAS PELA PRESENTE CONVENÇÃO NOS TERMOS DO ARTIGO 6.º

Regime aplicável a outras instalações de produção de produtos químicos

A – Declarações

Relação de outras instalações de produção de produtos químicos

1. A declaração inicial a apresentar por cada Estado Parte em conformidade com o parágrafo 7 do artigo 6.º incluirá uma relação de todos os complexos industriais que:

a) Tiverem produzido por síntese, no ano civil anterior, mais de 200 t. de produtos químicos orgânicos individuais, não incluídos nas listas; ou *b)* Incluam uma ou mais unidades que tenham produzido por síntese, no ano civil anterior, mais de 30 t. de um produto químico orgânico de constituição química definida não incluído nas listas e que contenha os elementos fósforo, enxofre ou flúor (adiante designados por instalações PSF e produtos químicos PSF).

2. A relação de outras instalações de produção de produtos químicos a apresentar nos termos do parágrafo 1 não abrangerá os complexos industriais que tiverem produzido exclusivamente explosivos ou hidrocarbonetos.

3. Cada Estado Parte apresentará a sua relação de outras instalações de produção de produtos químicos, nos termos do parágrafo 1, como parte da sua declaração inicial, no prazo máximo de 30 dias após a entrada em vigor da presente Convenção nesse Estado. Cada Estado Parte facultará anualmente, no prazo máximo de 90 dias após o início do ano civil seguinte, a informação necessária para a actualização dessa relação.

4. A relação de outras instalações de produção de produtos químicos a apresentar nos termos, do parágrafo 1 incluirá, para cada complexo industrial, a seguinte informação:

   a) A denominação do complexo industrial e a identificação do proprietário, sociedade ou organização que o explora;
   b) A localização exacta do complexo industrial, incluindo o endereço;
   c) As suas actividades principais; e
   d) O número aproximado de unidades que, no complexo industrial, fabricam os produtos químicos referidos no parágrafo 1.

5. Para os complexos industriais enumerados nos termos da alínea *a)* do parágrafo 1, a relação incluirá também informação sobre a quantidade total aproximada de produção, no ano anterior, de produtos químicos orgânicos individuais não incluídos nas listas, expressa por um dos seguintes intervalos: menos de 1000 t., de 1000 t. a 10 000 t. o mais de 10 000 t.

6. Para os complexos industriais enumerados na alínea *b)* do parágrafo 1.º, a relação incluirá também informação sobre o número de instalações PSF do complexo industrial e a quantidade total aproximada de produção, no ano anterior, de produtos químicos PSF, por cada instalação PSF, expressa por um dos seguintes intervalos: menos de 200 t., de 200 t. a 1000 t. e mais de 1000 t.

Prestação de apoio pelo Secretariado Técnico

7. Se um Estado Parte, por razões administrativas, considerar necessário pedir apoio para organizar a sua relação de instalações de produção de produtos químicos em conformidade com o parágrafo 1, poderá solicitar ao Secretariado Técnico que lhe preste esse apoio. As questões sobre o carácter exaustivo da relação serão então resolvidas através de consultas entre o Estado Parte e o Secretariado Técnico.

Informação aos Estados Partes

8. O Secretariado Técnico transmitirá aos Estados Partes, quando solicitado por estes, as relações de outras instalações de produção de produtos químicos apresentadas nos termos do parágrafo 1, incluindo as informações apresentadas nos termos do parágrafo 4.

B – Verificação

Disposições gerais

9. Em observância das disposições da Secção C, a verificação prevista no parágrafo 6 do artigo 6.º será realizada através de inspecção *in situ* de:

   a) Complexos industriais declarados em conformidade com a alínea *a)* do parágrafo 1; e

   b) Complexos industriais declarados em conformidade com a alínea *b)* do parágrafo 1 que incluam uma ou mais instalações PSF que tenham produzido durante o ano civil anterior mais do que 200 t. de um produto químico PSF.

10. O programa e orçamento da Organização a aprovar pela Conferência em conformidade com a alínea *a)* do parágrafo 21 do artigo 8.º incluirá, como rubrica individualizada, um programa e orçamento para as actividades de verificação ao abrigo desta secção após o início da sua aplicação.

11. No quadro desta secção, o Secretariado Técnico seleccionará aleatoriamente os complexos industriais a inspeccionar, usando para isso procedimentos adequados, nomeadamente por utilização de programas informáticos especialmente concebidos, com base nos seguintes factores de ponderação:

    a) Uma distribuição geográfica equitativa das inspecções;

    b) A informação sobre os complexos industriais enumerados disponível ao Secretariado Técnico e referente às característica dos complexos industriais e às actividades aí realizadas; e

    c) Propostas formuladas pelos Estados Partes numa base a ser objecto de acordo, em conformidade com o parágrafo 25.

12. Nenhum complexo industrial receberá mais de duas inspecções por ano, no quadro da presente secção. Esta disposição não limitará, porém, a realização de inspecções nos termos do artigo 9.º.

13. Ao seleccionar os complexos industriais a inspeccionar, no quadro da presente secção, o Secretariado Técnico observará o seguinte limite quanto ao total acumulado de inspecções a que um Estado Parte está sujeito em cada ano civil a título da presente Parte e da Parte VIII deste Anexo: o número total de inspecções não será superior a três mais 5% do número total de complexos industriais declarados pelo Estado Parte e no quadro da presente Parte e da Parte VIII deste Anexo, ou 20 inspecções, se este número for menor.

Objectivo das inspecções

14. Nos complexos industriais declarados em conformidade com a Secção A, o objectivo geral das inspecções será verificar que as actividades neles realizadas são consistentes com a informação a ser fornecida nas declarações. O objectivo particular das inspecções será a verificação da ausência de qualquer produto químico da lista número 1, especialmente da sua produção, excepto se realizada em conformidade com a Parte VI deste Anexo.

Procedimentos de inspecção

15. Para além de princípios, orientadores acordados, de outras disposições relevantes do presente Anexo e do Anexo sobre Confidencialidade, aplicar-se-ão as disposições dos parágrafos 16, 17 e seguintes.

16. Não serão celebrados acordos de instalação, salvo quando solicitados pelo Estado Parte inspeccionado.

17. A inspecção incidirá sobre a unidade ou unidades que no complexo industrial seleccionado para inspecção produzam os produtos químicos especificados no parágrafo 1, em particular sobre as instalações PSF declaradas nos termos da alínea *b*) do parágrafo 1. O Estado Parte inspeccionado terá o direito de regulamentar o acesso a estas instalações em conformidade com as disposições sobre o acesso controlado constantes da Secção C da Parte X do presente Anexo. Se, para esclarecer ambiguidades, a equipa de inspecção solicitar acesso a outras partes do complexo, em conformidade com o parágrafo 51 da Parte II do presente Anexo, a extensão desse acesso será estabelecida por acordo entre a equipa de inspecção e o Estado Parte inspeccionado.

18. A equipa de inspecção poderá ter acesso a registos nos casos em que a equipa de inspecção e o Estado Parte inspeccionado concordarem que esse acesso contribuirá para atingir os objectivos da inspecção.

19. Poderão ser recolhidas amostras e analisadas no local para verificação da ausência de produtos químicos não declarados constantes das listas. No caso de prevalecerem ambiguidades, as amostras poderão ser analisadas num laboratório externo designado, desde que com o acordo do Estado Parte inspeccionado.

20. O período de inspecção não será superior a vinte e quatro horas; contudo a equipa de inspecção e o Estado Parte inspeccionado poderão acordar quanto à sua prorrogação.

Notificação de inspecções

21. O Estado Parte será notificado da inspecção pelo Secretariado Técnico com a antecedência mínima de cento e vinte horas relativamente à chegada da equipa de inspecção ao complexo industrial a inspeccionar.

C – Aplicação e revisão da Secção B

Aplicação

22. A aplicação das disposições da Secção B iniciar-se-á no começo do 4.º ano após a entrada em vigor desta Convenção, salvo se a Conferência deliberar de outra forma na sua sessão ordinária no 3.º ano após a entrada em vigor da presente Convenção.

23. Para a sessão ordinária da Conferência no 3.º ano após a entrada em vigor da Convenção, o director-geral elaborará um relatório dando conta da experiência adquirida pelo Secretariado Técnico na implementação das disposições das Partes VII e VIII do presente Anexo, bem como da Secção A da presente parte.

24. Na sua sessão ordinária da Conferência no 3.º ano após a entrada em vigor da Convenção, a Conferência, com base num relatório elaborado pelo director-geral,

poderá também decidir quanto à distribuição de recursos disponíveis para actividades de verificação em conformidade com a Secção B entre instalações PSF e outras instalações de produção de produtos químicos. Caso não seja tomada esta decisão, essa distribuição será confiada ao Secretariado Técnico e acrescerá aos factores de ponderação a que se refere no parágrafo 11.

25. Na sua sessão ordinária no 3.º ano após a entrada em vigor da Convenção, a Conferência, sob parecer do Conselho Executivo, decidirá em que base (por exemplo, base regional) deverão ser apresentadas as propostas de inspecção a formular pelos Estados Partes para serem consideradas como factor de ponderação no processo de selecção descrito no parágrafo 11.

Revisão

26. Na 1.ª sessão extraordinária da Conferência, convocada em conformidade com o parágrafo 22 do artigo 8.º, serão reapreciadas as disposições desta parte do Anexo de Verificação, no quadro de um exame completo do regime geral de verificação para a indústria química (artigo 6.º e partes VII a IX do presente Anexo) à luz da experiência entretanto adquirida. Nessa oportunidade, a Conferência formulará recomendações sobre como aumentar a eficácia do regime de verificação.

PARTE X. INSPECÇÕES POR SUSPEITA NOS TERMOS DO ARTIGO 9.º

A – Nomeação e selecção de inspectores e de assistentes de inspecção

1. As inspecções por suspeita nos termos do artigo 9.º só serão conduzidas por inspectores e assistentes de inspecção especificamente nomeados para o exercício dessa função. Para proceder à nomeação de inspectores e de assistentes de inspecção para a realização das inspecções por suspeita nos termos do artigo 9.º, o director-geral elaborará uma lista de inspectores e de assistentes de inspecção propostos, escolhidos de entre os inspectores e assistentes de inspecção designados para as actividades de inspecção de rotina. Dessa lista constará um número suficientemente grande de inspectores e de assistentes de inspecção com qualificação, experiência, capacidade e formação necessárias tendo em conta a sua disponibilidade e a necessidade de rotatividade. Na nomeação de inspectores e de assistentes de inspecção prestar-se-á também a devida atenção à importância de assegurar a mais ampla representação geográfica possível. Os inspectores e os assistentes de inspecção serão nomeados segundo os procedimentos previstos na Secção A da Parte II do presente Anexo.

2. Cabe ao director-geral definir a dimensão da equipa de inspecção e seleccionar os seus membros, tendo em conta as circunstâncias de cada pedido particular. O número de elementos que constituem a equipa de inspecção será o menor possível compatível com o adequado cumprimento do mandato de inspecção. Nenhum membro da equipa de inspecção poderá ser um cidadão nacional do Estado Parte solicitante ou do Estado Parte inspeccionado.

B – Actividades prévias à Inspecção

3. Antes de apresentar um pedido de inspecção por suspeita, o Estado Parte interessado poderá solicitar ao director-geral que confirme se o Secretariado Técnico está em condições de tomar medidas quanto ao pedido. Se o director-geral não puder fazer imediatamente essa confirmação, fá-lo-á o mais cedo possível, observando a ordem de apresentação dos pedidos de confirmação. O director-geral também manterá informado o Estado Parte solicitante de quando é provável que possam ser tomadas medidas imediatas. Se o director-geral concluir que já não podem ser tomadas medidas atempadas em relação aos pedidos, poderá pedir ao Conselho Executivo que tome medidas adequadas para futuramente melhorar a situação.

Notificação

4. O pedido de inspecção por suspeita a ser apresentado ao Conselho Executivo e ao director-geral incluirá pelo menos a seguinte informação:
   a) O Estado Parte a ser inspeccionado e, quando aplicável, o Estado anfitrião;
   b) O ponto de entrada que deve ser utilizado;
   c) As dimensões e o tipo do polígono de inspecção;
   d) A preocupação quanto a um eventual incumprimento da presente Convenção, com especificação sobre quais as disposições desta Convenção que suscitaram essa preocupação, e qual a natureza e circunstâncias do eventual incumprimento, bem como toda a informação relevante que tiver originado tal preocupação; e
   e) O nome do observador do Estado Parte solicitante.

O Estado Parte solicitante poderá apresentar qualquer informação complementar que considerar necessária.

5. No prazo de uma hora, o director-geral notificará o Estado Parte da recepção do seu pedido.

6. O Estado Parte solicitante notificará o director-geral da localização do polígono a inspeccionar com antecedência suficiente para permitir que o director-geral possa transmitir essa informação ao Estado Parte inspeccionado com a antecedência mínima de doze horas sobre a hora prevista para a chegada da equipa de inspecção ao ponto de entrada.

7. O polígono de inspecção será designado pelo Estado Parte solicitante da forma o mais precisa possível, através de um esquema do polígono que se relacione com um ponto de referência com indicação das coordenadas geográficas, sempre que possível definidas ao segundo. Se possível, o Estado Parte solicitante facultará também um mapa com uma indicação geral do polígono de inspecção e um esquema de delimitação tão preciso quanto possível do perímetro solicitado para o polígono a inspeccionar.

8. O perímetro solicitado:
   a) Distará pelo menos 10 m de qualquer edifício ou outras estruturas:
   b) Não atravessará quaisquer vedações de segurança existentes; e
   c) Distará pelo menos 10 m de qualquer vedação de segurança que o Estado Parte solicitante se propuser incluir no perímetro solicitado.

9. Se o perímetro solicitado não obedecer às especificações do parágrafo 8, a equipa de inspecção redesenhará um novo traçado que assegure a conformidade com essas especificações.

10. Com uma antecedência mínima de doze horas sobre a hora prevista para a chegada da equipa de inspecção ao ponto de entrada, o director-geral informará o Conselho Executivo sobre a localização do polígono de inspecção especificada em conformidade com o parágrafo 8.

11. Em simultâneo com a informação que prestar ao Conselho Executivo nos termos do parágrafo 10, o director-geral transmitirá o pedido de inspecção ao Estado Parte inspeccionado, incluindo a localização do polígono de inspecção como especificado no parágrafo 7. Esta notificação incluirá também a informação especificada no parágrafo 32 da Parte II do presente Anexo.

12. Ao chegar ao ponto de entrada, a equipa de inspecção informará o Estado Parte inspeccionado quanto ao seu mandato de inspecção.

Entrada no território do Estado Parte inspeccionado ou do Estado anfitrião

13. Em conformidade com os parágrafos 13 a 18 do artigo 9.º, o director-geral enviará para o local uma equipa de inspecção tão cedo quanto possível após ter recebido o pedido de inspecção. A equipa de inspecção chegará ao ponto de entrada mencionado no pedido o mais rapidamente possível, em prazo compatível com as disposições dos parágrafos 10 e 11.

14. Se o Estado Parte inspeccionado aceitar o perímetro solicitado, esse perímetro será designado como o perímetro definitivo tão cedo quanto possível, mas nunca mais de vinte e quatro horas após a chegada da equipa de inspecção ao ponto de entrada. O Estado Parte inspeccionado transportará a equipa de inspecção até ao perímetro definitivo do polígono de inspecção. Se o Estado Parte inspeccionado considerar necessário, o transporte da equipa de inspecção poderá iniciar-se até doze horas antes de expirar o prazo especificado neste parágrafo para a fixação do perímetro definitivo. Em qualquer caso, porém, o transporte estará concluído no prazo máximo de trinta e seis horas após a chegada da equipa de inspecção ao ponto de entrada.

15. Os procedimentos constantes das alíneas *a*) e *b*) aplicar-se-ão a todas as instalações declaradas. [Para efeitos desta Parte, entende-se como «instalação declarada» quaisquer instalações declaradas nos termos dos artigos 3.º, 4.º e 5.º. Para efeitos do artigo 6.º, entende-se por «instalações declaradas» apenas as declaradas em conformidade com a Parte 6 do presente Anexo, bem como as instalações declaradas especificadas em declarações elaboradas nos termos do parágrafo 7 e da alínea *c*) do parágrafo 10.º da Parte VII e nos termos do parágrafo 7 e da alínea *c*) do parágrafo 10 da Parte VIII do presente Anexo.]

a) Se o perímetro solicitado estiver incluído no ou corresponder ao perímetro declarado, o perímetro declarado será considerado como o perímetro definitivo. Contudo, o perímetro definitivo poderá, se o Estado Parte inspeccionado concordar, ser reduzido de forma a corresponder ao perímetro solicitado pelo Estado Parte solicitante.

b) O Estado Parte inspeccionado transportará a equipa de inspecção até ao perímetro definitivo logo que possível, mas em qualquer caso garantirá a chegada da equipa de inspecção ao perímetro no prazo máximo de vinte e quatro horas após a sua chegada ao ponto de entrada.

Determinação alternativa do perímetro definitivo

16. Se, no ponto de entrada, o Estado Parte inspeccionado não puder aceitar o perímetro solicitado, proporá um perímetro alternativo logo que possível, mas em qualquer caso no prazo máximo de vinte e quatro horas após a chegada da equipa de inspecção ao ponto de entrada. Se houver diferenças de opinião, o Estado Parte inspeccionado e a equipa de inspecção enceterão as negociações com o objectivo de chegar a acordo quanto a um perímetro definitivo.

17. O perímetro alternativo deverá ser designado da forma o mais concreta possível em conformidade com o parágrafo 8. O perímetro alternativo abrangerá a totalidade do perímetro solicitado e, regra geral, deverá manter uma estreita relação com este, tendo em consideração as características naturais do terreno e os limites artificiais. Deve normalmente acompanhar de perto a vedação de segurança que cerca o local, caso exista. O Estado Parte inspeccionado procurará estabelecer a referida ligação entre os perímetros através de uma combinação de pelo menos dois dos seguintes meios:

   a) O perímetro alternativo não abrange uma área consideravelmente maior do que a do perímetro solicitado;

   b) O perímetro alternativo está a uma distância curta e uniforme do perímetro solicitado;

   c) Pelo menos parte do perímetro solicitado é visível a partir do perímetro alternativo.

18. Se o perímetro alternativo for considerado aceitável pela equipa de inspecção, passará a ser o perímetro definitivo e a equipa de inspecção será transportada do ponto de entrada até esse perímetro. Se o Estado Parte inspeccionado considerar necessário, esse transporte poderá iniciar-se até doze horas antes de expirar o prazo especificado no parágrafo 16 para a proposta de um perímetro alternativo. Em qualquer caso o transporte estará concluído no prazo máximo de trinta e seis horas após a chegada da equipa de inspecção ao ponto de entrada.

19. Se não houver acordo quanto a um perímetro definitivo, as negociações serão concluídas o mais brevemente possível, mas em caso algum poderão prolongar-se para além de vinte e quatro horas após a chegada da equipa de inspecção ao ponto de entrada. Se não houver acordo, o Estado Parte inspeccionado transportará a equipa de inspecção para um local do perímetro alternativo, Se o Estado Parte inspeccionado considerar necessário, esse transporte poderá iniciar-se até doze horas antes de expirar o prazo especificado no parágrafo 16 para a proposta de um perímetro alternativo. Em qualquer caso o transporte estará concluído no prazo máximo de trinta e seis horas após a chegada da equipa de inspecção ao ponto de entrada.

20. Uma vez chegados ao local a que se refere o parágrafo anterior, o Estado Parte inspeccionado concederá à equipa de inspecção o acesso imediato ao perímetro

alternativo para facilitar as negociações e o acordo quanto ao perímetro definitivo e acesso ao interior deste.

21. Se não houver acordo nas setenta e duas horas seguintes à chegada da equipa de inspecção ao local do perímetro alternativo, este será designado como perímetro definitivo.

Verificação da localização

22. Para poder certificar-se de que o polígono de inspecção para o qual foi transportada corresponde ao perímetro de inspecção especificado pelo Estado Parte solicitante, a equipa de inspecção terá o direito de utilizar o equipamento aprovado para determinar a localização e de que esse equipamento seja instalado em conformidade com as suas instruções. A equipa de inspecção poderá verificar a sua localização recorrendo a pontos de referência locais identificados em mapas. O Estado Parte inspeccionado prestará apoio à equipa de inspecção nessa tarefa.

Protecção do polígono, vigilância das saídas

23. No prazo máximo de doze horas após a chegada da equipa de inspecção ao ponto de entrada, o Estado Parte inspeccionado iniciará a recolha de informações factuais sobre todo o movimento de veículos terrestres, aéreos ou aquáticos a partir de todos os pontos de saída do perímetro solicitado. Estas informações serão fornecidas à equipa de inspecção à sua chegada ao perímetro definitivo ou ao perímetro alternativo, dependendo da que ocorrer em primeiro lugar.

24. Esta obrigação poderá ser cumprida pelo Estado Parte inspeccionado mediante recolha de informação factual na forma de registos de tráfego, fotografias, filmes-vídeo, ou dados provenientes de um equipamento de recolha de provas químicas fornecido pela equipa de inspecção para vigiar essa actividade de saída. Em alternativa, o Estado Parte inspeccionado, poderá também cumprir esta obrigação autorizando que um ou mais membros da equipa de inspecção independentemente mantenha registos de tráfego de saída, o registe em fotografias ou em filme-vídeo, ou use o equipamento de recolha de provas químicas, e realize outras actividades que possam ter sido acordadas entre o Estado Parte inspeccionado e a equipa de inspecção.

25. À chegada da equipa de inspecção ao perímetro alternativo ou ao perímetro definitivo, dependendo da que ocorrer em primeiro lugar, iniciar-se-á a protecção do polígono, entendendo-se como tal a execução dos procedimentos de vigilância das saídas pela equipa de inspecção.

26. Os procedimentos de protecção do polígono incluirão a identificação das saídas de veículos, os registos de tráfego, os registos fotográficos e as filmagens vídeo pela equipa de inspecção das saídas e do tráfego de saída. A equipa de inspecção tem o direito de se deslocar acompanhada, a qualquer outro local do perímetro para verificar que não há outras actividades de saída.

27. Os procedimentos adicionais de vigilância das saídas em que a equipa de inspecção e o Estado Parte inspeccionado acordarem podem incluir, nomeadamente, as seguintes:

   a) Utilização de detectores;

b) Acesso selectivo aleatório;
c) Análise de amostras.

28. Todas as actividades para protecção do polígono e vigilância das saídas ocorrerão numa faixa exterior circundante do perímetro cuja largura, medida a partir deste, não ultrapassará os 50 m.

29. A equipa de inspecção tem o direito de inspeccionar os veículos que saiem do polígono, observando as disposições relativas ao acesso controlado. O Estado Parte inspeccionado fará todos os esforços razoáveis para demonstrar à equipa de inspecção que qualquer veículo, sujeito a inspecção, ao qual não é concedido acesso total à equipa de inspecção, não está a ser utilizado para fins relacionados com possíveis preocupações quanto ao eventual incumprimento da Convenção expressas no pedido de inspecção.

30. Não estão sujeitos a inspecção o pessoal e os veículos que entrarem no polígono, bem como o pessoal e os veículos privados de passageiros que saírem do polígono.

31. A aplicação dos procedimentos atrás referidos pode prosseguir enquanto durar a inspecção, mas não deve criar dificuldades desnecessárias ou atrasos ao funcionamento normal da instalação.

Reunião de informação prévia à inspecção e plano de inspecção

32. Para facilitar o desenrolar de um plano de inspecção, o Estado Parte inspeccionado proporcionará uma sessão de informação sobre segurança e logística dirigida à equipa de inspecção e que precederá o acesso desta.

33. A reunião de informação prévia à inspecção decorrerá em conformidade com o parágrafo 37 da Parte II deste Anexo. No decurso dessa reunião, o Estado Parte inspeccionado poderá indicar à equipa de inspecção quais os equipamentos, a documentação, ou as zonas que considera sensíveis e não relacionadas com o objectivo da inspecção por suspeita. Para além disso, o pessoal responsável pelo polígono informará a equipa de inspecção acerca da planta e outras características relevantes do polígono. À equipa de inspecção será fornecido um mapa ou esquema à escala indicando todas as estruturas e características geográficas relevantes do polígono. A equipa de inspecção será também informada sobre a disponibilidade de pessoal e de registos da instalação.

34. Após a reunião de informação prévia à inspecção, a equipa de inspecção, com base na informação disponível e adequada, elaborará um plano inicial de inspecção que especifique as actividades a serem realizadas pela equipa, com indicação exacta das zonas do polígono a que pretende ter acesso. Este plano de inspecção indicará também se a equipa de inspecção será dividida em subgrupos. O plano de inspecção será transmitido aos representantes do Estado Parte inspeccionado e do polígono de inspecção. A execução deste plano será consistente com as disposições da Secção C, incluindo as que se referem ao acesso e às actividades.

Actividades de perímetro

35. À chegada da equipa de inspecção ao perímetro definitivo ou ao perímetro alternativo, dependendo da que ocorrer em primeiro lugar, a equipa de inspecção terá

o direito de iniciar de imediato as actividades de perímetro em conformidade com os procedimentos descritos nesta secção, e de as prosseguir até à conclusão da inspecção por suspeita.

36. Durante a realização das actividades de perímetro, a equipa de inspecção terá o direito de:
   a) Utilizar instrumentos de vigilância em conformidade com os parágrafos 27 a 30 da Parte II do presente Anexo;
   b) Recolher amostras por fricção e amostras de ar, solo ou efluentes: e
   c) Conduzir quaisquer actividades adicionais que possam ser acordadas entre a equipa de inspecção e o Estado Parte inspeccionado.

37. As actividades de perímetro poderão ser conduzidas pela equipa de inspecção numa faixa exterior circundante do perímetro e cuja largura, medida a partir deste, não ultrapassará os 50 m. Mediante acordo do Estado Parte inspeccionado, a equipa de inspecção poderá também ter acesso a qualquer edifício ou estrutura situado dentro da faixa circundante do perímetro. Toda a vigilância direccional deverá estar dirigida para o interior. Para instalações declaradas, a faixa poderá correr no interior, no exterior, ou de ambos os lados do perímetro declarado, em conformidade com o critério do Estado Parte inspeccionado.

C – Condução das inspecções

Disposições gerais

38. O Estado Parte inspeccionado concederá acesso ao interior do perímetro solicitado, bem como, se for diferente do perímetro definitivo. A extensão e a natureza do acesso a um lugar ou a lugares determinados situados no interior desses perímetros serão negociadas entre a equipa de inspecção e o Estado Parte inspeccionado na base do acesso controlado.

39. O Estado Parte inspeccionado facultará acesso ao interior do perímetro solicitado o mais cedo possível, mas nunca para além de cento e oito horas após a chegada da equipa de inspecção ao ponto de entrada para esclarecer a preocupação quanto ao eventual incumprimento desta Convenção expressa no pedido de inspecção.

40. A pedido da equipa de inspecção, o Estado Parte inspeccionado poderá proporcionar acesso aéreo ao polígono de inspecção.

41. Ao satisfazer a obrigação que lhe compete de dar acesso nos termos do parágrafo 38, o Estado Parte inspeccionado ficará obrigado a conceder o mais amplo acesso tendo em consideração quaisquer obrigações constitucionais a que tiver de obedecer em matéria de direitos de propriedade ou em matéria de busca e apreensão. O Estado Parte inspeccionado, em conformidade com o acesso controlado, tem o direito de tomar as medidas necessárias para protecção da segurança nacional. As disposições deste parágrafo não podem ser invocadas pelo Estado Parte inspeccionado para ocultar a fuga às obrigações que lhe cabem de não se envolver em actividades proibidas pela presente Convenção.

42. Caso não conceda pleno acesso a lugares, actividades ou informações, o Estado Parte inspeccionado fica obrigado a fazer todos os esforços razoáveis para

proporcionar outros meios para esclarecer a preocupação quanto ao eventual incumprimento da Convenção que esteve na origem da inspecção por suspeita.

43. Após a chegada ao perímetro definitivo de instalações declaradas em conformidade com os artigos 4.º, 5.º e 6.º, o acesso será concedido depois da reunião de informação prévia à inspecção e da discussão do plano de inspecção, que se limitarão ao mínimo necessário e que em caso algum ultrapassarão as três horas. Para instalações declaradas nos termos da alínea *d)* do parágrafo 1 do artigo 3.º, serão conduzidas negociações e o acesso controlado iniciado no prazo máximo de doze horas após a chegada ao perímetro definitivo.

44. Ao proceder à inspecção por suspeita em conformidade com o pedido de inspecção, a equipa de inspecção, limitar-se-á a aplicar os métodos necessários para a obtenção de factos suficientes e pertinentes para esclarecer a preocupação por eventual incumprimento das disposições desta Convenção, e abster-se-á de quaisquer actividades não relevantes para esse objectivo. A equipa de inspecção recolherá e documentará os factos relacionados com o possível incumprimento desta Convenção por parte do Estado Parte inspeccionado, mas não procurará obter nem documentará informações que não estiverem claramente relacionadas com esse objectivo, salvo quando o Estado Parte inspeccionado lhe solicite de forma expressa. Não será conservado qualquer material recolhido que venha subsequentemente a ser considerado não relevante.

45. A equipa de inspecção orientar-se-á pelo princípio de realização da inspecção por suspeita da forma menos intrusiva possível, compatível com o eficaz e oportuno cumprimento da sua missão. Sempre que possível, a equipa de inspecção começará pelos procedimentos menos intrusivos que considerar aceitáveis e somente passará a procedimentos mais intuitivos à medida que os considerar necessários.

Acesso controlado

46. A equipa de inspecção terá em consideração as modificações sugeridas para o plano de inspecção e as propostas que forem formuladas pelo Estado Parte inspeccionado, em qualquer fase da inspecção, incluindo a reunião de informação prévia à inspecção, para assegurar a protecção de equipamento, informações ou zonas sensíveis não relacionados com armas químicas.

47. O Estado Parte inspeccionado designará os pontos de entrada/saída do perímetro a serem utilizados para acesso. A equipa de inspecção e o Estado Parte inspeccionado negociarão entre si a extensão do acesso a um lugar ou lugares determinados situados no interior dos perímetros definitivo e solicitado em conformidade com o disposto no parágrafo 48; as actividades concretas de inspecção, incluindo a recolha de amostras, a ser realizadas pela equipa de inspecção; a realização de actividades particulares pelo Estado Parte inspeccionado, e a disponibilização de informações particulares pelo Estado Parte inspeccionado.

48. Em conformidade com as disposições relevantes do Anexo sobre Confidencialidade, o Estado Parte inspeccionado terá o direito de tomar medidas para proteger instalações sensíveis e impedir a divulgação de informações e dados confidenciais não relacionados com armas químicas. Essas medidas poderão incluir, nomeadamente, as seguintes:

   a) Remoção de documentos sensíveis dos escritórios;

b) Cobertura de peças expostas, materiais armazenados e equipamentos sensíveis;
c) Cobertura de partes sensíveis do equipamento, como computadores ou sistemas electrónicos;
d) Desconexão de computadores e paragem de dispositivos indicadores de dados;
e) Limitação da análise de amostras para determinação da presença ou ausência de produtos químicos das listas n.ºs 1, 2 e 3 ou dos correspondentes produtos de degradação;
f) Utilização de técnicas de acesso selectivo aleatório, solicitando aos inspectores que escolham livremente uma percentagem ou um dado número de edifícios para inspeccionar; o mesmo princípio pode ser aplicado ao interior e ao conteúdo de edifícios sensíveis;
g) Em casos excepcionais, concedendo apenas a inspectores individuais o acesso a determinadas partes do polígono de inspecção.

49. O Estado Parte inspeccionado fará todos os esforços razoáveis para demonstrar à equipa de inspecção que nenhum objecto, edifício, estrutura, contentor ou veículo ao qual a equipa de inspecção não tiver tido pleno acesso, ou que tiver sido protegido em conformidade com o parágrafo 48 é utilizado para objectivos relacionados com as preocupações de eventual incumprimento expressas no pedido de inspecção.

50. Tal objectivo poderá ser conseguido com, nomeadamente, a remoção parcial da capa ou cobertura de protecção ambiental, à opção do Estado Parte inspeccionado, por meio da inspecção visual do interior de um espaço fechado a partir da sua entrada, ou por outros métodos.

51. No caso de instalações declaradas em conformidade com os artigos 4.°, 5.° e 6.°, aplicar-se-ão as seguintes disposições:
a) Para instalações para as quais tiverem sido celebrados acordos de instalação, quer o acesso, quer as actividades a exercer no interior do perímetro definitivo decorrerão sem qualquer obstáculo dentro dos limites estabelecidos pelos acordos;
b) Para instalações para as quais não tiverem sido celebrados acordos de instalação, a negociação do acesso e das actividades orientar-se-á pelos princípios orientadores gerais para inspecções estabelecidos na presente Convenção;
c) Qualquer acesso que vá além do concedido para inspecções pelos artigos 4.°, 5.° e 6.° reger-se-á pelos procedimentos estipulados na presente secção.

52. No caso de instalações declaradas em conformidade com a alínea *d)* do parágrafo 1 do artigo 3.°, aplica-se a seguinte disposição: se o Estado Parte inspeccionado, recorrendo aos procedimentos previstos nos parágrafos 47 e 48, não tiver concedido pleno acesso a zonas ou estruturas não relacionadas com armas químicas, fará todos os esforços razoáveis para demonstrar à equipa de inspecção que essas zonas ou estruturas não são utilizadas para fins relacionados com as preocupações pelo eventual incumprimento expressas no pedido de inspecção.

Observador

53. Em conformidade com o disposto no parágrafo 12 do artigo 9.°, quanto à presença de um observador na inspecção por suspeita, o Estado Parte solicitante

estabelecerá a ligação com o Secretariado Técnico para coordenar a chegada do observador ao mesmo ponto de entrada que a equipa de inspecção dentro de um prazo razoável relativamente à chegada da equipa de inspecção.

54. Durante todo o período de inspecção, o observador terá o direito de se manter em comunicação com a embaixada do Estado Parte solicitante no Estado Parte inspeccionado ou no Estado anfitrião, ou, se não houver embaixada, com o próprio Estado Parte solicitante. O Estado Parte inspeccionado proporcionará meios de comunicação ao observador.

55. O observador terá o direito de chegar ao perímetro alternativo ou definitivo do polígono de inspecção dependendo daquele a que a equipa de inspecção chegar em primeiro lugar, e de ter acesso ao polígono de inspecção tal como facultado pelo Estado Parte inspeccionado. O observador terá o direito de fazer recomendações à equipa de inspecção, que esta tomará em consideração na extensão que entender apropriada. Durante a inspecção, a equipa de inspecção manterá o observador informado sobre o desenvolvimento da inspecção e das suas conclusões.

56. Durante a sua permanência no país, o Estado Parte inspeccionado facultará, ou tomará as medidas necessárias para facultar os serviços necessários ao observador, como meios de comunicação, serviços de intérpretes, transporte, área de trabalho, alojamento, alimentação e cuidados médicos. Todos os encargos relativos à estada do observador no território do Estado Parte inspeccionado ou do Estado anfitrião serão suportados pelo Estado Parte solicitante.

Duração da inspecção

57. O período de inspecção não será superior a oitenta e quatro horas, salvo se prorrogado por acordo com o Estado Parte inspeccionado.

D – Actividades posteriores à inspecção

Partida

58. Concluídos os procedimentos posteriores à inspecção no polígono de inspecção, a equipa e o observador do Estado Parte solicitante dirigir-se-ão prontamente para um ponto de entrada e abandonarão o território do Estado Parte inspeccionado o mais cedo possível.

Relatórios

59. O relatório sobre a inspecção resumirá, de forma geral, as actividades realizadas pela equipa de inspecção e as conclusões factuais a que tiver chegado, particularmente no que diz respeito às preocupações por eventual incumprimento da presente Convenção expressas no pedido de inspecção por suspeita, e limitar-se-á às informações directamente relacionadas com esta Convenção. O relatório incluirá também uma avaliação pela equipa de inspecção do grau e natureza do acesso e da cooperação proporcionados aos inspectores e da medida em que contribuiu para o desempenho do seu mandato de inspecção. A informação pormenorizada relacionada com o eventual incumprimento desta Convenção expresso no pedido de inspecção por suspeita será

apresentada como anexo ao relatório final e será conservada no Secretariado Técnico com as medidas necessárias para garantir a protecção de informação sensível.

60. No prazo máximo de setenta e duas horas após a chegada ao seu local principal de trabalho, a equipa de inspecção apresentará ao director-geral um relatório preliminar de inspecção, tendo em consideração, nomeadamente, as disposições do parágrafo 17 do anexo sobre confidencialidade. O director-geral transmitirá prontamente o relatório preliminar de inspecção ao Estado Parte solicitante, ao Estado Parte inspeccionado e ao Conselho Executivo.

61. Será facultado ao Estado Parte inspeccionado um projecto de relatório final de inspecção no prazo máximo de 20 dias após a conclusão da inspecção por suspeita. O Estado Parte inspeccionado tem o direito de assinalar qualquer informação ou dados não relacionados com armas químicas que, em seu entender, dado o seu carácter confidencial, não devem ser divulgados fora do Secretariado Técnico. O Secretariado Técnico apreciará as propostas de alteração ao projecto de relatório final de inspecção feitas pelo Estado Parte inspeccionado e, à sua discrição, sempre que possível, adoptá-las-á. O relatório final será então apresentado ao director-geral, no prazo máximo de 30 dias após a conclusão da inspecção por suspeita, para mais vasta difusão e exame em conformidade com os parágrafos 21 a 25 do artigo 9.º.

PARTE XI. INVESTIGAÇÕES EM CASOS DE ALEGADA UTILIZAÇÃO DE ARMAS QUÍMICAS

A – Disposições gerais

1. As investigações quanto à alegada utilização de armas químicas, ou à alegada utilização de agentes anti-motins como método de guerra, iniciadas nos termos dos artigos 9.º ou 10.º, serão concluídas em conformidade com o presente Anexo e os procedimentos pormenorizados a ser estabelecidos pelo director-geral.

2. As seguintes disposições complementares referem-se a procedimentos específicos a observar em casos de alegada utilização de armas químicas.

B – Actividades prévias à inspecção

Pedido de uma investigação

3. O pedido de uma investigação sobre uma alegada utilização de armas químicas será apresentado ao director-geral e deve incluir, na medida do possível, a seguinte informação:

a) O Estado Parte em cujo território alegadamente ocorreu a utilização de armas químicas;
b) O ponto de entrada ou sugestão de outras vias de acesso seguras;
c) A localização e as características das zonas em que alegadamente ocorreu a utilização de armas químicas;
d) O momento da alegada utilização de armas químicas;
e) Os tipos de armas químicas alegadamente utilizados;
f) A extensão da alegada utilização de armas químicas;

g) As características dos produtos químicos tóxicos que possam ter sido utilizados;
h) Os efeitos sobre os seres humanos, os animais e a vegetação;
i) O pedido de assistência concreta, se aplicável.

4. O Estado Parte que tiver pedido a investigação poderá, a todo o tempo, apresentar qualquer informação complementar que considerar necessária.

Notificação

5. O director-geral acusará de imediato a recepção do pedido ao Estado Parte solicitante e informará o Conselho Executivo e todos os Estados Partes.

6. Se aplicável, o director-geral notificará o Estado Parte em cujo território foi pedida uma investigação. O director-geral notificará também outros Estados Partes se puder ser necessário o acesso aos seus territórios durante a investigação.

Designação da equipa de inspecção

7. O director-geral elaborará uma lista de peritos qualificados cuja área de especialidade possa ser requerida na investigação de alegada utilização de armas químicas e manterá essa lista constantemente actualizada. Esta lista será comunicada por escrito a cada Estado Parte no prazo máximo de 30 dias após a entrada em vigor da presente Convenção e após cada alteração à lista. Qualquer perito qualificado constante dessa lista será considerado designado a não ser que um Estado Parte, no prazo máximo de 30 dias após a recepção da lista, declare por escrito a sua objecção.

8. O director-geral nomeará o chefe e os membros de uma equipa de inspecção de entre os inspectores e os assistentes de inspecção já designados para inspecções por suspeita, tendo em conta as circunstâncias e a natureza específica de um determinado pedido. Para além disso, quando, na opinião do director-geral, para permitir a condução adequada de uma investigação particular, forem necessários conhecimentos técnicos não disponíveis entre os inspectores já designados, os membros da equipa de inspecção podem ser seleccionados da lista de peritos qualificados.

9. Na sessão de informação que prestará à equipa de inspecção o director-geral comunicará toda a informação adicional que tiver recebido do Estado solicitante, ou de quaisquer outras fontes, para assegurar que a inspecção é conduzida da forma mais eficaz e expedita possível.

Envio da equipa de inspecção

10. Imediatamente após ter recebido um pedido de investigação sobre a alegada utilização de armas químicas, o director-geral através de contactos com os Estados Partes interessados, solicitará e confirmará as medidas para que a equipa de inspecção seja recebida em condições de segurança.

11. O director-geral enviará a aquipa do inspecção tão cedo quanto possível, tendo em consideração a segurança da equipa.

12. Se a equipa de inspecção não tiver sido enviada nas vinte e quatro horas seguintes à recepção do pedido, o director-geral informará o Conselho Executivo e os Estados Partes interessados quanto às razões da demora.

Informação

13. A equipa de inspecção terá o direito de receber informações dos representantes do Estado Parte inspeccionado à chegada e a todo o tempo durante a inspecção.

14. Antes do início da inspecção, a equipa elaborará um plano de inspecção que servirá, nomeadamente, como fundamento para as medidas logísticas e de segurança. O plano de inspecção será actualizado à medida que for necessário.

C – Condução das inspecções

Acesso

15. A equipa de inspecção terá o direito de acesso a toda e qualquer área que possa ter sido afectada pela alegada utilização de armas químicas. Terá também direito de acesso a hospitais, campos de refugiados e outros locais que considerar relevantes para a investigação efectiva do alegado uso de armas químicas. Para esse acesso, a equipa de inspecção realizará consultas com o Estado Parte inspeccionado.

Recolha de amostras

16. A equipa de inspecção terá o direito de recolher amostras dos tipos e nas quantidades que considerar necessárias. Se a equipa de inspecção considerar necessário, e se por ela for solicitado, o Estado Parte inspeccionado poderá colaborar na recolha de amostras sob a supervisão de inspectores ou de assistentes de inspecção. O Estado Parte inspeccionado também permitirá e colaborará na recolha de amostras de controlo apropriadas de áreas próximas do local da alegada utilização de armas químicas ou de outras áreas que a equipa de inspecção requerer.

17. As amostras de importância para a investigação da alegada utilização de armas químicas incluem produtos químicos tóxicos, munições e dispositivos, restos de munições e de dispositivos, amostras ambientais (ar, solo, vegetação, água, neve, etc.) e amostras biomédicas de origem humana ou animal (sangue, urina, fezes, tecidos, etc.).

18. Quando não puderem ser obtidos duplicados das amostras e as análises forem efectuadas em laboratórios exteriores ao local, qualquer amostra restante após a realização das análises, se for solicitada, será devolvida ao Estado Parte inspeccionado.

Ampliação da área de inspecção

19. Se durante a inspecção a equipa de inspecção considerar necessário alargar a investigação a um Estado Parte vizinho, o director-geral notificará esse Estado Parte da necessidade de acesso ao seu território e solicitar-lhe-á e confirmará as medidas para que a equipa de inspecção nele seja recebida em condições de segurança.

Prorrogação da duração da inspecção

20. Se a equipa de inspecção considerar que não é possível o acesso em segurança a uma área específica relevante para a investigação o Estado Parte solicitante será informado de imediato. Se necessário, o período de inspecção será prorrogado até ser facultado o acesso em segurança a essa área e a equipa de inspecção ter concluído a sua missão.

Entrevistas

21. A equipa de inspecção terá o direito de entrevistar e de examinar as pessoas que possam ter sido afectadas pela alegada utilização de armas químicas. Terá também o direito de entrevistar testemunhas oculares da alegada utilização de armas químicas e pessoal médico, e outras pessoas que tenham tratado ou tenham estado em contacto com pessoas que possam ter sido afectadas pela alegada utilização de armas químicas. A equipa de inspecção terá acesso a histórias clínicas, se estiverem disponíveis, e, quando aplicável, ser-lhe-á permitido participar em autópsias de cadáveres de vítimas de alegada utilização de armas químicas.

D – Relatórios

Procedimentos

22. A equipa de inspecção, no prazo máximo de vinte e quatro horas após a sua chegada ao território do Estado Parte inspeccionado, enviará ao director-geral um relatório sobre a situação. No decurso da inspecção a equipa enviará ao director-geral os relatórios de progresso que forem necessários.

23. No prazo máximo de setenta e duas horas após o regresso ao seu principal local de trabalho, a equipa de inspecção apresentará ao director-geral um relatório preliminar. O relatório final será também apresentado ao director-geral no prazo máximo de 30 dias após o regresso da equipa de inspecção ao seu principal local de trabalho. O director-geral transmitirá prontamente o relatório preliminar e o relatório final ao Conselho Directivo e a todos os Estados Partes.

Conteúdo

24. O relatório sobre a situação indicará qualquer necessidade urgente de assistência e quaisquer outras informações relevantes. Os relatórios de progresso indicarão quaisquer necessidades de assistência adicionais que possam ter sido identificadas no decorrer da investigação.

25. O relatório final resumirá os factos constatados durante a inspecção, particularmente no que respeita à alegada utilização mencionada no pedido. Para além disso, o relatório de investigação sobre uma alegada utilização de armas químicas incluirá uma descrição do processo de investigação conduzido, indicando as suas diversas fases, com especial referência a:

   a) Locais e datas das colheitas de amostras realizadas e análises efectuadas no próprio local; e
   b) Elementos comprovativos, tais como registos de entrevistas, resultados de exames médicos e de análises científicas, e os documentos examinados pela equipa de inspecção.

26. Se no decurso da investigação a equipa de inspecção obtiver qualquer informação que possa servir para identificar a origem de qualquer arma química utilizada através de, nomeadamente, identificação de quaisquer impurezas ou outras substâncias durante as análises laboratoriais de amostras recolhidas, essa informação será incluída no relatório.

E – Estados não Partes na presente Convenção
27. No caso de alegada utilização de armas químicas envolvendo um Estado que não for Parte da presente Convenção ou em território que não estiver sob o controlo de qualquer Estado Parte, a Organização cooperará estreitamente com o Secretário-Geral das Nações Unidas. Se lhe for solicitado, a Organização colocará os seus recursos à disposição do Secretário-Geral das Nações Unidas.

ANEXO SOBRE A PROTECÇÃO DE INFORMAÇÕES CONFIDENCIAIS (ANEXO SOBRE CONFIDENCIALIDADE)

A – Princípios gerais a observar no tratamento de informações confidenciais

1. Toda a verificação de actividades e instalações civis ou militares, ficará sujeita à obrigação de protecção de informações confidenciais. A Organização, em conformidade com as obrigações gerais previstas no artigo 8.º:

   a) Solicitará apenas a quantidade mínima necessária de informações e dados para o desempenho oportuno e eficaz das responsabilidades que lhe estão cometidas pela presente Convenção;

   b) Tomará as medidas necessárias para assegurar que os inspectores e as restantes categorias de pessoal do Secretariado Técnico preencham os mais elevados requisitos de eficiência, competência e integridade;

   c) Celebrará acordos e elaborará regulamentos para a aplicação das disposições da presente Convenção e especificará com a maior exactidão possível as informações que qualquer Estado Parte porá à sua disposição.

2. O director-geral terá a responsabilidade primordial de garantir a protecção das informações confidenciais. O director-geral estabelecerá um regime rigoroso para o tratamento de informações confidenciais pelo Secretariado Técnico e, ao fazê-lo, observará os seguintes princípios orientadores:

   a) Uma informação será considerada confidencial quando:

   i) For qualificada como tal pelo Estado Parte donde provém e a que se refere; ou

   ii) Na opinião do director-geral for razoável prever que a sua difusão não autorizada venha a causar prejuízos ao Estado Parte a que se refere, ou aos mecanismos de aplicação da presente Convenção;

   b) Todos os dados e documentos obtidos pelo Secretariado Técnico serão avaliados pelo seu serviço competente para determinar se contêm informações confidenciais. Os Estados Partes receberão regularmente os dados que solicitarem para assegurar o cumprimento continuado desta Convenção por parte dos outros Estados Partes. Esses dados incluirão os seguintes:

   i) Os relatórios iniciais e anuais e as declarações apresentadas pelos Estados Partes nos termos dos artigos 3.º, 4.º, 5.º e 6.º, em conformidade com as disposições do Anexo sobre Verificação;

   ii) Os relatórios genéricos sobre os resultados e a eficácia das actividades de verificação; e

   iii) As informações a prestar a todos os Estados Partes em conformidade com as disposições da presente Convenção;

c) Nenhuma informação obtida pela Organização que estiver relacionada com a aplicação da presente Convenção poderá ser publicada ou divulgada por qualquer outra forma, excepto:
  i) A informação genérica sobre a aplicação da presente Convenção, que pode ser compilada e publicamente divulgada em conformidade com as decisões da Conferência ou do Conselho Executivo;
  ii) Qualquer informação desde que com o consentimento expresso do Estado Parte a que se refere;
  iii) A informação classificada como confidencial divulgada pela Organização por meio de procedimentos que garantam que essa divulgação só é feita em estrita conformidade com as necessidades da presente Convenção. Esses procedimentos serão examinados e aprovados pela Conferência em conformidade com a alínea *i*) do parágrafo 21 do artigo VIII;
d) O grau de sensibilidade dos dados e documentos confidenciais será fixado com base em critérios a aplicar de modo uniforme para assegurar o seu tratamento e protecção convenientes. Para tal, será introduzido um sistema de classificação que, tendo em conta os trabalhos relevantes produzidos durante a preparação desta Convenção, estabeleça critérios claros que assegurem a inclusão da informação nas categorias de confidencialidade, apropriadas e a atribuição de uma duração justificada ao correspondente estatuto de confidencialidade. O sistema de classificação aliará a flexibilidade de utilização à protecção dos direitos dos Estados Partes que prestarem informações confidenciais. Ao mesmo tempo que terá a necessária flexibilidade para aplicação, o sistema de classificação protegerá os direitos dos Estados Partes que fornecerem informações confidenciais. A Conferência examinará e aprovará um sistema de classificação nos termos da alínea *i*) do parágrafo 21 do artigo 8.º.
e) As informações confidenciais serão conservadas em segurança nas instalações da Organização. Alguns dados ou documentos poderão também ser conservados pela autoridade nacional de um Estado Parte. As informações de natureza sensível, incluindo, entre outras, fotografias, desenhos e outros documentos necessários apenas para a inspecção de uma dada instalação, poderão ser mantidas nessa instalação em compartimento fechado à chave;
f) Na máxima extensão compatível com a aplicação eficaz das disposições sobre verificação desta Convenção, o Secretariado Técnico tratará e conservará as informações de tal forma que fique excluída a possibilidade de identificação directa da instalação a que se referem;
g) As informações confidenciais a recolher de uma determinada instalação, serão reduzidas ao mínimo necessário para a aplicação, eficaz e oportuna das disposições sobre verificação desta Convenção; e
h) O acesso às informações confidenciais será regulamentado em conformidade com a respectiva classificação. A difusão de informações confidenciais no seio da Organização obedecerá rigorosamente ao princípio da necessidade de conhecimento.

3. O director-geral informará anualmente a Conferência sobre aplicação do regime estabelecido para o tratamento de informações confidenciais pelo Secretariado Técnico.

4. Cada Estado Parte tratará as informações que receber da Organização em conformidade com o grau de confidencialidade estabelecido para essas informações. A pedido, os Estados Partes prestarão esclarecimentos quanto ao tratamento dado às informações que lhes são facultadas pela Organização.

B – Emprego e conduta do pessoal do Secretariado Técnico

5. As condições de emprego do pessoal garantirão que no acesso a e no tratamento de informações confidenciais serão conformes com os procedimentos estabelecidos pelo director-geral de acordo com a Secção A.

6. Cada cargo no Secretariado Técnico será objecto de uma descrição oficial da função que especificará, se aplicável, qual extensão de acesso a informações confidenciais necessária para o exercício dessa função.

7. O director-geral, os inspectores e os restantes membros do pessoal não divulgarão a quaisquer pessoas não autorizadas para tal, mesmo após terem cessado as suas funções, qualquer informação confidencial de que tenham tomado conhecimento no exercício das suas funções oficiais. Ficam igualmente impedidos de comunicar a qualquer Estado, Organização ou pessoa alheia ao Secretariado Técnico qualquer informação a que tenham tido acesso no desempenho das suas actividades em relação a qualquer Estado Parte.

8. No exercício das suas funções, os inspectores limitar-se-ão a solicitar as informações e os dados necessários para o desempenho do seu mandato. Não farão quaisquer registos de informações recebidas casualmente e que não digam respeito à verificação do cumprimento da presente Convenção.

9. Cada membro do pessoal assinará um compromisso individual de confidencialidade com o Secretariado Técnico, que cobrirá toda a duração do seu período de emprego e os cinco anos seguintes.

10. Para prevenir revelações impróprias, os inspectores e funcionários serão adequadamente aconselhados e recordados das considerações de segurança e das possíveis sanções em que se incorreriam no caso de ocorrência dessas revelações.

11. Com a antecedência mínima de 30 dias relativamente à concecssão de autorização a um funcionário para que possa ter acesso a informações confidenciais ralativas a actividades no território de um Estado Parte ou em qualquer outro local sob a sua jurisdição ou controlo, o Estado Parte em causa será notificado da autorização proposta. Para os inspectores, esta condição ficará satisfeita com a notificação da proposta de nomeação.

12. Na avaliação do desempenho de inspectores e quaisquer outros funcionários do Secretariado Técnico será dada atenção especial aos respectivos registos individuais relativos à protecção de informações confidenciais.

C – Medidas para proteger instalações sensíveis e para impedir a divulgação de dados confidenciais durante actividades de inspecção *in situ*

13. Os Estados Partes podem adoptar as medidas que considerarem necessárias para a protecção da confidencialidade, desde que preencham as suas obrigações de

demonstrar o cumprimento da Convenção em conformidade com os artigos relevantes e o Anexo sobre Verificação. Ao receber uma inspecção, o Estado Parte pode indicar à equipa de inspecção qual o equipamento, documentação ou zonas que considera sensíveis e que não se relacionam com o objectivo da inspecção.

14. As equipas de inspecção orientar-se-ão pelo princípio de realizar as inspecções *in situ* da forma menos intrusiva possível consistente com o cumprimento eficaz e oportuno do seu mandato. Tomarão em consideração as propostas que o Estado Parte inspeccionado formular, em qualquer fase da inspecção, para garantir a protecção de equipamentos ou de informações sensíveis não relacionados com armas químicas.

15. As equipas de inspecção observarão estritamente as disposições dos artigos e Anexos relevantes que regulamentam a condução das inspecções. Respeitarão integralmente os procedimentos designados para proteger as instalações sensíveis e impedir a divulgação de dados confidenciais.

16. Na elaboração de protocolos e de acordos de instalação, será prestada a devida atenção à exigência de protecção de informações confidenciais. Os acordos sobre procedimentos de instrução para instalações individuais também incluirão disposições específicas e pormenorizadas sobre a definição das zonas das instalações a que os inspectores têm acesso, a conservação de informações confidenciais no próprio local, a extensão da inspecção em áreas acordadas, a recolha e análise de amostras, o acesso a registos e a utilização de instrumentos e de equipamento de vigilância contínua.

17. O relatório a elaborar após cada inspecção incluirá apenas os factos relevantes para o cumprimento da presente Convenção. A tramitação posterior desse relatório obedecerá às normas estabelecidas pela Organização para o tratamento de informações confidenciais. Se necessário, as informações contidas no relatório poderão ser reformuladas de forma menos sensível antes da divulgação externamente ao Secretariado Técnico e ao Estado Parte inspeccionado.

D – Procedimentos para situações manifestas ou alegadas de violação de confidencialidade

18. O director-geral estabelecerá os procedimentos necessários a seguir no caso de violação de segredo manifesta ou alegada, tendo em conta as recomendações a ser examinadas e aprovadas pela Conferência nos termos da alínea *i*) do parágrafo 21 do artigo 8.º.

19. O director-geral supervisionará a aplicação dos compromissos individuais de confidencialidade O director-geral abrirá prontamente um inquérito se na sua opinião, existirem elementos suficientes para indiciar uma infracção aos deveres de protecção de informações confidenciais. O director-geral também abrirá de imediato um inquérito se um Estado Parte apresentar uma denúncia de quebra das obrigações de confidencialidade.

20. O director-geral aplicará a sanções e medidas disciplinares adequadas ao comportamento dos membros do pessoal que tiverem faltado ao cumprimento das suas obrigações quanto à protecção de informações confidenciais. Em situações de grave violação dessas obrigações, o director-geral poderá levantar a imunidade de jurisdição.

21. Os Estados Partes, na medida do possível, cooperarão com o director-geral e apoiá-lo-ão na invetigação de qualquer quebra de confidencialidade, comprovada ou alegada, e, na tomada de medidas adequadas caso seja confirmada a existência de infracção.

22. A Organização não será tida como responsável por qualquer situação de quebra de confidencialidade por parte de membros do Secretariado Técnico.

23. Os casos de infracção que envolverem um Estado Parte e a Organização serão dirimidos por uma Comissão para a Resolução de Conflitos sobre Confidencialidade, constituída como órgão subsidiário da Conferência e por esta nomeada. O regulamento dessa Comissão, em termos de composição e processo, será aprovado pela Conferência na sua 1.ª sessão.

Resolução n.º 12/2000, de 20 do Junho

A Convenção sobre Armas Químicas é instrumento jurídico internacional destinado à promoção do desarmamento geral e completo e que visa essencialmente proibir o desenvolvimento, produção, aquisição, armazenagem, detenção, uso e transferência de armas químicas.

Considerando que a República de Moçambique ainda não é parte desta Convenção, torna-se pois, necessário formalizar os instrumentos jurídicos para a sua adesão.

Nestes termos e ao abrigo do disposto no n.º 1, alínea f) do artigo 153.º da Constituição da República, o Conselho de Ministros determina:

Art. 1.º

A adesão da República de Moçambique à Convenção sobre a Proibição do Desenvolvimento, Produção, Armazenagem e Utilização de Armas Químicas e sobre a sua Destruição, adoptada em 30 de Novembro de 1992 e aberta à assinatura em Paris em 31 de Janeiro de 1993 e que incorpora os Anexos sobre Produtos Químicos, sobre a Implementação e Verificação e sobre a Protecção de Informações Confidenciais, cuja tradução em língua portuguesa e sua versão autêntica em língua inglesa, vão em anexo a presente Resolução e dela são parte integrante.

Art. 2.º

O Ministério dos Negócios Estrangeiros e Cooperação fica encarregue de realizar todos os trâmites necessários à efectivação da adesão da República de Moçambique à presente Convenção.

Aprovada pelo Conselho de Ministros.

Publique-se.

O Primeiro-Ministro, *Pascoal Manuel Mocumbi*.

XVII – CONVENÇÃO SOBRE O CONTROLO DE MOVIMENTOS TRANSFRONTEIRIÇOS DE RESÍDUOS PERIGOSOS E SUA ELIMINAÇÃO

Introdução

As partes desta Convenção:
Conscientes dos prejuízos causados à saúde humana e ao ambiente pelos resíduos perigosos e outros resíduos e pelo seu movimento transfronteiriço;
Atentas à ameaça cada vez maior para a saúde humana e para o ambiente causada pela produção e complexidade crescente e pelos movimentos transfronteiriços de resíduos perigosos e outros resíduos;
Conscientes também de que a maneira mais eficaz de proteger a saúde humana e o ambiente dos perigos causados por esses resíduos é reduzir a sua produção ao mínimo, em termos de quantidade e ou potencial de perigo;
Convictas de que os Estados deveriam tomar as medidas necessárias para assegurar a gestão de resíduos perigosos e outros resíduos, incluindo o seu movimento transfronteiriço, e para a eliminação ser compatível com a protecção da saúde humana e do ambiente, qualquer que seja o seu local;
Verificando que os Estados deveriam assegurar que o produtor se responsabilizasse pelo transporte e eliminação de resíduos perigosos e outros resíduos, de acordo com a protecção do ambiente, qualquer que seja o local da eliminação;
Reconhecendo plenamente que qualquer Estado tem o direito soberano de proibir a entrada ou eliminação de resíduos perigosos estrangeiros e outros resíduos no seu território;
Reconhecendo também o crescente desejo de proibir os movimentos transfronteiriços de resíduos perigosos e a sua eliminação noutros Estados, sobretudo nos países em desenvolvimento;
Conscientes de que os movimentos transfronteiriços de tais resíduos, desde o Estado deveria ser permitido somente quando executado sob condições que não coloquem em perigo a saúde humana e o ambiente, sendo essas condições acordadas segundo as disposições desta Convenção;
Considerando que o aperfeiçoamento do controlo do movimento transfronteiriço de resíduos actuará como um incentivo para a gestão ambientalmente

segura e racional e para a redução do volume do movimento transfronteiriço objecto desta Convenção;

Convencidas de que os Estados deveriam tomar medidas para intercâmbio apropriado de informação e controlo do movimento transfronteiriço de resíduos perigosos e de outros resíduos de e para esses Estados;

Registando que um número considerável de acordos internacionais e regionais referem a questão da protecção e preservação do ambiente no que respeita ao tráfego de mercadorias perigosas;

Tendo em conta a Declaração da Conferência sobre o Ambiente Humano (Estocolmo, 1972), as Directrizes do Cairo e os princípios para a Gestão Ambiental Segura de Resíduos Perigosos aceites pelo Conselho de Governadores do Programa das Nações Unidas para o Ambiente (PNUA), através da Decisão n.° 14/30, de 17 de Julho de 1987, as Recomendações do Comité das Nações Unidas de Peritos no Transporte de Mercadorias Perigosas (formuladas em 1957 e actualizadas bienalmente), as recomendações relevantes, as declarações, formulários e regulamentos adoptados no sistema das Nações Unidas, bem como o trabalho em estudos feitos em organizações internacionais e regionais;

Conscientes do espírito, princípios, objectivos e funções da Estratégia Mundial para a Conservação da Natureza, aceite pela Assembleia Geral das Nações Unidas na sessão n.° 37 (1982), enquanto regra ética no que respeita à protecção do ambiente humano e conservação dos recursos naturais;

Afirmando que os Estados são responsáveis pelo cumprimento dos seus deveres internacionais no que respeita à protecção da saúde humana, protecção e preservação do ambiente e estão sujeitos de acordo com o Direito Internacional;

Reconhecendo que em caso de infracção das cláusulas desta Convenção ou de qualquer protocolo também será aplicado o direito internacional;

Conscientes da necessidade de continuar o desenvolvimento e implementação de tecnologias ambientalmente seguras de redução de resíduos, e de opções de reciclagem e de bons sistemas domésticos de gestão com objectivo de reduzir ao mínimo a produção de resíduos perigosos e de outros resíduos;

Conscientes também da crescente preocupação internacional acerca da necessidade de um controlo rigoroso do movimento transfronteiriço de resíduos perigosos e de outros resíduos, bem como da necessidade de reduzir, dentro do possível este movimento ao mínimo;

Preocupadas com o problema do tráfego transfronteiriço ilícito de resíduos perigosos e de outros resíduos;

Tendo em conta as capacidades limitadas dos países em desenvolvimento na gestão de resíduos perigosos e de outros resíduos;

Reconhecendo a necessidade de promover a transferência de tecnologia relativa a gestão segura de resíduos perigosos ou resíduos produzidos localmente, particularmente para os países em desenvolvimento de acordo com o espírito das Directrizes do Cairo e a Decisão n.° 14/16 do Conselho de Governadores do PNUA sobre a promoção da transferência tecnológica de protecção ambiental;

Reconhecendo também que os resíduos perigosos e outros resíduos deveriam ser transportados de acordo com as Convenções e recomendações internacionais relevantes;

Convicta também de que o movimento transfronteiriço de resíduos perigosos e outros resíduos deveria ser permitido somente quando o transporte e eliminação final destes resíduos sejam ambientalmente seguros e racionais; e

Determinadas a proteger, através do controlo rigoroso, a saúde humana e o ambiente dos efeitos nocivos que podem resultar da produção e gestão de resíduos perigosos e de outros resíduos;

Acordaram no seguinte:

Art. 1.º (Âmbito da Convenção)

1. Nesta Convenção, os resíduos objectos de movimento transfronteiriço e que são designados «resíduos perigosos» são os seguintes:

   a) Resíduos que pertençam a qualquer categoria incluída no Anexo 1, a menos que tenham algumas das características descritas no Anexo III e

   b) Resíduos que não sejam abrangidos pelo parágrafo *a*), mas que sejam definidos ou considerados como resíduos perigosos pela legislação interna das Partes ligadas à exportação, importação ou trânsito.

2. Resíduos que pertençam a qualquer categoria contida no Anexo II que sejam objecto do movimento transfronteiriço serão designados nesta Convenção por «outros resíduos».

3. Resíduos que, por serem radioactivos, estejam sujeitos a sistemas de controlo internacionais, incluindo instrumentos internacionais, direccionados especificamente para materiais radioactivos, são excluídos do âmbito desta Convenção.

4. Resíduos que derivem das operações normais de um navio cuja descarga seja protegida por qualquer instrumento internacional são excluídos do âmbito desta Convenção.

Art. 2.º (Definições)

1. «Resíduos» são substâncias ou objectos que são eliminados ou que se projecta eliminar, ou são objecto de pedido para serem eliminados, de acordo com as cláusulas da lei nacional;

2. «Gestão» significa a recolha, transporte e eliminação de resíduos perigosos ou outros resíduos incluindo a posterior protecção dos locais de eliminação;

3. «Movimento transfronteiriço» significa qualquer movimento de resíduos perigosos ou de outros resíduos de uma área abrangida pela jurisdição nacional de um Estado para ou através de uma área abrangida pela jurisdição nacional de outro Estado ou para ou através de uma área não abrangida pela jurisdição nacional de qualquer Estado, estando pelo menos dois Estados envolvidos no movimento;

4. «Eliminação» significa qualquer operação especificada no Anexo IV desta Convenção;

5. «Local ou instalação autorizada» significa um local ou instalação para a eliminação de resíduos perigosos ou de outros resíduos que é autorizado ou admitido a operar com esse objectivo por uma autoridade competente do Estado onde o local ou instalação se situa;

6. «Autoridade competente» significa uma autoridade governamental nomeada por uma Parte para ser responsável, dentro das áreas geográficas que a Parte ache ajustadas, para receber a notificação de um movimento transfronteiriço de resíduos perigosos ou de outros resíduos e qualquer informação com ele relacionada, bem como responder a essa notificação de acordo com o artigo 6.º;

7. «Correspondente» significa a entidade referida no artigo 5.º responsável por receber e submeter a informação conforme consta dos artigos 13.º e 16.º;

8. «Gestão ambientalmente segura e racional dos resíduos perigosos e de outros resíduos» significa seguir todos os passos viáveis com vista a assegurar uma boa gestão de resíduos perigosos e de outros resíduos, de maneira a proteger a saúde humana e o ambiente contra os efeitos nocivos que podem advir desses resíduos;

9. «Área sob jurisdição nacional de um Estado» significa qualquer território, área marítima ou espaço aéreo dentro do qual um Estado exerce responsabilidade administrativa e regulamentar, de acordo com o Direito Internacional no que respeita à protecção da saúde humana ou do ambiente;

10. «Estado de exportação» significa a Parte de onde um movimento transfronteiriço de resíduos perigosos ou de outros resíduos é planeado para ser iniciado ou se iniciou;

11. «Estado de importação» significa a Parte para onde o movimento transfronteiriço de resíduos perigosos e de outros resíduos é planeado ou tem lugar com o objectivo da sua eliminação ou para carregar antes da eliminação numa área que não esteja sob a jurisdição nacional de nenhum Estado;

12. «Estado de trânsito» designa qualquer Estado que não seja o Estado de exportação ou de importação através do qual um movimento de resíduos perigosos ou de outros resíduos é planeado ou tem lugar;

13. «Estados envolvidos» são Estados de exportação de ou importação, ou Estados de trânsito, sejam ou não Parte;

14. «Pessoa» é qualquer pessoa jurídica ou física;

15. «Exportador» é qualquer pessoa sob jurisdição do Estado de exportação que trata da exportação de resíduos perigosos ou de outros resíduos;

16. «Importador» é qualquer pessoa sob jurisdição do Estado importador que trata da importação de resíduos perigosos e de outros resíduos;

17. «Transportador» é aquele que trata do transporte de resíduos perigosos ou de outros resíduos;

18. «Produtor» constitui aquele cuja actividade produz resíduos perigosos ou outros resíduos ou, no caso de a pessoa ser desconhecida, significa a pessoa que está na posse e, ou controla esses resíduos;

19. «Eliminador» significa aquele para quem os resíduos perigosos ou outros resíduos são enviados e que trata da eliminação desses resíduos;

20. «Organização de integração política e ou económica» é a organização constituída por Estados soberanos para a qual os seus Estados membros transferiram competências respeitantes a assuntos contemplados nesta Convenção e que foram devidamente autorizados, de acordo com os seus procedimentos internos, a assinar, ratificar, aceitar, aprovar, confirmar formalmente ou a ela aderir;

21. «Tráfego ilícito» Constitui qualquer movimento transfronteiriço de resíduos perigosos ou de outros resíduos, conforme especifica o artigo 9.º.

Art. 3.º (Definições nacionais de resíduos perigosos)

1. Cada Parte deve, após seis meses de se tornar Parte desta Convenção, informar o Secretariado da Convenção dos resíduos, ou de quais dos mencionados nos Anexos I e II são considerados ou definidos como perigosos de acordo com a sua legislação nacional e de quaisquer requisitos no que respeita aos procedimentos do movimento transfronteiriço aplicáveis a tais resíduos.

2. Cada Parte deverá subsequentemente informar o Secretariado de quaisquer mudanças importantes à informação mencionada no parágrafo 1.

3. O Secretariado informará então todas as Partes da informação recebida, conforme os parágrafos 1 e 2.

4. As Partes serão responsáveis por transmitir aos seus exportadores a informação que lhes foi dada pelo Secretariado, conforme o parágrafo 3.

Art. 4.º (Obrigações gerais)

1. *a*) As Partes, no exercício do seu direito de proibição de importação de resíduos perigosos ou de outros resíduos para eliminação, informarão as outras Partes da sua decisão conforme o artigo 13.º;

   b) As Partes proibirão, ou não permitirão, a exportação de resíduos perigosos ou de outros resíduos para as Partes que proibiram a importação de tais resíduos, quando notificados de acordo com o subparágrafo *a*) supramencionado;

   c) As Partes devem proibir, ou não permitir, a exportação de resíduos perigosos ou de outros resíduos, se o Estado de importação não consentir em escrever ao importador específico, no caso de esse Estado de importação não ter proibido a importação de tais resíduos.

2. Cada Parte tomará as medidas necessárias para:

   a) Assegurar que a produção de resíduos perigosos e de outros resíduos seja reduzida ao mínimo, tendo em conta os aspectos sociais, tecnológicos e económicos;

   b) Assegurar a disponibilidade de instalações adequadas para eliminação, com vista à gestão ambientalmente segura e racional dos resíduos perigosos e de outros resíduos, que serão colocados o mais longe possível, qualquer que seja o local da sua eliminação;

c) Assegurar que as pessoas envolvidas na gestão de resíduos perigosos e de outros resíduos dêem os passos necessários para prevenir a poluição originada pelos resíduos perigosos e outros resíduos, resultantes dessa gestão e, se essa poluição ocorrer, minimizar as consequências daí advindas para a saúde humana e o ambiente;

d) Assegurar que o o movimento transfronteiriço de resíduos perigosos e de outros resíduos seja reduzido ao mínimo, tomando as medidas ambientalmente correctas, através de uma gestão eficiente desses resíduos, e que seja conduzida de modo a proteger a saúde humana e o ambiente contra os efeitos nocivos que podem resultar desse mesmo movimento;

e) Não permitir a exportação de resíduos perigosos ou de outros resíduos para um Estado ou grupo de Estados que são Partes pertencentes a uma organização de integração política ou económica, sobretudo países em desenvolvimento que tenham proibido da sua legislação todas as importações, ou por pensarem que os resíduos em questão não serão geridos de acordo com o procedimento ambiental correcto, segundo o critério acordado pelas Partes na sua primeira reunião;

f) Exigir que a informação sobre um movimento transfronteiriço de resíduos perigosos e de outros resíduos propostos seja fornecida aos respectivos Estados, de acordo como Anexo V-A, para especificar claramente os efeitos para a saúde humana e para o ambiente do movimento proposto;

g) Impedir a importação de resíduos perigosos e de outros resíduos, quando há razões para acreditar que os resíduos em questão não serão geridos de uma forma ambientalmente segura e racional;

h) Cooperar em actividades com outras Partes e organizações directamente interessadas, e através do Secretariado, incluindo a disseminação de informação sobre o movimento transfronteiriço de resíduos perigosos e de outros resíduos, de modo a melhorar a correcta gestão ambiental de tais resíduos e conseguir a prevenção do tráfego ilícito.

3. As Partes consideram que o tráfego ilícito de resíduos perigosos ou de outros resíduos constitui crime.

4. Cada Parte tomará as medidas legais e administrativas para implementar e reforçar as condições desta Convenção, incluindo medidas de prevenção e punição de condutas que infrinjam o disposto na Convenção.

5. Uma Parte não permitirá que os resíduos perigosos e outros resíduos sejam exportados por uma não Parte ou sejam importados de uma não Parte.

6. As Partes concordam em não permitir a exportação de resíduos perigosos e de outros resíduos para eliminação nas áreas a sul da latitude 60°s, sejam ou não esses resíduos objecto de movimento transfronteiriço.

7. Para além disso, cada Parte deverá:

a) Proibir todas as pessoas sob sua jurisdição nacional, de transportar ou eliminar resíduos perigosos ou outros resíduos, a não ser que essas pessoas estejam autorizadas a praticar esse tipo de operações;

b) Exigir que os resíduos perigosos e outros resíduos, objecto de um movimento transfronteiriço, sejam embalados, rotulados e transportados em conformidade com as regras e padrões estabelecidos no que respeita às embalagens, rótulos e transporte e que essas obrigações sejam respeitadas como sendo práticas internacionalmente reconhecidas;

c) Exigir que os resíduos perigosos e outros resíduos sejam acompanhados da documentação devida desde a altura em que o movimento transfronteiriço começa até ao momento da eliminação.

8. Cada Parte deve exigir que os resíduos perigosos e outros resíduos a serem exportados sejam geridos de uma forma ambientalmente segura e racional no Estado importador ou em outro qualquer lugar. As directrizes técnicas para gestão ambiental segura e racional de resíduos objecto desta Convenção, serão decididas pelas partes na sua primeira reunião.

9. As Partes devem tomar as medidas necessárias para assegurar que o movimento transfronteiriço de resíduos perigosos ou de outros resíduos seja permitido quando:

a) O Estado de exportação não tiver capacidade técnica e instalações necessárias, capacidade ou convenientes locais de eliminação com vista a eliminar os resíduos em questão de forma ambientalmente segura e eficiente; ou

b) Os resíduos em questão são considerados como matérias-primas para valorização ou para as indústrias de recuperação no Estado de importação; ou

c) O movimento transfronteiriço em questão está conforme com outro critério a ser decidido pelas Partes, pretendendo-se que estes critérios não se afastem dos objectivos desta Convenção.

10. No âmbito desta Convenção a obrigação dos Estados cujos resíduos perigosos e outros resíduos são produzidos, requer que esses resíduos sejam geridos de uma forma ambientalmente segura e racional, não podendo sob nenhum pretexto ser transferida para os Estados de importação ou de trânsito.

11. Nada nesta Convenção deve impedir uma Parte de impor exigências adicionais que sejam compatíveis com as cláusulas desta Convenção e que estejam de acordo com as regras do direito internacional para melhor proteger a saúde humana e o ambiente.

12. Nada nesta Convenção deve afectar de algum modo a soberania dos Estados nas suas águas territoriais estabelecidas de acordo com o direito internacional e o direito soberano, bem como a jurisdição que os Estados têm nas suas zonas económicas exclusivas e nos recifes continentais de acordo com o direito Internacional, e o exercício dos direitos náuticos e das liberdades de navegação, pelos barcos e aeronaves de todos os Estados, conforme o direito internacional e como resulta dos instrumentos internacionais relevantes.

13. As Partes serão encarregadas de rever periodicamente as possibilidades de redução do volume e ou da poluição potencial de resíduos perigosos ou de outros resíduos que são exportados para outros Estados em particular para os países em desenvolvimento.

Art. 5.º (Designação das autoridades competentes e do correspondente)
Para facilitar a implementação desta Convenção, as Partes deverão:
1. Nomear ou estabelecer uma ou mais autoridades competentes e um correspondente. Uma autoridade competente será nomeada para receber a notificação do Estado de trânsito.
2. Informar o Secretariado, dentro de três meses da data de entrada em vigor desta Convenção, sobre quais os organismos que eles designam como seu correspondente e como suas autoridades competentes.
3. Informar o Secretariado, dentro de um mês após a data de decisão, de quaisquer mudanças no que respeita a designação feita por eles, conforme o parágrafo 2 supramencionado.

Art. 6.º (Movimento transfronteiriço entre as Partes)
1. O Estado de exportação notificará ou exigirá ao produtor ou exportador que notifique, por escrito, através da autoridade competente dos Estados envolvidos em qualquer movimento transfronteiriço proposto de resíduos perigosos e de outros resíduos. Esta notificação conterá declarações e informações descritas no Anexo V-A, escrita em linguagem perceptível ao Estado de importação. É necessário enviar uma só notificação a cada Estado envolvido.
2. O Estado de exportação responderá ao notificador por escrito, consentindo no movimento com ou sem condições, negando permissões para o movimento ou requerendo informações adicionais. Será enviada uma cópia da resposta final do Estado de importação às autoridades competentes dos respectivos Estados envolvidos que sejam Partes.
3. O Estado de exportação não autorizará o produtor ou exportador a iniciar o movimento transfronteiriço até receber confirmação por escrito, de que:
   a) O notificador recebeu o consentimento por escrito do Estado de importação; e
   b) O notificador recebeu do Estado de importação confirmação da existência de um contrato entre o exportador e o eliminador, especificando a gestão ambientalmente segura e racional dos resíduos em questão.
4. Cada Estado de trânsito que seja Parte deverá de imediato acusar a recepção da notificação ao notificador. Pode subsequentemente responder ao notificador por escrito, dentro de sessenta dias, consentindo o movimento com ou sem condições, negando permissão para o movimento ou exigindo informações adicionais. O Estado de exportação não permitirá que o movimento transfronteiriço comece enquanto não receber o consentimento por escrito do Estado de trânsito. Contudo, se em qualquer altura uma Parte decidir não exigir consentimento posterior por escrito, seja em geral ou sob certas condições, para os movimentos transfronteiriços de trânsito de resíduos perigosos ou de outros resíduos, ou modificar os seus requisitos neste aspecto, informará as Partes da sua decisão, de acordo com o artigo 13.º. Neste último caso, se não houver resposta do Estado de exportação

dentro de sessenta dias após a recepção de uma notificação fornecida pelo Estado de trânsito, o Estado de exportação pode autorizar o prosseguimento da exportação através do Estado de trânsito.

5. No caso de um movimento transfronteiriço de resíduos perigosos, em que os resíduos são legalmente definidos ou considerados como sendo unicamente perigosos:

   a) Pelo Estado de exportação, as exigências do parágrafo 9 deste artigo que se aplicam ao importador ou eliminador e o Estado de importação deverá *mutatis mutandis* ao exportador e ao Estado de exportação, respectivamente; ou

   b) Pelo Estado de importação, ou pelos Estados de importação e trânsito que sejam Partes, as exigências dos parágrafos 1, 3, 4 e 6 deste artigo que se aplicam ao exportador e Estado de exportação serão aplicadas *mutatis mutandis* ao importar ou eliminador e Estado de importação, respectivamente; ou

   c) Por qualquer Estado que seja Parte, as cláusulas do parágrafo 4 serão aplicadas a esse Estado.

6. O Estado de exportação pode, sujeito ao consentimento escrito dos Estados envolvidos, permitir que o produtor ou exportador de uma notificação geral quando os resíduos perigosos e outros resíduos tenham as mesmas características físicas e químicas, sejam enviados regularmente para o mesmo eliminador visa o mesmo posto aduaneiro de saída do Estado de exportação ou, no caso de trânsito, visa o mesmo posto aduaneiro de entrada e saída do Estado ou Estados de trânsito.

7. Os Estados envolvidos podem dar o seu consentimento por escrito para o uso da notificação geral referida no parágrafo 6, sujeito ao fornecimento de certas informações, tais como as quantidades exactas, as listas periódicas de resíduos perigosos ou de outros resíduos a serem despachados.

8. A notificação geral e a autorização escrita referida nos parágrafos 6 e 7 podem abranger diversas expedições de resíduos perigosos ou de outros resíduos durante um período máximo de doze meses.

9. As Partes devem exigir que cada pessoa encarregue de um movimento transfronteiriço de resíduos perigosos e de outros resíduos assine o documento, seja na entrega ou na recepção dos resíduos em questão. Também devem exigir que o eliminador informe o importador e autoridades competentes do Estado de exportação da recepção por parte do eliminador dos resíduos em questão e, na devida altura, da conclusão da eliminação conforme esteja especificado na notificação. Se tal informação não for recebida no Estado de exportação, seja autoridade competente do Estado de exportação, o exportador notificará então o Estado de importação.

10. A notificação e resposta exigidas neste artigo serão transmitidas às autoridades competentes das Partes envolvidas ou à autoridade governamental como, pode ser o caso das não Partes.

11. Qualquer movimento transfronteiriço de resíduos perigosos ou de outros resíduos será coberto por um seguro, caução ou outra garantia conforme for exigido pelo Estado de importação ou por qualquer Estado de trânsito que seja Parte.

Art. 7.º (Movimentos transfronteiriços a partir de uma Parte e através de Estados que não são Partes)

O parágrafo 2 do artigo 6.º da Convenção deve aplicar-se *mutatis mutandis* ao movimento transfronteiriço de resíduos perigosos e de outros resíduos a partir de uma Parte e através de um Estado ou Estados que não sejam Partes.

Art. 8.º (Dever de reimportação)

Quando um movimento transfronteiriço de resíduos perigosos ou de outros resíduos, consentido pelos Estados envolvidos sujeito às cláusulas desta Convenção, não puder ser executado de acordo com os termos do contrato, o Estado de exportação terá de assegurar que os resíduos em questão sejam devolvidos ao Estado de exportação pelo exportador, se não houver alternativa e solução para a sua eliminação de um modo ambientalmente seguro e racional, dentro de noventa dias ou em qualquer outro período acordado pelos Estados envolvidos, a partir da altura em que o Estado importador informou o Estado exportador e o secretariado. Assim, o Estado de exportação e qualquer Parte de trânsito não deve opor-se ou impedir o retorno destes resíduos para o Estado de exportação.

Art. 9.º (Tráfego ilícito)

1. Para o objectivo desta Convenção, qualquer movimento transfronteiriço de resíduos perigosos ou de outros resíduos:

   a) Sem notificação de todos os Estados envolvidos, segundo as cláusulas desta Convenção; ou

   b) Sem o consentimento do Estado envolvido, segundo as cláusulas desta Convenção; ou

   c) Com consentimento obtido da parte dos Estados envolvidos através de falsificação, informações falsas ou fraude; ou

   d) Em que o material não esteja em conformidade, com os documentos; ou

   e) Que resulte em eliminação deliberada (por exemplo: Imersão no mar de resíduos perigosos e de outros resíduos, de acordo com esta Convenção e com os princípios gerais do Direito Internacional);

   será considerado tráfego ilícito.

2. No caso do movimento transfronteiriço de resíduos perigosos e de outros resíduos considerados ilícitos como resultado de actuação por parte do exportador ou do produtor, o Estado importador assegurar-se-á de que os resíduos em questão são:

   a) Devolvidos ao exportador ou ao produtor ou, se necessário, através dele próprio, para o Estado de exportação; ou, se for impraticável;

b) São eliminados de outra maneira de acordo com as cláusulas desta Convenção dentro de trinta dias a contar da altura em que o Estado de exportação foi informado acerca do tráfego ilícito ou a partir de qualquer outra altura acordada pelos Estados envolvidos. Assim, as Partes envolvidas não se oporão ou impedirão o retorno destes resíduos para o Estado de exportação.

3. No caso do movimento transfronteiriço de resíduos perigosos ou de outros resíduos considerados tráfego ilícito, como resultado da actuação por parte do importador ou eliminador, o Estado de importação assegurar-se-á de que os resíduos em questão são eliminados de uma forma ambientalmente segura e racional, pelo importador ou eliminador ou, se necessário, por ele mesmo dentro de trinta dias a contar da altura em que o tráfico ilícito despertou a atenção do Estado de importação ou desde qualquer outra altura acordada pelos Estados envolvidos. Assim, as Partes envolvidas cooperarão, se necessário, na eliminação dos resíduos perigosos de uma forma ambientalmente segura e racional.

4. Nos casos em que a responsabilidade do tráfego ilícito não possa ser atribuída nem ao exportador nem ao produtor, nem ao importador nem ao eliminador, as Partes envolvidas ou outras Partes, conforme o caso, assegurar-se-ão, através de cooperação, de que os resíduos em questão são eliminados o mais depressa possível de uma forma ambientalmente segura e racional, ou no Estado de exportação, ou no Estado de importação, ou em qualquer outro local, conforme for apropriado.

5. Cada Parte aplicará legislação nacional própria para prevenir e punir o tráfego ilícito. As Partes cooperarão com vista a cumprir os objectivos desde artigo.

Art. 10.º (Cooperação internacional)

1. As Partes devem cooperar entre si de modo a melhorar e a obter uma gestão ambientalmente segura e racional de resíduos perigosos e de outros resíduos.
2. Com esse fim, as Partes devem:

a) Sob pedido, tornar a informação acessível, seja numa base bilateral ou multilateral, com vista a promover a gestão ambiental de resíduos perigosos e de outros resíduos, incluindo a harmonização de técnicas e práticas-padrão para a gestão adequada de resíduos perigosos e de outros resíduos;

b) Cooperar na monitorização dos efeitos para a saúde humana e para o ambiente da gestão dos resíduos perigosos;

c) Cooperar, de acordo com as suas leis nacionais, regulamentos e políticas, no desenvolvimento e implementação de novas tecnologias pouco poluentes, ambientalmente seguras e racionais e na melhoria das já existentes, com vista à eliminação, tanto quanto possível, da produção de resíduos perigosos e de outros resíduos, e recolher métodos cada vez mais efectivos e eficientes para assegurar a sua gestão de uma forma ambientalmente segura e racional, incluindo o estudo dos efeitos ambientais, económicos e sociais com vista à adopção dessas tecnologias novas e melhoradas;

d) Cooperar activamente, de acordo com o seu direito interno, normas e políticas, na transferência de tecnologia e sistemas de gestão relacionados com a gestão ambiental segura e racional de resíduos perigosos e de outros resíduos. Deve também haver uma cooperação para o desenvolvimento da capacidade técnica entre as Partes, especialmente aquelas que possam necessitar e pedir assistência técnica neste campo;

e) Cooperar no desenvolvimento de directrizes técnicas apropriadas e ou códigos de prática.

3. As Partes deverão empregar meios apropriados para a cooperação por forma a ajudar os países em desenvolvimento a cumprir os subparágrafos a), b), c) e d) e o parágrafo 2 do artigo 4.º

4. Tendo em conta as necessidades dos países em desenvolvimento, a cooperação entre as Partes e as competentes organizações internacionais é encorajada a promover, *inter alia*, a consciencialização pública, o desenvolvimento da gestão ambientalmente segura e racional dos resíduos perigosos e dos outros resíduos e adopção de novas tecnologias pouco poluentes.

Art. 11.º (Acordos bilaterais, multilaterais e regionais)

1. Sem embargo das cláusulas do artigo 4.º, parágrafo 5, as Partes podem entrar em acordos ou convénios regionais, bilaterais ou multilaterais no que respeita ao movimento transfronteiriço de resíduos perigosos e de outros resíduos com as Partes ou não Partes, evitando que esses acordos se afastem da gestão ambiental de resíduos perigosos ou de outros resíduos, conforme os requisitos desta Convenção. Estes acordos ou convénios estabelecerão cláusulas que serão tão respeitadas como as da Convenção, tendo em atenção particularmente os interesses dos países em desenvolvimento.

2. As Partes notificarão o Secretariado sobre quaisquer acordos ou tratados regionais, bilaterais ou multilaterais referidos no parágrafo 1 e dos que tenham sido entregues antes da entrada em vigor desta Convenção, para que o controlo do movimento transfronteiriço de resíduos perigosos e de outros resíduos se verifique inteiramente entre as partes desses acordos. As cláusulas desta Convenção não afectarão os movimentos transfronteiriços que serão feitos segundo tais acordos, tentando que esses acordos sejam compatíveis com a gestão ambiental de resíduos perigosos e de outros resíduos, conforme os requisitos desta Convenção.

Art. 12.º (Consultas sobre responsabilidade)

As Partes devem cooperar com vista a adoptar, da forma mais facilmente realizável, um protocolo estabelecendo regras e procedimentos no campo da responsabilidade e compensação por danos resultantes do movimento transfronteiriço e eliminação de resíduos perigosos e de outros resíduos.

Art. 13.º (Transmissão de informação)

1. As Partes deverão, sempre que tiverem conhecimento de acidentes ocorridos durante o movimento transfronteiriço de resíduos perigosos ou de outros resíduos, ou da sua eliminação, que acarretem riscos prováveis para a saúde humana ou para o ambiente noutros Estados, informar imediatamente esses Estados.

2. As Partes devem informar-se mutuamente, através do Secretariado, das:
   a) Alterações respeitantes à nomeação das autoridades competentes e ou correspondentes, de acordo com o artigo 5.º;
   b) Alterações das suas definições nacionais de resíduos perigosos conforme o artigo 3.º;
   e o mais depressa possível, de:
   c) Decisões tomadas por eles não consentindo total ou parcialmente a importação de resíduos perigosos e de outros resíduos para eliminação dentro da área abrangida pela sua legislação nacional;
   d) Decisões tomadas por eles para limitar ou banir a exportação de resíduos perigosos e de outros resíduos;
   e) Qualquer outra informação exigida, segundo o parágrafo 4 deste artigo.

3. As Partes, de acordo com as leis e regulamentos nacionais, enviarão antes do final de cada ano, através do Secretariado, à Conferência das Partes estabelecida segundo o artigo 15.º, um relatório contendo a informação seguinte:
   a) Autoridades competentes e correspondentes designados por elas, segundo o artigo 5.º;
   b) Informação respeitante aos movimentos transfronteiriços de resíduos perigosos ou de outros resíduos em que estão envolvidas, incluindo:
      i) Quantidades de resíduos perigosos ou outros resíduos exportados, suas categorias, características, país de trânsito e método de eliminação, conforme tinha sido exposto na resposta à notificação;
      ii) Quantidade de resíduos perigosos e de outros resíduos importados, suas categorias, características, origem e métodos de eliminação;
      iii) Eliminações feitas incorrectamente;
      iv) Esforços para reduzir a quantidade de resíduos perigosos e de outros resíduos, sujeitos ao movimento transfronteiriço;
   c) Informação sobre as medidas adoptadas por elas na implementação desta Convenção;
   d) Informação de estatísticas qualificadas disponíveis, compiladas por elas, sobre os efeitos para a saúde humana e para o ambiente, da produção, transporte e eliminação de resíduos perigosos e de outros resíduos;
   e) Informação respeitante aos acordos e tratados regionais, bilaterais e multilaterais, conforme com o artigo 11.º desta Convenção;
   f) Informação sobre acidentes ocorridos durante o movimento transfronteiriço e a eliminação de resíduos perigosos ou de outros resíduos, bem como medidas tomadas para esse fim;

g) Informação sobre as opções de eliminação realizadas dentro da sua área de jurisdição nacional;

h) Informação sobre as medidas tomadas para o desenvolvimento de tecnologias para a redução e ou eliminação da produção de resíduos perigosos ou de outros resíduos; e

i) Outros assuntos que a Conferência das Partes possa julgar relevantes.

4. As Partes, de acordo com os regulamentos e leis nacionais, assegurar-se-ão de que as cópias de cada notificação respeitantes ao movimento transfronteiriço de resíduos perigosos ou de outros resíduos e respectiva resposta sejam enviadas ao Secretariado, sempre que uma Parte considere que o seu ambiente pode ser afectado por esses movimentos transfronteiriços.

Art. 14.º (Aspectos financeiros)

1. As Partes concordam que deveriam ser criados centros regionais ou sub-regionais para as transferências de formação e de tecnologia respeitantes à gestão ambiental de resíduos perigosos e de outros resíduos, e para a minimização da sua produção de acordo com as necessidades específicas das regiões e sub-regiões. As Partes devem decidir sobre o estabelecimento de mecanismos financeiros apropriados de natureza voluntária.

2. As Partes deverão considerar, numa base provisória, a criação de um fundo rotativo para assistência em caso de situações de emergência com vista a minimizar danos provocados por acidentes resultantes dos movimentos transfronteiriços de resíduos perigosos e de outros resíduos ou durante a eliminação desses resíduos.

Art. 15.º (Conferência das Partes)

1. A Conferência das Partes é criada por este meio. A primeira reunião da Conferência das Partes deverá ser convocada pelo director executivo do PNUA, nunca mais de um ano após a entrada em vigor desta Convenção. Depois disso, as reuniões ordinárias da Conferência das Partes, serão marcadas com intervalos regulares a determinar na sua primeira reunião.

2. As reuniões extraordinárias da Conferência das Partes poderão ser marcadas para outras alturas conforme a Conferência achar necessário, ou através de pedido escrito de qualquer das Partes, para que dentro de seis meses após a data do pedido lhes ter sido comunicado pelo Secretariado seja apoiado por, pelo menos, um terço das Partes.

3. A Conferência das Partes será feita de comum acordo e adoptará regras de procedimento para ela própria e para qualquer órgão subsidiário que ela possa estabelecer, bem como regras financeiras para determinar, em particular, a participação financeira das Partes sob esta Convenção.

4. As Partes, na sua primeira reunião, considerarão quaisquer medidas adicionais necessárias que ajudem no cumprimento das suas responsabilidades no que respeita à protecção e preservação do ambiente marítimo, no contexto desta Convenção.

5. A Conferência das Partes deve manter sob revisão e avaliação contínua a implementação efectiva desta Convenção e, adicionalmente, deve:
   a) Promover a harmonização de políticas, estratégias e medidas apropriadas para minimizar danos para a saúde humana e para o ambiente, causados pelos resíduos perigosos ou por outros resíduos;
   b) Considerar e adoptar, conforme os requisitos, emendas a esta Convenção e seus anexos, tendo em consideração, *inter alia*, informações ambientais, económicas, técnicas e científicas fiáveis;
   c) Considerar e empreender qualquer acção adicional que possa ser pedida para a realização das cláusulas desta Convenção no que respeita à experiência ganha nos seus actos e na vigência dos acordos e convénios considerados no artigo 11.º;
   d) Considerar e adoptar protocolos conforme for exigido; e
   e) Criar os órgãos subsidiários que julgue necessários para implementação desta Convenção.

6. As Nações Unidas, as suas agências especializadas, bem como qualquer outro Estado não Parte desta Convenção, podem ser representados como observadores na Conferência das Partes. Qualquer outro órgão ou agência, seja nacional ou internacional, governamental ou não, qualificado na área relacionada com os resíduos perigosos e outros resíduos, que tenha informado o Secretariado do seu desejo de ser representado como um observador na reunião da Conferência das Partes pode ser aceite, a não ser que pelo menos um terço das Partes desaprove. A admissão e participação de observadores estará sujeita a regras e procedimentos adoptados pela Conferência das Partes.

7. A Conferência das Partes deve empreender três anos depois da entrada em vigor desta Convenção, e pelo menos de seis em seis anos, após uma avaliação da sua efectividade e, se achar necessário, considerar a interdição por completo ou parcialmente dos movimentos transfronteiriços de resíduos perigosos e de outros resíduos, com fundamento nas últimas informações científicas, técnicas, económicas e ambientais.

Art. 16.º (Secretariado)

1. As funções do Secretariado devem ser:
   a) Preparar e organizar as reuniões previstas nos artigos 15.º e 17.º;
   b) Preparar e transmitir relatórios baseados em informações recebidas de acordo com os artigos 3.º, 4.º 11.º e 13.º, bem como sobre as informações das reuniões dos órgãos subsidiários estabelecidos conforme o artigo 15.º e bem assim as informações fornecidas por entidades relevantes intergovernamentais e não governamentais;
   c) Preparar relatórios sobre as suas actividades baseadas na implementação das suas funções ao abrigo desta Convenção e apresentá-las à Conferência das Partes;

d) Assegurar a coordenação necessária com organismos internacionais relevantes e em particular participar nos acordos administrativos e contratuais, exigidos para o efectivo desempenho das suas funções;
e) Comunicar com os correspondentes e com as autoridades competentes estabelecidas pelas Partes, de acordo com o artigo 5.º desta Convenção;
f) Recolher a informação disponível sobre os locais nacionais autorizados e instalações das Partes para a eliminação dos seus resíduos perigosos e de outros resíduos e para divulgar esta informação entre as Partes;
g) Receber e transmitir informação de e para as Partes sobre origem da assistência técnica e formação;
   Experiência técnica e conhecimento científico;
   Origens da assessoria e peritagem; e
   Disponibilidade de recursos.
Com vista, se assim for pedido, a dar-lhes assistência em áreas tais como:
   Utilização do sistema de notificação desta Convenção;
   Gestão de resíduos perigosos e de outros resíduos;
   Tecnologias ambientalmente seguras e racionais relacionadas com resíduos perigosos e outros resíduos, tais como tecnologias limpas e pouco poluentes;
   Avaliação das capacidades e dos locais de eliminação;
   Monitorização de resíduos perigosos e de outros resíduos; e Respostas de emergência;
h) Proporcionar às Partes, sob pedido, de acordo com informação dos consultores ou firmas de consultoria, que tenham competência técnica na matéria para assim poderem ajudar a verificar a notificação de um movimento transfronteiriço, a ocorrência de uma expedição de resíduos perigosos ou de outros resíduos, com a notificação necessária, e ou o facto de as instalações de eliminação propostas para resíduos perigosos ou outros resíduos serem ambientalmente seguras e racionais, caso tenham razões para pensar que os resíduos em questão não serão geridos de uma maneira ambientalmente sã. Nenhuma destas inspecções será custeada pelo Secretariado;
i) Ajudar as Partes, se assim o requererem, na identificação de casos de tráfego ilícito e comunicar imediatamente para os Estados envolvidos qualquer informação que tenha sido recebida respeitante a esse mesmo tráfego ilícito;
j) Cooperar com as Partes e com as organizações e organismos internacionais competentes na procura de peritos e equipamento para uma rápida assistência aos Estados no caso de surgir alguma situação de emergência; e
k) Desempenhar outras funções necessárias para o cumprimento dos objectivos desta Convenção, de acordo com o determinado na Conferência das Partes.

2. As funções do Secretariado serão geridas provisoriamente pelo PNUD até à conclusão da primeira reunião da Conferência das Partes, de acordo com o artigo 15.º.

3. Na sua primeira reunião, a Conferência das Partes designará o Secretariado de entre aquelas organizações intergovernamentais competentes que possam expressar a sua boa vontade em executar as funções de secretariado desta Convenção. Nessa reunião, a Conferência das Partes avaliará as funções a ele atribuídas, em particular ao abrigo do parágrafo 1 supra, e decidirá quais as estruturas apropriadas para essas funções.

Art. 17.º (Emendas à Convenção)

1. Qualquer Parte pode propor emendas a esta Convenção e qualquer Parte de um protocolo pode igualmente propor emendas a esse protocolo. Essas emendas terão em conta, entre outras, considerações técnicas e científicas relevantes.

2. As emendas a esta Convenção serão adoptadas na reunião da Conferência das Partes. As emendas a qualquer protocolo serão aceites numa reunião das Partes do protocolo em questão. O texto de qualquer proposta de emenda a esta Convenção ou a algum protocolo, excepto quando for outro o procedimento contemplado no protocolo em questão, será comunicada pelo Secretariado às Partes pelo menos seis meses antes da reunião em que é proposta para adopção. O secretariado comunicará também as emendas propostas aos signatários desta Convenção.

3. As Partes esforçar-se-ão por conseguir por consenso acordos sobre as emendas propostas a esta Convenção. Se não chegarem a acordo e não houver por isso nenhuma concordância, a emenda será em último recurso aceite por uma maioria de três quartos de votos das Partes presentes e votantes, sendo então submetida pelo depositário a todas as Partes para ratificação, aprovação, confirmação formal e sua aceitação.

4. O procedimento referido no parágrafo 3 atrás mencionado aplicar-se-á às emendas de qualquer protocolo, excepto se uma maioria de dois terços das Partes presentes e votantes nesse protocolo bastar para a sua aceitação.

5. Os instrumentos de ratificação, aprovação, confirmação formal ou aceitação das emendas devem ser depositados no depositário. As emendas aceites de acordo com os parágrafos 3 e 4 supramencionados entrarão em vigor entre as Partes no mesmo dia após a recepção pelo depositário dos documentos de ratificação, aprovação, confirmação formal e aceitação do protocolo em questão, desde que haja aceitação de pelo menos três quartos das Partes, excepto quando for outro o procedimento contemplado no protocolo em questão. As emendas entrarão em vigor para qualquer outra Parte no nono dia após a Parte depositar os seus instrumentos de ratificação, aprovação, confirmação formal e aceitação das emendas.

6. Para a finalidade deste artigo, «Partes presentes e votantes» significa Partes presentes e com direito a voto afirmativo ou negativo.

Art. 18.º (Aceitação e emendas de anexos)

1. Os anexos a esta Convenção ou a qualquer protocolo constituirão parte integrante desta Convenção ou desse protocolo, conforme o caso, e, a não ser que expressamente previsto de outro modo, a referência a esta Convenção ou a esses protocolos constitui ao mesmo tempo uma referência a qualquer anexo que dela faça parte. Esses anexos só dirão respeito a assuntos técnicos, científicos ou administrativos.

2. Excepto quando for outro o procedimento contemplado em qualquer protocolo em relação aos seus anexos, os procedimentos seguintes aplicar-se-ão à proposta, aceitação e entrada em vigor dos anexos a esta Convenção ou dos anexos adicionais de um protocolo:

   a) Os anexos a esta Convenção e aos seus protocolos serão propostos e aceites de acordo com o artigo 17.º, parágrafos 2, 3 e 4;

   b) Qualquer Parte que não possa aceitar um anexo adicional a esta Convenção ou um anexo a um protocolo para a qual é Parte deverá notificar o depositário, por escrito, dentro de seis meses após a data da comunicação da aceitação pelo depositário. O depositário notificará sem demora todas as Partes da notificação recebida. Uma Parte pode em qualquer altura substituir uma aceitação por uma declaração prévia de oposição e os anexos entrarão imediatamente em vigor para essa Parte;

   c) No prazo de seis meses após a data da divulgação da comunicação pelo depositário, o anexo tornar-se-á efectivo para todas as Partes desta Convenção ou de qualquer protocolo a que diz respeito que não tenham submetido uma notificação de acordo com o parágrafo *b)* acima mencionado.

3. A proposta, aceitação e entrada em vigor das emendas aos anexos a esta Convenção ou a qualquer protocolo estarão sujeitas aos mesmos procedimentos que a proposta, aceitação e entrada em vigor dos anexos desta Convenção ou dos anexos de um protocolo. Os anexos e as emendas terão assim de ter em conta, *inter alia*, importantes considerações técnicas e científicas.

4. Se um anexo adicional ou uma emenda a um anexo, implicar uma emenda a esta Convenção ou a qualquer protocolo, o anexo adicional ou o anexo emendado não entrarão em vigor enquanto a emenda desta Convenção ou ao protocolo não entrarem em vigor.

Art. 19.º (Verificação)

Qualquer Parte que tenha motivos para crer que uma outra Parte esteja a cometer ou tenha cometido infracções às obrigações desta Convenção pode informar o Secretariado desse facto e poderá simultânea e imediatamente informar, directamente ou através do Secretariado, a Parte contra quem as alegações são feitas. Todas essas informações pertinentes serão transmitidas às Partes.

Art. 20.º (Resolução de conflitos)

1. Em caso de conflito entre as Partes respeitantes à interpretação, aplicação

ou cumprimento desta Convenção ou de qualquer protocolo, elas deverão procurar uma resolução para o conflito através da negociação ou de qualquer outro meio pacífico à sua própria escolha.

2. Se as Partes envolvidas não resolverem o seu conflito através dos meios mencionados do parágrafo precedente, o conflito será, caso as Partes concordem, submetido ao Tribunal Internacional de Justiça ou à arbitragem, de acordo com as condições descritas no Anexo VI, sobre arbitragem. Contudo, o fracasso na conclusão de um acordo comum quanto à submissão do conflito ao Tribunal Internacional de Justiça ou à arbitragem não absolverá as Partes da responsabilidade de continuarem a tentar resolver o conflito, de acordo com os meios mencionados no parágrafo:

a) A submissão do conflito ao Tribunal Internacional de Justiça; e ou

b) A arbitragem de acordo com os procedimentos estabelecidos no Anexo VI.

Esta declaração deve ser notificada por escrito ao Secretariado, que a comunicará às Partes.

Art. 21.º (Assinatura)

Esta Convenção será aberta para assinatura pelos Estados, pela Namíbia, representada pelo Conselho das Nações Unidas para a Namíbia, e pelas organizações de integração política e ou económica, em Basileia em 22 de Março de 1989, no Departamento Federal dos Negócios Estrangeiros da Suíça, em Berna, desde 23 de Março de 1989 a 30 de Junho de 1989 e na sede das Nações Unidas, em Nova Iorque, de 1 de Julho de 1989 a 22 de Março de 1990.

Art. 22.º (Ratificação, aceitação, confirmação formal ou aprovação)

1. Esta Convenção estará sujeita à ratificação, aceitação e aprovação pelos Estados e pela Namíbia, representada pelo Conselho das Nações Unidas para a Namíbia, e a confirmação formal ou aprovação pelas organizações de integração económica e ou política. Os instrumentos de ratificação, aceitação, confirmação formal ou aprovação serão depositados no depositário.

2. Qualquer organização referida no parágrafo 1 acima mencionado que se torne uma Parte desta Convenção sem ter nenhum dos seus membros como Parte será abrangido por todas as obrigações desta Convenção. No caso de nestas organizações existir um ou mais Estados membros que sejam Partes da Convenção, a organização e seus Estados membros decidirão quais as suas responsabilidades para o cumprimento das obrigações desta Convenção. Nestes casos, a organização e os Estados membros não exercerão direitos concorrentemente no âmbito da Convenção.

3. Nos seus documentos de confirmação formal ou aprovação, as organizações referidas no parágrafo 1 acima mencionado declararão a extensão da sua competência relativamente aos assuntos contemplados pela Convenção. Estas organizações informarão também o depositário, que informará as Partes de qualquer modificação importante respeitante ao alcance das suas competências.

Art. 23.º (Adesão)

1. Esta Convenção será aberta para adesão pelos Estados, pela Namíbia, representada pelo Conselho das Nações Unidas para a Namíbia, e por organizações de integração económica e ou política a partir da data em que a Convenção fechou para assinatura. Os instrumentos de adesão serão depositados no depositário.

2. Nos seus instrumentos de adesão, as organizações referidas no parágrafo 1 supra declararão a extensão da sua competência respeitantes aos assuntos contemplados pela Convenção. Estas organizações informarão o despositário de qualquer alteração importante relacionada com o desempenho das suas competências.

3. As cláusulas do artigo 22.º, parágrafo 2, aplicar-se-ão às organizações de integração económica e ou política que adiram a esta Convenção.

Art. 24.º (Direito de voto)

1. Excepto para o contemplado no parágrafo 2, qualquer Parte Contratante desta Convenção terá um voto.

2. As organizações de integração económica e ou política, de acordo com a sua competência, e segundo o artigo 22.º, parágrafo 3, e artigo 23.º, parágrafo 2, exercerão o seu direito de voto com um número de votos igual ao número dos seus Estados membros que sejam Partes da Convenção ou do respectivo protocolo. Estas organizações não exercerão o seu direito de voto se os seus Estados membros exercerem o deles, e vice-versa.

Art. 25.º (Entrada em vigor)

1. Esta Convenção entrará em vigor no nonagésimo dia após a data do depósito do vigésimo instrumento de ratificação, aceitação, confirmação formal, aprovação ou adesão.

2. Para cada Estado ou organização de integração económica e ou política que ratifique, aceite, aprove ou confirme formalmente esta Convenção ou a ela adira após a data do depósito do vigésimo instrumento de ratificação, aceitação, aprovação e confirmação formal ou adesão, a entrada em vigor será no nonagésimo dia após a data do depósito do instrumento de ratificação, aceitação, aprovação, confirmação formal ou adesão feito por esse Estado ou organização económica e ou política.

3. Para o cumprimento dos parágrafos 1 e 2 acima mencionados, qualquer instrumento depositado para uma organização de integração económica e ou política não será tido como adicional aos depositados pelos Estados membros dessa organização.

Art. 26.º (Reservas e declarações)

1. Não podem ser feitas quaisquer reservas ou excepções a esta Convenção.

2. O parágrafo 1 deste artigo não impede o Estado ou organização de integração política e ou económica, quando assinar, ratificar, aceitar, aprovar ou confirmar formalmente ou aderir a esta Convenção, de fazer declarações, mesmo que

expressas ou nomeadas, com vista, *inter alia* à harmonização das suas leis e regulamentos com as cláusulas desta Convenção, desde que essas declarações não tenham por objectivo excluir ou alterar os efeitos das cláusulas da Convenção quando da sua aplicação a esse Estado.

Art. 27.º (Recesso)

1. Em qualquer altura após três anos da entrada em Vigor desta Convenção para uma Parte poderá essa mesma Parte praticar o recesso da Convenção através da entrada de notificação escrita ao depositário.

2. O recesso será efectivo um ano após a recepção da notificação pelo depositário, ou numa data posterior, conforme estiver estipulado na ratificação.

Art. 28.º (Depositário)

O Secretário-Geral das Nações Unidas será o depositário desta Convenção e de qualquer protocolo com ela relacionada.

Art. 29.º (Textos autênticos)

Os textos originais desta Convenção em árabe, chinês, inglês, francês, russo e espanhol são igualmente autênticos.

Na presunção de que os abaixo assinados devidamente autorizados para este efeito assinaram esta Convenção.

ANEXO VI. Arbitragem

Art. 1.º

A menos que o acordo referido no artigo 20.º da Convenção mencione algo diferente, o procedimento da arbitragem será conduzido de acordo com os artigos 2.º a 10.º abaixo descritos.

Art. 2.º

A Parte reclamante notificará o Secretariado de que as Partes concordaram em submeter o conflito à arbitragem, de acordo com os parágrafos 2 e 3 do artigo 20.º e, em particular, incluir os artigos da Convenção em relação aos quais a interpretação ou aplicação estão em causa. O Secretariado transmitirá então a informação recebida a todas as Partes da Convenção.

Art. 3.º

O tribunal arbitral será composto por três membros, cada uma das Partes nomeará um árbitro, e os dois árbitros então nomeados deverão designar de comum acordo um terceiro árbitro, que será presidente do tribunal. Este último não será da nacionalidade de uma das Partes do conflito, nem deverá residir no território de uma destas Partes, não ser empregado de nenhuma delas nem ter já lidado com o caso em qualquer outra circunstância.

Art. 4.º

1. No caso do presidente do tribunal arbitral não ter sido designado dentro de dois meses após a nomeação do segundo árbitro, o Secretário-Geral das Nações Unidas deverá, a pedido de qualquer Parte, designá-lo num período não superior a dois meses.

2. Se uma das Partes em conflito não nomear um árbitro dentro de dois meses após a recepção do pedido, a outra Parte pode informar o Secretário-Geral das Nações Unidas, que então nomeará o presidente do tribunal arbitral dentro de um prazo de dois meses. Após este período informará o Secretário-Geral das Nações Unidas que fará a nomeação dentro de um prazo de dois meses.

Art. 5.º

1. O tribunal arbitral transmitirá a sua decisão de acordo com Direito Internacional e de acordo com as cláusulas desta Convenção.

2. Qualquer tribunal arbitral constituído de acordo com as cláusulas deste anexo deverá estabelecer as suas próprias regras de procedimento.

Art. 6.º

1. As decisões do tribunal arbitral tanto nos procedimentos como nas substâncias, serão tomadas por maioria de votos desses membros.

2. O tribunal pode tomar todas as medidas necessárias para verificar os factos. Pode, a pedido de uma das Partes, recomendar medidas interinas de protecção essenciais.

3. As Partes em conflito fornecerão todas as facilidades necessárias para o cumprimento efectivo dos procedimentos.

4. A ausência ou negligência de uma Parte em conflito não constituirá impedimento ao procedimento.

Art. 7.º

O tribunal pode ouvir alegações resultantes directamente do objecto do conflito.

Art. 8.º

A menos que o tribunal arbitral determine de outra forma, devido a uma circunstância particular, as despesas do tribunal incluindo a remuneração dos seus membros serão distribuídas em partes iguais pelas Partes em conflito. O tribunal fará um registo de todas as despesas e entregará então um balanço final às Partes.

Art. 9.º

Qualquer Parte que tenha algum interesse de natureza legal no decurso do conflito que possa ser afectado pela decisão no caso, pode intervir nos procedimentos com o consentimento do tribunal.

Art. 10.º

1. O tribunal dará a sentença dentro de cinco meses a partir da data em que é constituído, a menos que ache necessário prolongar a data limite por um período que não deverá exceder cinco meses.

2. A sentença do tribunal arbitral será acompanhada de uma declaração justificativa. Será definitiva e vinculativa para as Partes em conflito.

3. Qualquer disputa que possa surgir entre as Partes no que diz respeito à interpretação ou execução da sentença pode ser apresentada, por qualquer das Partes, ao tribunal arbitral que produziu a sentença ou, se a este não se puder aceder, por outro tribunal constituído para este efeito nos mesmos moldes do primeiro.

Resolução n.º 18/96, de 26 de Novembro

A prevenção dos danos causados à saúde humana e à qualidade do ambiente pelos resíduos e lixos perigosos produzidos maioritariamente pelos países desenvolvidos e depositados nos países em vias de desenvolvimento, especialmente africanos, constitui uma das grandes preocupações ambientais da comunidade internacional. Com vista a prevenir tais danos têm-se envidado esforços para a criação de mecanismos internacionais destinados à redução da produção e ao controlo da movimentação internacional desses lixos e resíduos, e também à capacitação dos países em vias de desenvolvimento para uma gestão ambientalmente segura de lixos.

Com vista a que a República de Moçambique adira aos esforços que, no âmbito da Organização das Nações Unidas, estão sendo desenvolvidos na área da gestão correcta de lixos e resíduos perigosos e ao abrigo da alínea k) do n.º 2 do artigo 135.º da Constituição, a Assembleia da República determina:

Artigo único. É ratificada a «Convenção de Basileia, de 22 de Março de 1989, sobre o Controlo de Movimentos Transfronteiriços de Resíduos Perigosos e sua Eliminação», cujos textos em português e inglês seguem em anexo à presente Resolução.

Aprovada pela Assembleia da República.

Publique-se.

O Presidente da Assembleia da República, Eduardo Joaquim Mulémbwè.

XVIII – CONVENÇÃO INTERNACIONAL PARA A REPRESSÃO DE ATENTADOS TERRORISTAS À BOMBA

Os Estados Partes na presente Convenção,

Tendo presente os objectivos e os princípios consignados na Carta das Nações Unidas relativos à manutenção da paz e da segurança internacionais e à implementação de relações de boa vizinhança, amistosas e de cooperação entre os Estados,

Profundamente preocupados com a escalada, a nível mundial, de actos de terrorismo sob todas as suas formas e manifestações,

Relembrando a Declaração proferida por ocasião do quinquagésimo Aniversário da Organização das Nações Unidas a 24 de Outubro de 1995,

Relembrando igualmente a Declaração sobre as Medidas Tendentes a Eliminar o Terrorismo Internacional, anexa à Resolução n.º 49/60, adoptada pela Assembleia Geral das Nações Unidas a 9 de Dezembro de 1994, em que, *inter alia*, "os Estados Membros da Organização das Nações Unidas reafirmam solenemente a sua condenação inequívoca de todos os actos, métodos e práticas de terrorismo enquanto actos criminosos e injustificáveis, independentemente de quem os pratica e do local onde são praticados, incluindo os que comprometem as relações amigáveis entre os Estados e os povos e ameaçam a integridade territorial e a segurança dos Estados",

Constatando que a Declaração encoraja igualmente os Estados "a reverem urgentemente o âmbito de aplicação dos instrumentos jurídicos internacionais em vigor, sobre a prevenção, a repressão e a supressão do terrorismo sob todas as suas formas e manifestações, com o objectivo de garantir a existência de um enquadramento legal que englobe todos os aspectos relacionados com esta matéria",

Relembrando ainda a Resolução da Assembleia Geral n.º 51/210, de 17 de Dezembro de 1996, bem como a Declaração que complementa a Declaração de 1994 sobre as Medidas Tendentes a Eliminar o Terrorismo Internacional, a ela anexa,

Constatando igualmente que os atentados terroristas com uso de explosivos ou outros instrumentos letais têm vindo a ser cada vez mais utilizados,

Constatando ainda que os instrumentos jurídicos multilaterais em vigor não abordam esta matéria de forma adequada,

Convictos da urgente necessidade de incrementar a cooperação internacional entre Estados com vista à elaboração e adopção de medidas efectivas destinadas a prevenir a prática de tais actos de terrorismo e a condenar e punir os seus autores,

Considerando que a prática de tais actos constitui fonte de grande preocupação para a comunidade internacional no seu conjunto,

Constatando que as actividades empreendidas pelas forças militares dos Estados se regem por regras do direito internacional que não se enquadram no âmbito da presente Convenção e que a exclusão de certos actos do campo de aplicação da presente Convenção não justifica nem torna lícitos actos que, de outro modo, seriam ilícitos, nem obsta ao exercício da acção penal nos termos de outras leis,

Acordaram no seguinte:

Art. 1.º

Para os fins da presente Convenção:

1. A expressão "instalação do Estado ou pública" compreende qualquer instalação ou meio de transporte temporário ou permanente, utilizado ou ocupado por representantes de um Estado, membros do governo, do parlamento ou da magistratura, ou por agentes ou pessoal de um Estado ou outra autoridade ou entidade pública, ou ainda por agentes ou pessoal de uma organização intergovernamental, no âmbito das suas funções oficiais.

2. O termo "infra-estruturas" designa qualquer instalação pública ou privada, que providencie ou distribua serviços de utilidade pública, tais como água, esgotos, energia, combustível ou comunicações.

3. A expressão "explosivos ou outros instrumentos letais" designa:

   a) Uma arma ou um instrumento explosivo ou incendiário concebido para causar a morte, danos físicos graves ou danos materiais avultados, ou que tenha capacidade para produzir tais efeitos;

   b) Uma arma ou um instrumento concebido para causar a morte, danos físicos graves ou danos materiais avultados, ou que tenha capacidade para produzir tais efeitos, quer através da libertação, disseminação ou impacto de produtos químicos tóxicos, agentes ou toxinas biológicas, ou substâncias similares, quer através de radiação ou material radioactivo.

4. A expressão "forças militares de um Estado" designa as forças armadas de um Estado organizadas, treinadas e equipadas em conformidade com o direito interno desse Estado com o objectivo essencial de garantir a defesa e a segurança nacionais, bem como as pessoas que prestem apoio a tais forças armadas e que tenham sido oficialmente colocadas sob o seu comando, controlo e responsabilidade.

5. A expressão "local de utilização pública" designa quaisquer partes de um edifício, um terreno, via pública, curso de água ou outro local que sejam acessíveis ou se encontrem abertos ao público, de forma contínua, periódica ou esporádica, e engloba qualquer local utilizado para fins comerciais, de negócios, culturais, históricos, educativos, religiosos, governamentais, lúdicos, recreativos ou similares que, desse modo, se encontrem acessíveis ou abertos ao público.

6. A expressão "sistema de transporte público" designa quaisquer instalações, veículos e meios públicos ou privados, que sejam utilizados para a prestação de serviços de transporte de pessoas ou mercadorias acessíveis ao público.

Art. 2.º
1. Qualquer pessoa que, de forma ilegal e intencional, distribuir, colocar, descarregar ou fizer detonar um explosivo ou outro instrumento letal dentro ou contra um local público, uma instalação do Estado ou pública, um sistema de transporte público ou uma infra-estrutura:
   a) Com o propósito de causar a morte ou danos físicos graves; ou
   b) Com o propósito de obter elevados níveis de destruição de tal local, instalação, sistema ou infra-estrutura, sempre que dessa destruição resultar uma significativa perda económica ou fortes probabilidades de a causar,
   Comete um crime nos termos da presente Convenção.
2. A tentativa de cometer um crime conforme previsto no n.º 1 é igualmente punida como crime.
3. Comete igualmente um crime quem:
   a) Participar como cúmplice num crime conforme previsto nos n.ºs 1 ou 2; ou
   b) Organizar a prática de um crime conforme previsto nos n.ºs 1 ou 2, ou induzir outrem à prática de tal crime;
   c) Contribuir de qualquer outro modo para a prática de um ou vários dos crimes previstos nos n.ºs 1 ou 2 por um grupo de pessoas actuando com um propósito comum;
   Tal contribuição deverá ser intencional e ter como objectivo a prossecução da actividade criminosa ou dos objectivos gerais do grupo ou ser efectuada com o conhecimento da intenção do grupo de cometer o crime ou os crimes em causa.

Art. 3.º
A presente Convenção não será aplicável nos casos em que o crime for cometido no território de um só Estado, o presumível autor e as vítimas forem nacionais desse Estado, o presumível autor for encontrado no território desse Estado e nenhum outro Estado tiver motivos para, nos termos do artigo 6.º, n.º 1, ou do artigo 6.º, n.º 2, da presente Convenção exercer a sua competência; contudo os artigos 10.º a 15.º serão aplicáveis a tais casos, conforme se mostrar apropriado.

Art. 4.º
Cada Estado Parte adoptará as medidas que entenda necessárias para:
   a) Qualificar como crimes, à luz do seu direito interno, os crimes previstos no artigo 2.º da presente Convenção;
   b) Reprimir tais crimes mediante a aplicação de sanções adequadas, que tenham em consideração a natureza grave desses crimes.

Art. 5.º

Cada Estado Parte adoptará as medidas necessárias, incluindo, se apropriado, legislação interna, com vista a garantir que os actos criminosos previstos na presente Convenção, em particular os que foram concebidos ou calculados para provocar um sentimento de terror na população, num grupo de pessoas ou em determinadas pessoas, não possam, em circunstância alguma, ser justificados por considerações de ordem política, filosófica, ideológica, racial, étnica, religiosa ou de natureza similar, e que tais actos sejam punidos com penas adequadas à sua gravidade.

Art. 6.º

1. Cada Estado Parte tomará as medidas que entenda necessárias para estabelecer a sua jurisdição relativamente aos crimes previstos no artigo 2.º se:
   a) O crime for cometido no território desse Estado; ou
   b) O crime for cometido a bordo de um navio arvorando a bandeira desse Estado ou de uma aeronave registada nos termos das leis desse Estado à data da prática do crime; ou
   c) O crime for cometido por um nacional desse Estado.

2. Qualquer Estado Parte poderá igualmente estabelecer a sua jurisdição em relação a qualquer um desses crimes se:
   a) O crime for cometido contra um nacional desse Estado; ou
   b) O crime for cometido contra uma instalação pública desse Estado ou do governo no estrangeiro, incluindo embaixadas ou outras instalações diplomáticas ou consulares desse Estado; ou
   c) O crime for cometido por um apátrida que tenha a sua residência habitual no território desse Estado; ou
   d) O crime for cometido com o propósito de constranger esse Estado a praticar, ou a abster-se de praticar qualquer acto; ou
   e) O crime for cometido a bordo de uma aeronave ao serviço do Governo desse Estado.

3. Aquando da ratificação, aceitação, aprovação ou adesão da presente Convenção, cada Estado notificará o Secretário-Geral da Organização das Nações Unidas sobre a competência que estabeleceu em conformidade com o n.º 2 nos termos do seu direito interno. Em caso de alteração, o Estado Parte em causa notificará imediatamente o Secretário-Geral.

4. Cada Estado Parte tomará, do mesmo modo, as medidas que entenda necessárias para estabelecer a sua competência relativamente aos crimes previstos no artigo 2.º sempre que o presumível autor se encontrar no seu território e esse Estado o não extraditar para qualquer um dos Estados Partes que tenham estabelecido a respectiva competência em conformidade com os n.ᵒˢ 1 ou 2.

5. A presente Convenção não excluirá o exercício de qualquer competência penal estabelecida por um Estado Parte em conformidade com o seu direito interno.

Art. 7.º

1. Ao receber a informação de que o autor, ou o presumível autor, de um crime previsto no artigo 2.º se encontra no seu território, o Estado Parte em causa tomará as medidas que entenda necessárias nos termos do seu direito interno para proceder à investigação dos factos constantes da informação.

2. Se considerar que as circunstâncias assim o justificam, o Estado Parte em cujo território o autor, ou o presumível autor do crime se encontra, tomará as medidas apropriadas nos termos do seu direito interno, de modo a garantir a presença dessa pessoa para fins de procedimento criminal ou extradição.

3. Qualquer pessoa relativamente à qual as medidas referidas no n.º 2 forem tomadas terá direito a:

   a) Comunicar, sem demora, com o mais próximo representante qualificado do Estado de que seja nacional ou que, por outro motivo, deva proteger os direitos dessa pessoa ou, tratando-se de um apátrida, do Estado em cujo território resida habitualmente;

   b) Receber a visita de um representante desse Estado;

   c) Ser informada dos direitos que lhe assistem nos termos das alíneas *a)* e *b)*.

4. Os direitos referidos no n.º 3 serão exercidos em conformidade com as leis e os regulamentos do Estado em cujo território autor, ou o presumível autor, do crime se encontrar, considerando-se, contudo, que as referidas disposições deverão permitir a prossecução plena dos objectivos relativamente aos quais os direitos são concedidos nos termos do n.º 3.

5. O disposto nos n.ºˢ 3 e 4 não prejudicará o direito de qualquer Estado Parte, que reclame a sua competência em conformidade com o artigo 6.º, n.º 1-*c*) ou 2-*c*), de solicitar ao Comité Internacional da Cruz Vermelha que entre em contacto com o presumível autor do crime e o visite.

6. Sempre que um Estado Parte tiver detido uma pessoa nos termos do presente artigo, deverá dar imediatamente conhecimento da detenção, e das circunstâncias que a justificam, directamente ou através do Secretário-Geral da Organização das Nações Unidas, aos Estados Partes que tenham estabelecido a sua competência em conformidade com o artigo 6.º, n.ºˢ 1 e 2 e, se assim o entender, a quaisquer outros Estados Partes interessados. O Estado que procede à investigação referida no n.º 1 informará, sem demora, os Estados Partes das suas conclusões e indicará se pretende exercer a sua jurisdição.

Art. 8.º

1. Nos casos em que o disposto no artigo 6.º for aplicável, o Estado Parte em cujo território o presumível autor se encontra, ficará obrigado, se o não extraditar, a submeter o caso, sem atraso injustificado e independentemente do crime ter sido cometido, ou não, no seu território, às suas autoridades competentes para fins de exercício da acção penal, segundo o processo previsto nas leis desse Estado. Tais autoridades tomarão a sua decisão nas mesmas condições que para qualquer outro crime grave, nos termos do direito interno desse Estado.

2. Se o direito interno de um Estado Parte só lhe permitir extraditar ou entregar um dos seus nacionais, na condição de a pessoa em causa lhe ser restituída para fins de cumprimento da pena imposta em consequência do julgamento ou do processo relativamente ao qual a extradição ou a entrega era solicitada, e se este Estado e o Estado requerente consentirem nesta fórmula e noutros termos que entendam apropriados, a extradição ou a entrega condicional será condição suficiente para a dispensa da obrigação consignada no n.º 1.

Art. 9.º

1. Os crimes previstos no artigo 2.º serão considerados como crimes passíveis de extradição em qualquer tratado de extradição celebrado entre Estados Partes antes da entrada em vigor da presente Convenção. Os Estados Partes comprometem-se a considerar tais crimes como passíveis de extradição em qualquer tratado de extradição a ser subsequentemente celebrado entre eles.

2. Se um Estado Parte que condiciona a extradição à existência de um tratado receber um pedido de extradição formulado por outro Estado Parte com o qual não tenha qualquer tratado de extradição, o Estado Parte requerido poderá, se assim o entender, considerar a presente Convenção como a base jurídica para a extradição relativamente aos crimes previstos no artigo 2.º. A extradição ficará sujeita às restantes condições previstas pelo direito interno do Estado requerido.

3. Os Estados Partes, que não condicionem a extradição à existência de um tratado, reconhecerão os crimes previstos no artigo 2.º como passíveis de extradição nas condições previstas pelo direito interno do Estado requerido.

4. Se for caso disso, os crimes previstos no artigo 2.º serão considerados, para fins de extradição entre Estados Partes, como se tivessem sido cometidos tanto no local em que ocorreram, como no território dos Estados que tenham estabelecido a sua competência em conformidade com o artigo 6.º, n.ºs 1 e 2.

5. As disposições contidas em todos os tratados e acordos de extradição celebrados entre Estados Partes relativamente a crimes previstos no artigo 2.º serão consideradas como modificadas nas relações entre os Estados Partes, na medida em que se mostrem incompatíveis com a presente Convenção.

Art. 10.º

1. Os Estados Partes conceder-se-ão a mais ampla cooperação no tocante a investigações ou procedimentos criminais ou de extradição instaurados relativamente a crimes previstos no artigo 2.º, incluindo a disponibilização de meios probatórios necessários para o processo.

2. Os Estados Partes cumprirão as respectivas obrigações decorrentes do número 1, em conformidade com quaisquer tratados ou outros convénios sobre cooperação judiciária que possam existir entre si. Na falta de tais tratados ou convénios, os Estados Partes cooperarão entre si em conformidade com os respectivos direitos internos.

Art. 11.º

Nenhum dos crimes previstos no artigo 2.º será considerado, para fins de extradição ou de cooperação judiciária mútua, como crimes políticos ou crimes conexos a crimes políticos, ou ainda como crimes inspirados em motivos políticos. Consequentemente, nenhum pedido de extradição ou de cooperação judiciária mútua baseado em tal crime poderá ser recusado com o fundamento de que se reporta a um crime político ou a um crime conexo a um crime político, ou ainda a um crime inspirado por motivos políticos.

Art. 12.º

Nada na presente Convenção poderá ser interpretado como impondo uma obrigação de extraditar ou de conceder cooperação judiciária mútua, se o Estado Parte requerido tiver sérios motivos para crer que o pedido de extradição por crimes previstos no artigo 2.º, ou o pedido de cooperação judiciária mútua relativa a tais crimes, foi formulado com o propósito de exercer a acção penal ou punir qualquer pessoa com base na raça, religião, nacionalidade, origem étnica ou opinião política, ou tiver razões para crer que a satisfação do pedido poderá prejudicar a situação da pessoa em causa por qualquer uma destas razões.

Art. 13.º

Qualquer pessoa que se encontre detida ou a cumprir pena no território de um Estado Parte, cuja presença noutro Estado Parte for solicitada, para fins de prestação de depoimento, identificação ou para, de outro modo, auxiliar na obtenção de meios probatórios necessários à investigação ou a procedimentos instaurados nos termos da presente Convenção, poderá ser transferida se forem observadas as seguintes condições:

   a) A pessoa der livremente o seu consentimento com conhecimento de causa; e
   b) As autoridades competentes de ambos os Estados nela consentirem, sob reserva das condições que considerem apropriadas.

2. Para os fins do presente artigo:

   a) O Estado para o qual a pessoa for transferida terá o poder e a obrigação de manter a pessoa em causa sob custódia, salvo solicitação ou autorização, em contrário, do Estado do qual a pessoa foi transferida;
   b) O Estado para o qual a pessoa for transferida deverá, sem demora, executar a sua obrigação de reentregar a pessoa à guarda do Estado a partir do qual a transferência foi efectuada, segundo acordo prévio ou conforme acordado de outro modo pelas autoridades competentes de ambos os Estados;
   c) O Estado para o qual a pessoa for transferida não requererá ao Estado que a transferiu que desencadeie o processo de extradição da pessoa em causa;

d) Será tido em consideração o período em que a pessoa em causa permaneceu sob detenção no Estado para onde foi transferida, para fins de liquidação da pena ainda a cumprir no Estado de onde fora transferida.

3. Excepto se o Estado Parte do qual a pessoa for transferida, em conformidade com o presente artigo, nisso consentir, tal pessoa, independentemente da sua nacionalidade, não será sujeita a procedimento ou detenção, nem será sujeita a qualquer outra privação da sua liberdade no território do Estado para o qual for transferida relativamente a actos ou condenações anteriores à sua saída no território do Estado do qual for transferida.

Art. 14.º

Será garantido tratamento justo a qualquer pessoa detida, ou contra a qual foram tomadas quaisquer outras medidas ou foram instaurados processos em conformidade com a presente Convenção, incluindo o reconhecimento de todos os direitos e garantias conformes com o direito interno do Estado em cujo território se encontre, bem como das disposições aplicáveis no âmbito do direito internacional, incluindo o dos direitos humanos.

Art. 15.º

Os Estados Partes cooperarão entre si na prevenção dos crimes previstos no artigo 2.º, em particular:

a) Tomando todas as medidas possíveis, incluindo, se for caso disso, a adaptação das respectivas legislações internas, a fim de prevenir e se opôr à preparação, nos respectivos territórios, dos crimes a serem praticados fora ou dentro dos seus territórios, incluindo medidas que interditem, nos seus territórios, quaisquer actividades ilegais de pessoas, grupos e organizações que visem encorajar, instigar, organizar, financiar de forma consciente ou envolver-se na prática dos crimes previstos no artigo 2.º;

b) Trocando, entre si, informações precisas e verificadas em conformidade com os respectivos direitos internos e coordenando medidas de carácter administrativo e outras consideradas apropriadas para a prevenção da prática dos crimes previstos no artigo 2.º;

c) Se apropriado, através de pesquisa-desenvolvimento dos métodos de detecção de explosivos e outras substâncias perigosas que possam causar a morte ou danos físicos, procedendo a consultas sobre o desenvolvimento de padrões de marcação de explosivos com vista à identificação da sua origem em investigações subsequentes a explosões, trocando informações sobre medidas de prevenção, cooperação e transferência de tecnologia, equipamento e materiais conexos.

Art. 16.º

O Estado Parte no qual foi instaurado um procedimento criminal contra o presumível autor do crime comunicará, em conformidade com o seu direito interno ou com os procedimentos aplicáveis, o resultado final ao Secretário-Geral da Organização das Nações Unidas, o qual transmitirá a informação aos restantes Estados Partes.

Art. 17.º
Os Estados Partes cumprirão as suas obrigações nos termos da presente Convenção no respeito pelos princípios de soberania, igualdade e integridade territorial dos Estados e de não ingerência nos assuntos internos dos outros Estados.

Art. 18.º
Nada na presente Convenção autorizará um Estado Parte a assumir, no território de outro Estado Parte, o exercício de jurisdição e a execução de funções que estejam exclusivamente reservadas às autoridades desse outro Estado Parte pelo seu direito interno.

Art. 19.º
1. Nada na presente Convenção afectará outros direitos, obrigações e responsabilidades dos Estados e das pessoas decorrentes do direito internacional, em particular os objectivos e os princípios consignados na Carta das Nações Unidas e no direito internacional humanitário.
2. As actividades das forças armadas durante um conflito armado, tal como tais termos são entendidos pelo direito internacional humanitário, que sejam regidas por esse direito, não serão regidas pela presente Convenção; do mesmo modo, as actividades empreendidas por forças militares de um Estado no cumprimento das suas funções oficiais, na medida em que sejam regidas por outras regras do direito internacional, não serão regidas pela presente Convenção.

Art. 20.º
1. Qualquer diferendo entre dois ou mais Estados respeitando a interpretação ou a aplicação da presente Convenção que não possa ser resolvido amigavelmente num período de tempo razoável, será, a pedido de um dos Estados, submetido a arbitragem. Se, num prazo de seis meses a contar da data do pedido de arbitragem, as Partes não alcançarem um acordo quanto à organização da arbitragem, qualquer uma das Partes em causa poderá submeter o diferendo ao Tribunal Internacional de Justiça, mediante pedido por escrito, em conformidade com o Estatuto do Tribunal.
2. Qualquer Estado poderá, no momento da assinatura, ratificação, aceitação ou aprovação da presente Convenção, ou da respectiva adesão, declarar que não se considera vinculado pelo disposto no n.º 1. Os restantes Estados Partes não ficarão vinculados pelo disposto no n.º 1 relativamente a qualquer Estado Parte que tenha formulado tal reserva.
3. Qualquer Estado que tenha formulado uma reserva em conformidade com o número 2 poderá, a todo o momento, retirar tal reserva mediante notificação dirigida ao Secretário-Geral da Organização das Nações Unidas.

Art. 21.º

1. A presente Convenção ficará aberta à assinatura de todos os Estados de 12 de Janeiro de 1998 a 31 de Dezembro de 1999, na sede da Organização das Nações Unidas, em Nova Iorque.
2. A presente Convenção fica sujeita a ratificação, aceitação ou aprovação. Os instrumentos de ratificação, aceitação ou aprovação serão depositados junto do Secretário-Geral da Organização das Nações Unidas.
3. A presente Convenção ficará aberta à adesão de qualquer Estado. Os instrumentos de adesão serão depositados junto do Secretário-Geral da Organização das Nações Unidas.

Art. 22.º

1. A presente Convenção entrará em vigor no trigésimo dia a contar da data do depósito do vigésimo segundo instrumento de ratificação, aceitação, aprovação ou adesão junto do Secretário-Geral da Organização das Nações Unidas.
2. Relativamente a qualquer Estado que ratifique, aceite ou aprove a Convenção, ou a ela adira, após o depósito do vigésimo segundo instrumento de ratificação, aceitação, aprovação ou adesão, a Convenção entrará em vigor no trigésimo dia a contar da data do depósito, por esse Estado, do seu instrumento de ratificação, aceitação, aprovação ou adesão.

Art. 23.º

1. Qualquer Estado Parte poderá denunciar a presente Convenção mediante notificação escrita dirigida ao Secretário-Geral da Organização das Nações Unidas.
2. A denúncia produzirá efeitos um ano após a data em que a notificação tiver sido recebida pelo Secretário-Geral da Organização das Nações Unidas.

Art. 24.º

O original da presente Convenção, de que os textos em línguas árabe, chinesa, espanhola, francesa, inglesa e russa fazem igualmente fé, será depositado junto do Secretário-Geral da Organização das Nações Unidas, o qual transmitirá cópias autenticadas a todos os Estados.

Em fé do que, os abaixo assinados, devidamente autorizados para o efeito pelos respectivos governos, assinaram a presente Convenção, aberta à assinatura, em Nova Iorque a 12 de Janeiro de 1998.

Resolução n.º 76/2002, de 2 de Outubro

A Convenção Internacional para a Repressão de Atentados Terroristas à Bomba, adoptada pela Assembleia Geral das Nações Unidas, em 15 de Dezembro de 1997, visa combater crimes de envolvimento directo ou cumplicidade na ilícita e internacional distribuição, colocação, descarregamento e detonação de um explosivo ou outro instrumento letal, dentro ou contra um local público, uma instalação do Estado ou público, um sistema de transporte público ou uma infra--estrutura com o propósito de causar a morte ou danos físicos graves, ou com o propósito de obter elevados níveis de destruição de tal local, instalação, sistema ou infra-estrutura, sempre que dessa destruição resultar uma significativa perda económica ou fortes probabilidades de a causar.

Havendo necessidade de a República de Moçambique aderir àquele instrumento jurídico internacional;

Nestes termos e ao abrigo do disposto na alínea *f*) do n.º 1 do artigo 153.º da Constituição da República, o Conselho de Ministros determina:

Art. 1.º

A adesão da República de Moçambique à Convenção Internacional para a Repressão de Atentados Terroristas à Bomba, adoptada pela Assembleia Geral das Nações Unidas, em 15 de Dezembro de 1997, cujos textos em língua inglesa e a respectiva tradução em língua portuguesa vão em anexo e fazem parte integrante da presente Resolução.

Art. 2.º

Os Ministérios dos Negócios Estrangeiros e Cooperação e da Justiça e do Interior ficam encarregues de realizarem todos os trâmites necessários à efectivação da adesão da República de Moçambique à Convenção e de assegurarem as medidas para a sua implementação, respectivamente.

Aprovada pelo Conselho de Ministros.

Publique-se.

O Primeiro-Ministro, *Pascoal Manuel Mocumbi.*

XIX – CONVENÇÃO INTERNACIONAL PARA A ELIMINAÇÃO DO FINANCIAMENTO DO TERRORISMO

Preâmbulo

Os Estados Contratantes na presente Convenção,
Considerando os objectivos e os princípios da Carta das Nações Unidas sobre a manutenção da paz e da segurança internacionais e sobre o reforço das relações de boa vizinhança, de amizade e de cooperação entre os Estados,
Profundamente preocupados pela escalada, no mundo inteiro, dos actos de terrorismo sob todas as suas formas e manifestações,
Recordando a Declaração por ocasião do Quinquagésimo Aniversário da Organização das Nações Unidas, constante da Resolução da Assembleia Geral número 50/6, de 24 de Outubro de 1995,
Recordando igualmente todas as resoluções da Assembleia Geral sobre esta matéria particularmente a Resolução número 49/60, de 9 de Dezembro de 1994, e o seu anexo sobre a Declaração sobre as Medidas para Eliminar o Terrorismo Internacional, na qual os Estados Membros das Nações Unidas solenemente afirmaram que condenavam categoricamente todos os actos, métodos e práticas terroristas como criminosas e injustificáveis onde quer que aconteçam e sejam quais forem os seus autores, muito especialmente as que comprometem as relações de amizade entre os Estados e os povos e que ameaçam a integridade territorial e a segurança dos Estados,
Observando que a Declaração sobre as Medidas para Eliminar o Terrorismo Internacional também encorajou os Estados a examinar com urgência o âmbito das disposições jurídicas internacionais em vigor sobre a prevenção, a repressão e a eliminação do terrorismo sob todas as suas formas e manifestações com o fim de assegurar a existência de um quadro jurídico geral que abranja todas as questões nesta matéria,
Relembrando a Resolução da Assembleia Geral n.º 51/210, de 17 de Dezembro de 1996, parágrafo 3, alínea *f*), na qual a Assembleia exortou todos os Estados a tomar medidas de prevenção e de neutralização, através de meios internos apropriados, do financiamento de terroristas e de organizações terroristas, seja esse

Art. 1.º

financiamento directo ou indirecto, através de organizações que também afirmam ter um fim caritativo, cultural ou social ou que estão igualmente implicadas em actividades ilegais tais como o tráfico ilícito de armamento, o tráfico de estupefacientes e extorsão de dinheiro, incluindo a exploração de pessoas com fins de financiar actividades terroristas e em particular considerar, se necessário, a adopção de medidas regulamentares para prevenir e neutralizar movimentos de capitais suspeitos de serem destinados a fins terroristas, sem impedir de forma alguma a liberdade de circulação legítima de capitais, e intensificar as trocas de informação sobre os movimentos internacionais relacionados com tais fundos,

Relembrando igualmente a Resolução número 52/162 da Assembleia Geral, de 15 de Dezembro de 1997, na qual a Assembleia convidou os Estados a considerar, em particular, o desenvolvimento das medidas enunciadas nas alíneas *a*) e *f*) do 3 parágrafo da sua Resolução número 51/210, de 17 de Dezembro de 1996,

Recordando ainda a Resolução número 53/108, de 8 de Dezembro de 1998, da Assembleia Geral, onde a Assembleia decidiu que o Comité Especial criado pela Resolução número 51/210, de 17 de Dezembro de 1996, deveria elaborar um projecto para uma convenção internacional destinada à eliminação do financiamento do terrorismo a fim de completar os instrumentos internacionais existentes relacionados com este,

Considerando que o financiamento do terrorismo é um assunto que preocupa gravemente a comunidade internacional no seu conjunto,

Atendendo a que o número e a gravidade dos actos de terrorismo internacional dependem dos recursos financeiros que os terroristas conseguem obter,

Reconhecendo também que os instrumentos jurídicos multilaterais existentes não se referem expressamente ao financiamento do terrorismo,

Convictos da necessidade urgente de reforçar a cooperação internacional entre os Estados com o fim de elaborar e adoptar medidas eficazes destinadas a prevenir o financiamento do terrorismo, bem como a suprimi-lo através da acusação e punição dos seus autores,

Acordaram o seguinte:

Art. 1.º

Para os fins da presente Convenção:

1. O termo "fundos" compreende os valores de qualquer natureza, tangíveis ou intangíveis, móveis ou imóveis, adquiridos por qualquer meio, e os documentos ou instrumentos legais, seja qual for a sua forma, incluindo a electrónica ou a digital, que atestem a propriedade ou outros direitos sobre esses bens, incluindo, mas sem que esta enumeração seja exaustiva, créditos bancários, cheques de viagem, cheques bancários, ordens de pagamento, acções, títulos, obrigações, saques bancários, e letras de crédito.

2. O termo "lucros" significa fundos de qualquer natureza provenientes ou obtidos, directa ou indirectamente, pela prática de uma infracção prevista no artigo 2.º.

Art. 2.º

1. Comete uma infracção, nos termos da presente Convenção, quem, por quaisquer meios, directa ou indirectamente, ilegal e deliberadamente, fornecer ou reunir fundos com a intenção de serem utilizados ou sabendo que serão utilizados, total ou parcialmente, tendo em vista a prática:
   a) De um acto que constitua uma infracção compreendida no âmbito de um dos tratados enumerados no anexo e tal como aí definida; ou
   b) De qualquer outro acto destinado a causar a morte ou ferimentos corporais graves num civil ou em qualquer pessoa que não participe directamente nas hostilidades numa situação de conflito armado, sempre que o objectivo desse acto, devido à sua natureza ou contexto, vise intimidar uma população ou obrigar um governo ou uma organização internacional a praticar ou a abster-se de praticar qualquer acto.
2. a) Ao depositar o seu instrumento de ratificação, aceitação, aprovação ou adesão, um Estado Contratante que não seja parte de um tratado enumerado no anexo referido no n.º 1, alínea a), poderá declarar que, no quadro da aplicação da presente Convenção a este Estado Contratante, esse tratado será considerado como não figurando naquele anexo. Essa declaração ficará sem efeito a partir da entrada em vigor do tratado para o Estado Contratante que notificará o depositário desse facto;
   b) Quando um Estado Contratante deixe de ser parte de um tratado enumerado no anexo, poderá efectuar uma declaração, relativamente a esse tratado de acordo com o presente artigo.
3. Para que um acto constitua uma das infracções prevista, no n.º 1, não é necessário que os fundos tenham sido efectivamente utilizados para cometer a infracção contemplada nas alíneas a) ou b) do n.º 1.
4. Comete igualmente uma infracção quem tentar cometer uma infracção prevista no n.º 1 do presente artigo.
5. Comete igualmente uma infracção quem:
   a) Participar como cúmplice numa infracção prevista nos n.ºs 1 a 4 deste artigo;
   b) Organizar a prática de uma infracção prevista nos n.ºs 1 a 4 deste artigo ou induzir outrem à prática de tal infracção;
   c) Contribuir para a prática de uma ou mais infracções previstas nos n.ºs 1 a 4 deste artigo, por um grupo de pessoas actuando com um propósito comum. Essa contribuição deverá ser intencional e deve:
      i) Ter como objectivo facilitar a prossecução da actividade criminosa ou os objectivos criminosos do grupo, quando essa actividade ou esses objectivos impliquem a prática de uma infracção prevista no n.º 1 deste artigo; ou
      ii) Ser efectuada com conhecimento da intenção do grupo de cometer uma infracção prevista no n.º 1 deste artigo.

Art. 3.º
A presente Convenção não será aplicável aos casos em que a infracção for cometida no território de um só Estado, sendo o presumível autor nacional desse Estado e encontrando-se no território desse Estado, e nenhum outro Estado tiver motivos para, nos termos do artigo 7.º, nos n.ºs 1 e 2, exercer a sua competência, contudo os artigos 12.º e 18.º serão aplicáveis a tais casos, conforme se mostrar apropriado.

Art. 4.º
Cada Estado Contratante adoptará medidas que entenda necessárias para:
a) Qualificar como infracções penais, à luz do seu direito interno, as infracções previstas no artigo 2.º;
b) Punir essas infracções mediante a aplicação de sanções adequadas que tenham em consideração a natureza grave dessas infracções.

Art. 5.º
1. Cada Estado Contratante, adoptará, de acordo com os princípios do seu direito interno, as medidas necessárias para permitir que as pessoas colectivas situadas no seu território ou constituídas segundo as suas leis, sejam responsabilizadas quando uma pessoa responsável pela direcção ou controlo dessa pessoa colectiva cometer, nessa qualidade, uma infracção prevista no artigo 2.º. Essa responsabilidade poderá ser penal, civil ou administrativa.
2. Tal responsabilidade é independente da responsabilidade criminal dos indivíduos que cometeram essas infracções.
3. Cada Estado Contratante deverá assegurar, em particular, que as pessoas colectivas responsáveis em virtude do n.º 1 sejam passíveis de sanções penais, civis ou administrativas eficazes, proporcionadas e dissuasoras. Tais sanções poderão incluir sanções de ordem pecunária.

Art. 6.º
Cada Estado Contratante adoptará as medidas necessárias, incluindo, se apropriado, legislação interna, com vista a garantir que os actos criminosos previstos na presente Convenção não possam em nenhuma circunstância, ser justificados por considerações de ordem política, filosófica, ideológica, racial, étnica, religiosa ou natureza similar.

Art. 7.º
1. Cada Estado Contratante adoptará as medidas que entenda necessárias para estabelecer a sua jurisdição, relativamente às infracções previstas no artigo 2.º, se:
a) A infracção for cometida no território desse Estado;

b) A infracção for cometida a bordo de um navio arvorando o seu pavilhão ou dentro de uma aeronave com matrícula conforme com a sua legislação à data da prática da infracção;

c) A infracção for cometida por um nacional desse Estado.

2. Qualquer Estado Contratante poderá igualmente estabelecer a sua jurisdição em relação a qualquer destas infracções se:

a) A infracção tiver por fim, ou por resultados a prática de uma infracção prevista no artigo 2.º, n.º 1, alíneas *a)* ou *b)*, no seu Estado ou contra um dos seus nacionais;

b) A infracção tiver por fim ou por resultado, a prática de uma infracção prevista no artigo 2.º, n.º 1, alínea *a)* ou *b)* contra uma instalação pública do referido Estado no estrangeiro, incluindo instalações diplomáticas ou consulares desse Estado;

c) A infracção tiver por fim, ou por resultado, a prática de uma infracção prevista no artigo 2.º, n.º 1, alíneas *a)* ou *b)*, com a intenção de obrigar esse Estado a realizar ou a abster-se de realizar um determinado acto;

d) A infracção for cometida por um apátrida que tenha a sua residência habitual no território desse Estado;

e) A infracção for cometida a bordo de uma aeronave ao serviço do governo desse Estado.

3. Aquando da ratificação, aceitação, aprovação ou adesão da presente Convenção cada Estado Contratante notificará o Secretário-Geral da Organização das Nações Unidas sobre a competência que estabeleceu em conformidade com o número 2. Em caso de alteração, o Estado Contratante em causa notificará imediatamente o Secretário-Geral.

4. Cada Estado Contratante adoptará, igualmente as medidas que entenda necessárias para estabelecer a sua competência relativamente às infracções previstas no artigo 2.º, sempre que o presumível autor se encontrar no seu território e este Estado não o extraditar para qualquer um dos Estados Contratantes que tenham estabelecido a respectiva competência em conformidade com os n.ᵒˢ 1 ou 2.

5. Quando mais de um Estado Contratante se declarar competente relativamente às infracções previstas no artigo 2.º, os Estados Contratantes interessados procurarão coordenar a sua acção de forma apropriada particularmente no que respeita às condições de promoção da acção penal e às modalidades de auxílio judiciário mútuo.

6. Sem prejuízo das normas de direito internacional geral, a presente Convenção não prejudica o exercício de qualquer competência penal estabelecida por um Estado Contratante de acordo com o seu direito interno.

Art. 8.º

1. Cada Estado Contratante adoptará, em conformidade com os princípios do seu direito interno, as medidas necessárias à identificação, detecção, conge-

lamento ou apreensão de todos os fundos utilizados ou destinados a ser utilizados para cometer as infracções previstas no artigo 2.º, bem como os lucros resultantes dessas infracções, tendo em vista a sua eventual perda.

2. Cada Estado Contratante adoptará, em conformidade com os princípios do seu direito interno, as medidas necessárias à perda de fundos utilizados ou destinados à prática das infracções previstas no artigo 2.º e o produto dessas infracções.

3. Cada Estado Contratante poderá considerar a possibilidade de celebrar acordos prevendo a partilha com outros Estados Contratantes, por norma, ou caso a caso, dos fundos provenientes das perdas previstas no presente artigo.

4. Cada Estado Contratante considerará a criação de mecanismos de afectação dos fundos provenientes das perdas previstas no presente artigo à indemnização das vítimas das infracções previstas no artigo 2.º, n.º 1, alíneas *a*) ou *b*), ou das suas famílias.

5. O disposto no presente artigo aplicar-se-á sem prejuízo dos direitos dos terceiros de boa-fé.

Art. 9.º

1. Ao receber a informação de que o autor ou o presumível autor de uma infracção prevista no artigo 2.º, se encontra no seu território, o Estado Contratante em causa tomará as medidas que entender necessárias, nos termos do seu direito interno, para proceder à investigação dos factos constantes da informação.

2. Se considerar que as circunstâncias o justificam, o Estado Contratante em cujo território o autor ou o presumível autor da infracção se encontra, tomará medidas apropriadas, nos termos do seu direito interno, de modo a garantir a presença dessa pessoa, para fins de procedimento criminal ou extradição.

3. Qualquer pessoa relativamente à qual as medidas referidas no n.º 2 forem tomadas, terá o direito de:

   a) Comunicar, sem demora, com o mais próximo representante qualificado do Estado de que seja nacional ou que, por outro motivo, deva proteger os direitos dessa pessoa ou, tratando-se de um apátrida, do Estado em cujo território resida habitualmente;

   b) Receber a visita de um representante desse Estado;

   c) Ser informada dos direitos que lhe assistem nos termos das alíneas *a*) e *b*).

4. Os direitos referidos no n.º 3 serão exercidos em conformidade com as leis e regulamentos do Estado em cujo território o autor ou presumível autor da infracção se encontrar, considerando-se, no entanto, que as referidas disposições deverão permitir a prossecução plena dos objectivos relativamente aos quais os direitos são concedidos nos termos do n.º 3.

5. O disposto nos n.os 3 e 4 do presente artigo não prejudicará o direito de qualquer Estado que reclame a sua competência em conformidade com o artigo 7.º, n.º 1, alínea *b*), ou n.º 2, alínea *b*), de solicitar ao Comité Internacional da Cruz Vermelha que entre em contacto com o presumível autor do crime e o visite.

6. Sempre que um Estado Contratante tiver detido uma pessoa nos termos do presente artigo, deverá dar imediatamente conhecimento da detenção e das circunstâncias que a justificam, directamente ou através do Secretário-Geral da Organização das Nações Unidas, aos Estados Contratantes que tenham estabelecido a sua competência em conformidade com o artigo 17.º, n.ᵒˢ 1 ou 2 e, se assim o entender, a quaisquer outros Estados Contratantes interessados. O Estado que procede à investigação referida no n.º 1 informará, sem demora, os Estados Contratantes das suas conclusões e indicará se pretende exercer a sua jurisdição.

Art. 10.º

1. Nos casos em que o disposto no artigo 7.º for aplicável, o Estado Contratante em cujo território o presumível autor se encontra ficará obrigado, se não o extraditar, a submeter o caso, sem atraso injustificado e independentemente do crime ter sido cometido ou não no seu território, às suas autoridades competentes para fins de exercício da acção penal, segundo o processo previsto nas leis desse Estado. Tais autoridades tomarão a sua decisão nas mesmas condições que para qualquer outro crime grave, nos termos do direito interno desse Estado.

2. Se o direito interno de um Estado Contratante só lhe permitir extraditar ou entregar um dos seus nacionais na condição de a pessoa em causa lhe ser restituída para fins de cumprimento da pena imposta em consequência do julgamento ou do processo relativamente ao qual a extradição ou a entrega era solicitada e se esse Estado e o Estado requerente consentirem nesta fórmula e noutros termos que entendam apropriados, a extradição ou a entrega condicional será condição suficiente para a dispensa da obrigação consignada no n.º 1.

Art. 11.º

1. Os crimes previstos no artigo 2.º serão considerados como crimes passíveis de extradição em qualquer tratado de extradição celebrado entre Estados Contratantes antes da entrada em vigor da presente Convenção. Os Estados Contratantes comprometem-se a considerar tais crimes como passíveis de extradição em qualquer tratado de extradição a ser subsequentemente celebrado entre eles.

2. Se um Estado Contratante, que condiciona a extradição à existência de um tratado, receber um pedido de extradição formulado por outro Estado Contratante com o qual não tenha qualquer tratado de extradição, o Estado Contratante requerido poderá, se assim o entender, considerar a presente Convenção como a base jurídica para a extradição relativamente aos crimes previstos no artigo 2.º. A extradição ficará sujeita às restantes condições previstas pelo direito interno do Estado requerido.

3. Os Estados Contratantes que não condicionem a extradição à existência de um tratado reconhecerão os crimes previstos no artigo 2.º como passíveis de extradição nas condições previstas pelo direito interno do Estado requerido.

4. Se for caso disso, os crimes previstos no artigo 2.º serão considerados, para fins de extradição entre Estados Contratantes, como se tivessem sido come-

tidos tanto no local em que ocorreram como no território dos Estados que tenham estabelecido a sua competência, em conformidade com o artigo 7.º, n.ᵒˢ 1 e 2.

5. As disposições contidas em todos os tratados e acordos de extradição celebrados entre Estados Contratantes relativamente a crimes previstos no artigo 2.º serão consideradas como modificadas nas relações entre os Estados Contratantes, na medida em que se mostrem incompatíveis com a presente Convenção.

Art. 12.º

1. Os Estados Contratantes conceder-se-ão a mais ampla cooperação no tocante a investigações ou procedimentos criminais ou de extradição instaurados relativamente a crimes previstos no artigo 2.º, incluindo a disponibilização de meios probatórios necessários para o processo.

2. Os Estados Contratantes não podem invocar o sigilo bancário para recusar um pedido de auxílio judiciário mútuo.

3. A Parte requerente não comunica nem utiliza, sem o consentimento prévio da Parte requerida, as informações ou as provas que esta lhe tiver fornecido para qualquer outra investigação, procedimento criminal ou processo diferentes dos indicados no pedido.

4. Cada Estado Contratante poderá considerar a possibilidade de estabelecer mecanismos de partilha, com os outros Estados Contratantes, das informações ou das provas necessárias à determinação da responsabilidade penal, civil ou administrativa, nos termos do artigo 5.º.

5. Os Estados Contratantes cumprirão as respectivas obrigações decorrentes dos n.ᵒˢ 1 e 2, em conformidade com quaisquer tratados ou outros convénios sobre auxílio judiciário mútuo ou sobre troca de informações que possam existir entre si. Na falta de tais tratados ou convénios, os Estados Contratantes cooperarão entre si em conformidade com os respectivos direitos internos.

Art. 13.º

Nenhuma das infracções previstas no artigo 2.º será considerada, para fins de extradição ou de auxílio judiciário mútuo, como infracção fiscal. Consequentemente, os Estados Contratantes não poderão recusar um pedido de extradição ou de auxílio judiciário mútuo com o exclusivo fundamento de que se reporta a uma infracção fiscal.

Art. 14.º

Nenhuma das infracções previstas no artigo 2.º será considerada para fins de extradição ou de auxílio judiciário mútuo, como crime político ou crime conexo a crime político, ou ainda como crime inspirado em motivos políticos. Consequentemente, nenhum pedido de extradição ou de auxílio judiciário mútuo baseado em tal crime poderá ser recusado com o exclusivo fundamento de que se reporta a um crime político ou a um crime conexo a um crime político, ou ainda a um crime inspirado por motivos políticos.

Art. 15.º

Nada na presente Convenção poderá ser interpretado como impondo uma obrigação de extraditar ou de conceder auxílio judiciário mútuo, se o Estado Contratante requerido tiver sérios motivos para crer que o pedido de extradição por crimes previstos no artigo 2.º, ou o pedido de auxílio judiciário mútuo relativo a tais crimes, foi formulado com o propósito de exercer a acção penal ou punir qualquer pessoa com base na raça, religião, nacionalidade, origem étnica ou opinião política, ou tiver razões para crer que a satisfação do pedido poderá prejudicar a situação da pessoa em causa por qualquer uma destas razões.

Art. 16.º

1. Qualquer pessoa que se encontre detida ou a cumprir pena no território de um Estado Contratante, cuja presença noutro Estado Contratante for solicitada para fins de prestação de depoimento, identificação, ou para, de outro modo, auxiliar na obtenção de meios probatórios necessários à investigação ou a procedimentos instaurados em relação a infracções previstas no artigo 2.º, poderá ser transferida se forem observadas as seguintes condições:

   a) A pessoa der livremente o seu consentimento com conhecimento de causa; e
   b) As autoridades competentes de ambos os Estados nela consentirem, sob reserva das condições que considerem apropriadas.

2. Para os fins do presente artigo:

   a) O Estado para o qual a pessoa for transferida terá o poder e a obrigação de manter a pessoa em causa sob custódia, salvo solicitação ou autorização em contrário do Estado do qual a pessoa foi transferida;
   b) O Estado para o qual a pessoa for transferida deverá, sem demora, executar a sua obrigação de reentregar a pessoa à guarda do Estado a partir do qual a transferência foi efectuada, segundo acordo prévio ou conforme acordado de outro modo pelas autoridades competentes de ambos os Estados;
   c) O Estado para o qual a pessoa for transferida não requererá ao Estado que a transferiu que desencadeie o processo de extradição da pessoa em causa;
   d) Será tido em consideração o período em que a pessoa em causa permaneceu sob detenção no Estado para onde foi transferida, para fins de liquidação da pena ainda a cumprir no Estado de onde fora transferida.

3. Excepto se o Estado Contratante do qual a pessoa for transferida, em conformidade com o presente artigo, nisso consentir, tal pessoa, independentemente da sua nacionalidade, não será sujeita a procedimento ou detenção, nem será sujeita a qualquer outra privação da sua liberdade no território do Estado para o qual for transferida relativamente a actos ou condenações anteriores à sua saída do território do Estado do qual for transferida.

Art. 17.º

Será garantido tratamento justo a qualquer pessoa detida, ou contra a qual forem tomadas quaisquer outras medidas ou instaurados processos em conformidade com a presente Convenção, incluindo o reconhecimento de todos os direitos e garantias conformes com o direito interno do Estado em cujo território se encontre, bem como das disposições aplicáveis no âmbito do direito internacional, incluindo o direito internacional em matéria de direitos humanos.

Art. 18.º

1. Os Estados Contratantes cooperarão entre si na prevenção dos crimes previstos no artigo 2.º, tomando todas as medidas possíveis, incluindo, se for caso disso, a adaptação das respectivas legislações internas, a fim de prevenir e se opor à preparação, nos respectivos territórios, dos crimes a serem praticados fora e dentro dos seus territórios incluindo:

   a) As medidas que interditem, nos seus territórios, quaisquer actividades ilegais de pessoas e organizações que, de forma consciente, visem encorajar, instigar, organizar e financiar, ou envolver-se na prática dos crimes previstos no artigo 2.º;

   b) As medidas que obriguem as instituições financeiras e outras profissões envolvidas em transacções financeiras, a utilizar os meios disponíveis mais eficazes para identificar os seus clientes habituais ou ocasionais, bem como os clientes em nome dos quais uma conta é aberta, e para prestar atenção especial às operações financeiras não habituais ou suspeitas e assinalar as transacções suspeitas de resultarem de actividades criminosas. Para esse efeito os Estados Contratantes considerarão:

   i) A adopção de regulamentação que proíba a abertura de contas cujos titulares ou beneficiários não estejam ou não possam ser devidamente identificados e de medidas para garantirem que essas instituições verificam a identidade dos autores reais dessas transacções;

   ii) Tratando-se da identificação de pessoas colectivas, a solicitação às instituições financeiras para que tomem, se necessário, medidas para verificar a existência jurídica e a estrutura do cliente, obtendo, quer através de um registo público, quer do próprio cliente, ou de ambos, prova da constituição da sociedade, incluindo informação sobre o nome do cliente, a sua forma jurídica, o seu domicílio, os seus dirigentes e as disposições que regulam o poder de obrigar a pessoa colectiva;

   iii) A adopção de regulamentação que imponha às instituições financeiras a obrigação de declarar prontamente às autoridades competentes todas as operações complexas, de dimensão não habitual, e todos os tipos não habituais de transacções que não apresentem uma manifesta finalidade económica ou um fim lícito evidente, sem receio da responsabilidade penal ou civil que advenha da violação das obrigações de confidencialidade, se as declarações forem feitas de boa-fé;

  iv) A exigência de que as instituições financeiras conservem, pelo menos durante cinco anos, todos os registos necessários sobre as transacções nacionais ou internacionais efectuadas.

2. Os Estados Contratantes cooperarão igualmente na prevenção das infracções previstas no artigo 2.º, tomando em consideração:

  a) Medidas de supervisão das entidades de transferência monetária incluindo, por exemplo, o seu licenciamento;
  b) Medidas realistas que permitam detectar ou vigiar o transporte físico transfronteiras, de dinheiro e de instrumentos negociáveis ao portador, sob a condição de ficarem sujeitas a garantias rigorosas visando assegurar um adequado uso da informação e de não consituirem, de modo algum, obstáculo à liberdade de circulação de capitais.

3. Os Estados Contratantes devem ainda cooperar na prevenção das infracções previstas no artigo 2.º, através da troca de informações precisas e comprovadas, de acordo com o seu direito interno, e da coordenação de medidas administrativas e de outras medidas adoptadas, consoante o caso, com a finalidade de prevenir a prática das infracções previstas no artigo 2.º, em particular através:

  a) Do estabelecimento e manutenção de vias de comunicação sobre os seus organismos e serviços competentes com vista a facilitar a troca segura de informações sobre todos os aspectos relativos às infracções previstas no artigo 2.º;
  b) Da cooperação mútua na realização de investigações relativas às infracções previstas no artigo 2.º, respeitantes:
    i) À identidade, paradeiro e actividades das pessoas a respeito das quais exista a suspeita de terem participado em tais infracções;
    ii) Aos movimentos de fundos relacionados com a prática de tais infracções.

4. Os Estados Contratantes poderão trocar informações por intermédio da Organização Internacional de Polícia Criminal (Interpol).

Art. 19.º

O Estado Contratante no qual foi instaurado um procedimento criminal contra o presumível autor do crime comunicará, em conformidade com o seu direito interno e com os procedimentos aplicáveis, o resultado final ao Secretário-Geral da Organização das Nações Unidas, o qual transmitirá a informação aos restantes Estados Contratantes.

Art. 20.º

Os Estados Contratantes cumprirão as suas obrigações nos termos da presente Convenção, no respeito pelos princípios de soberania, igualdade e integridade territorial dos Estados e não ingerência nos assuntos internos dos outros Estados.

Art. 21.º

Nada na presente Convenção afectará outros direitos, obrigações e responsabilidades dos Estados e das pessoas decorrentes do direito internacional, em particular os objectivos consignados na Carta das Nações Unidas, no direito internacional humanitário e noutras convenções relevantes.

Art. 22.º

Nada na presente Convenção autorizará um Estado Contratante a assumir, no território de outro Estado Contratante, o exercício de jurisdição e a execução de funções que estejam exclusivamente reservadas às autoridades desse outro Estado Contratante pelo seu direito interno.

Art. 23.º

1. O anexo poderá ser modificado mediante a inclusão de tratados pertinentes que:
    a) Estejam abertos à participação de todos os Estados;
    b) Tenham entrado em vigor;
    c) Tenham sido objecto de ratificação, aceitação, aprovação ou adesão por, pelo menos, vinte e dois Estados Partes nesta Convenção.

2. Após a entrada em vigor da presente Convenção, qualquer Estado Contratante poderá propor tal alteração. Qualquer proposta de alteração deverá ser comunicada por escrito ao depositário. O depositário notificará, a todos os Estados Contratantes, as propostas que reúnam as condições fixadas no n.º 1 e solicitará o seu parecer sobre a adopção das alterações propostas.

3. A alteração proposta considerar-se-á adoptada, a não ser que um terço dos Estados Contratantes a tal se oponha mediante comunicação por escrito nos 180 dias seguintes à sua notificação.

4. As alterações ao anexo, uma vez adoptadas, entrarão em vigor 30 dias após o depósito do vigésimo segundo instrumento de ratificação, aceitação ou aprovação dessa alteração para todos os Estados Contratantes que tenham depositado esse instrumento. Em relação aos Estados Contratantes que ratifiquem, aceitem ou aprovem as alterações após o depósito do vigésimo segundo instrumento, a alteração entrará em vigor no trigésimo dia seguinte ao do depósito por esse Estado Contratante, do seu instrumento de ratificação, aceitação ou aprovação.

Art. 24.º

1. Qualquer diferendo entre dois ou mais Estados, respeitando a interpretação ou a aplicação da presente Convenção, que não possa ser resolvido amigavelmente num período de tempo razoável, será, a pedido de um dos Estados, submetido a arbitragem. Se, num prazo de seis meses a contar da data do pedido de arbitragem, as Partes não alcançarem um acordo quanto à organização da arbitragem, qualquer uma das Partes em causa poderá submeter o diferendo ao Tribunal Internacional de Justiça, mediante pedido por escrito, em conformidade com o Estatuto do Tribunal.

2. Qualquer Estado poderá, no momento da assinatura, ratificação, aceitação ou aprovação da presente Convenção, ou da respectiva adesão, declarar que não se considera vinculado pelo disposto no n.º 1. Os restantes Estados Contratantes não ficarão vinculados pelo disposto no n.º 1 relativamente a qualquer Estado Contratante que tenha formulado tal reserva.

3. Qualquer Estado que tenha formulado uma reserva e conformidade com o n.º 2 poderá, a todo o momento retirar tal reserva mediante notificação dirigida ao Secretário-Geral da Organização das Nações Unidas.

Art. 25.º

1. A presente Convenção ficará aberta à assinatura de todos os Estados, de 10 de Janeiro de 2000 a 31 de Dezembro de 2001, na sede da Organização das Nações Unidas, em Nova Iorque.

2. A presente Convenção fica sujeita a ratificação, aceitação ou aprovação. Os instrumentos de ratificação, aceitação ou aprovação serão depositados junto do Secretário-Geral da Organização das Nações Unidas.

3. A presente Convenção ficará aberta à adesão de qualquer Estado. Os instrumentos de adesão serão depositados junto do Secretário-Geral da Organização das Nações Unidas.

Art. 26.º

1. A presente Convenção entrará em vigor no 30ª dia a contar da data do depósito do vigésimo segundo instrumento de ratificação, aceitação, aprovação ou adesão junto do Secretário-Geral da Organização das Nações Unidas.

2. Relativamente a qualquer Estado que ratifique, aceite ou aprove a Convenção, ou a ela adira, após o depósito do vigésimo segundo instrumento de ratificação, aceitação, aprovação ou adesão, a Convenção entrará em vigor 30 dias a contar da data do depósito, por esse Estado do seu instrumento de ratificação, aceitação, aprovação ou adesão.

Art. 27.º

1. Qualquer Estado Contratante poderá denunciar a presente Convenção mediante notificação escrita dirigida ao Secretário-Geral da Organização das Nações Unidas.

2. A denúncia produzirá efeitos um ano após a data em que a notificação tiver sido recebida pelo Secretário-Geral da Organização das Nações Unidas.

Art. 28.º

O original da presente Convenção, de que os textos em língua árabe, chinesa, espanhola, francesa, inglesa e russa, fazem igualmente fé, será depositado junto do Secretário-Geral da Organização das Nações Unidas, o qual transmitirá cópias autenticadas a todos os Estados.

Em fé do que os abaixo assinados, devidamente autorizados para o efeito pelos respectivos Governos, assinaram a presente Convenção, aberta à assinatura em Nova Iorque, em 10 de Janeiro de 2000.

Resolução n.º 79/2002, de 2 de Outubro

A Convenção Internacional para a Eliminação do Financiamento do Terrorismo, adoptada a 9 de Dezembro de 1999, visa complementar os instrumentos jurídicos internacionais, já existentes, para a prevenção e o combate ao terrorismo internacional, através da definição de mecanismos para a eliminação do seu financiamento, seja esse directo ou indirecto;

Havendo necessidade de proceder à ratificação da assinatura feita pela República de Moçambique, a 11 de Novembro de 2001, em Nova Iorque;

Nestes termos e ao abrigo do disposto na alínea *f*) do n.º 1 do artigo 153.º da Constituição da República, o Conselho de Ministros determina:

Art. 1.º

A ratificação da Convenção Internacional para a Eliminação do Financiamento do Terrorismo, cujos textos em língua inglesa e a respectiva tradução em língua portuguesa vão em anexo à presente Resolução e dela são parte integrante.

Art. 2.º

Os Ministérios dos Negócios Estrangeiros e Cooperação e do Plano e Finanças, da Justiça e do Interior ficam encarregues de realizarem todos os trâmites necessários à notificação da presente Resolução ao depositário da Convenção e de assegurarem as medidas para a sua implementação, respectivamente.

Aprovada pelo Conselho de Ministros.

Publique-se.

O Primeiro-Ministro, *Pascoal Manuel Mocumbi*.

XX – CONVENÇÃO INTERNACIONAL CONTRA A TOMADA DE REFÉNS

Os Estados Partes da presente Convenção,
Conscientes das finalidades e dos princípios da Carta das Nações Unidas, no que se refere à manutenção da paz e da segurança internacionais, bem como à promoção de relações de amizade e cooperação entre os Estados,
Reconhecendo, em particular, que todo o homem tem direito à vida, à liberdade e à segurança pessoal, como estabelecido na Declaração Universal dos Direitos Humanos e na Convenção Internacional sobre Direitos Civis e Políticos,
Reafirmando o princípio de igualdade de direitos e autodeterminação dos povos, consagrado na Carta das Nações Unidas e na Declaração sobre Princípios do Direito Internacional, que dizem respeito às Relações de Amizade e Cooperação entre os Estados, em conformidade com a Carta das Nações Unidas, assim como em outras deliberações relevantes da Assembleia Geral,
Considerando que a tomada de reféns constitui crime que preocupa gravemente a comunidade internacional, e que, em conformidade com os dispositivos da presente Convenção, toda pessoa que venha a cometer o referido crime deverá responder a acção penal ou de extradição,
Convencidos de que urge desenvolver uma cooperação internacional entre os Estados, com vista à elaboração e à adopção de medidas eficazes para a prevenção, a repressão e a punição de quaisquer actos de tomada de reféns, enquanto manifestações de terrorismo internacional,
Acordaram o seguinte:

Art. 1.º
1. Toda a pessoa que prender, deter ou ameaçar matar, ferir ou continuar a deter outra pessoa (daqui por diante, denominada "refém"), com a finalidade de obrigar terceiros, a saber: um Estado, uma organização intergovernamental internacional, uma pessoa física ou jurídica, ou um grupo de pessoas, a uma acção ou omissão como condição explícita ou implícita para a libertação do refém, incorrerá no crime de tomada de refém, dentro das finalidades da presente Convenção.
2. Toda a pessoa que:
a) Tentar tomar refém; ou

b) Agir como cúmplice de alguém que tome ou tente tomar refém, estará, igualmente, incorrendo em crime, dentro das finalidades da presente Convenção.

Art. 2.º
Todo o Estado Parte deverá estabelecer, para os crimes previstos no artigo 1.º, penas apropriadas e proporcionais à gravidade dos mesmos.

Art. 3.º
1. O Estado Parte, em cujo território o refém se encontra detido pelo autor do crime, deverá tomar todas as medidas que julgar apropriadas para remediar a situação do refém, em particular, assegurar a sua libertação, e, depois desta, se necessário, facilitar a sua partida.

2. Qualquer objecto que o autor do crime houver obtido em consequência da tomada de reféns, e do qual um Estado Parte venha a apoderar-se, deverá ser devolvido pelo mesmo, dentro do mais breve prazo de tempo possível, ao refém ou aos terceiros mencionados no artigo 1.º, conforme o caso, ou às autoridades competentes destes últimos.

Art. 4.º
Os Estados Partes deverão cooperar para a prevenção dos crimes previstos no artigo 1.º, em particular:
a) Tomar todas as medidas ao seu alcance para impedir que, nos seus respectivos territórios, se realizem preparativos para a perpetração daqueles crimes, dentro ou fora dos seus territórios, inclusive medidas que proíbam, dentro de seus territórios, as actividades ilegais de pessoas, grupos e organizações que encorajam, fomentam, organizam ou perpetram actos de tomada de reféns;
b) Trocar informações e coordenar a adopção de medidas administrativas e outras, conforme proceda, para impedir a perpetração de tais crimes.

Art. 5.º
1. Todo o Estado Parte deverá tomar as medidas necessárias para estabelecer a sua jurisdição sobre quaisquer crimes, previstos no artigo 1.º, cometidos:
a) Em seu território ou a bordo de navio ou aeronave nele registados;
b) Por qualquer dos seus nacionais, ou, se o Estado assim o entender, por apátridas que residam habitualmente em seu território;
c) Com a finalidade de obrigar o Estado a uma acção ou omissão; ou
d) Contra a pessoa de um dos seus nacionais se o Estado assim o entender.

2. Todo o Estado Parte deverá, igualmente, tomar as medidas necessárias para estabelecer a sua jurisdição sobre os crimes previstos no artigo 1.º, caso o autor presumido do crime se encontre em seu território e o referido Estado não proceda à extradição do mesmo para nenhum dos Estados mencionados no parágrafo 1 do presente artigo.

3. A presente Convenção não exclui a jurisdição criminal exercida em conformidade com a legislação dos Estados Partes.

Art. 6.º

1. Se entender que as circunstâncias assim o justificam, todo o Estado Parte, em cujo território se encontrar o autor presumido do crime, deverá proceder, em conformidade com a sua legislação, à detenção do mesmo, ou tomar outras medidas para garantir a sua presença durante o prazo necessário para a instauração do processo penal ou de extradição. O respectivo Estado Parte deverá proceder imediatamente a um inquérito preliminar, com vista a estabelecer a verdade dos factos.

2. A detenção, ou outras medidas referidas no parágrafo 1 do presente artigo, deverá ser comunicada sem dilação, directamente ou por intermédio do Secretário-Geral das Nações Unidas:

   a) Ao Estado em que foi cometido o crime;
   b) Ao Estado que foi objecto de coerção ou de tentativa de coerção;
   c) Ao Estado cujo nacional, em sua pessoa física ou jurídica, foi objecto de coerção, ou tentativa de coerção;
   d) Ao Estado cujo nacional foi tomado como refém, ou em cujo território este habitualmente reside;
   e) Ao Estado cujo nacional é o autor presumível do crime, ou, se tratar de uma pessoa apátrida, em cujo território esta habitualmente reside;
   f) À organização intergovernamental internacional que foi objecto de coerção ou de tentativa de coerção;
   g) A todos os demais Estados interessados.

3. Toda a pessoa contra a qual sejam tomadas as medidas enumeradas no parágrafo 1 do presente artigo, terá o direito de:

   a) Comunicar-se, sem dilação, com o representante competente mais próximo do Estado de que é nacional, ou do Estado a que, por outras razões, compete estabelecer tal comunicação, ou, se se tratar de pessoa apátrida, do Estado em cujo território esta habitualmente reside;
   b) Receber a visita de um representante daquele Estado.

4. Os direitos referidos no parágrafo 3 do presente artigo deverão ser exercidos em conformidade com as leis e regulamentações do Estado em cujo território o autor presumido do crime se encontra sob condição, entretanto, de que as leis e regulamentações aludidas permitam o pleno cumprimento das finalidades a que se conformam os direitos previstos no parágrafo 3 do presente artigo.

5. Os dispositivos dos parágrafos 3 e 4 do presente artigo não implicam prejuízo do direito de todo o Estado Parte de reivindicar a sua jurisdição, em conformidade com o parágrafo 1, alínea *d*) do artigo 5.º, a fim de convidar o Comité Internacional da Cruz Vermelha a comunicar-se com o presumível autor do crime ou a visitá-lo.

6. O Estado que proceder ao inquérito preliminar previsto no parágrafo 1 do presente artigo, deverá relatar imediatamente as suas conclusões aos Estados ou organizações referidos no parágrafo 2 do presente artigo, e indicar-lhes se tenciona excercer a sua jurisdição.

Art. 7.º

O Estado Parte onde o presumível autor do crime responde a acção penal deverá, em conformidade com a respectiva legislação, comunicar o resultado final do processo ao Secretário-Geral das Nações Unidas, que transmitirá a informação aos outros Estados e organizações intergovernamentais internacionais interessados.

Art. 8.º

1. O Estado Parte em cujo território o presumível autor do crime se encontra, se não proceder à extradição do mesmo, obrigar-se-á, sem qualquer excepção, quer o crime tenha sido cometido em seu território ou não, a submeter o caso às autoridades competentes, para fins de instauração do processo penal, em conformidade com o disposto na respectiva legislação. As referidas autoridades deverão observar, em suas decisões, os mesmos critérios aplicáveis aos crimes comuns de natureza grave previstos na legislação vigente.

2. Toda a pessoa contra a qual foi instaurado um processo relacionado a um dos crimes previstos no artigo 1.º, deverá receber garantias de tratamento equitativo em todas as etapas do processo, inclusive o gozo de todos os direitos e garantias contemplados pela legislação do Estado em cujo território a mesma se encontre.

Art. 9.º

1. Não se deferirá pedido de extradição de um presumível autor do crime, nos termos da presente Convenção, se a parte solicitada tiver razões bem fundadas para julgar que:
   - *a*) O pedido de extradição relativo a um crime previsto no artigo 1.º foi dirigido com a finalidade de processar ou punir uma pessoa em razão de sua raça, religião, nacionalidade, origem étnica ou opinião política;
   - *b*) A pessoa em questão seja objecto de preconceito em virtude da posição que ocupa:
     - *i*) por qualquer das razões mencionadas na alínea *a*) do presente parágrafo, ou
     - *ii*) pela razão de que as autoridades competentes do Estado a que compete exercer os direitos de protecção não se podem comunicar com ela.

2. Quanto aos crimes, tal como definidos pela presente Convenção, os dispositivos de todos os tratados e acordos de extradição aplicáveis entre os Estados Partes são modificados entre os mesmos, na medida em que sejam incompatíveis com a presente Convenção.

Art. 10.º

1. Os crimes previstos no artigo 1.º serão considerados incluídos entre os crimes passíveis de extradição em qualquer tratado de extradição celebrado entre os Estados Partes. Os Estados Partes comprometem-se a incluir os referidos crimes entre aqueles passíveis de extradição em qualquer tratado de extradição que venham a celebrar no futuro.

2. Se um Estado Parte, o qual condiciona a extradição à existência de um tratado, receber um pedido de extradição de outro Estado Parte, com o qual não mantém tratado de extradição, a parte solicitada poderá, a seu juízo, tomar a presente Convenção como fundamento legal para a extradição, no que diz respeito aos crimes previstos no artigo 1.º. A extradição estará sujeita às demais condições estipuladas pela legislação do Estado solicitado.

3. Os Estados Partes que não condicionem a extradição à existência de um tratado, compreenderão os crimes previsto no artigo 1.º como passíveis de extradição entre eles, estando a mesma sujeita às condições estipuladas pela legislação do Estado solicitado.

4. Os crimes previstos no artigo 1.º serão considerados, para fins de extradição entre os Estados Partes, como tendo sido cometidos não somente no lugar onde ocorreram, mas também nos territórios dos Estados Partes obrigados a estabelecer a sua jurisdição, em conformidade com o parágrafo 1 do artigo 5.º.

Art. 11.º

1. Os Estados Partes deverão prestar-se a maior ajuda possível, no que diz respeito aos processos penais relativos a um crime previsto no artigo 1.º, inclusive a apresentação de todas as provas necessárias ao processo de que disponham.

2. Os dispositivos do parágrafo 1 do presente artigo não atingirão as obrigações relativas à cooperação judicial estipuladas em qualquer outro tratado.

Art. 12.º

Na medida em que as Convenções de Genebra, de 1949, para a protecção das vítimas de guerra, ou os Protocolos Adicionais às mesmas sejam aplicáveis a um determinado acto de tomada de refém, e na medida em que os Estados Partes da presente Convenção se obrigam em virtude dessas Convenções, a processar ou a entregar o autor da tomada de refém, a presente Convenção não será aplicada a um acto de tomada de refém cometido no curso de conflitos armados, no âmbito das Convenções de Genebra de 1949 e de seus Protocolos, inclusive os conflitos armados mencionados no artigo 1.º parágrafo 4, do Protocolo Adicional I de 1977, em que os povos se levantam contra a dominação colonial e a ocupação estrangeira, e contra regimes racistas, exercendo o seu direito à autodeterminação, como consagrado na Carta das Nações Unidas e na Declaração sobre Princípios do Direito Internacional, que dizem respeito às Relações de Amizade e Cooperação entre os Estados, em conformidade com a Carta das Nações Unidas.

Art. 13.º
A presente Convenção não se aplica caso o crime cometido dentro do território de um único Estado, o refém e o presumível autor do crime forem nacionais daquele Estado, e o presumível autor do crime se encontrar no território desse Estado.

Art. 14.º
Nada na presente Convenção deverá ser interpretado de modo a constituir justificação para a violação da integridade territorial ou da independência política de um Estado, contrariando o que se acha disposto na Carta das Nações Unidas.

Art. 15.º
Os dispositivos da presente Convenção não atingirão a aplicação dos tratados de asilo vigentes na data de adopção da presente Convenção, no que diz respeito aos Estados Partes dos referidos tratados; todavia, um Estado Parte da presente Convenção não poderá invocar tais tratados com relação a outro Estado Parte da presente Convenção que não seja parte dele.

Art. 16.º
1. Toda a controvérsia entre dois ou mais Estados Partes, relativa à interpretação ou aplicação da presente Convenção, caso não seja resolvida pela via da negociação, deverá, por solicitação de uma das partes, ser submetida à arbitragem. Se, dentro do prazo de seis meses da data de solicitação da arbitragem, as partes não chegarem a um acordo quanto à forma da arbitragem, qualquer das partes poderá submeter a controvérsia ao Tribunal Internacional de Justiça, mediante solicitação, em conformidade com o Estatuto do Tribunal.

2. Todo o Estado poderá, por ocasião da assinatura ou ratificação da presente Convenção, ou de sua adesão a ela, declarar que não se considera obrigado pelos dispositivos do parágrafo 1 do presente artigo. Os demais Estados Partes não estarão obrigados pelos referidos dispositivos com respeito a qualquer Estado Parte que tenha formulado esta reserva.

3. Todo o Estado Parte que tiver formulado a reserva prevista no parágrafo 2 do presente artigo poderá retirá-la, a qualquer momento, mediante notificação dirigida ao Secretário-Geral das Nações Unidas.

Art. 17.º
1. A presente Convenção ficará aberta à assinatura de todos os Estados até 31 de Dezembro de 1980, na sede da Organização das Nações Unidas, em Nova Iorque.

2. A presente Convenção fica sujeita a ratificação, aceitação ou aprovação. Os instrumentos de ratificação, aceitação ou aprovação serão depositados junto do Secretário-Geral da Organização das Nações Unidas.

3. A presente Convenção ficará aberta à adesão de qualquer Estado. Os instrumentos de adesão serão depositados junto do Secretário-Geral da Organização das Nações Unidas.

Art. 18.º
1. A presente Convenção entrará em vigor no 30.º dia a contar da data do depósito do vigésimo segundo instrumento de ratificação, aceitação, aprovação ou adesão junto do Secretário-Geral da Organização das Nações Unidas.
2. Relativamente a qualquer Estado que ratifique, aceite ou aprove a Convenção, ou a ela adira, após o depósito do vigésimo segundo instrumento de ratificação, aceitação, aprovação ou adesão, a Convenção entrará em vigor 30.º dia a contar da data do depósito por esse Estado, do seu instrumento de ratificação, aceitação, aprovação ou adesão.

Art. 19.º
1. Todo o Estado Contratante poderá denunciar a presente Convenção mediante notificação por carta escrita dirigida ao Secretário-Geral da Organização das Nações Unidas.
2. A denúncia entrará em vigor um ano após a data do recebimento da notificação pelo Secretário-Geral da Organização das Nações Unidas.

Art. 20.º
A presente Convenção, cujos textos em língua árabe, chinesa, inglesa, francesa, russa e espanhola fazem igualmente fé, será depositada junto do Secretário-Geral da Organização das Nações Unidas, cópias da mesma devidamente autenticadas serão transmitidas por este último a todos os Estados signatários.

Em fé do que os abaixo assinados, devidamente autorizados a isso pelos respectivos Governos, firmaram a presente Convenção, aberta para assinatura em Nova Iorque, no dia 18 de Dezembro de 1979.

Resolução n.º 81/2002, de 2 de Outubro

A Convenção Internacional contra a Tomada de Reféns, adoptada pela Assembleia Geral das Nações Unidas, em 17 de Dezembro de 1979, é um instrumento jurídico internacional que visa criminalizar o envolvimento directo ou a cumplicidade na execução ou tentativa de homicídio, ferimento ou detenção de um refém, com vista a forçar um Estado, uma organização intergovernamental, uma pessoa física ou jurídica, ou um grupo de pessoas, a realizar ou abster-se de uma acção, como condição explícita ou implícita para a libertação do refém;

Havendo necessidade de a República de Moçambique aderir àquele instrumento jurídico internacional;

Nestes termos e ao abrigo do disposto na alínea *f*) do n.º 1 do artigo 153.º da Constituição da República, o Conselho de Ministros determina:

Art. 1.º
A adesão da República de Moçambique à Convenção Internacional contra a Tomada de Reféns, adoptada pela Assembleia Geral das Nações Unidas, em 17 de Dezembro de 1979, cujos textos em língua inglesa e a respectiva tradução em língua portuguesa vão em anexo à presente Resolução e dela são parte integrante.

Art. 2.º
Os Ministérios dos Negócios Estrangeiros e Cooperação e do Interior e da Justiça ficam encarregues de realizarem todos os trâmites necessários à notificação da presente Resolução ao depositário da Convenção e de assegurarem as medidas para a sua implementação, respectivamente.

Aprovada pelo Conselho de Ministros.

Publique-se.

O Primeiro-Ministro, *Pascoal Manuel Mocumbi*.

XXI – CONVENÇÃO INTERNACIONAL CONTRA A CRIMINALIDADE ORGANIZADA TRANSNACIONAL

Art. 1.º (Objectivo)
O objectivo da presente Convenção consiste em promover a cooperação para prevenir e combater mais eficazmente a criminalidade organizada transnacional.

Art. 2.º (Terminologia)
Para efeitos da presente Convenção, entende-se por:
 a) «Grupo criminoso organizado» – um grupo estruturado de três ou mais pessoas, existente há algum tempo e actuando concertadamente com o propósito de cometer um ou mais crimes graves ou infracções estabelecidas na presente Convenção, com a intenção de obter, directa ou indirectamente, um benefício económico ou outro benefício material;
 b) «Crime grave» – um acto que constitua uma infracção punível com uma pena privativa de liberdade não inferior a quatro anos ou com pena superior;
 c) «Grupo estruturado» – um grupo formado de maneira não fortuita para a prática imediata de uma infracção, ainda que os seus membros não tenham funções formalmente definidas, não haja continuidade na sua composição, nem disponha de uma estrutura elaborada;
 d) «Bens» – os activos de qualquer tipo, corpóreos ou incorpóreos, móveis ou imóveis, tangíveis ou intangíveis, e os documentos ou instrumentos jurídicos que atestem a propriedade ou outros direitos sobre os referidos activos;
 e) «Produto do crime» – os bens de qualquer tipo, provenientes, directa ou indirectamente, da prática de um crime;
 f) «Congelamento» ou «apreensão» – a proibição temporária de transferir, converter, dispôr ou movimentar bens ou a custódia ou controlo temporário de bens, por decisão de um tribunal ou de outra autoridade competente;
 g) «Confisco» – a perda definitiva de bens, por decisão de um tribunal ou outra autoridade competente;

h) «Infracção principal» – qualquer infracção de que derive um produto que possa passar a constituir objecto de uma infracção definida no artigo 6.º da presente Convenção;

i) «Entrega vigiada» – a técnica que consiste em permitir a passagem pelo território de um ou mais Estados de remessas ilícitas ou suspeitas, com o conhecimento e sob o controlo das suas autoridades competentes, com a finalidade de investigar infracções e identificar as pessoas envolvidas na sua prática;

j) «Organização regional de integração económica» – uma organização constituída por Estados soberanos de uma região determinada, para a qual estes Estados tenham transferido competências nas questões reguladas pela presente Convenção e que tenha sido devidamente mandatada, em conformidade com os seus procedimentos internos, para assinar, ratificar, aceitar ou aprovar a Convenção ou a ela aderir; as referências aos «Estados Partes» constantes da presente Convenção são aplicáveis a estas organizações até ao limite da sua competência.

Art. 3.º (Âmbito de aplicação)

1. Salvo disposição em contrário, a presente Convenção é aplicável à prevenção, à investigação e ao procedimento judicial de:

a) Infracções enunciadas nos artigos 5.º, 6.º, 8.º e 23.º da presente Convenção; e

b) Infracções graves, na acepção do artigo 2.º da presente Convenção; sempre que tais infracções sejam de carácter transnacional e envolvam um grupo criminoso organizado.

2. Para efeitos do n.º 1 do presente artigo, a infracção será de carácter transnacional se:

a) For cometida em mais de um Estado;

b) For cometida num só Estado, mas uma parte substancial da sua preparação, planeamento, direcção e controlo tenha lugar noutro Estado;

c) For cometida num só Estado, mas envolva a participação de um grupo criminoso organizado que pratique actividades criminosas em mais de um Estado; ou

d) For cometida num só Estado, mas produza efeitos substanciais noutro Estado.

Art. 4.º (Protecção da soberania)

1. Os Estados Partes cumprirão as suas obrigações decorrentes da presente Convenção no respeito pelos princípios da igualdade soberania e da integridade territorial dos Estados, bem como da não ingerência nos assuntos internos de outros Estados.

2. O disposto na presente Convenção não autoriza qualquer Estado Parte a exercer, em território de outro Estado, jurisdição ou funções que o direito interno desse Estado reserve exclusivamente às suas autoridades.

Art. 5.º (Criminalização da participação num grupo criminoso organizado)

1. Cada Estado Parte adoptará as medidas legislativas ou outras que sejam necessárias para caracterizar como infracção penal, quando praticado intencionalmente:
    a) Um dos actos seguintes, ou ambos, enquanto infracções penais distintas das que impliquem a tentativa ou a consumação da actividade criminosa:
        i) O entendimento com uma ou mais pessoas para a prática de uma infracção grave, com uma intenção directa ou indirectamente relacionada com a obtenção de um benefício económico ou outro benefício material e, quando assim prescrever o direito interno, envolvendo um acto praticado por um dos participantes para concretizar o que foi acordado ou envolvendo a participação de um grupo criminoso organizado;
        ii) A conduta de qualquer pessoa que, conhecendo a finalidade e a actividade criminosa geral de um grupo criminoso organizado, ou a sua intenção de cometer as infracções em questão, participe activamente em:
            a. Actividades ilícitas do grupo criminoso organizado;
            b. Outras actividades do grupo criminoso organizado, sabendo que a sua participação contribuirá para a finalidade criminosa acima referida;
    b) O acto de organizar, dirigir, ajudar, incitar facilitar ou aconselhar a prática de uma infracção grave que envolva a participação de um grupo criminoso organizado.

2. O conhecimento, a intenção, a finalidade, a motivação ou o acordo a que se refere o n.º 1 do presente artigo poderão inferir-se de circunstâncias factuais objectivas.

3. Os Estados Partes cujo direito interno condicione a incriminação pelas infracções referidas na subalínea *i)* da alínea *a)* do n.º 1 do presente artigo ao envolvimento de um grupo criminoso organizado diligenciarão no sentido de que o seu direito interno abranja todas as infracções graves que envolvam a participação de grupos criminosos organizados. Estes Estados Partes, assim como os Estados Partes cujo direito interno condicione a incriminação pelas infracções definidas na subalínea *i)* da alínea *a)* do n.º 1 do presente artigo à prática de um acto concertado, informarão deste facto o Secretário-Geral da Organização das Nações Unidas, no momento da assinatura ou do depósito do seu instrumento de ratificação, aceitação, aprovação ou adesão à presente Convenção.

Art. 6.º (Criminalização do branqueamento do produto do crime)

1. Cada Estado Parte adoptará, em conformidade com os princípios fundamentais do seu direito interno, as medidas legislativas ou outras que sejam necessárias para caracterizar como infracção penal, quando praticada intencionalmente:
    a) i) A conversão ou transferência de bens, quando quem o faz tem conhecimento de que esses bens são produto do crime, com o pro-

pósito de ocultar ou dissimular a origem ilícita dos bens ou ajudar qualquer pessoa envolvida na prática da infracção principal a furtar-se às consequências jurídicas dos seus actos;

   ii) A ocultação ou dissimulação da verdadeira natureza, origem, localização, disposição, movimentação ou propriedade de bens ou direitos a eles relativos, sabendo o seu autor que os ditos bens são produto do crime;
 b) Sob reserva dos conceitos fundamentais do seu ordenamento jurídico:
   i) A aquisição, posse ou utilização de bens, sabendo aquele que os adquire, possui ou utiliza, no momento da recepção, que são produto do crime;
   ii) A participação na prática de uma das infracções enunciadas no presente artigo, assim como qualquer forma de associação, acordo, tentativa ou cumplicidade, pela prestação de assistência, ajuda ou aconselhamento no sentido da sua prática.
2. Para efeitos da aplicação do n.º 1 do presente artigo:
 a) Cada Estado Parte procurará aplicar o n.º 1 do presente artigo à mais ampla gama possível de informações principais;
 b) Cada Estado Parte considerará como infracções principais todas as infracções graves na acepção do artigo 2.º da presente Convenção e as infracções enunciadas nos seus artigos 5.º, 8.º e 23.º. Os Estados Partes cuja legislação estabeleça uma lista de infracções principais específicas incluirá entre estas, pelo menos, uma gama completa de infracções relacionadas com grupos criminosos organizados;
 c) Para efeitos da alínea *b*), as infracções principais incluirão as infracções cometidas tanto dentro como fora da jurisdição do Estado Parte interessado. No entanto, as infracções cometidas fora da jurisdição de um Estado Parte só constituirão infracção principal quando o acto correspondente constitua infracção penal à luz do direito interno do Estado em que tenha sido praticado e constitua infracção penal à luz do direito interno do Estado Parte que aplique o presente artigo se o crime aí tivesse sido cometido;
 d) Cada Estado Parte fornecerá ao Secretário-Geral das Nações Unidas uma cópia ou descrição das suas leis destinadas a dar aplicação ao presente artigo e de qualquer alteração posterior;
 e) Se assim o exigirem os princípios fundamentais do direito interno de um Estado Parte, poderá estabelecer-se que as infracções enunciadas no n.º 1 do presente artigo não sejam aplicáveis às pessoas que tenham cometido a infracção principal;
 f) O conhecimento, a intenção ou a motivação, enquanto elementos constitutivos de uma infracção enunciada no n.º 1 do presente artigo, poderão inferir-se de circunstâncias factuais objectivas.

Art. 7.º (Medidas para combater o branqueamento de dinheiro)
1. Cada Estado Parte:
   a) Instituirá um regime interno completo de regulamentação e controlo dos bancos e instituições financeiras não bancários e, quando se justifique, de outros organismos especialmente susceptíveis de ser utilizados para o branqueamento de dinheiro, dentro dos limites da sua competência, a fim de prevenir e detectar qualquer forma de branqueamento de dinheiro, sendo nesse regime enfatizados os requisitos relativos à identificação do cliente, ao registo das operações e à denúncia de operações suspeitas;
   b) Garantirá, sem prejuízo da aplicação dos artigos 18.º e 27.º da presente Convenção, que as autoridades responsáveis pela administração, regulamentação, detecção e repressão e outras autoridades responsáveis pelo combate ao branqueamento de dinheiro (incluindo, quando tal esteja previsto no seu direito interno, as autoridades judiciais), tenham a capacidade de cooperar e trocar informações a nível nacional e internacional, em conformidade com as condições prescritas no direito interno, e, para esse fim, considerará a possibilidade de criar um serviço de informação financeira que funcione como centro nacional de recolha, análise e difusão de informação relativa a eventuais actividades de branqueamento de dinheiro.

2. Os Estados Partes considerarão a possibilidade de aplicar medidas viáveis para detectar e vigiar o movimento transfronteiriço de numerário e de títulos negociáveis, no respeito pelas garantias relativas à legítima utilização da informação e sem, por qualquer forma, restringir a circulação de capitais lícitos. Estas medidas poderão incluir a exigência de que os particulares e as entidades comerciais notifiquem as transferências transfronteiriças de quantias elevadas em numerário e títulos negociáveis.

3. Ao instituírem, nos termos do presente artigo, um regime interno de regulamentação e controlo, e sem prejuízo do disposto em qualquer outro artigo da presente Convenção, todos os Estados Partes são instados a utilizar como orientação as iniciativas pertinentes tomadas pelas organizações regionais, inter-regionais e multilaterais para combater o branqueamento de dinheiro.

4. Os Estados Partes diligenciarão no sentido de desenvolver e promover a cooperação à escala mundial, regional, subregional e bilateral entre as autoridades judiciais, os organismos de detecção e repressão e as autoridades de regulamentação financeira, a fim de combater o branqueamento de dinheiro.

Art. 8.º (Criminalização de corrupção)
1. Cada Estado Parte adoptará as medidas legislativas e outras que sejam necessárias para caracterizar como infracções penais os seguintes actos, quando intencionalmente cometidos:
   a) Prometer, oferecer ou conceder a um agente público, directa ou indirectamente, um benefício indevido, em seu proveito próprio ou de outra

pessoa ou entidade, a fim de praticar ou se abster de praticar um acto no desempenho das suas funções oficiais;

b) Por um agente público, pedir ou aceitar, directa ou indirectamente, um benefício indevido, para si ou para outra pessoa ou entidade, a fim de praticar ou se abster de praticar um acto no desempenho das suas funções oficiais.

2. Cada Estado Parte considerará a possibilidade de adoptar as medidas legislativas ou outras que sejam necessárias para conferir o carácter de infracção penal aos actos enunciados no n.º 1 do presente artigo que envolvam um agente público estrangeiro ou um funcionário internacional. Do mesmo modo, cada Estado Parte considerará a possibilidade de conferir o carácter de infracção penal a outras formas de corrupção.

3. Cada Estado Parte adoptará igualmente as medidas necessárias para conferir o carácter de infracção penal à cumplicidade na prática de uma infracção enunciada no presente artigo.

4. Para efeitos do n.º 1 do presente artigo e do artigo 9.º, a expressão «agente público» designa, além do funcionário público, qualquer pessoa que preste um serviço público, tal como a expressão é definida no direito interno e aplicada no direito penal do Estado Parte onde a pessoa em questão exerce as suas funções.

Art. 9.º (Medidas contra a corrupção)

1. Para além das medidas enunciadas no artigo 8.º da presente Convenção, cada Estado Parte, na medida em que seja procedente e conforme ao seu ordenamento jurídico, adoptará medidas eficazes de ordem legislativa, administrativa ou outra para promover a integridade e prevenir, detectar e punir a corrupção dos agentes públicos.

2. Cada Estado Parte tomará medidas no sentido de se assegurar de que as suas autoridades actuam eficazmente em matéria de prevenção, detecção e repressão da corrupção de agentes públicos, inclusivamente conferindo a essas autoridades independência suficiente para impedir qualquer influência indevida sobre a sua actuação.

Art. 10.º (Responsabilidade das pessoas colectivas)

1. Cada Estado Parte adoptará as medidas necessárias, em conformidade com o seu ordenamento jurídico, para responsabilizar pessoas colectivas que participem em infracções graves envolvendo um grupo criminoso organizado e que cometam as infracções enunciadas nos artigos 5.º, 6.º, 8.º e 23.º da presente Convenção.

2. No respeito pelo ordenamento jurídico do Estado Parte, a responsabilidade das pessoas colectivas poderá ser penal, civil ou administrativa.

3. A responsabilidade das pessoas colectivas não obstará à responsabilidade penal das pessoas singulares que tenham cometido as infracções.

4. Cada Estado Parte diligenciará, em especial, no sentido de que as pessoas colectivas consideradas responsáveis em conformidade com o presente artigo sejam objecto de sanções eficazes, proporcionais e dissuasórias, de natureza penal e não penal, incluindo sanções pecuniárias.

Art. 11.º (Processos judiciais, julgamento e sanções)

1. Cada Estado Parte tornará a prática de uma infracção enunciada nos artigos 5.º, 6.º, 8.º e 23.º da presente Convenção passível de sanções que tenham em conta a gravidade dessa infracção.

2. Cada Estado Parte diligenciará para que qualquer poder judicial discricionário conferido pelo seu direito interno e relativo a processos judiciais contra indivíduos por infracções previstas na presente Convenção seja exercido de forma a optimizar a eficácia das medidas de detecção e de repressão destas infracções, tendo na devida conta a necessidade de exercer um efeito dissuasor da sua prática.

3. No caso de infracções como as enunciadas nos artigos 5.º, 6.º, 8.º e 23.º da presente Convenção, cada Estado Parte tomará as medidas apropriadas, em conformidade com o seu direito interno, e tendo na devida conta os direitos da defesa, para que as condições a que estão sujeitas as decisões de aguardar julgamento em liberdade ou relativas ao processo de recurso tenham em consideração a necessidade de assegurar a presença do arguido em todo o processo penal ulterior.

4. Cada Estado Parte providenciará para que os seus tribunais ou outras autoridades competentes tenham presente a gravidade das infracções previstas na presente Convenção quando considerarem a possibilidade de uma libertação antecipada ou condicional de pessoas reconhecidas como culpadas dessas infracções.

5. Sempre que as circunstâncias o justifiquem, cada Estado Parte determinará, no âmbito do seu direito interno, um prazo de prescrição prolongado, durante o qual poderá ter início o processo relativo a uma das infracções previstas na presente Convenção, devendo esse período ser mais longo quando o presumível autor da infracção se tenha subtraído à justiça.

6. Nenhuma das disposições da presente Convenção prejudica o princípio segundo o qual a definição das infracções nela enunciadas e dos meios jurídicos de defesa aplicáveis, bem como outros princípios jurídicos que rejam a legalidade das incriminações, são do foro exclusivo do direito interno desse Estado Parte, e segundo o qual as referidas infracções são objecto de procedimento judicial e punidas de acordo com o direito desse Estado Parte.

Art. 12.º (Confisco e apreensão)

1. Os Estados Partes adoptarão, na medida em que o seu ordenamento jurídico interno o permita, as medidas necessárias para permitir o confisco:

   a) Do produto das infracções previstas na presente Convenção ou de bens cujo valor corresponda ao desse produto;
   b) Dos bens, equipamentos e outros instrumentos utilizados ou destinados a ser utilizados na prática das infracções previstas na presente Convenção.

2. Os Estados Partes tomarão as medidas necessárias para permitir a identificação, a localização, o embargo ou a apreensão dos bens referidos no n.º 1 do presente artigo, para efeitos de eventual confisco.

3. Se o produto do crime tiver sido convertido, total ou parcialmente, noutros bens, estes últimos podem ser objecto das medidas previstas no presente artigo, em substituição do referido produto.

4. Se o produto do crime tiver sido misturado com bens adquiridos legalmente, estes bens poderão, sem prejuízo das competências de embargo ou apreensão, ser confiscados até ao valor calculado do produto com que foram misturados.

5. As receitas ou outros benefícios obtidos com o produto do crime, os bens, nos quais o produto tenha sido transformado ou convertido, ou os bens com que tenha sido misturado podem também ser objecto das medidas previstas no presente artigo, da mesma forma e na mesma medida que o produto do crime.

6. Para efeitos do presente artigo e do artigo 13.º, cada Estado Parte habilitará os seus tribunais ou outras autoridades competentes para ordenarem a apresentação ou a apreensão de documentos bancários, financeiros ou comerciais. Os Estados Partes não poderão invocar o sigilo bancário para se recusarem a aplicar as disposições do presente número.

7. Os Estados Partes poderão considerar a possibilidade de exigir que o autor de uma infracção demonstre a proveniência lícita do presumido produto do crime ou de outros bens que possam ser objecto de confisco, na medida em que esta exigência esteja em conformidade com os princípios do seu direito interno e com a natureza do processo ou outros procedimentos judiciais.

8. As disposições do presente artigo não deverão, em circunstância alguma, ser interpretadas de modo a afectar os direitos de terceiros de boa-fé.

9. Nenhuma das disposições do presente artigo prejudica o princípio segundo o qual as medidas nele previstas são definidas e aplicadas em conformidade com o direito interno de cada Estado Parte e segundo as disposições deste direito.

Art. 13.º (Cooperação internacional para efeitos de confisco)

1. Na medida em que o seu ordenamento jurídico interno o permita, um Estado Parte que tenha recebido de outro Estado Parte, competente para conhecer de uma infracção prevista na presente Convenção, um pedido de confisco do produto do crime, bens, equipamentos ou outros instrumentos referidos no n.º 1 do artigo 12.º da presente Convenção que se encontrem no seu território, deverá:

   a) Transmitir o pedido às suas autoridades competentes, a fim de obter uma ordem de confisco e, se essa ordem for emitida, executá-la; ou

   b) Transmitir às suas autoridades competentes, para que seja executada conforme o solicitado, a decisão de confisco emitida por um tribunal situado no território do Estado Parte requerente, em conformidade com o n.º 1 do artigo 12.º da presente Convenção, em relação ao produto do crime, bens, equipamentos ou outros instrumentos referidos no n.º 1 do artigo 12.º que se encontrem no território do Estado Parte requerido.

2. Quando um pedido for feito por outro Estado Parte competente para conhecer de uma infracção prevista na presente Convenção, o Estado Parte requerido tomará medidas para identificar, localizar, embargar ou apreender o produto do crime, os bens, os equipamentos ou os outros instrumentos referidos no n.º 1 do artigo 12.º da presente Convenção, com vista a um eventual confisco que venha a ser ordenado, seja pelo Estado Parte requerente, seja, na sequência de um pedido formulado ao abrigo do n.º 1 do presente artigo, pelo Estado Parte requerido.

3. As disposições do artigo 18.º da presente Convenção aplicam-se *mutatis mutandis* ao presente artigo. Para além das informações referidas no n.º 15 do artigo 18.º, os pedidos feitos em conformidade com o presente artigo deverão conter:

a) Quando o pedido for feito ao abrigo da alínea a) do n.º 1 do presente artigo, uma descrição dos bens a confiscar e uma exposição dos factos em que o Estado Parte requerente se baseia, que permita ao Estado Parte requerido obter uma decisão de confisco em conformidade com o seu direito interno;

b) Quando o pedido for feito ao abrigo da alínea b) do n.º 1 do presente artigo, uma cópia legalmente admissível da decisão de confisco emitida pelo Estado Parte requerente em que se baseia o pedido, uma exposição dos factos e informações sobre os limites em que é pedida a execução da decisão;

c) Quando o pedido for feito ao abrigo do n.º 2 do presente artigo, uma exposição dos factos em que se baseia o Estado Parte requerente e uma descrição das medidas pedidas.

4. As decisões ou medidas previstas nos n.ºs 1 e 2 do presente artigo são tomadas pelo Estado Parte requerido em conformidade com o seu direito interno e segundo as disposições do mesmo direito, e em conformidade com as suas regras processuais ou com qualquer tratado, acordo ou protocolo bilateral ou multilateral que o ligue ao Estado Parte requerente.

5. Cada Estado Parte enviará ao Secretário-Geral da Organização das Nações Unidas uma cópia das suas leis e regulamentos destinados a dar aplicação ao presente artigo, bem como uma cópia de qualquer alteração ulteriormente introduzida a estas leis e regulamentos ou uma descrição destas leis, regulamentos e alterações ulteriores.

6. Se um Estado Parte decidir condicionar a adopção das medidas previstas nos n.ºs 1 e 2 do presente artigo à existência de um tratado na matéria, deverá considerar a presente Convenção como uma base jurídica necessária e suficiente para o efeito.

7. Um Estado Parte poderá recusar a cooperação que lhe é solicitada ao abrigo do presente artigo, caso a infracção a que se refere o pedido não seja abrangida pela presente Convenção.

8. As disposições do presente artigo não deverão, em circunstância alguma, ser interpretadas de modo a afectar os direitos de terceiros de boa-fé.

9. Os Estados Partes considerarão a possibilidade de celebrar tratados, acordos ou protocolos bilaterais ou multilaterais com o objectivo de reforçar a eficácia da cooperação internacional desenvolvida para efeitos do presente artigo.

Art. 14.º (Disposição do produto do crime ou dos bens confiscados)

1. Um Estado Parte que confisque o produto do crime ou bens em aplicação do artigo 12.º ou do n.º 1 do artigo 13.º da presente Convenção, disporá deles de acordo com o seu direito interno e os seus procedimentos administrativos.

2. Quando os Estados Partes agirem a pedido de outro Estado Parte em aplicação do artigo 13.º da presente Convenção, deverão, na medida em que o permita o seu direito interno e se tal lhes for solicitado, considerar prioritariamente a restituição do produto do crime ou dos bens confiscados ao Estado Parte requerente, para que este último possa indemnizar as vítimas da infracção ou restituir este produto do crime ou estes bens aos seus legítimos proprietários.

3. Quando um Estado Parte actuar a pedido de um outro Estado Parte em aplicação dos artigos 12.º e 13.º da presente Convenção, poderá considerar especialmente a celebração de acordos ou protocolos que prevejam:

> *a)* Destinar o valor deste produto ou destes bens, ou os fundos provenientes da sua venda, ou uma parte destes fundos, à conta criada em aplicação da alínea *c)* do n.º 2 do artigo 30.º da presente Convenção e a organismos intergovernamentais especializados na luta contra a criminalidade organizada;
>
> *b)* Repartir com outros Estados Partes, sistemática ou casuisticamente, este produto ou estes bens, ou fundos provenientes da respectiva venda, em conformidade com o seu direito interno ou os seus procedimentos administrativos.

Art. 15.º (Jurisdição)

1. Cada Estado Parte adoptará as medidas necessárias para estabelecer a sua competência jurisdicional em relação às infracções enunciadas nos artigos 5.º, 6.º, 8.º e 23.º da presente Convenção, nos seguintes casos:

> *a)* Quando a infracção for cometida no seu território; ou
>
> *b)* Quando a infracção for cometida a bordo de um navio que arvore a sua bandeira ou a bordo de uma aeronave matriculada em conformidade com o seu direito interno no momento em que a referida infracção for cometida.

2. Sem prejuízo do disposto no artigo 4.º da presente Convenção, um Estado Parte poderá igualmente estabelecer a sua competência jurisdicional em relação a qualquer destas infracções, nos seguintes casos:

> *a)* Quando a infracção for cometida contra um dos seus cidadãos;
>
> *b)* Quando a infracção for cometida por um dos seus cidadãos ou por uma pessoa apátrida residente habitualmente no seu território; ou
>
> *c)* Quando a infracção for:
>
> > *i)* Uma das previstas no número 1 do artigo 5.º da presente Convenção e

praticada fora do seu território, com a intenção de cometer uma infracção grave no seu território;
   ii) Uma das previstas na subalínea ii) da alínea b) do n.º 1 do artigo 6.º da presente Convenção e praticada fora do seu território com a intenção de cometer, no seu território, uma das infracções enunciadas nas subalíneas i) ou ii) das alíneas a) ou i), da alínea b) do n.º 1 do artigo 6.º da presente Convenção.
   3. Para efeitos do n.º 10 do artigo 16.º da presente Convenção, cada Estado Parte adoptará as medidas necessárias para estabelecer a sua competência jurisdicional em relação às infracções abrangidas pela presente Convenção quando o presumível autor se encontre no seu território e o Estado Parte não o extraditar pela única razão de se tratar de um seu cidadão.
   4. Cada Estado Parte poderá igualmente adoptar as medidas necessárias para estabelecer a sua competência jurisdicional em relação às infracções abrangidas pela presente Convenção quando o presumível autor se encontre no seu território e o Estado Parte não o extraditar.
   5. Se um Estado Parte que exerça a sua competência jurisdicional por força dos n.ᵒˢ 1 ou 2 do presente artigo tiver sido notificado, ou por qualquer outra forma tiver tomado conhecimento, de que um ou vários Estados Partes estão a efectuar uma investigação, ou iniciaram diligências, ou um processo judicial tendo por objecto o mesmo acto, as autoridades competentes destes Estados Partes deverão consultar-se, da forma que for mais conveniente, para coordenar as suas acções.
   6. Sem prejuízo das normas do direito internacional geral, a presente Convenção não excluirá o exercício de qualquer competência jurisdicional penal estabelecida por um Estado Parte em conformidade com o seu direito interno.

Art. 16.º (Extradição)
   1. O presente artigo aplica-se às infracções abrangidas pela presente Convenção ou nos casos em que um grupo criminoso organizado esteja implicado numa infracção prevista nas alíneas a) ou b) do n.º 1 do artigo 3.º e em que a pessoa que é objecto do pedido de extradição se encontre no Estado Parte requerido, desde que a infracção pela qual é pedida a extradição seja punível pelo direito interno do Estado Parte requerente e do Estado Parte requerido.
   2. Se o pedido de extradição for motivado por várias infracções graves distintas, algumas das quais não se encontrem previstas no presente artigo, o Estado Parte requerido pode igualmente aplicar o presente artigo às referidas infracções.
   3. Cada uma das infracções às quais se aplica o presente artigo será considerada incluída, de pleno direito, entre as infracções que dão lugar a extradição em qualquer tratado de extradição em vigor entre os Estados Partes. Os Estados Partes comprometem-se a incluir estas infracções entre aquelas cujo autor pode ser extraditado em qualquer tratado de extradição que celebrem entre si.
   4. Se um Estado Parte que condicione a extradição à existência de um tratado receber um pedido de extradição de um Estado Parte com o qual não celebrou tal

tratado, poderá considerar a presente Convenção como fundamento jurídico da extradição quanto às infracções a que se aplique o presente artigo.

5. Os Estados Partes que condicionem a extradição à existência de um tratado:
   a) No momento do depósito do seu instrumento de ratificação, aceitação, aprovação ou adesão à presente Convenção, indicarão ao Secretário--Geral da Organização das Nações Unidas se consideram a presente Convenção como fundamento jurídico para a cooperação com outros Estados Partes em matéria de extradição; e
   b) Se não considerarem a presente Convenção como fundamento jurídico para cooperar em matéria de extradição, diligenciarão, se necessário, pela celebração de tratados de extradição com outros Estados Partes, a fim de darem aplicação ao presente artigo.

6. Os Estados Partes que não condicionem a extradição à existência de um tratado, reconhecerão entre si as infracções às quais se aplica o presente artigo, o carácter de infracção cujo autor pode ser extraditado.

7. A extradição estará sujeita às condições previstas no direito interno do Estado Parte requerido ou em tratados de extradição aplicáveis, incluindo, nomeadamente, condições relativas à pena mínima requerida para que uma extradição e aos motivos pelos quais o Estado Parte requerido pode recusar a extradição.

8. Os Estados Partes procurarão, sem prejuízo do seu direito interno, acelerar os processos de extradição e simplificar os requisitos em matéria de prova com eles relacionados, no que se refere às infracções a que se aplica o presente artigo.

9. Sem prejuízo do disposto no seu direito interno e nos tratados de extradição que tenha celebrado, o Estado Parte requerido poderá, a pedido do Estado Parte requerente, se considerar que as circunstâncias o justificam e que existe urgência, colocar em detenção uma pessoa, presente no seu território, cuja extradição é pedida, ou adoptar a seu respeito quaisquer outras medidas apropriadas para assegurar a sua presença no processo de extradição.

10. Um Estado Parte em cujo território se encontre o presumível autor da infracção, se não extraditar esta pessoa a título de uma infracção à qual se aplica o presente artigo pelo único motivo de se tratar de um seu cidadão, deverá, a pedido do Estado Parte requerente da extradição, submeter o caso, sem demora excessiva, às suas autoridades competentes para efeitos de procedimento judicial. Estas autoridades tomarão a sua decisão e seguirão os trâmites do processo da mesma forma que em relação a qualquer outra infracção grave, à luz do direito interno deste Estado Parte. Os Estados Partes interessados cooperarão entre si, nomeadamente em matéria processual e probatória, para assegurar a eficácia dos referidos actos judiciais.

11. Quando um Estado Parte, por força do seu direito interno, só estiver autorizado a extraditar ou, por qualquer outra forma, entregar um dos seus cidadãos na condição de que essa pessoa retorne seguidamente ao mesmo Estado Parte para cumprir a pena a que tenha sido condenada na sequência do processo ou do procedimento que originou o pedido de extradição ou de entrega, e quando este

Estado Parte e o Estado Parte requerente concordarem em relação a essa opção e a outras condições que considerem apropriadas, a extradição ou entrega condicional será suficiente para dar cumprimento à obrigação enunciada no n.º 10 do presente artigo.

12. Se a extradição, pedida para efeitos de execução de uma pena, for recusada porque a pessoa que é objecto deste pedido é um cidadão do Estado Parte requerido, este, se o seu direito interno o permitir, em conformidade com as prescrições deste direito e a pedido do Estado Parte requerente, considerará a possibilidade de dar execução à pena que foi aplicada em conformidade com o direito do Estado Parte requerente ou ao que dessa pena faltar cumprir.

13. Qualquer pessoa que seja objecto de um processo devido a qualquer das infracções às quais se aplica o presente artigo terá garantido um tratamento equitativo em todas as fases do processo, incluindo o gozo de todos os direitos e garantias previstos no direito interno do Estado Parte em cujo território se encontra.

14. Nenhuma disposição da presente Convenção deverá ser interpretada no sentido de que impõe uma obrigação de extraditar a um Estado Parte requerido, se existirem sérias razões para supor que o pedido foi apresentado com a finalidade de perseguir ou punir uma pessoa em razão do seu sexo, raça, religião, nacionalidade, origem étnica ou opiniões políticas, ou que a satisfação daquele pedido provocaria um prejuízo a essa pessoa por alguma destas razões.

15. Os Estados Partes não poderão recusar um pedido de extradição unicamente por considerarem que a infracção envolve também questões fiscais.

16. Antes de recusar a extradição, o Estado Parte requerido consultará, se for caso disso, o Estado Parte requerente, a fim de lhe dar a mais ampla possibilidade de apresentar as suas razões e de fornecer informações em apoio das suas alegações.

17. Os Estados Partes procurarão celebrar acordos ou protocolos bilaterais e multilaterais com o objectivo de permitir a extradição ou de aumentar a sua eficácia.

Art. 17.º (Transferência de pessoas condenadas)

Os Estados Partes poderão considerar a celebração de acordos ou protocolos bilaterais ou multilaterais relativos à transferência para o seu território de pessoas condenadas a penas de prisão ou outras penas privativas de liberdade devido a infracções previstas na presente Convenção, para que aí possam cumprir o resto da pena.

Art. 18.º (Cooperação judiciária)

1. Os Estados Partes prestarão reciprocamente toda a assistência judiciária possível no âmbito de investigações, processos e outros actos judiciais relativos às infracções previstas pela presente Convenção, nos termos do artigo 3.º, e prestarão reciprocamente uma assistência similar quando o Estado Parte requerente tiver motivos razoáveis para suspeitar de que a infracção a que se referem as alíneas *a*) ou *b*) do n.º 1 do artigo 3.º é de carácter transnacional inclusive quando as vítimas, as testemunhas, o produto, os instrumentos ou os elementos de prova destas

infracções se encontrem no Estado Parte requerido e nelas esteja implicado um grupo criminoso organizado.

2. Será prestada toda a cooperação judiciária possível, tanto quanto o permitam as leis, tratados, acordos e protocolos pertinentes do Estado Parte requerido, no âmbito de investigações, processos e outros actos judiciais relativos a infracções pelas quais possa ser considerada responsável uma pessoa colectiva no Estado Parte requerente, em conformidade com o artigo 10.º da presente Convenção.

3. A cooperação judiciária prestada em aplicação do presente artigo pode ser solicitada para os seguintes efeitos:

a) Recolher testemunhos ou depoimentos;
b) Notificar actos judiciais;
c) Efectuar buscas, apreensões e embargos;
d) Examinar objectos e locais;
e) Fornecer informações, elementos de prova e pareceres de peritos;
f) Fornecer originais ou cópias certificadas de documentos e processos pertinentes, incluindo documentos administrativos, bancários, financeiros ou comerciais e documentos de empresas;
g) Identificar ou localizar os produtos do crime, bens, instrumentos ou outros elementos para fins probatórios;
h) Facilitar a comparência voluntária de pessoas no Estado Parte requerente;
i) Prestar qualquer outro tipo de assistência compatível com o direito interno do Estado Parte requerido.

4. Sem prejuízo do seu direito interno, as autoridades competentes de um Estado Parte poderão, sem pedido prévio, comunicar informações relativas a questões penais a uma autoridade competente de outro Estado Parte, se considerarem que estas informações poderão ajudar a empreender ou concluir com êxito investigações e processos penais ou conduzir este último Estado Parte a formular um pedido ao abrigo da presente Convenção.

5. A comunicação de informações em conformidade com o n.º 4 do presente artigo será efectuada sem prejuízo das investigações e dos processos penais no Estado cujas autoridades competentes fornecem as informações. As autoridades competentes que recebam estas informações deverão satisfazer qualquer pedido no sentido de manter confidenciais as referidas informações, mesmo se apenas temporariamente, ou de restringir a sua utilização. Todavia, tal não impedirá o Estado Parte que receba as informações de revelar, no decurso do processo judicial, informações que ilibem um arguido. Neste último caso, o Estado Parte que recebeu as informações avisará o Estado Parte que as comunicou antes de as revelar, se lhe for pedido, consultará este último. Se, num caso excepcional, não for possível uma comunicação prévia, o Estado Parte que recebeu as informações dará conhecimento da revelação, prontamente, ao Estado Parte que as tenha comunicado.

6. As disposições do presente artigo em nada prejudicam as obrigações decorrentes de qualquer outro tratado bilateral ou multilateral que regule, ou deva regular, inteiramente ou em parte, a cooperação judiciária.

7. Os números 9 a 29 do presente artigo serão aplicáveis aos pedidos feitos em conformidade com o presente artigo, no caso de os Estados Partes em questão não estarem ligados por um tratado de cooperação judiciária. Se os referidos Estados Partes estiverem ligados por tal tratado, serão aplicáveis as disposições correspondentes desse tratado, a menos que os Estados Partes concordem em aplicar, em seu lugar, as disposições dos números 9 a 29 do presente artigo. Os Estados Partes são vivamente instados a aplicar estes números, se tal facilitar a cooperação.

8. Os Estados Partes não poderão invocar o sigilo bancário para recusar a cooperação judiciária prevista no presente artigo.

9. Os Estados Partes poderão invocar a ausência de dupla criminalização para recusar prestar a assistência judiciária prevista no presente artigo. O Estado Parte requerido poderá não obstante, quando o considerar apropriado, prestar esta assistência, na medida em que o decida por si próprio, independentemente de o acto estar ou não tipificado como uma infracção no direito interno do Estado Parte requerido.

10. Qualquer pessoa detida ou a cumprir pena no território de um Estado Parte, cuja presença seja requerida num outro Estado Parte para efeitos de identificação, para testemunhar ou para contribuir por qualquer outra forma para a obtenção de provas no âmbito de investigações, processos ou outros actos judiciais relativos às infracções visadas na presente Convenção, pode ser objecto de uma transferência, se estiverem reunidas as seguintes condições:

a) Se a referida pessoa, devidamente informada, der o seu livre consentimento;

b) Se as autoridades competentes dos dois Estados Partes em questão derem o seu consentimento, sob reserva das condições que estes Estados Partes possam considerar convenientes.

11. Para efeitos do n.º 10 do presente artigo:

a) O Estado Parte para o qual a transferência da pessoa em questão for efectuada terá o poder e a obrigação de a manter detida, salvo pedido ou autorização em contrário do Estado Parte do qual a pessoa foi transferida;

b) O Estado Parte para o qual a transferência for efectuada, cumprirá prontamente a obrigação de entregar a pessoa à guarda do Estado Parte do qual foi transferida, em conformidade com o que tenha sido previamente acordado ou com o que as autoridades competentes dos dois Estados Partes tenham decidido;

c) O Estado Parte para o qual for efectuada a transferência, não poderá exigir do Estado Parte do qual a transferência foi efectuada que abra um processo de extradição para que a pessoa lhe seja entregue;

d) O período que a pessoa em questão passe detida no Estado Parte para o qual for transferida, é contado para o cumprimento da pena que lhe tenha sido aplicada no Estado Parte do qual for transferida.

12. A menos que o Estado Parte do qual a pessoa for transferida, ao abrigo dos números 10 e 11 do presente artigo, esteja de acordo, a pessoa em questão,

seja qual for a sua nacionalidade, não será objecto de processo judicial, detida, punida ou sujeita a outras restrições à sua liberdade de movimentos no território do Estado Parte para o qual seja transferida, devido a actos, omissões ou condenações anteriores à sua partida do território do Estado Parte do qual foi transferida.

13. Cada Estado Parte designará uma autoridade central que terá a responsabilidade e o poder de receber pedidos de cooperação judiciária e, quer de os executar, quer de os transmitir às autoridades competentes para execução. Se um Estado Parte possuir uma região ou um território especial dotado de um sistema de cooperação judiciária diferente, poderá designar uma autoridade central distinta, que terá a mesma função para a referida região ou território. As autoridades centrais asseguram a execução ou a transmissão rápida e em boa e devida forma dos pedidos recebidos. Quando a autoridade central transmitir o pedido a uma autoridade competente para execução, instará pela rápida e em boa e devida forma do pedido por parte da autoridade competente. O Secretário-Geral da Organização das Nações Unidas será notificado da autoridade central designada para este efeito no momento em que cada Estado Parte depositar os seus instrumentos de ratificação, aceitação, aprovação ou adesão à presente Convenção. Os pedidos de cooperação judiciária e qualquer comunicação com eles relacionada serão transmitidos às autoridades centrais designadas pelos Estados Partes. A presente disposição não afectará o direito de qualquer Estado Parte a exigir que estes pedidos e comunicações lhe sejam remetidos por via diplomática e, em caso de urgência, e se os Estados Partes nisso acordarem, por intermédio da Organização Internacional de Polícia Criminal, se tal for possível.

14. Os pedidos são enviados por escrito ou, se possível, por qualquer outro meio que possa produzir um documento escrito, numa língua que seja aceite pelo Estado Parte requerido, em condições que permitam a este Estado Parte verificar a sua autencidade. A língua ou as línguas aceites por cada Estado Parte são notificadas ao Secretário-Geral da Organização das Nações Unidas no momento em que o Estado Parte em questão depositar os seus instrumentos de ratificação, aceitação, aprovação ou adesão à presente Convenção. Em caso de urgência, e se os Estados Partes nisso acordarem, os pedidos poderão ser feitos oralmente, mas, deverão ser imediatamente confirmados por escrito.

15. Um pedido de cooperação judiciária deverá conter as seguintes informações:

   a) A designação da autoridade que emite o pedido;
   b) O objecto e a natureza da investigação, dos processos ou dos outros actos judiciais a que se refere o pedido, bem como o nome e as funções da autoridade que os tenha a seu cargo;
   c) Um resumo dos factos relevantes, salvo no caso dos pedidos efectuados para efeitos de notificação de actos judiciais;
   d) Uma descrição da assistência pretendida e pormenores de qualquer procedimento específico que o Estado Parte requerente deseje ver aplicado;

e) Caso seja possível, a identidade, endereço e nacionalidade de qualquer pessoa visada; e

f) O fim para o qual são pedidos os elementos, informações ou medidas.

16. O Estado Parte requerido poderá solicitar informações adicionais, quando tal se afigure necessário à execução do pedido em conformidade com o seu direito interno, ou quando tal possa facilitar a execução do pedido.

17. Qualquer pedido será executado em conformidade com o direito interno do Estado Parte requerido e, na medida em que tal não contrarie este direito e seja possível, em conformidade com os procedimentos especificados no pedido.

18. Se for possível e em conformidade com os princípios fundamentais do direito interno, quando uma pessoa que se encontre no território de um Estado Parte deva ser ouvida como testemunha ou como perito pelas autoridades judiciais de outro Estado Parte, o primeiro Estado Parte poderá, a pedido do outro, autorizar a sua audição por video-conferência, se não for possível ou desejável que a pessoa compareça no território do Estado Parte requerente. Os Estados Partes poderão acordar em que a audição seja conduzida por uma autoridade judicial do Estado Parte requerente e que a ela assista uma autoridade judicial do Estado Parte requerido.

19. O Estado Parte requerente não comunicará nem utilizará as informações ou os elementos de prova fornecidos pelo Estado Parte requerido para efeitos de investigações, processos ou outros actos judiciais diferentes dos mencionados no pedido sem o consentimento prévio do Estado Parte requerido. O disposto neste número não impedirá o Estado Parte requerente de revelar, durante o processo, informações ou elementos de prova ilibatórios de um arguido. Neste último caso, o Estado Parte requerente avisará, antes da revelação, o Estado Parte requerido e, se tal lhe for pedido, consultará neste último. Se, num caso excepcional, não for possível numa comunicação prévia, o Estado Parte requerente informará da revelação, prontamente, o Estado Parte requerido.

20. O Estado Parte requerente poderá, exigir que o Estado Parte requerido guarde sigilo sobre o pedido e o seu conteúdo, salvo na medida do que seja necessário para o executar. Se o Estado Parte requerido não puder satisfazer esta exigência, informará prontamente o Estado Parte requerente.

21. A cooperação judiciária poderá ser recusada:

a) Se o pedido não for feito em conformidade com o disposto no presente artigo;

b) Se o Estado Parte requerido considerar que a execução do pedido é susceptível de pôr em causa a sua soberania, a sua segurança, a sua ordem pública ou outros interesses essenciais;

c) Se o direito interno do Estado Parte requerido proibir as suas autoridades de executarem as providências solicitadas numa infracção análoga que fosse objecto de uma investigação ou de um procedimento judicial no âmbito da sua própria competência;

d) Se a aceitação do pedido contrariar o sistema jurídico do Estado Parte requerido no que se refere à cooperação judiciária.

22. Os Estados Partes não poderão recusar um pedido de cooperação judiciária unicamente por considerarem que a infracção envolve também questões fiscais.

23. Qualquer recusa de cooperação judiciária deverá ser fundamentada.

24. O Estado Parte requerido executará o pedido de cooperação judiciária tão prontamente quanto possível e terá em conta, na medida do possível, todos os prazos sugeridos pelo Estado Parte requerente para os quais sejam dadas justificações, de preferência no pedido. O Estado Parte requerido responderá aos pedidos razoáveis do Estado Parte requerente quanto ao andamento das diligências solicitadas. Quando a assistência pedida deixar de ser necessária, o Estado Parte requerente informará prontamente desse facto o Estado Parte requerido.

25. A cooperação judiciária poderá ser diferida pelo Estado Parte requerido por interferir com uma investigação, processos ou outros actos judiciais em curso.

26. Antes de recusar um pedido ao abrigo do n.º 21 do presente artigo ou de diferir a sua execução ao abrigo do n.º 25, o Estado Parte requerido estudará com o Estado Parte requerente a possibilidade de prestar a assistência sob reserva das condições que considere necessárias. Se o Estado Parte requerente aceitar a assistência sob reserva destas condições, deverá respeitá-las.

27. Sem prejuízo da aplicação do n.º 12 do presente artigo, uma testemunha, um perito ou outra pessoa que, a pedido do Estado Parte, aceite depor num processo ou colaborar numa investigação, em processos ou outros actos judiciais no território do Estado Parte requerente, não será objecto de processo, detida, punida ou sujeita a outras restrições à sua liberdade pessoal neste território, devido a actos, omissões ou condenações anteriores à sua partida do território do Estado Parte requerido. Esta imunidade cessa quando a testemunha, o perito ou a referida pessoa, tendo tido, durante um período de quinze dias consecutivos ou qualquer outro período acordado pelos Estados Partes, a contar da data em que recebeu a comunicação oficial de que a sua presença já não era exigida pelas autoridades judiciais, a possibilidade de deixar o território do Estado Parte requerente, nele tenha voluntariamente permanecido ou, tendo-o deixado, a ele tenha regressado de livre vontade.

28. As despesas correntes com a execução de um pedido serão suportadas pelo Estado Parte requerido, salvo acordo noutro sentido dos Estados Partes interessados. Quando venham a revelar-se necessárias despesas significativas ou extraordinárias para executar o pedido, os Estados Partes consultar-se-ão para fixar as condições segundo as quais o pedido deverá ser executado, bem como o modo como as despesas serão asumidas.

29. O Estado Parte requerido:
   a) Fornecerá ao Estado Parte requerente cópias dos processos, documentos de informações administrativas que estejam em seu poder e que, por força do seu direito interno, estejam acessíveis ao público;
   b) Poderá, se assim o entender, fornecer ao Estado Parte requerente, na íntegra ou nas condições que considere apropriadas, cópias de todos os processos, documentos ou informações que estejam na sua posse e que, por força do seu direito interno, não sejam acessíveis ao público.

30. Os Estados Partes considerarão, se necessário, a possibilidade de celebrarem acordos ou protocolos bilaterais ou multilaterais que sirvam os objectivos e as disposições do presente artigo, reforçando-as ou dando-lhes maior eficácia.

Na ausência de tais acordos ou protocolos, poderá ser decidida casuisticamente a realização de investigações conjuntas. Os Estados Partes envolvidos agirão de modo a que a soberania do Estado Parte em cujo território decorre a investigação seja plenamente respeitada.

Art. 19.º (Investigação conjunta)

Os Estados Partes comprometem-se a celebrar acordos bilaterais ou multilaterais por força dos quais, relativamente às matérias que são objecto de investigações, de procedimentos criminais ou de processos judiciais num ou em vários estados, as autoridades competentes envolvidas podem estabelecer equipas de investigações conjuntas.

Na ausência destes acordos, as investigações conjuntas podem ser decididas caso a caso. Os Estados Partes em causa velarão por que a soberania do Estado Parte no território no qual a investigação deve decorrer seja plenamente respeitada.

Art. 20.º (Técnicas especiais de investigação)

1. Se os princípios fundamentais do seu ordenamento jurídico nacional o permitirem, cada Estado Parte, tendo em conta as suas possibilidades e em conformidade com as condições prescritas no seu direito interno, adoptará as medidas necessárias para permitir o recurso apropriado a entregas vigiadas e, quando o considere adequado, o recurso a outras técnicas especiais de investigação, como a vigilância electrónica ou outras formas de vigilância e as operações de infiltração, por parte das autoridades competentes no seu território, a fim de combater eficazmente a criminalidade organizada.

2. Para efeitos de investigações sobre as infracções previstas na presente Convenção, os Estados Partes são instados a celebrar, se necessário, acordos ou protocolos bilaterais ou multilaterais apropriados para recorrer às técnicas especiais de investigação, no âmbito da cooperação internacional. Estes acordos ou protocolos serão celebrados e aplicados sem prejuízo do princípio da igualdade soberana dos Estados e serão executados em estrita conformidade com as disposições neles contidas.

3. Na ausência dos acordos ou protocolos referidos no n.º 2 do presente artigo, as decisões de recorrer a técnicas especiais de investigação a nível internacional serão tomadas casuisticamente e poderão, se necessário, ter em conta acordos ou protocolos financeiros relativos ao exercício de jurisdição pelos Estados Partes interessados.

4. As entregas vigiadas a que se tenha decidido recorrer a nível internacional poderão incluir, com o consentimento dos listados Partes envolvidos, métodos, como a intercepção de mercadorias e a autorização de prosseguir o seu encaminhamento, sem alteração ou após subtracção ou substituição da totalidade ou de parte dessas mercadorias.

Art. 21.º (Transferência de processos penais)

Os Estados Partes considerarão a possibilidade de transferirem mutuamente os processos relativos a uma infracção prevista na presente Convenção, nos casos em que esta transferência seja considerada necessária no interesse da boa administração da justiça e, em especial, quando estejam envolvidas várias jurisdições, a fim de centralizar a instrução dos processos.

Art. 22.º (Estabelecimento de antecedentes penais)

Cada Estado Parte poderá adoptar as medidas legislativas ou outras que sejam necessárias para ter em consideração, nas condições e para os efeitos que entender apropriados, qualquer condenação de que o presumível autor de uma infracção tenha sido objecto noutro Estado, a fim de utilizar esta informação no âmbito de um processo penal relativo a uma infracção prevista na presente Convenção.

Art. 23.º (Criminalização da obstrução à justiça)

Cada Estado Parte adoptará medidas legislativas e outras consideradas necessárias para conferir o carácter de infracção penal aos seguintes actos, quando cometidos intencionalmente:

a) O recurso à força física, a ameaças ou a intimidação, ou a promessa, oferta ou concessão de um benefício indevido para obtenção de um falso testemunho ou para impedir um testemunho ou a apresentação de elementos de prova num processo relacionado com a prática de infracções previstas na presente Convenção;

b) O recurso à força física, a ameaças ou a intimidação para impedir um agente judicial ou policial de exercer os deveres inerentes à sua função relativamente à prática de infracções previstas na presente Convenção. O disposto na presente alínea não prejudica o direito dos Estados Partes de disporem de legislação destinada a proteger outras categorias de agentes públicos.

Art. 24.º (Protecção das testemunhas)

1. Cada Estado Parte, dentro das suas possibilidades, adoptará medidas apropriadas para assegurar uma protecção eficaz contra eventuais actos de represália ou de intimidação das testemunhas que, no âmbito de processos penais, deponham sobre infracções previstas na presente Convenção e, quando necessário, aos seus familiares ou outras pessoas que lhes sejam próximas.

2. Sem prejuízo dos direitos do arguido, incluindo o direito a um julgamento regular, as medidas referidas no n.º 1 do presente artigo poderão incluir, entre outras:

a) Desenvolver, para a protecção física destas pessoas, procedimentos que visem, consoante as necessidades e na medida do possível, nomeadamente, fornecer-lhes um novo domicílio é impedir ou restringir a divulgação de informações relativas à sua identidade e paradeiro;

b) Estabelecer normas em matéria de prova que permitam às testemunhas depor de forma a garantir a sua segurança, nomeadamente autorizando-as a depor com recurso a meios técnicos de comunicação, como ligações de vídeo ou outros meios adequados.

3. Os Estados Partes considerarão a possibilidade de celebrar acordos com outros Estados para facultar um novo domicílio às pessoas referidas no n.º 1 do presente artigo.

4. As disposições do presente artigo aplicam-se igualmente às vitimas, quando forem testemunhas.

Art. 25.º (Assistência e protecção às vítimas)

1. Cada Estado Parte adoptará, segundo as suas possibilidades, medidas apropriadas para prestar assistência e assegurar a protecção às vítimas de infracções previstas na presente Convenção, especialmente em caso de ameaça de represálias ou de intimidação.

2. Cada Estado Parte estabelecerá procedimentos adequados para que as vítimas de infracções previstas na presente Convenção possam obter reparação.

3. Cada Estado Parte, sem prejuízo do seu direito interno, assegurará que as opiniões e preocupações das vítimas sejam apresentadas e tomadas em consideração nas fases adequadas do processo penal aberto contra os autores de infracções, por forma que não prejudique os direitos da defesa.

Art. 26.º (Medidas para intensificar a cooperação com as autoridades competentes para a aplicação da lei)

1. Cada Estado Parte tomará as medidas adequadas para encorajar as pessoas que participem ou tenham participado em grupos criminosos organizados:

a) A fornecerem informações úteis às autoridades competentes para efeitos de investigação e produção de provas, nomeadamente:

  i) A identidade, natureza, composição, estrutura, localização ou actividades dos grupos criminosos organizados;

  ii) As ligações, incluindo à escala internacional, com outros grupos criminosos organizados;

  iii) As infracções que os grupos criminosos organizados praticaram ou poderão vir a praticar;

b) A prestarem ajuda efectiva e concreta às autoridades competentes, susceptível de contribuir para privar os grupos criminosos organizados dos seus recursos ou do produto do crime.

2. Cada Estado Parte poderá considerar a possibilidade, nos casos pertinentes, de reduzir a pena de que é passível um arguido que coopere de forma substancial na investigação ou no julgamento dos autores de uma infracção prevista na presente Convenção.

3. Cada Estado Parte poderá considerar a possibilidade, em conformidade com os princípios fundamentais do seu ordenamento jurídico interno, de conceder

imunidade a uma pessoa que coopere de forma substancial na investigação ou no julgamento dos autores de uma infracção prevista na presente Convenção.

4. A protecção destas pessoas será assegurada nos termos do artigo 24.º da presente Convenção.

5. Quando uma das pessoas referidas no n.º 1 do presente artigo se encontre num Estado Parte e possa prestar uma cooperação substancial às autoridades competentes de outro Estado Parte, os Estados Partes em questão poderão considerar a celebração de acordos, em conformidade com o seu direito interno, relativos à eventual concessão, pelo outro Estado Parte, do tratamento descrito nos n.ºs 2 e 3 do presente artigo.

Art. 27.º (Cooperação entre as autoridades competentes para a aplicação da lei)

1. Os Estados Partes cooperarão estreitamente, em conformidade com os seus respectivos ordenamentos jurídicos e administrativos, a fim de reforçar a eficácia das medidas de controlo do cumprimento da lei destinadas a combater as infracções previstas na presente Convenção. Especificamente, cada Estado Parte adoptará medidas eficazes para:

   a) Reforçar ou, se necessário, criar canais de comunicação entre as suas autoridades, organismos e serviços competentes, para facilitar a rápida e segura troca de informações relativas a todos os aspectos das infracções previstas na presente Convenção, incluindo, se os Estados Partes envolvidos o considerarem apropriado, ligações com outras actividades criminosas;

   b) Cooperar com outros Estados Partes, quando se trate de infracções previstas na presente Convenção, na condução de investigações relativas aos seguintes aspectos:

   i) Identidade, localização e actividades de pessoas suspeitas de implicação nas referidas infracções, bem como localização de outras pessoas envolvidas;

   ii) Movimentação do produto do crime ou dos bens provenientes da prática destas infracções;

   iii) Movimentação de bens, equipamentos ou outros instrumentos utilizados ou destinados a ser utilizados na prática destas infracções;

   c) Fornecer, quando for caso disso, os elementos ou as quantidades de substâncias necessárias para fins de análise ou de investigação;

   d) Facilitar uma coordenação eficaz entre as autoridades, organismos e serviços competentes e promover o intercâmbio de pessoal e de peritos, incluindo, sob reserva da existência de acordos ou protocolos bilaterais entre os Estados Partes envolvidos, a designação de agentes de ligação;

   e) Trocar informações com outros Estados Partes sobre os meios e métodos específicos utilizados pelos grupos criminosos organizados, incluindo, se

for caso disso, sobre os itinerários e os meios de transporte, bem como o uso de identidades falsas, de documentos alterados ou falsificados ou outros meios de dissimulação das suas actividades;
f) Trocar informações e coordenar as medidas administrativas e outras, tendo em vista detectar o mais rapidamente possível as infracções previstas na presente Convenção.

2. Para dar aplicação à presente Convenção, os Estados Partes considerarão a possibilidade de celebrar acordos ou protocolos bilaterais ou multilaterais que prevejam uma cooperação directa entre as suas autoridades competentes para a aplicação da lei quando tais acordos ou protocolos já existam, considerarão possibilidade de os alterar. Na ausência de tais acordos entre Estados Partes envolvidos, estes últimos poderão basear-se na presente Convenção para instituir uma cooperação em material de detecção e repressão das infracções previstas na presente Convenção. Sempre que tal se justifique, os Estados Partes utilizarão plenamente os acordos ou protocolos, incluindo organizações internacionais ou regionais, para intensificar a cooperação entre as suas autoridades competentes para a aplicação da lei.

3. Os Estados Partes procurarão cooperar, na medida das suas possibilidades, para enfrentar o crime organizado transnacional praticado com recurso a meios tecnológicos modernos.

Art. 28.º (Recolha, intercâmbio e análise de informações sobre a natureza da criminalidade organizada)

1. Cada Estado Parte considerará a possibilidade de analisar em consulta com os meios científicos e universitários, as tendências da criminalidade organizada no seu território, as circunstâncias em que opera e os grupos profissionais e tecnologia envolvidos.

2. Os Estados Partes considerarão a possibilidade de desenvolver as suas capacidades de análise das actividades criminosas organizadas e de as partilhar directamente entre si e por intermédio de organizações internacionais e regionais. Para este efeito, deverão ser elaboradas e aplicadas, quando for caso disso, definições, normas e metodologias comuns.

3. Cada Estado Parte considerará o estabelecimento de meios de acompanhamento das suas políticas e das medidas tomadas para combater o crime organizado, avaliando a sua aplicação e eficácia.

Art. 29.º (Formação e assistência técnica)

1. Cada Estado Parte estabelecerá, desenvolverá ou melhorará, na medida das necessidades, programas de formação específicos destinados ao pessoal das autoridades competentes para a aplicação da lei, incluindo magistrados do ministério público, juízes de instrução e funcionários aduaneiros, bem como outro pessoal que tenha por função prevenir, detectar e reprimir as infracções previstas na

presente Convenção. Estes programas, que poderão prever destacamentos e intercâmbio de pessoal, incidirão especificamente, na medida em que o direito interno o permita nos seguintes aspectos:

   a) Métodos utilizados para prevenir, detectar e combater as infracções previstas na presente Convenção;
   b) Rotas e técnicas utilizadas pelas pessoas suspeitas de implicação em infracções previstas na presente Convenção, incluindo nos Estados de trânsito, e medidas de luta adequadas;
   c) Vigilância das movimentações dos produtos de contrabando;
   d) Detecção e vigilância das movimentações do produto do crime, de bens, equipamentos ou outros instrumentos de métodos de transferência, dissimulação ou disfarce destes produtos, bens, equipamentos ou outros instrumentos, bem como métodos de luta contra o branqueamento de dinheiro e outras infracções financeiras;
   e) Recolha de elementos de prova;
   f) Técnicas de controlo nas zonas francas e nos portos francos;
   g) Equipamentos e técnicas modernas de detecção e de repressão, incluindo a vigilância electrónica, as entregas vigiadas e as operações de infiltração;
   h) Métodos utilizados para combater o crime organizado transnacional cometido por meio de computadores, de redes de telecomunicações ou outras tecnologias modernas; e
   i) Métodos utilizados para a protecção das vítimas e das testemunhas.

2. Os Estados Partes cooperarão no planeamento e execução de programas de investigação e de formação concebidos para o intercâmbio de conhecimentos especializados nos domínios referidos no n.º 1 do presente artigo e, para este efeito, recorrerão também, quando for caso disso, a conferências e seminários regionais e internacionais para promover a cooperação e estimular as trocas de pontos de vista sobre problemas comuns, incluindo os problemas e necessidades específicos dos Estados de trânsito.

3. Os Estados Partes cooperarão no planeamento e execução de programas de investigação e de formação concebidos para o intercâmbio de conhecimentos especializados nos domínios referidos no n.º 1 do presente artigo e, para este efeito, recorrerão também, quando for caso disso, a conferências e seminários regionais e internacionais para promover a cooperação e estimular as trocas de pontos de vista sobre problemas comuns, incluindo os problemas e necessidades específicos dos Estados de trânsito.

4. Os Estados Partes incentivarão as actividades de formação e de assistência técnica susceptíveis de facilitar a extradição e a cooperação judiciária. Estas actividades de cooperação e de assistência técnica poderão incluir formação linguística, destacamentos e intercâmbios do pessoal das autoridades centrais ou de organismos que tenham responsabilidades nos domínios em questão.

5. Sempre que se encontrem em vigor acordos bilaterais ou multilaterais, os Estados Partes reforçarão, tanto quanto for necessário, as medidas tomadas no

sentido de optimizar as actividades operacionais e de formação no âmbito de organizações internacionais e regionais e no âmbito de outros acordos ou protocolos bilaterais e multilaterais na matéria.

Art. 30.º (Outras medidas: aplicação da Convenção através do desenvolvimento económico e da assistência técnica)

1. Os Estados Partes tomarão as medidas adequadas para assegurar a melhor aplicação possível da presente Convenção através da cooperação internacional, tendo em conta os efeitos negativos da criminalidade organizada na sociedade em geral e no desenvolvimento sustentável em particular.

2. Os Estados Partes farão esforços concretos, na medida do possível, de coordenação entre si e com as organizações regionais e internacionais:

   a) Para desenvolver a sua cooperação a vários níveis com os países em desenvolvimento, a fim de reforçar a capacidade destes para prevenir e combater a criminalidade organizada transnacional;

   b) Para aumentar a assistência financeira e material aos países em desenvolvimento, a fim de apoiar os seus esforços para combater eficazmente a criminalidade organizada transnacional e ajudá-los a aplicar com êxito a presente Convenção;

   c) Para fornecer uma assistência técnica aos países em desenvolvimento e aos países com uma economia de transição, a fim de ajudá-los a obter meios para a aplicação da presente Convenção. Para este efeito, os Estados Partes procurarão destinar voluntariamente contribuições adequadas e regulares a uma conta constituída especificamente para este fim no âmbito de um mecanismo de financiamento das Nações Unidas. Os Estados Partes poderão também considerar, especificamente, em conformidade com o seu direito interno e as disposições da presente Convenção, a possibilidade de destinarem à conta acima referida uma percentagem dos fundos ou do valor correspondente do produto do crime ou dos bens confiscados em aplicação das disposições da presente Convenção;

   d) Para incentivar e persuadir outros Estados e instituições financeiras, quando tal se justifique, a associarem-se aos esforços desenvolvidos em conformidade com o presente artigo, nomeadamente fornecendo aos países em desenvolvimento mais programas de formação e material moderno, a fim de os ajudar a alcançar os objectivos da presente Convenção;

   e) Tanto quanto possível, estas medidas serão tomadas sem prejuízo dos compromissos existentes em matéria de assistência externa ou de outros acordos de cooperação financeira a nível bilateral, regional ou internacional.

4. Os Estados Partes poderão celebrar acordos ou protocolos bilaterais ou multilaterais relativos a assistência técnica e logística, tendo em conta os acordos financeiros necessários para assegurar a eficácia dos meios de cooperação internacional previstos na presente Convenção, e para prevenir, detectar e combater a criminalidade organizada transnacional.

Art. 31.º (Prevenção)

1. Os Estados Partes procurarão elaborar e avaliar projectos nacionais, bem como estabelecer e promover as melhores práticas políticas para prevenir a criminalidade organizada transnacional.

2. Em conformidade com os princípios fundamentais do seu direito interno, os Estados Partes procurarão reduzir, através de medidas legislativas, administrativas ou outras que sejam adequadas, as possibilidades actuais ou futuras de participação e grupos criminosos organizados em negócios lícitos utilizando o produto do crime. Estas medidas deverão incidir:

   a) No reforço da cooperação entre as autoridades competentes para a aplicação da lei, os magistrados do ministério público e as entidades privadas envolvidas, incluindo empresas;
   b) Na promoção da elaboração de normas e procedimentos destinados a preservar a integridade das entidades públicas e privadas envolvidas, bem como de códigos deontológicos para determinados profissionais, em particular juristas, notários, consultores fiscais e contabilistas;
   c) Na prevenção da utilização indevida, por grupos criminosos organizados, de concursos públicos, bem como de subvenções e licenças concedidas por autoridades públicas para a realização de actividades comerciais;
   d) Na prevenção da utilização indevida de pessoas colectivas por grupos criminosos organizados.

   Estas medidas poderão incluir:

   i) O estabelecimento de registos públicos de pessoas colectivas e singulares envolvidas na criação, gestão e financiamento de pessoas colectivas;
   ii) A possibilidade de privar, por decisão judicial ou por qualquer outro meio adequado, as pessoas condenadas por infracções previstas na presente Convenção, por um período adequado, do direito de exercerem funções de direcção de pessoas colectivas estabelecidas no seu território;
   iii) O estabelecimento de registos nacionais de pessoas que tenham sido privadas do direito de exercerem funções de direcção de pessoas colectivas; e
   iv) O intercâmbio de informações contidas nos registos referidos nas subalíneas *i*) e *iii*) da presente alínea com as autoridades competentes dos outros Estados Partes.

3. Os Estados Partes procurarão promover a reinserção na sociedade das pessoas condenadas por infracções previstas na presente Convenção.

4. Os Estados Partes procurarão avaliar periodicamente os instrumentos jurídicos e as práticas administrativas aplicáveis, a fim de determinar se contêm lacunas que permitam aos grupos criminosos organizados fazerem deles utilização indevida.

5. Os Estados Partes procurarão sensibilizar melhor o público para a existência, as causas e a gravidade da criminalidade organizada transnacional e para a

ameaça que representa. Poderão fazê-lo, quando for caso disso, por intermédio dos meios de comunicação social e adoptando medidas destinadas a promover a participação do público nas acções de prevenção e combate à criminalidade.

6. Cada Estado Parte comunicará ao Secretário-Geral da Organização das Nações Unidas o nome e o endereço da(s) autoridade(s) que poderão assistir os outros Estados Partes na aplicação das medidas de prevenção da criminalidade organizada transnacional.

7. Quando tal se justifique, os Estados Partes colaborarão, entre si e com as organizações regionais e internacionais competentes, a fim de promover e aplicar as medidas referidas no presente artigo. A este título, participarão em projectos internacionais que visem prevenir a criminalidade organizada transnacional, actuando, por exemplo, sobre os factores que tornam os grupos socialmente marginalizados vulneráveis à sua acção.

Art. 32.º (Conferência das Partes na Convenção)

1. Será instituída uma Conferência das Partes na Convenção, para melhorar a capacidade dos Estados Partes no combate à criminalidade organizada transnacional e para promover e analisar a aplicação da presente Convenção.

2. O Secretário-Geral da Organização das Nações Unidas convocará a Conferência das Partes, o mais tardar, um ano após a entrada em vigor da presente Convenção. A Conferência das Partes adoptará um regulamento interno e regras relativas às actividades enunciadas nos números 3 e 4 do presente artigo (incluindo regras relativas ao financiamento das despesas decorrentes dessas actividades).

3. A Conferência das Partes acordará em mecanismos destinados a atingir os objectivos referidos no n.º 1 do presente artigo, nomeadamente:

 a) Facilitando as acções desenvolvidas pelos Estados Partes em aplicação dos artigos 29.º, 30.º e 31.º da presente Convenção, inclusive incentivando a mobilização de contribuições voluntárias;

 b) Facilitando o intercâmbio de informações entre Estados Partes sobre as características e tendências da criminalidade organizada transnacional e as práticas eficazes para a combater;

 c) Cooperando com as organizações regionais e internacionais e as organizações não-governamentais competentes;

 d) Avaliando, a intervalos regulares, a aplicação da presente Convenção;

 e) Formulando recomendações a fim de melhorar a presente Convenção e a sua aplicação.

4. Para efeitos das alíneas d) e e) do n.º 3 do presente artigo, a Conferência das Partes inteirar-se-á das medidas adoptadas e das dificuldades encontradas pelos Estados Partes na aplicação da presente Convenção, utilizando as informações que estes lhe comuniquem e os mecanismos complementares de análise que venha a criar.

5. Cada Estado Parte comunicará à Conferência das Partes, a solicitação desta, informações sobre os seus programas, planos e práticas, bem como sobre as suas medidas legislativas e administrativas destinadas a aplicar a presente Convenção.

Art. 33.º (Secretariado)
1. O Secretário-Geral da Organização das Nações Unidas fornecerá os serviços de secretariado necessários à Conferência das Partes na Convenção.
2. O secretariado:
a) Apoiará a Conferência das Partes na realização das actividades enunciadas no artigo 32.º da presente Convenção, tomará as disposições e prestará os serviços necessários para as sessões da Conferência das Partes;
b) Assistirá os Estados Partes, a pedido destes, no fornecimento à Conferência das Partes das informações previstas no n.º 5 do artigo 32.º da presente Convenção; e
c) Assegurará a coordenação necessária com os secretariados das organizações regionais e internacionais.

Art. 34.º (Aplicação da Convenção)
1. Cada Estado Parte adoptará as medidas necessárias, incluindo legislativas e administrativas, em conformidade com os princípios fundamentais do seu direito interno, para assegurar o cumprimento das suas obrigações decorrentes da presente Convenção.
2. As infracções enunciadas nos artigos 5.º, 6.º, 8.º e 23.º da presente Convenção serão incorporadas no direito interno de cada Estado Parte, independentemente da sua natureza transnacional ou da implicação de um grupo criminoso organizado nos termos do n.º 1 do artigo 3.º da presente Convenção, salvo na medida em que o artigo 5.º da presente Convenção exija o envolvimento de um grupo criminoso organizado.
3. Cada Estado Parte poderá adoptar medidas mais estritas ou mais severas do que as previstas na presente Convenção a fim de prevenir e combater a criminalidade organizada transnacional.

Art. 35.º (Resolução de diferendos)
1. Os Estados Partes procurarão resolver os diferendos relativos à interpretação ou aplicação da presente Convenção por via negocial.
2. Qualquer diferendo entre dois ou mais Estados Partes relativo à interpretação ou aplicação da presente Convenção que não possa ser resolvido por via negocial num prazo razoável será, a pedido de um destes Estados Partes, sujeito a arbitragem. Se, no prazo de seis meses a contar da data do pedido de arbitragem, os Estados Partes não chegarem a acordo sobre a organização da arbitragem, qualquer deles poderá submeter o diferendo ao Tribunal Internacional de Justiça, mediante requerimento em conformidade com o Estatuto do Tribunal.
3. Qualquer Estado Parte poderá, no momento da assinatura, da ratificação, da aceitação ou da aprovação da presente Convenção, ou da adesão a esta, declarar que não se considera vinculado pelo n.º 2 do presente artigo. Os outros Estados Partes não estarão vinculados pelo n.º 2 do presente artigo em relação a qualquer Estado Parte que tenha formulado esta reserva.

4. Um Estado Parte que tenha formulado uma reserva ao abrigo do n.º 3 do presente artigo poderá retirá-la a qualquer momento, mediante notificação do Secretário-Geral da Organização das Nações Unidas.

Art. 36.º (Assinatura, ratificação, aceitação, aprovação e adesão)

1. A presente Convenção será aberta à assinatura de todos os Estados entre 12 e 15 de Dezembro de 2000, em Palermo (Itália) e, seguidamente, na sede da Organização das Nações Unidas, em Nova Iorque, até 12 de Dezembro de 2002.

2. A presente Convenção estará igualmente aberta à assinatura de organizações regionais de integração económica, desde que pelo menos um Estado-Membro dessa organização tenha assinado a presente Convenção, em conformidade com o número 1 do presente artigo.

3. A presente Convenção será submetida a ratificação, aceitação ou aprovação. Os instrumentos de ratificação, aceitação ou aprovação, serão depositados junto do Secretário-Geral da Organização das Nações Unidas. Uma organização regional de integração económica poderá depositar os seus instrumentos de ratificação, aceitação ou aprovação se pelo menos um dos seus Estados-Membros o tiver feito. Neste instrumento de ratificação, aceitação ou aprovação, a organização declarará o âmbito da sua competência em relação às questões que são objecto da presente Convenção. Informará igualmente o depositário de qualquer alteração relevante do âmbito da sua competência.

4. A presente Convenção estará aberta à adesão de qualquer Estado ou de qualquer organização regional de integração económica de que, pelo menos, um Estado-Membro seja parte na presente Convenção. Os instrumentos de adesão serão depositados junto do Secretário-Geral da Organização das Nações Unidas. No momento da sua adesão, uma organização regional de integração económica declarará o âmbito da sua competência em relação às questões que são objecto da presente Convenção. Informará igualmente o depositário de qualquer alteração relevante do âmbito dessa competência.

Art. 37.º (Relação com os protocolos)

1. A presente Convenção poderá ser completada por um ou mais protocolos.

2. Para se tornar Parte num protocolo, um Estado ou uma organização regional de integração económica deverá igualmente ser Parte na presente Convenção.

3. Um Estado Parte na presente Convenção não estará vinculado por um protocolo, a menos que se torne Parte do mesmo protocolo, em conformidade com as disposições deste.

4. Qualquer protocolo à presente Convenção será interpretado conjuntamente com a presente Convenção, tendo em conta a finalidade do mesmo protocolo.

Art. 38.º (Entrada em vigor)

1. A presente Convenção entrará em vigor no nonagésimo dia seguinte à data de depósito do quadragésimo instrumento de ratificação, aceitação, aprovação

ou adesão. Para efeitos do presente número, nenhum dos instrumentos depositados por uma organização regional de integração económica será somado aos instrumentos já depositados pelos Estados membros dessa organização.

2. Para cada Estado ou organização regional de integração económica que ratifique, aceite ou aprove a presente Convenção ou a ela adira após o depósito do quadragésimo instrumento pertinente, a presente Convenção entrará em vigor no trigésimo dia seguinte à data de depósito do instrumento pertinente do referido Estado ou organização.

Art. 39.º (Emendas)

1. Quando tiverem decorrido cinco anos a contar da data da entrada em vigor da presente Convenção, um Estado Parte poderá propor uma emenda e depositar o respectivo texto junto do Secretário-Geral da Organização das Nações Unidas, que em seguida comunicará a proposta de emenda aos Estados Partes e à Conferência das Partes na Convenção, para exame da proposta e adopção de uma decisão. A Conferência das Partes esforçar-se-á por chegar a um consenso sobre qualquer emenda. Se todos os esforços nesse sentido se tiverem esgotado sem que se tenha chegado a acordo, será necessário, como último recurso para que a emenda seja aprovada, uma votação por maioria de dois terços dos votos expressos dos Estados Partes presentes na Conferência das Partes.

2. Para exercerem, ao abrigo do presente artigo, o seu direito de voto nos domínios em que sejam competentes, as organizações regionais de integração económica disporão de um número de votos igual ao número dos seus Estados-Membros que sejam Partes na presente Convenção. Não exercerão o seu direito de voto quando os seus Estados-Membros exercerem os seus, e inversamente.

3. Uma emenda aprovada em conformidade com o n.º 1 do presente artigo estará sujeita à ratificação, aceitação ou aprovação dos Estados Partes.

4. Uma emenda aprovada em conformidade com o n.º 1 do presente artigo entrará em vigor para um Estado Parte noventa dias após a data de depósito pelo mesmo Estado Parte junto do Secretário-Geral da Organização das Nações Unidas de um instrumento de ratificação, aceitação ou aprovação da referida emenda.

5. Uma emenda que tenha entrado em vigor será vinculativa para os Estados Partes que tenham declarado o seu consentimento em serem por ela vinculados. Os outros Estados Partes permanecerão vinculados pelas disposições da presente Convenção e por todas as emendas anteriores que tenham ratificado, aceite ou aprovado.

Art. 40.º (Denúncia)

1. Um Estado Parte poderá denunciar a presente Convenção mediante notificação escrita dirigida ao Secretário-Geral da Organização das Nações Unidas. A denúncia tornar-se-á efectiva um ano após a data da recepção da notificação pelo Secretário-Geral.

2. Uma organização regional de integração económica cessará de ser Parte na presente Convenção quando todos os seus Estados Membros a tenham denunciado.

3. A denúncia da presente Convenção, em conformidade com o n.º 1 do presente artigo, implica a denúncia de qualquer protocolo a ela associado.

Art. 41.º (Depositário e línguas)
1. O Secretário-Geral da Organização das Nações Unidas será o depositário da presente Convenção.
2. O original da presente Convenção, cujos textos em inglês, árabe, chinês, espanhol, francês e russo fazem igualmente fé, será depositado junto do Secretário-Geral da Organização das Nações Unidas.

Em fé do que os plenipotenciários abaixo assinados, devidamente mandatados para o efeito pelos respectivos Governos, assinaram a presente Convenção.

Resolução n.º 86/2002, de 11 de Dezembro

Havendo necessidade de a República de Moçambique ratificar a Convenção das Nações Unidas contra a Criminalidade Organizada Transnacional assinada pelo Presidente da República, em Palermo, Itália, aos 15 de Dezembro de 2000, o Conselho de Ministros, ao abrigo do disposto na alínea *f*) do n.º 1 do artigo 153.º da Constituição da República, determina:

Art. 1.º
É ratificada a Convenção das Nações Unidas contra a Criminalidade Organizada Transnacional, cujo texto em língua inglesa e a respectiva tradução em língua portuguesa vão em anexo à presente Resolução e dela são parte integrante.

Art. 2.º
Os Ministérios dos Negócios Estrangeiros e Cooperação, do Interior, do Plano e Finanças, da Administração Estatal e da Mulher e Coordenação da Acção Social e o Banco de Moçambique, sob coordenação do Ministério da Justiça, ficam encarregues de preparar as medidas para a implementação da presente Convenção.

Art. 3.º
O Ministério dos Negócios Estrangeiros e Cooperação fica encarregue de realizar os trâmites necessários à notificação da presente Resolução ao depositário da Convenção.

Aprovada pelo Conselho de Ministros.

Publique-se.

O Primeiro-Ministro, *Pascoal Manuel Mocumbi*.

XXII – CONVENÇÃO PARA A REPRESSÃO DA CAPTURA ILÍCITA DE AERONAVES

Preâmbulo

Os Estados Partes na presente Convenção,
Considerando que os actos ilícitos de captura ou de exercício de controle de aeronaves em voo comprometem a segurança das pessoas e dos bens, prejudicam gravemente a exploração dos serviços aéreos e abalam a confiança dos povos do Mundo na segurança da aviação civil;
Considerando que a prática de tais actos os preocupa gravemente;
Considerando que, a fim de prevenir tais actos, se torna urgente prever as medidas apropriadas para a punição dos seus autores:
Acordaram nas seguintes disposições:

Art. 1.º
Comete uma infracção penal (daqui em diante designada por «infracção») qualquer pessoa que a bordo de uma aeronave em voo:
    a) Ilicitamente, por meios violentos, ameace do emprego de tais meios, ou por qualquer outra forma de intimidação, se apodere dessa aeronave, exerça o seu controlo ou tente cometer algum dos referidos actos, ou
    b) Se for cúmplice de uma pessoa que cometa ou tente cometer qualquer de tais actos.

Art. 2.º
Cada Estado contratante compromete-se a reprimir a infracção com penas severas.

Art. 3.º
1. Para os fins da presente Convenção, uma aeronave é considerada como estando em voo a partir do momento em que, terminado o embarque, tenham sido fechadas todas as portas exteriores até ao momento em que uma dessas portas seja aberta para o desembarque. Em caso de aterragem forçada, o voo é considerado como estando a decorrer até que as autoridades competentes se responsabilizem pela aeronave, bem como pelas pessoas e bens a bordo.

2. A presente Convenção não será aplicada às aeronaves utilizadas para fins militares, aduaneiros ou de polícia.

3. A presente Convenção só será aplicada se o local de descolagem ou o local de aterragem efectivo da aeronave a bordo da qual se cometa a infracção estiver situado fora do território do Estado de matrícula dessa aeronave, quer se trate de uma aeronave em voo internacional ou em voo interno.

4. Nos casos previstos no artigo 5.º, a presente Convenção não se aplicará se o local de descolagem e o local de aterragem efectivo da aeronave a bordo da qual a infracção for cometida estiverem situados no território de um só dos Estados referidos no citado artigo.

5. Não obstante as disposições dos parágrafos 3 e 4 do presente artigo, os artigos 6.º, 7.º, 8.º e 10.º serão aplicáveis, qualquer que seja o local de descolagem ou o local de aterragem efectivo da aeronave, se o autor ou o autor presumível da infracção for encontrado no território de um Estado diferente do Estado de matrícula da referida aeronave.

Art. 4.º

1. Cada Estado contratante tomará as medidas necessárias para determinar a sua jurisdição sobre a infracção, bem como sobre qualquer outro acto de violência dirigido contra os passageiros ou contra a tripulação e cometido pelo autor presumível da infracção em relação directa com esta, nos seguintes casos:

   a) Se ela for cometida a bordo de uma aeronave matriculada nesse Estado;
   b) Se a aeronave a bordo da qual a infracção for cometida aterrar no seu território, encontrando-se ainda a bordo o presumível autor da infracção;
   c) Se a infracção for cometida a bordo de uma aeronave alugada sem tripulação a uma pessoa que tenha a sede principal da sua actividade no mencionado Estado ou, caso essa sede não exista, tenha no mesmo a sua residência permanente.

2. Cada Estado contratante tomará igualmente as medidas necessárias para determinar a sua jurisdição sobre a infracção, no caso de o presumível autor se encontrar no seu território, e se o referido Estado não conceder a extradição, nos termos do artigo 8.º, a um dos Estados mencionados no parágrafo 1 do presente artigo.

3. A presente Convenção não exclui nenhuma jurisdição penal exercida em conformidade com as leis nacionais.

Art. 5.º

Os Estados contratantes que constituírem organizações de exploração conjunta de transporte aéreo ou organismos internacionais de exploração que operarem com aeronaves que sejam objecto de uma matrícula comum ou internacional designarão para cada aeronave, segundo as modalidades apropriadas, o Estado que entre eles exercerá a jurisdição e terá as atribuições de Estado de matrícula para os fins da presente Convenção. Desta designação avisarão a Organização da

Aviação Civil Internacional, que dela dará conhecimento a todos os Estados Partes na presente Convenção.

Art. 6.º

1. Se se certificar que as circunstâncias o justificam, qualquer Estado contratante em cujo território se encontre o autor ou o presumível autor da infracção assegurará a detenção dessa pessoa, ou tomará outras medidas para assegurar a sua presença. A detenção e essas medidas deverão estar conformes com a legislação do referido Estado e só poderão ser mantidas durante o prazo necessário para permitir o início de procedimento penal e de processo de extradição.

2. O referido Estado procederá imediatamente a um inquérito preliminar com vista à determinação dos factos.

3. A qualquer pessoa detida por força do parágrafo 1 do presente artigo serão concedidas facilidades para comunicar imediatamente com o mais próximo representante qualificado do Estado da sua nacionalidade.

4. Quando um Estado tiver detido uma pessoa em conformidade com as disposições do presente artigo, dessa detenção dará imediato conhecimento, bem como das circunstâncias que a justifiquem, ao Estado de matrícula da aeronave. ao Estado mencionado no artigo 4.º, parágrafo 1, alínea c), ao Estado de nacionalidade da pessoa detida e, se o julgar oportuno, a quaisquer outros Estados interessados. O Estado que proceder ao inquérito preliminar previsto no parágrafo 2 do presente artigo comunicará rapidamente as conclusões desse inquérito aos mencionados Estados e indicar-lhes-á se pretende exercer a sua jurisdição.

Art. 7.º

O Estado contratante em cujo território for descoberto o presumível autor da infracção, se o não extraditar, deverá, sem nenhuma excepção e quer a infracção tenha sido ou não cometida no seu território, submeter o caso às suas autoridades competentes para exercício da acção penal. Aquelas autoridades tomarão em termos idênticos aos aplicáveis aos delitos de direito comum de carácter grave, em conformidade com a legislação do Estado em causa.

Art. 8.º

1. A infracção será considerada como caso de extradição incluído em qualquer tratado de extradição de que os Estados contratantes sejam parte. Os Estados contratantes comprometem-se a incluir a infracção como caso de extradição em qualquer tratado de extradição que venham a estabelecer entre si.

2. Se um Estado contratante que subordine a extradição à existência de um tratado receber um pedido de extradição de outro Estado contratante ao qual não estiver ligado por um tratado de extradição, ficará com a opção de considerar a presente Convenção como base jurídica da extradição no que respeita à infracção. A extradição subordinar-se-á às outras condições previstas pelo direito do Estado requerido.

3. Os Estados contratantes que não subordinem a extradição à existência de um tratado reconhecerão a infracção como caso de extradição entre eles, sem prejuízo das condições previstas pelo direito do Estado requerido.

4. Para fins de extradição entre Estados contratantes, considerar-se-á a infracção como tendo sido cometida não só no local onde foi perpetrada, mas também nos territórios dos Estados que tiverem de estabelecer a sua jurisdição de harmonia com o artigo 4.º, parágrafo 1.

Art. 9.º

1. Quando for praticado qualquer acto dos previstos no artigo 1.º, alínea *a*), ou estiver iminente a sua prática, os Estados contratantes tomarão todas as medidas apropriadas para que o legítimo comandante recupere ou mantenha o controlo da aeronave.

2. Nos casos previstos no parágrafo anterior, o Estado contratante em cujo território se encontrar a aeronave, os passageiros ou a tripulação, facilitará aos passageiros e à tripulação a continuação da viagem o mais rapidamente possível e restituirá, sem demora a aeronave e respectiva carga aos seus legítimos possuidores.

Art. 10.º

1. Os Estados contratantes conceder-se-ão a entreajuda judicial mais ampla possível em qualquer procedimento penal relativo à infracção e aos outros actos previstos no artigo 4.º. Deverá aplicar-se em todos os casos a lei do Estado requerido.

2. As disposições do parágrafo 1 do presente artigo não afectarão as obrigações decorrentes das disposições de qualquer outro tratado bilateral ou multilateral que regule ou venha a regular, no todo ou em parte, a entreajuda judicial em matéria penal.

Art. 11.º

Cada Estado contratante comunicará, o mais rapidamente possível ao Conselho da Organização da Aviação Civil Internacional, em conformidade com a sua legislação nacional, qualquer informação pertinente que possuir relativa:

   a) Às circunstâncias da infracção;
   b) Às medidas tomadas na aplicação do artigo 9.º;
   c) Às medidas tomadas em relação ao autor ou ao presumível autor da infracção e, em especial, ao resultado de qualquer procedimento de extradição ou de outro procedimento judicial.

Art. 12.º

1. Qualquer diferendo entre dois ou mais Estados Contratantes relativo à interpretação ou aplicação da presente Convenção, que não possa ser solucionada por meio de negociação, será submetido a arbitragem, a pedido de um deles. Se nos seis meses subsequentes à data do pedido de arbitragem as partes não chegarem a

acordo sobre a organização da arbitragem, qualquer delas poderá submeter o diferendo ao Tribunal Internacional de Justiça, mediante pedido formulado de harmonia com o Estatuto do Tribunal.

2. Qualquer Estado poderá, ao assinar ou ratificar a presente Convenção ou ao aderir a ela, declarar que não se considera vinculado pelo parágrafo anterior. Os outros Estados Contratantes não ficarão vinculados pelo parágrafo anterior perante qualquer Estado Contratante que tenha formulado uma tal reserva.

3. Qualquer Estado contratante que tenha formulado uma reserva de harmonia com o parágrafo anterior poderá retirá-la em qualquer momento por meio de notificação dirigida aos Governos depositários.

Art. 13.º

1. A presente Convenção será aberta a partir de 16 de Dezembro de 1970, na cidade de Haia, à assinatura dos Estados participantes na Conferência Internacional de Direito Aéreo, realizada em Haia, de 1 a 16 de Dezembro de 1970 (adiante designada por «Conferência de Haia»). Depois do dia 31 de Dezembro de 1970 a Convenção estará aberta à assinatura de todos os Estados em Washington, Londres e Moscovo. Qualquer Estado que não tiver assinado a presente Convenção antes da sua entrada em vigor, em conformidade com o parágrafo 3 do presente artigo, poderá a ela aderir em qualquer momento.

2. A presente Convenção está sujeita a ratificação dos Estados signatários. Os instrumentos de ratificação ou de adesão serão depositados junto dos Governos dos Estados Unidos da América, do Reino Unido da Grã-Bretanha e Irlanda do Norte e da União das Repúblicas Socialistas Soviéticas, que são por este meio designados como Governos depositários.

3. A presente Convenção entrará em vigor trinta dias depois da data em que dez Estados signatários desta Convenção, participantes na Conferência da Haia tenham depositado os seus instrumentos de ratificação.

4. Para os restantes Estados a presente Convenção entrará em vigor na data da respectiva entrada em vigor quando o parágrafo 3.º deste artigo ou trinta dias após a data do depósito dos seus instrumentos de ratificação ou de adesão se esta última data for posterior à primeira.

5. Os Governos depositários informarão sem demora todos os Estados signatários da presente Convenção de todos os Estados que a ela aderirem da data de cada assinatura da data do depósito de cada instrumento de ratificação ou de adesão, da data da entrada em vigor da presente Convenção ou de quaisquer outras comunicações.

6. A partir da sua entrada em vigor, a presente Convenção será registada pelos Governos depositários, de harmonia com as disposições do artigo 102.º da Carta das Nações Unidas e de harmonia com o a artigo 83.º da Convenção sobre Aviação Civil Internacional (Chicago, 1944).

Art. 14.º

1. Qualquer Estado contratante poderá denunciar a presente Convenção mediante notificação escrita dirigida aos Governos depositários.
2. A denúncia produzirá efeitos seis meses após a data em que os Governos depositários tiverem recebido a notificação.

Em testemunho do que os plenipotenciários abaixo assinados, devidamente autorizados pelos seus Governos, assinaram a presente Convenção.

Feito em Haia no décimo sexto dia do mês de Dezembro de mil novecentos e setenta e em três originais, cada um deles composto por quatro textos autênticos, redigidos nos idiomas espanhol, francês, inglês e russo.

Resolução n.º 69/2002, de 2 de Outubro

A Convenção para a Repressão da Captura Ilícita de Aeronaves, concluída em Haia (Reino dos Países Baixos), aos 16 de Dezembro de 1970, é um instrumento jurídico internacional que visa, no quadro das normas de Direito Internacional Aéreo sobre segurança da avição civil, criminalizar qualquer acção, incluindo a cumplicidade, destinada a captura ilícita de aeronaves;

Havendo necessidade de a República de Moçambique aderir àquele instrumento jurídico internacional;

Nestes termos, e ao abrigo do disposto na alínea *f*) do n.º 1 do artigo 153.º da Constituição da República, o Conselho de Ministros determina:

Art. 1.º

A adesão da República de Moçambique à Convenção para a Repressão da Captura Ilícita de Aeronaves, concluída em Haia (Reino dos Países Baixos), aos 16 de Dezembro de 1970, cujos textos em língua inglesa e a respectiva tradução em língua portuguesa vão em anexo à presente Resolução e dela são parte integrante.

Art. 2.º

Os Ministérios dos Negócios Estrangeiros e Cooperação, dos Transportes e Comunicações e da Justiça ficam encarregues de realizar os trâmites necessários à notificação da presente Resolução ao depositário da Convenção e de assegurarem as medidas para a sua implementação, respectivamente.

Aprovada pelo Conselho de Ministros.

Publique-se.

O Primeiro-Ministro, *Pascoal Manuel Mocumbi*.

XXIII – CONVENÇÃO PARA A REPRESSÃO DE ACTOS ILÍCITOS CONTRA A SEGURANÇA DA AVIAÇÃO CIVIL

Os Estados Partes na presente Convenção,
Considerando que os actos ilícitos contra a segurança da aviação civil põem em perigo a segurança das pessoas e dos bens, afectam gravemente a exploração dos serviços aéreos e abalam a confiança dos povos do mundo na segurança da aviação civil;
Considerando que a prática de tais actos os preocupa gravemente; e
Considerando que, com vista a prevenir tais actos, é urgente prever as medidas adequadas para punir os seus autores;
Chegaram a acordo quanto às seguintes disposições:

Art. 1.º
1. Comete uma infracção penal quem ilícita e intencionalmente:
   a) Pratique contra uma pessoa um acto de violência a bordo de uma aeronave em voo susceptível de pôr em perigo a segurança da aeronave; ou
   b) Destrua uma aeronave em serviço ou lhe cause danos que a tornam incapaz para o voo ou que, por sua natureza, constituam um perigo para a segurança da aeronave em voo; ou
   c) Coloque ou faça colocar numa aeronave em serviço, por qualquer modo, um engenho ou substância capaz de destruir aquela aeronave, ou de lhe causar danos que a tornam incapaz para o voo, ou de lhe causar danos que, por sua natureza, constituam um perigo para a segurança da aeronave em voo; ou
   d) Destrua ou cause danos às instalações ou serviços da navegação aérea ou perturbe o seu funcionamento, se tais actos, por sua natureza, constituam um perigo para a segurança das aeronaves em voo;
   e) Comunique informações de que tenha conhecimento que são falsas, pondo assim em perigo a segurança de uma aeronave em voo.
2. Igualmente comete uma infracção penal quem:
   a) Tente cometer qualquer das infracções penais mencionadas no n.º 1 do presente artigo; ou

b) Seja cúmplice de uma pessoa que comete ou tenta cometer qualquer das referidas infracções penais.

Art. 2.º
Para os fins da presente Convenção:
a) Uma aeronave é considerada como estando em voo a partir do momento em que, terminado o embarque, tenham sido fechadas todas as portas exteriores até ao momento em que uma dessas portas seja aberta para o desembarque. Em caso de aterragem forçada, o voo é considerado como estando a decorrer até que as autoridades competentes se responsabilizem pela aeronave, bem como pelas pessoas e bens a bordo;
b) Uma aeronave é considerada como estando em serviço a partir do momento em que o pessoal de terra ou a tripulação começa as operações preparatórias para um determinado voo até vinte e quatro horas após qualquer aterragem; o período de serviço abrangerá, em qualquer caso, todo o tempo durante o qual a aeronave se encontra em voo, tal como definido na alínea *a)* do presente artigo.

Art. 3.º
Cada Estado Contratante se obriga a estabelecer penas severas às infracções penais mencionadas no artigo 1.º.

Art. 4.º
1. A presente Convenção não será aplicável às aeronaves utilizadas para fins militares, fiscais ou de polícia.
2. Nos casos previstos nas alíneas *a)*, *b)* e *c)* do n.º 1 do artigo 1.º, a presente Convenção será apenas aplicada, quer se trate de uma aeronave em voo internacional, quer em voo interno, se:
    a) O lugar, real ou previsto, de descolagem ou aterragem da aeronave se situa fora do território do Estado em que a mesma se encontra matriculada; ou
    b) A infracção penal é praticada no território de um Estado que não seja o de Estado de matrícula da aeronave.
3. Não obstante as disposições do n.º 2 da presente Convenção será também aplicada se o autor ou o presumível autor das infracções penais se encontrar no território de um Estado que não seja o Estado de matrícula da aeronave.
4. Não se aplicará a presente Convenção em relação aos Estados mencionados no artigo 9.º, nos casos contemplados nas alíneas *a)*, *b)*, *c)* e *d)* do n.º 1 do artigo 1.º, se os lugares previstos na alínea *a)* do n.º 2 deste artigo estiverem situados dentro do território de um só dos Estados mencionados no artigo 9.º, a menos que a infracção penal tenha sido praticada ou o autor ou o presumível autor da infracção seja encontrado no território de um outro Estado.

5. Nos casos previstos na alínea *d*) do n.º 1 do artigo 1.º, a presente Convenção será apenas aplicada se as instalações e serviços de navegação aérea são utilizados para a navegação aérea internacional.

6. As disposições dos n.ᵒˢ 2, 3, 4 e 5 do presente artigo serão também aplicáveis nos casos previstos no n.º 2 do artigo 1.º

Art. 5.º

1. Cada Estado Contratante tomará as medidas necessárias para determinar a sua jurisdição sobre as infracções penais nos seguintes casos:

   a) Quando a infracção penal é cometida no território desse Estado;
   b) Quando a infracção penal é cometida contra, ou a bordo de uma aeronave matriculada nesse Estado;
   c) Quando a aeronave a bordo da qual a infracção penal é cometida aterra no território desse Estado com o presumível autor da infracção penal ainda a bordo;
   d) Quando a infracção penal é cometida contra, ou a bordo de uma aeronave alugada, sem tripulação, a uma pessoa que nesse Estado tenha a principal sede da sua exploração ou, na sua falta, a sua residência permanente.

2. Cada Estado Contratante tomará também as medidas necessárias para determinar a sua jurisdição sobre as infracções penais previstas nas alíneas *a*), *b*) e *c*) do n.º 1 do artigo 1.º, bem como no n.º 2 do mesmo artigo, na medida em que este número se refere às infracções penais previstas nas mencionadas alíneas, quando o presumível autor se encontrar no seu território e o dito Estado não o extradite, em conformidade com o artigo 8.º, para qualquer dos Estados mencionados no número 1 do presente artigo.

3. Esta Convenção não exclui nenhuma jurisdição penal exercida de acordo com as leis nacionais.

Art. 6.º

1. Todo o Estado Contratante em cujo território se encontre o autor ou o presumível autor da infracção por se considerar que as circunstâncias o justificam, procederá à sua detenção ou tomará outras medidas necessárias para assegurar a sua presença. A detenção e as outras medidas deverão ser em conformidade com as leis desse Estado, mas durarão apenas o período de tempo necessário para se instaurar um processo penal ou de audição.

2. Esse Estado procederá imediatamente a uma investigação preliminar com vista a determinar os factos.

3. Qualquer pessoa detida de acordo com o n.º 1 do presente artigo poderá entrar imediatamente em contacto com o mais próximo representante do Estado de que é nacional, devendo ser-lhe, para esse efeito, concedidas as necessárias facilidades.

4. Quando um Estado, nos termos do presente artigo, detém uma pessoa, deverá notificar imediatamente da detenção e das circunstâncias que a justificam

os Estados mencionados no n.º 1 do artigo 5.º, o Estado de que a pessoa detida é nacional e, se o considerar conveniente, quaisquer outros Estados interessados. O Estado que proceda à investigação preliminar prevista no n.º 2 do presente artigo comunicará sem demora os resultados das averiguações aos mencionados Estados e indicará sempre se tenciona exercer a sua jurisdição.

Art. 7.º

O Estado Contratante em cujo território o presumível autor da infracção penal é encontrado, se não proceder à extradição do mesmo, submeterá o caso, sem qualquer medida de excepção, tenha ou não a infracção penal sido cometida no seu território, às suas autoridades competentes para efeitos da instauração de uma acção penal. Essas autoridades tomarão a sua decisão em idênticas condições aplicáveis aos crimes comuns de carácter grave, de harmonia com a legislação do Estado em causa.

Art. 8.º

1. As infracções penais serão consideradas como casos de extradição em qualquer tratado de extradição existente entre os Estados Contratantes. Os Estados Contratantes comprometem-se a incluir as infracções penais como casos de extradição a concluir entre eles.

2. Se um Estado Contratante, que suborne a extradição à existência de um tratado, receber um pedido de extradição de outro Estado Contratante com o qual não celebrou um tratado de extradição, poderá discricionariamente considerar a presente Convenção como base jurídica necessária para a extradição referente às infracções penais. A extradição ficará sujeita às outras condições exigidas pelo direito do Estado requerido.

3. Os Estados Contratantes que não subordinam a extradição à existência de um tratado reconhecerão entre eles as infracções penais como casos de extradição, ficando sujeitos às condições exigidas pelo direito do Estado requerido.

4. Cada uma das infracções penais será considerada para os fins de extradição entre os Estados Contratantes, como tendo sido cometida não só no local onde foi perpetrada, mas também nos territórios dos Estados que tiverem de estabelecer a sua jurisdição nos termos das alíneas *b)*, *c)* e *d)* do n.º 1 do artigo 5.º

Art. 9.º

Os Estados Contratantes que constituam organizações de exploração em comum de transporte aéreo ou organismos internacionais de exploração que utilizem aeronaves sujeitas a uma matrícula comum ou internacional, designarão por meios adequados e em relação a cada aeronave, o Estado que entre eles exercerá a jurisdição e terá as atribuições do Estado de matrícula de acordo com a presente Convenção e o comunicará à Organização da Aviação Civil Internacional, que o notificará a todos os Estados Partes na presente Convenção.

Art. 10.º

1. Os Estados Contratantes procurarão tomar, em conformidade com o direito internacional e interno, todas as medidas que forem tidas por convenientes com vista a prevenir as infracções penais mencionadas no artigo 1.º

2. Quando, em consequência da prática de uma das infracções penais mencionadas no artigo 1.º, um voo se atrasa ou interrompe, qualquer Estado Contratante em cujo território se encontram a aeronave, os passageiros ou a tripulação, facilitará a continuação da viagem dos passageiros e da tripulação logo que possível e restituirá, sem demora, a aeronave e a sua carga aos seus legítimos possuidores.

Art. 11.º

1. Os Estados Contratantes prestarão entre si a maior assistência possível no que se refere aos processos criminais relativos às infracções penais. A lei do Estado requerido será a aplicável em todos os casos.

2. As disposições do n.º 1 do presente artigo não prejudicarão as obrigações decorrentes de qualquer outro tratado, bilateral ou multilateral, que regule ou venha a regular, no todo ou em parte, a assistência mútua em matéria criminal.

Art. 12.º

Qualquer Estado Contratante que tenha motivos para crer que será cometida uma das infracções penais referidas no artigo 1.º fornecerá, de acordo com a sua lei nacional, todas as informações pertinentes de que disponha àqueles Estados, que, em sua opinião, sejam os mencionados no n.º 1 do artigo 5.º

Art. 13.º

Cada Estado Contratante comunicará, logo que possível e de acordo com a sua lei nacional, ao Conselho da Organização da Aviação Civil Internacional todas as informações pertinentes que tenha em seu poder referentes a:

   a) Às circunstâncias das infracções penais;
   b) Às medidas tomadas em aplicação do n.º 2 do artigo 10.º;
   c) Às medidas tomadas em relação ao autor ou do presumível autor e, em particular, ao resultado de qualquer processo de extradição ou outro processo judicial.

Art. 14.º

1. Qualquer diferendo entre dois ou mais Estados Contratantes relativo à interpretação ou aplicação da presente Convenção que não possa ser solucionado mediante negociações será, a pedido de um deles, submetido à arbitragem. Se no prazo de seis meses a partir da data do pedido de arbitragem, as Partes não chegarem a acordo quanto à organização da arbitragem, qualquer dessas Partes poderá submeter o diferendo ao Tribunal Internacional de Justiça mediante pedido formulado em conformidade com o Estatuto do Tribunal.

2. Qualquer Estado poderá no momento da assinatura ou da ratificação da presente Convenção ou da adesão à mesma, declarar que não se considera vinculado ao disposto no número anterior. Os outros Estados Contratantes não ficarão vinculados ao disposto no número anterior perante qualquer Estado Contratante que tenha formulado uma tal reserva.

3. Qualquer Estado Contratante que tenha formulado uma reserva de harmonia com o número anterior, poderá em qualquer momento retirá-la mediante notificação dirigida aos Governos depositários.

Art. 15.º

1. A presente Convenção estará aberta à assinatura em 23 de Setembro de 1971, em Montreal, dos Estados participantes na Conferência Internacional de Direito Aéreo, realizada em Montreal de 8 a 23 de Setembro de 1971 (denominada adiante por «Conferência de Montreal»). Depois de 10 de Outubro de 1971, a Convenção estará aberta à assinatura de todos os Estados em Moscovo, Londres e Washington. Qualquer Estado que não tiver assinado a presente Convenção antes da sua entrada em vigor, nos termos do n.º 3 do presente artigo, poderá a ela aderir em qualquer momento.

2. A presente Convenção estará sujeita à ratificação pelos Estados signatários. Os instrumentos de ratificação e os instrumentos de adesão depositados junto dos Governos da União das Repúblicas Socialistas Soviéticas, do Reino Unido da Grã-Bretanha e da Irlanda do Norte e dos Estados Unidos da América, que são por este meio designados Governos depositários.

3. A presente Convenção entrará em vigor trinta dias a partir da data do depósito de instrumentos de ratificação por dez Estados signatários da presente Convenção e participantes na Conferência de Montreal.

4. Para os restantes Estados, a presente Convenção entrará em vigor na data da respectiva entrada em vigor em conformidade com o n.º 3 do presente artigo ou trinta dias após a data do depósito dos seus instrumentos de ratificação ou de adesão, se esta última data for posterior à primeira.

5. Os Governos depositários comunicarão sem demora a todos os Estados signatários e aderentes a data de cada assinatura, a data do depósito de cada instrumento de ratificação ou de adesão, a data da entrada em vigor da presente Convenção e quaisquer outras notificações.

6. Logo que a presente Convenção entre em vigor, os Governos depositários efectuarão o seu registo em conformidade com o artigo 102.º da Carta das Nações Unidas e com o artigo 83.º da Convenção sobre a Aviação Civil Internacional (Chicago, 1944).

Art. 16.º

1. Qualquer Estado Contratante poderá denunciar a presente Convenção mediante notificação escrita dirigida aos Governos depositários.

2. A denúncia produzirá efeitos seis meses após a data da recepção da notificação pelos Governos depositários.

Em fé do que os plenipotenciários abaixo assinados, devidamente autorizados para o efeito pelos seus Governos, assinaram a presente Convenção.

Concluída em Montreal aos 23 de Setembro do ano de 1971, em três originais, cada um deles composto por quatro textos autênticos nas línguas inglesa, francesa, russa e espanhola.

Resolução n.º 72/2002, de 2 de Outubro

A Convenção para a Repressão de Actos Ilícitos contra a Segurança da Aviação Civil, concluída em Montreal (Canadá), a 23 de Setembro de 1971 visa, no âmbito do Direito Aéreo Internacional sobre Segurança da Aviação Civil, combater actos de violência contra pessoas a bordo de aeronaves, bem como actos de danificação das mesmas, que ameacem a sua segurança ou impossibilitem o voo;

Havendo necessidade de a República de Moçambique aderir àquele instrumento jurídico internacional:

Nestes termos e ao abrigo do disposto na alínea *f)* do n.º 1 do artigo 153.º da Constituição da República, o Conselho de Ministros determina:

Art. 1.º

A adesão da República de Moçambique à Convenção para a Repressão de Actos Ilícitos contra a Segurança da Aviação Civil, feita em Montreal (Canadá), aos 23 de Setembro de 1971, cujo texto em língua inglesa e a respectiva tradução em língua portuguesa vão em anexo à presente Resolução e dela são parte integrante.

Art. 2.º

Os Ministérios dos Negócios Estrangeiros e Cooperação e dos Transportes e Comunicações, do Interior e da Justiça ficam encarregues de realizar todos os trâmites necessários à efectivação da adesão da República de Moçambique à Convenção e de assegurar as medidas para a sua implementação, respectivamente.

Aprovada pelo Conselho de Ministros.

Publique-se.

O Primeiro-Ministro, *Pascoal Manuel Mocumbi.*

XXIV – PROTOCOLO PARA A REPRESSÃO DE ACTOS DE VIOLÊNCIA ILÍCITOS EM AEROPORTOS UTILIZADOS PELA AVIAÇÃO CIVIL INTERNACIONAL

Os Estados Partes no presente Protocolo:
Considerando que os actos de violência ilícitos que ameacem ou possam ameaçar a segurança das pessoas nos aeroportos utilizados pela aviação civil internacional, ou que ponham em perigo a operacionalidade segura desses aeroportos, abalam a confiança dos povos do mundo na segurança desses aeroportos e pertubam a conduta segura e eficaz da aviação civil no território de todos os Estados;
Considerando que a prática de tais actos constitui fonte de grande preocupação para a comunidade internacional e que, com vista a prevenir tais actos, se torna urgente prever as medidas adequadas para punir os seus autores;
Considerando que se torna necessário adoptar medidas que complementem as constantes da Convenção para a Repressão de Actos Ilícitos contra a Segurança da Aviação Civil, feita em Montreal, a 23 de Setembro de 1971, com o propósito de tratar tais actos de violência ilícitos em aeroportos utilizados pela aviação civil internacional;
Acordaram no seguinte:

Art. 1.º
O presente Protocolo complementa a Convenção para a Repressão de Actos Ilícitos contra a Segurança da Aviação Civil, feita em Montreal, a 23 de Setembro de 1971 (aqui designada "a Convenção"), e a Convenção e o Protocolo serão considerados e interpretados conjuntamente, como um só instrumento nas relações entre as Partes no presente Protocolo.

Art. 2.º
1. Ao artigo 1.º da Convenção deverá ser acrescentado o seguinte texto, enquanto novo n.º 1 bis:
"1bis. Comete uma infracção penal quem, ilícita e intencionalmente, utilizando qualquer instrumento, substância ou arma:
a) Pratique um acto de violência contra uma pessoa num aeroporto utilizado

pela aviação civil internacional, que cause ou possa causar lesões graves ou a morte; ou

b) Destruir ou danificar gravemente as instalações de um aeroporto utilizado pela aviação civil internacional, ou uma aeronave aí estacionada e que não esteja a operar, ou afectar a exploração dos serviços do aeroporto, desde que tal acto ameace ou possa ameaçar a segurança desse aeroporto."

2. Na alínea a) do n.º 2 do artigo 1.º da Convenção será inserida a seguinte expressão, após a expressão "n.º":

"ou n.º 1bis."

Art. 3.º

Ao artigo 5.º da Convenção deverá ser acrescentado o seguinte texto, como n.º 2bis:

"2bis. Cada Estado Contratante tomará, além disso, as medidas que entenda necessárias para estabelecer a sua jurisdição relativamente às infracções previstas no número 1bis e no n.º 2 do artigo 1.º, na medida em que tais infracções se encontram aí previstas, quando o presumível autor se encontrar no seu território e esse Estado o não extradite, em conformidade com o artigo 8.º, para o Estado mencionado na alínea a) do n.º 1 do presente artigo".

Art. 4.º

O presente Protocolo estará aberto a 24 de Fevereiro de 1988, em Montreal, à assinatura dos Estados participantes na Conferência Internacional sobre Direito Aéreo realizada em Montreal, de 9 a 24 de Fevereiro de 1988. A partir de 1 de Março de 1988, o Protocolo ficará aberto à assinatura de todos os Estados em Londres, Moscovo, Washington e Montreal, até à sua entrada em vigor em conformidade com o artigo 6.º.

Art. 5.º

1. O presente Protocolo ficará sujeito a ratificação dos Estados signatários.

2. Qualquer Estado, que não seja um Estado Contratante da Convenção, poderá ratificar o presente Protocolo se, simultaneamente, ratificar a Convenção, ou a ela aderir, em conformidade com o artigo 15.º desta.

3. Os instrumentos de ratificação serão depositados junto dos Governos da União das Repúblicas Socialistas Soviéticas, do Reino Unido da Grã-Bretanha e Irlanda do Norte e dos Estados Unidos da América, ou junto da Organização da Aviação Civil Internacional, aqui designados "os Depositários".

Art. 6.º

1. Logo que dez dos Estados signatários tenham depositado os seus instrumentos de ratificação do presente Protocolo, este entrará em vigor, relativamente a tais Estados, no trigésimo dia a contar da data do depósito do décimo instrumento

de ratificação. Relativamente a qualquer Estado que posteriormente deposite o seu instrumento de ratificação, o presente Protocolo entrará em vigor no trigésimo dia a contar da data do depósito do seu instrumento de ratificação.

2. Logo que entre em vigor, o presente Protocolo será registado pelos Depositários nos termos do artigo 102.º da Carta das Nações Unidas e nos termos do artigo 83.º da Convenção sobre Aviação Civil Internacional (Chicago, 1944).

Art. 7.º

1. Após a sua entrada em vigor, o presente Protocolo ficará aberto à adesão de qualquer Estado não signatário.

2. Qualquer Estado, que não seja um Estado Contratante na Convenção, poderá aderir ao presente Protocolo se, simultaneamente, ratificar a Convenção, ou a ela aderir, em conformidade com o artigo 15.º desta.

3. Os instrumentos de adesão ficarão depositados junto dos Depositários e a adesão produzirá efeitos no trigésimo dia a contar da data do depósito.

Art. 8.º

1. Qualquer Parte no presente Protocolo poderá denunciá-lo mediante notificação escrita dirigida aos Depositários.

2. A denúncia produzirá efeitos seis meses após a data de recepção da notificação pelos Depositários.

3. A denúncia do presente Protocolo não terá, em si mesma, o efeito de denúncia da Convenção.

4. A denúncia da Convenção por um Estado Contratante na Convenção, complementada pelo presente Protocolo, terá o efeito de denúncia do presente Protocolo.

Art. 9.º

1. Os Depositários comunicarão, sem demora, a todos os Estados signatários do presente Protocolo e aos Estados a ele aderentes, bem como a todos os Estados signatários da Convenção e aos Estados a ela aderentes:

   a) A data de qualquer assinatura e do depósito de qualquer instrumento de ratificação ou adesão relativamente ao presente Protocolo; e

   b) A recepção de qualquer notificação de denúncia do presente Protocolo e a respectiva data.

2. Os Depositários notificarão, igualmente, aos Estados referidos no número 1 a data em que o presente Protocolo entrar em vigor em conformidade com o artigo 6.º.

Em fé do que, os Plenipotenciários abaixo assinados, devidamente autorizados para o efeito pelos respectivos Governos, assinaram o presente Protocolo.

Feito em Montreal, aos vinte e quatro dias do mês de Fevereiro de mil novecentos e oitenta e oito, em quatro originais, de que os textos em línguas espanhola, francesa, inglesa e russa fazem igualmente fé.

Resolução n.º 73/2002, de 2 de Outubro

O Protocolo para a Repressão de Actos de Violência Ilícitos em Aeroportos utilizados pela Aviação Civil Internacional, feito em Montreal (Canadá), aos 24 de Fevereiro de 1988, em complemento da Convenção para a Repressão de Actos Ilícitos contra a Segurança da Aviação Civil, concluída em Montreal (Canadá), aos 23 de Setembro de 1971, é um instrumento jurídico internacional que visa, no âmbito do Direito Internacional Aéreo sobre Segurança da Aviação Civil, criminalizar e sancionar os actos de violência ilícitos cometidos em aeroportos internacionais, que ameacem ou sejam susceptíveis de constituir ameaça à segurança de passageiros da aviação civil ou de operações aeroportuárias;

Havendo necessidade de a República de Moçambique aderir àquele instrumento jurídico internacional;

Nestes termos, e ao abrigo do disposto na alínea f) do n.º 1 do artigo 153.º da Constituição da República, o Conselho de Ministros determina:

Art. 1.º

A adesão da República de Moçambique ao Protocolo para Repressão de Actos de Violência Ilícitos em Aeroportos utilizados pela Aviação Civil Internacional, feito em Montreal (Canadá), aos 24 de Fevereiro de 1988, em complemento da Convenção para a Repressão de Actos Ilícitos contra a Segurança da Aviação Civil, concluída em Montreal (Canadá), aos 23 de Setembro de 1971, cujo texto em língua inglesa e a respectiva tradução em língua portuguesa vão em anexo à presente Resolução e dela são parte integrante.

Art. 2.º

Os Ministérios dos Negócios Estrangeiros e Cooperação e dos Transportes e Comunicações, do Interior e da Justiça, ficam encarregues de realizarem todos os trâmites necessários à efectivação da adesão da República de Moçambique à Convenção e de assegurarem as medidas para a sua implementação, respectivamente.

Aprovada pelo Conselho de Ministros.

Publique-se.

O Primeiro-Ministro, *Pascoal Manuel Mocumbi.*

XXV – CONVENÇÃO PARA A SUPRESSÃO DE ACTOS ILÍCITOS CONTRA A SEGURANÇA DA NAVEGAÇÃO MARÍTIMA

Os Estados Partes da presente Convenção:
Tendo presentes os objectivos e princípios da Carta das Nações Unidas respeitantes à manutenção da paz e da segurança internacionais e o desenvolvimento de relações amigáveis e de cooperação entre os Estados;
Reconhecendo, em particular, que todo o indivíduo tem direito à vida, liberdade e segurança da sua pessoa, tal como se encontra consagrado na Declaração Universal dos Direitos do Homem e no Acordo Internacional Relativo aos Direitos Civis e Políticos;
Profundamente preocupados com a escalada mundial de actos de terrorismo, sob todas as formas, que colocam em perigo ou destroem vidas humanas inocentes, ameaçando as liberdades fundamentais e atentando gravemente contra a dignidade das pessoas;
Considerando que os actos ilícitos dirigidos contra a segurança da navegação marítima ameaçam a segurança das pessoas e dos bens, afectando seriamente a exploração dos serviços marítimos e destruindo a confiança dos povos de todo o mundo na segurança da navegação marítima;
Considerando que a ocorrência de tais actos preocupa gravemente toda a comunidade internacional;
Convencidos da necessidade urgente em desenvolver uma cooperação internacional entre os Estados, no que respeita à elaboração e adopção de medidas eficazes e práticas destinadas a prevenir todos os actos ilícitos dirigidos contra a segurança da navegação marítima e a proceder criminalmente e punir os seus agentes;
Recordando a Resolução n.º 40/61, da Assembleia Geral das Nações Unidas, de 9 de Dezembro de 1985, na qual, entre outras matérias, «é solicitado insistentemente a todos os Estados, unilateralmente e em colaboração uns com os outros, como também com os órgãos competentes da Organização das Nações Unidas, que contribuam para a eliminação progressiva das causas subjacentes do terrorismo internacional e prestem uma atenção especial a todas as situações que revelem violações maciças e flagrantes dos direitos do homem e das liberdades fundamentais,

designadamente o colonialismo e o racismo, assim como as que estão ligadas à ocupação estrangeira, as quais podem originar actos de terrorismo internacional e comprometer a paz e a segurança internacionais»;

Recordando também que a Resolução n.º 40/61 «qualifica inequivocamente como criminosos todos os actos, métodos e práticas de terrorismo, seja qual for o lugar da sua prática e sejam quais forem os seus agentes, incluindo aqueles que comprometem as relações amistosas entre os Estados e a sua segurança»;

Recordando ainda que, pela Resolução n.º 40/61, a Organização Marítima Internacional foi convidada a «estudar o problema do terrorismo praticado a bordo ou contra os navios, com vista a formular recomendações sobre a adopção de medidas apropriadas»;

Tendo em conta a Resolução A/584/14, de 20 de Novembro de 1985, da Assembleia da Organização Marítima Internacional, que solicitava o desenvolvimento de medidas para prevenir actos ilícitos que ameacem a segurança dos navios, dos seus passageiros e tripulações;

Notando que os actos cometidos pela tripulação, que estão sujeitos à normal disciplina de bordo, ficam fora do âmbito de aplicação desta Convenção;

Afirmando a conveniência de submeter a revisão constante as regras e normas relativas à prevenção e controlo dos actos ilícitos contra os navios e pessoas a bordo destes, de forma que tais regras e normas possam actualizar-se como for necessário e, com este objectivo, observando com satisfação as Medidas para Prevenir os Actos Ilícitos contra os Passageiros e Tripulantes a Bordo dos Navios, recomendadas pelo Comité de Segurança Marítima da Organização Marítima Internacional;

Afirmando também que as matérias não regulamentadas pela presente Convenção continuam a reger-se pelas normas e princípios do direito internacional geral;

Reconhecendo a necessidade de todos os Estados, ao lutarem contra actos ilícitos contra a segurança da navegação marítima, respeitarem estritamente as normas e princípios do direito internacional geral;

Acordam no seguinte:

Art. 1.º

Para os fins da presente Convenção, «navio» significa uma embarcação de qualquer tipo que não esteja ligada de forma permanente ao fundo do mar e abrange as embarcações de sustentação hidrodinâmica, submersíveis ou quaisquer outras estruturas flutuantes.

Art. 2.º

1. Esta Convenção não se aplica:
   a) Aos navios de guerra; ou
   b) Aos navios propriedade de um Estado ou por ele operados, desde que sejam utilizados como navios de guerra auxiliares ou para fins de actidade aduaneira ou policial; ou
   c) Aos navios que tenham sido retirados da navegação ou desarmados.

2. Nenhuma disposição desta Convenção afecta as imunidades dos navios de guerra e dos outros navios do Estado utilizados com fins não comerciais.

Art. 3.º

1. Comete uma infracção penal qualquer pessoa que ilícita e intencionalmente:
   a) Se aproprie ou exerça o controlo de um navio pela força ou ameace fazê-lo por outra forma de intimidação; ou
   b) Pratique um acto de violência contra uma pessoa a bordo de um navio, se tal acto puser em perigo a segurança náutica desse navio; ou
   c) Destrua um navio, ou cause avarias ao mesmo ou à sua carga, de modo a pôr em perigo a segurança náutica desse navio; ou
   d) Coloque ou faça colocar num navio, por qualquer meio, um dispositivo ou uma substância que provoque ou possa provocar a destruição do navio ou causar avarias ao mesmo ou à sua carga e que possa pôr em perigo a segurança náutica desse navio; ou
   e) Destrua ou avarie gravemente as instalações, serviços de navegação marítima ou perturbe seriamente o seu funcionamento, se qualquer destes actos puder comprometer a segurança náutica de um navio; ou
   f) Comunique uma informação que saiba ser falsa e com isso comprometa a segurança náutica de um navio; ou
   h) Lesione ou mate qualquer pessoa em consequência das infracções previstas nas alíneas a) a f), bem como das respectivas tentativas.
2. Comete igualmente uma infracção penal toda a pessoa que:
   a) Tente cometer quaisquer das infracções previstas no n.º 1; ou
   b) Incite outra pessoa a cometer uma das infracções previstas no n.º 1, se a infracção for efectivamente cometida, ou, de qualquer forma actue como cúmplice da pessoa que cometa tal infracção; ou
   c) Ameace cometer qualquer das infracções previstas nas alíneas b), c) e e) do n.º 1, com ou sem condições, conforme estabelecido na lei nacional, de forma a constranger uma pessoa, singular ou colectiva, a praticar ou abster-se de praticar qualquer acto, desde que essa ameaça seja de natureza a comprometer a segurança náutica do navio em questão.

Art. 4.º

1. Esta Convenção é aplicável sempre que o navio navegue ou esteja previsto navegar em águas situadas para além do limite exterior do mar territorial de um único Estado, ou dos limites laterais do seu mar territorial com os Estados adjacentes, ou ao longo das mesmas águas ou delas seja proveniente.
2. Caso a Convenção não seja aplicável nos termos do n.º 1, as disposições aplicam-se, no entanto, quando o arguido ou o suspeito for encontrado no território de um Estado Parte da Convenção que não seja o Estado referido no n.º 1.

Art. 5.º
Cada Estado Parte deve providenciar no sentido de tornar as infracções previstas no artigo 3.º puníveis com penas apropriadas, tendo em consideração a natureza grave das mesmas.

Art. 6.º
1. Cada Estado Parte deve tomar as medidas necessárias para exercer a sua jurisdição relativamente às infracções previstas no artigo 3.º; quando estas tiverem sido cometidas:
   a) Contra ou a bordo de um navio arvorando a bandeira desse Estado no momento em que a infracção foi cometida; ou
   b) No território desse Estado, incluindo o seu mar territorial; ou
   c) Por uma pessoa com a nacionalidade desse Estado.
2. Um Estado Parte pode, também, exercer a sua jurisdição, a fim de conhecer qualquer daquelas infracções, quando:
   a) For cometida por um apátrida cuja residência habitual seja nesse Estado; ou
   b) Um cidadão desse Estado tenha sido retido, ameaçado, ferido ou morto durante a prática da infracção; ou
   c) Tenha sido cometida com o objectivo de compelir esse Estado a praticar ou a abster-se de praticar qualquer acto.
3. Qualquer Estado Parte, logo que exerça a sua jurisdição nas condições do n.º 2, deve notificar o Secretário-Geral da Organização Marítima Internacional (daqui em diante designado «o Secretário-Geral»). Caso, posteriormente, o referido Estado Parte deixe de exercer a sua jurisdição, deve notificar o Secretário-Geral.
4. Cada Estado Parte deve tomar as medidas necessárias para exercer a sua jurisdição relativamente às infracções previstas no artigo 3.º, nos casos em que o suspeito se encontre no seu território e não seja extraditado para nenhum dos Estados Partes que tenham jurisdição sobre o caso nos termos dos n.ºˢ 1 e 2 deste artigo.
5. Esta Convenção não prejudica o exercício de qualquer jurisdição criminal exercida em conformidade com a legislação nacional.

Art. 7.º
1. Se for considerado que as circunstâncias assim o justifiquem e em conformidade com a sua legislação, todo o Estado Parte em cujo território for encontrado o arguido ou o suspeito deve assegurar a detenção dessa pessoa ou tomar as medidas necessárias para assegurar a sua presença durante a tramitação do processo penal ou de extradição.
2. O referido Estado deve proceder, de imediato, a uma investigação preliminar destinada ao apuramento dos factos, em conformidade com a sua própria legislação.

3. Toda a pessoa em relação à qual sejam adoptadas as medidas mencionadas no n.º 1 tem o direito de:
   a) Comunicar, sem demora, com o mais próximo representante do Estado de que é nacional, ou com quem esteja habilitado a estabelecer a referida comunicação ou, ainda, no caso de se tratar de pessoa sem nacionalidade, do Estado em cujo território tenha a sua residência habitual;
   b) Receber visitas de um representante desse Estado.
4. Os direitos mencionados no n.º 3 exercem-se em conformidade com as leis e regulamentos do Estado em cujo território se encontre o arguido ou o suspeito da infracção, presumindo-se que tais leis e regulamentos devem permitir a plena realização dos propósitos para os quais foram consagrados os direitos previstos no n.º 3.
5. Logo que um Estado Parte tenha procedido à detenção de uma pessoa de acordo com as disposições do presente artigo, deve comunicar imediatamente essa detenção, bem como as circunstâncias que a justificaram, aos Estados competentes, conforme o disposto no artigo 6.º, n.º 1, e, se o julgar conveniente, a todos os outros Estados interessados. O Estado que tenha procedido às investigações preliminares previstas no n.º 2 do presente artigo, deve comunicar rapidamente os resultados destas aos mencionados Estados, informando se pretende exercer jurisdição sobre o caso.

Art. 8.º

1. O comandante de um navio de um Estado Parte (o Estado da bandeira) pode entregar às autoridades de qualquer outro Estado Parte (o Estado receptor) qualquer pessoa a respeito da qual tenha indícios fundados para crer que cometeu uma das infracções previstas no artigo 3.º.
2. O Estado da bandeira deve assegurar que o comandante fique obrigado, sempre que praticável e possível, antes de entrar nas águas territoriais do Estado receptor, transportando a bordo qualquer pessoa que tencione entregar de acordo com o n.º 1, a proceder à notificação das autoridades do Estado receptor da sua intenção de entregar a referida pessoa, bem como das razões que motivam essa decisão.
3. O Estado receptor deve aceitar a entrega, salvo quando tenha razões para julgar que a Convenção não é aplicável aos factos que motivam a entrega, e deve proceder em conformidade com o disposto no artigo 7.º. Qualquer não aceitação de uma entrega deve ser acompanhada de uma exposição das razões de tal recusa.
4. O Estado da bandeira deve assegurar que o comandante do seu navio forneça às autoridades do Estado receptor os elementos de prova de que disponha referentes à presumível infracção.
5. Todo o Estado receptor que tenha aceite a entrega de uma pessoa em conformidade com as disposições do n.º 3 pode, por sua vez, pedir ao Estado da bandeira que aceite a entrega dessa pessoa. O Estado da bandeira deve examinar tal

pedido e, se lhe der seguimento, agirá conforme as disposições do artigo 7.º. Se o Estado da bandeira recusar o pedido, deve comunicar ao Estado receptor as razões que motivaram tal decisão.

Art. 9.º

Nenhuma disposição desta Convenção prejudica as regras do direito internacional respeitantes às competências dos Estados em matéria de inquérito ou de exercício de jurisdição a bordo de navios que não arvorem a sua bandeira.

Art. 10.º

1. O Estado Parte em cujo território for encontrado o arguido ou o suspeito da infracção, nos casos em que o artigo 6.º se aplica e não havendo extradição, deve submeter o caso, sem demora e sem qualquer excepção, às autoridades competentes para o exercício da acção penal, segundo o procedimento previsto na legislação desse Estado, quer a infracção tenha sido cometida ou não no seu território. As respectivas autoridades deverão tomar as suas decisões da mesma forma que no caso de qualquer outra infracção de natureza grave, segundo a legislação daquele Estado.

2. Toda a pessoa contra a qual seja iniciado processo criminal referente a qualquer das infracções previstas no artigo 3.º, beneficia da garantia de um tratamento justo, em todas as fases desse processo, compreendendo o uso de todos os direitos e o recurso a todas as garantias previstos, para tal processo, pelas leis do Estado do território no qual ela se encontra.

Art. 11.º

1. As infracções previstas no artigo 3.º serão qualificadas como casos de extradição em todos os tratados de extradição celebrados entre Estados Partes. Os Estados Partes comprometem-se a considerar estas infracções como casos de extradição em todos os tratados de extradição que porventura venham a celebrar entre si.

2. Caso um Estado Parte subordine a extradição à existência de um tratado e receba de outro Estado Parte com quem não tenha tal tratado, um pedido de extradição, o Estado Parte requerido pode considerar a presente Convenção como base jurídica para a extradição relativamente às infracções previstas no artigo 3.º. A extradição fica sujeita às restantes condições previstas na legislação do Estado Parte requerido.

3. Os Estados Partes que não subordinem a extradição à existência de um tratado devem reconhecer entre si as infracções previstas no artigo 3.º como fundamento de extradição e sujeitos às condições previstas na legislação do Estado requerido.

4. Se necessário, as infracções previstas no artigo 3.º são consideradas, para fins de extradição entre Estados Partes, como tendo sido cometidas não só no lugar da sua perpetração, como num lugar sob jurisdição do Estado Parte que solicitou a extradição.

5. Um Estado Parte que receba mais de um pedido de extradição de diversos Estados que tenham exercido a sua jurisdição, de acordo com o artigo 6.º, e que decida não exercer acção penal, ao seleccionar o Estado para o qual extraditará o arguido ou suspeito, deve considerar os interesses e responsabilidades do Estado Parte da bandeira do navio, no momento em que a infracção foi cometida.

6. Ao examinar um pedido de extradição, efectuado nos termos da presente Convenção, respeitante a um suspeito, o Estado requerido deve ter em devida conta a possibilidade dessa pessoa exercer os seus direitos, tal como previsto no artigo 7.º, n.º 3, no Estado que solicita a extradição.

7. Relativamente às infracções definidas nesta Convenção, consideram-se alteradas entre os Estados Partes todas as disposições de todos os tratados e acordos de extradição celebrados entre tais Estados na medida em que forem incompatíveis com os termos da mesma.

Art. 12.º

1. Os Estados Partes devem prestar reciprocamente o maior apoio a todo o processo criminal relativo às infracções previstas no artigo 3.ºº, incluindo o auxílio para obtenção das provas de que disponham e sejam necessárias ao processo.

2. Os Estados Partes devem cumprir as obrigações previstas no n.º 1 em conformidade com os tratados de cooperação judicial entre eles existentes. Na falta de tais tratados, os Estados Partes devem prestar reciprocamente a mencionada cooperação de acordo com a legislação nacional.

Art. 13.º

1. Os Estados Partes devem colaborar na prevenção das infracções previstas no artigo 3.º, em especial:
   a) Tomando todas as medidas praticáveis a fim de impedir nos seus territórios, a preparação das infracções destinadas a ser cometidas dentro ou fora dos seus territórios;
   b) Trocando recíprocas informações, em conformidade com a legislação nacional, e coordenando medidas administrativas ou outras que sejam apropriadas a impedir a perpetração de infracções previstas no artigo 3.º.

2. Quando, devido à perpetração de uma infracção prevista no artigo 3.º, a viagem de um navio for atrasada ou interrompida, todo o Estado Parte em cujo território se encontre o navio ou os passageiros ou a tripulação, deve desenvolver todos os esforços possíveis para evitar que o navio, os seus passageiros, tripulação ou carga, sejam indevidamente retidos ou demorados.

Art. 14.º

Qualquer Estado Parte que tenha razões para crer que qualquer das infracções previstas no artigo 3.º poderá vir a ser cometida deve fornecer, tão prontamente quanto possível e de acordo com a legislação nacional, todas as informações relevantes que possua aos Estados que considere competentes para exercer a sua jurisdição, de acordo com o artigo 6.º

Art. 15.º

1. Cada Estado Parte, de acordo com a legislação nacional, deve comunicar ao Secretário-Geral, tão prontamente quanto possível, toda a informação relevante que possua referente:

   a) Às circunstâncias da infracção;
   b) Às medidas tomadas respeitantes à aplicação do artigo 13.º, n.º 2;
   c) Às medidas tomadas relativamente ao arguido ou suspeito da infracção e, em particular, o resultado de todo o processo de extradição ou outro processo judicial.

2. O Estado Parte onde o suspeito for processado judicialmente deve comunicar, de acordo com a legislação nacional, o resultado final do processo ao Secretário-Geral.

3. A informação transmitida de acordo com os n.ºs 1 e 2 deve ser comunicada pelo Secretário-Geral a todos os Estados Partes, aos membros da Organização Marítima Internacional (daqui em diante designada «a Organização»), a outros Estados interessados e às apropriadas organizações internacionais intergovernamentais.

Art. 16.º

1. Qualquer litígio entre dois ou mais Estados Partes respeitante à interpretação ou aplicação da presente Convenção que não possa ser dirimido por via negocial num espaço de tempo razoável deve ser submetido a arbitragem, a pedido de qualquer das Partes. Se no prazo de seis meses, contados a partir da data do pedido de arbitragem, as Partes não alcançarem um acordo sobre a organização da mesma arbitragem, qualquer delas pode submeter o litígio ao Tribunal Internacional de Justiça, apresentando um requerimento, em conformidade com o Estatuto do Tribunal.

2. No momento da assinatura, ratificação, aprovação, aceitação desta Convenção ou adesão à mesma, qualquer Estado pode declarar que não se considera obrigado a algumas ou todas as disposições do n.º 1. Os outros Estados Par-tes não ficam obrigados a essas disposições em relação ao Estado Parte que tenha formulado tais reservas.

3. Qualquer Estado que tenha formulado uma reserva conforme as disposições do n.º 2 pode, a qualquer momento, levantar essa reserva, mediante notificação dirigida ao Secretário-Geral.

Art. 17.º

1. A presente Convenção fica aberta para assinatura em Roma, a partir de 10 de Março de 1988, para os Estados participantes na Conferência Internacional para a Supressão de Actos Ilícitos contra a Segurança da Navegação Marítima, e

na sede da Organização, de 14 de Março de 1988 a 9 de Março de 1989, para assinatura de todos os Estados. Posteriormente, fica aberta para adesão.
2. Os Estados podem expressar a sua vinculação a esta Convenção mediante:
   a) Assinatura sem reserva de ratificação, aceitação ou aprovação; ou
   b) Assinatura sujeita a ratificação, aceitação ou aprovação, seguida de ratificação, aceitação ou aprovação; ou
   c) Adesão.
3. A ratificação, aceitação, aprovação ou adesão deve concretizar-se mediante o depósito do correspondente instrumento junto do Secretário-Geral.

Art. 18.º

1. A presente Convenção entra em vigor 90 dias após a data em que 15 Estados tenham assinado a Convenção sem reserva de ratificação, aceitação ou aprovação, ou tenham depositado um instrumento de ratificação, aceitação, aprovação ou adesão.
2. Em relação a um Estado que deposite um instrumento de ratificação, aceitação, aprovação ou adesão à presente Convenção depois de verificado o procedimento das condições estabelecidas para entrada em vigor, a ratificação, aprovação ou adesão produz efeitos 90 dias após a data de tal depósito.

Art. 19.º

1. Esta Convenção pode ser denunciada por qualquer Estado Parte em qualquer momento, um ano após a data da entrada em vigor para esse Estado.
2. A denúncia efectiva-se através do depósito de um instrumento de denúncia junto do Secretário-Geral.
3. A denúncia produz efeitos um ano após a data do depósito do respectivo instrumento ou decorrido prazo mais longo caso tal esteja especificado no instrumento de denúncia.

Art. 20.º

1. A Organização pode convocar uma conferência com o objectivo de rever ou alterar esta Convenção.
2. O Secretário-Geral deve convocar uma conferência dos Estados Partes desta Convenção para rever ou alterar a mesma, a pedido de um terço dos Estados Partes ou de 10 Estados Partes, conforme o que reunir maior número de Estados.

Resolução n.º 74/2002, de 2 de Outubro

A Convenção para a Supressão de Actos Ilícitos contra a Segurança da Navegação Marítima, feita em Roma (Itália), aos 10 de Março de 1988, visa prevenir e combater as infracções contra a segurança da navegação marítima e punir criminalmente os seus agentes;

Havendo necessidade de a República de Moçambique aderir àquele instrumento jurídico internacional;

Nestes termos e ao abrigo do disposto na alínea *f)* do n.º 1 do artigo 153.º da Constituição da República, o Conselho de Ministros determina:

Art. 1.º

A adesão da República de Moçambique à Convenção para Supressão de Actos Ilícitos contra a Segurança da Navegação Marítima, feita em Roma (Itália), aos 10 de Março de 1988, cujo texto em língua inglesa e a respectiva tradução em língua portuguesa vão em anexo à presente Resolução e dela são parte integrante.

Art. 2.º

Os Ministérios dos Negócios Estrangeiros e Cooperação e dos Transportes e Comunicações, do Interior e da Justiça ficam encarregues de realizarem todos os trâmites necessários à notificação da presente Resolução ao depositário da Convenção e de assegurarem as medidas para a sua implementação, respectivamente.

Aprovada pelo Conselho de Ministros.

Publique-se.

O Primeiro-Ministro, *Pascoal Manuel Mocumbi.*

B. CONVENÇÕES MULTILATERAIS RESTRITAS

I – QUARTA CONVENÇÃO ACP-CEE

Sua Majestade o Rei dos Belgas,
Sua Majestade a Rainha da Dinamarca,
O Presidente da República Federal da Alemanha,
O Presidente da República Helénica,
Sua Majestade o Rei de Espanha,
O Presidente da República Francesa,
O Presidente da Irlanda,
O Presidente da República Italiana,
Sua Alteza Real o Grão-Duque do Luxemburgo.
Sua Majestade a Rainha dos Países Baixos.
O Presidente da República Portuguesa.
Sua Majestade a Rainha do Reino Unido da Grã-Bretanha e da Irlanda do Norte,
Partes Contratantes no Tratado que institui a Comunidade Europeia do Carvão e do Aço e no Tratado que institui a Comunidade Económica Europeia, a seguir denominada "Comunidade", e cujos Estados são a seguir denominados "Estados-membros", bem como o Conselho e a Comissão das Comunidades Europeias, por um lado,
O Presidente da República Popular de Angola.
Sua Majestade a Rainha de Antígua e Barbuda,
O Chefe de Estado da Commonwealth das Bahamas,
O Chefe de Estado de Barbados,
Sua Majestade a Rainha de Belize,
O Presidente da República Popular do Benim,
O Presidente da República do Botsuana,
O Presidente de Frente Popular, Chefe de Estado e Chefe de Governo do Burkina Faso,
O Presidente da República do Burundi,
O Presidente da República de Cabo Verde,
O Presidente da República dos Camarões,
O Presidente da República Centro-Africana,
O Presidente da República do Chade,
O Presidente da República Federal Islâmica das Comores,

O Presidente da República Popular do Congo,
O Presidente da República da Costa do Marfim,
O Presidente da República de Djibouti,
O Governo da Commonwealth da Dominica,
O Presidente da República Dominicana,
O Presidente da República Democrática e Popular da Etiópia,
O Presidente da República de Fiji,
O Presidente da República Gabonesa,
O Presidente da República da Gâmbia,
O Chefe de Estado e Presidente do Conselho Provisório da Defesa Nacional da República do Gana,
Sua Majestade a Rainha de Granada,
O Presidente da República da Guiné,
O Presidente do Conselho de Estado da Guiné-Bissau,
O Presidente da República da Guiné Equatorial,
O Presidente da República Cooperativa da Guiana,
O Presidente da República do Haiti,
O Chefe de Estado da Jamaica,
O Presidente da República do Kiribati.
Sua Majestade o Rei do Reino do Lesoto,
O Presidente da República da Libéria,
O Presidente da República Democrática de Madagascar,
O Presidente da República do Malawi,
O Presidente da República do Mali,
O Presidente do Comité Militar de Salvação Nacional, Chefe de Estado da República Islâmica da Mauritânia,
Sua Majestade a Rainha da Ilha Maurícia,
O Presidente da República Popular de Moçambique,
O Presidente do Conselho Militar Supremo, Chefe de Estado do Níger,
O Chefe do Governo Federal da Nigéria.
Sua Majestade a Rainha da Papuásia-Nova Guiné,
O Presidente da República do Quénia,
O Presidente da República do Ruanda.
Sua Majestade a Rainha das Ilhas de Salomão,
O Chefe de Estado das Samoa Ocidentais.
Sua Majestade a Rainha de Santa Lúcia,
Sua Majestade a Rainha da São Cristóvão e Nevis,
O Presidente da República Democrática de São Tomé e Príncipe.
Sua Majestade a Rainha de São Vicente e Granadinas,
O Presidente da República do Senegal,
O Presidente da República da Serra Leoa,
O Presidente da República de Seychelles,
O Presidente da República Democrática da Somália,

I – Quarta Convenção ACP-CEE

O Presidente da República do Sudão,
O Presidente da República do Suriname,
Sua Majestade o Rei do Reino da Suazilândia,
O Presidente da República Unida da Tanzânia,
O Presidente da República Togolesa.
Sua Majestade o Rei Taufahau Tupou IV de Tonga,
O Presidente da República da Trinidade e Tobago.
Sua Majestade a Rainha de Tuvalu,
O Presidente da República do Uganda,
O Governo da República de Vanuatu,
O Presidente da República do Zaire,
O Presidente da República da Zâmbia,
O Presidente da República do Zimbabwe,
cujos Estados são a seguir denominados "Estados ACP", por outro lado,

TENDO EM CONTA o Tratado que institui a Comunidade Económica Europeia e o Tratado que institui a Comunidade Europeia do Carvão e do Aço, por um lado, e o Acordo de Georgetown que institui o Grupo dos Estados de África, das Caraíbas e do Pacífico, por outro;

DESEJOSOS de reforçar, numa base de completa igualdade entre parceiros e de interesse mútuo, a sua estreita a contínua cooperação, num espírito de solidariedade internacional:

DESEJANDO manifestar a vontade mútua da manter e desenvolver as relações amistosas existentes entre os seus países da acordo com os princípios da Carta das Nações Unidas:

REAFIRMANDO o seu apego aos princípios enunciados na referida Carta e a sua fé nos Direitos Fundamentais do Homem, em todos os aspectos da dignidade humana e no valor da pessoa humana enquanto agente e beneficiário central do desenvolvimento, na igualdade dos direitos dos homens e das mulheres, bem como das nações pequenas ou grandes;

RELEMBRANDO a Declaração Universal dos Direitos do Homem, o Pacto Internacional relativo aos Direitos Civis e Políticos e o Pacto Internacional relativo aos Direitos Económicos, Sociais e Culturais

RECONHECENDO que é conveniente respeitar e garantir os direitos civis e políticos e desenvolver esforços no sentido de se alcançar o pleno gozo dos direitos económicos, sociais e culturais;

ACOLHENDO a Convenção da Salvaguarda dos Direitos do Homem e das Liberdades Fundamentais do Conselho da Europa, a Carta Africana dos Direitos do Homem e dos Povos e a Convenção Americana dos Direitos do Homem como contributos regionais positivos para o respeito dos direitos do Homem na Comunidade e nos Estados AC;

RESOLVIDOS a intensificar em comum os respectivos esforços para contribuir para a cooperação internacional e a solução dos problemas internacionais de ordem económica, social, intelectual e humanitária, de acordo com as aspirações da comunidade internacional a uma nova ordem económica e internacional mais justa e mais equilibrada;

RESOLVIDOS a trazer, através da sua cooperação, um contributo significativo ao desenvolvimento económico e ao progresso social dos Estados ACP e à melhoria das condições de vida das suas populações;

DECIDIRAM celebrar a presente Convenção e, para o efeito, designar como plenipotenciários:

Sua Majestade O Rei dos Belgas:
André GEENS,
Ministro da Cooperação para o Desenvolvimento;

Sua Majestade A Rainha da Dinamarca:
Jacob RYTTER,
Representante Permanente junto das Comunidades Europeias;

O Presidente da República Federal da Alemanha:
Irmgard ADAM-SCHWAETZER,
Ministro-Adjunto dos Negócios Estrangeiros;

O Presidente da República Helénica:
Yannis POTTAKIS,
Ministro-Adjunto dos Negócios Estrangeiros;

Sua Majestade O Rei de Espanha:
Pedro SOLBES,
Secretário de Estado das Comunidades Europeias;

O Presidente da República Francesa:
Jacques PELLETIER,
Ministro da Cooperação e do Desenvolvimento;

O Presidente da Irlanda:
Seara CALLEARY, T. D., M.P.,
Ministro-Adjunto ("Minister of State") do Ministério dos Negócios Estrangeiros, Responsável pela Ajuda ao Desenvolvimento;

O Presidente da República Italiana:
Claudio LENOCI,
Secretário de Estado dos Negócios Estrangeiros;

Sua Alteza Real O Grão-Duque do Luxemburgo:
Joseph WEYLAND,
Representante Permanente junto das Comunidades Europeias;

Sua Majestade A Rainha dos Países Baixos:
S.H. BLOMBERGEN,
Encarregado de Negócios em Accra;

O Presidente da República Portuguesa:
José Manuel DURÃO BARROSO,
Secretário de Estado dos Negócios Estrangeiros e da Cooperação;

Sua Majestade A Rainha do Reino Unido da Grã-Bretanha e da Irlanda do Norte:
Lord REAY,
Porta-voz do Governo na Câmara dos Lordes;

O Conselho e a Comissão das Comunidades Europeias:
Michel ROCARD,
Primeiro-Ministro da República Francesa,
Presidente em Exercício do Conselho das Comunidades Europeias;
Manuel MARIN,
Vice-Presidente de Comissão das Comunidades Europeias;

O Presidente da República Popular de Angola:
Emílio José de CARVALHO GUERRA,
Chefe da Missão da República Popular de Angola junto das Comunidades Europeias;

Sua Majestade a Rainha de Antígua e Barbuda:
James THOMAS,
Alto-Comissário de Antígua e Barbuda;

O Chefe de Estado da Commonwealth das Baamas:
Patricia Elaine Joan RODGERS,
Chefe da Missão da Commonwealth das Baamas;

O Chefe de Estado de Barbados:
Edward Evelyn GREAVES,
Ministro do Comércio e da Indústria;

Sua Majestade a Rainha de Belize:
Sir Edney CAIN,
Alto-Comissário junto do Reino Unido;

O Presidente da República Popular do Benim:
Amos ELEGBE,
Ministro do Comércio, do Artesanato e do Turismo;

O Presidente da República do Botsuana:
Archibald M. MOGWE,
Ministro dos Recursos Minerais e das Águas;

O Presidente da Frente Popular Chefe de Estado e Chefe de Governo do Burkina Faso:
Pascal ZAGRE,
Ministro do Plano e da Cooperação;

O Presidente da República do Burundi:
D. R. Salvator SAHINGUVU,
Secretário de Estado junto do Primeiro-Ministro Encarregado do Plano;

O Presidente da República de Cabo Verde:
Adão ROCHA,
Ministro da Indústria e da Energia;

O Presidente da República dos Camarões:
Elisabeth TANKEU,
Ministro do Plano e do Ordenamento do Território;

O Presidente da República Centro Africana:
Thierry INGABA,
Secretário de Estado do Plano e da Cooperação Internacional;

O Presidente da República do Chade:
Ibni Oumar Mahamat SALEH,
Ministro do Plano e da Cooperação;

O Presidente da República Federal Islâmica das Comores:
Ali MLAHAILI,
Embaixador Junto da República Francesa;

O Presidente da República Popular do Congo:
Pierre MOUSSA,
Ministro de Estado Encarregado do Plano e da Economia;

O Presidente da República da Costa do Marfim:
Moise Keffi KOUMOUE,
Ministro da Economia e das Finanças;

O Presidente da República de Djibouti:
Ahmed IBRAHIM ABDI,
Ministro do Trabalho ea da Previdência Social;

O Governo da Commonwealth da Dominica:
Charles Angelo SAVARIM,
Embaixador junto do Reino da Bélgica;

O Presidente da República Dominicana:
Joaquin RICARDO,
Ministro dos Negócios Estrangeiros;

O Presidente da República Democrática e Popular da Etiópia:
AKLILU AFEWORK,
Ministro, Chefe do Bureau do Comité de Estado para as Relações Económicas Externas;

O Presidente da República de Fiji:
Kailopate TAVOLA,
Chefe da Missão de Fiji junto das Comunidades Europeias;

O Presidente da República Gabonesa:
Pascal NZE,
Ministro do Planeamento, do Desenvolvimento e da Economia;

O Presidente da República da Gâmbia:
Saihou S. SABALLY,
Ministro das Finanças e do Comércio;

O Chefe de Estado e Presidente do Conselho Provisório da Defesa Nacional da República do Gana:
Dr. Kwesi BOTCHWEY, PNDC.,
Secretário de Estado das Finanças e do Planeamento Económico;

Sua Majestade a Rainha de Granada:
Denneth Matthew MODESTE,
Secretário Permanente junto do Ministério dos Negócios Estrangeiros;

O Presidente da República da Guiné:
Ibrabim SYLLA,
Ministro do Plano e da Cooperação Internacional;

O Presidente do Conselho de Estado da Guiné-bissau:
Aristides MENEZES,
Secretário de Estado da Cooperação Internacional;

O Presidente da República da Guiné Equatorial:
Alejandro Evuna OWONO,
Ministro de Estado Encarregado de Missão na Presidência da República;

O Presidente da República Cooperativa da Guiana:
James H.E. MATHESON,
Embaixador Extraordinário,
Chefe da Missão da República Cooperativa de Guiana junto das Comunidades Europeias;

O Presidente da República do Haiti:
Yvon PERRIER,
Ministro dos Negócios Estrangeiros e dos Cultos;

O Chefe de Estado da Jamaica:
Leslie Armon WILSON,
Embaixador, Chefe da Missão da Jamaica junto das Comunidades Europeias;

O Presidente da República de Kiribati:
Michael T. SOMARE,
Ministro dos Negócios Estrangeiros da Papuásia-Nova Guiné;

Sua Majestade o Rei do Reino do Lesoto:
Dr. M.M. SEFALI,
Ministro do Plano, do Desenvolvimento, da Economia e do Emprego;

O Presidente da República da Libéria:
Dr. Elijah TAYLOR,
Ministro do Plano e dos Assuntos Económicos;

O Presidente da República Democrática de Madagascar:
Georges Yvan SOLOFOSON,
Ministro do Comércio;

O Presidente da República do Malawi:
R.W. CHIRWA, M. P.,
Ministro do Comércio, da Indústria e do Turismo;

O Presidente da República do Mali:
Dr. N'Golo TRAORE,
Ministro dos Negócios Estrangeiros e da Cooperação Internacional;

O Presidente do Comité Militar de Salvação Nacional, Chefe de Estado da República Islâmica da Mauritânia:
Mohamed Lemine Ould N'DIAYANE,
Tenente-Coronel, Membro e Secretário Permanente do Comité Militar de Salvação Nacional;

Sua Majestade a Rainha da Ilha Maurícia:
Murlidass DULLOO,
Ministro da Agricultura, da Pesca e dos Recursos Naturais;

O Presidente da República Popular de Moçambique:
Pascoal Manuel MOCUMBI,
Ministro dos Negócios Estrangeiros;

O Presidente do Conselho Militar Supremo, Chefe de Estado do Níger:
Yacouba SANDI,
Secretário de Estado junto do Ministro dos Negócios Estrangeiros e da Cooperação, Encarregado da Cooperação;

O Chefe do Governo Federal da Nigéria:
Dr. Chu S.P. OKONGWU,
Ministro das Finanças e do Desenvolvimento Económico;

Sua Majestade a Rainha da Papuásia-Nova Guiné:
Michael T. SOMARE, C.H.,
Ministro dos Negócios Estrangeiros;

O Presidente da República do Quénia:
Dr. Zacharia T. ONYONKA, M.P.,
Ministro do Plano e do Desenvolvimento Nacional;

O Presidente da República do Ruanda:
Aloys NSEKALIJE,
Coronel, Ministro da Indústria e do Artesanato;

Sua Majestade a Rainha das Ilhas Salomão:
Lord REAY,
Porta-Voz do Governo na Câmara dos Lordes;

O Chefe de Estado da Samoa Ocidental:
Amua L. IOANE,
Alto-Comissário;

Sua Majestade a Rainha de Santa Lúcia:
Edwin LAURENT,
Ministro-Conselheiro da Alta-Comissão dos Estados das Caraíbas Orientais em Londres;

Sua Majestade a Rainha de São Cristóvão e Nevis:
Edwin LAURENT,
Ministro-Conselheiro da Alta-Comissão dos Estados das Caraíbas Orientais em Londres;

O Presidente da República Democrática de São Tomé e Príncipe:
Carlos FERREIRA,
Ministro do Equipamento Social e do Ambiente;

Sua Majestade a Rainha de São Vicente e Granadinas:
Edwin LAURENT,
Ministro-Conselheiro da Alta-Comissão dos Estados das Caraíbas Orientais em Londres;

O Presidente da República do Senegal:
Seydina Oumar SY,
Ministro do Comércio;

O Presidente da República da Serra Leoa:
Leonard S. FOFANAH,
Ministro de Estado, Ministro do Desenvolvimento Nacional e da Planificação Económica;

O Presidente da República de Seychelles:
Claude MOREL,
Encarregado de Negócios da Embaixada das Seychelles em Paris;

O Presidente da República Democrática da Somália:
Ali HASSAN ALI,
Embaixador-Chefe da Missão da República Democrática da Somália junto das Comunidades Europeias;

O Presidente da República do Sudão:
Dr. SAYED ALI ZAKI,
Ministro das Finanças e do Planeamento Económico;

I – Quarta Convenção ACP-CEE

O Presidente da República do Suriname:
Donald Aloysius MACLEOD,
Embaixador Extraordinário, Chefe da Missão da República do Suriname junto das Comunidades Europeias;

Sua Majestade o Rei do Reino da Suazilândia:
Nkomeni Douglas NTIWANE,
Senador, Ministro do Comércio, da Indústria e do Turismo;

O Presidente da República Unida da Tanzânia:
Joseph A.T. MUWOWO,
Ministro Plenipotenciário,
Encarregado de Negócios A.I. da Embaixada da República Unida da Tanzânia junto das Comunidades Europeias;

O Presidente da República Togolesa:
Barry Moussa BARQUE,
Ministro do Plano e das Minas;

Sua Majestade o Rei Taufa'Ahau Tupou Iv de Tonga:
H.R.H. Crown Prince TUPOUTO'A,
Ministro dos Negócios Estrangeiros;

O Presidente da República da Trinidade e Tobago:
Dr. Sahadeo BASDEO,
Senador, Ministro dos Negócios Estrangeiros e do Comércio Internacional;

Sua Majestade a Rainha de Tuvalu:
Peter FEIST,
Cônsul Honorário na República Federal da Alemanha;

O Presidente da República do Uganda:
Abbey KAFUMBE-MUKASA,
Ministro-Delegado para as Finanças;

O Governo da República de Vanuatu:
Harold Colin QUALAO,
Ministro do Comércio, das Cooperativas, da Indústria e da Energia;

O Presidente da República do Zaire:
MOBUTU NYIWA,
Comissário de Estado da Cooperação Internacional;

O Presidente da República da Zâmbia:
Rabbison Mafeshi Chongo, M. P.,
Ministro do Comércio e da Indústria;

O Presidente da República do Zimbabwe:
Dr. O.M. Munyaradzi,
Ministro do Comércio.

PARTE I. DISPOSIÇÕES GERAIS DA COOPERAÇÃO ACP-CEE

CAPÍTULO I. **Objectivos e princípios da cooperação**

Art. 1.º

A Comunidade e os seus Estados membros, por um lado, e os Estados ACP, por outro lado, a seguir denominados "Partes Contratantes", celebram a presente Convenção de cooperação com vista a promover e acelerar e desenvolvimento económico, cultural e social dos Estados ACP e a aprofundar e diversificar as suas relações num espírito de solidariedade e de interesse mútuo.

As Partes Contratantes comprometem-se assim a prosseguir, reforçar e tornar mais eficaz o sistema de cooperação instaurado pelas primeira, segunda e terceira Convenções ACP-CEE e reafirmam o carácter privilegiado das suas relações, assente no interesse mútuo e na especialidade da sua cooperação.

As Partes Contratantes manifestam a vontade de intensificarem os seus esforços no sentido de criarem, na perspectiva de uma ordem económica internacional mais justa e equilibrada, um modelo de relações entre Estados desenvolvidos e Estados em desenvolvimento e de agirem em conjunto para afirmarem no plano internacional os princípios que estão na base da sua cooperação.

Art. 2.º

A cooperação ACP-CEE, assente num regime de direito e na existência de instituições conjuntas, processar-se-á com base nos seguintes princípios fundamentais:
- igualdade dos parceiros, respeito da sua soberania, interesse mútuo e interdependência;
- direito de cada Estado a determinar as suas opções políticas, sociais, culturais e económicas;
- segurança das suas relações, alicerçada na experiência adquirida no seu sistema de cooperação.

Art. 3.º
Os Estados ACP determinarão de modo soberano os princípios, estratégias e modelos de desenvolvimento das suas economias e das suas sociedades.

Art. 4.º
A cooperação ACP-CEE apoiará os esforços dos Estados ACP tendo em vista um desenvolvimento global autónomo e auto-suficiente, assente nos seus valores sociais e culturais, nas suas capacidades humanas, nos seus recursos naturais e no seu potencial económico, a fim de promover o progresso social, cultural e económico dos Estados ACP e o bem-estar das suas populações através da satisfação das suas necessidades fundamentais, do reconhecimento do papel da mulher e da expansão das capacidades humanas no respeito pela sua dignidade.

Este desenvolvimento assenta num equilíbrio permanente entre os seus objectivos económicos, a gestão racional do ambiente e a valorização dos recursos naturais e humanos.

Art. 5.º
1. A cooperação tem em vista um desenvolvimento centrado no homem, seu principal agente e beneficiário, e que, por conseguinte, defenda o respeito e a promoção de todos os seus direitos. As acções de cooperação inscrevem-se nesta perspectiva positiva, em que o respeito dos direitos do homem é reconhecido como um factor fundamental de um verdadeiro desenvolvimento e em que a própria cooperação é concebida como um contributo para a promoção desses direitos.

Nesta perspectiva, a política de desenvolvimento e a cooperação estão estreitamente relacionadas com o respeito e o gozo dos direitos e liberdades fundamentais do homem. São igualmente reconhecidos e incentivados o papel e as potencialidades de iniciativa dos indivíduos e dos grupos, a fim de assegurar de uma forma concreta uma verdadeira participação das populações no esforço de desenvolvimento, em conformidade com o artigo 13.º.

2. Consequentemente, as Partes reiteram a importância fundamental que atribuem à dignidade e aos direitos do homem, que constituem aspirações legítimas dos indivíduos e dos povos. Os direitos em causa são o conjunto dos direitos do homem, sendo as diferentes categorias de direitos indissociáveis e interdependentes, cada uma com a sua legitimidade própria: tratamento não discriminatório; direitos fundamentais do indivíduo; direitos civis e políticos, direitos económicos, sociais e culturais.

Cada indivíduo tem direito, no seu próprio país ou num país de acolhimento, ao respeito da sua dignidade e à protecção da lei.

A cooperação ACP-CEE contribui para a eliminação dos obstáculos que impedem os indivíduos e os povos de gozarem plena e efectivamente os seus direitos económicos, sociais e culturais, promovendo o desenvolvimento indispensável à sua dignidade, ao seu bem-estar e à sua realização. Para o efeito as Partes esforçar-se-ão, em conjunto, ou cada uma na sua esfera de responsabilidade, por contribuir para a eliminação das causas que levam a situações de miséria indignas da condição humana e a profundas desigualdades económicas e sociais.

As Partes Contratantes reafirmam as suas obrigações e o seu compromisso decorrentes do Direito Internacional de combaterem, com vista à sua eliminação, todas as formas de discriminação baseadas na etnia, na origem, na raça, na nacionalidade, na cor, no sexo, na linguagem, na religião ou em qualquer outra situação. Este compromisso diz especialmente respeito a qualquer situação verificada nos Estados ACP ou na Comunidade susceptível de afectar os objectivos da Convenção, bem como os sistemas de *apartheid*, devido igualmente aos seus efeitos desestabilizadores no exterior. Os Estados-membros da Comunidade (e/ou, eventualmente, a própria Comunidade) e os Estados ACP continuarão a assegurar, no âmbito das medidas jurídicas ou administrativas que adoptaram, que os trabalhadores, migrantes, estudantes e outros cidadãos estrangeiros que se encontrem legalmente no seu território não sejam objecto de qualquer discriminação baseada em diferenças raciais, religiosas, culturais ou sociais, nomeadamente no que se refere ao alojamento, à educação, à saúde, a outros serviços sociais e ao trabalho.

3. A pedido dos Estados ACP, em conformidade com as regras de cooperação para o financiamento do desenvolvimento, poderão consagrar-se meios financeiros à promoção dos direitos do homem nos Estados ACP, através de acções concretas, públicas ou privadas, que serão decididas, em especial no domínio jurídico, em colaboração com organismos cuja competência na matéria é reconhecida internacionalmente. O campo de acção abrangerá apoios à criação de estruturas de promoção dos direitos do homem. Será dada prioridade às acções de carácter regional.

Art. 6.º

1. Na perspectiva de um desenvolvimento económico dos Estados ACP mais equilibrado e mais autónomo, são consagrados esforços particulares na presente Convenção à promoção do desenvolvimento rural, da segurança alimentar das populações, da gestão racional dos recursos naturais e da protecção ao restabelecimento e reforço do potencial de produção agrícola dos Estados ACP.

2. As Partes Contratantes reconhecem a prioridade que há que conceder à protecção do ambiente e à conservação dos recursos naturais, condições essenciais para um desenvolvimento duradouro e equilibrado, tanto no aspecto económico como no aspecto humano.

Art. 7.º

A Comunidade e os Estados ACP atribuirão especial importância e concederão extrema prioridade aos esforços de cooperação e de integração regional.

Neste contexto, a Convenção apoia eficazmente os esforços dos Estados ACP no sentido de se organizarem regionalmente e de intensificarem a cooperação a nível regional e inter-regional com vista à promoção de uma ordem económica internacional mais justa e mais equilibrada.

Art. 8.º

As Partes Contratantes reconhecem a necessidade de concederem um tratamento especial aos Estados ACP menos desenvolvidos e de terem em conta as dificuldades específicas com que os Estados ACP sem litoral e insulares se deparem.

As Partes Contratantes prestarão especial atenção à melhoria das condições de vida das camadas das populações mais desfavorecidas.

A cooperação prevê nomeadamente um tratamento especial no que respeita à determinação do volume de recursos financeiros e às respectivas condições de atribuição, para permitir aos Estados ACP menos desenvolvidos transporem os obstáculos estruturais e outros ao respectivo desenvolvimento.

Relativamente aos Estados ACP sem litoral, os objectivos da cooperação são definir e estimular acções específicas a fim de solucionar os problemas de desenvolvimento decorrentes da sua situação geográfica.

Art. 9.º

Tendo em vista aumentar a eficácia dos instrumentos da Convenção, as Partes Contratantes adoptarão, no âmbito das suas competências respectivas, orientações, prioridades e medidas que propiciem a realização dos objectivos fixados na presente Convenção e decidem, em cumprimento dos princípios enunciados no artigo 2.º, prosseguir o diálogo no seio das instituições conjuntas e uma execução coerente da cooperação para o financiamento do desenvolvimento bem como dos outros instrumentos de cooperação.

Art. 10.º

As Partes Contratantes tomarão, cada uma, no que lhe diz respeito nos termos da presente Convenção, todas as medidas gerais ou especiais necessárias para assegurar a execução das obrigações decorrentes da Convenção e facilitar a prossecução dos seus objectivos. As Partes Contratantes abster-se-ão de quaisquer medidas susceptíveis de pôr em perigo a realização dos objectivos da Convenção.

Art. 11.º

No âmbito das suas competências respectivas, as instituições da presente Convenção examinarão periodicamente os resultados da aplicação da Convenção, tomarão as iniciativas necessárias e adoptarão todas as decisões e medidas úteis à realização dos objectivos da presente Convenção.

Qualquer questão susceptível de entravar directamente a realização eficaz dos objectivos da presente Convenção pode ser levada ao conhecimento das referidas instituições.

Nos casos previstos na presente Convenção, ou em caso de dificuldades na aplicação ou na interpretação das suas disposições, o Conselho dos Ministros procederá a consultas, a pedido de uma das Partes Contratantes.

Art. 12.º

Sempre que a Comunidade, no âmbito das suas competências, pretenda adoptar uma medida susceptível de afectar, tendo em conta os objectivos da presente Convenção, os interesses dos Estados ACP, informá-los-á desse facto em tempo útil. Para o efeito, a Comissão comunicará regularmente ao Secretariado dos Estados ACP as proposta de medidas deste tipo. Em caso de necessidade, poderão igualmente ser apresentados pedidos de informações por iniciativa dos Estados ACP.

A pedido destes, proceder-se-á a consultas em tempo útil, a fim de que, antes da decisão final, se possam ter em consideração as suas preocupações quanto ao impacto dessas medidas.

Após as consultas, os Estados ACP receberão informações adequadas sobre a entrada em vigor dessas decisões, com a antecedência possível.

CAPÍTULO II. **Objectivos e orientações da Convenção nos principais domínios da cooperação**

Art. 13.º

A Cooperação destina-se a apoiar um desenvolvimento dos Estados ACP centrado no homem e enraizado na cultura de cada povo. A cooperação apoiará as políticas e as medidas tomadas por estes Estados para valorizar os seus recursos humanos, aumentar as suas capacidades próprias de criação e promover as suas identidades culturais. A cooperação fomentará a participação das populações na concepção e na realização do desenvolvimento.

A cooperação terá em conta, nos diferentes domínios e nos diversos estádios das acções realizadas, a dimensão cultural, as implicações sociais dessas acções, bem como a necessidade de que homens e mulheres participem e beneficiem num pé de igualdade.

A cooperação implica uma responsabilidade solidária para a preservação do património natural. A cooperação atribui nomeadamente uma importância especial à protecção do ambiente e à preservação e recuperação dos equilíbrios naturais nos Estados ACP. Em consequência, as acções de cooperação serão concebidas, em todos os domínios, de forma a tornar os objectivos de crescimento económico compatíveis com um desenvolvimento que respeite os equilíbrios naturais e seja susceptível de assegurar efeitos duradouros ao serviço do homem.

No âmbito do esforço de protecção do ambiente e de recuperação dos equilíbrios naturais, a cooperação contribuirá para promover acções específicas em matéria de preservação dos recursos naturais, renováveis e não renováveis, de protecção dos ecosistemas e da luta contra a seca, a desertificação e a desflorestação, e executará outras acções temáticas para o efeito (nomeadamente luta anti-acridiana, protecção e exploração dos recursos de água, protecção das florestas tropicais e da biodiversidade, promoção de um melhor equilíbrio entre cidade e campo e ambiente urbano).

Art. 15.º

A cooperação agrícola destina-se em primeiro lugar a procurar atingir a auto-suficiência e a segurança alimentares dos Estados ACP, o desenvolvimento e a organização do sistema produtivo, a melhoria do nível, das condições e do estilo de vida da população rural e o desenvolvimento equilibrado das zonas rurais.

As acções neste domínio serão concebidas e realizadas em apoio das políticas ou estratégias agro-alimentares definidas pelos Estados ACP.

Art. 16.º

A cooperação no domínio das minas e da energia destina-se a promover e a acelerar, no interesse mútuo, um desenvolvimento económico diversificado, que utilize plenamente o potencial humano e os recursos naturais dos Estados ACP, e a promover uma melhor integração destes e de outros sectores e a sua complementaridade com o resto da economia.

Esta cooperação tem por fim criar e reforçar as condições do meio sócio-cultural e económico e as infra-estruturas materiais correspondentes a este objectivo.

Esta cooperação apoiará o esforço dos Estados ACP de concepção e realização de políticas energéticas adaptadas à sua situação, nomeadamente para reduzir progressivamente a dependência em que a maioria de entre eles se encontra face aos produtos petrolíferos importados, e desenvolver fontes de energia novas e renováveis.

Esta cooperação contribuirá para uma melhor exploração dos recursos energéticos e mineiros e terá plenamente em consideração os aspectos energéticos do desenvolvimento dos diversos sectores económicos e sociais, contribuindo assim para melhorar as condições de vida e de ambiente e para uma melhor conservação dos recursos da biomassa, em particular os de madeira para combustível.

Art. 17.º

A Comunidade e os Estados ACP reconhecem que a industrialização desempenha um papel motriz – complementar do desenvolvimento rural e agrícola – facilitando assim a transformação económica dos Estados ACP de modo a que estes alcancem um crescimento auto-suficiente e um desenvolvimento equilibrado e diversificado. O desenvolvimento industrial é necessário para melhorar a produtividade das economias dos Estados ACP a fim de que estas possam satisfazer as necessidades humanas fundamentais e reforçar a participação competitiva dos Estados ACP nas trocas comerciais mundiais através da venda de um maior número de produtos com valor acrescentado.

Tendo em conta a situação de extrema dependência das economias da grande maioria dos Estados ACP em relação às suas exportações de produtos de base, as Partes Contratantes decidem atribuir especial atenção à cooperação neste domínio, com vista a apoiar as políticas ou estratégias definidas pelos Estados ACP com o objectivo de:
— por um lado, incentivar a diversificação, tanto horizontal como vertical, das economias dos Estados ACP, especialmente através do desenvolvi-

mento de actividades de Transformação, Comercialização, Distribuição e Transporte (TCDT);
– por outro lado, melhorar a competitividade dos produtos de base dos Estados ACP nos mercados mundiais através da reorganização e da nacionalização das suas actividades de produção, comercialização e distribuição.

Art. 19.º

A cooperação no domínio da pesca tem por objectivo apoiar os Estados ACP na valorização dos seus recursos haliêuticos, a fim de aumentar a produção destinada ao consumo interno no âmbito dos seus esforços de desenvolvimento de segurança alimentar, e a produção destinada à exportação. Esta cooperação será concebida no interesse mútuo das Partes Contratantes e no respeito pelas respectivas políticas de pesca.

CAPÍTULO III.   Agentes da cooperação

Art. 20.º

Em conformidade com os artigos 2.º, 3.º e 13.º, e a fim de incentivar o desenvolvimento e a mobilização das iniciativas de todos os agentes dos Estados ACP e da Comunidade susceptíveis de contribuir para o desenvolvimento autónomo dos Estados ACP, a cooperação apoiará igualmente, nos limites fixados pelos Estados ACP interessados, acções de desenvolvimento de agentes económicos, sociais e culturais, no âmbito de uma cooperação descentralizada, nomeadamente sob a forma de uma conjugação de esforços e meios entre homólogos dos Estados ACP e da Comunidade. Esta forma de cooperação destina-se, em especial, a pôr ao serviço do desenvolvimento dos Estados ACP as competências, os modos de acção originais e os recursos desses agentes.

Consideram-se agentes, na acepção do presente artigo, as autoridades públicas descentralizadas, os agrupamentos rurais e locais, as cooperativas, as empresas, os sindicatos, os centros de ensino e investigação, os organismos não governamentais de desenvolvimento e as diversas associações, grupos e operadores capazes e desejosos de contribuir de modo espontâneo e original para o desenvolvimento dos Estados ACP.

Art. 21.º

A cooperação incentivará e apoiará as iniciativas dos agentes dos Estados ACP referidos no artigo 20.º, desde que correspondam à selecção de prioridades, orientações e métodos de desenvolvimento definidos pelos Estados ACP. Nestas circunstâncias, serão apoiadas, quer as acções autónomas de agentes dos Estados ACP, quer acções destes últimos apoiadas por agentes similares da Comunidade que ponham à disposição a sua competência e experiência, as suas capacidades tecnológicas e de organização ou os seus recursos financeiros.

A cooperação incentivará o contributo ao esforço de desenvolvimento de agentes dos Estados ACP e da Comunidade em meios financeiros e técnicos complementares. A Cooperação pode apoiar as acções de cooperação descentralizada através de uma ajuda financeira e/ou técnica decorrente dos recursos da Convenção, nas condições definidas no artigo 22.º.

Esta forma de cooperação será organizada respeitando plenamente o papel e as prerrogativas dos poderes públicos dos Estados ACP.

Art. 22.º

As acções de cooperação descentralizada podem ser apoiadas através de instrumentos de cooperação para o financiamento do desenvolvimento, sendo necessário o acordo dos Estados ACP interessados, de preferência desde a fase de programação, quanto aos princípios e às condições do apoio a esta forma de cooperação. Este apoio será fornecido na medida em que seja necessário para que a execução das acções propostas tenha resultados positivos, desde que se reconheça a utilidade dessas acções e que as disposições relativas à cooperação para o financiamento do desenvolvimento sejam respeitadas. Os projectos decorrentes desta forma de cooperação podem estar ou não relacionados com programas realizados nos sectores de concentração dos programas indicativos, dando-se prioridade aos relacionados com sectores de concentração.

CAPÍTULO IV. **Princípios que regem os instrumentos da cooperação**

Art. 23.º

A fim de contribuir para a realização dos objectivos da presente Convenção, as Partes Contratantes criarão instrumentos de cooperação correspondentes aos princípios da solidariedade e do interesse mútuo e adaptados à situação económica, cultural e social dos Estados ACP e da Comunidade, bem como à evolução de seu contexto internacional.

Estes instrumentos visarão principalmente, graças ao reforço dos mecanismos e sistemas criados:
- incrementar as trocas comerciais entre as Partes Contratantes;
- apoiar o esforço de desenvolvimento autónomo dos Estados ACP, através de um reforço da capacidade nacional de inovação, adaptação e transformação da tecnologia;
- apoiar os esforços de ajustamento estrutural dos Estados ACP, contribuindo assim igualmente para aliviar o peso da dívida;
- ajudar os Estados ACP a acederem aos mercados de capital e encorajar os investimentos directos privados europeus a contribuírem para o desenvolvimento dos Estados ACP;
- sanar a instabilidade das receitas da exportação de produtos de base agrícolas ACP e ajudar os Estados ACP a enfrentar as perturbações graves que afectam o seu sector mineiro.

Art. 24.º
A fim de promover e diversificar as trocas comerciais entre as Partes Contratantes, a Comunidade e os Estados ACP acordam em:
– disposições gerais relativas ao comércio;
– disposições especiais relativas à importação pela Comunidade de certos produtos ACP;
– disposições destinadas a fomentar o desenvolvimento do comércio e dos serviços dos Estados ACP, incluindo o turismo;
– um sistema de informação e de consultas recíprocas capaz de assegurar uma aplicação eficaz das disposições da presente Convenção no domínio da cooperação comercial.

Art. 25.º
O regime geral de trocas comerciais, assente nas obrigações internacionais das Partes Contratantes, tem por finalidade conferir um fundamento seguro e sólido à cooperação comercial entre os Estados ACP e a Comunidade.

Este regime fundamenta-se no princípio do livre acesso dos produtos originários dos Estados ACP ao mercado da Comunidade e integra disposições especiais relativas aos produtos agrícolas, bem como medidas de salvaguarda.

Tendo em conta as actuais necessidades dos Estados ACP em matéria de desenvolvimento, este regime não prevê para esses Estados reciprocidade no domínio da liberdade de acesso.

Este regime assenta igualmente no princípio da não discriminação pelos Estados ACP em relação aos Estados-membros e no princípio da atribuição à Comunidade de um tratamento não menos favorável que o regime de nação mais favorecida.

Art. 26.º
A Comunidade contribuirá para o esforço de desenvolvimento dos Estados ACP mediante a concessão de recursos financeiros suficientes e de uma assistência técnica apropriada, destinados a reforçar as capacidades destes Estados em matéria de desenvolvimento económico, social e cultural auto-suficiente e integrado, a contribuir para o aumento do nível de vida e do bem-estar das suas populações e a promover e mobilizar recursos de apoio a programas de ajustamento estrutural viáveis, eficazes e centrados no crescimento.

Esta contribuição processar-se-á em moldes mais previsíveis e regulares. Será concedida em condições extremamente liberais e terá particularmente em conta a situação dos Estados ACP menos desenvolvidos.

Art. 27.º
As Partes Contratantes acordam em facilitar um maior e mais estável afluxo a recursos do sector privado para os Estados ACP, tomando medidas destinadas a melhorar o acesso dos Estados ACP aos mercados de capitais e a promover os investimentos privados europeus nos Estados ACP.

As Partes Contratantes sublinham a necessidade de promover, proteger, financiar e apoiar os investimentos, e de proporcionar a esses investimentos condições de tratamento equitativas e estáveis.

Art. 28.º
As Partes Contratantes acordam em reafirmar a importância do sistema de estabilização das receitas da exportação, bem como em intensificar o processo de consulta entre os Estados ACP e a Comunidade nas instâncias e organizações internacionais com vocação para a estabilização dos mercados de produtos de base agrícolas.

Tendo em consideração o papel do sector mineiro no esforço de desenvolvimento de numerosos Estados ACP e a mútua dependência ACP-CEE neste sector, as Partes Contratantes confirmam a importância do sistema de ajuda aos Estados ACP confrontados com graves perturbações neste sector, para restabelecer a sua viabilidade e sanar as consequências de tais perturbações para o desenvolvimento daqueles Estados.

CAPÍTULO V. **Instituições**

Art. 29.º
As instituições da presente Convenção são o Conselho de Ministros, o Comité de Embaixadores e a Assembleia Paritária.

Art. 30.º
1. O Conselho de Ministros é composto, por um lado, por membros do Conselho das Comunidades Europeias e por membros da Comissão das Comunidades Europeias e, por outro lado, por um membro do governo da cada Estado ACP.

2. As funções do Conselho de Ministros são as seguintes:
   a) Definir as grandes orientações das actividades a empreender no âmbito da aplicação da presente Convenção, nomeadamente quando haja que contribuir para a solução de problemas fundamentais do desenvolvimento solidário das Partes Contratantes;
   b) Tomar todas as decisões políticas com vista a realizar os objectivos da presente Convenção;
   c) Tomar decisões nos sectores específícos previstos na presente Convenção;
   d) Garantir o funcionamento eficaz dos mecanismos de consulta previstos na presente Convenção;
   e) Apreciar os problemas de interpretação a que a aplicação das disposições da presente Convenção possa dar origem;
   f) Regulamentar as questões processuais e as modalidades de aplicação da presente Convenção;

g) Examinar, a pedido de uma das Partes Contratantes, qualquer questão susceptível, quer de entravar, quer de promover directamente a aplicação eficaz e efectiva da presente Convenção, ou qualquer outra questão susceptível de obstar à realização dos seus objectivos;
h) Tomar todas as disposições necessárias para estabelecer contactos continuados entre os agentes de desenvolvimento económico, cultural e social da Comunidade e dos Estados ACP e para organizar consultas regulares com os seus representantes sobre assuntos de interesse mútuo, tendo em conta o interesse, reconhecido pelas Partes Contratantes, em instaurar um diálogo efectivo entre esses agentes e em assegurar a sua contribuição para o esforço de cooperação e desenvolvimento.

Art. 31.º

1. O Comité de Embaixadores é composto, por um lado, pelo Representante Permanente de cada Estado-membro, junto das Comunidades Europeias e por um representante da Comissão e, por outro lado, pelo Chefe de Missão de cada Estado ACP junto das Comunidades Europeias.

2. O Comité de Embaixadores assiste o Conselho de Ministros no desempenho da sua missão e executa quaisquer funções que lhe sejam por ele confiadas.

3. O Comité de Embaixadores acompanha a aplicação da presente Convenção, bem como os progressos obtidos na realização dos objectivos nela definidos.

Art. 32.º

1. A Assembleia Paritária é composta, em número igual, por um lado, por membros do Parlamento Europeu, por parte da Comunidade, e, por outro lado, por parlamentares ou, na sua falta, por representantes designados pelos Estados ACP.

2. a) A Assembleia Paritária, órgão consultivo, tem por objectivos, através do diálogo, do debate e da concertação:
   – promover uma maior compreensão entre os povos dos Estados-membros, por um lado, e os povos dos Estados ACP, por outro lado;
   – sensibilizar a opinião pública para a interdependência dos povos e dos seus interesses, bem como para a necessidade de um desenvolvimento solidário;
   – reflectir sobre questões decorrentes da cooperação ACP-CEE, nomeadamente sobre as questões fundamentais do desenvolvimento;
   – promover a investigação e a iniciativa e formular propostas destinadas a melhorar e reforçar a cooperação ACP-CEE;
   – incitar as autoridades competentes das Partes Contratantes a aplicarem a presente Convenção da maneira mais eficaz, de modo a atingir plenamente os seus objectivos;
b) A Assembleia Paritária organiza regularmente contactos e consultas com os representantes dos agentes de desenvolvimento económico, cul-

tural e social dos Estados ACP e da Comunidade, tendo em vista obter os seus pareceres sobre a realização dos objectivos da presente Convenção.

PARTE II. DOMÍNIOS DA COOPERAÇÃO ACP-CEE

TÍTULO I. AMBIENTE

Art. 33.º
No âmbito da presente Convenção, a protecção e a valorização do ambiente e dos recursos naturais, o fim da degradação do capital fundiário e florestal, o restabelecimento dos equilíbrios ecológicos, a protecção dos recursos naturais, bem como a sua exploração nacional, são objectivos fundamentais que os Estados ACP interessados se esforçam por alcançar com o apoio da Comunidade, com vista a melhorar no imediato as condições de vida das suas populações e a salvaguardar as condições de vida das gerações vindouras.

Art. 34.º
Os Estados ACP e a Comunidade reconhecem que determinados Estados ACP têm a sua existência ameaçada por uma degradação rápida do ambiente, que dificulta qualquer esforço de desenvolvimento e em especial a realização dos objectivos prioritários de auto-suficiência e segurança alimentares.

A luta contra esta degradação do ambiente e pela conservação dos recursos naturais constitui para muitos Estados ACP um imperativo premente, que requer a concepção e o recurso a formas de desenvolvimento coerentes que respeitem os equilíbrios ecológicos.

Art. 35.º
A amplitude deste fenómeno e a amplitude dos meios a utilizar, implicam que as acções a realizar se inscrevam em políticas de conjunto de longa duração, concebidas e aplicadas pelos Estados ACP a nível nacional, regional e internacional, no âmbito de um esforço de solidariedade internacional.

Para o efeito, as Partes decidem privilegiar na sua acção:
– uma abordagem preventiva capaz de evitar as consequências negativas de qualquer programa ou acção sobre o ambiente;
– uma abordagem sistemática que garanta a validade ecológica em todas as fases, da identificação à realização;
– uma abordagem transectorial que contemple tanto as consequências directas como as consequências indirectas das acções empreendidas.

Art. 36.º

A protecção do ambiente e dos recursos naturais requerem uma abordagem global que tenha em conta a dimensão social e cultural.

A tomada em consideração desta dimensão específica implica a integração nos projectos e programas de acções adequadas de educação, formação, informação e investigação.

Art. 37.º

Serão elaborados e aplicados instrumentos de cooperação adaptados a esta problemática.

De acordo com as necessidades, podem ser utilizados critérios qualitativos e/ou quantitativos. Serão utilizadas listas dos elementos a ter em consideração, aprovadas em comum, para a apreciação da viabilidade ambiental das acções propostas, seja qual for a sua importância. Para os projectos de envergadura e para os projectos que apresentem um risco grande para o ambiente, recorrer-se-á, se necessário, a estudos sobre o impacto ambiental.

Para apoiar eficazmente esta tomada em consideração efectiva do ambiente, serão elaborados e, na medida do possível valorizados, inventários físicos.

A utilização destes instrumentos permitirá, no caso de se preverem consequências negativas para o ambiente, a formulação das medidas de correcção indispensáveis logo na fase inicial dos programas e projectos elaborados, de modo a que estes possam progredir de acordo com os calendários de execução previstos e serem melhorados do ponto de vista da protecção do ambiente e dos recursos naturais.

Art. 38.º

As Partes, preocupadas com uma protecção real e uma gestão eficaz do ambiente e dos recursos naturais, consideram que os domínios da cooperação ACP-CEE abrangidos pela segunda parte da presente Convenção devem ser sistematicamente considerados e analisados nesta perspectiva.

Neste espírito, a Comunidade apoia os esforços desenvolvidos pelos Estados ACP a nível nacional, regional e internacional, bem como as operações levadas a cabo por organizações intergovernamentais o não-governamentais destinadas a pôr em prática as políticas e prioridades nacionais e intergovernamentais.

Art. 39.º

1. As Partes Contratantes comprometem-se, no que lhes diz respeito, a fazer o possível para que, de um modo geral, os movimentos internacionais de resíduos perigosos e de resíduos radioactivos sejam controlados, e sublinham a importância de uma cooperação internacional eficaz nesta matéria.

A este respeito, a Comunidade proibirá qualquer exportação directa ou indirecta desses resíduos para os Estados ACP, enquanto, simultaneamente os Estados ACP proibirão a importação, directa ou indirecta, para o seu território, desses mesmos resíduos, provenientes da Comunidade ou de qualquer outro país, sem prejuízo dos compromissos internacionais específicos que as Partes Contratantes assumiram ou possam vir a assumir nestes dois domínios nas instâncias internacionais competentes.

Estas disposições não impedem que um Estado-membro para o qual um Estado ACP tenha decidido exportar resíduos para tratamento reexporte os resíduos tratados para o Estado ACP de origem.

As Partes Contratantes tomarão, o mais brevemente possível, as medidas internas de ordem jurídica e administrativa necessárias para dar execução a este compromisso. A pedido de uma das Partes, poderão efectuar-se consultas no caso de atraso a este respeito. No final destas consultas, cada Parte pode tomar as medidas adequadas em função da situação.

2. As partes comprometem-se a assegurar um controlo rigoroso da aplicação das medidas de proibição referidas no segundo parágrafo do n.º 1. No caso de dificuldades a este respeito, podem ser organizadas consultas nas mesmas condições que as previstas no quarto parágrafo do n.º 1, e com os mesmos efeitos.

3. No âmbito do presente artigo o termo "resíduos perigosos" entende-se na acepção das categorias de resíduos constantes dos Anexos I e II da Convenção de Basileia sobre o controlo dos movimentos transfronteiriços de resíduos perigosos e da sua eliminação.

No que se refere aos resíduos radioactivos, as definições e os limiares aplicáveis serão os adoptados no âmbito da AIEA. Entretanto, essas definições e limiares, são os especificados na declaração constante do Anexo VIII à presente Convenção.

Art. 40.º

A pedido dos Estados ACP, a Comunidade fornecerá as informações técnicas disponíveis sobre pesticidas e outros produtos químicos, com vista a ajudá--los a desenvolver ou reforçar uma utilização adequada e segura destes produtos.

Se necessário, e em conformidade com as disposições da cooperação para o financiamento do desenvolvimento, poderá ser fornecida assistência técnica a fim de garantir condições da segurança em todas as fases, desde a produção à eliminação de tais produtos.

Art. 41.º

As Partes reconhecem a utilidade de uma troca de pontos de vista, através dos mecanismos de consulta previstos na Convenção, sobre perigos ecológicos de grande importância, quer de alcance mundial (tais como o efeito de estufa, o enfraquecimento da camada de ozono, a evolução das florestas tropicais, etc.), quer de alcance mais específico, resultantes da utilização de tecnologias industriais. Tais consultas poderão ser solicitadas por qualquer das Partes, na medida em que esses perigos possam afectar concretamente as Partes Contratantes, e terão por objectivo avaliar as possibilidades de acções conjuntas nos termos do disposto na Convenção. Eventualmente, as consultas permitirão também uma troca de pontos de vista antes dos debates realizados sobre estas questões nas instâncias internacionais adequadas.

TÍTULO II. COOPERAÇÃO AGRÍCOLA, SEGURANÇA ALIMENTAR E DESENVOLVIMENTO RURAL

Art. 42.º

A cooperação no sector agrícola e rural, a saber, na agricultura, na pecuária, na pesca e na silvicultura, traduzir-se-á designadamente:

- na promoção, de forma contínua e sistemática, de um desenvolvimento viável e duradouro especialmente baseado na protecção do ambiente e na gestão racional dos recursos naturais;
- no apoio ao esforço desenvolvido pelos Estados ACP tendo em vista o aumento do seu grau de auto-suficiência alimentar, nomeadamente através do reforço da capacidade para fornecerem às respectivas populações uma alimentação quantitativa e qualitativamente suficiente e lhes assegurarem um nível nutritivo satisfatório;
- no reforço da segurança alimentar, tanto a nível nacional, como a nível regional e inter-regional, através de um estímulo dos fluxos comerciais regionais de produtos alimentares e de uma melhor coordenação das políticas de abastecimento de víveres dos países em causa;
- na garantia à população rural de rendimentos que lhe permitam melhorar de modo significativo o seu nível de vida, a fim de poderem satisfazer as suas necessidades essenciais em matéria de alimentação, educação, saúde e condições de existência;
- na promoção de uma participação activa da população rural, tanto masculina como feminina, no seu próprio desenvolvimento, através da reunião dos camponeses em associações, bem como através de uma melhor integração dos produtores, homens e mulheres, no circuito económico nacional e internacional;
- no reforço da participação da mulher enquanto produtor, melhorando nomeadamente o seu acesso a todos os factores de produção (terra, *inputs*, crédito, divulgação, formação);
- na criação no meio rural de condições e de um estilo de vida satisfatórios, nomeadamente através do desenvolvimento de actividades sócio-culturais;
- na melhoria da produtividade rural, mormente através da transferência de tecnologias apropriadas e de uma exploração racional dos recursos vegetais e animais;
- na redução das perdas após as colheitas;

- na diminuição da carga de trabalho das mulheres, nomeadamente através da promoção de tecnologias adaptadas em matéria de pós-colheita e transformação alimentar;
- na diversificação das actividades rurais criadoras de emprego e no desenvolvimento das actividades de apoio à produção;
- na valorização da produção, mediante a transformação dos produtos da agricultura, da pecuária, da pesca e florestais no próprio local de produção;
- na garantia de um maior equilíbrio entre a produção agrícola alimentar e a produção destinada à exportação;
- no desenvolvimento e reforço de uma investigação agronómica adaptada às condições naturais e humanas do país e da região, que corresponde às necessidades de divulgação e às exigências de segurança alimentar;
- na preservação do meio ambiente natural no âmbito dos objectivos acima mencionados, em particular através de acções específicas de protecção e conservação dos ecosistemas e de luta contra a seca, a desertificação e a desflorestação.

Art. 43.º

1. As acções a empreender para atingir os objectivos referidos no artigo 42.º revestirão formas tão diversas e concretas quanto possível, tanto a nível nacional, como a nível regional e inter-regional.

2. Estas acções serão planeadas e executadas de forma a permitir a realização das políticas e estratégias definidas pelos Estados ACP, no respeito das suas prioridades.

3. A cooperação agrícola apoiará estas políticas e estratégias nos termos do disposto na presente Convenção.

Art. 44.º

1. O desenvolvimento da produção agrícola pressupõe um aumento racional das produções vegetal e animal e compreende:
   - o melhoramento dos métodos de exploração de culturas chuvosas, preservando a fertilidade dos solos;
   - o desenvolvimento das culturas de regadio, através, nomeadamente de aproveitamentos hidro-agrícolas de diferentes tipos (projectos hidráulicos locais, regularização de cursos de água e melhoramento dos solos) que permitam uma utilização óptima e uma gestão económica da água e sejam susceptíveis de controlo pelos camponeses e pelas comunidades locais; as acções consistirão, por outro lado, numa reabilitação dos esquemas existentes;
   - o melhoramento e a modernização das técnicas de cultivo, bem como uma melhor utilização dos factores de produção (variedades e espécies melhoradas, equipamento agrícola, adubos, produtos de tratamento das plantas);
   - no domínio da pecuária, o melhoramento de alimentação animal (gestão mais adequada das pastagens, desenvolvimento da produção de forra-

gens, multiplicação e reabilitação dos pontos de água) e das suas condições sanitárias, incluindo o desenvolvimento das infra-estruturas necessárias para o efeito;
- uma maior associação da agricultura e da pecuária;
- no domínio da pesca, a modernização das condições de exploração dos recursos piscícolas e o desenvolvimento da agricultura.

2. O desenvolvimento da produção implica, por outro lado:
- a ampliação das actividades secundárias e terciárias de apoio à agricultura, tais como o fabrico, a modernização e a promoção de equipamentos agrícolas e rurais e de *inputs* e, quando necessário, a sua importação;
- a criação e/ou reforço de sistemas de poupança e de crédito agrícola adaptada às condições locais, a fim de promover o acesso dos agricultores aos factores de produção;
- o encorajamento de políticas e medidas de incentivo aos produtores adaptadas às condições locais, tendo em vista o aumento da produtividade e o acréscimo dos rendimentos dos agricultores.

Art. 45.º

Com o objectivo de assegurar a valorização da produção, a cooperação agrícola contribuirá para:
- a existência de meios de conservação adequados e de estruturas de armazenagem adaptadas a nível dos produtores;
- uma luta eficaz contra as doenças, os predadores e outras causas de perdas de produção;
- um dispositivo de comercialização de base assente numa organização adequada dos produtores e dotado dos recursos financeiros e materiais necessários e de meios de comunicação apropriados;
- um funcionamento flexível dos circuitos comerciais, que tenha em consideração todas as formas de iniciativa pública ou privada e permita o abastecimento dos mercados locais, das zonas carecentes do país e dos mercados urbanos, a fim de reduzir a dependência em relação ao exterior;
- a existência de mecanismos que permitam simultaneamente evitar rupturas de abastecimento (reserva de segurança) e flutuações aleatórias de preços (reserva de intervenção);
- a transformção, acondicionamento e comercialização dos produtos, designadamente através do desenvolvimento de unidades artesanais e agro-industriais, a fim de os adaptar à evolução do mercado.

Art. 46.º

As acções de promoção rural compreendem:
- a organização dos produtores em associações ou comunidades, a fim de lhe permitir obter maior proveito dos mercados, dos investimentos e dos equipamentos de interesse comum;

- a promoção da participação da mulher e do reconhecimento do seu papel activo, enquanto parceiro, a parte inteira no processo de produção rural e de desenvolvimento económico;
- o desenvolvimento de actividades sócio-culturais (saúde, educação, cultura) indispensáveis ao melhoramento do modo de vida rural;
- a formação dos produtores rurais, tanto mulheres como homens, através de uma divulgação e de um enquadramento adequados;
- a melhoria das condições de formação de formadores a todos os níveis.

Art. 47.º

A cooperação no domínio da investigação agronómica e agro-tecnológica contribuirá para:
- o desenvolvimento nos Estados ACP de capacidades nacionais e regionais de investigação adaptadas às condições naturais e sócio-económicas locais da produção vegetal e animal; deverá ser prestada especial atenção às regiões áridas e semi-áridas;
- em particular, a melhoria das variedades e das raças, da qualidade nutritiva dos produtos e do seu acondicionamento, e o desenvolvimento de tecnologias e processos acessíveis aos produtores;
- uma melhor difusão dos resultados da investigação efectuada em Estados ACP ou não ACP susceptíveis de aplicação noutros Estados ACP;
- a divulgação dos resultados dessa investigação ao maior número possível de utilizadores;
- a promoção e o reforço de uma coordenação da investigação nomeadamente a nível regional e internacional, em conformidade com o disposto no artigo 152.º, e a execução de acções adequadas a realizações desses objectivos.

Art. 48.º

As acções de cooperação agrícola serão executadas segundo as normas e esquemas previstos para a cooperação, para o financiamento do desenvolvimento, podendo a este título incluir igualmente:

1. No domínio da cooperação técnica:
   - trocas de informações entre a Comunidade e os Estados ACP, e entre os Estados ACP, sobre a utilização da água, as práticas de intensificação da produção e os resultados da investigação;
   - trocas de experiências entre profissionais dos sectores do crédito e da poupança, das cooperativas, das associações mútuas, do artesanato e das pequenas indústrias das zonas rurais.

2. No domínio da cooperação financeira:
   - fornecimento de factores de produção;
   - apoio aos organismos reguladores dos mercados em função de um tratamento coerente dos problemas da produção e da comercialização;

- participação na constituição de fundos para sistemas de crédito agrícola;
- abertura de linhas de crédito em benefício de produtores rurais, de organizações profissionais agrícolas, de artífices, de agrupamentos de mulheres e de pequenos industriais rurais, em função das suas actividades (abastecimento, comercialização primária, armazenagem, etc.) e a favor dos grupos que executam acções específicas;
- apoio à associação de meios industriais e de capacidades profissionais nos Estados ACP e na Comunidade no âmbito de unidades artesanais ou industriais, para o fabrico de *inputs* e de equipamento, e para a manutenção, a embalagem, o transporte e a transformação dos produtos.

Art. 49.º

1. As acções da Comunidade que visam a segurança alimentar dos Estados ACP serão executadas no âmbito das estratégias ou políticas alimentares dos Estados ACP em causa e de acordo com os objectivos de desenvolvimento por eles definidos.

Estas acções serão executadas em coordenação com os instrumentos da presente Convenção, no quadro das políticas da Comunidade a das medidas delas resultantes, e no respeito pelos seus compromissos internacionais.

2. Neste contexto, poderá ser elaborada uma programação plurianual de carácter indicativo, em colaboração com os Estados ACP que o desejem, tendo em vista permitir um maior grau de previsibilidade do abastecimento alimentar.

Art. 50.º

1. Em relação aos produtos agrícolas disponíveis, a Comunidade compromete-se a assegurar a possibilidade de uma pré-fixação das restituições à exportação para todos os Estados ACP a mais longo prazo e com referência a uma gama de produtos definida tendo em conta as necessidades alimentares expressas por esses Estados.

Esta pré-fixação poderá ter a duração de um ano e será aplicada anualmente durante o período de vigência da presente Convenção, sendo o nível da restituição fixado segundo os métodos normalmente seguidos pala Comissão.

2. Poderão ser celebrados acordos específicos com os Estados ACP que o requeiram no âmbito da sua política de segurança alimentar.

Art. 51.º

Em relação à ajuda alimentar, as acções serão decididas segundo as regras e critérios de atribuição definidos pela Comunidade para os beneficiários deste tipo de ajuda.

Sem prejuízo destas regras, nem da autonomia de decisão da Comunidade na matéria, as acções de ajuda alimentar pautar-se-ão pelas orientações seguintes:

a) Fora dos casos de urgência, a ajuda alimentar comunitária, que constitui uma medida transitória, deverá integrar-se nas políticas de desenvolvi-

mento dos Estados ACP. Este facto implica coerência entre as acções de ajuda alimentar e as outras acções de cooperação;
b) Quando os produtos fornecidos a título de ajuda alimentar forem vendidos, deverão sê-lo a um preço que não desorganize o mercado nacional. Os fundos da contrapartida resultantes desta venda serão utilizados para financiar a execução ou o prosseguimento de projectos ou programas relativos prioritariamente ao desenvolvimento rural; estes fundos poderão ainda ser utilizados para qualquer fim justificado e aceite de comum acordo tendo em conta o disposto na alínea d) do artigo 226.º;
c) Quando os produtos fornecidos forem distribuídos gratuitamente deverão concorrer para a realização de programas nutricionais destinados principalmente aos grupos vulneráveis da população ou ser entregues em remuneração de trabalho prestado;
d) As acções de ajuda alimentar integradas em projectos ou programas de desenvolvimento ou em programas nutricionais podem ser objecto de uma programação plurianual;
e) Os produtos fornecidos deverão corresponder prioritariamente às necessidades dos beneficiários. É conveniente, no momento da escolha, ter em conta nomeadamente a relação existente entre o custo e as qualidades nutritivas específicas, bem como as consequências desta escolha para os hábitos de consumo;
f) Quando a evolução da situação alimentar de um Estado ACP beneficiário, for de molde a tornar desejável a substituição total ou parcial da ajuda alimentar por acções destinadas a consolidar a evolução em curso, poderão ser realizadas acções de substituição sob a forma de ajuda financeira e técnica, nos termos da regulamentação comunitária na matéria. Estas acções serão decididas a pedido do Estado ACP interessado;
g) Com vista a pôr à disposição produtos conformes aos hábitos consumidores, acelerar o fornecimento dos produtos em caso de operações de emergência ou contribuir para o reforço da segurança alimentar, as compras a título da ajuda alimentar podem efectuar-se não só na Comunidade mas também no país beneficiário, noutro Estado ACP ou noutro país em desenvolvimento, de preferência situado na mesma região geográfica.

Art. 52.º

Na aplicação do disposto no presente capítulo há que assegurar nomeadamente que os Estados ACP menos desenvolvidos, sem litoral e insulares sejam ajudados a tirar plenamente partido das disposições do presente capítulo. A pedido dos Estados interessados, será prestada especial atenção:
– às dificuldades específicas encontradas pelos Estados ACP menos desenvolvidos na realização das políticas ou estratégias por eles definidas com

o fim de reforçar a sua auto-suficiência e segurança alimentares. Neste contexto, a cooperação incidirá nomeadamente nos domínios da produção (incluindo o acesso aos *inputs* físicos, técnicos e financeiros), do transporte, da comercialização, do acondicionamento e da criação de infra-estruturas de armazenagem;
- à criação nos Estados ACP sem litoral de um sistema de reservas de segurança, a fim de se evitarem riscos de ruptura do abastecimento;
- à diversificação da produção agrícola de base e a uma maior segurança alimentar nos Estados ACP insulares.

Art. 53.º

1. O Centro Técnico de Cooperação Agrícola e Rural fica à disposição dos Estados ACP para lhes permitir um melhor acesso à informação, à investigação e à formação, bem como à inovação nos sectores do desenvolvimento e da divulgação agrícola e rural.

No âmbito das suas competências, o Centro trabalhará em estreita colaboração com as instituições e órgãos referidos na presente Convenção.

2. As funções do Centro são as seguintes:

a) Assegurar, a pedido dos Estados ACP, a difusão de informações científicas e técnicas sobre os métodos e meios de favorecer a produção agrícola e o desenvolvimento rural, bem como apoio científico e técnico à elaboração de programas de carácter regional nos seus próprios domínios de actividade;

b) Promover o desenvolvimento pelos Estados ACP, tanto a nível nacional como a nível regional, de capacidades próprias em matéria de produção, de aquisição e troca de informações científicas e técnicas, nos domínios da agricultura, do desenvolvimento rural e da pesca;

c) Encaminhar para os organismos competentes os pedidos de informação dos Estados ACP ou responder directamente a tais pedidos;

d) Facilitar aos centros de documentação regionais e nacionais dos Estados ACP, bem como aos institutos de investigação, o acesso às publicações científicas e técnicas que tratam dos problemas do desenvolvimento agrícola e rural e aos bancos de dados de Comunidade e dos Estados ACP;

e) Facilitar de um modo em geral o acesso dos Estados ACP aos resultados dos trabalhos realizados pelos organismos nacionais, regionais e internacionais e, mais particularmente, pelos organismos competentes em questões técnicas em matéria de desenvolvimento agrícola e rural localizados na Comunidade e nos Estados ACP, e manter contactos com esses organismos;

f) Promover o intercâmbio de informações entre os diferentes intervenientes no desenvolvimento agrícola e rural, nomeadamente os investigadores, os formadores, os técnicos e os divulgadores, sobre os resultados práticos das acções de desenvolvimento agrícola e rural;

g) Fomentar e apoiar a organização de reuniões de especialistas, investigadores, planificadores e responsáveis pelo desenvolvimento, a fim de trocarem experiências adquiridas em a meios ecológicos específicos;

h) Facilitar o acesso do pessoal ACP de formação e de divulgação à informação de que necessita para levar a bom termo os seus trabalhos e para orientar os pedidos de formação específica para os organismos competentes existentes;

i) Contribuir para facilitar a adaptação das informações técnicas e cientificas disponíveis às necessidades dos serviços dos Estados ACP responsáveis pelo desenvolvimento, pela divulgação e pela formação, incluindo a alfabetização funcional em meio rural;

j) Facilitar a difusão de informações científicas e técnicas, com vista à sua integração nas estratégias de desenvolvimento agrícola e rural, em função dos imperativos prioritários do desenvolvimento.

3. Nas suas actividades, o Centro prestará especial atenção às necessidades dos Estados ACP menos desenvolvidos.

4. A fim de desempenhar as suas tarefas, o Centro recorrerá às redes de informação descentralizadas existentes a nível regional ou nacional. Estas redes serão instaladas de forma progressiva e eficaz, à medida que as necessidade forem sendo identificadas, e apoiar-se-ão tanto quanto possível nos organismos e instituições mais adequados.

5. O Comité de Embaixadores é a autoridade de tutela do Centro. O Comité estabelecerá as regras de funcionamento e o processo de adopção do orçamento do Centro. Este orçamento é financiado nos termos do disposto na presente Convenção em matéria de cooperação para o financiamento do desenvolvimento.

6. *a*) O Centro é dirigido por um director nomeado pelo Comité de Embaixadores;

b) O director do Centro é assistido por pessoal recrutado dentro dos limites fixados no orçamento aprovado pelo Comité de Embaixadores;

c) O director do Centro informará o Comité de Embaixadores das actividades do Centro.

7. *a*) É instituído um Comité Consultivo, composto paritariamente por peritos em desenvolvimento agrícola e rural, para assistir no plano técnico e científico o director do Centro na determinação das soluções apropriadas aos problemas dos Estados ACP, nomeadamente para melhorar o seu acesso à informação, às inovações técnicas, à investigação e à formação no domínio do desenvolvimento agrícola a rural, e para definir os programas de actividades do Centro;

b) Os membros do Comité Consultivo serão nomeados pelo Comité de Embaixadores segundo os procedimentos e critérios determinados por este último.

CAPÍTULO II. Luta contra a seca e a desertificação

Art. 54.º

Os Estados ACP e a Comunidade reconhecem que certos Estados ACP enfrentam dificuldades consideráveis resultantes de uma seca endémica e uma desertificação crescente que dificultam qualquer esforço de desenvolvimento, em especial os que têm como objectivo prioritário a auto-suficiência e a segurança alimentar.

Ambas as Partes concordam que a luta contra a seca e a desertificação constitui para vários Estados ACP um desafio considerável, que condiciona o sucesso de qualquer política de desenvolvimento.

Art. 55.º

A fim de conseguir uma recuperação da situação e um desenvolvimento duradouro dos países afectados ou ameaçados por estas calamidades, é necessária uma política que favorece o restabelecimento do meio ambiente natural e o equilíbrio entre os recursos e as populações humanas e animais, em especial através de um melhor controlo e gestão da água, de acções adequadas nos sectores agrícola, agro-florestal e de florestamento, e da luta contra as causas e práticas responsáveis pela desertificação.

Art. 56.º

A aceleração do processo de retorno ao equilíbrio ecológico implica nomeadamente a inserção do vector "Luta contra a seca e a desertificação" em todas as acções de desenvolvimento agrícola e rural e inclui, entre outros aspectos:

1. O alargamento dos sistemas agro-florestais que conciliam a actividade agrícola e florestal com a investigação e o desenvolvimento de espécies vegetais mais adaptadas às condições locais:
   - a introdução de técnicas apropriadas destinadas a aumentar e manter a produtividade dos solos com vocação agrícola, dos terrenos cultiváveis e das pastagens naturais, com o objectivo de controlar as diferentes formas de erosão;
   - a recuperação dos solos degradados por meio de acções de arborização ou de tratamento de terras que exigem operações de manutenção, com a maior participação possível das populações e administrações respectivas, no sentido de salvaguardar os progressos realizados;

2. O desenvolvimento de acções que permitam economizar a madeira como fonte de energia através de uma intensificação da investigação e da aplicação e divulgação de fontes de energia novas e renováveis, tais como as energias aeólica, solar e biológica, e ainda através da utilização de fornos com maior rendimento térmico;

3. O ordenamento e a gestão racional dos recursos florestais através do estabelecimento, a nível nacional e regional, de planos de gestão florestal destinados a optimizar a exploração dos recursos florestais;

4. A prossecução de acções permanentes de sensibilização e de formação das populações afectadas pelos fenómenos da seca e da desertificação e a divulgação dos meios de combate possíveis;

5. Uma abordagem de conjunto coordenada que, graças aos resultados das acções empreendidas referidas nos n.ᵒˢ 1 a 4, vise assegurar o restabelecimento de um equilíbrio ecológico adequado entre os recursos naturais e as populações, tanto humanas como animais, sem prejuízo dos objectivos de um desenvolvimento económico e social harmonioso.

Art. 57.º

As acções a empreender, apoiadas quando necessário pela investigação, incidirão nomeadamente sobre os seguintes aspectos:

1. Um mais perfeito conhecimento e uma melhor previsão dos fenómenos da desertificação através da observação da evolução de situação *in situ*, utilizando nomeadamente a teledetecção, da exploração dos resultados obtidos e de uma melhor apreensão, no espaço e no tempo, das transformação do meio humano;

2. A inventariação dos lençóis freáticos e da sua capacidade de recuperação, tendo em vista um maior grau de previsibilidade das disponibilidades de água, a exploração das águas superficiais e das águas subterrâneas, bem como uma melhor gestão destes recursos, nomeadamente através de barragens ou de outras instalações adequadas, com a finalidade de satisfazer as necessidades da população e do gado, e ainda o aperfeiçoamento das condições de previsão meteorológica;

3. A instauração de um sistema de prevenção e luta contra incêndios florestais e contra a desarborização.

TÍTULO III. DESENVOLVIMENTO DA PESCA

Art. 58.º

Os Estados ACP e a comunidade reconhecem a urgente necessidade de promover o desenvolvimento dos recursos haliêuticos dos Estados ACP, tanto para contribuir para o desenvolvimento da pesca no seu conjunto, como para estabelecer um domínio de interesse mútuo para os respectivos sectores económicos.

A cooperação neste domínio visa a utilização óptima dos recursos haliêuticos dos Estados ACP, reconhecendo simultaneamente o direito de os Estados sem litoral participarem na exploração dos recursos da pesca marítima, bem como o direito de os Estados costeiros exercerem a sua jurisdição sobre os recursos biológicos marinhos das suas zonas económicas exclusivas, nos termos do Direito Internacional em vigor e, em particular, das conclusões da Terceira Conferência das Nações Unidas sobre o Direito do Mar.

Art. 59.º

Para promover o desenvolvimento da exploração dos recursos haliêuticos dos Estados ACP, o sector da pesca beneficia de todos os mecanismos de assistência e cooperação previstos na presente Convenção e, nomeadamente, de assistência financeira e técnica segundo as modalidades previstas no Título III da Parte III.

Os objectivos prioritários desta cooperação são os seguintes:
- melhorar o conhecimento do meio e dos recursos;
- aumentar os meios de protecção dos recursos haliêuticos e o controlo da sua exploração racional;
- aumentar a participação dos Estados ACP na exploração dos recursos do alto mar situados no interior das suas zonas económicas exclusivas;
- encorajar a exploração racional dos recursos haliêuticos dos Estados ACP e dos recursos de alto mar nos quais os Estados ACP e a Comunidade têm interesses comuns;
- aumentar o contributo da pesca incluindo os sectores da aquicultura, da pesca artesanal e das pescas continentais, para o desenvolvimento rural, através da valorização do papel da pesca no retorno da segurança alimentar e na melhoria da nutrição, do nível de vida e das condições sócio-económicas das colectividades em causa, o que implica, nomeadamente, o reconhecimento e o apoio ao trabalho das mulheres após a captura do peixe e na fase da comercialização;
- aumentar o contributo da pesca para o desenvolvimento industrial, graças a um aumento das capturas, da produção, da transformação e da exportação.

Art. 60.º

A ajuda da Comunidade ao desenvolvimento da pesca compreende, entre outros, o apoio aos domínios seguintes:

a) A produção conexa com a pesca, incluindo a aquisição de barcos, de equipamento e de material de pesca, o desenvolvimento das infra-estruturas necessárias às comunidades rurais de pescadores e à indústria da pesca, bem como o apoio a projectos de aquicultura, nomeadamente através da abertura de linhas da crédito específicas em benefício de instituições ACP apropriadas, incumbidas de conceder empréstimos aos interessados;

b) A gestão e a protecção das reservas pesqueiras, incluindo a avaliação dos recursos haliêuticos e do potencial em matéria de aquicultura; uma melhor gestão e controlo do meio ambiente e do desenvolvimento das capacidades dos Estados ACP costeiros para gerirem os recursos, haliêuticos da respectiva zona económica exclusiva.

c) A transformação e a comercialização dos produtos de pesca, incluindo o desenvolvimento das instalações e das operações de transformação de captura, de distribuição e de comercialização; a redução das perdas após a captura e a promoção de programas destinados a aumentar a utilização do peixe e a nutrição a partir dos produtos da pesca.

Art. 61.º
A cooperação em matéria de desenvolvimento dos recursos haliêuticos deve prestar especial atenção às necessidades de formação dos cidadãos ACP em todos os domínios da pesca, ao desenvolvimento e ao reforço das capacidades de investigação dos Estados ACP, bem como à promoção da cooperação intra-ACP e regional em matéria de gestão e de desenvolvimento da pesca.

Art. 62.º
Para efeitos da aplicação dos artigos 60.º e 61.º, há que assegurar nomeadamente que os Estados ACP menos desenvolvidos sem litoral e insulares possam desenvolver ao máximo a sua capacidade para gerir os seus recursos haliêuticos.

Art. 63.º
Os Estados ACP e a Comunidade reconhecem a necessidade de cooperarem directamente numa base regional ou, quando oportuno, através de organizações internacionais, a fim de promoverem a conservação e a utilização óptima dos recursos biológicos marinhos.

Art. 64.º
A Comunidade e os Estados ACP reconhecem aos Estados costeiros o direito de exercerem a sua soberania na exploração, conservação e gestão dos recursos haliêuticos das suas zonas económicas exclusiva, nos termos do Direito Internacional em vigor.

Os Estados ACP reconhecem o papel que as frotas de Pesca dos Estados--membros da Comunidade podem desempenhar, ao operarem legalmente nas águas sob jurisdição ACP, em matéria de participação no desenvolvimento económico do potencial de pesca ACP e no desenvolvimento económico geral dos Estados costeiros ACP.

Os Estados ACP declaram-se por isso dispostos a negociar com a Comunidade acordos de pesca destinados a garantir condições mutuamente satisfatórias para as actividades de pesca dos barcos com pavilhão de Estados-membros da Comunidade.

Na celebração ou aplicação de tais acordos, os Estados ACP não farão qualquer discriminação em relação à Comunidade ou entre os seus Estados-membros, sem prejuízo dos acordos especiais concluídos entre os países em desenvolvimento no âmbito de uma mesma região geográfica, incluindo os acordos de pesca recíprocos. Do mesmo modo, a Comunidade não fará qualquer discriminação em relação aos Estados ACP.

Art. 65.º
Quando Estados ACP, situados na mesma sub-região que territórios em relação aos quais é aplicável o Tratado que institui a Comunidade Económica Europeia, pretendam exercer actividade piscatória na zona de pesca correspondente, a

Comunidade e os Estados ACP em questão encetarão negociações com vista à conclusão de um acordo de pesca, no espírito do artigo 64.º, tendo em conta a sua situação específica na região e o objectivo de uma cooperação regional reforçada entre estes territórios e os Estados ACP vizinhos.

Art. 66.º

A Comunidade e os Estados ACP reconhecem a importância de uma perspectiva regional no que diz respeito ao acesso às zonas da pesca e encorajarão todas as iniciativas dos Estados ACP costeiros destinadas à conclusão de acordos harmonizados de acesso dos barcos às zonas de pesca.

Art. 67.º

A Comunidade e os Estados ACP acordam em tomar todas as medidas adequadas necessárias para assegurar a eficácia do esforço de cooperação em matéria de pesca no âmbito da presente Convenção, nomeadamente tendo em conta a declaração comum sobre a origem dos produtos da pesca.

No que diz respeito às exportações de produtos da pesca para os mercados da Comunidade, ter-se-á em devida consideração o artigo 358.º.

Art. 68.º

As condições mutuamente satisfatórias a que é feita referência no artigo 64.º dizem nomeadamente respeito à natureza e ao montante da contrapartida de que os Estados ACP em causa beneficiarão no âmbito dos acordos bilaterais.

Estas contrapartidas serão fornecidas independentemente de qualquer prestação relativa a projectos no sector de pesca realizados em aplicação do Título III da presente Convenção.

Estas contrapartidas serão fornecidas, em parte pela Comunidade enquanto tal, em parte pelos armadores, e tomarão a forma de contrapartida financeiras que podem incluir o pagamento de licenças ou qualquer outro elemento convencionado pelas Partes no acordo de pesca, tais como a descarga obrigatória de uma parte das capturas, o emprego de nacionais dos Estados ACP, a presença de observadores a bordo, a transferência de tecnologia e a concessão de ajudas em matéria de investigação e formação.

Estas contrapartidas serão fixadas em função da importância e do valor das possibilidades de pesca abertas na zona económica exclusiva dos Estados ACP em causa.

Além disso, no que diz respeito à pesca de espécies altamente migratórias, a natureza das obrigações respectivas decorrentes dos acordos, incluindo as contrapartidas financeiras, deverá ter em consideração o carácter particular desta pesca.

A Comunidade tomará todas as medidas necessárias para que os seus barcos respeitem as disposições dos acordos negociados e das leis e regulamentos do Estado ACP em causa.

TÍTULO IV. COOPERAÇÃO EM MATÉRIA DE PRODUTOS DE BASE

Art. 69.º

A cooperação ACP-CEE no domínio dos produtos de base terá em conta:
- a forte dependência das economias de um grande número de Estados ACP das exportações de produtos primários;
- a deterioração, na maioria dos casos, da situação das suas exportações, devido principalmente à evolução desfavorável das cotações mundiais;
- o carácter estrutural das dificuldades que se manifestam em numerosos sectores de produtos de base, tanto no interior das economias dos Estados ACP, como a nível internacional, em especial no seio da Comunidade.

Art. 70.º

A Comunidade e os Estados ACP reconhecem a necessidade de esforços conjuntos destinados a superar as dificuldades estruturais que se manifestam em numerosos sectores de produtos de base, e estabelecem como objectivos essenciais da sua cooperação neste domínio:
- a diversificação, tanto horizontal como vertical, das economias dos Estados ACP, nomeadamente o desenvolvimento das actividades de Transformação, Comercialização, Distribuição e Transporte (TCDT):
- a melhoria de competitividade dos produtos de base dos Estados ACP nos mercados mundiais através da reorganização e da racionalização das suas actividades de produção, comercialização e distribuição.

A Comunidade e os Estados ACP comprometem-se a utilizar todos os meios adequados que permitam ir o mais longe possível na realização destes objectivos: para o efeito, decidem utilizar, de um modo coordenado todos os instrumentos e recursos da presente Convenção.

Art. 71.º

Com vista a alcançar os objectivos definidos no artigo 70.º, a cooperação no sector dos produtos de basee, em especial a TCDT, será concebida e aplicada em conformidade com as prioridades adoptadas pelos Estados ACP em apoio das políticas e estratégias definidas por estes Estados.

Art. 72.º

As acções de cooperação no domínio dos produtos de base serão orientadas para o desenvolvimento dos mercados internacionais, regionais e nacionais e serão executadas de acordo com as regras e o procedimentos estabelecidos na Convenção, nomeadamente no que se refere à cooperação para o financiamento do desenvolvimento. Neste contexto, as acções de cooperação podem igualmente incidir sobre:
1. A valorização dos recursos humanos, incluindo, em especial:
   - programas de formação e de estágio destinados aos operadores dos sectores em causa;

– apoio às escolas e institutos de formação nacionais ou regionais especializados no sector;

2. O incentivo a investimentos de operadores económicos comunitários e dos Estados ACP no sector em causa, nomeadamente através:
– de acções de informação e de sensibilização dirigidas a operadores susceptíveis de investir em actividades de diversificação e valorização dos produtos de base dos Estados ACP;
– de uma utilização mais dinâmica dos capitais de risco para as empresas que pretendem investir nestas actividades de TCDT;
– de utilização das disposições pertinentes em matéria de promoção, protecção e financiamento dos investimentos;

3. O desenvolvimento e a melhoria das infra-estruturas necessárias às actividades do sector em causa, nomeadamente das redes de transportes e telecomunicações.

Art. 73.º

Na prossecução dos objectivos referidos no artigo 70.º, as Partes Contratantes esforçar-se-ão em especial por:
– assegurar que os índices do mercado nacional, regional ou internacional, sejam devidamente tomados em consideração;
– ter em conta os efeitos económicos e sociais das acções empreendidas;
– assegurar uma maior coerência, a nível regional e internacional, entre as estratégias desenvolvidas pelos diferentes Estados ACP interessados;
– promover uma distribuição eficaz dos recursos pelas diferentes actividades e operadores dos sectores de produção em causa.

Art. 74.º

A Comunidade e os Estados ACP reconhecem a necessidade de assegurar um melhor funcionamento dos mercados internacionais dos produtos de base e de aumentar a sua transparência.

A Comunidade e os Estados ACP confirmam a sua vontade de intensificar o processo de consulta entre os ACP e a Comunidade nas instâncias e organismos internacionais que se ocupam dos produtos de base.

Para o efeito, proceder-se-á a trocas de pontos de vista a pedido de uma ou outra parte:
– sobre o funcionamento dos acordos internacionais em vigor ou dos grupos de trabalho intergovernamentais especializados, a fim de melhorar e aumentar a sua eficácia tendo em conta as tendências do mercado;
– quando se preveja a celebração ou a renovação de um acordo internacional ou a criação de um grupo intergovernamental especializado.

Estas trocas de pontos de vista têm por objectivo tomar em consideração os interesses respectivos de cada Parte e poderão realizar-se, se necessário, no âmbito do Comité dos Produtos de Base.

Art. 75.º

A Comunidade e os Estados ACP decidem criar um "Comité dos Produtos de Base" que deverá contribuir nomeadamente para a procura de soluções para os problemas estruturais dos produtos de base.

O Comité dos Produtos de Base tem por missão, tendo em conta os interesses recíprocos das Partes, acompanhar a aplicação geral da Convenção no sector dos produtos de base e em especial:

   a) Analisar os problemas gerais relativos ao comércio ACP-CEE destes produtos que lhe forem colocados pelos Subcomités competentes da Convenção;
   b) Recomendar medidas susceptíveis de solucionar esses problemas e de desenvolver a competitividade dos sistemas de produção e de exportação;
   c) Proceder a trocas de pontos de vista e de informação sobre as perspectivas e previsões, a curto e médio prazo, de produção, de consumo e de trocas comerciais.

Art. 76.º

O Comité dos Produtos de Base reunir-se-á pelo menos uma vez por ano, a nível ministerial. O seu regulamento interno será adoptado pelo Conselho de Ministros. O Comité é composto por representantes dos Estados ACP e da Comunidade, designados pelo Conselho de Ministros. Os seus trabalhos serão preparados pelo Comité de Embaixadores, de acordo com os procedimentos definidos no regulamento interno do Comité dos Produtos de Base.

TÍTULO V. DESENVOLVIMENTO INDUSTRIAL, FABRICO E TRANSFORMAÇÃO

Art. 77.º

A fim de facilitar a realização dos objectivos dos Estados ACP em matéria de desenvolvimento industrial, há que assegurar a elaboração de uma estratégia de desenvolvimento integrado e viável que relacione entre si as actividades dos diferentes sectores. Por conseguinte, é necessário conceber estratégias sectoriais para a agricultura e o desenvolvimento rural e para os sectores das indústrias transformadoras, da exploração mineira, da energia, das infra-estruturas e dos serviços, de modo a incentivar uma interactividade nos e entre os sectores a fim de maximizar o valor acrescentado local e criar, na medida do possível, uma real capacidade de exportação de produtos transformados, assegurando a protecção do ambiente e dos recursos naturais.

Para alcançar estes objectivos, as Partes Contratantes aplicarão, para além das disposições específicas relativas à cooperação industrial, as disposições relativas ao regime de trocas, à promoção comercial dos produtos ACP e aos investimentos privados.

Art. 78.º
A cooperação industrial, instrumento-chave do desenvolvimento industrial, tem os seguintes objectivos:
 a) Definir os fundamentos e o âmbito de uma cooperação eficaz entre a Comunidade e os Estados ACP nos domínios do fabrico e da transformação, da valorização dos recursos mineiros e energéticos, dos transportes e das comunicações;
 b) Favorecer a criação de condições propícias ao desenvolvimento de empresas industriais e aos investimentos locais a estrangeiros;
 c) Melhorar a utilização da capacidade e recuperar as empresas industriais existentes susceptíveis de viabilidade, de forma a restabelecer a capacidade de produção das economias ACP;
 d) Incentivar a criação de empresas e a participação em empresas, por parte de cidadãos ACP, em especial a criação de pequenas e médias empresas que produzam e/ou utilizem *inputs* locais: apoiar as novas empresas e reforçar as existentes;
 e) Apoiar a criação de novas indústrias que alimentem o mercado local de forma rentável e que assegurem o desenvolvimento do sector das exportações não tradicionais, a fim de aumentar as receitas em divisas, criar novas possibilidades de trabalho e incrementar o rendimento real;
 f) Desenvolver relações cada vez mais estreitas entre a comunidade e os Estados ACP no sector industrial e incentivar nomeadamente a rápida criação de empresas industriais conjuntas ACP-CEE;
 g) Promover associações profissionais nos Estados ACP, bem como outras instituições que se ocupem de empresas industriais ou do desenvolvimento de empresas.

Art. 79.º
A Comunidade dará apoio aos Estados ACP no sentido de melhorarem a sua estrutura institucional, reforçarem as suas instituições de financiamento e criarem, restabelecerem e melhorarem as suas infra-estruturas industriais. A Comunidade ajudará igualmente os Estados ACP nos seus esforços de integração das estruturas industriais a nível regional e inter-regional.

Art. 80.º
Mediante pedido formulado por um Estado ACP, a Comunidade prestará a assistência necessária no domínio da formação industrial, a todos os níveis, nomeadamente na avaliação das necessidades de formação industrial e no estabelecimento dos respectivos programas, na criação e funcionamento de instituições ACP nacionais ou regionais de formação industrial, na formação de nacionais ACP em instituições apropriadas, na formação no local de trabalho, tanto na Comunidade como nos Estados ACP, bem como na cooperação entre instituições de formação

industrial da Comunidade e dos Estados ACP entre instituições de formação industrial dos Estados ACP e entre estas últimas e as de outros países em desenvolvimento.

Art. 81.º

Para que seja possível alcançar os objectivos de desenvolvimento industrial, a Comunidade dará o seu apoio à criação e à expansão de todos os tipos de indústrias viáveis que os Estados ACP considerem importantes para a realização dos seus objectivos e prioridades em matéria de industrialização.

Neste contexto, há que prestar especial atenção aos seguintes domínios:

1. Fabrico e transformação de produtos de base:
   a) Indústrias transformadoras, à escala nacional ou regional, de matérias-primas destinadas à exportação;
   b) Indústrias que satisfazem necessidades locais e que utilizam recursos locais, centradas nos mercados nacionais e regionais e normalmente de pequena e média dimensão, indústrias orientadas para a modernização da agricultura, para a transformação eficaz da produção agrícola e para o fabrico de meios de produção e instrumentos agrícolas.

2. Indústrias mecânicas: metalúrgicas e químicas:
   a) Empresas mecânicas que produzem instrumentos e equipamentos, criadas essencialmente para assegurar a manutenção das fábricas e equipamentos existentes nos Estados ACP. Estas empresas devem prioritariamente apoiar o sector transformador, o sector de grande exportação e as pequenas e médias empresas que satisfazem necessidades fundamentais;
   b) Indústrias metalúrgicas que efectuam a transformação secundária dos produtos mineiros dos Estados ACP a fim de abastecer as indústrias mecânicas e químicas dos Estados ACP;
   c) Indústrias químicas, em especial pequenas e médias, que asseguram a transformação secundária dos produtos minerais, destinados às outras indústrias, à agricultura e ao sector da saúde.

3. Recuperação e utilização das capacidades industriais, recuperação, revalorização, saneamento, reestruturação e manutenção das capacidades industriais existentes potencialmente viáveis. Neste contexto, há que privilegiar as indústrias que compreendem poucos elementos importados nos seus produtos, que têm efeitos a montante e a jusante e um impacto favorável no emprego. As actividades de recuperação deveriam visar a criação das condições necessárias à viabilidade das empresas recuperadas.

Art. 82.º

A Comunidade ajudará os Estados ACP a desenvolverem durante a vigência da Convenção e de forma prioritária, indústrias viáveis na acepção do artigo 81.º, em função das capacidades e decisões de cada Estado ACP e tendo em conta as suas dotações respectivas e de forma a prever o ajustamento das estruturas industriais às tranformações verificadas entre as Partes Contratantes e a nível mundial.

Art. 83.º

Num espírito de interesse mútuo, a Comunidade contribuirá para o desenvolvimento da cooperação entre empresas ACP-CEE e intra-ACP através de actividades de informação e de promoção industrial. A finalidade destas actividades é intensificar a troca regular de informações, a organização de contactos entre responsáveis pelas políticas industriais e entre promotores e operadores económicos da Comunidade e dos Estados ACP, realizar estudos nomeadamente de viabilidade, facilitar a criação e o funcionamento de organismos ACP de fomento industrial e incentivar a realização de investimentos conjuntos de contratos de sub-empreitada e qualquer outra forma de cooperação industrial entre empresas dos Estados-membros da Comunidade e dos Estados ACP.

Art. 84.º

A Comunidade contribuirá para a criação e o desenvolvimento de pequenas e médias empresas artesanais, comerciais, de serviços e industriais, tendo em conta, por um lado o papel essencial que estas empresas desempenham, quer nos sectores moderno e informal ao criarem um tecido económico diversificado, quer a nível do desenvolvimento geral dos Estados ACP e, por outro lado, as vantagens oferecidas por estas empresas a nível da aquisição de competências profissionais, da transferência integrada e da adaptação de tecnologias apropriadas, bem como da possibilidade de um melhor aproveitamento da mão-de-obra local. A Comunidade contribuirá igualmente para a avaliação sectorial, para o estabelecimento de programas de acção, para a criação de infra-estruturas apropriadas e para o reforço e o funcionamento de instituições de informação, de promoção, de enquadramento, de formação, de crédito ou de garantia e de transferência de tecnologias.

A Comunidade e os Estados ACP estimularão a cooperação e os contactos entre pequenas e médias empresas dos Estados-membros e dos Estados ACP.

Art. 85.º

Tendo em vista ajudar os Estados ACP a desenvolverem a sua base tecnológica e a sua capacidade interna de desenvolvimento científico e tecnológico e facilitar a aquisição, a transferência e a adaptação da tecnologia em condições que permitam tirar o maior número de vantagens possível e reduzir ao mínimo os custos, a Comunidade, através dos instrumentos de cooperação para o financiamento do desenvolvimento, contribuirá, nomeadamente nos seguinte aspectos:

  a) Estabelecimento e reforço de infra-estruturas científicas e técnicas industriais nos Estados ACP;
  b) Definição e realização de programas de investigação e desenvolvimento;
  c) Identificação e criação de possibilidades de colaboração entre institutos de investigação, instituições de estudos superiores e empresas dos Estados ACP, da Comunidade, dos Estados-membros e de outros países;
  d) Estabelecimento e fomento de actividades que visem a consolidação de tecnologias locais apropriadas e a aquisição de tecnologias estrangeiras adequadas, nomeadamente de outros países em desenvolvimento;

e) Identificação, avaliação e aquisição de tecnologia industrial, incluindo negociações destinadas à aquisição, em condições favoráveis, de tecnologia, de patentes e de outros direitos de propriedade industrial estrangeira, designadamente mediante financiamentos e/ou outros esquemas apropriados com empresas e instituições situadas na Comunidade;
f) Fornecimento de serviços de consultadoria aos Estados ACP para a elaboração de regulamentação sobre a transferência de tecnologia e para o fornecimento das informações disponíveis, nomeadamente no que diz respeito às condições dos contratos relativos à tecnologia, aos tipos e fontes de tecnologia e a experiência dos Estados ACP e dos outros países na utilização de certas tecnologias;
g) Promoção da cooperação tecnológica entre os Estados ACP e entre estes e outros países em desenvolvimento, incluindo apoio às unidades de investigação e desenvolvimento, nomeadamente à escala regional, a fim de utilizar, da melhor maneira, as possibilidades científicas e técnicas particularmente apropriadas que estes Estados possuam;
h) Facilitação, na medida do possível, do acesso e da utilização das fontes de documentação e de outras fontes de dados disponíveis na Comunidade.

Art. 86.º

Tendo em vista permitir aos Estados ACP tirar maior benefício do regime comercial e de outras disposições da presente Convenção, serão realizadas acções de promoção no domínio da comercialização dos produtos industriais dos Estados ACP, tanto no mercado da Comunidade, como nos outros mercados externos, tendo igualmente em vista estimular e desenvolver as trocas comerciais de produtos industriais entre Estados ACP. Estas acções incidirão, nomeadamente, em estudos do mercado, na comercialização, na qualidade e na normalização dos produtos transformados, nos termos dos artigos 229.º a 230.º e tendo em consideração o disposto nos artigos 135.º e 136.º.

Art. 87.º

1. Competirá a um Comité de Cooperação Industrial dependente do Comité de Embaixadores:
   a) Avaliar o estado de avanço do programa global de cooperação industrial decorrente da presente Convenção e, quando necessário, apresentar recomendações ao Comité de Embaixadores; neste contexto, o referido Comité analisará e dará o seu parecer sobre os relatórios previstos no artigo 327.º no que se refere aos progressos da cooperação industrial e ao crescimento dos fluxos de investimentos e acompanhará regularmente as normas de intervenção do Banco Europeu de Investimento, a seguir designado por "o Banco", da Comissão do Centro de Desenvolvimento Industrial, a seguir designado por "CDI", e das autoridades dos Estados

ACP encarregadas da execução dos projectos industriais, a fim de assegurar a melhor coordenação possível;
b) Examinar os problemas e questões relativas à política em matéria de cooperação industrial que lhes sejam submetidos pelos Estados ACP ou pela Comunidade, formulando todas as propostas úteis;
c) Organizar, a pedido da Comunidade ou dos Estados ACP, um exame das tendências das políticas industriais dos Estados ACP e dos Estados-membros e da evolução da situação industrial no mundo, tendo em vista o intercâmbio das informações necessárias para melhorar a cooperação e facilitar o desenvolvimento industrial dos Estados ACP, bem como as actividades dos sectores mineiro e energético relacionadas com o desenvolvimento industrial;
d) Definir, a que sob proposta do Conselho de Administração, a estratégia geral de CDI a que se refere o artigo 89.º, nomear os membros do Conselho Consultivo, nomear o director e o director-adjunto, bem como os dois revisores de contas, repartir, numa base anual, a dotação global prevista no artigo 3.º do Protocolo Financeiro e aprovar o orçamento e as contas anuais;
e) Analisar, além disso, o relatório anual do CDI, bem como quaisquer outros relatórios apresentados pelo Conselho Consultivo ou pelo Conselho de Administração, a fim de apreciar a conformidade das actividades do CDI com os objectivos que lhe são fixados na presente Convenção, elaborar um relatório a apresentar ao Comité de Embaixadores e, por intermédio deste, ao Conselho de Ministros, executar todas as outras tarefas que lhe forem confiadas pelo Comité de Embaixadores.

2. A composição do Comité de Cooperação Industrial e as respectivas modalidades de funcionamento serão fixadas pelo Conselho de Ministros. O Comité reunirá pelo menos duas vezes por ano.

Art. 88.º

É criado um Conselho Consultivo Paritário, composto por vinte e quatro membros, pertencentes ao sector dos negócios ou peritos em matéria de desenvolvimento industrial, bem como representantes da Comissão, do Banco e do Secretariado ACP, participantes na qualidade de observadores cuja tarefa será assistir o Comité de Cooperação Industrial na tomada em consideração da opinião dos operadores industriais no que diz respeito às questões referidas nas alíneas a), b) e c) do n.º 1 do artigo 87.º. O Conselho Consultivo do Comité de Cooperação Industrial realizará uma reunião oficial por ano.

Art. 89.º

O CDI contribuirá para a criação e o reforço das empresas industriais dos Estados ACP, impulsionando designadamente iniciativas conjuntas de operadores económicos da Comunidade e dos Estados ACP.

Enquanto instrumento operacional de carácter prático, o CDI dará prioridade à identificação de operadores industriais para projectos viáveis, e contribuirá para a promoção e realização de projectos que correspondam às necessidades dos Estados ACP, tendo especialmente em conta os mercados internos e externos na transformação das matérias-primas locais e utilizando de maneira óptima os factores de produção que os ACP possuem. Será igualmente fornecido apoio para a apresentação desses projectos às instituições de financiamento.

O CDI exercerá as funções acima referidas de forma selectiva, dando prioridade às pequenas e médias empresas industriais, às operações de recuperação e à plena utilização do potencial industrial existente. Dará especial relevo às possibilidades de criação de empreendimentos comuns e de subempreitadas. Na realização destas tarefas, o CDI prestará especial atenção aos objectivos referidos no artigo 97.º.

Art. 90.º

1. O CDI exercerá as funções referidas no artigo 89.º dando prioridade aos projectos que apresentem um potencial real. As suas actividades consistirão nomeadamente em:
    a) Identificar os projectos industriais viáveis nos Estados ACP, instruí-los, avaliá-los, promovê-los e contribuir para a sua execução;
    b) Efectuar estudos e avaliações a fim de evidenciar as possibilidades concretas de cooperação industrial com a Comunidade, de promover o desenvolvimento industrial dos Estados ACP e de facilitar a realização de acções adequadas;
    c) Fornecer informações e serviços de consultadoria e de peritagem técnica específica, incluindo estudos de viabilidade, com o objectivo de acelerar a criação e/ou a renovação de empresas industriais;
    d) Identificar os potenciais parceiros dos Estados ACP e da Comunidade tendo em vista realizar investimentos conjuntos e prestar assistência à sua execução e acompanhamento;
    e) Identificar e fornecer informações sobre as fontes de financiamento possíveis, contribuir para a apresentação ao financiamento e quando necessário, prestar assistência à mobilização de fundos provenientes de tais fontes para projectos industriais nos Estados ACP;
    f) Identificar, reunir, avaliar e fornecer informações e conselhos sobre aquisição, adaptação e desenvolvimento de tecnologias industriais apropriadas, em relação a projectos concretos e, se necessário, prestar assistência à execução de acções experimentais e de demonstração.

2. A fim de facilitar a realização dos seus objectivos, o CDI pode, para além das suas actividades principais:
    a) Efectuar estudos, de mercados ou outros, e avaliações e reunir e difundir todas as informações úteis sobre as condições e possibilidades da coope-

ração industrial, nomeadamente sobre o enquadramento económico e o tratamento a dar aos investidores potenciais, bem como sobre as potencialidades de projectos industriais viáveis;
b) Contribuir, nos casos apropriados, para promover a comercialização local e nos mercados dos outros Estados ACP e da Comunidade dos produtos transformados ACP, a fim de favorecer a utilização óptima da capacidade industrial instalada ou a criar;
c) Identificar os responsáveis pelas políticas industriais, os promotores e os operadores económicos e financeiros da Comunidade e dos Estados ACP e organizar e facilitar todas as formas de contacto e encontros entre eles;
d) Identificar, com base nas necessidades, as possibilidades comunicadas pelos Estados ACP em matéria de formação industrial, principalmente no local de trabalho, de modo a satisfazer as necessidades das empresas industriais existentes e projectadas nos Estados ACP e, se necessário, apoiar a execução de acções adequadas;
e) Reunir e difundir todas as informações, úteis relativas ao potencial industrial dos Estados ACP e sobre a evolução dos sectores industriais na Comunidade e nos Estados ACP;
f) Promover a subcontratação, a expansão e a consolidação de projectos industriais regionais.

Art. 91.º

O CDI é dirigido por um director, assistido por um director-adjunto, recrutados com base nas suas competências técnicas e na sua experiência de gestão, e nomeados pelo Comité de Cooperação Industrial. A direcção do CDI, responsável perante o Conselho de Administração, executará as orientações definidas pelo Comité de Cooperação Industrial.

Art. 92.º

1. Competirá a um Conselho de Administração Paritário:
a) Aconselhar e apoiar o director, a nível da dinamização, da animação e da direcção do CDI, assegurando a correcta execução das orientações definidas pelo Comité de Cooperação Industrial;
b) Sob proposta do director do CDI:
  i) Aprovar:
    – os programas de actividades plurianuais e anuais;
    – o relatório anual;
    – as estruturas de organização, a política de pessoal e o organigrama; e
  ii) Adoptar os orçamentos e as contas anuais a serem submetidos à apreciação do Comité de Cooperação Industrial;
c) Tomar decisões sobre as propostas da direcção relativas aos pontos acima;
d) Enviar ao Comité de Cooperação Industrial um relatório anual e comunicar-lhe qualquer problema relativo aos pontos referidos em *c*).

2. O Conselho da Administração é composto por seis pessoas de elevada experiência no sector industrial ou bancário, privado ou público, ou no planeamento e promoção do desenvolvimento industrial. Essas pessoas serão escolhidas pelo Comité de Cooperação Industrial em função das respectivas qualificações de entre os nacionais dos Estados Partes na presente Convenção e serão nomeados pelo referido Comité segundo os procedimentos por ele definidos. Um representante da Comissão, do Banco e do Secretariado ACP participará nos trabalhos do Conselho de Administração na qualidade de observador. Para assegurar um controlo mais estreito das actividades do CDI, o Conselho de Administração reunirá pelo menos de dois em dois meses. O Secretariado é assegurado pelo CDI.

Art. 93.º

1 A Comunidade contribuirá para o financiamento do orçamento do CDI através de uma dotação distinta, em conformidade com o Protocolo Financeiro anexo.

2. Dois revisores de contas nomeados pelo Comité fiscalizarão a gestão financeira do CDI.

3 O estatuto do CDI, o regulamento financeiro, o estatuto do seu pessoal, bem como o seu regulamento interno serão fixados pelo Conselho de Ministros, sob proposta do Comité de Embaixadores, após a entrada em vigor da presente Convenção.

Art. 94.º

O CDI reforçará a sua presença operacional nos Estados ACP, nomeadamente no que se refere à identificação de projectos e de promotoras e à assistência e apresentação de projectos para financiamento. Para o efeito, o CDI actuará de acordo com as normas propostas pelo Conselho de Administração e terá em conta a necessidade de descentralizar as actividades.

Art. 95.º

A Comissão, o Banco e o CDI manterão uma estreita colaboração operacional no âmbito das respectivas competências.

Art. 96.º

Os membros do Conselho Consultivo e do Concelho de Administração, bem como o director e o director-adjunto do CDI, serão nomeados por um período máximo de cinco anos, sob reserva, no que se refere ao Conselho de Administração, de uma análise da situação a meio desse período.

Art. 97.º

Na aplicação das disposições do presente título, a Comunidade prestará especial, atenção às necessidades e aos problemas específicos dos Estados ACP menos desenvolvidos, sem litoral e insulares, a fim de criar bases para a respectiva indus-

trialização (definição de políticas e estratégias industriais, infra-estrutura económica e formação industrial), com vista, nomeadamente, à valorização das matérias-primas e dos outros recursos locais, em especial nos seguintes domínios:
- transformação das matérias-primas.
- desenvolvimento, transferência e adaptação de tecnologias;
- concepção do financiamento de acções a favor das pequenas e médias empresas industriais;
- desenvolvimento de infra-estruturas industriais e valorização dos recursos energéticos e mineiros;
- formação adequada nos domínios científico e técnico;
- produção de equipamento e de *inputs* para o sector rural;

Estas acções podem ser executadas com a participação do CDI.

2. A pedido de um ou mais Estados ACP menos desenvolvidos, o CDI prestará assistência especial a fim de identificar localmente possibilidades de promoção e de desenvolvimento industrial, nomeadamente nos sectores da transformação das matérias-primas e da produção de equipamentos e de *inputs* para o sector rural.

Art. 98.º

Para efeitos da execução da cooperação industrial, a Comunidade contribuirá para a realização dos programas, projectos e acções que lhe forem submetidos por iniciativa ou com o acordo dos Estados ACP. Utilizará para este fim todos os meios previstos na presente Convenção, nomeadamente os de que dispõe a título de cooperação para o financiamento do desenvolvimento, em particular no âmbito do Banco, sem prejuízo de acções tendentes a ajudar os Estados ACP a mobilizarem fundos provenientes de outras fontes.

Os programas, projectos e acções de cooperação industrial que envolvam financiamentos da Comunidade realizar-se-ão nos termos das disposições do Título III da Parte III da presente Convenção, tendo em conta as características específicas das intervenções no sector industrial.

TÍTULO VI. DESENVOLVIMENTO MINEIRO

Art. 99.º

O desenvolvimento do sector mineiro tem como objectivos principais:
- a exploração de qualquer tipo de recursos minerais de uma forma que assegure a rentabilidade das actividades mineiras, tanto nos mercados de exportação como nos mercados locais, indo ao mesmo tempo ao encontro das preocupações em matéria de ambiente;
- a valorização do potencial dos recursos humanos;

Com vista a promover e acelerar um desenvolvimento económico e social diversificado.

I – Quarta Convenção ACP-CEE   Arts. 99.º-102.º

As Partes Contratantes salientam a sua dependência mútua neste sector e acordam em utilizar de um modo coordenado os diferentes meios de acção previstos pela presente Convenção neste domínio, bem como, quando necessário, outros instrumentos comunitários.

Art. 100.º

A pedido de um ou mais Estados ACP, a Comunidade realizará acções de assistência técnica e/ou de formação tendo em vista reforçar as respectivas capacidades científicas e técnicas nos domínios da geologia e das minas, a fim de esses Estados poderem retirar maiores vantagens dos conhecimentos disponíveis e de orientarem os seus programas de investigação e exploração em conformidade.

Art. 101.º

A Comunidade, tendo em conta os factores económicos à escala nacional e internacional e num intuito de diversificação, participará, se necessário através de programas de ajuda financeira e técnica, no esforço de investigação e de exploração mineira a todos os níveis, dos Estados ACP, tanto em terra como na plataforma continental definida pelo direito internacional.

Quando necessário, a Comunidade prestará igualmente assistência técnica e financeira à criação de fundos nacionais ou regionais de exploração nos Estados ACP.

Art. 102.º

A fim de apoiar os esforços de exploração dos recursos mineiros dos Estados ACP, a Comunidade dará o seu apoio a projectos de recuperação, manutenção, racionalização e modernização de unidades de produção economicamente viáveis, a fim de as tornar mais operacionais e mais competitivas. A Comunidade contribuirá igualmente, numa medida compatível com as capacidades de investimento e de gestão e com a evolução do mercado, para a identificação, elaboração e execução de novos projectos viáveis, tomando particularmente em consideração o financiamento de estudos de viabilidade e de pré-investimento.

Será prestada especial atenção:
– às acções destinadas a aumentar a função dos projectos de pequena e média envergadura, permitindo a promoção de empresas mineiras locais; tal diz especialmente respeito aos minérios industriais e para a agricultura, destinados nomeadamente ao mercado nacional ou regional, bem como aos novos produtos;
– acções para a protecção do ambiente.

A Comunidade apoiará igualmente os esforços dos Estados ACP com vista:
– a um reforço das infra-estruturas de acompanhamento;
– à adopção de medidas capazes de assegurar um contributo tão grande quanto possível do desenvolvimento do sector mineiro para o desenvolvi-

mento socioeconómico dos países produtores, tais como a utilização óptima do rendimento mineiro e a integração do desenvolvimento mineiro no desenvolvimento industrial e numa política adequada de ordenamento do território;
– ao incentivo aos investimentos europeus e ACP;
– à cooperação regional.

Art. 103.º

A fim de contribuir para a realização dos objectivos acima referidos, a Comunidade está disposta a conceder uma contribuição financeira e técnica para apoiar a valorização do potencial mineiro e energético dos Estados ACP, segundo as modalidades próprias de cada instrumento de que dispõe e nos termos do disposto na presente Convenção.

No domínio da investigação e dos investimentos preparatórios da execução de projectos energéticos mineiros a Comunidade pode dar a sua contribuição sob a forma de capitais de risco, eventualmente em ligação com participações de capital por parte dos Estados ACP interessados e com outras formas de financiamento, segundo as modalidades previstas no artigo 234.º.

Os recursos previstos nestas disposições poderão ser completados, no caso de projectos de interesse mútuo, por:
a) Outros recursos financeiros e técnicos da Comunidade;
b) Acções que visem a mobilização de capitais públicos e privados, incluindo os co-financiamentos.

Art. 104.º

O Banco pode, nos termos do seu Estatuto, afectar caso a caso os seus recursos próprios para além do montante fixado no Protocolo Financeiro a projectos de investimento mineiro reconhecidos pelo Estado ACP interessado e pela Comunidade como sendo de interesse mútuo.

TÍTULO VII. DESENVOLVIMENTO ENERGÉTICO

Art. 105.º

Dada a gravidade da situação energética na maioria dos Estados ACP, devido parcialmente à crise provocada em numerosos países pela dependência em relação à importação de produtos petrolíferos, bem como pela escassez crescente de madeira para combustível, e tendo em conta as consequências climáticas resultantes da utilização de combustíveis fósseis, os Estados ACP e a Comunidade acordam em cooperar neste domínio com vista a encontrar soluções para os seus problemas energéticos.

A cooperação ACP-CEE confere particular relevo à programação energética, às acções de conservação e utilização racional da energia, ao reconhecimento do potencial energético e à promoção, em condições técnicas e económicas apropriadas, de fontes de energia novas e renováveis.

Art. 106.º

A Comunidade e os Estados ACP reconhecem as vantagens mútuas da cooperação no sector da energia. Esta cooperação incentivará o desenvolvimento das potencialidades energéticas tradicionais e não tradicionais e a auto-suficiência dos Estados ACP.

O desenvolvimento energético tem como objectivos principais:
 a) Favorecer o desenvolvimento económico e social através da valorização e do desenvolvimento das fontes de energia nacionais ou regionais em condições técnicas, económicas e ambientais adequadas;
 b) Aumentar o rendimento da produção e da utilização da energia e, eventualmente, a auto-suficiência energética;
 c) Incentivar um recurso cada vez maior a fontes de energia alternativas, novas e renováveis;
 d) Melhorar as condições de vida nas zonas urbanas e periféricas e nas zonas rurais e dar aos problemas energéticos destas zonas soluções adaptadas às necessidades e aos recursos locais;
 e) Proteger o ambiente natural mediante acções de conservação dos recursos da biomassa e da madeira para combustível, incentivando nomeadamente soluções alternativas através do aperfeiçoamento das técnicas e modos de consumo e da utilização racional e duradoura da energia e dos recursos energéticos.

Art. 107.º

A fim de alcançar os objectivos acima enunciados, as acções de cooperação energética, poderão, a pedido do ou dos Estados ACP interessados, incidir sobre:
 a) A recolha, análise e difusão de informações pertinentes;
 b) O reforço da gestão e do controlo pelos Estados ACP dos seus recursos energéticos de acordo com os objectivos de desenvolvimento respectivos, a fim de lhes permitir avaliar a oferta e a procura em matéria de energia e de possibilitar um planeamento energético estratégico, através, entre outras medidas, de um apoio à programação energética e de assistência técnica aos serviços responsáveis pela concepção e execução das políticas energéticas;
 c) A análise das implicações dos programas e projectos de desenvolvimento no domínio energético, tendo em consideração a poupança de energia a efectuar e as possibilidades de substituição das fontes de energia primárias. Estas acções destinam-se a aumentar o papel que as fontes de energia novas e renováveis deverão desenrolar-se em especial nas zonas rurais, graças a programas ou projectos adaptados às necessidades e aos recursos locais;

d) A execução de programas de acção apropriados envolvendo pequenos e médios projectos de desenvolvimento energético, nomeadamente em matéria de poupança de energia e da substituição da madeira para combustível. Estas acções destinam-se a resolver o mais rapidamente possível os problemas decorrentes do consumo excessivo de madeira para combustível, melhorando o rendimento das utilizações domésticas, principalmente nas zonas urbanas e desenvolvendo as plantações de tipos de madeira adequados para combustível;

e) O desenvolvimento do potencial de investimento para a exploração e a valorização de fontes de energia nacionais e regionais, bem como para a valorização de locais de produção da energia excepcional que permitam o estabelecimento de indústrias de alta intensidade energética;

f) A promoção da investigação, da adaptação e da difusão de tecnologias adequadas, bem como da formação necessária para responder às necessidades de mão-de-obra do sector energético;

g) O reforço das capacidades dos Estados ACP em matéria de investigação e desenvolvimento, em especial em relação às fontes de energia novas e renováveis;

h) A reabilitação das infra-estruturas de base necessárias à produção, ao transporte e à distribuição de energia, prestando especial atenção à electrificação rural.

i) O fornecimento da cooperação entre Estados ACP no sector energético, nomeadamente a extensão das redes de distribuição de electricidade entre os Países ACP e acções de cooperação entre estes Estados e outros Estados vizinhos beneficiários de ajuda comunitária.

Art. 108.º

A fim de contribuir para a realização dos objectivos acima referidos, a Comunidade está disposta a conceder uma contribuição técnica e financeira para apoiar a valorização do potencial energético dos Estados ACP. Segundo as modalidades próprias de cada instrumento de que dispõe e nos termos de disposto na presente Convenção.

No domínio da investigação e dos investimentos preparatórios da execução de projectos energéticos, a Comunidade pode dar a sua contribuição sob a forma de capitais de risco, eventualmente em ligação com participações de capital dos Estados ACP interessados e de outras formas de financiamento, segundo as modalidades previstas no artigo 234.º.

Os recursos previstos nestas disposições poderão ser completados, no caso de projectos de interesse mútuo, por:

a) Outros recursos financeiros e técnicos da Comunidade;

b) Acções de mobilização de capitais públicos e privados, incluindo os co-financiamentos.

Art. 109.º

O Banco pode, nos termos do seu Estatuto, afectar caso a caso os seus recursos próprios para além do montante fixado no Protocolo Financeiro a projectos de investimento energético reconhecidos pelo Estado ACP interessado e pela Comunidade como sendo de interesse mútuo.

TÍTULO VIII. DESENVOLVIMENTO DAS EMPRESAS

Art. 110.º

1. A Comunidade e os Estados ACP sublinham que:
   a) As empresas constituem um dos principais instrumentos que permitem alcançar os objectivos de reforço do tecido económico, de incentivo à integração inter-sectorial, de criação de postos de trabalho, de melhoria dos rendimentos e de aumento do nível das qualificações.
   b) Os esforços desenvolvidos actualmente pelos Estados ACP para reestruturar as suas economias devem ser acompanhados de esforços destinados a reforçar e alargar a sua base de produção. O sector empresarial deve desempenhar um papel de primeiro plano nas estratégias utilizadas pelos Estados ACP para relançar o seu crescimento;
   c) Há que criar um ambiente estável e favorável, e um sector financeiro nacional eficaz para estimular o sector empresarial dos Estados ACP e incentivar os investimentos europeus;
   d) O sector privado – em especial as pequenas e médias empresas, que se adaptam melhor às condições que caracterizam as economias dos Estados ACP – deve ser dinamizado e desempenhar um papel mais importante. As micro-empresas e o artesanato devem igualmente ser encorajados e apoiados;
   e) Os investidores privados estrangeiros que correspondam aos objectivos e prioridades de cooperação para o desenvolvimento ACP-CEE devem ser incentivados a participar nos esforços de desenvolvimento dos Estados ACP. Há que conceder a esses investidores um tratamento justo e equitativo e assegurar-lhes um clima de investimento favorável, seguro e previsível;
   f) O estímulo ao espírito de iniciativa dos Estados ACP é indispensável para a valorização do enorme potencial daqueles Estados.

2. Devem ser desenvolvidos esforços para consagrar uma maior parte dos meios de financiamento da Convenção ao incentivo do espírito de iniciativa e dos investimentos e à realização de actividades directamente produtivas.

Art. 111.º

Para a realização dos objectivos acima referidos, as Partes Contratantes reconhecem a necessidade de utilizar toda a gama de instrumentos prevista na Con-

venção, e nomeadamente a assistência técnica nos campos de acção abaixo indicados, a fim de apoiar o desenvolvimento do sector privado:
   a) Apoio à melhoria do enquadramento jurídico e fiscal das empresas e alargamento do papel das organizações profissionais e das Câmaras de Comércio no processo de desenvolvimento empresarial;
   b) Ajuda directa à criação e ao desenvolvimento de empresas (serviços especializados no arranque de novas empresas, ajuda à recolocação de antigos empregados da função pública, ajuda às transferências de tecnologias e ao progresso tecnológico, serviços de gestão e estudos de mercado);
   c) Desenvolvimento de serviços de apoio ao sector empresarial capazes de fornecer às empresas serviços de consultadoria nos domínios jurídico e técnico e em matéria de gestão;
   d) Programas específicos destinados a formar chefes de empresa e a desenvolver as suas competências, em especial no sector das pequenas empresas e dos sectores informais.

Art. 112.º
A fim de apoiar o desenvolvimento da poupança e dos sectores financeiros nacionais, será prestada especial atenção aos seguintes domínios:
   a) Ajuda à mobilização da poupança nacional e ao desenvolvimento da intermediação financeira;
   b) Assistência técnica à reestruturação e à reforma das instituições financeiras.

Art. 113.º
A Comunidade prestará assistência técnica e financeira para apoiar o desenvolvimento das empresas nos Estados ACP, sob reserva das condições fixadas, no Título relativo à cooperação para o financiamento do desenvolvimento.

TÍTULO IX. DESENVOLVIMENTO DOS SERVIÇOS

CAPÍTULO I. Objectivos e princípios da cooperação

Art. 114.º
1. A Comunidade e os Estados ACP reconhecem a importância do sector dos serviços na definição das políticas de desenvolvimento e a necessidade de desenvolver uma cooperação cada vez maior neste domínio.

2. A Comunidade apoia os esforços dos Estados ACP no sentido de reforçar as suas capacidades internas de prestação de serviços com o objectivo de melhorar o funcionamento das suas economias, aliviar a sobrecarga para as respectivas balanças de pagamentos e estimular o processo de integração regional.

3. Estas acções têm por finalidade permitir que os Estados ACP retirem o máximo benefício das disposições da presente Convenção, tanto a nível nacional como a nível regional, e possam:
- participar nas melhores condições, nos mercados da Comunidade e nos mercados internos, regionais e internacionais, através de diversificação da gama e do aumento do valor e do volume do comércio dos Estados ACP de bens e serviços;
- reforçar as suas capacidades colectivas através de uma integração económica cada vez maior e de uma consolidação da cooperação de tipo funcional ou temático;
- estimular o desenvolvimento das empresas, incentivando, nomeadamente, os investimentos ACP-CEE no sector dos serviços, a fim de criar postos de trabalho, gerar e promover a distribuição de rendimentos e facilitar a transferência e a adaptação das tecnologias às necessidades específicas dos Estados ACP;
- tirar o máximo de benefícios do turismo nacional regional e melhorar a sua participação no turismo mundial;
- instalar as redes de transportes e comunicações e os sistemas informáticos e telemáticos necessários ao seu desenvolvimento.
- desenvolver um maior esforço no sector da formação profissional e da transferência de *know-how*, devido ao papel determinante desempenhado pelos recursos humanos no desenvolvimento das actividades de serviços.

4. Na prossecução dos seus objectivos, as Partes Contratantes aplicarão, além das disposições específicas relativas à cooperação em matéria de serviços, as disposições relativas ao regime de trocas, à promoção comercial, ao desenvolvimento industrial, aos investimentos, à educação e à formação.

Art. 115.º

1. Tendo em conta a amplitude da gama de serviços e o seu contributo desigual para o processo de desenvolvimento, e para que a ajuda comunitária tenha o máximo impacto no desenvolvimento dos Estados ACP, as Partes decidem dedicar especial atenção aos serviços necessários ao funcionamento das suas economias nos seguintes domínios:
- serviços de apoio ao desenvolvimento económico;
- turismo;
- transportes, comunicações e informática.

2. Para a concretização de cooperação em matéria de serviços, a Comunidade contribuirá para a realização de programas, projectos e acções que lhe sejam apresentados por iniciativa ou com o acordo dos Estados ACP. Para o efeito, utilizará todos os meios previstos na presente Convenção, e nomeadamente os meios de que dispõe a título da cooperação, para o financiamento de desenvolvimento, incluindo os que são da competência do Banco.

Art. 116.º

Nos domínios relacionados com o desenvolvimento dos serviços, será dada especial atenção às necessidades específicas dos Estados ACP sem litoral e insulares decorrentes da sua situação geográfica, bem como à situação económica dos Estados ACP menos desenvolvidos.

CAPÍTULO II. Serviços de apoio ao desenvolvimento económico

Art. 117.º

Para alcançar os objectivos da cooperação neste sector, a cooperação incidirá sobre serviços comercializados, sem no entanto negligenciar determinados serviços para-públicos necessários à melhoria do contexto económico, como por exemplo, a informação dos processos aduaneiros, dando prioridade aos seguintes serviços:
– serviços de apoio ao comércio externo;
– serviços de apoio às empresas;
– serviços de apoio à integração regional.

Art. 118.º

A fim de contribuir para o restabelecimento da competitividade externa dos Estados ACP, a cooperação em matéria de serviços dará prioridade aos serviços de apoio ao comércio externo, cujo campo de aplicação abrange os seguintes pontos:
1. Criação de uma infra-estrutura comercial adequada, mediante acções destinadas nomeadamente ao melhoramento das estatísticas do comércio externo, à automatização dos processos aduaneiros, à gestão dos portos ou aeroportos, ou à criação de laços mais estreitos entre os diversos intervenientes nas trocas, tais como exportadores, organismos de financiamento do comércio, alfândegas e bancos centrais;
2. Reforço dos serviços especificamente comerciais, tais como medidas de promoção comercial, a aplicar igualmente ao sector dos Serviços;
3. Desenvolvimento de outros serviços ligados ao comércio externo, como os mecanismos de financiamentos das trocas comerciais e de compensação e pagamento, e acesso às redes de informação.

Art. 119.º

A fim de fomentar o reforço do tecido económico dos países ACP e tendo em conta as disposições relativas ao desenvolvimento das empresas, será dedicada uma atenção especial aos seguintes domínios:
1. Serviços de consultadoria às empresas, em ordem a melhorar o funcionamento da empresa, facilitando nomeadamente o acesso aos serviços de gestão e de contabilidade ou aos serviços informáticos, bem como aos serviços jurídicos, fiscais ou financeiros;

2. Criação de mecanismos adequados de financiamento das empresas, flexíveis e apropriados, para estimular o desenvolvimento ou a criação de empresas de serviços;

3. Reforço das capacidades dos Estados ACP no domínio dos serviços financeiros, assistência técnica para o desenvolvimento de instituições de crédito e seguros no campo da promoção e desenvolvimento comercial.

Art. 120.º

Para contribuir para o reforço da integração económica susceptível de criar espaços económicos viáveis tendo em conta as disposições relativas à cooperação regional, será dedicada especial atenção aos seguintes domínios:

1. Serviços de apoio às trocas de bens entre Estados ACP, através de medidas comerciais, tais como estudos de mercado;

2. Serviços necessários à expansão das trocas de serviços entre Estados ACP, a fim de reforçar as complementaridades entre Estados, nomeadamente alargando ao sector dos serviços e adaptando-as, se necessário, às medidas tradicionais de promoção comercial;

3. Criação de pólos regionais de serviços destinados a apoiar sectores económicos específicos ou políticas sectoriais levadas a efeito em comum, graças nomeadamente ao desenvolvimento de redes modernas de comunicação e informação, e de bancos de dados informáticos.

CAPÍTULO III. **Turismo**

Art. 121.º

Reconhecendo a importância real do turismo para os Estados ACP, as Partes Contratantes porão em prática medidas e acções destinadas a desenvolver e apoiar o sector do turismo. Estas medidas podem ser executadas em qualquer fase, desde a identificação do produto turístico até à comercialização e à promoção.

O objectivo visado é apoiar os esforços dos Estados ACP destinados a tirar o maior benefício do turismo nacional, regional e internacional devido ao impacto do turismo no desenvolvimento económico, e estimular os fluxos financeiros provenientes do sector privado da Comunidade e de outras fontes para o desenvolvimento do turismo nos Estados ACP. Será prestada uma atenção especial à necessidade de integrar o turismo na vida social, cultural e económica das populações.

Art. 122.º

As acções específicas destinadas ao desenvolvimento do turismo consistem em definir, adaptar e elaborar políticas adequadas aos níveis nacional, regional, sub-regional e internacional. Os programas e projectos de desenvolvimento do turismo basear-se-ão nestas políticas de acordo com os quatro pontos de referência seguintes:

    a) Valorização dos recursos humanos e desenvolvimento das instituições nomeadamente:

- aperfeiçoamento dos quadros em domínios de competência específicos e formação contínua aos níveis adequados do sector público e privado a fim de assegurar uma planificação e um desenvolvimento satisfatórios;
- criação e reforço dos centros de promoção turística;
- educação e formação de grupos específicos da população e das organizações públicas/privadas activas no sector do turismo, incluindo o pessoal implicado nos sectores de apoio ao turismo;
- cooperação e trocas intra-ACP em matéria de formação, de assistência técnica e de desenvolvimento das instituições;

b) Desenvolvimento dos produtos, incluindo, nomeadamente:
- identificação do produto turístico, desenvolvimento de produtos não tradicionais e de novos produtos turísticos, adaptação de produtos existentes, nomeadamente preservação e valorização do património cultural e dos aspectos ecológicos e ambientais, gestão, protecção e conservação da fauna e da flora, dos bens históricos e sociais e de outros bens naturais, e desenvolvimento de serviços auxiliares;
- incentivo aos investimentos privados no sector do turismo dos Estados ACP e nomeadamente à criação de empresas comuns;
- fornecimento de assistência técnica ao sector da indústria hoteleira;
- produção de objectos artesanais de carácter cultural destinados ao mercado do turismo;

c) Desenvolvimento do mercado, incluindo, nomeadamente:
- assistência à definição e à realização de objectivos e de planos de desenvolvimento do mercado a nível nacional, sub-regional, regional e internacional;
- apoio aos esforços desenvolvidos pelos Estados ACP para terem acesso aos serviços oferecidos ao sector do turismo, tais como sistemas centrais de reserva e sistemas de controlo e segurança do tráfego aéreo;
- apoio a medidas de comercializações e promoção, no âmbito de projectos e programas integrados de desenvolvimento do mercado com vista a uma melhor penetração do mesmo, destinados aos principais geradores de fluxos turísticos nos mercados tradicionais e não tradicionais, e bem assim, actividades específicas, tais como a participação em iniciativa do carácter comercial, por exemplo feiras, e a produção de documentação, de bens de qualidade e de qualidade de comercialização;

d) Investigação e informação, incluindo, nomeadamente:
- aperfeiçoamento dos sistemas de informação sobre turismo, e recolha, análise, difusão a exploração dos dados estatísticos;
- avaliação do impacto sócio-económico do turismo nas economias dos Estados ACP, com destaque para o desenvolvimento de complementaridades com outros sectores tais como a indústria alimentar, a construção, a tecnologia e a gestão dentro dos Estados e das regiões ACP.

CAPÍTULO IV. Transportes, comunicações e informática

Art. 123.º

1. A cooperação em matérias de transportes visa desenvolver os transportes rodoviários e ferroviários, as instalações portuárias e os transportes marítimos, os transportes por via navegável interna e os transportes aéreos.

2. A cooperação em matéria de comunicações visa o desenvolvimento dos correios e telecomunicações, incluindo as radiocomunicações e a informática.

3. A cooperação nestes domínios visa em especial os objectivos seguintes:
   a) Criação de condições que favorecem a circulação de bens, serviços e pessoas à escala nacional, regional e internacional;
   b) Criação, reabilitação, manutenção e exploração racional de sistemas assentes em critérios de custo-eficácia, correspondendo às necessidades do desenvolvimento sócio-económico e adaptados às necessidades dos utilizadores e à situação económica global dos Estados em causa;
   c) Maior complementaridade dos sistemas de transporte e de comunicações ao nível nacional, regional e internacional;
   d) Harmonização dos sistemas nacionais ACP, favorecendo concomitantemente a sua adaptação ao progresso tecnológico;
   e) Redução dos entraves aos transportes e comunicações interestaduais nomeadamente a nível legislativo, regulamentar e administrativo.

Art. 124.º

1. Em todos os projectos e programas de acção referidos serão envidados esforços para assegurar uma transferência adequada de tecnologia e *know-how*.

2. Será prestada especial atenção à formação de nacionais ACP em matéria de planeamento, gestão, manutenção e funcionamento dos sistemas de transportes e comunicações.

Art. 125.º

1. As Partes Contratantes reconhecem a importância dos transportes aéreos para o reforço das relações económicas, culturais e sociais entre os Estados ACP, por um lado, e entre os Estados ACP e a Comunidade, por outro, bem como para a abertura das regiões isoladas ou de difícil acesso e o desenvolvimento do turismo.

2. O objectivo de cooperação neste sector visa promover o desenvolvimento harmonioso dos sistemas de transportes aéreos ACP nacionais ou regionais e a adaptação da frota aérea ACP ao progresso tecnológico; a concretização do plano da navegação aérea da Organização Internacional da Aviação Civil, o aperfeiçoamento das infra-estruturas de acolhimento e a aplicação das normas internacionais de exploração, o desenvolvimento e o reforço dos centros de manutenção de aviões; a formação; o desenvolvimento de sistemas modernos de segurança aeroportuária.

Art. 126.º

1. As Partes Contratantes reconhecem a importância dos serviços de transportes marítimos como sendo um dos motores do desenvolvimento económico e da promoção do comércio entre os Estados ACP e a Comunidade.

2. O objectivo da cooperação neste sector é assegurar o desenvolvimento harmonioso de serviços de transporte marítimo eficazes e fiáveis em condições economicamente satisfatórias, facilitando a participação activa de todas as Partes, dentro do respeito do princípio de acesso sem restrições ao tráfego, numa base comercial.

Art. 127.º

1. As Partes Contratantes sublinham a importância da Convenção das Nações Unidas relativa a um Código de Conduta das Conferências Marítimas e dos respectivos instrumentos de ratificação, que salvaguarda as condições de concorrência no domínio marítimo e oferece, nomeadamente, à sociedades marítimas dos países em desenvolvimento mais amplas possibilidades de participação no sistema das Conferências.

2. As Partes Contratantes decidem, consequentemente, aquando da ratificação do Código, tomar rapidamente as medidas necessárias à sua aplicação a nível nacional, nos termos do seu âmbito de acção e das suas disposições. A Comunidade ajudará os Estados ACP a aplicar as disposições pertinentes do Código.

3. Nos termos da Resolução n.º 2, anexa ao Código de Conduta, sobre as companhias exteriores à Conferência, as Partes Contratantes não impedirão as companhias exteriores à Conferência de operar, na medida em que respeitem os princípios de uma concorrência leal numa base comercial.

Art. 128.º

No âmbito da cooperação, será prestada atenção ao estímulo do movimento eficaz das cargas a níveis económica e comercialmente significativos, bem como às aspirações dos Estados ACP a uma maior participação nestes serviços internacionais de transportes marítimos. A Comunidade reconhece, a este respeito, as aspirações dos Estados ACP a uma participação acrescida nos transportes marítimos a granel. As Partes Contratantes decidem que o acesso ao tráfego em condições de concorrência não será afectado.

Art. 129.º

No âmbito da assistência financeira e técnica ao sector dos transportes marítimos, será prestada uma atenção especial:
- ao desenvolvimento efectivo de serviços de transporte marítimo eficazes e fiáveis nos Estados ACP, nomeadamente à adaptação da infra-estrutura portuária às necessidades do tráfego e à manutenção de material portuário;

- à manutenção ou aquisição de material de movimentação de cargas e de material flutuante e à sua adaptação ao progresso tecnológico.
- ao desenvolvimento dos transportes marítimos inter-regionais, com o objectivo de promover a cooperação intra-ACP e a melhoria de funcionamento da indústria dos transportes marítimos dos Estados ACP;
- à transferência de tecnologias, incluindo os transportes multimodais e a contentorização, para a promoção de empresas comuns;
- à criação de uma infra-estrutura jurídica e administrativa adequada e à melhoria da gestão portuária, nomeadamente através da formação profissional;
- ao desenvolvimento dos transportes marítimos inter-ilhas e das infra-estruturas de ligação, bem como a uma crescente cooperação com os operadores económicos.

Art. 130.º
As Partes Contratantes comprometem-se a promover a segurança marítima, a segurança das tripulações e acções anti-poluição.

Art. 131.º
Tendo em vista assegurar a aplicação efectiva dos artigos 126.º a 130.º, poderão realizar-se consultas, a pedido de uma das Partes Contratantes, se for o caso nas condições previstas nas normas processuais referidas no artigo 11.º.

Art. 132.º
1. No sector das comunicações, a cooperação dará especial ênfase ao desenvolvimento tecnológico, apoiando o esforço dos Estados ACP no sentido do estabelecimento e do desenvolvimento de sistemas eficazes. Isto inclui estudos e programas relativos às comunicações por satélite, quando justificados por considerações de ordem operacional, nomeadamente a níveis regionais e sub-regionais. A cooperação neste domínio abrangerá igualmente os meios de observação da Terra por satélite nos domínios de meteorologia e da teledetecção, aplicadas nomeadamente à luta contra a desertificação e qualquer forma de poluição, bem como à gestão dos recursos naturais, à agricultura e às minas, em especial, e ao ordenamento do território.

2. Será atribuída importância especial às telecomunicações nas zonas rurais, a fim de estimular o seu desenvolvimento económico e social.

Art. 133.º
A cooperação em matéria de informática visa o reforço das capacidades dos Estados ACP no domínio da informática e da telemática, permitindo aos países que dão uma grande prioridade a este sector beneficiar de apoio aos esforços dos Estados ACP na aquisição e instalação de sistemas informáticos; o desenvolvimento de redes telemáticas eficazes, inclusivamente em matéria de informações financeiras

internacionais; a futura produção de componentes e suportes lógicos informáticos nos Estados ACP; a sua participação nas actividades internacionais em matéria de tratamento de dados e de publicação de livros e revistas.

Art. 134.º

As acções de cooperação nos domínios dos transportes e das comunicações realizar-se-ão nos termos do disposto e segundo os processos fixados no Título III da Parte III da presente Convenção.

TÍTULO X. DESENVOLVIMENTO DO COMÉRCIO

Art. 135.º

Para atingir os objectivos fixados no artigo 167.º, as Partes Contratantes realizarão acções para o desenvolvimento do comércio, desde a fase da concepção até à fase final da distribuição dos produtos.

Estas acções têm por finalidade permitir que os Estados ACP retirem o máximo benefício das disposições da presente Convenção em matéria de cooperação comercial, agrícola e industrial e possam participar nas melhores condições nos mercados da Comunidade e nos mercados internos, sub-regionais, regionais e internacionais, através da diversificação da gama e do aumento do valor e do volume do comércio dos Estados ACP de bens e de serviços.

Art. 136.º

1. No âmbito dos esforços destinados a promover o desenvolvimento do comércio e dos serviços, e para além do desenvolvimento do comércio entre os Estados ACP e a Comunidade, será prestada especial atenção às acções que visem aumentar a autonomia dos Estados ACP, desenvolver o comércio intra-ACP e internacional e promover a cooperação regional a nível do comércio e dos serviços.

2. As acções a empreender a pedido dos Estados ACP referem-se principalmente aos sectores seguintes:
   - estabelecimento de estratégias comerciais coerentes;
   - valorização dos recursos humanos e desenvolvimento das competências profissionais no domínio do comércio e dos serviços;
   - criação, adaptação e reforço, nos Estados ACP, dos organismos encarregados do desenvolvimento do comércio e dos serviços, dedicando particular atenção às necessidades específicas dos organismos dos Estados ACP menos desenvolvidos, sem litoral e insulares.
   - apoio aos esforços dos Estados ACP destinados a melhorar a qualidade dos seus produtos, a adaptá-los às necessidades do mercado e a diversificar as suas possibilidadas de escoamento;
   - medidas de desenvolvimento comercial, nomeadamente intensificação dos contactos e do intercâmbio de informações entre os operadores eco-

nómicos dos Estados ACP, dos Estados-membros da Comunidade e dos países terceiros;
- apoio aos Estados ACP na aplicação de técnicas modernas de marketing em sectores e programas centrados na produção, em domínios como o desenvolvimento rural e a agricultura;
- apoio aos esforços dos Estados ACP no sentido de desenvolver e melhorar a infra-estrutura dos serviços de apoio, incluindo as facilidades de transporte e armazenagem, com o objectivo de assegurar uma distribuição eficaz dos bens e serviços e aumentar o fluxo das exportações dos Estados ACP;
- apoio aos Estados ACP para o desenvolvimento das suas capacidades internas dos seus sistemas de informação e da percepção do papel e da importância do comércio no desenvolvimento económico;
- apoio às pequenas e médias empresas na identificação e desenvolvimento de produtos, mercados e empresas comerciais comuns.

3. A fim de acelerar os processos, as decisões de financiamento poderão incidir em programas plurianuais, em conformidade com o disposto no artigo 290.º sobre os processos de realização.

4. Só poderá ser fornecido aos Estados ACP apoio para a participação em feiras, exposições e missões comerciais se estas manifestações fizerem parte integrante de programas globais de desenvolvimento comercial.

5. A participação dos Estados ACP menos desenvolvidos em diferentes actividades comerciais será incentivada através de disposições especiais, nomeadamente pela tomada a cargo de despesas de deslocação do pessoal e de transporte dos objectos e mercadorias a expor, aquando da participação em feiras exposições e missões comerciais nacionais, regionais e em países terceiros, incluindo o custo da construção temporária e/ou do aluguer de stands de exposição. Será concedida uma ajuda especial aos países menos desenvolvidos, sem litoral e insulares para a preparação e/ou compra de material de promoção.

Art. 137.º

No âmbito dos instrumentos previstos na presente Convenção e em conformidade com as disposições em matéria de cooperação para o financiamento de desenvolvimento, a ajuda ao desenvolvimento do comércio e dos serviços inclui a prestação de assistência técnica para a criação e o desenvolvimento de instituições de seguros e de crédito relacionados com o desenvolvimento do comércio.

Art. 138.º

Para além das dotações que, no âmbito dos programas indicativos nacionais referidos no artigo 281.º, possam ser afectadas por cada Estado ACP ao financiamento de acções de desenvolvimento dos domínios referidos nos Títulos IX e X da Parte II, a contribuição da Comunidade para o financiamento dessas acções, quando tenham carácter regional, pode atingir, no âmbito dos programas de cooperação regional referidos no artigo 156.º, o montante previsto no Protocolo Financeiro anexo à presente Convenção.

TÍTULO XI. COOPERAÇÃO CULTURAL E SOCIAL

Art. 139.º

A cooperação contribui para um desenvolvimento autónomo dos Estados ACP, centrado no homem e enraizado na cultura de cada povo. A dimensão humana e cultural deve estar presente em todos os sectores e reflectir-se em todos os projectos ou programas de desenvolvimento. A cooperação apoiará as políticas e as medidas adoptadas por estes Estados tendo em vista valorizar os seus recursos humanos, aumentar a sua capacidade criativa própria e promover a sua identidade cultural. Favorecerá igualmente a participação das populações no processo de desenvolvimento.

Esta cooperação visa promover, com uma preocupação de diálogo, de intercâmbio e de enriquecimento mútuo e numa base de igualdade, uma melhor compreensão e uma maior solidariedade entre os governos e as populações ACP, por um lado, e entre os governos e as populaçõs ACP e CEE, por outro.

Art. 140.º

1. A cooperação cultural e social traduzir-se-á nos seguintes aspectos:
   – tomada em consideração da dimensão cultural e social dos projectos e programas de acção;
   – promoção da identidade cultural das populações dos Estados ACP com vista a fomentar a sua autopromoção e a estimular a sua criatividade, bem como a incentivar o diálogo intercultural;
   – acções com o objectivo de valorizar os recursos humanos, tendo em vista uma utilização judiciosa e optimizada dos recursos naturais e a satisfação das necessidades essenciais, materiais e imateriais.

2. As acções de cooperação cultural e social serão realizadas segundo as regras e procedimentos fixados fixados no Título III da Parte III. Poderão igualmente ser mobilizados recursos a partir dos fundos de compensação específicos que podem ser utilizados nos sectores sociais. Todas as acções terão como base as prioridades e objectivos definidos nos programas indicativos ou no âmbito de cooperação regional, em função das suas características próprias.

Art. 141.º

A Fundação de Cooperação Cultural ACP/CEE está reconhecidamente vocacionada para contribuir para a realização dos objectivos deste Título.

As acções desenvolvidas pela Fundação nesta perspectiva abrangem os seguintes domínios:
   – estudos, investigação e actividades relacionadas com os aspectos culturais da tomada em consideração de dimensão cultural da cooperação;

– estudos, investigações e actividades destinadas a promover a identidade cultural das populações ACP e qualquer iniciativa susceptível de contribuir para o diálogo intercultural.

CAPÍTULO I.   **Tomada em consideração da dimensão cultural e social**

Art. 142.º
1. A concepção, a instrução, a execução e a avaliação de cada projecto ou programa de acção assentam na compreensão e na tomada em consideração das características culturais e sociais do meio.
2. Este facto implica em particular:
– uma apreciação das possibilidades de participação das populações;
– um conhecimento aprofundado do meio humano e dos ecossistemas em causa;
– uma análise das tecnologias locais, bem como de outras tecnologias apropriadas;
– uma informação adequada de todos os que participam na realização e na realização das acções, incluindo o pessoal de cooperação técnica;
– uma avaliação dos recursos humanos disponíveis para executar as acções;
– o estabelecimento de programas integrados de promoção dos recursos humanos.

Art. 143.º
Na instrução dos projectos e programas de acção ter-se-á em consideração:
a) No domínio cultural:
– a adaptação ao meio cultural e a incidência sobre ele;
– a integração e a valorização do património cultural local, nomeadamente os sistemas de valores, os hábitos de vida, os modos de pensar e de agir, os estilos e os materiais;
– os modos de aquisição e de transmissão de conhecimentos;
– a interacção entre o homem e o ambiente e entre a população e os recursos naturais;
b) No domínio social, o impacto destes projectos e programas e o seu contributo no que se refere:
– ao reforço das capacidades e das estruturas de auto-desenvolvimento;
– à melhoria da condição e do papel da mulher;
– à integração dos jovens no processo de desenvolvimento económico cultural e social;
– à contribuição para a satisfação das necessidades essenciais, culturais e materiais das populações;
– à promoção do emprego e da formação;

- ao equilíbrio entre a demografia e os outros recursos;
- às relações sociais e interpessoais;
- às estruturas, modos e formas de produção e de transformação.

Art. 144.º

1. A cooperação apoiará o esforço dos Estados ACP no sentido de assegurar uma participação estreita e permanente das comunidades de base nas acções de desenvolvimento. A participação da população deve ser incentivada desde as primeiras fases da elaboração dos projectos e programas e concebida de modo a superar os obstáculos de língua, educação ou cultura.

Com este fim, e partindo da dinâmica interna das populações, serão tomados em consideração os elementos seguintes:

a) Reforço das instituições susceptíveis de apoiar a participação das populações através de acções em matéria de organização do trabalho, de formação de pessoal e de gestão;
b) Apoio às populações na sua organização, em particular em associações de tipo cooperativo e colocação à disposição dos grupos interessados de meios complementares das suas próprias iniciativas e esforços;
c) Encorajamento das iniciativas de participação através de acções de educação e formação e de acções de animação e promoção culturais;
d) Associação das populações interessadas aos diversos estádios do desenvolvimento; há que prestar especial atenção ao papel da mulher, dos jovens, das pessoas de idade e dos deficientes, e ao impacto dos projectos e programas de desenvolvimento sobre estas pessoas;
e) Aumento das possibilidades de emprego, nomeadamente através da realização dos trabalhos previstos nas acções de desenvolvimento.

2. Neste contexto, a cooperação pode apoiar medidas destinadas a melhorar a situação dos jovens e que favoreçam o reconhecimento das suas aspirações e do seu papel na sociedade.

3. As instituições ou associações já existentes serão utilizadas, tanto quanto possível, na preparação e na realização das acções de desenvolvimento.

CAPÍTULO II.   **Promoção das identidades culturais e do diálogo intercultural**

Art. 145.º

As Partes Contratantes incentivarão a cooperação através de acções que favoreçam o reconhecimento da identidade cultural de cada povo inserida na sua história e no seu sistema de valores. Essa cooperação favorecerá o enriquecimento cultural recíproco dos povos ACP e dos povos da Comunidade.

As acções no domínio da promoção da identidade cultural têm por objectivo a preservação e a valorização do património cultural, a produção e difusão de bens e serviços culturais, as manifestações culturais altamente significativas e o apoio aos meios de informação e comunicação.

O diálogo intercultural baseia-se num aprofundamento dos conhecimentos e numa melhor compreensão das culturas. Através da identificação dos obstáculos à comunicação intercultural, a cooperação estimulará uma tomada de consciência da interdependência dos povos de culturas diferentes.

Salvaguarda do património cultural

Art. 146.º

A cooperação apoiará as acções dos Estados ACP que visem:

a) A salvaguarda e a promoção do seu património cultural, nomeadamente pela criação de bancos de dados culturais, bem como de audiotecas para a recolha das tradições orais e para a valorização do seu conteúdo;

b) A preservação dos monumentos históricos e culturais, bem como a promoção da arquitectura tradicional.

Produção e difusão de bens culturais

Art. 147.º

As acções de cooperação destinadas ao desenvolvimento da produção ou co-produções culturais dos Estados ACP, bem como a respectiva difusão, serão concebidas, quer como componentes de um programa integrado, quer como projectos específicos.

A cooperação visa a difusão de bens e serviços culturais dos Estados ACP altamente representativos da sua identidade cultural, tanto nos Estados ACP como na Comunidade.

Tratando-se de produtos culturais destinados ao mercado, a sua produção e difusão podem ser objecto das ajudas previstas a título da cooperação industrial e da promoção comercial.

Manifestações culturais

Art. 148.º

A cooperação apoiará as manifestações ACP e os intercâmbios entre Estados ACP e entre estes últimos e os Estados-membros da Comunidade em domínios culturais altamente significativos, tanto a título da promoção da identidade cultural como do diálogo intercultural.

Neste contexto, a cooperação apelará nomeadamente a contactos e encontros entre grupos de jovens ACP e entre estes e grupos de jovens dos países da Comunidade.

Informação e comunicação

Art. 149.º

A cooperação em matéria de informação e de comunicação tem por objectivo:

a) Aumentar, pelos meios adequados, a capacidade de os Estados ACP participarem activamente no fluxo internacional de informação, comunicação e conhecimentos; para o efeito, a cooperação apoiará nomeadamente a criação e o reforço dos instrumentos e das infra-estruturas a nível nacional, regional e inter-regional;

b) Assegurar uma melhor informação das populações ACP no controlo do seu desenvolvimento, através de projectos ou programas culturais, económicos ou sociais que utilizem amplamente os sistemas de comunicação e tenham em conta as técnicas tradicionais de comunicação;

c) Apoiar programas susceptíveis de criar condições para uma participação efectiva dos Estados ACP no controlo da informação e das novas tecnologias de comunicação.

CAPÍTULO III.   **Acções de valorização dos recursos humanos**

Art. 150.º

A cooperação contribuirá para a valorização dos recursos humanos no âmbito de programas integrados e coordenados, através de acções nos domínios da educação e da formação, da investigação, da ciência e da técnica, da participação das populações, do estatuto da mulher, da saúde e da nutrição, da população e da demografia.

Educação e formação

Art. 151.º

1. As necessidades de cada Estado ACP em matéria de educação e de formação devem ser definidas e tidas em conta na fase de programação.

2. As acções de formação serão concebidas sob a forma de programas integrados com um objectivo bem definido, quer num determinado sector, quer num âmbito geral. Essas acções terão em conta a situação institucional e os valores sócio-culturais de cada país.

3. As acções da educação e de formação definidas nos programas indicativos e dentro dos sectores de concentração serão prioritárias, sem que no entanto se exclua a possibilidade de outras acções de formação fora dos sectores de concentração dos programas indicativos.

I – Quarta Convenção ACP-CEE   Art. 151.º

4. Estas acções serão realizadas prioritariamente no Estado ACP ou na região beneficiária. Poderão no entanto, quando necessário, ser realizadas noutro Estado ACP ou num Estado-membro da Comunidade. No caso de formações especializadas particularmente adaptadas às necessidades dos Estados ACP, as acções de formação poderão, realizar-se, a título excepcional, noutro país em desenvolvimento.

5. Para responder às necessidades de educação e de formação imediatas e previsíveis a cooperação apoiará os esforços dos Estados ACP no sentido de:
- *a*) Estabelecerem e desenvolverem as suas instituições de formação e de ensino, nomeadamente as de carácter regional;
- *b*) Reestruturarem as suas instituições e sistemas de ensino, tendo em vista a renovação do seu conteúdo, dos seus métodos e das suas tecnologias; procederem a uma reforma dos seus estabelecimentos e sistemas de ensino básico nomeadamente através da generalização do ensino primário e da adaptação de sistemas importados, integrando-os nas estratégias de desenvolvimento;
- *c*) Informarem a população, desde as idades mais jovens e em todas as fases da escolaridade, dos progressos realizados no domínio das técnicas e privilegiarem os programas de estudos que incluam ciências técnicas e aplicações práticas orientadas para as perspectivas de emprego, tendo em conta os conhecimentos e técnicas tradicionais;
- *d*) Atribuirem uma maior importância à história e à cultura dos povos ACP;
- *e*) Estabelecerem um inventário das competências e da formação e identificarem quais as novas tecnologias necessárias à realização dos objectivos de cada Estado ACP em matéria de desenvolvimento;
- *f*) Favorecerem as acções directas de formação e de educação, nomeadamente os programas de alfabetização e de formação não tradicional, com uma finalidade funcional e profissional; favorecerem ainda as vertentes de programas que valorizem o potencial dos analfabetos e o seu estatuto;
- *g*) Procederem a uma troca de experiências com a Comunidade no domínio da alfabetização e encorajarem e apoiarem a participação e a integração das mulheres na educação e na formação; permitirem o acesso das categorias desfavorecidas da população dos meios rurais à educação e à formação;
- *h*) Desenvolverem a formação dos formadores, dos encarregados do planeamento educativo e dos especialistas em tecnologias de educação;
- *i*) Encorajarem as associações, geminações, trocas e transferências de conhecimentos e de técnicas entre universidades e estabelecimentos de ensino superior dos Estados ACP e da Comunidade.

Cooperação científica e técnica

Art. 152.º

1. A cooperação científica e técnica tem por objectivo:
   a) Apoiar os esforços dos Estados ACP na aquisição do seu próprio *know--how* científico e técnico, no domínio das tecnologias necessárias ao seu desenvolvimento e na participação activa nos progressos científicos, ecológicos e tecnológicos;
   b) Orientar a investigação para a resolução dos problemas económicos e sociais;
   c) Melhorar a qualidade de vida e o bem-estar das populações.

2. Para o efeito, a cooperação dará o seu apoio, para além do previsto nos artigos 47.º, 85.º e 229.º:
   a) À determinação das necessidades dos Estados ACP em novas tecnologias adequadas (incluindo a biotecnologia) e à aquisição dessas tecnologias;
   b) À execução de programas de investigação elaborados pelos Estados ACP e integrados noutras acções de desenvolvimento;
   c) À associação, à geminação, ao intercâmbio e à transferência de conhecimentos e de técnicas entre universidades e institutos de investigação dos Estados ACP e da Comunidade.

3. Os programas de investigação serão realizados prioritariamente no âmbito nacional ou regional dos Estados ACP e terão em conta as necessidades e as condições de vida das populações interessadas, especialmente das populações rurais, evitando qualquer repercussão negativa na saúde, no ambiente, no emprego ou no desenvolvimento. Os programas de investigação apoiarão o desenvolvimento nos domínios prioritários e incluirão, segundo as necessidades, as seguintes acções:
   a) O reforço ou a criação de instituições de investigação fundamental ou aplicada;
   b) A cooperação científica e tecnológica dos Estalos ACP, entre eles e com os Estados-membros da Comunidade ou outros países, desenvolvidos ou em desenvolvimento, com a Comunidade ou com outras instituições científicas internacionais;
   c) A valorização das tecnologias locais, a selecção das tecnologias importadas e a sua adaptação às necessidades específicas dos Estados ACP;
   d) A melhoria da informação e da documentação científica e técnica, a fim de assegurar uma melhor difusão das tendências e dos resultados da investigação através das redes nacionais, sub-regionais, regionais, inter-regionais e entre os Estados ACP e a Comunidade;
   e) A divulgação dos resultados da investigação junto do grande público.

4. Estes programas de investigação devem ser coordenados em toda a medida do possível com os programas executados nos Estados ACP com a participação de outras fontes de financiamento tais como os institutos de investigação internacionais os Estados-membros da Comunidade e a própria Comunidade.

A mulher no desenvolvimento

Art. 153.º
A cooperação apoiará o esforço dos Estados ACP destinados:
a) A valorizar o estatuto da mulher, a melhorar as suas condições de vida, a diversificar o seu papel económico e social e a promover a sua plena participação no processo de produção e de desenvolvimento num plano de igualdade com o homem;
b) A prestar especial atenção à questão do acesso das mulheres às terras, aos empregos, às tecnologias avançadas, ao crédito e às organizações cooperativas bem como a tecnologias apropriadas que aliviem o carácter penoso das suas tarefas;
c) A facilitar o acesso das mulheres à formação e ao ensino, o que é considerado como um elemento fundamental a incluir na programação desde o início;
d) A adaptar os sistemas de ensino, nomeadamente em função das necessidades, das responsabilidades e das possibilidades das mulheres;
e) A prestar especial atenção ao papel fundamental da mulher na saúde, na alimentação e na higiene da sua família.

Foi igualmente reconhecido que as mulheres desempenham um papel decisivo na gestão dos recursos naturais e na protecção do ambiente. A informação e a formação das mulheres nestes domínios são elementos fundamentais a analisar desde a fase de programação no âmbito de todas as acções acima referidas serão aplicadas medidas apropriadas para assegurar a participação activa das mulheres.

Saúde e nutrição

Art. 154.º
1. Os Estados ACP e a comunidade reconhecem a importância do sector da saúde para o desenvolvimento duradouro e auto-suficiente. A cooperação visa facilitar o direito de acesso do maior número a cuidados de saúde satisfatórios e, por conseguinte, a incentivar a equidade e a justiça social, minimizar o sofrimento, aliviar o fardo económico da doença e da mortalidade e incentivar a participação efectiva da colectividade nas acções de promoção da saúde e do bem-estar das populações.

As Partes reconhecem que a realização destes objectivos implica:
– uma actividade sistemática a longo prazo para melhorar e reforçar o sector da saúde;
– a formulação de orientações e de programas globais nacionais em matéria de saúde;
– uma melhor gestão e utilização dos recursos humanos, financeiros e materiais existentes.

2. Para este efeito, a cooperação neste sector procurará apoiar serviços de saúde funcionais e viáveis que sejam abordáveis, aceitáveis sob o ponto de vista

cultural, geograficamente acessíveis e competentes do ponto de vista técnico. A cooperação esforçar-se-à por incentivar uma actuação integrada para a criação de serviços de saúde baseados no alargamento dos cuidados de saúde preventivos, na melhoria dos cuidados de saúde curativos e na complementariedade entre os serviços hospitalares e os serviços de base, de acordo com a política relativa aos cuidados de saúde primários.

3. A cooperação no sector da saúde pode apoiar:
- a melhoria e o alargamento dos serviços de saúde de base, bem como o reforço dos hospitais e a manutenção dos equipamentos reconhecidos como essenciais para o bom funcionamento de todo o sistema sanitário;
- a planificação e a gestão do sector de saúde, incluindo o reforço dos serviços estatísticos a formulação de estratégias de financiamento do sector sanitário a nível nacional, regional e distrital, sendo este último o local privilegiado para desenvolver a coordenação de serviços de base para proporcionar os serviços especializados e para pôr em prática programas de erradiação das doenças generalizadas;
- acções de integração da medicina tradicional com os cuidados de saúde modernos;
- programas e estratégias de abastecimento de medicamentos essenciais, incluindo unidades locais de produção de medicamentos e de produtos consumíveis, tendo em conta a farmacopeia tradicional, nomeadamente no domínio da utilização das plantas medicinais, que deverá ser estudado e desenvolvido;
- a formação de pessoal no âmbito de um programa global, incluíndo planificadores da saúde pública, quadros, gestores e especialistas mesmo o pessoal que trabalha no local, em função das tarefas reais que deverão ser assumidas a cada nível;
- o apoio aos programas e campanhas de formação e de informação sobre a erradicação de doenças endémicas, a melhoria da higiene do meio, a luta contra a utilização da droga, as doenças transmissíveis e os outros flagelos que afectam a saúde das populações, no âmbito dos sistemas de saúde integrados;
- o reforço nos países ACP, dos institutos de investigação, das faculdades universitárias e das escolas especializadas, nomeadamente no domínio da saúde pública.

População e demografia

Art. 155.º

1. A cooperação no sector da população visa, nomeadamente:
   a) Assegurar aos Estados ACP um melhor equilíbrio geral entre a população, a protecção do ambiente e os recursos naturais e a produção de recursos económicos e de bens sociais;

b) Suprir os desequilíbrios entre regiões imputáveis a fenómenos tais como as migrações internas, o êxodo rural, a urbanização rápida, a degradação acentuada do ambiente;
c) Suprir os desequilíbrios locais entre a população e os recursos disponíveis.

2. As acções destinadas a alcançar os objectivos referidos no n.º 1 serão integradas nos programas e projectos de formação, bem como nas políticas de saúde e de utilização das terras que englobam:

   a) A criação dos serviços ou o reforço das capacidades estatísticas e demográficas dos Estados ACP, a fim de permitir a recolha de dados fiáveis para a elaboração de políticas em matéria de população;
   b) A informação das populações sobre os problema e políticas demográficas;
   c) A concepção, realização e avaliação dos programas ou projectos no domínio demográfico;
   d) A concepção e aplicação de políticas de planificação familiar voluntária;
   e) A formação do pessoal encarregado da aplicação, nos Estados ACP, de uma política demográfica nos diferentes sectores.

3. Estas acções terão em conta condições culturais, sociais e económicas locais e serão concebidas e executadas de acordo com as políticas e programas elaborados pelos Estados ACP respeitando os direitos fundamentais e o livre arbítrio do indivíduo em matéria de dimensão das famílias e de planificação.

A execução destas acções terá especialmente em conta as interacções existentes entre as políticas demográficas e as outras políticas. O papel da mulher nestes diferentes domínios é considerado essencial.

TÍTULO XII. COOPERAÇÃO REGIONAL

Art. 156.º

1. A Comunidade apoiará o esforço dos Estados ACP no sentido de promover – através de cooperação e de integração regional – um desenvolvimento económico, social e cultural a longo prazo, colectivo, autónomo, auto-suficiente e integrado, bem como uma maior auto-suficiência regional.

2. O apoio da Comunidade insere-se no âmbito dos grandes objectivos de cooperação e de integração regional que os Estados ACP determinaram ou determinarem a nível regional e inter-regional e a nível internacional.

3. Tendo em vista promover a reforçar as capacidades colectivas dos Estados ACP, a Comunidade fornecer-lhes-á uma ajuda eficaz que permita reforçar a integração económica regional e consolidar a cooperação de tipo funcional ou temática referida nos artigos 158.º e 159.º.

4. Embora tendo em conta as especificidades regionais, a cooperação pode transcender as noções de circunscrição geográfica, abrangendo igualmente a cooperação ragional intra-ACP.

A cooperação abrange ainda a cooperação regional entre países ACP e territórios ou departamentos ultramarinos. As dotações necessárias à participação destes territórios e departamentos são adicionais em relação, às dotações atribuídas aos Estados ACP no âmbito da Convenção.

Art. 157.º

1. A cooperação regional incidirá em acções acordadas entre:
   – dois ou mais ou todos os Estados ACP;
   – um ou mais Estados ACP e um ou mais Estados, países ou territórios vizinhos não ACP;
   – um ou mais Estados ACP e um ou mais territórios ou departamentos ultramarinos;
   – diversos organismos regionais de que fazem parte Estados ACP;
   – um ou mais Estados ACP e organismos regionais de que fazem parte Estados ACP.

2. A cooperação regional pode incidir igualmente em projectos e programas acordados entre dois ou mais Estados ACP e um ou mais Estados em desenvolvimento não-ACP não-vizinhos e, quando circunstâncias especiais o justifiquem, entre um único Estado ACP e um ou mais Estados em desenvolvimento não-ACP não-vizinhos.

Art. 158.º

1. No âmbito da cooperação regional, será prestada atenção especial aos seguintes domínios:
   a) Avaliação e utilização das complementaridades dinâmicas existentes e potenciais em todos os sectores apropriados;
   b) Utilização máxima dos recursos humanos ACP, bem como exploração óptima e judiciosa, conservação, transformação e exploração dos recursos naturais dos Estados ACP;
   c) Promoção da cooperação científica e técnica entre os Estados ACP, incluindo o apoio a programas de assistência técnica intra-ACP, como previsto na alínea *e)* do artigo 275.º da Convenção;
   d) Aceleração e diversificação económica para favorecer a complementaridade das produções, intensificação da cooperação e do desenvolvimento no interior e entre as regiões dos Estados ACP e entre estas regiões e os territórios e departamentos ultramarinos.
   e) Promoção da segurança alimentar;
   f) Reforço de uma rede de laços entre os países ou grupos de países com características, afinidades e problemas comuns, tendo em vista a resolução destes últimos;
   g) Exploração máxima das economias de escala em todos os domínios em que a perspectiva regional seja mais eficaz do que a perspectiva nacional;

h) Alargamento dos mercados dos Estados ACP pela promoção das trocas comerciais entre Estados ACP bem como entre Estados ACP e países terceiros vizinhos, ou territórios e departamentos ultramarinos.

i) Integração dos mercados dos Estados ACP através da liberalização das trocas comerciais intra-ACP e da eliminação dos obstáculos pautais e não pautais, monetários e administrativos;

2. Será dado especial relevo à promoção e ao reforço da integração económica regional.

Art. 159.º

1. O campo de aplicação da cooperação regional, tendo em consideração o artigo 158.º, abrange os pontos seguintes:

a) A agricultura e o desenvolvimento rural, nomeadamente a auto-suficiência e a segurança alimentares;

b) Os programas de saúde, incluindo os programas para a educação, formação, investigação e informação ligados aos cuidados de saúde de base e à luta contra as principais doenças, incluindo as dos animais;

c) A avaliação, o desenvolvimento, a exploração e a preservação dos recursos haliêuticos e marinhos, incluindo a cooperação científica e técnica para a fiscalização das zonas económicas exclusivas;

d) A preservação e a melhoria do ambiente, nomeadamente através de programas de luta contra a desertificação, a erosão, a desflorestação, a degradação das costas, os efeitos de uma poluição marítima de grande escala, incluindo os grandes derrames acidentais de petróleo e de outras substâncias poluentes tendo em vista assegurar um desenvolvimento racional e ecologicamente equilibrado;

e) A industrialização, incluindo a criação de empregos regionais e inter-regionais de produção e comercialização;

f) A exploração dos recursos naturais, nomeadamente a produção e a distribuição de energia;

g) Os transportes e as comunicações: redes rodoviária e ferroviária, transportes aéreos o marítimos, vias de navegação interiores, correios e telecomunicações, dando-se prioridade à criação, à recuperação e ao desenvolvimento de ligações rodoviárias e ferroviárias com o mar no que diz respeito aos Estados ACP sem litoral;

h) O desenvolvimento e a expansão das trocas comerciais;

i) O apoio à criação e ao reforço, a nível regional, das facilidades de pagamento, incluindo os mecanismos de compensação e de financiamento do comércio;

j) O apoio, a pedido dos Estados ACP interessados, às acções estruturas que promovem a coordenação das políticas sectoriais e dos esforços de ajustamento estrutural;

k) A ajuda aos Estados ACP na luta contra o tráfico de droga a nível regional e inter-regional;
l) O apoio aos programas de acção realizados pelos organismos profissionais e comerciais ACP e ACP-CEE para aumentar a produção e melhorar a comercialização dos produtos nos mercados externos;
m) A educação e a formação, a investigação, a ciência e a tecnologia, a informática, a gestão, a informação e a comunicação, a criação e o reforço das instituições de formação e de investigação e dos organismos técnicos encarregados das trocas de tecnologias, bem como a cooperação entre universidades;
n) Outros serviços, incluindo o turismo;
o) As actividades relativas à cooperação cultural e social incluíndo o apoio aos programas de secção realizados pelos Estados ACP a nível regional em vista a valorizar o estatuto da mulher, melhorar as suas condições de vida, alargar o seu papel económico e social o incentivar a sua participação plena e total no processo de desenvolvimento económico, cultural e social.

Art. 160.º

1. Para melhorar o seu impacto e eficácia, a cooperação regional será programada para cada região no início do período abrangido pela Convenção.

Esta programação, que se realizará com a participação dos Estados ACP, a partir de um montante global fixado inicialmente para cada região, baseia-se numa troca de pontos de vista entre o conjunto dos gestores nacionais de uma região, ou um organismo regional por eles mandatado, e a Comissão e seus delegados.

a) A programação tem por objectivo definir, em conformidade com o n.º 2 do artigo 156.º, um programa que estabeleça:
   – os sectores fulcrais de concentração da ajuda comunitária;
   – as medidas e acções mais adequadas à realização dos objectivos fixados para esses sectores;
   – os projectos e programas de acção que permitirão alcançar esses objectivos, desde que tenham sido claramente definidos.
b) A troca de pontos de vista efectuada a nível da programação prolongar-se-á ao nível da execução e do acompanhamento; para o efeito, os gestores nacionais de uma região ou um organismo regional por eles mandatado a Comissão e seus delegados bem como os responsáveis dos projectos e programas regionais reunir-se-ão normalmente, uma vez por ano, a fim de assegurar uma realização eficaz dos programas regionais.

2. Os projectos e programas da acção de cooperação regional serão executados tendo em consideração os respectivos objectivos e características próprias, segundo as modalidades e os procedimentos fixados para a cooperação financeira e técnica, quando dela dependam.

Art. 161.º

1. Os organismos regionais, devidamente mandatados pelos Estados ACP envolvidos devem desempenhar um papel importante na concepção e na execução dos programas regionais.

2. Os organismos regionais podem intervir a nível do processo de programação e a nível da execução e da gestão dos programas e projectos regionais.

3. Quando uma acção for financiada pela Comunidade por intermédio de um organismo de cooperação regional, as condições de financiamento aplicáveis aos beneficiários finais são acordadas pela Comunidade e por este organismo com o acordo do ou dos Estados ACP envolvidos.

Art. 162.º

Uma acção é considerada como regional quando contribui directamente para a solução de um problema de desenvolvimento comum a dois ou mais países, através de acções comuns ou da coordenação de acções nacionais e quando corresponde, pelo menos, a um dos critérios seguintes:

   a) A acção pela sua natureza ou características materiais, impõe a passagem das fronteiras de um Estado ACP e não é susceptível, quer de ser realizada por um único Estado, quer de ser cindida em acções nacionais a realizar por cada Estado individualmente;

   b) A fórmula regional permite realizar economias de escala importantes, comparativamente com as acções nacionais;

   c) A acção é a expressão regional, inter-regional ou intra-ACP de uma estratégia sectorial ou global;

   d) Os custos e as vantagens decorrentes da acção são repartidos de modo desigual entre os Estados beneficiários.

Art. 163.º

A contribuição da Comunidade a título de cooperação regional, relativamente a acções susceptíveis de realização parcial a nível nacional, é determinada em função dos elementos seguintes:

   a) A acção reforça a cooperação entre os Estados ACP implicados, a nível das administrações, das instituições ou das empresas destes Estados, por intermédio de organismos regionais ou mediante a eliminação dos obstáculos de natureza regulamentar ou financeira;

   b) A acção é objecto de compromissos recíprocos entre vários Estados, nomeadamente em matéria de repartição das realizações, de investimentos e de gestão.

Art. 164.º

1. Os pedidos de financiamento referentes a dotações reservadas à cooperação regional regem-se pelas seguintes normas gerais:

   a) Os pedidos de financiamento são apresentados por cada um dos Estados ACP que participem numa acção regional;

b) Quando uma secção de cooperação regional for susceptível, pela sua natureza, de interessar outros Estados ACP, a Comissão com o acordo dos Estados que apresentaram o pedido, informará dela aqueles Estados ou, quando oportuno, todos os Estados ACP. Os Estados ACP interessados confirmarão então a sua intenção de participarem na acção;

Sem prejuízo deste procedimento, a Comissão examinará sem demora o pedido de financiamento, desde que este tenha sido apresentado por, pelo menos, dois Estados ACP. A decisão relativa ao financiamento será tomada quando os Estados consultados tenham dado a conhecer a sua intenção;

c) Quando um único Estado ACP estiver associado a países não-ACP nas condições previstas no artigo 157.º, será suficiente unicamente o pedido desse Estado;

d) Podem ser apresentados pelo Conselho de Ministros ACP ou, por delegação específica, pelo Comité de Embaixadores ACP, pedidos de financiamento para acções de cooperação regional intra-ACP;

e) Os organismos de cooperação regional podem formular pedidos de financiamento relativos a uma ou mais acções específicas de cooperação regional em nome e com o acordo expresso dos Estados ACP que deles são membros;

f) Cada pedido de financiamento a título da cooperação regional deve incluir, se necessário, propostas relativas:

  i) Por um lado, à propriedade dos bens e serviços a financiar no âmbito da secção, bem como à partilha das responsabilidades em matéria de funcionamento e de manutenção;

  ii) Por outro lado, à designação do gestor regional e do Estado ou organismo autorizado a assinar o acordo de financiamento em nome de todos os Estados ou organismos ACP participantes.

2. Podem ser incluídas no programa indicativo de cada região disposições específicas relativas à apresentação dos pedidos de financiamento.

3. Os Estados ACP ou organismos regionais intervenientes numa secção regional com países terceiros nas condições previstas no artigo 157.º poderão solicitar à Comunidade o financiamento da parte da acção pela qual são responsáveis ou de uma parte proporcional às vantagens que retiram da acção.

Art. 165.º

1. Tendo em vista promover a cooperação regional entre os Estados ACP menos desenvolvidos, sem litoral e insulares, será prestada especial atenção aos problemas específicos desses Estados desde a fase de programação regional e durante a execução.

2. No que se refere ao financiamento, os Estados ACP menos desenvolvidos beneficiarão de prioridade nos projectos relativos a, pelo menos, um Estado ACP

menos desenvolvido, sendo os Estados ACP sem litoral e insulares objecto de uma atenção especial destinada a superar os obstáculos que dificultam o seu desenvolvimento.

Art. 166.º
Para efeitos da aplicação do presente Título, o montante das contribuições financeiras da Comunidade está indicado no artigo 3.º do Protocolo Financeiro anexo à presente Convenção.

PARTE III. INSTRUMENTOS DA COOPERAÇÃO ACP-CEE

TÍTULO I. COOPERAÇÃO COMERCIAL

CAPÍTULO I. **Regime geral de trocas comerciais**

Art. 167.º
1. No domínio da cooperação comercial, o objectivo da presente convenção é promover o comércio entre os Estados ACP e a Comunidade, por um lado, tendo em conta os seus respectivos níveis de desenvolvimento, e entre os Estados ACP, por outro lado.

2. Na prossecução deste objectivo, será prestada especial atenção à necessidade de assegurar vantagens efectivas suplementares ao comércio dos Estados ACP com a Comunidade, assim como à melhoria das condições de acesso dos seus produtos ao mercado, tendo em vista acelerar o ritmo de crescimento do seu comércio e em particular o fluxo das suas exportações para a Comunidade e assegurar um maior equilíbrio das trocas comerciais entre as Partes Contratantes.

3. Para o efeito, as Partes Contratantes aplicarão o disposto no presente título, bem como as outras medidas apropriadas abrangidas pelo Título III da presente Parte e pela Parte II da presente Convenção.

Art. 168.º
1. Os produtos originários dos Estados ACP podem ser importados na Comunidade com isenção de direitos aduaneiros e de encargos de efeito equivalente.

2. *a)* Os produtos originários dos Estados ACP:
   – enumerados na Lista do Anexo II do Tratado, quando submetidos a uma organização comum de mercado na acepção do artigo 40.º do Tratado, ou
   – submetidos, ao serem importados na Comunidade, a uma regulamentação especial aplicada no âmbito da realização da política agrícola

comum, são importados na Comunidade, em derrogação ao regime geral em vigor em relação aos países terceiros, nos termos das disposições seguintes:

   i) Podem ser importados com isenção de direitos aduaneiros os produtos relativamente aos quais as disposições comunitárias vigentes no momento da importação não prevêm, para além dos direitos aduaneiros, a aplicação de qualquer outra medida respeitante à sua importação;

   ii) Para os produtos que não os referidos em *i*), a Comunidade tomará todas as medidas necessárias para assegurar um tratamento mais favorável do que o concedido em relação aos mesmos produtos aos países terceiros beneficiários da cláusula da nação mais favorecida;

b) Se, no decurso da aplicação da presente Convenção, os Estados ACP pedirem que novas produções agrícolas não sujeitas a um regime especial à data da entrada em vigor da presente Convenção passem a beneficiar de um tal regime, a Comunidade examinará estes pedidos, em consulta com os Estados ACP;

c) Sem prejuízo das disposições anteriores, e no âmbito das relações privilegiadas e da especificidade da cooperação ACP-CEE, a Comunidade examinará, caso a caso, os pedidos dos Estados ACP que visam assegurar a concessão de acesso preferencial dos seus produtos agrícolas ao mercado comunitário e comunicará a sua decisão final sobre estes pedidos, devidamente justificados, no prazo de quatro meses, e nunca após seis meses a contar da sua apresentação.

No âmbito do disposto no ponto *ii*) da alínea *a*), a Comunidade tomará as suas decisões, designadamente, por referência a concessões que tenham sido feitas a países terceiros em desenvolvimento. A Comunidade terá em conta as possibilidades que o mercado oferece fora de estação;

d) O regime referido na alínea *a*) entrará em vigor ao mesmo tempo que a presente Convenção e é aplicável durante o período de vigência desta.

Todavia, se a Comunidade, no decurso da aplicação da presente Convenção:

   – submeter um ou mais produtos a uma organização comum de mercado ou a uma regulamentação especial aplicada em consequência da realização da política agrícola comum, a Comunidade reserva-se o direito de adaptar o regime de importação dos mesmos produtos originários dos Estados ACP, após consultas realizadas no seio do Conselho de Ministros. Neste caso, será aplicável o disposto na alínea *a*);

   – modificar uma organização comum de mercado ou uma regulamentação especial aplicada em consequência da realização da política agrícola comum, a Comunidade reserva-se o direito de modificar o regime estabelecido para os produtos originários dos Estados ACP, após consultas realizadas no âmbito do Conselho de Ministros. Neste caso, a

Comunidade compromete-se a manter a favor dos produtos originários dos Estados ACP uma vantagem comparável àquela de que beneficiavam anteriormente em relação aos produtos originários dos países terceiros beneficiários da cláusula da nação mais favorecida;
  e) Quando a Comunidade projectar concluir um acordo preferencial com Estados terceiros, informará deste facto os Estados ACP. Proceder-se-á a consultas, a pedido dos Estados ACP, tendo em vista a salvaguarda dos seus interesses.

Art. 169.º

1. A Comunidade não aplicará à importação de produtos originários dos Estados ACP nem restrições quantitativas nem medidas de efeito equivalente.

2. No entanto, o disposto no n.º 1 é aplicável sem prejuízo do regime de importação aplicado aos produtos referidos no n.º 2, alínea *a*), primeiro travessão, do artigo 168.º.

A Comunidade informará os Estados ACP da eliminação das restrições quantitativa, residuais relativas a tais produtos.

Art. 170.º

1. O disposto no artigo 169.º é aplicável sem prejuízo das proibições ou restrições à importação, exportação ou trânsito justificadas por razões de moralidade pública, ordem pública, segurança pública, protecção da saúde e da vida das pessoas e animais ou de preservação das plantas, protecção do património nacional de valor artístico, histórico ou arqueológico ou de protecção da propriedade industrial e comercial.

2. Estas proibições ou restrições não devem constituir, em caso algum, nem um meio de discriminação arbitrária, nem qualquer restrição dissimulada do comércio em geral.

Se a aplicação das medidas referidas no n.º 1 afectar os interesses de um ou mais Estados ACP, proceder-se-á, a pedido destes, a consultas nos termos do segundo parágrafo do artigo 12.º, tendo em vista a obtenção de uma solução satisfatória.

3. As disposições relativas aos movimentos de resíduos perigosos e radioactivos constam da Parte II, Título I, da Convenção.

Art. 171.º

O regime de importação de produtos originários dos Estados ACP não pode ser mais favorável do que o tratamento aplicado às trocas comerciais entre os Estados-membros da Comunidade.

Art. 172.º

Sempre que medidas novas ou previstas no âmbito dos programas de aproximação das disposições legislativas e regulamentares que a Comunidade adoptar a fim de facilitar a circulação de mercadorias ameacem afectar os interesses de um ou mais Estados ACP, a Comunidade, antes da respectiva adopção, informará do facto os Estados ACP, por intermédio do Conselho de Ministros.

A fim de permitir à Comunidade levar em consideração os interesses dos Estados ACP envolvidos, proceder-se-á a consultas, a pedido destes, nos termos do segundo parágrafo do artigo 12.º, tendo em vista a obtenção de uma solução satisfatória.

Art. 173.º

1. Sempre que as regulamentações comunitárias existentes adoptadas a fim de facilitar a circulação de mercadorias afectem os interesses de um ou mais Estados ACP, ou quando esses interesses forem afectados pela interpretação, aplicação ou execução das modalidades nelas previstas, proceder-se-á a consultas, a pedido dos Estados ACP envolvidos, tendo em vista a obtenção de uma solução satisfatória.

2. A fim de se encontrar uma solução satisfatória, os Estados ACP podem igualmente evocar no Conselho de Ministros outras dificuldades, relativas à circulação de mercadorias decorrentes de medidas tomadas ou previstas pelos Estados-membros.

3. As instituições competentes da Comunidade informarão o Conselho de Ministros de tais medidas com vista a assegurar a realização de consultas eficazes.

Art. 174.º

1. Tendo em conta as suas actuais necessidades de desenvolvimento, os Estados ACP não são obrigados a assumir, durante o período de vigência da presente Convenção, no que diz respeito à importação de produtos originários da Comunidade, obrigações correspondentes aos compromissos assumidos pela Comunidade, por força do presente capítulo, em relação à importação de produtos originários dos Estados ACP.

2. *a*) No âmbito do seu comércio com a Comunidade, os Estados ACP não exercerão qualquer discriminação entre os Estados-membros e concederão à Comunidade um tratamento não menos favorável do que o regime de nação mais favorecida;

b) Sem prejuízo das disposições específicas da presente Convenção, a Comunidade não exercerá qualquer discriminação entre os Estados ACP no domínio comercial;

c) O tratamento de nação mais favorecida referido na alínea *a*) não se aplica às relações económicas ou comerciais entre os Estados ACP ou entre um ou mais Estados ACP e outros países em desenvolvimento.

Art. 175.º

A menos que já o tenha feito em aplicação das Convenções ACP-CEE anteriores, cada Parte Contratante comunicará a sua pauta aduaneira ao Conselho de

Ministros, no prazo de três meses a contar da data de entrada em vigor da presente Convenção. Comunicará igualmente, à medida da sua entrada em vigor, as modificações posteriores da mesma pauta.

Art. 176.º

1. A noção de "produtos originários", para efeitos de aplicação do presente Capítulo, bem como os métodos de cooperação administrativa a ela relativos são definidos no Protocolo n.º 1.

2. O Conselho dos Ministros pode adoptar alterações ao Protocolo n.º 1.

3. Enquanto a noção de "produtos originários" não for definida em relação a um determinado produto em aplicação dos n.ᵒˢ 1 ou 2, cada Parte Contratante continuará a aplicar a sua própria regulamentação.

Art. 177.º

1. Se da aplicação do presente Capítulo resultarem perturbações graves num sector da actividade económica da Comunidade ou de um ou mais Estados membros ou o comprometimento da sua estabilidade financeira externa, ou ainda se surgirem dificuldades que ameacem deteriorar um sector de actividades da Comunidade ou de uma das suas regiões, a Comunidade pode tomar medidas de salvaguarda, ou autorizar o Estado-membro em causa a tomar tais medidas.

Estas medidas, a sua duração e as suas modalidades de aplicação serão notificadas sem demora ao Conselho de Ministros.

2. A Comunidade e os seus Estados-membros comprometem-se a não utilizar outros meios com um fim proteccionista ou para criar obstáculos a evoluções estruturais. A Comunidade abstem-se de recorrer a medidas de salvaguarda de efeito equivalente.

3. As medidas de salvaguarda devem limitar-se às que provoquem o mínimo de perturbações no comércio entre as Partes Contratantes, na realização dos objectivos da presente Convenção, e não devem exceder o estritamente indispensável para sanar as dificuldades que se tenham manifestado.

4. Aquando da aplicação das medidas de salvaguarda, ter-se-á em consideração o nível das exportações dos Estados ACP em causa para a Comunidade e o seu potencial desenvolvimento.

Art. 178.º

1. Realizar-se-ão consultas prévias no que diz respeito à aplicação da cláusula de salvaguarda, quer se trate da sua aplicação inicial quer da sua prorrogação. A Comunidade fornecerá aos Estados ACP todas as informações necessárias para a realização dessas consultas, bem como dados que permitam determinar em que medida as importações de um dado produto originário de um ou mais Estados ACP provocaram os efeitos referidos no n.º 1 do artigo 177.º.

2. Sempre que houver consultas as medidas de salvaguarda adoptadas ou os convénios celebrados entre os Estados ACP em causa e a Comunidade entrarão em vigor após a realização dessas consultas.

3. As consultas prévias previstas nos n.ᵒˢ 1 e 2 não obstam, todavia, à tomada de decisões imediatas por parte da Comunidade ou dos seus Estados-membros nos termos do n.º 1 do artigo 177.º, quando circunstâncias particulares o exijam.

4. A fim de facilitar o exame dos factos susceptíveis de provocar perturbações no mercado, é criado um mecanismo destinado a assegurar o controlo estatístico de certas exportações dos Estados ACP para a Comunidade.

5. As Partes Contratantes comprometem-se a realizar consultas regulares tendo em vista encontrar soluções satisfatórias para os problemas que possam surgir na sequência da aplicação da cláusula de salvaguarda.

6. As consultas prévias assim como as consultas regulares e o controlo previstos nos n.ᵒˢ 1 a 5 serão realizados em conformidade com o Protocolo n.º 4.

Art. 179.º

O Conselho de Ministros apreciará a pedido de qualquer Parte Contratante interessada, os efeitos económicos e sociais resultantes da aplicação da cláusula de salvaguarda.

Art. 180.º

Em caso de adopção, modificação ou revogação de medidas de salvaguarda, os interesses dos Estados ACP menos desenvolvidos, sem litoral e insulares serão objecto de especial atenção.

Art. 181.º

A fim de assegurar uma aplicação eficaz das disposições da presente Convenção no domínio da cooperação comercial e aduaneira, as Partes Contratantes acordam em informar-se e consultar-se mutuamente.

Para além das consultas expressamente previstas nos artigos 167.º a 180.º, poderão realizar-se outras a pedido da Comunidade ou dos Estados ACP, nas condições previstas nas normas processuais constantes do artigo 12.º, nomeadamente nos casos seguintes:

1) Quando as Partes Contratantes pretendam tomar medidas comerciais que afectem os interesses de uma ou mais Partes Contratantes, no âmbito da presente Convenção, informarão deste facto o Conselho de Ministros.
   Realizar-se-ão consultas, a pedido das Partes Contratantes interessadas, no sentido de tomar em consideração os respectivos interesses;
2) Se, durante a aplicação da presente Convenção, os Estados ACP considerarem que outros produtos agrícolas referidos no n.º 2, alínea *a*), do artigo 168.º, não sujeitos a um regime especial, devem passar a beneficiar deste regime, poderão realizar-se consultas no âmbito do Conselho de Ministros;
3) Quando uma Parte Contratante considerar que existem entraves à circulação de mercadorias devido à existência de uma regulamentação noutra Parte Contratante ou à sua interpretação, execução, ou modalidades da aplicação;

4) Quando a Comunidade ou os Estados-membros adoptarem medidas de salvaguarda nos termos do artigo 177.º, poderão realizar-se consultas sobre elas no seio do Conselho de Ministros, a pedido das Partes Contratantes interessadas, nomeadamente com vista a assegurar o cumprimento do n.º 3 do artigo 177.º.
Estas consultas deverão concluir-se no prazo de três meses.

CAPÍTULO II. **Compromissos especiais relativos ao rum e às bananas**

Art. 182.º
Até à entrada em vigor de uma organização comum do mercado dos álcoois, e sem prejuízo de disposto no n.º 1 do artigo 167.º, a admissão na Comunidade de produtos das subposições 2208 40 10, 2208 40 90, 2208 90 11 e 2208 90 19 da Nomenclatura Combinada – rum, araca, tafia – originários dos Estados ACP será regulada pelas disposições do Protocolo n.º 6.

Art. 183.º
Tendo em vista permitir a melhoria das condições de produção e de comercialização das bananas originárias dos Estados ACP, as Partes Contratantes acordam nos objectivos constantes do Protocolo n.º 5.

Art. 184.º
O presente capítulo e os Protocolos n.ᵒˢ 5 e 6 não são aplicáveis às relações entre os Estados ACP e os departamentos ultramarinos franceses.

CAPÍTULO III. **Trocas de serviços**

Art. 185.º
1. As Partes Contratantes reconhecem a importância das trocas comerciais de serviços no desenvolvimento das economias dos Estados ACP, devido ao papel cada vez mais importante que este sector desempenha no comércio internacional e ao seu considerável potencial de crescimento.

2. Os Estados ACP e a Comunidade reconhecem que o objectivo a atingir a longo prazo neste domínio é a liberalização progressiva das trocas comerciais de serviços, dentro do respeito dos objectivos das suas políticas nacionais e tendo devidamente em conta o nível de desenvolvimento dos Estados ACP.

3. Os Estados ACP e a Comunidade reconhecem ainda que será oportuno e necessário desenvolver a cooperação neste sector quando forem conhecidos resultados das negociações comerciais multilaterais.

4. Consequentemente, as Partes Contratantes negociarão alterações ou aditamentos à presente Convenção, de modo a ter em conta os resultados das negociações comerciais multilaterais em curso no seio do GATT e a deles tirar proveito.

5. No final das negociações previstas no ponto 4, que terão lugar no âmbito de Conselho de Ministros, este poderá adoptar quaisquer alterações ao presente capítulo.

TÍTULO II. COOPERAÇÃO NO DOMÍNIO DOS PRODUTOS DE BASE

CAPÍTULO I. Estabilização das receitas da exportação de produtos de base agrícolas

Art. 186.º

1. A fim da sanar os efeitos nefastos da instabilidade das receitas da exportação e de ajudar os Estados ACP a ultrapassarem um dos principais obstáculos à estabilidade, rendibilidade e crescimento contínuo das suas economias, e a fim de apoiar o seu esforço de desenvolvimento e permitir assegurar o progresso económico e social das suas populações, contribuindo para salvaguardar o seu poder de compra, é instituído um sistema que visa garantir a estabilização das receitas da exportação, provenientes da exportação pelos Estados ACP, com destino à Comunidade ou com outros destinos, tal como definidos no artigo 189.º, de produtos de que dependem as suas economias e que sejam afectados por flutuações de preços, de quantidades ou destes dois factores.

2. Para a realização destes objectivos, os recursos transferidos serão afectados, de acordo com um esquema de obrigações mútuas a definir caso a caso entre o Estado ACP beneficiário e a Comissão, quer ao sector que registou a diminuição de receitas da exportação, entendido na acepção mais lata possível, a fim de nele serem utilizados a favor dos agentes económicos afectados por esta diminuição, quer nos casos em que for adequado, a fins de diversificação, para serem utilizados noutros sectores produtivos adequados, em princípio agrícolas, ou para serem empregues na transformação de produtos agrícolas.

Art. 187.º

1. Os produtos abrangidos são os seguintes:

Posição de Nomenclatura Combinada

1. Amendoim em casca ou descascado 1202
2. Óleo de amendoim 1508
3. Cacau em grão 1801
4. Cascas, películas e outros resíduos de cacau 1802
5. Pasta de cacau 1803

I – Quarta Convenção ACP-CEE   Art. 187.º

    6. Manteiga de cacau 1804
    7. Cacau em pó 1805
    8. Café verde ou torrado 0901 11 a 0901 22
    9. Extractos, essências ou concentrados de café 2101 10 11/2101 10 19
    10. Algodão não cardado nem penteado 5201
    11. Linters de algodão 1404 20
    12. Nozes de coco 0801 10
    13. Copra 1203
    14. Óleo de coco 1513 11/1513 19
    15. Óleo do palma 1511
    16. Óleo de palmiste 1513 21/1513 29
    17. Nozes e amêndoas de palmiste 1207 10
    18. Peles em bruto 4101 10 a 4101 30/4102/4103 10
    19. Couros e peles de bovinos 4104 10 a 4104 29/4104 31 11/4104 31 19/ /4104 31 30/4104 39 10
    20. Peles de ovinos 4105
    21. Peles de caprinos 4106
    22. Madeira em bruto e esquadriada 4403
    23. Madeira serrada 4407
    24. Bananas frescas 0803 00 10
    25. Bananas secas 0803 00 90
    26. Chá 0902
    27. Sisal bruto 5304 10
    28. Baunilha 0905
    29. Cravo-da-Índia 0907
    30. Lã não cardada nem penteada 5101
    31. Pelos finos de cabra mohair 5102 10 50
    32. Goma arábica 1301 20 00
    33. Péretro: sucos e extractos de péretro 1211 90 10/1102 14
    34. Óleos essenciais 3301 11 a 3301 29
    35. Sementes de sésamo 1207 40
    36. Castanhas e amêndoas de caju 0801 30
    37. Pimenta 0904
    38. Camarões 0306 13/0306 23
    39. Chocos, petas e lulas 0307 41/0307 49/0307 51/0307 59
    40. Sementes de algodão 1207 20
    41. Bagaços de oleaginosas 2305/2306 10/2306 50/2306 60/2306 90 93
    42. Borracha 4001
    43. Ervilhas 0708 10/0713 10/0713 20
    44. Feijões 0708 20/0713 31 a 0713 39/0713 90
    45. Lentilhas 0713 40
    46. Noz moscada e macis 0908 10/0908 20
    47. Nozes e amêndoas de Karité 1207 92

48. Óleo de Karité ex 1515 90 40 a 1515 90 99
49. Mangas 0804 50

2. Para ter em conta os interesses do Estado ACP em causa, a Comissão considera, em todos os casos, aquando da aplicação do sistema, como produto na acepção do presente capítulo:
   a) Os produtos enumerados no n.º 1;
   b) Os grupos de produtos 1 e 2, 3 a 7, 8 e 9, 10 e 11, 12 a 14, 15 a 17, 18 a 21, 22 e 23, 24 e 25, 47 e 48.

Art. 188.º

Se, doze meses após a entrada em vigor da presente Convenção, um ou mais produtos não enumerados na lista constante do artigo 187.º, mas dos quais dependa em grau considerável a economia de um ou mais Estados ACP, forem afectados por flutuações importantes, o Conselho de Ministros, no prazo máximo de seis meses a contar da apresentação de um pedido pelo ou pelos Estados ACP interessados, pronunciar-se-á sobre a inclusão desse, ou desses produtos nesta lista, tendo em consideração factores como o emprego, a deterioração das relações de troca entre a Comunidade e o Estado ACP interessado e o nível de desenvolvimento deste, bem como as condições que caracterizam os produtos originários da Comunidade.

Art. 189.º

1. As receitas de exportação a que se aplica o sistema são as provenientes das exportações:
   a) Efectuadas por cada Estado ACP, com destino à Comunidade de cada um dos produtos enumerados no n.º 2 do artigo 187.º;
   b) Efectuadas pelos Estados ACP que beneficiem da derrogação prevista no n.º 2 do presente artigo, com destino a outros países ACP, de cada um dos produtos enumerados no n.º 2 do artigo 187.º, para os quais esta derrogação seja concedida;
   c) Efectuadas pelos Estados ACP que beneficiem da derrogação prevista no n.º 3 do presente artigo, para todos os destinos de qualquer produto enumerado no n.º 2 do artigo 187.º.

2. A pedido de um ou mais Estados ACP e relativamente a um ou mais produtos enumerados no n.º 1 do artigo 187.º, o Conselho de Ministros, com base num relatório elaborado pela Comissão a partir de informações pertinentes fornecidas pelo ou pelos Estados ACP requerentes, pode decidir, no prazo máximo de seis meses a contar da apresentação de pedido, que o sistema seja aplicado à exportação dos produtos em causa por esse ou esses Estados ACP, com destino a outros Estados ACP.

3. Se, com base em dados pertinentes relativos à média dos dois anos anteriores ao ano de aplicação, se verificar que pelo menos 70% do total das receitas de exportação de um Estado ACP provenientes dos produtos abrangidos pelo sis-

tema não resultam de exportações destinadas à Comunidade, o sistema será automaticamente aplicável às exportações efectuadas por esse Estado de cada um dos produtos referidos no n.º 2 do artigo 187.º, seja qual for o seu destino.

A percentagem acima referida é de 60% no caso dos Estados ACP menos desenvolvidos.

Para cada ano de aplicação e para cada Estado ACP, a Comissão assegurará que estes critérios sejam satisfeitos.

Art. 190.º

Para os efeitos especificados no artigo 186.º e durante o período de vigência do Protocolo Financeiro anexo à presente Convenção, será afectado ao sistema o montante referido nesse Protocolo. Esse montante destina-se a cobrir o conjunto dos compromissos assumidos no âmbito do sistema e será gerido pela Comissão.

Art. 191.º

1. O montante global referido no artigo 190.º será dividido em tantas parcelas anuais iguais quantos os anos de aplicação do Protocolo Financeiro.

2. Qualquer saldo existente no termo de cada ano de aplicação do Protocolo Financeiro anexo à presente Convenção, à excepção do último, transitará automaticamente para o ano seguinte.

Art. 192.º

Os juros resultantes de investimento no mercado, durante o período de 1 de Abril a 30 de Junho, do montante correspondente à metade de cada parcela anual, deduzidos os adiantamentos e as transferências efectuados no decurso desse período, serão creditados nos recursos do sistema.

Os juros resultantes do investimento no mercado, durante o período de 1 de Julho a 31 de Março, do montante correspondente à segunda metade de cada parcela anual, deduzidos os adiantamentos e transferências efectuados no decurso deste segundo período, serão creditados nos recursos do sistema.

Qualquer parte das parcelas anuais que não tenha sido paga sob a forma de adiantamentos ou transferências continuará a vencer juros a crédito dos recursos do sistema até à sua utilização no âmbito do exercício seguinte.

Art. 193.º

Os recursos disponíveis para cada ano de aplicação serão constituídos pelo somatório dos elementos seguintes:

1. A parcela anual, eventualmente deduzida ou aumentada dos montantes utilizados ou libertados em aplicação no n.º 1 do artigo 149.º;

2. As dotações transitadas em aplicação do n.º 2 do artigo 191.º;

3. O montante dos juros apurados em aplicação do artigo 192.º.

Art. 194.º

1. Se o montante total das bases de transferência relativas a um ano de aplicação, calculadas nos termos do artigo 197.º, e eventualmente reduzidas nos termos dos artigos 202.º a 204.º, exceder o montante dos recursos do sistema disponíveis para esse ano, proceder-se-á automaticamente, em cada ano à excepção do último, à utilização antecipada de um máximo de 25% de parcela do ano seguinte.

2. Se, após a aplicação da medida referida no n.º 1, o montante dos recursos disponíveis continuar a ser inferior ao montante global das bases de transferência referido no n.º 1 relativo ao mesmo ano de aplicação, o montante de cada base de transferência será reduzido de 10% desse montante.

3. Se, após a redução referida no n.º 2, o montante total das tranferências assim determinado for inferior ao montante dos recursos disponíveis, o saldo será repartido entre as diversas transferências proporcionalmente às reduções efectuadas.

4. Se, após a redução referida no n.º 2 o montante total das transferências susceptíveis de dar lugar a pagamento exceder o montante dos recursos disponíveis, o Conselho de Ministros, com base num relatório da Comissão acerca da evolução provável do sistema, avaliará a situação e examinará as medidas a tomar, no âmbito da presente Convenção, no sentido de a corrigir.

Art. 195.º

No que se refere aos saldos do montante global referido no artigo 190.º, incluindo os juros referidos no artigo 192.º, existentes após expiração do último ano de aplicação do sistema no âmbito do Protocolo Financeiro anexo à presente Convenção:

    a) As quantias apuradas em aplicação das percentagens referidas nos n.ºs 3 e 4 do artigo 197.º serão restituídas a cada Estado ACP na pro-porção do(s) saque(s) efectuado(s) ao abrigo destas disposições;

    b) Se, após aplicação do disposto na alínea *a*), continuarem a exitir saldos, o Conselho de Ministros decidirá da sua utilização.

Art. 196.º

1. O sistema aplica-se às receitas provenientes da exportação por um Estado ACP dos produtos enumerados no n.º 2 do artigo 187.º se, durante o ano precedente ao ano de aplicação, as receitas provenientes da exportação de cada produto para todos os destinos, deduzidas as exportações, representaram pelo menos 5% das suas receitas totais de exportação de mercadorias. Esta percentagem é de 4% no caso do sisal.

2. A percentagem referida no n.º 1 é de 1% para os Estados ACP menos desenvolvidos sem litoral e insulares.

3. Quando, na sequência de uma calamidade natural, a produção do produto em causa tenha sofrido uma diminuição substancial durante o ano que precede o

ano de aplicação, a percentagem referida no n.º 1 é calculada tendo em conta a média das receitas de exportação deste produto no decurso dos três anos anteriores ao ano da calamidade.

Por diminuição substancial de produção entende-se uma diminuição de pelo menos 50% em relação à média de produção dos três anos anteriores ao ano da calamidade.

Art. 197.º

1. Para efeitos da aplicação do sistema serão calculados o nível de referência a uma base de transferência relativamente a cada Estado ACP e para as exportações de cada produto referido no n.º 1 do artigo 187.º com destino à Comunidade ou com outros destinos tal como definidos no artigo 189.º.

2. O nível de referência é constituído pela média das receitas de exportação durante o período de seis anos civis que precedem cada ano de aplicação, excluindo os dois anos que apresentaram os resultados mais opostos.

3. A diferença entre o nível de referência e as receitas efectivas, do ano civil de aplicação deduzida de um montante correspondente a 4,5% desse nível de referência, constitui a base de transferência. No caso dos Estados ACP menos desenvolvidos, esta percentagem é de 1%.

4. As deduções referidas no n.º 3 não se aplicam quando, no caso dos Estados ACP menos desenvolvidos e sem litoral, a diferença entre o nível de referência e as receitas efectivas for inferior a 1 milhão de euros, e no caso dos Estados ACP insulares, quando esta diferença for inferior a 1 milhão de euros.

Seja como for, a redução da diferença entre o nível de referência e as receitas efectivas não será superior a:
– 20% para os Estados ACP menos desenvolvidos e sem litoral;
– 30% para os outros Estados ACP.

5. O montante da transferência é constituído pela base de transferência, após aplicação eventual do disposto nos artigos 202.º a 204.º e 194.º.

Art. 198.º

1. No caso de um Estado ACP:
– decidir transformar um produto tradicionalmente exportado no estado bruto, ou
– decidir exportar um produto que tradicionalmente não produzia,
– poderá utilizar-se o sistema com base num nível de referência calculado a partir dos três anos que precedem o ano de aplicação.

2. No caso dos Estados ACP beneficiários de derrogação referida:
– no n.º 2 do artigo 189.º, a base de transferência será calculada adicionando às receitas provenientes das exportações do ou dos produtos em causa para a Comunidade as receitas das exportações destinadas a outros Estados ACP;

– no n.º 3 do artigo 189.º, a base de transferência será calculada a partir das receitas provenientes das exportações do ou dos produtos em causa para todos os destinos.

Art. 199.º

1. Tendo em vista assegurar um funcionamento rápido e eficaz do sistema instituída uma cooperação estatística e aduaneira entre cada Estado ACP e a Comissão.

2. Os Estados ACP notificarão à Comissão os dados estatísticos anuais especificados na declaração comum constante do Anexo XLIII.

3. Estas informações devam ser enviadas à Comissão o mais tardar no dia 31 de Março seguinte ao ano da aplicação. Na sua falta, o Estado ACP perderá qualquer direito à transferência no que se refere ao, ou aos produtos em causa para o ano de aplicação considerado.

Art. 200.º

1. O sistema será aplicado nos produtos enumerados na lista constante do artigo 167.º:
   a) Que foram colocados para consumo na Comunidade; ou
   b) Que forem colocados na Comunidade sob o regime de aperfeiçoamento activo com vista à sua transformação.

2. As estatísticas a utilizar para os cálculos referidos no artigo 197.º são as calculadas e publicadas pelo Serviço de Estatísticas das Comunidades Europeias.

3. No caso dos Estados ACP beneficiários da derrogação:
   a) Referida no n.º 2 do artigo 189.º, as estatísticas relativas às exportações do ou dos produtos em causa para outros Estados ACP são as resultantes da multiplicação do volume das exportações do Estado ACP em causa pelo valor médio unitário das importações da Comunidade calculado e publicado pelo Serviço de Estatísticas das Comunidades Europeias ou, na sua falta, as estatísticas do Estado ACP em causa;
   b) Referida no n.º 3 do artigo 189.º, as estatísticas relativas às exportações do, ou dos produtos em causa para qualquer destino são as resultantes da multiplicação do volume das importações do Estado ACP em causa pelo valor médio unitário das importações de Comunidade calculado e publicado pelo Serviço de Estatística das Comunidades Europeias ou, na sua falta, as estatísticas do Estado ACP em causa.

4. No caso de divergências evidentes entre as estatísticas do Serviço de Estatística das Comunidades Europeias e as estatísticas do Estado ACP em causa, proceder-se-á a consultas entre o Estado ACP e a Comissão.

Art. 201.º

Não serão efectuadas transferências sempre que a análise do *dossier* realizada pela Comissão em colaboração com o Estado ACP em causa demonstrar que a diminuição das receitas provenientes da exportação para a Comunidade é consequência de medidas ou de políticas discriminatórias em detrimento da Comunidade.

Art. 202.º
A base da transferência será reduzida na proporção da diminuição das receitas de exportação do produto em causa para a Comunidade se, após análise conjunta efectuada pela Comissão e pelo Estado ACP em causa, se verificar que esta diminuição resulta de medida de política comercial tomadas pelo Estado ACP ou por intermédio dos seus operadores económicos com o objectivo de restringir a oferta, podendo esta redução levar a uma simulação da base de transferência.

Art. 203.º
Se da análise da evolução das exportações efectuadas pelo Estado ACP para todos os destinos e da produção do produto em causa pelo referido Estado ACP, bem como da procura na Comunidade, ressaltar que se verificaram importantes alterações da situação, realizar-se-ão consultas entre a Comissão e o Estado ACP requerente, no sentido de se determinar se a base de transferência deve ser mantida ou reduzida e, neste caso, em que medida.

Art. 204.º
Nenhuma base de transferência de um determinado produto poderá ser superior ao montante correspondente calculado com base nas exportações do Estado ACP em causa para todos os destinos.

Art. 205.º
1. Efectuada a análise em colaboração com o Estado ACP, a Comissão tomará a decisão de transferência; esta análise incidirá simultaneamente sobre os dados estatísticos e sobre a determinação da base de transferência susceptível de dar origem a um pagamento.

2. Cada transferência dá origem à celebração de um acordo de transferência entre o Estado ACP em causa e a Comissão.

Art. 206.º
1. O Estado ACP em causa e a Comissão tomarão todas as medidas úteis para assegurar pagamentos de adiantamentos a transferências rápidas, nos termos do disposto no artigo 207.º.

2. O disposto no artigo 205.º aplica-se por analogia aos adiantamentos.

Art. 207.º
1. Desde que o Estado ACP em causa tenha fornecido, em conformidade com o n.º 3 do artigo 199.º, todas as informações estatísticas necessárias antes do dia 31 de Março seguinte ao ano de aplicação, a Comissão informará cada Estado ACP, o mais tardar no dia 30 de Abril seguinte, sobre a sua situação relativamente a cada um dos produtos enumerados no n.º 2 do artigo 187.º exportados para esse Estado durante esse ano.

2. O Estado ACP em causa e a Comissão tudo farão para assegurar que os procedimentos referidos nos artigos 201.º, 202.º e 203.º estejam concluídos o mais tardar em 30 de Junho do ano em causa. No fim deste prazo, a Comissão comunicará ao Estado ACP o montante de transferência, tal como consta da instrução do pedido.

3. Sem prejuízo do artigo 206.º, e o mais tardar no dia 31 de Julho do ano em causa, a Comissão tomará decisões relativas a todas as transferências, com excepção das transferências cujas consultas ainda não tenham terminado.

4. No dia 30 de Setembro do ano em causa, a Comissão apresentará um relatório ao Comité de Embaixadores sobre o seguimento dado ao conjunto das transferências.

Art. 208.º

1. Em caso de desacordo entre um Estado ACP e a Comissão sobre os resultados das análises ou consultas previstas nos artigos 201.º a 203.º e no n.º 3 do artigo 199.º, o Estado ACP em causa tem o direito de dar início, sem prejuízo de um eventual recurso do artigo 352.º, a um processo de bons ofícios.

2. O processo de bons ofícios será dirigido por um perito, designado de comum acordo pela Comissão e pelo Estado ACP em causa.

3. As conclusões do processo de bons ofícios serão comunicadas, no prazo de dois meses a contar daquela designação, ao Estado ACP em causa e à Comissão, que as terá em consideração na sua decisão de transferência.

O Estado ACP em causa e a Comissão tudo farão para assegurar que essa decisão seja tomada, o mais tardar, no dia 31 de Outubro seguinte à recepção do pedido.

4. O processo de bons ofícios não deve ter por efeito retardar a realização de quaisquer outras transferências relativas ao mesmo ano de aplicação.

Art. 209.º

1. No caso de a aplicação dos artigos 196.º e 197.º levar à determinação de uma base de transferências, o Estado ACP em causa apresentará à Comissão, no mês seguinte à recepção da notificação referida no número 1 do artigo 207.º, uma análise substancial sobre o sector afectado pela diminuição de receitas, as causas dessa diminuição, as políticas desenvolvidas nesse sector pelas autoridades, e os projectos, programas, e acções a que o Estado benficiário se compromete a afectar os recursos em conformidade com os objectivos fixados no n.º 2 do artigo 186.º.

2. Se o Estado ACP beneficiário decidir, em conformidade com o n.º 2 do artigo 186.º, afectar os recursos a um sector diferente daquela em que se verificou a diminuição de receitas, comunicará à Comissão as razões dessa afectação dos recursos.

3. Os projectos, programas e acções a que o Estado ACP beneficiário se compromete a afectar os recursos transferidos serão analisados pela Comissão em conjunto com o Estado ACP em causa.

4. No caso de existir já no sector a que a transferência se destina uma acção em matéria de ajustamento que vise a reestruturação das diferentes actividades de produção e exportação ou de diversificação, a utilização dos recursos far-se-á em conformidade com essa acção e poderá contribuir, na medida do necessário para apoiar qualquer política coerente de reformas nos sectores em causa.

Art. 210.º
Logo que se chegue a acordo sobre a utilização dos recursos, o Estado ACP e a comissão assinarão um protocolo definindo o âmbito das obrigações mútuas e especificando as normas de utilização dos recursos da transferência nas diferentes fases das acções acordadas.

Art. 211.º
1. Aquando da assinatura do acordo de transferência referido no n.º 2 do artigo 205.º, o montante da transferência será depositado em *ecus* numa conta que vença juros e para o qual será exigida a apresentação de duas assinaturas, a do Estado ACP e a da Comissão. Os juros serão creditados nessa conta.

2. O montante existente na conta referida no n.º 1 será mobilizado à medida que as acções indicadas no protocolo relativo à utilização dos recursos forem sendo executadas, desde que tenha sido respeitado o disposto no artigo 212.º.

3. Os procedimentos definidos no n.º 2 serão aplicáveis, por analogia, aos fundos de compensação eventualmente gerados.

Art. 212.º
1. Nos doze meses seguintes à mobilização dos recursos, o Estado ACP beneficiário remeterá à Comissão um relatório sobre a utilização que faz dos recursos transferidos.

2. Se o relatório referido no n.º 1 não for remetido nos prazos previstos, ou suscitar observações, a Comissão pedirá uma justificação ao Estado ACP em causa, que deverá responder num prazo de dois meses.

3. Expirado o prazo referido no n.º 2, a Comissão depois de ter submetido o assunto ao Conselho de Ministros e de ter desse facto devidamente informado o Estado ACP em causa, pode, três meses após a conclusão deste processo, suspender a aplicação das decisões relativas a novas transferências enquanto esse Estado não fornecer as informações pedidas.

Esta medida será imediatamente notificada ao Estado ACP em causa.

CAPÍTULO II. **Compromissos especiais relativos ao açúcar**

Art. 213.º
1. Nos termos do artigo 25.º da Convenção ACP-CEE de Lomé assinada em 28 de Fevereiro de 1975 e do Protocolo n.º 3 a ela anexo, a Comunidade compro-

meteu-se, por um período indeterminado e sem prejuízo das outras disposições da presente Convenção, a comprar e importar a preços garantidos, quantidades determinadas de açúcar de cana, em bruto ou branco, originário dos Estados ACP produtores e exportadores de açúcar de cana, que estes Estados se comprometeram a fornecer-lhe.

2. As condições de aplicação do artigo 25.º acima referido encontram-se fixadas no Protocolo n.º 3 referido no n.º 1. O texto deste protocolo consta em anexo à presente Convenção como Protocolo n.º 8.

3. O disposto no artigo 177.º da presente Convenção não é aplicável no âmbito do referido Protocolo.

4. Para efeitos do artigo 8.º do referido Protocolo pode-se recorrer às instituições criadas pela presente Convenção, durante o período da sua vigência.

5. O disposto no n.º 2 do artigo 8.º do referido Protocolo continuará a aplicar-se no caso de a presente Convenção deixar de produzir efeitos.

6. As declarações constantes dos Anexos XIII, XXI e XXII da Acta Final da Convenção ACP-CEE de Lomé, assinada a 28 de Fevereiro de 1975, são reafirmadas, continuando as suas disposições a aplicar-se. Estas declarações estão anexas como tal à presente Convenção.

7. O presente artigo e o Protocolo n.º 3 referido no n.º 1 não são aplicáveis às relações entre os Estados ACP e os departamentos ultramarinos franceses.

CAPÍTULO III. **Produtos minerais: sistemas de financiamento especial (sysmin)**

Art. 214.º

1. Será criado um sistema de financiamento especial destinado aos Estados ACP cujo sector mineiro é importante para as respectivas economias e que visa fazer face a dificuldades verificadas ou previsíveis num futuro próximo.

2. Os objectivos deste sistema são contribuir para a criação de uma base mais sólida, e mesmo mais ampla, para o desenvolvimento dos Estados ACP, apoiando os seus esforços no sentido de:

– salvaguardar o sector da produção e exportação mineira através de intervenções curativas ou preventivas com o objectivo de remediar as graves consequências, para as suas economias, da perda de viabilidade resultante de uma diminuição de sua capacidade de produção ou de exportação e/ou das receitas de exportação de produtos mineiros, na sequência de grandes alterações tecnológicas ou económicas ou de perturbações temporárias ou imprevisivéis, independentes da vontade do Estado em causa e da empresa gestionária do sector afectado. Será dedicada uma atenção especial à adaptação da situação competitiva das empresas às alterações verificadas nas condições dos mercados; ou

– diversificar e alargar as bases do seu crescimento económico, nomeadamente contribuindo, no caso dos países fortemente dependentes das exportações de um produto mineiro, para a realização dos seus projectos e programas de desenvolvimento já iniciados, quando estes estiverem seriamente comprometidos devido a grandes diminuições nas receitas da exportação desse produto mineiro.

3. Na prossecução destes objectivos, o apoio:
– será adaptado às necessidades de reestruturação económica do Estado ACP em causa;
– terá em conta, no momento de sua definição e da sua execução, os interesses recíprocos das Partes Contratantes.

Art. 215.º

1. O sistema de financiamento especial previsto no artigo 214.º destina-se aos Estados ACP que exportam para a Comunidade e que, durante pelo menos dois dos quatro anos anteriores ao ano do pedido de intervenção, retiraram:
   a) 15% ou mais das suas receitas de exportação de um dos seguintes produtos: cobre (incluíndo cobalto), fosfatos, manganês, bauxite e alumínio, estanho, minério de ferro aglomerado ou não, urânio; ou
   b) 20% ou mais das suas receitas de exportação de todos os produtos mineiros (com excepção dos minerais preciosos excluindo o ouro, do petróleo e do gás).

Todavia, para os Estados ACP menos desenvolvidos, sem litoral e insulares, a taxa prevista na alínea *a*) é de 10% e a prevista na alínea *b*) é de 12%.

Para o cálculo dos limiares mencionados nas alíneas *a*) e *b*) supra, as receitas de exportações não incluirão as receitas provenientes de produtos mineiros não abrangidos pelo sistema.

2. É possível recorrer ao sistema de financiamento especial quando, à luz dos objectivos acima referidos:
   a) Se verificar ou se prever que a viabilidade de uma ou várias empresas do sector mineiro foi ou será gravemente afectada por contingências temporárias ou imprevisíveis, técnicas, económicas ou políticas alheias à vontade do Estado ou da empresa em causa, e quando essa deterioração de viabilidade se traduzir ou puder vir a traduzir-se numa redução significativa dos rendimentos do Estado em causa – sendo esta avaliada sobretudo com base numa redução das capacidades de produção ou de exportação do produto em causa situada em cerca de 10% – e/ou numa deterioração da sua balança comercial.
   Considera-se previsível que a viabilidade venha a ser afectada quando se verificar um início de degradação do instrumento de produção com impacto na economia do país.
   b) Ou, no caso referido no n.º 1, alínea *a*), se verificar que uma forte redução das receitas da exportação mineira do produto em causa, em relação à média dos dois anos anteriores aos do pedido, compromete gravemente a realização de projectos ou programas de desenvolvimento já iniciados.

Para ser tomada em consideração, esta redução deve:
- resultar de contingências técnicas, económicas ou políticas, não podendo ser artificialmente provocada, directa ou indirectamente, por políticas e medidas do Estado ACP ou dos operadores económicos em causa;
- traduzir-se numa redução correspondente, da ordem de pelo menos 10% nas receitas totais de exportação do ano anterior ao do pedido.

As contingências acima previstas referem-se a perturbações tais como acidentes, incidentes técnicos graves, acontecimentos políticos graves internos ou externos, transformações tecnológicas ou económicas importantes ou alterações importantes nas relações comerciais com a Comunidade.

3. Um Estado ACP pode solicitar a possibilidade de beneficiar de uma intervenção financeira no âmbito dos recursos afectados ao sistema de financiamento especial quando se encontrem reunidas as condições previstas nos n.ºs 1 e 2 do presente artigo.

Art. 216.º

1. A intervenção prevista no artigo 215.º é orientada para os objectivos do sistema, tal como se encontram definidos no n.º 2 do artigo 214.º.
- quando ambas as Partes considerarem que é possível e adequado manter ou restabelecer a viabilidade da(s) empresa(s) mineira(s) afectada(s), a intervenção destinar-se-á a financiar projectos ou programas, inclusivamente de reestruturação financeira das empresas em questão a fim de manter, restabelecer ou racionalizar a um nível viável a capacidade de produção e de exportação em causa.
- quando ambas as Partes considerarem que não é possível manter ou restabelecer a viabilidade, a intervenção destinar-se-á a alargar as bases de crescimento económico através do financiamento de projectos ou programas viáveis de reconversão ou de diversificação horizontal ou vertical.
- poder-se-á igualmente actuar, de comum acordo, no sentido da diversificação se o grau de dependência da economia em relação ao produto mineiro em causa for significativo, mesmo no caso de a viabilidade poder ser restabelecida.
- no caso de ser aplicável a alínea b) do n.º 2 do artigo 215.º, o objectivo da diversificação será prosseguido mediante a realização de um financiamento que contribua para a execução dos projectos ou programas de desenvolvimento, exteriores ao sector mineiro, já iniciados e que se encontrem comprometidos.

2. A este respeito, a decisão de afectação dos fundos a projectos ou programas terá devidamente em consideração os interesses económicos e as implicações sociais de tal intervenção no Estado ACP em causa e na Comunidade, e será adaptada às necessidades de reestruturação económica do Estado ACP interessado.

No âmbito dos pedidos apresentados ao abrigo da alínea b) n.º 1 do artigo 215.º, a Comunidade e o Estado ACP em causa procuraria em conjunto e de forma sistemática definir o âmbito e as regras da eventual intervenção, de modo a que esta não possa afectar produções mineiras comunitárias concorrentes.

A avaliação e a tomada em consideração dos elementos acima referidos fazem parte do diagnóstico previsto no n.º 2 do artigo 217.º.

3. Será prestada especial atenção:
   – às operações de transformação e de transporte, nomeadamente a nível regional, e à correcta integração do sector mineiro no processo global de desenvolvimento económico e social do país;
   – às acções preventivas susceptíveis de reduzir ao mínimo os efeitos perturbadores, pela adaptação às tecnologias, pelo aperfeiçoamento das competências técnicas e de gestão do pessoal local e pela adaptação das competências do pessoal local às técnicas de gestão de empresas;
   – e ainda ao reforço da capacidade científica e tecnológica dos Estados ACP para a produção de novos materiais.

Art. 217.º

1. O pedido de intervenção incluirá informações sobre a natureza dos problemas encontrados, as consequências verificadas ou previstas das perturbações, tanto a nível nacional como a nível da(s) empresa(s) mineira(s) afectada(s), e indicações, sob a forma de ficha de identificação, sobre as medidas ou acções postas em prática ou desejadas para as solucionar.

Este pedido será apresentado logo que forem identificadas as consequências acima referidas, não podendo o prazo de constituição do processo ser superior a doze meses.

2. Antes de qualquer decisão da Comunidade, proceder-se-á, de forma sistemática, a um diagnóstico técnico, económico e financeiro do sector mineiro em causa para avaliar tanto a elegibilidade do pedido como o projecto ou programa de utilização a empreender. Este diagnóstico, que será muito aprofundado, terá especialmente em conta, na definição da intervenção, as perspectivas do mercado mundial e, sem prejuízo do primeiro parágrafo do n.º 2 do artigo 216.º, a situação do mercado comunitário dos produtos em causa.

Compreenderá ainda uma análise das eventuais implicações de tal intervenção nas produções mineiras concorrentes dos Estados-membros, bem como das possíveis implicações para o Estado ACP interessado, no caso de tal intervenção não se realizar. O objectivo deste diagnóstico será verificar:
   – se a viabilidade do instrumento de produção em causa foi ou poderá vir a ser afectada, e se essa viabilidade pode ser restabelecida ou se o recurso a intervenções de diversificação se revela mais adequado;
   – ou se a diminuição de receitas da exportação referida na alínea b) do n.º 2 do artigo 215.º compromete gravemente a realização dos projectos ou programas de desenvolvimento já iniciados.

Este diagnóstico será efectuado de acordo com as normas processuais da cooperação financeira e técnica. Para o realizar será necessária uma estreita cooperação com o Estado ACP e com os respectivos operadores económicos interessados.

3. A elegibilidade e a proposta de financiamento serão objecto de uma única decisão.

A Comunidade e o Estado ACP tomarão, as medidas necessárias para permitir a análise dos pedidos e uma rápida concretização da intervenção adequada.

Art. 218.º

1. Em caso de necessidade, a assistência técnica para o lançamento e acompanhamento do projecto poderá ser financiada a partir dos recursos do referido sistema.

2. As normas processuais aplicáveis e essa assistência e as regras para a sua execução serão as previstas para a cooperação para o financiamento do desenvolvimento na presente Convenção.

Art. 219.º

1. Para os efeitos especificados no artigo 214.º e para o período de vigência do Protocolo Financeiro anexo à presente Convenção, a Comunidade afectará o montante global previsto no referido Protocolo à cobertura de todos os seus compromissos no âmbito do sistema de financiamento especial. O montante afectado a este sistema será gerido pela Comissão.

2. *a)* O referido montante será dividido num número de parcelas anuais iguais correspondente ao número de anos de aplicação. Todos os anos, excepto no último, o Conselho de Ministros, com base num relatório que lhe será apresentado pela Comissão, pode autorizar, se necessário, a utilização antecipada de 50% no máximo da parcela correspondente do ano seguinte;

b) O saldo existente no final de cada ano de aplicação do Protocolo Financeiro anexo à presente Convenção com excepção do último, transitará automaticamente para o ano seguinte;

c) Por conseguinte, os recursos disponíveis para cada ano de aplicação serão constituídos pelos seguintes elementos:
  – a parcela anual, deduzida dos montantes eventualmente utilizados em aplicação do ponto *a)*;
  – as dotações transitadas em aplicação da alínea *b)*.

d) Em caso de insuficiência dos recursos para um ano de aplicação, e sem prejuízo do disposto nas alíneas *a)*, *b)* e *c)*, os montantes previstos serão reduzidos em conformidade.

Antes do termo do período de aplicação do Protocolo Financeiro, o Conselho de Ministros decidirá sobre a afectação dos eventuais saldos do montante global.

3. O montante da intervenção prevista no artigo 215.º será fixado pela Comissão em função dos fundos disponíveis a título do sistema de financiamento especial, da natureza dos projectos e programas de aplicação das possibilidades de co-financiamento, e ainda da importância relativa da indústria mineira afectada para a economia do Estado ACP.

4. Em caso algum um único Estado ACP poderá beneficiar de mais de 35% dos recursos disponíveis resultantes da aplicação da alínea c) do n.º 2. Esta percentagem é de 15% para as intervenções ao abrigo da alínea b) do n.º 1 do artigo 215.º.

5. As ajudas concedidas aos Estados ACP a título do sistema de financiamento especial poderão ser por elas reemprestadas ao mutuário final em condições financeiras diferentes, fixadas no âmbito da decisão de financiamento e resultantes da análise do projecto de intervenção feita com base nos critérios económicos e financeiros habituais para o tipo de projecto previsto.

6. O diagnóstico referido no artigo 217.º será financiado a partir dos recursos do sistema.

7. Em casos excepcionais relacionados com situações de emergência, que o diagnóstico deverá confirmar e justificar uma primeira fase, poderão ser concedidos adiantamentos aos Estados ACP que o solicitarem a título de pré-financiamento parcial dos projectos ou programas que os pedidos antecedem.

TÍTULO III. COOPERAÇÃO PARA O FINANCIAMENTO DO DESENVOLVIMENTO

CAPÍTULO I. Disposições gerais

SECÇÃO I. Objectivos

Art. 220.º

A cooperação para o financiamento de desenvolvimento tem como objectivo, através da concessão de meios de financiamento suficientes e de uma assistência técnica adequada:

a) Apoiar e favorecer os esforços dos Estados ACP, com vista a assegurar o seu desenvolvimento social, cultural e económico integrado, auto-determinado, auto-suficiente e auto-sustentado, a longo prazo, com base no interesse mútuo e num espírito de interdependência;

b) Contribuir para melhorar o nível de vida e o bem-estar das populações dos Estados ACP;

c) Promover medidas susceptíveis de mobilizar a capacidade de iniciativa das colectividades e a participação dos interessados na concepção e execução dos projectos de desenvolvimento;

d) Contribuir para uma participação tão ampla quanto possível da população nos benefícios do desenvolvimento;

e) Contribuir para desenvolver a capacidade dos Estados ACP para inovar, adaptar e transformar as tecnologias;

f) Contribuir para a prospecção, a conservação, a transformação e a exploração óptimas e judiciosas dos recursos naturais dos Estados ACP, a fim de encorajar os seus esforços de industrialização e de diversificação económica;

g) Apoiar e promover o desenvolvimento óptimo dos recursos humanos nos Estados ACP;

h) Favorecer um aumento dos fluxos financeiros destinados aos Estados ACP que corresponda às necessidades evolutivas desses Estados a apoiar os esforços dos Estados ACP para harmonizar a cooperação internacional a favor do seu desenvolvimento, através de operações de co-financiamento com outras instituições de financiamento ou terceiros;

i) Contribuir para aliviar o peso da dívida, que constitui um importante obstáculo às perspectivas de desenvolvimento a longo prazo dos Estados ACP, garantindo um aumento de transferências que não dêem origem a endividamento e desenvolvendo e aplicando de modo coordenado o integrado os vários instrumentos da Convenção;

j) Promover e mobilizar recursos de apoio a programas de ajustamento viáveis, eficazes e orientados para o crescimento;

k) Procurar novos métodos para fomentar o investimento privado directo nos Estados ACP; apoiar o desenvolvimento de um sector privado ACP são, próspero e dinâmico, e encorajar fluxos de investimentos privados, nacionais e estrangeiros nos sectores produtivos dos Estados ACP;

l) Fomentar a cooperação intra-ACP e a cooperação regional entre Estados ACP;

m) Permitir o estabelecimento de relações económicas e sociais mais equilibradas e a instauração de uma maior compreensão entre os Estados ACP, os Estados-membros da Comunidade e o resto do mundo, na perspectiva de uma nova ordem económica mundial;

n) Permitir aos Estados ACP confrontados com dificuldades económicas e sociais graves, de carácter excepcional, resultantes de calamidades naturais ou de circunstâncias excepcionais causadoras de efeitos comparáveis, beneficiarem de ajudas de urgência;

o) Ajudar os Estados ACP menos desenvolvidos, sem litoral e insulares a fazerem face aos obstáculos específicos que entravam os seus esforços de desenvolvimento.

SECÇÃO II. **Princípios**

Art. 221.º

A cooperação para o financiamento de desenvolvimento:

a) Será realizada com base nos objectivos, estratégias e prioridades de desenvolvimento definidos pelos Estados ACP, nos planos nacional e regional

e em conformidade com estes, tendo em consideração as respectivas características geográficas, sociais e culturais, bem como as suas potencialidades específicas;
b) Será concedida em condições extremamente liberais;
c) Assegurará que a atribuição de recursos será efectuada numa base mais previsível e regular;
d) Assegurará a participação dos Estados ACP na gestão e na utilização dos recursos financeiros, bem como uma descentralização eficaz dos poderes de decisão;
e) Reforçará e utilizará o mais possível os recursos humanos e as estruturas administrativas existentes nos Estados ACP;
f) Será flexível e adaptada à situação de cada Estado ACP, bem como à natureza específica do projecto ou programa em causa;
g) Será efectuada com um mínimo possível de formalidades administrativas e segundo procedimentos simples e racionais, a fim de que os projectos e programas possam ser aplicados de modo rápido e eficaz;
h) Estabelecerá que a assistência técnica apenas será concedida a pedido do ou dos Estados ACP interessados, que esta assistência tenha a qualidade necessária, responda a uma necessidade e apresente uma boa relação custo/eficácia e que sejam adoptadas disposições para formar rápida e eficazmente pessoal ACP capaz de assegurar a continuidade dessa assistência.

SECÇÃO III. **Linhas e directrizes**

Art. 222.º

1. As intervenções financiadas no âmbito da Convenção serão realizadas pelos Estados ACP e pela Comunidade em estreita colaboração e no respeito pela igualdade das Partes.
2. Será da responsabilidade dos Estados ACP:
a) Definir os objectivos e as prioridades sobre as quais assentam os programas indicativos;
b) Seleccionar os projectos e programas;
c) Preparar e apresentar os processos dos projectos e programas;
d) Preparar, negociar e celebrar contratos;
e) Executar e gerir os projectos e programas;
f) Manter os projectos e programas.
3. Será da responsabilidade conjunta dos Estados ACP e da Comunidade:
a) Definir, no âmbito das instituições conjuntas, as linhas directrizes gerais da cooperação para o financiamento do desenvolvimento;
b) Adoptar programas indicativos;
c) Proceder à instrução dos projectos e programas;

d) Assegurar a igualdade de condições de participação nos concursos e nos contratos;
e) Acompanhar e avaliar os efeitos e resultados dos projectos e dos programas;
f) Assegurar uma execução adequada, rápida e eficaz dos projectos e programas.

4. Será da responsabilidade da Comunidade tomar as decisões de financiamento relativas aos projectos e programas.

Art. 223.º

Salvo disposição em contrário da presente Convenção, qualquer decisão que requeira a aprovação de uma das Partes Contratantes será aprovada ou considerada aprovada nos sessenta dias a contar da notificação feita pela outra Parte.

SECÇÃO IV. Âmbito de aplicação

Art. 224.º

No âmbito da Convenção, a cooperação para o financiamento do desenvolvimento abrangerá:
a) Projectos e programas de investimento;
b) A reabilitação de projectos e programas;
c) Projectos sectoriais e gerais de apoio às importações, nos termos do artigo 225.º, que podem assumir a forma de:
  i) Programas sectoriais de importação (PSI) de bens; e/ou
  ii) Programas sectoriais de importação (PSI) sob a forma de contribuições em divisas desembolsadas por parcelas para financiar importações sectoriais; e/ou
  iii) Programas gerais da importação (PGI) sob a forma de contribuições em divisas desembolsadas por parcelas para financiar importações gerais, que abrangem um amplo leque de produtos.
d) O apoio orçamental destinado a atenuar as contingências financeiras internas pela utilização dos fundos de contrapartida gerados pelos diversos instrumentos comunitários;
e) O apoio a medidas que contribuam para aliviar os encargos da dívida e para atenuar os problemas da balança de pagamentos;
f) Programas de cooperação técnica;
g) A aplicação de meios flexíveis de apoio dos esforços das comunidades de base;
h) As despesas recorrentes dos projectos e programas novos, em curso e terminados (nomeadamente as despesas correntes de administração, de funcionamento e de manutenção, em moeda local e em divisas);
i) Caso a caso, as despesas suplementares suportadas pelos Estados ACP que digam exclusivamente respeito à administração e à supervisão dos

projectos e programas financiados pelo Fundo Europeu de Desenvolvimento, a seguir, designado por "o Fundo";
j) As linhas de crédito e o apoio aos mecanismos regionais de pagamento e às operações relativas aos créditos à exportação nos Estados ACP;
k) As tomadas de participação;
l) Uma combinação de todos ou parte dos elementos acima referidos integrados em programas de desenvolvimento sectorial.

Art. 225.º

Os programas sectoriais de importação serão financiados, a pedido, pelos fundos do programa indicativo com vista a apoiar as medidas adoptadas pelo Estado ACP interessado no ou nos sectores para os quais é solicitado o contributo nos termos do artigo 281.º. Os programas de importação destinam-se a contribuir para um rendimento óptimo dos sectores produtivos da economia, para a expansão da capacidade de produção e de exportação, para a transferência ou desenvolvimento das tecnologias e para a satisfação das necessidades fundamentais do homem. Os programas de importação poderão incluir o financiamento de *inputs* destinados ao sistema de produção, como bens de equipamento e bens intermédios, matérias-primas, peças sobressalentes, adubos, insecticidas e fornecimentos que permitam melhorar os serviços e o nível do sistema de saúde e de ensino. Além disso, os fundos concedidos a título de apoio ao ajustamento estrutural poderão ser utilizados para os programas sectoriais de importação referidos na alínea c), pontos i) e ii), do artigo 224.º e para os programas gerais de importação referidos na alínea c), ponto iii), do artigo 224.º.

Art. 226.º

Salvo disposição em contrário, os fundos de contrapartida gerados pelos diversos instrumentos comunitários serão orientados para o financiamento das despesas locais:
a) Dos projectos e programas do Fundo no âmbito do programa indicativo;
b) De outros projectos e programas acordados;
c) De rubricas orçamentais específicas, no âmbito dos programas de despesas públicas dos Estados ACP, tais como as que são aplicadas nos domínios da saúde, do ensino, da formação, da criação de emprego e da protecção do ambiente;
d) Das medidas destinadas a atenuar as repercussões sociais negativas do ajustamento estrutural;
Estas medidas poderão incluir:
i) Ajudas às organizações locais tais como cooperativas e outros tipos de associações de entreajuda;
ii) O apoio a grupos-alvo a nível da nutrição e da saúde e a modernização das infra-estruturas dos serviços de saúde;
iii) Acções de reciclagem;

iv) O ensino pré-escolar e primário, nomeadamente nas zonas desfavorecidas;

v) A recuperação, a manutenção e a modernização das infra-estruturas económicas e social;

vi) O pagamento de subsídios de cessação de funções aos trabalhadores despedidos do sector público ou semi-público, ou uma contribuição com vista a manter o seu emprego durante um período determinado, ou ainda a ajuda à procura de outro emprego;

vii) O fornecimento ou a contribuição para a compra de ferramentas de base;

viii) Pequenos projectos com forte componente de mão-de-obra, susceptíveis de criar empregos para os trabalhadores não qualificados, os jovens e as mulheres, assegurando a sua formação e contribuindo para a organização ou para o desenvolvimento das infra-estruturas tanto das zonas rurais como das zonas urbanas;

ix) O reforço da capacidade de os quadros do Estado ACP administrarem os programas sociais;

x) Medidas com vista a ajudar as mulheres, as pessoas de idade, os deficientes e outros grupos vulneráveis para os quais as repercussões sociais negativas do ajustamento estrutural são especialmente gravosas.

Art. 227.º

1. Poderão ser concedidos a um Estado ACP fundos para financiar despesas recorrentes (nomeadamente as despesas de administração, de manutenção e de funcionamento), de modo a assegurar uma utilização óptima dos investimentos que assumem uma importância particular para o desenvolvimento económico e social do Estado ACP em causa e cuja exploração represente temporariamente um encargo para o Estado ACP ou para outros possíveis beneficiários. Este apoio pode abranger, para os projectos e programas anteriores ou novos em curso, as despesas correntes de administração e de funcionamento, tais como:

a) As despesas efectuadas durante o período de arranque para o estabelecimento, o lançamento e a exploração dos projectos ou programas de equipamento;

b) As despesas de exploração, manutenção e/ou de administração dos projectos e programas de equipamento aplicados anteriormente.

2. Será concedido um tratamento especial ao financiamento das despesas recorrentes nos Estados ACP menos desenvolvidos.

Art. 228.º

As ajudas financeiras a título da Convenção poderão cobrir a totalidade das despesas e locais e externas dos projectos e programas.

SECÇÃO V. **Sectores de intervenção**

Art. 229.º

1. No âmbito das prioridades fixadas pelo ou pelos Estados ACP em causa, tanto a nível nacional como a nível regional, poderá ser concedido apoio a projectos e programas em todos os sectores ou domínios referidos na presente Convenção, apoio esse que poderá incidir, nomeadamente:

   a) No desenvolvimento agrícola e rural, nomeadamente nos programas centrados na auto-suficiência e na segurança alimentares;
   b) Na industrialização, no artesanato, na energia, nas minas e no turismo;
   c) Na infra-estrutura económica e social;
   d) No melhoramento estrutural dos sectores produtivos da economia;
   e) Na salvaguarda e na protecção do ambiente;
   f) Na investigação, exploração e valorização dos recursos naturais;
   g) Nos programas de educação e de formação, na investigação científica e técnica fundamental e aplicada, na adaptação ou na inovação tecnológica, bem como na transferência de tecnologia;
   h) Na promoção e informação industrial;
   i) Na comercialização e na promoção das vendas;
   j) Na promoção, no desenvolvimento e no reforço das pequenas e médias empresas nacionais e regionais;
   k) No apoio aos bancos de desenvolvimento e as instituições financeiras nacionais e regionais, bem como às instituições de compensação e de pagamento encarregadas de promover as trocas comerciais regionais e intra-ACP;
   l) Nas micro-realizações de desenvolvimento na base;
   m) Nos transportes e comunicações, nomeadamente na promoção dos transportes aéreos e marítimos;
   n) Na valorização dos recursos haliêuticos;
   o) No desenvolvimento e na utilização óptima dos recursos humanos, tendo particularmente em atenção o papel da mulher no desenvolvimento;
   p) No melhoramento das infra-estruturas e dos serviços sócio-culturais, nomeadamente em matéria de saúde, de alojamento, de abastecimento da água, etc.;
   q) Na assistência às organizações profissionais e comerciais ACP e ACP--CEE, com vista a melhorar a produção e a comercialização dos produtos nos mercados externos;
   r) No apoio aos programas de ajustamento estrutural, contribuindo assim igualmente para aliviar a dívida;
   s) Na promoção e apoio aos investimentos;
   t) Nas acções de desenvolvimento apresentadas por organizações económicas, culturais, sociais e educativas, no âmbito da cooperação descentralizada, especialmente quando tais acções associam os esforços e os meios de organizações ACP e das suas homólogas da Comunidade.

2. Estes projectos e programas poderão incidir igualmente em acções específicas, tais como:
   a) A luta contra a seca e a desertificação e a protecção dos recursos naturais;
   b) A ajuda aos Estados ACP nos domínios da prevenção das catástrofes e da preparação para fazer face às catástrofes, nomeadamente para organizar sistemas de prevenção e alerta rápidos, com vista a atenuar as consequências dessas catástrofes;
   c) A luta contra as endemias e epidemias humanas;
   d) A higiene e a saúde primária;
   e) A luta contra as doenças endémicas do gado;
   f) A procura de poupanças de energia;
   g) As acções a longo prazo em geral que ultrapassem um horizonte temporal determinado.

SECÇÃO VI. **Elegibilidade para o financiamento**

Art. 230.º

1. Beneficiarão de apoio financeiro a título da Convenção, as entidades ou organismos seguintes:
   a) Os Estados ACP;
   b) Os organismos regionais, ou inter-estatais de que fazem parte um ou mais Estados ACP e que para tal sejam habilitados por esses Estados;
   c) Os organismos mistos instituídos pelos Estados ACP e pela Comunidade com vista à realização de determinados objectivos específicos.

2. Beneficiarão igualmente de apoio financeiro com o acordo do ou dos Estados ACP em causa:
   a) Os organismos públicos ou semi-públicos nacionais e/ou regionais, os ministérios ou as colectividades locais dos Estados ACP, nomeadamente as instituições financeiras e os bancos de desenvolvimento;
   b) As sociedades e empresas dos Estados ACP;
   c) As empresas de um Estado-membro da Comunidade, a fim de lhes permitir, para além da sua contribuição própria, empreender projectos produtivos no território de um Estado ACP;
   d) Os intermediários financeiros ACP ou CEE que concedam meios de financiamento às pequenas e médias empresas, bem como as instituições financeiras que promovam e financiem os investimentos privados nos Estados ACP;
   e) As colectividades locais e os organismos privados dos Estados ACP que participem no desenvolvimento económico, social e cultural;
   f) Os agrupamentos de produtores nacionais dos Estados ACP;
   g) As Comunidades locais, as cooperativas, os sindicatos, as ONG, os estabelecimentos de ensino e de investigação dos Estados ACP e da Comuni-

dade, a fim de lhes permitir empreender projectos e programas económicos, culturais, sociais e educativos nos Estados ACP, no âmbito da cooperação descentralizada.

CAPÍTULO II.   Cooperação financeira

SECÇÃO I.   Meios de financiamento

Art. 231.º

Para os fins estabelecidos no presente título, o montante global das contribuições financeiras da comunidade está indicado no Protocolo Financeiro anexo à presente Convenção.

Art. 232.º

1. Em caso de não ratificação ou de denúncia da presente Convenção por um Estado ACP, as Partes Contratantes ajustarão os montantes dos meios financeiros previstos no Protocolo Financeiro.

2. Este ajustamento efectuar-se-á igualmente em caso:
   a) De adesão à presente Convenção de novos Estados ACP que não tenham participado na respectiva negociação;
   b) De alargamento da Comunidade a novos Estados-membros.

SECÇÃO II.   Modos e condições de financiamento

Art. 233.º

1. Os projectos ou programas poderão ser financiados, quer através de subvenções, de capitais de risco a título de fundos ou de empréstimos do Banco concedidos através dos seus recursos próprios, quer recorrendo-se conjuntamente a dois ou mais desses modos de financiamento.

2. Os modos de financiamento de cada projecto ou programa serão determinados em conjunto pelo ou pelos Estados ACP interessados e pela Comunidade, em função:
   a) Do nível de desenvolvimento e da situação geográfica, económica e financeira desses Estados;
   b) Da natureza do projecto ou programa, das suas perspectivas de rentabilidade económica e financeira e do seu impacto social e cultural; e
   c) No caso de empréstimos, dos factores que garantem o serviço desses empréstimos.

3. A ajuda financeira pode ser concedida aos Estados ACP interessados, quer por intermédio dos Estados ACP, quer, com o seu acordo, por intermédio de instituições financeiras elegíveis ou directamente a qualquer outro beneficiário elegível.

4. Sempre que a ajuda financeira for concedida ao beneficiário final através de um intermediário:
   a) As condições de concessão desses fundos ao beneficiário final através de um intermediário serão fixadas no acordo de financiamento ou no contrato de empréstimo;
   b) Qualquer margem de lucro que advenha ao intermediário na sequência desta transacção será utilizada para fins de desenvolvimento nas condições previstas no acordo de financiamento ou no contrato de empréstimo, depois de terem sido tomados em consideração os custos administrativos, os riscos financeiros e de câmbio e os custos da assistência técnica fornecida ao beneficiário final.

Art. 234.º

1. Os capitais de risco poderão tomar a forma de empréstimos ou de participações no capital.
   a) Os empréstimos poderão ser concedidos principalmente sob a forma de:
      i) Empréstimos subordinados, cujo reembolso e, eventualmente, o pagamento dos juros, só será efectuado após a extinção das outras dívidas bancárias;
      ii) Empréstimos condicionais, cujo reembolso e/ou duração dependem da realização de determinadas condições relativas aos resultados do projecto financiado, tais como o lucro ou a produção prevista. As condições específicas serão fixadas aquando da concessão do empréstimo;
   b) Poderão ser utilizadas participações no capital para adquirir temporariamente, em nome da Comunidade, partes minoritárias no capital de empresas ACP ou de instituições que financiem projectos de desenvolvimento nos Estados ACP ou de instituições financeiras ACP que promovam e financiem investimentos privados nos Estados ACP. Estas participações serão transferidas para cidadãos ou para instituições dos Estados ACP ou utilizadas de outro modo, de acordo com o Estado ACP em causa, logo que se encontrem reunidas as condições exigidas;
   c) As condições aplicáveis às operações sobre capitais de risco dependerão das características de cada projecto ou programa e serão em geral mais favoráveis do que as aplicadas aos empréstimos bonificados. No que se refere aos empréstimos, a taxa de juro não ultrapassará em caso algum 3%.

2. Afim de atenuar os efeitos das flutuações das taxas de câmbio, o problema do risco de câmbio será tratado do seguinte modo:
   a) Em caso de operações sobre capitais de risco destinadas a reforçar os fundos próprios de uma empresa, o risco de câmbio será normalmente suportado pela Comunidade;
   b) Em caso de financiamento por capitais de risco dos investimentos das sociedades privadas e das PME, o risco de câmbio será repartido entre a

Comunidade, por um lado, e as restantes partes interessadas, por outro lado. Em média, o risco de câmbio será repartido em partes iguais.

Art. 235.º
Os empréstimos concedidos pelo Banco através dos seus recursos próprios serão subordinados aos termos e condições seguintes:
  a) A taxa de juro antes da bonificação será a praticada pelo Banco para as divisas, a duração e as modalidades de amortização fixados para esse empréstimo no dia da assinatura do contrato;
  b) Esta taxa será diminuída através de uma bonificação de 4%. A taxa de bonificação será automaticamente ajustada de modo a que a taxa de juro a suportar pelo mutuário não seja nem inferior a 3% nem superior a 6%, para um empréstimo contraído à taxa de referência. A taxa de referência fixada para o cálculo do ajustamento da taxa de bonificação será a taxa do *ecu* praticada pelo Banco para um empréstimo nas mesmas condições de duração e modalidades de amortização, no dia da assinatura do contrato;
  c) O montante das bonificações de juro, calculado nos termos do seu valor no momento das transferências do empréstimo, será deduzido do montante das subvenções e transferido directamente para o Banco;
  d) Os empréstimos concedidos pelo Banco através dos seus recursos próprios estarão sujeitos a condições de duração fixadas com base nas características económicas e financeiras do projecto; esta duração não poderá ultrapassar vinte e cinco anos. Estes empréstimos incluirão normalmente uma amortização diferida fixada em função da duração das obras e das necessidades de tesouraria do projecto.

Art. 236.º
O Banco:
  a) Contribuirá, por meio dos recursos que gere, para o desenvolvimento económico e industrial dos Estados ACP a nível nacional e regional; para o efeito, financiará prioritariamente os projectos e programas produtivos nos sectores da indústria, da agro-indústria, do turismo, das minas e da energia, e no domínio dos transportes e telecomunicações ligados àqueles sectores. Estas prioridades sectoriais não excluem a possibilidade de o Banco financiar, através dos seus recursos próprios, projectos e programas produtivos noutros sectores, nomeadamente no das culturas industriais;
  b) Estabelecerá estreitas relações de cooperação com bancos nacionais e regionais de desenvolvimento e com instituições bancárias e financeiras dos Estados ACP;
  c) Em colaboração com os Estados ACP em causa, adaptará as modalidades e procedimentos de aplicação da cooperação para o financiamento do desenvolvimento, tal como definidas na Convenção, para se necessário

ter em conta a natureza dos projectos e programas e agir em conformidade com os objectivos da Convenção, no âmbito dos procedimentos fixados nos seus estatutos.

Art. 237.º

No que se refere aos empréstimos concedidos ou às participações no capital a título da Convenção que tiverem sido objecto do acordo escrito do ou dos Estados ACP interessados, estes:

  a) Isentarão de quaisquer taxas ou impostos fiscais, nacionais ou locais, os juros, comissões e amortizações dos empréstimos devidos a título da legislação em vigor no Estado ou Estados ACP em causa;
  b) Colocarão à disposição dos beneficiários as divisas necessárias ao pagamento dos juros, comissões e amortizações dos empréstimos concedidos a título dos contratos de financiamento celebrados para a aplicação de projectos e programas no seu território;
  d) Colocarão à disposição do Banco as divisas necessárias para a transferência de todas as somas por ele recebidas em moedas nacionais respeitantes às receitas e produtos líquidos das operações de participação da Comunidade nas empresas à taxa de câmbio em vigor entre o *ecu* ou outras moedas de transferência, e a moeda nacional à data da transferência.

Art. 238.º

Será concedido tratamento especial aos Estados ACP menos desenvolvidos aquando da determinação do volume de meios de financiamento que estes Estados podem receber da Comunidade no âmbito do seu programa indicativo. Por outro lado, serão tidas em consideração as dificuldades específicas dos Estados ACP sem litoral e insulares. Estes meios de financiamento obedecerão a condições de financiamento mais favoráveis, tendo em conta a situação económica e a natureza das necessidades próprias de cada Estado. Consistirão essencialmente em subvenções e, nos casos adequados, em capitais de risco ou empréstimos do Banco, tendo em conta nomeadamente os critérios definidos no n.º 2 do artigo 233.º.

SECÇÃO III. **Dívida e apoio ao ajustamento estrutural**

Dívida

Art. 239.º

1. Os Estados ACP e a Comunidade consideram que a situação da dívida externa dos Estados ACP se tornou um problema crítico de desenvolvimento e que as pesadas obrigações de serviço da dívida daí decorrentes originam uma redução da capacidade de importação e do nível dos investimentos nesses Estados, comprometendo assim o seu crescimento e o seu desenvolvimento.

2. Os Estados ACP e a Comunidade reafirmam a sua vontade em desenvolver e aplicar os diferentes instrumentos da Convenção de modo coordenado e integrado e em aplicar as medidas seguintes, com vista a contribuir para aliviar o encargo da dívida dos Estados ACP e a atenuar os seus problemas de balança de pagamentos com vista a estimular o recomeço da actividade e relançar o crescimento.

Art. 240.º
1. Com vista a evitar o crescimento da dívida dos Estados ACP, o financiamento a título da presente Convenção, excluindo os empréstimos do Banco e os capitais de risco, será concedido sobre a forma de donativos.

Serão tomadas nomeadamente, as seguintes medidas e acções:
a) Para os projectos de alta rentabilidade, nomeadamente para o financiamento a título do SYSMIN, será seguido um processo em duas fases, que prevê que os Estados ACP receberão os donativos e que emprestarão em seguida os recursos nos termos e condições adequados ao mercado. Serão tomadas medidas adequadas para que os juros e os reembolsos sejam depositados numa conta de fundo de contrapartida, após dedução de um imposto a uma taxa estabelecida. Esse fundo será gerido de acordo com os procedimentos normais estabelecidos para os financiamentos deste tipo decorrentes de ajuda comunitária;
b) As transferências STABEX serão concedidas sem que os Estados ACP beneficiários tenham a obrigação de reconstituir os recursos do sistema.

2. Além disso, a Comunidade acorda em:
a) Favorecer, caso a caso, a utilização acelerada dos recursos dos programas indicativos precedentes que não tiverem sido utilizados através dos instrumentos de desembolso rápido previstos na Convenção, com vista a contribuir para atenuar o encargo de dívida;
b) Conceder, a pedido de um Estado ACP:
  i) Uma assistência para estudar e encontrar soluções concretas para o endividamento, para as dificuldades do serviço da dívida e para os problemas do balança de pagamentos;
  ii) Uma formação em matéria de gestão da dívida externa e de negociação financeira internacional, bem como uma ajuda a oficinas, cursos e seminários de formação nestes domínios;
  iii) Uma ajuda aos Estados ACP para aperfeiçoarem técnicas e instrumentos flexíveis de gestão da dívida, a fim de fazerem face às flutuações imprevistas das taxas de juro e das taxas de câmbio;
c) Encorajar as suas Instituições, incluindo o Banco, a desempenhar um papel mais activo de catalisador de novos fluxos de financiamento para os Estados ACP afectados pela dívida.

Art. 241.º

1. A Comunidade compromete-se a apoiar os esforços realizados pelos Estados ACP para:
   a) Empreenderem reformas destinadas a melhorar o funcionamento das suas economias;
   b) Reforçarem os seus mecanismos de gestão da dívida externa a nível nacional, a fim de exercerem um controlo mais eficaz dos empréstimos externos do sector público e de acompanharem os empréstimos do sector privado;
   c) Repatriarem os capitais;
   d) Intensificarem os seus esforços com vista a reduzirem a inflação e a aplicarem medidas destinadas a aumentar a poupança nacional;
   e) Tomarem medidas concretas para melhorar a qualidade dos investimentos tanto no sector público como no sector privado;
   f) Adoptarem as medidas apropriadas de incentivo para os projectos que geram ou poupam divisas;
   g) Como objectivo a longo prazo, desenvolverem mercados financeiros subregionais que possam servir como um mecanismo eficaz para atrair os fundos excedentários ACP colocados no estrangeiro;
   h) Adoptarem medidas com vista a aumentar o comércio intra ACP, mediante a utilização dos mecanismos regionais e subregionais do pagamento existentes e encorajarem os acordos de compensação e os seguros de crédito para todas as operações comerciais intra ACP.

Art. 242.º

A fim de contribuir para o serviço da dívida resultante dos empréstimos comunitários provenientes dos recursos próprios do Banco, dos empréstimos especiais e dos capitais de risco, os Estados ACP poderão, de acordo com modalidades a definir caso a caso com a Comissão, utilizar as divisas disponíveis referidas no artigo 319.º para este serviço, em função de vencimento de dívida e no limite das necessidades de pagamentos em moeda nacional.

Apoio ao ajustamento estrutural

Art. 243.º

Os Estados ACP e a CEE reconhecem que os problemas económicos e sociais com que os Estados ACP se debatem resultam de factores tanto internos como externos. Os Estados ACP e a Comunidade consideram que há que agir urgentemente e reconhecem que as políticas a curto e a médio prazo deverão reforçar os esforços e os objectivos de desenvolvimento dos Estados ACP a longo prazo. Para esse efeito, os Estados ACP e a CEE acordam em que a Convenção deverá apoiar o ajustamento estrutural, a fim de encorajar os esforços desenvolvidos pelos Estados ACP no sentido de:

a) Criar um ambiente económico favorável ao relançamento ou à aceleração do crescimento do PIB e do emprego;
b) Melhorar o bem estar social e económico da população no seu conjunto;
c) Melhorar a administração do sector público e dar incentivos apropriados ao sector privado;
d) Aumentar o nível da produtividade nos sectores-chave da economia;
e) Diversificar mais a economia no âmbito dos esforços desenvolvidos com vista a aumentar a flexibilidade da economia e a reduzir os desequilíbrios internos e externos, mantendo simultaneamente o crescimento do PIB;
f) Melhorar a situação de balança de pagamentos e aumentar as reservas em divisas;
g) Procurar que o ajustamento seja economicamente viável e social e politicamente suportável.

Art. 244.º

O apoio ao ajustamento assenta nos seguintes princípios:
a) É principalmente aos Estados ACP que cabe analisar os problemas a resolver e preparar os programas de reforma;
b) Os programas de apoio serão adaptados à situação particular de cada Estado ACP e terão em conta as condições sociais, culturais e ambientais dos Estados ACP;
c) A ajuda apoiará os objectivos prioritários do Estado ACP em matéria de desenvolvimento, tais como o desenvolvimento agrícola e rural, a segurança alimentar, o desenvolvimento das actividades de transformação, comercialização, distribuição e transporte e a protecção do ambiente, e contribuirá para avaliar os encargos da dívida;
d) O apoio ao investimento inserir-se-á no modelo político e económico do Estado ACP em causa;
e) O direito dos Estados ACP a determinarem a orientação das suas estratégias e prioridades de desenvolvimento será reconhecido e respeitado;
f) Tanto as reformas como o programa de apoio deverão prever desde o início medidas destinadas a atenuar os efeitos negativos no plano social que poderão resultar do processo de ajustamento; no âmbito da realização dos objectivos de crescimento económico e de justiça social, será prestada especial atenção às categorias sociais mais vulneráveis, nomeadamente os pobres, os desempregados, as mulheres e as crianças;
g) O ritmo dos programas de reforma será realista e compatível com as capacidades e os meios de cada Estado ACP, enquanto que a aplicação dos programas de apoio será flexível e adaptada às competências de gestão;
h) O pagamento rápido será uma das características principais dos programas de apoio;
i) O apoio será prestado no contexto de uma avaliação conjunta pela Comunidade e pelo Estado ACP em causa das reformas de carácter macro-económico ou sectorial já aplicadas ou previstas.

Art. 245.º

1. Para efeitos de apoio ao ajustamento estrutural, será concedida pela Comunidade uma ajuda financeira sob a forma de subvenções:
   a) Nos termos do artigo 1.º de Protocolo Financeiro, e
   b) A partir do programa indicativo, nos termos do n.º 2, alínea c), do artigo 281.º.

2. A expiração do Protocolo Financeiro, as dotações específicas destinadas ao apoio ao ajustamento não utilizadas reverterão para a massa do Fundo, salvo decisão em contrário do Conselho de Ministros, para financiar outras acções de cooperação para o financiamento do desenvolvimento, nomeadamente a ajuda programável.

Art. 246.º

1. Todos os Estados ACP serão em princípio elegíveis para apoio ao ajustamento estrutural, sob reserva da dimensão das reformas empreendidas ou previstas no plano macro-económico ou sectorial, da sua eficácia e da sua provável incidência sobre a dimensão económica, social e política do desenvolvimento e em função das dificuldades económicas e sociais com as quais esses Estados se debatem, avaliadas por meio de indicadores tais como:
   a) O nível de endividamento e os encargos do serviço da dívida;
   b) As dificuldades da balança de pagamentos;
   c) A situação orçamental;
   d) A situação monetária;
   e) A taxa de crescimento do rendimento nacional real;
   f) O nível de desemprego;
   g) A situação em domínios sociais como a nutrição, o alojamento, a saúde e o ensino.

2. Os Estados ACP que empreenderam programas de reforma reconhecidos e apoiados pelo menos pelos principais fornecedores de fundos multilaterais, ou acordados com esses doadores mas não necessariamente apoiados financeiramente por eles, serão considerados com tendo automaticamente satisfeito as exigências necessárias para a obtenção de uma ajuda ao ajustamento.

3. Para apreciação das dificuldades sociais e económicas referidas no n.º 1, será prestada especial atenção aos Estados ACP menos desenvolvidos.

Art. 247.º

1. Os meios de financiamento afectos ao ajustamento estrutural poderão ser mobilizados, a pedido do Estado ACP interessado, quer no início, quer no decurso do período de aplicação do Protocolo Financeiro.

2. Este apoio ao esforço de ajustamento revestirá a forma de:
   a) Programas sectoriais ou gerais de importações, em conformidade com a alínea c) do artigo 224.º e com o artigo 225.º;
   b) Uma assistência técnica ligada a programas de apoio ao ajustamento estrutural.

3. Além disso, para atenuar os condicionalismos financeiros internos que se deparam aos Estados ACP, os fundos de contrapartida gerados pelos vários instrumentos comunitários poderão ser utilizados nos termos do artigo 226.º.

4. O apoio ao ajustamento será aplicado de modo flexível e os instrumentos serão escolhidos caso a caso.

Para os países que empreendam reformas de carácter macro-económico, o instrumento mais apropriado será normalmente um PGI coerente com o conceito de apoio ao ajustamento definido na Convenção. Em caso de ajustamento a nível sectorial, a ajuda comunitária será concedida sob a forma de PSI em bens ou em divisas.

Os PSI poderão igualmente revelar-se úteis no caso de reformas macro-económicas, para se obter um impacto sectorial mais pronunciado.

Art. 248.º
A execução de cada programa de apoio:
  a) Será adaptada às necessidades de cada Estado beneficiário;
  b) Assegurará a coerência entre o recurso aos diferentes instrumentos de apoio e o conceito de ajustamento estrutural definido nos artigos 243.º e 244.º;
  c) Assegurará um acesso tão amplo e transparente quanto possível aos operadores dos Estados ACP e a melhor relação qualidade/preço possível para os bens importados. Para o efeito, as normas da Convenção em matéria de concursos públicos deverão ser aplicados de modo flexível, a fim de permitir:
    – assegurar pagamentos rápidos;
    – reduzir ao mínimo os encargos administrativos dos Estado ACP em causa;
    – conciliar tais normas com as práticas administrativas e comerciais desse Estado;
  d) Será objecto de um acordo com o organismo ACP encarregado da aplicação do programa.

Art. 249.º
A fim de aumentar o fluxo de meios de financiamento, a Comunidade poderá, com o acordo do Estado ACP interessado, participar em co-financiamentos com outros fornecedores de fundos. As disposições da Convenção sobre estes co-financiamento são aplicáveis. Para o efeito, e para assegurar uma utilização eficaz dos meios de financiamento e reduzir os prazos, serão feitos esforços, sem prejuízo do acordo do Estado ACP em causa e com a sua participação efectiva, a fim de:
  a) Coordenar a iniciativa dos vários fornecedores de fundos em matéria de apoio ao ajustamento estrutural;
  b) Coordenar a execução operacional de modo simples e eficaz em relação ao custo.

Art. 250.º

1. O pedido de apoio ao ajustamento estrutural feito pelo Estado ACP indicará nas suas grandes linhas os problemas subjacentes que o Estado ACP deseja resolver e as medidas e acções executadas ou previstas, os domínios para os quais é necessário um apoio, às repercussões sociais actuais ou previstas e às soluções propostas para as atenuar, bem como uma estimativa do custo do programa de apoio para o qual é pedida a ajuda e a data provável da sua conclusão.

2. A preparação e a instrução dos programas de ajustamento estrutural e as decisões de financiamento serão realizadas em conformidade com as disposições do Capítulo V relativas aos processos de aplicação, tendo devidamente em conta a necessidade de assegurar o desembolso rápido dos pagamentos a título do ajustamento estrutural. Em certos casos, poderá ser autorizado o financiamento rectroactivo de uma parte limitada das importações de origem ACP/CEE.

3. No caso de programa em divisas, os créditos concedidos serão transferidos para uma conta bancária em *ecus* aberta pelo Estado ACP interessado num Estado-membro, através da qual serão efectuados todos os pagamentos relativos ao programa. Tais créditos serão considerados como um adiantamento de tesouraria que deverá ser comprovado por documentos justificativos.

SECÇÃO IV. **Co-financiamentos**

Art. 251.º

1. A pedido dos Estados ACP, os meios de financiamento da Convenção, poderão ser afectados a co-financiamentos (especialmente com organismos e instituições de desenvolvimento dos Estados-membros da CEE, dos Estados ACP ou de países terceiros ou com instituições financeiras internacionais ou privadas, empresas ou organismos de crédito à exportação).

2. Será prestada especial atenção às possibilidades de co-financiamentos, nomeadamente nos seguintes casos:

   a) Grandes projectos não susceptíveis de serem financiados por uma única fonte de financiamento;

   b) Projectos nos quais a participação da Comunidade e a sua experiência em matéria de projectos poderiam facilitar a participação de outras instituições de financiamento;

   c) Projectos que podem beneficiar de financiamentos mistos em condições flexíveis e de financiamentos em condições normais;

   d) Projectos que podem ser decompostos em subprojectos susceptíveis de beneficiarem de fontes de financiamento distintas;

   e) Projectos em relação aos quais poderá ser vantajosa uma diversificação de financiamento na perspectiva do custo do financiamento e dos investimentos, bem como de outros aspectos ligados à realização dos referidos projectos;

   f) Projectos com carácter regional ou inter-regional.

3. Os co-financiamentos poderão assumir a forma de financiamentos conjuntos ou de financiamentos paralelos. Em cada caso, será dada preferência à fórmula mais apropriada do ponto de vista do custo e da eficácia.

4. Com o acordo das partes em causa:
   a) As intervenções da Comunidade e as intervenções dos outros co-financiadores serão objecto das medidas de harmonização e de coordenação necessárias para diminuir e tornar mais flexíveis os trâmites seguidos pelos Estados ACP, nomeadamente no que diz respeito:
      i) Às necessidades dos outros co-financiadores e dos beneficiários;
      ii) À escolha dos projectos a co-financiar e às disposições relativas à sua aplicação;
      iii) À harmonização das normas e procedimentos relativos aos contratos de obras, fornecimentos e serviços;
      iv) Às condições de pagamento;
      v) Às regras de admissibilidade e de concorrência;
      vi) À margem de preferência concedida às empresas dos Estados ACP.
   b) O processo de consulta e de coordenação com os outros fornecedores de fundos e co-financiadores deverá ser reforçado e desenvolvido, celebrando, logo que possível, acordos-quadro de co-financiamento, as orientações e procedimentos em matéria de co-financiamento deverão ser revistas para garantir a eficácia e as melhores condições possíveis;
   c) A Comunidade podará conceder aos outros co-financiadores um apoio administrativo ou desempenhar o papel de orientador ou de coordenador nos projectos em cujo financiamento participa, a fim de facilitar a realização dos projectos ou programas co-financiados.

SECÇÃO V. **Micro-projectos**

Art. 252.º

1. Tendo em vista responder às necessidades das colectividades locais em matéria de desenvolvimento, o Fundo participará, a pedido do Estado ACP em causa, no financiamento de micro-projectos a nível local que:
   a) Tenham um impacto económico e social na vida das populações;
   b) Respondam a uma necessidade prioritária manifestada e verificada;
   c) Sejam realizados por iniciativa e com a participação activa da colectividade local beneficiária.

2. O financiamento dos micro-projectos será assegurado:
   a) Pela colectividade local em causa, sob a forma de uma contribuição em bens, serviços ou dinheiro, em função das suas possibilidades;
   b) Pelo Fundo, cuja contribuição não poderá em princípio ultrapassar três quartos do custo total de cada projecto nem ser superior a 300 000 *ecus*;

c) Pelo Estado ACP em causa, a título excepcional, sob a forma de uma contribuição financeira, de uma participação em equipamentos públicos ou de prestação de serviços.

3. Os montantes correspondentes à contribuição do Fundo serão retirados das subvenções concedidas ao abrigo do programa indicativo nacional.

4. Será dada prioridade especial à preparação e à execução de microprojectos nos Estados ACP menos desenvolvidos.

Art. 253.º

Com o acordo dos Estados ACP em causa e a pedido das colectividades locais ACP interessadas e em conformidade com as disposições relativas aos programas plurianuais previstos no artigo 290.º, as organizações sem fins lucrativos dos países ACP e da Comunidade terão, além das possibilidades do co-financiamento, a possibilidade de coordenar, supervisionar ou realizar micro-projectos e/ou programas plurianuais de micro-projectos.

SECÇÃO VI. **Ajudas de emergência**

Art. 254.º

1. As ajudas de emergência serão concedidas aos Estados ACP confrontados com dificuldades económicas e sociais graves, de carácter excepcional, decorrentes de calamidades naturais, ou de circunstâncias extraordinárias de efeitos comparáveis. As ajudas de emergência, que têm por objectivo contribuir realmente, pelos meios mais adequados, para remediar as dificuldades imediatas:
   a) Serão suficientemente flexíveis para se revestirem de qualquer forma, segundo as circunstâncias, incluindo o fornecimento de uma vasta gama de bens e serviços essenciais e/ou pagamentos em dinheiro às vítimas;
   b) Podem igualmente abranger o financiamento de medidas imediatas que permitam assegurar a reentrada em funcionamento e a viabilidade mínima de obras ou equipamentos danificados;
   c) Não serão reembolsáveis e serão concedidas com rapidez e flexibilidade.

2. A Comunidade tomará as disposições necessárias para facilitar a rapidez das acções necessárias, para responder à situação de emergência.

Para esse efeito:
   a) Os créditos de ajuda de emergência devem ser integralmente autorizados e utilizados, e as acções concluídas no prazo de 180 dias a contar da data de fixação das regras de execução salvo disposições em contrário tomadas de comum acordo;
   b) Sempre que a totalidade dos créditos abertos não tenha sido utilizada nos prazos fixados ou em qualquer outro prazo acordado em conformidade com a alínea a), o saldo será reafectado à dotação especial referida no protocolo financeiro;

c) As regras de atribuição e de execução de ajuda de emergência serão objecto de processos de carácter urgente e flexível;

d) Os recursos poderão ser utilizados para o financiamento retroactivo das medidas de socorro imediatas tomadas pelos próprios Estados ACP.

Art. 255.º

1. Podem ser concedidas ajudas aos Estados ACP que acolham refugiados ou repatriados, para a satisfação das necessidades graves não cobertas pela ajuda de emergência, bem como para a realização a mais longo prazo de projectos e programas de acção que tentam por objectivo a auto-suficiência e a integração ou reintegração destas populações.

2. Podem ser previstas ajudas semelhantes às referidas no n.º 1 com o objectivo de facilitar a integração ou a reintegração voluntária de pessoas que tenham sido obrigadas a abandonar o seu domínio devido a um conflito ou a uma catástrofe natural. Todos os factores que estiverem na origem da deslocação em questão, bem como os desejos da população em causa e as responsabilidades do Governo no que respeita à satisfação das necessidades da sua população, serão tomados em consideração na aplicação da presente disposição.

3. Dado o objectivo de desenvolvimento das ajudas concedidas em conformidade com este artigo, essas ajudas poderão ser utilizadas conjuntamente com as dotações do programa indicativo do Estado em causa.

4. As referidas ajudas serão geridas e executadas segundo procedimentos que permitam intervenções flexíveis e rápidas. Convém zelar muito particularmente por que as populações em causa sejam ajudadas do modo mais eficaz possível. As condições de pagamento e de execução serão fixadas caso a caso. Estas ajudas podem ser executadas, com o acordo do Estado ACP, com a colaboração de organismos especializados, nomeadamente das Nações Unidas, ou directamente pela Comissão.

Art. 256.º

Os contratos relativos às ajudas de emergência serão atribuídos segundo as regras fixadas na Secção V do Capítulo V.

Art. 257.º

As acções posteriores à fase de emergência, destinadas à reabilitação material e social necessária na sequência de calamidades naturais ou de circunstâncias extraordinárias que tenham efeitos comparáveis, podem ser financiadas pela Comunidade, ao abrigo da Convenção. As necessidades posteriores à fase de emergência podem ser cobertas por outros meios, nomeadamente pelos fundos de contrapartida gerados pelos instrumentos da comunidade, pela dotação especial para os refugiados, repatriados e pessoas desalojadas, pelos programas indicativos nacionais ou por uma combinação destes diversos elementos.

As referidas necessidades podem igualmente ser cobertas, sob reserva das disposições previstas no artigo 2.º do Protocolo Financeiro, pelo remanescente da dotação especial para ajudas de emergência disponível no termo da vigência daquele Protocolo.

CAPÍTULO III. **Investimentos**

SECÇÃO I. **Promoção dos investimentos**

Art. 258.º

Reconhecendo a importância dos investimentos privados na promoção da cooperação para o desenvolvimento e a necessidade de tomar medidas para estimular esses investimentos, os Estados ACP e a Comunidade:

a) Aplicarão medidas para incentivar os investidores privados, que respeitem os objectivos e as prioridades da cooperação para o desenvolvimento ACP-CEE, bem como com as leis e regulamentos aplicáveis dos seus respectivos Estados, a participar nos seus esforços de desenvolvimento;

b) Concederão um tratamento justo e equitativo a esses investidores;

c) Tomarão as medidas e as disposições adequadas para criar e manter um clima de investimento previsível e seguro, e negociarão acordos destinados a melhorar esse clima;

d) Favorecerão uma cooperação eficaz entre os operadores económicos ACP e entre estes e os operadores da Comunidade, a fim de aumentar os fluxos de capitais, as competências de gestão, as tecnologias e outras formas de *know-how*;

e) Facilitarão o crescimento e a estabilização dos fluxos financeiros do sector privado da Comunidade para os Estados ACP, contribuindo para eliminar os obstáculos que bloqueiem o acesso dos mercados de capitais internacionais, e nomeadamente da Comunidade, aos Estados ACP.

f) Criarão um ambiente que favoreça o desenvolvimento das instituições financeiras e a mobilização dos recursos indispensáveis à formação de capital e à expansão do espírito de iniciativa;

g) Estimularão o desenvolvimento das empresas, tomando as medidas que se revelarem necessárias para melhorar o ambiente das empresas e, nomeadamente, para criar um quadro jurídico, administrativo e financeiro adequado para favorecer o aparecimento e o desenvolvimento de um sector privado dinâmico, incluindo as empresas de base;

h) Reforçarão a capacidade das instituições nacionais dos Estados ACP para oferecer uma gama de serviços susceptíveis de fazer aumentar a participação nacional na actividade industrial e comercial.

Art. 259.º

A fim de estimular os fluxos de investimentos privados e o desenvolvimento das empresas, os Estados ACP e a Comunidade, em cooperação com outros organismos interessados, e no âmbito da Convenção:

a) Apoiarão os esforços destinados a fomentar os investimentos privados europeus nos Estados ACP, organizando debates entre qualquer Estado ACP interessado e potenciais investidores privados sobre o quadro jurídico e financeiro que os Estados ACP podam oferecer aos investidores;

b) Favorecerão os fluxos de informação acerca das possibilidades de investimento, organização, reuniões de promoção dos investimentos, fornecendo regularmente informações sobre as instituições financeiras ou outras instituições especializadas existentes e respectivos serviços e condições, e facilitando a criação de locais de encontro para essas reuniões;

c) Favorecerão a divulgação de informação sobre a natureza e a disponibilidade das garantias para investimentos e dos mecanismos de seguro destinados a facilitar os investimentos nos Estados ACP;

d) Ajudarão as pequenas e médias empresas dos Estados ACP a elaborar e obter financiamento nas melhores condições, quer sob a forma de participações no capital, quer sob a forma de empréstimos;

e) Estudarão meios para utrapassar ou reduzir o risco que o país de acolhimento apresente para os projectos de investimento privados que possam contribuir para o progresso económico;

f) Darão apoio aos Estados ACP para:
   i) Criar ou reforçar a capacidade dos Estados ACP para melhorarem a qualidade dos estudos de viabilidade e a preparação dos projectos, de modo a permitir tirar conclusões económicas e financeiras adequadas;
   ii) Conceber mecanismos integrados de gestão de projectos que abranjam todo o ciclo de vida dos projectos, no âmbito do programa de desenvolvimento do Estado respectivo.

SECÇÃO II. **Protecção dos investimentos**

Art. 260.º

As Partes Contratantes afirmam a necessidade de promover e proteger os investimentos de cada Parte nos territórios respectivos, e, neste contexto, afirmam a importância de celebrar, no interesse mútuo, acordos inter-Estado de promoção e de protecção dos investimentos, que possam igualmente constituir a base de sistemas de seguro e de garantia.

Art. 261.º

1. Qualquer Estado Contratante pode solicitar a abertura de negociações com outro Estado Contratante, com vista a um acordo para a promoção e protecção dos investimentos.

2. Por ocasião da abertura de negociações e da celebração, aplicação e interpretação de acordos bilaterais ou multilaterais recíprocos relativos à promoção e protecção dos investimentos, os Estados Contratantes Partes nesses acordos não exercerão qualquer discriminação entre os Estados Partes na presente Convenção ou contra eles em relação a países terceiros.

Por "não discriminação" as Partes entendem que, na negociação de tais acordos, cada Parte tem o direito de invocar disposições constantes de acordos negociados entre o Estado ACP ou o Estado-membro em causa e um outro Estado, sob reserva de, em cada caso, ser concedida reciprocidade.

3. Os Estados Contratantes terão o direito de solicitar alterações ou adaptações do tratamento não discriminatório referido no n.º 2 sempre que obrigações internacionais ou uma alteração das circunstâncias de facto o exijam.

4. A aplicação dos princípios referidos nos n.ºs 2 e 3 não pode ter por objectivo ou efeito atentar contra a soberania de um Estado Parte na Convenção.

5. A relação entre a data de entrada em vigor dos acordos negociados, as disposições relativas à resolução de litígios e a data dos investimentos em questão será fixada nos referidos acordos, tendo em conta o disposto nos n.ºs 1 a 4. As Partes Contratantes confirmam que a retroactividade não é aplicável como princípio geral, salvo decisão em contrário dos Estados Contratantes.

Art. 262.º

A fim de dar maior incentivo aos investimentos europeus em projectos de desenvolvimento iniciados pelos Estados ACP e que se revistam de particular importância, a Comunidade e os Estados-membros, por um lado, e os Estados ACP, por outro, poderão igualmente celebrar acordos relativos a projectos específicos de interesse mútuo, quando a Comunidade e os empresários europeus contribuam para o seu financiamento.

SECÇÃO III. **Financiamento dos investimentos**

Art. 263.º

1. Com o objectivo de facilitar a realização de investimentos directamente produtivos, tanto públicos como privados, que contribuam para o desenvolvimento económico e industrial dos Estados ACP, a Comunidade dará uma ajuda financeira, sem prejuízo do disposto no Capítulo II do presente Título, sob a forma de capitais de riscos ou de empréstimos sobre os recursos próprios do Banco. Esta ajuda financeira pode servir, nomeadamente para:

   a) Aumentar, directa ou indirectamente, os fundos próprios das empresas públicas, semi-públicas ou privadas e conceder a essas empresas um financiamento sob a forma de empréstimos para fins de investimento;

   b) Apoiar projectos e programas de investimento produtivo identificados e incentivados por organismos paritários criados pela Comunidade e pelos Estados ACP nos termos de Convenção;

   c) Financiar acções a favor das pequenas e médias empresas.

2. A fim de realizar os objectivos estabelecidos no n.º 1, uma parte significativa dos capitais de risco será afectada ao apoio aos investimentos do sector privado.

Art. 264.º
Para além dos meios de financiamento acima previstos, os Estados ACP poderão utilizar os meios de financiamento do programa nacional ou regional para, nomeadamente:
   a) Financiar acções a favor das pequenas e médias empresas;
   b) Encorajar a criação ou o reforço de instituições financeiras nacionais ou regionais nos Estados ACP a fim de satisfazer eficazmente as necessidades do sector privado;
   c) Conceder um apoio adequado e eficaz à promoção das exportações;
   d) Prestar uma cooperação técnica geral ou específica que corresponda às necessidades do sector privado.

Art. 265.º
O financiamento de projectos directamente produtivos pode incidir tanto sobre investimentos novos como sobre a recuperação ou exploração de capacidades existentes.

Art. 266.º
Sempre que o financiamento seja empreendido por um organismo pagador, compete a esse organismo seleccionar e instruir cada projecto e gerir os fundos que forem postos à sua disposição, segundo as condições previstas na presente Convenção e de comum acordo entre as Partes.

SECÇÃO IV. **Apoio aos investimentos**

Art. 267.º
Para realizar eficazmente os diversos objectivos da Convenção no que respeita à promoção dos investimentos privados e concretizar o seu efeito multiplicador, o Banco e/ou a Comissão darão o seu contributo pelos seguintes meios:
   a) Ajuda financeira, incluindo participações no capital;
   b) Assistência técnica;
   c) Serviços de consultoria;
   d) Serviços de informação e coordenação.

Art. 268.º
1. O Banco utilizará os capitais de risco para apoiar as actividades que tenham por objectivo promover e apoiar o sector privado dos Estados ACP.
Com esse objectivo, os capitais de risco podem ser utilizados para:
   a) Conceder empréstimos directos às empresas públicas, semi-públicas e privadas dos Estados ACP, incluindo as PME, para fins de investimento;

b) Aumentar os fundos próprios ou os fundos tratados como tal, das empresas públicas, semi-públicas ou privadas, através de participações directas no capital em nome da Comunidade;
c) Participar, com o acordo dos Estados ACP interessados no capital das instituições financeiras de promoção dos investimentos privados nos Estados ACP;
d) Fornecer meios de financiamento às instituições financeiras dos Estados ACP ou, com o acordo do Estado ACP interessado, aos promotores dos Estados ACP e/ou da Comunidade que desejem, para além da sua própria contribuição, investir em empresas comuns ACP-CEE, com vista a reforçar os fundos próprios das empresas ACP;
e) Ajudar, com o acordo do ou dos Estados ACP interessados os intermediários financeiros dos Estados ACP ou da Comunidade que contribuam para o financiamento das PME dos Estados ACP a:
   i) Participar no capital das PME dos ACP;
   ii) Financiar participações no capital das PME dos Estados ACP por parte de investidores privados ACP e/ou de promotores da Comunidade, segundo as condições definidas na alínea d);
   iii) Conceder empréstimos para o financiamento dos investimentos das PME dos Estados ACP;
f) Ajudar a reestruturar ou a recapitalizar instituições financeiras dos Estados ACP;
g) Financiar estudos, trabalhos de investigação ou investimentos específicos com vista à preparação e à identificação de projectos;
h) Prestar assistência às empresas, sob a forma nomeadamente de serviços de formação, de gestão e de apoio em matéria de investimentos, no âmbito das operações do Banco, durante o período de pré-investimento, ou para fins de recuperação, e, se necessário, intervir nas despesas de arranque, incluindo os prémios de garantia e de seguro dos investimentos, necessários para assegurar que seja tomada a decisão de financiamento.

2. Nos casos que se justificarem, o Banco concederá empréstimos, tanto directos como indirectos, sobre os seus recursos próprios, para o financiamento de investimentos e programas de apoio sectorial.

Art. 269.º

Para favorecer a promoção e o desenvolvimento do seu sector privado, os Estados ACP podem utilizar os meios de financiamento do seu programa indicativo para:
a) Apoiar o desenvolvimento das empresas, oferecendo cursos de formação, assistência em matéria de gestão financeira e de preparação de projectos, serviços especializados no arranque de empresas e serviços de desenvolvimento e de gestão, e incentivando as transferências de tecnologia;

b) Dar apoio adequado e eficaz à promoção dos investimentos, incluindo assistência aos promotores;
c) Apoiar a criação ou o reforço das instituições financeiras nacionais ou regionais dos Estados ACP, para financiarem as operações de exportação;
d) Financiar as importações de produtos intermédios necessários às indústrias de exportação de um Estado ACP que o solicite;
e) Abrir linhas de crédito a favor das PME;
f) Fornecer apoio adequado e eficaz à promoção das exportações;
g) Contribuir para a melhoria do clima de investimento e, nomeadamente, do quadro jurídico e fiscal aplicável às empresas, e para o desenvolvimento dos serviços de apoio ao sector das empresas, de modo a oferecer às empresas serviços de consultoria nos domínios jurídico, técnico e da gestão;
h) Assegurar a cooperação técnica em vista a reforçar as actividades dos organismos dos Estados ACP que se ocupam do desenvolvimento das pequenas e médias empresas;
i) Executar programas adequados de formação profissional e de desenvolvimento e as competências dos chefes de empresa, particularmente no sector das pequenas empresas e das empresas informais;
j) Ajudar a mobilizar a poupança nacional, a desenvolver a intermediação financeira e os novos instrumentos financeiros, a racionalizar a política de promoção das empresas e a incentivar os investimentos externos;
k) Financiar projectos empreendidos por cooperativas ou comunidades locais dos Estados ACP e a criação ou o reforço dos fundos de garantia para as PME.

Art. 270.º
A fim de mobilizar os meios de investimento externos, tanto públicos como privados, é conveniente envidar todos os esforços para tirar partido das possibilidades de co-financiamento ou para atrair meios de financiamento paralelos para os diversos projectos ou programas.

Art. 271.º
No apoio aos esforços envidados pelos Estados ACP para investir na TCDT, convém zelar muito particularmente por uma utilização óptima da capacidade existente no Estado ACP em causa, e ter em conta as necessidades de recuperação.

Art. 272.º
Com o objectivo de apoiar a promoção dos investimentos nos Estados ACP, e tendo em devida conta a complementaridade das suas funções, a Comissão e o Banco coordenarão estreitamente as suas actividades neste domínio.

A Comissão e o Banco assegurarão, com a ajuda dos Estados-membros e dos Estados ACP, uma coordenação eficaz no plano operacional entre todas as partes interessadas no apoio aos investimentos nos Estados ACP.

Para manter essas partes informadas sobre as perspectivas de investimento, a Comissão elaborará relatórios e realizará estudos, que incidirão, nomeadamente, sobre:

- os fluxos de investimento entre a Comunidade e os Estados ACP; os obstáculos económicos, jurídicos e institucionais aos investimentos; as medidas que facilitam os movimentos de capitais privados, os co-financiamentos, o acesso dos Estados ACP aos mercados financeiros internacionais e a eficácia dos mercados financeiros nacionais;
- as actividades dos sistemas nacionais e internacionais de garantia dos investimentos;
- os acordos de promoção e protecção dos investimentos celebrados entre Estados-membros e Estados ACP.

A Comissão apresentará os resultados desses estudos ao Comité ACP-CEE de Cooperação para o Financiamento do Desenvolvimento. Apresentará igualmente um relatório, elaborado em colaboração com o Banco, sobre os resultados da coordenação no domínio do apoio aos investimentos e ao sector privado.

SECÇÃO V. **Pagamentos correntes e movimentos de capitais**

Art. 273.º

1. No que diz respeito aos movimentos de capitais ligados aos investimentos e aos pagamentos correntes, as Partes Contratantes abster-se-ão de tomar, no domínio das operações de câmbio, medidas que sejam incompatíveis com as suas obrigações decorrentes da aplicação das disposições da presente Convenção em matéria de trocas comerciais de bens e de serviços, de estabelecimento e de cooperação industrial. Essas obrigações não impedirão, todavia, as Partes Contratantes de tomarem, por razões resultantes de dificuldades económicas sérias ou de problemas graves da balança de pagamentos, as medidas de salvaguarda necessárias.

2. Relativamente às operações de câmbio referentes aos investimentos e aos pagamentos correntes, os Estados ACP, por um lado, e os Estados-membros, por outro, abster-se-ão, na medida do possível, de tomar em relação uns aos outros medidas discriminatórias ou de conceder um tratamento mais favorável a Estados terceiros, devendo-se ter plenamente em conta o carácter evolutivo do sistema monetário internacional, a existência de disposições monetárias específicas e os problemas da balança de pagamentos.

Caso tais medidas ou tratamentos sejam inevitáveis, serão mantidos ou introduzidos em conformidade com as regras monetárias internacionais, devendo ser feitos todos os esforços para que sejam reduzidos ao mínimo os efeitos negativos para as partes interessadas.

SECÇÃO VI.   **Regime aplicável às empresas**

Art. 274.º

1. No que diz respeito ao regime aplicável em matéria de estabelecimento e de prestação de serviços, os Estados ACP, por um lado, e os Estados-membros, por outro, concederão um tratamento não discriminatório respectivamente aos nacionais e sociedades dos Estados-membros e aos nacionais e sociedades dos Estados ACP. Todavia, se para uma actividade determinada um Estado ACP ou um Estado-membro não tiver a possibilidade de assegurar um tal tratamento, os Estados-membros ou os Estados ACP, conforme o caso, não serão obrigados a conceder o dito tratamento, para essa actividade, aos nacionais e sociedades do Estado em questão.

2. Para efeitos da presente Convenção, por "sociedades ou empresas de um Estado-membro ou de um Estado ACP" entendem-se as sociedades ou empresas de direito civil ou comercial – incluindo as sociedades públicas ou outras, as sociedades cooperativas e todas as outras pessoas colectivas e associações regidas pelo direito público ou privado, com excepção das sociedades sem fins lucrativos – constituídas em conformidade com a legislação de um Estado-membro ou de um Estado ACP, e que tenham a sua sede social, a sua administração central ou o seu principal estabelecimento num Estado-membro ou num Estado ACP.

Todavia, no caso de terem num Estado-membro ou num Estado ACP apenas a sede social, a sua actividade deve apresentar uma ligação efectiva e contínua com a economia desse Estado-membro ou desse Estado ACP.

CAPÍTULO IV.   **Cooperação técnica**

Art. 275.º

A cooperação técnica deve ajudar os Estados ACP a valorizar os respectivos recursos humanos nacionais e regionais e a desenvolver de forma duradoura as suas instituições contribuindo para a realização dos objectivos dos projectos e programas. Para tal:

   a) O apoio constituído pela cedência de pessoal de assistência técnica só será concedido a pedido do Estado ou dos Estados ACP em questão;

   b) A cooperação técnica deve apresentar uma relação custo-eficácia favorável, corresponder às necessidades para as quais foi concebida, facilitar a transferência de conhecimentos e aumentar as capacidades nacionais e regionais;

   c) Serão envidados esforços para aumentar a participação de peritos, gabinetes de estudos e institutos de formação e investigação nacionais nos contratos financiados pelo Fundo, e para utilizar melhor os recursos humanos dos Estados ACP, colocando provisoriamente os quadros nacionais, como consultores, em instituições do seu próprio país, de um país vizinho ou de uma organização regional;

d) Os Estados ACP poderão utilizar, a nível nacional ou regional, os instrumentos e recursos da cooperação para o financiamento do desenvolvimento, para melhor identificarem os limites e o potencial em matéria de pessoal nacional e regional, e para estabelecerem uma lista de peritos, consultores e gabinetes de estudos ACP a que poderão recorrer para os projectos e programas financiados pelo Fundo, bem como para identificar os meios de utilizar o pessoal nacional e regional qualificado na execução dos projectos financiados pelo Fundo;

e) A assistência técnica intra-ACP será apoiada por meio de instrumentos de cooperação para o financiamento do desenvolvimento, a fim de permitir o intercâmbio entre os Estados ACP de quadros e peritos em matéria de assistência técnica e gestão;

f) Os *dossiers* dos projectos e programas devem prever programa de acção para o desenvolvimento a longo prazo das instituições e do pessoal, e ter em conta as necessidades financeiras inerentes;

g) Com vista à inversão do movimento de êxodo dos quadros dos Estados ACP, a Comunidade prestará assistência aos Estados ACP que o solicitem no sentido de favorecer o regresso dos nacionais ACP qualificados residentes em países desenvolvidos, através de medidas adequadas de incentivo ao repatriamento;

h) A instrução dos projectos e programas terá devidamente em conta os condicionalismos em matéria de recursos humanos nacionais e assegurará uma estratégia favorável à valorização desses recursos;

i) O pessoal de assistência técnica deverá possuir as qualificações necessárias para levar a cabo as tarefas específicas definidas no pedido do ou dos Estados ACP interessados, e deve ser integrado na instituição ACP beneficiária;

j) A formação efectiva do pessoal nacional figurará entre as tarefas do pessoal de assistência técnica, a fim de eliminar progressivamente a assistência técnica, e utilizar para os projectos, a título permanente, pessoal composto exclusivamente por nacionais;

k) A cooperação deverá incluir disposições com o objectivo de aumentar a capacidade dos Estados ACP para adquirirem o seu próprio qualificado e melhorarem as qualificações profissionais dos seus consultores, gabinetes de estudos ou empresas de consultoria;

l) Deverá ser prestada especial atenção ao desenvolvimento das capacidades dos Estados ACP em matéria de planificação, execução e avaliação dos projectos e programas.

Art. 276.º

1. A cooperação técnica pode revestir-se de carácter específico ou geral.
2. A cooperação técnica geral incluirá, nomeadamente:

a) Estudos de desenvolvimento, estudos sobre as perspectivas e os meios de desenvolvimento e diversificação das economias dos Estados ACP, bem como estudos sobre problemas interessantes dos grupos de Estados ACP ou do conjunto desses Estados;
b) Estudos destinados a encontrar soluções concretas para os problemas de endividamento, serviço da dívida e balança de pagamentos dos Estados ACP;
c) Estudos por sectores e por produtos;
d) Envio de peritos, consultores, técnicos e formadores para o desempenho de missões determinadas e por períodos limitados;
e) Fornecimento de material de instrução, experiência, investigação e demonstração;
f) Informação geral e documentação, incluindo estatísticas, destinadas a favorecer o desenvolvimento dos Estados ACP, bem como a boa realização dos objectivos da cooperação;
g) Intercâmbio de quadros, de pessoal especializado, de estudantes, de investigadores, de animadores e de responsáveis por agrupamentos ou associações de vocação social ou cultural;
h) A concessão de bolsas de estudo ou de estágios, em particular a trabalhadores que necessitem de uma formação complementar;
i) Organização de seminários ou sessões de formação, informação e aperfeiçoamento;
j) A criação ou reforço de instrumentos de informação ou documentação nomeadamente para as trocas de conhecimentos, métodos e experiências entre Estados ACP, e entre estes e a Comunidade;
k) Cooperação ou geminação entre instituições ACP, e entre estas e as da Comunidade nomeadamente entre universidades e outras instituições de formação e investigação dos Estados ACP e de Comunidade;
l) Apoio a manifestações culturais representativas.

3. A cooperação técnica ligada a operações específicas abrangerá, nomeadamente:

a) Estudos técnicos, económicos, estatísticos, financeiros e comerciais, bem como a investigação e a prospecção necessárias à ultimação dos projectos e programas, incluindo as que relacionadas com o ajustamento estrutural e o investimento;
b) A preparação dos projectos e programas;
c) A execução e o acompanhamento dos projectos e programas;
d) A execução das medidas provisórias necessárias ao estabelecimento, de arranque, à exploração e à manutenção de um projecto determinado;
e) O acompanhamento e avaliação das operações;
f) Programas integrados de formação, informação e investigação.

Art. 277.º

A Comunidade tomará medidas concretas para aumentar e melhorar as informações enviadas aos Estados ACP sobre a disponibilidade e as qualificações dos especialistas competentes.

Art. 278.º

1. A escolha entre o recurso a gabinetes de estudos ou empresas de consultoria e o recurso a peritos recrutados individualmente será feita em função da natureza dos problemas, da amplitude e da complexidade dos meios técnicos e da gestão necessários, e dos custos comparados de cada uma das duas soluções. Além disso, serão tomadas medidas para assegurar que os responsáveis pelo recrutamento estejam em condições de analisar objectivamente os diversos níveis de competência e de experiência a nível internacional. Os critérios de escolha dos peritos ou empresas a contratar e do seu pessoal terão em conta:
   a) As qualificações profissionais (competência técnica e capacidade de formação) e as qualidades humanas;
   b) O respeito pelos valores culturais e as condições políticas e administrativas do ou dos Estados ACP interessados;
   c) O conhecimento da língua necessária à execução do contrato;
   d) A experiência prática dos problemas a tratar;
   e) Os custos.

2. O recrutamento do pessoal de assistência técnica, o estabelecimento dos seus objectivos e funções, a duração dos respectivos períodos de colocação e as suas remunerações, bem como a sua contribuição para o desenvolvimento dos Estados ACP em que é chamado a servir, devem respeitar os princípios da política de cooperação técnica definidos no artigo 275.º.

Os processos a aplicar neste domínio devem assegurar a objectividade da escolha e a qualidade dos serviços a prestar. Por consequência, serão aplicados os seguintes princípios:
   a) O recrutamento deve ser efectuado pelas instituições nacionais que utilizam a assistência técnica, em conformidade com as disposições aplicáveis em matéria da concorrência e de preferências;
   b) Serão envidados esforços no sentido de facilitar o contacto directo entre o candidato e o futuro utilizador da assistência técnica;
   c) Deverá ser considerado o recurso a outras fórmulas de assistência técnica, tais como a utilização de voluntários, de organizações não-governamentais, de quadros aposentados, ou ainda o recurso a acordos de geminação;
   d) No momento de apresentação de um pedido de assistência técnica, o Estado ACP e a Delegação da Comissão devem comparar os custos e benefícios das diversas modalidades de transferência de tecnologias e de promoção de competências;
   e) O processo do concurso deve prever a obrigação de cada candidato indicar, no seu acto de candidatura, os métodos e o pessoal que conta utilizar,

bem como a estratégia a aplicar para promover as capacidades locais, nacionais e/ou regionais desde o início do contrato;

f) A Comunidade fornecerá aos Estados ACP beneficiários informações circunstanciadas sobre o custo total da assistência técnica, a fim de lhes permitir negociar os contratos com base numa relação custo/eficácia favorável.

Art. 279.º

A fim de promover a capacidade dos Estados ACP para aumentarem a sua competência técnica e melhorarem o *know how* dos seus consultores, a Comunidade e os Estados ACP fomentarão os acordos de parceria entre os gabinetes de estudos, os engenheiros consultores, os peritos e as instituições dos Estados-membros da Comunidade e dos Estados ACP. Com esse objectivo a Comunidade e os Estados ACP tomarão todas as medidas necessárias para:

a) Incentivar, através de associações temporárias, as subcontratações ou a utilização de peritos nacionais dos Estados ACP nas equipas de gabinetes de estudos, de engenheiros consultores, ou de instituições dos Estados-membros;

b) Informar os concorrentes, no programa do concurso, sobre os critérios de selecção e de preferência previstos na Convenção, em particular sobre os que se referem ao incentivo da utilização dos recursos humanos dos Estados ACP.

Art. 280.º

1. Sem prejuízo do disposto no presente capítulo, a adjudicação de contratos de serviços e as regras em matéria de concorrência e de preferências serão fixadas em conformidade com o disposto na Secção V.

2. A cooperação técnica apoiará as operações de educação e formação e os programas de formação plurianuais, incluindo as bolsas, referidos no Capítulo I do Título XI da Parte II.

CAPÍTULO V. **Processos de aplicação**

SECÇÃO I. **Programação**

Art. 281.º

1. No início do período de aplicação da Convenção e antes do estabelecimento do programa indicativo:

a) A Comunidade dará a cada Estado ACP uma indicação clara do montante financeiro programável de que pode dispor no decorrer desse período, e comunicar-lhe-á todas as outras informações úteis;

b) Cada Estado ACP elegível para os recursos específicos afectos ao apoio ao ajustamento, em conformidade com o artigo 246.º, será notificado do montante estimativo da primeira prestação que lhe foi atribuída.

2. A partir do momento em que receber as informações acima referidas, cada Estado ACP estabelecerá e apresentará à Comunidade um projecto de programa indicativo, baseado nos seus objectivos e prioridades de desenvolvimento e em conformidade com eles; o projecto de programa indicativo enunciará:
- *a)* Os objectivos prioritários de desenvolvimento do Estado ACP em questão no plano nacional e regional;
- *b)* O(s) sector(es) fulcrais para o qual (os quais) o apoio é considerado mais adequado;
- *c)* As medidas e as acções mais adequadas para a realização dos objectivos no, ou nos sector(es) fulcrais identificado(s) ou, sempre que essas acções não forem suficientemente definidas, as linhas gerais dos programas de apoio às políticas adoptadas pelos Estado ACP nesses sectores;
- *d)* Na medida do possível os projectos e programas de acção nacionais específicos que foram claramente identificados, nomeadamente os que constituem a prossecução de projectos e programas de acção já em curso;
- *e)* Eventualmente, uma parte limitada dos recursos programáveis não afectados ao sector fulcral que o Estado ACP propõe utilizar para apoio ao ajustamento estrutural;
- *f)* Todas as propostas relativas a projectos e programas regionais.

Art. 282.º

1. O projecto de programa indicativo será objecto de uma troca de opiniões entre o Estado ACP interessado e a Comunidade, que terá devidamente em conta as necessidades nacionais do Estado ACP e o seu direito soberano de determinar as suas próprias estratégias, prioridades e modelos de desenvolvimento, bem como as suas políticas macro-económicas e sectoriais.

2. O programa indicativo será aprovado de comum acordo entre a Comunidade e os Estados ACP interessado, com base no projecto de programa indicativo proposto por esse Estado, e vinculará tanto a Comunidade como esse Estado a partir do momento em que for adoptado. Deverá especificar, nomeadamente:
- *a)* Os sectores fulcrais a que será afectada a ajuda comunitária e os meios a utilizar para esse efeito;
- *b)* As medidas e acções necessárias à realização dos objectivos nos sectores escolhidos;
- *c)* O calendário dos compromissos e das medidas a tomar;
- *d)* As disposições tomadas para fazer face a eventuais reclamações e para cobrir os aumentos de custos e as despesas imprevistas;
- *e)* Os projectos e programas que não dizem respeito ao sector ou sectores fulcrais, bem como as propostas de projectos e programas regionais e eventualmente, a parte consagrada à ajuda ao ajustamento estrutural.

3. O programa indicativo será suficientemente flexível para assegurar uma adequação permanente das acções aos objectivos e para ter em conta eventuais alterações na situação económica, nas prioridades e nos objectivos dos Estados ACP. O programa indicativo pode ser revisto a pedido do Estado ACP interessado.

Art. 283.º
A Comunidade e o Estado ACP tomarão todas as medidas necessárias para garantir a adopção do programa indicativo o mais rapidamente possível, de preferência antes da entrada em vigor da Convenção.

Art. 284.º
1. O programa indicativo determinará os montantes globais da ajuda programável que pode ser posta à disposição de cada Estado ACP, independentemente dos fundos reservados às ajudas de emergência, às bonificações de juro e à cooperação regional, a ajuda programável abrangerá subvenções e uma parte dos capitais de risco.

2. O saldo eventual do Fundo que não tenha sido autorizado ou desembolsado no final do último ano de aplicação do Protocolo Financeiro será utilizado, até se esgotar, em condições iguais às previstas na presente Convenção.

3. O gestor nacional e o Delegado da Comissão elaborarão anualmente um mapa comparativo das autorizações e pagamentos e tomarão as medidas necessárias para assegurar o cumprimento do calendário das autorizações acordado na altura da programação, determinando as causas dos atrasos eventualmente verificados na sua execução, a fim de propor as medidas necessárias para os solucionar.

SECÇÃO II. **Identificação, preparação e instrução dos projectos**

Art. 285.º
A identificação e a preparação dos projectos e programas são da responsabilidade do Estado ACP interessados ou de qualquer outro beneficiário elegível.

Art. 286.º
Os *dossiers* dos projectos e programas preparados e apresentados para financiamento devem conter todas as informações necessárias à instrução desses projectos ou programas, ou, sempre que esses projectos e programas não tenham sido totalmente definidos, fornecer uma descrição sumária para efeitos da sua instrução. Esses *dossiers* serão oficialmente transmitidos ao Delegado pelos Estados ACP ou pelos beneficiários, em conformidade com a presente Convenção. Se os beneficiários não forem Estados ACP, é necessário o acordo formal do Estado ACP em causa.

Art. 287.º
1. A instrução dos projectos e programas será feita conjuntamente pelo(s) Estado(s) ACP interessado(s) e pela Comunidade. A fim de acelerar os processos, a Comissão dará ao Delegado os poderes necessários para realizar essa instrução conjunta.

2. A instrução dos projectos e programas terá em conta as características e os condicionalismos específicos de cada Estado ACP, bem como os seguintes factores:
   a) A eficácia e viabilidade das operações pretendidas e a sua rentabilidade, se possível com base numa análise custo/benefício, sendo igualmente estudadas possíveis variantes;
   b) Os aspectos sociais, culturais e relacionados com o sexo e o ambiente, tanto directos como indirectos, e o impacto sobre as populações;
   c) A disponibilidade de mão-de-obra local e de outros recursos necessários à execução, à gestão e à manutenção dos projectos e programas;
   d) A formação e o desenvolvimento institucional necessários à realização dos objectivos dos projectos ou programas;
   e) O encargo que as despesas de funcionamento representam para o beneficiário;
   f) Os compromissos e esforços nacionais;
   g) A experiência colhida de outras operações do mesmo género;
   h) Os resultados de estudos já empreendidos sobre projectos ou programas semelhantes, a fim de acelerar a execução e reduzir os custos ao mínimo.

3. As dificuldades e condicionalismos específicos dos Estados ACP menos desenvolvidos que afectem a eficácia, viabilidade e a rentabilidade económica dos projectos e programas serão tomados em conta no momento da respectiva instrução.

4. As directrizes e os critérios gerais a aplicar para a instrução dos projectos e programas serão especificados pelo Comité ACP-CEE de Cooperação para o Financiamento do Desenvolvimento no decorrer do período de vigência da Convenção, à luz dos trabalhos de avaliação, tendo em conta a flexibilidade necessária para a adaptação desses critérios à situação particular de cada Estado ACP.

SECÇÃO III. **Proposta e decisão de financiamento**

Art. 288.º

1. As conclusões da instrução serão resumidas pelo Delegado, em estreita colaboração com o gestor nacional, numa proposta de financiamento.

2. A proposta de financiamento incluirá um calendário previsional da execução técnica e financeira do projecto ou programa e indicará a duração das diversas fases de execução.

3. A proposta de financiamento:
   a) Terá em conta os comentários do ou dos Estados ACP em causa;
   b) Será transmitida pelo Delegado simultaneamente ao, ou aos Estados ACP em causa e à Comissão.

4. A Comissão ultimará a proposta de financiamento e transmiti-la-á, com ou sem alteração, ao órgão de decisão comunitário. O ou os Estados ACP em

causa poderão apresentar comentários sobre qualquer alteração de fundo que a Comissão tencione introduzir no documento; esses comentários reflectir-se-ão na proposta de financiamento alterada.

Art. 289.º
1. Sem prejuízo do disposto no n.º 4 do artigo 288.º, o órgão de decisão da Comunidade comunicará a sua decisão num prazo de cento e vinte dias a contar da data de transmissão pelo Delegado referida no n.º 3, alínea *b*) do artigo 288.º.
2. Sempre que a proposta de financiamento não for adaptada pela Comunidade, o ou os Estados ACP em causa serão informados imediatamente dos motivos dessa decisão. Nesse caso, os representantes do ou dos Estado ACP interessados poderão solicitar, num prazo de sessenta dias a contar da notificação:
   a) Ou que o problema seja evocado no Comité ACP-CEE de cooperação para o Financiamento do Desenvolvimento, instituído ao abrigo da Convenção;
   b) Ou a possibilidade de serem ouvidos pelo órgão de decisão da Comunidade.
3. Na sequência dessa audição o órgão competente da Comunidade tomará definitivamente a decisão de adoptar ou recusar a proposta de financiamento. Antes de a decisão ser tomada, o ou os Estados ACP interessados poderão comunicar a esse órgão todos os elementos que lhes pareçam necessários para completar a sua informação.

Art. 290.º
1. Com o objectivo da acelerar os processos e em derrogação das disposições dos artigos 288.º e 289.º, as decisões de financiamento poderão incidir sobre programas plurianuais, sempre que se trate de financiar:
   a) A formação;
   b) Micro-realizações;
   c) A promoção comercial;
   d) Conjuntos de acções de dimensão reduzida num sector determinado;
   e) A cooperação técnica.
2. Nestes casos, o Estado ACP em causa pode apresentar ao Delegado um programa plurianual indicando as grandes linhas, os tipos de acções previstas e o compromisso financeiro proposto.

A decisão de financiamento para cada programa plurianual será tomada pelo gestor principal. A carta enviada pelo gestor principal a notificar o gestor nacional dessa decisão constituírá o acordo de financiamento na acepção do artigo 291.º.

No âmbito dos programas plurianuais assim adoptados, o gestor nacional executará todas as acções em conformidade com as disposições da Convenção e do acordo de financiamento acima referido.

No final de cada ano, o gestor nacional transmitirá à Comissão um relatório elaborado em consulta com o Delegado sobre a execução dos programas.

SECÇÃO IV.   **Acordo de financiamento e ultrapassagens dos custos**

Art. 291.º

1. Os projectos ou programas financiados por subvenção do Fundo implicam a celebração de um acordo de financiamento entre a Comissão e o, ou os Estados ACP interessados no prazo de sessenta dias a contar da decisão do órgão da Comunidade.

2. Deste acordo constará nomeadamente o compromisso financeiro do Fundo, as regras e condições de financiamento, bem como as disposições gerais e específicas relativas ao projecto ou programas em causa; será igualmente incluído o calendário previsional de execução técnica do projecto ou programa constante da proposta de financiamento.

3. Os acordos de financiamento relativos a todos os projectos e programas de acção preverão dotações apropriadas para cobrir os aumentos de custos e as despesas imprevistas.

4. Após a assinatura do acordo de financiamento, os pagamentos serão efectuados nos termos do plano de financiamento aprovado na presente Convenção.

5. Qualquer saldo existente no encerramento dos projectos e programas reverterá a favor do Estado ACP em causa e será inscrito como tal nas contas do Fundo; poderá ser utilizado do modo previsto na presente Convenção para o financiamento de projectos e programas.

Ultrapassagem dos custos

Art. 292.º

1. Quando se verifique a existência de um risco de ultrapassagem dos custos para além dos limites fixados no acordo de financiamento, o gestor orçamental nacional informará o gestor orçamental principal, por intermédio do Delegado da Comissão, especificando as medidas que tenciona tomar para cobrir essa ultrapassagem dos custos em relação à dotação, quer reduzindo a dimensão do projecto ou programa de acção, quer utilizando recursos nacionais ou outros recursos não comunitários.

2. Se não for decidido de comum acordo reduzir a dimensão do projecto ou programa de acção ou se não for possível cobri-los com outros recursos, a ultrapassagem dos custos poderá ser:

   a) Coberta pelos saldos verificados após o encerramento dos projectos e programas de acção financiados no âmbito dos programas indicativos, que não tiverem sido reafectados até ao limite de 20% do compromisso financeiro assumido relativamente ao projecto ou programa de acção em causa; ou

   b) Financiada pelos recursos do programa indicativo.

Financiamento retroactivo

Art. 293.º

1. A fim de assegurar um arranque rápido dos projectos e evitar atrasos ou interrupções entre projectos sequenciais, os Estados ACP poderão, de acordo com a Comissão, no momento em que estiver terminada a instrução do projecto e antes de ser tomada a decisão de financiamento:

   i) Abrir concursos para todos os tipos de contratos, prevendo neles uma cláusula suspensiva;

   ii) Pré-financiar, até um determinado montante, actividades relacionadas com trabalho preliminar e sazonal, encomendas de equipamento para as quais seja necessário prever um prazo de entrega demorado, ou ainda certas operações em curso. Estas despesas deverão respeitar os procedimentos previstos na Convenção.

2. Estas disposições não prejudicam a competência do órgão de decisão de Comunidade.

3. As despesas efectuadas por um Estado ACP ao abrigo deste artigo serão financiadas retroactivamente no âmbito do projecto ou programa, após a assinatura do acordo de financiamento.

SECÇÃO V. Concorrência e preferências

Elegibilidade

Art. 294.º

1. Salvo se for concedida uma derrogação nos termos do artigo 296.º:

   a) A participação em concursos e contratos financiados pelo Fundo será aberta, em condições iguais:

   i) Às pessoas singulares, sociedades ou empresas, organismos públicos ou de participação pública dos Estados ACP e da Comunidade;

   ii) Às sociedades cooperativas e outras pessoas colectivas de direito público ou privado, com excepção das sociedades sem fins lucrativos, da Comunidade e/ou dos Estados ACP;

   iii) A qualquer "empresa comum" ou agrupamento de empresas ou sociedades, dos Estados ACP e/ou da Comunidade;

   b) Os fornecimentos devem ser originários da Comunidade e/ou dos Estados ACP, em conformidade com as disposições do anexo LIV.

2. Para serem elegíveis para participar nos concursos e na adjudicação de contratos, os concorrentes devem fornecer provas satisfatórias para os Estados ACP da sua elegibilidade na acepção do artigo 274.º e do n.º 1 do presente artigo, da sua competência e da adequação dos seus recursos para cumprirem o contrato.

Igualdade de participação

Art. 295.º

Os Estados ACP e a Comissão tomarão as medidas necessárias para assegurar, em igualdade de condições, uma participação tão alargada quanto possível nos concursos para os contratos de obras, fornecimentos e serviços e nomeadamente, se for caso disso, medidas destinadas a:

  a) Assegurar a publicação dos avisos de concurso no Jornal Oficial das Comunidades Europeias e nos Jornais oficiais de todos os Estados ACP, bem como em qualquer outro meio de informação adequado;
  b) Eliminar qualquer prática discriminatória ou especificação técnica que possa obstar a uma ampla participação em igualdade de condições;
  c) Fomentar a cooperação entre sociedades e empresas dos Estados-membros e dos Estados ACP;
  d) Assegurar que todos os critérios de selecção constem do processo de concurso; e
  e) Assegurar que a proposta seleccionada corresponda às condições e aos critérios definidos no processo do concurso.

Derrogação

Art. 296.º

1. A fim de assegurar a melhor relação custo/eficácia do sistema, as pessoas singulares ou colectivas dos países em desenvolvimento não ACP poderão ser autorizadas a participar em contratos financiados pela Comunidade, mediante pedido fundamentado dos Estados ACP interessados. Os Estados ACP em causa transmitirão ao delegado, em cada caso, as informações necessárias à Comunidade para tomar uma decisão sobre essas derrogações, prestando especial atenção:

  a) À situação geográfica do Estado ACP em causa;
  b) À competitividade dos empreiteiros, fornecedores e consultores da Comunidade e dos Estados ACP;
  c) À preocupação de evitar um aumento excessivo do custo de execução dos contratos;
  d) Às dificuldades de transporte e aos atrasos devidos a prazos de entrega ou a outros problemas da mesma natureza;
  e) À tecnologia mais apropriada e melhor adaptada às condições locais.

2. Poderá ser igualmente autorizada a participação de países terceiros em contratos financiados pela Comunidade:

  a) Sempre que a Comunidade participe no financiamento de acções de cooperação regional ou inter-regional em que intervenham esses países;
  b) Em caso de co-financiamento dos projectos e programas de acção;
  c) Em caso de ajuda de emergência.

3. Em casos excepcionais e com o acordo da Comissão, poderão tomar parte nos contratos de prestação de serviços, gabinetes de estudos ou peritos nacionais de países terceiros.

Concorrência

Art. 297.º
Salvo disposição em contrário prevista no artigo 298.º, os contratos de obras e fornecimentos financiados pelos recursos do Fundo serão celebrados após concurso público e os contratos de prestação de serviços serão celebrados após concurso limitado.

Art. 298.º
1. O Estado ou Estados ACP poderão, em conformidade com o disposto nos n.ᵒˢ 2, 3 e 4 do presente artigo e no artigo 299.º, e com o acordo da Comissão:
   a) Adjudicar contratos após concurso limitado, na sequência eventualmente de um processo de pré-selecção;
   b) Celebrar contratos por ajuste directo;
   c) Proceder à execução de contratos por administração directa através dos serviços públicos ou semi-públicos dos Estados ACP.
2. Poderão ser utilizados concursos restritos:
   a) Sempre que se verifique uma situação urgente ou sempre que a natureza ou determinadas características especiais de um contrato o justifiquem;
   b) Para projectos ou programas de carácter altamente especializado;
   c) Para contratos de grande importância, na sequência de uma pré-selecção.
3. Poderão ser adjudicados contratos por ajuste directo:
   a) Para acções de pequena importância, em casos de emergência ou para acções de cooperação técnica de curta duração;
   b) Para ajudas de emergência;
   c) Para acções confiadas a peritos determinados;
   d) Para acções complementares ou necessárias à conclusão de outras já em curso;
   e) Sempre que a realização do contrato esteja reservada exclusivamente aos titulares de patentes ou de licenças que estabeleçam as condições de utilização, de tratamento ou de importação dos artigos em causa;
   f) Na sequência de um concurso sem resultados positivos.
4. No que se refere aos concursos restritos e aos contratos por ajuste directo, aplicar-se-á obrigatoriamente o seguinte procedimento:
   a) No caso de contratos de obras e fornecimentos, será elaborada pelo Estado ou Estados ACP em causa, com o acordo do Delegado, uma lista restrita de concorrentes eventuais, na sequência de um processo de pré-selecção, se aplicável;

b) Para os contratos de prestação de serviços, a lista restrita dos candidatos será elaborada pelos Estados ACP com o acordo da Comissão, com base em propostas do Estado ou Estados ACP interessados e em propostas apresentadas pela Comissão;

c) Para os contratos por ajuste directo, o Estado ACP iniciará livremente as conversações que lhe pareçam úteis com os concorrentes constantes da lista por ele elaborada de acordo com os n.ᵒˢ acima, e adjudicará o contrato ao concorrente que seleccionar.

Contratos por administração directa

Art. 299.º

1. Os contratos serão executados por administração directa por parte dos organismos ou serviços públicos, ou com participação pública do, ou dos Estados ACP em causa, sempre que o Estado ACP disponha nos seus serviços nacionais de pessoal de gestão qualificado para esses contratos, em caso de ajuda de emergência, de contratos de prestação de serviços e de quaisquer outras acções cujo custo previsto seja inferior a 5 milhões de *ecus*.

2. A Comunidade contribuirá para fazer face às despesas dos serviços em questão cedendo equipamentos e/ou materiais em falta e/ou recursos que lhes permitam recrutar o pessoal suplementar necessário, nomeadamente peritos nacionais do Estado ACP em causa ou de outros Estados ACP. A participação da Comunidade apenas cobrirá os custos decorrentes da adopção de medidas complementares e despesas de execução temporárias, exclusivamente limitadas às necessidades da acção em causa.

Contratos de ajuda de emergência

Art. 300.º

O modo de execução dos contratos, a título de ajuda de emergência deverá ser adaptado à urgência da situação. Para o efeito, o Estado ACP poderá, para todas as operações relativas à ajuda de emergência, autorizar, com o acordo do Delegado:

a) A celebração de contratos por ajuste directo;
b) A execução de contratos por administração directa;
c) A execução através de organismos especializados;
d) A execução directa pela Comissão.

Processo acelerado

Art. 301.º

1. Com vista a assegurar a execução rápida e eficaz dos projectos e programas, será organizado um processo acelerado de abertura de concursos, salvo

indicação em contrário do Estado ACP interessado ou da Comissão, mediante uma proposta apresentada ao Estado ACP interessado para obtenção do seu acordo. No processo acelerado de abertura de concursos, os prazos para a apresentação de propostas serão mais curtos e a publicação do aviso de concurso será limitada ao Estado ACP interessado e aos Estados ACP vizinhos, de acordo com a legislação em vigor no Estado ACP interessado.

Este processo acelerado será aplicado:

a) Aos contratos de obras cujo custo previsto seja inferior a 5 milhões de *ecus*;

b) Às ajudas de emergência, seja qual for o seu montante.

2. Por derrogação, o gestor orçamental nacional poderá, com o acordo do Delegado, adquirir fornecimentos e/ou serviços até um montante limitado, nos Estados ACP interessados ou nos Estados ACP vizinhos onde esses fornecimentos ou serviços estejam disponíveis.

Art. 302.º

A fim de acelerar o processo, os Estados ACP podem solicitar à Comissão que proceda à negociação, elaboração e celebração de contratos de prestação de serviços em nome dos referidos Estados, directamente ou por intermédio da sua agência competente.

Preferências

Art. 303.º

Serão tomadas medidas tendentes a favorecer uma participação tão ampla quanto possível das pessoas singulares e colectivas dos Estados ACP na execução dos contratos financiados pelo Fundo, a fim da permitir uma utilização óptima dos recursos naturais e humanos desses Estados. Para esse efeito:

a) No caso de contratos de obras de valor inferior a 5 milhões de *ecus*, será concedida uma preferência de preço de 10% aos concorrentes dos Estados ACP, em relação a propostas de qualidade económica e técnica equivalente, desde que pelo menos um quarto do capital e dos quadros seja originária de um ou mais Estados ACP;

b) No caso de contratos de fornecimento, seja qual for o seu montante, os concorrentes dos Estados ACP que proponham fornecimentos cujo valor contratual seja de origem ACP em pelo menos 50%, beneficiarão de uma preferência de 15% em relação a propostas de qualidade económina e técnica equivalente;

c) No caso de contratos de prestação de serviços, será dada preferência em relação a propostas de qualidade económica e técnica equivalente, aos peritos, instituições, gabinetes de estudos ou empresas consultoras nacionais dos Estados ACP que tenham a competência necessária;

d) Sempre que se preveja o recurso a subempreiteiros, o concorrente seleccionado dará preferência às pessoas singulares, sociedades e empresas dos Estados ACP capazes de executar o contrato nas mesmas condições;

e) O Estado ACP poderá, no aviso de concurso, propor aos eventuais concorrentes a assistência de sociedades, peritos ou consultores nacionais dos Estados ACP, escolhidos de comum acordo. Esta cooperação poderá assumir a forma de associações temporárias, subempreitadas, ou ainda de formação do pessoal em exercício.

Escolha do adjudicatário

Art. 304.º

1. O Estado ACP adjudicará o contrato:

a) Ao concorrente cuja proposta seja considerada conforme com as condições estipuladas no processo do concurso;

b) No que se refere aos contratos de obras e fornecimentos, ao concorrente que tenha apresentado a proposta mais vantajosa, avaliada em função, nomeadamente, dos seguintes critérios:

   i) Valor da proposta, e custos de fornecimento e de manutenção;

   ii) Qualificações e garantias oferecidas pelo concorrente, qualidades técnicas da proposta, e proposta de assistência após venda no Estado ACP;

   iii) Natureza do contrato, condições e prazos de execução e adaptação às condições locais.

c) No que se refere aos contratos de prestação de serviços, ao concorrente que tenha apresentado a proposta mais vantajosa, tendo nomeadamente em conta o valor da proposta, as qualidades técnicas da proposta, a organização e a metodologia propostas para o fornecimento dos serviços, bem como a competência, a independência e a disponibilidade do pessoal proposto.

2. Se se reconhecer que duas propostas são equivalentes, de acordo em os critérios acima enunciados, será dada preferência:

a) À proposta do concorrente nacional de um Estado ACP; ou

b) Se nenhuma das propostas for de um concorrente de um Estado ACP:

   i) À proposta que permitir a melhor utilização dos recursos naturais e humanos dos Estados ACP;

   ii) À proposta que oferecer as melhores possibilidades de subcontratação de sociedades, empresas ou pessoas singulares dos Estados ACP;

   iii) A um consórcio de pessoas singulares, empresas ou sociedades dos Estados ACP e da Comunidade.

Regulamentação geral

Art. 305.º

A adjudicação de contratos financiados pelo Fundo reger-se-á pela presente Convenção e pela regulamentação geral que for adoptada por decisão do Conselho de Ministros na sua primeira reunião após a assinatura da presente Convenção, mediante recomendação do Comité ACP-CEE de Cooperação para o Financiamento do Desenvolvimento referido no artigo 325.º da presente Convenção.

Condições Gerais

Art. 306.º

A execução dos contratos de obras, fornecimentos e serviços financiados pelo Fundo reger-se-á:

a) Pelas condições gerais aplicáveis aos contratos financiados pelo Fundo, que serão aprovadas por decisão do Conselho de Ministros na sua primeira reunião após a assinatura da presente Convenção, mediante recomendação do Comité ACP-CEE de Cooperação para o Financiamento do Desenvolvimento referido no artigo 325.º da presente Convenção; ou

b) Para os projectos e programas co-financiados, ou em caso de concessão de uma derrogação para a execução por terceiros ou de processo acelerado, ou ainda noutros casos adequados, por quaisquer outras condições gerais aceites pelo Estado ACP interessado e pela Comunidade, nomeadamente:

  i) Pelas condições gerais previstas na legislação nacional do Estado ACP interessado ou pelas práticas correntes nesse Estado em matéria de contratos internacionais;

  ii) Por quaisquer outras condições gerais internacionais em matéria de contratos.

Resolução de litígios

Art. 307.º

Os litígios surgidos entre a Administração da um Estado ACP e um empreiteiro, um fornecedor ou um prestador de serviços durante a execução de um contrato financiado pelo Fundo serão resolvidos:

a) Caso se trate de um contrato nacional, em conformidade com a legislação nacional do Estado ACP em causa; e

b) Caso se trate de um contrato transnacional:

  i) Quer, se as partes contratantes o aceitarem, em conformidade com a legislação nacional do Estado ACP em causa ou com as suas práticas estabelecidas no plano internacional; quer *ii)* Por arbitragem, em conformidade com as regras processuais que forem adoptadas por decisão do Conselho de Ministros na sua primeira reunião após a assinatura da presente Convenção, mediante recomendação do Comité ACP-CEE de Cooperação para o Financiamento do Desenvolvimento a que se refere o artigo 325.º da prescrita Convenção.

SECÇÃO VI.   **Regime Fiscal e Aduaneiro**

Art. 308.º

Os Estados ACP aplicarão aos contratos financiados pela Comunidade um regime fiscal e aduaneiro que não seja menos favorável que o aplicado ao Estado mais favorecido ou às organizações internacionais de desenvolvimento com as quais mantenham relações. Para a determinação do regime aplicável à nação mais favorecida, não serão tomados em consideração os regimes aplicados pelo Estado ACP em causa aos outros Estados ACP ou a outros países em vias de desenvolvimento.

Art. 309.º

Sob prejuízo do disposto no artigo 308.º, será aplicado aos contratos financiados pela Comunidade o seguinte regime:

a) Os contratos não ficarão sujeitos aos impostos de selo e registo nem às imposições fiscais de efeito equivalente existente ou a criar no Estado ACP beneficiário; deverão contudo ser registados nos termos da legislação em vigor no Estado ACP, podendo esse registo implicar o pagamento de emolumentos;

b) Os lucros e/ou rendimentos resultantes da execução dos contratos serão tributados segundo o regime fiscal interno do Estado ACP em causa, desde que as pessoas singulares ou colectivas que os tenham realizado possuam nesse Estado uma sede permanente ou que a duração da execução desses contratos seja superior a seis meses;

c) As empresas que tenham de importar materiais com vista à execução de contratos de obras, beneficiarão, a seu pedido, do regime de admissão temporária, tal como definido na legislação do Estado ACP beneficiário, no que se refere a esses materiais;

d) Os materiais profissionais necessários à execução das tarefas definidas nos contratos de serviços serão admitidos temporariamente no, ou nos Estados ACP beneficiários, em conformidade com a sua legislação nacional, com isenção de impostos, de direitos de entrada, de direitos aduaneiros e de outros encargos de efeito equivalente, desde que esses direitos e encargos não correspondam à remuneração de um serviço prestado;

e) As importações no âmbito da execução de contratos de fornecimentos serão admitidas no Estado ACP beneficiário com isenção de direitos aduaneiros, direitos de entrada, encargos ou imposições fiscais de efeito equi-

valente. Os contratos relativos a fornecimentos originários do Estado ACP em causa serão celebrados com base no preço à saída da fábrica, acrescido dos direitos fiscais eventualmente aplicáveis no Estado ACP a esses fornecimentos;
f) As compras de carburantes, lubrificantes e ligantes hidrocarbonados, bem como, de uma maneira geral, de todos os produtos utilizados na execução dos contratos de obras serão consideradas feitas no mercado local e estarão sujeitas ao regime fiscal aplicável por força da legislação nacional em vigor no Estado ACP beneficiário;
g) A importação de bens pessoais, de uso pessoal e doméstico, pelas pessoas singulares, com excepção das que forem contratadas localmente, encarregadas da execução das tarefas definidas num contrato de serviço, bem como pelos respectivos familiares efectuar-se-á em conformidade com a legislação nacional em vigor no Estado ACP beneficiário, com isenção de direitos aduaneiros, de direitos de entrada, de encargos e de outras imposições fiscais de efeito equivalente.

Art. 310.º

Qualquer questão não prevista nos artigos 308.º e 309.º será regulada pela legislação nacional do Estado em causa.

CAPÍTULO VI. Agentes responsáveis pela gestão e execução

SECÇÃO I. Gestor principal

Art. 311.º

1. A Comissão nomeará o gestor principal do Fundo responsável pela gestão aos recursos do Fundo.
2. A este título, o gestor principal:
a) Autorizará, liquidará e dará ordem de pagamento das despesas, e manterá a contabilidade das autorizações e das ordens de pagamento;
b) Assegurará que sejam respeitadas as decisões de financiamento;
c) Em estreita colaboração com o gestor nacional, tomará as decisões de autorização de despesas e as medidas financeiras que se revelarem necessárias para garantir, do ponto de vista económico e técnico, a boa execução das operações aprovadas;
d) Aprovará o processo de concurso antes da abertura dos concursos, sem prejuízo dos poderes exercidos pelo Delegado ao abrigo do artigo 317.º;
e) Assegurará a publicação dos avisos de concurso dentro de um prazo razoável, de acordo com o disposto no artigo 295.º;
f) Aprovará a proposta de adjudicação do contrato, sem prejuízo dos poderes exercidos pelo Delegado ao abrigo do artigo 317.º.

3. O gestor principal entregará, no final de cada exercício, um balanço pormenorizado do Fundo indicando o saldo das Contribuições pagas ao Fundo pelos Estados-membros e os montantes globais desembolsados por rubrica de financiamento, incluindo a cooperação regional, a ajuda de emergência, o STABEX, o SYSMIN e o ajustamento estrutural.

SECÇÃO II. **Gestor nacional**

Art. 312.º

1. O Governo de cada Estado ACP designará um gestor nacional que o representará em todas as operações financiadas a partir dos recursos do Fundo geridos pela Comissão. O gestor nacional será igualmente mantido ao corrente das operações financiadas com base nos recursos geridos pelo Banco.

2. O gestor nacional pode delegar parte das suas atribuições, devendo nesse caso informar o gestor principal das delegações a que procedeu.

Art. 313.º

1. O gestor nacional:
   a) É responsável, em estreita cooperação com o Delegado, pela preparação, apresentação e instrução dos projectos e programas de acção;
   b) Em estreita cooperação com o Delegado da Comissão procede à abertura de concursos, recebe as propostas, preside à sua análise, aprova o seu resultado, assina os contratos e os correspondentes contratos adicionais, e aprova as despesas;
   c) Antes da abertura de concursos, apresenta o processo do concurso ao Delegado, que o aprova no prazo fixado no artigo 317.º;
   d) Encerra a análise das propostas dentro do respectivo prazo de validade, tendo em conta o prazo exigido para a aprovação do contrato;
   e) Comunica o resultado da análise das propostas, acompanhado de uma proposta de adjudicação do contrato, ao Delegado, que deverá dar a sua aprovação no prazo de trinta dias ou no prazo fixado no artigo 317.º;
   f) Proceda à liquidação e assina as ordens de pagamento das despesas, dentro dos limites dos recursos que lhe são atribuídos;
   g) No decurso das operações de execução, toma as medidas de adaptação necessárias para assegurar, do ponto de vista económico e técnico, a boa execução dos projectos e programas aprovados.

2. Durante a execução das operações, e sem prejuízo do dever de informar o Delegado da Comissão, o gestor nacional decide sobre:
   a) As adaptações e modificações técnicas de pormenor, desde que não afectem as soluções técnicas escolhidas e não excedam a provisão para adaptações;
   b) A modificações dos orçamentos durante a execução;
   c) As transferências de verbas de artigo para artigo dentro dos orçamentos;

d) As mudanças de implantação de programas ou projectos com unidades múltiplas, por razões técnicas, económicas ou sociais;
e) A aplicação ou remissão das multas por atraso;
f) Os actos que permitem o levantamento das cauções;
g) As compras no mercado local, independentemente da origem das mercadorias;
h) A utilização de materiais e máquinas de construção não originários dos Estados-membros ou dos Estados ACP, sempre que não exista produção de materiais e máquinas comparáveis nos Estados-membros ou nos Estados ACP;
l) As sub-empreitadas;
j) As recepções definitivas, desde que o Delegado assista às recepções provisórias, vise as actas correspondentes e, se necessário, assista às recepções definitivas, nomeadamente quando a extensão das reservas formuladas aquando da recepção provisória exija transformações importantes;
k) O recrutamento de consultores e outros peritos de assistência técnica.

Art. 314.º

Qualquer documento ou proposta apresentado pelo gestor nacional à Comissão ou ao Delegado para acordo ou aprovação, em conformidade com o disposto na presente Convenção, será aprovado ou considerado aprovado no prazo fixado na presente Convenção ou, se omisso, no prazo da trinta dias.

Art. 315.º

No final de cada exercício do período de aplicação da Convenção, o gestor nacional elaborará um relatório sobre as acções inseridas no âmbito do programa indicativo nacional e dos programas regionais que tiverem sido executadas no Estado ACP em causa. Este relatório incluirá nomeadamente:
a) O relatório a que se refere o artigo 284.º da presente Convenção, relativo às autorizações e desembolsos e ao calendário de execução do programa indicativo, bem como um relatório sobre o adiantamento dos projectos e programas;
b) As autorizações, os desembolsos, o calendário de execução e o adiantamento dos projectos e programas regionais realizados nesse Estado;
c) Em consulta com o Delegado da Comissão, o relatório a que se refere o artigo 290.º da presente Convenção, relativo aos programas plurianuais;
d) Uma avaliação das acções executadas no Estado ACP em causa ao abrigo da cooperação para o financiamento do desenvolvimento, incluindo os programas regionais.

Serão enviadas cópias do relatório simultaneamente ao Delegado e ao Secretariado-Geral dos Estados ACP, o mais tardar noventa dias após o final do ano em causa.

SECÇÃO III. **Delegado**

Art. 316.º

1. A Comissão será representada, junto de cada Estado ACP ou de cada Grupo regional que o solicite expressamente, por um Delegado reconhecido pelo ou pelos Estados ACP interessados.

2. No caso de ser designado um único Delegado para um grupo de Estados ACP, serão tomadas as medidas apropriadas para que esse Delegado seja representado por um agente residente em cada um dos Estados em que o Delegado não reside.

Art. 317.º

O Delegado receberá as instruções e os poderes necessários para facilitar e acelerar a preparação, instrução e execução dos projectos e programas, bem como o apoio necessário para o fazer. Para este efeito e em estreita colaboração com o gestor nacional, o Delegado:

   a) A pedido do Estado ACP em causa, participará e prestará assistência na preparação de projectos e programas e na negociação de contratos de assistência técnica;
   b) Participará na instrução dos projectos e programas, na preparação dos processos de concurso e na procura de meios susceptíveis de simplificar a instrução dos projectos e programas e os processos de execução;
   c) Preparará propostas de financiamento;
   d) No caso dos processos acelerados, dos contratos por ajuste directo e dos contratos de ajuda de emergência, aprovará os processos de concurso antes de o gestor nacional proceder ao convite para a apresentação da proposta, para o que disporá de um prazo de trinta dias a contar do seu envio pelo gestor nacional;
   e) Em todos os casos não referidos na alínea *d*), enviará o processo de concurso ao gestor principal para aprovação, no prazo de trinta dias a contar do seu envio ao Delegado pelo gestor nacional;
   f) Assistirá à análise das propostas e receberá uma cópia destas bem como dos resultados da respectiva análise;
   g) Aprovará no prazo de trinta dias, a proposta de adjudicação do contrato enviada pelo gestor nacional para todos:
      i) Os contratos por ajuste directo;
      ii) Os contratos de serviços;
      iii) Os contratos relativos a ajudas de emergência; e
      iv) Os contratos a celebrar mediante processo acelerado, os contratos de obras de valor inferior a 5 milhões de *ecus*, e os contratos de fornecimento de valor inferior a 1 milhão de *ecus*:
   h) Aprovará, no prazo de trinta dias, as propostas de adjudicação não referidas na alínea *g*) que lhe tenham sido enviadas pelo gestor nacional, sempre

que se encontrem reunidas as seguintes condições: a proposta seleccionada é a mais barata das propostas que satisfazem as condições exigidas no processo do concurso, obedece aos critérios de selecção nele fixados e não ultrapassa as dotações afectas ao contrato;
 i) Quando não estiverem reunidas as condições previstas na alínea h), enviará a proposta de adjudicação ao gestor principal, que deliberará no prazo de sessenta dias a contar da data de recepção pelo Delegado da Comissão. Sempre que o montante da proposta seleccionada exceda as dotações afectas ao contrato, o gestor principal, após aprovação do contrato, procederá à autorização das verbas necessárias;
 j) Aprovará os contratos e os orçamentos no caso de execução por administração directa, os correspondentes contratos adicionais, e ainda as autorizações de pagamento dadas pelo gestor nacional;
 k) Certificar-se-á de que os projectos e programas financiados com base nos recursos do Fundo geridos pela Comissão são executados correctamente do ponto de vista financeiro e técnico;
 l) Cooperará com as autoridades nacionais do Estado ACP onde representa a Comissão, avaliando periodicamente as suas acções;
 m) Manterá contactos estreitos e contínuos com o gestor nacional, a fim de analisar e resolver os problemas específicos surgidos na execução de cooperação para o financiamento do desenvolvimento;
 n) Verificará nomeadamente, com regularidade, se as acções progridem ao ritmo previsto no calendário previsional constante da decisão de financiamento;
 o) Comunicará ao Estado ACP em causa qualquer informação ou documento útil relativo aos processos de execução da cooperação para o financiamento do desenvolvimento, nomeadamente no que se refere aos critérios de instrução e avaliação das propostas;
 p) Informará regularmente as autoridades nacionais das actividades comunitárias susceptíveis de interessar directamente à cooperação entre a Comunidade e os Estados ACP.

Art. 318.º
No final de cada exercício do período de aplicação da Convenção o Delegado elaborará um relatório sobre a execução do programa indicativo nacional e dos programas regionais, no que se refere sobretudo às operações do Fundo geridas pela Comissão. Este relatório incluirá, designadamente:
 a) O valor do programa indicativo, bem como as autorizações, os desembolsos e o calendário de execução de programa indicativo e dos programas regionais;
 b) Um relatório sobre o andamento dos projectos e programas;
 c) Uma avaliação das operações do Fundo no Estado ACP em causa e dos programas regionais.

Serão enviadas cópias deste relatório simultaneamente aos Estados ACP interessados e à Comunidade.

SECÇÃO IV.   **Pagamentos e tesoureiros delegados**

Art. 319.º

1. Tendo em vista a realização dos pagamentos nas moedas nacionais dos Estados ACP, serão abertas em nome da Comissão, em cada Estado ACP, contas na moeda de um dos Estados-membros ou em *ecus*, junto de uma instituição financeira nacional, pública ou com participação pública, escolhida de comum acordo pelo Estado ACP e pela Comissão. Esta instituição exercerá as funções de tesoureiro delegado nacional.

2. As contas referidas no n.º 1 supra serão alimentadas pela Comunidade na moeda de um dos Estados-membros ou em *ecus*, com base numa estimativa das futuras necessidades de tesouraria e com antecedência suficiente para evitar a necessidade de pré-financiamento pelos Estados ACP e atrasos de pagamento.

3. Os serviços prestados pelo tesoureiro delegado nacional não serão remunerados e os fundos depositados não vencerão juros.

4. Tendo em vista a realização dos pagamentos em *ecus*, serão abertas, em nome da Comissão, contas em *ecus* junto de instituições financeiras dos Estados-membros. Estas instituições exercerão as funções de tesoureiros delegados na Europa. Os pagamentos através destas contas poderão ser efectuados por ordem da Comissão ou do Delegado, agindo em seu nome, para as despesas autorizadas pelo gestor nacional ou pelo gestor principal com autorização prévia do gestor nacional.

5. Dentro dos limites dos fundos disponíveis nas contas, os tesoureiros delegados efectuarão os pagamentos autorizados pelo gestor nacional ou, se for caso disso, pelo gestor principal, após ter verificado a exactidão e a regularidade dos documentos comprovativos apresentados, bem como a validade da quitação liberatória.

6. Os processos de liquidação, autorização do pagamento e pagamento das despesas deverão ser efectuados no prazo máximo de noventa dias a contar da data do vencimento do pagamento. O gestor nacional dará a ordem de pagamento e notificá-la-á ao Delegado o mais tardar quarenta e cinco dias antes da data de vencimento.

7. As reclamações relativas a atrasos de pagamento serão suportadas pelo ou pelos Estados-membros ACP em causa e pela Comissão através dos seus recursos próprios, proporcionalmente ao atraso por que cada um é responsável, em conformidade com o n.º 6.

8. Os tesoureiros delegados, o gestor nacional, o Delegado e os serviços responsáveis da Comissão serão financeiramente responsáveis até à aprovação final pela Comissão das operações que tenham sido encarregados da executar.

SECÇÃO V. **Acompanhamento e avaliação**

Art. 320.º

O acompanhamento e a avaliação têm por objectivo avaliar com independência as operações de desenvolvimento (preparação e execução, a fim de aumentar a eficácia das operações de desenvolvimento em curso ou futuras. Estes trabalhos serão realizados conjuntamente pelos Estados ACP e pela Comunidade.

Art. 321.º

1. Mais especificamente, estes trabalhos terão nomeadamente como objectivo:
 a) Acompanhar e avaliar em conjunto, periodicamente e com independência, as operações e actividades realizadas ao abrigo do Fundo;
 b) Organizar o acompanhamento e a avaliação conjuntos das operações em curso e terminadas, e comparar os resultados obtidos com os objectivos fixados. A administração, o funcionamento a a manutenção das operações deverão ser sistematicamente revistos;
 c) Manter o Conselho de Ministros ACP-CEE ao corrente dos resultados dos trabalhos de avaliação e aproveitar esta experiência para a concepção e execução de operações futuras;
 d) Obter dos Estados ACP comentários sobre todos os relatórios de acompanhamento e avaliação e assegurar, em todos os casos, que os peritos dos Estados ACP participem sempre directamente nos trabalhos de acompanhamento e avaliação e na preparação dos relatórios;
 e) Assegurar que os Estados ACP e a Comunidade programem os trabalhos de avaliação com regularidade;
 f) Fazer a síntese dos resultados do acompanhamento e da avaliação por sector, por instrumento, por tema, por país e por região. Para este efeito:
  i) Os relatórios sobre os resultados do acompanhamento e da avaliação serão preparados e publicados com uma periocidade previamente acordada;
  ii) Será preparado um relatório anual dos resultados de execução das operações;
 g) Assegurar a reutilização operacional dos resultados de acompanhamento e da avaliação na política e nas práticas em matéria de desenvolvimento, criando mecanismos eficazes que permitam essa reutilização, organizando seminários e "oficinas" e publicando e divulgando informações concisas sobre as descobertas, as conclusões e as recomendações mais importantes; através de um processo de acompanhamento e de debates com o pessoal responsável pelas operações e as orientações utilizar esta experiência para a concepção e execução de operações futuras e contribuir para a sua reorientação;
 h) Extrair e divulgar os ensinamentos susceptíveis de concorrer para melhorar a concepção e a execução das operações futuras;

i) Reunir e explorar as informações pertinentes disponíveis, conjuntamente com as organizações de cooperação para o desenvolvimento nacionais e internacionais.

2. Os trabalhos incidirão nomeadamente sobre:
a) Sectores de desenvolvimento;
b) Instrumentos e temas de desenvolvimento;
c) Revisões a nível nacional e regional;
d) Operações de desenvolvimento individuais.

Art. 322.º

A fim de se certificar da sua utilidade prática em relação aos objectivos da Convenção e de melhorar o intercâmbio de informações, a Comissão:

a) Manterá relações estreitas com as unidades de acompanhamento e avaliação dos Estados ACP e da Comunidade, bem como com os gestores nacionais, as delegações da Comissão e os outros serviços interessados das administrações nacionais e das organizações regionais dos Estados ACP;

b) Ajudará os Estados ACP a desenvolver ou reforçar as suas capacidades em matéria de acompanhamento e avaliação, através de consultas ou cursos sobre técnicas de acompanhamento e avaliação.

Art. 323.º

O Comité ACP-CEE de Cooperação para o Financiamento do Desenvolvimento assegurará o carácter conjunto das acções de acompanhamento e avaliação, em conformidade com a declaração conjunta constante do Anexo LV.

SECÇÃO VI. **Comité ACP-CEE de Cooperação
para o Financiamento do Desenvolvimento**

Art. 324.º

O Conselho de Ministros examinará, pelo menos uma vez por ano, a realização dos objectivos da cooperação para o financiamento do desenvolvimento, bem como os problemas gerais e específicos decorrentes da execução desta cooperação. Este exame incidirá igualmente sobre a cooperação regional e sobre as medidas a tomar a favor dos Estados ACP menos desenvolvidos, sem litoral e insulares.

Art. 325.º

Com este fim, é criado, no âmbito do Conselho de Ministros, um Comité ACP-CEE de Cooperação para o Financiamento do Desenvolvimento a seguir designado por "Comité ACP-CEE" com as seguintes funções:

a) Proceder à recolha de informações sobre os processos existentes relativos à execução da cooperação para o desenvolvimento e prestar todos os esclarecimentos necessários sobre esses processos;

I – Quarta Convenção ACP-CEE   Art. 325.º

b) Examinar, a pedido da Comunidade ou dos Estados ACP, e com base em exemplos concretos, qualquer problema geral ou específico decorrente da realização desta cooperação;
c) Examinar os problemas relativos aos calendários das autorizações e pagamentos, e de execução dos projectos e programas, a fim de eliminar eventuais dificuldades e bloqueios;
d) Certificar-se da realização dos objectivos e princípios da cooperação para o desenvolvimento;
e) Ajudar a definir as directrizes gerais de cooperação para o desenvolvimento;
f) Redigir ou adaptar as condições gerais dos cadernos de encargos para a adjudicação e execução de contratos, em conformidade com o disposto na presente Convenção;
g) Analisar os trabalhos de acompanhamento e avaliação e formular sugestões para assegurar uma execução eficaz dos trabalhos de acompanhamento e avaliação, e estudar propostas para futuros trabalhos de acompanhamento e avaliação;
h) Analisar as medidas tomadas para garantir uma boa relação entre o custo e a eficácia dos programas de cooperação técnica e, em particular, as medidas destinadas a incentivar e desenvolver as capacidades nacionais e/ou regionais dos Estados ACP em matéria de recursos humanos;
i) Analisar as medidas tomadas para assegurar melhores condições e um melhor enquadramento da adjudicação de contratos às empresas ACP;
j) Analisar o modo como foram utilizados os instrumentos da Convenção para contribuir para aliviar os encargos financeiros que pesam sobre os Estados ACP devido ao seu endividamento;
k) Analisar os instrumentos de carácter económico, técnico, jurídico e institucional aplicados no âmbito da Convenção para alcançar os objectivos em matéria de promoção dos investimentos privados, a fim de identificar os obstáculos que entravam actualmente o desenvolvimento dos Estados ACP e de determinar as acções que se impõem para eliminar esses obstáculos;
l) Estudar medidas susceptíveis de favorecer um fluxo mais volumoso e mais estável de capitais privados e de promover:
   i) O financiamento conjunto de investimentos produtivos com o sector privado;
   ii) O acesso dos Estados ACP interessados aos mercados financeiros internacionais;
   iii) A criação, a actividade e a eficácia dos mercados financeiros nacionais;
m) Analisar as questões relativas ao fomento e à protecção dos investimentos nos Estados ACP e nos Estados-membros da Comunidade que afectem a sua cooperação para o desenvolvimento;

n) Apresentar ao Conselho relatórios sobre as questões analisadas e submeter à sua apreciação qualquer sugestão que possa melhorar ou acelerar a realização da cooperação para o desenvolvimento;

o) Preparar e apresentar ao Conselho os resultados da avaliação dos projectos e programa de acção;

p) Assegurar o acompanhamento e a aplicação das linhas directrizes e das resoluções adoptadas pelo Conselho sobre a cooperação para o desenvolvimento;

q) Executar as outras tarefas que lhe forem confiadas pelo Conselho.

Art. 326.º

1. O Comité ACP-CEE, que se reunirá trimestralmente, será composto, numa base paritária, por representantes dos Estados ACP e da Comunidade designados pelo Conselho de Ministros, ou pelos seus mandatários. Reunir-se-á a nível ministerial sempre que uma das partes o solicitar e, pelo menos, uma vez por ano. Às reuniões do Comité ACP-CEE assistirá um representante do Banco.

2. O Conselho de Ministros aprovará o Regulamento Interno do Comité ACP-CEE, nomeadamente as condições de representação e o número de membros do Comité, as regras a respeitar nas suas deliberações a as condições de exercício da presidência.

3. O Comité ACP-CEE poderá convocar reunião de peritos a fim de analisar as causas de eventuais dificuldades ou bloqueios que entravem a realização eficaz da cooperação para o desenvolvimento. Esses peritos apresentarão ao Comité recomendações sobre os meios para eliminar essas dificuldades ou bloqueios.

4. Sempre que seja submetido à apreciação do Comité ACP-CEE um problema específico ocorrido na realização da cooperação para o desenvolvimento, o Comité analisá-lo-á nos sessenta dias seguintes, com o objectivo de o resolver adequadamente.

5. *a)* O Comité ACP-CEE analisará regularmente os progressos realizados na realização da cooperação regional. Estudará nomeadamente os problemas e as questões de política geral que lhe sejam apresentados pelos Estados ACP ou pela Comunidade e formulará propostas adequadas.

b) A execução das disposições relativas ao desenvolvimento dos serviços será analisada e acompanhada pelo Comité ACP-CEE.

6. O Comité ACP-CEE analisará a implementação das medidas específicas a favor dos Estados ACP menos avançados, sem litoral e insulares, nomeadamente das que sejam consideradas convenientes para tornar esses Estados mais atraentes aos olhos dos investidores privados.

Art. 327.º

1. A fim de facilitar o trabalho do Comité ACP-CEE:

a) Os Estados ACP e os seus organismos regionais beneficiários, em cooperação com o Secretariado dos Estados ACP, por um lado, e a Comissão, em cooperação com o Banco, por outro lado, apresentarão ao Comité relatórios anuais sobre a gestão da cooperação para o financiamento do desenvolvimento;

b) Será apresentado ao Comité, nos termos da declaração conjunta constante do Anexo LV, um relatório anual sobre as acções/actividades de acompanhamento e avaliação;

c) A Comissão elaborará, em cooperação com o Banco, relatórios periódicos para informação do Comité sobre os resultados do trabalho de coordenação no domínio dos investimentos e do apoio ao sector privado;

d) A Comissão elaborará relatórios e efectuará estudos para informação do Comité sobre:
   – Os fluxos de investimentos entre a Comunidade e os Estados ACP; os obstáculos económicos, jurídicos e institucionais aos investimentos; as medidas destinadas a facilitar os movimentos de capitais privados; os co-financiamentos, o acesso dos Estados ACP aos mercados financeiros internacionais e o funcionamento dos mercados financeiros nacionais;
   – As actividades dos sistemas nacionais e internacionais de garantia dos investimentos;
   – Os acordos de promoção e protecção dos investimentos celebrados entre os Estados-membros e os Estados-ACP.

2. O Comité ACP-CEE analisará os relatórios que lhe sejam apresentados por força do n.º 1 supra sobre a cooperação para o financiamento do desenvolvimento, o acompanhamento e a avaliação e os investimentos. O Comité elaborará, para apresentação ao Conselho de Ministros:

a) Um relatório anual sobre a evolução dos seus trabalhos, que será analisado na reunião anual do Conselho de Ministros consagrada à definição das directrizes gerais da cooperação para o financiamento do desenvolvimento;

b) Informações ou propostas relacionadas com a realização da cooperação para o financiamento do desenvolvimento, bem como com aos problemas gerais levantados por esta cooperação; e ainda

c) Recomendações e resoluções sobre as medidas a adoptar para realizar os objectivos da cooperação para o financiamento do desenvolvimento, no âmbito das competências que lhe forem atribuídas pelo Conselho.

3. A partir das informações referidas no n.º 2, o Conselho de Ministros definirá as directrizes gerais de cooperação para o financiamento do desenvolvimento e adoptará resoluções ou directrizes para as medidas a tomar pela Comunidade e pelos Estados ACP a fim de que possam ser atingidos os objectivos desta cooperação.

TÍTULO IV. DISPOSIÇÕES GERAIS RELATIVAS AOS ESTADOS ACP MENOS DESENVOLVIDOS, SEM LITORAL E INSULARES

Art. 328.º

Será prestada especial atenção aos Estados ACP menos desenvolvidos, sem litoral e insulares, de acordo com as necessidades e problemas específicos de cada um destes três grupos de países, para que possam aproveitar plenamente as possibilidades oferecidas pela Convenção e acelerar o seu ritmo de desenvolvimento.

Independentemente das medidas e disposições específicas previstas para cada grupo nos diferentes capítulos da Convenção, será prestada especial atenção, no caso dos países menos desenvolvidos, sem litoral e insulares:
- ao reforço da cooperação regional;
- às infra-estruturas de transportes e comunicações;
- à exploração eficaz dos recursos marinhos e à comercialização destes produtos, bem como, para os países sem litoral, à pesca continental;
- no que se refere ao ajustamento estrutural, ao nível de desenvolvimento destes países, e na fase de execução, à dimensão social do ajustamento;
- à aplicação de estratégias alimentares e de programas integrados de desenvolvimento.

CAPÍTULO I. Estados ACP menos desenvolvidos

Art. 329.º

Será concedido um tratamento especial aos Estados ACP menos desenvolvidos, a fim de os ajudar a resolver as graves dificuldades económicas e sociais que entravam o seu desenvolvimento e de modo a acelerar o ritmo de desenvolvimento respectivo.

Art. 330.º

1. Para efeitos da presente Convenção, são considerados Estados ACP menos desenvolvidos:
Antígua e Barbuda
Moçambique
Belize
Níger
Benin
República de Cabo Verde
Botsuana
República Centro-Africana
Burkina Faso
Ruanda

Burundi
Samoa Ocidental
Chade
Santa Lúcia
Comores
São Cristóvão e Nevis
Djibouti
São Tomé e Príncipe
Dominica
São Vicente e Granadinas
Etiópia
Seychelles
Gâmbia
Serra Leoa
Granada
Somália
Guiné
Suazilândia
Guiné-Bissau
Sudão
Guiné Equatorial
Tanzânia
Haiti
Togo
Ilhas Salomão
Tonga
Kiribati
Tuvalu
Lesotho
Uganda
Malawi
Vanuatu
Mali
Mauritânia

2. A lista dos Estados ACP menos desenvolvidos pode ser modificada por decisão do Conselho de Ministros:
- se um Estado terceiro que se encontre numa situação comparável aderir à Convenção;
- se a situação económica de um Estado ACP se modificar de modo significativo e duradouro, quer de maneira a inclui-lo na categoria dos Estados ACP menos desenvolvidos, quer a deixar de justificar a sua inclusão nesta categoria.

Art. 331.º
As disposições adoptadas em conformidade com o artigo 329.º no que se refere aos Estados ACP menos desenvolvidos constam dos artigos seguintes:
1) Objectivos
   – artigos 8.º e 26.º
2) Cooperação agrícola, segurança alimentar e desenvolvimento rural
   – artigo 52.º
3) Centro Técnico de Desenvolvimento Agrícola e Rural
   – n.º 3 do artigo 53.º
4) Desenvolvimento da pesca
   – artigo 62.º
5) Cooperação industrial
   – n.ºs 1 e 2 do artigo 97.º
6) Desenvolvimento dos serviços
   – artigo 116.º
7) Desenvolvimento do comércio
   – n.º 5 do artigo 136.º
8) Cooperação regional
   – artigo 165.º
9) Medidas de salvaguarda – cooperação comercial
   – artigo 180.º
10) Stabex
    – n.º 3 do artigo 189.º
    – n.º 2 do artigo 196.º
    – n.ºs 3 e 4 do artigo 197.º
11) Sysmin
    – n.º 1 do artigo 215.º
12) Cooperação para o financiamento do desenvolvimento
    – alínea *o*) do artigo 220.º
13) Financiamento das despesas recorrentes
    – n.º 2 do artigo 227.º
14) Repartição dos meios de financiamento
    – artigo 238.º
15) Ajustamento estrutural
    – n.º 3 do artigo 246.º
16) Micro-projectos
    – n.º 4 do artigo 252.º
17) Instrução dos projectos
    – n.º 3 do artigo 287.º
18) Aplicação das medidas específicas
    – artigo 324.º
    – n.º 1 do artigo 326.º

19) Protocolo sobre as regras de origem
   – n.º 2 do artigo 30.º
   – n.º 5 do artigo 31.º

CAPÍTULO II. **Estados ACP sem litoral**

Art. 332.º
Estão previstas disposições e medidas específicas para apoiar os Estados ACP sem litoral nos seus esforços destinados a superar as dificuldades geográficas e outros obstáculos que entravam o seu desenvolvimento, de modo a permitir-lhes acelerar o respectivo ritmo de desenvolvimento.

Art. 333.º
1. Os Estados ACP sem litoral são:
Botsuana
Mali
Burkina Faso
Níger
Burundi
República Centro-Africana
Chade
Ruanda
Lesotho
Suazilândia
Malawi
Uganda
Lesotho
Zâmbia
Malawi
Zimbabwe

2. A lista dos Estados ACP sem litoral pode ser modificada por decisão do Conselho de Ministros se um Estado terceiro que se encontre numa situação comparável aderir à presente Convenção.

Art. 334.º
As disposições estabelecidas em aplicação do artigo 332.º em favor dos Estados ACP sem litoral constam dos artigos seguintes:
1) Objectivos
   – artigo 8.º
2) Cooperação agrícola, segurança alimentar e desenvolvimento rural
   – artigo 52.º

3) Desenvolvimento da pesca
   – artigo 62.º
4) Cooperação Industrial
   – n.º 1 do artigo 97.º
5) Desenvolvimento dos serviços
   – artigo 116.º
6) Desenvolvimento do comércio
   – n.º 5 do artigo 136.º
7) Cooperação regional
   – alínea g) do artigo 159.º
   – artigo 165.º
8) Medidas de salvaguarda – cooperação comercial
   – artigo 180.º
9) Stabex
   – n.º 2 do artigo 196.º
   – n.º 4 do artigo 197.º
10) Sysmin
    – n.º 1 do artigo 215.º
11) Repartição dos meios de financiamento
    – artigo 218.º
12) Cooperação para o financiamento do desenvolvimento
    – alínea o) do artigo 220.º
13) Aplicação das medidas específicas
    – artigo 324.º
    – n.º 6 do artigo 326.º

CAPÍTULO III. Estados ACP insulares

Art. 335.º

Estão previstas disposições e medidas específicas para apoiar os Estados ACP insulares nos seus esforços destinados a superar as dificuldades naturais e geográficas e os outros obstáculos que entravem o seu desenvolvimento, de modo a permitir-lhes acelerar o respectivo ritmo de desenvolvimento.

Art. 336.º

1. Os Estados ACP insulares são:
Antígua e Barbuda
Papuásia-Nova-Guiné
Bahamas
República de Cabo Verde
Barbados
República Dominicana

Comores
Samoa Ocidental
Dominica
Santa Lúcia
Fiji
São Cristóvão e Nevis
Granada
São Tomé e Príncipe
Haiti
São Vicente e Granadinas
Ilha Maurícia
Seychelles
Ilhas Salomão
Tonga
Jamaica
Trinidade e Tobago
Kiribati
Tuvalu
Madagáscar
Vanuatu

2. A lista dos Estados ACP insulares pode ser modificada por decisão do Conselho de Ministros, se um Estado terceiro que se encontra numa situação comparável aderir à presente Convenção.

Art. 337.º

As disposições estabelecidas em aplicação do artigo 335.º a favor dos Estados ACP insulares constam dos seguintes artigos:

1) Objectivos
   – artigo 8.º
2) Cooperação agrícola, segurança alimentar e desenvolvimento rural
   – artigo 52.º
3) Desenvolvimento da pesca
   – artigo 62.º
4) Cooperação Industrial
   – n.º 1 do artigo 97.º
5) Desenvolvimento dos serviços
   – artigo 116.º
6) Desenvolvimento do comércio
   – n.º 5 do artigo 136.º
7) Cooperação regional
   – artigo 165.º
8) Medidas de salvaguarda – cooperação comercial
   – artigo 180.º

9) Stabex
– n.º 2 do artigo 196.º
– n.º 4 do artigo 197.º
10) Sysmin
– n.º 1 do artigo 215.º
11) Cooperação para o financiamento do desenvolvimento
– alínea o) do artigo 220.º
12) Repartição dos meios de financiamento
– artigo 238.º
13) Aplicação de medidas específicas
– artigo 324.º
– n.º 6 do artigo 326.º
14) Protocolo sobre as regras de origem
– n.º 5 do artigo 31.º

PARTE IV. FUNCIONAMENTO DAS INSTITUIÇÕES

CAPÍTULO I. Conselho de Ministros

Art. 338.º

O Conselho de Ministros pronunciar-se-á por acordo entre a Comunidade, por um lado, e os Estados ACP, por outro.

Art. 339.º

1. O Conselho de Ministros só pode deliberar validamente com a participação de metade dos membros do Conselho das Comunidades Europeias, de um membro da Comissão e de dois terços dos membros que representam os governos dos Estados ACP.

2. Os membros do Conselho de Ministros impedidos de comparecer podem fazer-se representar. O representante exerce todos os direitos do membro titular.

3. O Conselho de Ministros adoptará o seu Regulamento Interno. Este Regulamento preverá a possibilidade de cada sessão do Conselho examinar em profundidade os grandes temas de Cooperação, eventualmente preparados nos termos do disposto no n.º 6 do artigo 342.º.

Art. 340.º

A presidência do Conselho de Ministros será exercida alternadamente por um membro do Conselho das Comunidades Europeias e por um membro do governo de um Estado ACP.

Art. 341.º

1. O Conselho de Ministros reúne-se uma vez por ano por iniciativa do seu Presidente.

2. O Conselho de Ministros reúne-se igualmente, sempre que necessário, nas condições fixadas no seu Regulamento Interno.

3. Os co-Presidentes, assistidos por conselheiros, podem proceder regularmente a consultas e trocas de pontos de vista entre as sessões do Conselho de Ministros.

Art. 342.º

1. O Conselho de Ministros procederá periodicamente ao exame dos resultados do regime previsto na presente Convenção e tomará as medidas necessárias para a realização dos objectivos desta.

Para este efeito, o Conselho de Ministros, por iniciativa de uma das partes, examinará e poderá tomar em consideração qualquer resolução ou recomendação adoptada a este respeito pela Assembleia Paritária.

2. As decisões tomadas pelo Conselho de Ministros nos casos previstos na presente Convenção são obrigatórias para as Partes Contratantes, que adoptarão as medidas necessárias à respectiva execução.

3. O Conselho de Ministros pode igualmente formular as resoluções, declarações, recomendações ou pareceres que considerar necessários para atingir os objectivos fixados e para assegurar uma aplicação satisfatória da presente Convenção.

4. O Conselho de Ministros publicará um relatório anual e qualquer outra informação que julgar útil.

5. A Comunidade ou os Estados ACP podem submeter à apreciação do Conselho de Ministros quaisquer problemas que surjam na aplicação da presente Convenção.

6. O Conselho de Ministros poderá criar comités ou grupos, bem com grupos de trabalho *ad hoc*, encarregados de efectuar os trabalhos que considerar necessários, e em especial de preparar, se necessário, deliberações sobre domínios ou problemas específicos de cooperação, nos termos do disposto no n.º 2 do artigo 346.º.

Art. 343.º

Em aplicação do n.º 2, alínea *h*), do artigo 30.º e dos artigos 20.º, 21.º e 22.º, referentes à cooperação descentralizada, o Conselho de Ministros organizará contactos entre organismos homólogos da Comunidade e dos Estados ACP (autoridades públicas descentralizadas e organismos não oficiais), a fim de analisar concretamente como e em que condições as suas iniciativas podem ser organizadas de modo a contribuir para a prossecução dos objectivos de desenvolvimento dos Estados ACP. A participação nas reuniões será assegurada em função dos temas inscritos na ordem do dia e da capacidade concreta de actuação dos organismos acima referidos para a realização dos objectivos de desenvolvimento nesses domínios.

Estes mecanismos de contacto favorecerão o acesso das Partes interessadas às informações relativas às políticas de desenvolvimento levadas a efeito pelos Estados ACP e às acções de cooperação ACP-CEE, bem como uma melhor informação e concertação recíproca sobre as possibilidades de acções de cooperação descentralizadas.

Art. 344.º
Sem prejuízo de disposto no n.º 6 do artigo 342.º, o Conselho de Ministros, durante as suas sessões, poderá confiar a grupos ministeriais restritos, constituídos numa base paritária, a preparação das suas deliberações e conclusões sobre determinados pontos da sua ordem do dia.

Art. 345.º
O Conselho de Ministros poderá delegar parte das suas competências no Comité de Embaixadores. Neste caso, o Comité de Embaixadores pronunciar-se-á nas condições previstas no artigo 338.º.

CAPÍTULO II. Comité de Embaixadores

Art. 346.º
1. O Comité de Embaixadores manterá o Conselho de Ministros ao corrente das suas actividades, nomeadamente nos domínios que tiverem sido objecto de uma delegação de competências. O Comité de Embaixadores apresentará igualmente ao Conselho de Ministros quaisquer propostas, resoluções, recomendações ou pareceres que julgar necessários ou oportunos.

2. O Comité de Embaixadores supervisará os trabalhos de todos os comités e de todos os outros órgãos ou grupos de trabalho, permanentes ou *ad hoc*, criados ou previstos na presente Convenção ou em aplicação desta, a um nível diferente do ministerial, e apresentará periodicamente relatórios ao Conselho de Ministros.

3. Para o desempenho das suas funções, o Comité de Embaixadores reunir--se-á pelo menos uma vez de seis em seis meses.

Art. 347.º
1. A presidência do Comité de Embaixadores será exercida alternadamente pelo Representante Permanente de um Estado-membro, designado pela Comunidade, e por um Chefe de Missão, representante de um Estado ACP, designado pelos Estados ACP.

2. Os membros do Comité de Embaixadores impedidos de comparecer podem fazer-se representar. O representante exercerá todos os direitos do membro titular.

3. O Comité de Embaixadores, adoptará o seu Regulamento Interno, o qual será submetido à aprovação do Conselho de Ministros.

CAPÍTULO III. Disposições comuns ao Conselho de Ministros e ao Comité de Embaixadores

Art. 348.º
Às reuniões do Conselho de Ministros ou do Comité de Embaixadores assistirá um representante do Banco sempre que constem da ordem do dia questões relacionadas com os domínios de actuação deste.

Art. 349.º
O secretariado e demais trabalhos necessários ao funcionamento do Conselho de Ministros e do Comité de Embaixadores ou de outros órgãos mistos serão assegurados, numa base paritária, nas condições previstas no Regulamento Interno do Conselho de Ministros.

CAPÍTULO IV. Assembleia Paritária

Art. 350.º
A Assembleia Paritária examinará o relatório elaborado em aplicação do n.º 4 do artigo 342.º.

A Assembleia Paritária pode adoptar resoluções em matérias relacionadas com a presente Convenção ou nela previstas.

Pode, para a realização dos objectivos da presente Convenção, apresentar ao Conselho de Ministros todas as conclusões e formular todas as apresentações que considerar úteis, nomeadamente por ocasião do exame do relatório anual do Conselho de Ministros.

Art. 351.º
1. A Assembleia Paritária designará a sua mesa e adoptará o seu próprio Regulamento.
2. A Assembleia Paritária reunir-se-á duas vezes por ano em sessão ordinária, alternadamente na Comunidade e num Estado ACP.
3. A Assembleia Paritária pode criar grupos de trabalho *ad hoc* encarregados de efectuar trabalhos preparatórios específicos por ela determinados.
4. O secretariado e demais trabalhos necessários ao funcionamento da Assembleia Paritária serão assegurados, numa base paritária, nas condições previstas no Regulamento de Assembleia Paritária.

CAPÍTULO V. Outras disposições

Art. 352.º
1. Os diferendos relativos à interpretação ou à aplicação da presente Convenção que surjam entre um Estado-membro, vários Estados-membros ou a Comu-

nidade, por um lado, e um ou vários Estados ACP, por outro, serão submetidos ao Conselho de Ministros.

2. Entre as sessões do Conselho de Ministros, tais diferendos serão submetidos, para resolução, ao Comité de Embaixadores.

3. Se o Comité de Embaixadores não puder solucionar o diferendo, submetê-lo-á à apreciação do Conselho de Ministros, para resolução na sessão seguinte deste.

4. Se o Conselho de Ministros não conseguir solucionar o diferendo no decurso desta sessão, poderá, a pedido de uma das Partes Contratantes interessadas, dar início a um processo de bons ofícios cujo resultado lhe será comunicado por relatório, na sua sessão seguinte.

5. *a)* Na ausência de resolução do diferendo, o Conselho de Ministros dará início, a pedido de uma das Partes Contratantes interessadas, a um processo de arbitragem. Serão designados dois árbitros, no prazo de trinta dias, pelas partes no diferendo, tal como definidas no n.º 1, designando cada uma delas um árbitro. Estes dois árbitros designarão por seu turno, no prazo de dois meses, um terceiro árbitro. Na falta de designação deste último no prazo previsto, este será designado pelos co-presidentes do Conselho de Ministros de entre personalidades que oferecem todas as garantias de independência.

b) As decisões dos árbitros serão tomadas por maioria, em regra geral no prazo de cinco meses.

c) Cada parte no diferendo é obrigado a tomar as medidas necessárias para assegurar a aplicação da decisão dos árbitros

Art. 353.º

As Partes Contratantes tudo farão, sem prejuízo do disposto na presente Convenção, para chegar a uma interpretação comum, quando surja entre a Comunidade e os Estados ACP qualquer divergência na interpretação dos textos no âmbito de aplicação da presente Convenção. Para este efeito, esses problemas serão objecto de exame conjunto tendo em vista a sua solução no âmbito das instituições ACP-CEE.

Art. 354.º

As despesas de funcionamento das instituições previstas na presente Convenção serão tomadas a cargo nas condições determinadas no Protocolo n.º 2.

Art. 355.º

Os privilégios e imunidades concedidos em conformidade com a presente Convenção são definidos no Protocolo n.º 3.

PARTE V. DISPOSIÇÕES FINAIS

Art. 356.º
Os tratados, convenções, acordos ou convénios concluídos entre um ou mais Estados-membros da Comunidade e um ou mais Estados ACP, qualquer que seja a sua formação ou natureza, não constituirão obstáculo à aplicação da presente Convenção.

Art. 357.º
Sem prejuízo das disposições específicas relativas às relações entre os Estados ACP e os departamentos ultramarinos franceses previstas na Presente Convenção, esta aplica-se aos territórios em que o Tratado que institui a Comunidade Económica Europeia é aplicável, nas condições nele previstas, por um lado, e ao território dos Estados ACP, por outro.

Art. 358.º
1. Quando um Estado terceiro desejar aderir à Comunidade, esta, a partir do momento em que decidir iniciar as negociações de adesão, informará os Estados ACP.
2. As Partes Contratantes acordam, por outro lado:
   a) Em estabelecer, durante o desenrolar das negociações de adesão, contactos regulares nos quais:
   – a Comunidade fornecerá aos Estados ACP todas as informações úteis sobre a evolução das negociações;
   – os Estados ACP darão a conhecer à Comunidade as suas preocupações e posições, a fim de que esta possa tê-las em consideração, na medida do possível;
   b) Em examinar, sem demora, após a conclusão das negociações de adesão, os efeitos dessa adesão sobre a presente convenção, e em dar início às negociações, a fim de ser concluído um protocolo de adesão e de serem aprovadas as medidas de adaptação e/ou transição que venham a revelar-se necessárias, ou que serão anexadas a este protocolo, do qual farão parte integrante;
3. Sem prejuízo de eventuais acordos transitórios que possam ser concluídos, as Partes Contratantes reconhecem que as disposições da presente Convenção não se aplicam às relações entre os Estados ACP e um novo Estado-membro da Comunidade enquanto não entrar em vigor o protocolo de adesão à presente Convenção referido na alínea *b)* do n.º 2.

Art. 359.º
1. *a)* A presente Convenção é, no que diz respeito à Comunidade, validamente concluída em conformidade com as disposições dos Tratados CEE e CECA. Esta conclusão será notificada às Partes.

b) A presente Convenção será ratificada pelos Estados signatários em conformidade com as respectivas normas constitucionais.

2. Os instrumentos de ratificação e o acto de notificação da conclusão da presente Convenção serão depositados, no que diz respeito aos Estados ACP, no Secretariado ao Conselho das Comunidades Europeias e, no que diz respeito à Comunidade e seus Estados-membros, no Secretariado dos Estados ACP. Os Secretariados informarão imediatamente desse facto os Estados signatários e a Comunidade.

Art. 360.º

1. A presente Convenção entra em vigor no primeiro dia do segundo mês seguinte à data de depósito dos instrumentos da ratificação dos Estados-membros e de, pelo menos dois terços dos Estados ACP, bem como do acto de notificação da conclusão da presente Convenção pela Comunidade.

2. Qualquer Estado ACP que não tenha cumprido as formalidades referidas no artigo 359.º à data de entrada em vigor da presente Convenção, tal como previsto no n.º 1, só pode fazê-lo nos doze meses seguintes a essa data, devendo essas formalidades ficar concluídas durante esses mesmos doze meses, salvo se, antes de terminado esse período, o Estado ACP em causa comunicar ao Conselho de Ministros a sua intenção de cumprir as referidas formalidades o mais tardar nos seis meses seguintes a esse período, e com a condição de proceder, nesse mesmo prazo, ao depósito do instrumento de ratificação.

3. Para os Estados ACP que não tenham cumprido as formalidades previstas no artigo 359.º à data de entrada em vigor da presente Convenção, tal como previsto no n.º 1, a presente Convenção será aplicável no primeiro dia do segundo mês seguinte ao cumprimento dessas formalidades.

4. Os Estados ACP signatários que ratifiquem a presente Convenção nas condições previstas no n.º 2 reconhecem a validade das medidas de aplicação da presente Convenção tomadas entre a data da sua entrada em vigor e a data em que ela se lhes torne aplicável. Sem prejuízo de um prazo suplementar que lhes poderá ser concedido pelo Conselho de Ministros, esses Estados executarão, o mais tardar sete meses após o cumprimento das formalidades previstas no artigo 359.º, todas as obrigações que lhes incumbem nos termos da presente Convenção ou das decisões de aplicação tomadas pelo Conselho de Ministros.

5. O regulamento interno das instituições conjuntas criadas pela presente Convenção determinará se, e, na afirmativa, em que condições, os representantes dos Estados signatários que, à data de entrada em vigor da presente Convenção, não tenham ainda cumprido as formalidades previstas no artigo 359.º, poderão assistir na qualidade de observadores aos trabalhos dessas instituições. As disposições assim aprovadas só produzirão efeitos até ao momento em que a presente Convenção se torne aplicável a esses Estados. Estas disposições deixam de ser aplicáveis, em qualquer caso, na data em que, nos termos do disposto no n.º 1, o Estado em causa deixar de poder proceder à ratificação da presente convenção.

Art. 361.º
1. O Conselho de Ministros será informado de qualquer pedido de adesão ou da associação de um Estado à Comunidade.

2. O Conselho de Ministros será informado de qualquer pedido de adesão de um Estado a um agrupamento económico composto por Estados ACP.

Art. 362.º
1. Qualquer pedido de adesão à presente Convenção apresentado por um país ou território referido na Parte IV do Tratado que se torne independente será comunicado ao Conselho de Ministros.

2. Em caso de aprovação pelo Conselho de Ministros, o país em causa aderirá à presente Convenção, mediante depósito de um acto de adesão no Secretariado do Conselho das Comunidades Europeias, que dele remeterá uma cópia autenticada ao Secretariado dos Estados ACP e informará desse facto os Estados signatários.

3. O Estado em causa gozará então dos mesmos direitos e ficará sujeito às mesmas obrigações que os Estados ACP. A sua adesão não pode prejudicar as vantagens resultantes, para os Estados ACP signatários da presente Convenção, das disposições relativas à cooperação para o financiamento do desenvolvimento e à estabilização das receitas da exportação.

Art. 363.º
1. Qualquer pedido de adesão à presente Convenção apresentado por um Estado cuja estrutura económica e produção sejam comparáveis às dos Estados ACP requererá a aprovação do Conselho de Ministros. O referido Estado pode aderir à presente Convenção, concluindo um acordo com a Comunidade.

2. O Estado em causa gozará então dos mesmos direitos e ficará sujeito às mesmas obrigações que os Estados ACP.

3. O acordo celebrado com o Estado em causa pode todavia especificar a data em que alguns desses direitos e obrigações se lhe tornarão aplicáveis.

4. A adesão do Estado em causa não pode todavia prejudicar as vantagens resultantes, para os Estados ACP signatários da presente Convenção, das disposições relativas à cooperação para o financiamento do desenvolvimento, à estabilização das receitas da exportação e à cooperação industrial.

Art. 364.º
Se, após o acesso à independência, a Namíbia solicitar a sua adesão à Convenção, sendo esse pedido apresentado após o início do processo efectivo de ratificação da Convenção, mas antes da sua entrada em vigor, o Conselho de Ministros deliberará sobre esse pedido e tomará uma decisão sobre a adesão do referido Estado. Na mesma ocasião, o Conselho de Ministros tomará igualmente qualquer decisão adequada em relação a esse Estado, nas matérias a que se referem a Parte III, Títulos I e IV da Convenção e os anexos à Acta Final relativos a essas partes da Convenção, e nomeadamente no que diz respeito à carne de bovino.

Em caso de decisão favorável, a Namíbia juntar-se-á aos Estados signatários da Convenção, nomeadamente no que se refere à sua ratificação e entrada em vigor.

Art. 365.º

A partir da data de entrada em vigor da presente Convenção, os poderes conferidos ao Conselho de Ministros pela Terceira Convenção ACP-CEE serão exercidos, na medida do necessário e nos termos do disposto a este respeito na referida Convenção, pelo Conselho de Ministros instituído pela presente Convenção.

Art. 366.º

1. A presente Convenção é celebrada por um período de 10 anos a partir de 1 de Março 1990.

2. O mais tardar, doze meses antes do termo do primeiro período de cinco anos, a Comunidade e os Estados-membros, por um lado, e os Estados ACP, por outro, notificarão a outra Parte das disposições da presente Convenção cuja revisão solicitam, com vista a uma eventual alteração da Convenção. Sem prejuízo deste prazo, sempre que uma parte solicite a revisão de quaisquer disposições da Convenção, a outra Parte disporá de um prazo de dois meses para solicitar que essa revisão seja extensiva a outras disposições relacionadas com as que foram objecto do pedido inicial.

Dez meses antes do termo do período de cinco anos em curso, as Partes Contratantes darão início a negociações com vista a analisar as eventuais alterações a introduzir nas disposições que foram objecto da referida notificação.

As disposições dos artigos 359.º e 360.º relativas à conclusão, ratificação e entrada em vigor da Convenção aplicar-se-ão igualmente às alterações assim introduzidas na Convenção.

O Conselho de Ministros adoptará eventualmente as medidas transitórias necessárias na sequência das disposições alteradas, até à entrada em vigor destas últimas.

3. Dezoito meses antes do termo do período total de vigência da Convenção, as Partes Contratantes darão início a negociações tendo em vista examinar as disposições que regularão posteriormente as relações entre a Comunidade e os seus Estados-membros, por um lado, e os Estados ACP, por outro.

O Conselho de Ministros adoptará eventualmente as medidas transitórias necessárias até à entrada em vigor da nova Convenção.

Art. 367.º

A presente Convenção pode ser denunciada pela Comunidade em relação a cada Estado ACP e por cada Estado ACP em relação à Comunidade, mediante um aviso prévio de seis meses.

Art. 368.º

Os protocolos anexos à presente Convenção fazem dela parte integrante.

I – Quarta Convenção ACP-CEE   Art. 369.º

Art. 369.º

A presente Convenção redigida em dois exemplares em línguas alemã, dinamarquesa, espanhola, francesa, grega, inglesa, italiana, neerlandesa e portuguesa, fazendo fé qualquer dos textos, será depositada nos arquivos do Secretariado do Conselho das Comunidades Europeias e no Secretariado dos Estados ACP, que dela transmitirão uma cópia autenticada ao governo de cada um dos Estados signatários.

EM FÉ DO QUE, os plenipotenciários abaixo assinados apuseram as suas assinaturas no final da presente Convenção.

Feito em Lomé, em quinze de Dezembro de mil novecentos e oitenta e nove.

ACTO FINAL

Os plenipotenciários
  de Sua Majestade o Rei dos Belgas,
  da Sua Majestade a Rainha da Dinamarca,
  do Presidente da República Federal da Alemanha,
  do Presidente da República Helénica,
  de Sua Majestade o Rei de Espanha,
  do Presidente da República Francesa,
  do Presidente da Irlanda,
  do Presidente da República Italiana,
  de Sua Alteza Real o Grão-Duque do Luxemburgo,
  de Sua Majestade a Rainha dos Países Baixos,
  do Presidente da República Portuguesa,
  de Sua Majestade a Rainha do Reino Unido da Grã-Bretanha e da Irlanda do Norte.

Partes Contratantes no Tratado que institui a Comunidade Europeia do Carvão e do Aço e no Tratado que institui a Comunidade Económica Europeia, a seguir denominada "Comunidade", e cujos Estados são a seguir denominados "Estados-membros", bem como do Conselho e da Comissão das Comunidades Europeias, por outro lado, e

Os plenipotenciários
  do Presidente da República Popular de Angola,
  de Sua Majestade a Rainha de Antígua e Barbuda,
  do Chefe de Estado da Commonwealth das Bahamas,
  do Chefe de Estado de Barbados,
  de Sua Majestade a Rainha de Belize,
  do Presidente da República Popular do Benin,
  do Presidente da República do Botsuana,

do Presidente de Frente Popular, Chefe de Estado e Chefe de Governo do Burkina Faso,
do Presidente da República do Burundi,
do Presidente da República de Cabo Verde,
do Presidente da República dos Camarões,
do Presidente da República Centro-africana,
do Presidente da República do Chade,
do Presidente da República Federal Islâmica das Comores,
do Presidente da República Popular do Congo,
do Presidente da República da Costa do Marfim,
do Presidente de República de Djibouti,
do Governo da Commonwealth da Dominica,
do Presidente da República Dominicana,
do Presidente da República Democrática e Popular da Etiópia,
do Presidente da República de Fiji,
do Presidente da República Gabonesa,
do Presidente da República da Gâmbia,
do Chefe de Estado e Presidente do Conselho Provisório da Defesa Nacional da República do Gana,
da Sua Majestade a Rainha de Granada,
do Presidente da República da Guiné,
do Presidente do Conselho de Estado da Guiné-Bissau,
do Presidente de República de Guiné Equatorial,
de Presidente da República Cooperativa de Guiana,
do Presidente de República do Haiti,
do Chefe de Estado da Jamaica,
do Presidente da República do Kiribati,
de Sua Majestade o Rei do Reino do Lesoto,
de Presidente da República da Libéria,
do Presidente da República Democrática de Madagáscar,
do Presidente de República do Malawi,
do Presidente da República do Mali,
do Presidente do Comité Militar de Salvação Nacional, e Chefe de Estado da República Islâmica da Mauritânia,
de Sua Majestade a Rainha da Ilha Maurícia,
do Presidente da República Popular de Moçambique,
do Presidente do Conselho Militar Supremo, e Chefe de Estado do Níger,
do Chefe do Governo Federal da Nigéria,
de Sua Majestade a Rainha de Papuásia-Nova Guiné,
do Presidente da República do Quénia,
do Presidente da República do Ruanda,
de Sua Majestade a Rainha das Ilhas de Salomão,
do Chefe de Estado das Samoa Ocidentais,

de Sua Majestade a Rainha de Santa Lúcia,
de Sua Majestade a Rainha de São Cristóvão e Nevis,
do Presidente da República Democrática de São Tomé e Príncipe,
de Sua Majestade a Rainha de São Vicente e Granadinas,
do Presidente da República do Senegal,
do Presidente da República da Serra Leoa,
do Presidente da República das Seychelles,
do Presidente da República Democrática da Somália,
do Presidente da República do Sudão,
do Presidente da República do Suriname,
de Sua Majestade o Rei do Reino da Suazilândia,
do Presidente da República Unida da Tanzânia,
do Presidente da República Togolesa,
de Sua Majestade o Rei Taufahau Tupou IV de Tonga,
do Presidente da República da Trinidade e Tobago,
de Sua Majestade a Rainha de Tuvalu,
do Presidente da República do Uganda,
do Governo da República de Vanuatu,
do Presidente da República do Zaire,
do Presidente da República da Zâmbia,
do Presidente da República do Zimbabwe,
cujos Estados são a seguir denominados "Estados ACP",

Por outro lado, reunidos em Lomé aos quinze de Dezembro de mil novecentos e oitenta e nove para a assinatura da Quarta Convenção ACP-CEE de Lomé, aprovaram os seguintes textos:

A Quarta Convenção ACP-CEE da Lomé, bem como os seguintes protocolos (...)

Resolução n.º 9/90, de 18 de Setembro

Com a adesão da República Popular de Moçambique à III Convenção de Lomé a 8 de Dezembro de 1984, Moçambique tornou-se signatário do acordo multilateral de cooperação e desenvolvimento entre os Países membros da Comunidade Económica Europeia (CEE) e sessenta e seis Estados de África, Caraíbas e Pacífico (ACP).

A adesão àquela Convenção permitiu à República Popular de Moçambique a criação de condições para a utilização e aproveitamento dos recursos naturais existentes no País, nomeadamente no sector das pescas e agricultura, por via de uma adequada combinação de meios e capacidades internamente disponíveis com recursos materiais, técnicos e financeiros externos.

A Cooperação no âmbito de Lomé III, para a República Popular de Moçambique teve um saldo positivo quer no que se reporta à execução do Programa Indicativo Nacional, quer no tocante aos restantes domínios cobertos pelo 6.º Fundo Europeu de Desenvolvimento, designadamente os projectos de cooperação regional e os programas de ajuda de emergência.

A 15 de Dezembro de 1989 a República Popular de Moçambique subscreveu a IV Convenção de Lomé entre 68 Estados ACP e a CEE cujo traço fundamental é a continuidade de políticas e instrumentos relativos à Convenção de Lomé. No entanto apresenta algumas inovações das quais se sublinham as seguintes: alargamento do período de vigência da Convenção de cinco para dez anos; dois pacotes financeiros quinquenais e a inclusão de recursos específicos para o apoio ao processo de ajustamento estrutural.

Neste quadro, torna-se necessário dar cumprimento às formalidades previstas no artigo 359.º da Convenção de Lomé IV.

Nestes termos, ao abrigo da alínea *d*) do artigo 60.º da Constituição da República, o Conselho de Ministros determina:

Único. É ratificada a Convenção de Lomé IV celebrada a 15 de Dezembro de 1989 entre a Comunidade Económica Europeia e os Estados da África, das Caraíbas e do Pacífico.

Aprovada pelo Conselho de Ministros.

Publique-se.

O Primeiro-Ministro, *Mário Fernandes da Graça Machungo*

II – ACORDO DE ALTERAÇÃO DA QUARTA CONVENÇÃO ACP-CEE

Preâmbulo

Sua Majestade o Rei dos Belgas, Sua Majestade a Rainha da Dinamarca, o Presidente da República Federal da Alemanha, o Presidente da República Helénica, Sua Majestade o Rei de Espanha, o Presidente da República Francesa, o Presidente da Irlanda, o Presidente da República Italiana, Sua Alteza Real o Grão--Duque do Luxemburgo, Sua Majestade a Rainha dos Países Baixos, o Presidente Federal da República da Áustria, o Presidente da República Portuguesa, o Presidente da República da Finlândia, o Governo do Reino da Suécia e Sua Majestade a Rainha do Reino Unido da Grã-Bretanha e Irlanda do Norte, Partes Contratantes no Tratado que institui a Comunidade Europeia do Carvão e do Aço e no Tratado que institui a Comunidade Europeia, adiante designada «Comunidade», e cujos Estados são adiante designados «Estados membros», e o Conselho da União Europeia e a Comissão das Comunidades Europeias, por um lado.

O Presidente da República de Angola, Sua Majestade a Rainha de Antígua e Barbuda, o Chefe de Estado da Commonwealth das Bahamas, o Chefe de Estado de Barbados, Sua Majestade a Rainha de Belize, o Presidente da República do Benim, o Presidente da República do Botswana, o Presidente do Burkina Faso, o Presidente da República do Burundi, o Presidente da República dos Camarões, o Presidente da República de Cabo Verde, o Presidente da República Centro-Africana, o Presidente da República Federal Islâmica das Comores, o Presidente da República do Congo, o Presidente da República da Costa do Marfim, o Presidente da República de Jibuti, o Governo da Commonwealth da Dominica, o Presidente da República Dominicana, o Presidente do Estado da Eritreia, o Presidente da República Democrática Federal da Etiópia, o Presidente da República Soberana Democrática de Fiji, o Presidente da República Gabonesa, o Presidente da República da Gâmbia, o Presidente da República do Gana, Sua Majestade a Rainha de Granada, o Presidente da República da Guiné, o Presidente da República da Guiné-Bissau, o Presidente da República da Guiné Equatorial, o Presidente da República Cooperativa da Guiana, o Presidente da República do Haiti, o Chefe de Estado da Jamaica, o Presidente da República do Quénia, o Presidente da República de Kiribati, Sua Majestade o Rei do Reino do Lesoto, o Presidente da República da Libéria, o Presidente da República de Madagáscar, o Presidente da República do Malawi, o Presidente da República do Mali, o Presidente da República Islâmica da Mauritânia, o Presidente da República da Maurícia, o Presidente da República de Moçambique, o Presidente da República da Namíbia, o Presidente da República do Níger, o Chefe de Estado da República Federal da Nigéria, o Presidente da República do Uganda, Sua Majestade a Rainha do Estado Independente da Papuásia-Nova Guiné, o Presidente da República do Ruanda, Sua Majestade a Rainha de São Cristóvão e Nevis, Sua Majestade a Rainha de Santa Lúcia, Sua Majestade a Rainha de São Vicente e Granadinas, o Chefe de Estado do Estado Independente de Samoa Ocidental, o Presidente da República Democrática de São Tomé e Príncipe, o Presidente da República do Senegal, o Presidente da República das Seychelles, o Presidente da República da Serra Leoa, Sua Majestade a Rainha das Ilhas Salomão, o Presidente da República do Sudão, o Presidente da República do Suriname, Sua Majestade o Rei do Reino da Suazilândia, o Presidente da República Unida da Tanzânia, o Presidente da República do Chade, o Presidente da República Togolesa, Sua Majestade o Rei Taufa'Ahau Tupou IV de Tonga, o Presidente da República da Trinidade e Tobago, Sua Majestade a Rainha de Tuvalu, o Governo da República de Vanuatu, o Presidente da República do Zaire, o Presidente da República da Zâmbia e o Presidente da República do Zimbabwe, cujos Estados são adiante designados «Estados ACP», por outro lado.

Partes Contratantes na Quarta Convenção ACP-CEE, assinada em Lomé em 15 de Dezembro de 1989, adiante designada «Convenção»:

Tendo em conta o Tratado que institui a Comunidade Europeia e o Tratado que institui a Comunidade Europeia do Carvão e do Aço, por um lado, e o Acordo de Georgetown, que institui o Grupo dos Estados de África, das Caraíbas e do Pacífico, por outro;

Tendo em conta a Convenção;

Considerando que o n.º 1 do artigo 366.º da Convenção estabelece que a Convenção é celebrada por um período de 10 anos, a partir de 1 de Março de 1990;

Considerando que não obstante essa disposição, a possibilidade de alterar as disposições da Convenção aquando de uma revisão intercalar foi prevista no n.º 2 do artigo 366.º da Convenção;

Considerando que o artigo 4.º do Protocolo Financeiro da Convenção prevê a celebração de um novo protocolo financeiro para o segundo período de cinco anos abrangido pela Convenção;

Desejosos de reafirmar a importância que conferem aos princípios da liberdade, da democracia e do respeito dos direitos do homem e das liberdades fundamentais, bem como do Estado de Direito, e pretendendo que estes princípios constituam um elemento essencial da Convenção de Lomé revista;

Preocupados com a grave deterioração dos resultados comerciais dos Estados ACP durante os últimos anos;

II – Acordo de Alteração da Quarta Convenção ACP-CEE

Verificando, por conseguinte, que, no âmbito da cooperação ACP-CE, deve ser dada especial atenção ao desenvolvimento do comércio, elemento fundamental para o desenvolvimento sustentável;

Considerando, além disso, que é essencial assegurar, para esse efeito, uma utilização eficaz, coordenada e coerente do conjunto dos instrumentos propostos pela Convenção;

Desejando reforçar a qualidade e a eficácia da cooperação ACP-CE;

Decidiram celebrar o presente Acordo que altera a Convenção e, para o efeito, designaram como plenipotenciários:

Sua Majestade o Rei dos Belgas:
Réginald Moreels, Secretário de Estado da Cooperação para o Desenvolvimento;

Sua Majestade a Rainha da Dinamarca:
Ole Lønsmann-Poulsen, Secretário de Estado;

O Presidente da República Federal da Alemanha:
Werner Hoye, Ministro-Adjunto dos Negócios Estrangeiros;

O Presidente da República Helénica:
Georges Romaios, Ministro-Adjunto dos Negócios Estrangeiros;

Sua Majestade o Rei de Espanha:
Apolonio Ruiz Ligero, Secretário de Estado do Comércio;

O Presidente da República Francesa:
Jacques Godfrain, Ministro-Delegado Encarregado da Cooperação;

O Presidente da Irlanda:
Gerard Corr, Director-Geral do Ministério dos Negócios Estrangeiros;

O Presidente da República Italiana:
Emanuele Scammacca, Secretário de Estado dos Negócios Estrangeiros;

Sua Alteza Real o Grão-Duque do Luxemburgo:
Georges Wohlfart, Secretário de Estado dos Negócios Estrangeiros, do Comércio Externo e da Cooperação;

Sua Majestade a Rainha dos Países Baixos:
Sjoerd Gosses, Director-Geral da Cooperação Europeia;

O Presidente Federal da República da Áustria:
Benita Ferrero Waldner, Secretária de Estado dos Negócios Estrangeiros;

O Presidente da República Portuguesa:
José Lamego, Secretário de Estado dos Negócios Estrangeiros e da Cooperação;

O Presidente da República da Finlândia:
Pekka Haavisto, Ministro do Ambiente e da Cooperação para o Desenvolvimento;

O Governo do Reino da Suécia:
Mats Karlsson, Subsecretário de Estado da Cooperação para o Desenvolvimento Internacional;

Sua Majestade a Rainha do Reino Unido da Grã-Bretanha e Irlanda do Norte:
   Lord Chesham, Porta-Voz dos Negócios Estrangeiros;
O Conselho da União Europeia e a Comissão das Comunidades Europeias:
   Javier Solana, Ministro dos Negócios Estrangeiros, Presidente, em exercício, do Conselho da União Europeia;
   João de Deus Pinheiro, membro da Comissão das Comunidades Europeias;
O Presidente da República de Angola:
   João Baptista Kussumva, Vice-Ministro do Planeamento e da Coordenação Económica;
Sua Majestade a Rainha de Antígua e Barbuda:
   Starret D. Greene, Ministro Conselheiro;
O Chefe de Estado da Commonwealth das Bahamas:
   Arthur A. Foulkes, embaixador extraordinário e plenipotenciário junto da União Europeia;
O Chefe de Estado de Barbados:
   Billie A. Miller, Vice-Primeira-Ministra e Ministra dos Negócios Estrangeiros, do Turismo e dos Transportes Internacionais;
Sua Majestade a Rainha de Belize:
   Russel Garcia, Ministro da Agricultura e das Pescas;
O Presidente da República do Benim:
   Edmond Cakpo-Tozo, embaixador extraordinário e plenipotenciário junto da União Europeia;
O Presidente da República do Botswana:
   Tenente-general Mompati Merafhe, Ministro dos Negócios Estrangeiros;
O Presidente do Burkina Faso:
   Youssouf Ouedraogo, embaixador extraordinário e plenipotenciário junto da União Europeia;
O Presidente da República do Burundi:
   Gérard Niyibigira, Ministro do Plano;
O Presidente da República dos Camarões:
   Justin Ndioro, Ministro da Economia e das Finanças;
O Presidente da República de Cabo Verde:
   José Luís Rocha, embaixador extraordinário e plenipotenciário junto da União Europeia;
O Presidente da República Centro-Africana:
   Diogo Nendje Bhe, Ministro da Economia, do Plano e da Cooperação Internacional;
O Presidente da República Federal Islâmica das Comores:
   Mouzaoir Abdallah, Ministro dos Negócios Estrangeiros e da Cooperação;
O Presidente da República do Congo:
   Luc Daniel Adamo Mateta, Ministro Delegado junto do Ministro da

II – Acordo de Alteração da Quarta Convenção ACP-CEE

Economia e das Finanças, encarregado do Orçamento e da Coordenação das Empresas Estatais;
O Presidente da República da Costa do Marfim:
N'goran Niamien, Ministro-Delegado junto do Primeiro-Ministro, encarregado da Economia, das Finanças e do Plano;
O Presidente da República de Djibuti:
Ali Abdi Farah, Ministro da Indústria, da Energia e das Minas;
O Governo da Commonwealth da Dominica:
N. M. Charles, Ministro do Comércio e do Marketing;
O Presidente da República Dominicana:
Angel Lockward, Secretário de Estado e Gestor Nacional para a IV Convenção de Lomé;
O Presidente do Estado da Eritreia:
Berhane Abrehe, director de Macropolítica e da Cooperação Económica Internacional junto do Presidente;
O Presidente da República Democrática Federal da Etiópia:
Girma Biru, Ministro da Economia, do Desenvolvimento e da Cooperação;
O Presidente da República Soberana Democrática de Fiji:
Ratu Timoci Vesikula, Vice-Primeiro-Ministro e Ministro da Agricultura, das Pescas e das Florestas;
O Presidente da República Gabonesa:
Jean Ping, Ministro-Delegado junto do Ministro das Finanças, da Economia, do Orçamento e das Participações;
O Presidente da República da Gâmbia:
Bala Garba Jahumpa, Ministro das Finanças e dos Assuntos Económicos;
O Presidente da República do Gana:
Alex Ntim Abankwa, embaixador extraordinário e plenipotenciário junto da União Europeia;
Sua Majestade a Rainha de Granada:
Samuel Orgias, encarregado de negócios junto da União Europeia;
O Presidente da República da Guiné:
Bobo Camara, embaixador extraordinário e plenipotenciário da União Europeia;
O Presidente da República da Guiné-Bissau:
Aristides Gomes, Ministro do Plano e da Cooperação;
O Presidente da República da Guiné Equatorial:
Aurélio Mba Olo Andeme, chefe da Missão junto da União Europeia;
O Presidente da República Cooperativa da Guiana:
Clement J. Rohee, Ministro dos Negócios Estrangeiros;
O Presidente da República do Haiti:
Jean-Marie Cherestal, Ministro do Planeamento e da Cooperação Externa;

773

O Chefe de Estado da Jamaica:
Anthony Hylton, Secretário de Estado dos Negócios Estrangeiros e do Comércio Externo;
O Presidente da República do Quénia:
Philip Maingi Mwanzia, embaixador extraordinário e plenipotenciário junto da União Europeia;
O Presidente da República de Kiribati:
Peter Sobby Tsiamalili, embaixador extraordinário e plenipotenciário da Missão da Papuásia-Nova Guiné junto da União Europeia;
Sua Majestade o Rei do Reino do Lesotho:
Moeketsi Senaoana, Ministro das Finanças e do Planeamento Económico;
O Presidente da República da Libéria:
Youngor Telewoda, encarregada de negócios junto da União Europeia;
O Presidente da República de Madagáscar:
Bertrand Razafintsalama, embaixador de Madagáscar junto da República da Maurícia;
O Presidente da República do Malawi:
F. Peter Kalilombe, Ministro do Comércio e da Indústria;
O Presidente da República do Mali:
N'Tji Laïco Traore, embaixador extraordinário e plenipotenciário junto da União Europeia;
O Presidente da República Islâmica da Mauritânia:
Pachour Ould Samba, secretário-geral do Ministério do Plano;
O Presidente da República da Maurícia:
Paramhamsa Nababsing, Vice-Primeiro-Ministro e Ministro do Planeamento Económico e do Desenvolvimento;
O Presidente da República de Moçambique:
Frances Victoria Velho Rodrigues, Vice-Ministra dos Negócios Estrangeiros e da Cooperação;
O Presidente da República da Namíbia:
Stanley Webster, Vice-Ministro da Agricultura, dos Recursos Hídricos e do Desenvolvimento Rural;
O Presidente da República do Níger:
Almoustapha Soumaila, Ministro das Finanças e do Plano;
O Chefe de Estado da República Federal da Nigéria:
Chief Ayo Ogunlade, Ministro do Planeamento Nacional;
O Presidente da República da Uganda:
M. N. Rukikaire, Ministro de Estado das Finanças e do Planeamento Económico;
Sua Majestade a Rainha do Estado Independente da Papuásia-Nova Guiné:
Moi Avei, Ministro do Planeamento Nacional;
O Presidente da República do Ruanda:
Jean-Berchmans Birara, Ministro do Plano;

II – Acordo de Alteração da Quarta Convenção ACP-CEE

Sua Majestade a Rainha de São Cristóvão e Nevis:
Edwin Laurent, embaixador extraordinário e plenipotenciário junto da União Europeia;
Sua Majestade a Rainha de Santa Lúcia:
Edwin Laurent, embaixador extraordinário e plenipotenciário junto da União Europeia;
Sua Majestade a Rainha de São Vicente e Granadinas:
Edwin Laurent, embaixador extraordinário e plenipotenciário junto da União Europeia;
O Chefe de Estado do Estado Independente de Samoa Ocidental:
Tuilaepa S. Malielegaoi, Vice-Primeiro-Ministro e Ministro das Finanças;
O Presidente da República Democrática de São Tomé e Príncipe:
Guilherme Posser da Costa, Ministro dos Negócios Estrangeiros e da Cooperação;
O Presidente da República do Senegal:
Falilou Kane, embaixador extraordinário e plenipotenciário junto da União Europeia;
O Presidente da República das Seychelles:
Danielle de St. Jorre, Ministra dos Negócios Estrangeiros, do Plano e do Ambiente;
O Presidente da República da Serra Leoa:
Victor O. Brandon, Secretário de Estado do Desenvolvimento e do Planeamento Económico;
Sua Majestade a Rainha das Ilhas Salomão:
David Sitai, Ministro do Plano Nacional e do Desenvolvimento;
O Presidente da República do Sudão:
Abdalla Hassan Ahmed, Ministro das Finanças;
O Presidente da República do Suriname:
Richard B. Kalloe, Ministro do Comércio e da Indústria;
Sua Majestade o Rei do Reino da Suazilândia:
James Majahenkhaba Dlamini, Ministro do Comércio e da Indústria;
O Presidente da República Unida da Tanzânia:
M. T. Kibwana, comissário do Ministério das Finanças encarregado das Finanças Externas;
O Presidente da República do Chade:
Mariam Mahamat Nour, Ministra do Plano e da Cooperação;
O Presidente da República Togolesa:
Elliot Latevi-Atcho Lawson, embaixador extraordinário e plenipotenciário junto da União Europeia;
Sua Majestade o Rei Taufa'Ahau Tupou IV de Tonga:
Sione Kite, embaixador extraordinário e plenipotenciário junto da União Europeia;

Art. 5.º

O Presidente da República da Trinidade e Tobago:
Lingston Cumberbatch, embaixador extraordinário e plenipotenciário junto da União Europeia;
Sua Majestade a Rainha de Tuvalu:
Kaliopate Tavola, embaixador extraordinário e plenipotenciário de Fiji junto da União Europeia;
O Governo da República de Vanuatu:
Serge Vohor, Ministro dos Assuntos Económicos;
O Presidente da República do Zaire:
Mozagba Ngbuka, Vice-Primeiro-Ministro e Ministro da Cooperação Internacional;
O Presidente da República da Zâmbia:
Dipak K. A. Patel, Ministro do Comércio e da Indústria;
O Presidente da República do Zimbabwe:
Denis Norman, Ministro da Agricultura;
Os quais, depois de terem trocado os plenos poderes, reconhecidos em boa e devida forma, acordaram no seguinte:

Nos termos do procedimento previsto no artigo 366.º, a Quarta Convenção ACP-CE será alterada pelas seguintes disposições:
A – Em toda a Convenção:
1. A expressão «Comunidade Económica Europeia» é substituída por «Comunidade Europeia», a sigla «CEE» por «CE» e a expressão «Conselho das Comunidades Europeias» por «Conselho da União Europeia».
2. O termo «Delegados» é substituído por «Chefe de Delegação».
B – Preâmbulo:
3. No Preâmbulo, é inserido um sétimo considerando, com a seguinte redacção:
«Desejosos de aprofundar as suas relações através de um diálogo político mais intenso, que abranja aspectos e problemas de política externa e de segurança, bem como temas de interesse geral e/ou de interesse comum para um grupo de países».
C – Parte 1, «Disposições gerais da cooperação ACP-CE»:
4. No artigo 4.º, é aditado o seguinte parágrafo:
«No apoio às estratégias de desenvolvimento dos Estados ACP serão devidamente ponderados os objectivos e as prioridades da política de cooperação da Comunidade, bem como as políticas e prioridades de desenvolvimento dos Estados ACP.»
5. O artigo 5.º passa a ter a seguinte redacção:

«**Art. 5.º**
1. A cooperação terá em vista um desenvolvimento centrado no homem, seu principal agente e beneficiário, e que, por conseguinte, defenda o respeito e a

promoção de todos os direitos humanos. As acções de cooperação inscrevem-se nesta perspectiva positiva, em que o respeito dos direitos humanos seja reconhecido como um factor fundamental de um verdadeiro desenvolvimento e em que a própria cooperação é concebida como um contributo para a promoção desses direitos.

Nesta perspectiva, a política de desenvolvimento e a cooperação relacionar-se-ão estreitamente com o respeito e o gozo dos direitos humanos fundamentais, bem como com o reconhecimento e a aplicação de princípios democráticos, a consolidação do Estado de direito e a boa governação. O papel e as potencialidades das iniciativas individuais e de grupo serão reconhecidos, a fim de assegurar de uma forma concreta uma verdadeira participação das populações no processo de desenvolvimento, nos termos do artigo 13.º. Neste contexto, uma boa governação será um dos objectivos das acções de cooperação.

O respeito dos direitos humanos, dos princípios democráticos e do Estado de Direito, que está na base das relações entre os Estados ACP e a Comunidade, e de todas as disposições da Convenção, que preside às políticas nacionais e internacionais das Partes Contratantes, constituirá um elemento essencial da presente Convenção.

2. As Partes Contratantes reiteram, por conseguinte, a importância fundamental que atribuem à dignidade e aos Direitos do Homem, que constituem aspirações legítimas dos indivíduos e dos Povos. Os direitos em causa são o conjunto dos Direitos do Homem, sendo as diferentes categorias de direitos indissociáveis e interpendentes, cada uma com a sua legitimidade própria: tratamento não discriminatório; direitos humanos fundamentais; direitos civis e políticos; direitos económicos, sociais e culturais.

Todas as pessoas têm direito, no seu próprio país ou num país de acolhimento, ao respeito da sua dignidade e à protecção da lei.

A cooperação ACP-CE contribuirá para a eliminação dos obstáculos que impedem os indivíduos e os Povos de gozarem plena e efectivamente dos seus direitos económicos, sociais, políticos e culturais, promovendo o desenvolvimento indispensável à sua dignidade, ao seu bem-estar e à sua realização pessoal.

As Partes Contratantes reafirmam as suas obrigações e o seu compromisso, decorrentes do Direito Internacional, de combaterem, com vista à sua eliminação, todas as formas de discriminação baseadas na etnia, na origem, na raça, na nacionalidade, na cor, no sexo, na língua, na religião ou em qualquer outra situação. Este compromisso diz especialmente respeito a qualquer situação verificada nos Estados ACP ou na Comunidade susceptível de afectar os objectivos da Convenção. Os Estados membros da Comunidade (e/ou, eventualmente, a própria Comunidade) e os Estados ACP continuarão a assegurar, através das medidas legislativas ou administrativas que adoptaram ou adoptarem, que os trabalhadores migrantes, estudantes e outros cidadãos estrangeiros que se encontrem legalmente no seu território não sejam sujeitos a discriminações baseadas em diferenças raciais, religiosas, culturais ou sociais, nomeadamente no que se refere ao alojamento, à educação, à saúde, a outros serviços sociais e ao trabalho.

3. A pedido dos Estados ACP, e de acordo com as regras de cooperação para o financiamento do desenvolvimento, poderão consagrar-se meios financeiros à promoção dos Direitos do Homem nos Estados ACP e a medidas que tenham em vista a democratização, a consolidação do Estado de Direito e da boa governação. As medidas práticas, públicas ou privadas, destinadas a promover os Direitos do Homem e a democracia, em especial no domínio jurídico, podem ser executadas em colaboração com organizações cuja competência nesta matéria seja reconhecida internacionalmente.

Além disso, tendo em vista o apoio de reformas institucionais e administrativas, os recursos previstos para o efeito no Protocolo Financeiro podem ser utilizados como complemento das medidas tomadas pelos respectivos Estados ACP no âmbito dos seus programas indicativos, em especial nas fases preparatórias e de arranque dos projectos e programas nos domínios em causa.»

6. No artigo 6.º, o n.º 2 passa a ter a seguinte redacção:

«2. As Partes Contratantes reconhecem a prioridade a conceder à protecção do ambiente é à conservação dos recursos naturais, condições essenciais para um desenvolvimento sustentável e equilibrado, tanto no aspecto económico como no aspecto humano, e reconhecem a importância da promoção de uma conjuntura favorável ao desenvolvimento da economia de mercado e dá sector privado nos Estados ACP.»

7. É inserido um artigo 6.º-A, do seguinte teor:

«Art. 6.º-A

As Partes Contratantes reconhecem a importância fundamental do comércio como factor dinamizante do processo de desenvolvimento. A Comunidade e os Estados ACP acordam, por conseguinte, em atribuir uma elevada prioridade ao desenvolvimento do comércio, tendo em vista acelerar o crescimento das economias dos Estados ACP e a sua integração harmoniosa e progressiva na economia mundial. Nesse sentido, deverão ser consignados recursos adequados à expansão do comércio ACP.»

8. O artigo 12.º passa a ter a seguinte redacção:

«Art. 12.º

Sem prejuízo do artigo 366.º-A, sempre que, no âmbito das suas competências, a Comunidade pretenda adoptar uma medida susceptível de afectar os interesses dos Estados ACP, no que se refere aos objectivos da presente Convenção, informá-los-á desse facto em tempo útil. Simultaneamente, a Comissão comunicará ao Secretariado dos Estados ACP as suas propostas sobre essas medidas. Se necessário, poderão igualmente ser efectuados pedidos de informações por iniciativa dos Estados ACP.

A pedido dos Estados ACP, proceder-se-á sem demora a consultas, a fim de que, antes da decisão final, se possam ter em consideração as suas preocupações quanto ao impacte dessas medidas.

Após essas consultas, os Estados ACP podem ainda transmitir por escrito as suas preocupações e apresentar sugestões de alterações à Comunidade, assinalando de que modo as suas preocupações poderão ser atendidas.

Se não aceitar as sugestões dos Estados ACP, a Comunidade deverá informá-los desse facto com a maior brevidade, fundamentando a sua decisão.

Os Estados ACP receberão informações adequadas sobre a entrada em vigor dessas decisões, se possível antecipadamente.»

9. É inserido um artigo 12.º-A, do seguinte teor:

«Art. 12.º-A

Reconhecendo as potencialidades de uma contribuição positiva dos agentes de cooperação descentralizada para o desenvolvimento dos Estados ACP, as Partes Contratantes acordam em intensificar os seus esforços para incentivar a participação de agentes dos Estados ACP e da Comunidade em actividades de cooperação. Para o efeito, os recursos da presente Convenção podem ser utilizados para apoiar acções de cooperação descentralizada.

Estas acções observarão as prioridades, linhas de orientação e métodos de desenvolvimento definidos pelos Estados ACP».

10. É inserido um artigo 15.º-A, do seguinte teor:

«Art. 15.º-A

O desenvolvimento do comércio terá por objectivo expandir, diversificar e incrementar o comércio dos Estados ACP e melhorar a sua competitividade nos mercados nacionais, no mercado regional e intra-ACP bem como nos mercados comunitário e internacional. As Partes Contratantes comprometem-se utilizar todos os meios ao seu alcance no âmbito da presente Convenção, nomeadamente a cooperação comercial e a cooperação financeira e técnica, para a concretização deste objectivo e acordam igualmente em aplicar as disposições da presente Convenção de forma coerente e coordenada.»

11. Os artigos 20.º, 21.º e 22.º são revogados.

12. No artigo 30.º é aditado um n.º 3, do seguinte teor:

«3. Além disso, o Conselho de Ministros desenvolverá um diálogo político alargado. Para o efeito, as Partes Contratantes organizar-se-ão de modo a garantir um diálogo efectivo.

Esse diálogo pode igualmente efectuar-se fora deste âmbito, de acordo com um critério geográfico ou qualquer outra composição que se coadune com os temas em análise e sempre que as Partes o considerem necessário.»

13. No artigo 32.º, o n.º 1 passa a ter a seguinte redacção:

«1. A Assembleia Paritária é composta, em número igual, por um lado, por membros do Parlamento Europeu, por parte da Comunidade e, por outro, por Deputados ou, na sua falta, por representantes designados pelo Parlamento do Estado ACP em causa. Na falta de Parlamento, a participação de um representante será submetida à aprovação prévia da Assembleia Paritária.»

D – Parte II, «Domínios da cooperação ACP-CE»:
14. No artigo 50.º, é aditado um n.º 3, do seguinte teor:
«3. Os acordos específicos referidos no n.º 2 não podem pôr em perigo a produção e os fluxos comerciais nas regiões ACP.»
15. No artigo 51.º, as alíneas *h*), *c*) e *e*) passam a ter a seguinte redacção:
«*b*) Quando os produtos fornecidos a título de ajuda alimentar forem vendidos, deverão sê-lo a um preço que não desorganize o mercado nacional ou entrave o desenvolvimento e o reforço do comércio regional dos produtos em causa. Os fundos de contrapartida resultantes desta venda serão utilizados para financiar a execução ou a gestão de projectos ou programas cujo principal objectivo seja o desenvolvimento rural; esses fundos poderão ainda ser utilizados para qualquer fim justificado e decidido de comum acordo, tendo em conta o disposto na alínea *d*) do artigo 226.º;
c) Quando os produtos fornecidos forem distribuídos gratuitamente, deverão ser integrados em programas alimentares destinados principalmente aos grupos vulneráveis da população ou ser entregues em remuneração de trabalho prestado, tendo em conta os fluxos comerciais nos Estados ACP em causa e em toda a região;
e) Os produtos fornecidos deverão corresponder prioritariamente às necessidades dos beneficiários. É conveniente ter em conta, na selecção desses produtos, nomeadamente, a relação existente entre o custo e o valor nutritivo específico, bem como as consequências desta escolha para os hábitos de consumo e o desenvolvimento do comércio interno e regional.»
16. O artigo 87.º passa a ter a seguinte redacção:

«Art. 87.º
1. O Comité de Embaixadores designará os membros de um Comité de Cooperação Industrial, supervisionará as suas actividades e determinará a sua composição, bem como o seu regulamento interno.
2. O Comité de Cooperação Industrial analisará os progressos registados na execução da política de cooperação industrial ACP-CE. No que se refere ao Centro de Desenvolvimento Industrial, adiante designado 'CDI', o Comité analisará e aprovará:
a) A estratégia global do CDI;
b) A repartição, numa base anual, da dotação global prevista no artigo 3.º do Segundo Protocolo Financeiro;
c) O orçamento e as contas anuais do CDI.
3. O Comité de Cooperação Industrial apresentará um relatório ao Comité de Embaixadores. Para além das competências acima referidas, aquele Comité desempenhará todas as outras funções previstas no seu regulamento interno, bem como as que lhe forem conferidas pelo Comité de Embaixadores.»
17. O artigo 88.º é revogado.
18. O artigo 89.º passa a ter a seguinte redacção:

«**Art. 89.º**
1. O CDI contribuirá para a criação e o reforço das empresas industriais dos Estados ACP, impulsionando especialmente iniciativas conjuntas de operadores económicos da Comunidade e dos Estados ACP. O CDI será selectivo na execução das suas tarefas e destacará as possibilidades de constituição de empresas comuns e de subcontratação.
2. O CDI:
 a) Por uma questão de eficácia, centrará as suas intervenções nos Estados ACP que:
  i) Tenham identificado as ajudas ao desenvolvimento industrial ou ao sector privado em geral, no âmbito do n.º 2, alíneas *b*) e *c*), do artigo 281.º, nos seus programas indicativos; e ou
  ii) Tenham obtido ajuda e contribuição financeiras de outras instituições comunitárias para a promoção e o desenvolvimento do sector privado e ou industrial;
 b) Desenvolverá as suas actividades no âmbito dos planos de desenvolvimento industrial ou dos programas de apoio ao sector privado estabelecidos nos programas indicativos dos países ACP referidos na alínea *a*);
 c) Reforçará a sua presença operacional nos Estados referidos na alínea *a*), especialmente no que se refere à identificação de projectos e aos promotores de projectos, bem como à concessão de assistência para a apresentação desses projectos às instituições financeiras;
 d) Dará prioridade à identificação de operadores que apresentem projectos viáveis de pequenas e médias indústrias e concederá assistência à promoção e execução de projectos que correspondam às necessidades dos Estados ACP.
3. A Comissão, o Banco Europeu de Investimento, adiante designado 'Banco', e o CDI manterão uma cooperação funcional no âmbito das suas responsabilidades. Para o efeito e para assegurar a coerência das acções comunitárias de apoio ao sector privado em geral e ao sector industrial em particular nos Estados ACP referidos na alínea *a*) do n.º 2, a Comissão preparará, mediante consulta do Banco e em colaboração com o CDI, programas de apoio para estes sectores, que contenham orientações quanto à estratégia a seguir.»
19. O artigo 91.º passa a ter a seguinte redacção:

«**Art. 91.º**
O CDI será dirigido por um director, assistido por um director-adjunto, recrutados com base nas suas habilitações profissionais, competência técnica e experiência de gestão, nos termos do anexo XIV, sendo ambos nomeados pelo Comité de Cooperação Industrial. A direcção do CDI executará as orientações definidas pelo Comité de Cooperação Industrial e será responsável perante o Conselho de Administração.»
20. O artigo 92.º passa a ter a seguinte redacção:

«Art. 92.º
1. O Comité de Cooperação Industrial nomeará os membros do Conselho de Administração do CDI, supervisionará as suas actividades e determinará a sua composição, bem como o seu regulamento interno. O Conselho de Administração será composto por seis membros independentes, altamente qualificados, com uma experiência considerável em cooperação industrial, nomeados com base num critério de paridade entre os Estados ACP e a Comunidade. Participarão nos trabalhos, como observadores, um representante da Comissão, do Banco, do Secretariado ACP e do Secretariado do Conselho, respectivamente.
2. O Conselho de Administração:
   a) Submeterá à apreciação e aprovação do Comité de Cooperação Industrial as propostas relativas à estratégia global do CDI, os orçamentos e as contas a mais, adoptados com base em propostas apresentadas ao Comité pela Direcção do CDI;
   b) Aprovará, com base numa proposta ao director do CDI, os programas de actividades plurianuais e anuais, o relatório anual, a estrutura funcional, a política de pessoal e o organigrama;
   c) Garantirá, da parte da Direcção do CDI, uma aplicação eficaz e adequada da estratégica global e dos orçamentos anuais aprovados pelo Comité de Cooperação Industrial.
3. Para além das competências acima referidas, o Conselho de Administração exercerá igualmente as funções que lhe são atribuídas no seu regulamento interno e todas as que lhe forem confiadas pelo Comité de Cooperação Industrial. O Conselho de Administração apresentará um relatório periódico ao Comité de Cooperação Industrial sobre as questões relacionadas com o desempenho das funções do Conselho de Administração.

21. No artigo 93.º, o n.º 3 passa a ter a seguinte redacção:
«3. O estatuto do CDT, os regulamentos financeiro e de pessoal, bem como o seu regulamento interno, serão adoptados pelo Comité de Embaixadores após assinatura do Segundo Protocolo Financeiro.»

22. Os artigos 94.º, 95.º e 96.º são revogados.

23. No artigo 129.º, o primeiro parágrafo passa a ser o n.º 1 e são aditados dois novos n.ºs, do seguinte teor:
2. A fim de contribuir para a promoção e o desenvolvimento do comércio marítimo ACP, as Partes Contratantes podem, no âmbito da cooperação para o financiamento do desenvolvimento e através dos instrumentos existentes, facilitar e incentivar o acesso dos operadores marítimos ACP aos recursos previstos na Convenção, em especial no que diz respeito a projectos e programas de melhoria da competividade dos seus serviços marítimos.
3. A Comunidade pode conceder apoio sob a forma de capitais de risco e ou empréstimos do Banco a projectos e programas de financiamento nos sectores referidos no presente artigo.»

24. O artigo 135.º passa a ter a seguinte redacção:

«Art. 135.º
Para atingir os objectivos definidos no artigo 15.º-A, as Partes Contratantes aplicarão medidas de desenvolvimento do comércio, desde a fase da concepção até à fase final da distribuição dos produtos.

O objectivo será permitir que os Estados ACP retirem o máximo benefício das disposições da presente Convenção e possam participar nas melhores condições nos mercados comunitário, nacional, sub-regional, regional e internacional, diversificando a gama e aumentando o valor e o volume do comércio de bens e serviços dos Estados ACP.

Para o efeito, os Estados ACP e a Comunidade comprometem-se a considerar os programas de desenvolvimento do comércio altamente prioritários, aquando da definição dos programas nacionais e regionais, tal como previsto no artigo 281.º e noutras disposições aplicáveis da presente Convenção.»

25. No artigo 136.º, os n.ᵒˢ 1 e 2 passam a ter a seguinte redacção:

«1. Para além do desenvolvimento do comércio entre os Estados ACP e a Comunidade, será prestada especial atenção às acções destinadas a aumentar a autonomia dos Estados ACP, desenvolver o comércio intra-ACP e internacional e promover a cooperação regional a nível do comércio e serviços.

2. Através dos instrumentos previstos na presente Convenção e nos termos das respectivas disposições, serão realizadas acções, a pedido dos Estados e das regiões ACP, principalmente nos seguintes domínios:

– Apoio à definição de políticas macroeconómicas adequadas, necessárias para o desenvolvimento do comércio;
– Apoio à criação ou reforma dos quadros jurídicos e regulamentares adequados, bem como à reforma dos procedimentos administrativos;
– Estabelecimento de estratégias comerciais coerentes;
– Apoio aos Estados ACP no desenvolvimento das suas capacidades internas, dos seus sistemas de informação e da percepção do papel e da importância do comércio no desenvolvimento económico;
– Apoio ao reforço das infra-estruturas relacionadas com o comércio e, em especial, dos esforços dos Estados ACP para desenvolver e melhorar a infra-estrutura dos serviços de apoio, incluindo as instalações de transporte e armazenagem, com o objectivo de assegurar a sua participação efectiva na distribuição dos bens e serviços e aumentar o fluxo das exportações dos Estados ACP;
– Valorização dos recursos humanos e desenvolvimento das competências profissionais em matéria de comércio e serviços, em especial nos sectores da transformação, comercialização, distribuição e transporte para os mercados comunitário, regional e internacional;
– Apoio ao desenvolvimento do sector privado e, em especial, às pequenas e médias empresas, na identificação e desenvolvimento de produtos, mercados e empresas comuns orientadas para a exportação;

– Apoio às acções dos Estados ACP no sentido de fomentar e atrair o investimento privado e as operações de empresas comuns;
– Criação, adaptação e reforço nos Estados ACP dos organismos encarregados do desenvolvimento do comércio e dos serviços, sendo dada especial atenção às necessidades específicas dos organismos dos Estados ACP menos desenvolvidos, sem litoral e insulares;
– Apoio aos esforços dos Estados ACP destinados a melhorar a qualidade dos produtos, a adaptá-los às necessidades do mercado e a diversificar as possibilidades de escoamento;
– Apoio aos esforços dos Estados ACP no sentido de uma penetração mais eficaz nos mercados de países terceiros;
– Medidas de desenvolvimento comercial, incluindo a intensificação dos contactos e do intercâmbio de informações entre os operadores económicos dos Estados ACP, dos Estados membros da Comunidade e dos países terceiros;
– Apoio aos Estados ACP na aplicação de modernas técnicas de comercialização em sectores e programas centrados na produção, especialmente em áreas como o desenvolvimento rural e a agricultura.»

26. No n.º 4 do artigo 136.º, a palavra «should» é substituída pela palavra «may» (esta alteração só diz respeito à versão inglesa).

27. O artigo 141.º passa a ter a seguinte redacção:

«Art. 141.º
1. A Fundação de Cooperação Cultural ACP-CE e outras instituições especializadas podem contribuir para a realização dos objectivos previstos no presente título no âmbito da sua esfera de actividades.

2. No que se refere à cooperação cultural, as actividades realizadas para este efeito abrangem os seguintes domínios:
   a) Estudos, investigação e medidas relacionadas com os aspectos culturais da ponderação da dimensão cultural da cooperação;
   b) Estudos, investigação e medidas de promoção da identidade cultural das populações ACP e quaisquer iniciativas susceptíveis de contribuírem para o diálogo intercultural.»

28. No artigo 159.º, a alínea j) passa a ter a seguinte redacção:
«j) O apoio, a pedido dos Estados ACP interessados, as acções e estruturas que promovam a coordenação das políticas sectoriais, nomeadamente o desenvolvimento do comércio e os esforços de ajustamento estrutural;»

29. No artigo 164.º, a alínea d) do número 1 passa a ter a seguinte redacção:
«d) O Conselho de Ministros ACP ou o Comité de Embaixadores ACP, por delegação específica, podem apresentar pedidos de financiamento para acções de cooperação regional intra-ACP. Neste contexto, no início do período abrangido pelo Segundo Protocolo Financeiro, a Comunidade informará os Estados ACP do montante dos recursos financeiros disponíveis para a cooperação regional intra-ACP;»

E – Parte III, «Instrumentos da cooperação ACP-CE»:

30. No artigo 167.º, o número 2 passa a ter a seguinte redacção:

«2. Na prossecução deste objectivo, será prestada especial atenção à necessidade de assegurar vantagens efectivas suplementares ao comércio dos Estados ACP com a Comunidade, assim como à melhoria das condições de acesso dos seus produtos ao mercado, tendo em vista acelerar o ritmo de crescimento do seu comércio e em particular o fluxo das suas explorações para a Comunidade, bem como assegurar um maior equilíbrio das trocas comerciais entre as Partes Contratantes, aumentando assim o volume das exportações para os mercados regional e internacional.»

31. No artigo 177.º, o número 1 passa a ter a seguinte redacção:

«1. Se da aplicação do presente capítulo resultarem perturbações graves num sector da actividade económica da Comunidade ou de um ou mais Estados membros ou o comprometimento da sua estabilidade financeira externa, ou se surgirem dificuldades que a possam deteriorar, a Comunidade pode tomar medidas de salvaguarda. Essas medidas serão imediatamente notificadas ao Conselho de Ministros.»

32. No artigo 178.º, o número 3 passa a ter a seguinte redacção:

«3. As consultas prévias previstas nos números 1 e 2 não obstarão, todavia, a que a Comunidade tome decisões imediatas, nos termos do número 1 do artigo 177.º, quando circunstâncias particulares o exijam.»

33. No artigo 181.º, o número 4 passa a ter a seguinte redacção:

«4. Quando a Comunidade ou os Estados membros adoptarem medidas de salvaguarda nos termos do artigo 177.º, poderão realizar-se consultas sobre essas medidas no Conselho de Ministros, a pedido das Partes número 3 do artigo 177.º».

34. No artigo 187.º, o ponto 24 do número 1 passa a ter a seguinte redacção:

«24. Bananas frescas – 0803 00 11 e 19.»

E é aditado um ponto 50, do seguinte teor:

«50. Peles de caracul – ex 4301 30 00, ex 4302 13 00, ex 4302 30 31.»

35. No artigo 193.º, é aditado um n.º 4, do seguinte teor:

«4. Os montantes resultantes da aplicação do n.º 3, primeiro parágrafo, do artigo 366.º-A.»

36. No artigo 194.º, é aditado um n.º 5, do seguinte teor:

«5. Além da redução a que se refere o n.º 2, não haverá qualquer outra redução das bases de transferência em resultado de um défice nos recursos do sistema se, no caso dos Estados ACP menos desenvolvidos ou sem litoral, as bases de transferência reduzidas nos termos do n.º 2 forem inferiores a 2 milhões de *ecus*, ou, no caso dos Estados insulares, inferiores a 1 milhão de *ecus*.»

37. O artigo 203.º passa a ter a seguinte redacção:

«Art. 203.º
1. Se a análise:
a) Da produção comercializada no ano de aplicação em comparação com o período de referência; ou
b) Do total das exportações como parcela da produção comercializada ao longo do mesmo período; ou
c) Da parte das exportações totais destinadas à Comunidade durante o mesmo período; ou
d) Da soma dos valores referidos nas alíneas b) e c);

Revelar uma diminuição significativa, realizar-se-ão consultas entre a Comissão e o Estado ACP em questão para determinar se as bases de transferência devem ser mantidas ou reduzidas, e, a serem reduzidas, em que medida.

2. Para efeitos do n.º 1, a diminuição será considerada significativa quando atingir, pelo menos, 20%.»

38. No artigo 209.º, o n.º 4 passa a ter a seguinte redacção:

«4. Se já existir um programa de ajustamento que inclua acções de reestruturação das diferentes actividades de produção e exportação ou de diversificação, os recursos poderão ser utilizados em função desses esforços e para apoiar qualquer política coerente de reformas.»

39. No artigo 211.º, o n.º 1 passa a ter a seguinte redacção:

«1. Aquando da assinatura do acordo de transferência referido no n.º 2 do artigo 205.º, o montante da transferência será depositado em *ecus* numa conta remunerada num Estado membro, para a qual serão exigidas as duas assinaturas do Estado ACP e da Comissão. Os juros serão creditados nessa conta.»

40. No artigo 220.º, é aditada uma alínea p), do seguinte teor:

«p) Apoiar a definição e a aplicação de políticas e programas comerciais a fim de favorecer uma integração gradual e harmoniosa dos Estados ACP na economia mundial.»

41. No artigo 224.º:

– A alínea d) passa a ter a seguinte redacção:

«d) Apoio orçamental destinado a atenuar contingências financeiras internas:
i) Directamente, relativamente aos Estados ACP cujas moedas são convertíveis e livremente transferíveis; ou
ii) Indirectamente, a partir de fundos de contrapartida gerados pelos diversos instrumentos comunitários;»

– A alínea i) passa a ter a seguinte redacção:

«i) Os encargos com os recursos humanos e materiais suplementares aos suportados pelos Estados ACP, estritamente necessários para uma administração e supervisão eficientes e eficazes dos projectos e dos programas financiados pelo Fundo Europeu de Desenvolvimento, adiante designado Fundo.»

– É aditada uma alínea m), do seguinte teor:

«m) O apoio a medidas de reforma institucional e administrativa que tenham em vista a democratização e o Estado de direito.»

42. No artigo 230.º, a alínea g) do n.º 2 passa a ter a seguinte redacção:
«g) Os agentes da cooperação descentralizada dos Estados ACP e da Comunidade a fim de lhes permitir desenvolver projectos e programas económicos, culturais, sociais e educativos nos Estados ACP, no âmbito da cooperação descentralizada.»

43. No artigo 233.º, o n.º 4 passa a ter a seguinte redacção:

4. Sempre que a ajuda financeira for concedida ao beneficiário final através de um intermediário ou directamente ao beneficiário final no sector privado:

  a) As condições de concessão desses fundos ao beneficiário final através de um intermediário ou directamente ao beneficiário final no sector privado serão fixadas no acordo de financiamento ou no contrato de empréstimo; e

  b) Qualquer margem de lucro que advenha ao intermediário na sequência desta transacção ou na sequência de uma operação directa de empréstimo ao beneficiário final no sector privado será utilizada para fins de desenvolvimento nas condições previstas no acordo de financiamento ou no contrato de empréstimo, depois de terem sido tomados em consideração os custos administrativos, os riscos financeiros e cambiais e os custos da assistência técnica prestada ao beneficiário final.»

44. No artigo 234.º:

– O cabeçalho do n.º 1 passa a ter a seguinte redacção:

«1. Os capitais de risco poderão assumir a forma de empréstimos, de participações no capital ou de outras entradas de capital assimiláveis.»

– No n.º 1, é inserida uma alínea b)-a, do seguinte teor:

«b)-a. As entradas de capital assimiláveis poderão consistir em adiantamentos dos accionistas, obrigações convertíveis, empréstimos com direitos de participação, ou outras formas de ajuda semelhantes.»

– No n.º 1, a alínea c) passa a ter a seguinte redacção:

«c) As condições aplicáveis às operações sobre capitais de risco dependerão das características de cada projecto ou programa financiado e serão em geral mais favoráveis do que as aplicadas aos empréstimos bonificados. No que se refere aos empréstimos aos ACP ou aos intermediários, as taxas de juro nunca ultrapassarão 3%.»

– No n.º 1, são inseridas duas alíneas, c)-a e c)-b, do seguinte teor:

«c)-a. Os fundos de capitais de risco podem ser utilizados em estudos ele pré-investimento e em assistência técnica, tal como previsto no n.º1, alínea g), do artigo 268.º Nesses casos, os empréstimos serão reembolsados apenas se o investimento for realizado.

c)-b. As participações no capital ou outras entradas de capital assimiláveis serão remuneradas com base, nos resultados do projecto ou programa em causa e os lucros obtidos serão partilhados entre a Comunidade e as partes envolvidas no referido projecto ou programa.»

– No n.º 2, a alínea *b*) passa a ter a seguinte redacção:
«*b*) Em caso de financiamento de pequenas e médias empresas, adiante designadas PME, por capitais de risco, o risco cambial será partilhado pela Comunidade, por um lado, e pelas outras partes envolvidas, por outro. Em média, o risco de câmbio será repartido em partes iguais.»
45. No artigo 235.º, é inserida uma alínea *b*)-*a* do seguinte teor:
«*b*)-*a*. Em caso de financiamento directo de projectos exclusivamente comerciais do sector privado, a taxa de bonificação referida na alínea *b*) não será aplicável a empréstimos concedidos a mutuários não ACP ou a sociedades ACP com uma maioria de accionistas não ACP;»
46. No artigo 236.º, a alínea *a*) passa a ter a seguinte redacção:
«*a*) Contribuirá, por meio dos recursos que gere, para o desenvolvimento económico e industrial dos Estados ACP a nível nacional e regional; para o efeito, financiará prioritariamente os projectos e programas produtivos, ou outros investimentos destinados a promover o sector privado, nos sectores da indústria, da agro-indústria, do turismo, das minas e da energia, e no domínio dos transportes e telecomunicações ligados àqueles sectores. Estas prioridades sectoriais não excluem a possibilidade de o Banco financiar, através dos seus recursos próprios, projectos e programas produtivos noutros sectores, nomeadamente no da agricultura comercial;»
47. No artigo 243.º, o primeiro parágrafo passa a ser o n.º 1 e é aditado um n.º 2, do seguinte teor:
«2. Os Estados ACP e a Comunidade reconheceram igualmente a necessidade de fomentar programas regionais de reforma que assegurem que seja prestada a devida atenção às actividades regionais susceptíveis de influenciarem o desenvolvimento nacional, na preparação e execução dos programas nacionais. Para o efeito, o apoio ao ajustamento estrutural procurará igualmente:

a) Prever, desde o início do estudo de diagnóstico, medidas que fomentem a integração regional e ponderem as consequências do ajustamento transfronteiras;

b) Apoiar a harmonização e coordenação das políticas macroeconómicas e sectoriais, nomeadamente no domínio aduaneiro e fiscal, a fim de se atingir o duplo objectivo de integração regional e de reforma estrutural a nível nacional;

c) Incentivar e apoiar a execução de políticas de reforma sectorial a nível regional;

d) Apoiar a liberalização do comércio, dos pagamentos e dos investimentos transfronteiras.»

48. No artigo 244.º, a alínea *c*) passa a ter a seguinte redacção:
«*c*) A ajuda apoiará os objectivos prioritários de desenvolvimento dos Estados ACP, tais como o desenvolvimento agrícola e rural, a segurança alimentar, o desenvolvimento das actividades de transformação, comer-

II – Acordo de Alteração da Quarta Convenção ACP-CEE

cialização, distribuição e transporte, o desenvolvimento do comércio e a protecção do ambiente, e contribuirá para a redução do peso da dívida;»

49. No artigo 246.º, o cabeçalho do n.º 1 passa a ter a seguinte redacção:

«1. Todos os Estados ACP serão em princípio elegíveis para apoio ao ajustamento estrutural, sob reserva da dimensão das reformas e no curso ou previstas no plano macroeconómico ou sectorial, tendo devidamente em consideração o contexto regional, a sua eficácia e a sua eventual incidência sobre a dimensão económica, social e política do desenvolvimento e em função das dificuldades económicas e sociais com as quais esses Estados se debatem, avaliadas por meio de indicadores como:»

50. No artigo 247.º:

– O n.º 2 passa a ter a seguinte redacção:

«2. Esse apoio ao esforço de ajustamento revestirá a forma de:

a) Programas sectoriais ou gerais de importação, nos termos da alínea *c)* do artigo 224.º e do artigo 225.º;

b) Apoio orçamental, nos termos da alínea *b)* do artigo 224.º;

c) Assistência técnica ligada a programas de apoio ao ajustamento estrutural.»

– O n.º 4 passa a ter a seguinte redacção:

«4. O apoio ao ajustamento estrutural será aplicado de modo flexível através dos seguintes instrumentos e em função das circunstâncias:

a) Para os países que desenvolvam reformas de carácter macroeconómico, o instrumento mais apropriado será normalmente um programa geral de importação (PGI) coerente com o conceito de apoio ao ajustamento definido na presente Convenção;

b) Apoio orçamental para ajudar os Estados ACP a aplicarem os seus orçamentos com integridade, eficácia e equidade;

c) Os programas sectoriais de importação (PSI) poderão ser utilizados para apoiar um programa de ajustamento sectorial ou reformas macroeconómicas a fim de se obter um maior impacte sectorial.»

– É aditado um n.º 5, do seguinte teor:

«5. Os instrumentos previstos no n.º 4 podem igualmente ser utilizados, de acordo com o mesmo sistema, para apoiar os Estados ACP, elegíveis nos termos do artigo 246.º, na execução de reformas que visem uma liberalização económica intraregional e que comportem custos líquidos transitórios.»

51. No artigo 248.º, a alínea *c)* passa a ter a seguinte redacção:

«*c)* Assegurará um acesso tão amplo e transparente quanto possível aos operadores económicos dos Estados ACP e a coerência dos processos de aquisição com as práticas administrativas e comerciais do Estado em causa, assegurando, simultaneamente, a melhor relação qualidade/preço possível para os bens importados e a necessária coerência com a evolução internacional na harmonização dos processos de apoio ao ajustamento estrutural;»

52. No título III, capítulo 2, é inserida uma secção 4-A, do seguinte teor:

«SECÇÃO 4-A. Cooperação descentralizada

Art. 251.º-A

1. A fim de reforçar e diversificar a base para o desenvolvimento a longo prazo dos Estados ACP e mobilizar as iniciativas de todos os agentes dos Estados ACP e da Comunidade susceptíveis de contribuírem para o desenvolvimento autónomo dos Estados ACP, a cooperação ACP-CE apoiará, dentro de limites fixados pelos Estados ACP interessados, acções de desenvolvimento no âmbito de uma cooperação descentralizada, em especial quando conjugarem esforços e recursos de organizações dos Estados ACP e da Comunidade. Esta forma de cooperação destina-se em especial a pôr ao serviço do desenvolvimento dos Estados ACP as competências, os métodos de acção inovadores e os recursos dos agentes de cooperação descentralizada.

2. Os agentes referidos no presente artigo são autoridades públicas descentralizadas, colectividades rurais e locais, cooperativas, sindicatos, centros de ensino e investigação, organizações não governamentais de desenvolvimento e outras associações, grupos e agentes aptos e desejosos de contribuir para o desenvolvimento dos Estados ACP, por sua própria iniciativa, desde que esses agentes e ou as acções por eles realizadas não tenham fins lucrativos.

Art. 251.º-B

1. No âmbito da cooperação ACP-CE, serão desenvolvidos esforços especiais para incentivar e apoiar as iniciativas dos agentes dos Estados ACP e, em especial, para reforçar as capacidades desses agentes. Nessas circunstâncias, a cooperação apoiará as actividades dos agentes ACP, quer autónomas, quer em associação com agentes similares da Comunidade que ponham à disposição dos seus homólogos dos Estados ACP a sua competência e experiência, a sua capacidade tecnológica e de organização ou recursos financeiros.

2. A cooperação descentralizada incentivará os agentes dos Estados ACP e da Comunidade a fornecerem recursos financeiros e técnicos suplementares para o esforço de desenvolvimento, bem como a estabelecerem parcerias entre si. A cooperação pode apoiar as acções de cooperação descentralizada através de uma ajuda financeira e ou técnica a partir dos recursos previstos na presente Convenção, nas condições definidas nos artigos 251.º-C, 251.º-D e 251.º-E.

3. Esta forma de cooperação será organizada de acordo com o papel e as prerrogativas das autoridades públicas dos Estados ACP.

Art. 251.º-C

1. As acções de cooperação descentralizada podem ser apoiadas através dos recursos financeiros do programa indicativo ou de fundos de contrapartida. Este apoio será fornecido na medida do necessário para assegurar que a execução das

acções propostas seja bem sucedida, desde que a viabilidade dessas acções tenha sido determinada nos termos das disposições relativas à cooperação para o financiamento do desenvolvimento.

2. Os projectos ou programas abrangidos por esta forma de cooperação podem ou não estar relacionados com programas realizados nos sectores de concentração dos programas indicativos, mas podem ser um meio de atingir os objectivos específicos do programa indicativo ou os resultados de iniciativa dos agentes da cooperação descentralizada.

Art. 251.º-D

1. Os projectos e programas realizados no âmbito da cooperação descentralizada serão sujeitos à aprovação dos Estados ACP. Estas acções serão financiadas através das contribuições:

   a) Do Fundo, não devendo normalmente neste caso a contribuição ser superior a três quartos do custo total de cada projecto ou programa nem podendo exceder 300000 de *ecus*. O montante correspondente à contribuição do Fundo será obtido a partir da dotação do programa indicativo nacional ou regional;

   b) Dos agentes da cooperação descentralizada, desde que os recursos financeiros, técnicos, materiais e outros, fornecidos por esses agentes não sejam normalmente inferiores a 25% do custo estimado do projecto/programa; e

   c) A título excepcional, do Estado ACP em causa, sob a forma de uma contribuição financeira ou através da utilização de equipamento público ou da prestação de serviços.

2. Os processos aplicáveis aos projectos e programas financeiros no âmbito da cooperação descentralizada serão os previstos no capítulo 5 do presente título, em especial os referidos no artigo 290.º

Art. 251.º-E

Para além das possibilidades oferecidas aos agentes da cooperação descentralizada na presente secção, nos artigos 252.º e 253.º, relativos aos microprojectos, no n.º 2, alínea *c*), do artigo 278.º, relativo às fórmulas de cooperação técnica, e no artigo 300.º, relativo à ajuda de emergência, os Estados ACP podem solicitar ou acordar a participação de agentes da cooperação descentralizada na execução de outros projectos ou programas do Fundo, em especial os executados por administração directa, nos termos do artigo 299.º e de outras disposições aplicáveis da presente Convenção.»

53. No artigo 254.º, é aditado um n.º 3, do seguinte teor:

«3. Quando os recursos atribuídos a uma determinada acção nos termos do presente artigo não forem adequados para fazer face a uma situação de emergência, uma parte dos recursos do programa indicativo nacional não autorizado devido à impossibilidade de o Estado assinar ou executar o seu programa indicativo, pode ser utilizada em benefício da população como ajuda de emergência humanitária ou ajuda à recuperação em situações de pós-emergência, a pedido do Estado ACP em causa, dos Estados ACP em nome do Estado ACP em causa, ou pela Comunidade, após consulta prévia dos Estados ACP.»

54. No artigo 274.º, é aditado um número 3, do seguinte teor:

«3. Para efeitos do capítulo 5, secção 5, do presente título, a expressão empresas dos Estados membros inclui as empresas dos PTU.»

55. O artigo 281.º passa a ter a seguinte redacção:

«Art. 281.º

1. No início do período de aplicação do Segundo Protocolo Financeiro:
    a) A Comunidade dará a cada Estado ACP uma indicação clara da dotação financeira indicativa total programável de que pode dispôr durante esse período, e comunicar-lhe-á todas as outras informações úteis;
    b) Cada Estado ACP elegível para os recursos específicos afectados para o apoio ao ajustamento estrutural nos termos do artigo 246.º será notificado do montante estimativo da primeira prestação que lhe foi atribuída;
    c) Cada Estado ACP poderá obter do Banco uma indicação global dos seus recursos próprios e dos recursos de capital de risco de que pode dispor durante esse período.

2. Após recepção das informações referidas no n.º 1, cada Estado ACP elaborará e apresentará à Comunidade um projecto de programa indicativo, baseado nos seus objectivos e prioridades de desenvolvimento e com eles compatível. O projecto de programa indicativo incluirá:
    a) Os objectivos prioritários de desenvolvimento do Estado ACP em questão a nível nacional e regional;
    b) O ou os sectores fulcrais em que deverá ser concentrado o apoio, privilegiando o combate à pobreza e, o desenvolvimento sustentável, e os recursos a consagrar a esses sectores;
    c) Propostas para o desenvolvimento do sector privado e/ou industrial em que o Estado ACP prevê poderem ser utilizados capitais de risco e outros recursos disponíveis;
    d) As medidas e as acções mais adequadas para a realização dos objectivos no ou nos sectores fulcrais ou, sempre que essas acções não estiverem suficientemente bem definidas, as grandes linhas dos programas de apoio às políticas adoptadas pelo Estado ACP nos sectores fulcrais seleccionados;
    e) Sempre que adequado, propostas para a gestão do programa indicativo e o apoio necessário, nos termos da alínea i) do artigo 224.º;
    f) Os recursos reservados a projectos e programas não relacionados com o ou os sectores fulcrais, os principais elementos dos programas plurianuais referidos no artigo 290.º, bem como uma indicação dos recursos a afectar a cada um desses elementos;

II – Acordo de Alteração da Quarta Convenção ACP-CEE   Arts. 281.º-282.º

g) Na medida do possível, os projectos e programas de acção nacionais específicos e claramente identificados, nomeadamente os que constituem uma contribuição de projectos e programas de acção já em curso;
h) Eventualmente, uma parte limitada dos recursos programáveis não afectados ao sector fulcral que o Estado ACP propõe utilizar para apoio ao ajustamento estrutural;
i) Todas as propostas relativas a projectos e programas regionais;
j) Um calendário para a execução do programa indicativo, incluindo as autorizações e os pagamentos;
k) As verbas reservadas para fazer face a eventuais reclamações e para cobrir os aumentos de custos e as despesas imprevistas.»

56. O artigo 282.º passa a ter a seguinte redacção:

«Art. 282.º
1. O projecto de programa indicativo será objecto de uma troca de opiniões entre o Estado ACP interessado e a Comunidade, em que serão devidamente tidas em conta as necessidades nacionais dos Estados ACP e o seu direito soberano de determinar as suas próprias estratégias, prioridades e modelos de desenvolvimento, bem como as suas políticas macroeconómicas e sectoriais.
2. O programa indicativo será adoptado de comum acordo entre a Comunidade e o Estado ACP interessado, com base no projecto de programa indicativo proposto por esse Estado e tendo em conta os princípios enunciados nos artigos 3.º e 4.º, e vinculará tanto a Comunidade como esse Estado, a partir da sua adopção. Aquele programa especificará, nomeadamente, todos os elementos referidos no n.º 2 do artigo 281.º e um montante correspondente a 70% da dotação indicativa, excepto para os Estados ACP em relação aos quais o montante da dotação indicativa ou a concentração do programa indicativo num único projecto não justifiquem dotações separadas.
3. O programa indicativo será suficientemente flexível para assegurar uma adequação permanente das acções aos objectivos e para ter em conta eventuais alterações da situação económica, das prioridades e dos objectivos do Estado ACP interessado. Aquele programa será revisto a pedido do Estado ACP interessado e quando o Estado ACP interessado tiver atingido um nível de autorizações elevado na execução do programa e, em qualquer caso, o mais tardar três anos após a data de entrada em vigor do Segundo Protocolo Financeiro.
4. No final da revisão referida no n.º 3, os recursos necessários para a conclusão da execução do programa indicativo podem ser distribuídos tendo devidamente em conta os seguintes elementos:
a) A dotação indicativa;
b) Os progressos realizados a nível da execução dos elementos do programa referidos no n.º 2 do artigo 281.º e o calendário das autorizações e dos pagamentos acordado, com base no relatório anual do chefe de delegação e do gestor nacional referido no n.º 3 do artigo 284.º»;

c) O estado da preparação das actividades que o Estado ACP tenciona desenvolver no âmbito da segunda fase do programa indicativo; e
d) A situação específica do Estado ACP em causa.

5. Na sequência da revisão referida nos n.ᵒˢ 3 e 4 e, de qualquer modo, o mais tardar até ao final do período abrangido pelo Segundo Protocolo Financeiro, os recursos não afectados remanescentes dos recursos programáveis serão utilizados para financiar acções no âmbito da cooperação para o financiamento do desenvolvimento, nomeadamente as relacionadas com a assistência programável, salvo decisão em contrário do Conselho de Ministros.»

57. O artigo 283.º passa a ter a seguinte redacção:

«Art. 283.º

A Comunidade e o Estado ACP em causa tomarão todas as medidas necessárias para garantir a adopção do programa indicativo o mais rapidamente possível e, salvo em circunstâncias excepcionais, no prazo de doze meses a contar da data da assinatura do Segundo Protocolo Financeiro.»

58. O artigo 284.º passa a ter a seguinte redacção:

«Art. 284.º

1. Excepto em relação aos fundos reservados à ajuda de emergência, às bonificações das taxas de juro e à cooperação regional, a assistência programável abrangerá subvenções.

2. A fim de ter em conta as dificuldades económicas e financeiras dos países menos desenvolvidos enumerados no artigo 330.º, 50% do capital de risco serão globalmente atribuídos a esses países. Além disso, pelo menos 50% do capital de risco serão utilizados para prestar assistência aos Estados ACP que apoiem activamente e apliquem medidas de apoio aos investimentos no sector privado.

3. O gestor nacional e o chefe da delegação elaborarão anualmente um relatório sobre a execução do programa indicativo, que apresentarão ao Comité de Cooperação para o Financiamento do Desenvolvimento no prazo de 90 dias a contar do final de cada ano civil, e tomarão as medidas necessárias para assegurar o cumprimento do calendário das autorizações e dos pagamentos acordados aquando da programação, determinarão as causas dos atrasos eventualmente verificados na sua execução e proporão as medidas necessárias para os solucionar. O Comité examinará os relatórios em função das suas responsabilidades e atribuições no âmbito da presente Convenção.»

59. No n.º 2 do artigo 287.º, é aditada uma alínea *i*), do seguinte teor:

«*i*) A compatibilidade com as políticas comerciais e os programas de desenvolvimento do comércio dos Estados ACP, bem como o impacte sobre a sua competitividade nos mercados nacional, regional, internacional e comunitário.»

60. O artigo 290.º passa a ter a seguinte redacção:

«Art. 290.º
1. Com o objectivo de acelerar os processos e em derrogação dos artigos 288.º e 289.º, as decisões de financiamento podem incidir sobre programas plurianuais, sempre que se trate de financiar:
   a) Formação;
   b) Acções descentralizadas;
   c) Micro-projectos;
   d) Promoção e desenvolvimento do comércio;
   e) Conjuntos de acções em pequena escala num sector determinado;
   f) Assistência à gestão de projectos/programas;
   g) Cooperação técnica.
2. Nos casos referidos no n.º 1, o Estado ACP em causa pode apresentar ao chefe de delegação um programa plurianual indicando as linhas gerais, os tipos de acções previstas e a autorização financeira proposta.
   a) A decisão de financiamento para cada programa plurianual será tomada pelo gestor principal. A notificação escrita dessa decisão, efectuada pelo gestor principal ao gestor nacional, constituirá o acordo de financiamento na acepção do artigo 291.º.
   b) No âmbito dos programas plurianuais assim adoptados, o gestor nacional ou, se for caso disso, o agente da cooperação descentralizada a quem tenham sido delegados poderes para o efeito, ou, eventualmente, outros beneficiários elegíveis, executará todas as acções nos termos da presente Convenção e do acordo de financiamento acima referido. Sempre que a execução incumba a agente de cooperação descentralizada ou a outros beneficiários elegíveis, o gestor nacional e o chefe de delegação continuam a ter a responsabilidade financeira e a assegurar um controlo periódico das acções, a fim de poderem desempenhar as obrigações previstas no n.º 3.
3. No final de cada ano, o gestor nacional apresentará à Comissão um relatório sobre a execução dos programas plurianuais, elaborado em consulta com o chefe de delegação.»

61. No n.º 1, alínea a), do artigo 294.º, as subalíneas i), ii) e iii) passam a ter a seguinte redacção:
   «i) Às pessoas singulares, sociedades ou empresas, organismos públicos ou de participação pública dos Estados ACP e dos Estados membros;
   ii) Às sociedades cooperativas e outras pessoas colectivas públicas ou privadas, com excepção das sociedades sem fins lucrativos, dos Estados membros e ou dos Estados ACP;
   iii) A qualquer empresa comum ou agrupamento de empresas ou sociedades dos Estados membros ou dos Estados ACP».

62. No artigo 269.º, a alínea b) do n.º 1 passa a ter a seguinte redacção:
   «b) À competitividade dos empreiteiros, fornecedores e consultores dos Estados membros e dos Estados ACP;»

63. No artigo 316.º, o n.º 1 passa a ter a seguinte redacção:
«1. A Comissão será representada, junto de cada Estado ACP ou de cada grupo regional que o solicite expressamente, por uma delegação sob a autoridade de um chefe de delegação reconhecido pelo Estado ou Estados ACP interessados.»
64. No artigo 317.º:
– É inserido um novo primeiro parágrafo, do seguinte teor:
«O chefe de delegação representa a Comissão em todas as áreas da sua competência e em todas as suas actividades.»
– O cabeçalho do número 2 passa a ter a seguinte redacção:
«No que se refere especificamente à cooperação, o chefe de delegação receberá as instruções e os poderes necessários para facilitar e acelerar a preparação, instrução e execução dos projectos e programas, bem como o apoio necessário para o fazer. Para este efeito e em estreita colaboração com o gestor nacional, o chefe de delegação
64-A – No artigo 331.º, ponto 10, é aditado o seguinte travessão a seguir ao primeiro:
«– N.º 5 do artigo 194.º»
64-B – No artigo 331.º, ponto 12, é aditado o seguinte travessão:
«– N.º 2 do artigo 284.º»
64-C – No artigo 334.º, ponto 9, é aditado o seguinte travessão antes do primeiro:
«– N.º 5 do artigo 194.º»
64-D – No artigo 337.º, ponto 9, é aditado o seguinte travessão antes do primeiro:
«– N.º 5 do artigo 194.º»
F – Parte V, «Disposições finais»:
65. O artigo 364.º passa a ter a seguinte redacção:

«Art. 364.º
Se, antes da entrada em vigor das disposições de alteração da presente Convenção, nos termos do n.º 2 do artigo 366.º, as negociações com a África do Sul conduzirem a um acordo sobre a adesão deste país à presente Convenção, o Conselho de Ministros, não obstante as condições de adesão referidas no artigo 363.º, deliberará sobre o resultado das negociações e tomará uma decisão sobre os termos e condições da adesão desse Estado, tendo em conta as características específicas da África do Sul.
Esses termos e condições constarão de um protocolo especial que fará parte integrante da presente Convenção.
Em caso de decisão favorável, a África do Sul juntar-se-á aos Estados signatários da presente Convenção, não sendo necessária uma posterior ratificação por estes últimos. A decisão do Conselho de Ministros indicará a data da entrada em vigor da referida adesão.»
66. É inserido um artigo 364.º-A, do seguinte teor:

«Art. 364.º-A

1. Se a Somália pedir a adesão à presente Convenção, o Conselho de Ministros deliberará sobre esse pedido e tomará uma decisão sobre a adesão desse Estado.

2. Se o Conselho de Ministros tomar uma decisão favorável antes da entrada em vigor das disposições de alteração da presente Convenção, a Somália aderirá à Convenção nas mesmas condições dos outros signatários.

3. Se o Conselho de Ministros tomar uma decisão favorável após a entrada em vigor das disposições de alteração da presente Convenção, a entrada em vigor da presente Convenção, alterada no que se refere à Somália, terá lugar no 1.º dia seguinte à data de depósito dos instrumentos de ratificação da Somália. Contudo, o Conselho de Ministros pode prever na sua decisão que determinados direitos e obrigações estabelecidos na presente Convenção sejam aplicáveis à Somália numa data diferente, no interesse daquele país.»

67. É inserido um artigo 366.º-A, do seguinte teor:

«Art. 366.º-A

1. Na acepção do presente artigo, o termo 'Parte' designa a Comunidade e os Estados membros da União Europeia, por um lado, e cada um dos Estados ACP, por outro.

2. Se uma das Partes considerar que a outra Parte não cumpriu uma obrigação referente a um dos elementos essenciais a que se refere o artigo 5.º, convidará essa Parte, a não ser em caso de especial urgência, a efectuar consultas destinadas a analisar pormenorizadamente a situação e, se necessário, a corrigi-la.

Para efeitos dessas consultas, e para se chegar a uma conclusão:

– A Comunidade será representada pela sua Presidência, coadjuvada pelo Estado membro que assegurou a presidência anterior, pelo Estado membro que assegurará a seguinte, conjuntamente com a Comissão;

– Os Estados ACP serão representados pelo Estado ACP que assegura a co-presidência, coadjuvado pelo Estado ACP que assegurou a co-presidência anterior e pelo Estado ACP que assegurará a seguinte. Participarão igualmente nas consultas dois membros do Conselho de Ministros ACP, escolhidos pela Parte em causa. As consultas iniciar-se-ão o mais tardar 15 dias após o convite e não deverão, em regra geral, prolongar-se por mais de 30 dias.

3. Decorrido o período referido no n.º anterior e se, apesar de todas as diligências, não tiver sido possível encontrar uma solução, ou imediatamente, em caso de urgência ou de recusa de consultas, a Parte que invocou o incumprimento de uma obrigação pode tomar medidas adequadas, incluindo, se necessário, a suspensão parcial ou total da aplicação da Convenção em relação à Parte em causa. A suspensão é considerada uma medida de último recurso.

A Parte em causa será previamente notificada de qualquer medida dessa natureza, que será revogada assim que deixem de existir as razões que a motivaram.»

Resolução n.º 32/96, de 28 de Setembro

A adesão de Moçambique à Convenção de Lomé III em 8 de Dezembro de 1984 teve um impacto positivo tanto a nível de execução de diversos projectos e programas de desenvolvimento do país como em projectos de impacto regional enquadrados na SADC.

A 15 de Dezembro de 1989 a República de Moçambique subscreveu a IV Convenção de Lomé entre sessenta e oito Estados ACP e a CEE cujo traço fundamental é a continuidade da anterior Convenção com um período de vigência de dez anos (1991-2000) e dois pacotes financeiros quinquenais.

As negociações relativas ao segundo Protocolo financeiro constituíram uma ocasião para os signatários da IV Convenção de Lomé introduzirem melhorias em algumas disposições daquela Convenção tendo em conta as transformações ocorridas na cena internacional.

Assim, a 4 de Novembro de 1995, nas Ilhas Maurícias, foram formalmente introduzidas as inovações à IV Convenção.

Tornando-se necessário dar cumprimento às formalidades previstas nos artigos 359.º e 360.º da Convenção de Lomé IV referentes à conclusão, ratificação e entrada em vigor da mesma, aplicando-se integralmente as modificações nela introduzidas;

Ao abrigo da alínea *f*) do n.º 1 do artigo 153.º da Constituição da República, o Conselho de Ministros determina:

Único. São ratificadas as Emendas introduzidas na IV Convenção de Lomé, assinada a 4 de Novembro de 1995, nas Ilhas Maurícias, entre os Estados de África, Caraíbas e Pacífico (ACP) e a Comunidade Europeia (CE).

Aprovada pelo Conselho de Ministros.

Publique-se.

O Primeiro-Ministro, *Pascoal Manuel Mocumbi.*

III – ACORDO DE PARCERIA ACP-UE

Preâmbulo

Tendo em conta o Tratado que institui a Comunidade Europeia, por um lado, e o Acordo de Georgetown que institui o Grupo dos Estados de África, das Caraíbas e do Pacífico (ACP), por outro;

Afirmando o seu empenho numa cooperação que permita alcançar os objectivos de erradicação da pobreza, desenvolvimento sustentável e integração progressiva dos países da ACP na economia mundial;

Reiterando a sua determinação em, através da sua cooperação, contribuir significativamente para o desenvolvimento económico, social e cultural dos Estados ACP e para a melhoria do bem-estar das suas populações ajudando-os a superar os desafios da globalização e intensificando a parceria ACP-UE, a fim de reforçar a dimensão social do processo da globalização;

Reafirmando a sua vontade de revitalizar as suas relações especiais e de adoptar uma abordagem global e integrada com vista a construir uma parceria reforçada, assente no diálogo político, na cooperação para o desenvolvimento e nas relações económicas e comerciais;

Reconhecendo que um contexto político que garanta a paz, a segurança e a estabilidade, o respeito pelos direitos humanos, os princípios democráticos, o Estado de Direito e a boa governação constitui parte integrante do desenvolvimento a longo prazo e que a responsabilidade pela criação de tal contexto incumbe em primeiro lugar aos países interessados;

Reconhecendo que a adopção de políticas económicas sãs e sustentáveis constitui uma condição prévia para o desenvolvimento;

Norteando-se pelos princípios da Carta das Nações Unidas e relembrando a Declaração Universal dos Direitos do Homem, as conclusões da Conferência de Viena sobre os Direitos do Homem de 1993, o Pacto Internacional relativo aos Direitos Civis e Políticos, o Pacto Internacional relativo aos Direitos Económicos, Culturais e Sociais, das Nações Unidas, a Convenção dos Direitos da Criança, a Convenção sobre a Eliminação de todas as Formas de Discriminação contra as Mulheres, a Convenção Internacional sobre a Eliminação de todas as Formas de Discriminação Racial, as Convenções de Genebra de 1949 e os outros instrumentos de Direito Humanitário Internacional, a Convenção de 1954 relativa ao Estatuto dos Apátridas, a Convenção de Genebra de 1951 relativa ao Estatuto dos Refugiados e o Protocolo de Nova Iorque de 1967 relativo ao Estatuto dos Refugiados;

Considerando que a Convenção Europeia para a Salvaguarda dos Direitos do Homem e das Liberdades Fundamentais, o Conselho da Europa, a Carta Africana dos Direitos do Homem e dos Povos e a Convenção Americana dos Direitos do Homem constituem contributos regionais positivos para o respeito pelos direitos do homem na União Europeia e nos Estados ACP;

Recordando as Declarações de Libreville e de Santo Domingo aprovadas pelos Chefes de Estado e de Governo dos países ACP em 1997 e em 1999;

Considerando que os princípios e objectivos de desenvolvimento acordados pelas várias conferências das Nações Unidas, bem como o objectivo de até 2015, reduzir para metade o número de pessoas que vivem numa situação de extrema pobreza, definido pelo Comité de Ajuda ao Desenvolvimento da OCDE, proporcionam uma perspectiva clara e devem nortear a cooperação ACP-CE no âmbito do presente Acordo;

Concedendo especial atenção aos compromissos assumidos nas Conferências das Nações Unidas do Rio, de Viena, do Cairo, de Copenhaga, de Pequim, de Istambul e de Roma e reconhecendo a necessidade de redobrar os esforços com vista a alcançar os objectivos e executar os programas de acção elaborados nestas instâncias;

Ciosos de respeitarem os direitos fundamentais dos trabalhadores, tendo em conta os princípios enunciados nas convenções pertinentes da Organização Internacional do Trabalho;

Recordando os compromissos assumidos no âmbito da Organização Mundial do Comércio;

Decidiram concluir o presente acordo:

PARTE I.   DISPOSIÇÕES GERAIS

TÍTULO I.   OBJECTIVOS, PRINCÍPIOS E INTERVENIENTES

CAPÍTULO I.   Objectivos e princípios

Art. 1.º   (Objectivos da parceria)

A União Europeia e os seus Estados-Membros, por um lado, e os Estados ACP, por outro, a seguir denominados "Partes", celebram o presente Acordo para promover e acelerar o desenvolvimento económico, cultural e social dos Estados ACP, a fim de contribuírem para a paz e a segurança e promoverem um contexto político estável e democrático.

A parceria centra-se no objectivo de redução da pobreza e, a prazo, da sua erradicação, em consonância com os objectivos de desenvolvimento sustentável e de integração progressiva dos países ACP na economia mundial.

Esses objectivos, assim como os compromissos internacionais das Partes, devem nortear todas as estratégias de desenvolvimento e serão concretizados através de uma abordagem integrada que tenha simultaneamente em conta os aspectos políticos, económicos, sociais, culturais e ambientais do desenvolvimento. A parceria deve proporcionar um enquadramento coerente de apoio às estratégias de desenvolvimento adoptadas por cada Estado ACP.

O crescimento económico sustentável, o desenvolvimento do sector privado, o aumento do emprego e a melhoria do acesso aos recursos produtivos fazem também parte integrante desta abordagem. O respeito pelos direitos da pessoa humana e a satisfação das suas necessidades essenciais, a promoção do desenvolvimento social e a criação de condições para uma distribuição equitativa dos benefícios do crescimento são igualmente apoiados. Do mesmo modo, são incentivados os processos de integração regional e sub-regional que facilitem a integração dos países ACP na economia mundial em termos comerciais e de investimento privado. O desenvolvimento das capacidades dos diversos intervenientes no desenvolvimento e a melhoria do enquadramento institucional necessário à coesão social, ao funcionamento de uma sociedade democrática e de uma economia de mercado, bem como à emergência de uma sociedade civil activa e organizada fazem igualmente parte integrante desta abordagem. É concedida especial atenção à situação das mulheres, devendo as questões da igualdade dos sexos ser sistematicamente tidas em conta em todos os domínios políticos, económicos ou sociais. Os princípios de gestão racional dos recursos naturais e do ambiente são aplicados e integrados a todos os níveis de parceria.

Art. 2.º (Princípios fundamentais)

A cooperação ACP-UE, assente num regime juridicamente vinculativo e na existência de instituições conjuntas, processa-se com base nos seguintes princípios fundamentais:

– igualdade dos parceiros e apropriação das estratégias de desenvolvimento: a fim de realizar os objectivos da parceria, os Estados ACP determinam com toda soberania as estratégias de desenvolvimento das respectivas economias e sociedades; respeitando devidamente os elementos essenciais referidos no artigo 9.º, a parceria deve incentivar a apropriação das estratégias de desenvolvimento pelos países e populações interessadas;

– participação: para além do poder central, enquanto principal parceiro, a parceria está aberta a outros tipos de intervenientes, de modo a incentivar a participação de todos os estratos da sociedade, incluindo o sector privado e as organizações da sociedade civil, na vida política, económica e social;

– papel primordial do diálogo e respeito pelos compromissos mútuos: os

compromissos assumidos pelas Partes no âmbito do seu diálogo estão no centro da parceria e das relações de cooperação;
– diferenciação e regionalização: as modalidades e prioridades da cooperação são adaptadas em função do nível de desenvolvimento dos diversos parceiros, das suas necessidades, do seu desempenho e da sua estratégia de desenvolvimento a longo prazo. Atribui-se especial importância à dimensão regional. Os países menos desenvolvidos beneficiam de um tratamento especial. A vulnerabilidade dos países sem litoral e insulares é tida em conta.

Art. 3.º (Realização dos objectivos do presente Acordo)
No âmbito do presente Acordo, as Partes devem tomar, cada uma no que lhe diz respeito, todas as medidas gerais ou especiais necessárias para assegurar a execução das obrigações decorrentes do presente Acordo e facilitar a consecução dos seus objectivos.

As partes devem-se abster de tomar quaisquer medidas susceptíveis de comprometer esses objectivos.

CAPÍTULO II.   **Intervenientes na parceria**

Art. 4.º (Abordagem geral)
Os Estados ACP determinam com toda a soberania os princípios, estratégias e modelos de desenvolvimento das suas economias e das suas sociedades e devem definir com a Comunidade os programas de cooperação previstos no âmbito do presente Acordo. As Partes reconhecem, todavia, o papel complementar e o potencial contributo dos intervenientes não estatais para o processo de desenvolvimento. Nesta perspectiva e nos termos do presente Acordo, os intervenientes não estatais devem, consoante o caso:
– ser informados e participar nas consultas sobre as políticas e estratégias de cooperação e sobre as prioridades da cooperação, nomeadamente nos domínios que lhe digam directamente respeito, bem como sobre o diálogo político;
– beneficiar de recursos financeiros destinados a apoiar os processos de desenvolvimento local, segundo as condições previstas no presente Acordo;
– participar na execução dos projectos e programas de cooperação nos domínios que lhes digam respeito ou nos quais apresentem vantagens comparativas;
– beneficiar de apoio com vista ao reforço das suas capacidades em domínios cruciais, a fim de aumentarem as suas competências, nomeadamente em termos de organização, representação e criação de mecanismos de consulta, incluindo canais de comunicação e de diálogo, bem como de promoverem alianças estratégicas.

Art. 5.º (Informação)

A cooperação apoia acções que permitam um melhor conhecimento, uma maior sensibilização relativamente às principais características da parceria ACP-UE. A cooperação deve igualmente:
- incentivar a criação de parcerias e o estabelecimento de vínculos entre os intervenientes dos Estados ACP e da União Europeia;
- intensificar a criação de redes e o intercâmbio de experiência e de conhecimentos entre os diversos intervenientes.

Art. 6.º (Definições)

1. Consideram-se intervenientes na cooperação:
   a) As autoridades públicas (aos níveis local, nacional e regional);
   b) Os intervenientes não estatais, nomeadamente:
   - o sector privado;
   - os parceiros económicos e sociais, incluindo as organizações sindicais;
   - a sociedade civil sob todas as suas formas, consoante as características nacionais.

2. O reconhecimento pelas Partes dos intervenientes não governamentais depende da sua capacidade de resposta em relação às necessidades das populações, das suas competências específicas e do carácter democrático e transparente da sua forma de organização e de gestão.

Art. 7.º (Desenvolvimento das capacidades)

O contributo da sociedade civil para o processo de desenvolvimento pode ser valorizado através do reforço das organizações comunitárias e das organizações não governamentais sem fins lucrativos em todos os domínios da cooperação, o que implica:
- o incentivo e o apoio à criação e ao desenvolvimento dessas organizações;
- a criação de mecanismos que assegurem a participação dessas organizações na definição, execução e avaliação das estratégias e programas de desenvolvimento.

TÍTULO II. DIMENSÃO POLÍTICA

Art. 8.º (Diálogo político)

1. As Partes devem manter um diálogo político regular, abrangente, equilibrado e aprofundado, que conduza a compromisso de ambos os lados.

2. O objectivo desse diálogo consiste em permitir o intercâmbio de informações, promover a compreensão recíproca, facilitar a definição de prioridades e agendas comuns, nomeadamente reconhecendo os laços existentes entre os diferentes aspectos das relações entre as Partes e as diversas áreas de cooperação previstas no presente Acordo. O diálogo deve facilitar as consultas entre as Partes no

âmbito das instâncias internacionais, tendo igualmente por objectivo evitar situações em que uma das Partes possa considerar necessário o recurso à cláusula de incumprimento.

3. O diálogo incide sobre todos os objectivos e finalidades previstos no Acordo, bem como sobre todas as questões de interesse comum, geral, regional ou sub-regional. Através do diálogo as Partes contribuem para a paz, a segurança e a estabilidade e promovem um contexto político estável e democrático. O diálogo engloba as estratégias de cooperação, assim como as políticas gerais e sectoriais, nomeadamente o ambiente, as questões de igualdade dos sexos, as migrações e as questões relativas ao património cultural.

4. O diálogo centra-se, designadamente, em questões políticas específicas de interesse comum ou de importância geral para a realização dos objectivos enunciados no Acordo, nomeadamente o comércio de armas, as despesas militares excessivas, a droga e o crime organizado, ou a discriminação étnica, religiosa ou racial. O diálogo inclui igualmente uma avaliação periódica da evolução em matéria de respeito pelos direitos humanos, de princípios democráticos, do Estado de Direito e da boa governação.

5. As políticas gerais destinadas a promover a paz e a prevenir, gerir e resolver os conflitos violentos ocupam lugar de destaque no âmbito do diálogo, bem como a necessidade de ter plenamente em consideração o objectivo da paz e da estabilidade democrática na definição dos domínios prioritários da cooperação.

6. O diálogo deve ser conduzido de um modo flexível, assumir um carácter formal ou informal, consoante as necessidades, verificar-se no interior do quadro institucional ou à sua margem, sob a forma e ao nível mais adequados, incluindo a nível regional, sub-regional ou nacional.

7. As organizações regionais e sub-regionais, assim como os representantes das organizações da sociedade civil devem ser associados a este diálogo.

Art. 9.º (Elementos essenciais e elemento fundamental)

1. A cooperação tem por objectivo o desenvolvimento sustentável, centrado na pessoa humana, que é o principal protagonista e beneficiário do desenvolvimento, postulando o respeito e a promoção de todos os Direitos Humanos.

O respeito pelos Direitos Humanos e pelas liberdades fundamentais, incluindo o respeito pelos direitos sociais fundamentais, a democracia assente no Estado de Direito e um sistema de governo transparente e responsável fazem parte integrante do desenvolvimento sustentável.

2. As Partes reafirmam as suas obrigações e compromissos internacionais em matéria de Direitos Humanos e reiteram o seu profundo empenho na defesa da dignidade e dos Direitos Humanos, que constituem aspirações legítimas dos indivíduos e dos Povos. Os Direitos Humanos são universais, indivisíveis e interdependentes. As Partes comprometem-se a promover e a proteger todas as liberdades fundamentais e os Direitos Humanos, quer se trate de direitos civis e políticos, quer de direitos sociais, económicos e culturais.

Neste contexto, as Partes reafirmam a igualdade entre homens e mulheres.

As Partes reafirmam que a democratização, o desenvolvimento e a protecção das liberdades fundamentais e dos direitos humanos são interdependentes e se reforçam mutuamente. Os princípios democráticos são princípios universalmente reconhecidos que presidem à organização do Estado e se destinam a assegurar a legitimidade da sua autoridade, a legalidade das suas acções, que se reflecte no seu sistema constitucional, legislativo e regulamentar, bem como a existência de mecanismos de participação. Cada país desenvolve a sua cultura democrática, com base em princípios universalmente reconhecidos.

A estrutura do Estado e as prerrogativas dos diversos poderes assentam no Estado de Direito, que deve prever, nomeadamente, mecanismos de recurso jurídico eficazes e acessíveis, a independência do poder judicial, que assegure a igualdade perante a lei, e um poder executivo que respeite plenamente a lei.

O respeito pelos Direitos Humanos, os princípios democráticos e o Estado de Direito, que presidem à parceria ACP-UE, devem nortear as políticas internas e externas das Partes e constituem os elementos essenciais do presente Acordo.

3. Num contexto político e institucional que respeite os Direitos Humanos, os princípios democráticos e o Estado de Direito, a boa governação consiste na gestão transparente e responsável dos recursos humanos, naturais, económicos e financeiros, tendo em vista um desenvolvimento sustentável e equitativo. A boa governação implica processos de decisão claros a nível das autoridades públicas, instituições transparentes e responsabilizáveis, o primado do Direito na gestão e na distribuição dos recursos e o reforço das capacidades no que respeita à elaboração e aplicação de medidas especificamente destinadas a prevenir e a combater a corrupção.

A boa governação, o princípio no qual assenta a parceria ACP-UE, presidirá às políticas internas e externas das Partes e constitui um elemento fundamental do presente Acordo.

As Partes acordam em que só os casos graves de corrupção, incluindo a corrupção activa e passiva, na acepção do artigo 97.º, constituem uma violação desse elemento.

4. A parceria apoia activamente a promoção dos Direitos Humanos, os processos de democratização, a consolidação do Estado de Direito e a boa governação.

Estes domínios constituem um elemento importante do diálogo político. No âmbito desse diálogo, as Partes devem atribuir especial importância às mudanças em curso e à continuidade dos progressos registados. Essa avaliação periódica deve ter em conta as realidades económicas, sociais, culturais e históricas de cada país.

O apoio às estratégias de desenvolvimento beneficia especialmente estes domínios. A Comunidade apoia as reformas políticas, institucionais e legislativas, assim como o reforço das capacidades dos intervenientes públicos, privados e da sociedade civil, no âmbito de estratégias decididas de comum acordo entre o Estado interessado e a Comunidade.

Art. 10.º (Outros elementos do contexto político)
1. As partes consideram que os seguintes elementos contribuem para a manutenção e a consolidação de um contexto político estável e democrático:
   – o desenvolvimento sustentável e equitativo, que contemple, nomeadamente, o acesso aos recursos produtivos, aos serviços essenciais e à justiça;
   – a maior participação de uma sociedade civil activa e organizada, assim como do sector privado.
2. As Partes reconhecem que os princípios da economia de mercado, assentes em regras de concorrência transparentes e em políticas sólidas nos domínios económico e social, contribuem para a realização dos objectivos da parceria.

Art. 11.º (Políticas de consolidação da paz, prevenção a resolução de conflitos)
1. As Partes devem prosseguir uma política activa, global e integrada de consolidação da paz e de prevenção e resolução de conflitos no âmbito da parceria. Essa política baseia-se no princípio da apropriação e, centra-se, nomeadamente, no desenvolvimento das capacidades regionais, sub-regionais e nacionais, assim como na prevenção de conflitos violentos na sua fase inicial, agindo directamente sobre as suas causas profundas e associando da forma mais adequada todos os instrumentos disponíveis.
2. As actividades no domínio da consolidação da paz, da prevenção e da resolução de conflitos têm em vista, nomeadamente, assegurar uma repartição equitativa das oportunidades políticas, económicas, sociais e culturais por todos os estratos da sociedade, reforçar a legitimidade da democracia e a eficácia da governação, criar mecanismos eficazes de conciliação pacífica dos interesses dos diferentes grupos, superar as fracturas entre os diferentes segmentos da sociedade e incentivar a criação de uma sociedade civil activa e organizada.
3. As actividades neste domínio incluem ainda, designadamente, o apoio aos esforços de mediação, negociação e reconciliação, a uma gestão regional eficaz dos recursos naturais comuns limitados, à desmobilização e à reintegração social dos antigos combatentes, à resolução da problemática das crianças-soldado, bem como o apoio a outras iniciativas destinadas a estabelecer limites responsáveis às despesas militares e ao comércio de armas, incluindo através do apoio à promoção e à aplicação das normas e códigos de conduta acordados. Neste contexto, atribui-se especial importância à luta contra as minas antipessoais e contra a proliferação excessiva e descontrolada, o tráfico ilícito e a acumulação de armas ligeiras e de pequeno calibre.
4. Em situação de conflito violento, as Partes devem tomar todas as medidas adequadas para prevenir uma intensificação da violência, limitar o seu alastramento territorial e promover uma resolução pacífica dos diferendos existentes. Será prestada especial atenção a fim de assegurar que os recursos financeiros da cooperação sejam utilizados segundo os princípios e os objectivos da parceria, bem como para impedir um desvio desses fundos para fins bélicos.

5. Em situações de pós-conflito, as Partes devem tomar todas as medidas adequadas para facilitar o regresso a uma situação de não-violência e de estabilidade duradoura. As Partes asseguram a ligação necessária entre as intervenções de emergência, a reabilitação e a cooperação para o desenvolvimento.

Art. 12.º (Coerência das políticas comunitárias e impacto na execução do presente Acordo de Parceria)

Sem prejuízo do disposto no artigo 96.º, sempre que, no exercício das suas competências, a Comunidade pretenda adoptar uma medida susceptível de afectar os interesses dos Estados ACP no que respeita aos objectivos do presente Acordo, deve aquela informar atempadamente esses Estados das suas intenções. Para o efeito, a Comissão comunicará simultaneamente ao Secretariado dos Estados ACP a sua proposta de medidas desse tipo. Se necessário, pode igualmente ser apresentado um pedido de informação por iniciativa dos Estados ACP.

A pedido dos Estados ACP, iniciar-se-ão rapidamente consultas para que as suas preocupações quanto ao impacto dessas medidas possam ser tidas em conta antes da decisão final.

Após a realização das consultas, os Estados ACP podem, além disso, comunicar por escrito e o mais rapidamente possível as suas preocupações à Comunidade e propor alterações que vão ao encontro das suas preocupações.

Se a Comunidade não puder satisfazer os pedidos apresentados pelos Estados ACP, informá-los-á o mais rapidamente possível, indicando os motivos da sua decisão.

Os Estados ACP devem receber igualmente, sempre que possível com antecedência, informações adequadas sobre a entrada em vigor dessas decisões.

Art. 13.º (Migração)

1. A questão da migração é objecto de um diálogo aprofundado no âmbito da parceria ACP-UE.

As Partes reafirmam as suas obrigação e os seus compromissos no âmbito do direito internacional para assegurar o respeito pelos direitos humanos e eliminar todas as formas de discriminação baseadas, nomeadamente, na origem, no sexo, na raça, na língua ou na religião.

2. As Partes acordam em que a parceria implica, no que respeita à migração, um tratamento equitativo dos nacionais de países terceiros que residam legalmente nos seus territórios, uma política de integração destinada a conferir-lhes direitos e obrigações comparáveis aos dos seus cidadãos, prevenindo a discriminação na vida económica, social e cultural e adoptando medidas de luta contra o racismo e a xenofobia.

3. Os Estados-Membros devem conceder aos, trabalhadores dos Estados ACP legalmente empregados no seu território um tratamento isento de qualquer discriminação com base na nacionalidade, em matéria de condições de trabalho, remuneração e despedimento. Da mesma forma, os Estados ACP concederão aos

trabalhadores nacionais de Estados-Membros um tratamento não discriminatório equivalente.

4. As Partes consideram que as estratégias destinadas a reduzir a pobreza, a melhorar as condições de vida e de trabalho, a criar emprego e a desenvolver a formação contribuem a longo prazo para a normalização dos fluxos migratórios.

No âmbito das estratégias de desenvolvimento e da programação nacional e regional, as Partes devem ter em conta os condicionalismos estruturais associados aos fenómenos migratórios, afim de apoiar o desenvolvimento económico e social das regiões de origem dos migrantes e de reduzir a pobreza.

A Comunidade apoia, através dos programas de cooperação nacionais e regionais, a formação dos nacionais dos países ACP nos respectivos países de origem, noutros países ACP ou em Estados-Membros da União Europeia. No que respeita às acções de formação nos Estados-Membros, as Partes devem procurar assegurar que estas sejam orientadas para a inserção profissional dos cidadãos ACP nos seus países de origem.

As Partes devem desenvolver programas de cooperação destinados a facilitar o acesso ao ensino por parte dos estudantes dos Estados ACP, nomeadamente através do recurso às novas tecnologias da comunicação.

5. *a)* No âmbito do diálogo político, o Conselho de Ministros analisará questões relativas à imigração ilegal, tendo em vista a eventual definição de meios necessários para uma política de prevenção.

b) Neste contexto, as Partes acordam, nomeadamente, em assegurar o respeito pelos direitos e pela dignidade das pessoas em todos os processos de repatriamento de imigrantes ilegais para os respectivos países de origem. A este propósito, as autoridades competentes devem colocar à disposição dessas pessoas as infra-estruturas administrativas necessárias para o seu repatriamento.

c) As Partes acordam ainda em que:
 i) Os Estados-Membros da União Europeia devem aceitar o regresso e a readmissão de qualquer dos seus cidadãos ilegalmente presentes no território de um Estado ACP, a pedido deste último e sem outras formalidades.

 Os Estados ACP devem aceitar o regresso e a readmissão de qualquer dos seus cidadãos ilegalmente presentes no território de um dos Estados-Membros da União Europeia, a pedido deste último e sem outras formalidades.

 Os Estados-Membros e os Estados ACP devem proporcionar aos seus cidadãos os documentos de identidade necessários para o efeito. No que respeita aos Estados-Membros da União Europeia, as obrigações previstas no presente número são unicamente aplicáveis às pessoas que devam ser consideradas seus nacionais, para efeitos comunitários, nos termos da Declaração n.º 2 do Tratado que institui a Comunidade Europeia. No que respeita aos Estados ACP, as obrigações previstas no presente número são unicamente aplicáveis às pessoas que devam ser consideradas seus nacionais, segundo a sua ordem jurídica.

ii) A pedido de qualquer das Partes, serão iniciadas negociações com os Estados ACP tendo em vista a conclusão, de boa-fé e respeitando as normas aplicáveis do Direito Internacional, de acordos bilaterais que regulem as obrigações específicas em matéria de readmissão e de repatriamento dos seus nacionais. Se uma das Partes o considerar necessário, esses acordos poderão abranger igualmente disposições em matéria de readmissão de nacionais de países terceiros e de apátridas. Os acordos devem especificar as categorias de pessoas abrangidas pelas suas disposições, assim como as regras para a sua readmissão e o seu repatriamento.
Os Estados ACP devem beneficiar de uma assistência adequada para aplicar os referidos acordos.

iii) Para efeitos da presente alínea *c*), entende-se por "Partes", a Comunidade, qualquer dos seus Estados-Membros e qualquer Estado ACP.

PARTE II. DISPOSIÇÕES INSTITUCIONAIS

Art. 14.º (Instituições comuns)
As instituições do presente Acordo são o Conselho de Ministros, o Comité de Embaixadores e a Assembleia Parlamentar Paritária.

Art. 15.º (Conselho de Ministros)
1. O Conselho de Ministros é composto por membros do Conselho da União Europeia e por membros da Comissão das Comunidades Europeias, por um lado, e por um membro do governo de cada Estado ACP, por outro.

A presidência do Conselho de Ministros é exercida alternadamente por um membro do Conselho da União Europeia e por um membro do governo de um Estado ACP.

O Conselho reúne-se, em princípio, uma vez por ano e sempre que tal seja necessário, por iniciativa do Presidente, numa forma e com uma composição geográfica regional adaptada aos temas a tratar.

2. O Conselho de Ministros tem as seguintes funções:
a) Conduzir o diálogo político;
b) Definir as directrizes políticas e adoptar as decisões necessárias para a aplicação das disposições do presente Acordo, nomeadamente no que se refere às estratégias de desenvolvimento para os sectores especificamente previstos no presente Acordo ou para qualquer outro sector pertinente, bem como no que se refere aos procedimentos;

c) Analisar e resolver quaisquer questões susceptíveis de impedir a aplicação eficaz e efectiva do presente Acordo ou de obstar à concretização dos seus objectivos;

d) Garantir o funcionamento dos mecanismos de consulta.

3. O Conselho de Ministros adopta as suas decisões por acordo das Partes. As deliberações do Conselho de Ministros são válidas apenas se estiverem presentes metade dos membros do Conselho da União Europeia, um membro da Comissão e dois terços dos membros que representam os Governos dos Estados ACP.

Os membros do Conselho de Ministros impedidos de comparecer podem fazer-se representar. O representante deve exercer todos os direitos do membro titular.

O Conselho de Ministros pode adoptar decisões vinculativas para as Partes, bem como resoluções-quadro, recomendações e pareceres. O Conselho de Ministros deve analisar e tomar em consideração as resoluções e as recomendações adoptadas pela Assembleia Parlamentar Paritária.

O Conselho de Ministros deve conduzir um diálogo permanente com os representantes dos parceiros económicos e sociais e os outros intervenientes da sociedade civil dos Estados ACP e da União Europeia. Para o efeito, serão realizadas consultas à margem das suas reuniões.

4. O Conselho de Ministros pode delegar competências no Comité de Embaixadores.

5. O Conselho de Ministros deve adoptar o seu regulamento interno no prazo de seis meses a contar da data da entrada em vigor do presente Acordo.

Art. 16.º (Comité de Embaixadores)

1. O Comité de Embaixadores é composto pelos representantes permanentes dos Estados-Membros junto da União Europeia e por um representante da Comissão, por um lado, e pelos chefes das missões dos diversos Estados ACP junto da União Europeia, por outro.

A presidência do Comité de Embaixadores é exercida alternadamente por um representante permanente de um Estado-Membro, designado pela Comunidade, e por um chefe de missão de um Estado ACP, designado pelos Estados ACP.

2. O Comité de Embaixadores assiste o Conselho de Ministros no desempenho das suas funções e executa quaisquer funções que lhe sejam por ele confiadas, devendo, neste contexto, acompanhar a aplicação do presente Acordo, bem como os progressos obtidos na realização dos objectivos nele definidos.

O Comité de Embaixadores reúne-se periodicamente, a fim de preparar as reuniões do Conselho, e sempre que tal se revele necessário.

3. O Comité de Embaixadores deve adoptar o seu regulamento interno no prazo de seis meses a contar da data da entrada em vigor do presente Acordo.

Art. 17.º (Assembleia Parlamentar Paritária)

1. A Assembleia Parlamentar Paritária é composta por um número igual de representantes da União Europeia e dos Estados ACP. Os membros da Assembleia Parlamentar Paritária são, por um lado, membros do Parlamento Europeu, e, por outro, parlamentares, ou na sua falta, representantes designados pelos Parlamentos dos Estados ACP. No caso dos Estados ACP que não tenham Parlamento, a participação do representante do Estado ACP em causa será sujeita à aprovação prévia da Assembleia Parlamentar Paritária.

2. Compete à Assembleia Parlamentar Paritária, como órgão consultivo:
   – promover os processos democráticos, através do diálogo e de consultas;
   – contribuir para uma maior compreensão entre os Povos da União Europeia e os dos Estados ACP e sensibilizar a opinião pública para as questões de desenvolvimento;
   – debater questões relativas ao desenvolvimento e à parceria ACP-UE;
   – adoptar resoluções e formular recomendações dirigidas ao Conselho de Ministros, tendo em vista a realização dos objectivos do presente Acordo.

3. A Assembleia Parlamentar Paritária reúne-se duas vezes por ano em sessão plenária, alternadamente na União Europeia e num Estado ACP. A fim de reforçar o processo de integração regional e de fomentar a cooperação entre os parlamentos nacionais, podem ser organizadas reuniões entre membros dos parlamentos da UE e dos Estados ACP, a nível regional ou sub-regional.

A Assembleia Parlamentar Paritária deve organizar periodicamente contactos com os parceiros económicos e sociais dos Estados ACP e da UE, bem como os outros intervenientes da sociedade civil, a fim de conhecer os seus pontos de vista sobre a realização dos objectivos do presente Acordo.

4. A Assembleia Parlamentar Paritária deve adoptar o seu regulamento interno no prazo de seis meses a contar da data da entrada em vigor do presente Acordo.

PARTE III. ESTRATÉGIAS DE COOPERAÇÃO

Art. 18.º

As estratégias de cooperação baseiam-se nas estratégias de desenvolvimento e na cooperação económica e comercial, que são interdependentes e complementares. As Partes procuram assegurar que os esforços desenvolvidos nas duas áreas supramencionadas se reforcem mutuamente.

TÍTULO I. ESTRATÉGIAS DE DESENVOLVIMENTO

CAPÍTULO I. Quadro geral

Art. 19.º (Princípios e objectivos)

1. O objectivo central da cooperação ACP-UE é a redução da pobreza e, a prazo, a sua erradicação, o desenvolvimento sustentável e a integração progressiva dos países ACP na economia mundial. Neste contexto, o enquadramento e as directrizes da cooperação devem ser adaptados às circunstâncias específicas de cada país ACP, promover a apropriação local das reformas económicas e sociais e a integração dos intervenientes do sector privado e da sociedade civil no processo de desenvolvimento.

2. A cooperação deve nortear-se pelas conclusões das conferências das Nações Unidas e pelos objectivos e programas de acção acordados a nível internacional, bem como pelo seguimento que lhes foi dado, enquanto princípios de base do desenvolvimento. A cooperação deve igualmente tomar como referência os objectivos internacionais da cooperação para o desenvolvimento e prestar especial atenção à definição de indicadores de progresso qualitativos e quantitativos.

3. Os governos e os intervenientes não estatais dos diversos países ACP devem iniciar consultas sobre as respectivas estratégias de desenvolvimento e o apoio comunitário a essas estratégias.

Art. 20.º (Metodologia)

1. Os objectivos da cooperação para o desenvolvimento ACP-UE são prosseguidos através de estratégias integradas, que combinem elementos económicos, sociais, culturais, ambientais e institucionais, que devem ser objecto de uma apropriação a nível local. A cooperação deve proporcionar, por conseguinte, um enquadramento coerente e eficaz de apoio às estratégias de desenvolvimento próprias dos países ACP, assegurando a complementaridade e a interacção entre estes diferentes elementos. Neste contexto, e no âmbito das políticas de desenvolvimento e das reformas levadas a efeito pelos Estados ACP, as estratégias de cooperação ACP-UE têm por objectivo:

   a) Assegurar um crescimento económico rápido e sustentado, que permita criar postos de trabalho, desenvolver o sector privado, aumentar o emprego, melhorar o acesso aos recursos produtivos e às actividades económicas e promover a cooperação e a integração regionais;

   b) Promover o desenvolvimento humano e social, contribuir para assegurar uma repartição ampla e equitativa dos benefícios do crescimento económico e assegurar a igualdade entre os géneros;

   c) Promover os valores culturais das comunidades e as suas interacções específicas com os elementos económicos, políticos e sociais;

   d) Promover o desenvolvimento e as reformas institucionais, reforçar as instituições necessárias à consolidação da democracia, à boa governação e

ao funcionamento de economias de mercado eficazes e competitivas, bem como reforçar as capacidades tendo em vista o desenvolvimento e a concretização da parceria;
   e) Promover uma gestão sustentável e a regeneração do ambiente, assim como as boas práticas neste domínio, e assegurar a conservação dos recursos naturais.

2. As questões temáticas e horizontais, como as questões de igualdade dos sexos, as questões ambientais, o reforço institucional e o desenvolvimento das capacidades, serão sistematicamente tidas em conta e integradas em todos os domínios da cooperação. Estes domínios podem igualmente beneficiar do apoio da Comunidade.

3. Os textos que contemplam de forma pormenorizada os objectivos e estratégias de cooperação para o desenvolvimento, nomeadamente no que respeita às políticas e estratégias sectoriais, devem ser incorporados num compêndio contendo as orientações operacionais para domínios ou sectores específicos da cooperação. Esses textos podem ser revistos, adaptados e/ou alterados pelo Conselho de Ministros com base numa recomendação do Comité ACP-UE de Cooperação para o Financiamento de Desenvolvimento.

CAPÍTULO II. **Áreas de apoio**

SECÇÃO I. **Desenvolvimento económico**

Art. 21.º (**Investimento e desenvolvimento do sector privado**)
1. A cooperação deve apoiar, a nível nacional e/ou regional as reformas e as políticas económicas e institucionais necessárias à criação de condições favoráveis aos investimentos privados e ao desenvolvimento de um sector privado dinâmico, viável e competitivo. A cooperação deve igualmente contemplar:
   a) A promoção do diálogo e da cooperação entre o sector público e o sector privado;
   b) O desenvolvimento das capacidades de gestão e de uma cultura empresarial;
   c) A privatização e a reforma das empresas;
   d) O desenvolvimento e a modernização dos mecanismos de mediação e de arbitragem.

2. A cooperação deve contribuir também para melhorar a qualidade, a disponibilidade e a acessibilidade dos serviços financeiros e não financeiros prestados às empresas privadas, tanto do sector formal como do sector informal, através:
   a) Da mobilização e da canalização da poupança privada, tanto nacional como estrangeira, para o financiamento de empresas privadas, mediante o apoio às políticas de desenvolvimento e modernização do sector financeiro, incluindo os mercados de capitais, as instituições financeiras e as operações de microfinanciamento sustentáveis;

b) Do desenvolvimento e do reforço das instituições comerciais, de organizações intermediárias, de associações, câmaras de comércio e entidades locais de prestação de serviços do sector privado que apoiem e prestem serviços não financeiros às empresas, nomeadamente, assistência profissional, técnica, comercial, bem como em matéria de gestão e de formação;

c) Do apoio às instituições, programas, actividades e iniciativas que contribuam para o desenvolvimento e a transferência de tecnologias, de *know-how*, e de boas práticas em todos os domínios relacionados com a gestão das empresas.

3. A cooperação deve promover o desenvolvimento das empresas através de financiamentos, de mecanismos de garantia e de assistência técnica, a fim de incentivar e apoiar a criação, o estabelecimento, a expansão, a diversificação, a reabilitação, a reestruturação, a modernização ou a privatização de empresas dinâmicas, viáveis e competitivas em todos os sectores económicos, bem como intermediários financeiros, nomeadamente, instituições de financiamento do desenvolvimento e de capitais de risco e sociedades de locação financeira, através:

a) Da criação e/ou do reforço dos instrumentos financeiros sob a forma de capitais de investimento;

b) Da melhoria do acesso a factores essenciais, como serviços de informação, assessoria, consultoria ou assistência técnica às empresas;

c) Do aumento das actividades de exportação, nomeadamente, através do reforço das capacidades em todos os domínios relacionados com o comércio;

d) Do incentivo ao estabelecimento de vínculos, redes e relações de cooperação entre as empresas, nomeadamente, em matéria de transferência de tecnologias e *know-how* a nível nacional, regional e ACP-UE, bem como à criação de parcerias com investidores privados estrangeiros, segundo os objectivos e as orientações da cooperação para o desenvolvimento ACP-UE.

4. A cooperação deve apoiar o desenvolvimento de microempresas proporcionando-lhes um melhor acesso aos serviços financeiros e não financeiros, um enquadramento regulamentar e políticas adequadas ao seu desenvolvimento, bem como serviços de formação e de informação sobre as melhores práticas em matéria de microfinanciamentos.

5. O apoio aos investimentos e ao desenvolvimento do sector privado deve contemplar acções e iniciativas aos níveis macro, meso e microeconómicos.

Art. 22.º (Reformas e políticas macroeconómicas e estruturais)

1. A cooperação deve apoiar os esforços envidados pelos países ACP tendo em vista:

a) O crescimento e a estabilização a nível macroeconómico, através de uma disciplina em matéria de política financeira e monetária, que permita

redução da inflação, o equilíbrio das finanças públicas e das contas externas, reforçando a disciplina orçamental, aumentando a transparência e a eficácia orçamentais e melhorando a qualidade, a equidade e a composição da política financeira;
b) A adopção de políticas estruturais destinadas a reforçar do papel dos diferentes intervenientes, nomeadamente do sector privado, e a melhorar o contexto empresarial a fim de desenvolver as empresas, os investimentos e o emprego, bem como:
   i) Liberalizar os regimes comercial e cambial e assegurar a convertibilidade a nível das transacções correntes, em função das circunstâncias específicas de cada país;
   ii) Reforçar as reformas do mercado de trabalho e dos produtos;
   iii) Incentivar a reforma dos sistemas financeiros, a fim de assegurar a viabilidade dos sistemas bancários, e não bancários dos mercados de capitais e dos serviços financeiros (incluindo os microfinanciamentos);
   iv) Melhorar a qualidade dos serviços públicos e privados;
   v) Incentivar a cooperação regional e a integração progressiva das políticas macroeconómicas e monetárias.

2. A concepção das políticas macroeconómicas e dos programas de ajustamento estrutural deve reflectir o contexto sócio-político e a capacidade institucional dos países em causa e contribuir para a redução da pobreza e para melhorar o acesso aos serviços sociais, com base nos seguintes princípios:
   a) Incumbe em primeiro lugar aos Estados ACP a responsabilidade pela análise dos problemas a resolver e pela concepção e execução das reformas;
   b) Os programas de apoio devem ser adaptados à situação específica de cada Estado ACP e ter em conta as condições sociais, culturais e ambientais desses Estados;
   c) O direito de os Estados ACP determinarem a orientação e o calendário de execução das suas estratégias e prioridades de desenvolvimento deve ser reconhecido e respeitado;
   d) O ritmo das reformas deve ser realista e compatível com as capacidades e os recursos dos diferentes Estados ACP;
   e) Os mecanismos de comunicação e de informação das populações sobre as reformas e políticas económicas e sociais devem ser reforçados.

Art. 23.º (Desenvolvimento económico)

A cooperação deve apoiar a realização de reformas políticas e institucionais sustentáveis, bem como os investimentos necessários para assegurar a igualdade de acesso às actividades económicas e aos recursos produtivos, nomeadamente:
   a) O desenvolvimento de sistemas de formação que contribuam para aumentar a produtividade, tanto no sector formal como no sector informal;

b) A disponibilização de capitais, crédito e terrenos, tendo especialmente em conta os direitos de propriedade e de exploração;
c) A definição de estratégias rurais que permitam criar um enquadramento adequado para o planeamento descentralizado, a repartição e a gestão dos recursos segundo uma abordagem participativa;
d) Estratégias de produção agrícola, políticas nacionais e regionais de segurança alimentar, desenvolvimento sustentável dos recursos hídricos e das pescas, bem como dos recursos marinhos das zonas económicas exclusivas dos Estados ACP. Os acordos de pesca eventualmente negociados entre a União e os países ACP devem ter devidamente em conta as estratégias de desenvolvimento neste domínio e ser com elas compatíveis;
e) Serviços e infra-estruturas económicas e tecnológicas, incluindo transportes, sistemas de telecomunicações e serviços de comunicação, bem como o desenvolvimento da sociedade da informação;
f) Aumento da competitividade dos sectores industrial, mineiro e energético, incentivando simultaneamente a participação e o desenvolvimento do sector privado;
g) Desenvolvimento das trocas comerciais, incluindo a promoção do comércio equitativo;
h) Desenvolvimento das empresas, dos sectores financeiro e bancário, bem como dos outros sectores dos serviços;
i) Desenvolvimento do turismo;
j) Desenvolvimento das infra-estruturas e dos serviços nos domínios da ciência, da tecnologia e da investigação, incluindo o reforço, a transferência e a aplicação de novas tecnologias;
k) O reforço das capacidades dos sectores produtivos, tanto a nível do sector privado, como do sector público.

Art. 24.º (Turismo)

A cooperação tem como objectivo o desenvolvimento sustentável da indústria do turismo nos Estados e nas sub-regiões ACP, reconhecendo a sua importância crescente para o reforço do sector dos serviços nos países ACP e para a expansão do comércio global destes países, bem como a sua capacidade para estimular outros sectores de actividade económica e o papel que pode desempenhar na erradicação da pobreza.

Os programas e projectos de cooperação devem apoiar os esforços dos países ACP destinados a definir e melhorar os seus recursos e o seu enquadramento jurídico e institucional, com o objectivo de definir e executar políticas e programas sustentáveis no domínio do turismo e aumentar a competitividade do sector, em especial das PME, bem como contribuir para a promoção dos investimentos, o desenvolvimento de novos produtos, nomeadamente o desenvolvimento das culturas indígenas dos países ACP, e o reforço da articulação entre o sector do turismo e os outros sectores da actividade económica.

SECÇÃO II. Desenvolvimento social e humano

Art. 25.º (Desenvolvimento do sector social)

1. A cooperação deve apoiar os esforços dos Estados ACP na definição de políticas e reformas gerais e sectoriais que contribuam para melhorar a cobertura, a qualidade no acesso às infra-estruturas e serviços sociais de base e ter em conta as necessidades locais e as carências específicas dos grupos mais vulneráveis e desfavorecidos, reduzindo assim as desigualdades no que se refere ao acesso a esses serviços. Prestar-se-á especial atenção à necessidade de assegurar um nível adequado de despesas públicas nos sectores sociais. Neste contexto, a cooperação tem por objectivo:

   a) A melhoria da educação e da formação, bem como o desenvolvimento das capacidades e das competências técnicas;
   b) A melhoria dos sistemas de saúde e de nutrição, a erradicação da fome e da subnutrição, assegurando um abastecimento alimentar adequado, bem como a segurança alimentar;
   c) A integração das questões demográficas nas estratégias de desenvolvimento, a fim de desenvolver a saúde reprodutiva, os cuidados básicos de saúde, o planeamento familiar e a prevenção da mutilação genital das mulheres;
   d) A promoção da luta contra o HIV/SIDA;
   e) A melhoria da segurança da água para o uso doméstico, do abastecimento de água potável e do saneamento;
   f) Uma maior disponibilidade de alojamento adequado e acessível para toda a população, mediante o financiamento de programas de construção de habitação social e de desenvolvimento urbano;
   g) A promoção de métodos participativos de diálogo social, bem como o respeito pelos direitos sociais fundamentais.

2. A cooperação deve apoiar igualmente o desenvolvimento das capacidades nos sectores sociais, nomeadamente: programas de formação em matéria de elaboração de políticas sociais e de técnicas modernas de gestão dos projectos e programas sociais; políticas de incentivo à inovação tecnológica e à investigação; desenvolvimento das competências locais e promoção de parcerias; organização de mesas-redondas a nível nacional e/ou regional.

3. A cooperação deve incentivar e apoiar a elaboração e a execução de políticas e de sistemas de protecção e de segurança social, a fim de reforçar a coesão social e de promover a auto-suficiência e a solidariedade social. O apoio deve centrar-se, nomeadamente, no desenvolvimento de iniciativas baseadas na solidariedade económica, em especial através da criação de fundos de desenvolvimento social adaptados às necessidades e aos intervenientes locais.

Art. 26.º (Juventude)

A cooperação deve apoiar a elaboração de uma política coerente e global tendo em vista a valorização do potencial da juventude, de modo a assegurar uma

melhor integração dos jovens na sociedade e o pleno desenvolvimento das suas capacidades. Neste contexto, a cooperação deve apoiar políticas, iniciativas e acções que visem:
   a) A protecção dos direitos das crianças e dos jovens, em especial do sexo feminino;
   b) O aproveitamento das aptidões, da energia, do espírito de inovação e do potencial dos jovens, a fim de melhorar as suas oportunidades nos domínios social, cultural e económico e aumentar as suas oportunidades de emprego no sector produtivo;
   c) O apoio às instituições comunitárias de base, a fim de proporcionar às crianças a possibilidade de desenvolverem o seu potencial físico, psicológico e sócio-económico;
   d) A reinserção social das crianças em situações de pós-conflito, através de programas de reabilitação.

Art. 27.º (Desenvolvimento cultural)
A cooperação na área da cultura tem como objectivo:
   a) A integração da dimensão cultural nos diferentes níveis de cooperação para o desenvolvimento;
   b) O reconhecimento, a preservação e a promoção dos valores e identidades culturais, de forma a possibilitar o diálogo intercultural;
   c) O reconhecimento, a conservação e a valorização do património cultural, mediante o apoio ao desenvolvimento das capacidades nesse sector;
   d) O desenvolvimento das indústrias culturais e a melhoria do acesso ao mercado no que respeita aos bens e serviços culturais.

SECÇÃO III. **Cooperação e integração regionais**

Art. 28.º (Abordagem geral)
A cooperação deve contribuir eficazmente para a realização dos objectivos e prioridades definidos pelos Estados ACP no âmbito da cooperação e da integração regionais e sub-regionais, incluindo a nível da cooperação inter-regional e entre Estados ACP. A cooperação regional pode abranger igualmente os países e territórios ultramarinos (PTU) e as regiões ultraperiféricas. Neste contexto, a cooperação tem como objectivos:
   a) Promover a integração progressiva dos Estados ACP na economia mundial;
   b) Acelerar a cooperação e o desenvolvimento económicos, tanto a nível das regiões dos Estados ACP, como entre estas e as regiões de outros Estados ACP;
   c) Promover a livre circulação das pessoas, bens, serviços, capitais, mão-de--obra e tecnologias entre os países ACP;

d) Acelerar a diversificação das economias dos Estados ACP, bem como a coordenação e a harmonização das políticas de cooperação regionais e sub-regionais;

e) Promover e desenvolver o comércio inter-ACP e intra-ACP, assim como as trocas comerciais com países terceiros.

Art. 29.º (Integração económica regional)

Na área da integração económica regional, a cooperação deve:

a) Desenvolver e reforçar as capacidades:
  i) Das instituições e organizações de integração regional criadas pelos Estados ACP a fim de promover a cooperação e a integração regionais;
  ii) Dos governos e dos parlamentos nacionais em matéria de integração regional;
b) Incentivar os Estados ACP menos desenvolvidos a participarem na criação de mercados regionais e a tirarem proveitos dos mesmos;
c) Executar políticas de reforma sectorial a nível regional;
d) Liberalizar as trocas comerciais e os pagamentos;
e) Promover os investimentos transfronteiriços, tanto estrangeiros como nacionais, e outras iniciativas de integração económica regional ou sub-regional;
f) Ter em conta o efeito dos custos transitórios líquidos da integração regional em termos de receitas orçamentais e de balança de pagamentos.

Art. 30.º (Cooperação regional)

1. A cooperação regional deve abranger um amplo leque de áreas temáticas e funcionais que abordam especificamente problemas comuns e permitem tirar partido das economias de escala, designadamente nos seguintes sectores:

a) Infra-estruturas, nomeadamente as infra-estruturas de transporte e de comunicação e os problemas de segurança com elas relacionados, e serviços, incluindo a criação de oportunidades regionais no domínio das tecnologias da informação e da comunicação (TIC);
b) Ambiente, gestão dos recursos hídricos e energia;
c) Saúde, educação e formação;
d) Investigação e desenvolvimento tecnológico;
e) Iniciativas regionais em matéria de prevenção de catástrofes e atenuação dos seus efeitos;
f) Outros domínios, como a limitação do armamento e a luta contra a droga, o crime organizado, o branqueamento de capitais e a corrupção, tanto activa como passiva.

2. A cooperação deve igualmente apoiar projectos e iniciativas de cooperação inter-ACP e intra-ACP.

3. A cooperação deve contribuir para a promoção e o desenvolvimento de um diálogo político regional em matéria de prevenção e resolução de conflitos, de

Direitos Humanos e democratização, de intercâmbio, criação de redes e promoção da mobilidade entre os diversos intervenientes no desenvolvimento, nomeadamente da sociedade civil.

SECÇÃO IV. **Questões temáticas e horizontais**

Art. 31.º (Questões da igualdade dos sexos)

A cooperação deve contribuir para o reforço das políticas e programas destinadas a melhorar, assegurar e alargar a participação em igualdade de condições dos homens e das mulheres em todos os domínios da vida política, económica, social e cultural. A cooperação deve contribuir para melhorar o acesso das mulheres a todos os recursos necessários para exercerem plenamente os seus direitos fundamentais devendo, mais especificamente, criar um enquadramento adequado para:

a) Integrar as questões de igualdade dos sexos e uma abordagem que tenha em conta estas preocupações a todos os níveis da cooperação para o desenvolvimento, incluindo as políticas macroeconómicas, as estratégias e as acções de desenvolvimento;

b) Incentivar a adopção de medidas de discriminação positiva em favor das mulheres, nomeadamente:

  i) Participação na vida política nacional e local;
  ii) Apoio às associações de mulheres;
  iii) Acesso aos serviços sociais de base, designadamente a educação e a formação, a saúde e o planeamento familiar;
  iv) Acesso aos recursos produtivos, nomeadamente a terra e o crédito, assim como ao mercado de trabalho;
  v) Tomada em consideração dos problemas específicos das mulheres no âmbito das operações de ajuda de emergência e de reabilitação.

Art. 32.º (Ambiente e recursos naturais)

1. A cooperação no domínio da protecção do ambiente e da exploração e gestão sustentáveis dos recursos naturais tem como objectivos:

a) Integrar o princípio da gestão sustentável do ambiente em todos os aspectos da cooperação para o desenvolvimento e apoiar os programas e os projectos desenvolvidos pelos diversos intervenientes nesta área;

b) Criar e/ou reforçar as capacidades científicas e técnicas, humanas e institucionais em matéria de gestão ambiental, de todas as partes interessadas nos aspectos ambientais;

c) Apoiar medidas e projectos específicos que contemplem questões essenciais em matéria de gestão sustentável, bem como questões relacionadas com compromissos regionais e internacionais, actuais ou futuros no que respeita aos recursos naturais e minerais, nomeadamente:

  i) As florestas tropicais, os recursos hídricos, costeiros, marinhos e haliêuticos, a vida selvagem, os solos, a biodiversidade;

ii) A protecção de ecossistemas frágeis (recifes de corais, por exemplo);
iii) As fontes de energia renováveis, designadamente a energia solar, e o rendimento energético;
iv) O desenvolvimento urbano e rural sustentável;
v) A desertificação, a seca e a desflorestação;
vi) A adopção de soluções inovadoras para os problemas ambientais urbanos;
vii) A promoção de um modelo de turismo sustentável;
d) Contemplar as questões relativas aos transportes e à eliminação de resíduos perigosos.

2. A cooperação neste domínio deve igualmente tomar em consideração:
a) A vulnerabilidade dos pequenos Estados ACP insulares, em especial as ameaças decorrentes das alterações climáticas;
b) O agravamento dos problemas da seca e da desertificação, nomeadamente no que respeita aos países menos desenvolvidos e sem litoral;
c) O desenvolvimento institucional e o reforço das capacidades.

Art. 33.º (Desenvolvimento institucional e o reforço das capacidades)
1. A cooperação deve ter sistematicamente em conta os aspectos institucionais e, nesse contexto, apoiar os esforços envidados pelos Estados ACP a fim de desenvolverem e reforçarem as estruturas, as instituições e os procedimentos que contribuam para:
a) Promover e consolidar a democracia, a dignidade humana, a justiça social e o pluralismo, respeitando plenamente a diversidade existente no interior de cada sociedade e entre as diversas sociedades;
b) Promover e consolidar o respeito universal e integral, bem como a protecção, de todos os direitos humanos e liberdades fundamentais;
c) Desenvolver e reforçar o Estado de Direito e melhorar o acesso à justiça, assegurando simultaneamente o profissionalismo e a independência dos sistemas judiciais;
d) Assegurar a gestão e a administração transparentes e responsáveis de todas as instituições públicas.

2. As Partes cooperarão em matéria de luta contra a corrupção, activa e passiva, a todos os níveis da sociedade.

3. A cooperação deve apoiar os esforços envidados pelos Estados ACP no sentido de tornarem as suas instituições públicas um factor dinâmico de crescimento e de desenvolvimento e de melhorarem consideravelmente a eficiência dos serviços públicos e o seu impacto na vida quotidiana dos cidadãos. Neste contexto, a cooperação deve contribuir para a reforma, a racionalização e a modernização do sector público.

Mais concretamente, a cooperação privilegiará:
a) A reforma e a modernização da função pública;
b) A realização de reformas jurídicas e judiciárias e a modernização dos sistemas de justiça;

c) A melhoria e o reforço da gestão das finanças públicas;
d) A aceleração das reformas nos sectores bancário e financeiro;
e) A melhoria da gestão dos bens do Estado e a reforma dos procedimentos em matéria de contratos públicos;
A descentralização política, administrativa, económica e financeira.

4. A cooperação deve igualmente contribuir para restabelecer e/ou aumentar as capacidades de base do sector público e para apoiar as instituições necessárias ao funcionamento de uma economia de mercado, nomeadamente a fim de:
   a) Desenvolver as capacidades jurídicas e regulamentares necessárias a um bom funcionamento de uma economia de mercado, incluindo as políticas de concorrência e de defesa do consumidor;
   b) Melhorar a capacidade de análise, de planeamento, de elaboração e de execução das diversas políticas, nomeadamente nos domínios económico, social, do ambiente, da investigação, da ciência e da tecnologia, bem como em matéria de inovação;
   c) Modernizar, reforçar, e reformar as instituições financeiras e monetárias, aperfeiçoando os seus procedimentos;
   d) Criar, a nível local e municipal, as capacidades necessárias para a execução de uma política de descentralização e para o reforço da participação das populações no processo de desenvolvimento;
   e) Desenvolver as capacidades noutros domínios críticos como:
      i) As negociações internacionais; e
      ii) A gestão e a coordenação da ajuda externa.

5. A cooperação deve contribuir para a emergência de intervenientes não governamentais e para o desenvolvimento das suas capacidades em todas as áreas e sectores da cooperação, bem como para o reforço das estruturas de informação, de diálogo e de consulta entre estes intervenientes e as autoridades nacionais, incluindo a nível regional.

TÍTULO II. COOPERAÇÃO ECONÓMICA E COMERCIAL

CAPÍTULO I. Objectivos e princípios

Art. 34.º (Objectivos)

1. A cooperação económica e comercial tem por objectivo a integração progressiva e harmoniosa dos Estados ACP na economia mundial, respeitando as suas opções políticas e as suas prioridades de desenvolvimento, incentivando o seu desenvolvimento sustentável e contribuindo para a erradicação da pobreza nesses países.

2. O objectivo final da cooperação económica e comercial é permitir a plena participação dos Estados ACP no comércio internacional. Neste contexto, é con-

cedida especial atenção à necessidade de os Estados ACP participarem activamente nas negociações comerciais multilaterais. Tendo em conta o seu actual nível de desenvolvimento, a cooperação económica e comercial deve permitir aos países ACP superarem os desafios suscitados pela globalização, adaptando-se progressivamente às novas condições do comércio internacional, e facilitando assim a sua transição para uma economia global liberalizada.

3. Para o efeito a cooperação económica e comercial procura reforçar as capacidades de produção, de abastecimento e de comercialização dos países ACP, bem como a sua capacidade para atrair investimentos, bem como criar uma nova dinâmica das trocas comerciais entre as Partes, reforçar as políticas comerciais e de investimento dos países ACP e melhorar a sua capacidade para fazer face a todas as questões relacionadas com o comércio.

4. A cooperação económica e comercial será executada em plena consonância com as disposições da OMC, incluindo no que se refere à concessão de um tratamento especial e diferenciado, tendo em conta os interesses mútuos das Partes e os respectivos níveis de desenvolvimento.

Art. 35.º (Princípios)

1. A cooperação económica e comercial tem por base uma parceria estratégica, genuína e reforçada e assenta igualmente numa abordagem global que, partindo dos aspectos mais positivos e das realizações das anteriores convenções ACP-UE, utilize todos os meios disponíveis para alcançar os objectivos supramencionados, fazendo face aos condicionalismos a nível da oferta e da procura. Neste contexto, assumem especial importância as medidas destinadas a desenvolver as trocas comerciais, como forma de reforçar a competitividade dos Estados ACP. Por conseguinte, no âmbito das estratégias de desenvolvimento dos Estados ACP, que beneficiam do apoio da Comunidade, deve ser atribuída a devida relevância ao desenvolvimento das trocas comerciais.

2. A cooperação económica e comercial assenta nas iniciativas de integração regional dos Estados ACP, reconhecendo que a integração regional constitui um instrumento fundamental para a integração dos países ACP na economia mundial.

3. A cooperação económica e comercial tem em conta as diferentes necessidades e os diversos níveis de desenvolvimento dos vários países e regiões ACP. Neste contexto, as Partes reafirmam a importância que atribuem à concessão de um tratamento especial e diferenciado a todos os países ACP, à manutenção do tratamento específico concedido aos Estados ACP menos desenvolvidos, bem como à necessidade de ter devidamente em consideração a vulnerabilidade dos pequenos países, dos países sem litoral e dos países insulares.

CAPÍTULO II. Novo regime comercial

Art. 36.º (Regras)

1. Tendo em conta os objectivos e os princípios acima enunciados, as Partes acordam em concluir novos convénios comerciais compatíveis com as regras da OMC, eliminando progressivamente os obstáculos às trocas comerciais e reforçando a cooperação em todos os domínios relacionados com o comércio.

2. As Partes acordam em que os novos regimes comerciais devem ser introduzidos progressivamente, reconhecendo, por conseguinte, a necessidade de um período preparatório.

3. A fim de facilitar a transição para os novos regimes comerciais, durante o período preparatório todos os países ACP devem continuar a beneficiar das preferências comerciais não recíprocas aplicáveis a título da Quarta Convenção ACP-CE, nas condições definidas no Anexo V do presente Acordo.

4. Neste contexto, as Partes reafirmam a importância dos protocolos relativos aos produtos de base, que figuram no Anexo V do presente Acordo. As Partes concordam quanto à necessidade de reexaminar esses protocolos no contexto dos novos regimes comerciais, nomeadamente no que respeita à sua compatibilidade com as regras da OMC, a fim de salvaguardar os benefícios deles decorrentes, tendo em conta o estatuto jurídico específico do protocolo relativo ao açúcar.

Art. 37.º (Processo)

1. Durante o período preparatório, que termina, o mais tardar, em 31 de Dezembro de 2007, deve proceder-se à negociação de acordos de parceria económica. As negociações formais relativas aos novos regimes comerciais iniciam-se em Setembro de 2002, devendo os novos regimes entrar em vigor em 1 de Janeiro de 2008, excepto se as Partes acordarem numa data anterior.

2. Devem ser adoptadas todas as medidas necessárias para assegurar a conclusão com êxito das negociações durante o período preparatório. Para o efeito, o período que antecede o início das negociações formais dos novos regimes comerciais deve ser aproveitado activamente para efectuar os trabalhos preparatórios dessas negociações.

3. O período preparatório deve ser igualmente utilizado para desenvolver as capacidades dos sectores público e privado dos países ACP, nomeadamente adoptando medidas destinadas a melhorar a competitividade, a reforçar as organizações regionais e a apoiar as iniciativas de integração comercial regional, se necessário através do apoio ao ajustamento orçamental, à reforma das finanças públicas, à modernização e ao desenvolvimento das infra-estruturas e à promoção dos investimentos.

4. As Partes devem analisar periodicamente a evolução dos preparativos e das negociações, procedendo, em 2006, a um exame formal e exaustivo dos acordos previstos para todos os países, a fim de assegurar que não será necessário qualquer período suplementar para a conclusão desses preparativos ou negociações.

5. Devem iniciar-se negociações de acordos de parceria económica com os países ACP que se considerem preparados para o fazer, ao nível que considerarem adequado e segundo os procedimentos aceites pelo grupo ACP, tendo em conta o processo de integração regional entre os Estados ACP.

6. Em 2004, a Comunidade deve examinar a situação dos países que não se encontram entre os países menos desenvolvidos (PMD) que decidam, após consultas com a Comunidade, que não estão em condições de negociar acordos de parceria económica, analisando todas as alternativas possíveis a fim de proporcionar a estes países um novo quadro comercial equivalente à situação existente e conforme às regras da OMC.

7. A negociação dos acordos de parceria económica, tem em vista, nomeadamente, definir o calendário para a eliminação progressiva dos obstáculos às trocas comerciais entre as Partes, segundo as normas da OMC nesta matéria. No que respeita à Comunidade, a liberalização das trocas comerciais baseia-se no acervo e tem por objectivo a melhoria do actual acesso dos países ACP ao mercado comunitário, nomeadamente através de um reexame das regras de origem. As negociações tem em conta o nível de desenvolvimento e o impacto sócio-económico das medidas comerciais nos países ACP, bem como a capacidade destes países para se adaptarem e ajustarem as suas economias ao processo de liberalização. As negociações serão, por conseguinte, tão flexíveis quanto possível no que respeita à fixação de um período de transição suficiente, à lista definitiva dos produtos abrangidos, tendo em conta os sectores sensíveis e o grau de assimetria no calendário de desmantelamento pautal, assegurando, todavia, a conformidade com as normas da OMC em vigor nessa data.

8. As Partes devem colaborar estreitamente e concertar os seus esforços no âmbito da OMC, afim de defender o regime acordado, nomeadamente no que se refere ao grau de flexibilidade possível.

9. Em 2000, a Comunidade deve iniciar um processo que, antes do final das negociações comerciais multilaterais e o mais tardar até 2005, permita o acesso com isenção de direitos a praticamente todos os produtos originários dos países menos desenvolvidos, com base no nível das disposições comerciais em vigor da Quarta Convenção ACP-CE. Esse processo deve contribuir para simplificar e rever as regras de origem, incluindo as disposições em matéria de cumulação, aplicáveis às suas exportações.

Art. 38.º (Comité Ministerial Misto para as Questões Comerciais)
1. É instituído um Comité Ministerial Misto ACP-UE para as Questões Comerciais.
2. O Comité Ministerial Misto para as Questões Comerciais acompanha com especial atenção as negociações comerciais multilaterais em curso e analisa o impacto das iniciativas mais vastas de liberalização sobre o comércio ACP-UE e o desenvolvimento das economias dos países ACP. O Comité formula as recomendações necessárias a fim de preservar as vantagens decorrentes dos regimes comerciais ACP-UE.

3. O Comité Ministerial Misto para as Questões Comerciais reúne-se pelo menos uma vez por ano. O seu regulamento interno é adoptado pelo Conselho de Ministros. O Comité é composto por representantes dos Estados ACP e por representantes da Comunidade designados pelo Conselho de Ministros.

CAPÍTULO III.   Cooperação nas instâncias internacionais

Art. 39.º   (Disposições gerais)

1. As Partes salientam a importância da sua participação activa na Organização Mundial do Comércio e em outras organizações internacionais competentes, através da sua adesão a essas organizações e do acompanhamento de perto das respectivas agendas e actividades.

2. As Partes acordam em cooperar estreitamente na identificação e promoção dos seus interesses comuns no âmbito da cooperação económica e comercial internacional, em especial no contexto da OMC, designadamente através da participação na definição da agenda e na condução das futuras negociações comerciais multilaterais. Neste contexto, atribui-se especial importância à melhoria do acesso dos produtos e serviços originários dos países ACP ao mercado comunitário e aos outros mercados internacionais.

3. As Partes acordam igualmente na importância da flexibilidade das regras da OMC, de modo a ter em consideração o nível de desenvolvimento dos Estados ACP, bem como as dificuldades com que estes países deparam no cumprimento das suas obrigações, As Partes acordam ainda na necessidade de prestação de assistência técnica, a fim de permitir aos países ACP satisfazer os seus compromissos.

4. A Comunidade acorda em apoiar, nos termos do presente Acordo, os esforços envidados pelos Estados ACP para se tornarem membros activos destas organizações, desenvolvendo as capacidades necessárias para negociar, participar efectivamente, acompanhar e assegurar a aplicação desses acordos.

Art. 40.º   (Produtos de base)

1. As Partes reconhecem a necessidades de assegurar um melhor funcionamento dos mercados internacionais dos produtos de base e de aumentar a sua transparência.

2. As Partes confirmam a sua vontade de intensificar o processo de consulta entre os Estados ACP e a Comunidade nas instâncias e organizações internacionais que se ocupam dos produtos de base.

3. As Partes devem, para o efeito e a pedido de uma delas, proceder a uma troca de opiniões:
   – sobre o funcionamento dos acordos internacionais em vigor ou dos grupos de trabalho intergovernamentais especializados, a fim de melhorar e aumentar a sua eficácia em função das tendências de mercado;

– quando se preveja a conclusão ou a renovação de um acordo internacional ou a criação de um grupo de trabalho intergovernamental especializado.

Essa troca de opiniões terá por objectivo tomarem consideração os interesses respectivos de cada Parte, podendo, se necessário, ter lugar no âmbito do Comité Ministerial Misto para as Questões Comerciais.

CAPÍTULO IV. Comércio de serviços

Art. 41.º (Disposições gerais)

1. As Partes salientam a importância crescente dos serviços no comércio internacional e o seu contributo decisivo para o desenvolvimento económico e social.

2. As Partes reafirmam as suas obrigações respectivas por força do Acordo Geral sobre o Comércio de Serviços (GATS) e salientam a necessidade da concessão de um tratamento especial e diferenciado aos prestadores de serviços dos Estados ACP.

3. No âmbito das negociações sobre a liberalização progressiva do comércio de serviços, prevista no artigo XIX do GATS, a UE compromete-se a considerar favoravelmente as prioridades dos Estados ACP com o objectivo de melhorar a lista de compromissos da Comunidade, por forma a ir ao encontro dos interesses específicos destes países.

4. As Partes acordam igualmente no objectivo de alargar a sua parceria, no âmbito dos acordos de parceria económica e após terem adquirido alguma experiência na aplicação do tratamento da Nação Mais Favorecida ao abrigo do GATS, de modo a abranger igualmente a liberalização dos serviços, segundo as disposições do GATS, nomeadamente as que se referem à participação dos países em desenvolvimento nos acordos de liberalização.

5. A Comunidade apoia os esforços envidados pelos Estados ACP para reforçarem as suas capacidades em matéria de prestação de serviços. Atribui-se especial importância aos serviços relacionados com a mão-de-obra, as empresas, a distribuição, as finanças, o turismo e a cultura, bem como aos serviços de engenharia e de construção civil, a fim de desenvolver a sua competitividade e aumentar assim o valor e o volume das suas trocas comerciais de mercadorias e de serviços.

Art. 42.º (Transportes marítimos)

1. As Partes reconhecem a importância da prestação de serviços de transporte marítimo rentáveis e eficazes, efectuados em condições de segurança e num ambiente marinho despoluído, dado que consideram os transportes marítimos o modo de transporte que mais facilita o comércio internacional, constituindo, por conseguinte, um dos principais motores do crescimento económico e do desenvolvimento comercial.

2. As Partes comprometem-se a promover a liberalização dos transportes marítimos, assegurando para o efeito, a aplicação efectiva do princípio do acesso sem restrições ao mercado internacional dos transportes marítimos, numa base não discriminatória e comercial.

3. Cada Parte deve conceder às embarcações exploradas por nacionais ou empresas da outra Parte e às embarcações registadas no território de qualquer das Partes, um tratamento não menos favorável do que o concedido às suas próprias embarcações, no que respeita ao acesso aos portos, à utilização das infra-estruturas e dos serviços auxiliares portuários, bem como às taxas e encargos a eles inerentes, às infra-estruturas aduaneiras e à utilização dos cais de acostagem e das infra-estruturas de carga e descarga.

4. A Comunidade apoia os esforços envidados pelos Estados ACP para desenvolverem e promoverem serviços de transporte marítimo rentáveis e eficazes, de modo a aumentar a participação dos operadores ACP nos serviços de transporte marítimo internacional.

Art. 43.º (Tecnologias da informação e da comunicação e sociedade da informação)

1. As Partes reconhecem o papel determinante das tecnologias da informação e da comunicação, bem como a importância de uma participação activa na sociedade da informação, como condições essenciais para o êxito da integração dos países ACP na economia mundial.

2. As Partes reafirmam, por conseguinte, os seus compromissos respectivos ao abrigo dos acordos multilaterais em vigor, nomeadamente o protocolo relativo às telecomunicações de base, anexo ao GATS, instando os países ACP que ainda o não fizeram a aderir a esses acordos.

3. As Partes acordam, além disso, em participar plena e activamente em eventuais negociações internacionais que venham a ser organizadas neste domínio.

4. As Partes devem, por conseguinte, adoptar medidas destinadas a facilitar o acesso dos habitantes dos países ACP às tecnologias da informação e da comunicação, nomeadamente:

– o desenvolvimento e o incentivo à utilização de recursos energéticos renováveis a preços acessível;
– o desenvolvimento e a construção de redes mais vastas de comunicações móveis a baixo custo.

5. As Partes acordam igualmente em intensificar a cooperação nos sectores das tecnologias da informação e da comunicação e da sociedade da informação. Essa cooperação tem por objectivo, nomeadamente, assegurar a complementaridade e a harmonização dos sistemas de comunicação, aos níveis nacional, regional e internacional, bem como a sua adaptação às novas tecnologias.

CAPÍTULO V. Áreas relacionadas com o comércio

Art. 44.º (Disposições gerais)

1. As Partes reconhecem a importância crescente das novas áreas relacionadas com o comércio para a integração progressiva dos Estados ACP na economia mundial e acordam, por conseguinte, em intensificar a sua cooperação nessas áreas, procedendo a uma concertação das suas posições nas instâncias internacionais competentes.

2. Nos termos do presente Acordo e segundo estratégias de desenvolvimento acordadas entre as Partes, a Comunidade apoia os esforços envidados pelos Estados ACP a fim de reforçar as suas capacidades de gestão em todas as áreas relacionadas com o comércio, incluindo, se necessário, a melhoria do enquadramento institucional.

Art. 45.º (Política da concorrência)

1. As Partes acordam em que a introdução e a aplicação de políticas e de normas de concorrência correctas e eficazes são fundamentais para favorecer e assegurar um clima propício aos investimentos, um processo de industrialização sustentável e a transparência do acesso aos mercados.

2. A fim de eliminar as distorções da concorrência, e tendo devidamente em conta os diferentes níveis de desenvolvimento e as necessidades económicas dos diversos países ACP, as Partes comprometem-se a aplicar normas e políticas nacionais originais que incluam o controlo e, nalgumas condições, a proibição de acordos entre empresas, de decisões de associações de empresas e de práticas concertadas entre estas, que tenham por objectivo ou por consequência impedir, restringir ou falsear a concorrência. As Partes acordam em proibir igualmente a exploração abusiva, por uma ou várias empresas, de posições dominantes no mercado comum da Comunidade ou no território dos Estados ACP.

3. As Partes acordam igualmente em reforçar a cooperação nesta área, com o objectivo de definir e apoiar, juntamente com os organismos nacionais competentes, políticas de concorrência eficazes que assegurem progressivamente a aplicação efectiva das normas da concorrência, tanto pelas empresas privadas como pelas empresas públicas. A cooperação neste domínio inclui, nomeadamente, o apoio à definição de um enquadramento jurídico adequado e a sua aplicação administrativa, tendo especialmente em conta a situação específica dos países menos desenvolvidos.

Art. 46.º (Protecção dos direitos de propriedade intelectual)

1. Sem prejuízo das respectivas posições nas negociações multilaterais, as Partes reconhecem a necessidade de se assegurar um nível adequado e eficaz de protecção dos direitos de propriedade intelectual, industrial e comercial, bem como dos outros direitos abrangidos pelo Acordo sobre os Aspectos dos Direitos

de Propriedade Intelectual relacionados com o Comércio (TRIPS), incluindo a protecção das indicações geográficas, segundo as normas internacionais em vigor, de modo a reduzir as distorções e os entraves às trocas comerciais bilaterais.

2. As Partes salientam, a este propósito, a importância da adesão ao Acordo sobre os Aspectos dos Direitos de Propriedade Intelectual relacionados com o Comércio (TRIPS), ao Acordo que cria a Organização Mundial do Comércio e à Convenção sobre a Diversidade Biológica.

3. As Partes acordam igualmente na necessidade de aderir a todas as convenções internacionais em matéria de propriedade intelectual, industrial e comercial referidas na Parte I do Acordo TRIPS, tendo em conta os respectivos níveis de desenvolvimento.

4. A Comunidade, os seus Estados-Membros e os Estados ACP devem examinar a possibilidade de concluir acordos de protecção das marcas e das indicações geográficas em relação a produtos que se revistam de especial interesse para qualquer das Partes.

5. Para efeitos do presente acordo, a expressão "propriedade intelectual" inclui, em especial, os direitos de autor, designadamente os direitos de autor sobre programas informáticos e os direitos conexos, incluindo os projectos artísticos, bem como a propriedade industrial, nomeadamente os modelos de utilidade, as patentes, incluindo as patentes relativas às invenções biotecnológicas e às obtenções vegetais, bem como outros sistemas *sui generis* eficazes, os desenhos industriais, as indicações geográficas, designadamente as denominações de origem, as marcas de fabrico das mercadorias e serviços, as topografias de circuitos integrados, bem como a protecção jurídica das bases de dados e a defesa contra a concorrência desleal, nos termos do disposto no artigo 10.º-A da Convenção de Paris para a Protecção da Propriedade Industrial, assim como a protecção de informações confidenciais sobre *know-how*.

6. As Partes acordam ainda em intensificar a sua cooperação nesta área. A pedido de qualquer das Partes e segundo condições e regras acordadas entre elas, a cooperação pode ser alargada aos seguintes domínios: elaboração de legislação e de regulamentação destinadas a assegurar a protecção e o respeito pelos direitos de propriedade intelectual, prevenção do abuso desses direitos por parte dos seus titulares e da violação dos mesmos por outros concorrentes, bem como a criação e o reforço das entidades nacionais e regionais e outros organismos competentes nesta matéria, nomeadamente o apoio às organizações regionais responsáveis pela aplicação e protecção dos direitos de propriedade intelectual, assim como à formação do seu pessoal.

Art. 47.º (Normalização e certificação)

1. As Partes acordam em cooperar mais estreitamente nos domínios da normalização, da certificação e do controlo da qualidade, a fim de eliminar os entraves técnicos ao comércio desnecessários e reduzir as diferenças existentes entre as Partes nesta matéria, e assim incentivar as trocas comerciais.

Neste contexto, as Partes reafirmam os compromissos que assumiram no âmbito do Acordo sobre os Obstáculos Técnicos ao Comércio (Acordo OTC), anexo ao Acordo que cria a OMC.

2. A cooperação nos domínios da normalização e da certificação tem por objectivo a promoção de sistemas compatíveis entre as Partes e inclui, nomeadamente:
- a adopção de medidas, nos termos do Acordo OTC, destinadas a incentivar uma maior utilização das regulamentações técnicas, das normas e dos procedimentos de avaliação da conformidade reconhecidos internacionalmente, incluindo a adopção de medidas específicas sectoriais, tendo em conta o nível de desenvolvimento económico dos diversos países ACP;
- a cooperação em matéria de gestão e de controlo da qualidade em sectores específicos de importância para os Estados ACP;
- o apoio a iniciativas de desenvolvimento das capacidades dos Estados ACP nos domínios da avaliação da conformidade, da metrologia e da normalização;
- o estabelecimento de relações entre os organismos de normalização, de avaliação da conformidade e de certificação dos Estados ACP e da União Europeia.

3. As Partes comprometem-se a analisar, no momento oportuno, a possibilidade de entabularem negociações tendo em vista a conclusão de acordos de reconhecimento mútuo em sectores de interesse económico comum.

Art. 48.º (Medidas sanitárias e fitossanitárias)

1. As Partes reconhecem o direito de cada uma adoptar ou aplicar as medidas sanitárias e fitossanitárias necessárias à protecção da saúde e da vida humana, animal ou vegetal, desde que essas medidas não constituam um meio de discriminação arbitrária ou uma restrição dissimulada às trocas comerciais em geral. Para o efeito, as Partes reafirmam os compromissos assumidos no âmbito do Acordo sobre a Aplicação de Medidas Sanitárias e Fitossanitárias, anexo ao Acordo da OMC, tendo em conta os respectivos níveis de desenvolvimento.

2. As Partes comprometem-se a reforçar a coordenação, a consulta e a informação em matéria de notificação e de aplicação das medidas sanitárias e fitossanitárias previstas, nos termos do Acordo sobre a Aplicação de Medidas Sanitárias e Fitossanitárias, sempre que a aplicação dessas medidas possa afectar os interesses de uma das Partes e acordam igualmente em proceder a consultas e a uma coordenação prévias no âmbito do CODEX ALIMENTARIUS, do Gabinete Internacional de Epizootias e da Convenção Fitossanitária Internacional, a fim de promover os seus interesses comuns.

3. As Partes acordam em intensificar a sua cooperação a fim de desenvolver as capacidades dos sectores público e privado dos países ACP neste domínio.

Art. 49.º (Comércio e ambiente)

1. As Partes reafirmam o seu empenho em promover o desenvolvimento do comércio internacional de uma forma que assegure uma gestão racional e sustentável do ambiente, segundo as convenções e compromissos internacionais neste sector e tendo devidamente em conta os respectivos níveis de desenvolvimento.

As Partes acordam em que as exigências e necessidades específicas dos Estados ACP devem ser tomadas em consideração na elaboração e aplicação das medidas ambientais.

2. Tendo em conta os Princípios do Rio e a fim de assegurar a complementaridade entre as políticas comerciais e ambientais, as Partes acordam em reforçar a sua cooperação neste domínio. A cooperação tem por objectivo, nomeadamente, a definição de políticas nacionais, regionais e internacionais coerentes, o reforço dos controlos de qualidade dos bens e dos serviços na perspectiva da protecção do ambiente, assim como a melhoria dos métodos de produção que respeitem o ambiente nos sectores apropriados.

Art. 50.º (Comércio e normas do trabalho)

1. As Partes reafirmam o seu compromisso de respeitar as normas fundamentais do trabalho internacionalmente reconhecidas e definidas nas convenções pertinentes da Organização Internacional do Trabalho, designadamente em matéria de liberdade de associação e de negociação colectiva, abolição do trabalho forçado e das formas mais duras de trabalho infantil, e não discriminação em matéria de emprego.

2. As Partes acordam em desenvolver a sua cooperação nesta matéria, nomeadamente nos seguintes domínios:
– intercâmbio de informações sobre a legislação e a regulamentação laboral;
– adopção de legislação laboral nacional e de reforço da legislação em vigor;
– execução de programas de educação e de sensibilização;
– controlo da aplicação das disposições legislativas e regulamentares nacionais em matéria laboral.

3. As Partes acordam em que as normas laborais não serão utilizadas para fins de proteccionismo comercial.

Art. 51.º (Política dos consumidores e protecção da saúde dos consumidores)

1. As Partes acordam em intensificar a sua cooperação nos domínios da política dos consumidores e da protecção da saúde dos consumidores, respeitando as legislações nacionais e evitando a criação de obstáculos às trocas comerciais.

2. A cooperação neste domínio tem por objectivo, nomeadamente, o reforço das capacidades institucionais e técnicas nesta matéria, a criação de sistemas de alerta rápido e de informação mútua sobre os produtos perigosos, o intercâmbio de informações e de experiências sobre a criação e o funcionamento de sistemas

de controlo dos produtos colocados no mercado e sobre a segurança dos produtos, a melhoria da qualidade da informação prestada aos consumidores em matéria de preços e de características dos produtos e serviços oferecidos, o incentivo à criação de associações de consumidores independentes e o estabelecimento de contactos entre representantes dos interesses dos consumidores, a melhoria da compatibilidade das políticas e sistemas de defesa dos consumidores, a notificação da aplicação de legislação e a promoção da participação nos inquéritos sobre práticas comerciais perigosas ou desleais, bem como a aplicação de proibições de exportação de bens e de serviços cuja comercialização tenha sido proibida no respectivo país de produção.

Art. 52.º (Cláusula de excepção fiscal)

1. Sem prejuízo do disposto no n.º 1 do artigo 32.º do Anexo IV, o tratamento da nação mais favorecida concedido nos termos do presente Acordo ou de quaisquer convénios adoptados por força do presente Acordo não é aplicável às vantagens fiscais que as Partes concedam ou possam conceder de futuro com base em acordos destinados a evitar a dupla tributação, em outros convénios de natureza fiscal ou com base na legislação fiscal nacional.

2. Nenhuma disposição do presente Acordo nem de quaisquer convénios adoptados ao seu abrigo pode ser interpretada no sentido de obstar à adopção ou à aplicação de qualquer medida destinada a impedir a evasão ou a fraude fiscais, segundo as disposições fiscais de acordos destinados a evitar a dupla tributação, de outros convénios de natureza fiscal ou da legislação fiscal nacional.

3. Nenhuma disposição do presente Acordo nem de quaisquer convénios adoptados ao seu abrigo pode ser interpretada no sentido de impedir que as Partes, na aplicação das disposições pertinentes da sua legislação fiscal, estabeleçam uma distinção entre contribuintes que não se encontrem numa situação idêntica, nomeadamente no que diz respeito ao seu local de residência ou local em que os seus capitais são investidos.

CAPÍTULO VI.   Cooperação noutros sectores

Art. 53.º (Acordos de pesca)

1. As Partes manifestam a sua disponibilidade para negociarem acordos de pesca destinados a assegurar que as actividades de pesca nos Estados ACP sejam efectuadas em condições sustentáveis e mutuamente satisfatórias.

2. Na conclusão ou na aplicação desses acordos, os Estados ACP não devem efectuar qualquer discriminação relativamente à Comunidade ou aos seus Estados-Membros, sem prejuízo de acordos específicos concluídos entre Estados em desenvolvimento pertencentes à mesma zona geográfica, incluindo acordos de pesca recíprocos. Por seu lado, a Comunidade não efectuará qualquer discriminação em relação aos Estados ACP.

Art. 54.º (Segurança alimentar)

1. No tocante aos produtos agrícolas disponíveis, a Comunidade compromete-se a assegurar a possibilidade de fixar com maior antecedência as restituições à exportação relativamente a todos os Estados ACP no que respeita a uma gama de produtos definida em função das necessidades alimentares expressas por esses Estados.

2. Essas restituições são fixadas com um ano de antecedência e aplicadas anualmente durante o período de vigência do presente Acordo, sendo o nível da restituição determinado segundo os métodos normalmente seguidos pela Comissão.

3. Podem ser celebrados acordos específicos com os Estados ACP que o requeiram no âmbito da sua política de segurança alimentar.

4. Os acordos específicos referidos no n.º 2 não podem prejudicar a produção e os fluxos comerciais nas regiões ACP.

PARTE IV. COOPERAÇÃO PARA O FINANCIAMENTO DO DESENVOLVIMENTO

TÍTULO I. DISPOSIÇÕES GERAIS

CAPÍTULO I. **Objectivos, princípios, linhas directrizes e elegibilidade**

Art. 55.º (Objectivos)

A cooperação para o financiamento do desenvolvimento tem como objectivo, mediante a concessão de recursos financeiros adequados e da assistência técnica necessária, o apoio e o incentivo aos esforços dos países ACP para atingir os objectivos definidos no presente Acordo com base no interesse mútuo e num espírito de interdependência.

Art. 56.º (Princípios)

1. A cooperação para o financiamento do desenvolvimento deve ser executada com base e de acordo com os objectivos, estratégias e prioridades de desenvolvimento definidos pelos Estados ACP, tanto a nível nacional como regional. Devem ser tidas em conta as características geográficas, sociais e culturais destes Estados, bem como as suas potencialidades específicas. Mais ainda, a cooperação deve:

   a) Promover a apropriação local a todos os níveis do processo de desenvolvimento;

   b) Reflectir uma parceria baseada em direitos e obrigações mútuos;

   c) Sublinhar a importância da previsibilidade e da segurança a nível dos fluxos de recursos, concedidos em condições extremamente liberais e numa base regular;

d) Ser flexível e adaptada à situação de cada Estado ACP bem como à natureza específica do projecto ou do programa em questão;
e) Garantir a eficácia, a coordenação e a coerência das acções.

2. A cooperação deve assegurar um tratamento especial aos países ACP menos desenvolvidos e ter devidamente em conta a vulnerabilidade dos países ACP sem litoral e insulares. A cooperação deve ter igualmente em consideração as necessidades específicas dos países em situação de pós-conflito.

Art. 57.º (Linhas directrizes)

1. As intervenções financiadas no âmbito do presente Acordo são executadas, em estreita cooperação, pelos Estados ACP e pela Comunidade, no respeito pelo princípio da igualdade dos parceiros.

2. Incumbe aos Estados ACP:
   a) Definir os objectivos e as prioridades nos quais os programas indicativos se baseiam;
   b) Seleccionar os projectos e os programas;
   c) Preparar e apresentar a documentação relativa aos projectos e programas;
   d) Preparar, negociar e celebrar contratos;
   e) Executar e gerir os projectos e programas;
   f) Assegurar a manutenção dos projectos e programas.

3. Sem prejuízo das disposições supramencionadas, os intervenientes não governamentais elegíveis podem igualmente ser responsáveis pela apresentação e execução de programas e projectos nos sectores da sua competência.

4. Incumbe conjuntamente aos Estados ACP e à Comunidade:
   a) Definir, no âmbito das instituições conjuntas, as orientações gerais da cooperação para o financiamento do desenvolvimento;
   b) Adoptar os programas indicativos;
   c) Instruir os projectos e programas;
   d) Garantir a igualdade de condições de participação nos concursos e contratos;
   e) Acompanhar e avaliar os efeitos e os resultados dos projectos e programas;
   f) Garantir uma execução adequada, rápida e eficaz dos projectos e dos programas.

5. Incumbe à Comunidade tomar decisões financeiras sobre os projectos e programas.

6. Salvo disposição em contrário do presente Acordo, qualquer decisão que requeira a aprovação de uma das Partes será aprovada ou considerada aprovada nos sessenta dias a contar da notificação feita pela outra Parte.

Art. 58.º (Elegibilidade para o financiamento)

1. Podem beneficiar de apoio financeiro a título do presente Acordo as seguintes entidades ou organismos:
   a) Os Estados ACP;

b) Os organismos regionais ou interestatais de que façam parte um ou mais Estados ACP e que para tal sejam habilitados por esses Estados;

c) Os organismos mistos instituídos pelos Estados ACP e pela Comunidade com vista à realização de determinados objectivos específicos.

2. Podem igualmente beneficiar de apoio financeiro, mediante o acordo do Estado ou dos Estados ACP em questão:

a) Os organismos públicos ou semipúblicos nacionais e/ou regionais, os Ministérios ou autoridades locais dos Estados ACP e, nomeadamente as respectivas instituições financeiras e bancos de desenvolvimento;

b) As sociedades, empresas e outras organizações privadas e agentes económicos privados dos Estados ACP;

c) As empresas de um Estado-Membro da Comunidade, a fim de lhes permitir, para além da sua própria contribuição, realizar projectos produtivos no território de um Estado ACP;

d) Os intermediários financeiros dos Estados ACP ou da Comunidade que realizem, promovam e financiem investimentos privados nos Estados ACP;

e) Os agentes da cooperação descentralizada e outros intervenientes não estatais dos Estados ACP e da Comunidade.

CAPÍTULO II. **Âmbito e natureza do financiamento**

Art. 59.º

No âmbito das prioridades fixadas pelo Estado ou Estados ACP em causa, tanto a nível nacional, como regional, podem ser apoiados projectos, programas e outras formas de acção que contribuam para o cumprimento dos objectivos definidos no presente Acordo.

Art. 60.º (Âmbito do financiamento)

Em função das necessidades e dos tipos de acção considerados mais apropriados, o financiamento pode abranger:

a) Medidas que contribuam para atenuar o peso da dívida e os problemas da balança de pagamentos dos países ACP;

b) Reformas e políticas macroeconómicas e estruturas;

c) Atenuação dos efeitos negativos da instabilidade das receitas de exportação;

d) Políticas e reformas sectoriais;

e) Desenvolvimento institucional e reforço das capacidades;

f) Programas de cooperação técnica;

g) Ajuda humanitária e de emergência, incluindo assistência aos refugiados e desalojados, medidas de reabilitação a curto prazo e prevenção de catástrofes.

Art. 61.º (Natureza do financiamento)

1. Os financiamentos contemplam designadamente:
   a) Projectos e programas;
   b) Linhas de crédito, mecanismos de garantia e participações no capital;
   c) Apoio orçamental, quer directamente, aos Estados ACP cuja moeda seja convertível e livremente transferível, quer indirectamente, através dos fundos de contrapartida gerados pelos diversos instrumentos comunitários;
   d) Recursos humanos e materiais necessários à administração e à supervisão eficazes dos projectos e programas;
   e) Programas sectoriais e gerais de apoio à importação que poderão revestir a seguinte forma:
      i) Programas sectoriais de importação através de aquisições directas, incluindo o financiamento de factores de produção e fornecimentos destinados a melhorar os serviços sociais;
      ii) Programas sectoriais de importação sob a forma de contribuições em divisas desembolsadas em parcelas para o financiamento de importações sectoriais;
      iii) Programas gerais de importação sob a forma de contribuições em divisas desembolsadas em parcelas para o financiamento de importações gerais abrangendo um vasto leque de produtos.

2. A assistência orçamental directa destinada a apoiar as reformas macroeconómicas ou sectoriais é concedida sempre que:
   a) A gestão das despesas públicas seja suficientemente transparente, responsável e eficaz;
   b) Existam políticas macroeconómicas ou sectoriais bem definidas, elaboradas pelo próprio país e aprovadas pelas suas principais entidades financiadoras;
   c) Os contratos públicos sejam abertos e transparentes.

3. Deve ser progressivamente concedida uma assistência orçamental directa semelhante às políticas sectoriais em substituição dos projectos individuais.

4. Os instrumentos acima indicados, isto é, programas de importação ou assistência orçamental, podem ser igualmente utilizados para apoiar os Estados ACP elegíveis na execução de reformas destinadas à liberalização económica infra-regional que impliquem custos de transição líquidos.

5. No âmbito do Acordo, o Fundo Europeu de Desenvolvimento (adiante designado "Fundo") incluindo os fundos de contrapartida, o saldo remanescente dos FED anteriores, os recursos próprios do Banco Europeu de Investimento (adiante designado "Banco") e, sempre que adequado, os recursos provenientes do orçamento da Comunidade Europeia, devem ser utilizados para financiar projectos, programas e outras formas de acção que contribuam para a concretização dos objectivos do presente Acordo.

6. A assistência financeira concedida a título do presente Acordo pode ser afectada à cobertura da totalidade das despesas locais e externas dos projectos e programas, incluindo o financiamento das despesas de funcionamento.

TÍTULO II. COOPERAÇÃO FINANCEIRA

CAPÍTULO I. Recursos financeiros

Art. 62.º (Montante global)

1. Para efeitos do presente Acordo, o montante global da assistência financeira da Comunidade e as regras e condições de financiamento são indicadas nos anexos do presente Acordo.

2. Em caso de não ratificação ou de denúncia do presente Acordo por parte de um Estado ACP, as Partes ajustarão os montantes dos recursos financeiros previstos no Protocolo Financeiro do Anexo I. Proceder-se-á igualmente a um ajustamento dos recursos financeiros nos seguintes casos:

   a) Adesão ao presente Acordo de novos Estados ACP que não tenham participado na respectiva negociação;

   b) Alargamento da Comunidade a novos Estados-membros.

Art. 63.º (Métodos do financiamento)

Os métodos de financiamento de cada projecto ou programa devem ser determinados conjuntamente pelo Estado ou Estados ACP em questão e pela Comunidade, em função:

   a) Do nível de desenvolvimento, da situação geográfica e das circunstâncias económicas e financeiras desses Estados;

   b) Da natureza do projecto ou programa, das perspectivas de rentabilidade económica e financeira e do impacto social e cultural;

   c) Em caso de empréstimos, dos factores que garantam o serviço desses empréstimos.

Art. 64.º (Operações de reempréstimo)

1. Pode ser concedida assistência financeira aos Estados ACP interessados ou através dos Estados ACP ou, sob reserva das disposições do presente Acordo, por intermédio de instituições financeiras elegíveis ou directamente a qualquer outro beneficiário elegível.

Sempre que a assistência financeira for concedida ao beneficiário final através de um intermediário ou directamente ao beneficiário final do sector privado:

   a) As condições de concessão dessa assistência pelo intermediário ao beneficiário final ou directamente ao beneficiário final do sector privado são definidas no acordo de financiamento ou no contrato de empréstimo;

   b) Qualquer vantagem financeira obtida pelo intermediário em consequência desta transacção ou resultante de operações de empréstimo directo ao beneficiário final do sector privado deve ser utilizada para fins de desenvolvimento nas condições previstas no acordo de financiamento ou no contrato de empréstimo, após dedução dos encargos administrativos, dos riscos financeiros e de câmbio e do custo da assistência técnica prestada ao beneficiário final.

2. Se o financiamento for concedido através de uma instituição de crédito estabelecida e/ou que exerça a sua actividade nos Estados ACP, caberá a essa instituição a responsabilidade pela selecção e instrução dos projectos individuais e pela administração dos fundos colocados à sua disposição com base nas condições previstas no presente Acordo e de comum acordo entre as Partes.

Art. 65.º (Co-financiamento)

1. A pedido dos Estados ACP, os recursos financeiros previstos no presente Acordo podem ser afectados a operações de co-financiamento, em especial com organismos e instituições de desenvolvimento, Estados-membros da Comunidade, Estados ACP, países terceiros ou instituições financeiras internacionais ou privadas, empresas ou organismos de crédito à exportação.

2. Deve-se prestar especial atenção à possibilidade de co-financiamento nos casos em que a participação da Comunidade possa incentivar a participação de outras fontes de financiamento e quando esse financiamento possa traduzir-se numa dotação financeira vantajosa para o Estado ACP em questão.

3. Os co-financiamentos podem assumir a forma de financiamentos conjuntos ou paralelos. Em cada um dos casos, será dada preferência à solução mais apropriada em termos da relação custo-eficácia. Por outro lado, devem ser tomadas medidas para a coordenação e harmonização das intervenções da Comunidade e de outras entidades de co-financiamento, no intuito de reduzir ao mínimo e tornar mais flexíveis os trâmites a seguir pelos Estados ACP.

4. O processo de consulta e de coordenação com outras entidades financiadoras e co-financiadoras deve ser reforçado e desenvolvido, mediante a celebração, sempre que possível, de acordos-quadro de co-financiamento, enquanto as orientações e procedimentos em matéria de co-financiamento devem ser revistos para garantir a eficácia nas melhores condições possíveis.

CAPÍTULO II. Dívida e apoio ao ajustamento estrutural

Art. 66.º (Apoio à diminuição do peso da dívida)

1. No intuito de atenuar o peso da dívida dos Estados ACP e os seus problemas de balança de pagamentos, as Partes acordam em utilizar os recursos previstos no presente Acordo para contribuir para iniciativas de redução do peso da dívida aprovadas a nível internacional em favor dos países ACP. Além disso, e numa base caso a caso, a utilização de recursos de programas indicativos anteriores que ainda não tenham sido autorizados devem ser aceleradas através dos instrumentos de desembolso rápido previstos no presente Acordo. A Comunidade compromete-se ainda a analisar a forma de mobilizar, a longo prazo, outros recursos

que não os recursos do FED para apoiar iniciativas de redução do peso da dívida aprovadas a nível internacional.

2. A pedido de um Estado ACP, a Comunidade pode conceder:

a) Assistência para estudar e encontrar soluções concretas para o endividamento, incluindo a dívida interna, para as dificuldades do serviço da dívida e os problemas da balança de pagamentos;

b) Formação em matéria de gestão da dívida e de negociação financeira internacional, bem como apoio a grupos de trabalho, cursos e seminários de formação nestes domínios;

c) Assistência para o desenvolvimento de técnicas e de instrumentos flexíveis de gestão da dívida.

3. A fim de contribuir para o serviço da dívida resultante dos empréstimos a partir dos recursos próprios do Banco, dos empréstimos especiais e do capital de risco, os Estados ACP podem, em termos a definir caso a caso com a Comissão, afectar a esse serviço as divisas disponíveis referidas no presente Acordo, em função das datas de vencimento da dívida e até ao montante necessário para pagamentos em moeda nacional.

4. Dada a gravidade do problema da dívida internacional e as suas repercussões sobre o crescimento económico, as Partes declaram-se dispostas a continuar a sua troca de opiniões, no contexto das discussões a nível internacional, sobre o problema geral da dívida, sem prejuízo das discussões específicas nas instâncias apropriadas.

Art. 67.º (Apoio ao ajustamento estrutural)

1. No âmbito do Acordo devem-se apoiar as reformas macroeconómicas e sectoriais executadas pelos Estados ACP. Neste contexto, as Partes garantem que o ajustamento seja economicamente viável e social e politicamente suportável. Deve ser proporcionado apoio no âmbito de uma avaliação conjunta, por parte da Comunidade e do Estado ACP interessado, das reformas em curso ou a realizar a nível macroeconómico ou sectorial, no intuito de permitir uma avaliação global dos esforços de reforma. O desembolso rápido será uma das principais características dos programas de apoio.

2. Os Estados ACP e a Comunidade reconhecem a necessidade de incentivar programas de reforma a nível regional e asseguram que, na preparação e execução dos programas nacionais, as actividades regionais que têm influência no desenvolvimento nacional sejam devidamente tidas em conta. Para o efeito, o apoio ao ajustamento estrutural terá igualmente como objectivo:

a) Integrar, desde o início da análise, medidas de incentivo à integração regional e que tenha em conta as consequências do ajustamento transfronteiras;

b) Apoiar a harmonização e a coordenação das políticas macroeconómicas e sectoriais, incluindo financeiro e aduaneiro, a fim de atingir o duplo objectivo de integração regional e de reforma estrutural a nível nacional;

c) Ter em conta os efeitos dos custos transitórios líquidos da integração regional em termos de receitas orçamentais e de balança de pagamentos, através de programas gerais de importação ou de apoio orçamental.

3. Os Estados ACP que realizem ou pretendam realizar reformas a nível macroeconómico ou sectorial, serão elegíveis para apoio ao ajustamento estrutural devendo ser tidos em conta o contexto regional, a eficácia das reformas e o seu possível impacto sobre a dimensão económica, social e política do desenvolvimento, bem como as dificuldades económicas e sociais.

4. Considera-se que os Estados ACP que desenvolvam programas de reforma reconhecidos e apoiados pelo menos pelas principais entidades financiadoras multilaterais, ou acordados com essas entidades mas não necessariamente financiados por elas, satisfazem automaticamente as condições necessárias para obtenção de apoio ao ajustamento.

5. O apoio ao ajustamento estrutural será mobilizado com flexibilidade, sob a forma de programas sectoriais e gerais de importação ou de apoio orçamental.

6. A preparação e instrução dos programas de ajustamento estrutural e a decisão de financiamento devem obedecer às disposições do presente Acordo relativas aos processos de execução, tendo devidamente em conta as características de desembolso rápido associadas aos programas de ajustamento estrutural. Pode ser autorizado o financiamento retroactivo de uma parte limitada de importações de origem ACP-UE, numa base casuística.

7. Na execução dos programas de apoio será assegurado um acesso tão vasto e transparente quanto possível dos operadores económicos dos Estado ACP aos recursos do programa e a conformidade dos processos de adjudicação de contratos com as práticas administrativas e comerciais do Estado em questão, garantindo simultaneamente a melhor relação, qualidade/preço aos bens importados e a coerência necessária com os progressos alcançados a nível internacional em matéria de harmonização dos procedimentos de apoio ao ajustamento estrutural.

CAPÍTULO III. **Apoio em caso de flutuações a curto prazo das receitas de exportação**

Art. 68.º

1. As Partes reconhecem que a instabilidade das receitas de exportação, especialmente nos sectores agrícola e mineiro, pode afectar negativamente o desenvolvimento dos Estados ACP e comprometer a concretização dos seus objectivos de desenvolvimento. Por conseguinte, no âmbito da dotação financeira global de apoio ao desenvolvimento a longo prazo é instaurado um sistema de apoio adicional, a fim de atenuar os efeitos nefastos da instabilidade das receitas de exportação, incluindo nos sectores agrícola e mineiro.

2. O apoio concedido em caso de flutuações a curto prazo das receitas de exportação tem por objectivo preservar as reformas e políticas macroeconómicas e

sectoriais que possam ficar comprometidas por uma diminuição das receitas e remediar os efeitos nefastos da instabilidade das receitas de exportação provenientes, nomeadamente, dos produtos agrícolas e mineiros.

3. Na atribuição dos recursos para o ano de aplicação, a dependência extrema das economias dos Estados ACP será tida em conta em relação às exportações, nomeadamente às exportações dos sectores agrícola e mineiro. Neste contexto, os países menos desenvolvidos, os países sem litoral e os países insulares beneficiarão de um tratamento mais favorável.

4. Os recursos adicionais são disponibilizados segundo as regras específicas do sistema de apoio previstas no Anexo II relativo às Regras e Condições de Financiamento.

5. A Comunidade apoia igualmente regimes de seguro comercial concebidos para os Estados ACP que pretendam prevenir-se contra as flutuações das receitas de exportação.

CAPÍTULO IV. Apoio às políticas sectoriais

Art. 69.º

1. A cooperação apoia, através dos diversos instrumentos e regras previstos no presente Acordo:
   a) As políticas e reformas sectoriais, sociais e económicas;
   b) Medidas destinadas a melhorar a actividade do sector produtivo e a competitividade das exportações;
   c) Medidas destinadas a desenvolver os serviços sociais sectoriais;
   d) Questões temáticas ou horizontais.

2. Este apoio é proporcionado, consoante o caso, através dos seguintes instrumentos:
   a) Programas sectoriais;
   b) Apoio orçamental;
   c) Investimentos;
   d) Actividades de reabilitação;
   e) Acções de formação;
   f) Assistência técnica;
   g) Apoio institucional.

CAPÍTULO V. Micro-projectos e cooperação descentralizada

Art. 70.º

No intuito de responder às necessidades das comunidades locais em matéria de desenvolvimento e de encorajar todos os agentes da cooperação descentralizada que possam contribuir para o desenvolvimento autónomo dos Estados ACP a

proporem e concretizarem iniciativas, a cooperação apoia essas acções de desenvolvimento, no quadro estabelecido pelas normas e pela legislação nacional dos Estados ACP em questão, bem como pelas disposições do programa indicativo. Nesse contexto, a cooperação apoiará:
   a) Micro-projectos a executar a nível local que tenham um impacto económico e social sobre a vida das populações, respondam a uma necessidade prioritária manifestada e constatada e sejam executados por iniciativa e com a participação activada comunidade local beneficiária;
   b) A cooperação especializada, especialmente quando estas acções combinem os esforços e os recursos de agentes descentralizados dos Estados ACP e dos seus homólogos da Comunidade. Esta forma de cooperação permite mobilizar as competências, os métodos de acção inovadores e os recursos dos agentes da cooperação descentralizada em prol do desenvolvimento do Estado ACP.

Art. 71.º

1. Os micro-projectos e as acções de cooperação descentralizada podem ser financiados pelos recursos financeiros do presente Acordo. Os projectos ou programas decorrentes desta forma de cooperação, que podem estar ou não associados a programas executados nos sectores de concentração definidos nos programas indicativos, podem constituir um meio de alcançar os objectivos específicos fixados no programa indicativo ou o resultado de iniciativas das comunidades locais ou de agentes da cooperação descentralizada.

2. O Fundo contribui para o financiamento de micro-projectos e da cooperação descentralizada, não podendo a sua contribuição ultrapassar, em princípio, três quartos do custo total de cada projecto nem ser superior aos limites fixados no programa indicativo. O saldo restante é financiado da seguinte forma:
   a) Pela comunidade local interessada, no caso dos micro-projectos (sob forma de contribuições em espécie, prestações de serviços ou em numerário, em função das suas possibilidades);
   b) Pelos agentes da cooperação descentralizada, desde que os recursos financeiros, técnicos, materiais ou outros colocados à disposição por esses agentes não sejam, regra geral, inferiores a 25% do custo previsto do projecto ou programa;
   c) A título excepcional, pelo Estado ACP em questão, quer sob a forma de uma contribuição financeira, quer através da utilização de equipamentos públicos ou da prestação de serviços.

3. Os procedimentos aplicáveis aos projectos e programas financiados no quadro de microprojectos ou da cooperação descentralizada serão os previstos no presente Acordo, em especial nos programas plurianuais.

CAPÍTULO VI. **Ajuda humanitária e ajuda de emergência**

Art. 72.º

1. A ajuda humanitária e a ajuda de emergência são concedidas à população de Estados ACP confrontados com dificuldades económicas e sociais graves, de carácter excepcional, resultantes de catástrofes naturais ou de crises de origem humana como guerras ou outros conflitos, ou de circunstâncias extraordinárias de efeitos comparáveis. A ajuda humanitária e a ajuda de emergência continuam a ser concedidas durante o tempo necessário para responder às necessidades imediatas resultantes dessas situações.

2. A ajuda humanitária e a ajuda de emergência são concedidas exclusivamente em função das necessidades e dos interesses das vítimas das catástrofes e segundo os princípios do Direito Internacional Humanitário, designadamente, proibição de qualquer discriminação entre as vítimas com base na raça, origem étnica, religião, sexo, idade, nacionalidade ou filiação política e garantia da liberdade de acesso às vítimas e sua protecção, bem como da segurança do pessoal e do equipamento humanitário.

3. A ajuda humanitária e a ajuda de emergência têm por objectivo:
 a) Salvar vidas humanas em situações de crise e de pós-crise causadas por catástrofes naturais, conflitos ou guerras;
 b) Contribuir para o financiamento e o transporte da ajuda humanitária, bem como para o acesso directo a esta ajuda por parte dos seus destinatários, utilizando para o efeito todos os meios logísticos disponíveis;
 c) Executar acções de reabilitação e de reconstrução a curto prazo, a fim de permitir que os grupos de população afectados voltem a beneficiar de um nível mínimo de integração sócio-económica e de criar tão rapidamente quanto possível condições para o relançamento do processo de desenvolvimento com base nos objectivos a longo prazo fixados pelo país ACP em questão;
 d) Responder às necessidades ocasionadas pela deslocação de pessoas (refugiados, desalojados e repatriados) no seguimento de catástrofes de origem natural ou humana, a fim de satisfazer, enquanto for necessário, todas as necessidades dos refugiados e desalojados (independentemente do local onde se encontrem) e facilitar o seu repatriamento e a sua reinstalação no país de origem;
 e) Ajudar os Estados ACP a criarem mecanismos de prevenção e de preparação para as catástrofes naturais, incluindo sistemas de previsão e de alerta rápido, no intuito de atenuar as consequências dessas catástrofes.

4. Podem ser concedidas ajudas similares às anteriormente indicadas aos Estados ACP que acolham refugiados ou repatriados, a fim de satisfazer as necessidades mais urgentes não previstas pela ajuda de emergência.

5. Dado o objectivo de desenvolvimento das ajudas concedidas nos termos do presente artigo, essas ajudas podem ser utilizadas, a título excepcional, juntamente com as dotações do programa indicativo do Estado em questão.

6. As acções de ajuda humanitária e de ajuda de emergência são iniciadas, quer a pedido do país ACP afectado pela situação de crise, quer por iniciativa da Comissão, de organizações internacionais ou organizações não governamentais, locais ou internacionais. Estas ajudas são geridas e executadas segundo procedimentos que permitam intervenções rápidas, flexíveis e eficazes. A Comunidade deve adoptar as disposições necessárias para incentivar a rapidez das acções, necessárias para corresponder às necessidades imediatas inerentes à situação de emergência.

Art. 73.º
1. As acções posteriores à fase de emergência, orientadas para a recuperação material e social necessária no seguimento de catástrofes naturais ou de circunstâncias extraordinárias com efeitos comparáveis podem ser financiadas pela Comunidade a título do Acordo. As acções deste tipo, que se baseiam em mecanismos eficazes e flexíveis, devem facilitar a transição da fase de emergência para a de desenvolvimento, promovendo a reintegração sócio-económica dos grupos de população afectados, fazendo desaparecer, na medida do possível, as causas da crise e reforçando as instituições, incentivando simultaneamente a assunção pelos agentes locais e nacionais do seu papel na formulação de uma política de desenvolvimento sustentável para o país ACP em questão.
2. As acções de emergência a curto prazo só excepcionalmente são financiadas pelos recursos do FED, nos casos em que esta ajuda não possa ser financiada pelo orçamento da Comunidade.

CAPÍTULO VII.   **Apoio aos investimentos e ao desenvolvimento do sector privado**

Art. 74.º
A cooperação apoia, através de assistência financeira e técnica, as políticas e estratégias de promoção dos investimentos e de desenvolvimento do sector privado definidas no presente Acordo.

Art. 75.º   (Promoção do investimento)
Reconhecendo a importância dos investimentos privados na promoção da cooperação para o desenvolvimento, bem como a necessidade de tomar medidas para fomentar esses investimentos, os Estados ACP, a Comunidade e os seus Estados-Membros, no âmbito das suas competências respectivas, devem:
   a) Tomar medidas destinadas a incentivar os investidores privados que respeitem os objectivos e as prioridades da cooperação para o desenvolvimento ACP-UE, bem como a legislação e regulamentação aplicáveis nos Estados respectivos, a participarem nos esforços de desenvolvimento,
   b) Tomar as medidas e as disposições adequadas para criar e manter um clima de investimento previsível e seguro e negociarão acordos destinados a melhorar esse clima;

c) Encorajar o sector privado da Comunidade a investir e a fornecer uma assistência específica aos seus homólogos dos países ACP, no âmbito da cooperação e de parcerias entre empresas de interesse mútuo;
d) Favorecer a criação de parcerias e de empresas comuns mediante o incentivo ao co-financiamento;
e) Patrocinar foros sectoriais de investimento com vista a promover as parcerias e o investimento estrangeiro;
f) Apoiar os esforços envidados pelos Estados ACP no sentido de atrair financiamentos, especialmente financiamentos privados, para investimentos em infra-estruturas que gerem receitas, indispensáveis ao sector privado;
g) Apoiar o reforço das capacidades das agências e das instituições nacionais de promoção dos investimentos, às quais cabe promover e facilitar o investimento estrangeiro;
h) Divulgar informações sobre as oportunidades de investimento e as condições para o exercício de actividades por parte das empresas nos Estados ACP;
i) Incentivar o diálogo, na cooperação e as parcerias entre as empresas privadas, a nível nacional, regional e ACP-UE, nomeadamente através de um fórum ACP-UE para empresas do sector privado. O apoio às acções desse fórum tem os seguintes objectivos:
  i) Facilitar o diálogo no seio do sector privado ACP-UE e entre o sector privado ACP-UE e os organismos estabelecidos ao abrigo do Acordo;
  ii) Analisar e facultar periodicamente aos organismos competentes informações sobre o vasto leque de questões que se prendem com as relações entre os sectores privados ACP e UE no âmbito do Acordo ou, de uma forma mais geral, as relações económicas entre a Comunidade e os países ACP;
  iii) Analisar e fornecer aos organismos competentes informações sobre os problemas específicos de natureza sectorial, designadamente relativos a sectores da produção ou a tipos de produtos, a nível regional ou sub-regional.

Art. 76.º (Apoio e financiamento dos investimentos)

A cooperação proporciona recursos financeiros a longo prazo, incluindo capitais de risco, necessários para promover o crescimento do sector privado e mobilizar capitais nacionais e estrangeiros com o mesmo intuito. Para esse efeito, a cooperação deve disponibilizar:
a) Subvenções para assistência financeira e técnica com vista a apoiar as reformas das políticas, o desenvolvimento dos recursos humanos, o desenvolvimento das capacidades institucionais ou outras formas de apoio institucional associadas a um investimento específico; medidas destinadas a aumentar a competitividade das empresas e a reforçar as

capacidades dos intermediários financeiros e não financeiros privados; actividades destinadas a facilitar e a promover os investimentos, bem como a aumentar a competitividade;
b) Serviços de assessoria e consultoria com o objectivo de criar um clima favorável ao investimento e uma base de informações para orientar e encorajar os fluxos de capitais;
c) Capitais de risco para participações no capital ou operações assimiláveis, garantias de apoio a investimentos privados, nacionais e estrangeiros, bem como empréstimos e linhas de crédito, em conformidade com as condições e modalidades definidas no Anexo II do presente Acordo;
d) Empréstimos a partir dos recursos próprios do Banco.

2. Os empréstimos a partir dos recursos próprios do Banco são concedidos segundo os respectivos estatutos, bem como segundo as regras e condições definidas no Anexo II do presente Acordo.

Art. 77.º (Garantias de investimento)

1. As garantias de investimento constituem um instrumento cada vez mais importante para o financiamento do desenvolvimento, dado que reduzem os riscos inerentes aos projectos e encorajam os fluxos de capitais privados. Por conseguinte, a cooperação deve garantir uma disponibilidade e uma utilização crescentes do seguro de risco, enquanto mecanismo de diminuição do risco, no intuito de aumentar a confiança dos investidores nos Estados ACP.

2. A cooperação deve oferecer garantias e contribuir com fundos de garantia para cobrir os riscos associados a investimentos elegíveis. A cooperação apoia, em especial:

a) Regimes de resseguro destinados a cobrir o investimento directo estrangeiro realizado por investidores elegíveis contra a insegurança jurídica e os principais riscos de expropriação, de restrições à transferência de divisas, de guerra e de alteração da ordem pública, bem como de violação de contrato. Os investidores podem segurar os projectos contra qualquer combinação destes quatro tipos de risco;
b) Programas de garantia destinados a cobrir o risco sob a forma de garantias parciais para o financiamento da dívida. Podem ser concedidas garantias só para uma parte do risco ou para uma parte do crédito;
c) Fundos de garantia nacionais e regionais, envolvendo, em especial, instituições financeiras ou investidores nacionais, no intuito de encorajar o desenvolvimento do sector financeiro.

3. A cooperação proporciona igualmente apoio para o desenvolvimento das capacidades, apoio institucional e uma participação no financiamento de base das iniciativas nacionais e/ou regionais a fim de reduzir os riscos comerciais incorridos pelos investidores (designadamente, fundos de garantia, entidades reguladoras, mecanismos de arbitragem e sistemas judiciais para aumentar a protecção dos investimentos, melhorando os sistemas de crédito à exportação, etc.)

4. A cooperação proporciona este apoio a título de valor acrescentado e complementar relativamente às iniciativas privadas e/ou públicas e, na medida do possível, em parceria com outras organizações privadas e públicas. No âmbito do Comité ACP-UE de Cooperação para o Financiamento do Desenvolvimento, os países ACP e a CE devem realizar um estudo conjunto sobre a proposta de criação de uma Agência de Garantia ACP-UE responsável pela elaboração e gestão de programas de garantia dos investimentos.

Art. 78.º (Protecção dos investimentos)
1. Os Estados ACP, a Comunidade e os Estados-membros, no quadro das suas competências respectivas, defendem a necessidade de promover e de proteger os investimentos de cada uma das Partes nos territórios respectivos e, neste contexto, afirmam a importância de celebrar, no seu interesse mútuo, acordos de promoção e de protecção dos investimentos que possam igualmente constituir a base de sistemas de seguro e de garantia.
2. A fim de incentivar os investimentos europeus em projectos de desenvolvimento lançados por iniciativa dos Estados ACP e que se revistam de especial importância para estes Estados, a Comunidade e os Estados-Membros, por um lado, e os Estados ACP, por outro, podem igualmente concluir acordos relativos a projectos específicos de interesse mútuo, quando a Comunidade e empresas europeias contribuam para o seu financiamento.
3. As Partes acordam ainda, no quadro dos acordos de parceria económica e no respeito pelas competências respectivas da Comunidade e dos seus Estados-Membros, em introduzir princípios gerais de protecção e de promoção dos investimentos, que traduzam os melhores resultados alcançados nas instâncias internacionais competentes ou a nível bilateral.

TÍTULO III. COOPERAÇÃO TÉCNICA

Art. 79.º
1. A cooperação técnica deve ajudar os Estados ACP a valorizarem os seus recursos humanos nacionais e regionais, a desenvolverem de forma duradoura as instituições indispensáveis ao êxito do seu desenvolvimento, nomeadamente através do reforço das empresas e organizações de consultoria dos Estados ACP e de acordos de intercâmbio de consultores entre empresas ACP e da Comunidade.
2. A cooperação técnica deve igualmente apresentar uma relação custo-eficácia favorável, responder às necessidades para as quais foi concebida, facilitar a transferência de conhecimentos e aumentar as capacidades nacionais e regionais. A cooperação técnica contribui para a realização dos objectivos dos projectos e programas, bem como para os esforços tendentes a reforçar a capacidade de gestão dos Ordenadores Nacionais e Regionais, a Assistência Técnica deve:
    a) Centrar-se nas necessidades, e, por conseguinte, ser apenas disponibi-

lizada a pedido do Estado ou Estados ACP interessados, e ser adaptada às necessidades dos beneficiários;
b) Completar e apoiar os esforços envidados pelos Estados ACP para identificarem as suas próprias necessidades;
c) Ser objecto de controlo e de acompanhamento com vista a garantir a sua eficácia;
d) Incentivar a participação de peritos, de empresas de consultoria, de instituições de ensino e de investigação dos países ACP em contratos financiados pelo Fundo, bem como identificar a forma de recrutar pessoal nacional e regional qualificado para projectos financiados pelo Fundo;
e) Incentivar o destacamento de quadros nacionais dos países ACP, na qualidade de consultores, junto de instituições do seu próprio país, de um país vizinho ou de uma organização regional;
f) Contribuir para uma melhor identificação dos limites e do potencial dos recursos humanos nacionais e regionais e elaborar uma lista de peritos, consultores e empresas de consultoria dos países ACP a que se possa recorrer para projectos e programas financiados pelo Fundo;
g) Apoiar a assistência técnica intra-ACP no intuito de possibilitar o intercâmbio de quadros e de peritos em matéria de assistência técnica e de gestão entre Estados ACP;
h) Desenvolver programas de acção com vista ao reforço institucional e ao desenvolvimento dos recursos humanos a longo prazo, como parte integrante da planificação dos projectos e programas, tendo em conta os meios financeiros necessários;
i) Apoiar medidas destinadas a aumentar a capacidade dos Estados ACP para adquirirem os seus próprios conhecimentos técnicos;
j) Conceder uma atenção especial ao desenvolvimento das capacidades dos Estados ACP em matéria de planificação, de execução e de avaliação de projectos, bem como de gestão de orçamentos.

3. A assistência técnica pode ser prestada em todos os sectores abrangidos pela cooperação e no âmbito dos limites estabelecidos pelo presente Acordo. O âmbito e a natureza das actividades abrangidas são variados, devendo as actividades ser adoptadas por forma a satisfazer as necessidades dos Estados ACP.

4. A cooperação técnica pode revestir um carácter específico ou geral. O Comité ACP-UE de Cooperação para o Financiamento do Desenvolvimento definirá as orientações para a execução da cooperação técnica.

Art. 80.º

A fim de inverter o movimento de êxodo dos quadros dos Estados ACP, a Comunidade assistirá os Estados ACP que o solicitem a favorecer o retorno dos nacionais ACP qualificados residentes nos países desenvolvidos, mediante medidas apropriadas de incentivo à repatriação.

TÍTULO IV. PROCESSOS E SISTEMAS DE GESTÃO

Art. 81.º (Procedimentos)

Os procedimentos de gestão serão transparentes, facilmente aplicáveis e permitirão a descentralização das tarefas e das responsabilidades para os agentes no terreno. Os intervenientes não governamentais serão associados à execução da cooperação para o desenvolvimento ACP-UE nos sectores que lhes digam respeito As disposições de natureza processual relativas à programação, preparação, execução e gestão da cooperação financeira e técnica são definidas de forma pormenorizada no Anexo IV relativo aos processos de execução e de gestão. O Conselho de Ministros pode examinar, rever e alterar este dispositivo com base numa recomendação do Comité ACP-UE de Cooperação para o Financiamento do Desenvolvimento.

Art. 82.º (Agentes de execução)

Devem ser designados agentes de execução para garantir a realização da cooperação financeira e técnica a título do presente Acordo. As disposições que regulam as suas responsabilidades são definidas pormenorizadamente no Anexo IV relativo aos processos de execução e de gestão.

Art. 83.º (Comité ACP-UE de Cooperação para o Financiamento do Desenvolvimento)

1. O Conselho de Ministros analisa, pelo menos uma vez por ano, os progressos registados no sentido da concretização dos objectivos da cooperação para o financiamento do desenvolvimento, bem como os problemas gerais e específicos decorrentes da execução da referida cooperação. Para o efeito, será criado, no âmbito do Conselho de Ministros, um Comité ACP-UE de Cooperação para o Financiamento do Desenvolvimento, adiante designado "Comité ACP-UE".

2. O Comité ACP-UE tem, nomeadamente, por funções:
   a) Assegurar em geral a realização dos objectivos e dos princípios da cooperação para o financiamento do desenvolvimento e definir orientações gerais para a sua execução efectiva de acordo com o calendário previsto,
   b) Analisar os problemas decorrentes da execução das actividades de cooperação para o desenvolvimento e propôr medidas apropriadas;
   c) Reexaminar os anexos do Acordo no intuito de garantir que continuam a revelar-se pertinentes e recomendar eventuais alterações para aprovação pelo Conselho de Ministros;
   d) Analisar as acções empreendidas no quadro do Acordo para alcançar os objectivos em matéria de promoção do desenvolvimento e dos investimentos do sector privado, bem como as acções desenvolvidas ao abrigo da Facilidade de Investimento.

3. O Comité ACP-UE reúne-se trimestralmente e é composto, de forma paritária, por representantes dos Estados ACP e da Comunidade ou pelos seus

mandatários. O Comité reúne-se a nível ministerial sempre que uma das Partes o solicitar e, pelo menos, uma vez por ano.

4. O Conselho de Ministros aprova o regulamento interno do Comité ACP--UE, nomeadamente as condições de representação e o número de membros do Comité, as regras a respeitar nas suas deliberações e as condições de exercício da Presidência.

5. O Comité ACP-UE pode convocar reuniões de peritos para estudar as causas de eventuais dificuldades ou bloqueios que entravem a execução eficaz da cooperação para o desenvolvimento. Esses peritos devem apresentar ao Comité recomendações sobre os meios para eliminar essas dificuldades ou bloqueios.

PARTE V. DISPOSIÇÕES GERAIS RELATIVAS AOS ESTADOS ACP MENOS DESENVOLVIDOS, SEM LITORAL OU INSULARES

CAPÍTULO I. Disposições gerais

Art. 84.º

1. A fim de permitir aos Estados ACP menos desenvolvidos, sem litoral e insulares desfrutar plenamente das possibilidades oferecidas pelo presente Acordo para acelerarem o seu ritmo de desenvolvimento respectivo, a cooperação deve reservar um tratamento especial aos países ACP menos desenvolvidos e ter devidamente em conta a vulnerabilidade dos países ACP sem litoral e insulares. A cooperação deve igualmente tomar em consideração as necessidades dos países em situação de pós-conflito.

2. Independentemente das medidas e disposições específicas previstas para cada grupo nos diferentes capítulos do presente Acordo, deve ser prestada especial atenção, no caso dos países menos desenvolvidos, sem litoral e insulares, bem como dos países em situação de pós-conflito:

a) Ao reforço da cooperação regional;
b) Às infra-estruturas de transportes e comunicações;
c) À exploração eficaz dos recursos marinhos e à comercialização dos respectivos produtos, bem como, para os países sem litoral, à pesca continental;
d) No que se refere ao ajustamento estrutural, ao nível de desenvolvimento desses países e, na fase de execução, à dimensão social do ajustamento;
e) À execução de estratégias alimentares e de programas integrados de desenvolvimento.

CAPÍTULO II. Estados ACP menos desenvolvidos

Art. 85.º

1. Os Estados ACP menos desenvolvidos beneficiam de um tratamento especial, a fim de lhes permitir ultrapassar as graves dificuldades económicas e sociais que entravam o seu desenvolvimento e acelerar o respectivo ritmo de desenvolvimento.

2. A lista dos Estados ACP menos desenvolvidos consta do Anexo VI. A lista pode ser modificada por decisão do Conselho de Ministros:
   a) Se um Estado terceiro que se encontre numa situação comparável aderir ao Acordo;
   b) Se a situação económica de um Estado ACP se modificar de modo significativo e duradouro, quer de maneira a incluí-lo na categoria dos países menos desenvolvidos, quer a deixar de justificar a sua inclusão nessa categoria.

Art. 86.º

As disposições relativas aos Estados ACP menos desenvolvidos constam dos artigos 2.º, 29.º, 32.º, 35.º, 37.º, 56.º, 68.º, 84.º, e 85.º.

CAPÍTULO III. Estados ACP sem litoral

Art. 87.º

1. Estão previstas disposições e medidas específicas para apoiar os Estados ACP sem litoral nos seus esforços destinados a superar as dificuldades geográficas e outros obstáculos que entravem o seu desenvolvimento, de modo a permitir-lhes acelerar o respectivo ritmo de desenvolvimento.

2. A lista dos Estados ACP sem litoral consta do Anexo VI. A lista pode ser modificada por decisão do Conselho de Ministros se um Estado terceiro que se encontre numa situação comparável aderir ao presente Acordo.

Art. 88.º

As disposições relativas aos Estados ACP sem litoral constam dos artigos 2.º, 32.º, 35.º, 56.º, 68.º, 84.º e 87.º.

CAPÍTULO IV. Estados ACP insulares

Art. 89.º

1. Estão previstas disposições e medidas específicas para apoiar os Estados ACP insulares nos seus esforços destinados a superar as dificuldades naturais e geográficas, e outros obstáculos que entravem o seu desenvolvimento, de modo a permitir-lhes acelerar o respectivo ritmo de desenvolvimento.

2. A lista dos Estados ACP insulares consta do Anexo VI. A lista pode ser modificada por decisão do Conselho de Ministros, se um Estado terceiro que se encontre numa situação comparável aderir ao presente Acordo.

Art. 90.º
As disposições relativas aos Estados ACP insulares constam dos artigos 2.º, 32.º, 35.º, 56.º, 68.º, 84.º, e 89.º.

PARTE VI. DISPOSIÇÕES FINAIS

Art. 91.º (Conflito entre o presente Acordo e outros tratados)
Os tratados, convenções, acordos ou convénios concluídos entre um ou mais Estados-Membros da Comunidade e um ou mais Estados ACP, independentemente da sua forma ou natureza, não obstam à aplicação do presente Acordo.

Art. 92.º (Âmbito de aplicação territorial)
Sem prejuízo das disposições específicas relativas às relações entre os Estados ACP e os departamentos ultramarinos franceses previstas no presente Acordo, aplica-se aos territórios em que é aplicável o Tratado que institui a Comunidade Europeia, nos seus próprios termos, por um lado, e ao território dos Estados ACP, por outro.

Art. 93.º (Ratificação e entrada em vigor)
1. O presente Acordo é ratificado ou aprovado pelas Partes signatárias segundo as respectivas normas e formalidades constitucionais.

2. Os instrumentos de ratificação ou de aprovação do presente Acordo são depositados, no que diz respeito aos Estados ACP, no Secretariado-Geral do Conselho da União Europeia e no que diz respeito à Comunidade e aos Estados-Membros, no Secretariado-Geral dos Estados ACP. Os Secretariados devem informar imediatamente desse facto os Estados signatários e a Comunidade.

3. O presente Acordo entra em vigor no primeiro dia do segundo mês seguinte à data de depósito dos instrumentos de ratificação dos Estados-Membros e de, pelo menos, dois terços dos Estados ACP, bem como do instrumento de aprovação do presente Acordo pela Comunidade.

4. Qualquer Estado ACP signatário que não tenha cumprido as formalidades previstas nos n.ºs 1 e 2 à data de entrada em vigor do presente Acordo prevista no n.º 3, só pode fazê-lo nos doze meses seguintes a essa data, sem prejuízo do disposto no n.º 6.

O presente Acordo será aplicável a esses Estados no primeiro dia do segundo mês seguinte ao cumprimento dessas formalidades. Esses Estados reconhecerão a validade de qualquer medida de aplicação do Acordo adoptada após a data da sua entrada em vigor.

5. O regulamento interno das instituições conjuntas criadas pelo presente Acordo deve determinar as condições em que os representantes dos Estados signatários indicados no n.º 4 podem assistir aos trabalhos dessas instituições, na qualidade de observadores.

6. O Conselho de Ministros pode decidir conceder um apoio especial aos Estados ACP signatários das anteriores Convenções ACPCE que, na falta de instituições estatais normalmente estabelecidas, não tenham podido assinar ou ratificar o presente Acordo. Esse apoio pode contemplar o reforço institucional e actividades de desenvolvimento económico e social, tendo especialmente em conta as necessidades das camadas mais vulneráveis da população. Neste contexto, esses países podem beneficiar das verbas para a cooperação financeira e técnica previstas na Parte 4 do presente Acordo.

Em derrogação do n.º 4, os países em causa que sejam signatários do presente Acordo, podem completar os procedimentos de ratificação no prazo de doze meses a partir do restabelecimento das instituições estatais.

Os países em causa que não tenham assinado nem ratificado o Acordo podem aderir ao mesmo, seguindo o procedimento de adesão previsto no artigo 94.º.

Art. 94.º (Adesões)

1. Qualquer pedido de adesão ao presente Acordo apresentado em um Estado independente cujas características estruturais e situação económica e social sejam comparáveis às dos Estados ACP deve ser comunicado ao Conselho de Ministros.

Em caso de aprovação pelo Conselho de Ministros, o país em causa deve aderir ao presente Acordo, mediante depósito de um acto de adesão junto do Secretariado-Geral do Conselho da União Europeia, que enviará uma cópia autenticada ao Secretariado dos Estados ACP e informará desse facto os Estados-Membros. O Conselho de Ministros pode definir medidas de adaptação eventualmente necessárias.

O Estado em causa deve gozar dos mesmos direitos e ficar sujeito às mesmas obrigações que os Estados ACP.

A sua adesão não pode prejudicar as vantagens resultantes, para os Estados ACP signatários do presente Acordo, das disposições relativas ao financiamento da cooperação. O Conselho pode definir condições e regras específicas de adesão de um determinado Estado num protocolo especial que fará parte integrante do Acordo.

2. O Conselho de Ministros deve ser informado de qualquer pedido de adesão de um Estado terceiro a um agrupamento económico composto por Estados ACP.

3. O Conselho de Ministros deve ser informado de qualquer pedido de adesão de um Estado terceiro à União Europeia. Durante as negociações entre a União e o Estado candidato, a Comunidade deve facultar aos Estados ACP todas as informações pertinentes, devendo estes Estados comunicar à Comunidade as suas preocupações, de forma a que a Comunidade as possa ter devidamente em conta.

O Secretariado dos Estados ACP deve ser notificado pela Comunidade de qualquer adesão à União Europeia.

Qualquer novo Estado-Membro da União Europeia será Parte no presente Acordo a partir da data da sua adesão, mediante uma cláusula inscrita para o efeito no Acto de Adesão. Se o acto de adesão à União não previr essa adesão automática do Estado-membro ao presente Acordo, o Estado-membro em causa aderirá ao presente Acordo mediante depósito de um acto de adesão junto do Secretariado do Conselho da União Europeia, que enviará uma cópia autenticada ao Secretariado dos Estados ACP e informará os Estados-membros desse facto.

As Partes devem examinar os efeitos da adesão dos novos Estados-membros sobre o presente Acordo. O Conselho de Ministros pode decidir medidas de adaptação ou de transição eventualmente necessárias.

Art. 95.º (Vigência do Acordo e cláusula de revisão)

1. O presente Acordo é concluído por um prazo de vinte anos a contar de 1 de Março de 2000.

2. Os protocolos financeiros são estabelecidos por períodos de cinco anos.

3. O mais tardar doze meses antes do termo de cada período de cinco anos, a Comunidade e os Estados-membros, por um lado, e os Estados ACP, por outro, notificarão a outra Parte das disposições que pretendam reexaminar, com vista a uma eventual alteração do Acordo, excepto no que se refere às disposições relativas à cooperação económica e comercial, para as quais está previsto um procedimento específico de reexame. Sem prejuízo deste prazo, sempre que uma Parte solicite o reexame de quaisquer disposições do Acordo, a outra Parte disporá de um prazo de dois meses para solicitar que esse reexame seja extensivo a outras disposições relacionadas com as que foram objecto do pedido inicial.

Dez meses antes do termo do período de cinco anos em curso, as Partes devem dar início a negociações para analisar as eventuais alterações a introduzir nas disposições que foram objecto da referida notificação.

As disposições do artigo 93.º aplicam-se igualmente às alterações introduzidas no Acordo.

O Conselho de Ministros deve adoptar as medidas transitórias eventualmente necessárias no que se refere às disposições modificadas, até à sua entrada em vigor.

4. Dezoito meses antes do termo do período total de vigência do Acordo, as Partes devem dar início a negociações para analisar as disposições que regularão posteriormente as suas relações.

O Conselho de Ministros deve adoptar as medidas transitórias eventualmente necessárias até à data de entrada em vigor do novo Acordo.

Art. 96.º (Elementos essenciais: processo de consulta e medidas apropriadas no que se refere aos Direitos Humanos, aos princípios democráticos e ao Estado de Direito)

1. Na acepção do presente artigo, entende-se por "Parte", a Comunidade e os Estados-membros da União Europeia, por um lado, e cada um dos Estados ACP, por outro.

2. *a)* Se, apesar do diálogo político regular entre as Partes, uma delas considerar que a outra não cumpriu uma obrigação decorrente do respeito pelos Direitos Humanos, dos princípios democráticos e do Estado de Direito mencionados no n.º 2 do artigo 9.º, apresentará à outra Parte e ao Conselho de Ministros, excepto em caso de especial urgência, os elementos de informação pertinentes necessários a uma análise aprofundada da situação a fim de encontrar uma solução aceitável para ambas as Partes. Para o efeito, convidará a outra Parte a proceder a consultas centradas nas medidas tomadas ou a tomar pela Parte em questão para resolver a situação.

As consultas serão realizadas ao nível e sob a forma considerados mais apropriados com vista a encontrar uma solução.

As consultas terão início o mais tardar 15 dias após o convite e prosseguirão durante um período determinado de comum acordo, em função da natureza e da gravidade da violação. As consultas nunca devem ultrapassar um período de 60 dias.

Se a consulta não conduzir a uma solução aceitável por ambas as Partes, se for recusada, ou em casos de especial urgência, podem ser tomadas medidas apropriadas. Estas medidas serão revogadas logo que tenham desaparecido as razões que conduziram à sua adopção.

b) A expressão "casos de especial urgência" refere-se a casos excepcionais de violações especialmente graves e flagrantes de um dos elementos essenciais referidos no n.º 2 do artigo 9.º, que exijam uma reacção imediata.

A Parte que recorra ao processo de especial urgência deve informar separadamente a outra Parte e o Conselho de Ministros, salvo se não dispuser de tempo suficiente para o fazer.

c) Por "medidas apropriadas" na acepção do presente artigo, entende-se por medidas tomadas segundo o direito internacional e proporcionais à violação. Na selecção dessas medidas, deve ser dada prioridade às que menos perturbem a aplicação do presente Acordo. Fica entendido que a suspensão constituirá uma medida de último recurso.

Se forem tomadas medidas em caso de especial urgência, a outra Parte e o Conselho de Ministros, devem ser imediatamente delas notificados. A pedido da Parte interessada podem então ser convocadas consultas, no intuito de examinar de forma aprofundada a situação e, se possível, encontrar soluções. Estas consultas efectuar-se-ão nos termos previstos no segundo e terceiro parágrafos da alínea *a)*.

Art. 97.º (Processo de consulta e medidas adequadas no que se refere à corrupção)

1. As Partes consideram que, quando a Comunidade constituir um parceiro significativo em termos de apoio financeiro às políticas e programas económicos e sectoriais, os casos graves de corrupção devem ser objecto de consultas entre as Partes.

2. Nesses casos, qualquer das Partes pode convidar a outra a entabular consultas. Estas consultas iniciar-se-ão o mais tardar 21 dias após o convite e não ultrapassarão um período de 60 dias.

3. Se a consulta não conduzir a uma solução aceitável por ambas as Partes ou se for recusada, as Partes tomarão as medidas adequadas. Em qualquer caso, cabe em primeiro lugar à Parte em que se tenham verificado casos graves de corrupção tomar imediatamente as medidas necessárias para sanar imediatamente a situação.

As medidas tomadas por cada uma das Partes devem ser proporcionais à gravidade da situação. Na selecção dessas medidas, deve ser dada prioridade às que menos perturbem a aplicação do presente Acordo. Fica entendido que a suspensão constituirá uma medida de último recurso.

4. Na acepção do presente artigo, entende-se por "Parte" a Comunidade e os Estados-Membros da União Europeia, por um lado, e cada um dos Estados ACP, por outro.

Art. 98.º (Resolução de litígios)

1. Os litígios de interpretação ou aplicação do presente Acordo, entre um ou mais Estados-Membros ou a Comunidade, por um lado, e entre um ou mais Estados ACP, por outro, serão submetidos à apreciação do Conselho de Ministros.

Entre as sessões do Conselho de Ministros, esses litígios serão submetidos à apreciação do Comité de Embaixadores.

2. *a)* Se o Conselho de Ministros não conseguir solucionar o litígio, qualquer das Partes pode solicitar que o mesmo seja resolvido por arbitragem. Para o efeito, cada Parte designa um árbitro no prazo de trinta dias a partir do pedido de arbitragem. Caso contrário, qualquer das Partes pode solicitar ao Secretário-Geral do Tribunal Permanente de Arbitragem que designe o segundo árbitro.

b) Os dois árbitros designam, por seu lado, um terceiro árbitro, no prazo de trinta dias. Caso contrário, qualquer das Partes pode solicitar ao Secretário-Geral do Tribunal Permanente de Arbitragem que designe o terceiro árbitro.

c) Salvo decisão em contrário dos árbitros, o procedimento a aplicar será o previsto no regulamento facultativo de arbitragem do Tribunal Permanente de Arbitragem para as Organizações Internacionais e os Estados. As decisões dos árbitros são tomadas por maioria, no prazo de três meses.

d) Cada Parte no litígio deve tomar as medidas necessárias para assegurar a aplicação da decisão dos árbitros.

e) Para efeitos deste processo, a Comunidade e os Estados-Membros são considerados como uma única parte no litígio.

Art. 99.º (Cláusula de denúncia)
O presente Acordo pode ser denunciado pela Comunidade e pelos seus Estados-Membros em relação a cada Estado ACP e por cada Estado ACP em relação à Comunidade e os seus Estados-Membros, mediante um pré-aviso de seis meses.

Art. 100.º (Estatutos dos textos)
Os protocolos e os anexos do presente Acordo fazem dele parte integrante. Os Anexos II, III, IV e VI podem ser revistos, reexaminados e/ou alterados pelo Conselho de Ministros com base numa recomendação do Comité ACP-CE de Cooperação para o Financiamento do Desenvolvimento.

O presente Acordo, redigido em duplo exemplar nas línguas alemã, dinamarquesa, finlandesa, francesa, grega, inglesa, italiana, neerlandesa, portuguesa e sueca, todos os textos fazendo igualmente fé, será depositado nos arquivos do Secretariado-Geral do Conselho da União Europeia e no Secretariado dos Estados ACP, que transmitirão uma cópia autenticada ao Governo de cada um dos Estados signatários.

Resolução n.º 57/2001, de 20 de Novembro

O Acordo de Parceria entre os Estados da África, Caraíbas e do Pacífico e a União Europeia e os seus Estados-membros, denominado "Acordo de Cotonou", é um instrumento jurídico internacional cujo objectivo é o de promover e acelerar o desenvolvimento económico e social dos Estados da ACP, a fim de contribuírem para a paz e segurança num contexto político estável e democrático, através da promoção do desenvolvimento sustentável e integração progressiva dos Estados da ACP na economia mundial.

Considerando que a República de Moçambique é signatária do Acordo de Cotonou, assinado a 23 de Junho de 2000, em Cotonou – Benin;

Considerando ainda a necessidade de dar cumprimento ao disposto no n.º 1 do artigo 93.º do referido Acordo, que preceitua a necessidade das Partes signatárias o ratificarem, observando os seus procedimentos constitucionais internos;

Nestes termos, e ao abrigo do disposto na alínea *f*) do n.º 1 do artigo 153.º da Constituição da República, o Conselho de Ministros determina:

Artigo 1.º – A ratificação pela República de Moçambique do Acordo de Parceria entre os Estados da África, Caraíbas e do Pacífico e a União Europeia e os seus Estados-membros, cujo texto em língua portuguesa vai em anexo à presente Resolução e dela é parte integrante.

Artigo 2.º – O Ministro dos Negócios Estrangeiros e Cooperação fica encarregue de realizar todos os trâmites necessários à efectivação da ratificação deste Acordo pela República de Moçambique.

Aprovada pelo Conselho de Ministros.

Publique-se.

O Primeiro-Ministro, *Pascoal Manuel Mocumbi*.

IV – ACTO CONSTITUTIVO DA UNIÃO AFRICANA (UA)

Nós, Chefes de Estado e de Governo dos Estados-membros da Organização da Unidade Africana (OUA);
1. Presidente da República Popular e Democrática da Argélia
2. Presidente da República de Angola
3. Presidente da República do Benin
4. Presidente da República do Botswana
5. Presidente da República do Burkina Faso
6. Presidente da República do Burundi
7. Presidente da República dos Camarões
8. Presidente da República de Cabo Verde
9. Presidente da República Centro-Africana
10. Presidente da República do Chade
11. Presidente da República Federal Islâmica das Comores
12. Presidente da República do Congo
13. Presidente da República da Costa do Marfim
14. Presidente da República Democrática do Congo
15. Presidente da República do Djibouti
16. Presidente da República Árabe do Egipto
17. Presidente do Estado da Eritreia
18. Primeiro-Ministro da República Federal Democrática da Etiópia
19. Presidente da República do Gabão
20. Presidente da República da Gâmbia
21. Presidente da República do Gana
22. Presidente da República da Guiné
23. Presidente da República da Guiné-Bissau
24. Presidente da República da Guiné Equatorial
25. Presidente da República do Quénia
26. Primeiro-Ministro do Lesotho
27. Presidente da República da Libéria
28. Líder da Revolução de 1 de Setembro da Grande Jamahiriya Árabe Líbia Popular e Socialista

29. Presidente da República do Madagáscar
30. Presidente da República do Malawi
31. Presidente da República do Mali
32. Presidente da República Islâmica da Mauritânia
33. Primeiro-Ministro da República das Maurícias
34. Presidente da República de Moçambique
35. Presidente da República da Namíbia
36. Presidente da República do Níger
37. Presidente da República Federal da Nigéria
38. Presidente da República do Ruanda
39. Presidente da República Árabe Saharaoui Democrática
40. Presidente da República de São Tomé e Príncipe
41. Presidente da República do Senegal
42. Presidente da República das Seychelles
43. Presidente da República da Serra Leoa
44. Presidente da República da Somália
45. Presidente da República da África do Sul
46. Presidente da República do Sudão
47. Rei da Swazilândia
48. Presidente da República Unida da Tanzânia
49. Presidente da República do Togo
50. Presidente da República da Tunísia
51. Presidente da República do Uganda
52. Presidente da República da Zâmbia
53. Presidente da República do Zimbabwe

Inspirados pelos nobres ideais que guiaram os Pais Fundadores da nossa Organização Continental e gerações de Pan-Africanistas na sua determinação de promover a unidade, a solidariedade e a coesão, assim como promover a cooperação entre os povos e entre os Estados da África;

Considerando os princípios e os objectivos enunciados na Carta da Organização da Unidade Africana e no Tratado de criação da Comunidade Económica Africana;

Evocando as heróicas lutas levadas a cabo pelos nossos povos e os nossos países para a independência política, dignidade humana e emancipação económica;

Considerando que, desde a sua criação, a Organização da Unidade Africana desempenhou um papel determinante e valioso na libertação do Continente, na afirmação de uma identidade comum e na realização da unidade do nosso Continente, o que forneceu um quadro único para a nossa acção colectiva em África, como nas nossas relações com o resto do mundo;

Resolvidos a fazer face aos multifacetados desafios com que o nosso Continente e os nossos povos se confrontam, face às mudanças sociais, económicas e políticas que se operam na África e no mundo;

IV – Acto Constitutivo da União Africana (UA) Art. 1.º

Convencidos da necessidade de acelerar o processo de implementação do Tratado de criação da Comunidade Económica Africana, com vista a promover o desenvolvimento sócio-económico da África e enfrentar, de forma mais efectiva, os desafios da mundialização;

Guiados pela nossa visão comum de uma África unida e forte e pela necessidade de construir uma parceria entre os governos e todos os segmentos da sociedade civil, em particular as mulheres, os jovens e o sector privado, a fim de consolidar a solidariedade e coesão entre os nossos povos;

Cientes do facto de que o flagelo de conflitos em África constitui um importante impedimento para o desenvolvimento sócio-económico do Continente, e da necessidade de promover a paz, segurança e estabilidade, como um pré-requisito para a implementação da nossa agenda de desenvolvimento e de integração;

Resolvidos a promover e proteger os direitos humanos e dos povos, consolidar as instituições e cultura democráticas, e a promover a boa governação e o Estado de Direito;

Determinados também a tomar todas as medidas necessárias para reforçar as nossas instituições comuns e dotá-las dos poderes e recursos necessários para lhes permitir desempenhar efectivamente as suas missões;

Evocando a Declaração que adoptámos durante a Quarta Sessão Extraordinária da nossa Conferência em Sirte, Grande Jamahiriya Árabe Líbia Socialista e Popular, em 9 de Setembro de 1999, pela qual decidimos estabelecer a União Africana, em conformidade com os objectivos fundamentais da Carta da Organização da Unidade Africana e do Tratado de criação da Comunidade Económica Africana.

Acordamos no seguinte:

Art. 1.º (Definições)
Neste Acto Constitutivo:
"Acto", significa o presente Acto Constitutivo;
"AEC", significa a Comunidade Económica Africana;
"Conferência", significa a Conferência dos Chefes de Estado e de Governo da União;
"Carta", significa a Carta da OUA;
"Comité", significa um Comité Técnico Especializado;
"Conselho", significa o Conselho Económico, Social e Cultural da União;
"Tribunal", significa o Tribunal de Justiça da União;
"Comissão", significa o Secretariado da União;
"Conselho Executivo", significa o Conselho de Ministros da União;
"Estado Membro", significa um Estado Membro da União;
"OUA", significa a Organização da Unidade Africana;
"Parlamento", significa o Parlamento Pan-Africano da União;
"União", significa a União Africana criada pelo presente Acto Constitutivo.

Art. 2.º (Estabelecimento)
É constituída pelo presente a União Africana em conformidade com as disposições do presente Acto.

Art. 3.º (Objectivos)
São objectivos da União:
a) Realizar maior unidade e solidariedade entre os países e povos da África;
b) Respeitar a soberania, integridade territorial e independência dos seus Estados Membros;
c) Acelerar a integração política e sócio-económica do Continente;
d) Promover e defender posições africanas comuns sobre as questões de interesse para o Continente e os seus povos;
e) Encorajar a cooperação internacional, tendo devidamente em conta a Carta das Nações Unidas e a Declaração dos Direitos do Homem;
f) Promover a paz, a segurança e a estabilidade no Continente;
g) Promover os princípios e as instituições democráticas, a participação popular e a boa governação;
h) Promover e proteger os Direitos do Homem e dos Povos, em conformidade com a Carta Africana dos Direitos do Homem e dos Povos e outros instrumentos pertinentes relativos aos direitos do homem;
i) Criar as necessárias condições que permitam ao Continente desempenhar o papel que lhe compete na economia mundial e nas negociações internacionais;
j) Promover o desenvolvimento duradoiro nos planos económico, social e cultural, assim como a integração das economias africanas;
k) Promover a cooperação em todos os domínios da actividade humana, com vista a elevar o nível de vida dos povos africanos;
l) Coordenar e harmonizar as políticas entre as Comunidades Económicas Regionais existentes e futuras, para a gradual realização dos objectivos da União;
m) Fazer avançar o desenvolvimento do Continente através da promoção da investigação em todos os domínios, em particular em ciência e tecnologia;
n) Trabalhar em colaboração com os parceiros internacionais relevantes na erradicação das doenças susceptíveis de prevenção e na promoção da boa saúde no Continente.

Art. 4.º (Princípios)
A União Africana funciona em conformidade com os seguintes princípios fundamentais:
a) Igualdade soberana e interdependência entre os Estados-membros da União;
b) Respeito das fronteiras existentes no momento da acessão à independência;

c) Participação dos povos africanos nas actividades da União;
d) Estabelecimento de uma política comum de defesa para o Continente Africano;
e) Resolução pacífica dos conflitos entre Estados-membros da União através dos meios apropriados que sejam decididos pela Conferência da União;
f) Proibição do uso da força ou da ameaça do uso da força entre os Estados Membros da União;
g) Não ingerência de qualquer Estado-membro da União nos assuntos internos de outro;
h) Direito da União intervir num Estado membro em conformidade com uma decisão da Conferência em situações graves nomeadamente, crimes de guerra, genocídio e crimes contra a humanidade;
i) Coexistência pacífica dos Estados Membros da União e seu direito de viver em paz e em segurança e de procurar ajuda, através da Conferência da União, assim como o direito de a União intervir para restaurar a paz e a segurança;
j) Direito dos Estados-membros de pedirem a intervenção da União, com vista à restauração da paz e segurança;
k) Promoção da autonomia colectiva no quadro da União;
l) Promoção da igualdade dos sexos;
m) Respeito pelos princípios democráticos, pelos direitos humanos, pelo Estado de Direito e pela boa governação;
n) Promoção da justiça social para assegurar o desenvolvimento económico equilibrado;
o) Respeito pela santidade da vida humana, condenação e rejeição da impunidade, dos assassinatos políticos, e dos actos de terrorismo e actividades subversivas;
p) Condenação e rejeição de mudanças inconstitucionais de governo.

Art. 5.º (Órgãos da União)

1. São órgãos da União:
   a) A Conferência da União;
   b) O Conselho Executivo;
   c) O Parlamento Pan-Africano;
   d) O Tribunal de Justiça;
   e) A Comissão;
   f) O Comité de Representantes Permanentes;
   g) Os Comités Técnicos Especializados;
   h) O Conselho Económico, Social e Cultural;
   i) As Instituições Financeiras;
   j) Outros órgãos que a Conferência decida estabelecer.

Art. 6.º (Conferência da União)

1. A Conferência é composta pelos Chefes de Estado e de Governo, ou seus representantes devidamente credenciados.
2. A Conferência é o órgão Supremo da União.
3. A Conferência reúne-se pelo menos uma vez por ano em Sessão Ordinária. A pedido de qualquer Estado-membro e mediante aprovação de uma maioria de dois terços dos Estados-membros, a Conferência reúne-se em Sessão Extraordinária.
4. O mandato do Presidente da Conferência deve ser exercido, por um período de um ano, por um Chefe de Estado ou de Governo eleito após consultas entre os Estados-membros.

Art. 7.º (Decisões da Conferência)

1. A Conferência adopta as suas decisões por consenso ou, na falta deste, por uma maioria de dois terços dos Estados-membros da União. Contudo, as questões de procedimento, incluindo a questão de se saber se uma questão é ou não de procedimento, são decididas por maioria simples.
2. Uma maioria de dois terços dos membros constitui o quórum de qualquer sessão da Conferência.

Art. 8.º (Regulamento Interno da Conferência)

A Conferência adopta o seu próprio Regulamento Interno.

Art. 9.º (Poderes e funções da Conferência)

1. São funções da Conferência:
   a) Determinar as políticas comuns da União;
   b) Receber, analisar e tomar decisões sobre relatórios e recomendações dos outros órgãos da União;
   c) Considerar os pedidos de adesão à União;
   d) Criar qualquer órgão da União;
   e) Assegurar o controlo da implementação das políticas e decisões da União e zelar pela sua aplicação por todos os Estados-membros;
   f) Adoptar os orçamentos da União;
   g) Dar directivas ao Conselho Executivo sobre a gestão de conflitos, de situações de guerra e outras emergências, e sobre a restauração da paz;
   h) Nomear e demitir os Juízes do Tribunal de Justiça;
   i) Designar o Presidente da Comissão e seu(s) adjunto(s) e Comissários da Comissão Executiva e determinar as suas funções e o seu mandato.

3. A Conferência pode delegar quaisquer dos seus poderes e funções em qualquer órgão da União.

Art. 10.º (Conselho Executivo)

1. O Conselho Executivo é composto pelos Ministros dos Negócios Estrangeiros ou outros Ministros ou Autoridades que forem designados pelos Governos dos Estados-membros.

2. O Conselho Executivo reúne-se pelo menos duas vezes por ano em sessão ordinária. Poderá igualmente reunir-se extraordinariamente a pedido de qualquer Estado-membro após aprovação por dois terços de todos os Estados-membros.

Art. 11.º (Decisões do Conselho Executivo)

1. O Conselho Executivo aprova as suas decisões por consenso, ou, na falta deste, por maioria de dois terços dos Estados-membros da União. Contudo, as questões de procedimento, incluindo a questão de se saber se uma questão é ou não de procedimento são decididas por maioria simples.

2. Dois terços do total dos Membros da União constituem o quórum em qualquer reunião do Conselho Executivo.

Art. 12.º (Regulamento Interno do Conselho Executivo)

O Conselho Executivo adopta o seu próprio Regulamento Interno.

Art. 13.º (Funções do Conselho Executivo)

1. O Conselho Executivo deve coordenar a tomada de decisão sobre políticas em áreas de interesse comum para os Estados-membros, incluindo o seguinte:
   a) Comércio externo;
   b) Energia, indústria e recursos minerais;
   c) Alimentação, recursos agrícolas e animais, produção pecuária e florestas;
   d) Recursos hídricos e irrigação;
   e) Protecção ambiental, acção humanitária, resposta e alívio em caso de calamidade, e ciência e tecnologia;
   f) Transportes e comunicações;
   g) Seguros;
   h) Educação, saúde, cultura e desenvolvimento de recursos humanos;
   i) Ciência e tecnologia;
   j) Questões de nacionalidade, residência e imigração;
   k) Segurança social, incluindo a formulação de políticas de cuidados materno-infantis, assim como de políticas relacionadas com os incapacitados e diminuídos;
   l) Instituição de um sistema de medalhas, e prémios africanos.

2. O Conselho Executivo é responsável perante a Conferência. Analisa as questões a ele submetidas e faz a supervisão da implementação das políticas formuladas pela Conferência.

3. O Conselho Executivo pode delegar todas ou algumas das funções enunciadas no parágrafo 1 deste artigo nos Comités Técnicos Especializados estabelecidos no âmbito do artigo 14.º deste Acto.

Art. 14.º (Comités Técnicos Especializados: criação e composição)

1. São estabelecidos os seguintes Comités Técnicos Especializados que são responsáveis perante o Conselho Executivo:
   a) Comité de Economia Rural e questões agrícolas;

b) Comité de questões de Moeda e Finanças;
  c) Comité de Comércio, Alfândegas e questões de Imigração;
  d) Comité de Indústria, Ciência e Tecnologia, Energia, Recursos Naturais e Meio Ambiente;
  e) Comité de Transportes, Comunicações e Turismo;
  f) Comité de Saúde, Trabalho e Assuntos Sociais;
  g) Comité de Educação, Cultura e Recursos Humanos.

  2. A Conferência pode, se considerar apropriado, reestruturar os Comités existentes ou estabelecer outros.

  3. Os Comités Técnicos Especializados são compostos por Ministros ou Oficiais Séniores responsáveis pelos sectores que estão nas suas respectivas áreas de competência.

Art. 15.º (Funções dos Comités Técnicos Especializados)
Cada Comité, na respectiva área de competência:
  a) Prepara projectos e programas da União e submete-os ao Conselho Executivo;
  b) Garante a supervisão, seguimento e avaliação da implementação das decisões adoptadas pelos órgãos da União;
  c) Garante a coordenação e harmonização de projectos e programas da União;
  d) Submete ao Conselho Executivo, por sua própria iniciativa ou a pedido do Conselho Executivo, relatórios e recomendações sobre a implementação das disposições deste Acto; e
  e) Realiza quaisquer outras funções a ele atribuídas com o objectivo de garantir a implementação das disposições deste Acto.

Art. 16.º (Reuniões)
Salvo directivas dadas pelo Conselho Executivo, cada Comité reúne-se sempre que necessário e prepara o seu Regulamento Interno que submete à aprovação do Conselho Executivo.

Art. 17.º (Parlamento Pan-Africano)
  1. Com vista a garantir a plena participação dos povos africanos no desenvolvimento e na integração económica do Continente, é estabelecido um Parlamento Pan-Africano.

  2. A composição, poderes e organização do Parlamento Pan-Africano serão definidos num Protocolo a ele referente.

Art. 18.º (Tribunal de Justiça)
  1. É estabelecido um Tribunal de Justiça da União.

  2. O estatuto, composição e funções do Tribunal de Justiça serão definidos num Protocolo específico.

Art. 19.º (Instituições Financeiras)

A União Africana é dotada das seguintes instituições financeiras cujos estatutos e regulamentos são definidos em Protocolos a elas referentes:
a) O Banco Central Africano;
b) O Fundo Monetário Africano;
c) O Banco Africano de Investimento.

Art. 20.º (Comissão)

1. É estabelecida uma Comissão que é o Secretariado da União.

2. A Comissão é composta pelo(a) Presidente, pelo(a) (os) (as) seu(s) sua(s) Vice-Presidentes(s) e os Comissários. Eles(as) são assistidos(as) pelo pessoal necessário ao normal funcionamento da Comissão.

3 A estrutura, funções e regulamentos da Comissão são determinados pela Conferência.

Art. 21.º (Comité de Representantes Permanentes)

1. É estabelecido um Comité de Representantes Permanentes. Ele é composto por Representantes Permanentes junto da União ou outros Plenipotenciários dos Estados-membros.

2. Compete ao Comité a responsabilidade de preparar o trabalho do Conselho Executivo e agindo no quadro das instruções do Conselho. Ele pode estabelecer Sub-Comités ou Grupos de Trabalho que considera necessários.

Art. 22.º (Conselho Económico, Social e Cultural)

1. O Conselho Económico, Social e Cultural é um órgão consultivo constituído pelas diferentes camadas sócios-profissionais dos Estados-membros da União.

2. As atribuições, poderes, composição e organização do Conselho Económico, Social e Cultura são definidos pela Conferência.

Art. 23.º (Imposição de sanções)

1. A Conferência determina as sanções apropriadas a serem impostas a qualquer Estado-membro que não pague as suas contribuições para o orçamento da União, como se segue: privação do direito de usar da palavra em reuniões, de votar, de apresentar candidatos para qualquer posição ou posto na União ou de beneficiar de qualquer actividade ou benefício daí resultante.

2. Além disso, qualquer Estado-membro que não cumpra com as decisões e políticas da União pode ser sujeito a outras sanções tais como negação de laços de transportes e comunicações com outros Estados-membros e outras medidas de natureza política e económica a serem determinadas pela Conferência.

Art. 24.º (Sede da União)

1. A Sede da União Africana será em Adis Abeba, na República Federal Democrática da Etiópia.

2. Podem ser estabelecidos outros Escritórios da União, conforme a Conferência determinar, mediante recomendação do Conselho.

Art. 25.º (Línguas de trabalho)
São línguas de trabalho da União e de todas as suas instituições, se possível, as línguas africanas, o Árabe, o Francês, o Inglês e o Português.

Art. 26.º (Interpretação)
O Tribunal resolve todas as questões de interpretação resultantes da aplicação ou implementação do presente Acto. Até ao seu estabelecimento, essas questões são submetidas à Conferência da União, que decide por uma maioria de dois terços.

Art. 27.º (Assinatura, ratificação e adesão)
1. Este Acto é aberto à assinatura, ratificação e adesão dos Estados-membros da OUA, em conformidade com os seus respectivos procedimentos constitucionais.

2. Os instrumentos de ratificação são depositados junto do Secretário-Geral da OUA

3. Qualquer Estado-membro da OUA que deseje aderir a este Acto após a sua entrada em vigor deverá depositar o instrumento de adesão junto do Presidente da Comissão.

Art. 28.º (Entrada em vigor)
O presente Tratado entrará em vigor 30 (trinta) dias após o depósito dos instrumentos de ratificação por dois terços dos Estados-membros da OUA

Art. 29.º (Admissão)
1. Qualquer Estado Africano pode, a qualquer momento, notificar o Presidente da Comissão da sua intenção de aderir a este Acto e ser admitido como Membro da União.

2. O Presidente do Conselho, depois de receber a notificação, envia cópias da mesma a todos os Estados-membros. A admissão é decidida por maioria simples dos Estados-membros. A decisão de cada Estado-membro é transmitida ao Presidente do Conselho, que, depois de receber o número necessário de votos, comunica a decisão de admissão ao Estado-membro interessado.

Art. 30.º (Suspensão)
Aos governos que ascendam ao poder através de meios inconstitucionais, não é permitido participar nas actividades da União.

Art. 31.º (Renúncia à qualidade de Membro)
1. Qualquer Estado que deseje retirar-se da União fá-lo-á por notificação ao Presidente da Comissão, que disso informará os Estados-membros. Um ano após a

notificação, se a mesma não tiver sido retirada, o presente Acto deixará de se aplicar a esse Estado que, assim deixa de fazer parte da União.

2. Durante o período de um ano referido no parágrafo 1 deste artigo, o Estado-membro que queira retirar-se da União conformar-se-á com as disposições deste Acto e será obrigado a cumprir com as suas obrigações no quadro deste Acto até a data da sua retirada.

Art. 32.º (Emendas e Revisão)
1. Qualquer Estado-membro pode apresentar propostas de emenda ou de revisão do presente Acto

2 As propostas de emenda ou de revisão são submetidas ao Presidente da Comissão, que envia cópias das mesmas aos Estados-membros, dentro de trinta dias subsequentes à data de recepção

3. A Conferência da União, mediante parecer do Conselho Executivo da União, analisa essas propostas no prazo de um ano subsequente à notificação dos Estados-membros, em conformidade com as disposições do parágrafo 2 deste artigo.

4. As emendas ou revisões são adoptadas pela Conferência da União por consenso, ou, na falta deste, por maioria de dois terços, e são submetidas à ratificação por todos os Estados-membros em conformidade com os seus procedimentos constitucionais respectivos. Elas entram em vigor trinta dias após o depósito dos instrumentos de ratificação, junto do Presidente da Comissão, por uma maioria de dois terços dos Estados-membros.

Art. 33.º (Disposições finais e arranjos transitórios)
1. Este Acto substitui a Carta da Organização da Unidade Africana. Contudo, a Carta continuará em aplicação por um período transitório de um ano ou qualquer outro período que seja determinado pela conferência após a entrada em vigor deste Acto, com o objectivo de permitir à OUA/AEC adoptar as medidas necessárias referentes à devolução do seu património e obrigações à União Africana e a todas as questões a isso referentes.

2. As disposições do presente Acto derrogam e substituem quaisquer disposições do Tratado de criação da Comunidade Económica Africana que com ele sejam inconsistentes ou lhe sejam contrárias.

3. Após a entrada em vigor deste Acto, serão tomadas todas as medidas apropriadas para implementar as suas disposições e para garantir o estabelecimento dos órgãos previstos no presente Acto, em conformidade com as directivas ou decisões que sejam adoptadas a este respeito pelas Partes ao Acto, durante o período transitório como atrás estipulado.

4. Até ao estabelecimento da Comissão, o Secretariado Geral da OUA será o Secretariado Interino da União.

5. Este Acto, redigido em 4 (quatro) textos originais em Árabe, Inglês, Francês e Português, todos fazendo igualmente fé, devem ser depositados junto do

Secretário Geral da OUA e, após a sua entrada em vigor, junto do Presidente da Comissão, que enviará uma cópia verdadeira e certificada do Acto ao Governo de cada Estado Signatário. O Secretário-Geral da OUA e o Presidente da Comissão notificarão todos os Estados Signatários das datas do depósito dos instrumentos de ratificação ou adesão e registarão os mesmos junto do Secretariado das Nações Unidas, após a entrada em vigor deste Acto.

EM FÉ DE QUE, NÓS ADOPTÁMOS O PRESENTE ACTO.

Feito em Lomé, Togo, a 11 de Julho de 2000.

Acto Constitutivo da União Africana (UA) adoptado pela trigésima sexta Sessão Ordinária da Conferência dos Chefes de Estado e de Governo

10-12 de Julho de 2000-Lomé, Togo

1. República Popular e Democrática da Argélia
2. República de Angola
3. República do Benin
4. República do Botswana
5. República do Burkina Faso
6. República do Burundi
7. República dos Camarões
8. República de Cabo Verde
9. República Centro-Africana
10. República do Chade
11. República Federal Islâmica das Comores
12. República do Congo
13. República da Costa do Marfim
14. República Democrática do Congo
15. República do Djibouti
16. República Árabe do Egipto
17. Estado da Eritreia
18. República Federal Democrática da Etiópia
19. República da Guiné Equatorial
20. República do Gabão
21. República da Gâmbia
22. República do Gana
23. República da Guiné
24. República da Guiné-Bissau
25. República do Quénia
26. Reino do Lesotho

27. República da Libéria
28. Grande Jamahiriya Árabe Líbia Popular e Socialista
29. República do Madagáscar
30. República do Malawi
31. República do Mali
32. República Islâmica da Mauritânia
33. República das Maurícias
34. República de Moçambique
35. República da Namíbia
36. República do Niger
37. República Federal da Nigéria
38. República do Ruanda
39. República Árabe Saharaoui Democrática
40. República de São Tomé e Príncipe
41. República do Senegal
42. República das Seychelles
43. República da Serra Leoa
44. República da Somália
45. República da África do Sul
46. República do Sudão
47. Reino da Swazilândia
48. República Unida da Tanzânia
49. República do Togo
50. República da Tunísia
51. República do Uganda
52. República da Zâmbia
53. República do Zimbabwe

Resolução n.º 44/2001, de 2 de Maio

O Tratado da União Africana é um instrumento jurídico internacional que tem o seu fundamento no parágrafo 8, alínea *i*) da Declaração Política de Sirte, adoptada na Quarta Assembleia Extraordinária dos Chefes de Estado e de Governo da Organização da Unidade Africana em Sirte, na Grande Jamahiriya Árabe Líbia Popular e Socialista, cujo objectivo é o de assegurar uma maior unidade e solidariedade entre os países e povos africanos para uma maior integração no processo da globalização e promover a cooperação regional.

Considerando que Acto Constitutivo da União Africana foi aprovado pelos Chefes de Estado e de Governo da Organização da Unidade Africana a 11 de Julho de 2000, em Lomé, Togo;

Considerando que a República de Moçambique assinou o Acto Constitutivo da União Africana a 23 de Novembro de 2000.

Nestes termos, ao abrigo do disposto na alínea *k*) do n.º 2 do artigo 135.º da Constituição, a Assembleia da República determina:

Único: É ratificado o Tratado da União Africana cujo texto vai em anexo à presente Resolução e dela é parte integrante.

Aprovada pela Assembleia da República aos 2 de Maio de 2001.

Publique-se.

O Presidente da Assembleia da República, Eduardo Joaquim Mulémbwè.

V – CARTA AFRICANA DOS DIREITOS DO HOMEM E DOS POVOS

Preâmbulo

Os Estados africanos membros da OUA, partes da presente Carta com o título de «Carta Africana dos Direitos do Homem e dos Povos»,

Relembrando a decisão 115 (XVI) da Conferência dos Chefes de Estado e de Governo, na sua décima sexta sessão ordinária realizada em Monróvia (Libéria) de 17 a 20 de Julho de 1979, relativa à elaboração de um anteprojecto da Carta Africana dos Direitos do Homem e dos Povos, prevendo nomeadamente a instituição de órgãos de promoção e de protecção dos Direitos do Homem e dos Povos,

Considerando a Carta da Organização da Unidade Africana, nos termos da qual a liberdade, a igualdade, a justiça e a dignidade, são objectivos essenciais à realização das aspirações legítimas dos povos africanos;

Reafirmando o compromisso solenemente tomado no artigo 2.º da referida Carta de eliminar sob todas as suas formas o colonialismo em África, de coordenar e intensificar a sua cooperação e esforços a fim de oferecer melhores condições de assistência aos povos de África, de favorecer a cooperação internacional tendo devidamente em conta a Carta das Nações Unidas e a Declaração Universal dos Direitos do Homem;

Tendo em conta os valores das suas tradições históricas e da civilização africana que devem inspirar e caracterizar as suas reflexões sobre a concepção dos direitos do Homem e dos Povos;

Reconhecendo que, por um lado, os direitos fundamentais do ser humano baseiam-se nos atributos humanos, o que justifica a sua protecção internacional e que, por outro lado, a realidade e o respeito dos Direitos dos Povos devem necessariamente garantir os Direitos do Homem;

Considerando que o gozo dos direitos e liberdades implica o cumprimento dos deveres de cada um;

Convictos de que é essencial conceder, doravante, uma atenção particular ao direito do desenvolvimento, que os direitos civis e políticos são indissociáveis dos direitos económicos, sociais e culturais, garante o gozo dos direitos civis e políticos;

Conscientes do seu dever de libertar totalmente a África cujos povos continuam a lutar pela sua verdadeira independência e dignidade e comprometendo-se a eliminar o colonialismo, o neocolonialismo, *o apartheid*, o sionismo, as bases militares estrangeiras de agressão e de todas as formas de discriminação, nomeadamente as que são baseadas na raça, etnia, cor, sexo, língua, religião ou opinião política;

Reafirmando a sua decisão às liberdades e aos Direitos do Homem e dos Povos contidos nas declarações, convenções e outros instrumentos adoptados no quadro da Organização da Unidade Africana, do Movimento dos Países Não-Alinhados e da Organização das Nações Unidas.

Firmemente convencidos do seu dever de assegurar a promoção e a protecção dos Direitos e Liberdade do Homem e dos Povos, tendo devidamente em conta a importação primordial tradicionalmente dispensada em África a estes direitos e liberdades convieram no seguinte:

PARTE I. DOS DIREITOS E DOS DEVERES

CAPÍTULO I. Dos Direitos do Homem e dos Povos

Art. 1.º

Os Estados Membros da Organização da Unidade Africana, partes da presente Carta, reconhecem os direitos, deveres e liberdades enunciados nesta Carta e comprometem-se a adoptar medidas legislativas ou outras para as aplicar.

Art. 2.º

Toda a pessoa tem direito ao gozo dos direitos e liberdades reconhecidos e garantidos na presente Carta sem distinção alguma, nomeadamente de raça, de etnia, de cor, de sexo, de língua, de religião, de opinião política ou de qualquer outra opinião de origem nacional ou social, de fortuna, de nascimento ou de qualquer outra situação.

Art. 3.º

1. Todas as pessoas beneficiam de uma total igualdade perante a lei.
2. Todas as pessoas têm direito a uma igual protecção da lei.

Art. 4.º

A pessoa humana é inviolável. Todo o ser humano tem direito ao respeito pela vida e integridade física e moral da sua pessoa. Ninguém pode ser privado arbitrariamente deste direito.

Art. 5.º

Todo o indivíduo tem direito ao respeito pela dignidade inerente à pessoa humana e ao reconhecimento da sua personalidade jurídica. Todas as formas de exploração e de degradação do homem nomeadamente a escravatura, o tráfico de pessoas, a tortura física ou moral e as penas ou tratamentos cruéis inumanos ou degradantes, são proibidos.

Art. 6.º

Todo o indivíduo tem direito à liberdade e à segurança pessoal. Ninguém pode ser privado da sua liberdade salvo por motivos ou condições previamente determinados pela lei; particularmente, ninguém pode ser preso ou detido arbitrariamente.

Art. 7.º

Toda a pessoa tem direito a que a sua causa seja atendida. Este direito abrange:
 a) O direito de recorrer às jurisdições nacionais competentes de todo e qualquer acto violando os direitos fundamentais que lhe são reconhecidos e garantidos pelas convenções, leis, regulamentos e costumes em vigor;
 b) A presunção de que todo o indivíduo é inocente até que a sua culpa seja estabelecida pela jurisdição competente;
 c) O direito à defesa, incluindo o facto de se fazer assistir por um defensor da sua escolha;
 d) O direito de ser julgado num prazo razoável por uma jurisdição imparcial.

Ninguém pode ser condenado por uma acção ou omissão que não constitua, no momento em que teve lugar, uma infracção legalmente punível.

Nenhuma pena pode ser infligida se a mesma não foi prevista no momento em que a infracção foi cometida. A pena é pessoal e só pode atingir o delinquente.

Art. 8.º

A liberdade de consciência, a profissão e a prática livre da religião, são garantidas. Sob reserva da ordem pública, ninguém pode ser objecto de medidas de coacção visando restringir a manifestação das suas liberdades.

Art. 9.º

1. Toda a pessoa tem direito à informação.
2. Toda a pessoa tem o direito de exprimir e divulgar as suas opiniões no quadro das leis e regulamentos.

Art. 10.º

1. Toda a pessoa tem o direito de constituir livremente associações sob reserva de se conformar com as regras estabelecidas pela lei.

2. Ninguém pode ser obrigado a fazer parte de uma associação sob reserva da obrigação de solidariedade prevista no artigo 29.º.

Art. 11.º
Toda a pessoa tem o direito de reunir livremente com outras. Esse direito exerce-se sob a única reserva das restrições necessárias estabelecidas pelas leis e regulamentos, nomeadamente no interesse da segurança de outrem, da moral ou dos direitos e liberdades das pessoas.

Art. 12.º
1. Toda a pessoa tem o direito de circular livremente e de escolher residência no interior dum Estado, sob reserva de se conformar às regras estabelecidas pela lei.
2. Toda a pessoa tem o direito de deixar qualquer país incluindo o seu e de regressar ao mesmo. Este direito só pode ser objecto de restrições que estejam previstas na lei, necessárias para proteger a segurança nacional, a ordem pública, a saúde ou moral púbiica.
3. Toda a pessoa tem o direito em caso da perseguição, de procurar e de receber asilo em território estrangeiro, em conformidade com a lei de cada país e as convenções internacionais.
4. O estrangeiro legalmente admitido no território de um Estado faz parte da presente Carta, não poderá ser daí expulso a não ser que a decisão esteja em conformidade com a lei.
5. É proibida a expulsão colectiva de estrangeiros.
A expulsão colectiva é a que visa globalmente grupos nacionais, raciais, étnicos ou religiosos.

Art. 13.º
1. Todos os cidadãos têm o direito de participar livremente na direcção dos assuntos públicos do seu país, seja directamente, seja por intermédio de representantes escolhidos livremente, em conformidade com as regras estabelecidas pela lei.
2. Todos os cidadãos têm igualmente direito de aceder as funções públicas dos seus países.
3. Toda a pessoa tem o direito de usar os bens e serviços públicos na base da estreita igualdade de todos perante a lei.

Art. 14.º
O direito de propriedade é garantido. Não pode ser lesado a não ser por necessidade pública ou no interesse geral da colectividade em conformidade com as disposições das leis específicas.

Art. 15.º
Toda a pessoa tem o direito de trabalhar em condições equitativas e satisfatórias e de receber um salário igual por um trabalho igual.

Art. 16.º
1. Toda a pessoa tem o direito de gozar o melhor estado de saúde física e mental que a mesma possa atingir.
2. Os Estados Partes da presente Carta comprometem-se a tomar as medidas necessárias com vista a proteger a saúde das suas populações e de lhes assegurar a assistência médica em caso de doença.

Art. 17.º
1. Toda a pessoa tem o direito à educação.
2. Toda a pessoa pode tomar livremente parte na vida cultural da comunidade.
3. A promoção e a protecção da moral dos valores tradicionais reconhecidos pela comunidade constituem um dever do Estado no quadro da salvaguarda dos direitos do Homem.

Art. 18.º
1. A família é o elemento natural e a base da sociedade. Ela deve ser protegida pelo Estado que deve velar pela sua saúde física e moral.
2. O Estado tem a obrigação de assistir a família na sua missão de guardiã da moral e dos valores tradicionais reconhecidos pela comunidade.
3. O Estado tem o dever de velar pela eliminação de qualquer discriminação contra a mulher e de assegurar a protecção dos direitos da mulher e da criança tais como se encontram estipulados nas declarações e convenções internacionais.
4. As pessoas idosas ou deficientes têm igualmente direito a medidas específicas de protecção de acordo com as suas necessidades físicas ou morais.

Art. 19.º
Todos os povos são iguais, gozam da mesma dignidade e têm os mesmos direitos. Nada pode justificar a dominação de um povo por um outro.

Art. 20.º
1. Todo o povo tem direito à existência. Todo o povo tem o direito imprescritível e inalienável à autodeterminação. Determina livremente o seu estatuto político e assegura o seu desenvolvimento económico e social segundo a via que livremente escolheu.
2. Os povos colonizados ou oprimidos têm o direito de se libertarem da dominação recorrendo a todos os meios reconhecidos pela comunidade internacional.

3. Todos os povos têm direito à assistência dos Estados Partes da Presente Carta, na sua luta de libertação contra a dominação estrangeira, seja ela de ordem política, económica ou cultural.

Art. 21.º

1. Os povos são livres de dispor das suas riquezas e dos seus recursos naturais. Este direito é exercido no interesse exclusivo das populações. Em nenhum caso, o povo deve ser privado disso.
2. Em caso de espoliação, o povo espoliado tem direito à legítima recuperação dos seus bens assim como a uma indemnização adequada.
3. A livre disposição das riquezas e dos recursos naturais é exercida sem prejuízo da obrigação de promover uma cooperação económica internacional baseada no respeito mútuo, troca equitativa e os princípios do direito internacional.
4. Os Estados Partes da presente Carta comprometem-se tanto individual como colectivamente, a exercer o direito de disporem livremente das suas riquezas e dos seus recursos naturais, com vista a reforçar a unidade e a solidariedade africana.
5. Os Estados Partes da presente Carta, comprometem-se a eliminar todas as formas de exploração económica estrangeira, nomeadamente a que é praticada por monopólios internacionais, a fim de permitir às populações de cada país de beneficiar plenamente das vantagens provenientes dos seus recursos naturais.

Art. 22.º

1. Todos os povos têm direito ao seu desenvolvimento económico, social e cultural, no respeito pela sua liberdade e identidade e a usufruir de forma igual do património comum da humanidade.
2. Todos os Estados têm o dever, separadamente ou em cooperação de assegurar o exercício do direito ao desenvolvimento.

Art. 23.º

1. Os povos têm direito à paz e à segurança tanto no plano nacional como no internacional. O princípio de solidariedade e das relações de amizade afirmada implicitamente pela Carta da Organização das Nações Unidas e reafirmada pela Organização da Unidade Africana deve presidir às relações entre os Estados.
2. Com o objectivo de reforçar a paz, solidariedade e as relações de amizade, os Estados Partes da presente Carta, comprometem-se a proibir:
   a) Que uma pessoa gozando do direito de asilo nos termos do artigo 12.º da presente Carta empreenda uma actividade subversiva dirigida contra o seu país de origem ou contra qualquer outro país parte da presente Carta;
   b) Que os seus territórios sejam utilizados como base de actividades subversivas ou terroristas dirigidas contra o povo de um Estado Parte da presente Carta.

Art. 24.º
Todos os povos têm direito a um meio ambiente satisfatório e global, propício ao seu desenvolvimento.

Art. 25.º
Os Estados Partes da presente Carta têm o dever de promover e de assegurar, através do ensino, da educação e da difusão, o respeito dos direitos e liberdades contidos na presente Carta e tomar medidas com vista a que estas liberdades e direitos sejam compreendidos assim como as obrigações e deveres correspondentes.

Art. 26.º
Os Estados Partes da presente Carta têm o dever de garantir a independência dos tribunais e de permitir o estabelecimento e o aperfeiçoamento das instituições nacionais apropriadas e encarregadas da promoção e protecção dos direitos e liberdades garantidos na presente Carta.

CAPÍTULO II. Dos deveres

Art. 27.º
1. Cada indivíduo tem deveres para com a família e a sociedade, para com o Estado e outras colectividades legalmente reconhecidas e para com a comunidade internacional.
2. Os direitos e liberdades de cada pessoa exercem-se no respeito do direito de outrem, da segurança colectiva, da moral e do interesse comum.

Art. 28.º
Cada indivíduo tem o dever de respeitar e considerar os seus semelhantes sem discriminação alguma, e de manter com eles relações que permitam promover, salvaguardar e reforçar o respeito e a tolerância recíprocas.

Art. 29.º
Além disso, o indivíduo tem o dever:
1. De preservar o desenvolvimento harmonioso da família e de trabalhar a favor da coesão e do respeito da mesma, de respeitar em qualquer momento os seus parentes, de os alimentar, e de os assistir em caso de necessidade;
2. De servir a comunidade nacional pondo ao seu serviço as suas capacidades físicas e intelectuais;
3. De preservar e de reforçar a solidariedade social e nacional, sobretudo quando é ameaçada;
4. De não comprometer a segurança do Estado de que é nacional ou residente;

5. De preservar e de reforçar a independência nacional, a integridade territorial da pátria e, de maneira geral contribuir para a defesa do seu país, nas condições estabelecidas pela lei;

6. De trabalhar, na medida das suas capacidades e possibilidades; e de pagar as contribuições estabelecidas pela lei para salvaguardar os interesses fundamentais da sociedade;

7. De zelar, nas relações com a sociedade, pela preservação e pelo reforço dos valores culturais africanos positivos, num espírito de tolerância, de diálogo e de concertação e, de uma maneira geral, de contribuir para a promoção da saúde moral da sociedade;

8. De contribuir com todas as suas capacidades, a qualquer momento e a qualquer nível, para a promoção e a realização da Unidade Africana.

PARTE II. DAS MEDIDAS DE SALVAGUARDA

CAPÍTULO I. **Da composição e da organização da Comissão Africana dos Direitos do Homem e dos Povos**

Art. 30.º

É criada junto da Organização da Unidade Africana uma Comissão Africana dos Direitos do Homem e dos Povos abaixo denominada «A Comissão» encarregada de promover os Direitos do Homem e dos Povos e de assegurar a sua preservação em África.

Art. 31.º

1. A Comissão compõe-se de onze membros que devem ser escolhidos entre as personalidades africanas disfrutando da mais alta consideração, conhecidas pela sua moralidade e imparcialidade, possuindo competência em matéria de Direitos do Homem e dos Povos, devendo ser favorecida a participação de pessoas que possuem experiência em matéria de Direito.

2. Os membros da Comissão tomam parte a título pessoal.

Art. 32.º

A Comissão não pode incluir mais de um nacional do mesmo Estado.

Art. 33.º

Os membros da Comissão são eleitos por escrutínio secreto pela Conferência dos Chefes de Estado e de Governo, na base de uma lista de pessoas apresentadas para este fim pelos Estados Partes da presente Carta.

Art. 34.º

Cada Estado Parte da presente Carta pode apresentar o máximo de dois candidatos. Estes devem ter a nacionalidade de um dos Estados Partes da presente Carta. Quando dois candidatos são apresentados por um Estado, um dos dois não pode ser nacional deste Estado.

Art. 35.º

1. O Secretário-Geral da Organização da Unidade Africana convida os Estados Partes da presente Carta a proceder, num prazo de pelo menos quatro meses, antes das eleições, à apresentação dos candidatos à Comissão.

2. O Secretário-Geral da Organização da Unidade Africana estabelece a lista por ordem alfabética das pessoas assim apresentadas e comunica-a pelo menos com um mês de antecedência das eleições aos Chefes de Estado e do Governo.

Art. 36.º

Os membros da Comissão são eleitos por um período de seis anos renováveis. O mandato de quatro dos membros eleitos na altura da primeira eleição termina ao fim de dois anos e o mandato dos três outros ao fim de quatro anos.

Art. 37.º

Imediatamente a seguir à primeira eleição, os nomes dos membros visados no artigo 36.º são tirados à sorte pelo Presidente da Conferência dos Chefes de Estado e do Governo da OUA.

Art. 38.º

Depois da sua eleição, os membros da Comissão fazem a declaração solene de executar bem e fielmente as suas funções com toda a imparcialidade.

Art. 39.º

1. Em caso de morte ou demissão de um membro da Comissão o Presidente da Comissão informa disso imediatamente o Secretário-Geral da OUA que declara o lugar vago a partir da data do falecimento, ou daquela em que a demissão se concretize.

2. Se, por opinião unânime dos outros membros da Comissão, um membro cessou as suas funções por qualquer motivo que não seja uma ausência temporária, ou se encontre incapacitado de continuar a assumi-las, o Presidente da Comissão informa o Secretário-Geral da Organização da Unidade Africana que declara então o lugar vago.

3. Em cada um dos casos acima previstos, a Conferência dos Chefes de Estado e do Governo procede à substituição do membro cujo lugar vagou para o período do mandato a cumprir, salvo se o mesmo for inferior a seis meses.

Art. 40.º
Todo o membro da Comissão conserva o seu mandato até à data de entrada em função do seu sucessor.

Art. 41.º
O Secretário-Geral da OUA designa um Secretário da Comissão e fornece além disso o pessoal e os meios e serviços necessários ao cumprimento efectivo das funções atribuídas à Comissão.

A OUA responsabiliza-se pelas despesas com esse pessoal, meios e serviços.

Art. 42.º
1. A Comissão elege o seu Presidente e Vice-Presidente por um período de dois anos renováveis.
2. Ela estabelece o seu regulamento interno.
3. O quórum é constituído por sete membros.
4. Em caso de empate durante a votação, o voto do Presidente é preponderante.
5. O Secretário-Geral da OUA pode assistir às reuniões da Comissão. Não participa nem nas deliberações, nem nos votos. Pode todavia ser convidado pelo Presidente da Comissão a tomar a palavra.

Art. 43.º
No exercício das suas funções os membros da Comissão gozam de privilégios e imunidades diplomáticos previstos pela convenção sobre os privilégios e imunidades da Organização da Unidade Africana.

Art. 44.º
Os emolumentos e gratificações dos membros da Comissão são previstos no orçamento regular da Organização da Unidade Africana.

CAPÍTULO II. Das competências da Comissão

Art. 45.º
A Comissão tem por missão:
1. Promover os Direitos do Homem e dos Povos e nomeadamente:
    a) Compilar a documentação, fazer estudos e pesquisas sobre os problemas africanos no domínio dos Direitos do Homem e dos Povos, organizar seminários, colóquios e conferências, divulgar informações, encorajar os organismos nacionais e locais que se ocupam dos Direitos do Homem e dos Povos e se for preciso opinar ou fazer recomendações aos Governos;
    b) Formular e elaborar, com vista a servir de base à adopção de textos legislativos pelos Governos africanos, princípios e regras que permitam

resolver os problemas jurídicos relativos ao gozo dos Direitos do Homens e dos Povos e das liberdades fundamentais;
 c) Cooperar com outras instituições africanas ou internacionais que se interessem pela promoção e protecção dos Direitos do Homem e dos Povos.
 2. Assegurar a protecção dos Direitos do Homem e dos Povos nas condições fixadas pela presente Carta.
 3. Interpretar qualquer disposição da presente Carta a pedido de um Estado Parte, de uma instituição da OUA ou de uma Organização Africana reconhecida pela OUA.
 4. Executar quaisquer outras tarefas que lhe forem eventualmente confiadas pela Conferência dos Chefes de Estado e de Governo.

CAPÍTULO III. Do procedimento da Comissão

Art. 46.º

A Comissão pode recorrer a qualquer método de investigação apropriada, pode nomeadamente ouvir o Secretário-Geral da OUA e qualquer pessoa susceptível de a elucidar, das comunicações que provêm dos Estados Partes da presente Carta.

Art. 47.º

Se um Estado Parte da presente Carta tem razões para acreditar que um outro Estado igualmente parte desta Carta infringiu as disposições desta, pode chamar por escrito a atenção do Estado sobre a questão. Esta comunicação será igualmente enviada ao Secretário-Geral da OUA e ao Presidente da Comissão.

Num prazo de três meses a contar da recepção da comunicação o Estado destinatário apresentará no Estado que enviou a comunicação, explicações ou declarações escritas elucidando a questão, que abrangerão na medida do possível indicações sobre as leis e regulamentos de processo aplicável ou aplicados e sobre as formas de recurso, quer já utilizados, quer em instância ou quer ainda em aberto.

Art. 48.º

Se num prazo de três meses a contar da data da recepção da comunicação original pelo Estado destinatário, a questão não estiver resolvida a contento dos dois Estados interessados, pela via de negociação bilateral ou através de qualquer outro processo pacífico, tanto um como outro terão direito de submetê-la à Comissão através de uma notificação dirigida ao seu Presidente, ao outro Estado interessado e ao Secretário-Geral da OUA.

Art. 49.º

Não obstante as disposições do artigo 47.º se um Estado Parte da presente Carta considera que um outro Estado igualmente parte desta Carta violou as disposições desta pode submeter o caso, directamente à Comissão através de uma comunicação dirigida ao seu Presidente, ao Secretário-Geral da OUA e ao Estado interessado.

Art. 50.º

A Comissão só pode conhecer de um caso que lhe é submetido após ter-se assegurado que todos os recursos internos existentes foram esgotados, a não ser que seja manifesto para a Comissão que a tramitação desses recursos se prolonga de uma forma anormal.

Art. 51.º

1. A Comissão pode pedir aos Estados Partes interessados que lhe sejam fornecidas todas as informações pertinentes.
2. No momento do exame do caso, os Estados Partes interessados podem fazer-se representar perante a Comissão e apresentar observações escritas ou orais.

Art. 52.º

Depois de obtidos junto dos Estados interessados ou outras fontes, todas as informações que ela estima necessárias e depois de ter tentado por todos os meios apropriados encontrar uma solução favorável baseada no respeito pelos direitos do Homem e dos Povos, a Comissão num prazo razoável a partir da notificação visada no artigo 48.º, um relatório dos factos e conclusões aos quais chegou. Esse relatório é enviado aos Estados concernentes e comunicado à Conferência dos Chefes de Estado e do Governo.

Art. 53.º

No momento em que o relatório é transmitido, a Comissão pode fazer à Conferência dos Chefes de Estado e do Governo as recomendações que achar úteis.

Art. 54.º

A Comissão submete a cada uma das sessões ordinárias da Conferência dos Chefes de Estado e de Governo um relatório das suas actividades.

Art. 55.º

1. Antes de cada sessão o Secretário da Comissão estabelece a lista das comunicações, outras que as dos Estados Partes da presente Carta, e comunica-as aos membros da Comissão que podem pedir para tomar conhecimento delas e submetê-las à Comissão.
2. A Comissão apreciá-las-á a pedido da maioria absoluta dos seus membros.

Art. 56.º
As comunicações referidas no artigo 55.º recebidas da Comissão e relativas aos Direitos do Homem e dos Povos, devem necessariamente, para serem examinados, preencher as condições seguintes:

1. Indicar a identidade do seu autor, mesmo se este requerer à Comissão o seu anonimato;
2. Ser compatível com a Carta da Organização da Unidade Africana ou com a presente Carta;
3. Não conter termos ultrajantes ou insultuosos em relação ao Estado posto em causa, às suas instituições ou à OUA;
4. Não se limitar exclusivamente a reunir as notícias difundidas pelos meios de comunicação de massa;
5. Depois de se terem esgotados todos os recursos internos existentes a não ser que a Comissão considere que o processo desses recursos se prolonga de maneira anormal;
6. Ser introduzida num prazo razoável após se terem esgotado os recursos internos ou depois da data fixada pela Comissão a partir da qual começa a sua apreciação;
7. Não se referir a casos que tenham sido resolvidos de acordo com os princípios de Carta das Nações Unidas, da Carta da OUA e das disposições da presente Carta.

Art. 57.º
Antes de qualquer exame do fundo da causa, qualquer comunicação deverá ser levada ao conhecimento do Estado interessado através do Presidente da Comissão.

Art. 58.º
1. Quando se consta na sequência de uma deliberação da Comissão que uma ou várias comunicações relatam situações particulares que pareçam revelar a existência de um conjunto de violações graves ou massivas dos Direitos do Homem e dos Povos, a Comissão chamará à atenção da Conferência dos Chefes de Estado e de Governo para essas situações.
2. A Conferência dos Chefes de Estado e de Governo pode então solicitar à Comissão que esta elabore um estudo aprofundado sobre tais situações e que informe num relatório circunstanciado acompanhado de conclusões e recomendações.
3. Em casos urgentes e devidamente constatados pela Comissão, esta contacta o Presidente da Conferência dos Chefes de Estado e de Governo que poderá solicitar um estudo aprofundado.

Art. 59.º
1. Todas as medidas tomadas no quadro do presente capítulo permanecerão confidenciais até ao momento em que a Conferência dos Chefes de Estado e de Governo decidirem em contrário.

2. O relatório publicado pelo Presidente da Comissão sob decisão da Conferência dos Chefes de Estado e de Governo.

3. O relatório de actividades da Comissão é publicado pelo seu Presidente depois de examinado pela Conferência dos Chefes de Estado e de Governo.

CAPÍTULO IV. Dos princípios aplicáveis

Art. 60.º

A Comissão inspira-se no Direito Internacional relativo aos Direitos do Homem e dos Povos, nomeadamente nas disposições dos diversos instrumentos africanos relativos aos Direitos do Homem e dos Povos, nas disposições da Carta das Nações Unidas, da Carta da Organização da Unidade Africana, da Declaração Universal dos Direitos do Homem, nas disposições de outros instrumentos adoptados pelas Nações Unidas e pelos países africanos no domínio dos Direitos do Homem e dos Povos assim como nas disposições dos diversos instrumentos adoptados no seio das instituições especializadas das Nações Unidas de que são membros as partes da presente Carta.

Art. 61.º

São tomadas em consideração pela Comissão, como meios auxiliares de determinação das regras de Direito, as outras convenções internacionais, sejam gerais ou especiais, que estabeleçam regras expressamente reconhecidas pelos Estados membros da Organização da Unidade Africana, as práticas africanas conforme as normas internacionais relativas aos Direitos do Homem e dos Povos, os costumes geralmente aceites como sendo direito, os princípios gerais de direitos reconhecidos pelas Nações Africanas, assim como a jurisprudência e a doutrina.

Art. 62.º

Cada Estado Parte compromete-se apresentar de dois em dois anos a contar da data de entrada em vigor da presente Carta, um relatório sobre medidas de ordens legislativas ou outras, tomadas no sentido de efectivar os direitos e liberdades, reconhecidos e garantidos na presente Carta.

Art. 63.º

1. A presente Carta estará aberta à assinatura, à ratificação ou adesão dos Estados-membros da Organização da Unidade Africana.

2. Os instrumentos de ratificação ou de adesão da presente Carta serão depositados junto do Secretário-Geral da Organização da Unidade Africana.

3. A presente Carta entrará em vigor três meses depois da recepção pelo Secretário-Geral dos instrumentos da ratificação ou de adesão da maioria absoluta dos Estados-membros da Organização da Unidade Africana.

PARTE III. DISPOSIÇÕES DIVERSAS

Art. 64.º

1. Depois da entrada em vigor da presente Carta, proceder-se-á à eleição dos membros da Comissão nas condições fixadas pelo disposto nos artigos pertinentes da presente Carta.

2. O Secretário da Organização da Unidade Africana convocará a primeira reunião da Comissão na sede da Organização. Em seguida a Comissão será convocada cada vez que for necessário e pelo menos uma vez por ano pelo seu Presidente.

Art. 65.º

Para cada um dos Estados que ratificaram a presente Carta ou que a ela aderirem após a sua entrada em vigor, a referida Carta produz efeitos três meses após a data do depósito por esse Estado do seu instrumento de ratificação ou adesão.

Art. 66.º

Protocolos ou acordos particulares poderão em caso de necessidade completar as disposições da presente Carta.

Art. 67.º

O Secretário-Geral da Organização de Unidade Africana informará os Estados membros da Organização da Unidade Africana do depósito de cada instrumento de ratificação ou de adesão.

Art. 68.º

A presente Carta pode ser emendada ou revista se um dos Estados Partes enviar para esse efeito um pedido escrito ao Secretário-Geral da OUA. O projecto da emenda só é submetido à Conferência dos Chefes de Estado e de Governo quando todos os Estados Partes tiverem sido devidamente avisados e a Comissão tenha dado o seu parecer à diligência do Estado requerente. A emenda deve ser aprovada pela maioria absoluta dos Estados Partes. Esta entra em vigor para cada Estado que a tenha aceite, em conformidade com as regras constitucionais, três meses depois da notificação da aceitação, ao Secretário-Geral da OUA.

Resolução n.º 9/88 de 25 de Agosto

A XVIII Cimeira dos Chefes de Estado e de Governo da Organização da Unidade Africana, reunida em Nairobi, Kénia, em Julho de 1981, aprovou a Carta Africana dos Direitos Humanos e dos Povos, também conhecida por Carta de Banjul.

Este importante documento consagra os princípios universais do respeito pela dignidade humana e do direito dos povos à sua autodeterminação, independência, paz e progresso.

A Constituição da República Popular de Moçambique, em muitas das suas disposições, reconhece e garante a aplicação destes princípios que, já durante a Luta Armada de Libertação Nacional, haviam sido materializados e desenvolvidos pela Frente de Libertação de Moçambique (FRELIMO).

Nestes termos, usando das faculdades que lhe são conferidas pela alínea *e*) do artigo 44.º da Constituição da República, a Assembleia Popular determina:

Único. É ratificada a Carta Africana dos Direitos Humanos e dos Povos, cujo texto em anexo faz parte integrante deste diploma.

Aprovada pela Assembleia Popular.

O Presidente da Assembleia Popular, MARCELINO DOS SANTOS.

Publique-se.

O Presidente da República, JOAQUIM ALBERTO CHISSANO.

VI – ACORDO GERAL DE COOPERAÇÃO ECONÓMICA

O Presidente da República Popular de Angola, o Presidente da República de Cabo Verde, o Presidente do Conselho de Estado da República da Guiné-Bissau, o Presidente da República Popular de Moçambique e o Presidente da República Democrática de São Tomé e Príncipe, desejosos de reforçar os laços históricos de fraternidade forjados durante a luta de libertação nacional;

Considerando a necessidade imperiosa de acelerar o desenvolvimento económico para melhorar as condições de vida dos seus povos;

Convencidos de que a promoção do desenvolvimento harmonioso dos seus Estados exige uma cooperação económica eficaz que passa essencialmente por uma política resoluta e concertada de independência e de luta contra o imperialismo;

Conscientes da necessidade de repartir de uma maneira justa e equitativa as vantagens de cooperação entre os respectivos Países;

Determinados a incrementar e intensificar as relações económicas entre os seus Estados, acordam:

Art. 1.º

A República Popular de Angola, a República de Cabo Verde, a República da Guiné-Bissau, a República Popular de Moçambique e a República Democrática de São Tomé e Príncipe, adiante designadas por Altas Partes Contratantes, comprometem-se a encorajar todas as acções capazes de elevar o nível de vida dos seus povos, reforçar as relações entre os seus Estados e estabelecer uma cooperação mútua em todos os domínios de actividade económica.

Art. 2.º

As Altas Partes Contratantes, com vista à materialização dos objectivos enunciados, desenvolverão todos os esforços para o rápido estabelecimento dos acordos específicos entre si, que se regerão pelos princípios gerais do presente acordo.

Art. 3.º

1. De modo a fomentar as relações económicas entre os seus Estados as Altas Partes Contratantes estabelecerão, progressivamente, uma Zona de Comércio Livre para as mercadorias originárias dos respectivos Países.

2. A definição das regras de origem será objeto dum protocolo a estabelecer entre os Governos dos respectivos Estados.

Art. 4.º

1. As Altas Partes Contratantes conceder-se-ão entre si o tratamento de nação mais favorecida.
2. Contudo, a cláusula de nação mais favorecida não se aplicará nas seguintes situações:
    a) Privilégios e outras vantagens que qualquer das Altas Partes Contratantes conceda ou venha a conceder de modo a facilitar as relações económicas com países fronteiriços;
    b) Privilégios e outras vantagens que resultem da adesão a uniões aduaneiras ou mercados comuns;
    c) Privilégios e outras vantagens resultantes de Acordos Bilaterais mais favoráveis e já existentes entre quaisquer das Altas Partes Contratantes.

Art. 5.º

As Altas Partes Contratantes promoverão a cooperação no domínio dos Transportes Aéreos e Marítimos e estabelecerão representações e centrais de informação conjuntas com vista à coordenação do tráfego e fretamentos.

Art. 6.º

As Altas Partes Contratantes promoverão a cooperação entre os seus Países nos domínios monetário e cambial e acordarão nos mecanismos adequados com vista a facilitar os pagamentos emergentes da implementação deste acordo, bem como os necessários a conjugar esforços para coordenar e desenvolver acções conjuntas nos mercados financeiros internacionais.

Art. 7.º

As Altas Partes Contratantes acordarão no estabelecimento de mecanismos que visem um desenvolvimento da cooperação em matéria de segurança e resseguros, a articulação de posições e o desenvolvimento de acções conjuntas face aos mercados internacionais.

Art. 8.º

Com vista a fomentar o intercâmbio económico, as Altas Partes Contratantes promoverão:
   a) A troca de informações e de experiências;
   b) A participação em feiras, exposições e outros certames internacionais análogos, organizados por qualquer das Altas Partes Contratantes;
   c) A cooperação na formação de quadros técnicos;
   d) A criação de infra-estruturas de apoio ao desenvolvimento das suas relações.

Art. 9.º
Os Governos das Altas Partes Contratantes reunir-se-ão periodicamente para análise da implementação do presente acordo e estudo e programação de novas acções a propor aos respectivos Chefes de Estado.

Art. 10.º
Poderão aderir ao presente acordo outros países que aspirem aos mesmos objectivos e concordem com os princípios enunciados, desde que obtenham aprovação unânime das Altas Partes Contratantes.

Art. 11.º
O presente acordo entra imediatamente em vigor devendo ser ratificado em conformidade com as leis vigentes no território de cada Alta Parte Contratante e depositados os respectivos instrumentos junto do Estado depositário, num prazo de noventa dias a partir da data de assinatura deste acordo.

Art. 12.º
O Governo da República Popular de Moçambique será o depositário do presente acordo competindo-lhe transmitir às outras Altas Partes Contratantes as ratificações recebidas.

Art. 13.º
Qualquer das Altas Partes Contratantes pode denunciar o presente acordo, cessando os efeitos deste apenas em relação ao Estado denunciante após um ano, sem prejuízo dos compromissos assumidos durante a sua vigência.

Art. 14.º
Os diferendos que vierem a surgir como resultado da aplicação do presente acordo serão resolvidos por conciliação das Altas Partes Contratantes.

Feito e assinado em Maputo, aos 30 de Março de 1980, em cinco originais em língua portuguesa, sendo todos os textos igualmente válidos.
Pela República Popular de Angola, *José Eduardo dos Santos*. – Pela República de Cabo Verde, *Aristides Pereira*. – Pela República da Guiné-Bissau, *Luís de Almeida Cabral*. – Pela República Popular de Moçambique, *Samora Moisés Machel* – Pela República Democrática de São Tomé e Príncipe, *Manuel Pinto da Costa*.

Resolução n.º 17/81, de 8 de Dezembro

O Acordo Geral de Cooperação Económica assinado pelos Chefes de Estado da República Popular de Angola, República de Cabo Verde, República da Guiné-

-Bissau, República Popular de Moçambique e República Democrática de São Tomé e Príncipe, tem por objectivo reforçar os laços históricos de fraternidade forjados durante a luta de libertação nacional e incrementar as relações económicas entre os respectivos Estados.

A Comissão Permanente da Assembleia Popular, nos termos do artigo 51.º da Constituição, determina:

É ratificado o Acordo Geral de Cooperação Económica assinado na Cimeira dos Chefes de Estado da República Popular de Angola, República de Cabo Verde, República da Guiné-Bissau, República Popular de Moçambique e a República Democrática de São Tomé e Príncipe, cujo texto em anexo faz parte integrante da presente Resolução.

Aprovada pela Comissão Permanente da Assembleia Popular.

Publique-se.

O Presidente da República, SAMORA MOISÉS MACHEL.

VII – TRATADO DA COMUNIDADE DO DESENVOLVIMENTO DA ÁFRICA AUSTRAL (SADC)

Preâmbulo

Nós os Chefes de Estado ou Governo de:
República Popular de Angola
República do Botswana
Reino do Lesotho
República do Malawi
República de Moçambique
República da Namíbia
Reino da Swazilândia
República Unida da Tanzânia
República da Zâmbia
República do Zimbabwe

Considerando os objectivos formulados em «África Austral: Rumo à Independência Económica – Uma Declaração dos Governos dos Estados Independentes da África Austral, feita em Lusaka, em 1 de Abril de 1980»;

No prosseguimento dos princípios expressos em «Rumo à Comunidade do Desenvolvimento da África Austral – Uma Declaração feita pelos Chefes do Estado ou de Governo da África Austral, em Windhoek, em Agosto, 1992», e a qual afirma o nosso compromisso de estabelecer uma Comunidade do Desenvolvimento na Região;

Convictos da necessidade de mobilizar os nossos próprios recursos e os recursos internacionais para promover a implementação de políticas, programas e projectos nacionais, interestatais e regionais no quadro da integração económica;

Empenhados em assegurar, através de acção concertada, o entendimento, apoio e cooperação internacionais;

Cientes da necessidade do envolvimento dos povos da Região, principalmente, no processo de desenvolvimento e integração, em particular, através da garantia dos direitos democráticos, observância dos direitos humanos e cumprimento da lei;

Art. 1.º

Reconhecendo que, num mundo cada vez mais interdependente, o bom entendimento, a boa vizinhança e uma significativa cooperação entre os países da região são indispensáveis para a materialização destes ideais;

Tomando em consideração o Plano de Acção de Lagos e o Documento Final de Lagos de Abril de 1980, bem como o Tratado que estabelece a Comunidade Económica Africana assinado em Abijan, em 3 de Junho de 1991;

Tendo em mente os princípios do Direito Internacional que regem as relações entre Estados;

Decidem estabelecer uma organização internacional a ser conhecida por Comunidade do Desenvolvimento da África Austral (SADC), e concordam no seguinte:

CAPÍTULO I. Definições

Art. 1.º

No presente Tratado, a menos que o contexto especifique de modo diferente:

1. «Tratado» significa o presente Tratado que estabelece a SADC;

2. «Protocolo» significa um instrumento de implementação deste Tratado, o qual tem a mesma força legal que o presente Tratado;

3. «Comunidade» significa a organização para a integração económica estabelecida através do artigo 2.º do presente Tratado;

4. «Região» significa a área geográfica compreendida pelos Estados-membros da SADC;

5. «Estado-membro» significa um membro da SADC;

6. «Cimeira» significa a Cimeira dos Chefes de Estado ou Governo da SADC, estabelecida através do artigo 9.º do presente Tratado;

7. «Altas Partes Contratantes» significa os Estados aqui representados por Chefes de Estado ou Governo ou seus representantes devidamente autorizados com o objectivo de estabelecerem a Comunidade;

8. «Conselho» significa o Conselho de Ministros da SADC conforme se estabelece no artigo 9.º deste Tratado;

9. «Secretariado» significa o Secretariado da SADC estabelecido através do artigo 9.º do presente Tratado;

10. «Secretário Executivo» significa o principal responsável executivo da SADC nomeado ao abrigo do artigo 10(7) do presente Tratado;

11. «Comissão» significa uma comissão da SADC estabelecida através do artigo 9.º deste Tratado;

12. «Tribunal» significa o tribunal da Comunidade estabelecido através do artigo 9.º deste Tratado;

13. «Comité Sectorial» significa um comité conforme se refere no artigo 37.º do presente Tratado;

14. «Unidade de Coordenação Sectorial» significa uma unidade conforme se refere o artigo 38.º deste Tratado;

15. «Comité Permanente» significa o Comité Permanente de Peritos estabelecido através do artigo 9.º do presente Tratado;

16. «Fundos» significa os recursos disponíveis em qualquer momento para a sua aplicação em programas, projectos e actividades da SADC, conforme se estipula no artigo 26.º.

CAPÍTULO II. Estabelecimento e estatuto legal

Art. 2.º (Estabelecimento)
1. Através do presente Tratado, as Altas Partes Contratantes estabelecem a Comunidade do Desenvolvimento da África Austral (daqui por diante designada SADC).
2. A sede da SADC localiza-se em Gaberone, República do Botswana.

Art. 3.º (Estatuto legal)
1. A SADC é uma organização internacional e tem personalidade legal com capacidade e poderes para firmar contratos, adquirir, possuir ou alienar propriedade móvel ou imóvel e propôr ou ser demandada em acções judiciais.
2. No território de cada Estado Membro, a SADC, em conformidade com o disposto no parágrafo 1 deste artigo, tem a necessária capacidade legal para o exercício adequado das suas funções.

CAPÍTULO III. Princípios, objectivos e disposições gerais

Art. 4.º (Princípios)
A SADC e os seus Estados-membros actuam em conformidade com os seguintes princípios:
  a) Igual soberania de todos os Estados-membros;
  b) Solidariedade, paz e segurança;
  c) Direitos humanos, democracia e respeito pela lei;
  d) Equidade, equilíbrio e benefício mútuo;
  e) Resolução pacífica de diferendos.

Art. 5.º (Objectivos)
1. Os objectivos da SADC são:
  a) Alcançar o desenvolvimento e crescimento económico através da integração regional, aliviar a pobreza, melhorar o padrão e qualidade de vida dos povos da África Austral e apoiar os que são socialmente desfavorecidos;
  b) Desenvolver valores, sistemas e instituições políticos comuns;
  c) Promover e defender a paz e segurança;

d) Promover o desenvolvimento auto-sustentado na base da auto-suficiência colectiva e interdependência entre os Estados-membros;
  e) Conseguir a complementaridade entre as estratégias e programas nacionais e regionais;
  f) Promover e optimizar o emprego produtivo e utilização de recursos da Região;
  g) Conseguir a utilização sustentável dos recursos naturais e a protecção efectiva do meio-ambiente;
  h) Reforçar e consolidar as afinidades e laços históricos, sociais e culturais desde há muito existentes entre os povos da Região.

2. Com vista a alcançar os objectivos definidos no parágrafo 1 do presente artigo, a SADC deverá:
  a) Harmonizar políticas e planos sócio-económicos dos Estados-membros;
  b) Encorajar os povos da Região e suas instituições a tomarem iniciativas que visem o desenvolvimento de vínculos sociais e culturais no seio da Região e a participação plena na implementação de programas e projectos da SADC;
  c) Criar instituições a mecanismos apropriados com vista à mobilização dos recursos necessários para a implementação de programas e operações da SADC e suas instituições;
  d) Desenvolver políticas destinadas à eliminação progressiva dos obstáculos à livre circulação de capitais e força de trabalho, mercadorias e serviços, e, em geral, à livre circulação de pessoas da Região, entre os Estados-membros;
  c) Promover o desenvolvimento de recursos humanos;
  f) Promover o desenvolvimento, transferência e domínio da tecnologia;
  g) Melhorar a gestão e o rendimento económicos através da cooperação regional;
  h) Promover a coordenação e harmonização das relações internacionais dos Estados-membros;
  i) Assegurar o interesse e compreensão, a cooperação e apoio internacionais, e mobilizar afluxos de recursos, públicos e privados para a região;
  j) Desenvolver outras actividades que sejam decididas pelos Estados-membros visando a promoção dos objectivos definidos neste Tratado.

Art. 6.º (Disposições gerais)

1. Os Estados-membros comprometem-se a adoptar medidas adequadas que visem promover a materialização dos objectivos da SADC, e a abster-se de tomar quaisquer medidas que possam prejudicar a sustentação dos seus princípios, o alcance dos seus objectivos e a implementação das disposições do presente Tratado.

2. A SADC e os Estados-membros não devem discriminar nenhuma pessoa com base no sexo, religião, pontos de vista políticos, raça, origem étnica, cultura ou incapacidade.

3. A SADC não deve discriminar nenhum Estado-membro.

4. Os Estados-membros deverão empreender todos os passos necessários para assegurar a aplicação uniforme, do presente Tratado.

5. Os Estados-membros deverão desencadear todos os passos necessários com vista a conferir autoridade legal nacional a este Tratado.

6. Os Estados-membros deverão cooperar e apoiar as instituições da SADC no exercício das suas funções.

CAPÍTULO IV. Qualidade de membro

Art. 7.º (Qualidade de membro)
Os Estados mencionados no preâmbulo tornar-se-ão membros da SADC após o acto de assinatura e ratificação do presente Tratado.

Art. 8.º (Admissão de novos membros)
1. Qualquer Estado não mencionado no Preâmbulo deste Tratado poderá tornar-se membro da SADC após admissão por parte dos membros existentes e adesão a este Tratado.

2. A admissão de qualquer Estado como membro da SADC será concretizada através de decisão unânime por parte da Cimeira.

3. A Cimeira determinará os procedimentos a adoptar para a admissão de novos membros e para a adesão a este Tratado por parte desses membros.

4. A admissão como membro da SADC não estará sujeita a quaisquer reservas.

CAPÍTULO V. Instituições

Art. 9.º (Estabelecimento de instituições)
1. São estabelecidas, por este meio, as seguintes instituições:
a) Cimeira de Chefes de Estado ou Governo;
b) Conselho de Ministros;
c) Comissões;
d) Comité Permanente de Peritos;
e) Secretariado; e
f) Tribunal.

2. Poderão ser estabelecidas outras instituições à medida que se forem revelando necessárias.

Art. 10.º (A Cimeira)
1. A Cimeira é constituída pelos Chefes de Estado ou Governo de todos os Estados-membros, e é a instituição suprema de formulação de políticas da SADC.

2. A Cimeira é responsável por políticas globais, direcção e controle das funções da SADC.

3. A Cimeira adoptará instrumentos legais com vista à implementação das disposições contidas no presente Tratado sem embargo de a Cimeira poder delegar a sua autoridade ao Conselho ou a qualquer outra instituição da SADC que a Cimeira considerar apropriada.

4. A Cimeira elege, por um período acordado e numa base rotativa, o Presidente e o Vice-Presidente da SADC de entre os seus membros.

5. A Cimeira reúne-se pelo menos uma vez por ano.

6. A Cimeira decide sobre a criação de Comissões, outras instituições, comités e órgãos à medida que forem sendo necessários.

7. A Cimeira nomeia o Secretário Executivo e o Secretário Executivo-Adjunto sob recomendação do Conselho.

8. A menos que sejam estipuladas de modo diferente no presente Tratado, as decisões da Cimeira são tomadas por consenso e são vinculativas.

Art. 11.º (O Conselho)

1. O Conselho é constituído por um Ministro de cada Estado-membro, preferencialmente um Ministro responsável pela planificação económica ou finanças.

2. O Conselho tem como responsabilidades:

a) Superintender o funcionamento e desenvolvimento da SADC;

b) Superintender a implementação das políticas da SADC e a execução dos seus programas;

c) Prestar conselhos à Cimeira sobre questões de política global e sobre o funcionamento e desenvolvimento da SADC em moldes eficientes e harmoniosos;

d) Aprovar políticas, estratégias e os programas de trabalho da SADC;

e) Dirigir, coordenar e supervisionar as operações das instituições a ele subordinadas;

f) Definir áreas sectoriais de cooperação e atribuir aos Estados-membros a responsabilidade da coordenação de actividades sectoriais, ou tornar a atribuir essas responsabilidades;

g) Criar os seus próprios comités à medida que forem sendo necessários;

h) Recomendar à Cimeira pessoas susceptíveis de nomeação para o cargo de Secretário Executivo e Secretário Executivo-Adjunto;

i) Determinar os termos e condições de serviço do pessoal das instituições da SADC;

j) Convocar as necessárias conferências e outras reuniões destinadas à promoção dos objectivos e programas da SADC; e

k) Cumprir outras obrigações que possam ser determinadas pela Cimeira ou pelo presente Tratado.

3. O Presidente e o Vice-Presidente do Conselho são nomeados pelos Estados-membros que asseguram, respectivamente, a Presidência e a Vice-Presidência da SADC.

4. O Conselho reúne pelo menos uma vez por ano.
5. O Conselho presta contas e subordina-se à Cimeira.
6. As decisões do Conselho são tomadas por consenso.

Art. 12.º (Comissões)

1. As Comissões são constituídas com o objectivo de dirigir e coordenar políticas e programas de cooperação e de integração em áreas sectoriais designadas.
2. A composição, poderes, funções, procedimentos e outros assuntos relacionados com cada Comissão são fixados através de um protocolo apropriado aprovado pela Cimeira.
3. As Comissões trabalharão em íntima ligação com o Secretariado.
4. As Comissões subordinam-se e prestam contas ao Conselho.

Art. 13.º (Comité Permanente de Peritos)

1. O Comité Permanente de Peritos é constituído por um director nacional ou um responsável de estatuto equiparado oriundo de cada Estado-membro, preferencialmente de um ministério responsável pela planificação económica ou finanças.
2. O Comité permanente é um comité técnico consultivo do Conselho.
3. O Comité Permanente subordina-se e presta contas ao Conselho.
4. O Presidente e o Vice-Presidente do Comité Permanente são nomeados no seio do Estado-membro que assegura, respectivamente, a Presidência e Vice-Presidência do Conselho.
5. O Comité Permanente reúne-se pelo menos uma vez por ano.
6. As decisões do Comité Permanente são tomadas por consenso.

Art. 14.º (O Secretariado)

1. O Secretariado é a principal instituição executiva da SADC, e é responsável pelo seguinte:
   a) Planificação estratégica e gestão dos programas da SADC;
   b) Implementação das decisões da Cimeira e do Conselho;
   c) Organização e controlo das reuniões da SADC;
   d) Administração financeira e geral;
   e) Representação e promoção da SADC; e
   f) Coordenação e harmonização de políticas e estratégias dos Estados-membros.
2. O Secretariado é chefiado pelo Secretário Executivo.
3. O Secretário Executivo será apoiado por outro pessoal que for determinado, periodicamente, pelo Conselho.

Art. 15.º (O Secretário Executivo)

1. O Secretário Executivo é responsável perante o Conselho pelo seguinte:
   a) Consultar e coordenar-se com os Governos e outras instituições dos Estados-membros;

b) Em conformidade com as directivas do Conselho ou da Cimeira, ou por sua própria iniciativa, empreender medidas destinadas à promoção dos objectivos da SADC e ao melhoramento do seu desempenho;

c) Promover a cooperação com outras organizações para o impulsionamento dos objectivos da SADC;

d) Organizar e prestar apoio às reuniões da Cimeira, Conselho, Comité Permanente e a qualquer outra reunião convocada por directiva da Cimeira ou Conselho;

e) Zelar pela propriedade da SADC;

f) Nomear o pessoal do Secretariado, de acordo com os procedimentos, e ao abrigo de termos e condições de serviço determinados pelo Conselho;

g) Responder pela administração e finanças do Secretariado;

h) Preparar os relatórios anuais sobre as actividades da SADC e suas instituições;

i) Preparar o orçamento e as contas auditadas da SADC para apresentação ao Conselho;

j) Representação diplomática e outra da SADC;

k) Relações públicas e promoção da SADC;

l) Outras funções que sejam determinadas, periodicamente, pela Cimeira e Conselho.

2. O Secretário Executivo articula-se estreitamente com as comissões e outras instituições, e orienta, apoia e controla o desempenho da SADC nos vários sectores a fim de assegurar conformidade e harmonia relativamente a políticas, estratégias, programas e projectos acordados.

3. O Secretário Executivo é nomeado por um período de quatro anos, e é elegível para nomeação por um novo período de duração não superior a quatro anos.

Art. 16.º (O Tribunal)

1. O Tribunal é criado para garantir a observância e interpretação adequada das disposições deste tratado e de outros instrumentos subordinados, e para deliberar sobre diferendos a ele submetidos.

2. A composição, poderes, funções, procedimentos e outros assuntos relacionados que regem o Tribunal são fixados através de um protocolo adoptado pela Cimeira.

3. Os membros do Tribunal são nomeados por um período especificado.

4. O Tribunal pronuncia-se sobre assuntos a ele submetidos pela Cimeira ou Conselho.

5. As decisões do Tribunal são finais e vinculativas.

Art. 17.º (Disposição específica)

1. Os Estados-membros devem respeitar o carácter internacional e as responsabilidades da SADC, do Secretário Executivo e de outro pessoal da SADC, e não devem procurar influenciá-los no exercício das suas funções.

2. No cumprimento dos seus deveres, os membros do Tribunal, o Secretário Executivo e o restante pessoal da SADC devem assumir o carácter internacional da SADC, e não devem solicitar ou receber instruções de nenhum Estado-membro, ou de qualquer autoridade externa à SADC. Devem ainda abster-se de acções incompatíveis com os seus cargos e manter a qualidade de profissionais internacionais que apenas têm responsabilidades para com a SADC.

CAPÍTULO VI. Reuniões

Art. 18.º (Quórum)
O quórum para todas as reuniões das instituições da SADC é de dois terços dos seus membros.

Art. 19.º (Decisões)
A menos que esteja estipulado de modo diferente no presente tratado, as decisões das instituições da SADC são tomadas por consenso.

Art. 20.º (Procedimento)
A menos que esteja estipulado de modo diferente no presente Tratado, as instituições de SADC determinarão as suas próprias regras de procedimento.

CAPÍTULO VII. Cooperação

Art. 21.º (Áreas de cooperação)
1. Os Estados-membros deverão cooperar em todas as áreas necessárias para o fomento do desenvolvimento e integração regionais na base do equilíbrio, equidade e benefício mútuo.

2. Os Estados-membros deverão através de instituições apropriadas da SADC, coordenar, racionalizar e harmonizar as suas políticas e estratégias, programas e projectos globais macroeconómicos e sectoriais nas áreas de cooperação.

3. De acordo com as disposições do presente tratado os Estados-membros concordam em cooperar nas seguinte áreas:

   a) Segurança alimentar, terras e agricultura;
   b) Infra-estruturas e serviços;
   c) Indústria, comércio, investimento e finanças;
   d) Desenvolvimento de recursos humanos, ciência e tecnologia;
   e) Recursos naturais e meio-ambiente;
   f) Bem-estar social, informação e cultura; e
   g) Política, diplomacia, relações internacionais, paz e segurança.

4. O Conselho poderá decidir novas áreas de cooperação.

Art. 22.º (Protocolos)

1. Os Estados-membros deverão concluir os protocolos considerados necessários em cada área de cooperação, os quais devem estabelecer os objectivos e âmbito e os mecanismos institucionais necessários para a cooperação e integração.

2. Cada Protocolo deve ser aprovado pela Cimeira sob recomendação do Conselho, passando então a constituir parte integrante deste Tratado.

3. Cada Protocolo deve ser sujeito à assinatura e ratificação pelas partes envolvidas.

Art. 23.º (Organizações não-governamentais)

1. Na prossecução dos objectivos deste Tratado, a SADC deverá procurar o envolvimento dos povos da Região e das organizações não-governamentais no processo da integração regional.

2. A SADC deverá cooperar e apoiar as iniciativas dos povos da Região e das organizações não-governamentais que contribuam para os objectivos deste Tratado nas áreas de cooperação com vista a incrementar relações mais estreitas entre as comunidades, associações e povos da Região.

CAPÍTULO VIII. Relações com outros Estados e com organizações externas

Art. 24.º (Relações com outros Estados e com organizações regionais e internacionais)

1. Sem prejuízo do disposto no artigo 6.º, os Estados-membros e a SADC deverão manter boas relações de trabalho e outras formas de cooperação, ou estabelecer acordos com outros Estados e organizações regionais e internacionais cujos objectivos sejam compatíveis com os objectivos da SADC e com as disposições do presente Tratado.

2. Deverão realizar-se conferências e outras reuniões entre os Estados-membros e outros Governos e organizações associadas aos esforços de desenvolvimento da SADC com vista a rever políticas e estratégias, e avaliar o desempenho da SADC na implementação dos seus programas e projectos, e ainda identificar e acordar planos futuros de cooperação.

CAPÍTULO IX. Recursos, fundos e bens

Art. 25.º (Recursos)

1. A SADC deve ser responsável pela mobilização dos seus próprios e de outros recursos necessários para a implementação dos programas e projectos da SADC.

2. A SADC deve criar as instituições consideradas necessárias com vista à efectiva mobilização e eficiente aplicação dos recursos para o desenvolvimento regional.

3. Os recursos adquiridos pela SADC através de contribuições, empréstimos, doações ou donativos constituem propriedade da SADC.

4. Os recursos da SADC poderão ser postos à disposição dos Estados-membros em prossecução dos objectivos deste Tratado, nos termos e condições acordados mutuamente entre a SADC e os Estados-membros envolvidos.

5. Os recursos da SADC deverão ser utilizados da forma mais eficiente e equitativa.

Art. 26.º (Fundos)

Os fundos da SADC consistirão de contribuições efectuadas pelos Estados-membros, rendimentos oriundos de empresas da SADC, e receitas provenientes de fontes regionais e não regionais.

Art. 27.º (Bens)

1. A propriedade, móvel ou imóvel, adquirida pela SADC ou em seu nome constitui património da SADC, independentemente da sua localização.

2. A propriedade adquirida pelos Estados-membros, sob os auspícios da SADC, pertence aos Estados-membros em questão, e está sujeita às disposições do parágrafo 3 deste artigo, e às disposições dos artigos 25.º e 34.º do presente Tratado.

3. Os bens adquiridos pelos Estados-membros, sob os auspícios da SADC, deverão ser acessíveis a todos os Estados-membros numa base equitativa.

CAPÍTULO X. Disposições financeiras

Art. 28.º (Orçamento)

1. O orçamento será constituído por contribuições realizadas pelos Estados-membros e outras fontes que sejam determinadas pelo Conselho.

2. Os Estados-membros deverão contribuir para o orçamento da SADC em proporções acordadas pelo Conselho.

3. O Secretário Executivo garantirá que as estimativas sobre receitas e despesas referentes ao Secretariado e às Comissões estejam prontas em tempo, e que as mesmas sejam submetidas ao Conselho num período não inferior a três meses antes do início do ano financeiro.

4. O Conselho deverá aprovar as estimativas sobre receitas e despesas antes do início do ano financeiro.

5. O ano financeiro da SADC será determinado pelo Conselho.

Art. 29.º (Auditoria externa)

1. O Conselho designará auditores externos e determinará os seus salários e remunerações no início de cada ano financeiro.

2. O Secretário Executivo garantirá que os relatórios de contas anuais referentes ao Secretariado e às Comissões estejam prontos em tempo e auditados, e que os mesmos sejam submetidos ao Conselho para aprovação.

Art. 30.º (Regulamentos financeiros)
O Secretário Executivo, garantirá a elaboração e submissão ao Conselho, para aprovação, de regulamentos financeiros, estatutos e normas para a gestão dos assuntos da SADC.

CAPÍTULO XI. **Imunidade e privilégios**

Art. 31.º (Imunidade e privilégios)
1. A SADC, suas instituições e pessoal terão, no território de cada Estado--membro, as imunidades e privilégios necessários para a execução adequada das suas funções ao abrigo do presente Tratado, os quais devem ser semelhantes aos concedidos a organizações internacionais equiparadas.
2. As imunidades e privilégios conferidos neste artigo devem ser determinados através de um protocolo.

CAPÍTULO XII. **Resolução de diferendos**

Art. 32.º (Resolução de diferendos)
Qualquer diferendo que resulte da interpretação ou aplicação deste Tratado, e que não possa ser resolvido amigavelmente, deverá ser submetido ao Tribunal.

CAPÍTULO XIII. **Sanções, retirada e dissolução**

Art. 33.º (Sanções)
1. Sanções poderão ser impostas a qualquer Estado-membro que:
a) Sem justificação, falte, persistentemente, ao cumprimento das obrigações assumidas ao abrigo deste Tratado;
b) Implemente políticas que ponham em causa os princípios e objectivos da SADC;
c) Se atrasar, por um período superior a um ano, no pagamento das contribuições à SADC, devido a motivos que não sejam os motivos causados por calamidades naturais ou circunstâncias excepcionais que afectem gravemente a sua economia e que não tenha assegurado a desobrigação por parte da Cimeira.

Art. 34.º (Retirada)
1. Um Estado-membro que tencione retirar-se da SADC deverá, por escrito e com um ano de antecedência, enviar a notificação da sua intenção ao Presidente da Cimeira que, em conformidade, informará os restantes Estados-membros.
2. Após expirar o período de notificação, e a não ser que a notificação seja retirada, o Estado-membro deixará de ser membro da SADC.

3. Durante o período de um ano após o envio da notificação e conforme referido no parágrafo 1 deste artigo, o Estado-membro que tencione retirar-se da SADC deverá sujeitar-se às disposições deste Tratado, e continuar a obrigar-se ao cumprimento das suas obrigações.

4. Um Estado-membro que se tenha retirado não terá direito a reivindicar propriedade, ou quaisquer direitos até ao momento da dissolução da SADC.

5. Os bens da SADC localizados no território do Estado-membro que se tenha retirado permanecerão propriedade da SADC e continuarão disponíveis para sua utilização.

6. As obrigações assumidas pelos Estados-membros ao abrigo do presente Tratado permanecerão, enquanto necessárias para o cumprimento dessas obrigações, válidas após a cessação da qualidade de membro de um determinado Estado.

Art. 35.º (Dissolução)

1. A Cimeira poderá decidir, através de uma resolução apoiada por três quartos de todos os membros, dissolver a SADC ou quaisquer das suas instituições, e determinar termos e condições de tratamento dos seus passivos de alienação dos seus activos.

2. A proposta de dissolução da SADC poderá ser apresentada, para considerações preliminares, ao Conselho por qualquer Estado-membro, desde que a proposta não seja submetida para decisão da Cimeira até que todos os Estados-membros tenham sido devidamente notificados e tenha decorrido um período de doze meses após a apresentação da proposta ao Conselho.

CAPÍTULO XIV. Emendas ao Tratado

Art. 36.º (Emendas)

1. As emendas a este Tratado serão adoptadas através da decisão de três quartos de todos os Membros da Cimeira.

2. As propostas de emenda a este Tratado poderão ser apresentadas, para considerações preliminares pelo Conselho, ao Secretário Executivo por qualquer Estado-membro desde que a proposta de emenda não seja submetida, para considerações preliminares ao Conselho até que todos os Estados-membros tenham sido devidamente notificados, e tenha decorrido um período de três meses após a notificação.

CAPÍTULO XV. Língua

Art. 37.º (Língua)

As línguas de trabalho da SADC são o Inglês e o Português, e o Conselho poderá determinar a utilização de outras línguas.

CAPÍTULO XVI. Disposições transitórias

Art. 38.º (Disposições transitórias)
Um Comité Sectorial, uma Unidade de Coordenação Sectorial ou qualquer instituição, obrigação ou disposição da Conferência de Coordenação do Desenvolvimento da África Austral que exista anteriormente à entrada em vigor deste Tratado, e desde que não seja incompatível com as cláusulas do presente Tratado, continuará, até que o Conselho ou Cimeira tenha determinado de modo diferente, a manter-se a funcionar ou a vincular os Estados Membros ou a SADC como se tivesse sido estabelecida ou exercida ao abrigo do presente Tratado.

CAPÍTULO XVII. Assinatura, ratificação, entrada em vigor, adesão e depositário

Art. 39.º (Assinatura)
O presente Tratado é assinado pelas Altas Partes Contratantes.

Art. 40.º (Ratificação)
Este Tratado será ratificado pelos Estados signatários em conformidade com os seus procedimentos constitucionais.

Art. 41.º (Entrada em vigor)
O presente Tratado entrará em vigor trinta dias após o depósito dos instrumentos de ratificação por dois terços dos Estados mencionados no preâmbulo.

Art. 42.º (Adesão)
Este Tratado permanecerá aberto e a ele poderá aderir qualquer Estado conforme as disposições do artigo 8.º.

Art. 43.º (Depositário)
1. O original deste Tratado e dos protocolos e todos os instrumentos de ratificação e adesão serão depositados junto do Secretário Executivo da SADC que fornecerá cópias autenticadas a todos os Estados Membros.
2. O Secretário Executivo procederá ao registo deste Tratado junto dos Secretariados da Organização das Nações Unidas e da Organização da Unidade Africana.

CAPÍTULO XVIII. Cessação do Memorando de Entendimento

Art. 44.º (Cessação do Memorando de Entendimento)
O presente Tratado substitui o Memorando de Entendimento sobre as Instituições da Conferência de Coordenação do Desenvolvimento da África Austral, datado de 20 de Julho de 1981.

VII – Tratado da Comunidade do Desenvolvimento da África Austral

Em fé do que se disse, nós, os Chefes de Estado ou Governo assinámos este Tratado.

Feito em Windhoek, aos 14 de Agosto de 1992, em dois textos originais em língua inglesa e em língua portuguesa, sendo ambos os textos igualmente autênticos.

Resolução n.º 3/93, de 1 de Junho

No prosseguimento dos ideais proclamados na declaração de Lusaka de Abril de 1980, de desenvolver políticas destinadas à libertação económica e ao desenvolvimento integrado das economias da região, encorajados pelas experiências positivas de cooperação entre si e desejosos de aprofundar esses laços de cooperação de modo a promover o bem-estar económico e social dos seus povos, os Governos da África Austral decidiram rubricar o Tratado da Comunidade do Desenvolvimento da África Austral, designada por SADC.

Na mesma ocasião, foi também assinado o protocolo da Comunidade do Desenvolvimento da África Austral Relativo a Imunidade e Privilégios.

A República de Moçambique, como Estado integrante desta zona da SADC, assinou o Tratado e o Protocolo em Agosto de 1992, tornando-se, deste modo, necessário proceder à sua ratificação.

Nestes termos, ao abrigo do disposto na alínea *k*) do número 2 do artigo 135.º da Constituição, a Assembleia da República determina:

Artigo único. São ratificados o Tratado da Comunidade do Desenvolvimento da África Austral, designada por SADC, e o protocolo relativo a Imunidades e Privilégios da mesma organização.

Aprovada pela Assembleia da República.

Publique-se.

O Presidente da Assembleia da República, Marcelino dos Santos.

VIII – PROTOCOLO DA SADC SOBRE COOPERAÇÃO NAS ÁREAS DE POLÍTICA, DEFESA E SEGURANÇA

Preâmbulo

Nós, os Chefes de Estado e/ou de Governo de:
República da África do Sul
República de Angola
República do Botswana
República Democrática do Congo
Reino do Lesotho
República do Malawi
República das Maurícias
República de Moçambique
República da Namíbia
República das Seychelles
Reino da Swazilândia
República Unida da Tanzânia
República da Zâmbia
República do Zimbabwe

Tomando em consideração a decisão da SADC de criar o órgão de Cooperação nas Áreas de Política, Defesa e Segurança, decisão essa apresentada no Comunicado de Gaberone datado de 28 de Junho de 1996;

Notando o artigo 9.º do Tratado que estabelece o órgão;

Tendo em mente que o Capítulo VIII da Carta das Nações Unidas reconhece o papel dos mecanismos regionais na resolução de questões relacionadas com a manutenção da paz e segurança internacionais;

Reconhecendo e reafirmando os princípios de respeito estrito pela soberania, igualdade soberana, integridade territorial, independência política, boa vizinhança, interdependência, não agressão e não interferência nos assuntos internos de outros Estados;

Relembrando a Resolução de 1964 da Assembleia dos Chefes de Estado e de Governo da Organização da Unidade Africana, que declara que todos os Estados

Membros se comprometem a respeitar as fronteiras existentes à data da independência nacional;

Reafirmando ainda a responsabilidade primária do Conselho de Segurança das Nações Unidas na manutenção da paz e segurança internacionais, e o papel do órgão Central do Mecanismo da Organização da Unidade Africana para Prevenção, Gestão e Resolução de Conflitos;

Convictos de que a paz, a segurança e as fortes relações políticas são elementos cruciais na criação de um ambiente conducente à cooperação e integração regionais;

Convictos ainda de que o órgão constitui um quadro institucional apropriado pelo qual os Estados Membros poderão coordenar as políticas e actividades nas áreas de política, defesa e segurança;

Determinados a concretizar a solidariedade, a paz e a segurança na Região através de estreita cooperação em matéria de política, defesa e segurança;

Desejosos de garantir que a estreita cooperação em matéria de política, defesa e segurança promova em todas as circunstâncias a resolução pacífica de litígios pela negociação, a conciliação, a mediação ou a arbitragem;

Agindo em conformidade com o artigo 10.º-A do Tratado;

Acordamos no seguinte:

Art. 1.º (Definições)

1. No Presente Protocolo, os termos e as expressões definidos no artigo 1.º do Tratado da SADC terão a mesma interpretação, salvo se o contexto exigir o contrário.

2. No presente Protocolo, salvo se o contexto exigir outra interpretação:

"Estado Parte" designa um Estado Membro que ratificou ou aderiu ao presente Protocolo.

"ISDSC" designa o Comité Inter-Estatal de Defesa e Segurança;

"ISPDC" designa o Comité Inter-Estatal de Política e Diplomacia;

"Presidente" designa o Presidente do Órgão;

"Signatário" designa um Estado Membro que assina o Protocolo;

Art. 2.º (Objectivos)

1. O objectivo geral do Órgão é promover a paz e a segurança da Região.
2. O Órgão tem os objectivos específicos seguintes:
a) Proteger os povos da Região e salvaguardar o desenvolvimento da Região contra a instabilidade resultante da ausência do Estado de Direito, de conflitos intra-estatais, de conflitos e de agressão inter-estatais;
b) Promover a cooperação política entre os Estados Partes e o desenvolvimento de valores e instituições políticos comuns;
c) Formular abordagens comuns de política externa sobre questões de interesse mútuo e promover colectivamente essa política nos *fóruns* internacionais;

d) Promover a coordenação e a cooperação regionais em questões relativas à segurança e defesa, e estabelecer os mecanismos conexos convenientes a esse fim;
e) Antecipar, conter e resolver por meios pacíficos os conflitos inter-estatais e intra-estatais;
f) Considerar acções coercivas em conformidade com o Direito Internacional e como recurso de última instância quando os meios pacíficos não têm sucesso;
g) Incentivar o estabelecimento de instituições e práticas democráticas no seio dos territórios dos Estados Partes, e encorajar o cumprimento dos direitos universais do homem como previsto nas Cartas e Convenções da Organização da Unidade Africana e das Nações Unidas, respectivamente;
h) Considerar o estabelecimento da capacidade de segurança colectiva e concluir um Pacto de Defesa Mútua que responda a ameaças militares externas;
i) Estabelecer uma cooperação estreita entre os serviços da polícia e de segurança de Estado dos Estados Partes visando:
  i) O combate à criminalidade transnacional; e
  ii) A promoção de uma abordagem comunitária para a segurança interna;
j) Observar as Convenções e Tratados das Nações Unidas, da Organização da Unidade Africana e os demais Tratados e Convenções Internacionais relativos ao controlo de armas, desarmamento e relações pacíficas entre os Estados e encorajar os Estados Partes a implementá-los;
k) Desenvolver a capacidade das forças de defesa nacional na manutenção da paz, coordenar a participação dos Estados Partes em operações internacionais e regionais de manutenção da paz; e
l) Desenvolver a capacidade regional em matéria de gestão de calamidades e de coordenação da assistência humanitária internacional.

Art. 3.º (Estruturas)
1. O Órgão é uma instituição da SADC e responde perante a Cimeira.
2. O Órgão é constituído pelas seguintes estruturas:
a) O Presidente do Órgão;
b) Um Comité Ministerial;
c) Um Comité Inter-Estatal de Política e de Diplomacia (ISPDC);
d) Um Comité Inter-Estatal de Defesa e Segurança (ISDSC); e
e) Todos os outros mecanismos que possam vir a ser criados por qualquer dos Comités Ministeriais.
3. A Troika aplicar-se-á ao Órgão e consistirá em:
a) O Presidente do Órgão;
b) O Presidente sucessor que será o Vice-Presidente do órgão; e
c) Presidente cessante.

Art. 4.º (Presidente do Órgão)

1. A Cimeira elegerá de forma rotativa um Presidente e um Vice-Presidente, de entre os membros da Cimeira. O mandato de Presidente da Cimeira e de Vice-Presidente não deverão ser exercidos em simultâneo com o cargo de Presidente do Órgão.

2. Os mandatos do Presidente e do Vice-Presidente do Órgão são de um ano, respectivamente.

3. O Presidente do Órgão consultará a Troika da SADC e responderá perante a Cimeira.

4. O Presidente é responsável pela orientação política em geral e pela concretização dos objectivos do órgão.

5. O Presidente pode solicitar a qualquer Comité Ministerial do Órgão relatórios sobre qualquer matéria no âmbito da sua competência.

6. O Presidente pode solicitar a qualquer Comité Ministerial do órgão que examine qualquer matéria no âmbito da sua competência.

7. O Presidente pode solicitar ao Presidente da SADC que apresente para discussão qualquer questão que necessite de ser examinada pela Cimeira.

Art. 5.º (Comité Ministerial)

1. O Comité Ministerial é constituído pelos Ministros responsáveis pelos negócios estrangeiros, pela defesa, pela segurança pública e pela segurança de Estado de cada um dos Estados Partes.

2. O Comité é responsável pela coordenação do trabalho do Órgão e das suas estruturas.

3. O Comité responde perante o Presidente.

4. O Comité é presidido por um Ministro do mesmo país do Presidente eleito por um mandato de um ano, numa base rotativa.

5. O Presidente do Comité deverá convocar pelo menos uma reunião por ano.

6. O Presidente do Comité, quando necessário, pode convocar outras reuniões do Comité Plenário Ministerial segundo solicitação do ISPDC ou do ISDSC.

7. O Comité pode submeter qualquer matéria relevante ao ISPDC e ISDSC e pode solicitar-lhes relatórios.

Art. 6.º (Comité Inter-Estatal de Política e Diplomacia)

1. O ISPDC é constituído pelos Ministros responsáveis pelos negócios estrangeiros de cada Estado Parte.

2. O ISDPC desempenha as funções necessárias à concretização dos objectivos do órgão relativos à política e diplomacia.

3. O ISDPC é responsável perante o Comité Ministerial sem prejuízo da sua obrigação de informar regularmente o Presidente.

4. O ISDPC é presidido por um Ministro do mesmo país do Presidente, com o mandato de um ano e numa base rotativa.

5. O Presidente do ISDPC deverá convocar pelo menos uma reunião por ano.

6. O Presidente do ISDPC pode convocar as reuniões que julgar necessárias ou que forem solicitadas por outro Ministro membro do Comité.

7. O ISDPC pode criar os mecanismos que achar necessários ao desempenho das suas funções.

Art. 7.º (Comité Inter-Estatal de Defesa e Segurança)

1. O ISDSC é constituído pelos Ministros responsáveis pela defesa, pela segurança pública e pela segurança do Estado de cada um dos Estados Partes.

2. O ISDSC desempenha as funções necessárias à concretização dos objectivos do órgão relativos à defesa e à segurança, e assumirá os objectivos e funções do actual Comité Inter-Estatal de Defesa e Segurança.

3. O ISDSC é responsável perante o Comité Ministerial sem prejuízo da sua obrigação de informar regularmente o Presidente.

4. O ISDSC é presidido por um Ministro do mesmo país do Presidente com o mandato de um ano e numa base rotativa.

5. O Presidente do ISDSC deverá convocar pelo menos uma reunião por ano.

6. O Presidente do ISDSC pode convocar outras reuniões que julgar necessárias ou que sejam solicitadas por outro Ministro membro do ISDSC.

7. O ISDSC manterá em operação os Sub-Comités de Defesa, Segurança do Estado e Segurança Pública e outras estruturas subordinadas ao actual Comité Inter-Estatal de Defesa e Segurança.

8. O ISDSC pode criar outros mecanismos que considere necessários ao desempenho das suas funções.

Art. 8.º (Regimento Interno do Comité)

As disposições que se seguem aplicar-se-ão aos Comités Ministeriais do órgão:

a) O quórum para todas as reuniões será de dois terços dos Estados Partes;

b) Os Comités Ministeriais determinarão os seus regimentos internos próprios; e

c) As decisões serão tomadas por consenso.

Art. 9.º (Secretariado)

O Secretariado da SADC prestará os serviços de secretariado ao Órgão.

Art. 10.º (Cooperação com os Estados não-Partes e outras Organizações internacionais)

1. Reconhecendo o facto de que as questões de política, de defesa e de segurança transcendem as fronteiras nacionais e regionais, os acordos de cooperação entre os Estados Partes e os Estados não-Partes, assim como entre os Estados Partes e as organizações, que não sejam a SADC, no âmbito das questões mencionadas, serão aceites desde que:

a) Não sejam incompatíveis com os objectivos e outras disposições do presente Protocolo;

b) Não imponham obrigações a um Estado Parte que não seja parte aos referidos acordos de cooperação; e

c) Não impeçam um Estado Parte de respeitar as obrigações assumidas em virtude do Tratado e do presente Protocolo.

2. Qualquer acordo entre o Órgão e um Estado não-Parte, ou entre o Órgão e uma organização internacional, deve ser aprovado pela Cimeira.

Art. 11.º (Prevenção, gestão e resolução de conflitos)

1. Obrigações do Órgão ao abrigo do Direito Internacional:

a) Em conformidade com a Carta das Nações Unidas, os Estados Partes abster-se-ão de ameaças ou do uso da força contra a integridade territorial ou a independência política de qualquer Estado, salvo com a finalidade legítima de auto-defesa individual ou colectiva contra um ataque armado;

b) Os Estados Partes procurarão gerir e resolver, por meios pacíficos, quaisquer litígios entre dois ou mais deles;

c) O Órgão procurará gerir e resolver por meios pacíficos quaisquer conflitos inter-estatais e intra-estatais;

d) O Órgão procurará garantir que os Estados Partes adiram a todas as sanções e aos embargos de armas impostos a uma Parte pelo Conselho de Segurança das Nações Unidas e que os implementem.

2. Competências do Órgão:

a) O Órgão pode procurar resolver qualquer conflito inter-estatal significativo entre os Estados Partes ou entre um Estado Parte e um Estado não--Parte. Um "conflito inter-estatal significativo" incluirá:

  i) Um conflito de fronteiras territoriais ou de recursos naturais;

  ii) Um conflito em que ocorreu um acto ou ameaça de agressão ou outra forma de força militar; e

  iii) Um conflito que ameaça a paz e a segurança da Região ou de um território de um Estado Membro que não seja parte ao conflito.

b) O Órgão pode procurar resolver qualquer conflito intra-estatal significativo no seio de um Estado Parte. Um "conflito intra-estatal significativo" incluirá:

  i) Violência em grande escala entre sectores da população ou entre o Estado e sectores da população, incluindo genocídio, limpeza étnica e violação flagrante dos direitos do homem;

  ii) Um golpe de Estado militar ou outra ameaça à autoridade legítima de um Estado;

  iii) Uma situação de guerra civil ou insurgência; e

  iv) Um conflito que ameaça a paz e a segurança da Região ou do território de outro Estado Parte;

c) Em consulta com o Conselho de Segurança das Nações Unidas e o Órgão Central do Mecanismo da Organização da Unidade Africana para a

Prevenção, Gestão e Resolução de Conflitos, o Órgão pode oferecer-se para mediar um conflito inter-estatal ou intra-estatal significativo que ocorra fora da Região.

3. Métodos:

a) Os métodos usados pelo Órgão para a prevenção, gestão e resolução de conflitos por meios pacíficos incluirão a diplomacia preventiva, negociações, conciliação, mediação, bons ofícios, arbitragem e adjudicação por um tribunal internacional.

b) O Órgão estabelecerá um sistema de aviso antecipado a fim de facilitar acções atempadas que previnam a erupção e a escalada dos conflitos.

c) Nos casos em que os meios pacíficos de resolução de conflitos não tiverem sucesso, o Presidente, agindo de acordo com o parecer do Comité Ministerial, pode recomendar à Cimeira que sejam tomadas medidas coercivas contra uma ou mais das Partes litigantes.

d) A Cimeira recorrerá à acção coerciva, unicamente como matéria de última instância e em conformidade com o artigo 53.º da Carta das Nações Unidas, e unicamente com a autorização do Conselho de Segurança das Nações Unidas.

e) As ameaças militares externas à região serão resolvidas através de mecanismos de segurança colectivos a serem acordados num Pacto de Defesa Mútua entre os Estados Partes.

4. Procedimentos:

a) Tanto no caso de conflito inter-estatal como de conflito intra-estatal, o Órgão procurará obter o consentimento das partes litigantes para os seus esforços de paz.

b) O Presidente, em consulta com os outros membros da Troika, pode apresentar qualquer conflito significativo para discussão no Órgão.

c) Um Estado Parte pode solicitar ao Presidente do Órgão para apresentar qualquer conflito significativo para apreciação pelo Órgão e em consulta com os outros membros da Troika do Órgão, o Presidente atenderá a essa solicitação tão rápido quanto possível.

d) O Órgão atenderá à solicitação feita por um Estado Parte para mediar um conflito que tenha lugar dentro dos limites do território desse Estado. O Órgão esforçar-se-á, por meios diplomáticos, por obter essa solicitação no caso dessa solicitação ainda não ter sido apresentada.

e) O exercício do direito de autodefesa individual ou colectiva será imediatamente transmitido ao Conselho de Segurança das Nações Unidas e ao Órgão Central do Mecanismo para a Prevenção, Gestão e Resolução de Conflitos da Organização da Unidade Africana.

Art. 12.º (Sigilo de informação)

1. Os Estados Partes comprometem-se a não divulgar qualquer informação classificada como confidencial, obtida ao abrigo do presente Protocolo ou como

resultado da sua participação no Órgão, salvo aos membros do seu próprio pessoal a quem a divulgação é essencial para fins de implementação do presente Protocolo ou de qualquer decisão tomada pelo Órgão.

2. Os Estados Partes garantirão que os membros do seu pessoal, referidos no parágrafo 1 do presente artigo, mantenham o sigilo total em todas as circunstâncias.

3. Os Estados Partes comprometem-se a não utilizar, em detrimento de qualquer deles, qualquer informação classificada obtida no âmbito de qualquer cooperação multilateral realizada entre eles.

4. Um Estado Parte que se retire do Órgão permanece vinculado ao compromisso de sigilo do Órgão.

Art. 13.º (Resolução de litígios)

Qualquer litígio que surja entre dois ou mais Estados Partes como resultado da interpretação ou aplicação do presente Protocolo, que não possa ser resolvido amigavelmente, será submetido ao Tribunal.

Art. 14.º (Denúncia)

Um signatário poderá denunciar o presente Protocolo decorridos doze (12) meses da data de notificação escrita ao Presidente do Órgão, para esse efeito. O signatário cessará de gozar de todos os direitos e benefícios previstos no presente Protocolo a partir da data em que a denúncia se tornar efectiva.

Art. 15.º (Relações com outros acordos internacionais)

1. O presente Protocolo não prejudicará os direitos e as obrigações dos Estados Partes conferidos pelas Cartas das Nações Unidas e da Organização da Unidade Africana.

2. O Presente Protocolo não prejudicará a responsabilidade do Conselho de Segurança das Nações Unidas em manter a paz e segurança internacionais.

3. O presente Protocolo não derroga os acordos existentes entre um Estado Parte e outro Estado Parte, ou um Estado não Parte e uma organização internacional, que não seja a SADC, desde que tais acordos estejam em conformidade com os princípios e objectivos do presente Protocolo.

4. No caso de um acordo ser incompatível com os princípios e objectivos do presente Protocolo, o Estado-membro tomará as medidas necessárias para emendar o Acordo como for necessário.

Art. 16.º (Assinatura)

O presente Protocolo será assinado pelos representantes dos Estados Partes devidamente autorizados.

Art. 17.º (Ratificação)

O presente Protocolo será sujeito a ratificação pelos Signatários, de acordo com os respectivos procedimentos constitucionais.

Art. 18.º (Adesão)

O presente Protocolo permanecerá aberto à adesão por qualquer Estado-membro.

Art. 19.º (Emendas)

1. Um Estado Parte poderá propor uma emenda ao presente Protocolo.

2. As propostas de emendas ao presente Protocolo serão submetidas ao Presidente que notificará devidamente todos os Estados Partes sobre as emendas propostas, pelo menos três (3) meses antes das emendas serem examinadas pelo Comité Ministerial e o Presidente informará o Presidente da Cimeira sobre as recomendações do Comité.

3. Uma emenda ao presente Protocolo será adoptada por uma decisão de três quartos dos Estados Partes.

Art. 20.º (Entrada em vigor)

O presente Protocolo entrará em vigor trinta (30) dias após o depósito dos instrumentos de ratificação por dois terços dos Estados Partes.

Art. 21.º (Depositário)

1. Os textos originais do presente Protocolo e todos os instrumentos de ratificação e adesão serão depositados junto do Secretário Executivo, que enviará cópias autenticadas a todos os Estados Membros.

2. O Secretário Executivo registará o presente Protocolo junto dos Secretariados das Nações Unidas e da Organização da Unidade Africana (OUA).

Em testemunho do que se disse, nós os Chefes de Estado e/ou de Governo, ou os representantes devidamente autorizados para o efeito, assinamos o presente Protocolo.

Feito em Blantyre, Malawi, aos 14 de Agosto de 2001, em três (3) línguas, francesa, inglesa e portuguesa, fazendo todos os textos igual fé.

República da África do Sul
República de Angola
República do Botswana
República Democrática do Congo
Reino do Lesotho
República do Malawi
República das Maurícias
República de Moçambique
República da Namíbia
República das Seychelles
Reino da Suazilândia

República Unida da Tanzânia
República da Zâmbia
República do Zimbabwe

Resolução n.º 7/2002, de 26 de Fevereiro

O Protocolo da SADC sobre Cooperação nas Áreas de Política, Defesa e Segurança, assinado pelos Chefes de Estado e de Governo da SADC, a 4 de Agosto de 2001, visa entre outros objectivos a promoção da paz e a segurança na Região.

Considerando que a República de Moçambique é signatária do Protocolo da SADC sobre Política, Defesa e Seguranca;

Considerando ainda a necessidade de se dar cumprimento ao disposto no artigo 17.º do referido Protocolo, que preceitua que o mesmo será sujeito a ratificação pelos signatários de acordo com os respectivos procedimentos constitucionais;

Nestes termos, e ao abrigo do disposto na alínea *f*) do n.º 1 do artigo 153.º da Constituição da República de Moçambique, o Conselho de Ministros determina:

Único. É ratificado o Protocolo da SADC sobre Cooperação nas Áreas de Política, Defesa e Segurança, assinado em Blantyre, Malawi em 14 de Agosto de 2001, pelos Chefes de Estado e de Governo da SADC, cujo texto vai em anexo à presente Resolução da qual é parte integrante.

Aprovada pelo Conselho de Ministros.

Publique-se.

O Primeiro-Ministro, *Pascoal Manuel Mocumbi.*

IX – CONSTITUIÇÃO DO FÓRUM PARLAMENTAR DA SADC

Preâmbulo

Nós, os representantes dos Povos da Comunidade do Desenvolvimento da África Austral, tendo solenemente decidido constituir uma Assembleia Parlamentar Consultiva denominada "Fórum Parlamentar da Comunidade de Desenvolvimento da África Austral", visando a sua evolução para uma estrutura parlamentar regional, com o objectivo de fortalecer a capacidade da Comunidade do Desenvolvimento da África Austral através do envolvimento dos parlamentares dos Estados-membros nas suas actividades;
Determinados em:
– Promover o respeito pelo primado da lei e dos direitos e liberdades individuais, incluindo a promoção e o desenvolvimento da cooperação no domínio económico na região da SADC, baseados nos princípios da igualdade e reciprocidade de vantagens;
– Promover a paz, a democracia, a segurança e a estabilidade na base da responsabilidade colectiva, apoiando o desenvolvimento de mecanismos permanentes de resolução de conflitos na sub-região, da SADC, fortalecendo a solidariedade regional e edificando o sentimento do destino comum dos povos da SADC; e
– Promover o diálogo e a cooperação entre os Estados-membros sobre questões de desenvolvimento sócio-económico com o fim de elevar a prosperidade económica;
Adoptamos a seguinte Constituição:

CAPÍTULO I

Art. 1.º (Denominação)
A presente Constituição denomina-se Constituição do Fórum Parlamentar da SADC.

Entrada em vigor

A presente Constituição entra em vigor após a aprovação da criação do Fórum Parlamentar da SADC pela Cimeira de Chefes de Estados ou de Governo, em conformidade com o artigo 10.º do Tratado da Comunidade do Desenvolvimento da África Austral.

Art. 2.º (Definições)

Na presente Constituição, a menos que do contexto resulte um sentido diferente:

"Comité Executivo" significa o Comité estabelecido de acordo com o artigo 9.º da presente Constituição;

"Parlamento-membro" significa o Parlamento Nacional registado como membro do Fórum Parlamentar da SADC nos termos do artigo 6.º da presente Constituição;

"Estado-membro" significa membro da SADC;

"Representante" significa membro do Parlamento Nacional designado para participar na Assembleia Plenária do Fórum Parlamentar da SADC;

"Presidente" significa o Presidente da Câmara directamente eleito dum Parlamento Nacional;

"SADC" significa Comunidade do Desenvolvimento da África Austral;

"Secretariado" significa o Secretariado estabelecido de acordo com o artigo 10.º da presente Constituição;

"Relatório Sectorial" significa o Relatório dum Comité Sectorial, duma Unidade de Coordenação Sectorial ou de quaisquer instituições, encargos ou disposições da SADC;

"Tesoureiro" significa o Tesoureiro nomeado nos termos do artigo 9.º (c);

"Tratado" significa Tratado da Comunidade do Desenvolvimento da África Austral.

CAPÍTULO II

Art. 3.º (Constituição)

1. É constituída uma Assembleia Parlamentar denominada Fórum Parlamentar da Comunidade do Desenvolvimento da África Austral, doravante designada por Fórum Parlamentar da SADC,

2. O Fórum Parlamentar da SADC é constituído em conformidade com o artigo 9.º do Tratado.

3. A sede do Fórum Parlamentar da SADC é em Windhoek, República da Namíbia, ou em qualquer outro local conforme decisão da Assembleia Plenária do Fórum Parlamentar da SADC.

Art. 4.º (Estatuto legal)

1. O Fórum Parlamentar da SADC é uma instituição integrada na estrutura da Comunidade do Desenvolvimento da África Austral e goza de todos os direitos e privilégios atribuídos às demais instituições da SADC.

2. O Fórum Parlamentar da SADC, incluindo os seus representantes e funcionários, como definido nas leis em vigor, têm liberdade de expressão no Fórum e nas Comissões e não são responsáveis civil e criminalmente, nem podem ser presos ou detidos:

   a) Por algo que tenham dito, apresentado ou submetido ao Fórum ou a alguma das suas Comissões; ou
   b) Por algo que tenham revelado em consequência do que tenham dito, apresentado ou submetido ao Fórum ou às suas Comissões.

CAPÍTULO III

Art. 5.º (Objectivos)

São objectivos do Fórum Parlamentar:

a) Fortalecer a capacidade de execução da SADC pelo envolvimento dos parlamentares nas suas actividades;
b) Facilitar a efectiva execução das políticas e projectos da SADC;
c) Promover os princípios dos direitos humanos e da democracia na região da SADC;
d) Familiarizar os povos dos países da SADC com os fins e objectivos da SADC;
e) Informar a SADC das opiniões das populações sobre o desenvolvimento e outros assuntos que interessem aos países da SADC;
f) Constituir um Fórum para a discussão de matérias de interesse comum da SADC;
g) Promover a paz, a democracia, a segurança e a estabilidade na base da responsabilidade colectiva, apoiando o desenvolvimento de mecanismos permanentes de resolução de conflitos na Sub-Região da SADC;
h) Contribuir para um futuro próspero dos povos da SADC, promovendo a confiança mútua e a eficiência económica;
i) Activar a cooperação económica e o desenvolvimento integrado baseado nos princípios da igualdade e reciprocidade de vantagens;
j) Fortalecer a solidariedade regional e criar o sentimento do destino comum entre os povos da SADC;
k) Encorajar uma gestão governativa transparente e responsável na região e a operacionalidade das instituições da SADC;
l) Facilitar o intercâmbio com outras organizações de parlamentares;
m) Promover a participação de organizações não-governamentais e de comunidades intelectuais e de negócios nas actividades da SADC;

n) Examinar e fazer recomendações sobre quaisquer assuntos que visem assegurar uma eficiente operacionalidade das instituições da SADC, incluindo a harmonização das leis; e

o) Realizar qualquer outra actividade que contribua para o progresso dos objectivos da SADC e do Fórum Parlamentar da SADC.

CAPÍTULO IV

Art. 6.º   (Qualidade de membro e composição do Fórum Parlamentar)

1. A qualidade de membro do Fórum Parlamentar da SADC está aberta aos Parlamentos Nacionais cujos países sejam membros da Comunidade do Desenvolvimento da África Austral.

2. Qualquer Parlamento Nacional cujo País se torne membro da SADC é elegível para membro do Fórum Parlamentar da SADC.

3. O Fórum Parlamentar da SADC é constituído pelos Presidentes e por três Representantes eleitos para o Fórum Parlamentar da SADC por cada Parlamento Nacional. Na eleição dos três Representantes para o Fórum Parlamentar da SADC, cada Parlamento Nacional deve assegurar uma adequada representação de mulheres e dos partidos Políticos com assento no Parlamento.

4. O Representante do Fórum Parlamentar da SADC tem um mandato de cinco anos a contar da data da sua eleição para o Fórum Parlamentar da SADC, a menos que deixe de ser membro ou seja substituído pelo seu Parlamento Nacional.

CAPÍTULO V

Art. 7.º   (Órgãos do Fórum Parlamentar da SADC)

1. São órgãos do Fórum Parlamentar da SADC:
   a) A Assembleia Plenária;
   b) O Comité Executivo;
   c) O Secretariado Geral; e
   d) As Comissões Permanentes.

2. Podem ser criadas pela Assembleia Plenária outros órgãos do Fórum Parlamentar da SADC.

Art. 8.º   (A Assembleia Plenária)

1. A Assembleia Plenária é constituída pelos Presidentes e pelos Representantes do Fórum Parlamentar da SADC eleitos pelos Parlamentos Nacionais respectivos.

2. O Presidente do Comité Executivo ou, na sua ausência, o Vice-Presidente do Comité Executivo, preside às Sessões da Assembleia Plenária. Na ausência do Presidente ou do Vice-Presidente, a Assembleia Plenária elege para esse fim um dos seus membros.

IX – Constituição do Fórum Parlamentar da SADC   Art. 8.º

3. *a*) A Assembleia Plenária é o principal órgão político e deliberativo do Fórum Parlamentar da SADC.
   b) Ao converter-se numa estrutura parlamentar, a Assembleia Plenária será o órgão legislativo que actuará em concertação com as autoridades da SADC, sem prejuízo da soberania das funções legislativas dos Parlamentos Nacionais da SADC.
   c) Sem prejuízo do disposto no n.º 3, alínea *a*) deste artigo, são atribuições da Assembleia Plenária:
   i)   Apreciar e aprovar o orçamento anual do Fórum Parlamentar da SADC e indicar um auditor para cada ano financeiro sob proposta do Comité Executivo;
   ii) Apreciar e aprovar as contas anuais do Fórum Parlamentar da SADC, após auditoria;
   iii) Apreciar e fazer recomendações às autoridades competentes da SADC sobre qualquer matéria que vise tornar eficiente o funcionamento da SADC;
   iv) Apreciar e fazer recomendações sobre a implementação das políticas da SADC e a adequada execução dos seus programas;
   v)   Aconselhar a Cimeira de Chefes de Estado ou de Governo sobre questões de política geral e sobre o funcionamento e desenvolvimento eficiente e harmonioso da SADC;
   vi) Apreciar e fazer recomendações sobre as políticas, estratégias e programas da SADC;
   vii) Examinar e fazer recomendações sobre o orçamento da SADC;
   viii) Analisar e fazer recomendações sobre o Relatório Anual do Secretário Executivo acerca das actividades e instituições da SADC, incluindo as respectivas contas, após auditoria;
   ix) Apreciar e fazer recomendações sobre tratados e projectos de tratados que sejam submetidos pela SADC;
   x)   Organizar conferências e outras reuniões com o fim de promover os objectivos e os programas da SADC, bem como os interesses dos seus Representantes e dos Parlamentos Membros;
   xi) Analisar, ser informada e fazer recomendações sobre todos os relatórios sectoriais da SADC; e
   xii) Realizar outras acções consideradas necessárias para a prossecução dos objectivos do Fórum Parlamentar da SADC.
   d) A Assembleia Plenária pode, com o acordo das autoridades competentes, enviar delegações, como observadores, às reuniões da Cimeira de Chefes de Estado ou de Governo;
   e) A Assembleia Plenária pode ser consultada sobre qualquer actividade importante a ser empreendida por qualquer instituição da SADC;
   f) Todas as decisões da Assembleia Plenária são tomadas com base em consultas e por consenso. Os assuntos técnicos e de procedimento são decididos por maioria simples;

g) O quórum das reuniões da Assembleia Plenária é constituído pela maioria dos Parlamentos Membros.

h) i) O Secretário Executivo da SADC tem o direito de assistir e tomar a palavra nas reuniões da Assembleia Plenária, mas sem direito a voto;
   ii) Os Parlamentos Nacionais podem enviar para as referidas reuniões delegados suplementares, na qualidade de observadores;
   iii) A Assembleia Plenária pode convidar qualquer entidade ou organização para assistir, como observador, às suas reuniões.

i) A Assembleia Plenária, reúne-se na sede do Fórum Parlamentar da SADC ou, rotativamente, num outro Estado Membro.

j) A Assembleia Plenária reúne-se ordinariamente pelo menos duas vezes por ano, por recomendação do Comité Executivo, podendo reunir-se extraordinariamente para tratar de assuntos urgentes;

k) A Assembleia Plenária pode requisitar pessoas, documentos e registo que estejam sob a responsabilidade dum funcionário ou organismo da SADC;

l) Sem prejuízo do disposto na presente Constituição, a Assembleia Plenária aprova os seus regulamentos;

m) Os membros da Assembleia Plenária podem debater qualquer assunto.

Art. 9.º (O Comité Executivo)

1. O Comité Executivo é responsável pela gestão dos assuntos do Fórum Parlamentar da SADC, orienta o Secretariado e assegura a execução das decisões da Assembleia Plenária. O Comité Executivo responde perante a Assembleia Plenária.

2. *a)* O Comité Executivo é constituído por:
   i) Seis presidentes;
   ii) Seis outros representantes, eleitos pela Assembleia Plenária, por um período de dois anos, não podendo cada país ter mais que um representante no Comité.

b) O Presidente e o Vice-Presidente são eleitos pelo Comité Executivo, sendo esses cargos rotativos entre os Parlamentos Membros;

c) O Comité Executivo designa um dos seus membros como Tesoureiro;

d) O Secretário-Geral do Fórum Parlamentar da SADC é o Secretário do Comité.

3. O Comité Executivo reúne-se ordinariamente, pelo menos, duas vezes por ano e extraordinariamente sempre que necessário, devendo o Secretariado, em consulta com o Presidente, convocar todas as reuniões com a devida antecedência.

4. O quórum para as reuniões do Comité Executivo é constituído pela maioria dos seus membros.

5. Compete ao Comité Executivo:
   i) Elaborar o orçamento anual e apresentá-lo à Assembleia Plenária para aprovação;

ii) Elaborar relatórios anuais, incluindo as actas das reuniões do Fórum Parlamentar da SADC e outros documentos ordenados pela Assembleia Plenária;

iii) Apresentar projectos de programas sobre as actividades do Fórum Parlamentar da SADC;

iv) Preparar a agenda das reuniões da Assembleia Plenária;

v) Apresentar à Assembleia Plenária o relatório de contas anuais;

vi) Elaborar normas e regulamentos para aprovação e adopção pela Assembleia Plenária.

6. As decisões do Comité Executivo são tomadas por consenso e, na sua falta, pela maioria dos membros presentes e votantes, tendo cada membro direito a um voto.

Art. 10.º (O Secretariado Geral)

1. A Assembleia Plenária nomeia o Secretário-Geral do Fórum Parlamentar da SADC sob recomendação do Comité Executivo, nos termos e condições estabelecidas pela Assembleia Plenária.

2. O Secretário-Geral é o Chefe Executivo do Fórum Parlamentar da SADC, coordena as actividades do Fórum Parlamentar da SADC sob orientação do Comité Executivo e cabe-lhe em especial:

i) Coordenar as actividades do Fórum Parlamentar da SADC e submetê-las à consideração do Comité Executivo;

ii) Elaborar, sob a direcção do Comité Executivo, documentos e projectos;

iii) Zelar pelo património do Fórum da SADC e assegurar a preparação da auditoria das contas anuais; e

iv) Realizar quaisquer outras tarefas que lhe sejam atribuídas pela Assembleia Plenária.

3. O Comité Executivo, nos termos e condições a determinar, pode nomear o pessoal necessário para o desempenho das funções do Fórum Parlamentar da SADC.

Art. 11.º (As Comissões Permanentes)

1. A Assembleia Plenária pode, com o objectivo de realizar as suas funções previstas nesta Constituição, criar Comissões Permanentes e delegar nestas as funções tidas por convenientes.

2. Na selecção de membros das Comissões Permanentes, a Assembleia Plenária deve garantir uma representação equitativa dos Parlamentos representados no Fórum Parlamentar da SADC.

CAPÍTULO VI

Art. 12.º (Disposições financeiras)
1. Fontes de receitas
As receitas do Fórum Parlamentar da SADC provêm das seguintes fontes:
i) Contribuições obrigatórias, anuais e iguais dos Parlamentos Membros, estabelecidas pela Assembleia Plenária, por proposta do Comité Executivo;
ii) Subsídios ou doações de Governo, da SADC, e de outras organizações internacionais e instituições de beneficiência, incluindo organizações parlamentares internacionais;
iii) Actividades de captação de fundos aprovadas pela Assembleia Plenária, por proposta do Comité Executivo; e
iv) Quaisquer outras fontes aprovadas pela Assembleia Plenária.
2. Ano Financeiro
O ano financeiro do Fórum Parlamentar da SADC inicia-se a 1 de Janeiro e termina em 31 de Dezembro de cada ano civil.
3. Contas
O Secretário-Geral mantém em boa ordem as contas e os livros de contabilidade do Fórum Parlamentar da SADC e assegura que os documentos de informação e de contabilidade estejam disponíveis a qualquer pessoa ou firma nomeada como Auditor pelo Fórum Parlamentar da SADC com o objectivo de realizar auditorias anuais ou especiais.

CAPÍTULO VII

Art. 13.º (Disposições gerais)
1. Línguas
As línguas oficiais do Fórum Parlamentar da SADC são o inglês e o português e outras línguas que a Assembleia Plenária venha a determinar.
2. Emendas
a) Qualquer emenda à presente Constituição deve ser adoptada por decisão de dois terços dos membros do Fórum Parlamentar da SADC.
A proposta de emenda à presente Constituição é apresentada ao Secretário-Geral por qualquer Parlamento Nacional para análise preliminar do Comité Executivo.
b) Qualquer proposta de emenda não é submetida à apreciação do Comité Executivo antes de todos os Parlamentos Nacionais terem sido notificados da proposta com a antecedência mínima de três meses.
3. Dissolução
O Fórum Parlamentar da SADC pode decidir, através de resolução apoiada por três quartos de todos os seus membros, dissolver o Fórum Parlamentar da SADC e determinar os termos e condições de tratamento do seu passivo e do destino do seu activo.

IX – Constituição do Fórum Parlamentar da SADC

Resolução n.º 1/97, de 30 de Abril

Tendo em conta a Resolução n.º 9/93, de 10 de Dezembro, "sobre a iniciativa de Windhoek" relativa à Criação do Fórum Parlamentar da SADC, o Protocolo de Windhoek, de 15 de Julho de 1996 e a apreciação positiva do texto dos Estatutos do Fórum Parlamentar da SADC pela Assembleia Plenária Interna dos Parlamentos da região, em Janeiro de 1997, em Dar-es-Salam, a Assembleia da República, ao abrigo do disposto na alínea *k*) do n.º 2 do artigo 135.º da Constituição, determina:

Único. São ratificados os Estatutos do Fórum Parlamentar da SADC, cujos textos nas línguas portuguesa e inglesa vão em anexo à presente Resolução

Aprovada pela Assembleia da República.

Publique-se.

O Presidente da Assembleia da República, Eduardo Joaquim Mulémbwè

X – PROTOCOLO PARA A CRIAÇÃO DE UMA ZONA DE COMÉRCIO PREFERENCIAL (PTA)

Preâmbulo

O Presidente da República Popular de Angola;
O Presidente da República do Botswana;
O Presidente da República do Burundi;
O Presidente da República Federal Islâmica das Comores;
O Presidente da República de Djibouti;
O Presidente do Conselho Administrativo Militar Provisório da Comissão Organizativa do Partido do Povo Trabalhador da Etiópia e Comandante-em-Chefe do Exército Revolucionário da Etiópia Socialista;
O Presidente da República do Quénia;
Sua Majestade o Rei do Lesotho;
O Presidente da República Democrática de Madagáscar;
O Presidente Vitalício da República do Malawi;
O Primeiro-Ministro das Maurícias;
O Presidente da República de Moçambique;
O Presidente da República do Ruanda;
O Presidente da República das Seychelles;
O Presidente da República Democrática da Somália;
Sua Majestade o Rei do Reino da Suazilândia;
O Presidente da República Unida da Tanzânia;
O Presidente da República do Uganda;
O Presidente da República do Zaire;
O Presidente da República da Zâmbia;
O Presidente da República do Zimbabwe;

Conscientes da necessidade imperiosa de incrementar, acelerar e estimular o desenvolvimento económico e social dos seus Estados a fim de melhorar o nível de vida dos seus povos;

Art. 1.º

Convencidos de que a promoção de um desenvolvimento económico harmonioso dos seus Estados exige uma efectiva cooperação económica que seria essencialmente assegurada por meio de uma política decidida e concertada de autonomia;

Lembrando a Declaração africana sobre a cooperação, o desenvolvimento e a independência económica adoptada pela Conferência dos Chefes de Estado e de Governo da Organização de Unidade Africana na sua décima sessão, em Maio de 1973, em Adis-Abeba (Etiópia);

Considerando a Declaração de intenções e de compromisso relativa à criação de uma Zona de Comércio Preferencial para os Estados da África Oriental e Austral adoptada pela Conferência dos Ministros do comércio, das finanças e de planificação na sua primeira sessão extraordinária, realizada em 30 e 31 de Março de 1978, em Lusaka (República da Zâmbia);

Inspirados pela decisão constante da Acta final da segunda sessão extraordinária da Assembleia de Chefes de Estado e de Governo da Organização da Unidade Africana realizada em Lagos a 28 e 29 de Abril de 1980, visando criar um mercado comum africano antes do ano 2000;

Determinados a favorecer as relações económicas e outras mais estreitas entre os seus Estados e contribuir para o progresso e o desenvolvimento do continente africano bem como para o estabelecimento de um mercado comum africano;

Decididos a agir em conjunto para a criação de uma Zona de Comércio Preferencial como primeira etapa para a criação de um mercado comum e posteriormente de uma comunidade económica dos Estados da África Oriental e Austral; e

Tendo em conta os princípios do Direito Internacional que regem as relações entre as Nações, nomeadamente os princípios de soberania, de igualdade e de independência de todos os Estados e de não ingerência nos assuntos internos dos Estados;

Acordam, pelo Presente, o seguinte:

CAPÍTULO I

Art. 1.º (Interpretação)

No presente Tratado:

«A Conferência» significa a Conferência de Chefes de Estados e de Governos da Zona de Comércio Preferencial, criada ao abrigo do Artigo 6.º do presente Tratado;

«O Banco» significa o Banco da África Oriental e Austral para o comércio e o desenvolvimento criado pelo Artigo 32.º do presente Tratado;

«A Comissão» significa a Comissão intergovernamental de peritos criada pelo Artigo 2.º do presente Tratado;

«O Comité» significa qualquer comité criado pelo Artigo 2.º do presente Tratado ou ao abrigo do referido artigo;

«Lista comum» tem o significado que lhe é atribuído no Artigo primeiro do Anexo I do presente Tratado;

«Tarifa aduaneira comum» implica tabelas de tarifas idênticas impostas da mesma maneira;

«Cooperação» compreende a execução pelos Estados-membros, em comum, conjuntamente ou em concertação, das actividades que visam promover os objectivos da Zona de Comércio Preferencial, tais como definidos no presente Tratado, ou de qualquer contrato ou acordo concluído ao abrigo do referido Tratado, ou relativo aos objectivos da Zona de Comércio Preferencial;

«Conselho» significa o Conselho de Ministros criado pelo Artigo 7.º do presente Tratado;

«Direitos aduaneiros» entendem-se os direitos de entrada (importação) ou de saída (exportação) e outros com efeitos equivalentes aplicados sobre as mercadorias, devido à sua importação ou exportação, incluindo os direitos suspensos e os direitos ou taxas fiscais em todos os casos em que estes direitos ou taxas influem sobre a importação e a exportação de mercadorias, a excepção dos direitos e taxas internas tais como: impostos sobre o rendimento, impostos de consumo aplicados a título de encargos diferentes dos direitos de importação e de exportação de mercadorias;

«Mercadorias em trânsito» significam as mercadorias transportadas entre dois Estados-membros ou entre um Estado-membro e um terceiro país atravessando um ou mais Estados-membros; «trânsito» deve ser interpretado neste sentido;

«Estado-membro» significa Estado-membro da Zona de Comércio Preferencial;

«Pessoa» significa uma pessoa física ou jurídica;

«Zona de Comércio Preferencial» significa a Zona de Comércio Preferencial para os Estados da África Oriental e Austral criada pelo Artigo 2.º do presente Tratado.

«Secretariado» significa o Secretariado da Zona de Comércio Preferencial criado pelo Artigo 9.º do presente Tratado;

«Secretário-Geral» significa o Secretariado-Geral da Zona de Comércio Preferencial tal como prevêm as disposições do Artigo 9.º do presente Tratado;

«Terceiros países» significa todos os outros países que não sejam Estados-membros;

«Tratado» significa o Tratado para a criação da Zona de Comércio Preferencial;

«Tribunal» significa o Tribunal da Zona de Comércio Preferencial criado pelo Artigo 10.º do presente Tratado;

«Situação excepcional» aplicada ao Botswana, ao Lesotho e à Swazilândia representa os problemas económicos, geográficos, monetários bem como os problemas ligados aos trabalhadores migrantes, e aos transportes e comunicações com os quais estes países se debatem.

CAPÍTULO II. Criação e objectivos

Art. 2.º (Criação e composição da Zona de Comércio Preferencial para os Estados da África Oriental e Austral)

1. As Altas Partes Contratantes criam por este intermédio entre os respectivos Estados, uma zona de Comércio Preferencial para os Estados da África Oriental e Austral designada no presente Tratado «Zona de Comércio Preferencial» como primeira etapa para a criação de um mercado comum e posteriormente de uma comunidade económica dos Estados da África Oriental e Austral.

2. A adesão como membro à Zona de Comércio Preferencial está aberta aos seguintes Estados da África Oriental e Austral:

República Popular de Angola;
República do Botswana;
República do Burundi;
República Federal Islâmica das Comores;
República do Djibouti;
República da Etiópia Socialista;
República do Quénia;
Reino do Lesotho;
República Democrática do Madagáscar;
República do Malawi;
Ilhas Maurícias;
República Popular de Moçambique;
República do Ruanda;
República das Seychelles;
República Islâmica da Somália;
Reino da Swazilândia;
República Unida da Tanzânia;
República do Uganda;
República do Zaire;
República da Zâmbia;
República do Zimbabwe.

3. Os Estados membros da Zona de Comércio Preferencial são os Estados da África Oriental e Austral enumerados no parágrafo 2 do presente artigo que assinem o presente Tratado, o ratifiquem ou a ele adiram e os outros Estados africanos vizinhos próximos que se tornem membros da Zona de Comércio Preferencial ao abrigo das disposições do artigo 46.º do presente Tratado.

Art. 3.º (Objectivos e obrigações específicas)

1. O objectivo da Zona de Comércio Preferencial é facilitar a cooperação e o desenvolvimento em todos os domínios da actividade económica, particularmente nos domínios do comércio, das alfândegas, da indústria, dos transportes, das comunicações, da agricultura, dos recursos naturais e dos assuntos monetários, com o

objectivo de elevar o nível de vida das populações de promover relações mais estreitas entre os Estados-membros e contribuir para o progresso e o desenvolvimento do continente africano.

2. O funcionamento e o desenvolvimento da Zona de Comércio Preferencial serão permanentemente revistos de acordo com as disposições do presente Tratado, tendo em vista a criação de um mercado comum e posteriormente de uma comunidade económica dos Estados da África Oriental e Austral.

3. Para efeitos do disposto nos parágrafos 1 e 2 do presente Artigo, os Estados-membros acordam em respeitar os compromissos enunciados no parágrafo 4 do presente artigo bem como em qualquer outra disposição particular especificada ao longo do presente Tratado.

4. *a)* Nos termos dos protocolos anexos ao presente Tratado, os Estados--membros comprometem-se:

- *i)* A reduzir progressivamente e a eliminar em definitivo entre si os direitos alfandegários devidos às importações de mercadorias seleccionadas produzidas nos limites da Zona de Comércio Preferencial;
- *ii)* A instituir regras de origem comuns para os produtos que beneficiarão de tratamento preferencial;
- *iii)* A estabelecer acordos de pagamentos e de compensação apropriados entre si a fim de facilitar o comércio de mercadorias e a prestação de serviços;
- *iv)* A favorecer entre si formas de cooperação no domínio dos transportes e comunicações a fim de facilitar o comércio de mercadorias e a prestação de serviços;
- *v)* A cooperar no domínio do desenvolvimento industrial;
- *vi)* A cooperar no domínio do desenvolvimento agrícola;
- *vii)* A criar condições que permitam regulamentar a reexportação de produtos nos limites da Zona de Comércio Preferencial;
- *viii)* A promulgar regulamentos tendentes a facilitar o comércio de trânsito nos limites da Zona de Comércio Preferencial;
- *ix)* A simplificar e a harmonizar as suas formalidades e documentos comerciais;
- *x)* A cooperar no domínio aduaneiro;
- *xi)* A normalizar as condições de fabrico e de qualidade das mercadorias produzidas e trocadas nos limites da Zona de Comércio Preferencial;
- *xii)* A reconhecer a situação especial do Botswana, do Lesotho e da Suazilândia, e a sua condição de membros da União aduaneira da África Austral no quadro da Zona de Comércio Preferencial e a conceder a estes três países isenção temporária na aplicação plena e total de certas disposições do presente Tratado; e
- *xiii)* A regular todas as outras questões pertinentes que permitam progredir em direcção aos objectivos da Zona de Comércio Preferencial;

b) Por outro lado os Estados-membros comprometem-se:
  i) A reduzir ou abolir as restrições quantitativas e administrativas impostas ao comércio entre si;
  ii) A promover a criação de órgãos apropriados para a troca de produtos agrícolas, minerais, metais, produtos acabados e semi-acabados dentro da Zona de Comércio Preferencial;
  iii) A favorecer o estabelecimento de contactos e a regulamentação das trocas de informações entre as suas organizações comerciais tais como organizações estatais de Comércio, organizações de promoção das exportações e de comercialização, Câmaras de Comércio, associações de homens de negócios e centros de publicidades e de informação comerciais;
  iv) A assegurar que a cláusula da nação mais favorecida seja aplicada entre si;
  v) A conciliar progressivamente as suas políticas comerciais de acordo com as disposições do presente Tratado; e
  vi) A tomarem solidariamente todas as outras medidas de modo a facilitar o progresso com vista à realização dos objectivos da Zona de Comércio Preferencial.

Art. 4.º (Compromisso de ordem geral)
Os Estados-membros desenvolverão todos os esforços para planificar e orientar as suas políticas de desenvolvimento com vista à criação de condições favoráveis à realização dos objectivos da Zona de Comércio Preferencial e à implementação das disposições do presente Tratado e abster-se-ão de quaisquer medidas que possam comprometer a realização dos objectivos da Zona de Comércio Preferencial ou a implementação das disposições do presente Tratado.

CAPÍTULO III. **As Instituições da Zona de Comércio Preferencial**

Art. 5.º (Instituições)
1. As instituições da Zona de Comércio Preferencial são:
a) A Conferência;
b) O Conselho de Ministros;
c) O Secretariado;
d) O Tribunal; e
e) A Comissão, os Comités e os outros organismos técnicos especializados que possam ser criados por força do presente Tratado.

2. As instituições da Zona de Comércio Preferencial exercem as funções e agem no âmbito dos poderes que lhes são conferidos pelo presente Tratado, ou em conformidade com o mesmo.

Art. 6.º (A Conferência da Zona de Comércio Preferencial: criação, composição e funções)

1. Pelo presente Tratado é criada uma autoridade, chamada «Conferência da Zona de Comércio Preferencial» e que é composta pelos Chefes de Estado e de Governo dos Estados-membros.

2. A Conferência, que é o órgão supremo da Zona de Comércio Preferencial, é encarregada de analisar as questões de política geral e de assegurar a direcção-geral e o exercício das funções executivas da Zona de Comércio Preferencial bem como a realização dos seus objectivos.

3. As decisões que a Conferência tomar e as directivas que der em aplicação das disposições do presente Tratado são obrigatórias para todas as outras instituições dependentes da Zona de Comércio Preferencial bem como para as instituições que dependam da área de jurisdição da Conferência a quem são endereçadas, a excepção do Tribunal.

4. A. Conferência reúne normalmente uma vez por ano e poderá realizar sessões extraordinárias a pedido de um dos seus membros, desde que este pedido seja apoiado por um terço dos membros, ou em resposta a uma proposta do Conselho de ministros dirigida ao Secrctário-Geral.

Sob reserva das disposições do presente Tratado, a Conferência adoptará o seu próprio regulamento interno.

5. As decisões da Conferência são tomadas por consenso.

Art. 7.º (O Conselho de Ministros)

1. O presente Tratado cria um Conselho designado por Conselho de Ministros, que é composto pelos Ministros que forem designados pelos Estados-membros.

2. O Conselho tem por funções:
   a) Assegurar o funcionamento e o desenvolvimento apropriado da Zona de Comércio Preferencial e acompanhar constantemente a sua evolução de acordo com as disposições do presente Tratado;
   b) Formular recomendações à Conferência sobre questões de política geral relativas ao funcionamento e ao desenvolvimento eficaz e harmonioso da Zona de Comércio Preferencial;
   c) Transmitir directivas a todas as outras instituições subordinadas, à Zona do Comércio Preferencial; e
   d) Exercer todos os outros poderes e todas as outras funções que o presente Tratado lhe confere ou lhe impõe ou que, de vez em quando, a Conferência possa determinar.

3. As decisões que o Conselho tomar e as directivas que der em aplicação das disposições do presente Tratado são obrigatórias para todas as outras instituições dependentes da Zona de Comércio Preferencial bem como para as instituições que dependem da área de jurisdição da Conferência a quem são endereçados, à excepção do tribunal.

4. O Conselho reúne pelo menos duas vezes por ano; uma dessas reuniões tem lugar imediatamente antes da reunião anual ordinária da Conferência. O Conselho pode ter reuniões extraordinárias a pedido dum Estado membro desde que esse pedido seja apoiado por um terço dos Estados membros.

5. Sob reserva das directivas que a Conferência possa formular e das disposições do presente Tratado, o Conselho determinará o seu próprio regulamento interno incluindo as regras que regulem a convocação das suas reuniões bem como a rotação da função de Presidente entre os membros do Conselho.

6. As decisões do Conselho serão tomadas por consenso.

7. Nos casos em que se registar uma objecção em nome dum Estado-membro a uma proposta submetida à decisão do Conselho, esta proposta será enviada à Conferência para decisão, a menos que essa objecção seja retirada.

Art. 8.º (Decisões da Conferência e do Conselho)
A Conferência determina as regras a aplicar para a difusão das suas informações e directivas assim como das do Conselho e para questões relacionadas com a entrada em vigor dessas decisões e directivas.

Art. 9.º (O Secretariado)
1. É criado, por este intermédio, um Secretariado da Zona de Comércio Preferencial.

2. O Secretariado é dirigido por um Secretário-Geral nomeado pela Conferência para ocupar esta função por um período de quatro anos podendo solicitar a renovação do seu mandato por um período suplementar de outros quatro anos.

3. O Secretário-Geral é o administrador executivo principal da Zona de Comércio Preferencial. Além do Secretário-Geral, haverá todos os outros funcionários do Secretariado que o Conselho decidir nomear.

4. As condições de emprego do Secretário-Geral e de outros funcionários do Secretariado são regidas por regulamento que o Conselho estabelecerá de vez em quando; ficando entendido que o Secretário-Geral só pode ser demitido das suas funções pela Conferência, por recomendação do Conselho.

5. Ao nomear funcionários para os lugares do Secretariado, salvaguardada a necessidade primordial de obter as mais altas qualidades possíveis de eficiência e de competência técnica, deve-se tomar em consideração a necessidade de manter uma distribuição equitativa desses postos entre os cidadãos dos Estados membros.

6. *a)* No exercício das suas funções, o Secretário-Geral e o pessoal do Secretariado não solicitarão, nem aceitarão instruções de nenhum Estado nem de nenhuma outra autoridade exterior à Zona de Comércio Preferencial. Abster-se-ão de todos os actos incompatíveis com a sua situação de funcionários internacionais responsáveis somente perante a Zona de Comércio Preferencial.

b) Todo o Estado-membro compromete-se a respeitar o carácter internacional das funções do Secretário-Geral e do pessoal do Secretariado e a não procurar influenciá-los na execução das suas tarefas.

7. O Secretário-Geral:
   a) Assiste e apoia segundo as necessidades as instituições da Zona de Comércio Preferencial no exercício das suas funções;
   b) Apresenta um relatório sobre as actividades da Zona de Comércio Preferencial a todas as reuniões da Conferência e do Conselho;
   c) É responsável pela administração e finanças da Zona de Comércio Preferencial e de todas as suas instituições e exerce as funções de secretário da Conferência e do Conselho;
   d) Mantém sob constante análise o funcionamento da Zona de Comércio Preferencial e pode tomar medidas sobre todos os assuntos particulares que, por sua própria iniciativa ou a pedido de um Estado membro transmitido através da Comissão, julgue merecerem análise, e sempre que necessário, dá conhecimento dos resultados do seu exame à Comissão;
   e) Por sua própria iniciativa ou segundo as missões que a Conferência ou o Conselho lhe confiarem, executa trabalhos e estudos bem como presta serviços relacionados com os objectivos da Zona de Comércio Preferencial e com a implementação das disposições do presente Tratado.
   f) Pode, para a boa execução das funções que lhe são atribuídas ao abrigo do presente artigo, recolher informações e verificar os factos relacionados o funcionamento da Zona de Comércio Preferencial e pode, nestas condições, solicitar a um Estado-membro todas as informações necessárias.

8. Os Estados-membros comprometem-se a cooperar com o Secretário-Geral e a ajudá-lo no cumprimento das funções que lhe são atribuídas ao abrigo do parágrafo 7 do presente Artigo e comprometem-se, particularmente, a fornecer todas as informações que forem pedidas nos termos da alínea *f)* do parágrafo 7 do presente Artigo.

Art. 10.º (O Tribunal da Zona de Comércio Preferencial)

1. O presente Tratado cria um órgão judicial denominado Tribunal da Zona de Comércio Preferencial que assegura a aplicação e a interpretação correcta das disposições deste Tratado e regulamenta os litígios que lhe forem submetidos de acordo com o artigo 40.º do presente Tratado.

2. Os estatutos e outras questões referentes ao Tribunal são prescritas pela Conferência.

Art. 11.º (A Comissão Intergovernamental e os Comités Técnicos, criação, composição e funções)

1. Serão criados, logo que o Conselho o decida, a Comissão e os seguintes Comités como instituições da Zona de Comércio Preferencial:
   a) A Comissão intergovernamental de peritos;

b) O Comité aduaneiro e do comércio;
c) O Comité de compensação e de pagamentos;
d) O Comité de coopensação agrícola;
e) O Comité de cooperação industrial;
f) O Comité de transportes e comunicações;
g) O Comité para o Botswana, o Lesotho e a Suazilândia.

2. Poderão existir outros Comités que a Conferência, por recomendação do Conselho pode criar ou que possam vir a ser criadas por força do presente Tratado, logo que o Conselho assim o decida.

3. A Comissão e todos os outros Comités, à excepção do Comité de compensação e de pagamentos, serão constituídos por representantes designados pelos Estados-membros, para deles fazerem parte. Estes representantes podem ser assistidos por conselheiros.

4. A Comissão e todos os outros Comités podem criar os Subcomités que julgarem necessários para o desempenho das suas funções, cabendo-lhes determinar a sua composição.

5. A Comissão:

a) Supervisiona a aplicação das disposições do presente Tratado e, nesta base, todo o Estado-membro pode solicitar à Comissão o exame de um determinado assunto;

b) Para cumprimento do disposto na alínea *a*), do presente parágrafo, a Comissão pode solicitar ao Secretário-Geral a condução de um determinado inquérito e o funcionamento das suas conclusões;

c) Apresenta regularmente relatórios e recomendações ao Conselho, quer por sua própria iniciativa, quer a pedido de Conselho, em relação a execução das disposições do presente Tratado;

d) Exerce todas as outras funções que lhe forem confiadas nos termos do presente Tratado.

6. Os Comités apresentam regularmente relatórios e recomendações à Comissão quer por iniciativa própria, quer a pedido da Comissão ou do Conselho, respeitantes à execução do disposto no presente Tratado e decorrentes da sua competência e exercerão todas as outras funções que lhes forem confiadas nos termos do presente Tratado.

7. Salvo directivas em contrário transmitidas pelo Conselho, a Comissão e todos os Comités reúnem-se tantas vezes quantas forem necessárias para o melhor exercício das suas funções e estabelecem as suas próprias normas de funcionamento.

CAPÍTULO IV. Assuntos aduaneiros e comerciais

Art. 12.º   (Liberalização do Comércio)
Os Estados membros acordam, em conformidade com as disposições do presente Tratado:
  a) A redução progressiva e a eliminação ulterior dos direitos aduaneiros e das barreiras não tarifárias que dificultem o comércio entre si; e
  b) A instituição progressiva de uma tarifa externa comum aplicável a todas as mercadorias importadas de terceiros países com vista à criação posterior entre si de um mercado comum.

Art. 13.º   (Direitos aduaneiros)
1. De acordo com as disposições do protocolo sobre a redução e eliminação progressiva dos direitos aduaneiros e do protocolo sobre a cooperação em questões aduaneiras juntos a este Tratado como Anexos I e II, respectivamente, os Estados membros reduzirão e eliminarão os direitos aduaneiros impostos à importação e exportação de produtos especificados na lista comum.
2. Durante um período de 10 anos a partir da data da entrada em vigor definitiva do presente Tratado, não será exigida aos Estados membros a redução ou eliminação dos seus direitos aduaneiros, salvo nas condições estipuladas no parágrafo 1 do presente artigo. Durante este período de 10 anos, os Estados membros não deverão impor novos direitos aduaneiros ou aumentar os existentes sobre as mercadorias constantes da lista comum e deverão fornecer ao Secretário-Geral todas as informações relativas aos seus direitos aduaneiros que serão transmitidas ao Comité aduaneiro e de comércio para estudo.
3. A Comissão, após ter estudado as propostas do Comité aduaneiro e de comércio que o Secretário-Geral lhe tenha transmitido, deverá apresentar ao Conselho para aprovação, um programa de redução progressiva de direitos aduaneiros entre os Estados membros com vista à sua eliminação antes de expirar o período de 10 anos após a entrada em vigor definitiva do presente Tratado. Neste programa, haverá que ter em conta os efeitos da redução e da eliminação dos direitos aduaneiros sobre as receitas dos Estados membros.
Contudo o Conselho fica habilitado a decidir em consequência se os direitos aduaneiros deverão ser reduzidos mais rapidamente e eliminados mais cedo do que prevêem as disposições do presente parágrafo.

Art. 14.º   (Tarifa exterior comum)
Para os fins do presente Tratado, a Comissão, por recomendação do Comité aduaneiro e de comércio, submeterá regularmente ao Conselho para aprovação um programa tendente a instituir progressivamente uma tarifa exterior comum.

Art. 15.º (Tratamento preferencial)

1. Para os fins do presente Tratado, as mercadorias que beneficiarão de tratamento preferencial são:
   a) As que não originárias dos Estados-membros;
   b) As que, durante o período de 10 anos estipulados no parágrafo 2 do Artigo 13.º do presente Tratado, figurem na lista comum.

2. As mercadorias serão aceites como originárias dos Estados-membros quando reunirem as condições prescritas no protocolo sobre as regras de origem apenso a este Tratado como Anexo III.

Art. 16.º (Restrições não-tarifárias sobre as mercadorias)

1. Salvo o disposto neste artigo e de acordo com o Anexo I deste Tratado, todos os Estados-membros, a partir da entrada em vigor definitiva do presente Tratado, comprometem-se a reduzir e a eliminar as quotas, as restrições quantitativas ou equivalentes, ou as interdições em vigor aplicáveis à transferência para um Estado membro de mercadorias originárias de outros Estados-membros e que figurem na lista comum. Sob reserva das disposições ou das autorizações do presente Tratado, os Estados-membros deverão imediatamente abster-se de impor outras restrições ou outras interdições sobre essas mercadorias.

2. Salvo o disposto no presente artigo, a Comissão, após ter analisado as propostas da Comité aduaneiro e de comércio que o Secretário-Geral lhe tenha transmitido, submeterá ao Conselho para aprovação, um programa tendente a reduzir progressivamente e a eliminarem em definitivo, antes de expirar o período de 10 anos contados a partir da data da entrada em vigor definitiva do presente Tratado, de todas as quotas, restrições quantitativas ou equivalentes ou de todas as interdições que se apliquem num Estado-membro à importação de mercadorias.

Todavia, o Conselho pode decidir, posteriormente, que as quotas, as restrições quantitativas ou equivalentes, ou as interdições, devem ser reduzidas mais rapidamente ou eliminadas mais cedo do que prevêem as disposições do presente parágrafo.

3. As disposições das alíneas 1 e 2 do presente artigo não se aplicam:
   a) Às interdições e restrições sobre questões de exportação temporariamente aplicadas para prevenir ou atenuar carências de produtos alimentares e doutros produtos de importância vital para o Estado-membro exportador;
   b) Às interdições e restrições a exportação e importação necessárias para assegurar a aplicação de normas ou de regulamento relativos à classificação, à distribuição por grupos ou à comercialização de produtos agrícolas no domínio do comércio internacional;
   c) Às restrições sobre as importações de todos os produtos agrícolas ou de pesca, importados sobre qualquer forma, necessárias para assegurar a aplicação de medidas governamentais tomadas com o objectivo:
      i) De limitar as quantidades do produto local equivalente, cuja comercialização ou produção é autorizada ou, na ausência de uma produção considerável do produto equivalente, dum produto local que possa directamente substituir o produto importado; ou

ii) De reabsorver um excedente temporário do produto local equivalente ou na ausência duma produção substancial do produto local, ao qual poderá directamente se substituir o produto importado, pondo à disposição de certos grupos de consumidores locais o excedente disponível, a título gratuito, ou a preços inferiores aos existentes no mercado; ou

iii) De restringir as quantidades de todos os produtos animais cuja produção está autorizada e é inteira ou essencialmente tributária directa do produto importado, se a produção local do referido produto é relativamente negligenciável.

4. Não obstante as disposições do presente artigo, qualquer Estado membro, após ter comunicado a sua intenção aos outros Estados-membros, poderá impor ou continuar a impor restrições ou interdições relativamente a:

a) À aplicação de leis e regulamentos de segurança;

b) À regulamentação respeitante a armas, munições e outros materiais de guerra e equipamentos militares;

c) A protecção da saúde e da vida dos homens, dos animais e das plantas e à protecção da moral pública;

d) À transferência de ouro, prata e de pedras preciosas ou semi-preciosas;

e) À protecção de tesouros nacionais;

f) À regulamentação respeitante a matérias nucleares, aos produtos radioactivos ou de qualquer outro material utilizado no desenvolvimento ou exploração de energia nuclear.

5. Se um Estado-membro enfrentar dificuldades na sua balança de pagamentos devidos à aplicação das disposições do presente capítulo, ele pode, desde que tenha tomado as medidas razoáveis para ultrapassar as dificuldades, impor restrições quantitativas ou equivalentes ou interditar a importação de mercadorias originárias de outros Estados membros, mas apenas com vista a vencer as dificuldades e por um período específico que o Conselho determinará.

6. Com o objectivo de proteger uma indústria embrionária ou estratégica cujos produtos figuram na lista comum, um Estado-membro pode, desde que tenha tomado todas as medidas razoáveis para proteger essa indústria nascente ou estratégica e apenas com o objectivo de protejer a referida indústria durante um determinado período que será fixado pelo Conselho, impor restrições quantitativas e similares ou interdições sobre as mercadorias semelhantes originárias doutros Estados-membros.

7. O Estado-membro que imponha restrições quantitativas ou equivalentes ou imponha interdições nos termos dos parágrafos 3, 5 e 6 do presente artigo informa, logo que possível os outros estados-membros e o Secretário-Geral.

8. O Conselho mantém sob controlo permanente o funcionamento das restrições quantitativas ou equivalentes ou das interdições impostas em virtude das disposições dos parágrafos 3, 5 e 6 deste artigo e toma as decisões necessárias a este respeito.

Art. 17.º (*Dumping*)

1. Os Estados-membros comprometem-se a interditar a prática do *dumping* nos limites da Zona de Comércio Preferencial.

2. Para fins do presente artigo, *dumping* significa a transferência de mercadorias originárias de um Estado-membro para outro Estado-membro para aí serem vendidas:

   a) A um preço inferior ao preço aplicado a mercadorias similares no Estado-membro de onde essas mercadorias são originárias (tendo em conta as diferenças entre as condições de venda, de impostos, os custos de transporte ou de quaisquer outros factores que influam sobre a possibilidade de comparar os preços); e

   b) Em condições que possam comprometer a produção de mercadorias análogas no Estado-membro que importa essas mercadorias.

Art. 18.º (Tratamento de nação mais favorecida)

1. Os Estados-membros acordam, para as suas trocas comerciais, o tratamento recíproco de nação mais favorecida.

2. Em caso nenhum as concessões comerciais acordadas a um terceiro país em virtude de um acordo concluído com um Estado-membro podem ser mais favoráveis do que as resultantes do presente Tratado.

3. Nenhum acordo concluído por um Estado-membro com um terceiro país e em virtude do qual se acordam concessões tarifárias pode derrogar as obrigações deste Estado-membro emergentes do presente Tratado.

4. As disposições do presente artigo só se aplicam aos produtos enumerados na lista comum.

Art. 19.º (Reexportação de mercadorias e facilidades de trânsito)

1. Os Estados-membros comprometem-se a facilitar o comércio de produtos reexportados entre si. Contudo, nalguns casos definidos de comum acordo os Estados-membros donde são originárias as mercadorias reexportáveis podem opor-se à reexportação das referidas mercadorias.

2. Os Estados-membros concedem liberdade de trânsito através do seu território para as mercadorias destinadas ou provenientes de outro Estado-membro e que tenham de atravessar o território considerado nos termos das disposições do protocolo sobre comércio e facilidades de trânsito junto a este Tratado como Anexo V.

3. Os Estados-membros acordam que as mercadorias importadas para os seus territórios a partir da República da África do Sul não serão reexportadas para o território de nenhum Estado-membro e que as mercadorias importadas pelos Estados-membros a partir de um outro Estado não serão reexportadas para a República Sul Africana.

4. Os Estados-membros acordam ainda que as mercadorias importadas ou reexportadas em violação às disposições dos parágrafos 1 e 3 do presente artigo não poderão beneficiar das facilidades de trânsito e dos privilégios previstos no presente Tratado.

Art. 20.º (Administração aduaneira)

De acordo com as disposições do Anexo II do presente Tratado, os Estados--membros tomam todas as medidas úteis para harmonizar e estandardizar os seus regulamentos e formalidades aduaneiras, de modo a permitir uma aplicação eficaz das disposições do presente Capítulo e para facilitar o movimento de mercadorias e dos serviços ligados ao comércio, através das suas fronteiras.

Art. 21.º (*Drawback*)

1. Durante um período de 10 anos contados a partir da data da entrada em vigor definitiva do presente Tratado, os Estados-membros podem recusar-se a aceitar, como satisfazendo os requisitos necessários para beneficiarem de tratamento preferencial, as mercadorias sobre as quais se reclama ou se utiliza o *drawback* na altura da sua exportação pelo Estado-membro em cujo território as mercadorias sofreram o último processo de produção.

2. No fim do período de dez anos estabelecido no parágrafo 1 do presente Artigo, a Comissão após ter analisado as propostas do Comité aduaneiro e do comércio que o Secretário-Geral lhe tenha transmitido, formula propostas ao Conselho relacionadas com a prorrogação do período de dez anos mencionado no parágrafo 1 deste artigo, com vista à realização dos objectivos do referido parágrafo ou a adaptação de outras disposições a esse respeito.

3. Para os fins do presente artigo:
   a) «*Drawback*» significa todo o acordo, incluindo a admissão temporária de mercadorias livres de direitos aduaneiros ou o reembolso duma parte ou da totalidade dos direitos aduaneiros aplicáveis aos materiais importados, que expressa ou implicitamente permite o reembolso ou a remissão, se as mercadorias forem exportadas, mas não quando forem conservadas para uso interno.
   b) «Remissão» compreende a isenção de direitos sobre os materiais introduzidos nos portos francos, zonas francas ou outros locais que beneficiem de privilégios aduaneiros análogos.

CAPÍTULO V. **Cooperação em alguns domínios específicos**

Art. 22.º (Acordos de compensação e de pagamentos)

De acordo com as disposições do protocolo sobre a compensação e pagamentos junto ao presente Tratado como Anexo VI, os Estados-membros comprometem-se a favorecer as trocas de mercadorias e serviços dentro da Zona de Comércio Preferencial:
   a) Encorajando a utilização de moedas nacionais para liberar as transações realizadas entre si;
   b) Criando organismos apropriados para a regulamentação multilateral dos pagamentos entre si;

c) Reduzindo tanto quanto possível os recursos às divisas para a liquidação das transacções entre si; e

d) Promovendo consultas regulares entre si sobre questões monetárias e financeiras.

Art. 23.º (Transportes e comunicações)

Os Estados-membros, conscientes da importância para o desenvolvimento da Zona de Comércio Preferencial, de ligações eficazes de transportes e comunicações e da eliminação dos obstáculos que bloqueiam os seus sistemas de transportes e comunicações, comprometem-se a estabelecer políticas e sistemas complementares de transportes e comunicações no quadro da Comissão de transportes e comunicações para os Estados da África Oriental e Austral de acordo com as disposições do protocolo sobre a cooperação no domínio dos transportes e comunicações junto ao presente Tratado como Anexo VII. Comprometem-se, igualmente, a expandir as suas ligações actuais de transportes e comunicações e a criar novas ligações como meio de melhorar a coesão física entre si e favorecer a intensificação do movimento de pessoas, de mercadorias e de serviços na Zona de Comércio Preferencial.

Art. 24.º (Desenvolvimento industrial)

A fim de estimular o desenvolvimento industrial na Zona de Comércio Preferencial, os Estados membros, de acordo com as disposições do protocolo sobre a cooperação no domínio do desenvolvimento industrial junto a este Tratado como Anexo VIII, deverão esforçar-se por favorecer a autonomia colectiva, a integração do desenvolvimento industrial, a expansão do comércio de produtos industriais e a criação de meios a formação profissional adequada da Zona de Comércio Preferencial.

Art. 25.º (Desenvolvimento agrícola)

Conscientes do papel vital do desenvolvimento da agricultura, particularmente da produção alimentar, para o desenvolvimento das suas economias, os Estados-membros comprometem-se, de acordo com as disposições do Protocolo sobre a cooperação no domínio da agricultura junto a este Tratado como Anexo IX, a cooperar para a elaboração e aplicação das suas políticas e programas agrícolas e nos diversos domínios da agricultura tais como o abastecimento de bens alimentares de primeira necessidade, a exportação de produtos agrícolas, a criação de agro-indústrias e o estabelecimento de organismos institucionais para o desenvolvimento da agricultura.

Art. 26.º (Formalidades e documentos comerciais)

Os Estados-membros acordam em simplificar e harmonizar as suas formalidades e os seus documentos comerciais, de acordo com o protocolo sobre a simplificação e harmonização das formalidades e dos documentos comerciais junto a este Tratado como Anexo X, de modo a facilitar as trocas de mercadorias e serviços dentro da Zona de Comércio Preferencial.

Art. 27.º (Normalização e controlo da qualidade de mercadorias)
De acordo com as disposições do protocolo sobre a normalização da qualidade das mercadorias junto a este Tratado como Anexo I, os Estados-membros acordam em estabelecer uma política comum no que respeita a estandardização e controlo da qualidade das mercadorias originárias dos Estados-membros e empreender, em matéria de estandardização todas as actividades tendentes a favorecer o comércio dentro da Zona de Comércio Preferencial.

CAPÍTULO VI. **Cooperação em outros sectores**

Art. 28.º (Aspectos de ordem geral e outros)
Sob reserva das disposições do presente Tratado, os Estados-membros comprometem-se a consultarem-se mutuamente, por intermédio das instituições competentes da Zona de Comércio Preferencial, com vista a harmonizar as suas políticas nos domínios onde essa harmonização poderá ser considerada necessária ou aconselhável para o funcionamento e o desenvolvimento eficaz e harmonioso da Zona de Comércio Preferencial e para a execução das disposições do presente Tratado. Em particular, mas sem prejuízo da generalidade das actividades mencionadas anteriormente, os Estados-membros comprometem-se:

a) A favorecer o estabelecimento de contactos directos entre as suas organizações comerciais e a organizar trocas de informações entre estas organizações, a saber, empresas estatais de comércio, organizações de promoção das exportações e de comercialização, câmaras de comércio, associações de homens de negócio e centros de informação e propaganda comerciais;

b) A favorecer a criação de organismos apropriados para a troca de produtos agrícolas, minerais, metais, produtos manufacturados e semi-acabados na Zona de Comércio Preferencial;

c) A favorecer o lançamento de programas comuns de formação profissional e a criação de instituições em vários domínios de modo a contribuir para a formação do pessoal necessário à Zona de Comércio Preferencial;

d) A organizar as actividades das suas sociedades comerciais estatais e privadas para assegurar que elas desempenhem um papel eficaz no desenvolvimento da Zona de Comércio Preferencial;

e) A tomar em comum todas as outras medidas possíveis que visem a realização dos fins da Zona de Comércio Preferencial e a execução das disposições do presente Tratado.

CAPÍTULO VII. Comunidade Económica dos Estados da África Oriental e Austral

Art. 29.º (Criação progressiva de um mercado comum e da comunidade económica dos Estados da África Oriental e Austral)

Dois anos antes de expirar o período de 10 anos contados da data da entrada em vigor definitiva do presente Tratado, a Comissão formulará ao Conselho, para apreciação e submissão à Conferência para aprovação, propostas que, acrescidas às disposições do presente Tratado, deverão ser executadas após a expiração do referido prazo de 10 anos, de modo a contribuir para a transformação da Zona de Comércio Preferencial em mercado comum e ulteriormente numa comunidade económica dos Estados da África Oriental e Austral.

CAPÍTULO VIII. Disposições especiais a favor do Botswana, do Lesotho e da Swazilândia, bem como das Comores e do Djibouti

Art. 30.º (Protocolo sobre o Botswana, o Lesotho e a Swazilândia)

Os Estados-membros acordam que um protocolo sobre a situação excepcional do Botswana, do Lesotho e da Swazilândia no contexto da Zona de Comércio Preferencial deve, tendo em conta a participação desses três países na união aduaneira da África Austral, regulamentar a situação particular dos mesmos e outorgar-lhes isenções temporárias da aplicação plena e total de certas disposições do presente Tratado.

Art. 31.º (Disposições especiais a favor das Comores e do Djibouti)

Os Estados-membros, conscientes da situação económica particular das Comores e do Djibouti, acordam conceder-lhes inscrições temporárias da aplicação plena e total de certas disposições do presente Tratado.

CAPÍTULO IX. O Banco da África Oriental e Austral para o Comércio e o Desenvolvimento

Art. 32.º (Criação)

Será criado logo que a Conferência o julgue oportuno, um banco denominado Banco da África Oriental e Austral para o Comércio e o Desenvolvimento.

Art. 33.º (Objectivos do Banco)

Os objectivos do banco são, entre outros, os seguintes:
  a) Prestar assistência financeira e técnica tendente a favorecer o desenvolvimento económico e social dos Estados-membros, tendo em conta as diferentes condições económicas e outras existentes na Zona de Comércio Preferencial;

b) Promover o desenvolvimento do comércio entre os Estados-membros de acordo com as disposições do presente Tratado, financiando, sempre que necessário, as actividades comerciais relacionadas com as trocas comerciais entre os ditos Estados-membros;
c) Incentivar a Zona de Comércio Preferencial na realização dos seus objectivos sempre que possível através de financiamentos dos projectos destinados a aumentar a complementaridade das economias dos Estados--membros;
d) Complementar as actividades das instituições de desenvolvimento dos Estados-membros pelo financiamento comum das suas operações e pelo recurso a essas instituições como canais de financiamento de projectos particulares;
e) Colaborar, nos termos da sua carta com outras instituições e organizações públicas e privadas, nacionais ou internacionais, que se interessem pelo desenvolvimento ecnómico e social dos Estados membros; e
f) Desenvolver todas as outras actividades e prestar todos os serviços que favoreçam o progresso do Banco em direcção aos seus objectivos.

Art. 34.º (Carta do Banco)
O capital social e as reservas em recursos autorizados para o banco, a determinação das contribuições dos seus membros, as normas que regulamentarão o pagamento das contribuições e as moedas em que as mesmas devem ser feitas, o funcionamento, a organização, a gestão e os estatutos do banco bem como todas as questões complementares e a ele ligadas estarão contidas numa Carta do Banco a ser prescrita pela Conferência.

Art. 35.º (Membros do Banco)
A qualidade de membros do Banco é reservada aos Estados-membros da Zona de Comércio Preferencial bem como às pessoas jurídicas, às empresas ou instituições que, com o consentimento da Conferência possam tornar-se membros do mesmo.

CAPÍTULO X. Disposições Financeiras

Art. 36.º (Orçamento da Zona de Comércio Preferencial)
1. É estabelecido um orçamento para a Zona de Comércio Preferencial.

2. Todas as despesas da Zona de Comércio Preferencial, excluindo as despesas respeitantes ao Banco e à Câmara de compensação, são aprovadas pelo Conselho para cada exercício e são suportadas pelo orçamento.

3. Os fundos do orçamento provém das contribuições anuais dos Estados--membros e de todas as outras fontes que serão determinadas pelo Conselho. As contribuições dos Estados-membros são determinadas em função do orçamento aprovado pelo Conselho.

4. Na determinação da Zona de Comércio Preferencial o Conselho terá em conta o produto nacional bruto e o rendimento nacional por habitante dos Estados--membros bem como as suas exportações no interior da Zona de Comércio Preferencial e, nesta base, atribuirá uma ponderação de 30%, 40% e 30%, respectivamente, a cada um desses critérios.

5. Nenhum Estado-membro pode ser obrigado a pagar uma contribuição superior a 20% ou inferior a 1% do total do orçamento anual da Zona de Comércio Preferencial.

6. A metade da contribuição devida por um Estado-membro será paga ao orçamento da Zona de Comércio Preferencial um mês depois do início do exercício financeiro correspondente e os 50% restantes deverão ser pagos nos seis meses seguintes ao início do exercício financeiro em causa.

7. Um projecto de orçamento para cada exercício é estabelecido pelo Secretário-Geral e aprovado pelo Conselho.

8. São estabelecidos orçamentos especiais para prover as despesas extraordinárias da Zona de Comércio Preferencial.

Art. 37.º (Contribuição dos Estados-membros)

1. O Conselho determina o montante das contribuições dos Estados-membros para o orçamento da Zona de Comércio Preferencial bem como as moedas da liquidação dessas contribuições. Todavia, o Conselho pode isentar as Comores e o Djibouti do pagamento das contribuições previstas no presente parágrafo, durante três anos após a entrada em vigor definitiva deste Tratado, e por conseguinte estes países pagarão as contribuições que o Conselho anualmente determinar, por proposta da Comissão.

2. Se um Estado-membro tiver um atraso de mais de um ano no pagamento da sua contribuição por razões que não sejam desordens públicas ou calamidades naturais ou qualquer outra circunstância excepcional que afecte gravemente a sua economia, esse Estado-membro, por uma resolução da Conferência, pode ser privado do direito de tomar parte nas actividades da Zona de Comércio Preferencial e cessa de beneficiar das vantagens proporcionadas pelo presente Tratado.

Art. 38.º (Comité dos inspectores de finanças e contas da Zona de Comércio Preferencial)

1. As contas da Zona de Comércio Preferencial para cada exercício são verificadas durante o exercício financeiro seguinte por um Comité de inspectores de finanças constituído nos termos do § 2 do presente artigo e designado neste Tratado «Comité dos inspectores de finanças».

2. O Comité dos inspectores de finanças compõe-se de cinco pessoas, escolhidas entre cinco Estados-membros designados regularmente pelo Conselho sob proposta da Comissão e escolhidos pelos referidos Estados-membros entre as pessoas qualificadas Como inspectores de finanças de acordo com as leis vigentes nesses Estados-membros.

3. O Comité dos inspectores de finanças actua em conformidade com todas as directivas gerais ou específicas do Conselho salvo para:

a) Determinar as suas próprias normas de procedimento; e

b) Submeter o seu relatório sobre as contas ao Secretário-Geral o mais tardar seis meses após ter terminado o exercício financeiro a que dizem respeito as contas verificadas.

4. Ao receber o relatório do Comité dos inspectores de finanças o Secretário-Geral distribui cópias a todos os Estados-membros e convoca uma reunião da Comissão para que a mesma analise o relatório e faça as recomendações pertinentes de o submeter ao Conselho para adopção.

5. O Conselho pode elaborar regulamentos com vista a uma melhor aplicação das disposições do presente artigo e sem prejuízo do conteúdo global das disposições precedentes, os referidos regulamentos podem conter as condições de emprego dos membros dos inspectores de finanças e os poderes do referido Comité.

Art. 39.º (Regulamento financeiro)

O Conselho estabelece o regulamento financeiro que rege a aplicação das disposições do presente Capítulo.

CAPÍTULO XI. Resolução de litígios

Art. 40.º (Procedimento para a resolução de litígios)

Qualquer litígio que ocorra entre os Estados-membros resultante da interpretação e aplicação das disposições do presente Tratado é solucionado amigavelmente por acordo entre as partes em querela. Se as partes em causa não conseguirem solucionar os seus litígios, o assunto pode ser enviado ao Tribunal por uma das partes em litígio; a decisão do Tribunal não tem recurso.

CAPÍTULO XII. Disposições Gerais e Transitórias

Art. 41.º (Sede da Zona de Comércio Preferencial)

A sede da Zona de Comércio Preferencial é determinada pela Conferência.

Art. 42.º (Línguas oficiais)

As línguas oficiais da Zona de Comércio Preferencial são o inglês, o francês e o português.

Art. 43.º (Relações com outras organizações regionais)

1. Sob reserva das disposições do Artigo 4.º do presente Tratado, os Estados-membros podem ser membros doutras associações regionais ou sub-regionais de carácter técnico, científico e económico, seja com outros Estados-membros ou não, com o objectivo de reforçar a cooperação entre si.

2. O Secretário-Geral esforçar-se-á por coordenar as actividades da Zona de Comércio Preferencial com as das organizações mencionadas no parágrafo 1 do presente artigo.

3. A Zona de Comércio Preferencial mantém a título permanente relações com a Organização da Unidade Africana, a Comissão Económica para a África e todas as organizações inter-governamentais da sub-região capazes de a ajudar a aplicar as disposições do presente Tratado.

Art. 44.º (Estatuto, privilégios e imunidades)

1. A Zona de Comércio Preferencial beneficia de personalidade jurídica internacional.
2. No território dos Estados-membros, ela beneficia:
   a) Da capacidade jurídica de que necessita para exercer as suas funções decorrentes do presente Tratado;
   b) Do poder de adquirir ou dispor de bens móveis e imóveis de acordo com as leis e regulamentos vigentes em cada Estado-membro.
3. A Zona de Comércio Preferencial, no uso da sua personalidade jurídica, é representada pelo Secretário-Geral.
4. Os privilégios e imunidades a reconhecer e outorgar em benefício dos Estados-membros no âmbito da Zona de Comércio Preferencial são determinados pelo Conselho.
5. O Secretário-Geral, agindo em nome da Zona de Comércio Preferencial, conclui com o Governo do Estado-membro em cujo território a sede e as outras instituições da Zona de Comércio Preferencial serão estabelecidas, um acordo sobre a capacidade jurídica, os privilégios e as imunidades a reconhecer ou a outorgar relativamente à Zona de Comércio Preferencial.

Art. 45.º (Disposições transitórias)

1. A Conferência na sua primeira reunião:
   a) Nomeia o Secretário-Geral;
   b) Determina o local onde ficará situada a sede da Zona de Comércio Preferencial e, se for necessário, toma às medidas necessárias para a instituição dum secretário interino; e
   c) Comunica ao Conselho e às outras instituições da Zona de Comércio Preferencial as directivas necessárias para uma rápida e eficaz implementação do presente Tratado.
2. Sob reserva das disposições do parágrafo 1 do presente Artigo, o Conselho nos dois meses seguintes à entrada em vigor provisória do presente Tratado, realiza a sua primeira reunião e:
   a) Procede à nomeação das pessoas chamadas a ocupar os postos do secretariado, de acordo com as disposições do presente Tratado;
   b) Dá as suas directivas a instituições subordinadas à Zona de Comércio Preferencial;

c) Dá todas as directivas necessárias ao Secretário-Geral respeitantes à implementação do presente Tratado; e

d) Desempenha todas as tarefas julgadas necessárias para uma rápida e eficaz implementação do presente Tratado.

Art. 46.º (Adesão ou associação de outros países à Zona de Comércio Preferencial)

Os Estados-membros ficam habilitados a negociarem em conjunto com qualquer Estado africano que não conste da lista mencionada no parágrafo 2 do Artigo 2.º do presente Tratado, mas que seja vizinho imediato de um Estado-membro e que tenha dado a conhecer ao Secretário-Geral a sua intenção de aderir à Zona de Comércio Preferencial ou de concluir acordos de cooperação com a mesma.

Art. 47.º (Emendas)

1. Qualquer Estado-membro está habilitado a apresentar uma proposta tendente a emendar o presente Tratado.

2. As propostas para emendar o presente Tratado são apresentadas ao Secretáro-Geral que as comunica aos Estados-membros.

3. Todas as propostas para emendar o presente Tratado são submetidas pelo Secretário-Geral através do Conselho à Conferência para análise, no prazo máximo de seis meses após os Estados-membros terem recebido a notificação, nos termos das disposições do parágrafo 2 do presente Artigo.

4. Qualquer modificação ao presente Tratado, deverá ser adoptada pela Conferência e só entrará em vigor após ter sido ratificada pela maioria de dois terços dos Estados-membros.

Art. 48.º (Retirada)

1. Qualquer Estado-membro que deseje retirar-se da Zona de Comércio Preferencial avisa o Secretário-Geral da sua intenção por escrito e com uma antecedência de um ano ao fim do qual ele deixa de ser membro da Zona de Comércio Preferencial se, entretanto, o aviso não for anulado.

2. Durante o período de um ano mencionado no parágrafo 1 do presente Artigo, qualquer Estado-membro que deseje retirar-se da Zona de Comércio Preferencial cumpre, todavia, as disposições do presente Tratado e responde pelas obrigações contraídas nos termos deste Tratado.

Art. 49.º (Anexos do Tratado)

Os anexos do presente Tratado são parte integrante do mesmo

Art. 50.º (Entrada em vigor, ratificação e adesão)

1. O presente Tratado entra em vigor a título provisório, desde que tenha sido assinado pelas altas partes contratantes ou em seu nome, e a título definitivo logo que tiver sido ratificado pelo menos por sete Estados signatários.

2. Qualquer Estado mencionado no parágrafo 2 do Artigo 2.º do presente Tratado pode aderir ao presente Tratado nas condições que a Conferência está habilitada a determinar. No caso de um Estado aderente, o presente Tratado entra em vigor à data do depósito do instrumento de adesão.

Art. 51.º (Depositário)

1. O presente Tratado e todos os instrumentos de ratificação e adesão são depositados junto do Secretário Executivo da Comissão Económica das Nações Unidas para a África que enviará cópias certificadas do presente Tratado a todos os Estados-membros.

2. O Secretário Executivo da Comissão Económica das Nações Unidas para a África notifica os Estados-membros sobre as datas de depósito dos instrumentos de ratificação e de adesão e regista o presente Tratado na Organização das Nações Unidas, na Organização da Unidade Africana e em outras organizações a determinar pelo Conselho.

Feito em Lusaka, República da Zâmbia, aos 21 de Dezembro de 1981, nas línguas inglesa, francesa e portuguesa, sendo os três textos igualmente autênticos.

Por ser verdade, os abaixo designados vão apôr suas assinaturas na parte final do presente Tratado bem como nos seus anexos:

O Presidente da República Popular de Angola
O Presidente da República do Botswana
P'lo Presidente da República Federal Islâmica das Comores
P'lo Presidente da República do Djibouti
O Presidente do Conselho Administrativo Militar Provisório da Comissão Organizativa do Partido do Povo Trabalhador da Etiópia e Comandante em Chefe do Exército Revolucionário da Etiópia Socialista
O Presidente da República do Quénia
Sua Majestade o Rei do Reino do Lesotho
O Presidente da República Democrática do Madagáscar
O Presidente Vitalício da República do Malawi
O Primeiro-Ministro das Maurícias
O Presidente da República Popuular de Moçambique
O Chefe de Estado e do Governo, Presidente Fundador do Movimento Nacional Revolucionário para o Desenvolvimento e Presidente da República do Ruanda
O Presidente da República das Seychclles
O Presidente da República Democrática da Somália
Sua Majestade o Rei do Reino da Suazilândia
O Presidente da República Unida da Tanzânia
O Presidente da República do Uganda

X – Protocolo para a Criação de uma Zona de Comércio Preferencial (PTA)

O General das Forças Armadas, Presidente Fundador do Movimento Popular da Revolução e Presidente da República do Zaire
O Presidente da República da Zâmbia
O Presidente da República do Zimbabwe

Resolução n.º 3/91, de 2 de Julho

Materializando o princípio de incrementar, acelerar e estimular o desenvolvimento económico e social, conscientes de que o progresso e desenvolvimento do continente africano bem como o estabelecimento de um mercado comum africano exigem uma efectiva cooperação económica, os países da África Oriental e Austral adoptaram o Protocolo para a criação de uma Zona de Comércio Preferencial, designada PTA.

A República de Moçambique, como Estado integrante da zona da PTA, aderiu no Tratado em Abril de 1989, tendo na ocasião solicitado algumas derrogações na aplicação de determinadas cláusulas atendendo à situação económica em que o país se encontra.

Neste termos, ao abrigo da alínea k) do n.º 2 do artigo 135.º da Constituição, a Assembleia da República determina:

Único. É ratificado o Tratado para a criação de uma Zona de Comércio Preferencial para os Estados da África Oriental e Austral, designada por PTA.

Aprovada pela Assembleia da República.

Publique-se.

O Presidente da Assembleia da República, Marcelino dos Santos.

XI – TRATADO CONSTITUTIVO DA COMUNIDADE ECONÓMICA AFRICANA

Preâmbulo

Nós, Chefes de Estado e de Governo dos Estados Membros da Organização da Unidade Africana (O. U. A.):
1. Presidente da República Argelina Democrática e Popular
2. Presidente da República Popular de Angola
3. Presidente da República do Benim
4. Presidente da República do Botswana
5. Presidente da República do Burkina Faso
6. Presidente da República do Burundi
7. Presidente da República Unida dos Camarões
8. Presidente da República de Cabo Verde
9. Presidente da República Centro-Africana
10. Presidente da República do Chade
11. Presidente da República Federal Islâmica das Comores
12. Presidente da República Popular do Congo
13. Presidente da República da Costa do Marfim
14. Presidente da República de Djibouti
15. Presidente da República Árabe do Egipto
16. Presidente da República Popular Democrática da Etiópia
17. Presidente da República do Gabão
18. Presidente da República da Gâmbia
19. Presidente da República de Gana
20. Presidente da República da Guiné
21. Presidente da República da Guiné-Bissau
22. Presidente da República da Guiné Equatorial
23. Rei do Lesotho
24. Presidente da República da Libéria
25. Guia da Grande Jamahiriya Árabe Líbia Popular e Socialista
26. Presidente da República Democrática de Madagáscar
27. Presidente da República do Malawi

28. Presidente da República do Mali
29. Primeiro-Ministro da República das Maurícias
30. Presidente da República Islâmica da Mauritânia
31. Presidente da República de Moçambique
32. Presidente da República da Namíbia
33. Presidente da República do Níger
34. Presidente da República da Nigéria
35. Presidente da República do Quénia
36. Presidente da República do Ruanda
37. Presidente da República Árabe Saharawi Democrática
38. Presidente da República de São Tomé e Príncipe
39. Presidente da República do Senegal
40. Presidente da República da Serra Leoa
41. Presidente da República das Seychelles
42. Presidente da República da Somália
43. Presidente da República do Sudão
44. Rei da Suazilândia
45. Presidente da República Unida da Tanzânia
46. Presidente da República do Togo
47. Presidente da República da Tunísia
48. Presidente da República do Uganda
49. Presidente da República do Zaire
50. Presidente da República da Zâmbia
51. Presidente da República do Zimbabwe

Tendo presentes os princípios do Direito Internacional que regem as relações entre Estados,

Considerando os princípios e objectivos enunciados na Carta da Organização da Unidade Africana,

Conscientes de que é nosso dever desenvolver todos os recursos humanos e naturais do Continente e colocá-los ao serviço do bem-estar geral dos nossos povos em todos os domínios da actividade humana,

Reconhecendo os diversos factores que impedem o desenvolvimento do Continente e, deste modo, comprometem gravemente o futuro dos seus povos,

Considerando as várias Resoluções e Declarações adoptadas pela nossa Conferência nas Cimeiras de Argel, em Setembro de 1968, de Addis-Abeba, em Agosto de 1970 e em Maio de 1973, que estipulam que a integração económica do Continente constitui uma condição essencial para a realização dos objectivos da OUA,

Considerando, por outro lado, a nossa decisão adoptada em Libreville em Julho de 1977, ratificando a Declaração de Kinshasa adoptada pelo Conselho de Ministros em Dezembro de 1976, e relativa à criação de uma Comunidade Económica Africana, objectivo esse a ser atingido em etapas sucessivas,

Considerando, igualmente, a nossa «Declaração de Compromisso de Monróvia sobre os princípios orientadores a seguir e as medidas a tomar para alcançar a auto-suficiência nacional e colectiva nos domínios do desenvolvimento económico e social para a instauração de uma Nova Ordem Económica Internacional» que, entre outros aspectos, preconiza a criação de um Mercado Comum Africano, prelúdio de uma Comunidade Económica Africana,

Considerando ainda o Plano de Acção de Lagos e a Acta Final de Lagos de Abril de 1980, que reafirmam o nosso engajamento de criar até ao ano 2000 uma Comunidade Económica Africana a fim de assegurar a integração económica, social e cultural do nosso Continente,

Considerando finalmente a nossa Declaração, feita por ocasião do 25.º Aniversário da OUA, e particularmente a reafirmação do nosso engajamento e da nossa determinação em tomar as medidas que se impõem para acelerar a realização do projecto de criação da Comunidade Económica Africana.

Registando que os esforços até agora envidados nos domínios da cooperação económica sectorial sub-regional e regional são encorajadores e justificam uma integração económica mais ampla e mais completa,

Reconhecendo a necessidade de distribuir de forma justa e equitativa as vantagens da cooperação entre os Estados-membros a fim de promover um desenvolvimento económico equilibrado em todas as partes do Continente,

Decidimos criar uma Comunidade Económica Africana como parte integrante da OUA e acordamos no seguinte:

CAPÍTULO I. **Definições**

Art. 1.º

Nos termos do presente tratado entende-se por:
- *a)* «Tratado», o Tratado que institui a Comunidade;
- *b)* «Protocolo», o instrumento de aplicação do Tratado com a mesma força jurídica que este;
- *c)* «Comunidade», a estrutura orgânica de integração económica criada nos termos do artigo 2.º do presente Tratado, e que faz parte integrante da OUA;
- *d)* «Região», a região da OUA tal como definida pela Resolução CM/Res. 464 (XXVI) do Conselho de Ministros da OUA relativa à subdivisão da África em 5 (cinco) regiões, a saber: África do Norte, África Ocidental, África Oriental África Central e África Austral;
- *e)* «Sub-Região», o conjunto formado por, pelo menos, 3 (três) Estados de uma mesma ou de diferentes regiões de acordo com a definição do parágrafo (d) do presente artigo;
- *f)* «Estado-membro», o Estado-membro da Comunidade;
- *g)* «Terceiro Estado» qualquer Estado que não é Estado-membro;

h) «Conferência», a Conferência dos Chefes de Estado e de Governo da OUA, nos termos dos arts. 7.º e 8.º do presente Tratado;
i) «Conselho», o Conselho de Ministros da OUA, nos termos dos arts. 7.º e 11.º do presente Tratado;
j) «Parlamento Pan-Africano», a assembleia parlamentar criada nos termos dos artigos 7.º e 14.º do presente Tratado;
k) «Comissão», a Comissão Económica e Social da OUA, tal como previsto nos artigos 7.º e 15.º do presente Tratado;
l) «Comité», qualquer Comité Técnico Especializado criado nos termos dos artigos 7.º e 25.º do presente Tratado ou em virtude destes;
m) «Tribunal de Justiça», o Tribunal de Justiça da Comunidade criado nos termos dos artigos 7.º e 18.º do Tratado;
n) «Secretariado», o Secretariado-Geral da OUA, tal como disposto nos artigos 7.º e 21.º do presente Tratado;
o) «Secretário-Geral», o Secretário-Geral da OUA, tal como disposto no artigo 22.º do presente Tratado;
p) «Direitos aduaneiros», os direitos aduaneiros protectores e os impostos e taxas de efeito equivalente cobrados sobre as mercadorias em virtude da sua importação;
q) «Direitos e taxas de exportação», os direitos de saída e os impostos e taxas de efeito equivalente cobrados sobre as mercadorias em virtude da sua exportação;
r) «Direitos e impostos e taxas aduaneiras», o conjunto dos direitos, impostos e taxas tal como definidos nos parágrafos p) e q) do presente artigo;
s) «Barreiras não-tarifárias», entraves às trocas comerciais constituídos por obstáculos outros que não os fiscais;
t) «Regime de trocas intra-comunitárias», o conjunto dos privilégios concedidos às mercadorias mencionadas no parágrafo 1 do artigo 33.º do presente Tratado;
u) «Mercadorias em trânsito», as mercadorias transportadas entre dois Estados-membros ou entre um Estado-membro e um terceiro Estado e que passam através de um ou vários Estados-membros;
v) «Acordo ou troca» ou «trocas compensadas», todo o acordo nos termos do qual bens ou serviços são importados por um Estado-membro e que podem ser pagos, na totalidade ou parcialmente, através da troca directa por outros bens e serviços;
w) «Fundo», o Fundo de Solidariedade, Desenvolvimento e Compensação da Comunidade criado nos termos do artigo 80.º do presente Tratado;
x) «Pessoa», uma pessoa natural ou jurídica.

CAPÍTULO II. Criação, princípios, objectivos, compromisso geral e modalidades

Art. 2.º (Criação da Comunidade)

Pelo presente Tratado, as Altas Partes Contratantes criam entre elas uma Comunidade Económica Africana.

Art. 3.º (Princípios)

As Altas Partes Contratantes, na prossecução dos objectivos enunciados no artigo 4.º do presente Tratado afirmam e declaram solenemente a sua adesão aos princípios fundamentais seguintes:

a) Igualdade e inter-dependência dos Estados-membros;
b) Solidariedade e autonomia colectiva;
c) Cooperação inter-Estados, harmonização de políticas e integração de programas;
d) Promoção de um desenvolvimento harmonioso das actividades económicas entre os Estados-membros;
e) Respeito pelo sistema jurídico da Comunidade;
f) Solução pacífica dos diferendos entre Estados-membros, cooperação activa entre países vizinhos e promoção de um ambiente, de paz como condições prévias para o desenvolvimento económico;
g) Respeito, promoção e protecção dos direitos do homem e dos povos, em conformidade com as disposições da Carta Africana dos Direitos do Homem e dos Povos; e
h) Responsabilidade, justiça económica e participação popular no desenvolvimento.

Art. 4.º (Objectivos)

1. Os objectivos da Comunidade são os seguintes:

a) Promover o desenvolvimento económico, social e cultural, bem como a integração das economias africanas com vista a ampliar a auto-suficiência económica e favorecer um desenvolvimento endógeno e auto-sustentado;
b) Criar, à escala continental, um quadro para o desenvolvimento, a mobilização e a utilização dos recursos humanos e materiais da África, com vista a um desenvolvimento auto-suficiente;
c) Promover a cooperação e o desenvolvimento em todos os domínios da actividade humana com vista a elevar o nível de vida dos povos africanos, manter e reforçar a estabilidade económica, instaurar estreitas relações pacíficas entre os Estados-membros e contribuir para o progresso, o desenvolvimento e a integração económica do Continente; e
d) Coordenar e harmonizar as políticas entre as comunidades económicas existentes e futuras, com vista ao progressivo estabelecimento da Comunidade.

2. Para promover a realização dos objectivos definidos no parágrafo 1 deste artigo, e em conformidade com as disposições pertinentes do presente Tratado, a Comunidade deverá assegurar, por etapas:

   a) O reforço das comunidades económicas regionais existentes e a criação de outras, caso elas não existam;
   b) A conclusão de acordos com vista à harmonização e coordenação de políticas entre as comunidades económicas sub-regionais e regionais existentes e futuras;
   c) A promoção e o reforço de programas conjuntos de investimento na produção e comercialização dos principais produtos e factores de produção no quadro de uma autonomia colectiva;
   d) A liberalização das trocas através da eliminação entre os Estados membros, dos direitos aduaneiros e de quaisquer outros impostos e taxas de efeito equivalente na importação e exportação de mercadorias e a abolição entre os Estados membros, das barreiras não tarifárias, com vista à criação de uma zona de livre troca a nível de cada comunidade económica regional;
   e) A harmonização das políticas nacionais com vista à promoção de actividades comunitárias, particularmente nos domínios da agricultura, da indústria, dos transportes e comunicações, da energia, dos recursos naturais, do comércio, da moeda e finanças, dos recursos humanos, da educação, da cultura, da ciência e da tecnologia;
   f) A adopção de uma política comercial comum em relação a terceiros Estados;
   g) A criação e manutenção de uma tarifa exterior comum;
   h) A criação de um mercado comum;
   i) A abolição progressiva entre os Estados-membros, dos obstáculos à livre circulação de pessoas, bens, serviços e capitais e aos direitos de residência e estabelecimento;
   j) A criação de um Fundo de Solidariedade, Desenvolvimento e Compensação da Comunidade;
   k) A concessão de tratamentos particulares e a adopção de medidas especiais a favor dos Estados-membros menos avançados, encravados, insulares e semi-encravados;
   l) A harmonização e racionalização das actividades das instituições multinacionais africanas existentes e a criação de novas, caso necessário, a fim de transformá-las, eventualmente, em órgãos da Comunidade;
   m) A criação de órgãos apropriados para o comércio de produtos agrícolas e culturais, minerais e metais, produtos manufacturados e semi-acabados no seio da Comunidade;
   n) O estabelecimento de contratos e a promoção do intercâmbio de informações entre as organizações comerciais, tais como as empresas comerciais

estatais, as organizações de promoção das exportações e da comercialização, as Câmaras de comércio, as associações de homens de negócios e os centros de publicidade e de informação comercial;
o) A harmonização e coordenação das políticas de protecção do meio-ambiente; e
p) Qualquer outra actividade que vise alcançar os objectivos comunitários e que os Estados-membros possam, caso necessário, decidir empreender em comum.

Art. 5.º (Compromisso geral)

1. Os Estados-membros comprometem-se a orientar os seus esforços no sentido de reunir as condições favoráveis ao desenvolvimento da Comunidade e à realização dos objectivos desta, nomeadamente através da harmonização das suas estratégias e políticas. Eles abstêm-se de tomar qualquer medida unilateral susceptível de comprometer a realização desses mesmos objectivos.

2. Cada Estado-membro compromete-se a tomar todas as medidas apropriadas, em conformidade com os seus procedimentos constitucionais, a fim de assegurar a adopção e a difusão dos textos legislativos necessários à execução das disposições do presente Tratado.

3. Qualquer Estado-membro que viole, de forma persistente, o seu compromisso geral para com as disposições do presente Tratado, as decisões ou os regulamentos comunitários, pode ser sancionado pela Conferência, mediante recomendação do Conselho. Tais sanções poderão incluir, nomeadamente, a suspensão dos direitos e privilégios desse Estado-membro e o seu levantamento é decidido pela Conferência mediante recomendação do Conselho.

Art. 6.º (Modalidade de estabelecimento da Comunidade)

1. A Comunidade será progressivamente estruturada durante um período de transição de 34 (trinta e quatro) anos, no máximo, subdividido em 6 (seis) etapas de duração variável.

2. A cada etapa corresponde um conjunto de acções específicas que devem ser realizadas de forma integrada, como a seguir:
   a) Primeira etapa:
   Reforço do quadro institucional das comunidades económicas regionais existentes e criação de novas comunidades económicas regionais onde elas não existem, no prazo máximo de 5 (cinco) anos a contar da data da entrada em vigor do presente Tratado.
   b) Segunda etapa:
   i) A nível de cada comunidade económica regional, e durante um período máximo de 8 (oito) anos, estabilização das barreiras tarifárias e não tarifárias, dos direitos aduaneiros e impostos e taxas internas existentes na data de entrada em vigor deste Tratado; elaboração e adopção de estudos para a definição de um calendário para a progressiva

eliminação de barreiras tarifárias e não tarifárias ao comércio regional intra-comunitário, bem como para a gradual harmonização dos direitos aduaneiros em relação a terceiros Estados.

ii) Reforço da integração sectorial, aos níveis regional e continental, em todas as áreas de actividade e particularmente nos domínios do comércio, da agricultura, da moeda e finanças, dos transportes e comunicações, da indústria e da energia; e

iii) Coordenação e harmonização das actividades entre as comunidades económicas existentes e futuras.

c) Terceira etapa:
A nível de cada comunidade económica regional, e durante um período máximo de 10 (dez) anos, criação de uma Zona de Livre Troca, através da aplicação do calendário para a progressiva eliminação dos obstáculos tarifários e não-tarifários ao comércio intra-comunitário e criação de uma União Aduaneira mediante a adopção de uma tarifa exterior comum.

d) Quarta etapa:
Durante um período máximo de 2 (dois) anos, coordenação e harmonização dos sistemas tarifários e não tarifários entre as diferentes comunidades económicas regionais com vista à criação de uma União Aduaneira a nível continental, através da adopção de uma tarifa exterior comum.

e) Quinta etapa:
Durante um período máximo de 4 (quatro) anos, estabelecimento de um Mercado Comum Africano, através:

i) Da adopção de uma política comum em determinadas áreas tais como a agricultura, os transportes e comunicações, a indústria, a energia e a investigação científica;

ii) Da harmonização das políticas monetárias, financeiras e fiscais;

iii) Da aplicação do princípio da livre circulação de pessoas, bem como dos direitos de residência e estabelecimento; e

iv) Da constituição de recursos próprios da Comunidade, nos termos do parágrafo 2 do Artigo 82.º deste Tratado.

f) Sexta etapa:
Durante um período máximo de 5 (cinco) anos:

i) Consolidação e reforço do Mercado Comum Africano através da livre circulação de pessoas, bens, capitais e serviços, assim como da aplicação efectiva dos direitos de residência e estabelecimento;

ii) Integração de todos os sectores, a saber o económico, o político, o social e o cultural; criação de um mercado interno único e de uma união económica e monetária Pan-Africana;

iii) Finalização da estruturação de um Fundo Monetário Africano, criação de um Banco Central Africano único e de uma moeda africana única;

iv) Finalização da estruturação do Parlamento Pan-Africano e eleição dos seus membros por sufrágio universal a nível continental;

v) Finalização do processo de harmonização e de coordenação das actividades das comunidades económicas regionais;
vi) Finalização da estruturação de empresas multinacionais africanas em todos os sectores; e
vii) Finalização do processo de estabelecimento da estrutura dos órgãos executivos da Comunidade.

3. Todas as medidas previstas no âmbito do presente Tratado que visam a promoção de um desenvolvimento harmonioso e equilibrado entre os Estados membros, nomeadamente a elaboração de projectos e programas multinacionais, serão executadas simultaneamente com a realização dos objectivos das diferentes etapas enunciadas do parágrafo 2 deste artigo.

4. A transição de uma etapa para outra é decidida quando os objectivos específicos definidos pelo presente Tratado ou pela Conferência para essa mesma etapa forem alcançados e tiverem sido respeitados todos os compromissos. A Conferência, mediante recomendação do Conselho, confirma que foram atingidos os objectivos fixados para uma dada etapa e aprova a passagem à etapa seguinte.

5. Não obstante o disposto no parágrafo anterior, o período de transição não poderá exceder o prazo de 40 (quarenta) anos, no máximo, contado a partir da data da entrada em vigor do presente Tratado.

CAPÍTULO III. **Órgãos da Comunidade**

Art. 7.º (Órgãos)

1. São órgãos da Comunidade:
a) A Conferência dos Chefes de Estado e de Governo;
b) O Conselho de Ministros;
c) O Parlamento Pan-Africano;
d) A Comissão Económica e Social;
e) O Tribunal de Justiça;
f) O Secretariado;
g) Os Comités Técnicos Especializados.

2. Os órgãos da Comunidade exercem as suas funções e actuam nos limites dos poderes que lhes são conferidos pelo presente Tratado.

Art. 8.º (Conferência dos Chefes de Estado e de Govemo: composição e competência)

1. A Conferência é o órgão supremo da Comunidade.
2. A Conferência é responsável pela realização dos objectivos da Comunidade.
3. Assim, a Conferência:
a) Define a política geral e as grandes orientações da Comunidade, dá directivas, coordena e harmoniza as políticas económicas, científicas, técnicas, culturais e sociais dos Estados membros;

b) Toma, em conformidade com as disposições do presente Tratado, quaisquer medidas para alcançar os objectivos da Comunidade;
c) Assegura o controle do funcionamento dos Órgãos da Comunidade bem como o acompanhamento da realização dos seus objectivos;
d) Estabelece e adopta o seu regulamento interno;
e) Aprova o organigrama do Secretariado;
f) Elege o Secretário-Geral e os seus adjuntos, e nomeia, sob recomendação do Conselho, o Controlador Financeiro, o Contabilista e os Auditores Externos;
g) Adopta o estatuto e o regulamento do pessoal do Secretariado;
h) Sob recomendação do Conselho, toma decisões e dá orientações relativas às comunidades económicas regionais com vista à realização dos objectivos da Comunidade;
i) Aprova, mediante recomendação do Conselho, o programa de actividades e o orçamento da Comunidade e fixa, sob proposta do Conselho, a contribuição anual de cada Estado-membro;
j) Delega no Conselho o poder de tomar decisões nos termos do artigo 10.º do presente Tratado;
k) Submete a questão ao Tribunal de Justiça, se confirmar por uma maioria absoluta de votos que um Estado-membro ou Órgão da Comunidade não respeitou alguma das suas obrigações, agiu fora dos limites da sua competência ou abusou dos poderes que lhe conferem as disposições do presente Tratado, uma decisão da Conferência ou um regulamento do Conselho;
l) Solicita, caso necessário, ao Tribunal de Justiça pareceres consultivos sobre qualquer questão jurídica; e
m) Exerce quaisquer outros poderes que lhe sejam conferidos por este Tratado.
4. No desempenho das suas funções, a Conferência é apoiada pelo Conselho.

Art. 9.º (Sessões)

1. A Conferência reúne-se uma vez por ano em sessão ordinária. Pode ser convocada, em sessão extraordinária, por iniciativa do seu Presidente ou a pedido de um Estado-membro que obtenha a aprovação de dois terços dos membros da Conferência.

2. A presidência da Conferência é assegurada anualmente por um dos Chefes de Estado e de Governo eleito pela Conferência após consultas entre os Estados-membros.

Art. 10.º (Decisões)

1. A Conferência exerce a sua competência legislativa através de decisões.

2. Sem prejuízo do disposto no parágrafo 5 do artigo 18.º, as decisões são obrigatórias para os Estados-membros, para os órgãos da Comunidade, assim como para as comunidades económicas regionais.

3. As decisões entram automaticamente em vigor 30 (trinta) dias após a data da sua assinatura pelo Presidente da Conferência e são publicados no jornal oficial da Comunidade.

4. Salvo disposição em contrário do presente Tratado, as decisões são adoptadas por consenso ou, na falta deste, por uma maioria de dois terços dos Estados-membros.

Art. 11.º (Conselho de Ministros: composição, atribuições e poderes)
1. O Conselho de Ministros é o Conselho de Ministros da OUA.
2. Ao Conselho compete assegurar o funcionamento e o desenvolvimento da Comunidade.
3. Para esse efeito, o Conselho:
   a) Faz recomendações à Conferência sobre qualquer acção orientada para a realização dos objectivos da Comunidade;
   b) Orienta as actividades dos outros Órgãos subordinados da Comunidade;
   c) Submete à Conferência os projectos de programas de actividades e de orçamento da Comunidade e propõe-lhe o montante da contribuição anual de cada Estado-membro;
   d) Propõe à Conferência a nomeação do Controlador Financeiro, do Contabilista e dos Auditores Externos;
   e) Elabora e adopta o seu regulamento interno;
   f) Solicita, caso necessário, ao Tribunal de Justiça pareceres sobre qualquer questão jurídica; e
   g) Exerce quaisquer outras atribuições que lhe forem acometidas por este Tratado e quaisquer outros poderes que lhe sejam delegados pela Conferência.

Art. 12.º (Sessões)
1. O Conselho reúne-se duas vezes por ano em sessão ordinária. Uma das sessões deve preceder a sessão ordinária da Conferência. Ele pode ser convocado em sessão extraordinária por iniciativa do seu Presidente ou a pedido dum Estado-membro que obtenha a aprovação de dois terços dos seus membros.

2. A presidência do Conselho é ocupada pelo Ministro de um Estado-membro eleito pelo Conselho após consultas entre os seus membros.

Art. 13.º (Regulamentos)
1. Os actos normativos do Conselho denominam-se regulamentos.
2. Sem prejuízo do disposto no parágrafo 5 do artigo 18.º, os regulamentos têm força obrigatória para os Estados-membros, para os Órgãos subordinados e para as comunidades económicas regionais, após a sua aprovação pela Conferência. Não obstante as disposições precedentes, esses regulamentos são automaticamente vinculatórios em caso de delegação de poderes pela Conferência nos termos da alínea *j)* do parágrafo 3 do artigo 8.º do presente Tratado.

3. Os regulamentos entram em vigor 30 (trinta) dias após a data da sua assinatura pelo Presidente do Conselho e são publicados no jornal oficial da Comunidade.

4. Salvo disposição em contrário do presente Tratado, os regulamentos são adoptados por consenso ou, na falta deste, por maioria de dois terços dos Estados--membros.

Art. 14.º (Parlamento Pan-Africano)

1. Com vista a assegurar a plena participação dos povos africanos no desenvolvimento e integração económicos do Continente, é criado um Parlamento Pan--Africano.

2. A composição, as atribuições, os poderes e a organização do Parlamento Pan-Africano são definidos num protocolo pertinente.

Art. 15.º (Comissão Económica e Social: composição e participação)

1. A Comissão é a Comissão Económica e Social da OUA.

2. A Comissão é integrada pelos Ministros responsáveis pelo desenvolvimento, planificação e integração económicos de cada um dos Estados-membros. Eles podem, se necessário, ser assistidos por outros Ministros.

3. Os representantes das comunidades económicas regionais participam nas reuniões da Comissão e dos seus Órgãos subsidiários. As modalidades e condições da sua participação são reguladas pelos protocolos sobre as relações da Comunidade com as organizações sub-regionais e regionais africanas e com terceiros Estados. Os representantes de outras organizações podem ser convidados a participar igualmente nos trabalhos da Comissão, na qualidade de observadores.

Art. 16.º (Atribuições)

A Comissão tem por atribuições:

a) Preparar, em conformidade com o Plano de Acção de Lagos e a Acta Final de Lagos, projectos de programas, políticas e estratégias de cooperação no domínio económico e social entre os países africanos, por um lado, e entre a África e a Comunidade Internacional, por outro lado, e fazer as pertinentes recomendações à Conferência por intermédio do Conselho;

b) Coordenar, harmonizar e supervisionar as actividades económicas, sociais, culturais, científicas e técnicas do Secretariado, dos Comités e de qualquer outro Órgão subsidiário e garantir o seu acompanhamento;

c) Analisar os relatórios e recomendações dos Comités e submetê-los, juntamente com as suas observações, e recomendações à Conferência, através do Conselho;

d) Fazer recomendações à Conferência, através do Conselho, com vista a coordenar e harmonizar as actividades das diferentes comunidades económicas regionais;

e) Supervisionar a preparação das negociações internacionais, avaliar os resultados destas e apresentar o respectivo relatório à Conferência, através do Conselho; e

f) Desempenhar quaisquer outras funções que lhe sejam confiadas pela Conferência ou pelo Conselho.

Art. 17.º (Sessões)

1. A Comissão reúne-se pelo menos uma vez por ano em sessão ordinária. Pode ser convocada em sessão extraordinária por iniciativa própria ou a pedido da Conferência ou do Conselho.

2. A sessão ordinária da Comissão realiza-se imediatamente antes da sessão ordinária do Conselho que precede a da Conferência e no mesmo local que esta.

3. A Comissão elabora e adopta o seu regulamento interno.

Art. 18.º (Tribunal de Justiça: criação e competência)

1. É criado um Tribunal de Justiça da Comunidade.

2. O Tribunal de Justiça assegura o respeito pelo Direito na interpretação e aplicação do presente Tratado e resolve os litígios que lhe são submetidos em virtude das disposições do presente Tratado.

3. Para esse efeito, o Tribunal:

a) Decide das acções interpostas por um Estado membro ou pela Conferência com base na violação das disposições do presente Tratado, de uma decisão, de um regulamento, ou com base em falta de competência ou abuso de, poder de um Órgão, de uma outra autoridade ou de um Estado-membro;

b) Dá, a pedido da Conferência ou do Conselho, pareceres consultivos sobre qualquer questão jurídica.

4. A Conferência pode, ao abrigo das disposições do presente Tratado, atribuir ao Tribunal de Justiça competência para conhecer de outros litígios que não os referidos na alínea *a)* do parágrafo 3 deste artigo.

5. No exercício das suas funções, o Tribunal de Justiça é independente dos Estados-membros e dos outros órgãos da Comunidade.

Art. 19.º (Sentenças do Tribunal)

As sentenças do Tribunal de Justiça têm carácter obrigatório para os Estados membros e para os Órgãos da Comunidade.

Art. 20.º (Organização)

Os estatutos, a composição, o regulamento e outras questões respeitantes ao Tribunal são determinados pela Conferência num Protocolo relativo ao Tribunal de Justiça.

Art. 21.º (Secretariado-Geral-Composição)

1. O Secretariado é o Secretariado-Geral da OUA.

2. O Secretariado é dirigido por um Secretário-Geral assistido pelo pessoal necessário ao bom funcionamento da Comunidade.

Art. 22.º (Atribuições do Secretário-Geral)
1. O Secretário-Geral dirige as actividades do Secretariado, de que é o representante jurídico.
2. Ele tem por funções:
   a) Zelar pela execução das decisões da Conferência e pela aplicação dos regulamentos do Conselho;
   b) Promover os programas de desenvolvimento e os projectos da Comunidade;
   c) Elaborar os projectos de programas de actividades e de orçamento da Comunidade e assegurar a sua execução depois de aprovados pela Conferência;
   d) Apresentar um relatório sobre as actividades da Comunidade em todas as reuniões da Conferência, do Conselho e da Comissão;
   e) Preparar as reuniões da Conferência, do Conselho, da Comissão e dos Comités e assegurar os serviços técnicos necessários para essas reuniões;
   f) Efectuar estudos com vista a alcançar os objectivos da Comunidade e fazer propostas susceptíveis de contribuir para o funcionamento e o desenvolvimento harmonioso da Comunidade. O Secretário-Geral pode, para esse efeito, pedir a qualquer Estado-membro que lhe forneça todas as informações necessárias; e
   g) Recrutar o pessoal da Comunidade e nomear para todas as outras funções que não as previstas no 3 parágrafo do artigo 8.º do presente Tratado.

Art. 23.º (Nomeações)
1. O Secretário-Geral e os seus Adjuntos são eleitos pela Conferência em conformidade com as disposições pertinentes da Carta da OUA e do Regulamento Interno da Conferência.
2. O Controlador Financeiro e o Contabilista são nomeados pela Conferência para um mandato de 4 (quatro) anos, renovável uma só vez.
3. Na altura da nomeação do pessoal da Comunidade, tomar-se-ão em conta não só os critérios de alta integridade moral e de competência, mas também uma repartição equitativa de postos entre cidadãos de todos os Estados-membros.

Art. 24.º (Relações entre o pessoal da Comunidade e os Estados-Membros)
1. No cumprimento das suas funções, o Secretário-Geral e os seus Adjuntos, o Controlador Financeiro, o Contabilista e o pessoal da Comunidade são responsáveis exclusivamente perante a Comunidade. Assim, não podem solicitar nem receber instruções de qualquer governo ou instância nacional ou internacional exterior à Comunidade. Devem abster-se de qualquer atitude incompatível com o seu estatuto de funcionário internacional.

2. Cada Estado-membro compromete-se a respeitar o carácter internacional das funções do Secretário-Geral, dos Secretários-Gerais-Adjuntos, do Controlador Financeiro, do Contabilista e de qualquer outro funcionário da Comunidade e a não os influenciar no exercício das suas funções.

3. Todos os Estados-membros comprometem-se a cooperar com o Secretariado e os outros órgãos da Comunidade e a ajudá-los no cumprimento das funções que lhes forem confiadas em virtude do presente Tratado.

Art. 25.º (Comités técnicos especializados: criação e composição)
1. São criados os seguintes Comités:
   a) Comité das Questões Económicas e Agrícolas;
   b) Comité das Questões Financeiras e Monetárias;
   c) Comité das Questões de Comércio, Alfândegas e Imigração;
   d) Comité da Indústria, Ciência e Tecnologia, Energia, Recursos Naturais e Meio Ambiente;
   e) Comité dos Transportes, Comunicações e Turismo;
   f) Comité da Saúde, Trabalho e Assuntos Sociais; e
   g) Comité da Educação, Cultura e Recursos Humanos.

2. A Conferência pode, se julgar necessário, reestruturar os Comités existentes e criar novos Comités.

3. Cada Comité é integrado por um representante de cada Estado membro. Os representantes podem ser assistidos por conselheiros.

4. Cada Comité pode, se julgar necessário, criar Sub-comités cuja composição define, para o apoiarem no desempenho das suas funções.

Art. 26.º (Atribuições)
Cada Comité, no âmbito do seu domínio de competência, tem por mandato:
   a) Preparar projectos e programas comunitários e submetê-los à Comissão;
   b) Garantir o acompanhamento e a avaliação da execução das decisões adoptadas pelos Órgãos da Comunidade nos domínios da sua competência;
   c) Assegurar a coordenação e harmonização dos projectos e programas comunitários:
   d) Apresentar relatórios e recomendações à Comissão, por sua iniciativa ou a pedido da Comissão, quanto à execução das disposições do presente Tratado; e
   e) Desempenhar quaisquer outras tarefas que lhe sejam confiadas em aplicação das disposições do presente Tratado.

Art. 27.º (Reuniões)
Sob reserva das directrizes que podem ser dadas pela Comissão, cada Comité reúne-se, sempre que for necessário e elabora o seu regulamento interno que submete à aprovação da Comissão.

CAPÍTULO IV. **Comunidades Económicas Regionais**

Art. 28.º (Reforço das Comunidades Económicas Regionais)
1. Durante a primeira etapa, os Estados-membros comprometem-se a reforçar as comunidades económicas regionais existentes e a criar outras onde elas não existem, com vista ao progressivo estabelecimento da Comunidade.
2. Os Estados-membros comprometem-se, por ouro lado, a adoptar todas as medidas necessárias com vista à progressiva dinamização de uma cooperação cada vez mais estreita entre as referidas comunidades, nomeadamente através da coordenação e harmonização das suas actividades em todos os sectores ou domínios, com vista à realização dos objectivos da Comunidade.

CAPÍTULO V. **União aduaneira e liberalização do comércio**

Art. 29.º (União aduaneira)
Os Estados-membros de cada comunidade económica regional acordam em estabelecer progressivamente entre eles, no decurso do período transitório previsto no artigo 6.º do presente Tratado:
   a) A eliminação, entre os Estados-membros de cada comunidade económica regional, dos direitos aduaneiros, contingentamentos, restrições ou proibições assim como dos obstáculos de ordem administrativa ao comércio e quaisquer outras barreiras não-tarifárias;
   b) A adopção pelos Estados-membros de uma tarifa aduaneira exterior comum.

Art. 30.º (Eliminação dos direitos aduaneiros ente os Estados-membros das Comunidades Económicas Regionais)
1. Durante a segunda etapa, os Estados-membros de cada Comunidade Económica Regional abstêm-se de criar entre si novos direitos aduaneiros e de aumentar aqueles que aplicam nas suas relações mútuas.
2. No decurso da terceira etapa, os Estados-membros reduzem progressivamente e eliminam definitivamente entre eles, ao nível de cada Comunidade Económica Regional, os direitos aduaneiros, segundo um programa e modalidades que serão fixados por cada uma dessas comunidades.
3. Durante cada etapa, a Conferência, mediante recomendacão do Conselho, toma as medidas necessárias a fim de coordenar e harmonizar as actividades das Comunidades Económicas Regionais relativamente à eliminação dos direitos aduaneiros entre os Estados-membros.

Art. 31.º (Eliminação dos obstáculos não-tarifários ao comércio intra-comunitário)
1. Ao nível de cada Comunidade Económica, e sob reserva das disposições do presente Tratado, cada Estado-membro compromete-se, desde a entrada em

vigor do presente Tratado, a flexibilizar progressivamente e a eliminar definitivamente, o mais tardar até ao fim da terceira etapa e em conformidade com o parágrafo 2 do presente artigo, os contingentiamentos, restrições ou proibições e quaisquer outras barreiras não tarifárias que se aplicam às exportações para o referido Estado-membro de mercador as originárias de outros Estados-membros e, salvo o disposto ou autorizado no presente Tratado, compromete-se a abster-se seguidamente de impôr outras restrições ou proibições às referidas mercadorias.

2. Sob reserva das disposições do presente Tratado, cada Comunidade Económica Regional adopta um programa tendente a uma diminuição progressiva e, finalmente, à eliminação, o mais tardar até o fim da terceira etapa, de todos os contingenciamentos, restrições ou proibições e quaisquer outras barreiras não-tarifárias que se aplicam num Estado-membro à importação de mercadorias originárias dos outros Estados-membros, ficando entendido que cada Comunidade Económica Regional pode depois decidir que todos os contingenciamentos, restrições ou proibições sejam diminuídos mais rapidamente ou mesmo eliminados mais cedo do que o previsto pelas disposições deste parágrafo.

3. As disposições especiais que regulam as restrições, proibições, contigenciamentos, *«dumping»*, subvenções e práticas discriminatórias constam de um Protocolo relativo às Barreiras Não-Tarifárias.

Art. 32.º (Estabelecimento de uma tarifa aduaneira exterior comum)

1. No decurso da terceira etapa, os Estados-membros acordam, a nível de cada Comunidade Económica Regional, na criação progressiva de uma tarifa aduaneira exterior comum aplicável às mercadorias importadas nos Estados-membros e originárias de terceiros Estados.

2. Durante a quarta etapa, as Comunidades Económicas Regionais suprimem, em conformidade com um programa por elas estabelecido, as diferenças que existem entre as suas tarifas aduaneiras exteriores respectivas.

3. Durante esta quarta etapa, o Conselho fará à Conferência uma proposta de adopção, ao nível da Comunidade, de uma nomenclatura aduaneira e estatística comum a todos os Estados-membros.

Art. 33.º (Regime de trocas intra-comunitárias)

1. No fim da terceira etapa, nenhum Estado-membro, a nível de cada Comunidade Económica Regional, cobrará direitos aduaneiros sobre as mercadorias originárias de um Estado-membro e importadas por um outro Estado-membro. Esta mesma disposição será aplicada às mercadorias provenientes de terceiros Estados e que, estando em regime de livre circulação, são importadas de um Estado-membro para outro.

2. A definição do conceito de produtos originários dos Estados-membros e as normas que regulam as mercadorias provenientes de terceiros Estados e que se encontram em regime de livre circulação constam de um Protocolo relativo às Regras de Origem.

3. São consideradas mercadorias em regime de livre circulação num Estado membro as mercadorias provenientes de terceiros Estados, em relação às quais (i) foram cumpridas as formalidades de importação e (ii) foram cobrados direitos aduaneiros nesse Estado membro e (iii) que não beneficiaram de uma isenção parcial ou total desses direitos.

4. Os Estados-membros comprometem-se a não adoptar textos legislativos que impliquem uma discriminação directa em relação a produtos idênticos ou similares originários de outros Estados-membros.

Art. 34.º (Tributação interna)

1. Durante a terceira etapa, os Estados-membros comprometem-se a não aplicar, directa ou indirectamente, às mercadorias originárias dos Estados-membros e importadas em qualquer Estado-membro uma tributação interna superior à que incide sobre produtos nacionais similares.

2. Os Estados-membros, ao nível de cada Comunidade Económica Regional, eliminam progressivamente quaisquer tributações internas destinadas à protecção dos produtos nacionais. No caso de, em virtude de obrigações decorrentes de um acordo anterior concluído por um Estado membro, este se encontrar na impossibilidade de se conformar com as disposições do presente artigo, o referido Estado-membro notifica esse facto ao Conselho e compromete-se a não prorrogar nem renovar tal acordo aquando da expiração do mesmo.

Art. 35.º (Excepções e cláusulas de salvaguarda)

1. Não obstante as disposições dos artigos 30.º e 31.º do presente Tratado, qualquer Estado-membro, depois de ter notificado a sua intenção ao Secretariado, que desse facto informa os Estados-membros, pode impôr ou continuar a impôr restrições ou proibições respeitantes:

   a) À aplicação de leis e regulamentos de segurança;
   b) À regulamentação relativa a armas, munições e outros materiais e equipamentos militares;
   c) À protecção da saúde ou da vida de homens, animais e plantas ou à protecção da moral pública;
   d) À exportação de metais estratégicos e de pedras preciosas;
   e) À protecção dos tesouros nacionais com valor artístico ou arqueológico, e à protecção da propriedade industrial, comercial e intelectual;
   f) À regulamentação relativa a lixos perigosos, materiais nucleares, produtos radioactivos ou qualquer outro material utilizado na produção ou exploração da energia nuclear;
   g) À protecção das indústrias nascentes;
   h) À regulamentação de produtos estratégicos; e
   i) Às mercadorias importadas de terceiros Estados em relação às quais um Estado-membro aplica uma proibição total relativamente ao país de origem.

2. As proibições ou restrições contempladas no parágrafo 1 deste artigo não devem, em caso nenhum, constituir um meio de discriminação arbitrária ou uma restrição dissimulada ao comércio entre Estados-membros.

3. Quando um Estado-membro enfrentar dificuldades de balança de pagamentos devido à aplicação das disposições do presente Capítulo, ele pode ser autorizado pelos órgãos competentes da Comunidade, sob condição de que ele tenha tomado todas as medidas úteis razoáveis para ultrapassar essas dificuldades, a impôr restrições quantitativas ou equivalentes ou proibições sobre as mercadorias originárias dos outros Estados-membros, mas exclusivamente a fim de ultrapassar as ditas dificuldades e durante um dado período que será também determinado pelos órgãos competentes da Comunidade.

4. A fim de proteger uma indústria nascente ou estratégica, um Estado--membro pode ser autorizado pelos Órgãos competentes da Comunidade, sob reserva de que tenha tomado todas as disposições razoáveis e pertinentes para a protecção dessa indústria, a impôr restrições quantitativas ou equivalentes, ou proibições relativamente a mercadorias similares originárias dos outros Estados-membros, com o único objectivo de proteger esta indústria durante um dado período que será igualmente determinado pela Comunidade.

5. Quando as importações de um determinado produto por um Estado-membro em proveniência de um outro Estado-membro aumentarem de tal forma que causem ou ameacem causar um prejuízo grave à economia do Estado importador, este pode ser autorizado pelos órgãos competentes da Comunidade a aplicar medidas de salvaguarda durante um dado período.

6. O Conselho acompanha permanentemente a aplicação das restrições quantitativas ou equivalentes e das proibições impostas ao abrigo dos parágrafos 1, 3 e 4 deste artigo, e adopta as medidas que se impuserem. Ele apresenta anualmente um relatório à Conferência sobre estas questões.

Art. 36.º (*Dumping*)

1. Os Estados-membros comprometem-se a proibir a prática do *dumping* no seio da Comunidade.

2. Para os fins de aplicação do presente artigo, *dumping* significa a transferência de bens originários de um Estado-membro para outro, a fim de serem vendidos neste último:

   a) A um preço inferior ao praticado para mercadorias similares no Estado--membro donde provêm essas mercadorias, tendo-se devidamente em conta as diferenças de condições de venda, tributação, despesas de transporte ou quaisquer outros factores que influenciam a comparação dos preços; e

   b) Em condições susceptíveis de pôr em causa a produção de mercadorias similares nesse Estado-membro.

Art. 37.º (Tratamento da nação mais favorecida)
1. Os Estados-membros, no que se refere ao comércio intra-comunitário, acordam-se entre si o tratamento da nação mais favorecida. Em caso nenhum, poderão as concessões tarifárias consentidas a terceiros Estados, nos termos de um acordo concluído com um Estado-membro, ser mais favoráveis do que as aplicadas em virtude do presente Tratado.
2. O texto dos acordos mencionados no parágrafo 1 deste artigo é comunicado pelos Estados-membros que são deles signatários a todos os demais Estados-membros, para informação, por intermédio do Secretário-Geral.
3. Nenhum acordo concluído entre um Estado-membro e um terceiro Estado nos termos do qual sejam feitas concessões tarifárias pode ser incompatível com as obrigações decorrentes do presente Tratado.

Art. 38.º (Reexportação de mercadorias e facilidades de trânsito intra-comunitário)
1. Durante a terceira etapa, os Estados-membros comprometem-se a facilitar a reexportação das mercadorias entre si, em conformidade com as disposições do Protocolo relativo à Reexportação das Mercadorias.
2. Os Estados-membros atribuem-se mutuamente a liberdade de trânsito no seu território de mercadorias destinadas a, ou provenientes de um outro Estado--membro, nos termos das disposições do Protocolo relativo ao Trânsito e Facilidades de Trânsito e dos acordos inter-comunitários a serem concluídos.

Art. 39.º (Cooperação e administração aduaneiras)
Os Estados-membros, em conformidade com as disposições do Protocolo relativo à Cooperação Aduaneira, adoptam todas as medidas necessárias para harmonizar e padronizar os seus regulamentos e as suas formalidades aduaneiras, por forma a permitir a efectiva aplicação das disposições do presente Capítulo e a facilitar a movimentação de bens e serviços através das suas fronteiras.

Art. 40.º (Formalidades e documentos comerciais)
Com vista a facilitar o comércio de bens e serviços no interior da Comunidade, os Estados-membros acordam em simplificar e harmonizar as suas formalidades e os seus documentos comerciais, de conformidade com o Protocolo relativo à Simplificação e Harmonização das Formalidades e Documentos Comerciais.

Art. 41.º (Desvio do tráfego comercial resultante de acordos de troca directa ou trocas compensadas)
1. Se, como consequência de um acordo de troca directa ou de trocas compensadas respeitante a uma determinada categoria de bens, concluído entre, por um lado, um Estado ou uma pessoa desse Estado e, por outro, um terceiro Estado ou uma pessoa deste último Estado, se produzir um importante desvio de tráfego comercial em benefício de bens importados no âmbito desse acordo e em prejuízo

de bens da referida categoria importados de um Estado-membro onde eles são fabricados, o Estado-membro importador desses bens adopta medidas eficazes para corrigir esse desvio.

2. A fim de determinar se se produziu um desvio de tráfego comercial numa determinada categoria de bens, nos termos do presente artigo, ter-se-ão em conta todas as estatísticas comerciais pertinentes e outros dados disponíveis respeitantes a essa categoria de bens em relação ao período de 6 (seis) meses que precede uma queixa de um Estado-membro afectado devido a um desvio de tráfego comercial, bem como a média de comparação de dois períodos de seis meses dentro de 24 (vinte e quatro) meses que precederam a primeira importação de bens a coberto do acordo de troca directa ou de trocas compensadas,

3. O Secretário-Geral submete a questão ao Conselho que a analisa e remete à Conferência para decisão.

Art. 42.º (Promoção das trocas comerciais)

1. Para a realização dos objectivos da Comunidade enunciados na alínea *m*) do parágrafo 2 do artigo 4.º do presente Tratado os Estados-membros acordam em promover as actividades a seguir indicadas nos domínios mencionados:

a) Trocas intra-comunitárias:
  i) Promover a utilização das matérias-primas, bens intermediários, factores de produção, bem como de produtos acabados provenientes da Comunidade;
  ii) Adoptar a «Feira Comercial Pan-Africana da OUA» como instrumento da Comunidade para a promoção das trocas comerciais;
  iii) Participar nas feiras periodicamente organizadas sob os auspícios da Feira Comercial Pan-Africana da OUA, nas feiras comerciais sectoriais, nas feiras comerciais regionais, bem como nas demais actividades quer visam promover as trocas comerciais no seio da Comunidade;
  iv) Criar uma rede intra-comunitária de informações comerciais que ligue os sistemas computarizados de informações comerciais das comunidades económicas regionais actuais e futuras com os dos Estados-membros da Comunidade; e
  v) Com o apoio do Secretariado, estudar as tendências da oferta e de procura nos Estados-membros e difundir os resultados desses estudos no seio da Comunidade.

b) Trocas Sul/Sul:
  i) Promover a diversificação dos mercados africanos e a comercialização dos produtos da Comunidade;
  ii) Participar nas feiras comerciais extra-comunitárias, em particular no quadro da cooperação Sul/Sul; e
  iii) Participar nas reuniões extra-comunitárias de negociação comercial e de investimentos.

c) Trocas Norte/Sul:

i) Promover melhores termos de troca para os produtos de base africanos e melhorar o acesso dos produtos da Comunidade aos mercados; e
ii) Participar, como grupo, nas negociações organizadas no quadro do GATT, da CNUCED e de qualquer outra instância internacional de negociação comercial.

2. As modalidades de organização das actividades de promoção comercial da Comunidade e do seu sistema de informação comercial são reguladas por um Protocolo relativo à Promoção Comercial.

CAPÍTULO VI.   **Livre circulação de pessoas, direitos de residência e de estabelecimento**

Art. 43.º (Disposições gerais)
1. Os Estados-membros comprometem-se a tomar, individual, bilateral ou regionalmente, as medidas necessárias para a realização progressiva da livre circulação de pessoas e a garantia do exercício dos direitos de residência e de estabelecimento dos seus cidadãos no interior da Comunidade.

2. Eles acordaram em concluir, para este efeito, um Protocolo relativo à Livre Circulação de Pessoas, Direitos de Residência e de Estabelecimento.

CAPÍTULO VII.   **Moeda, finanças e pagamentos**

Art. 44.º   (Políticas nos domínios da moeda, finanças e pagamentos)
1. Em conformidade com as disposições dos protocolos pertinentes, os Estados-membros acordam em harmonizar, segundo um calendário a determinar pela Conferência, as suas políticas nos domínios monetário, financeiro e de pagamentos com vista a favorecer o comércio intra-comunitário de bens e serviços, a promover a realização dos objectivos da Comunidade e a reforçar a cooperação monetária e financeira entre eles.

2. Para esse fim, os Estados-membros comprometem-se a:
a) Utilizar as suas moedas nacionais para pagamento das transacções comerciais e financeiras entre eles, com vista a reduzir o recurso a divisas nas referidas transacções;
b) Criar os mecanismos adequados para a constituição de sistemas multilaterais de pagamentos;
c) Proceder a consultas mútuas periódicas sobre questões monetárias e financeiras;
d) Favorecer o estabelecimento de um mercado financeiro aos níveis nacional, sub-regional e regional através da criação coordenada de bolsas de valores mobiliários e da harmonização dos textos jurídicos que regulam as bolsas existentes com vista a reforçar a sua eficiência;
e) Cooperar de forma eficaz nos domínios dos seguros e dos bancos;

f) Promover a liberalização em matéria de pagamentos e a eliminação de eventuais restrições de pagamentos entre eles neste domínio e facilitar a integração de todos os mecanismos de compensação e de pagamentos existentes entre as diversas regiões numa união africana de compensação e pagamentos; e

g) Criar uma união monetária africana, através da harmonização das zonas monetárias regionais.

Art. 45.º (Circulação de capitais)

1. Os Estados-membros asseguram a livre circulação de capitais no interior da Comunidade, através da eliminação das restrições à transferência de capitais entre os mesmos, de acordo com um calendário a ser fixado pelo Conselho.

2. Os capitais referidos no parágrafo 1 deste artigo são os pertencentes, quer aos Estados-membros, quer a pessoas que são nacionais desses Estados.

3. A Conferência, tendo em consideração os objectivos de desenvolvimento contidos nos planos de desenvolvimento nacionais, regionais e continentais, determina, sob recomendação da Comissão que mereça aprovação do Conselho, as condições de circulação, no seio da Comunidade, de capitais outros que não os referidos no parágrafo 2 deste artigo.

4. Para regulamentar a circulação de capitais entre os Estados-membros e terceiros Estados, a Conferência, mediante recomendação da Comissão e após aprovação do Conselho, toma medidas tendentes à coordenação progressiva das políticas nacionais e regionais em matéria de controle cambial.

CAPÍTULO VIII. **Alimentação e agricultura**

Art. 46.º (Desenvolvimento agrícola e produção alimentar)

1. Os Estados-membros acordam em cooperar nos domínios do desenvolvimento da agricultura, da silvicultura, da pecuária e da pesca. A cooperação nesses domínios visa os seguintes objectivos:

a) A segurança alimentar;

b) O aumento da produção e da produtividade da agricultura, da pecuária, da pesca e das florestas, assim como a melhoria das condições de trabalho e a criação de oportunidades de emprego nas zonas rurais;

c) A valorização da produção agrícola pela transformação local de produtos de origem vegetal e animal;

d) A defesa dos preços dos produtos de exportação no mercado internacional, através da criação de uma Bolsa Africana de Produtos de Base.

2. Para esse fim e com vista a promover a integração das estruturas de produção, os Estados-membros comprometem-se a cooperar nos seguintes domínios:

a) Produção de factores de produção agrícola: adubos, pesticidas, sementes seleccionadas, máquinas e equipamentos agrícolas e produtos veterinários;

b) Valorização das bacias fluviais e lacustres;

c) Desenvolvimento e protecção dos recursos marinhos e haliêuticos;
d) Protecção das espécies vegetais e animais;
e) Harmonização das estratégias e das políticas de desenvolvimento agrícola aos níveis regional e comunitário, particularmente no que se refere à produção e comercialização dos produtos agrícolas principais e dos factores de produção; e
f) Harmonização das políticas de segurança alimentar com vista a garantir:
   i) A redução das perdas na produção alimentar;
   ii) O reforço das instituições existentes em matéria de gestão das calamidades naturais e de luta contra as pragas e as doenças agrícolas;
   iii) A conclusão de acordos em matéria de segurança alimentar a níveis regional e continental;
   iv) O fornecimento de assistência alimentar a fim de ajudar os Estados-membros em caso de grave penúria alimentar; e
   v) A protecção dos mercados regionais e continentais essencialmente em benefício dos produtos agrícolas africanos.

Art. 47.º (Protocolo relativo à alimentação e à agricultura)

Para a realização do previsto neste Capítulo, os Estados-membros acordam em cooperar nos termos do Protocolo relativo à Alimentação e à Agricultura.

CAPÍTULO IX. Indústria, ciência, tecnologia, energia, recursos naturais e meio ambiente

Art. 48.º (Indústrias)

1. Com vista à promoção do seu desenvolvimento industrial e à integração das suas economias, os Estados-membros acordam em harmonizar as suas políticas de industrialização no interior da Comunidade.

2. Para o efeito, eles comprometem-se:
a) Reforçar a base industrial da Comunidade a fim de modernizar os sectores prioritários e promover um desenvolvimento autónomo e auto-suficiente;
b) Promover projectos industriais conjuntos aos níveis regional e comunitário bem como a criação de empresas multinacionais africanas nos sub-sectores industriais prioritários que são susceptíveis de contribuir para o desenvolvimento da agricultura, dos transportes e comunicações, dos recursos naturais e da energia.

Art. 49.º (Desenvolvimento industrial)

A fim de criar uma base sólida para a industrialização e de promover a autonomia colectiva, os Estados-membros comprometem-se a:
a) Assegurar o desenvolvimento das seguintes indústrias de base que são essenciais para a autonomia colectiva e a modernização dos sectores económicos prioritários:

i) Indústrias alimentares e agro-industriais;
ii) Indústrias de construção civil e de materiais de construção;
iii) Indústrias metalúrgicas;
iv) Indústrias mecânicas;
v) Indústrias eléctricas e electrónicas;
vi) Indústrias químicas e petroquímicas;
vii) Indústrias florestais;
viii) Indústrias energéticas;
ix) Indústrias têxteis e de curtumes;
x) Indústrias de transportes e comunicações; e
xi) Indústrias bio-tecnológicas.
b) Garantir o desenvolvimento de pequenas indústrias com vista à criação de oportunidades de emprego nos Estados-membros;
c) Promover indústrias intermédias que têm relações importantes com a economia com vista a aumentar a componente local do rendimento industrial no seio da Comunidade;
d) Elaborar planos directores aos níveis regional e comunitário para a criação de indústrias multinacionais africanas, especialmente daquelas cujo custo de realização e volume de produção ultrapassam as capacidades isoladas de financiamento e absorção nacionais;
e) Reforçar e criar, onde elas não existirem, instituições especializadas no financiamento de projectos industriais multinacionais africanos;
f) Facilitar a criação de empresas multinacionais africanas e encorajar e apoiar financeira e tecnicamente os empresários africanos;
g) Estimular o comércio e o consumo dos produtos industriais estratégicos manufacturados nos Estados-membros;
h) Promover a cooperação técnica e as trocas de experiência no domínio da tecnologia industrial e empreender programas de formação técnica nos Estados-membros;
i) Reforçar as instituições multinacionais existentes, nomeadamente o Centro Regional Africano de Tecnologia, o Centro Regional Africano de Concepção e Fabricação Industriais e o Fundo Africano de Desenvolvimento Industrial;
j) Estabelecer uma base de dados e de informações estatísticas ao serviço de desenvolvimento industrial aos níveis regional e continental;
k) Promover a cooperação Sul/Sul e Norte/Sul para a realização dos objectivos de industrialização em África;
l) Promover uma especialização industrial, tendo em consideração a disponibilidade de recursos aos níveis nacional e regional, com vista a aumentar a complementaridade entre as economias africanas e alargar a base do comércio intra-comunitário; e
m) Adoptar padrões comuns e sistemas de controle de qualidade adequados que são de capital importância para a cooperação e a integração industriais.

Art. 50.º (Protocolo relativo à indústria)

Para a realização dos objectivos consignados nos artigos 48.º e 49.º do presente Tratado, os Estados-membros acordam em cooperar em conformidade com o Protocolo reativo à indústria.

Art. 51.º (Ciência e tecnologia)

1. Os Estados-membros acordam em:
   a) Reforçar as capacidades científicas e tecnológicas susceptíveis de realizar a transformação sócio-económica necessária para a melhoria da qualidade de vida das suas populações, particularmente as das zonas rurais;
   b) Assegurar uma aplicação apropriada da ciência e da tecnologia no desenvolvimento da agricultura, dos transportes e comunicações, da indústria, da saúde e higiene, da energia, da educação e dos recursos humanos, assim como da preservação do meio ambiente;
   c) Reduzir a sua dependência e promover a sua autonomia individual e colectiva no domínio da tecnologia;
   d) Cooperar em matéria de desenvolvimento, aquisição e divulgação de tecnologias apropriadas: e
   e) Reforçar as instituições de investigação científica já existentes e criar novas instituições em áreas onde elas não existirem.

2. No âmbito da cooperação neste domínio, os Estados-membros comprometem-se a:
   a) Harmonizar, a nível comunitário, as suas políticas nacionais relativas à investigação científica e tecnológica, e integrá-las nos seus planos nacionais de desenvolvimento económico e social;
   b) Coordenar os seus programas nos domínios da investigação aplicada, da investigação para o desenvolvimento e dos serviços científicos e tecnológicos;
   c) Harmonizar por um lado, os seus planos nacionais de desenvolvimento tecnológico, dando especial relevo às tecnologias locais e por outro, a sua legislação em matéria de propriedade intelectual e de transferência de tecnologia;
   d) Coordenar as suas posições sobre as questões científicas e técnicas que são matéria de negociações internacionais;
   e) Proceder ao intercâmbio de informações e documentação e à criação de redes e bancos de dados comunitários;
   f) Elaborar programas conjuntos de formação de quadros científicos e técnicos, incluindo a formação e o aperfeiçoamento de mão-de-obra qualificada;
   g) Promover o intercâmbio de investigadores e especialistas entre os Estados-membros, com vista à plena utilização das competências técnicas disponíveis na Comunidade; e

h) Rever os sistemas de educação, com vista a uma melhor adaptação dos programas de ensino e de formação científica e técnica às necessidades de desenvolvimento específicas do ambiente africano.

Art. 52.º (Investigação científica e desenvolvimento tecnológico)
Os Estados-membros comprometem-se a tomar todas as disposições necessárias para elaborar e implementar programas conjuntos de investigação científica e desenvolvimento tecnológico.

Art. 53.º (Protocolo relativo à ciência e tecnologia)
Para os fins dos artigos 51.º e 52.º deste Tratado, os Estados-membros acordam em cooperar em conformdade com o Protocolo relativo à Ciência e à Tecnologia.

Art. 54.º (Energia e recursos naturais)
1. Os Estados-membros acordam em coordenar e harmonizar as suas políticas e programas nos domínios da energia e dos recursos naturais.
2. Para esse efeito, eles comprometem-se a:
   a) Assegurar a efectiva valorização dos recursos naturais e energéticos do Continente;
   b) Criar mecanismos de cooperação apropriados, com vista a garantir o seu abastecimento regular em hidrocarbonetos;
   c) Promover o desenvolvimento das energias novas e renováveis no quadro, da política de diversificação das fontes de energia;
   d) Harmonizar os seus planos nacionais de desenvolvimento energético;
   e) Formular uma política energética comum, particularmente em matéria de investigação, exploração, produção e distribuição;
   f) Criar um mecanismo adequado de concertação e de coordenação que permita resolver em comum os problemas que se colocam ao desenvolvimento energético no seio da Comunidade, particularmente aqueles que se referem ao transporte de energia, à insuficiência de quadros e de técnicos qualicados e à penúria de meios financeiros para a realização dos seus projectos energéticos; e
   g) Promover a formação contínua de mão-de-obra qualificada.

Art. 55.º (Energia)
1. Os Estados-membros acordam em desenvolver a sua cooperação nos seguintes domínios:
   a) Recursos minerais e hídricos;
   b) Energia nuclear; e
   c) Energias novas e renováveis.
2. Decidem por outro lado, proceder:
   a) A uma avaliação e conhecimento aprofundados das suas potencialidades em recursos naturais;

b) À redução progressiva da sua dependência em relação às sociedades transnacionais para a valorização desses recursos, nomeadamente através do perfeito domínio das técnicas de exploração; e
c) Ao melhoramento dos métodos de fixação dos preços e de comercialização das matérias-primas.

Art. 56.º (Recursos naturais)

A fim de promoverem a cooperação no domínio dos recursos naturais e energéticos, os Estados-membros comprometem-se a:
a) Trocar informações relativamente à prospecção, à cartografia, à produção e transformação de recursos minerais, por um lado, e à prospecção, exploração e utilização dos recursos hídricos, por outro;
b) Coordenar os seus programas de desenvolvimento e de utilização dos recursos minerais e hídricos;
c) Dinamizar as relações inter-industriais verticais e horizontais que podem ser criadas entre os Estados-membros aquando da valorização desses recursos;
d) Coordenar as suas posições em todas as negociações internacionais respeitantes às matérias-primas;
e) Desenvolver um sistema de transferência de técnicas e de intercâmbio de dados científicos, técnicos e económicos entre os Estados-membros em matéria de teledetecção;
f) Elaborar e implementar programas conjuntos de formação e aperfeiçoamento de quadros, com vista à valorização dos recursos humanos e das capacidades tecnológicas locais apropriadas necessárias para a prospecção, exploração e transformação dos recursos minerais e hídricos.

Art. 57.º (Protocolo relativo à energia e aos recursos naturais)

Para os fins previstos nos artigos 54.º, 55.º e 56.º, do presente Tratado, os Estados-membros comprometem-se a cooperar nos termos de Protocolo relativo à Energia e aos Recursos Naturais.

Art. 58.º (Meio ambiente)

1. Os Estados-membros comprometem-se a promover um meio ambiente são. Para esse efeito, adoptam políticas, estratégias e programas aos níveis nacional, regional e continental, e criam instituições apropriadas para a protecção e o saneamento do meio ambiente.

2. Para a realização dos objectivos do parágrafo 1 do presente artigo, os Estados-membros adoptam as medidas necessárias para acelerar o processo de reformas e de inovações que conduzam a políticas e programas de desenvolvimento que sejam ecologicamente racionais, economicamente duradouras e socialmente aceitáveis.

Art. 59.º (Luta contra os lixos perigosos)

Os Estados-membros comprometem-se, individual e colectivamente, a adoptar todas as disposições necessárias para interditar a importação e o despejo de lixos perigosos nos respectivos territórios. Comprometem-se, por outro lado, a cooperar em matéria de movimentação trans-fronteiras e de gestão e tratamento desses lixos produzidos em África.

Art. 60.º (Protocolo relativo ao meio ambiente)

Para a prossecução dos fins consignados nos artigos 58.º e 59.º deste Tratado, os Estados-membros comprometem-se a cooperar nos termos do Protocolo relativo ao meio ambiente.

CAPÍTULO X. Transportes, comunicações e turismo

Art. 61.º (Transportes e comunicações)

1. A fim de realizar um desenvolvimento harmonioso e integrado da rede continental de transportes e comunicações, os Estados-membros acordam em:
   a) Promover a integração das infra-estruturas nos domínios de transportes e comunicações;
   b) Coordenar os vários modos de transporte com vista a aumentar a sua eficácia;
   c) Harmonizar progressivamente as suas legislações e regulamentações no domínio dos transportes e comunicações;
   d) Encorajar a utilização dos recursos materiais e humanos locais, a padronização das redes e do equipamento, a investigação e divulgação e técnicas de construção de infra-estruturas, de equipamentos e de materiais adaptados;
   e) Ampliar e modernizar as infra-estruturas de transportes e comunicações e assegurar a sua manutenção, mobilizando os recursos técnicos e financeiros necessários;
   f) Promover a criação de indústrias regionais para a produção de equipamento de transportes e comunicações: e
   g) Organizar, estruturar e promover, a níveis regional e comunitário, os serviços de transporte de passageiros e mercadorias.

2. Para esse fim, os Estados-membros comprometem-se a:
   a) Elaborar programas coordenados para estruturar o sector dos transportes rodoviários com vista ao estabelecimento de ligações inter-Estados e à realização de grandes eixos trans-continentais;
   b) Elaborar planos destinados a melhorar, reorganizar e padronizar as diversas redes ferroviárias dos Estados-membros com vista à sua interconexão, e construir novas vias férreas no quadro de uma rede pan--africana;

c) Harmonizar:
  i) As suas políticas no domínio dos transportes marítimos bem como as relativas aos transportes lacustres e fluviais entre Estados;
  ii) As suas políticas no domínio do transporte aéreo;
  iii) Os seus programas em matéria de formação e aperfeiçoamento de quadros especializados nos domínios dos transportes e das comunicações;
d) Modernizar e padronizar os seus equipamentos de transportes e comunicações, a fim de que todos os Estados-membros sejam ligados entre si e com o exterior;
e) Promover uma melhor integração dos transportes aéreos em África e coordenar os horários de voo; e
f) Coordenar e harmonizar, a níveis regional e comunitário, as políticas de transportes com vista a eliminar as barreiras não fiscais ao transporte de bens, de serviços e de pessoas.

Art. 62.º (Empresas comunitárias no domínio dos transportes)

1. Os Estados-membros comprometem-se a encorajar a criação de empresas comunitárias e multinacionais africanas nos domínios dos transportes marítimo, ferroviário, rodoviário, aéreo e através de cursos de água interiores.

2. A noção e o estatuto jurídico de empresa comunitária e multinacional africana são definidos no protocolo pertinente.

Art. 63.º (Correios e telecomunicações)

1. No domínio dos correios, os Estados-membros comprometem-se a:
a) Estabelecer uma rede postal pan-africana;
b) Adoptar uma política de racionalização e maximização do transporte da correspondência;
c) Zelar para que os correios tenham um estatuto jurídico e um sistema de gestão eficaz bem como recursos adequados para garantir serviços postais viáveis, capazes de satisfazer as necessidades dos utentes; e
d) Criar serviços comerciais competitivos.

2. No domínio das telecomunicações, os Estados-membros comprometem-se a:
a) Desenvolver, modernizar, coordenar e padronizar as redes nacionais de telecomunicações, com vista a permitir uma inter-conexão segura entre os Estados-membros;
b) Instalar uma rede pan-africana de telecomunicações e assegurar a sua utilização e manutenção; e
c) Construir um sistema pan-africano de comunicações, via satélite com vista a melhorar as telecomunicações, nomeadamente no meio rural.

3. Os Estados-membros comprometem-se ainda a assegurar, no seio da Comunidade, serviços postais e de telecomunicações eficientes e regulares e a desenvolver uma colaboração estreita entre as administrações dos correios e das telecomunicações.

4. A fim de atingir os objectivos referidos neste artigo, os Estados-membros comprometem-se a encorajar igualmente a criação de sociedades privadas de serviços postais e de telecomunicações.

Art. 64.º (Radiodifusão e televisão)
1. Os Estados-membros acordam em:
   a) Coordenar os seus esforços e utilizar conjuntamente os seus recursos para promoverem o intercâmbio de programas de rádio e televisão, a níveis bilateral, regional e continental;
   b) Encorajar o estabelecimento de centros de intercâmbio de programas aos níveis regional e continental. Para esse efeito, os Estados-membros adoptarão as medidas necessárias para reforçar as actividades e operações dos centros de intercâmbio de programas existentes; e
   c) Utilizar os seus sistemas de radiodifusão e televisão para promover uma cooperação estreita e uma melhor compreensão entre os seus povos, e, em particular, contribuir para a realização dos objectivos da Comunidade.

2. Os Estados-membros comprometem-se também a recolher, divulgar e fazer o intercâmbio de informação meteorológica a nível continental, particularmente no tocante à criação de sistemas de alerta rápido para a prevenção de calamidades naturais e a garantia da segurança da navegação aérea, interior e costeira.

Art. 65.º (Turismo)
1. Com vista a garantir um desenvolvimento harmonioso e rentável do turismo em África, os Estados-membros comprometem-se a:
   a) Reforçar a cooperação intra-africana em matéria de turismo, através, nomeadamente:
      i) Da promoção do turismo intra-africano;
      ii) Da harmonização e coordenação das políticas, planos e programas de desenvolvimento turístico; e
      iii) Da promoção conjunta de produtos turísticos representativos dos valores sócio-culturais e naturais africanos;
   b) Promover a criação de empresas turísticas eficazes, adaptadas às necessidades das populações africanas e atractivas para os turistas estrangeiros, através:
      i) Da adopção de medidas de incitamento aos investimentos, com vista à criação de empresas turísticas africanas competitivas;
      ii) Da adopção de medidas destinadas à promoção e à valorização dos recursos humanos ao serviço do turismo em África; e
      iii) Do reforço ou, caso necessário, da criação de instituições de formação turística de alto nível.

3. Os Estados-membros comprometem-se também a adoptar todas as medidas necessárias ao desenvolvimento de um turismo africano que leve devidamente

em conta o ambiente humano e natural assim como o bem-estar das populações africanas e que contribua efectivamente para o desenvolvimento e a integração política e sócio-económica do Continente.

Art. 66.º (Protocolo relativo aos transportes, às comunicações e ao turismo)
Para os fins previstos no presente Capítulo, os Estados-membros acordam em cooperar nos termos do Protocolo relativo aos Transportes, às Comunicações e ao Turismo.

CAPÍTULO XI. **Padronização e sistemas de medição**

Art. 67.º (Política comum em matéria de padronização e sistemas de medição)
1. Os Estados membros acordam em:
   a) Adoptar uma política comum em matéria de padronização e garantia de qualidade dos bens e serviços entre os Estados-membros;
   b) Empreender quaisquer outras actividades conexas em matéria de padronização e adoptar sistemas de medição susceptíveis de promoverem o comércio, o desenvolvimento e a integração económicos no seio da Comunidade; e
   c) Reforçar as organizações nacionais, regionais e continentais africanas que actuam neste domínio.
2. Nos termos das disposições do presente Capítulo, os Estados-membros acordam em cooperar em conformidade com as disposições do Protocolo relativo à Padronização, Garantia de Qualidade e Sistemas de Medição.

CAPÍTULO XII. **Educação, formação e cultura**

Art. 68.º (Educação e formação)
1. Os Estados-membros acordam em reforçar a sua cooperação em matéria de educação e formação e em coordenar e harmonizar as suas políticas neste domínio, com vista à formação de pessoas capazes de promoverem as mudanças necessárias para o progresso social e o desenvolvimento do Continente.
2. Para os fins previstos no parágrafo 1 do presente artigo, os Estados-membros comprometem-se a:
   a) Melhorar a eficácia dos sistemas educativos existentes pela promoção da formação de formadores e pela utilização de métodos e materiais apropriados;
   b) Cooperar com vista a reforçar as instituições de formação existentes a nível regional e comunitário e criar novas, caso necessário, de preferência através do reforço das instituições nacionais e regionais apropriadas existentes;

c) Elaborar, coordenar e harmonizar programas comuns de formação por forma a melhor adaptá-los às necessidades do desenvolvimento e assim garantir progressivamente uma auto-suficiência em pessoal qualificado;
d) Promover o intercâmbio sistemático de experiências e de informações em matéria de política e planeamento da educação; e
e) Tomar as medidas apropriadas a fim de travar a fuga de cérebros para fora da Comunidade e encorajar o regresso aos seus países de origem dos quadros superiores e da mão-de-obra qualificada.

Art. 69.º (Cultura)

Os Estados-membros comprometem-se a:
a) Promover a realização dos objectivos da Carta Cultural da África;
b) Promover e divulgar os valores culturais africanos;
c) Envidar todos os esforços para a preservação e recuperação do seu património cultural;
d) Velar para que as políticas de desenvolvimento reflictam de forma adequada os seus valores sócio-culturais, a fim de consolidar a sua identidade cultural;
e) Proceder ao intercâmbio dos seus programas e experiências culturais, nomeadamente nos domínios da arte, da literatura, das actividades recreativas e dos desportos; e
f) Promover e desenvolver programas e actividades desportivas a todos os níveis como factores de integração.

Art. 70.º (Protocolo relativo à educação, à formação e à cultura)

Para a realização dos objectivos do presente Capítulo, os Estados-membros acordam em cooperar nos termos do Protocolo sobre a Educação, a Formação e a Cultura.

CAPÍTULO XIII. Recursos humanos, assuntos sociais, saúde e população

Art. 71.º (Recursos humanos)

1. Os Estados-membros acordam em cooperar para o desenvolvimento, planificação e utilização dos seus recursos humanos.
2. Para o efeito, eles comprometem-se a:
a) Adoptar e promover uma política comum em matéria de planificação, programação e formação profissional e harmonizar as suas políticas de emprego e de rendimentos;
b) Coordenar as suas políticas e actividades nos domínios da formação, da planificação e da orientação profissional;
c) Reforçar os seus serviços de informação e de colocação com vista a facilitar, em particular, a procura e o recrutamento de técnicos africanos:

d) Encorajar os organismos de consulta no sentido de promoção da utilização de peritos africanos e o desenvolvimento de serviços locais de consultoria; e

e) Adoptar políticas de emprego que permitam a livre circulação de pessoas no interior da Comunidade, através do reforço e da criação de bolsas de trabalho com vista a facilitar o emprego da mão-de-obra qualificada disponível num Estado-membro em outros Estados-membros que careçam desse tipo de mão-de-obra.

Art. 72.º (Assuntos sociais)

1. Os Estados-membros acordam em garantir, nos seus esforços de desenvolvimento da Comunidade, a plena participação e a utilização racional dos seus recursos humanos, com vista a eliminar outros flagelos sociais que afectam o Continente.

2. Para esse fim, eles comprometem-se a:
a) Encorajar a troca de experiências e informações relativamente à alfabetização, à formação profissional e ao emprego;
b) Harmonizar gradualmente as suas legislações de trabalho e os seus regimes de segurança social, com vista a eliminar a pobreza e a promover um desenvolvimento sócio-económico equilibrado no seio da Comunidade;
c) Adoptar as medidas necessárias à sobrevivência e ao desenvolvimento da criança e à protecção desta contra o abuso, a negligência e a exploração;
d) Assegurar aos deficientes uma formação adequada, susceptível de facilitar a sua inserção social e de permitir a sua participação na prossecução dos objectivos da Comunidade;
e) Criar condições para que os jovens, sobretudo os que abandonam prematuramente a escola, possam receber uma formação susceptível de garantir-lhes empregos remuneradores;
f) Adoptar, coordenar e harmonizar as suas políticas com vista a assegurar uma vida decente às pessoas idosas; e
g) Harmonizar os seus esforços no sentido de pôr termo à produção, tráfico e utilização ilegais de narcóticos e substâncias psicotrópicas e elaborar programas de sensibilização e de reabilitação neste domínio.

Art. 73.º (Saúde)

1. Os Estados-membros acordam em promover e reforçar a sua cooperação no seio da Comunidade no domínio da Saúde.

2. Para esse fim, eles comprometem-se a cooperar, nomeadamente, para o desenvolvimento dos cuidados primários de saúde e para a promoção da investigação médica, em particular nos domínios da medicina tradicional e da farmacopeia africanas.

Art. 74.º (População e desenvolvimento)
1. Os Estado-membros comprometem-se, individual e colectivamente, a adoptar políticas e mecanismos nacionais no domínio da população e a tomar medidas que assegurem o equíbrio entre o crescimento demográfico e o desenvolvimento sócio-económico.
2. Para o efeito, eles acordam em:
   a) Considerar as questões relativas à população como componentes-chave na elaboração e implementação de políticas e programas nacionais orientadas para um desenvolvimento sócio-económico rápido e equilibrado;
   b) Formular políticas demográficas nacionais e criar instituições nacionais especializadas em questões de população;
   c) Empreender actividades de sensibilização das populações, em particular dos grupos-alvo, em relação às questões demográficas; e
   d) Recolher, analisar e trocar informações e dados relativos a questões demográficas.

Art. 75.º (Mulher e desenvolvimento)
1. Os Estados-membros acordam em formular, harmonizar, coordenar e implementar políticas e mecanismos apropriados para o pleno desenvolvimento da mulher africana, através do melhoramento da sua situação económica, social e cultural.
2. Para o efeito, tomam todas as medidas necessárias para uma maior integração da mulher nas actividades de desenvolvimento no seio da Comunidade.

Art 76.º (Protocolos relativos aos recursos humanos e aos assuntos sociais, bem como à saúde e à população)
Para a realização dos objectivos enunciados neste Capítulo, os Estados--membros comprometem-se a cooperar em conformidade com as disposições dos Protocolos relativos aos Recursos Humanos e aos Assuntos Sociais, bem como à Saúde e à População.

CAPÍTULO XIV.   Cooperação em outros domínios

Art. 77.º (Harmonização de políticas em outros domínios)
Sob reserva das disposições do presente Tratado, os Estados-membros comprometem-se a manter consultas entre si por intermédio dos órgãos competentes da Comunidade, a fim de harmonizar as suas políticas em outros domínios para o eficiente funcionamento e desenvolvimento da Comunidade e para aplicação das disposições do presente Tratado.

CAPÍTULO XV. Disposições especiais relativas a certos países

Art. 78.º (Disposições especiais relativas ao Botswana, ao Lesotho, à Namíbia e à Suazilândia)
1. Os Estados-membros, reconhecendo a situação excepcional do Botswana, do Lesotho, da Namíbia e da Suazilândia, no quadro da Comunidade e da sua pertença à União Aduaneira da África Austral, acordam em isentá-los temporariamente da aplicação plena e total de certas disposições do presente Tratado.
2. Para esse efeito os Estados-membros comprometem-se a adoptar um Protocolo relativo à situação especial do Botswana, do Lesotho, da Namíbia e da Suazilândia.

Art. 79.º (Disposições especiais relativas aos países menos avançados, encravados, semi-encravados e insulares)
1. Os Estados-membros, tendo em conta as dificuldades económicas e sociais que podem enfrentar certos Estados-membros e, em particular, os países menos avançados, encravados, semi-encravados e insulares, acordam em conceder-lhes, caso seja necessário, um tratamento especial no que diz respeito à aplicação de certas disposições do presente Tratado e qualquer outra assistência necessária.
2. O tratamento especial e a assistência mencionados no parágrafo 1 deste artigo podem consistir, nomeadamente, em:
   a) Isenções temporárias da aplicação plena e total de certas disposições do presente Tratado; e
   b) Uma assistência do Fundo.
3. Para a realização dos objectivos previstos no presente artigo, os Estados-membros acordam em adoptar um Protocolo relativo à Situação dos Países Menos Avançados, Encravados, Semi-encravados e Insulares.

CAPÍTULO XVI. Fundo de Solidariedade, Desenvolvimento e Compensação

Art. 80.º (Criação)
É criado um Fundo de Solidariedade, Desenvolvimento e Compensação da Comunidade.

Art. 81.º (Objectivos e estatutos do Fundo)
1. Os estatutos do Fundo são fixados pela Conferência num Protocolo pertinente.
2. Os estatutos definem nomeadamente, os objectivos, o capital social e os recursos autorizados para o Fundo, as contribuições dos Estados-membros e a moeda em que tais contribuições devem ser pagas, o funcionamento, a organização e a gestão do Fundo e quaisquer outras questões conexas.

CAPÍTULO XVII. Disposições financeiras

Art. 82.º (Orçamento ordinário da Comunidade)

1. O orçamento ordinário anual da Comunidade, que faz parte integrante do orçamento ordinário da OUA, é preparado pelo Secretário-Geral e aprovado pela Conferência, mediante recomendação do Conselho.

2. O orçamento é alimentado pelas contribuições dos Estados-membros, com base na escala de avaliação da OUA. Mediante recomendação do Conselho, a Conferência determina as condições em que a contribuição financeira dos Estados-membros pode ser complementada ou substituída, caso necessário, por recursos próprios da Comunidade.

Art. 83.º (Orçamentos especiais)

São, caso necessário, aprovados orçamentos especiais para fazer face a despesas extraordinárias da Comunidade. A Conferência determina o montante das contribuições dos Estados membros para os referidos orçamentos especiais.

Art. 84.º (Sanções relativas ao não-pagamento das contribuições)

1. Mediante decisão da Conferência, o Estado-membro da Comunidade que, nos termos das obrigações decorrentes deste Tratado, for devedor de contribuições aos orçamentos da Comunidade, não participa na votação nem na tomada de decisões da Comunidade se o montante das suas contribuições em atraso for igual ou superior à contribuição a que estava obrigado esse Estado-membro para os dois últimos exercícios financeiros precedentes. Esse Estado-membro não só cessa de gozar dos benefícios decorrentes deste Tratado e do direito ao uso da palavra, como perde também o direito de apresentar candidaturas a postos vagos e de ser eleito para os órgãos deliberativos da Comunidade. A Conferência pode, caso necessário, impor outras sanções contra o Estado-membro que se encontra em atraso de pagamento de contribuições.

2. Não obstante o disposto no parágrafo 1 deste artigo, a Conferência pode suspender a aplicação das referidas disposições com base num relatório justificativo satisfatório, preparado pelo Estado-membro interessado e submetido à Conferência por intermédio do Secretário-Geral e em que se especifica que o não pagamento é devido a circunstâncias alheias à vontade do dito Estado-membro.

3. A Conferência determina as modalidades de aplicação das disposições deste artigo.

Art. 85.º (Regulamento financeiro)

O Regulamento Financeiro da OUA rege a aplicação das disposições do presente Capítulo.

Art. 86.º (Conselhos dos auditores externos)

O processo de selecção e as condições de nomeação, bem como as funções e responsabilidades dos auditores externos são definidos no Regulamento Financeiro.

CAPÍTULO XVIII.   Resolução de litígios

Art. 87.º (Processo de resolução de litígios)

1. Qualquer litígio sobre a interpretação ou aplicação das disposições deste Tratado será, em primeiro lugar, solucionado amigavelmente por acordo directo entre as partes em litígio. Se estas não conseguirem resolver o referido litígio, uma das partes pode submeter a questão ao Tribunal de Justiça, num prazo de doze meses.

2. As sentenças do Tribunal de Justiça são definitivas e não podem ser objecto de recurso.

CAPÍTULO XIX.   Relações entre a Comunidade e as Comunidades Económicas Regionais, as Organizações Continentais Africanas, as Organizações Não-Governamentais Africanas e as Organizações e Associações Sócio-Económicas

Art. 88.º (Relações entre a Comunidade e as Comunidades Económicas Regionais)

1. O estabelecimento da Comunidade far-se-á, principalmente, pela coordenação, harmonização e progressiva integração das actividades das comunidades económicas regionais.

2. Os Estados-membros comprometem-se a promover a coordenação, harmonização e integração das actividades das comunidades económicas regionais de que são membros com as actividades da Comunidade, sendo entendido que o estabelecimento desta constitui o objectivo final para o qual devem orientar-se as actividades das comunidades económicas regionais existentes e futuras.

3. Para atingir esse objectivo, a Comunidade tem a responsabilidade de coordenar, harmonizar e avaliar as actividades das comunidades económicas regionais existentes e futuras.

4. Os Estados-membros comprometem-se, no seio das suas comunidades económicas regionais respectivas, a coordenar e harmonizar as actividades das suas organizações sub-regionais, com vista a racionalizar o processo de integração ao nível de cada região.

Art. 89.º (Relações da Comunidade com as Organizações Continentais Africanas)

A Comunidade coopera estreitamente com as organizações continentais africanas, nomeadamente o Banco Africano de Desenvolvimento e o Centro Africano de Estudos Monetários, com vista à realização dos objectivos de integração regional e continental. Ela pode concluir acordos de cooperação com essas organizações.

Art. 90.º (Relações da Comunidade com as Organizações Não-Governamentais Africanas)

1. A Comunidade, no quadro da mobilização dos recursos humanos e materiais da África, estabelece relações de cooperação com as organizações não-governamentais africanas, com o objectivo de encorajar a adesão das populações africanas ao processo de integração económica e de mobilizar para esse efeito, o seu apoio técnico, material e financeiro.

2. Com este objectivo, a Comunidade estabelece um mecanismo de consulta com essas organizações não-governamentais.

Art. 91.º (Relações da Comunidade com as Organizações e Associações Sócio-Económicas)

1. A Comunidade, no quadro da mobilização dos diferentes actores da vida económica e social, estabelece relações de cooperação com as organizações e associações sócio-económicas, incluindo as de produtores, transportadores, trabalhadores, empregadores, jovens, mulheres, artesãos e outras organizações e associações profissionais, com o objectivo de encorajar e garantir a sua adesão ao processo de integração da África.

2. Com este objectivo, a Comunidade estabelece um mecanismo de consulta com essas organizações e associações sócio-económicas.

CAPÍTULO XX. Relações da Comunidade com Terceiros Estados e Organizações internacionais

Art. 92.º (Acordos de cooperação)

1. A Comunidade pode concluir acordos de cooperação com terceiros Estados.

2. No quadro da realização dos seus objectivos, a Comunidade estabelece relações de cooperação com o sistema das Nações Unidas nomeadamente com a Comissão Económica das Nações Unidas para a África, Instituições Especializadas das Nações Unidas e qualquer outra organização internacional.

3. Os acordos de cooperação a serem concluídos nos termos das disposições dos parágrafos 1 e 2 deste artigo são previamente submetidos à aprovação da Conferência mediante recomendação do Conselho.

CAPÍTULO XXI. Relações dos Estados-membros com Terceiros Estados, Organizações Sub-Regionais e Regionais e Organizações Internacionais

Art. 93.º (Acordos concluídos pelos Estados-membros)

1. Os Estados-membros podem concluir acordos de natureza económica, técnica ou cultural com um ou vários Estados-membros, com terceiros Estados, com organizações regionais e sub-regionais ou qualquer outra organização inter-

nacional, sob condição de que tais acordos não sejam incompatíveis com as disposições do presente Tratado. Eles comunicam cópia desses acordos ao Secretário-Geral, que deles informa o Conselho.

2. Quando houver incompatibilidade entre acordos concluídos, antes da entrada em vigor deste Tratado, por Estados-membros entre si, ou por Estados-membros com terceiros Estados, organizações sub-regionais ou regionais e qualquer outra organização internacional, e as disposições do presente Tratado, o Estado ou Estados-membros envolvidos comprometem-se a adoptar as medidas necessárias para eliminar as incompatibilidades constatadas. Caso necessário, os Estados-membros prestam-se assistência para atingir esse fim e adoptam uma atitude comum.

Art. 94.º (Negociações internacionais)

1. Com vista a promover e salvaguardar os interesses da África, os Estados membros comprometem-se a formular e adoptar posições comuns no seio da Comunidade a respeito das questões relativas às negociações internacionais.

2. Para esse fim, a Comunidade prepara estudos e relatórios que permitam aos Estados-membros uma melhor harmonização das suas posições sobre essas mesmas questões.

Art. 95.º (Protocolos relativos aos Capítulos XIX, XX e XXI)

Os Estados membros acordam em concluir protocolos relativos aos Capítulos XIX, XX e XXI do presente Tratado.

CAPÍTULO XXII. Disposições diversas

Art. 96.º (Sede da Comunidade)

A sede da Comunidade é a mesma que a da OUA.

Art. 97.º (Línguas de trabalho)

As línguas de trabalho da Comunidade são as mesmas que as da OUA.

Art. 98.º (Personalidade jurídica)

1. A Comunidade faz parte integrante da Organização da Unidade Africana.

2. O Secretário-Geral, na sua qualidade de representante jurídico da Comunidade, pode, em nome da Comunidade, exercer as capacidades de:
   a) Contratar; e
   b) Ser parte em processos judiciais.

3. Sob reserva do prévio acordo do Conselho, o Secretário-Geral pode, em nome da Comunidade:
   a) Adquirir e alienar bens móveis e imóveis;
   b) Contrair empréstimos; e
   c) Aceitar donativos legados e quaisquer outras liberalidades.

Art. 99.º (O Tratado e os seus Protocolos)

O presente Tratado e os seus Protocolos fazem parte integrante da Carta da OUA.

Art. 100.º (Assinatura e ratificação)

O presente Tratado e os Protocolos são assinados e submetidos à ratificação pelas Altas Partes Contratantes em conformidade com os seus procedimentos constitucionais respectivos. Os instrumentos de ratificação são depositados junto do Secretário-Geral da OUA.

Art. 101.º (Entrada em vigor)

O presente Tratado entrará em vigor trinta dias após o depósito dos instrumentos de ratificação por dois terços dos Estados-membros da OUA.

Art. 102.º (Adesão e admissão)

1. Qualquer Estado-membro da OUA pode notificar o Secretário-Geral a sua intenção de aderir ao presente Tratado.

2. O Secretário-Geral, uma vez recebida esta notificação, deve enviar a cópia a todos os Estados-membros, A admissão é decidida por maioria simples dos Estados-membros, que comunicam o seu voto ao Secretário-Geral. Após receber o número de votos necessários, o Secretário-Geral comunica a decisão de admissão ao Estado interessado.

Art. 103.º (Emenda e revisão do Tratado)

1. Qualquer Estado-membro pode apresentar propostas de emenda ou revisão deste Tratado.

2. As propostas de emenda ou de revisão são comunicadas ao Secretário--Geral que as transmite aos Estados-membros no prazo máximo de trinta dias subsequente à sua recepção na Sede da Comunidade.

3. A Conferência, mediante parecer do Conselho, analisa essas propostas na sua sessão seguinte, a ter lugar num prazo de um ano após os Estados-membros terem recebido a notificação feita nos termos do parágrafo 2 deste artigo.

4. A emenda ou a revisão é adoptada pela Conferência por consenso, ou, na falta deste, por uma maioria de dois terços, e submetida à ratificação de todos os Estados-membros em conformidade com os seus procedimentos constitucionais respectivos. Elas entram em vigor trinta dias após o depósito dos instrumentos de ratificação por dois terços dos Estados-membros junto do Secretário-Geral da OUA.

Art. 104.º (Retirada)

1. Qualquer Estado-membro que desejar retirar-se da Comunidade, comunica por escrito, e com um ano de antecedência, a sua intenção ao Secretário-Geral,

que a dá a conhecer aos Estados-membros. Findo esse prazo, aquele Estado deixará de ser membro da Comunidade, salvo se, entretanto, tiver renunciado à retirada.

2. Durante o período de um ano referido no parágrafo 1 deste artigo, o Estado-membro que deseje retirar-se da Comunidade tem, contudo, que se conformar com as disposições do presente Tratado e continua vinculado ao cumprimento das suas obrigações dele decorrentes até ao dia da sua retirada.

Art. 105.º (Dissolução)

A Conferência decide da dissolução da Comunidade e fixa as modalidades de repartição do seu activo e passivo.

Art. 106.º (Depositário do Tratado)

1. O presente Tratado, redigido em quatro textos originais nas línguas árabe, francesa, inglesa e portuguesa, os quatro textos fazendo igualmente fé, será depositado junto do Secretário-Geral da OUA, que dele enviará uma cópia autenticada a cada um dos Estados signatários.

2. O Secretário-Geral notifica aos Estados-membros as datas de depósito dos instrumentos de ratificação e de adesão e manda registar o presente Tratado, a partir da data da sua entrada em vigor, junto do Secretariado da Organização das Nações Unidas.

Em fé do que, nós, Chefes de Estado e de Governo dos Estados-membros da Organização da Unidade Africana (OUA), assinámos o presente Tratado.

Feito em Abuja, Nigéria, aos três de Junho de mil novecentos e noventa e um.

Resolução n.º 1/92, de 30 de Março

Os países africanos, cientes da necessidade de se agruparem num organismo económico à escala continental, conceberam nos anos 70, uma Comunidade Económica Africana para, através de esforços comuns, designadamente, pela interacção, complementaridade e integração económica, contribuirem para a solução dos múltiplos problemas do continente.

O processo da criação desse organismo levou anos, tendo culminado com a conclusão do Tratado e a respectiva assinatura solene em 3 de Junho de 1991, pelos Chefes de Estado ou de Governo da OUA, reunidos em Assembleia, em Abuja, Nigéria.

Pela importância de que se reveste a criação da referida Comunidade e as vantagens que podem advir para o país, torna-se necessário ratificar o referido Tratado.

Nestes termos e usando da competência que lhe é atribuída pela alínea *k*) do n.º 2 do artigo 135.º da Constituição, a Assembleia da República determina:

XI – Tratado Constitutivo da Comunidade Económica Africana

Único. É ratificado o Tratado que formaliza a instituição da Comunidade Económica Africana, assinado solenemente em 3 de Junho de 1991, em Abuja, Nigéria, pelos Chefes de Estado ou de Governo da OUA, cujo texto, em anexo, faz parte integrante da presente resolução.

Aprovada pela Assembleia da República.

Publique-se.

O Presidente da Assembleia da República, MARCELINO DOS SANTOS.

XII – PROTOCOLO AO TRATADO CONSTITUTIVO DA COMUNIDADE ECONÓMICA AFRICANA RELATIVO AO ESTABELECIMENTO DO PARLAMENTO PAN-AFRICANO

Preâmbulo

Os Estados-Membros da Organização da Unidade Africana, Estados Partes no Tratado de criação da Comunidade Económica Africana;

Tendo presente a Declaração de Sirte adoptada na Quarta Sessão Extraordinária da Conferência dos Chefes de Estado e Governo, realizada na Grande Jamahiriya Árabe Líbia Socialista e Popular em 9 de Setembro de 1999, estabelecendo a União Africana e apelando para o rápido estabelecimento das instituições previstas no Tratado de Criação da Comunidade Económica Africana, assinado em Abuja, Nigéria, em 3 de Junho de 1991, bem como para o estabelecimento do Parlamento Pan-Africano, até ao ano 2000;

Notando em particular a adopção do Acto Constitutivo da União Africana pela 36.ª Sessão Ordinária da Conferência dos Chefes de Estado e de Governo, realizada em Lomé, de 10 a 12 de Julho de 2000, consagrando assim a visão comum de uma África unida, solidária e forte;

Notando ainda que o estabelecimento do Parlamento Pan-Africano se inscreve no quadro da visão destinada a proporcionar uma plataforma comum para os povos africanos e as suas organizações de massas com vista a assegurar o seu maior envolvimento nas discussões e na tomada de decisão sobre os problemas e os desafios que o Continente enfrenta;

Conscientes da necessidade imperiosa e urgente de realizar as aspirações dos seus povos de uma maior unidade, solidariedade e coesão numa Comunidade mais ampla que transcenda as diferenças culturais, ideológicas, étnicas, religiosas e nacionais;

Considerando os princípios e os objectivos enunciados na Carta da Organização da Unidade Africana;

Considerando além disso que os artigos 7.º e 14.º do Tratado de criação da Comunidade Económica Africana, prevêem a criação de um Parlamento Pan-

-Africano da Comunidade, cuja composição, funções, poderes e organização serão definidos num Protocolo;

Evocando, o Programa de Acção do Cairo (AHG/Res. 236 (XXXI) que foi aprovada pela Trigésima Primeira Sessão Ordinária da Conferência realizada em Addis Abeba, Etiópia, de 26 a 28 de Junho de 1995, e que recomenda a aceleração do processo de racionalização do quadro institucuional com vista a realizar a integração económica a nível regional;

Evocando em particular a Declaração sobre a situação política e sócio-económica em África e as mudanças fundamentais que têm lugar no mundo, que foi adoptada pela Vigésima Sexta Sessão Ordinária da Conferência, em Addis Abeba, Etiópia, em 11 de Julho de 1990;

Considerando que através da Declaração de Argel (AHG/Dec. 1/XXXV) de 14 de Julho de 1999, a Conferência reafirmou a sua fé na Comunidade Económica Africana;

Determinados a promover os princípios democráticos e a participação popular, a consolidar as instituições e a cultura democrática, e a assegurar a boa governação;

Determinados ainda a promover e a proteger os Direitos do Homem e dos Povos em conformidade com a Carta Africana dos Direitos do Homem e dos Povos e outros instrumentos pertinentes dos direitos humanos;

Conscientes das obrigações e implicações jurídicas para os Estados-membros, decorrentes do estabelecimento do Parlamento Pan-Africano;

Firmemente convictos de que o estabelecimento do Parlamento Pan-Africano garantirá efectivamente a plena participação dos povos africanos no desenvolvimento e integração económica do Continente;

Acordam no seguinte:

Art. 1.º (Definições)

Neste Protocolo, as seguintes expressões terão o significado a seguir definido:

"Conferência", significa a Conferência dos Chefes de Estado e de Governo da Comunidade;

"Mesa", significa a Mesa tal como definida no artigo 12.º do presente Protocolo;

"Comunidade", significa a Comunidade Económica Africana;

"Conselho", significa o Conselho de Ministros da Comunidade;

"Tribunal de Justiça", significa o Tribunal de Justiça da Comunidade;

"Secretariado Geral", significa o Secretariado da Comunidade;

"Membro do Parlamento Pan-Africano", ou "Parlamentares Pan-Africanos", significa um ou mais representantes eleitos em conformidade com o artigo 15.º deste Protocolo;

"Estado-Membro" ou "Estados-Membros", excepto indicação contrária, significa um ou vários Estados-Membros da Comunidade;

"OUA", significa a Organização da Unidade Africana;

"Presidente", significa o Membro do Parlamento Pan-Africano eleito para conduzir os trabalhos do Parlamento Pan-Africano em conformidade com o Artigo 12.º deste Protocolo;

"Região da África", tem o significado que lhe é atribuído no artigo 1.º do Tratado de Criação da Comunidade;

"Secretário-Geral", significa o Secretário-Geral da Comunidade;

"Tratado", significa o Tratado de criação da Comunidade Económica Africana.

Art. 2.º (Estabelecimento do Parlamento Pan-Africano)

1. Os Estados-Membros estabelecem por este meio o Parlamento Pan-Africano cuja composição, funções, poderes e organização são regidos pelo presente Protocolo.

2. Os Membros do Parlamento Pan-Africano representam todos os povos da África.

3. O objectivo final do Parlamento Pan-Africano deve consistir em transformar-se numa instituição com plenos poderes legislativos, cujos membros são eleitos por sufrágio universal directo. Todavia, até decisão em contrário pelos Estados-Membros por uma emenda ao presente Protocolo:

   i) O Parlamento Pan-Africano deve somente possuir poderes consultivos e de assessoria; e

   ii) Os Membros do Parlamento Pan-Africano devem ser nomeados em conformidade com o artigo 4.º do presente Protocolo.

Art. 3.º (Objectivos)

Os objectivos do Parlamento Pan-Africano são:

1. Facilitar a implementação efectiva das políticas e dos objectivos da OUA/ /AEC e, posteriormente da União Africana;

2. Promover os princípios dos Direitos do Homem e da democracia em África;

3. Encorajar a boa governação, a transparência e a obrigação de prestar contas nos Estados-Membros;

4. Familiarizar os povos da África com os objectivos e políticas visando a integração do Continente africano no âmbito do estabelecimento da União Africana;

5. Promover a paz, a segurança e a estabilidade;

6. Contribuir para um futuro mais próspero dos povos da África ao promover uma auto-suficiência colectiva e a retoma económica;

7. Facilitar a cooperação e o desenvolvimento em África;

8. Reforçar a solidariedade continental e edificar um sentido de destino comum entre os povos da África;

9. Facilitar a cooperação entre as Comunidades Económicas Regionais e os seus *Fóruns* Parlamentares.

Art. 4.º (Composição)

1. Durante o período de transição, os Estados-Membros são representados por igual número de Parlamentares.
2. Cada Estado-Membro é representado no Parlamento Pan-Africano por cinco (5) membros e, pelo menos, um deles deverá ser uma mulher.
3. A representação de cada Estado-Membro deve reflectir a diversidade de opiniões políticas e de cada Parlamento Nacional ou de outro órgão legislativo nacional.

Art. 5.º (Eleição, mandato e vacatura de Assento)

1. Os membros do Parlamento Pan-Africano são eleitos ou designados pelos respectivos Parlamentos Nacionais ou por qualquer outro órgão legislativo dos Estados-Membros, de entre os seus membros.
2. A Conferência Pan-Africana determina o início da primeira legislatura do Parlamento Pan-Africano na sua sessão que imediatamente se seguir à entrada em vigor deste Protocolo.
3. O mandato de cada Membro do Parlamento Pan-Africano decorre enquanto durar o seu mandato no respectivo Parlamento ou noutro órgão legislativo nacional.
4. O assento de um Membro do Parlamento Pan-Africano torna-se vago em caso de:
   a) Morte;
   b) Renúncia, por notificação, ao Presidente;
   c) Incapacidade física ou mental de desempenho das funções;
   d) Destituição por má conduta;
   e) Deixar de ser Membro do respectivo Parlamento Nacional ou por outro órgão legislativo nacional;
   f) Ser chamado pelo Parlamento Nacional; ou
   g) Deixar de ser Membro do Parlamento Pan-Africano nos termos do artigo 19.º do presente Protocolo.
5. O mandato de cada Membro do Parlamento Pan-Africano é de cinco (5) anos renováveis.
6. O mandato decorre a partir da primeira sessão do Parlamento realizada depois de cada eleição.

Art. 6.º (Voto)

Os Membros do Parlamento Pan-Africano votam a título pessoal e de modo independente.

Art. 7.º (Incompatibilidade)

A função de Membro do Parlamento Pan-Africano é incompatível com o exercício de uma função executiva ou judiciária num Estado-Membro.

Art. 8.º (Privilégios e imunidades dos Membros do Parlamento)

1. Os Membros do Parlamento Pan-Africano no exercício das suas funções, no território de cada Estado-Membro, desde a data da sua eleição e ao longo do seu mandato, deve gozar das imunidades e privilégios atribuídos aos agentes diplomáticos ao abrigo da Convenção Geral sobre os privilégios e imunidades da OUA.

2. Sem prejuízo para o n.º 1 deste artigo, o Parlamento tem o poder de suspender a imunidade de um Membro em conformidade com as normas de procedimento.

Art. 9.º (Imunidade parlamentar)

1. Os Membros do Parlamento Pan-Africano gozam de imunidade parlamentar em cada Estado-Membro. Nesta conformidade, um Membro do Parlamento não deve ser sujeito a acções cíveis ou criminais, à detenção, prisão ou indemnização pelo que for dito ou feito por ele dentro ou fora do Parlamento, no exercício do seu mandato.

2. Sem prejuízo para o n.º 1 deste artigo, o Parlamento tem o poder de levantar a imunidade de um membro em conformidade com as normas de procedimento.

Art. 10.º (Subsídios)

Os Membros do Parlamento Pan-Africano têm direito a um subsídio para cobrir as despesas relativas ao desempenho das suas funções.

Art. 11.º (Funções e poderes)

O Parlamento é investido com funções legislativas a serem definidas pela Assembleia. Todavia, durante o período inicial da sua existência, o Parlamento terá apenas funções de assessoria e consulta. A este respeito, ele pode:

1. Examinar, discutir ou exprimir uma opinião sob qualquer matéria quer por iniciativa própria quer a pedido da Assembleia ou de um órgão político, e fazer as recomendações que considerar apropriadas, como por exemplo aquelas relacionadas com o respeito dos direitos humanos, a consolidação das instituições democráticas e da cultura da democracia, bem como a promoção da boa governação e do Estado de Direito.

2. Discutir o seu orçamento e o Orçamento da Comunidade, e fazer sobre isso recomendações antes da sua aprovação pela Assembleia.

3. Trabalhar no sentido da harmonização ou coordenação das legislações dos Estados-Membros.

4. Fazer recomendações com vista a contribuir para a realização dos objectivos da OUA/AEC, e concentrar-se nos desafios impostos ao processo de integração em África, bem como nas estratégias para os resolver.

5. Solicitar aos funcionários superiores da OUA/AEC que participem nas suas sessões, elaborem documentos ou o assistam no desenvolvimento das suas funções.

6. Promover os programas e os objectivos da OUA/AEC nos círculos eleitorais dos Estados-Membros.

7. Incentivar a coordenação e harmonização de políticas, medidas, programas e actividades das Comunidades Económicas Regionais e dos eventos Parlamentares de África.

8. Adoptar o seu Regulamento Interno, eleger o seu próprio Presidente e propor ao Conselho e à Assembleia o número e a natureza do pessoal de apoio do Parlamento Pan-Africano.

9. Exercer outras funções que considerar necessárias para a realização dos objectivos definidos no artigo 3.º do presente Protocolo.

Art. 12.º (Regulamento Interno e organização do Parlamento Pan-Africano)

1. O Parlamento Pan-Africano adopta o seu Regulamento Interno por maioria de dois terços de todos os seus membros.

2. Na primeira sessão que se seguir à sua eleição, o Parlamento Pan-Africano elege por sufrágio secreto, de entre os seus Membros e em conformidade com o seu Regulamento Interno, um Presidente e 4 (quatro) Vice-Presidentes representando as regiões da África tal como determinado pela OUA. A eleição será em cada caso feita por maioria simples dos Membros presentes e votantes.

3. Os mandatos do Presidente e dos Vice-Presidentes terão a mesma duração que no Parlamento Nacional ou órgão deliberativo que os eleger ou designar.

4. Os Vice-Presidentes serão categorizados pela ordem de primeiro, segundo, terceiro e quarto, inicialmente em conformidade com o resultado da votação e, subsequentemente, pela rotação.

5. O Presidente e os Vice-Presidentes constituem a Mesa do Parlamento Pan-Africano. A Mesa, sob controlo e direcção do Presidente e sujeita às directivas que possam vir a emanar do Parlamento Pan-Africano, será responsável pela gestão e administração de todos os assuntos e património do Parlamento Pan-Africano e dos seus órgãos. No exercício das suas funções a Mesa é assistida pelo Secretário e os Secretários-Adjuntos.

6. O Parlamento Pan-Africano designa um Secretário, dois Secretários-Adjuntos assim como outro pessoal e funcionários que julgue necessários para um bom desempenho das suas funções e pode, por regulamentos, fixar as modalidades e as condições do seu trabalho de acordo com a prática em vigor na OUA quando apropriado.

7. O Presidente preside às reuniões do Parlamento Pan-Africano, excepto as que forem realizadas em Comités. Na sua ausência, os Vice-Presidentes assumem interinamente, por rotação, de acordo com o Regulamento Interno, que também definirá os poderes da pessoa que preside aos debates parlamentares.

8. O cargo de Presidente ou de Vice-Presidente fica vago no caso de:
   a) Morte;
   b) Renúncia, por escrito, ao Presidente;
   c) Incapacidade física ou mental de desempenho das funções;

d) Expulsão por má conduta;
e) Deixar de ser Membro do respectivo Parlamento Nacional ou de outro órgão deliberativo nacional;
f) Ser chamado pelo Parlamento Nacional ou por outro órgão deliberativo nacional;
g) Deixar de ser Membro do Parlamento Pan-Africano nos termos do artigo 19.º do presente Protocolo.

9. A demissão pelos motivos evocados nas alíneas *c)* e *d)* do n.º 8, é feita através de uma moção a ser decidida por votação secreta e apoiada no fim do debate por uma maioria de dois terços de todos os membros do Parlamento Pan-Africano. No caso de demissão prevista na alínea *c)* do n.º 8, a moção deve ser, além disso, apoiada por um atestado médico.

10. A vacatura do cargo de Presidente ou Vice-Presidente será preenchida na sessão do Parlamento Pan-Africano que imediatamente se seguir à sua ocorrência.

11. O quórum será constituído por uma maioria simples.

12. Cada membro do Parlamento Pan-Africano tem direito a um voto. As decisões são tomadas por consenso ou, na ausência do qual, por maioria de dois terços dos membros presentes e votantes. Todavia, as questões relativas aos procedimentos, inclusive a questão sobre se o assunto se refere ou não aos procedimentos, são decididas por maioria simples dos presentes e votantes, salvo disposição em contrário do Regulamento Interno. Em caso de igualdade de votos, o Presidente da Sessão dispõe de voto de qualidade.

13. O Parlamento Pan-Africano pode criar as comissões que julgar úteis para o bom desempenho das suas funções, de acordo com o seu Regulamento Interno.

14. Até que o Parlamento Pan-Africano designe o seu pessoal, o Secretariado Geral da OUA age como seu Secretariado.

Art. 13.º (Tomada de posse)

Na sua primeira reunião depois da eleição e antes de realizar qualquer outro acto, os Membros do Parlamento Pan-Africano prestam um juramento ou fazem uma declaração solene. O texto do juramento ou a declaração será anexado a este Protocolo.

Art. 14.º (Sessões)

1. O Presidente em exercício da OUA/Comunidade convoca e preside à sessão inaugural do Parlamento Pan-Africano até à eleição do Presidente que, após isso, assegura a presidência.

2. O Parlamento Pan-Africano reúne-se pelo menos duas vezes por ano em sessão ordinária. O período é determinado pelo Regulamento Interno. Cada sessão ordinária pode durar até um mês.

3. Um terço dos membros do Parlamento Pan-Africano, a Conferência ou o Conselho, através do Presidente em exercício da OUA, podem solicitar, através de

uma notificação por escrito endereçada ao Presidente, uma sessão extraordinária do Parlamento Pan-Africano. O pedido deve ser motivado e deve indicar de forma detalhada as questões que devem ser examinadas durante a referida sessão. O Presidente convoca essa sessão, que apenas discutirá os assuntos estipulados na solicitação. A sessão termina depois de esgotada a agenda.

4. As deliberações do Parlamento Pan-Africano serão abertas ao público, salvo decisão em contrário da Mesa.

Art. 15.º (Orçamento)

1. O orçamento anual do Parlamento Pan-Africano deve constituir uma parte integrante do orçamento regular da OUA/Comunidade.

2. O orçamento deve ser elaborado pelo Parlamento Pan-Africano em conformidade com o Regulamento Financeiro da OUA/Comunidade; e deve ser aprovado pela Conferência, até à altura em que o Parlamento comece a exercer poderes legislativos.

Art. 16.º (Sede do Parlamento Pan-Africano)

A sede do Parlamento Pan-Africano é determinada pela Conferência e localizada no território de um Estado Parte deste Protocolo. Contudo, o Parlamento pode reunir-se no território de qualquer outro Estado-membro, a convite deste Estado.

Art. 17.º (Línguas de trabalho)

As línguas de trabalho do Parlamento Pan-Africano são, na medida do possível, as línguas africanas, assim como o árabe, o francês, o inglês e o português.

Art. 18.º (Relação entre o Parlamento Pan-Africano, os Parlamentos das Comunidades Económicas Regionais e os Parlamentos Nacionais ou outros Órgãos Legislativos Nacionais)

O Parlamento Pan-Africano trabalha em estreita colaboração com os Parlamentos das Comunidades Económicas Regionais e os Parlamentos Nacionais ou outros órgãos Legislativos Nacionais. A este propósito, o Parlamento Pan-Africano, pode, em conformidade com o seu Regulamento Interno, convocar Fóruns consultivos anuais com os Parlamentos das Comunidades Económicas Regionais e os Parlamentos Nacionais ou outros órgãos Legislativos Nacionais, para discutir assuntos de interesse comum.

Art. 19.º (Retirada)

Todo o Membro do Parlamento Pan-Africano de um Estado-Membro que se retire da Comunidade perde automaticamente a qualidade de membro do Parlamento Pan-Africano.

Art. 20.º (Interpretação)
Toda a questão ligada à interpretação do presente Protocolo é decidida pelo Tribunal de Justiça e, até ao estabelecimento deste, por uma maioria de dois terços da Conferência.

Art. 21.º (Assinatura e ratificação)
1. O presente Protocolo é assinado e ratificado pelos Estados-Membros de acordo com os seus respectivos procedimentos constitucionais.
2. Os instrumentos de ratificação ou adesão são depositados junto do Secretário-Geral.

Art. 22.º (Entrada em vigor)
Este Protocolo entra em vigor trinta (30) dias depois do depósito dos instrumentos de ratificação por uma maioria simples dos Estados-Membros.

Art. 23.º (Adesão)
1. Todo o Estado-Membro pode notificar o Secretário-Geral da sua intenção de aderir ao presente Protocolo após a sua entrada em vigor. O Secretário-Geral, ao receber tal notificação, envia cópias da mesma a todos os Estados-Membros.
2. Para qualquer Estado-Membro que adira ao presente Protocolo, o mesmo entra em vigor, em relação a esse Estado, na data do depósito do seu instrumento de adesão.

Art. 24.º (Emenda ou revisão do Protocolo)
1. O presente Protocolo pode ser emendado ou revisto por decisão de uma maioria de dois terços da Conferência.
2. Todo o Estado-Membro-Parte ao presente Protocolo ou ao Parlamento Pan-Africano, pode propor por escrito ao Secretário-Geral uma emenda ou uma revisão do Protocolo.
3. O Secretário-Geral notifica uma tal proposta a todos os Estados-Membros, pelo menos 30 dias antes da reunião da Conferência que deve considerar a proposta.
4. O Secretário-Geral solicita o parecer do Parlamento Pan-Africano sobre a proposta e transmite-a, se for o caso, à Conferência que pode adoptar a proposta, tendo tomado em conta o parecer do Parlamento Pan-Africano.
5. A emenda ou revisão entra em vigor trinta (30) dias depois do depósito dos instrumentos de ratificação junto do Secretário-Geral por dois terços dos Estados-Membros.

Art. 25.º (Revisão do Protocolo)
1. Cinco anos depois da entrada em vigor deste Protocolo, uma Conferência dos Estados Partes ao presente Protocolo é realizada para avaliar a implementação e a eficácia deste Protocolo, bem como o sistema de representação no Parlamento

Africano, a fim de assegurar a realização dos seus fins e objectivos, assim como a sua visão em relação às necessidades crescentes dos países africanos.

2. A seguir realizar-se-ão, de dez em dez anos, outras Conferências de avaliação dos Estados Partes ao presente Protocolo, com o mesmo objectivo. Nos termos do previsto no parágrafo anterior, tais Conferências podem ser realizadas num intervalo inferior a 10 anos, se o Parlamento Pan-Africano assim o decidir.

Feito em Sirte, Líbia, 2 de Março de 2001.

Resolução n.º 2/2003, de 17 de Abril

O Protocolo ao Tratado de Criação da Comunidade Económica Africana relativo ao Parlamento Pan-Africano, adoptado pela Conferência dos Chefes de Estado e Governo da Organização da Unidade Africana, em Sirte, Líbia, no dia 2 de Março de 2001, é um instrumento jurídico de grande relevância que incorpora a visão africana orientada no sentido de proporcionar uma plataforma comum aos povos africanos com vista a assegurar o seu envolvimento nas discussões e na tomada de decisões sobre os problemas e os desafios que o continente africano enfrenta.

Considerando que a República de Moçambique assinou o referido Protocolo durante a Primeira Conferência de Chefes de Estado e Governo da União Africana, realizada em Durban, África do Sul, de 9 a 12 de Julho de 2002;

Nestes termos, ao abrigo do disposto na alínea *k*) do n.º 2, do artigo 135.º da Constituição, a Assembleia da República determina:

Único. É ratificado o Protocolo ao Tratado de Criação da Comunidade Económica Africana Relativo ao Estabelecimento do Parlamento Pan-Africano, adoptado pela Conferência dos Chefes de Estado e Governo da Organização da Unidade Africana, em Sirte, Líbia, no dia 2 de Março de 2001, cujo texto é publicado em anexo à presente Resolução e dela faz parte integrante.

Aprovada pela Assembleia da República, aos 17 de Abril de 2003.

Publique-se.

O Presidente da Assembleia da República, Eduardo Joaquim Mulémbwè.

XIII – ACORDO SOBRE A ORGANIZAÇÃO DE COOPERAÇÃO ECONÓMICA, CIENTÍFICA E TÉCNICA MARINHA DO OCEANO ÍNDICO (IOMAC)

Os Estados contratantes,
Enquanto Estados costeiros e do interior em relação ao Oceano Índico,
Conscientes dos recursos do Oceano Índico e do seu potencial na contribuição para o desenvolvimento económico e social dos Estados da região e para a promoção da cooperação entre si, assim como entre estes e outros Estados, à luz do novo regime oceânico consagrado na convenção das Nações Unidas sobre o Direito do Mar;
Reiterando o seu empenho no desenvolvimento pacífico e na gestão racional do Oceano Índico;
Recordando a primeira Conferência sobre a Cooperação Económica, Científica e Técnica Marinha do Oceano Índico, no quadro do novo regime oceânico, realizada a nível ministerial em Colombo, Sri Lanka em 1987, e os progressos alcançados em resultado dessa Conferência;
Considerando a necessidade do reconhecimento formal dos princípios aplicáveis a essa Cooperação e das instituições dessa cooperação;
Acordam no seguinte:

PARTE I. DEFINIÇÕES

Art. 1.º (Definições)
Para efeitos do presente Acordo:
«Estado costeiro do Oceano Índico», significa um Estado cuja costa faz fronteira com, ou está contida dentro do Oceano Índico ou dos mares ou golfos adjacentes;
«Estado do Interior», significa um Estado que é imediatamente adjacente a um Estado costeiro do Oceano Índico;
«Estado sem Litoral», terá o mesmo significado consagrado na Convenção das Nações Unidas sobre o Direito do Mar;

«Estado geograficamente desfavorecido», terá o mesmo significado consagrado na Convenção das Nações Unidas sobre o Direito do Mar;

«Activo em assuntos marinhos no Oceano Índico», significa ter actividades marítimas substanciais no Oceano Índico ou nos seus mares ou golfos adjacentes.

PARTE II. DISPOSIÇÕES GERAIS

Art. 2.º

Estabelecimento da Organização:

1. É criada, pela presente, a Organização de Cooperação Económica, Científica e Técnica Marinha do Oceano Índico (IOMAC), doravante designada «Organização».

2. A sede da Organização será em Colombo, Sri Lanka.

Art. 3.º (Objectivos)

A Organização terá como objectivos:

a) Criar uma consciencialização sobre o Oceano Índico, os seus recursos e potencial para o desenvolvimento dos Estados da região, e a promoção entre si, assim como entre eles e outros Estados, tomando em consideração o regime oceânico consagrado na Convenção das Nações Unidas sobre o Direito do Mar;

b) Providenciar um Fórum onde os Estados Costeiros e do Interior do Oceano Índico e outros Estados interessados possam discutir, examinar e passar em revista o aproveitamento económico do Oceano Índico, os seus recursos e actividades a estes relacionadas, incluindo as que são desenvolvidas no âmbito de Organizações intergovernamentais, e identificar áreas em que possam beneficiar a partir de desenvolvimento de uma cooperação e coordenação internacional e conjugação de acções;

c) Dinamizar o desenvolvimento económico e social dos Estados Costeiros e do interior do Oceano Índico através da integração de actividades oceânicas nos seus respectivos processos de desenvolvimento, e promover uma política de gestão oceânica integrada, através de um diálogo regular e contínuo e de cooperação regional internacional com destaque sobre a cooperação técnica entre os países em desenvolvimento.

Art. 4.º (Princípios e áreas de cooperação)

1. A cooperação económica, científica e técnica marinha do Oceano Índico será norteada pelos seguintes princípios:

a) A optimização da exploração dos recursos do Oceano Índico em benefício dos Estados do Oceano Índico;

b) O desenvolvimento das capacidades nacionais em assuntos marinhos com vista a promoção de auto-suficiência na gestão oceânica;

c) O incremento da cooperação com outros Estados;
d) O estabelecimento e a manutenção de uma cooperação efectiva com organizações internacionais, governamentais e não governamentais, agências e outras envolvidas em assuntos marinhos; e
e) O devido respeito pelos direitos e as necessidades dos Estados-Membros sem litoral e geograficamente desfavorecidos reconhecidos no novo regime oceânico.

2. As áreas de cooperação em assuntos marinhos no Oceano Índico serão:
a) Ciência marinha, serviços oceânicos e tecnologia marinha;
b) Recursos vivos;
c) Recursos não vivos;
d) Direito do Mar, política e gestão;
e) Transporte marítimo e comunicações;
f) Meio ambiente marítimo;
g) Outras áreas relevantes para a cooperação marítima.

PARTE III. DISPOSIÇÕES INSTITUCIONAIS

Art. 5.º (Membros da Organização)
Qualquer Estado costeiro ou do interior do Oceano Índico pode ser membro da Organização ao se tornar parte do Acordo.

Art. 6.º (Estrutura da Organização)
A Organização terá os seguintes órgãos principais:
a) A Conferência;
b) O Comité; e
c) O Secretariado.

Art. 7.º (A Conferência)
Composição:
1. A Conferência será composta por representantes a nível ministerial ou equivalente de todos os membros da Organização.
Funções:
2. Caberá à Conferência:
a) Estabelecer a política e princípios que nortearão os programas e as actividades da Organização;
b) Eleger os membros do Comité da Organização em conformidade com o disposto no artigo 8.º, parágrafo 1, (abaixo);
c) Nomear o Secretário-Geral da Organização;
d) Receber e analisar os relatórios do Comité, assim como do Secretário--Geral;
e) Aprovar o orçamento e as contas da organização para cada período fiscal;

f) Aprovar propostas de programas e actividades da organização;
g) Criar órgãos subsidiários, assim que se julgar necessário;
h) Analisar litígios que possam surgir no que concerne à interpretação ou aplicação do presente Acordo e fazer comentários, e se necessário, criar procedimentos, conforme se julgar apropriado com vista à sua solução;
i) Estabelecer o seu código de conduta, salvo o contrário disposto no presente Acordo;
j) Estabelecer regulamentos financeiros da Organização;
k) Estabelecer regulamentos que regem o pessoal da Organização e providenciar condições de serviços consistentes, tanto quanto possível, com as das outras Organizações internacionais;
l) Exercer outras funções, dentro do permissível nos termos do presente Acordo;

Reuniões e procedimentos:

3. A Conferência reunir-se-á em sessão ordinária uma vez de dois em dois anos.

4. A Conferência reunir-se-á em sessão extraordinária sempre que uma maioria dos seus membros ou do Comité assim o solicitar.

5. O quórum para reuniões da Conferência será de dois terços dos membros da Organização.

6. Cada membro terá um voto.

7. A Conferência procurará tomar as suas decisões por consenso. Na impossibilidade de se chegar a um consenso, as decisões da Conferência serão, salvo o contrário disposto no presente Acordo, tomadas por uma maioria dos membros presentes e votantes.

8. A Conferência elegerá, em cada sessão ordinária, de entre os membros, o seu Presidente e os seus Vice-Presidentes. Os eleitos ocuparão os seus cargos até à eleição dos seus sucessores na sessão ordinária da seguinte Conferência.

9. Os representantes de Governos, que não sejam membros da Organização, representantes das Nações Unidas, e de agência e órgãos apropriados das Nações Unidas, representantes de outras Organizações internacionais e nacionais, governamentais e não-governamentais, conforme a Conferência assim o julgar apropriado, e peritos nas áreas de interesse à Conferência, poderão ser convidados a participar nas reuniões da Conferência, como observadores. Se um terço dos membros da Organização se opuser ao convite de um observador para a Conferência, o observador em causa não será convidado.

10. Salvo uma decisão contrária da Conferência, as sessões da Conferência terão lugar na sede da organização.

Art. 8.º (O Comité)
Composição:

1. Caberá à Conferência determinar o número e eleger os Membros do Comité, de entre os Membros da Organização, e procurar assegurar que as maiores áreas

XIII – Acordo Sobre a Organização de Cooperação Económica (IOMAC)   **Art. 8.º**

geográficas e os principais interesses ligados ao Oceano (nomeadamente países do interior, geograficamente desfavorecidos, continentais, costeiros e arquipélagos) estarão representados no Comité.

Funções:
O Comité, que será o órgão executivo da Organização, terá como funções:
a) Providenciar a orientação da política necessária para a implementação do Programa de Cooperação e do Plano da Organização, e para a promoção de Cooperação no âmbito da Organização;
b) Avaliar o grau de implementação das decisões tomadas pela Conferência;
c) Fiscalizar a administração e as finanças da Organização;
d) Submeter à Conferência, para efeitos de aprovação, o orçamento e os gastos da Organização, conjuntamente com comentários e recomendações;
e) Submeter à Conferência, para aprovação, propostas de programas e actividades da Organização;
f) Autorizar o Secretário-Geral a tomar qualquer medida que o Comité assim a considere necessária para o cumprimento dos objectivos preconizados pela Organização;
g) Estabelecer o seu código de conduta, salvo o contrário disposto no presente Acordo; e
h) Exercer outras funções que lhe poderão ser incumbidas pela Conferência.

Reuniões e procedimentos:
3. O Comité reunir-se-á uma vez por ano em sessão ordinária.
4. O Comité reunir-se-á em sessão extraordinária sempre que uma maioria dos membros do Comité solicitarem a convocação de um sessão extraordinária.
5. O quórum para a efectivação das reuniões do Comité será de dois terços dos membros do Comité.
6. O Comité elegerá um Presidente e um Vice-Presidente.
7. Os Membros da Organização que não tenham sido eleitos para o Comité poderão participar nas reuniões, mas sem direito a voto.
8. O Comité procurará tomar as suas decisões por consenso. Na impossibilidade de um consenso as decisões do Comité serão, salvo o disposto no presente Acordo, tomadas por uma maioria dos seus membros presentes e votantes.
9. Os representantes de Governos que sejam Membros da Organização, os representantes das Nações Unidas e das agências e dos órgãos apropriados das Nações Unidas, os representantes de outras organizações internacionais e nacionais, governamentais e não-governamentais, conforme o Comité assim o julgar apropriado, e peritos nas áreas de interesse do Comité poderão ser convidados a participar como observadores nas reuniões do Comité. Se um terço dos Membros da Organização objectar o convite de um observador para o Comité, o observador em causa não será consequentemente convidado.

Art. 9.º (O Secretariado)
1. O Secretariado será composto por um Secretário-Geral, que será o oficial administrativo principal da Organização, e pelo pessoal conforme as necessidades da Organização.
2. O Secretário-Geral será nomeado pela Conferência por um período de quatro anos, em termos determinados pela Conferência, e será elegível para a nomeação.
3. O Secretário-Geral será, enquanto oficial administrativo principal, responsável, sob a orientação do Comité, pela administração da Organização e pelos seus programas. Ele garantirá que a Organização seja um canal efectivo e dinâmico em matéria de cooperação marinha no Oceano Índico.
4. Caberá ao Secretário-Geral:
   a) Servir de Secretário da Conferência do Comité;
   b) Dar à Conferência e ao Comité o relatório sobre administração dos programas e das actividades da Organização;
   c) Dar à Conferência e ao Comité o relatório dos recursos financeiros e outros disponíveis à Organização;
   d) Tendo em consideração a importância de se assegurar a eficiência e a representação geográfica equitativa, nomear o pessoal, conforme julgar necessário para um correcto funcionamento do Secretariado;
   e) Preparar e submeter ao Comité o orçamento e os gastos da Organização, e propostas de programas e actividades para a apreciação do Comité.
   f) Executar outras tarefas que lhe possam ser incumbidas pelas Conferências ou pelo Comité.
5. O Secretário-Geral prestará contas à Conferência no que respeita ao exercício das funções.

Art. 10.º (Estatuto jurídico)
A Organização terá personalidade jurídica e a capacidade necessária para o exercício das funções e, em particular, controlar, adquirir e vender bens móveis e imóveis e instaurar processos legais.

Art. 11.º (Facilidades, privilégios e imunidades)
1. Cada Membro da Organização concederá à Organização, aos seus representantes, oficiais e Consultores, facilidades, privilégios e imunidades que são concedidos a Organizações intergovernamentais similares.
2. A Organização celebrará um acordo com o Governo do Sri Lanka sobre a sua sede. Até que o acordo sobre a sede seja celebrado, o Governo do Sri Lanka garantirá à Organização, aos seus representantes, oficiais e consultores facilidades, privilégios e imunidades que são concedidos às Organizações intergovernamentais similares.

Art. 12.º (Relações com outras Organizações)
A Organização estabelecerá relações cordiais e terá uma cooperação estreita com as Nações Unidas, as agências e os órgãos apropriados das Nações Unidas, assim como com outras organizações governamentais e não-governamentais, agências e institutos considerados activos nos assuntos marinhos.

CAPÍTULO IV. Recursos

Art. 13.º (Recursos)
1. Os recursos da Organização incluirão:
   a) Contribuições financeiras dos Membros da Organização, nos termos do parágrafo 2 do presente artigo;
   b) Contribuições financeiras adicionais conforme os Membros assim o desejarem fazê-lo, de forma a garantir que os programas e as actividades da Organização prossigam numa base financeira segura;
   c) Outros fundos cujas receitas sejam consistentes com os objectivos da Organização, conforme a decisão do Secretário-Geral em consultas, sempre que necessário, com o Comité;
   d) Contribuições de natureza não financeira cujas receitas sejam consistentes com os objectivos da Organização, conforme a decisão do Secretário--Geral em consultas, sempre que necessário com o Comité.
2. As contribuições financeiras dos Membros da Organização consistirão na contribuição anual de cada Membro, feita em dólares americanos, nos seguintes termos:
   a) Uma soma decorrente de uma divisão equitativa, entre todos os Membros da Organização, de cinquenta por cento do orçamento necessário e aprovado pela Organização; e
   b) Uma soma adicional, cujo montante será estabelecido periodicamente pelo Secretariado e aprovado pelo Comité, para cobrir a parte que falta do orçamento necessário e já aprovado. Esse montante será calculado na base das taxas de avaliação aplicáveis nas Nações Unidas, aos Membros da Organização no que respeita às suas contribuições para o orçamento habitual das Nações Unidas.
   Desde que as contribuições, no abrigo dos subparágrafos a) e b) supracitados, de qualquer Membro da Organização não excedam um valor acumulado de $30.000 por ano para o primeiro período fiscal da Organização e, posteriormente, a soma anual fixada para cada período fiscal, subsequente conforme a decisão da Conferência.
3. O Membro que tenha em atraso o pagamento das suas quotas, nos termos do parágrafo 2 acima referido, para o orçamento da Organização a ponto do montante da sua dívida ser equivalente ou exceder a soma das suas contribuições

necessárias, ao abrigo do parágrafo 2 atrás referido, para os dois anos do calendário precedente, deixará de gozar do direito de voto na Conferência e de estar representado no Comité.

A Conferência poderá, todavia, permitir que o Membro vote, se aceitar que a falta do pagamento tenha sido por motivos fora do controlo do Membro (em causa).

Art. 14.º (Gestão de recursos)

1. A Conferência e o Comité procederão em cada uma das respectivas sessões à revisão do ponto de situação dos recursos da Organização e, farão recomendações aos Membros da Organização, conforme os lugares apropriados para garantir que os recursos pontuais e adequados estejam sempre à disposição da Organização e dos seus programas, e que se mantenha um equilíbrio aceitável entre esses recursos e os programas e as actividades da Organização.

2. Os recursos da Organização serão administrados numa base económica e financeira segura.

3. As normas para as receitas, a custódia e as despesas dos recursos financeiros e não financeiros da Organização e para a verificação das suas contas serão estabelecidas pelo Secretário-Geral na ausência do Comité.

CAPÍTULO V. Disposições finais

Art. 15.º (Assinatura, ratificação e adesão)

1. Qualquer Estado costeiro ou do interior do Oceano Índico poderá tornar-se parte do presente Acordo desde que:

   a) Assine o presente Acordo sujeito à ratificação, aceitação ou aprovação, e, posteriormente, deposite o instrumento de ratificação ou aprovação; ou
   b) Adira ao presente Acordo.

2. O presente Acordo estará aberto à assinatura no Ministério dos Negócios Estrangeiros, Dar-Es-Salaam, República Unida da Tanzânia e no Secretariado da IOMAC, em Colombo, Sri Lanka até à sua entrada em vigor.

3. Os instrumentos de ratificação, aceitação, aprovação ou adesão serão depositados junto do Governo do Sri Lanka.

Art. 16.º (Entrada em vigor)

1. O presente Acordo entrará em vigor no trigésimo dia, depois de oito Estados se terem tornado partes do presente Acordo, em conformidade com o artigo 15.º.

2. Para cada Estado que depositar o instrumento de ratificação, aceitação, aprovação ou adesão depois do presente Acordo ter entrado em vigor, o Acordo entrará em vigor a partir do trigésimo dia após o depósito.

Art. 17.º (Emenda)

1. Qualquer Parte do presente Acordo poderá propor emendas ao presente Acordo.

2. O texto da emenda proposta será comunicado pelo Secretário-Geral, a todas as Partes do presente Acordo pelo menos seis meses antes da consideração pela Conferência da emenda proposta.

3. Se sancionada por uma maioria de dois terços na Conferência, a emenda proposta entrará, todavia, em vigor para todas as partes do presente Acordo no trigésimo dia após o depósito dos instrumentos de aceitação ou aprovação da emenda proposta pelos dois terços das partes do presente Acordo.

Art. 18.º (Retirada da Organização)

1. Qualquer Membro da Organização poderá retirar-se do presente Acordo e, ao fazê-lo, do seu estatuto como Membro da Organização, submetendo por escrito a notificação da retirada ao depositário do presente Acordo e ao Secretário-Geral.

2. A retirada terá efeito seis meses após a data da recepção da notificação pelo depositário.

3. O Membro que se retirar da Organização continuará a ser responsável pelas obrigações assumidas durante o período do seu estatuto de Membro.

Art. 19.º (Dissolução da Organização)

1. A Conferência poderá, através de uma maioria de dois terços dos seus Membros, decidir pela dissolução da Organização.

2. Ao endossar se essa resolução por dois terços dos Estados Partes do presente Acordo em notificações dirigidas ao Presidente da Conferência, serão tomadas, pela Conferência, medidas necessárias conducentes à dissolução da Organização.

As medidas incluirão o estabelecimento, pela Conferência, de um Comité para assistir à Conferência, em consultas com o Comité e o Secretário-Geral, na forma em que se procederá à liquidação dos bens e das obrigações da Organização, antes da sua dissolução.

3. A Conferência adoptará, no momento apropriado, uma declaração afirmando que uma data específica, a Organização será considerada dissolvida. A declaração será comunicada pelo Presidente da Conferência aos Membros da Organização e ao depositário do presente Acordo.

Art. 20.º (Depositário)

As duas cópias originais do presente Acordo serão depositadas junto do Governo do Sri Lanka que será o depositário do presente Acordo, em conformidade com a Convenção de Viena sobre o Direito dos Tratados.

Em fé do que, os representantes, sendo devidamente autorizados pelos seus respectivos Governos, assinaram o presente Acordo.

Feito em Arusha, República Unida de Tanzânia, em dois exemplares da língua inglesa, no sétimo dia do mês de Setembro do ano de mil novecentos e noventa.

Resolução n.º 10/91, de 24 de Setembro

A Organização de Cooperação Económica, Científica e Técnica Marinha do Oceano Índico – IOMAC, constitui um valioso instrumento dos países banhados pelo Oceano Índico tendo como objectivo o desenvolvimento de cooperação económica, científica e técnica na exploração dos recursos que este Oceano dispõe, contribuindo para o seu racional aproveitamento.

Considerando as vantagens e o interesse da adesão da República de Moçambique à Organização de Cooperação Económica, Científica e Técnica Marinha do Oceano Índico;

Nestes termos, ao abrigo do disposto na alínea *f)* do n.º 1 do artigo 153.º da Constituição da República, o Conselho de Ministros determina:

Art. 1.º

A adesão da República de Moçambique à Organização de Cooperação Económica, Científica e Técnica Marinha do Oceano Índico – IOMAC.

Art. 2.º

O Ministro dos Negócios Estrangeiros fica encarregado de realizar todos os trâmites necessários para a efectivação da adesão.

Aprovada pelo Conselho de Ministros.

Publique-se.

O Primeiro-Ministro, *Mário Fernandes da Graça Machungo.*

XIV – DECLARAÇÃO CONSTITUTIVA DA COMUNIDADE DOS PAÍSES DE LÍNGUA PORTUGUESA

Os Chefes de Estado e de Governo de Angola, Brasil, Cabo Verde, Guiné-Bissau, Moçambique, Portugal e São Tomé e Príncipe, reunidos em Lisboa, no dia 17 de Julho de 1996;

Imbuídos dos valores perenes da Paz, da Democracia e do Estado de Direito, dos Direitos Humanos, do Desenvolvimento e da Justiça Social;

Tendo em mente o respeito pela integridade territorial e a não ingerência nos assuntos internos de cada Estado, bem como o direito de cada um estabelecer as formas do seu próprio desenvolvimento político, económico e social e adoptar soberanamente as respectivas políticas e mecanismos nesses domínios;

Conscientes da oportunidade histórica que a presente Conferência de Chefes de Estado e de Governo oferece para responder às aspirações e aos apelos provenientes dos povos dos sete países e tendo presente os resultados auspiciosos das reuniões de Ministros dos Negócios Estrangeiros e das Relações Exteriores dos Países de Língua Portuguesa, realizadas em Brasília em 9 de Fevereiro da 1994, em Lisboa em 19 de Julho de 1995, e em Maputo em 18 de Abril de 1996, bem como dos seus encontros à margem das 48.ª, 49.ª e 50.ª Sessões da Assembleia Geral das Nações Unidas;

Consideram imperativo:
– Consolidar a realidade cultural nacional e plurinacional que confere identidade própria aos Países de Língua Portuguesa, reflectindo o relacionamento especial existente entre eles e a experiência acumulada em anos de profícua concertação e cooperação;
– Encarecer a progressiva afirmação internacional do conjunto dos Países de Língua Portuguesa que constituem um espaço geograficamente descontínuo mas identificado pelo idioma comum;
– Reiterar, nesta ocasião de tão alto significado para o futuro colectivo dos seus Países, o compromisso de reforçar os laços de solidariedade e de cooperação que os unem, conjugando iniciativas para a promoção do desenvolvimento económico e social dos seus Povos e para a afirmação e divulgação cada vez maiores da Língua Portuguesa.

Reafirmam que a Língua Portuguesa:
- Constitui, entre os respectivos Povos, um vínculo histórico e um património comum resultantes de uma convivência multisecular que deve ser valorizada;
- É um meio privilegiado de difusão da criação cultural entre os povos que falam português e de projecção internacional dos seus valores culturais, numa perspectiva aberta e universalista;
- É igualmente, no plano mundial, fundamento de uma actuação conjunta cada vez mais significativa e influente;
- Tende a ser, pela sua expansão, um instrumento de comunicação a de trabalho nas organizações internacionais e permite a cada um dos Países, no contexto regional próprio, ser o intérprete de interesses e aspirações que a todos são comuns.

Assim, animados de firme confiança no futuro, e com o propósito de prosseguir os objectivos seguintes:
- Contribuir para o reforço dos laços humanos, a solidariedade e a fraternidade entre todos os Povos que têm a Língua Portuguesa como um dos fundamentos da sua identidade específica, e nesse sentido, promover medidas que facilitem a circulação dos cidadãos dos Países-Membros no espaço da CPLP;
- Incentivar a difusão e enriquecimento da Língua Portuguesa, potenciando as instituições já criadas ou a criar com esse propósito, nomeadamente o Instituto Internacional da Língua Portuguesa (IILP);
- Incrementar o intercâmbio cultural e a difusão da criação intelectual e artística no espaço da Língua Portuguesa, utilizando todos os meios de comunicação e os mecanismos internacionais de cooperação;
- Envidar esforços no sentido do estabelecimento em alguns Países-Membros de formas concretas de cooperação entre a Língua Portuguesa e outras línguas nacionais nos domínios da investigação e da sua valorização;
- Alargar a cooperação entre os seus Países na área da concertação político-diplomática, particularmente no âmbito das organizações internacionais, por forma a dar expressão crescente aos interesses e necessidades comuns no seio da comunidade internacional;
- Estimular o desenvolvimento de acções de cooperação interparlamentar;
- Desenvolver a cooperação económica e empresarial entre si e valorizar as potencialidades existentes, através da definição e concretização de projectos de interesse comum, explorando nesse sentido as várias formas de cooperação bilateral, trilateral e multilateral;
- Dinamizar e aprofundar a cooperação no domínio universitário, no da formação profissional e nos diversos sectores da investigação científica e tecnológica com vista a uma crescente valorização dos seus recursos humanos e naturais, bem como promover e reforçar as políticas de formação de quadros;

- Mobilizar interna e externamente esforços e recursos em apoio solidário aos programas de reconstrução e reabilitação e acções de ajuda humanitária e de emergência para os seus Países;
- Promover a coordenação das actividades das diversas instituições públicas e entidades privadas, associações de natureza económica e organizações não-governamentais empenhadas no desenvolvimento da cooperação entre os seus Países;
- Promover, sem prejuízo dos compromissos internacionais assumidos pelos Países-Membros, medidas visando a resolução dos problemas enfrentados pelas comunidades imigradas nos Países-Membros, bem como a coordenação e o reforço da cooperação no domínio das políticas de imigração;
- Incentivar a cooperação bilateral e multilateral para a protecção e preservação do meio ambiente nos Países-Membros, com vista à promoção do desenvolvimento sustentável;
- Promover acções de cooperação entre si e de coordenação no âmbito multilateral para assegurar o respeito pelos Direitos Humanos nos respectivos Países e em todo o mundo;
- Promover medidas, particularmente no domínio pedagógico e judicial, visando a total erradicação do racismo da discriminação racial e da xenofobia;
- Promover e incentivar medidas que visem a melhoria efectiva das condições de vida da criança e o seu desenvolvimento harmonioso, à luz dos princípios consignados na Convenção das Nações Unidas sobre os Direitos da Criança;
- Promover a implementação de projectos de cooperação específicos com vista a reforçar a condição social da mulher, em reconhecimento do seu papel imprescindível para o bem-estar e desenvolvimento das sociedades;
- Incentivar e promover o intercâmbio de jovens, com o objectivo de formação e troca de experiências através da implementação de programas específicos, particularmente no âmbito do ensino, da cultura e do desporto.

Decidem, num acto de fidelidade à vocação e à vontade dos seus Povos, e no respeito pela igualdade soberana dos Estados, constituir, a partir de hoje, a Comunidade dos Países da Língua Portuguesa.

Feita em Lisboa a 17 de Julho de 1996. – Pela República de Angola, *José Eduardo dos Santos*. – Pela República Federativa do Brasil, *Fernando Henrique Cardoso* – Pela República de Cabo Verde, *António Mascarenhas Monteiro*. – Pela República da Guiné-Bissau, *João Bernardo Vieira*. – Pela República de Moçambique, *Joaquim Alberto Chissano*. – Pela República Portuguesa, *Jorge Fernando Branco de Sampaio*. – Pela República Democrática de São Tomé e Príncipe, *Armindo Vaz d'Almeida*.

Estatutos da Comunidade dos Países de Língua Portuguesa

Art. 1.º (Denominação)
A Comunidade dos Países de Língua Portuguesa, doravante designada por CPLP, é o foro multilateral privilegiado para o aprofundamento da amizade mútua, da concertação político-diplomática e da cooperação entre os seus Membros.

Art. 2.º (Estatuto jurídico)
A CPLP goza de personalidade jurídica e é dotada de autonomia administrativa e financeira.

Art. 3.º (Objectivos)
São objectivos gerais da CPLP:
a) A concertação político-diplomática entre os seus Membros em matéria de relações internacionais, nomeadamente para o reforço da sua presença nos *Fóruns* internacionais;
b) A cooperação, particularmente nos domínios económico, social, cultural, jurídico e técnico-científico;
c) A materialização de projectos de promoção e difusão da língua Portuguesa.

Art. 4.º (Sede)
A sede da CPLP é, na sua fase inicial, em Lisboa, capital da República Portuguesa.

Art. 5.º (Princípios orientadores)
A CPLP é regida pelos seguintes princípios:
a) Igualdade soberana dos Estados-Membros;
b) Não ingerência nos assuntos internos de cada Estado;
c) Respeito pela sua identidade nacional;
d) Reciprocidade de tratamento;
e) Primado da paz, da democracia, do Estado de Direito, dos Direitos Humanos e da justiça social;
f) Respeito pela sua integridade territorial;
g) Promoção do desenvolvimento;
h) Promoção da cooperação mutuamente vantajosa.

Art. 6.º (Membro)
1. Para além dos Membros fundadores, qualquer Estado, desde que use o Português como língua oficial, poderá tornar-se membro da CPLP, mediante a adesão sem reservas aos presentes Estatutos.

2. A admissão na CPLP de um novo Estado é feita através de uma decisão unânime da Conferência de Chefes de Estado e de Governo.

3. A Conferência de Chefes de Estado e de Governo definirá as formalidades para a admissão de novos Membros e para a adesão aos presentes Estatutos por novos Membros.

Art. 7.º (Órgãos)
1. São órgãos da CPLP:
   a) A Conferência de Chefes de Estado e de Governo;
   b) O Conselho de Ministros;
   c) O Comité de Concertação Permanente;
   d) O Secretariado Executivo.
2. Na materialização de seus objectivos a CPLP apoia-se também nos mecanismos de concertação político-diplomática e de cooperação já existentes ou a criar entre os Estados Membros da CPLP.

Art. 8.º (Conferência de Chefes de Estado e de Governo)
1. A Conferência é constituída pelos Chefes de Estado e de Governo de todos os Estados-Membros e é o órgão máximo da CPLP.
2. São competências da Conferência:
   a) Definir e orientar a política geral e as estratégias da CPLP;
   b) Adoptar os instrumentos jurídicos necessários para a implementação dos presentes Estatutos podendo, no entanto, delegar estes poderes no Conselho de Ministros;
   c) Criar instituições necessárias ao bom funcionamento da CPLP;
   d) Eleger de entre os seus Membros um Presidente de forma rotativa e por mandato de dois anos;
   e) Eleger o Secretário Executivo e o Secretário Executivo Adjunto da CPLP.
3. A Conferência reúne-se, ordinariamente, de dois em dois anos e, extraordinariamente, quando solicitada por dois terços dos Estados-Membros.
4. As decisões da Conferência são tomadas por consenso e são vinculativas para todos os Estados-Membros.

Art. 9.º (Conselho de Ministros)
1. O Conselho de Ministros é constituído pelos Ministros dos Negócios Estrangeiros e das Relações Exteriores de todos os Estados-Membros.
2. São competências do Conselho de Ministros:
   a) Coordenar as actividades da CPLP;
   b) Supervisionar o funcionamento e desenvolvimento da CPLP;
   c) Definir, adoptar e implementar as políticas e os programas de acção da CPLP;
   d) Aprovar o orçamento da CPLP;
   e) Formular recomendações à Conferência em assuntos de política geral, bem como do funcionamento e desenvolvimento eficiente e harmonioso da CPLP;
   f) Recomendar à Conferência os candidatos para os cargos de Secretário Executivo e Secretário Executivo-Adjunto;
   g) Convocar conferências e outras reuniões com vista à promoção dos objectivos e programas da CPLP;
   h) Realizar outras tarefas que lhe forem incumbidas pela Conferência.

3. O Conselho de Ministros elege de entre os seus membros um Presidente de forma rotativa e por um mandato de um ano.

4. O Conselho de Ministros reúne-se, ordinariamente, uma vez por ano e, extraordinariamente, quando solicitado por dois terços dos Estados-Membros.

5. O Conselho do Ministros responde perante a Conferência, a quem deverá apresentar os respectivos relatórios.

6. As decisões do Conselho de Ministros são tomadas por consenso.

Art. 10.º (Comité de Concertação Permanente)

1. O Comité de Concertação Permanente é constituído por um representante de cada um dos Estados-Membros da CPLP.

2. Compete ao Comité de Concertação Permanente acompanhar o cumprimento pelo Secretariado Executivo das decisões e recomendações emanadas da Conferência e do Conselho de Ministros.

3. O Comité de Concertação Permanente reúne-se ordinariamente uma vez por mês e extraordinariamente sempre que necessário.

4. O Comité de Concertação Permanente é coordenado pelo representante do País que detém a Presidência do Conselho de Ministros.

5. As decisões do Comité de Concertação Permanente são tomadas por consenso.

6. O Comité de Concertação Permanente poderá tomar decisões sobre os assuntos mencionados nas alíneas *a*), *b*), *c*) e *d*) do artigo 9.º, *ad referendum* do Conselho de Ministros.

Art. 11.º (Secretariado Executivo)

1. O Secretariado Executivo é o principal órgão executivo da CPLP e tem as seguintes competências:
   a) Implementar as decisões da Conferência, do Conselho de Ministros e do Comité de Concertação Permanente;
   b) Planificar e assegurar a execução dos programas da CPLP;
   c) Participar na organização das reuniões dos vários órgãos da CPLP;
   d) Responder pelas finanças e pela administração geral da CPLP.

2. O Secretariado Executivo é dirigido pelo Secretário Executivo.

Art. 12.º (Secretário Executivo)

1. O Secretário Executivo é uma alta personalidade de um dos Países-Membros da CPLP, eleito rotativamente e por um mandato de dois anos, podendo ser renovado uma vez.

2. São principais competências do Secretário Executivo:
   a) Empreender, sob orientação da Conferência ou do Conselho de Ministros ou por sua própria iniciativa, medidas destinadas a promover os objectivos da CPLP e a reforçar o seu funcionamento;
   b) Nomear o pessoal a integrar o Secretariado Executivo após consulta ao Comité de Concertação Permanente;

c) Realizar consultas e articular-se com os Governos dos Estados-Membros e outras instituições da CPLP;
d) Ser guardião do património da CPLP;
e) Representar a CPLP nos *Fóruns* pertinentes;
f) Exercer quaisquer outras funções que lhe forem incumbidas pela Conferência, pelo Conselho de Ministros ou pelo Comité de Concertação Permanente.

Art. 13.º (Secretário Executivo-Adjunto)
1. O Secretário Executivo-Adjunto é eleito rotativamente e por um mandato de dois anos, podendo ser renovado uma vez.
2. O Secretário Executivo-Adjunto será de nacionalidade diferente da do Secretário Executivo.
3. Compete ao Secretário Executivo-Adjunto coadjuvar o Secretário Executivo no exercício das suas funções e substituí-lo em casos de ausência ou impedimento.

Art. 14.º (Quórum)
O quórum para a realização de todas as reuniões da CPLP e de suas instituições é de pelo menos cinco Estados-Membros.

Art. 15.º (Decisões)
As decisões dos órgãos da CPLP e das suas instituições são tomadas por consenso de todos os Estados-Membros.

Art. 16.º (Regimento interno)
Os órgãos e instituições da CPLP definirão o seu próprio regimento interno.

Art. 17.º (Proveniência dos fundos)
1. Os fundos da CPLP são, provenientes das contribuições dos Estados-Membros mediante quotas a serem fixadas pelo Conselho de Ministros.
2. É criado um Fundo Especial, dedicado exclusivamente ao apoio financeiro das secções concretas levadas a cabo no quadro da CPLP e constituído por contribuições voluntárias, públicas ou privadas.

Art. 18.º (Orçamento)
1. O orçamento de funcionamento da CPLP estende-se de 1 de Julho de cada ano a 30 de Junho do ano seguinte.
2. A proposta orçamental é preparada pelo Secretariado Executivo e, depois de aprovada, pelo Comité de Concertação Permanente, submetida à apreciação e decisão de cada Estado-Membro até ao final de Março de cada ano.

Art. 19.º (Património)
O património da CPLP é constituído por todos os bens, móveis ou imóveis, adquiridos, atribuídos ou doados por quaisquer pessoas e instituições públicas ou privadas.

Art. 20.º (Emenda)

1. O Estado ou Estados-Membros interessados em eventuais alterações aos presentes Estatutos enviarão por escrito ao Secretariado Executivo uma notificação, contendo as propostas de emenda.

2. O Secretário Executivo comunicará, sem demora, ao Comité de Concertação Permanente as propostas de emenda referidas no n.º 1 do presente artigo, que as submeterá à aprovação do Conselho de Ministros.

Art. 21.º (Entrada em vigor)

1. Os presentes Estatutos entrarão em vigor, provisoriamente, na data da sua assinatura e, definitivamente, após a conclusão das formalidades constitucionais por todos os Estados-Membros.

2. Os presentes Estatutos serão adoptados por todos os Estados-Membros em conformidade com as suas formalidades constitucionais.

Art. 22.º (Depositário)

Os textos originais da Declaração Constitutiva da CPLP e dos presentes Estatutos serão depositados na sede da CPLP, junto do seu Secretariado Executivo, que enviará cópias autenticadas dos mesmos a todos os Estados-Membros.

Feito em Lisboa, a 17 de Julho de 1996.

Pela República de Angola, *Venâncio Silva de Moura.*
Pela República Federativa do Brasil, *Celso Luís Lampreia.*
Pela República de Cabo Verde, *Amílcar Spencer Lopes.*
Pela República da Guiné-Bissau, *Fernando Delfim da Silva.*
Pela República de Moçambique, *Leonardo Santos Simão.*
Pela República Portuguesa, *Jaime José Matos da Gama.*
Pela República Democrática de São Tomé e Príncipe, *Guilherme Posser da Costa.*

Lista dos signatários da CPLP

País

Angola;
Brasil;
Cabo Verde;
Guiné-Bissau;
Moçambique;
Portugal;
S Tomé e Príncipe.

XIV – Declaração Constitutiva da Comunidade dos Países de Língua Portuguesa

Chefe do Estado/de Governo
  Eng.º José Eduardo dos Santos.
  Eng.º Fernando Henrique Cardoso.
  Dr. António Mascarenhas Monteiro.
  João Bernardo Vieira.
  Joaquim Alberto Chissano.
  Dr. Jorge Fernando Branco de Sampaio, António Manuel de Oliveira Guterres (Primeiro-Ministro).
  Dr. Armindo Vaz d'Almeida (Primeiro-Ministro).

Minist. Neg. Est./Rel. Exteriores
  Dr. Venâncio Silva de Moura.
  Exm.º Celso Luís Lampreia.
  Dr. Amílcar Spencer Lopes.
  Fernando Delfim da Silva.
  Dr. Leonardo Santos Simão.
  Dr. Jaime José Matos da Gama.
  Guilherme Posser da Costa.

Resolução n.º 15/97, de 1 de Julho

Tendo a República de Moçambique subscrito em Lisboa em 17 de Julho de 1996 a Declaração da Constituição da Comunidade dos Países da Língua Portuguesa e Estatutos da Comunidade dos Países da Língua Portuguesa (CPLP);

Havendo necessidade por força do artigo 21.º dos Estatutos de integrá-los no ordenamento jurídico moçambicano para a sua entrada em vigor;

Ao abrigo do disposto no n.º 1, alínea *f*) do artigo 153.º da Constituição da República, o Conselho de Ministros determina:

Único. É ratificada a Declaração da Constituição e os Estatutos da Comunidade dos Países da Língua Portuguesa, em anexo, que fazem parte integrante desta Resolução, subscritos em Lisboa em 17 de Julho de 1996, pela República de Moçambique.

Aprovada pelo Conselho de Ministros.

Publique-se.

O Primeiro-Ministro, *Pascoal Manuel Mocumbi.*

XV – DECLARAÇÃO CONSTITUTIVA DO FÓRUM DOS PARLAMENTOS DE LÍNGUA PORTUGUESA (FPLP)

Os Presidentes dos Parlamentos dos Estados do Brasil, Cabo Verde, Guiné--Bissau, Portugal e S. Tomé e Príncipe, e os Vice-Presidentes dos Parlamentos dos Estados de Angola e Moçambique, em representação dos respectivos Presidentes, reunidos em Lisboa, nos dias 20 e 21 de Março de 1998,
Considerando:
a) Que a Declaração Constitutiva da Comunidade dos Países de Língua Portuguesa (CPLP) incluiu nos seus objectivos, entre outros, «estimular o desenvolvimento de acções de cooperação inter-parlamentar»;
b) Que os Parlamentos dos Países de Língua Portuguesa representam os respectivos cidadãos e exprimem, ao nível da feitura das leis, a sua vontade colectiva;
c) Que são, por isso, instrumentos fundamentais de cooperação Estado a Estado, e Povo a Povo, entre os membros da CPLP;
d) Que, nessa medida, são instrumentos de realização e consolidação da própria CPLP;
e) Que a irreversível universalização dos fenómenos recomenda a reforçada cooperação em todos os domínios de países com comunhão de língua e de história e afinidade afectiva e cultural, como é o caso dos Países-membros da CPLP.

Considerando ainda que importa juntar esforços para reforçar a cooperação interparlamentar, criando um Fórum:
a) Que contribua para o fortalecimento da democracia em todos os países de língua portuguesa;
b) Que seja um espaço de concertação política e de cooperação no domínio sócio-económico e cultural, e que assuma outros compromissos, designadamente no que se refere à legislação sobre a erradicação do racismo, discriminação social, xenofobia, combate ao tráfico de drogas e melhoria do acolhimento dos cidadãos oriundos dos seus diversos Países;
c) Que intensifique a cooperação interparlamentar, com vista à troca de experiências, ao intercâmbio legislativo e de publicações, à formação de quadros e, em geral, à modernização dos Parlamentos;

d) Que promova Jornadas Parlamentares, com periodicidade regular, orientadas para o debate de assuntos específicos.

Acordam, por unanimidade, instituir um Fórum de cooperação interparlamentar designado Fórum dos Parlamentos de Língua Portuguesa (FPLP), nos termos das disposições seguintes:

1.º O FPLP tem por objectivos:
– Promover e organizar o aprofundamento da cooperação e da interajuda entre os Parlamentos de Língua Portuguesa;
– Fomentar a utilização de redes electrónicas para intercomunicação e troca de dados, experiências e conhecimentos;
– Programar e implementar outras formas e medidas de cooperação interparlamentar, na base da comunhão de língua e de comum património jurídico e cultural;
– Realizar, em todas as suas valências, a vertente parlamentar da CPLP.

2.º O FPLP terá duração indeterminada.

3.º – 1. A sede do FPLP é, na sua fase inicial, em Lisboa.

2. O Presidente em exercício chamará a si a coordenação da cooperação programada e avulsa, bem como a organização das reuniões a que houver lugar.

4.º O FPLP terá uma reunião ordinária anual e as reuniões extraordinárias que, por deliberação consensual, venham a ser julgadas necessárias.

5.º – 1. Em cada reunião ordinária ou extraordinária os Parlamentos serão representados por delegações de composição a fixar em cada caso.

2. Os Parlamentos organizados em regime bicameral, far-se-ão representar por Delegações que incorporem membros das suas duas câmaras.

6.º – 1. Os encargos com a deslocação e estada de cada delegação parlamentar serão de conta do respectivo Parlamento.

2. O Parlamento-hospedeiro proporá aos outros, com a antecedência conveniente, um programa para a organização e o funcionamento de cada reunião, do qual deverão constar:
– O local da reunião;
– Os dias e horas de início e encerramento dos trabalhos.

7.º No fim de cada reunião será emitido um comunicado conjunto, do qual constarão, preferencialmente, as formas e medidas de cooperação interparlamentar programadas.

8.º A presente Declaração será sujeita a ratificação dos Parlamentos de Língua Portuguesa.

Feito, em Lisboa, aos 21 de Março de 1998

O Vice-Presidente do Parlamento de Angola
O Presidente do Parlamento do Brasil

XV – Declaração Constitutiva do Fórum dos Parlamentos de Língua Portuguesa

O Presidente do Parlamento de Cabo Verde
O Presidente do Parlamento da Guiné-Bissau
O Vice-Presidente do Parlamento de Moçambique
O Presidente do Parlamento de Portugal
O Presidente do Parlamento de S. Tomé e Príncipe.

Resolução n.º 10/99, de 4 de Maio

Sendo a República de Moçambique membro da Comunidade dos Países de Língua Portuguesa (CPLP), desde a sua constituição em 1996;

Tendo em consideração que a Declaração Constitutiva e os Estatutos da Comunidade dos Países de Língua Portuguesa (CPLP) definem como objectivos fundamentais a concertação político-diplomática entre os seus membros em matéria de cooperação, particularmente nos domínios parlamentar, económico, social, cultural, técnico-científico e a materialização de projectos de promoção e difusão da língua portuguesa;

Considerando que a República de Moçambique empenhou-se nos esforços desenvolvidos pelos Parlamentos dos Países de Língua Portuguesa para a criação do Fórum dos Parlamentos dos Países de Língua Portuguesa, na elaboração e adopção da respectiva Declaração Constitutiva;

Tendo a Assembleia da República subscrito a Declaração Constitutiva do Fórum dos Parlamentos dos Países de Língua Portuguesa, em 21 de Março de 1998, e havendo necessidade da sua ratificação, ao abrigo da alínea *k*) do artigo 135.º da Constituição a Assembleia da República determina:

Único. É ratificada a Declaração Constitutiva do Fórum dos Parlamentos dos Países de Língua Portuguesa, que junto se anexa e faz parte integrante da presente Resolução.

Aprovada pela Assembleia da República, em 4 de Maio de 1999.

Publique-se.

O Presidente da Assembleia da República, EDUARDO JOAQUIM MULÉMBWÈ.

XVI – ESTATUTO DO FÓRUM DOS PARLAMENTOS DOS PAÍSES DE LÍNGUA PORTUGUESA

Nós, representantes democraticamente eleitos dos Parlamentos de:
Angola;
Brasil;
Cabo Verde;
Guiné-Bissau;
Moçambique;
Portugal;
São Tomé e Príncipe;
Timor-Leste.
Conscientes das afinidades linguísticas e culturais existentes entre os nossos povos e da sua história comum de luta pela liberdade e democracia contra todas as formas de dominação e discriminação política e racial;
Desejosos de promover uma sinergia resultante dessas afinidades e do facto de representarmos mais de duzentos milhões de pessoas distribuídas em quatro continentes, ao longo dos oceanos Atlântico, Índico e Pacífico;
Sabendo que a nossa acção concertada pode promover o progresso democrático, económico e, social dos nossos países, fortalecer as nossas vozes no concerto das nações e melhor assegurar a defesa dos nossos interesses;
Querendo contribuir para a causa da paz e da segurança mundiais.
Decidimos:
Aprovar o presente Estatuto que regulará o funcionamento do Fórum Inter-Parlamentar dos nossos oito Estados-membros da Comunidade dos Países de Língua Portuguesa.

CAPÍTULO I. **Disposições gerais**

Art. 1.º (Definição)
O Fórum dos Parlamentos de Língua Portuguesa é uma organização de concertação e de cooperação Inter-Parlamentar entre os Parlamentos nacionais da Comunidade dos Países de Língua Portuguesa.

Art. 2.º (Sede)
O Fórum terá a sua sede no país que, em cada ano, presidir à Conferência dos Presidentes dos Parlamentos.

Art. 3.º (Objectivos)
São objectivos gerais do Fórum:
a) Contribuir para a paz e para o fortalecimento da democracia e das instituições representativas;
b) Contribuir para a boa governação e para a consolidação do Estado de Direito;
c) Promover e defender os direitos humanos;
d) Examinar questões de interesse comum, tendo, designadamente, em vista a intensificação da cooperação cultural, educativa, económica, científica e tecnológica, o combate a todas as formas de discriminação e a todos os tipos de tráfico, e as políticas de imigração;
e) Harmonizar os interesses e concertar as posições comuns para a sua promoção noutros Fóruns Parlamentares;
f) Promover a harmonização legislativa em matérias de interesse comum, especialmente relevantes;
g) Acompanhar e estimular as actividades da Comunidade dos Países de Língua Portuguesa;
h) Recomendar aos órgãos da Comunidade as possíveis linhas e parâmetros para a promoção das relações económicas, científicas e culturais;
i) Promover os contactos e o intercâmbio de experiências entre os respectivos Parlamentos, deputados e funcionários;
j) Promover o intercâmbio de experiências, designadamente, no domínio da legislação e do controlo da acção do Executivo;
k) Organizar acções de cooperação e solidariedade entre os parlamentos nacionais dos Estados-membros da Comunidade dos Países de Língua Portuguesa.

Art. 4.º (Redes de funcionamento)
O Fórum manterá em permanente funcionamento e em regime de livre acesso redes electrónicas de comunicação, como espaços privilegiados para a cooperação inter-parlamentar.

CAPÍTULO II. **Dos órgãos**

Art. 5.º (Órgãos do Fórum)
Os órgãos do Fórum dos Parlamentos de Língua Portuguesa são:
a) O Presidente do Fórum;
b) A Conferência dos Presidentes dos Parlamentos;
c) A Assembleia Inter-Parlamentar.

Art. 6.º (Presidente do Fórum)

1. O Presidente do Fórum é eleito pela Conferência dos Presidentes dos Parlamentos, de entre os seus membros.
2. A presidência do Fórum é rotativa e anual.

Art. 7.º (Competências do Presidente)

Compete ao Presidente do Fórum:
a) Representar, interna e externamente, o Fórum;
b) Convocar, presidir e dirigir os trabalhos da Conferência dos Presidentes dos Parlamentos e da Assembleia Inter-Parlamentar;
c) Estabelecer o projecto da ordem do dia da Conferência dos Presidentes dos Parlamentos, após consulta aos demais membros desta;
d) Dar conhecimento aos Presidentes dos Parlamentos nacionais e aos respectivos grupos nacionais das mensagens, explicações, convites, propostas e sugestões que lhe sejam dirigidas.

Art. 8.º (Conferência dos Presidentes dos Parlamentos)

1. A Conferência dos Presidentes dos Parlamentos reúne os Presidentes dos Parlamentos nacionais.
2. Os representantes dos grupos nacionais poderão ser convidados a participar como observadores, nos trabalhos da Conferência.

Art. 9.º (Reuniões da Conferência)

A Conferência reúne em sessão ordinária uma vez por ano e em sessão extraordinária por iniciativa do Presidente do Fórum, ou a requerimento da maioria dos membros da Conferência dos Presidentes dos Parlamentos nacionais.

Art. 10.º (Competência da Conferência)

Compete à Conferência:
a) Aprovar a sua ordem do dia;
b) Convocar e aprovar o projecto de ordem do dia da Assembleia Inter--Parlamentar;
c) Promover a aplicação das decisões da Assembleia Inter-Parlamentar;
d) Incentivar e apoiar a criação de Grupos Parlamentares de Amizade;
e) Acompanhar e avaliar as acções de concertação e de cooperação Inter--Parlamentar;
f) Acompanhar e avaliar as acções de promoção e de defesa dos direitos humanos;
g) Informar os Parlamentos respectivos acerca das recomendações aprovadas pelo Fórum;
h) Promover a troca de informações, a compilação de fundos documentais e a realização de estudos de interesse comum;

i) Submeter à Assembleia Inter-Parlamentar o programa anual de actividades e o respectivo orçamento;
j) Submeter à Assembleia Inter-Parlamentar um relatório sobre as actividades levadas a cabo pelo Fórum.

Art. 11.º (Assembleia Inter-Parlamentar)

A Assembleia Inter-Parlamentar é constituída pelos Presidentes dos Parlamentos e pelos grupos nacionais.

Art. 12.º (Grupos nacionais)

1. Os grupos nacionais são criados por decisão dos Parlamentos nacionais, democraticamente eleitos, de acordo com as respectivas leis e regimentos, devendo reflectir de forma adequada a composição política daqueles órgãos.

2. Os grupos nacionais são integrados por Deputados, no exercício efectivo das suas funções.

3. Os grupos nacionais são constituídos por cinco membros.

Art. 13.º (Deveres dos grupos nacionais)

1. Os grupos nacionais e os respectivos membros devem aderir aos objectivos do Fórum e aos princípios orientadores da Comunidade dos Países de Língua Portuguesa.

2. Os grupos nacionais têm o dever de promover e de acompanhar todas as iniciativas e acções visando a concretização, ao nível dos respectivos Parlamentos nacionais, das recomendações aprovadas pelo Fórum.

Art. 14.º (Competência da Assembleia)

Compete à Assembleia Inter-Parlamentar:
a) Aprovar a ordem do dia das suas reuniões;
b) Aprovar o seu regimento e eleger os secretários da Mesa da Assembleia Inter-Parlamentar;
c) Aprovar o programa anual de actividades e o respectivo orçamento;
d) Discutir e votar as alterações ao Estatuto do Fórum;
e) Pronunciar-se sobre todos os assuntos que lhe sejam submetidos pela Conferência dos Presidentes dos Parlamentos e pelos grupos nacionais;
f) Definir as políticas e emitir as directivas para a realização dos objectivos do Fórum;
g) Submeter aos órgãos da Comunidade propostas de acção (proposta nova);
h) Debater as questões relativas à paz e ao aprofundamento da democracia e das instituições representativas e as que visem a promoção e a defesa dos direitos humanos, nos planos nacionais e internacionais;
i) Debater as questões de interesse comum que visem o aprofundamento da concertação e da cooperação Inter-Parlamentar e a harmonização legislativa;

j) Aprovar recomendações dirigidas aos respectivos Parlamentos e Governos sobre todas as matérias de interesse comum que se insiram no âmbito dos objectivos do Fórum.

Art. 15.º (Mesa da Assembleia)
1. A Mesa da Assembleia Inter-Parlamentar é constituída pelo Presidente do Fórum, pelos restantes membros da Conferência dos Presidentes e por dois secretários eleitos pela Assembleia Inter-Parlamentar.
2. O Presidente da Mesa da Assembleia Inter-Parlamentar é o Presidente do Fórum.
3. São Vice-Presidentes os restantes membros integrantes da Conferência.

Art. 16.º (Reuniões da Assembleia Inter-Parlamentar)
1. A Assembleia Inter-Parlamentar reúne-se ordinariamente uma vez por ano no país que no momento detiver a presidência do Fórum.
2. A Assembleia Inter-Parlamentar reúne extraordinariamente no país que para tal for escolhido pela Conferência dos Presidentes dos Parlamentos.

Art. 17.º (Deliberações)
As deliberações da Assembleia Inter-Parlamentar são tomadas por consenso, salvo para questões de funcionamento e de processo que requerem uma maioria absoluta dos membros presentes.

CAPÍTULO III. Receitas e património

Art. 18.º (Financiamento)
Cada Parlamento assume as despesas da sua própria representação e contribui para as despesas comuns do Fórum.

Art. 19.º (Orçamento anual)
O orçamento anual é aprovado nos termos da alínea *c)* do artigo 14.º, sob proposta da Conferência dos Presidentes dos Parlamentos.

CAPÍTULO IV. Secretários-Gerais dos Parlamentos

Art. 20.º (Secretários-Gerais dos Parlamentos)
Os Secretários-Gerais dos Parlamentos nacionais cooperam em todas as actividades do Fórum, podendo participar, a título meramente consultivo, nas reuniões da Assembleia Inter-Parlamentar.

Art. 21.º (Secretariado e núcleos de apoio)
1. O Secretariado do Fórum tem a sede no país que, em cada ano, presidir à Conferência dos Presidentes dos Parlamentos.
2. Deverá existir em cada Parlamento Nacional um núcleo de apoio às actividades do Fórum.

Art. 22.º (Secretário-Geral)
O Secretário-Geral do Parlamento que no momento detiver a presidência do Fórum dirige e coordena as actividades do Secretariado do Fórum.

Art. 23.º (Competência do Secretariado)
Compete ao Secretariado do Fórum:
a) Apoiar, em permanência, o Presidente do Fórum;
b) Assegurar a ligação com os grupos nacionais e os respectivos núcleos de apoio;
c) Preparar as reuniões da Conferência dos Presidentes dos Parlamentos e da Assembleia Inter-Parlamentar;
d) Assegurar a execução das decisões do Fórum;
e) Preparar as propostas de programa e de orçamentos anuais;
f) Recolher e difundir as informações com interesse para as actividades do Fórum;
g) Organizar e conservar os arquivos do Fórum.

CAPÍTULO V. Disposições finais e transitórias

Art. 24.º (Modificação do Estatuto)
1. As propostas de alteração do presente Estatuto deverão ser subscritas por pelo menos três grupos nacionais e apresentadas à Conferência dos Presidentes dos Parlamentos.
2. A Conferência emitirá parecer fundamentado sobre todas as propostas que lhe forem apresentadas, divulgá-lo-á e apresentá-lo-á, para votação ao plenário.

Art. 25.º (Entrada em vigor)
1. O presente Estatuto aprovado pela III Reunião do Fórum dos Parlamentos de Língua Portuguesa é confirmado pelos Parlamentos Nacionais.
2. Entra em vigor com o depósito junto do Presidente do Fórum do 5.º instrumento de confirmação.

O Vice-Presidente da Assembleia Nacional de Angola, *Adião Mateus Paulo.*
O Deputado do Congresso Nacional do Brasil, *Reginaldo da Silva Germano.*
O Presidente da Assembleia Nacional de Cabo Verde, *Aristides Raimundo Lima.*

O Presidente da Assembleia da República de Moçambique, *Eduardo Joaquim Mulémbwè.*
O Presidente da Assembleia da República de Portugal, J*oão Bosco Mota Amaral.*
O Vice-Presidente da Assembleia Nacional de São Tomé e Príncipe, *Jaime José da Costa.*
O Presidente do Parlamento Nacional de Timor-Leste, *Francisco Guterres.*

Resolução n.º 1/2003, de 9 de Abril

Moçambique é membro fundador da Comunidade dos Países de Língua Portuguesa (CPLP), tendo assinado a declaração constitutiva e o Estatuto da Comunidade a 1 de Julho de 1997.

O Estatuto do Fórum dos Parlamentos de Língua Portuguesa foi aprovado pela III Reunião do Órgão e assinado aos 19 de Novembro de 2002, na Cidade da Praia, em Cabo Verde, pelo Presidente da Assembleia da República.

Havendo necessidade de ratificar o Estatuto do Fórum dos Parlamentos dos Países de Língua Portuguesa, em conformidade com o disposto na alínea *k*) do n.º 2 do artigo 135.º da Constituição da República, a Assembleia da República determina:

Art. 1.º

É ratificado o Estatuto do Fórum dos Parlamentos dos Países de Língua Portuguesa, cujo texto é publicado em anexo à presente Resolução e dela faz parte integrante.

Art. 2.º

A presente Resolução entra em vigor na data da sua publicação.

Aprovada pela Assembleia da República, aos 9 de Abril de 2003.

Publique-se.

O Presidente da Assembleia da República, EDUARDO JOAQUIM MULÉMBWÉ.

XVII – ACORDO DE COOPERAÇÃO QUE ESTABELECE O REGIMENTO DA CONFERÊNCIA DOS MINISTROS DA JUSTIÇA DOS PAÍSES DE LÍNGUA OFICIAL PORTUGUESA

Considerando os objectivos gerais de promoção e desenvolvimento das relações de cooperação entre os países de língua oficial portuguesa;

Considerando a matriz histórico-cultural, linguística e jurídica que está na base de um sólido relacionamento entre estes países;

Considerando ainda, ao abrigo deste espírito, a realizacão da 1.ª Conferência dos Ministros da Justiça dos sete países de língua oficial portuguesa, que teve lugar em Junho de 1991, em Lisboa;

Considerando que então, se decidiu promover a institucionalização da Conferência dos Ministros da Justiça dos países de língua oficial portuguesa, por forma a permitir, com um carácter periódico, uma reflexão alargada sobre as relações bilaterais e multilaterais a estabelecer entre os Sete, nos domínios da Justiça, na perspectiva de uma cooperação cada vez mais ampla e efectiva;

Os Ministros da Justiça dos sete países de língua oficial portuguesa acordam em aprovar o regimento da referida Conferência, subscrevendo para o efeito o seguinte acordo:

Art. 1.º (Composição)

1. A Conferência dos Ministros da Justiça dos países de língua oficial portuguesa, adiante designada por Conferência, é composta pelos representantes oficiais de cada um dos países participantes ou convidados, acompanhados das respectivas delegações.

2. São países participantes:
   a) A República Popular de Angola;
   b) A República Federativa do Brasil;
   c) A República de Cabo Verde;
   d) A República da Guiné-Bissau;
   e) A República de Moçambique;

f) A República Portuguesa;
g) A República Democrática de S. Tomé e Príncipe.

3. São países convidados todos aqueles que, a convite de países participantes, e com a anuência dos demais, entendam fazer-se representar na Conferência.

4. Os países convidados assumem o estatuto de observadores, ou outro que os países participantes entendam atribuir-lhes.

5. Poderão ainda estar presentes na Conferência, nos termos dos n.ºs 3 e 4, representantes de organizações internacionais e de outros territórios.

Art. 2.º (Representantes)

São representantes oficiais de cada um dos países, os respectivos Ministros da Justiça ou, na sua falta, ou impedimento, a pessoa por eles designada para os substituir.

Art. 3.º (Objectivo)

A Conferência tem como objectivo promover o desenvolvimento das relações de cooperação entre os diversos Estados, nos domínios da Justiça, nomeadamente através de:

a) Reflexão conjunta sobre temas de interesse comum aos diversos sistemas jurídicos e judiciários;
b) Avaliação das relações de cooperação bilateral e multilateral existentes;
c) Identificação de novas áreas de cooperação;
d) Promoção da celebração de novos acordos de cooperação jurídica e judiciária e acompanhamento da execução dos que já se encontram em vigor.

Art. 4.º (Periodicidade, data e local de realização)

1. A Conferência realiza-se com periodicidade bienal.

2. A Conferência realiza-se alternadamente em cada um dos países participantes, em data e local a determinar na Conferência anterior.

3. No caso de não ser possível determinar data e local de realização da Conferência nos termos do número anterior, os países participantes estabelecerão contactos bilaterais e multilaterais que permitam proceder àquela determinação.

4. No período que decorre entre a realização das Conferências poderão realizar-se reuniões informais dos Ministros da Justiça.

Art. 5.º (Convocação da Conferência)

1. A convocação da Conferência é feita pelo representante oficial do país anfitrião, com a antecedência mínima de seis meses.

2. No prazo máximo de trinta dias a contar da convocação referida no número anterior, os países participantes comunicarão ao país anfitrião os convites que pretendam formular para os efeitos dos n.ºs 1 e 3 do artigo 1.º, competindo ao país anfitrião recolher as anuências necessárias.

3. No prazo máximo de noventa dias a contar da convocação referida no n.º 1, o representante oficial do país anfitrião comunica aos países participantes e convidados, o programa de trabalhos, toda a informação relativa à organização da Conferência e relatório sobre a execução das decisões tomadas na Conferência anterior que, nos termos da alínea b) do artigo 3.º, é objecto de avaliação.

4. No prazo máximo de trinta dias após a recepção da comunicação referida no número anterior, os demais Estados participantes e convidados deverão informar o Estado anfitrião sobre a designação do seu representante oficial e a constituição da delegação que o acompanha.

5. Os Estados participantes deverão atempadamente habilitar o Estado anfitrião com a informação necessária à elaboração do relatório referido no n.º 3.

6. As comunicações referidas neste artigo serão feitas por via diplomática.

Art. 6.º (Presidência)

1. A Conferência é presidida pelo representante oficial do país anfitrião.

2. O Presidente é coadjuvado por um Vice-Presidente e por um secretário por ele designados de entre os membros da sua delegação.

3. Ao Vice-Presidente compete substituir o presidente nas suas ausências e impedimentos.

4 Ao Secretário compete exercer as funções de relator da Conferência, de coordenação de todos os apoios necessários ao seu regular funcionamento e as demais que lhe sejam cometidas pelo presidente.

Art. 7.º (Funcionamento)

1. A Conferência funciona em sessões plenárias e em comissões.

2. As sessões plenárias, nomeadamente as de abertura e a de encerramento, destinam-se à enunciação e informação geral sobre políticas de Justiça e de Cooperação, à aprovação ou alteração do programa de trabalhos, ao conhecimento da actividade desenvolvida pelas comissões e à tomada de decisões.

3. As comissões destinam-se ao aprofundamento técnico das matérias que são objecto da Conferência e a preparação da tomada de decisões.

4. Nas comissões poderão estar presentes para além de representantes oficiais e membros da delegação que os acompanham especialistas cujo contributo seja relevante para as matérias em debate.

Art. 8.º (Registo dos trabalhos)

1. Os trabalhos da Conferência, nomeadamente os das sessões plenárias, são objecto de registo.

2. Da Conferência, é lavrada acta final, que é objecto de aprovação e onde consta uma síntese dos trabalhos desenvolvidos, as decisões tomadas e as recomendações formuladas.

3. A acta final, em número de exemplares igual ao dos países participantes, é rubricada e assinada pelos respectivos representantes oficiais.

Art. 9.º (Encargos)

1. Ao país anfitrião da Conferência compete assegurar todo o apoio logístico necessário ao seu funcionamento regular.
2. Ao país anfitrião cabe igualmente a responsabilidade pelos encargos relativos ao alojamento e alimentação dos representantes oficiais e de dois membros das delegações que os acompanham.

Art. 10.º (Entrada em vigor)

1. Cada um dos países participantes comunicará aos demais a aprovação do presente acordo pelas respectivas instâncias competentes.
2. O presente acordo entra em vigor trinta dias após a última das comunicações referidas no número anterior.

Feito em S. Tomé e Príncipe, aos onze de Setembro de 1992, em sete exemplares, fazendo todos os textos igualmente fé.

Assinado (nomes ilegíveis dos representantes oficiais dos sete países de língua oficial portuguesa).

Resolução n.º 6/98, de 10 do Março

Havendo necessidade de se dar cumprimento às formalidades previstas no artigo 10.º do Acordo de Cooperação, que estabelece o Regimento da Conferência dos Ministros da Justiça dos Países de Língua Oficial Portuguesa.

Ao abrigo do disposto no n.º 1, alínea *f*) do artigo 153.º da Constituição da República o Conselho de Ministros determina:

Único. É ratificado o Acordo de Cooperação que estabelece o Regimento da Conferência dos Ministros da Justiça dos Países de Língua Oficial Portuguesa assinado em S. Tomé e Príncipe, aos onze de Setembro de 1992, e o respectivo Protocolo Adicional celebrado em Brasília aos 27 de Outubro de 1993, anexos a esta Resolução e que dela são parte integrante.

Aprovada pelo Conselho de Ministros.

Publique-se.

O Primeiro-Ministro, *Pascoal Manuel Mocumbi*.

XVIII – PROTOCOLO ADICIONAL AO ACORDO DE COOPERAÇÃO QUE ESTABELECE O REGIMENTO DA CONFERÊNCIA DOS MINISTROS DA JUSTIÇA DOS PAÍSES DE LÍNGUA OFICIAL PORTUGUESA, PARA A CRIAÇÃO DE UM SECRETARIADO PERMANENTE DA CONFERÊNCIA DOS MINISTROS DA JUSTIÇA

Foi assinado pelos Ministros da Justiça dos sete países de língua oficial portuguesa o «Acordo de Cooperação que estabelece o Regimento da Conferência dos Ministros da Justiça dos Países de Língua Oficial Portuguesa».

Neste instrumento, para além dos objectivos que a Conferência se propõe atingir e que se relacionam com a promoção e desenvolvimento das relações de cooperação entre os diferentes Estados nos domínios da Justiça, estão previstas cláusulas relativas à sua organização e funcionamento, nomeadamente as que dizem respeito à sua periodicidade e respectiva convocação.

Não previu, no entanto, este acordo internacional, um órgão de funcionamento permanente ao qual pudessem ser cometidas funções de natureza executiva e de coordenação.

Na II Conferência dos Ministros da Justiça dos Países de Língua Oficial Portuguesa foi entendido, pelos sete países participantes, criar um Secretariado Permanente, com sede em Lisboa, devendo cada Estado indicar o seu correspondente junto deste órgão.

A institucionalização, entre os sete países de língua oficial portuguesa, de um órgão desta natureza, permite a criação de condições para uma organização e funcionamento mais eficazes da Conferência.

Assim, os Ministros da Justiça dos sete países de língua oficial portuguesa acordam em subscrever o seguinte Protocolo Adicional.

Art. 1.º (Criação e natureza)

É criado o Secretariado Permanente da Conferência dos Ministros da Justiça dos Países de Língua Oficial Portuguesa, adiante designado por Secretariado, órgão de natureza coordenadora e executiva.

Art. 2.º (Sede)
O Secretariado tem a sua sede em Lisboa.

Art. 3.º (Competências)
1. O Secretariado tem como competência coordenar e executar actividades relativas à preparação, organização e funcionamento da Conferência dos Ministros da Justiça dos Países de Língua Oficial Portuguesa, adiante designada por Conferência.
2. Compete, em especial, ao Secretariado:
   a) Coordenar e assegurar as actividades de apoio relacionadas com a convocação da Conferência, comunicando o local e a data da sua realização de acordo com o definido na Conferência anterior ou não sendo caso disso, de acordo com o fixado por contactos bilaterais ou multilaterais estabelecidos para o efeito, entre os países participantes;
   b) Coordenar e assegurar as actividades de apoio relativas à convocação e preparação de reuniões informais dos Ministros da Justiça;
   c) Recolher e apresentar para decisão, sugestões relativas ao programa de trabalhos da Conferência;
   d) Assegurar a recolha, tratamento e distribuição de toda a informação e documentação relativas à organização da Conferência;
   e) Elaborar o relatório sobre a execução das decisões tomadas em Conferência anterior, na sequência de recolha de informação junto dos Estados participantes;
   f) Coordenar todas as actividades relacionadas com o apoio administrativo e logístico necessário ao funcionamento da Conferência;
   g) Promover e contribuir para o intercâmbio de informação entre os países participantes em matérias que se enquadrem no objectivo da Conferência;
   h) Assegurar as demais actividades que lhe forem cometidas pela Conferência.
3. No exercício da competência referida na alínea g) do número anterior, compete ao Secretariado a preparação, edição e distribuição de um boletim, de carácter informativo e de periodicidade semestral.

Art. 4.º (Direcção)
O Secretariado é dirigido por um Secretário-Geral designado pela Conferência.

Art. 5.º (Dever de cooperação)
1. No exercício das suas competências, o Secretariado deverá manter contactos regulares com os correspondentes designados por cada país participante, em especial com o correspondente do país anfitrião.
2. Os correspondentes dos países participantes darão toda a cooperação necessária ao Secretariado, facilitando o intercâmbio de informações.

3. A cooperação a que se refere o presente artigo é desenvolvida sem prejuízo da utilização dos normais mecanismos diplomáticos.

Art. 6.º (Entrada em vigor)
Cada um dos Estados subscritores comunicará aos demais a aprovação do presente acordo pelas respectivas instâncias competentes, entrando o acordo em vigor trinta dias após a última das comunicações.

Feito em Brasília, aos 27 de Outubro de 1993, em sete exemplares, fazendo todos os textos igualmente fé.

Nomes ilegíveis dos representantes oficiais dos sete países (Ministros da Justiça).

Resolução n.º 6/98, de 10 do Março

Havendo necessidade de se dar cumprimento às formalidades previstas no artigo 10.º do Acordo de Cooperação que estabelece o Regimento da Conferência dos Ministros da Justiça dos Países de Língua Oficial Portuguesa.

Ao abrigo do disposto no n.º 1, alínea *f*) do artigo 153.º da Constituição da República, o Conselho de Ministros determina:

Único. É ratificado o Acordo de Cooperação que estabelece o Regimento da Conferência dos Ministros da Justiça dos Países de Língua Oficial Portuguesa assinado em S. Tomé e Príncipe, aos onze de Setembro de 1992, e o respectivo Protocolo Adicional celebrado em Brasília aos 27 de Outubro de 1993, anexos a esta Resolução e que dela são parte integrante.

Aprovada pelo Conselho de Ministros.

Publique-se.

O Primeiro-Ministro, *Pascoal Manuel Mocumbi*.

C. CONVENÇÕES BILATERAIS
ENTRE MOÇAMBIQUE E A ÁFRICA DO SUL

I – ACORDO DE NÃO-AGRESSÃO E BOA VIZINHANÇA

O Governo da República Popular de Moçambique e o Governo da República da África do Sul, adiante designados também como Altas Partes Contratantes;

RECONHECENDO o princípio do respeito estrito da soberania e integridade territorial, da igualdade soberana, da independência política e da inviolabilidade das fronteiras de todos os Estados;

REAFIRMANDO o princípio da não ingerência nos assuntos internos de outros Estados;

CONSIDERANDO os princípios internacionalmente consagrados do direito dos Povos à autodeterminação e independência e o princípio de igualdade de direito de todos os Povos;

CONSIDERANDO a obrigação de todos os Estados de se absterem, nas relações internacionais, do uso da força ou ameaça de uso da força contra a integridade territorial ou independência política de qualquer Estado;

CONSIDERANDO a obrigação dos Estados de resolverem os conflitos por meios pacíficos, e assim salvaguardarem a paz e a segurança internacionais e a justiça;

RECONHECENDO que é responsabilidade dos Estados não permitirem que o seu território seja utilizado para a prática de actos de guerra, agressão ou violência contra outros Estados;

CONSCIENTES da necessidade de promover um relacionamento de boa vizinhança com base nos princípios de igualdade de direitos e vantagens mútuas;

CONVICTOS de que as relações de boa vizinhança, entre as duas Altas Partes Contratantes contribuirão para a paz, segurança, estabilidade e progresso na África Austral, no Continente e no Mundo;

Acordam solenemente o seguinte:

Art. 1.º

Cada uma das Altas Partes Contratantes compromete-se a respeitar a soberania e independência da outra e deve, em cumprimento desta obrigação fundamental, abster-se de interferir nos assuntos internos da outra Parte.

Art. 2.º

1. As Altas Partes Contratantes resolverão os diferendos e disputas que surjam entre si e que possam pôr em perigo a paz e segurança mútuas ou da região, através de negociações, inquéritos, mediação, conciliação, arbitragem e outros meios pacíficos, e obrigam-se a não recorrer, individual ou colectivamente ao uso da força contra a soberania, integridade territorial e a independência política de cada uma delas.

2. Para efeitos do presente artigo, o uso da força compreende *inter alia*:
   a) Ataques por forças terrestres, aéreas ou marítimas;
   b) Sabotagem;
   c) Concentração injustificada de tais forças, na, ou junto das fronteiras internacionais das Altas Partes Contratantes;
   d) Violação das fronteiras internacionais, terrestres, aéreas ou marítimas, de qualquer das Altas Partes Contratantes.

3. As Altas Partes Contratantes não apoiarão de qualquer forma as forças armadas de qualquer Estado ou conjunto de Estados que tenham sido mobilizados contra a soberania territorial ou independência política da outra Parte.

Art. 3.º

1. As Altas Partes Contratantes não permitirão que os respectivos territórios, águas territoriais ou espaço aéreo, sejam utilizados como base, ponto de passagem ou de qualquer outra forma por outro Estado, Governo, forças militares estrangeiras, organizações ou indivíduos que planeiam ou se preparem para levar a cabo actos de violência, terrorismo ou agressão contra a integridade territorial ou independência política da outra, ou que possam ameaçar a segurança dos seus habitantes.

2. As Altas Partes Contratantes com vista a impedir ou a eliminar as acções ou a preparação das acções mencionadas no n.º 1 deste artigo, comprometem-se nomeadamente a:
   a) Proibir e impedir a organização nos respectivos territórios de forças não regulares ou bandos armados, incluindo mercenários, que se proponham realizar as acções referidas no n.º 1 deste artigo;
   b) Eliminar dos respectivos territórios, bases, centros de treino, locais de guarda, alojamento e trânsito para os elementos que pretendam realizar as acções referidas no n.º 1 deste artigo;
   c) Eliminar dos respectivos territórios, centros ou depósitos de armamento de qualquer tipo, a serem utilizados pelos elementos referidos no n.º 1 deste artigo;
   d) Eliminar dos respectivos territórios, postos ou locais de comando, direcção e coordenação dos elementos referidos no n.º 1 deste artigo;
   e) Eliminar dos respectivos territórios, instalações de comunicação e telecomunicação entre o comando e os elementos referidos no n.º 1 deste artigo;

f) Eliminar e proibir a instalação nos respectivos territórios, de estações de radiodifusão, incluindo emissões não oficiais ou clandestinas de elementos que levem a cabo as acções referidas no n.º 1 deste artigo;

g) Exercer nos respectivos territórios, controle rigoroso sobre elementos que se proponham realizar ou planear as acções referidas no n.º 1 deste artigo;

h) Impedir que elementos que se proponham ou planeiem realizar as acções referidas no n.º 1 deste artigo transitem de um ponto do interior do território de qualquer das Partes para outro ponto do território da outra, ou para um outro ponto do território de qualquer terceiro Estado que faça fronteira com a Alta Parte Contratante contra a qual os referidos elementos se propõem ou planeiam realizar tais acções;

i) Tomar medidas apropriadas nos respectivos territórios, para impedir o recrutamento de elementos de qualquer nacionalidade com o objectivo de levar a cabo as acções referidas no n.º 1 deste artigo;

j) Impedir que a partir dos seus respectivos territórios, os elementos referidos no n.º 1 deste artigo possam, por qualquer meio, levar a cabo acções de rapto e outras, com vista a tornar reféns cidadãos de qualquer nacionalidade no território da outra Alta Parte Contratante;

k) Proibir a concessão nos respectivos territórios de qualquer facilidade de ordem logística para a realização das acções referidas no n.º 1 deste artigo.

3. As Altas Partes Contratantes não utilizarão o território de terceiros Estados para levar a cabo ou apoiar as acções referidas nos n.ºs 1 e 2 deste artigo.

Art. 4.º

As Altas Partes Contratantes tomarão medidas, individual e conjuntamente, para assegurar que a fronteira internacional entre os respectivos territórios seja efectivamente patrulhada e que os postos de fronteira funcionem com eficiência para impedir a travessia ilegal do território de uma das Altas Partes Contratantes para o território da outra, nomeadamente pelos elementos referidos no artigo 3.º do presente Acordo.

Art. 5.º

As Altas Partes Contratantes proibirão nos seus territórios acções de propaganda que incitem à guerra de agressão contra a outra Alta Parte Contratante e proibirão igualmente as acções de propaganda destinadas a incitar a actos de terrorismo e guerra civil no território da outra Alta Parte Contratante.

Art. 6.º

As Altas Partes Contratantes declaram que não há conflito entre os compromissos por elas assumidos em tratados e obrigações internacionais e os compromissos decorrentes do presente Acordo.

Art. 7.º

As Altas Partes Contratantes empenham-se em interpretar o presente Acordo dentro do princípio da boa-fé e realizarão contactos periódicos entre si para garantir a efectiva aplicação do Acordo.

Art. 8.º

Nenhuma disposição do presente Acordo poderá ser entendida como restringindo o direito de autodefesa de cada uma das Altas Partes Contratantes, em caso de ataques armados, nos termos em que tal direito vem consagrado na Carta das Nações Unidas.

Art. 9.º

1. Cada uma das Altas Partes Contratantes designará representantes de nível elevado para integrar uma Comissão Conjunta de Segurança, com o objectivo de supervisionar e controlar a aplicação do presente Acordo.

2. A Comissão determinará os seus próprios procedimentos de trabalho.

3. A Comissão deverá reunir-se regularmente e poderá ser convocada a título extraordinário sempre que as circunstâncias o exigirem.

4. A Comissão deverá:
   a) Apreciar todas as alegações de violação das disposições do presente Acordo;
   b) Notificar as Altas Partes Contratantes das suas conclusões;
   c) Recomendar às Altas Partes Contratantes medidas que visem a aplicação eficaz do presente Acordo e a resolução dos diferendos decorrentes de violações ou alegadas violações.

5. As Altas Partes Contratantes definirão o mandato dos respectivos representantes, de modo a permitir a tomada de medidas provisórias, em casos de reconhecida urgência.

6. As Altas Partes Contratantes porão à disposição da Comissão todas as facilidades necessárias ao seu bom funcionamento e apreciarão em conjunto as conclusões e recomendações por ela submetidas.

Art. 10.º

Este Acordo será também designado por Acordo de N'Komati.

Art. 11.º

1. Este Acordo entra em vigor na data da sua assinatura.

2. Qualquer alteração deste Acordo, concordada pelas Altas Partes Contratantes, poderá ser efectuada por Troca de Notas.

Em fé do que, os signatários, em nome dos respectivos Governos, assinam e selam este Acordo, em quadruplicado, nas línguas portuguesa e inglesa, sendo ambas as versões igualmente autênticas.

I – Acordo de Não-Agressão e Boa Vizinhança

Feito e assinado na fronteira comum nas margens do Rio N'Komati, aos 16 dias do mês de Março de 1984.

Pelo Governo da República Popular de Moçambique, SAMORA MOISÉS MACHEL Marechal da República, Presidente da República Popular de Moçambique, Presidente do Conselho de Ministros. – Pelo Governo da República da África do Sul, PIETER WILLEM BOTHA, Primeiro-Ministro da República da África do Sul.

II – ACORDO DE COOPERAÇÃO NO DOMÍNIO DA DEFESA

Preâmbulo

No âmbito do Acordo de Cooperação assinado entre o Governo da República de Moçambique e o Governo da República da África do Sul (doravante designados por «Partes» e individualmente por «Parte»);

Reconhecendo e reafirmando os princípios de respeito profundo pela soberania, igualdade, integridade territorial, independência política, não-agressão e não-ingerência nos assuntos internos de cada um dos países;

Procurando promover a paz, estabilidade e o bem-estar entre os seus povos;

Convencidos de que a estreita cooperação, entendimento mútuo em assuntos de defesa e segurança serão de benefício mútuo; e

Desejosos de reforçar relações de cooperação entre os seus países e as suas Forças Armadas.

As Partes acordam no seguinte:

Art. 1.º (Definições)

Para os fins deste Acordo o seguinte define-se por:

a) Segurança de fronteira – Sistema de medidas de defesa organizadas, instituído e mantido a todos os escalões de comando com o objectivo de obter e manter condições de segurança.

b) Exercícios Conjuntos – Exercícios de treino militar realizados, envolvendo as Forças Armadas dos países participantes.

c) Comité – Grupo de representantes das instituições das Forças Armadas, constituído especificamente para trabalhar ou analisar assuntos relacionados com a Defesa e Segurança.

d) Pessoal Médico – Corpo de técnicos militares e civis ligados à saúde militar.

e) Saúde Militar – Conjunto de princípios e serviços médicos especializados na garantia de assistência médica às Forças Armadas e ao Pessoal Civil contratado para trabalhar em unidades Militares em situação de guerra ou de paz.

f) Informação Militar – Conjunto de dados e o seu processamento por instituições, relacionados com actividades, equipamentos, pessoal e o *modus operandi* aplicáveis a integridade territorial e soberania das Forças Armadas.

g) Observadores Militares – Corpo de militares convidado para assistir às actividades conjuntas das Forças Armadas de ambas as Partes.

Art. 2.º (Objecto do Acordo)

O presente Acordo tem por objecto o reforço da cooperação na área de Defesa através da identificação de um quadro para a troca de experiências e conhecimentos para uso e benefício mútuo de ambas as Partes.

Art. 3.º (Âmbito de aplicação)

O presente Acordo cobrirá as seguintes áreas definidas como prioritárias pelas Partes, desenvolvendo o objectivo da cooperação em matéria de Defesa, de acordo com as respectivas leis internas:

a) Saúde militar;
b) Formação de pessoal militar;
c) Exercícios conjuntos;
d) Informação militar;
e) Troca de pessoal;
f) Segurança de fronteira e outros aspectos com ela relacionados.

Art. 4.º (Tarefas e procedimentos operacionais)

As Partes, sujeitas às leis internas e a quaisquer restrições de segurança nacional, acordam no seguinte:

a) Formular acções que promovam desenvolvimento da cooperação militar entre as suas Forças Armadas;
b) Trocar Adidos Militares de Defesa;
c) Promover o treino do seu pessoal militar;
d) Realizar exercícios militares conjuntos para os quais poderão ser convidados observadores militares para assistirem aos referidos exercícios, com antecipação, conforme acordado;
e) Troca de informação militar sobre assuntos acordados;
f) Cooperar na área da saúde militar, incluindo formação, assistência e troca de pessoal médico, incluindo informações relativas a aspectos de saúde militar;
g) Encorajar a troca de pessoal militar a vários níveis e promover o intercâmbio desportivo e cultural entre as suas Forças Armadas;
h) Criar comités de fronteiras para promover segurança fronteiriça;
i) Promover qualquer outra actividade que permita uma cooperação mais estreita entre as suas Forças Armadas.

Art. 5.º (Protocolos específicos)
Para o cumprimento do disposto no artigo 5.º, no futuro serão concluídos acordos *ad hoc* relativos às respectivas áreas de cooperação.

Art. 6.º (Mecanismos de cooperação)
As Partes acordam estabelecer mecanismos para fins de consulta, coordenação e implementação do presente Acordo.

Art. 7.º (Protecção de informação)
1. As Partes comprometem-se a não revelar qualquer informação classificada ao abrigo deste acordo ou de quaisquer acordos posteriores, a não ser que seja ao pessoal para quem tal revelação seja essencial para os fins deste acordo ou quaisquer acordos posteriores, e deverão tomar todas as precauções necessárias de forma a assegurar que o referido pessoal a mantenha sempre em sigilo absoluto.
2. As Partes comprometem-se ainda a assegurar a protecção de qualquer informação e perícia adquirida ou recebida durante os contratos bilaterais, e ainda a não utilizar referida informação ou perícia em detrimento dos interesses da outra Parte, e a evitar que terceiras partes tenham acesso à mesma.

Art. 8.º (Providências financeiras)
1. As Partes acordam, sem prejuízo do disposto em protocolos específicos, que as implicações financeiras relativas à cooperação nos termos deste Acordo deverão ser tratadas em conformidade com os seguintes princípios:
   a) Cada Parte, custeará as suas próprias despesas, incluindo os custos de transporte de e para o ponto de entrada no país, e ainda todas as despesas decorrentes do, ou relativas ao próprio pessoal, incluindo as despesas relativas às refeições e alojamento;
   b) Cada Parte, deverá assumir a responsabilidade e custear todas as despesas relativas ao tratamento, remoção ou evacuação do seu pessoal doente, ferido ou morto.
2. Nenhuma das partes se responsabilizará ou assumirá a favor da outra Parte, quaisquer despesas incorridas pela outra Parte relativas a qualquer doença, ferimento, acidente ou morte, a menos que a outra Parte, voluntariamente ou como resultado de negligência, contribua para tais danos durante qualquer treino ou exercício ou durante qualquer visita ao abrigo deste Acordo.
3. Nenhuma das Partes apresentará qualquer reclamação contra a outra Parte por qualquer despesa incorrida por qualquer uma das Partes relativa a tratamento, remoção ou evacuação do seu pessoal pela outra Parte e por qualquer despesa, perda ou reclamação feita por qualquer pessoa ou organismo, decorrente de negligência nos casos ressalvados excluindo os danos ou reclamações por dolo.
4. As Partes acordam que a remoção ou evacuação acima referidas, serão efectuadas em caso de doença, ferimento, acidente, tratamento médico ou morte.

5. As Partes devem garantir que, apesar das providências acima mencionadas, não seja excluída a obrigação de cada uma das Partes, tomar medidas com a devida antecipação, relativas às despesas referidas nos casos acima mencionados.

Art. 9.º (Litígio)
As Partes acordam que qualquer diferença ou litígio decorrentes da interpretação ou implementação do presente Acordo, serão resolvidos amistosamente pelas Partes, se necessário através de canais diplomáticos.

Art. 10.º (Disposições finais)
1. Este Acordo entrará em vigor na data em que cada Parte tiver notificado a outra por escrito sobre a sua conformidade com os requisitos constitucionais necessários para a implementação do Acordo. A data da entrada em vigor será a data da última notificação.
2. Este Acordo pode ser emendado em termos de uma decisão por ambas as Partes através de troca de notas por via do canal diplomático.
3. O presente Acordo manter-se-á em vigor por um período de cinco anos e será automaticamente prorrogado anualmente a partir daí, a não ser que uma das Partes notifique a outra por escrito através de canais diplomáticos sobre a sua intenção de pôr termo ao Acordo.
4. As omissões no presente Acordo serão atempadamente negociadas entre as Partes.

Em testemunho, os signatários, devidamente autorizados, assinaram o presente Acordo em dois originais, em ambas as línguas, portuguesa e inglesa, sendo ambos os textos igualmente autênticos.

Elaborado em Maputo, no dia 17 de Março de 2000. *Tobias Joaquim Dai*, Ministro da Defesa (Pelo Governo da República de Moçambique). – *Patrick Lekota*, Ministro da Defesa (Pelo Governo da República da África do Sul).

D. CONVENÇÕES BILATERAIS ENTRE MOÇAMBIQUE E PORTUGAL

I – ACORDO ENTRE O ESTADO PORTUGUÊS E A FRENTE DE LIBERTAÇÃO DE MOÇAMBIQUE

Reunidas em Lusaka de 5 a 7 de Setembro de 1974 as delegações da Frente de Libertação de Moçambique e do Estado Português, com vista ao estabelecimento do acordo conducente à independência de Moçambique, acordaram nos seguintes pontos:

1. O Estado Português, tendo reconhecido o direito do povo de Moçambique à independência, aceita por acordo com a FRELIMO a transferência progressiva dos poderes que detém sobre o território nos termos a seguir enunciados.

2. A independência completa de Moçambique será solenemente proclamada em 25 de Junho de 1975, dia do aniversário da fundação da FRELIMO.

3. Com vista a assegurar a referida transferência de poderes são criadas as seguintes estruturas governativas, que funcionarão durante o período de transição que se inicia com a assinatura do presente Acordo:

   a) Um Alto Comissário de nomeação do Presidente da República Portuguesa;
   b) Um Governo de Transição nomeado por acordo entre a Frente de Libertação de Moçambique e o Estado Português;
   c) Uma Comissão Militar Mista nomeada por acordo entre o Estado Português e a Frente de Libertação de Moçambique.

4. Ao Alto Comissário, em representação da soberania portuguesa, compete:

   a) Representar o Presidente da República Portuguesa e o Governo Português;
   b) Assegurar a integridade territorial de Moçambique;
   c) Promulgar os decretos-leis aprovados pelo Governo de Transição e ratificar os actos que envolvam responsabilidade directa para o Estado Português;
   d) Assegurar o cumprimento dos acordos celebrados entre o Estado Português e a Frente de Libertação de Moçambique e o respeito das garantias mutuamente dadas, nomeadamente as consignadas na Declaração Universal dos Direitos do Homem;
   e) Dinamizar o processo de descolonização.

5. Ao Governo de Transição caberá promover a transferência progressiva de poderes a todos os níveis e a preparação da independência de Moçambique.

Compete-lhe, nomeadamente:
 a) O exercício das funções legislativa e executiva relativas ao território de Moçambique. A função legislativa será exercida por meio de decretos-leis;
 b) A administração geral do território até à proclamação da independência e à reestruturação dos respectivos quadros;
 c) A defesa e salvaguarda da ordem pública e da segurança das pessoas e bens;
 d) A execução dos acordos entre a Frente de Libertação de Moçambique e o Estado Português;
 e) A gestão económica e financeira do território, estabelecendo nomeadamente as estruturas e os mecanismos de *contrôle* que contribuam para a desenvolvimento de uma economia moçambicana independente;
 f) A garantia do princípio da não discriminação racial, étnica, religiosa ou com base no sexo;
 g) A reestruturação da organização judiciária do território.

6. O Governo de Transição será constituído por:
 a) Um Primeiro-Ministro nomeado pela Frente de Libertação de Moçambique, a quem compete coordenar a acção do governo e representá-lo;
 b) Nove Ministros, repartidos pelas seguintes pastas: Administração Interna; Justiça; Coordenação Económica; Informação; Educação e Cultura; Comunicações e Transportes; Saúde e Assuntos Sociais; Trabalho; Obras Públicas e Habitação;
 c) Secretários e Subsecretários a criar e nomear sob proposta do Primeiro-Ministro, por deliberação do Governo de Transição, ratificada pelo Alto Comissário;
 d) O Governo de Transição definirá a repartição da respectiva competência pelos Ministros, Secretários e Subsecretários.

7. Tendo em conta o carácter transitório desta fase da acção governativa os Ministros serão nomeados pela Frente de Libertação de Moçambique e pelo Alto Comissário na proporção de dois terços e um terço respectivamente.

8. A Comissão Militar Mista será constituída por igual número de representantes das Forças Armadas do Estado Português e da Frente de Libertação de Moçambique e terá como missão principal o *contrôle* da execução do acordo de cessar-fogo.

9. A Frente de Libertação de Moçambique e o Estado Português pelo presente instrumento acordam em cessar-fogo às zero horas do dia 8 de Setembro de 1974 (hora de Moçambique) nos termos do protocolo anexo.

10. Em caso de grave perturbação da ordem pública, que requeira a intervenção das Forças Armadas, o comando e coordenação serão assegurados pelo Alto Comissário, assistido pelo Primeiro-Ministro, de quem dependem directamente as Forças Armadas da Frente de Libertação de Moçambique.

11. O Governo de Transição criará um corpo de polícia encarregado de assegurar a manutenção da ordem e a segurança das pessoas. Até à entrada em

I – Acordo entre o Estado Português e a Frente de Libertação de Moçambique

funcionamento desse corpo, o comando das forças policiais actualmente existentes dependerá do Alto Comissário de acordo com a orientação geral definida pelo Governo de Transição.

12. O Estado Português e a Frente de Libertação de Moçambique comprometem-se a agir conjuntamente em defesa da integridade do território de Moçambique contra qualquer agressão.

13. A Frente de Libertação de Moçambique e o Estado Português afirmam solenemente o seu propósito de estabelecer e desenvolver laços de amizade e cooperação construtiva entre os respectivos povos, nomeadamente nos domínios cultural, técnico, económico e financeiro, numa base de independência, igualdade, comunhão de interesses e respeito da personalidade de cada povo.

Para o efeito serão constituídas durante o período de transição comissões especializadas mistas e ulteriormente celebrados os pertinentes acordos.

14. A Frente de Libertação de Moçambique declara-se disposta a aceitar a responsabilidade decorrente dos compromissos financeiros assumidos pelo Estado Português em nome de Moçambique, desde que tenham sido assumidos no efectivo interesse deste território.

15. O Estado Português e a Frente de Libertação de Moçambique comprometem-se a agir concertadamente para eliminar todas as sequelas de colonialismo e criar uma verdadeira harmonia racial. A este propósito, a Frente de Libertação de Moçambique reafirma a sua política de não-discriminação, segundo a qual a qualidade de Moçambicano não se define pela cor da pele, mas pela identificação voluntária com as aspirações da Nação Moçambicana. Por outro lado, acordos especiais regularão numa base de reciprocidade o estatuto dos cidadãos portugueses residentes em Moçambique e dos cidadãos moçambicanos residentes em Portugal.

16. A fim de assegurar ao Governo de Transição meios de realizar uma política financeira independente, será criado em Moçambique um Banco Central, que terá também funções de banco emissor. Para a realização desse objectivo o Estado Português compromete-se a transferir para aquele Banco as atribuições, o activo e o passivo do departamento de Moçambique do Banco Nacional Ultramarino. Uma comissão mista entrará imediatamente em funções, a fim de estudar as condições dessa transferência.

17. O Governo de Transição procurará obter junto de organizações internacionais ou no quadro de relações bilaterais a ajuda necessária ao desenvolvimento de Moçambique, nomeadamente a solução dos seus problemas urgentes.

18. O Estado Moçambicano independente exercerá integralmente a soberania plena e completa no plano interior e exterior, estabelecendo as instituições políticas e escolhendo livremente o regime político e social que considerar mais adequado aos interesses do seu povo.

19. O Estado Português e a Frente de Libertação de Moçambique felicitam-se pela conclusão do presente Acordo, que, com o fim da guerra e o restabelecimento da paz com vista à independência de Moçambique, abre uma nova página

na história das relações entre os dois países e povos. A Frente de Libertação de Moçambique, que no seu combate sempre soube distinguir o deposto regime colonialista do povo português, e o Estado Português desenvolverão os seus esforços a fim de lançar as bases de uma cooperação fecunda, fraterna e harmoniosa entre Portugal e Moçambique.

Lusaka, 7 de Setembro de 1974.

Pela Frente de Libertação de Moçambique:
Samora Moisés Machel (Presidente).

Pelo Estado Português:
Ernesto Augusto Melo Antunes (Ministro sem Pasta).
Mário Soares (Ministro dos Negócios Estrangeiros).
António de Almeida Santos (Ministro da Coordenação Interterritorial).
Victor Manuel Trigueiros Crespo (Conselheiro de Estado).
Antero Sobral (Secretário do Trabalho e Segurança Social do Governo Provisório de Moçambique).
Nuno Alexandre Lousada (Tenente-Coronel de infantaria).
Vasco Fernando Leote de Almeida e Costa (Capitão-Tenente da Armada).
Luís António de Moura Casanova Ferreira (Major de Infantaria).

Aprovado, depois de ouvidos a Junta de Salvação Nacional, o Conselho de Estado e o Governo Provisório, nos termos do artigo 3.º da Lei n.º 7/74, de 27 de Julho.

9 de Setembro de 1974.

Publique-se.

O Presidente da República, ANTÓNIO DE SPÍNOLA.

II – ACORDO GERAL DE COOPERAÇÃO

Considerando que o artigo 13.º do Acordo de Lusaka consagra solenemente o propósito das Partes Contratantes de estabelecer e desenvolver laços de amizade e cooperação entre os respectivos Povos, numa base de independência, igualdade, comunhão de interesses e respeito da personalidade de cada Povo;
Convencidos de que no desenvolvimento dos dois Países existe um campo de frutuosa colaboração para benefício mútuo;
Convencidos da necessidade de desenvolver entre os respectivos Povos relações de amizade e colaboração militante na luta contra o colonialismo e o imperialismo;
Portugal e Moçambique decidem concluir o seguinte Acordo Geral de Cooperação:

Art. 1.º
1. Cada uma das Partes Contratantes, com vista a contribuir mutuamente para o progresso científico, tecnológico e económico dos seus países, compromete-se, na medida das suas possibilidades e quando solicitada pela outra, a:
Pôr à disposição desta, especialistas nacionais da Parte solicitada nos domínios científico e técnico;
Enviar docentes e investigadores;
Organizar missões de estudo e investigação destinadas a realizar determinados trabalhos por conta e sob a orientação da Parte solicitante;
Facultar a colaboração de centros de estudo, serviços públicos e entidades especializadas;
Conceder bolsas de estudo e facultar o acesso a estágios profissionais em organismos privados e públicos;
Pôr à disposição equipamentos, instrumentos e materiais necessários à execução de programas acordados.
2. O serviço previsto neste artigo será prestado no quadro do Estatuto do cooperante adiante definido nos artigos 7.º a 23.º do presente Acordo.

Art. 2.º
1. A cooperação prevista no artigo anterior abrangerá a instalação de centros de formação técnica e profissional, de laboratórios e organismos científicos e

técnicos e será realizada no interesse da Parte solicitante e dirigida à formação e aperfeiçoamento dos quadros do próprio país.

2. As Partes Contratantes procurarão facilitar o intercâmbio entre centros de documentação, escolas, serviços públicos e organismos científicos e técnicos de cada uma delas, mediante consultas mútuas, troca de informações e permuta de documentos e publicações.

3. Os objectivos, os programas, o financiamento e a responsabilidade de projectos de cooperação serão definidos, em cada caso, por convénio especial.

Art. 3.º

1. O Estado Português permitirá e estimulará a continuação em Moçambique, ao serviço do Estado de Moçambique, pelo período que este julgar conveniente, dos funcionários públicos portugueses que o desejem e que para tal sejam indicados pelo Estado Moçambicano.

2. Aos funcionários referidos neste artigo poderá, por acordo das Partes, ser aplicado o Estatuto de Cooperante adiante definido nos artigos 7.º a 23.º do presente Acordo.

Art. 4.º

Os nacionais de cada uma das Partes Contratantes terão no território da outra tratamento idêntico ao dos restantes não nacionais.

Art. 5.º

No interesse de qualquer das Partes e dos seus cidadãos serão passadas cópias em certidões dos documentos constantes dos arquivos da outra.

Art. 6.º

Logo que seja possível, as Partes aceitarão negociações destinadas a dar cumprimento ao artigo 15.º do Acordo de Lusaka.

Art. 7.º

São considerados cooperantes os indivíduos postos à disposição de uma das Partes Contratantes pela outra.

Art. 8.º

A prestação de serviço de cooperação será regulada por contratos escritos celebrados entre o cooperante e cada um dos Estados, de harmonia com as condições adiante enunciadas.

Art. 9.º

Caberá aos serviços de cada uma das Partes Contratantes o recrutamento de candidatos a lugares de cooperantes solicitados pela outra por escolha directa ou por indicação da outra Parte e a esta, a selecção final dos candidatos.

Art. 10.º

1. Os cooperantes a que se refere o presente Acordo ficam sujeitos às leis do Estado onde o respectivo serviço é prestado e submetidos à autoridade administrativa junto da qual forem colocados.

2. Os cooperantes não podem solicitar ou receber instruções de qualquer autoridade que não seja a entidade de que dependerem por virtude das funções que lhes estiverem confiadas.

3. É vedado aos cooperantes dedicarem-se a actividades políticas no território onde prestam serviço, devendo abster-se de praticar qualquer acto que prejudique os interesses materiais ou morais de qualquer dos dois Estados contratantes, assim como as boas relações entre eles existentes.

4. Os cooperantes exercerão a sua actividade no território do Estado solicitante, mas não terão a qualidade de funcionário desse Estado, nem o direito de ser nomeados para os quadros regulares e permanentes da sua administração.

5. É interdita toda a actividade particular lucrativa, salvo autorização expressa do Governo da Parte solicitante.

Art. 11.º

A prestação de serviços no quadro da cooperação realizar-se-á numa base de financiamento comum, nos termos dos dois artigos seguintes.

Art. 12.º

Serão suportados pela Parte solicitada os encargos de:

a) Transporte de ida do cooperante e sua família, por via aérea, e de bagagens, por via marítima e até ao limite, a fixar no respectivo contrato;

b) Repatriamento do cooperante acompanhado de sua família e transporte das respectivas bagagens, no caso de o Estado solicitante pôr termo ao contrato, com justa causa, antes de completar um ano, ou no caso de o cooperante o fazer sem justa causa;

c) Pagamento ao cooperante, no Estado solicitado e em moeda local, de uma quantia a fixar, em cada caso, de acordo com a categoria e a natureza da actividade daquele nesse Estado;

d) Pagamento das contribuições relativas à aposentação e previdência e de outros serviços sociais, conforme o caso, respeitantes aos benefícios de aposentação, invalidez e sobrevivência.

Art. 13.º

Serão suportados pelo Estado solicitante os encargos de:

a) Remuneração do cooperante, segundo um quadro de vencimentos e demais regalias a estabelecer pelo Estado solicitante, incluindo o alojamento ou, na falta deste, o subsídio de renda de casa;

b) Transporte de regresso do cooperante e sua família, por via aérea, e de bagagens, por via marítima e até ao limite a fixar no respectivo contrato, nos termos do período contratual ou no caso previsto na segunda parte do n.º 4 do artigo 24.º;

c) Repatriamento do cooperante, acompanhado de sua família, e transporte das respectivas bagagens, no caso de o Estado solicitante pôr termo ao contrato, sem justa causa, ou no caso de o cooperante o fazer com justa causa;

d) Assistência médica, medicamentosa, cirúrgica e hospitalar para o cooperante e sua família;

e) Seguro de acidentes pessoais, incluindo acidentes de trabalho, por valor não inferior a quinhentos mil escudos portugueses, devendo o Estado solicitante assegurar a transferência cambial para o Estado solicitado das indemnizações arbitradas.

Art. 14.º

O disposto nas alíneas *a)* e *b)* do artigo 12.º, *b)* e *c)* do artigo 13.º será aplicado, com as necessárias adaptações, ao caso de o cooperante não proceder de território do Estado solicitado.

Art. 15.º

1. O pagamento ao cooperante de todas as quantias devidas pelo Estado solicitante será efectuado em moeda desse Estado e no local habitual da prestação de serviço.

2. Ficará todavia assegurado ao cooperante o direito de transferir mensalmente para o Estado solicitado um montante não inferior a 25% da sua remuneração mensal.

3. O cooperante que, na vigência do contrato, por qualquer causa tenha efectuado mensalmente transferências de montante inferior às autorizadas, terá direito a transferir a soma das diferenças até ao montante autorizado, não podendo contudo esta última transferência – que poderá ser feita em mais de uma prestação e num período não superior a seis meses a contar da data do pedido – ser superior a 15% do total das remunerações recebidas na vigência do contrato.

Art. 16.º

Considera-se família do cooperante, para os efeitos previstos neste Acordo, o cônjuge e os filhos menores ou incapazes.

Art. 17.º

1. Os contratos terão, em regra, a duração de dois anos, renováveis por sucessivos períodos de um ano.

2. O contrato terminará no fim do prazo em curso se o cooperante não requerer a sua renovação até noventa dias antes do seu termo. O Estado solicitante deverá decidir até sessenta dias antes do fim do prazo contratual, depois do que, não havendo decisão, se considerará que a renovação não foi autorizada.

3. Os contratos poderão ser denunciados por qualquer das Partes mediante um pré-aviso de três meses.

4. O cooperante que não respeitar o pré-aviso para a denúncia do contrato perderá quaisquer direitos ou garantias previstos no presente Acordo para o tempo normal da prestação de serviço.

Em caso inverso, o Estado solicitante pagará ao cooperante uma indemnização correspondente ao período que faltar para se completarem os três meses de pré-aviso.

5. Se o contrato for rescindido pelo Estado solicitante com justa causa, ou pelo cooperante sem justa causa, antes de decorridos dois anos sobre o seu início, este obrigar-se-á a reembolsar o Estado licitado dos pagamentos que hajam sido efectuados com a sua viagem e da sua família, e transporte das respectivas bagagens, na proporção do número de meses que faltarem para completar aquele período.

6. No caso previsto na segunda parte do n.º 4, o pagamento de quaisquer indemnizações a que houver lugar será feito, integralmente, no momento em que o contrato for denunciado.

Art. 18.º

O tempo que durar a prestação de serviço do cooperante será contado, no Estado solicitado, para todos os efeitos legais, designadamente os de antiguidade e promoção.

Art. 19.º

1. O cooperante terá direito a trinta dias de férias em cada ano de serviço prestado no Estado solicitante.

2. As férias poderão ser gozadas, em cada ano, até um terço do período referido no número anterior, caso em que a parte por gozar acrescerá aos períodos dos anos subsequentes.

3. O cooperante, ao fim de três anos de serviço, terá direito de gozar, ele e a sua família, em Portugal ou no local onde residia à data da celebração do contrato, o período correspondente ao terceiro ano de serviço e, sendo caso disso, os períodos acumulados das férias respeitantes a anos anteriores, sendo o transporte de ida e volta, por via aérea, custeado pelo Estado solicitante. O cooperante que, regressado ao Estado solicitante, não se mantenha ao serviço pelo menos um ano, será obrigado a reembolsar o Estado solicitante das despesas da viagem de regresso.

4. No caso de o cooperante não querer usar do direito atribuído no número anterior, receberá, em moeda do Estado solicitante, a quantia correspondente às despesas do transporte, de ida e volta, por via aérea, seu e de sua família.

5. Os docentes e outros cooperantes poderão beneficiar de regimes de férias especiais quando tal for regra para os funcionários do Estado solicitante do mesmo grupo profissional.

Art. 20.º
1. Em caso de doença, devidamente comprovada, que impossibilite o cooperante de exercer as suas funções por período superior a noventa dias, será a sua prestação de serviço dada por finda, cabendo as despesas do seu repatriamento e dos seus familiares ao Estado solicitado ou ao Estado solicitante, conforme o facto se tenha verificado, mas não no primeiro ano de serviço.
2. Em caso de acidente de trabalho ou de doença imputável ao serviço, o cooperante terá direito, além das remunerações previstas no artigo 13.º, à indemnização pelos danos patrimoniais e não patrimoniais daí resultantes, nos termos gerais de direito.
3. O contrato, no caso de terminar antes de o cooperante ser dado por curado, com ou sem incapacidade, considerar-se-á prorrogado até que tal se verifique.

Art. 21.º
O Estado solicitante atribuirá aos cooperantes de sexo feminino, nos casos de gravidez e parto, os mesmos direitos e regalias reconhecidos, em casos idênticos, aos seus nacionais.

Art. 22.º
1. O Estado solicitante isentará de todos os direitos de alfândega e outras taxas, de restrições à importação ou de qualquer outro encargo fiscal o automóvel, bens de uso pessoal e doméstico do cooperante e sua família.
2. Beneficiará ainda da mesma isenção a reexportação do veículo importado nos termos do número anterior, ou, na alternativa, a exportação de um automóvel utilitário adquirido pelo cooperante mais de um ano antes do termo do contrato.

Art. 23.º
1. Quando o Estado solicitado fornecer ao Estado solicitante, ou a organismos designados de comum acordo, máquinas, livros, instrumentos ou equipamentos, o Estado solicitante autorizará a entrada destes no seu território isentando-os de todas as imposições ou taxas aduaneiras e outros impostos, assim como de qualquer restrição à importação ou à reexportação.
2. Os meios de acção, designadamente veículos, instrumentos e equipamentos que forem postos à disposição dos cooperantes, ficarão submetidos a regime idêntico, permanecendo propriedade do Estado solicitado.

Art. 24.º
1. Uma Comissão Mista composta de membros nomeados pelos dois Governos reunir-se-á pelo menos uma vez por ano, em princípio, alternadamente em cada um dos países, para apreciar em geral a forma como decorrem as relações de cooperação entre as Partes Contratantes e propor as providências necessárias à aplicação do presente Acordo e das convenções especiais de cooperação que vierem a ser concluídas.

2. Tratando-se de cooperação científica e técnica, a Comissão Mista definirá o programa a empreender no ano seguinte, o qual será submetido à aprovação dos dois Governos e poderá ser alterado a todo o tempo por comum acordo.

Art. 25.º
O presente Acordo entrará em vigor na data da troca dos instrumentos de ratificação e terá a duração de três anos, renováveis por períodos iguais e sucessivos, se não for denunciado por qualquer das Partes.

A denúncia será comunicada à outra Parte com antecedência não inferior a cento e oitenta dias em relação ao termo do período inicial ou da renovação.

Art. 26.º
A Frente de Libertação de Moçambique e o Governo Português celebram o presente Protocolo de Acordo, o qual será assinado pelo Governo de Moçambique na data da independência e posteriormente ratificado.

Lourenço Marques, aos 2 de Outubro de 1975. – Pelo Governo da República Portuguesa, *Victor Manuel Trigueiros Crespo*. – Pelo Governo da República Popular de Moçambique, *Mário da Graça Machungo*.

Publique-se.

O Vice-Ministro dos Negócios Estrangeiros, *Armando Panguene*.

III – ACORDO DE COOPERAÇÃO NOS DOMÍNIOS DA EDUCAÇÃO, DO ENSINO, DA INVESTIGAÇÃO CIENTÍFICA E DA FORMAÇÃO DE QUADROS

No espírito do Acordo Geral de Cooperação vigente entre os dois Estados e desejando intensificar os laços de amizade e cooperação já existentes entre os dois Povos;

Considerando a necessidade de definir os termos em que a cooperação entre os dois Estados nos domínios da educação, do ensino, da investigação científica e da formação de quadros se processará no futuro;

Considerando que nos domínios acima referidos existem perspectivas de futura colaboração para benefício de ambas as Partes;

A República Portuguesa e a República Popular de Moçambique decidem concluir o seguinte Acordo de Cooperação nos Domínios da Educação, do Ensino, da Investigação Científica e da Formação de Quadros:

Art. 1.º
A República Portuguesa e a República Popular de Moçambique, adiante designadas por Partes, comprometem-se, na medida das suas possibilidades e quando para o efeito solicitadas, a promover, incentivar e desenvolver, em regime de reciprocidade, acções de cooperação nos domínios da educação, do ensino, da investigação científica e da formação de quadros.

Art. 2.º
A cooperação entre as Partes nos domínios acima referidos compreenderá as seguintes modalidades:
   a) Recrutamento e contratação de cooperantes que prestarão os seus serviços predominantemente nos domínios da docência e da investigação científica;
   b) Organização de missões destinadas a planear, orientar ou executar trabalhos determinados e previamente definidos;
   c) Intercâmbio de documentação e de informação, bem como a permuta de experiências de natureza didáctica, pedagógica, científica e técnica;

d) Permuta de equipamentos, instrumentos e outros meios materiais que sirvam à prossecução dos programas de cooperação nos termos do presente Acordo;
   e) Formação ou actualização de quadros, nomeadamente nos domínios da educação, do ensino e da investigação científica;
   f) Colaboração entre estabelecimentos de ensino de nível superior ou de investigação científica;
   g) Concessão, com base na reciprocidade, de bolsas de estudo a fim de facilitar aos estudantes, graduados e investigadores, os meios para a continuação dos seus estudos e investigações nas universidades ou outras instituições de ensino ou de investigação e nelas aperfeiçoar a sua formação.

Art. 3.º

As acções de cooperação previstas no artigo anterior integrar-se-ão em programas de cooperação cujo âmbito e objectivos, encargos financeiros e responsabilidades de execução serão definidos em cada caso pelos serviços de ambas as Partes.

Art. 4.º

Cada uma das Partes permitirá o acesso aos seus estabelecimentos públicos, de ensino e instituições de investigação da área dos respectivos curso ou especialidade de estudantes, graduados ou investigadores da outra Parte, em condições não menos favoráveis do que as usufruídas pelos seus nacionais.

Art. 5.º

Para efeitos de prossecução de estudos poderá, quando não houver coincidência de planos curriculares e conteúdos programáticos que permitam a equivalência, ser facultada a realização de exames *ad hoc* aos nacionais de qualquer das Partes que tenham tido aproveitamento escolar em estabelecimentos da outra Parte.

Art. 6.º

As equivalências entre títulos, graus e diplomas académicos, bem como habilitações profissionais, serão estabelecidas por acordos complementares.

Art. 7.º

As bolsas a conceder nos termos do presente Acordo podem ser destinadas:
   a) À frequência de universidades, de instituições de ensino superior não universitário ou de estabelecimentos de ensino médio e secundário;
   b) À frequência de cursos de pós-graduação para obtenção dos respectivos graus académicos ou de qualificações técnicas que, pela sua natureza, exijam aprendizagem ou treino em instituições próprias;
   c) À realização de estágios científicos e técnicos, de docentes ou de outros quadros, bem como de cursos de especialização de carácter intensivo;
   d) À frequência de instituições de investigação e à participação em projectos de investigação científica.

Art. 8.º
1. Cada uma das Partes apresentará anualmente à outra Parte os pedidos de bolsas com a indicação expressa do curso, especialidade, estágio ou sector de investigação a que estas se destinam.
2. A data de apresentação dos pedidos será acordada pelos serviços competentes das duas Partes conforme o calendário do ano lectivo em cada uma das Partes ou os períodos de realização dos estágios e dos projectos de investigação científica.

Art. 9.º
A Parte solicitada comunicará à Parte solicitante o número de bolsas que lhe foi atribuído com base no pedido feito, indicando expressamente o respectivo montante, o curso, especialidade, estágio ou projecto de investigação científica a que se destinam.

Art. 10.º
1. A Parte solicitante comunicará à Parte solicitada, em data a acordar pelos serviços competentes das duas Partes, a relação nominal, devidamente hierarquizada, dos candidatos pré-seleccionados para a frequência dos seus estabelecimentos de ensino ou de investigação.
2. Tratando-se de cursos de pós-graduação, de estágios técnicos ou científicos, de formação de docentes ou de quadros, ou de projectos de investigação, a indicação dos candidatos pré-seleccionados deverá ser feita 45 dias antes da data prevista para o seu início.
3. A relação nominal referida nos números anteriores será acompanhada de documentação necessária para a frequência do curso, especialidade, estágio ou projecto de investigação.
4. A Parte solicitada indicará oportunamente à Parte solicitante quais os candidatos seleccionados para a frequência dos seus estabelecimentos ou instituições, com respeito pela hierarquização referida no n.º 1.

Art. 11.º
1. Os nacionais de cada uma das Partes que vão frequentar os estabelecimentos de ensino da outra Parte, nos termos do presente Acordo, deverão estar presentes no território da parte solicitada oito dias antes do início do curso.
2. A data da apresentação dos candidatos à frequência de cursos de pós-graduação, de cursos de especialização de carácter intensivo e de estágios e à realização de projectos de investigação será estabelecida em função dos mesmos.

Art. 12.º
1. A Parte solicitante deverá habilitar os beneficiários das bolsas com documentos comprovativos da sua atribuição a apresentar às entidades competentes da Parte solicitada.

2. Os beneficiários das bolsas deverão prestar com exactidão todas as declarações ou esclarecimentos que lhes forem pedidos pelas entidades competentes da Parte solicitada.

Art. 13.º

1. As bolsas destinadas à frequência dos estabelecimentos referidos na alínea *a*) do artigo 7.º do presente Acordo terão a duração de um ano escolar e poderão ser renovadas por iguais e sucessivos períodos. Essa renovação não poderá, contudo, exceder a duração do curso, acrescida de um ano.

2. As restantes bolsas terão a duração do curso, especialidade, estágio ou projecto de investigação a que se destinam e não serão renováveis, salvo casos devidamente justificados e aceites.

Art. 14.º

1. Para renovação das bolsas referidas no n.º 1 do artigo anterior é exigida certidão de aproveitamento escolar e certificado de matrícula, os quais deverão ser entregues no departamento competente da Parte solicitada até ao primeiro dia do mês em que se inicia o ano lectivo.

2. Poderá ser renovada condicionalmente a bolsa aos candidatos que, não possuindo naquela data as habilitações legalmente exigidas, comprovem até ao fim do primeiro período escolar a possibilidade de as completar.

Art. 15.º

As condições de admissão para os candidatos que pretendam frequentar o 1.º ano das escolas superiores da Parte solicitada não serão menos favoráveis de que as usufruídas pelos seus nacionais, nos termos previstos no artigo 4.º.

Art. 16.º

1. Os nacionais de cada uma das Partes que vierem a beneficiar do regime previsto no presente Acordo serão titulares, nos domínios a que este se refere, dos mesmos direitos e obrigações que os cidadãos da Parte solicitada que realizem os mesmos cursos, especialidades, estágios ou projectos de investigação.

2. Sem prejuízo do que genericamente se dispõe no n.º 1 deste artigo, aos cidadãos portugueses que vierem a beneficiar do regime consagrado no presente Acordo é garantida a passagem de diplomas, certificados ou documentos análogos logo que concluam os cursos, especialidades e estágios e a participação em projectos de investigação previstos no mesmo n.º 1.

3. Os bolseiros de cada uma das Partes gozarão, designadamente, das seguintes regalias quando estas forem concedidas pela Parte solicitada aos seus nacionais:

    a) Isenção de propinas;
    b) Subsídio de estágio;
    c) Assistência médica e medicamentosa;
    d) Frequência de cantinas e utilização de residências;
    e) Seguro escolar ou contra acidentes de trabalho.

Art. 17.º

1. Os bolseiros não poderão exercer qualquer actividade política no território da Parte solicitada e ficarão submetidos à disciplina interna dos estabelecimentos que frequentarem.

2. Deverão ainda os bolseiros abster-se de praticar qualquer acto que prejudique os interesses materiais ou morais de qualquer das Partes, assim como as boas relações entre elas existentes.

3. O desrespeito, pelos bolseiros, do disposto nos anteriores n.ºs 1 e 2 poderá levar a Parte solicitada a considerar verificado o termo da bolsa previsto na alínea *b*) do artigo 21.º deste Acordo, com a consequência indicada no corpo do mesmo artigo 21.º.

Art. 18.º

No caso de vacatura da bolsa por doença, incapacidade ou qualquer outro motivo atendível, a Parte solicitada poderá autorizar, a pedido da Parte solicitante, a substituição do bolseiro nas mesmas condições que aos seus nacionais.

Art. 19.º

A Parte solicitada só poderá considerar as transferências entre estabelecimentos de ensino e mudanças de curso, estágio ou projecto de investigação quando apresentadas pelas entidades competentes da Parte solicitante e autorizá-las-á nas mesmas condições que aos seus nacionais.

Art. 20.º

Cada uma das Partes compromete-se a:

a) Custear as passagens de ida e de regresso dos bolseiros seus nacionais;
b) Indemnizar a outra Parte pelos danos materiais causados, culposamente pelos bolseiros abrangidos pelo presente Acordo no exercício das acções para que a bolsa foi concedida;
c) Suportar os encargos com a sua estada após o termo da respectiva bolsa.

Art. 21.º

A responsabilidade assumida pela Parte solicitada nos termos do presente Acordo cessa se se verificar o previsto nalguma das alíneas seguintes:

a) Não apresentação no prazo estipulado da documentação e demais elementos exigidos pelas competentes entidades da Parte solicitada;
b) Termo da bolsa por motivo imputável ao bolseiro ou à Parte solicitante.

Art. 22.º

1. As missões a que se refere a alínea *b*) do artigo 2.º terão como objectivo a colheita e a troca de experiências, bem como a aquisição, desenvolvimento e aplicação de conhecimentos de cada uma das Partes.

2. O envio de missões será realizado a pedido de uma das Partes e efectivado após a confirmação da outra.

3. A duração das missões não excederá o período de três meses.

4. Os elementos que integrarem as missões gozam dos direitos à assistência médica e medicamentosa, cirúrgica e hospitalar, para si e sua família, e ao direito a um seguro de acidentes pessoais, incluindo acidentes de trabalho, por valor não inferior ao previsto no Acordo Geral de Cooperação.

5. A Parte solicitante autorizará a transferência de eventuais abonos que venha a atribuir aos elementos que integrem as missões.

Art. 23.º

A deslocação de técnicos dos dois países em missões a que se refere o artigo anterior será suportada nos termos seguintes:
 a) Ficam a cargo da Parte solicitada o transporte de bagagem e as viagens aéreas de ida, bem como as ajudas de custo correspondentes à situação em que se deslocam;
 b) Ficam a cargo da Parte solicitante todos os restantes encargos decorrentes da estada no seu território – designadamente alojamento, alimentação e transportes locais – bem como o transporte de bagagem e as viagens aéreas de regresso.

Art. 24.º

Ambas as Partes facilitarão o intercâmbio entre centros de documentação, instituições escolares e de investigação científica, mediante consultas mútuas, trocas de informação e permuta de documentos de natureza didáctica, pedagógica, científica e técnica.

Art. 25.º

Ambas as Partes incentivarão a cooperação entre as suas universidades, estabelecimentos de ensino superior e instituições de investigação, que poderão assinar entre si convénios para assistência científica, técnica e pedagógica.

Art. 26.º

Ambas as Partes concederão as necessárias facilidades alfandegárias, isenção de direitos e demais taxas aduaneiras relativas à entrada no seu território de todo o material, não destinado a fins comerciais, que tenha por objectivo a efectivação das acções de cooperação decorrentes deste Acordo.

Art. 27.º

1. O presente Acordo entrará em vigor na data da última das notas trocadas entre as Partes, notas pelas quais cada uma das Partes comunica à outra que se encontram cumpridas as formalidades exigidas pela respectiva ordem jurídica interna para a vigência do Acordo.

2. Este Acordo poderá ser denunciado por escrito, por qualquer das Partes contra mediante aviso prévio de seis meses.

III – Acordo de Cooperação nos Domínios da Educação

Feito em Maputo, em 23 de Maio de 1985, em dois exemplares em língua portuguesa, fazendo ambos igualmente fé.

Pela República Portuguesa:
Eduardo Âmbar.

Pela República Popular de Moçambique:
António Fernandes Correia Sumbana.

IV – ACORDO DE COOPERAÇÃO VISANDO A CRIAÇÃO DO CENTRO DE ENSINO E LÍNGUA PORTUGUESA DE MAPUTO

A República Portuguesa e a República de Moçambique:
No espírito do Acordo Geral de Cooperação vigente entre os dois Estados e desejando intensificar os laços de amizade e cooperação já existentes entre os dois Povos;
Considerando a acção desenvolvida no quadro do Acordo de Cooperação nos Domínios do Ensino e Educação em vigor;
Considerando a necessidade sentida por ambas as Partes de concretização e implementação de meios de actuação ao nível do ensino e difusão da língua portuguesa;
Acordam o seguinte:

Art. 1.º
A República Portuguesa e a República de Moçambique, adiante designadas por Partes, decidem criar o Centro de Ensino e Língua Portuguesa de Maputo.

Art. 2.º
Pelo presente Acordo, as Partes contratantes propõem-se:
 a) Ampliar a rede escolar ao nível do ensino básico e secundário;
 b) Promover o ensino e difusão da língua e cultura portuguesas;
 c) Alargar o acesso de jovens portugueses e moçambicanos em idade escolar ao ensino básico e secundário;
 d) Contribuir para a promoção sócio-educativa dos recursos humanos moçambicanos;
 e) Oferecer uma formação de base cultural portuguesa a futuros quadros moçambicanos.

Art. 3.º
O Centro do Ensino e Língua Portuguesa de Maputo estrutura-se em duas componentes:
 a) Escola direccionada para o ensino básico e secundário, integrando alunos portugueses e aberta a jovens moçambicanos;
 b) Centro de cultura para utilização da escola e formação de professores.

Art. 4.º
As actividades a desenvolver no Centro de Ensino e Língua Portuguesa de Maputo obedecerão a um plano a estabelecer pelas autoridades portuguesas competentes, que designarão o modelo de gestão respectivo, procedendo à orientação pedagógica e científica da escola, bem como à definição e avaliação da acção do centro cultural adjacente.

Art. 5.º
1. A Parte Portuguesa assumirá os seguintes encargos:
a) Orçamento geral e projecto de fundações e estabilidade estrutural;
b) Construção do edifício, infra-estruturas e arranjos exteriores;
c) Equipamento e pessoal docente e administrativo.
2. A Parte Moçambicana contribuirá através da concessão de terreno para edificação, com uma área total de 27 000 m2.
3. Será concedida pela República de Moçambique a isenção de direitos e taxas aduaneiras e outras, sobre todo o material e equipamento importados no âmbito do presente projecto.

Art. 6.º
O presente Acordo entrará em vigor na data da última das notas trocadas entre as Partes pelas quais cada uma comunicará à outra que se encontram cumpridas as formalidades exigidas pela respectiva ordem jurídica interna para a vigência do Acordo.

Feito em duplicado em Maputo no dia 8 do mês de Julho do ano de 1995 em dois originais em língua portuguesa.

Pela Parte Portuguesa:
José Manuel Briosa e Gala, Secretário de Estado da Cooperação.

Pela Parte Moçambicana:
António Materula, Secretário de Estado dos Negócios Estrangeiros e Cooperação.

V – ACORDO DE COOPERAÇÃO JURÍDICA E JUDICIÁRIA

A República de Moçambique e a República Portuguesa adiante designados Estados Contratantes;
Conscientes da necessidade de prosseguir uma política de cooperação visando estreitar e reforçar cada vez mais os laços especiais de amizade existentes entre os dois Países;
Reconhecendo o interesse comum e as vantagens recíprocas da extensão da cooperação já existente para a área jurídica;
Decidiram celebrar o presente Acordo.

PARTE I. COOPERAÇÃO JUDICIÁRIA

TÍTULO I. CLÁUSULAS GERAIS

Art. 1.º (Acesso aos tribunais)
Os nacionais de cada um dos Estados Contratantes têm acesso aos tribunais do outro nos mesmos termos que os nacionais deste.

Art. 2.º (Apoio judiciário)
1. O apoio judiciário tem lugar perante qualquer jurisdição e compreende a dispensa total ou parcial de preparos e do prévio pagamento de custas e, bem assim, o patrocínio oficioso.
2. Têm direito ao apoio judiciário os nacionais de qualquer um dos Estados Contratantes que se encontrem em situação económica que lhes não permita custear as despesas normais do pleito.
3. O direito ao apoio judiciário é extensivo às pessoas colectivas, às sociedades e outras entidades que gozem de capacidade judiciária, desde que tenham a sua sede no território de um dos Estados Contratantes.
4. Os documentos demonstrativos da insuficiência económica serão passados pelas autoridades competentes do lugar do domicílio ou sede ou, na falta de domicílio, da residência actual.

Art. 3.º (Patrocínio)
Os advogados e solicitadores nacionais de um dos Estados Contratantes poderão exercer o patrocínio perante os tribunais do outro, com observância das condições exigidas pela lei deste.

Art. 4.º (Comparência de declarantes, testemunhas e peritos)
1. Não é obrigatória a comparência como declarantes, testemunhas ou peritos de pessoas que se encontrem a residir no território de um dos Estados perante os tribunais do outro.
2. Se qualquer dos Estados rogar ao outro a convocação para a comparência referida no n.º antecedente e a pessoa convocada anuir, tem esta direito a ser indemnizada pelo dito Estado da despesa e danos resultantes da deslocação e, a seu pedido, poderá o Estado rogado exigir preparo para garantir, no todo ou em parte, a indemnização.
3. Enquanto permanecerem no território do Estado rogante, os declarantes, testemunhas ou peritos convocados, seja qual for a sua nacionalidade, não podem aí ser sujeitas a acção penal nem ser presos preventivamente ou para cumprimento de pena ou medida de segurança, despojados dos seus bens e documentos de identificação ou por qualquer modo limitados na sua liberdade pessoal por factos ou condenações anteriores à saída do território do Estado rogado.
4. A imunidade prevista no número antecedente cessa se as pessoas, podendo deixar o território, nele permanecerem para além de 30 dias contados do termo do acto para que foram convocados ou se, havendo-o deixado, a ele voluntariamente regressarem.

As pessoas que não houverem anuído à convocação para comparência não podem ser sujeitas, mesmo que a convocação contivesse cominações, a qualquer sanção ou medidas coercivas no território do Estado rogante, salvo se para lá voluntariamente se dirigirem e aí forem de novo regularmente convocadas.

TÍTULO II. COOPERAÇÃO EM MATÉRIA CÍVEL

SUBTÍTULO I. ACTOS JUDICIAIS

CAPÍTULO I. Actos rogados

Art. 5.º (Comunicação de actos judiciais)
1. Sem prejuízo do disposto no artigo 10.º, a prática de actos judiciais será pedida directamente pelos tribunais de um dos Estados Contratantes aos tribunais do outro mediante carta rogatória assinada e autenticada com o selo da autoridade requerente ou, sendo acto urgente, por telegrama.

2. A sustação do cumprimento de actos rogados pode ser pedida por ofício ou telegrama.

3. A remessa e a devolução dos autos far-se-á, sempre que possível, por via aérea.

Art. 6.º   (Cumprimento dos actos)

1. O tribunal rogado só pode recusar o cumprimento, no todo ou em parte, dos actos nos casos seguintes:
   a) Se for incompetente;
   b) Se for absolutamente proibido por lei;
   c) Se a carta não estiver autenticada;
   d) Se o acto for contrário à ordem pública do Estado rogado;
   e) Se a execução da carta for atentatória da soberania ou da segurança do Estado rogado;
   f) Se o acto importar a execução de decisão de tribunal do Estado rogante sujeita a revisão e que se não mostre revista e confirmada;
   g) Se, tratando-se de recolha de prova testemunhal ou pericial, a pessoa convocada invocar dispensa ou impedimento estabelecidos de harmonia com a lei do Estado rogado ou à lei do Estado rogante, tendo sido, neste caso, especificados na carta rogatória ou por outro modo confirmados pelo tribunal rogante a pedido do Tribunal rogado.

2. No caso previsto na alínea a) do n.º antecedente, o tribunal rogado remeterá a carta ao tribunal que for competente, informando imediatamente o tribunal rogante.

3. Nos demais casos previstos no n.º 1, o tribunal rogado devolverá a carta ao tribunal rogante, informando-o dos motivos da recusa de cumprimento.

Art. 7.º   (Poder do tribunal rogado)

1. É ao tribunal rogado que compete regular, de harmonia com a sua lei, o cumprimento da carta.

2. Se na carta rogatória se pedir a observância de determinadas formalidades que não sejam contrárias aos princípios de ordem pública do Estado rogado, dar-se-á satisfação ao pedido.

Art. 8.º   (Despesas)

1. O cumprimento de cartas rogatórias não dará lugar ao reembolso de taxas ou custas de qualquer natureza.

2. O Estado rogado, porém, tem o direito de exigir que o Estado rogante o reembolse dos encargos com o pagamento de peritos e intérpretes e das despesas ocasionadas pela observância de formalidades referidas no n.º 2 do artigo 7.º.

Art. 9.º   (Destino das importâncias de depósitos judiciais)
1. Cada um dos Estados Contratantes obriga-se a transferir para o território do outro as importâncias depositadas por motivo de actuação de tribunais situados no seu território e que respeitem a processos ou actos dos tribunais situados no do outro.
2. Exceptuam-se do disposto no número antecedente as importâncias que se destinem a pessoas ou entidades domiciliadas ou com residência alternada no Estado onde o depósito foi feito.

O montante a reter e o seu levantamento dependem de prévia decisão do tribunal a cujos processos ou actos os depósitos respeitem.

CAPÍTULO II.   **Actos praticados por agentes diplomáticos e consulares**

Art. 10.º   (Citações e notificações)
Os Estados Contratantes têm a faculdade de mandar proceder directamente, sem a cominação de sanções, por meio dos agentes diplomáticos e consulares, às citações e notificações de actos judiciais destinados a nacionais seus que se encontrem no território do outro onde aqueles agentes exerçam funções.

Art. 11.º   (Recolha de prova pessoal)
Os Estados contratantes têm a faculdade de mandar praticar, sem cominação de sanções, pelos seus agentes diplomáticos e consulares, actos de audição dos seus nacionais que se encontrem no território do outro onde aqueles agentes exerçam funções.

Art. 12.º   (Conflito de nacionalidade)
Para o efeito do disposto nos artigos 10.º e 11.º, em caso de conflito de leis, a nacionalidade do destinatário do acto determina-se pela lei do Estado onde ele deva ter lugar.

SUBTÍTULO II.   **EFICÁCIA DAS DECISÕES JUDICIAIS**

CAPÍTULO I.   **Revisão e confirmação**

Art. 13.º   (Revisão)
1. As decisões proferidas pelos tribunais de cada um dos Estados Contratantes sobre direitos privados têm eficácia no território do outro, desde que revistas e confirmadas.
2. Não é necessária a revisão:
   a) Quando a decisão seja invocada em processo pendente em qualquer dos Estados Contratantes como simples meio de prova sujeito à apreciação de quem haja de julgar a causa;

b) Das decisões destinadas a rectificar erros de registo civil, desde que não decidam questões relativas ao estado das pessoas.

3. As decisões proferidas por tribunais portugueses até à data da independência da República Popular de Moçambique, mas que só posteriormente tenham transitado em julgado, apenas carecerão de revisão e confirmação quando a decisão final não seja meramente confirmativa da decisão proferida em primeira instância.

Art. 14.º (Requisitos necessários para a confirmação)

1. Para que as decisões sejam confirmadas é necessário:
   a) Não haver dúvidas sobre a autenticidade do documento de que constem as decisões;
   b) Terem transitado em julgado segundo a lei do país em que foram proferidas;
   c) Terem sido proferidas por tribunal competente segundo as regras de conflito da lei do país onde se pretendam fazer valer;
   d) Não poder invocar-se a excepção de litispendência ou de caso julgado com fundamento em causa afecta a tribunal do país onde se pretendam fazer valer, excepto se foi o tribunal do país em que foi proferida a decisão que preveniu a jurisdição;
   e) Ter o réu sido devidamente citado segundo a lei do país em que foram proferidas, salvo tratando-se de causas para que a lei do país onde se pretendam fazer valer dispensaria a citação e, se o réu foi logo condenado por falta de oposição ao pedido, ter a citação sido feita na sua própria pessoa;
   f) Não serem contrárias aos princípios de ordem pública do país onde se pretendam fazer valer;
   g) Sendo proferidas contra nacional do país onde se pretendam fazer valer, não ofenderem as disposições do respectivo direito privado quando por este devessem ser resolvidas as questões segundo as regras de conflitos desse direito.

2. O disposto no número anterior é aplicável às decisões arbitrais na parte em que o puder ser, e às decisões penais no tocante à fixação de indemnização por perdas e danos.

CAPÍTULO II. **Reconhecimento e execução, de decisões relativas à obrigações alimentares**

SECÇÃO I. **Âmbito de aplicação**

Art. 15.º (Decisões abrangidas)

1. O presente capítulo é aplicável às decisões em matéria de obrigações alimentares provenientes de relações de parentesco, casamento e afinidade proferidas por tribunais de um Estado Contratante.

2. O presente capítulo é também aplicável às transacções celebradas sobre esta matéria perante essas entidades e entre essas pessoas.

3. As decisões e transacções referidas nos números antecedentes tanto podem ser as que fixem alimentos como as que modifiquem, decisões ou transacções anteriores.

4. O presente capítulo é ainda aplicável às decisões e transacções em matéria de alimentos decorrentes de uniões de facto nos precisos termos em que o direito respectivo tenha correspondência no Estado de execução.

SECÇÃO II. **Condições para o reconhecimento e execução das decisões**

Art. 16.º (Condições de reconhecimento)

1. Uma decisão proferida num Estado deve ser reconhecida ou declarada executória noutro Estado Contratante:
   a) Se tiver sido proferida por uma autoridade considerada competente segundo o artigo 19.º; e
   b) Se não poder já ser sujeita a recurso ordinário.

2. As decisões provisoriamente executórias e as medidas provisórias são, embora susceptíveis de recurso ordinário, reconhecidas ou declaradas executórias no Estado requerido se semelhantes decisões aí puderem ser proferidas e executadas.

Art. 17.º (Recusa)

O reconhecimento ou execução de decisão podem, contudo, ser recusados:
   a) Se o reconhecimento ou a execução da decisão for manifestamente incompatível com a ordem pública do Estado requerido; ou
   b) Se a decisão resultar de fraude cometida no processo; ou
   c) Se existir litígio pendente entre as mesmas partes e com o mesmo objecto instaurado em primeiro lugar perante uma autoridade do estado requerido; ou
   d) Se a decisão for incompatível com outra proferida entre as mesmas partes e sobre a mesma matéria, quer no Estado requerido, quer noutro Estado, desde que, neste último caso, ela reúna as condições necessárias para o seu reconhecimento e execução no Estado requerido.

Art. 18.º (Decisões à revelia)

Sem prejuízo do disposto no artigo 17.º, uma decisão proferida à revelia só é reconhecida ou declarada executória se a petição inicial, contendo os elementos essenciais do pedido, foi dada a conhecer à parte revel nos termos previstos na lei do Estado de origem e se, atendendo às circunstâncias, essa parte dispôs de prazo suficiente para apresentar a sua defesa.

Art. 19.º (Competência do Estado de origem)

1. A autoridade do Estado de origem é considerada competente no sentido deste capítulo:
   a) Se o devedor ou o credor de alimentos tinha a sua residência habitual no Estado de origem aquando da instauração do processo; ou
   b) Se o devedor e o credor de alimentos tinham a nacionalidade do Estado de origem aquando da instauração do processo; ou
   c) Se o demandado se submeteu à competência daquela autoridade, quer expressamente, quer ao defender-se sobre o mérito da causa sem reservas quanto à competência.

2. Sem prejuízo do disposto no n.º 1, as autoridades de um Estado Contratante que tenham proferido decisão sobre um pedido de alimentos são consideradas como competentes para os efeitos deste capítulo se esses alimentos, forem devidos por motivo de divórcio, de separação de pessoas e bens, de anulação ou de nulidade do casamento, decretados por autoridade daquele Estado reconhecida como competente nessa matéria pela lei do Estado requerido.

Art. 20.º (Âmbito da competência)

A autoridade do Estado requerido fica vinculada aos factos sobre os quais a autoridade do Estado de origem tenha baseado a sua competência.

Art. 21.º (Reconhecimento e execução parciais)

Se a decisão abranger vários pontos do pedido de alimentos e se o reconhecimento ou execução não puderem ser concedidos para o todo, a autoridade do Estado requerido aplicará este capítulo à parte da decisão que puder ser reconhecida ou declarada executória.

Art. 22.º (Pagamentos periódicos)

Sempre que a decisão tiver estipulado a prestação de alimentos através de pagamentos periódicos, a execução será concedida tanto para os pagamentos vencidos como para os vincendos.

Art. 23.º (Princípio de revisão formal)

A autoridade do Estado requerido não procederá a exame sobre o mérito da decisão, salvo disposição em contrário do presente capítulo.

SECÇÃO III. **Processo para o reconhecimento e execução das decisões**

Art. 24.º (Lei aplicável)

O processo para o reconhecimento ou execução de decisão é regulamentado pelo direito do Estado requerido, a não ser que o presente capítulo disponha de outro modo.

Art. 25.º (Legitimidade)

Sem prejuízo da legitimidade do credor de alimentos, pode a autoridade que, nos termos da lei interna do Estado requerido, tiver competência para representar incapazes, requerer, a solicitação do Estado de origem, o reconhecimento e execução de decisões sobre obrigações alimentares de que aqueles sejam credores.

Art. 26.º (Âmbito de pedido)

Pode sempre pedir-se o reconhecimento ou a execução parcial de uma decisão.

Art. 27.º (Despesas)

O credor de alimentos que, no Estado de origem, tenha beneficiado, no todo ou em parte, de apoio judiciário ou de isenção das custas e despesas, beneficia, em qualquer processo de reconhecimento ou de execução, da assistência mais favorável ou da mais ampla inscrição prevista pelo direito do Estado requerido.

Art. 28.º (Dispensas de caução)

Não pode exigir-se qualquer caução ou depósito, seja sob que denominação for, para garantir o pagamento de custas e despesas nos processos a que se refere o presente capítulo.

Art. 29.º (Instrução do pedido)

1. A parte que pretende o reconhecimento ou a execução de uma decisão deve apresentar:
   a) Cópia integral da decisão devidamente autenticada;
   b) Documento comprovativo de que a decisão não pode já ser objecto de recurso ordinário no Estado de origem e, quando necessário, que é executória;
   c) Se se tratar de decisão proferida à revelia, o original ou cópia autenticada do documento comprovativo de que a petição inicial, contendo os elementos essenciais do pedido, foi regularmente dada a conhecer à parte revel nos termos previstos na lei do Estado de origem;
   d) Se for caso disso, documento comprovativo da obtenção de apoio judiciário ou de isenção de custas e despesas no Estado de origem.

2. Na falta dos documentos mencionados no n.º 1, ou se o conteúdo da decisão não permitir à autoridade do Estado requerido certificar-se de que foram cumpridas as condições deste capítulo, esta autoridade concederá um prazo para a apresentação de todos os documentos necessários.

3. Não é exigível qualquer legalização ou formalidade análoga.

SECÇÃO IV. **Disposições diversas**

Art. 30.º (Transferências)
Os Estados Contratantes cuja lei imponha restrições à transferências de fundos concederão a maior prioridade às transferências destinadas ao pagamento de alimentos ou de custas e despesas respeitantes a qualquer processo abrangido por este capítulo.

Art. 31.º (Aplicação no tempo)
1. Sem prejuízo do disposto no n.º 3 do artigo 13.º, o presente capítulo é aplicável independentemente da data em que tenha sido proferida a decisão.
2. Quando a decisão tiver sido proferida antes da entrada em vigor do presente Acordo só poderá ser executória para efeito de pagamentos a realizar depois.

TÍTULO III. COOPERAÇÃO EM MATÉRIA PENAL E DE CONTRA-ORDENAÇÃO SOCIAL

SUBTÍTULO I. AUXÍLIO EM MATÉRIA PENAL E DE CONTRA-ORDENAÇÃO SOCIAL

CAPÍTULO I. Auxílio

SECÇÃO I. **Prevenção, investigação e instrução**

Art. 32.º (Obrigação e âmbito do auxílio)
1. Os Estados Contratantes obrigam-se a auxiliar-se mutuamente em matéria de prevenção, investigação e instrução relativamente aos factos cujo conhecimento, à data do pedido de cooperação, for da competência das autoridades judiciárias, policiais ou administrativas do requerente e que sejam puníveis ou passíveis de medidas de segurança ou de coimas pela lei de cada um deles.
2. A cooperação para fins de execução de ordens de prisão, cumprimento de penas ou coimas ou de medidas de segurança rege-se pelas disposições dos subtítulos II e III.

Art. 33.º (Recusa de auxílio)
1. O auxílio poderá ser recusado se o pedido respeitar a infracções consideradas pelo Estado requerido:
   a) Como infracções de natureza política ou com elas conexas;
   b) Como infracções militares que não sejam simultaneamente previstas e punidas pela lei penal comum; ou
   c) Como infracções em matéria de alfândega, impostos, taxas e câmbios.

2. O auxílio poderá também ser recusado se o Estado requerido considerar que a execução do pedido ofende a soberania, a segurança ou a ordem pública ou outros dos seus interesses essenciais.

3. Para, o efeito do n.º 1, alínea *a*), não se consideram infracções de natureza política ou com elas conexas:
   a) Os atentados contra a vida do Chefe de Estado, do Chefe do Governo ou dos seus familiares, de membros do Governo ou de Tribunais ou de pessoas a quem for devida especial protecção segundo o Direito Internacional;
   b) Os actos de pirataria aérea e marítima;
   c) Os actos a que seja retirada natureza de infracção política por convenções internacionais a que qualquer dos Estados Contratantes adira;
   d) O genocídio, os crimes contra a humanidade, os crimes de guerra e infracções graves segundo as Convenções de Genebra de 1949;
   e) Os actos praticados sobre quaisquer detidos que visem obter a confissão de crimes através da coacção física ou moral ou de métodos conducentes à destruição da personalidade do detido.

4. Entende-se por "infracção conexa com infracções de carácter político" aquela que com esta se encontre ligada, de tal forma, que a devia preparar ou encobrir.

5. Para o efeito no n.º 3, alínea *a*), a expressão "membros de Tribunais" abrange os magistrados e todos os que exerçam funções que àqueles competem.

Art. 34.º (Busca e apreensão)

O cumprimento de pedidos de busca e apreensão, sem prejuízo do disposto no artigo 33.º fica sujeito às seguintes condições:
   a) No caso de se tratar de infracção penal, ser susceptível de dar lugar a extradição no Estado requerido aquela que motivou o pedido;
   b) Ser o cumprimento compatível com a lei do Estado requerido.

Art. 35.º (Requisitos do pedido)

1. O pedido de auxílio será feito por escrito, assinado pela autoridade competente e autenticado com o selo respectivo, podendo usar-se, em caso de urgência, a via telegráfica.

2. O pedido conterá essencialmente:
   a) Indicações, tão precisas quanto possível, acerca da pessoa contra quem se move o processo penal, sua nacionalidade e domicílio ou residência;
   b) A descrição sumária e a qualificação da infracção, com indicação da data e lugar onde foi cometida, salvo se tais indicações resultarem de elementos escritos ou documentos anexos.

3. O pedido de notificação mencionará também o nome e endereço do destinatário, sua qualidade no processo e o objecto da notificação.

4. Ao pedido de pesquisa ou busca ou de apreensão e remessa de documentos ou objectos juntar-se-á um exemplar ou cópia devidamente autenticada da ordem judiciária respectiva.

5. A autoridade requerida poderá pedir esclarecimentos necessários para prestar o auxílio.

Art. 36.º (Via a adoptar)
O auxílio efectuar-se-á por via directa entre as autoridades competentes dos Estados Contratantes.

Art. 37.º (Incompetência)
Se a autoridade requerida não for competente para dar execução ao pedido, remetê-lo-á àquela que o for e comunicará o facto à requerente.

Art. 38.º (Lei aplicável ao cumprimento)
1. À execução do pedido é aplicável a lei do Estado requerido.
2. Deverá atender-se o pedido expresso de observância de determinadas formalidades se não resultar qualquer restrição das garantias individuais consagradas na lei do Estado requerido ou violação de princípios de ordem pública.
3. Representantes da autoridade requerente, bem como representantes das partes no processo, poderão assistir, a título de observadores, ao cumprimento do pedido, se a lei do Estado requerido consentir.

Art. 39.º (Remessa e devolução de elementos de prova)
1. O cumprimento dos pedidos para transmissão de elementos documentais far-se-á mediante o envio de cópias ou fotocópias certificadas dos processos ou documentos solicitados.

Todavia, se forem expressamente solicitados os originais, dar-se-á satisfação na medida do possível.

2. A autoridade requerida poderá suspender o envio de objectos, autos e outros elementos documentais solicitados, se forem necessários a processo penal em curso, informando, todavia, à autoridade requerente da duração provável da demora.

3. Os autos, bem como outros elementos documentais e objectos enviados em cumprimento do pedido, serão devolvidos pela autoridade requerente à requerida o mais depressa possível, salvo se esta renunciar à devolução.

Ficam, no entanto, ressalvados os direitos do Estado requerido ou de terceiros sobre os objectos ou documentos enviados à autoridade requerente.

Art. 40.º (Informação sobre o não cumprimento)
Se o auxílio for recusado, no todo ou em parte, ou se surgirem obstáculos ao cumprimento do pedido, a autoridade requerida informará a autoridade requerente, com indicação do motivo.

Art. 41.º (Registo criminal)

1. As entidades que em cada um dos Estados Contratantes superintendem nos serviços de registo criminal informar-se-ão reciprocamente em cada semestre de todas as novas inscrições de condenações proferidas no respectivo Estado contra os nacionais do outro.

2. Para efeitos do processo penal e a pedido das competentes autoridades judiciárias, cada um dos Estados Contratantes remeterá ao outro extractos e outras informações de registo criminal nos mesmos termos em que, em conformidade com a lei respectiva, as suas autoridades podem obter.

O pedido será feito directamente à entidade que superintende nos serviços de registo criminal do Estado requerido.

3. Para fins alheios a um processo penal, os dois Estados Contratantes prestar-se-ão reciprocamente informações de registo criminal na medida em que o permitir a lei nacional do Estado requerido. Em todos os pedidos de informação sobre a matéria de registo criminal mencionar-se-á o fim em vista, podendo a informação ser recusada, sem indicação de motivos, quando respeite a nacional do Estado requerido.

Nestes casos, a correspondência será trocada entre os Ministros da Justiça dos Estados Contratantes.

4. Os nacionais de cada um dos Estados Contratantes poderão requerer e obter certificados de registo criminal nas repartições competentes do outro em igualdade de condições com os nacionais deste.

Art. 42.º (Despesas)

1. À excepção das despesas e honorários com a intervenção de peritos e intérpretes, o Estado requerido não pode pedir reembolso de despesas ocasionada pelo auxílio.

2. O Estado requerido pode pedir ao Estado requerente adiantamento para as despesas e honorários com a intervenção de peritos e intérpretes.

CAPÍTULO II. Acção penal

Art. 43.º (Pedido de acção penal)

1. Mediante pedido, cada um dos Estados Contratantes, através das autoridades judiciárias competentes e em conformidade com a respectiva lei, averiguará se há lugar para instaurar processo penal contra uma pessoa que se encontra no seu território e que tenha cometido uma infracção no território do outro Estado.

2. Ao pedido formulado em original ou cópia certificada, devidamente autenticada, serão juntas uma exposição dos factos e uma relação dos documentos e objectos a remeter. Os textos e documentos originais serão devolvidos ao Estado requerente sempre que este o solicite.

3. O Estado requerido fará saber ao Estado requerente se foi resolvido ou não instaurar processo penal e, em caso afirmativo, comunicar-lhe-á o resultado final do processo, enviando-lhe certidão ou cópia autenticada da respectiva decisão.

4. A correspondência terá lugar entre os Ministros da Justiça dos Estados Contratantes.

SUBTÍTULO II. EXTRADIÇÃO

CAPÍTULO I. Condições de extradição

Art. 44.º (Obrigação de extradição)
Os Estados Contratantes obrigam-se a entregar um ou outro, nos termos previstos nos artigos seguintes, as pessoas que se encontrem nos seus territórios.

Art. 45.º (Fim e fundamento da extradição)
1. A extradição pode ter lugar para efeitos do procedimento criminal ou para cumprimento de penas ou de medidas de segurança privativas de liberdade, por factos cujo julgamento compete aos Tribunais do Estado requerente e que sejam puníveis ou objecto de tais medidas pelas leis de ambos os Estados.

2. Dão lugar a extradição:
   a) O procedimento criminal por facto ou factos puníveis com pena privativa de liberdade ou objecto de medida de segurança privativa de liberdade, em ambos os casos superior a um ano:
   b) A condenação pelos factos previstos na alínea *a)* em pena ou medida de segurança privativas de liberdade, por seis meses pelo menos.

3. Se o pedido de extradição respeitar a factos distintos e algum ou alguns deles não preencherem a condição relativa ao limite mínimo da pena ou medida de segurança, poderá o Estado requerido conceder extradição também por estes factos.

4. Concedida a extradição, pode vir a ser concedida também, mediante novo pedido, por factos que não preencham a condição do limite mínimo da pena ou medida de segurança se o extraditado ainda não tiver sido restituído à liberdade definitivamente em relação ao fundamento da extradição antes concedida, ou, tendo-o sido, não houver deixado, podendo fazê-lo, o território do Estado requerente no prazo de 30 dias após a libertação.

Art. 46.º (Inadmissibilidade de extradição)
1. Não haverá lugar a extradição nos seguintes casos:
   a) Ser a pessoa reclamada nacional do Estado requerido;
   b) Ter sido a infracção cometida no território do Estado requerido;

c) Estar pendente nos Tribunais do Estado requerido, pelos factos que fundamentam o pedido de extradição, procedimento criminal, haver findado o procedimento por despacho de arquivamento ou haver sido a pessoa reclamada definitivamente julgada pelos mesmos factos por aqueles tribunais;

d) Ter a pessoa reclamada sido julgada num terceiro Estado pelos factos que fundamentam o pedido de extradição e ter sido absolvida ou, no caso de condenação, ter cumprido a pena;

e) Ter a infracção que fundamentar o pedido de extradição sido cometida em outro Estado que não o requerente e não autorizar a legislação do Estado requerido procedimento por infracção desse género contida fora do seu território;

f) Estarem prescritos no momento da recepção do pedido segundo a legislação de qualquer Estado Contratante o procedimento criminal ou a pena;

g) Estar amnistiada a infracção segundo a legislação do Estado requerente e também do Estado requerido se este tinha competência segundo a sua própria lei para a perseguir;

h) Corresponder à infracção, pena de morte ou de prisão perpétua;

i) Dever a pessoa ser julgada por Tribunal de excepção ou cumprir uma pena decretada por um Tribunal dessa natureza;

j) Provar-se que a pessoa reclamada será sujeita a processo que não ofereça garantias de um procedimento penal que respeite as condições internacionalmente indispensáveis à salvaguarda dos direitos do homem ou a cumprir pena sem observância das regras mínimas do tratamento dos presos fixadas pela Organização das Nações Unidas;

l) Tratar-se, segundo a legislação do Estado requerido, de infracção de natureza política ou com ela conexa, ou haver fundada suspeitas para supor que a extradição é solicitada com o fim de processar, punir ou limitar por qualquer meio a liberdade do extraditando, em virtude da sua raça, religião, nacionalidade ou opinião política, ou que a vida e integridade física deste correriam perigo no território do Estado requerente por esses factos;

m) Tratar-se de crime militar que, segundo a legislação do Estado requerido, não seja simultaneamente previsto e punido na lei penal comum;

n) Tratar-se de infracções em matéria de alfândega, impostos, taxas e câmbio.

2. Não se consideram infracções de natureza política ou com elas conexas, as referidas nos n.ᵒˢ 3 e 4 do artigo 33.º.

3. Nos casos referidos nas alíneas *a)* e *h)* do n.º 1 será obrigatoriamente instaurado procedimento criminal contra a pessoa não extraditada logo que recebidos os elementos necessários.

4. Por todas ou parte das infracções referidas na alínea *n)*, do n.º 1 podem os Estados Contratantes convir, por troca de notas, em conceder a extradição nas condições da presente Convenção.

Art. 47.º (Decisões de revelia)

Pode ser concedida extradição de pessoas julgadas à revelia desde que a lei do Estado requerente lhes assegure a interposição do recurso ou a realização de novo julgamento após a extradição.

CAPÍTULO II. Processo de extradição

SECÇÃO I. Pedido de extradição

Art. 48.º (Requisitos do pedido)

1. Os pedidos de extradição serão formulados pelos Ministros da Justiça dos Estados Contratantes e autenticados com o selo respectivo.
2. O pedido de extradição deve incluir:
   a) A identificação rigorosa da pessoa reclamada;
   b) A menção expressa da sua nacionalidade;
   c) Demonstração de que, no caso concreto, a mesma pessoa está sujeita a jurisdição penal do Estado requerente;
   d) Prova, no caso de infracção cometida em terceiro Estado, de que esta não reclama o extraditando por causa dessa infracção;
   e) Informação, nos casos de condenação à revelia, de que a pessoa reclamada pode recorrer da decisão ou requerer novo julgamento após a extradição.

Art. 49.º (Via a adoptar)

1. Os pedidos de extradição serão apresentados pela via diplomática ou consular aos Ministros da Justiça dos Estados Contratantes.
2. Toda a correspondência posterior ao pedido será trocada directamente entre os Ministros referidos no número antecedente.

Art. 50.º (Instrução do pedido)

Ao pedido de extradição devem ser juntos os elementos seguintes:
a) Mandado de captura, ou documento equivalente, em triplicado, da pessoa reclamada, emitido pela autoridade competente;
b) Quaisquer indicações úteis ao reconhecimento da pessoa reclamada, designadamente, se possível, extracto do registo civil, fotografia e ficha dactiloscópica;
c) Certidão ou cópia autenticada da decisão que ordenou a expedição do mandado de captura ou selo equivalente, no caso de extradição para procedimento criminal;
d) Certidão ou cópia autenticada da decisão condenatória, no caso de extradição para cumprimento da pena ou da medida de segurança;

e) Descrição dos factos imputados à pessoa reclamada, com indicação de data, local e circunstâncias da infracção e a sua qualificação jurídica, se não constarem das decisões referidas nas alíneas *c)* ou *d)*;

f) Cópia dos textos legais relativos à qualificação e punição dos factos imputados ao extraditando ou sujeição deste a medidas de segurança e à prescrição do procedimento criminal ou da pena, conforme o caso;

g) Declaração da autoridade competente relativa a actos que tenham interrompido o prazo de prescrição segundo a lei do Estado requerente, se for caso disso;

h) Cópia dos textos legais relativos à possibilidade de recurso da decisão ou de efectivação de novo julgamento, no caso de condenação à revelia.

Art. 51.º (Elementos complementares)

1. Quando o pedido estiver incompleto ou não vier acompanhado de elementos suficientes para sobre ele se decidir, pode a parte requerida solicitar elementos ou informações complementares.

O envio terá de ser feito no prazo de um mês, prorrogável por mais um, mediante razões atendíveis invocadas, pela parte requerente.

2. A falta dos elementos solicitados nos termos do número anterior determina o arquivamento do processo no fim do prazo para o seu envio, sem embargo de poder prosseguir quando esses elementos forem apresentados.

Art. 52.º (Pedidos de extradição concorrentes)

1. No caso de diversos pedidos de extradição da mesma pessoa pelos mesmos factos, tem preferência o Estado em cujo território a infracção se consumou ou de onde foi praticado o facto principal.

2. Se os pedidos respeitarem a factos diferentes, têm preferência:

a) No caso de infracções de gravidade diferente, o pedido relativo à mais grave, segundo a lei do Estado requerido;

b) No caso de infracções de igual gravidade, o pedido mais antigo, ou, sendo simultâneos, o do Estado de que o extraditando for nacional ou residente, ou, nos demais casos, o Estado que, de acordo com as circunstâncias concretas, designadamente a existência de tratado ou a possibilidade de extradição entre os Estados requerentes, se entender que deva ser preferido aos outros.

Art. 53.º (Comunicação da decisão)

O Estado requerido informará o Estado requerente no mais curto prazo possível, nunca superior a 30 dias, da decisão sobre o pedido de extradição, indicando, em caso de recusa total ou parcial, os motivos.

Art. 54.º (Regra de especialidade)

1. O extraditado não pode ser julgado, nem preso no território do Estado requerente, senão pelos factos e respectiva qualificação constantes do pedido e que motivaram a extradição.

2. Cessa a proibição constante do n.º anterior se:
   a) Nos termos estabelecidos para o pedido de extradição, for solicitada ao Estado requerido autorização e dele obtida, ouvido previamente o extraditado;
   b) O extraditado, tendo direito e possibilidade de sair do território do Estado requerente, nele permanecer para além de 30 dias ou aí voluntariamente regressar.

Art. 55.º (Reextradição)

1. O Estado requerente não pode reextraditar para terceiro Estado a pessoa que o Estado requerido lhe entregou mediante pedido de extradição.

2. Cessa a proibição constante do n.º antecedente:
   a) No caso de reextradição para Estados cujos pedidos de extracção hajam sido preteridos nos termos do artigo 52.º e desde que o Estado requerido tenha expressamente autorizado a reextradição;
   b) Se, nos termos estabelecidos para o pedido de extradição, for solicitada ao Estado requerido autorização e dele obtida, ouvido previamente o extraditado;
   c) Se o extraditado, tendo direito e possibilidade de sair do território do Estado requerente, nele permanecer para além de 30 dias ou aí voluntariamente regressar.

SECÇÃO II. **Cumprimento do pedido**

Art. 56.º (Captura do extraditando)

1. Os Estados Contratantes obrigam-se a, logo que deferido o pedido de extradição, adoptar todas as medidas necessárias, inclusivé a procurar e a deter a pessoa reclamada.

2. A detenção da pessoa reclamada durante o processo de extradição até à sua entrega ao Estado requerente reger-se-á pela lei interna do Estado requerido.

Art. 57.º (Entrega e remoção do extraditando)

1. Sendo concedida a extradição, o Estado requerido informará o Estado requerente do local e da data a partir da qual se fará a entrega da pessoa reclamada, e da duração da detenção sofrida. Salvo consentimento do Estado requerente, o intervalo entre a data da comunicação e a da entrega da pessoa a extraditar não será inferior a dez dias.

2. Salvo o disposto no n.º seguinte, se a pessoa reclamada não for recebida nos vinte dias subsequentes à data referida no n.º 1, será restituída à liberdade.

3. O prazo referido no n.º antecedente é prorrogável na medida exigível pelo caso concreto quando razões de força maior comunicadas entre os Estados Contratantes, inclusivé doença verificada por perito médico, a qual ponha em perigo a vida do extraditando, impedirem a remoção.

Fixada nova data para entrega, aplica-se o disposto no n.º antecedente.

4. O Estado requerido pode recusar novo pedido de extradição pela mesma infracção da pessoa que tiver sido solta nos termos dos n.ºs 2 e 3.

Art. 58.º (Entrega diferida ou condicional)

1. Estando pendente no território do Estado requerido procedimento criminal ou existindo decisão condenatória contra a pessoa reclamada, pode o Estado requerido, decidido o pedido, adiar a entrega para quando o processo ou cumprimento da pena ou medida de segurança terminarem.

2. No caso do n.º 1, a pessoa reclamada pode ser entregue temporariamente para a prática de actos processuais, designadamente o julgamento, desde que o Estado requerente demonstre não poderem ser adiados sem grave prejuízo para o prosseguimento da acção penal.

3. A pessoa entregue nos termos do n.º 2 continuará, todavia, detida enquanto permanecer no território do Estado requerente e será restituída ao Estado requerido no prazo máximo de três meses a contar da entrega, e se se encontrava a cumprir pena ou medida de segurança no Estado requerido, a execução destas considera-se suspensa desde a data em que foi entregue ao Estado requerente até à sua restituição ao Estado requerido.

Art. 59.º (Entrega de coisas apreendidas)

1. A concessão de extradição envolve, sem necessidade de pedido, a entrega ao Estado requerente das coisas que, no momento da captura ou posteriormente, tenham sido apreendidas ao extraditando e possam servir de prova da infracção ou se mostrem adquiridas em resultado da infracção ou com o produto desta, desde que a apreensão seja consentida pela lei do Estado requerido e não haja ofensa de direitos de terceiros.

2. A entrega das coisas referidas no n.º anterior será feita mesmo que a extradição não se efective por fuga ou morte do extraditando.

3. Os documentos ou objectos necessários a um processo penal no território do Estado requerido poderão ficar retidos durante a pendência do processo, devendo este informar o Estado requerente da duração provável da demora.

Art. 60.º (Recaptura)

Em caso de evasão a entrega ao Estado requerente e retorno da pessoa extraditada ao território do Estado requerido, pode ela ser objecto de novo pedido de extradição, apenas acompanhado de mandato de captura ou acto equivalente e dos elementos necessários para se saber que foi extraditada e se evadiu antes de extinto o procedimento criminal ou a pena.

SECÇÃO III. Detenção provisória

Art. 61.º (Detenção provisória)

1. Em caso de urgência e como acto prévio de um pedido formal de extradição, os Estados Contratantes podem solicitar, pelas autoridades respectivas, a detenção provisória da pessoa procurada.

2. O pedido de detenção provisória indicará a existência de mandado de captura ou acto equivalente ou decisão condenatória contra a pessoa procurada, conterá o resumo dos factos integradores da infracção ou fundamento da medida de segurança, data e local onde foram cometidos, a indicação dos preceitos legais aplicáveis e todos os dados disponíveis acerca da identidade, nacionalidade e localização desta pessoa.

3. O pedido de detenção provisória será transmitido ao Ministério da Justiça do Estado requerido, quer pela via diplomática, quer directamente por via postal ou telegráfica ou pela INTERPOL, ou ainda por qualquer outro meio convertível em escrita ou considerado adequado pelas autoridades do Estado requerido.

4. A decisão sobre a detenção e a sua manutenção será tomada em conformidade com o direito do Estado requerido e comunicada imediatamente ao Estado requerente.

5. Pelo meio mais rápido, o Estado requerido informará o Estado requerente do resultado dos actos praticados para a detenção, mencionando que a pessoa detida será restituída à liberdade se não receber respectivo pedido de extradição nos termos dos artigos 48.º a 50.º no prazo de 30 dias após a detenção.

6. À manutenção da detenção após a recepção do pedido de extradição aplica-se o disposto no n.º 2 do artigo 56.º.

7. A restituição à liberdade não obsta a nova detenção ou à extradição se o pedido de extradição chegar após o prazo referido no n.º 5 do presente artigo.

SECÇÃO IV. Trânsito de extraditados

Art. 62.º (Trânsito)

1. O trânsito de uma pessoa a extraditar de um terceiro Estado para um dos Estados Contratantes através do território do espaço aéreo do outro Estado será autorizado, a pedido do interessado, nas mesmas condições em que seria de conceder a extradição entre os mesmos Estados Contratantes em conformidade com o presente Acordo e desde que não se oponham razões de segurança ou de ordem pública.

2. O Estado requerido, ouvido o Estado requerente, comunicará o meio de transporte e a forma de trânsito.

3. Utilizando-se via aérea sem sobrevoo previsto e ocorrendo aterragem de emergência, o Estado requerente notificará o Estado do requerido da existência de

qualquer dos elementos previstos nas alíneas *a*), *c*) e *d*) do artigo 50.º. A notificação produzirá os efeitos do pedido de detenção provisória previsto no artigo 61.º e o Estudo requerente formulará também pedido formal de trânsito.

SECÇÃO V. **Relevo da detenção**

Art. 63.º (Imputação da detenção)
Será levado em conta no processo penal e de segurança, todo o tempo de detenção sofrida pelo extraditando com vista à extradição.

SECÇÃO VI. **Despesas de extradição**

Art. 64.º (Despesa)
1. Ficam a cargo do Estado requerido as despesas causadas pela extradição até à entrega do extraditado ao Estado requerente.
2. Ficam a cargo do Estado requerente:
   a) As despesas de transporte do extraditado de um para outro Estado;
   b) As despesas do envio ao Estado requerente de coisas apreendidas nos termos do artigo 59.º;
   c) As despesas causadas pelo trânsito de extraditado provido de terceiro Estado.

SUBTÍTULO III. EFICÁCIA DAS SENTENÇAS CRIMINAIS

CAPÍTULO I. **Definições**

Art. 65.º (Definições)
Para os fins do presente subtítulo, a expressão:
a) "Sentença criminal", designa qualquer decisão definitiva proferida por uma jurisdição de qualquer dos Estados Contratantes, em consequência de uma acção penal ou de procedimento por contra-ordenação;
b) "Infracção", abrange, além dos factos que constituem infracções penais, as que constituem contra-ordenação, desde que o interessado tenha a faculdade de recorrer para uma instância jurisdicional da decisão administrativa que as tenha apreciado;
c) "Condenação", significa imposição de uma sanção;
d) "Sanção", designa qualquer pena, coima ou medida aplicadas a um indivíduo em resultado da prática de uma infracção e expressamente impostas em sentença criminal;
e) "Privação de direitos", designa qualquer privação ou suspensão de um direito ou qualquer interdição ou incapacidade;
f) "Sentença proferida à revelia", designa qualquer decisão como tal reputada por força do n.º 2 do artigo 83.º.

CAPÍTULO II. Execução das sentenças criminais

SECÇÃO I. Disposições gerais

SUBSECÇÃO I. Condições gerais de execução

Art. 66.º (Âmbito)
O presente capítulo aplica-se:
a) Às sanções privativas da liberdade;
b) Às multas, coimas ou perdas de bens;
c) Às privações de direitos.

Art. 67.º (Competência)
1. Nos casos e nas condições previstas no presente subtítulo, qualquer dos Estados Contratantes tem competência para proceder à execução de uma sanção proferida no outro e que neste adquira executoriedade.
2. Esta competência só poderá ser exercida mediante pedido de execução formulado pelo outro Estado Contratante.

Art. 68.º (Princípio da dupla incriminação)
1. Para que uma sanção possa ser executada pelo outro Estado Contratante é necessário que o facto que a determinou constitua uma infracção e o seu autor possa ser punido à face da lei desse Estado.
2. Se a condenação abranger várias infracções e algumas não reunirem as condições referidas no número anterior, só poderá ser executada a parte da condenação relativa às infracções que as reúnam.

Art. 69.º (Condições do pedido)
O Estado da condenação só poderá solicitar a execução da sanção ao outro Estado Contratante verificada alguma das seguintes condições:
a) Se o condenado tiver a sua residência habitual no outro Estado;
b) Se a execução da sanção no outro Estado for susceptível de melhorar as possibilidades de reabilitação social do condenado;
c) Se se tratar de uma sanção privativa de liberdade que possa ser executada no outro Estado, seguidamente a outra sanção da mesma natureza que o condenado esteja a cumprir ou deva cumprir neste Estado;
d) Se o outro Estado for o Estado de origem do condenado que tiver já declarado que se encontra disposto a encarregar-se da execução da sanção;
e) Se considerar que não está em condições de executar ele próprio a sanção, mesmo recorrendo à extradição, e que o outro Estado pode fazê-lo.

Art. 70.º (Recusa da execução)
1. A execução requerida nas condições fixadas nas disposições precedentes só poderá ser recusada, total ou parcialmente, num dos seguintes casos:
 a) Se for contrária aos princípios fundamentais da ordem jurídica do Estado requerido;
 b) Se o Estado requerido considerar que a infracção a que se refere a condenação reveste carácter político ou é conexa com infracções dessa natureza ou que se trate de infracção militar que não seja simultaneamente prevista é punida na lei comum ou de infracção em matéria de alfândega, impostos, taxas ou câmbios;
 c) Se o Estado requerido considera que existem sérias razões para crer que a condenação foi determinada ou agravada por considerações de raça, religião, nacionalidade ou opiniões políticas;
 d) Se for contrária aos compromissos internacionais do Estado requerido;
 e) Se o facto for objecto de procedimento no Estado requerido ou se este decidir instaurá-lo;
 f) Se as autoridades competentes do Estado requerido tiverem decidido não instaurar ou pôr termo a procedimento já instaurado pelo mesmo facto;
 g) Se o facto tiver sido cometido fora do território do Estado requerente;
 h) Se o Estado requerido não se encontrar em condições de poder executar a sanção;
 i) Se o pedido for fundamentado na alínea e) do artigo 69.º e não estiver preenchida nenhuma das mais condições do referido artigo;
 j) Se o Estado requerido considera que o Estado requerente tem possibilidade de executar ele próprio a sanção;
 l) Se o condenado não pudesse ser perseguido no Estado requerido atendendo à sua idade na data da comissão do facto;
 m) Se a sanção se encontrar já prescrita segundo a lei de qualquer dos Estados;
 n) Se à data da sentença o procedimento criminal já se encontrava prescrito segundo a lei de qualquer dos Estados;
 o) Se a sentença impuser uma privação de direitos.
2. Os casos de recusa enunciados no número antecedente serão interpretados segundo a lei do Estado requerido.
3. É aplicável no caso da primeira parte da alínea b) do número 1 o disposto nos n.ºs 3 e 4 do artigo 33.º.

Art. 71.º ("Ne bis in idem")
Não será dado seguimento a um pedido de execução se a mesma for contrária aos princípios reconhecidos pelas disposições da secção I do capítulo III do presente subtítulo.

SUBSECÇÃO II. **Efeitos da transmissão da execução**

Art. 72.º (Interrupção da suspensão da prescrição)
Com vista à aplicação das alíneas *m*) e *n*), do n.º 1 do artigo 70.º, os actos interruptivos ou suspensivos da prescrição validamente praticados pelas autoridades do Estado da condenação, são considerados no Estado requerido, como tendo produzido o mesmo efeito relativamente à prescrição segundo o direito deste último Estado.

Art. 73.º (Consentimento do condenado)
Só mediante assentimento expresso do condenado que se encontre detido no território do Estado da condenação, este Estado poderá solicitar ao outro a execução da respectiva sentença.

Art. 74.º (Lei aplicável à execução)
1. A execução será regulada pela lei do Estado requerido e apenas este Estado terá competência para tomar todas as decisões apropriadas, nomeadamente as respeitantes à liberdade condicional.
2. Apenas o Estado requerente terá o direito de decidir sobre qualquer recurso de revisão da sentença condenatória.
3. Cada um dos Estados poderá exercer o direito de amnistia, de indulto ou de comutação.

Art. 75.º (Competência para execução)
1. O Estado da condenação, uma vez enviado o pedido de execução, não poderá executar outra sanção a que este pedido se refere. Poderá no entanto, executar uma sanção privativa da liberdade se o condenado já se encontrar detido no seu território no momento da apresentação daquele pedido.
2. O Estado requerente recupera o seu direito de execução:
   a) Se retirar o pedido antes que o Estado requerido o tenha informado da sua sentença e de lhe dar seguimento;
   b) Se o Estado requerido informar que recusa dar seguimento ao pedido;
   c) Se o Estado requerido renunciar expressamente ao seu direito de execução. Tal renúncia só poderá ter lugar por consentimento de ambos os Estados interessados ou se a execução já não for possível no Estado requerido. Neste último caso, a renúncia é obrigatória se o Estado requerente assim o pedir.

Art. 76.º (Termo da execução)
1. As autoridades do Estado requerido deverão pôr termo à execução se tiverem conhecimento de uma medida de indulto ou de comutação, de uma amnistia, de um recurso de revisão ou de qualquer outra decisão tendente a retirar à sanção o seu carácter executório. De igual forma se procederá no que se refere à

execução de uma multa ou coima se o condenado a já tiver liquidado à autoridade competente do Estado requerente.

2. O Estado requerente informará o Estado requerido, o mais rapidamente possível, de qualquer decisão ou acto de processo praticado no seu território que extingam o direito de execução em conformidade com o número precedente.

SUBSECÇÃO III. **Despesas**

Art. 77.º (Renúncia quando à despesas)

Os Estados Contratantes renunciam mutuamente ao reembolso das despesas resultantes da aplicação do presente subtítulo.

SECÇÃO II. **Pedidos de execução**

Art. 78.º (Requisitos do pedido)

Os pedidos de execução serão formulados pelos Ministros da Justiça dos Estados Contratantes e autenticados com o selo respectivo.

Art. 79.º (Via a adoptar)

1. Os pedidos de execução serão apresentados pela via diplomática ou consular aos Ministros da Justiça dos Estados Contratantes.

2. Sem prejuízo de disposições especiais, toda a correspondência ulterior ao pedido será trocada directamente entre os Ministros referidos no n.º antecedente.

Art. 80.º (Instrução do pedido)

1. O pedido de execução será acompanhado do original ou de cópia certificada da sentença cuja execução se requer e de todos os documentos necessários.

2. O carácter executório da sanção será certificado pela autoridade competente do Estado requerente.

Art. 81.º (Elementos complementares)

1. O Estado requerido poderá pedir ao Estado requerente o envio do original ou de cópia certificada de todo ou parte do processo, bem como de quaisquer informações complementares necessárias, se entender que os elementos fornecidos pelo Estado requerente são insuficientes.

2. O envio dos elementos referidos no número antecedente far-se-á no prazo de um mês, prorrogável por mais um, por razões atendíveis ignoradas pelo Estado requerente.

3. Decorridos vinte dias sobre o termo dos prazos estabelecidos no número 2 sem que os elementos complementares sejam recebidos, o pedido de execução será indeferido.

Art. 82.º (Comunicação acerca da execução)

1. As autoridades do Estado requerido informarão as autoridades do Estado requerente, o mais rapidamente possível, do seguimento dado ao pedido de execução e das razões da recusa, se esse for o caso.

2. Sendo executada a sanção, as autoridades do Estado requerido remeterão às do Estado requerente documento comprovativo da execução.

SECÇÃO III. Sentenças proferidas à revelia

Art. 83.º (Regime)

1. Sem prejuízo das disposições em contrário do presente subtítulo, a execução das sentenças proferidas à revelia ficará sujeita às mesmas regras das demais sentenças.

2. Sem prejuízo do disposto no n.º 3, considera-se sentença proferida à revelia, para os fins do presente subtítulo, qualquer decisão proferida por uma jurisdição de um dos Estados Contratantes em processo penal ou de contra-ordenação quando o réu não compareça pessoalmente à audiência.

3. Sem prejuízo do n.º 2 do artigo 87.º, do n.º 2 do artigo 88.º e do artigo 91.º será considerada contraditória:

   a) Qualquer sentença proferida à revelia confirmada ou proferida após a oposição do condenado no Estado da condenação;

   b) Qualquer decisão à revelia proferida em via de recurso, desde que este tenha sido interposto pelo condenado da sentença da primeira instância.

Art. 84.º (Pedido de execução)

Qualquer sentença à revelia que não tenha sido objecto de oposição ou de outro recurso poderá ser enviada ao Estado requerido, uma vez proferida, para notificação e eventual execução.

Art. 85.º (Notificação da decisão)

1. Se o Estado requerido considerar que deverá ser dado seguimento ao pedido de execução de uma sentença à revelia, deverá notificar pessoalmente o condenado da decisão proferida no Estado requerente.

2. No acto de notificação do condenado será, o mesmo informado de:

   a) Que foi apresentado um pedido de execução, em conformidade com o presente subtítulo;

   b) Que a única via de recurso é a oposição prevista no artigo 86.º;

   c) Que a declaração de oposição deverá ser feita à autoridade que lhe é indicada, que tal declaração só será aceite nas condições referidas no artigo 86.º e que poderá requerer que seja julgado pelas autoridades do Estado da condenação;

   d) Que, na falta de oposição no prazo, que lhe será assinado, a sentença será considerada contraditória para efeitos de total aplicação do presente subtítulo.

3. Uma cópia do acto de notificação deverá ser enviado o mais rapidamente possível, à autoridade que tenha requerido a execução.

Art. 86.º (Oposição)

1. Notificada a decisão, em conformidade com o disposto no artigo 85.º, a única via de recurso à disposição do condenado será a oposição. Esta será submetida, à escolha do condenado, à jurisdição competente do Estado requerido ou à do Estado requerido. Se o condenado não fizer qualquer escolha, a oposição será submetida à jurisdição competente do Estado requerido.

2. Em ambos os casos referidos no número anterior, a oposição é admissível se for feita por declaração dirigida à autoridade competente do Estado requerido no prazo de 30 dias a contar da data da notificação. O prazo será calculado em conformidade com as normas aplicáveis da lei do Estado requerido. A autoridade competente deste Estado deverá informar, o mais rapidamente possível, a autoridade que formulou o pedido de execução.

Art. 87.º (Novo julgamento no Estado requerente)

1. Se a oposição for apreciada no Estado requerente, o condenado será citado para comparecer neste Estado à audiência marcada para nova apreciação do caso. Esta citação é pessoal e feita pelo menos 30 dias antes do início de nova apreciação. Este prazo poderá ser encurtado com o acordo do condenado. A nova apreciação será feita pelo juiz competente do Estado requerente e segundo as normas processuais desse Estado.

2. Se o condenado não comparecer pessoalmente ou não se fizer representar em conformidade com a lei do Estado requerente, o juiz deverá declarar a oposição sem efeito e esta decisão será comunicada à autoridade competente do Estado requerido. O mesmo procedimento se observará quando o juiz declarar não admissível a oposição. Num e noutro caso, a sentença à revelia será considerada contraditória para integral aplicação do presente subtítulo.

3. Se o condenado comparecer pessoalmente ou estiver representado em conformidade com a lei do Estado requerente e se a oposição for declarada admissível, o pedido de execução será considerado sem efeito.

Art. 88.º (Novo julgamento no Estado requerido)

1. Se a oposição for julgada no Estado requerido, o condenado será citado para comparecer neste Estado na audiência marcada para nova apreciação do caso. Esta citação é pessoal e feita pelo menos 30 dias antes do início da nova apreciação.

Este prazo poderá ser encurtado com o acordo do condenado. A nova apreciação será feita pelo juiz competente do Estado requerido e segundo as normas processuais deste Estado.

2. Se o condenado não comparecer pessoalmente ou não se fizer representar em conformidade com a lei do Estado requerido, o juiz deverá declarar a oposição

sem efeito. Neste caso, ou quando o juiz declarar a oposição não admissível, a sentença à revelia será considerada contraditória para efeitos da integral aplicação do presente subtítulo.

3. Se o condenado comparecer pessoalmente ou estiver representado segundo a lei do Estado requerido, o facto será julgado como se fora cometido neste Estado, podendo vir a aplicar-se pena mais grave que a imposta pela sentença proferida à revelia, mas sem exceder a moldura penal da lei do Estado requerente se esta for mais favorável que a do Estado requerido.

4. Se o condenado comparecer pessoalmente ou estiver representado segundo a lei do Estado requerido e se a oposição for admissível, o facto será julgado como se fora cometido neste Estado. A decisão proferida no Estado requerente será considerada sem efeito.

5. Qualquer acto de investigação ou de instrução praticado no Estado da condenação em conformidade com as leis e regulamentos aí vigentes, terá, no Estado requerido, o valor que teria se tivesse sido praticado pelas suas autoridades, sem que essa equiparação possa conferir-lhe força probatória superior àquela de que goza no Estado requerente.

Art. 89.º (Defensor)

Para a oposição e actos processuais subsequentes, a pessoa condenada à revelia terá direito a constituir defensor e, não o fazendo, à nomeação de um defensor oficioso nos casos e condições previstos pela lei do Estado requerido e, se, necessário, pela do Estado requerente.

Art. 90.º (Lei aplicável)

As decisões judiciais proferidas ao abrigo do n.º 4 do artigo 88.º e a respectiva execução serão unicamente reguladas pela lei do Estado requerido.

Art. 91.º (Falta de oposição)

Se a pessoa condenada à revelia não deduzir oposição, a decisão será considerada contraditória para efeitos da integral aplicação do presente subtítulo.

Art. 92.º (Justo impedimento)

Quando, por razões independentes de sua vontade, o condenado não tiver observado os prazos fixados nos artigos 86.º, 87.º e 88.º ou não tiver comparecido na audiência marcada para nova apreciação do caso, serão aplicadas as disposições das leis nacionais relativas à restituição do mesmo ao pleno gozo dos seus direitos.

SECÇÃO IV. **Medidas provisórias**

Art. 93.º (Detenção)

Se a pessoa julgada se encontrar no Estado requerente depois de ter sido recebida a notificação da aceitação do pedido formulado por este Estado para execução de uma sentença que implique privação de liberdade, o mesmo Estado poderá, se o considerar necessário para assegurar a execução, deter essa pessoa a fim de a transferir em conformidade com as disposições do artigo 105.º.

Art. 94.º (Pressupostos da detenção)
1. Uma vez formulado o pedido de execução pelo Estado requerente, o Estado requerido poderá proceder à detenção do condenado:
   a) Se a lei do Estado requerido autorizar a detenção preventiva para o tipo de infracção cometida; e
   b) Se houver receio de fuga ou, no caso de condenação à revelia, perigo de ocultação de provas.

2. Quando o Estado requerente anunciar a sua intenção de formular o pedido de execução, o Estado requerido, poderá, a pedido do primeiro, proceder à detenção do condenado, desde que sejam observadas as condições referidas nas alíneas *a)* e *b)* do n.º anterior. Este pedido deverá mencionar a infracção que motivou a condenação, tempo e local em que foi cometida, bem como conter uma identificação tão completa quanto possível do condenado, e deverá igualmente conter uma descrição sucinta dos factos em que se baseia a condenação.

Art. 95.º (Regime de detenção)
1. A detenção será regulada pela lei do Estado requerido, que determinará igualmente as condições em que a pessoa detida poderá ser posta em liberdade.
2. A detenção terminará, todavia:
   a) Se a sua duração atingir a da sanção privativa de liberdade proferida;
   b) Se tiver sido efectuada ao abrigo do n.º 2 do artigo 94.º e se o Estado requerido não tiver recebido, no prazo de 30 dias a contar da data da detenção, o pedido, acompanhado das peças referidas no artigo 80.º.

Art. 96.º (Transferência do detido)
A pessoa detida no Estado requerido, ao abrigo do artigo 94.º, é citada para comparecer na audiência do tribunal competente do Estado requerente, em conformidade com o artigo 85.º, após oposição por si deduzida, será transferida, para tal fim, para o território deste Estado.

A detenção da pessoa transferida não será mantida pelo Estado requerente nos casos previstos no n.º 2, alínea *a)*, do artigo 95.º ou se o Estado requerente não pedir a execução da nova condenação. A pessoa transferida será reenviada ao Estado requerido o mais rapidamente possível, salvo se tiver sido restituída à liberdade.

Art. 97.º (Regra da especialidade)
1. A pessoa citada para comparecer perante o tribunal competente do Estado requerente após oposição por si deduzida, não será perseguida, julgada ou detida para execução de pena ou medida de segurança, nem submetida a qualquer outra

medida restritiva de liberdade individual, por facto anterior à sua partida do Estado requerido, não referida na citação, salvo se nisso consentir expressamente e por escrito. No caso previsto no n.º 1, do artigo 96.º, deverá ser enviada ao Estado donde a pessoa foi transferida uma cópia da declaração de consentimento.

2. Os efeitos previstos no número anterior cessam se a pessoa citada, tendo tido a possibilidade de o fazer, não abandonou o território do Estado requerente no prazo de 30 dias a contar da decisão que se seguiu à audiência a que compareceu ou se, após tê-lo deixado, a ele regressou voluntariamente sem ter sido de novo citada.

Art. 98.º (Apreensão provisória)

1. Se o Estado requerente solicitar a execução de uma perda de bens, o Estado requerido poderá proceder à apreensão provisória, caso a sua legislação preveja tal medida para factos análogos.

2. A apreensão será regulada pela lei do Estado requerido, que determinará igualmente as condições em que a apreensão poderá ser levantada.

SECÇÃO V.   Execução das sanções

SUBSECÇÃO I.   Cláusulas gerais

Art. 99.º (Decisão de execução)

A execução, no Estado requerido, de uma sanção decretada no Estado requerente carece de uma decisão jurisdicional daquele Estado. Qualquer dos Estados Contratantes poderá, no entanto, cometer à autoridade administrativa essa decisão se se tratar unicamente da execução de uma sanção por contra-ordenação e se estiver prevista uma via de recurso jurisdicional contra essa decisão.

Art. 100.º (Processo)

Se o Estado requerido entender que pode satisfazer o pedido de execução, será o assunto submetido ao Tribunal ou à autoridade designada nos termos do artigo 79.º.

Art. 101.º (Audiência do condenado)

1. Antes de decidir do pedido de execução, o juiz dará ao condenado a possibilidade de fazer valer as suas razões. A pedido do condenado, será este ouvido, quer por carta rogatória, quer pessoalmente, pelo juiz. Esta audição pessoal é concedida a pedido expresso do condenado.

2. No entanto, se o condenado que pedir para comparecer pessoalmente estiver detido no Estado requerente, o juiz poderá pronunciar-se na sua ausência, sobre a aceitação do pedido de execução. Neste caso, a decisão relativa à substituição da sanção, prevista no artigo 106.º, será adiada até que o condenado, depois de transferido para o Estado requerido, tenha a possibilidade de comparecer perante o juiz.

Art. 102.º (Questões prévias)
1. O juiz a quem competir a decisão ou a autoridade designada nos casos previstos no artigo 99.º certificar-se-á previamente de:
   a) Que a sanção cuja execução é pedida foi decretada numa sentença criminal ou imposta por acto administrativo;
   b) Que estão preenchidas as condições previstas no artigo 68.º;
   c) Que não se verifica a condição prevista na alínea a) do n.º 1 do artigo 70.º ou que ela não se opõe à execução;
   d) Que a execução não colide com o artigo 71.º;
   e) Que, em caso de sentença à revelia, estão satisfeitas as condições mencionadas na secção III do presente capítulo.

2. Qualquer dos Estados Contratantes poderá encarregar o juiz ou a autoridade designada ao abrigo do artigo 99.º da apreciação de outras condições de execução previstas no presente Acordo.

Art. 103.º (Recurso)
Das decisões judiciais proferidas nos termos da presente secção com vista à execução requerida ou das proferidas em recurso interposto de uma decisão da autoridade administrativa, designada nos termos do artigo 99.º, deverá caber recurso.

Art. 104.º (Matéria de facto)
O Estado requerido fica vinculado aos factos apurados tais como são descritos na decisão ou na medida em que esta neles implicitamente se fundar.

SUBSECÇÃO II. **Cláusulas específicas da execução das sanções provativas de liberdade**

Art. 105.º (Transferência)
Se o condenado estiver detido no Estado requerente, deverá, salvo disposição em contrário da legislação deste Estado, ser transferido para o Estado requerido logo que o primeiro tenha sido informado da aceitação do pedido de execução.

Art. 106.º (Substituição da sanção)
1. Aceite o pedido de execução, o juiz substituirá a sanção privativa de liberdade aplicada no Estado requerente por uma sanção prevista na sua própria lei para o mesmo facto. Esta sanção poderá, dentro dos limites indicados no n.º 2, ser de natureza ou duração diversa da aplicada no Estado requerente. Se esta última sanção for inferior ao mínimo que a lei do Estado permite aplicar, o juiz não ficará vinculado por este mínimo e aplicará uma sanção correspondente à proferida no Estado requerente.

2. Sem prejuízo do disposto no n.º 3 do artigo 88.º, ao estabelecer a sanção o juiz não poderá agravar a situação penal do condenado resultante da decisão proferida no Estado requerente.

3. Qualquer parte da sanção aplicada no Estado requerente e qualquer período de detenção provisória, cumpridos pelo condenado após a condenação, serão integralmente imputados. Do mesmo modo se procederá relativamente à detenção preventiva sofrida pelo condenado no Estado requerente antes da condenação.

4. Sempre que houver alteração no sistema de sanções de qualquer dos Estados, será comunicada ao outro através dos respectivos Ministérios da Justiça.

SUBSECÇÃO III. **Cláusulas específicas da execução de multas, coimas ou perdas de bens**

Art. 107.º (Conversão monetária)

1. Sempre que o pedido de execução de uma multa, coima ou perda de uma quantia em dinheiro for aceite, o juiz ou a autoridade designada nos termos do artigo 99.º converterá o seu montante em unidades monetárias do Estado requerido, aplicando a taxa de câmbio em vigor no momento em que a decisão é proferida. Determinará deste modo o montante da multa, coima ou quantia a apreender, sem poder, no entanto ultrapassar o máximo fixado pela lei deste Estado para o mesmo facto ou na falta de máximo legal, o máximo do montante habitualmente aplicado neste Estado para um mesmo facto.

2. No entanto, o juiz ou autoridade designada ao abrigo do artigo 99.º poderá manter até ao montante imposto no Estado requerente a condenação em multa ou coima, sempre que estas sanções não estiverem previstas na lei do Estado requerido para o mesmo facto e se esta permitir a aplicação de sanções mais graves.

3. Quaisquer facilidades, relativas ao prazo de pagamento ou ao escalonamento de prestações, concedidas pelo Estado requerente serão respeitadas pelo Estado requerido.

Art. 108.º (Condições de execução de perda de objectos)

Sempre que o pedido de execução respeitar à perda de um objecto determinado, o juiz ou autoridade designada nos termos do artigo 99.º só a poderá ordenar se ela for autorizada pela lei do Estado requerido para o mesmo facto.

Art. 109.º (Destino do produto das sanções)

1. O produto das multas, coimas e perdas de bens reverte a favor do Tesouro do Estado requerido, sem prejuízo dos direitos de terceiros.

2. Os objectos perdidos que representem um interesse particular poderão ser enviados ao Estado requerente, a seu pedido.

Art. 110.º (Conversão de multa em prisão)

Sempre que a execução de uma multa se mostre impossível, poderá, em sua substituição, ser aplicada uma sanção privativa de liberdade por um juiz do Estado requerido, caso tal faculdade esteja prevista na lei dos dois Estados para casos semelhantes, excepto se o Estado requerente tiver expressamente limitado o seu pedido exclusivamente à execução da multa. Se o juiz decidir impor, em alternativa, uma sanção privativa de liberdade, aplicar-se-ão as regras seguintes:

a) Quando a conversão da multa numa sanção privativa de liberdade estiver já decretada na condenação proferida no Estado requerente ou directamente na lei deste Estado, o juiz do Estado requerido fixará o tipo e duração da sanção segundo as regras previstas pela sua lei. Se a sanção privativa de liberdade já decretada no Estado requerente for inferior ao mínimo que a lei do Estado requerido permite, o juiz não fica vinculado por este mínimo e aplicará uma sanção correspondente à decretada no Estado requerente. Sem prejuízo do disposto no n.º 3 do artigo 88.º, ao estabelecer a sanção, o juiz não poderá agravar a situação penal do condenado resultante da decisão proferida no Estado requerente;

b) Nos demais casos, o juiz do Estado requerido procederá à conversão segundo a sua própria lei, respeitando os limites previstos na lei do Estado requerente.

SUBSECÇÃO IV.   **Cláusulas específicas da execução das privações de direitos**

Art. 111.º   (Condições)

1. Sempre que for formulado um pedido de execução respeitante a uma privação de direitos, só poderá efectivar-se se a lei do Estado requerido permitir que se decrete essa privação para a infracção em causa.

2. O juiz a quem compete a decisão apreciará a oportunidade de executar a privação de direitos no território do seu país.

Art. 112.º   (Duração)

1. Se o juiz ordenar a execução da privação de direitos, determinará a sua duração nos limites previstos pela sua própria legislação, sem poder, contudo, ultrapassar os que forem fixados pela sentença proferida no Estado requerente.

2. O Tribunal poderá limitar a privação de direitos a uma parte dos direitos cuja privação ou suspensão foi decretada.

Art. 113.º   (Competência para execução)

O artigo 75.º não será aplicável às privações de direitos.

Art. 114.º   (Competência restitutiva de direitos)

O Estado requerido terá o direito de restituir, nos termos da sua lei interna, o condenado ao gozo dos direitos de que foi privado em virtude de uma decisão tomada em aplicação da presente subsecção.

CAPÍTULO III. Efeitos internacionais das sentenças criminais

SECÇÃO I. "Ne bis in idem"

Art. 115.º (Âmbito do princípio)
1. Uma pessoa relativamente à qual tenha sido proferida uma sentença criminal não poderá, pelo mesmo facto, ser perseguida, condenada ou sujeita à execução de uma sanção no outro Estado Contratante:
   a) Se tiver sido absolvida;
   b) Se a sanção aplicada:
      i) Tiver sido integralmente cumprida ou se encontrar em execução; ou
      ii) Tiver sido indultada, comutada ou amnistiada na sua totalidade ou na parte nexo executada da mesma ; ou
      iii) Não puder ser executada por causa de prescrição;
   c) Se o juiz houver reconhecido a culpabilidade do autor da infracção sem, no entanto, lhe aplicar qualquer sanção.

2. Nenhum dos Estados Contratantes é, contudo, obrigado, a menos que ele próprio tenha solicitado o procedimento, a reconhecer os efeitos do princípio "ne bis in idem" se o facto que determinou a sentença houver sido cometido contra pessoa, instituição ou beira de carácter público no referido Estado ou se a pessoa julgada estiver nesse Estado sujeita a um estatuto de direito público.

3. O Estado Contratante onde o facto houver sido cometido ou, segundo a respectiva lei, considerado como tal, não é, por outro lado, obrigado a reconhecer o efeito decorrente do princípio "ne bis in idem", a menos que ele próprio tenha solicitado a instauração do procedimento.

Art. 116.º (Desconto de privação de liberdade)
No caso de ser intentado novo procedimento criminal contra uma pessoa julgada pelo mesmo facto em outro Estado Contratante, deverá deduzir-se à sanção que vier eventualmente a ser decretada o período de privação de liberdade já cumprido cm virtude da execução da sentença.

Art. 117.º (Aplicação da lei mais favorável)
A presente secção não obsta à aplicação de disposições nacionais mais favoráveis, relativamente aos efeitos do princípio "ne bis in idem" atribuídos a decisões judiciais estrangeiras.

SECÇÃO II. Atendibilidade das sentenças criminais

Art. 118.º (Atendibilidade em geral)
Os Estados Contratantes tomarão as medidas legislativas que considerarem apropriadas a fim de permitirem que os seus Tribunais tomem em consideração

qualquer sentença criminal contraditória anteriormente proferida por causa de uma outra infracção, com vista a atribuir àquela, no todo ou em parte, os efeitos previstos pela sua legislação para as sentenças proferidas no seu território. Os mesmos Estados determinarão as condições em que essa sentença será tomada em consideração.

Art. 119.º (Atendibilidade quanto à privação de direitos)
Os Estados Contratantes tomarão as medidas legislativas que considerarem apropriadas ao fim de permitirem que seja tomada em consideração qualquer sentença criminal contraditória, para o efeito de condenação em privação de direitos, total ou parcial, que, segundo as leis nacionais, for consequência das sentenças proferidas nos respectivos territórios. Os mesmos Estados determinarão as condições em que aquela sentença deverá ser tomada em consideração.

PARTE II. COOPERAÇÃO EM MATÉRIA DE IDENTIFICAÇÃO, REGISTOS E NOTARIADO, FORMAÇÃO E INFORMAÇÃO

TÍTULO I. IDENTIFICAÇÃO

Art. 120.º (Documentos de identificação)
1. O bilhete de identidade ou documento correspondente emitido pelas autoridades competentes de um dos Estados Contratantes é reconhecido como elemento de identificação do seu titular no território do outro.

2. Se num dos Estados não houver bilhete de identidade ou este for modificado, será comunicado ao outro o documento que o substitui ou o que tiver resultado na alteração.

TÍTULO II. REGISTOS

Art. 121.º (Registo civil diplomático e consular)
Os agentes diplomáticos e consulares podem praticar, relativamente aos nacionais dos seus respectivos Estados, os actos de registo civil que lhes compitam nos termos das suas leis internas.

Art. 122.º (Permuta de certidões, de assentos de registo civil e de decisões sobre estado civil)
1. Os Estados Contratantes obrigam-se a permutar entre si, trimestralmente, certidões de cópias integrais, ou de modelo que entre eles, por troca de notas, venha a ser acordado, dos actos de registo civil lavrados no trimestre precedente,

no território de um e relativos aos nacionais do outro, bem como cópia das decisões judiciais, com trânsito em julgado, proferidas em acções de estado ou de registo em que sejam partes os nacionais do Estado destinatário.

2. A permuta far-se-á por correspondência entre os Ministros da Justiça.

Art. 123.º (Permuta em matéria de nacionalidade)

1. Os Estados Contratantes obrigam-se reciprocamente a comunicar todas as atribuições e aquisições de nacionalidade verificadas num deles e relativas a nacionais do outro.

2. A comunicação a que se refere o número antecedente far-se-á por correspondência entre os Ministros da Justiça, identificará o nacional a que respeita e indicará a data e o fundamento da atribuição e aquisição da nacionalidade.

Art. 124.º (Certidões de registo civil)

1. Os Estados Contratantes obrigam-se a estabelecer, com a possível brevidade, por simples troca de notas, modelos uniformes de certidões de registo civil a passar pelas autoridades de um e a utilizar no território do outro.

2. Os documentos relativos a actos de registo civil pedidos por um Estado Contratante ao outro para fins oficiais ou a favor de um seu nacional pobre, serão passados gratuitamente.

3. Os nacionais de um dos Estados Contratantes poderão requerer e obter certidões de registo civil nas repartições competentes do outro em igualdade de condições com os nacionais deste.

TÍTULO III. NOTARIADO

Art. 125.º (Informações em matéria sucessória)

Os Estados Contratantes obrigam-se reciprocamente a comunicar, logo que possível e por intermédio dos respectivos Ministros da Justiça, mensalmente e por meio de fichas de modelo a acordar por troca de notas, os testamentos públicos, instrumentos de aprovação, depósito ou abertura de testamentos cerrados e de renúncia ou repúdio de herança ou legado, feitos no território de um deles e relativos a nacionais do outro.

TÍTULO IV. COOPERAÇÃO TÉCNICA, JURÍDICA E DOCUMENTAL

Art. 126.º (Modalidades)

1. Os Estados Contratantes, na medida das suas possibilidades, prestar-se-ão colaboração formativa e informativa no âmbito técnico jurídico e documental nos campos abrangidos pelo presente Acordo.

2. Sem prejuízo de outras modalidades de colaboração documental a concentrar entre os departamentos competentes, os Estados Contratantes trocarão gratuitamente entre si os respectivos jornais oficiais.

3. As entidades de cada um dos Estados enviarão, desde já, um exemplar de cada número e série do respectivo jornal oficial à Procuradoria-Geral da República do outro.

4. A colaboração na formação de pessoal será objecto de acordos específicos.

PARTE III. DISPOSIÇÕES FINAIS

Art. 127.º (Autenticação e legalização de documentos)

1. Sem prejuízo das disposições expressas deste Acordo, todos os pedidos e documentos que os instruírem serão datados e autenticados mediante a assinatura de funcionário competente e o selo respectivo.

2. São dispensados de legalização, salvo havendo dúvidas sobre a autenticidade, os documentos emitidos pelas autoridades dos Estados Contratantes.

Art. 128.º (Adaptação do direito interno)

Os Estados Contratantes obrigam-se a adaptar os seus direitos internos no que for indispensável à aplicação do presente Acordo.

Art. 129.º (Vigência e revisão)

1. O presente Acordo está sujeito à ratificação e entrará em vigor logo que tenham decorrido 30 dias a partir da data em que se efectuar a troca dos instrumentos de ratificação.

2. O presente Acordo tem duração ilimitada, pode ser denunciado por qualquer dos Estados com aviso prévio de seis meses e as suas cláusulas podem ser revistas de seis em seis meses a pedido de qualquer dos Estados Contratantes.

3. A troca dos instrumentos de ratificação far-se-á na cidade de Maputo, República Popular de Moçambique.

Feito na cidade de Lisboa, aos 12 de Abril de 1990, em dois originais em língua portuguesa, fazendo ambos os textos igualmente fé.

Pela República Popular de Moçambique, *Ussumane Aly Daúto.*

Pela República Portuguesa, *Álvaro Laborinho Lúcio.*

VI – PROTOCOLO DE COOPERAÇÃO RELATIVO À INSTALAÇÃO E FUNCIONAMENTO DO CENTRO DE FORMAÇÃO E DE INVESTIGAÇÃO JURÍDICA E JUDICIÁRIA

A República de Moçambique e a República Portuguesa,
Desejosas de aprofundar as relações bilaterais de Cooperação nos domínios do Direito e da Justiça,
Persuadidas de que a criação de um Centro de Formação e de Investigação Jurídica e Judiciária constituirá mais um espaço de cooperação, privilegiando áreas que importa desenvolver, designadamente a investigação, a formação jurídica e a qualificação profissional,
Crentes de que a instalação de um Centro com as características do que agora se pretende implementar é um valioso contributo para o desenvolvimento das instituições democráticas e para o reforço do Estado de Direito,
Decidem o seguinte:

Primeiro
O Presente Protocolo estabelece os princípios gerais que nortearão a cooperação bilateral com vista à instalação e funcionamento do Centro de Formação e de Investigação Jurídica e Judiciária na República de Moçambique, adiante designado Centro.

Segundo
A instalação e funcionamento do Centro serão objecto de uma estreita cooperação que decorre sob a responsabilidade conjunta das Partes, representadas pelo Ministério da Justiça, pela parte moçambicana e pelos Ministérios da Justiça e dos Negócios Estrangeiros, pela parte portuguesa.

Terceiro
Todas as matérias relevantes da actividade do Centro, nomeadamente no que diz respeito à organização, funcionamento, planeamento e avaliação da formação e investigação desenvolvidas, serão objecto de consultas mútuas.

Quarto

A instalação e funcionamento do Centro, bem como todas as actividades com ele relacionadas, são objecto de planeamento anual, tendo em conta os meios financeiros, humanos e materiais que as Partes ou outrem lhe possam afectar.

Quinto

Para a execução do presente Protocolo cabe à parte portuguesa, nomeadamente:

a) Conceder bolsas de estudo a cidadãos moçambicanos para a frequência de estágios relacionados com matérias do âmbito de competência do Centro;
b) Disponibilizar pessoal docente para a formação de técnicos moçambicanos em Portugal ou em Moçambique, em matérias do âmbito de competência do Centro;
c) Cooperar na organização de cursos, seminários, estágios e outras acções de formação a decorrer em Portugal ou em Moçambique;
d) Prestar apoio científico e técnico em matéria de estudos e projectos de investigação de natureza jurídica ou judiciária;
e) Apoiar o intercâmbio de legislação, documentação e informação de natureza científica e técnica, nomeadamente, habilitando o Centro com espécies bibliográficas com interesse para a formação e investigação a desenvolver;
f) Prestar apoio técnico em matérias relacionadas com a organização e funcionamento do Centro, nomeadamente quanto à introdução dos sistemas de tratamento de informação.

Sexto

Para a execução do presente Protocolo cabe à parte moçambicana, nomeadamente:

a) Aprovar, no prazo de noventa dias a contar da data da entrada em vigor do presente Protocolo, os instrumentos legais e regulamentares internos relativos à organização e funcionamento do Centro;
b) Seleccionar quadros moçambicanos para constituírem o quadro docente do Centro;
c) Desenvolver o intercâmbio da documentação e informação científica e técnica.

Sétimo

O suporte financeiro das acções decorrentes do presente Protocolo constantes do planeamento anual, estabelecido nos termos do número quarto, é assegurado, por verbas afectas por ambas as Partes, nos termos dos n.ºs seguintes, bem como por financiamento de outrem que seja possível afectar a este fim.

Oitavo

1. Caberá à Parte portuguesa, nomeadamente, a responsabilidade pelos encargos relativos a:
   a) Remuneração-base dos técnicos portugueses que se desloquem a Moçambique no âmbito da actividade do Centro e quaisquer suplementos e prestações sociais a que tiverem direito, no respectivo organismo ou serviço de origem;
   b) Pagamento das passagens de ida e regresso dos técnicos acima referidos;
   c) Pagamento das passagens de ida e regresso dos cônjuges e filhos menores dos referidos técnicos, desde que estes se desloquem a Moçambique em missão cuja duração seja superior a seis meses.

2. Para efeitos dos encargos previstos na alínea a) do número anterior, entende-se como remuneração-base, para o pessoal das Conservatórias e Cartórios Notariais, a componente fixa e a componente variável, que correspondem, respectivamente, ao vencimento-base ou ordenado e à participação emolumentar.

Nono

Caberá à parte moçambicana, nomeadamente, a responsabilidade com os encargos, no território de Moçambique, relativos a:
   a) Remuneração dos técnicos referidos no número anterior em montante diário igual às diversas componentes que integram o regime remuneratório dos técnicos de idêntica categoria em Moçambique abonados em tantos dias quantos os da duração da missão;
   b) Alojamento e transporte de serviço dos técnicos portugueses referidos no número anterior;
   c) Assistência médica e medicamentosa dos referidos cidadãos;
   d) Disponibilização das instalações, pessoal, equipamento, viaturas e material necessário ao funcionamento do Centro;
   e) Aquisição de uma biblioteca jurídica;
   f) Instalação de um sistema de tratamento automático de informação.

Décimo

Em matéria de assunção de encargos relativos à concessão de bolsas prevista na alínea a) do número quinto, é aplicável o regime previsto no n.º 3 do artigo 4.º do Protocolo Adicional ao Acordo de Cooperação Jurídica e Judiciária, assinado por ambas as Partes em 26 de Junho de 1990.

Décimo primeiro

A execução do presente Protocolo será objecto de acompanhamento por uma Comissão Coordenadora Permanente, formada paritariamente por representantes de ambas as Partes nos termos do n.º segundo.

Décimo segundo
À Comissão Coordenadora compete:
a) Emitir parecer sobre os planos anuais de actividades;
b) Acompanhar a execução dos planos de actividades no âmbito da gestão global do Centro;
c) Emitir parecer sobre os relatórios anuais de actividades;
d) Apresentar propostas relativas à cooperação nas matérias que constituem objecto do presente Protocolo.

Décimo terceiro
O processo de instalação e funcionamento do Centro inicia-se em 1995/96.

Décimo quarto
O presente Protocolo entrará em vigor trinta dias após a última notificação de que foram cumpridas as respectivas formalidades exigidas para o efeito, pelas ordens jurídicas de cada uma das Partes, e será válido por um período de cinco anos, podendo ser denunciado por qualquer das Partes, mediante comunicação escrita à outra com a antecedência mínima de um ano.

Décimo quinto
O presente Protocolo poderá ser prorrogado, por acordo entre as Partes, por iguais períodos, tendo em conta, nomeadamente a avaliação da sua execução.

Feito em Maputo aos 14 de Abril de 1996, em dois exemplares em língua portuguesa, fazendo ambos igualmente fé.

Pela República de Moçambique – O Ministro da Justiça, *José Ibraimo Abudo*.
Pela República Portuguesa – O Ministro da Justiça, *Álvaro Laborinho Lúcio*.

VII – PROTOCOLO DE COOPERAÇÃO NO ÂMBITO DA INFORMÁTICA JURÍDICO-DOCUMENTAL

Considerando o estreitamento das relações de cooperação entre a República de Moçambique e a República Portuguesa, nomeadamente nos domínios jurídico e judiciário;

Considerando o interesse da República de Moçambique em aceder à informação que promova o desenvolvimento nos domínios jurídico e judiciário;

Considerando a existência de bases de dados de natureza jurídico-documental na Direcção-Geral dos Serviços de Informática do Ministério da Justiça da República Portuguesa;

A República de Moçambique, através do Ministério da Justiça e a República Portuguesa através do Ministério da Justiça e do Ministério dos Negócios Estrangeiros adiante designadas por Partes, estabelecem o seguinte Protocolo de Cooperação:

Primeiro

O presente Protocolo estabelece a cooperação entre as Partes em matéria de acessibilidade à informática de natureza jurídica, presente na Direcção-Geral dos Serviços de Informática do Ministério da Justiça da República Portuguesa e a sua exploração.

Segundo

1. A Parte Portuguesa compromete-se, no prazo de trinta dias a contar da data da entrada em vigor do presente Protocolo, a disponibilizar o acesso às bases de dados que contenham a informação referida no n.º anterior, pelos utilizadores da Parte Moçambicana, recorrendo para tanto, aos meios técnicos da Teledata de Moçambique e da Marconi.

2. Para efeitos do referido no final do n.º anterior a Parte Portuguesa compromete-se a acordar com a Marconi, sociedade anónima com sede na Av. Álvaro Pais, n.º 2, 1600 – Lisboa, os mecanismos técnicos e financeiros necessários ao encaminhamento do tráfico e sua transmissão via satélite.

3. Da mesma forma e para efeitos da concretização de aspectos técnicos e financeiros relativos ao acesso à rede e outros, a Parte Moçambicana compromete--se a estabelecer os necessários contactos com a Teledata de Moçambique, Limitada, com sede na Av. 24 de Julho, 2096, 5.º E, Maputo.

Terceiro

As despesas decorrentes das acções a realizar designadamente as relativas aos acessos e transmissão de tráfego obedecem às seguintes regras:
   a) O Ministério da Justiça da República Portuguesa contribuirá com uma verba até 600.000$00/ano (seiscentos mil escudos/ano);
   b) O Ministério dos Negócios Estrangeiros, através do Instituto da Cooperação Portuguesa, assumirá o encargo, até ao montante de 500.000$00/ano (quinhentos mil escudos/ano);
   c) À República de Moçambique caberá a responsabilidade por todos os encargos que excedam os montantes previstos nas alíneas anteriores, nomeadamente, todos aqueles relacionados com a ocupação dos circuitos, bem como os relativos às taxas devidas em Moçambique, de assinatura mensal, de acesso à rede e outros.

Quarto

1. Para efeitos da determinação dos encargos previstos na alínea *c*) do artigo anterior, a Parte Moçambicana compromete-se a diligenciar no sentido de deles se informar, mensalmente, junto da Teledata de Moçambique.
2. A Parte Portuguesa diligenciará no sentido de informar a Parte Moçambicana, semestralmente, de eventuais actualizações tarifárias que alterem os parâmetros ora fixados na Nota de Encargos anexa ao presente Protocolo, para o volume de tráfego envolvido e tempo de ocupação dos circuitos.

Quinto

1. O presente Protocolo é válido por um período de seis meses, prorrogável, automaticamente, por iguais períodos, salvo o disposto no número seguinte.
2. O presente Protocolo entra em vigor trinta dias após a última notificação de que foram cumpridas as respectivas formalidades exigidas para o efeito, pelas ordens jurídicas de cada uma das Partes, podendo ser denunciado por qualquer delas, mediante comunicação escrita, com a antecedência mínima de um mês em relação ao fim do prazo.

Feito em Maputo aos 10 de Abril de 1995, em dois originais em língua portuguesa, que fazem igualmente fé.

Pela República de Moçambique – O Ministro da Justiça, *José Ibraimo Abdul* – Pela República Portuguesa – O Ministro da Justiça, *Álvaro Laborinho Lúcio*.

VIII – ACORDO SOBRE A PROMOÇÃO E A PROTECÇÃO RECÍPROCA DE INVESTIMENTOS

O Governo da República Portuguesa e o Governo da República de Moçambique adiante designados como Partes Contratantes,

Animados do desejo de intensificar as relações de cooperação económica entre os dois Estados,

Desejando criar condições favoráveis para a realização de investimentos pelos investidores de qualquer das Partes Contratantes no território da outra Parte Contratante na base da igualdade e do benefício mútuos,

Reconhecendo que a promoção e a protecção recíproca de investimentos nos termos deste Acordo contribuirá para estimular a iniciativa privada e incrementar o bem-estar de ambos os Povos,

Acordam o seguinte:

Art. 1.º (Definições)

Para efeitos do presente Acordo,

1. O termo "investimentos" compreenderá toda a espécie de bens e direitos aplicados em empreendimentos de actividades económicas por investidores de qualquer das Partes Contratantes no território da outra Parte Contratante, nos termos da respectiva legislação aplicável sobre a matéria, incluindo em particular:

   a) Propriedade sobre móveis e imóveis, bem como quaisquer outros direitos reais, tais como hipotecas e penhores;

   b) Acções, quotas ou outras partes sociais que representem o capital de sociedades ou quaisquer outras formas de participação e/ou interesses económicos resultantes da respectiva actividade;

   c) Direitos de crédito ou quaisquer outros direitos com valor económico;

   d) Direitos de propriedade industrial e intelectual tais como direitos de autor, patentes, modelos de utilidade e desenhos industriais, marcas, denominações comerciais, segredos comerciais e industriais, processos técnicos, *know-how,* e clientela (aviamento);

   e) Aquisição e desenvolvimento de concessões conferidas nos termos da lei, incluindo concessões para prospecção, pesquisa e exploração de recursos naturais;

f) bens que no âmbito e de conformidade com a legislação e respectivos contratos de locação, sejam colocados à disposição de um locador no território de qualquer Parte Contratante em conformidade com as suas leis e regulamentos.

Qualquer alteração na forma de realização dos investimentos não afectará a sua qualificação como investimentos, desde que essa alteração seja feita de acordo com as leis e regulamentos da Parte Contratante no território da qual os investimentos tenham sido realizados.

2. O termo "rendimentos" designará os proveitos ou mais-valias gerados por, ou em conexão com, investimentos num determinado período incluindo em particular lucros, dividendos, juros, *royalties*, pagamentos por conta de assistência técnica ou de gestão e outros rendimentos relacionados com investimentos.

No caso de os rendimentos de investimentos, na definição que acima lhes é dada, vierem a ser reinvestidos, os rendimentos resultantes desse reinvestimento serão havidos também como rendimentos ao abrigo deste acordo.

3. O termo "investidores" designa:
a) Pessoas singulares, com a nacionalidade de qualquer uma das Partes Contratantes, de acordo com a respectiva Constituição ou lei; e
b) Pessoas colectivas, incluindo empresas, sociedades comerciais ou outras sociedades ou associações que tenham sede no território de uma das Partes Contratantes, estejam constituídas e funcionem de acordo com a lei desta Parte Contratante.

4. O termo "território" compreenderá o território de cada uma das Partes Contratantes, tal como se encontra definido nas respectivas leis, incluindo o mar territorial, e qualquer outra zona sobre a qual a Parte Contratante em questão exerça, de acordo com o Direito Internacional, soberania, direitos soberanos ou jurisdição.

Art. 2.º (Promoção e protecção dos investimentos)

1. Qualquer das Partes Contratantes promoverá e encorajará, na medida do possível, a realização de investimentos por investidores da outra Parte Contratante no território, admitindo tais investimentos de acordo com as respectivas leis e regulamentos aplicáveis sobre a matéria. Em qualquer caso, concederão aos investimentos tratamento justo e equitativo.

2. Os investimentos realizados por investidores de qualquer das Partes Contratantes no território da Parte Contratante em conformidade com as respectivas disposições legais vigentes aplicáveis nesse território, gozarão de plena protecção e segurança no território da outra Parte Contratante.

3. Nenhuma Parte Contratante sujeitará a gestão, manutenção, uso, fruição ou disposição dos investimentos realizados no seu território por investidores de outra Parte Contratante a medidas injustificadas, arbitrárias ou de carácter discriminatório.

Art. 3.º (Igualdade de tratamento)

1. Os investimentos realizados por investidores de qualquer Parte Contratante no território de outra Parte Contratante, bem como os respectivos rendimentos, serão objecto de tratamento justo e equitativo e não menos favorável do que o concedido pela última Parte Contratante aos seus próprios investidores ou a investidores de terceiros Estados.

2. Ambas as Partes Contratantes concederão aos investidores da outra Parte Contratante, no que respeita à gestão, manutenção, uso, fruição ou disposição dos investimentos realizados no seu território, um tratamento justo e equitativo e não menos favorável do que o concedido aos seus próprios investidores ou a investidores de terceiros Estados.

3. As disposições legais deste artigo não implicam a concessão de tratamento de preferência ou privilégio por uma das Partes Contratantes a investidores da outra Parte Contratante que possa ser outorgado em virtude de:

  a) Participação em zonas de comércio livre, uniões aduaneiras, mercados comuns existentes ou a criar, e em outros acordos internacionais similares, incluindo outras formas de cooperação económica, a que qualquer das Partes Contratantes tenha aderido ou venha a aderir; e
  b) Acordos bilaterais, multilaterais, com carácter regional ou não, de natureza fiscal.

Art. 4.º (Expropriação)

1. Os investimentos efectuados por investidores de qualquer uma das Partes Contratantes no território da outra Parte Contratante não poderão ser expropriados, nacionalizados ou sujeitos a outras medidas com efeitos equivalentes à expropriação ou nacionalização, adiante designadas como expropriação, excepto por força da lei, no interesse público, sem carácter discriminatório e mediante pronta indemnização.

2. A indemnização deverá corresponder ao valor de mercado que os investimentos expropriados tinham à data imediatamente anterior ao momento em que a expropriação se tornar do conhecimento público. A indemnização deverá ser paga sem demora, vencerá juros à taxa LISBOR até à data da sua liquidação e deverá ser pronta, efectiva, adequada e livremente transferível. Deverão ser tomadas providências adequadas quanto à fixação do montante e à forma de pagamento da indemnização, o mais tardar no momento da expropriação.

3. O investidor cujos investimentos tiverem sido expropriados terá o direito, de acordo com a lei da Parte Contratante no território da qual os bens tiveram sido expropriados, à revisão do seu caso, em processo judicial ou outro, e à avaliação dos seus investimentos de acordo com os princípios definidos neste artigo.

Art. 5.º (Compensação por perdas)

Os investidores de qualquer uma das Partes Contratantes que venham a sofrer perdas de investimentos no território da outra Parte Contratante em virtude de guerra ou outros conflitos armados, revolução, estado de emergência nacional e outros eventos considerados equivalentes pelo Direito Internacional, não receberão desta Parte Contratante tratamento menos favorável do que o concedido aos seus próprios investidores ou a investidores de terceiros Estados, consoante o que for mais favorável, no que diz respeito à restituição, indemnizações ou outras medidas pertinentes. As compensações daí resultantes deverão ser transferíveis livremente e sem demora em moeda convertível.

Art. 6.º (Transferências)

1. Cada Parte Contratante, em conformidade com a respectiva legislação aplicável à matéria, garantirá aos investidores da outra Parte Contratante a livre transferência das importâncias relacionadas com os investimentos, nomeadamente:
   a) Do capital e das importâncias adicionais necessárias à manutenção ou ampliação dos investimentos;
   b) Dos rendimentos nos termos da definição do n.º 2 do artigo 1.º deste Acordo;
   c) Das importâncias necessárias para o serviço, reembolso e amortização de empréstimos;
   d) Do produto resultante da alienação ou da liquidação total ou parcial dos investimentos;
   e) Das indemnizações ou outros pagamentos previstos nos artigos 4.º e 5.º deste Acordo; ou
   f) De quaisquer pagamentos preliminares que possam ter sido efectuados em nome do investidor de acordo com o artigo 7.º do presente Acordo.

2. As transferências referidas neste artigo serão efectuadas sem demora, em moeda convertível, à taxa de câmbio aplicável na data de transferência.

3. Para os efeitos do presente artigo entender-se-á que uma transferência foi realizada "sem demora" quando a mesma for efectuada dentro do prazo normalmente necessário para o cumprimento das formalidades indispensáveis, o qual não poderá em caso algum exceder sessenta dias a contar da data de apresentação do requerimento de transferência.

Art. 7.º (Sub-rogação)

No caso de qualquer uma das Partes Contratantes ou a agência por ela designada efectuar pagamentos a um dos seus investidores por virtude de uma garantia prestada a um investimento realizado no território da outra Parte Contratante, ficará por esse facto subrogada nos direitos e acções desse investidor, podendo exercê-los nos mesmos termos e condições que o titular originário.

Art. 8.º (Diferendos entre as Partes Contratantes)

1. Os diferendos que surgirem entre as Partes Contratantes sobre a interpretação ou aplicação do presente Acordo serão, na medida do possível, resolvidos através de negociações por via diplomática.

2. Se as Partes Contratantes não chegarem a acordo no prazo de seis (6) meses após o início das negociações, o diferendo será submetido a um Tribunal Arbitral, a pedido de qualquer das Partes Contratantes.

3. O Tribunal Arbitral será constituído *ad hoc*, do seguinte modo: cada Parte Contratante designará um membro e ambos os membros proporão um nacional de um terceiro Estado como presidente, que será nomeado pelas duas Partes Contratantes. Os membros serão nomeados no prazo de dois (2) meses e o presidente no prazo de três (3) meses a contar da data em que uma das Partes Contratantes tiver comunicado à outra a intenção de submeter o diferendo a um Tribunal Arbitral.

4. Se os prazos fixados no n.º 3 deste artigo não forem observados, qualquer das Partes Contratantes poderá, na falta de qualquer outro acordo, solicitar ao Presidente do Tribunal Internacional de Justiça que proceda às necessárias nomeações.

Se o Presidente estiver impedido ou for nacional de uma das Partes Contratantes, as nomeações caberão ao Vice-Presidente.

Se este também estiver impedido ou for nacional de uma das Partes Contratantes, as nomeações caberão ao membro do Tribunal que se siga na hierarquia, desde que esse membro não seja nacional de qualquer das Partes Contratantes.

5. O Presidente do Tribunal Arbitral deverá ser nacional de um Estado com o qual ambas as Partes Contratantes mantenham relações diplomáticas.

6. O Tribunal Arbitral decidirá por maioria de votos. As suas decisões serão definitivas e obrigatórias para ambas as Partes Contratantes. A cada Parte Contratante caberá suportar as despesas do respectivo árbitro, bem como da respectiva representação no processo perante o tribunal arbitral. Ambas as Partes Contratantes suportarão em partes iguais as despesas do presidente, bem como as demais despesas. O Tribunal Arbitral poderá adoptar um regulamento diferente quanto às despesas. O Tribunal Arbitral definirá as suas próprias regras processuais.

Art. 9.º (Diferendos entre uma Parte Contratante e investidor da outra Parte Contratante)

1. Os diferendos emergentes entre um investidor de uma das Partes Contratantes e a outra Parte Contratante relacionados com um investimento do primeiro no território da segunda serão resolvidos de forma amigável através de negociações entre as partes em diferendo.

2. Se os diferendos não puderem ser resolvidos de acordo com o disposto no parágrafo 1 deste artigo no prazo de seis (6) meses contados da data em que uma das Partes litigantes o tiver suscitado, qualquer das Partes poderá submeter o diferendo ao Centro Internacional para a Resolução de Diferendos relativos a Investimentos para a Conciliação ou Arbitragem, nos termos da Convenção para a Resolução de Diferendos entre Estados e Nacionais de outros Estados celebrada em Washington D.C. em 18 de Março de 1965.

3. Nenhuma das Partes Contratantes poderá recorrer às vias diplomáticas para resolver qualquer questão relacionada com a arbitragem, salvo se o processo

já estiver concluído e a Parte Contratante não tiver acatado nem cumprido a decisão do Centro Internacional para a Resolução de Diferendos aos relativos a Investimentos.

4. A sentença será obrigatória para ambas as Partes e não será objecto de qualquer tipo de recurso para além do previsto na referida Convenção. A sentença será vinculativa de acordo a lei interna da Parte Contratante no território da qual se situa o investimento em causa.

Art. 10.º (Aplicação de outras regras)

1. Se para além do presente Acordo as disposições da lei interna de uma das Partes Contratantes ou as obrigações emergentes do Direito Internacional em vigor ou que venha a vigorar entre as Partes Contratantes estabelecerem um regime, geral ou especial, que confira aos investimentos efectuados por investidores da outra Parte Contratante um tratamento mais favorável do que o previsto no presente Acordo, prevalecerá sobre este o regime mais favorável.

2. Cada Parte Contratante deverá cumprir as obrigações assumidas em relação aos investimentos realizados por investimentos da outra Parte Contratante no seu território.

Art. 11.º (Aplicação do Acordo)

O presente Acordo aplicar-se-á igualmente aos investimentos realizados antes da sua entrada em vigor, por investidores de uma das Partes Contratantes no território da outra Parte Contratante, em conformidade com as respectivas legislação e regulamentação sobre matérias de investimentos, mais concretamente:

    a) No caso da República Portuguesa, aos investimentos aí realizados por investidores da outra Parte Contratante ao abrigo da legislação aplicável na data em que o investimento tiver sido efectuado;

    b) No caso da República de Moçambique, aos investimentos aí realizados por investidores da outra Parte Contratante ao abrigo da Lei n.º 4/84, de 18 de Agosto, ou da Lei n.º 3/93, 24 de Junho, e respectiva regulamentação, incluindo o Código sobre Benefícios Fiscais para Investimentos.

Art. 12.º (Consultas)

Os representantes das Partes Contratantes deverão, sempre que necessário, realizar consultas sobre qualquer matéria relacionada com a aplicação deste Acordo. Estas consultas serão realizadas sob proposta de qualquer das Partes Contratantes, podendo, se necessário, propor a realização de reuniões, em lugar e data o acordo por via diplomática.

Art. 13.º (Entrada em vigor e duração)

1. Este Acordo entrará em vigor trinta (30) dias após a data em que ambas as Partes Contratantes tiverem notificado uma à outra, por escrito, do cumprimento dos respectivos procedimentos constitucionais ou legais internos, requeridos para o efeito.

2. Este Acordo permanecerá em vigor por um período de dez (10) anos que será prorrogável por iguais períodos, excepto se o Acordo for denunciado por escrito por qualquer das Partes Contratantes com a antecedência de doze (12) meses da data do termo do período de dez anos em curso.

3. Ocorrendo o término do presente Acordo nos termos do número precedente, e relativamente aos investimentos já realizados, as disposições dos artigos 1.º a 12.º continuarão em vigor por mais um período de dez (10) anos contados a partir da data de denúncia do Acordo.

Feito em duplicado, em Maputo, no dia 1 do mês de Setembro do ano de 1995, em dois exemplares originais em língua portuguesa, destinando-se cada exemplar para cada Parte Contratante e ambos fazendo igualmente fé.

Pelo Governo da República de Moçambique, *Dr.ª Luísa Dias Diogo* (Vice--Ministra do Plano e Finanças).

Pelo Governo da República Portuguesa, *Dr. Luís Palha* (Secretário de Estado do Comércio).

Protocolo

Por ocasião da assinatura do Acordo sobre Promoção e Protecção Recíproca de Investimentos entre a República Portuguesa e a República de Moçambique, os plenipotenciários abaixo assinados acordaram ainda nas seguintes disposições, que constituem parte integrante do referido Acordo:

1. Com referência ao artigo 2.º do presente Acordo:
Aplicar-se-á o disposto no artigo 2.º do presente Acordo quanto aos investidores de qualquer das Partes Contratantes que já estejam estabelecidos no território da outra Parte Contratante e pretendam ampliar as suas actividades ou estabelecer-se noutros sectores.
Tais, deverão ser realizados de acordo com as regras que regulam a admissão dos investimentos nos termos do artigo 2.º do presente Acordo.

2. Com o respeito ao artigo 3.º do presente Acordo:
As Partes Contratantes consideram que as disposições do artigo 3.º do presente Acordo não prejudicam o direito de qualquer das Partes Contratantes aplicar as disposições pertinentes do seu direito fiscal que estabeleçam, nos termos da respectiva legislação, uma distinção entre contribuintes que não se encontrem em idêntica situação no que se refere ao seu lugar de residência ou ao lugar em que o seu capital é investido.

Feito em duplicado, em Maputo, no dia 1 do mês de Setembro do ano de 1995, em dois exemplares originais em língua portuguesa, destinando-se cada exemplar para cada Parte Contratante e ambos os textos fazendo igualmente fé.

Pelo Governo da República de Moçambique, *Dr.ª Luísa Dias Diogo* (Vice-Ministra do Plano e Finanças).

Pelo Governo da República Portuguesa, *Dr. Luís Palha* (Secretário de Estado do Comércio).

IX – ACORDO DE COOPERAÇÃO TÉCNICA NO DOMÍNIO MILITAR

A República Portuguesa e a República Popular de Moçambique:
Animadas pela vontade de estreitar os laços de amizade existentes entre os dois países e os dois Povos;
Decididas a desenvolver e facilitar as relações de cooperação;
Considerando os propósitos expressos no Acordo Geral de Cooperação;
Decidem, numa base de plena independência, respeito pela soberania, não ingerência nos assuntos internos e reciprocidade de interesses, concluir o seguinte Acordo:

Art. 1.º
A República Portuguesa e a República Popular de Moçambique, adiante designadas Partes, comprometem-se, na medida das suas possibilidades, em regime de reciprocidade e quando para tanto solicitadas, à prestação mútua de cooperação técnica no domínio militar.

Art. 2.º
1. A cooperação técnica no domínio militar compreenderá acções de formação de pessoal, fornecimento de material e prestação de serviços.
2. Os termos da cooperação a desenvolver-se, em qualquer das modalidades previstas, poderão ser objecto de regulamentação própria por protocolo adicional.

Art. 3.º
As acções de cooperação previstas no presente Acordo integrar-se-ão em programas de cooperação, cujo âmbito, objectivos e responsabilidades de execução serão definidos, caso a caso, pelos serviços ou organismos designados como competentes pela legislação de cada Parte.

Art. 4.º
1. Nos casos em que a execução das acções de cooperação previstas no presente Acordo exija a deslocação de pessoal, a Parte solicitada para prestar e coordenar as referidas acções poderá enviar para o território da Parte solicitante uma missão, que se integrará na embaixada, ficando na dependência do embaixador.

2. Ao pessoal referido no número anterior são aplicáveis as disposições da Convenção de Viena sobre Relações Diplomáticas Relativas aos Membros do Pessoal Administrativo e Técnico das Missões Diplomáticas.

Art. 5.º

1. O pessoal de uma das Partes que frequente cursos ou estágios em unidades ou estabelecimentos militares da outra Parte ficará sujeito a um regime jurídico que definirá, nomeadamente, as condições de frequência dos referidos cursos ou estágios e as normas a que ficará sujeito.

2. O regime jurídico no número anterior será definido pelas competentes autoridades de cada Parte, dele devendo ser obrigatoriamente dado conhecimento à outra Parte por meio de troca de notas diplomáticas.

Art. 6.º

Com o objectivo de implementar as disposições do presente Acordo e assegurar a sua realização nas melhores condições, será constituída uma comissão mista paritária, que reunirá alternadamente, em Moçambique e Portugal, devendo as suas reuniões, na medida do possível, coincidir com as da Comissão Mista prevista no Acordo Geral de Cooperação.

Art. 7.º

Para execução do presente Acordo a Parte Portuguesa concederá, na medida das suas possibilidades, bolsas para formação profissional e estágios e procurará implementar outras formas de apoio ao desenvolvimento dessas acções de formação.

Art. 8.º

1. Constitui encargo da Parte solicitante, nas condições que, para efeito de liquidação, vierem a ser estabelecidas por mútuo acordo, o custo do material fornecido pela Parte solicitada.

2. Em matéria de prestação de serviços aplicar-se-á o seguinte regime de repartição de encargos:
   a) O Estado solicitado custeará as passagens de ida e regresso;
   b) Serão da conta do Estado solicitante todos os encargos inerentes à permanência de militares da outra Parte no seu território.

3. A Parte solicitante assegurará ao pessoal integrante da missão referida no artigo 4.º alojamento adequado nos locais onde venha a prestar serviço, em condições a definir caso a caso.

4. A Parte solicitante compromete-se a promover e assegurar transporte para deslocação em serviço de membros da missão.

Art. 9.º

1. O presente Acordo entrará em vigor na data da última notificação do cumprimento das formalidades exigidas pela ordem jurídica de cada uma das

IX – Acordo de Cooperação Técnica no Domínio Militar   **Arts. 9.º-10.º**

Partes e será válido por um período de três anos, prorrogáveis por períodos iguais e sucessivos, salvo denúncia de uma das Partes por escrito, com antecedência de, pelo menos, 180 dias antes da sua expiração.

2. As Partes reservam-se o direito de suspender a execução, no todo ou em parte, do disposto no presente Acordo ou, independentemente de qualquer aviso, proceder à sua denúncia, parcial ou total, se sobrevier modificação substancial das condições existentes à data da assinatura que seja de molde a pôr em causa a continuidade da cooperação nele prevista.

3. A suspensão da execução ou a denúncia nos termos referidos no número anterior, que deverão ser objecto de notificação escrita da outra Parte, não deverão ser considerados actos inamistosos e deles não resultará para a Parte que exerceu esse direito qualquer responsabilidade perante a outra Parte.

Art. 10.º

As Partes signatárias obrigam-se a resolver qualquer diferendo relacionado com a interpretação ou aplicação deste Acordo com espírito de amizade e compreensão mútua.

Feito em Maputo, aos 7 de Dezembro de 1988, em dois exemplares originais, fazendo ambos os textos igualmente fé.

Pelo Governo da República Portuguesa:
(Assinatura ilegível.)

Pelo Governo da República Popular de Moçambique:
(Assinatura ilegível.)

E. LEGISLAÇÃO INTERNA MOÇAMBICANA COM RELEVÂNCIA INTERNACIONAL

I – ACORDO GERAL DE PAZ

Lei n.º 13/82, de 14 de Outubro

Com vista a tornar executório o Acordo Geral de Paz, assinado em Roma entre o Governo da República de Moçambique e a Renamo, a Assembleia da República, usando da competência estabelecida no n.º 1 do artigo 135.º da Constituição, determina:

Artigo 1.º – É aprovado o Acordo Geral de Paz assinado em 4 de Outubro de 1992 entre o Governo da República de Moçambique e a Renamo, que é publicado em anexo e que faz parte integrante da presente lei.

Artigo 2.º – Consideram-se criados para todos os efeitos legais os organismos previstos no Acordo Geral de Paz, com as funções e composição neste estipuladas, sem prejuízo de regulamentação necessária.

Artigo 3.º – A legislação decorrente do Acordo Geral de Paz incluirá, para cada caso, o conteúdo estipulado no mencionado Acordo.

Artigo 4.º – A presente lei entra imediatamente em vigor.

Aprovada pela Assembleia da República.
O Presidente da Assembleia da República, *Marcelino dos Santos*.
Promulgada aos 14 de Outubro de 1992.

Publique-se.

O Presidente da República, JOAQUIM ALBERTO CHISSANO.

ACORDO GERAL DE PAZ DE MOÇAMBIQUE

Joaquim Alberto Chissano, Presidente da República de Moçambique, e Afonso Macacho Marceta Dhlakama, Presidente da RENAMO, encontrando-se em Roma,

Sob a presidência do Governo italiano, na presença do Ministro dos Negócios Estrangeiros da República Italiana, Emílio Colombo,

E na presença de:

S. Ex.ª Robert Gabriel Mugabe, Presidente da República do Zimbabwe;

S. Ex.ª Ketumile Masire, Presidente da República do Botswana;
S. Ex.ª George Saitoti, Vice-Presidente da República do Quénia;
S. Ex.ª Roelof F. Botha, Ministro dos Negócios Estrangeiros da República da África do Sul;
Hon. John Tembo, Ministro da Presidência da República do Malawi;
Emb. Ahmed Haggag, Vice-Secretário-Geral da OUA;

Dos mediadores:
On. Mario Raffaelli, representante do Governo italiano e coordenador dos mediadores, D. Jaime Gonçalves, Arcebispo da Beira, professor Andrea Riccardi e D. Matteo Zuppi, da Comunidade de S. Egídio;

E dos representantes dos observadores:
Dr. James O. C. Jonah, Secretário-Geral Adjunto para os Assuntos Políticos das Nações Unidas; S. Ex.ª o Subsecretário de Estado Embaixador Herman J. Cohen, pelo Governo dos Estados Unidos da América; S. Ex.ª o Embaixador Philippe Cuvillier, pelo Governo da França; S. Ex.ª o Secretário de Estado dos Negócios Estrangeiros e da Cooperação, Dr. José Manuel Durão Barroso, pelo Governo de Portugal; e S. Ex.ª Sir Patrick Fairweather, pelo Governo do Reino Unido;

No termo do processo negocial de Roma, para o estabelecimento de uma paz duradoira e duma sólida democracia em Moçambique, aceitam como obrigatórios os seguintes documentos, que constituem o Acordo Geral de Paz:
 1. Protocolo I (Dos Princípios Fundamentais);
 2. Protocolo II (Dos Critérios e Modalidades para a Formação e Reconhecimento dos Partidos Políticos);
 3. Protocolo III (Dos Princípios da Lei Eleitoral);
 4. Protocolo IV (Das Questões Militares);
 5. Protocolo V (Das Garantias);
 6. Protocolo VI (Do Cessar-Fogo);
 7. Protocolo VII (Da Conferência de Doadores).

Aceitam igualmente como partes integrantes do Acordo Geral de Paz de Moçambique os seguintes documentos:
 a) Comunicado Conjunto do dia 10 de Julho de 1990;
 b) Acordo de 1 de Dezembro de 1990;
 c) Declaração do Governo da República de Moçambique e da RENAMO sobre os princípios orientadores da ajuda humanitária, assinado em Roma, aos 16 de Julho de 1992;
 d) Declaração Conjunta, assinada em Roma, aos 7 de Agosto de 1992.

I – Acordo Geral de Paz

O Presidente da República de Moçambique e o Presidente da RENAMO comprometem-se a tudo fazerem para se alcançar uma efectiva reconciliação nacional.

Os Protocolos acima referidos foram devidamente rubricados e assinados pelos respectivos Chefes de Delegação e pelos mediadores. O presente Acordo Geral de Paz entra em vigor imediatamente após a sua assinatura.

Joaquim Alberto Chissano – Presidente da República de Moçambique.
Afonso Macacho Marceta Dhlakama – Presidente da RENAMO
Os Mediadores: On. *Mario Raffaelli*, D. *Jaime Gonçalves*, Professor *Andrea Riccardi*, D. *Matteo Zuppi*.
Assinado em Roma, aos 4 de Outubro de 1992.

PROTOCOLO I
Dos princípios fundamentais

No dia 18 de Outubro de 1991, a Delegação do Governo da República de Moçambique, chefiada por Armando Emílio Guebuza, Ministro dos Transportes e Comunicações, e composta pelos senhores Aguiar Mazula, Ministro da Administração Estatal, Teodato Hunguana, Ministro do Trabalho, e Francisco Madeira, Assessor Diplomático do Presidente da República, e a Delegação da RENAMO, chefiada por Raul Manuel Domingos, chefe do Departamento das Relações Exteriores, composta pelos senhores Vicente Zacarias Ululu, Chefe do Departamento da Informação, Agostinho Semende Murrial, Vice-Chefe do Departamento dos Assuntos Políticos, e João Francisco Almirante, membro do Gabinete Presidencial, reunidas em Roma, no âmbito das conversações de Paz, na presença dos mediadores, On. Mario Raffaelli, representante do Governo da República Italiana e coordenador dos mediadores, D. Jaime Gonçalves, Arcebispo da Beira, professor Andrea Riccardi e D. Matteo Zuppi, da Comunidade de S. Egídio;

Determinados a realizar os superiores interesses do povo moçambicano, reafirmam que o método de diálogo e de colaboração entre si é indispensável para se alcançar uma paz duradoira no País.

Consequentemente:
1. O Governo compromete-se a não agir de forma contrária aos termos dos Protocolos que se estabeleçam, a não adoptar leis ou medidas e a não aplicar as leis vigentes que eventualmente contrariem os mesmos Protocolos.
2. Por outro lado a RENAMO compromete-se a partir da entrada em vigor do cessar-fogo a não combater pela força das armas, mas a conduzir a sua luta política na observância das leis em vigor, no âmbito das instituições do Estado existentes e no respeito das condições e garantias estabelecidas no Acordo Geral de Paz.
3. Ambas as partes assumem o compromisso de alcançar no mais curto espaço de tempo o Acordo Geral de Paz, contendo os Protocolos sobre cada um

dos pontos da agenda adoptada no dia 28 de Maio de 1991 e desenvolver as acções necessárias para esse efeito. Neste contexto o Governo empenhar-se-á a não obstaculizar as deslocações internacionais e os contactos da RENAMO no exterior no quadro das negociações para a Paz. Com o mesmo fim, também serão possíveis contactos no interior do País entre a RENAMO e os mediadores, ou os membros da Comissão Mista de Verificação. As modalidades concretas de realização dos mesmos deverão ser estabelecidas caso a caso a pedido dos mediadores ao Governo.

4. Os Protocolos a acordar no decurso destas negociações farão parte integrante do Acordo Geral de Paz e a sua entrada em vigor ocorrerá na data da assinatura deste, com a excepção do parágrafo 3 deste Protocolo o qual entra em vigor imediatamente.

5. As partes acordam no princípio de constituição de uma Comissão para supervisar e controlar o cumprimento do Acordo Geral de Paz. A Comissão será composta por representantes do Governo, da RENAMO, bem como das Nações Unidas, outras Organizações ou Governos a acordar entre si.

Pela Delegação do Governo da República de Moçambique, *Armando Emílio Guebuza.* – Pela Delegação da RENAMO, *Raul Manuel Domingos.*
Os Mediadores: On. *Mario Raffaelli, D. Jaime Gonçalves,* professor *Andrea Riccardi, D. Matteo Zuppi*
Feito em S. Egídio, Roma, aos 18 de Outubro de 1991.

PROTOCOLO II
Dos critérios e modalidades para a formação e reconhecimento dos partidos políticos

No dia 13 de Novembro de 1991, a Delegação do Governo da República de Moçambique, chefiada por Armando Emílio Guebuza, Ministro dos Transportes e Comunicações, e composta pelos senhores Aguiar Mazula, Ministro da Administração Estatal, Teodato Hunguana, Ministro do Trabalho, e Francisco Madeira, Assessor Diplomático do Presidente da República, e a Delegação da RENAMO, chefiada por Raul Manuel Domingos, chefe do Departamento das Relações Exteriores, e composta pelos senhores Vicente Zacarias Ululu, Chefe do Departamento da Informação, Agostinho Semende Murrial, Vice-Chefe do Departamento dos Assuntos Políticos, e João Francisco Almirante, membro do Gabinete Presidencial, reunidas em Roma, no âmbito das conversações de Paz, na presença dos mediadores, On. Mario Raffaelli, representante do Governo da República Italiana e coordenador dos mediadores, D. Jaime Gonçalves, Arcebispo da Beira, professor Andrea Riccardi e D. Matteo Zuppi da Comunidade de S. Egídio, abordaram o primeiro ponto da Agenda acordada no dia 28 de Maio de 1991, sobre os «Critérios e modalidades para a formação e reconhecimento dos partidos políticos».

I – Acordo Geral de Paz

No termo das suas discussões as partes acordaram na necessidade de garantir a implementação da democracia multipartidária, na qual os partidos concorram livremente para a formação e manifestação da vontade popular e para a participação democrática dos cidadãos na governação do País.

Neste contexto, e, tendo em consideração o conteúdo do Protocolo número 1 «dos Princípios Fundamentais», as partes acordaram nos seguintes princípios:

1. Natureza dos partidos políticos

a) Os partidos políticos são organizações autónomas, voluntárias e livres, de cidadãos de carácter e âmbito nacional, tendo como objectivo principal, dar expressão democrática à vontade popular e permitir a participação democrática no exercício do poder político, de acordo com os direitos e as liberdades fundamentais dos cidadãos e na base dos processos eleitorais a todos os níveis da organização do Estado.

b) As associações que tenham por objectivo principal a defesa de interesses locais, sectoriais ou exclusivos de um grupo social ou classe específica de cidadãos serão distintas dos partidos políticos e não poderão gozar do estatuto legalmente previsto para estes.

c) A Lei dos Partidos deve estabelecer as condições em que os partidos políticos adquirem personalidade jurídica.

d) Serão atribuídas aos partidos políticos prerrogativas próprias, garantidas legalmente.

e) Para a implementação e desenvolvimento pleno da democracia multipartidária, assente no respeito e na garantia dos direitos e liberdades fundamentais e no pluralismo de expressão e organização políticas democráticas nos quais o poder político pertence exclusivamente ao Povo e é exercido de acordo com os princípios da democracia representativa e pluralista, os partidos deverão ser dotados de princípios fundamentalmente democráticos aos quais se devem conformar na acção e na sua luta política.

2. Princípios gerais

Na sua formação, estrutura e funcionamento, os partidos políticos observarão e aplicarão os seguintes princípios gerais a fim de disciplinar a sua actividade:

a) Prossecução de fins democráticos;
b) Prossecução de interesses nacionais e patrióticos;
c) Prossecução de fins políticos não regionalistas, tribalistas, separatistas, raciais, étnicos ou religiosos;
d) Necessidade de os seus filiados serem cidadãos moçambicanos;
e) Estruturação democrática dos partidos e transparência dos seus órgãos internos;
f) Aceitação de métodos democráticos na prossecução das suas finalidades;
g) A adesão a um partido é sempre voluntária e deriva da liberdade de os cidadãos se associarem em torno dos mesmos ideais políticos.

3. Direitos dos partidos

A Lei dos Partidos tem como objectivo a protecção da liberdade de actuação e de funcionamento dos partidos políticos, com exclusão daqueles que se proponham afins anti-democráticos, totalitários ou violentos, e os que desenvolvam a sua actividade com violação da lei.

Os partidos gozarão dos seguintes direitos:
a) Igualdade de direitos e deveres perante a lei;
b) Cada partido deve poder difundir livre e publicamente a sua política;
c) Serão estabelecidas garantias específicas de acesso aos meios de comunicação social, a fundos de financiamento do Estado e às instalações ou facilidades públicas, segundo o princípio da não discriminação e com base em critérios de representatividade a fixar na lei eleitoral;
d) A isenção de impostos e taxas nos termos da lei;
e) Nenhum cidadão pode ser perseguido ou discriminado em razão da sua filiação partidária ou das suas opiniões políticas;
f) Os demais aspectos próprios a cada partido serão definidos pelos respectivos estatutos ou regulamentos, os quais deverão observar a legalidade. Os estatutos ou regulamentos são objecto de publicação oficial.

4. Deveres dos partidos

Os partidos políticos estarão vinculados aos seguintes deveres:
a) Devem ser identificados por nome, sigla e símbolo. São proibidos os nomes, siglas ou símbolos que possam ser considerados ofensivos para a população ou os que incentivem a violência e os que se prestem a conotações divisionistas com base na raça, região, tribo, sexo ou religião;
b) Não devem pôr em causa a integridade territorial e a unidade nacional;
c) Devem constituir seus órgãos e estabelecer a sua organização interna na base do princípio da eleição e da responsabilidade democráticas de todos os titulares dos órgãos centrais;
d) Devem assegurar a aprovação dos seus Estatutos e programas por maioria dos seus membros ou por assembleias representativas dos mesmos;
e) Na sua organização interna os partidos devem respeitar plenamente o princípio da livre filiação dos seus membros, os quais não poderão ser obrigados a ingressar ou permanecer num partido contra sua vontade;
f) Submeter-se ao registo e fazer publicar anualmente os respectivos balanços de contas bem como a proveniência dos seus fundos.

5. Registo
a) O acto de registo visa declarar a conformidade da constituição e a existência dos partidos com os princípios legais que devem observar e, em consequência, conferir-lhes personalidade jurídica;
b) Para efeito do registo cada partido deverá ter o número mínimo de 2000 assinaturas;

I – Acordo Geral de Paz

    c) Compete ao Governo registar os partidos;
    d) A Comissão prevista no n.º 5 do Protocolo n.º 1 sobre os Princípios Fundamentais, analisará e decidirá os litígios que surjam no processo de registo dos partidos, devendo para tal o Governo pôr à disposição desta a documentação requerida por lei.

    6. Implementação
    a) As partes acordam que, imediatamente após a assinatura do Acordo Geral de Paz, a RENAMO iniciará a sua actividade na qualidade de partido político e com as prerrogativas previstas na lei, ficando, porém, sujeita a submeter posteriormente, para o registo, a documentação requerida por lei;
    b) Prosseguindo com o método do diálogo, colaboração e consultas regulares, as partes acordam em estabelecer, no âmbito da discussão do Ponto 5 da Agenda acordada, a calendarização das acções necessárias para assegurar a correcta implementação do presente Protocolo.

E, para constar, as partes decidiram assinar o presente Protocolo.
Pela Delegação do Governo da República de Moçambique, *Armando Emílio Guebuza.* – Pela Delegação da RENAMO, *Raul Manuel Domingos.*
Os Mediadores: *On. Mario Raffaelli, D. Jaime Gonçalves, Andrea Riccardi, D. Matteo Zuppi.*
Feito em S. Egídio, Roma, aos 13 de Novembro de 1991.

PROTOCOLO III
Dos princípios da Lei Eleitoral

No dia 12 de Março de 1992, a Delegação do Governo da República de Moçambique, chefiada por Armando Emílio Guebuza, Ministro dos Transportes c Comunicações, e compostas pelos senhores Aguiar Mazula, Ministro da Administração Estatal, Teodato Hunguana, Ministro do Trabalho, e Francisco Madeira, Assessor Diplomático do Presidente da República, e a Delegação da RENAMO, chefiada por Raul Manuel Domingos, chefe do Departamento da Organização, e composta pelos senhores Vicente Zacarias Ululu, chefe do Departamento da Informação, Agostinho Semende Murrial, Vice-Chefe do Departamento da Organização, e Virgílio Namalue, Director do Departamento da Informação, reunidas em Roma, no âmbito das conversações de Paz, na presença dos mediadores, On. Mario Raffaelli, representante do Governo da República italiana e coordenador dos mediadores, D. Jaime Gonçalves, Arcebispo da Beira, professor Andrea Riccardi e D. Matteo Zuppi da Comunidade de S. Egídio, abordaram o 2.º ponto da Agenda assinada no dia 28 de Maio de 1991, relativo à Lei Eleitoral e acordaram no seguinte:

O presente Protocolo compreende os princípios gerais que deverão orientar a redacção da Lei Eleitoral, bem como eventuais modificações às leis que estejam relacionadas com o desenvolvimento do processo eleitoral.

A Lei Eleitoral deverá ser elaborada pelo Governo, em consulta com a RENAMO, assim como com todos os outros partidos políticos.

I – Liberdade de imprensa e de acesso aos meios de comunicação

a) Todos os cidadãos têm direito à liberdade de imprensa bem como o direito à informação. Estas liberdades compreendem, nomeadamente, o direito de fundar e gerir jornais e outras publicações, estações emissoras radiofónicas e televisivas assim como outras formas de propaganda, escrita ou sonora, tais como cartazes, folhetos e outros meios de comunicação.
Estes direitos não serão limitados por censura.

b) Regulamentos administrativos e fiscais não serão, em nenhum caso, aplicados de maneira a discriminar ou impedir o exercício deste direito por razões políticas;

c) A liberdade de imprensa inclui também a liberdade de expressão e de criação dos jornalistas e a protecção da sua independência e do sigilo profissional;

d) Os órgãos de comunicação social do sector público gozarão de independência editorial e garantirão, nos termos da regulamentação própria prevista no ponto V. 3.*b)* 1 deste protocolo, direito de acesso, sem discriminação política, a todos os partidos. No âmbito desta regulamentação, dever-se-ão prever espaços de acesso gratuito a todos os partidos.
Não poderão ser recusados, por razões políticas, anúncios que respeitem as regras comerciais em uso;

e) Os meios de comunicação social não poderão discriminar ou recusar, por razões políticas, a nenhum partido ou seus candidatos, o exercício do direito de resposta ou a publicação de rectificações ou desmentidos.
Em caso de difamação, calúnia, injúria ou outros crimes de imprensa, será garantido recurso aos Tribunais.

II – Liberdade de associação, expressão e propaganda política

a) Todos os cidadãos têm direito à liberdade de expressão, associação, reunião, manifestação e propaganda política. Regulamentos administrativos e fiscais não serão, em nenhum caso, aplicados de maneira a discriminar ou impedir o exercício destes direitos por razões de ordem política. Estes direitos não se estendem a actividades e grupos paramilitares privados ilegais, bem como os que promovam a violência em todas as suas formas, o terrorismo, o racismo ou o separatismo.

b) A liberdade de associação, expressão e propaganda política compreende o acesso não discriminatório à utilização de lugares e instalações públicas.

Esta utilização dependerá de pedido às autoridades administrativas competentes, as quais deverão pronunciar-se no prazo de 48 horas após a submissão do mesmo. Os pedidos só poderão ser indeferidos por razões de ordem pública ou de carácter organizativo.

III – Liberdade de circulação e de domicílio no País

Todos os cidadãos têm direito de circular em todo o País, sem necessidade de autorização administrativa.

Todos os cidadãos têm direito de fixar residência em qualquer parte do território nacional, de sair ou de regressar para o País.

IV – Regresso de refugiados e deslocados moçambicanos e sua reintegração social

a) As partes comprometem-se a cooperar na repatriação e reintegração dos refugiados e deslocados moçambicanos no território nacional assim como na integração social dos mutilados de guerra;

b) Sem prejuízo da liberdade de circulação dos cidadãos, o Governo elaborará um plano de acordo com a RENAMO para organizar a assistência necessária aos refugiados e deslocados, de preferência nos lugares de origem das populações. As partes acordam em solicitar a participação dos competentes organismos das Nações Unidas na elaboração e implementação deste plano. A Cruz Vermelha Internacional bem como outras organizações a acordar serão convidadas a participar na implementação do mesmo;

c) Os refugiados e deslocados moçambicanos, pelo facto de terem abandonado os lugares da sua residência habitual, não perdem nenhum dos seus direitos e liberdades do cidadãos;

d) O registo e a inscrição dos refugiados e deslocados moçambicanos nas listas eleitorais serão feitos em conjunto com os demais cidadãos nos lugares de residência;

e) Aos refugiados e deslocados moçambicanos será garantida a reintegração na posse dos bens que sejam da sua propriedade, ainda existentes, assim como o direito de os reivindicar por via legal a quem os detiver.

V – Procedimentos eleitorais: sistema de voto democrático, imparcial e pluralístico

1. Princípios gerais

a) A Lei Eleitoral estabelecerá um sistema eleitoral que respeite os princípios de voto directo, igual, secreto e pessoal;

b) As eleições da Assembleia da República e do Presidente da República serão realizadas simultaneamente;

c) As eleições terão lugar dentro do prazo de um ano a partir da data da assinatura do Acordo Geral de Paz. Este prazo poderá ser prorrogado quando se verifiquem razões que impossibilitem o seu cumprimento.

2. Direito ao voto
a) Terão direito de votar os cidadãos moçambicanos maiores de 18 (dezoito) anos, com excepção dos que sofram de incapacidade mental comprovada ou demência;
b) Não terão igualmente direito ao voto os cidadãos moçambicanos que, a seguir à aplicação do ponto 4, alínea *a*), da Agenda acordada, se encontrem detidos ou legalmente condenados à pena de prisão por crime doloso de delito comum enquanto não hajam expiado a respectiva pena. Em todo o caso, esta limitação não se aplica a elementos das partes por actos cometidos em acções de guerra;
c) O exercício do direito ao voto é condicionado à inscrição nas listas eleitorais;
d) A fim de permitir a mais ampla participação nas eleições, as partes acordam em mobilizar todos os cidadãos moçambicanos maiores de 18 anos para se registarem e exercerem o seu direito ao voto.

3. Comissão Nacional de Eleições
a) Para organizar e dirigir o processo eleitoral, o Governo constituirá uma Comissão Nacional de Eleições composta por pessoas que, pelas suas características profissionais e pessoais, dêem garantias de equilíbrio, objectividade e independência em relação a todos os Partidos políticos. Um terço dos membros a designar na referida Comissão será apresentado pela RENAMO;
b) A Comissão terá as seguintes competências:

1. Elaborar, em consulta com os partidos políticos, o Regulamento para a disciplina da propaganda eleitoral, o Regulamento sobre a distribuição do tempo de antena, bem como o Regulamento sobre a utilização de lugares e instalações públicas e privadas durante a campanha eleitoral.

2. Supervisar a elaboração das listas eleitorais, a apresentação legal das candidaturas, a sua publicação e a verificação e registo do resultado das eleições.

3. Controlar o processo eleitoral e assegurar a observância da legalidade.

4. Assegurar a igualdade de tratamento dos cidadãos em todos os actos eleitorais.

5. Receber, examinar e deliberar sobre as reclamações quanto à validade das eleições.

6. Assegurar a igualdade de oportunidade e tratamento das diversas candidaturas.

7. Apreciar as contas eleitorais.

8. Elaborar e mandar publicar no *Boletim da República* os mapas dos resultados do apuramento geral das eleições.

4. Assembleias de voto
a) Em cada local de votação funcionará uma assembleia de voto composta por:

- todos os cidadãos eleitores que devem exercer o direito de voto nesse local;
- uma mesa de voto;
- representantes das diversas candidaturas e Partidos.

b) Cada assembleia de voto é presidida por uma mesa de voto que dirige as operações eleitorais e é composta por um Presidente, um Vice-Presidente, também com funções de Secretário e os escrutinadores;

c) Os elementos que compõem a mesa de voto serão designados de entre os eleitores pertencentes à respectiva assembleia de voto com a concordância dos representantes das diferentes candidaturas;

d) Compete às mesas de voto fiscalizar todas as operações eleitorais e enviar os resultados à Comissão Nacional de Eleições;

e) Os delegados das candidaturas ou dos partidos à assembleia de voto terão os seguintes direitos:
1. Fiscalizar todas as operações eleitorais.
2. Consultar os registos efectuados ou utilizados pela mesa.
3. Serem ouvidos e esclarecidos sobre todos os problemas decorrentes do funcionamento da assembleia.
4. Apresentar reclamações.
5. Ocupar os lugares mais próximos da mesa da assembleia.
6. Rubricar e assinar a acta da assembleia e acompanhar todos os actos respeitantes às operações eleitorais.

f) Eventuais reclamações serão registadas nas actas e enviadas à Comissão Nacional de Eleições.

5. Eleição da Assembleia da República

a) As províncias do País constituirão os círculos eleitorais. A Comissão Nacional de Eleições decidirá sobre o número de assentos para cada círculo eleitoral com base na densidade populacional de cada província;

b) Para a eleição da Assembleia, a Lei Eleitoral estabelecerá um sistema eleitoral baseado no princípio de representação proporcional;

c) Os partidos que entendam apresentar-se conjuntamente nas eleições para a Assembleia deverão apresentar as listas eleitorais com um único símbolo;

d) Após o início da campanha eleitoral não serão permitidas coligações de listas eleitorais com o objectivo de contar conjuntamente os votos;

e) Serão elegíveis para Assembleia da República os cidadãos maiores de 18 anos. As partes concordam, todavia, na oportunidade de prever uma norma transitória para as próximas eleições que eleve este limite para 25 anos;

f) Será estabelecida uma percentagem mínima dos votos expressos à escala nacional, sem a qual os partidos políticos concorrentes não poderão ter assento na Assembleia. Essa percentagem será acordada em consulta com todos os partidos políticos no País e não deverá ser inferior a 5% ou superior a 20%;

g) Os representantes dos partidos em cada círculo eleitoral serão eleitos em conformidade com a ordem da sua apresentação nas listas.

6. Eleição do Presidente da República

a) O Presidente da República é eleito por maioria absoluta dos votos expressos. Se nenhum candidato obtiver a maioria absoluta, proceder-se-á a um segundo escrutínio entre os dois candidatos mais votados;

b) O segundo escrutínio terá lugar dentro do prazo de uma a três semanas a partir da proclamação dos resultados do primeiro. Tendo em conta as condições organizativas necessárias, a data será indicada antes do início da campanha eleitoral;

c) Serão elegíveis para Presidente da República os cidadãos eleitores maiores de 35 anos;

d) As candidaturas para Presidente da República devem ser apoiadas por um mínimo de 10 000 assinaturas de cidadãos moçambicanos maiores de 18 anos com capacidade eleitoral activa.

7. Finanças e facilidades

a) A Comissão Nacional de Eleições garantirá a distribuição, sem discriminação, a todos os partidos concorrentes às eleições, dos subsídios e do apoio logístico disponíveis para a campanha eleitoral, em função do número de candidatos de cada Partido e com o controlo de todos os partidos concorrentes às eleições;

b) O Governo empenhar-se-á em facilitar à RENAMO, a obtenção de instalações e meios, com vista a permitir a possibilidade de alojamento, movimentação e comunicações para o desenvolvimento das suas actividades políticas em todas as Capitais Provinciais do País e em outros lugares onde tal for possível em função das disponibilidades existentes;

c) Para estes fins o Governo solicitará apoio da comunidade internacional e em particular da Itália.

VI – Garantias do processo eleitoral e papel de observadores internacionais

a) A supervisão e controlo da implementação do presente Protocolo serão garantidos pela Comissão prevista no Protocolo 1 dos Princípios Fundamentais;

b) Com vista a garantir a maior objectividade no processo eleitoral, as partes acordam em convidar como observadores as Nações Unidas, a OUA e outras organizações, bem como personalidades estrangeiras idóneas conforme for acordado entre o Governo e a RENAMO do início da campanha eleitoral até à tomada de posse do Governo;

I – Acordo Geral de Paz

　　c) Para uma melhor implementação do Processo de Paz, as partes acordam igualmente na necessidade de solicitar apoio técnico e material às Nações Unidas e à OUA, a começar após a assinatura do Acordo Geral de Paz;
　　d) Para efeitos do previsto no presente ponto VI, o Governo dirigirá pedidos formais às Nações Unidas e à OUA.

　　E, para constar, as partes decidiram assinar o presente Protocolo.

　　Pela delegação do Governo da República de Moçambique, *Armando Emílio Guebuza.* – Pela delegação da RENAMO, *Raul Manuel Domingos.*
　　Os mediadores: *On. Mario Raffaelli, D. Jaime Gonçalves, Andrea Riccardi e D. Matteo Zuppi.*
　　Feito em Roma, aos 12 de Março de 1992.

PROTOCOLO IV
Das questões militares

　　No dia 4 de Outubro de 1992, a Delegação do Governo da República de Moçambique, chefiada por Armando Emílio Guebuza, Ministro dos Transportes e Comunicações, e composta por Mariano de Araújo Matsinha, Ministro sem Pasta, Aguiar Mazula, Ministro da Administração Estatal, Teodato Hunguana, Ministro do Trabalho, Tenente-General Tobias Dai, Francisco Madeira, Assessor Diplomático do Presidente da República, Brigadeiro Aleixo Malunga, Coronel Fideles de Sousa, Major Justino Nrepo, Major Eduardo Lauchande, e a Delegação da RENAMO, chefiada por Raul Manuel Domingos, Chefe do Departamento da Organização, e composta por José de Castro, Chefe do Departamento das Relações Exteriores, Agostinho Semende Murrial, Chefe do Departamento da Informação, José Augusto Xavier, Director-Geral do Departamento da Administração Interna, Major General Hermínio Morais, Coronel Fernando Canivete, Tenente-Coronel Arone Julai, Tenente António Domingos, reunidas em Roma, na presença dos mediadores, On. Mario Raffaelli, representante do Governo italiano e coordenador dos mediadores, D. Jaime Gonçalves, Arcebispo da Beira, professor Andrea Riccardi e D. Matteo Zuppi, da Comunidade de S. Egídio, e dos observadores das Nações Unidas e dos Governos dos Estados Unidos da América, da França, da Grã-Bretanha e de Portugal, abordaram o ponto 3 da Agenda Acordada no dia 28 de Maio de 1991, intitulado «Questões Militares, e acordaram no seguinte:

I – Formação das Forças Armadas de Defesa de Moçambique

　　i. Princípios gerais
　　1. São constituídas as Forças Armadas de Defesa de Moçambique (FADM) para todo o território nacional.

2. As FADM:
a) Terão por missão geral a defesa e a salvaguarda da soberania, da independência e da integridade territorial do País. No período entre o cessar--fogo e a tomada de posse do novo Governo, poderão, sob o Comando Superior das FADM, actuar em cooperação com o Comando da Polícia, para proteger as populações civis contra o crime e a violência em todas as suas formas. Serão ainda tarefas das FADM a intervenção e assistência em situações de crise ou emergência no País resultantes de calamidades naturais, bem como o apoio aos empreendimentos da reconstrução e do desenvolvimento;
b) Serão apartidárias, de carreira, profissionalmente idóneas, competentes, exclusivamente formadas por cidadãos moçambicanos voluntários, provenientes das forças de ambas as partes, servindo com profissionalismo o país, respeitando a ordem democrática e o Estado de Direito, devendo a sua composição garantir a inexistência de qualquer forma de discriminação racial, étnica, de língua ou de confissão religiosa.
3. O processo de formação das FADM iniciar-se-á depois da entrada em vigor do cessar-fogo, imediatamente após a tomada de posse da Comissão prevista no Protocolo I de 18 de Outubro de 1991, a qual passa a designar-se Comissão de Supervisão e Controle (CSC). Este processo terá o seu termo antes do início da campanha eleitoral.
4. O processo de formação das FADM desenvolver-se-á em simultâneo com a concentração, desarmamento e integração na vida civil dos efectivos que forem sendo progressivamente desmobilizados em consequência do cessar-fogo. A disponibilização das unidades, a ser feita a partir das forças existentes de cada lado, é da responsabilidade do Governo e da RENAMO, respectivamente, e far-se-á à medida que as novas unidades das FADM forem sendo formadas, sendo desmobilizadas todas as unidades existentes na altura em que os efectivos das FADM estiverem completos.
5. A neutralidade das FADM, no período entre o cessar-fogo e a tomada de posse do novo Governo será garantida pelas Partes, através da Comissão referida no número I, iii, 1.a deste Protocolo.
6. Na altura da realização das eleições, existirão apenas as FADM, com a estrutura acordada entre as Partes, não podendo existir quaisquer outras forças. Todos os elementos das actuais forças armadas de cada Parte que não venham a pertencer às FADM serão desmobilizados no período previsto no número VI, i, 3, do presente Protocolo.

ii. Efectivos
1. As Partes acordam que os efectivos das FADM, até à tomada de posse do novo Governo, serão os seguintes:
 a) Exército: 24 000;
 b) Força Aérea: 4000;
 c) Marinha: 2000.

2. Os efectivos das FADM, em cada um dos ramos previstos, serão fornecidos pelas FAM e pelas forças da RENAMO, na razão de 50% para cada lado.

iii. Estruturas de Comando das FADM

1. As Partes acordam na criação de uma Comissão Conjunta para a Formação das Forças Armadas de Defesa de Moçambique (CCFADM) nos seguintes termos:
   a) A CCFADM tem como tarefa específica dirigir o processo de formação das FADM, e funciona na dependência da CSC;
   b) A CCFADM é o órgão responsável pela formação das FADM até à tomada de posse do novo Governo. As FADM serão dirigidas por um Comando Superior (CS) que estará na dependência da CCFADM. Após a tomada de posse do novo Governo, as FADM subordinar-se-ão ao novo Ministério da Defesa ou outro órgão que o novo Governo estabelecer;
   c) A CCFADM será constituída por representantes das FAM e das forças da RENAMO como membros, assistidos por representantes dos países escolhidos pelas Partes para assessorarem o processo de formação das FADM. A CCFADM tomará posse no dia da entrada em vigor do cessar-fogo (Dia E);
   d) A CCFADM elaborará directivas sobre o faseamento do levantamento das estruturas das FADM e proporá à CSC:
   – as normas aplicáveis às FADM;
   – o orçamento a atribuir às FADM até à tomada de posse do novo Governo;
   – os critérios de selecção e a selecção do pessoal das FAM e das forças da RENAMO para a formação das FADM;
   – os nomes dos oficiais – comandantes dos Comandos principais.

2. Comando Superior das FADM:
   a) O CS tem por missão geral implementar as directivas recebidas da CCFADM, tendo em vista o levantamento das estruturas e o apoio das Forças;
   b) Até à tomada de posse do novo Governo, o comando das FADM é exercido por dois oficiais-generais com a mesma categoria, designados por cada uma das Partes. As suas decisões só serão válidas quando assinadas por estes dois oficiais generais;
   c) Toda a estrutura de Comando das FADM será rigorosamente apartidária, recebendo directivas e ordens apenas através do respectivo canal hierárquico de comando;
   d) A logística das FADM será única para os três ramos. Para o efeito, será criado o Comando Logístico e de Infra-estruturas subordinado ao Comando Superior das FADM;
   e) As nomeações para o Comando Superior das FADM e para os Comandos dos três ramos das FADM e o Comando Logístico serão propostas pela CCFADM e aprovadas pela CSC;

f) Até à tomada de posse do novo Governo, o Comando Superior das FADM será assistido pelo Estado-Maior General, com departamentos chefiados por oficiais generais ou oficiais superiores propostos pela CCFADM e aprovados pela CSC.

3. Comando do Exército, Força Aérea, Marinha e Comando Logístico:

O Comando Superior das FADM terá sob sua dependência os Comandos dos três ramos (Exército, Força Aérea e Marinha) e o Comando Logístico, os quais serão assim articulados:

a) Comando do Exército:

1. A estrutura de Comando do Exército integrará as Regiões Militares na dependência directa do Comandante do Exército, com funções a definir, mas que poderão incluir a organização e preparação das forças, instrução, justiça, disciplina e apoio logístico às forças atribuídas.

2. Cada Região Militar será comandada por um Comandante com a patente de General, assistido por um Segundo Comandante.

3. As sedes dos Quartéis Generais das Regiões Militares serão propostas pelo Comando do Exército e aprovadas pelo CS.

b) Comando da Força Aérea:

A Força Aérea será constituída tomando em consideração a formação e a capacitação profissional dos efectivos provenientes da Força Aérea existente e das forças da RENAMO, em conformidade com o determinado por directivas da CCFADM.

c) Comando da Marinha:

A Marinha será constituída, tomando em consideração a formação e a capacitação profissional dos efectivos provenientes da Marinha existente e das forças da RENAMO, em conformidade com o determinado por directivas da CCFADM.

d) Comando Logístico e de Infra-estruturas:

1. Na dependência directa do Comando Superior das FADM será criado o Comando Logístico e de Infra-estruturas.

2. O Comando Logístico e de Infra-estruturas terá por função geral planear e propor o apoio administrativo-logístico às FADM (Exército, Força Aérea e Marinha) e garantir a sua execução através dos serviços gerais das FADM. Será em particular, responsável pela logística de produção e aquisição.

3. O Comando Logístico e de Infra-estruturas será comandado por um General, assistido por um Segundo Comandante e por um Estado-Maior que, inicialmente, incluirá as seguintes Repartições:

– Infra-estruturas;
– Serviços Gerais;
– Equipamento;
– Finanças.

4. O Comando de Logística e de Infra-estruturas terá sob o seu comando as unidades de apoio que lhe forem atribuídas.

iv. Calendarização do Processo
a) A formação das FADM iniciar-se-á com as seguintes nomeações:
   – da CCFADM, antes da entrada em vigor do cessar-fogo (Dia E);
   – do Comando Superior das FADM, no dia E + 1;
   – dos comandantes dos três ramos e do comando logístico;
   – dos comandantes das Regiões Militares;
   – dos comandantes das unidades.
b) Imediatamente após a nomeação de cada comando serão organizados os Estados-Maiores.
c) O sistema de apoio administrativo-logístico será organizado tomando em conta a nova dimensão das FADM, de acordo com o princípio de utilização ou de transformação das estruturas actualmente existentes, em conformidade com os planos do CS das FADM, aprovados pela CCFADM.

v. Assistência Técnica de Países Estrangeiros
As Partes informarão os mediadores, até 7 (sete) dias após a assinatura do Protocolo do Cessar-Fogo, os Países que serão convidados a prestar assistência ao processo de formação das FADM.

II – Retirada das tropas estrangeiras do território moçambicano

1. A retirada das tropas estrangeiras do território moçambicano iniciar-se-á após a entrada em vigor do cessar-fogo (Dia E).

O Governo da República de Moçambique compromete-se a negociar a retirada completa das forças e contingentes estrangeiros do território moçambicano com os Governos dos respectivos países.

As modalidades e o prazo da retirada não deverão contrariar qualquer disposição do Acordo de cessar-fogo ou do Acordo Geral de Paz.

2. O Governo da República de Moçambique apresentará à CSC os termos e os planos de implementação da retirada, especificando os efectivos exactos existentes no território moçambicano e a sua localização.

3. A retirada completa das forças e contingentes estrangeiros do território moçambicano será fiscalizada e verificada pela Comissão do Cessar-Fogo (CCF), referida no número VI, i, 2 deste Protocolo. A CCF informará a CSC da conclusão da retirada completa das forças estrangeiras do território nacional.

4. De acordo com o seu mandato a CSC, através da CCF, assumirá, após a retirada das tropas estrangeiras, a imediata responsabilidade pela verificação e implementação da segurança das linhas estratégicas e comerciais, adoptando as medidas que considerar necessárias.

III – Actividades de grupos armados privados e irregulares

1. Com a excepção do previsto no n.º 3, os grupos armados, paramilitares, privados e irregulares que se encontrem em actividade no dia da entrada em vigor do cessar-fogo serão extintos e proibida a constituição de novos grupos da mesma natureza.

2. A CCF fiscalizará e verificará a extinção dos grupos armados, privados e irregulares e recolherá as suas armas e munições. A CSC decidirá o destino final a dar às armas e às munições recolhidas.

3. A CSC poderá autorizar, a título temporário, a continuação da existência de organizações de segurança para garantir, durante o período entre o cessar-fogo e a tomada de posse do novo Governo, a segurança de determinadas infra-estruturas públicas ou privadas.

4. Estas organizações de segurança poderão ser autorizadas a utilizar armas no desempenho das suas funções. As actividades dessas organizações serão fiscalizadas pela CCF.

IV – Funcionamento do SNASP

1. As partes concordam ser imprescindível a continuação em funcionamento dum serviço de informações do Estado durante o período entre a entrada em vigor do cessar-fogo e a tomada de posse do novo Governo, para garantir a disponibilização de informações estratégicas necessárias ao Estado e para a protecção da soberania e independência da República de Moçambique.

2. Para os efeitos acima indicados as Partes concordam que o Serviço de Informações e Segurança do Estado (SISE), criado pela Lei n.º 2/91, de 23 de Agosto, continuará a exercer as suas funções na directa subordinação ao Presidente da República de Moçambique, e sujeito aos seguintes princípios:

3. O SISE deverá:

a) Executar as suas tarefas e funcionar estritamente em acordo com o espírito e a letra dos princípios democráticos internacionalmente reconhecidos;

b) Respeitar os Direitos Civis e Políticos dos cidadãos, bem como os Direitos Humanos e as Liberdades Fundamentais internacionalmente reconhecidos;

c) Desempenhar as suas funções norteando-se pelo interesse do Estado e do bem comum, de forma alheia a toda a consideração partidária; ideológica ou de posição social, ou qualquer outra forma de discriminação;

d) Actuar sempre e em todos os aspectos, em conformidade com os termos e o espírito do Acordo Geral de Paz;

4. O SISE é composto, a todos os níveis de serviço, por cidadãos seleccionados na base de critérios que se conformem com os princípios acima citados.

5. a) As medidas tomadas pelo SISE, bem como todas as actuações dos seus agentes, estarão sempre condicionadas pela Lei em vigor na República de Moçambique, e pelos princípios acordados nos termos do Acordo Geral de Paz;

b) As actividades e atribuições do SISE ficarão limitadas à produção de informações requeridas através do Presidente da República, dentro dos limites autorizados pelo ordenamento jurídico, e no estrito respeito dos princípios do Estado de Direito e dos Direitos Humanos e das Liberdades

Fundamentais. As informações assim obtidas não poderão ser usadas em nenhum caso para limitar o exercício dos direitos democráticos dos cidadãos ou para favorecer qualquer partido político;
c) Em nenhum caso poderão ser atribuídas ao SISE funções policiais.

6. O Director-Geral e o Vice-Director-Geral do SISE são nomeados pelo Presidente da República de Moçambique.

7. *a)* A fim de verificar que as actuações do SISE não violam a legalidade ou não se traduzem em violação dos direitos políticos dos cidadãos será criada uma Comissão Nacional de Informação (COMINFO);

b) A COMINFO será composta por 21 membros que pelas suas características profissionais e pessoais e pela sua actuação no passado, dêem garantias de equilíbrio, efectividade e independência em relação a todos os Partidos Políticos;

c) A COMINFO será constituída pelo Presidente da República de Moçambique num prazo de quinze dias após a entrada em vigor do Acordo Geral de Paz, e será composta por seis cidadãos apresentados pela RENAMO, seis apresentados pelo Governo, e nove resultantes das consultas que o Presidente da República fará junto das forças políticas do país e entre cidadãos com as características indicadas na alínea *b*);

d) A COMINFO terá plenos poderes para investigar qualquer assunto relacionado com a actuação do SISE tida como contrária à legalidade e aos princípios contidos nos n.ᵒˢ 1, 2, 3 e 5. O pedido de investigação poderá ser rejeitado somente por uma maioria de dois terços dos seus componentes;

e) A COMINFO fornecerá à CSC os relatórios e esclarecimentos que esta Comissão venha a solicitar;

f) A COMINFO dará conhecimento às instituições competentes do Estado das anomalias encontradas para que estas tomem as medidas policiais ou disciplinares adequadas.

V – Despartidarização e reestruturação das Forças Policiais

1. Durante o período entre a entrada em vigor do cessar-fogo e a tomada de posse do novo Governo, a Polícia da República de Moçambique (PRM) continuará a exercer as suas funções sob responsabilidade do Governo.

2. A Polícia da República de Moçambique deverá:
a) Executar as suas tarefas e funcionar estritamente de acordo com o espírito e a letra dos princípios democráticos internacionalmente reconhecidos;
b) Respeitar os Direitos Civis e Políticos dos cidadãos, bem como os Direitos Humanos e as Liberdades Fundamentais internacionalmente reconhecidos;
c) Desempenhar as suas funções norteando-se pelo interesse do Estado e do bem comum, de forma alheia a toda a consideração partidária, ideológica ou de posição social, ou qualquer outra forma de discriminação;

d) Actuar sempre em conformidade com os termos e o espírito do Acordo Geral de Paz;

e) Agir sempre com imparcialidade e isenção em relação a todos os Partidos Políticos.

3. A PRM é composta por cidadãos seleccionados na base de critérios que se conformem com os princípios acima citados.

4. A PRM tem como tarefas fundamentais:

a) Assegurar o respeito e a defesa da lei;

b) Preservar a ordem e tranquilidade públicas, prevenindo e reprimindo o crime;

c) Garantir a existência de um clima de estabilidade e harmonia sociais.

5. *a)* As medidas tomadas pela PRM, bem como todas as actuações dos seus agentes, são sempre condicionadas pelas leis e normas legais em vigor na República de Moçambique, e pelos princípios acordados nos termos do Acordo Geral de Paz;

b) As actividades e atribuições da PRM serão realizadas dentro dos limites autorizados pelo ordenamento jurídico, mas no estrito respeito pelo princípio do Estado de Direito e dos Direitos Humanos e das Liberdades Fundamentais. Estas actividades não poderão ser orientadas em nenhum caso para limitar o exercício dos direitos democráticos dos cidadãos ou para favorecer qualquer partido político.

6. O Comandante-Geral e o Vice-Comandante-Geral da PRM são nomeados pelo Presidente da República de Moçambique.

7. *a)* A fim de verificar que as actuações da PRM não violem a legalidade ou não se traduzam em violação dos direitos políticos dos cidadãos, será criada uma Comissão Nacional de Assuntos Policiais (COMPOL);

b) A COMPOL será composta por 21 membros que não podem fazer parte dos quadros da PRM e que pelas suas características profissionais e pessoais e pela sua actuação no passado, dêem garantias de equilíbrio, efectividade e independência em relação a todos os partidos políticos;

c) A COMPOL será constituída pelo Presidente da República de Moçambique num prazo de quinze dias após a entrada em vigor do Acordo Geral de Paz, devendo a sua composição integrar seis membros apresentados pela RENAMO; seis apresentados pelo Governo e nove, resultantes das consultas feitas pelo Presidente da República junto das forças políticas do País e entre cidadãos com características referidas na alínea *b)*;

d) A COMPOL terá plenos poderes para investigar qualquer assunto relacionado com a actuação da PRM tida como contrária à legalidade e aos princípios contidos nos n.ᵒˢ 1, 2, 4 e 5. Ao tomar conhecimento do assunto a Comissão fará uma análise interna preliminar para determinar se este se enquadra no âmbito das actividades da Polícia. A Comissão tomará a decisão de proceder às investigações desde que haja acordo de mais de metade dos seus membros.

e) A COMPOL dará sistematicamente relatórios das suas actividades à CSC;

f) A COMPOL dará conhecimento às instituições competentes do Estado das anomalias encontradas para a tomada das medidas judiciais ou disciplinares adequadas.

VI – Reintegração económica e social dos militares desmobilizados

i. Desmobilização

1. Entende-se por desmobilização das FAM e das forças da RENAMO o processo pelo qual, por decisão das respectivas Partes, passam, para todos os efeitos, à situação de civis, militares que no Dia E integravam estas forças.

2. Comissão do Cessar-Fogo:

a) No Dia E, e na dependência directa da CSC, será criada e entrará em funções a Comissão do Cessar-Fogo (CCF).

b) A CCF será composta por representantes do Governo, da RENAMO, dos países convidados e das Nações Unidas. A CCF será presidida pelas Nações Unidas.

c) A CCF terá a sua sede em Maputo e estruturar-se-á da seguinte forma:
 – delegações regionais (Norte, Centro e Sul);
 – delegações nos locais de reunião e de acomodação de ambas as partes.

d) A CCF terá, entre outras, a missão de implementar o processo de desmobilização, com as seguintes tarefas:
 – planeamento e organização;
 – regulamentação de procedimentos;
 – direcção e supervisão;
 – registo do pessoal a ser desmobilizado e emissão dos respectivos cartões de identidade;
 – recolha, registo e guarda do armamento, munições, explosivos, equipamentos, uniformes e documentação;
 – destruir ou decidir de outro destino a dar às armas, munições, explosivos, equipamentos, uniformes e documentação, conforme acordado pelas partes;
 – exames médicos;
 – emissão de certificados de desmobilização.

e) As Nações Unidas assistirão à implementação, verificação e fiscalização de todo o processo de desmobilização.

3. Calendarização

Dia E: instalação e início de funções da CCF.

Dia E + 30: definição, por ambas as Partes, dos efectivos a desmobilizar, activação das estruturas de desmobilização e início do processo.

Dia E + 60: desmobilização, no mínimo, de 20% dos efectivos totais a desmobilizar.

Dia E + 90: desmobilização, no mínimo, de mais 20% dos efectivos totais a desmobilizar.

Dia E + 120: desmobilização, no mínimo, de mais 20% dos efectivos totais a desmobilizar.

Dia E + 150: desmobilização, no mínimo, de mais 20% dos efectivos totais a desmobilizar.

Dia E + 180: fim da desmobilização dos efectivos a desmobilizar.

ii. Reintegração

1. Entende-se por militar desmobilizado o indivíduo que:
   – até ao Dia E integrava as FAM ou as Forças da RENAMO;
   – a partir do Dia E foi desmobilizado, por decisão do respectivo comando, tendo feito entrega do armamento, munição, equipamento, uniforme e documentação que possuir;
   – tenha sido registado e tenha recebido o respectivo cartão de identidade;
   – tenha recebido o certificado de desmobilização.

Para todos os efeitos, os militares desmobilizados de ambas as Partes passarão a ser civis e receberão tratamento igual perante o Estado.

2. Comissão de Reintegração

a) É criada a Comissão de Reintegração (CORE). A CORE funcionará na dependência directa da CSC e iniciará as suas funções no Dia E.

b) A CORE será composta por representantes do Governo e da RENAMO, por representantes dos países convidados, por um representante das Nações Unidas, que a ela presidirá assim como representantes de outras organizações internacionais.

c) A CORE terá a sua sede em Maputo e estruturar-se-á da seguinte forma:
   – delegações regionais (Norte, Centro a Sul);
   – delegações provinciais em cada Capital de Província.

d) A CORE terá a missão de implementar a reintegração económica e social dos militares desmobilizados, executando, para o efeito, as seguintes tarefas:
   – planeamento e organização;
   – regulamentação dos procedimentos;
   – direcção e supervisão;
   – fiscalização.

3. Recursos

A reintegração económica e social dos militares desmobilizados (subsídios de desmobilização, formação técnica e/ou profissional, transporte, etc.) dependerá dos recursos disponibilizados no âmbito da Conferência de Doadores, tal como referido no ponto 6 da Agenda Acordada no dia 28 de Maio de 1991.

E, para constar, as partes decidiram assinar o presente Protocolo.

Pela Delegação do Governo da República de Moçambique, *Armando Emílio Guebuza.*

Pela Delegação da RENAMO, *Raul Manuel Domingos.*

I – Acordo Geral de Paz

Os Mediadores: On. *Mario Raffaelli*, D. *Jaime Gonçalves*. Professor *Andrea Riccardi*, D. *Matteo Zuppi*.
S. Egídio, Roma, aos 4 de Outubro de 1992.

PROTOCOLO V
Das garantias

No dia 4 de Outubro de 1992, a Delegação do Governo da República de Moçambique, chefiada por Armando Emílio Guebuza, Ministro dos Transportes e Comunicações, e composta por Mariano de Araújo Matsinha, Ministro sem Pasta, Aguiar Mazula, Ministro da Administração Estatal, Teodato Hunguana, Ministro do Trabalho, Tenente-General Tobias Dai, Francisco Madeira, Assessor Diplomático do Presidente da República, Brigadeiro Aleixo Malunga, Coronel Fideles de Sousa, Major Justino Nrepo, Major Eduardo Lauchande, e a Delegação da RENAMO, chefiada por Raul Manuel Domingos, Chefe do Departamento da Organização, e composta por José de Castro, Chefe do Departamento das Relações Exteriores, Agostinho Semende Murrial, Chefe do Departamento da Informação, José Augusto Xavier, Director-Geral do Departamento da Administração Interna, Major-General Hermínio Morais, Coronel Fernando Canivete, Tenente-Coronel Arone Julai, Tenente António Domingos, reunidas em Roma, na presença dos mediadores, On. Mario Raffaelli, representante do Governo italiano e coordenador dos mediadores, D. Jaime, Gonçalves, Arcebispo da Beira, professor Andrea Riccardi e D. Matteo Zuppi, da Comunidade de S. Egídio, e dos observadores das Nações Unidas e dos Governos dos Estados Unidos da América, da França, da Grã-Bretanha e de Portugal, abordaram o ponto 5 da Agenda Acordada no dia 28 de Maio de 1991, intitulado «Garantias», e acordaram no seguinte:

I – Calendário de implementação do processo eleitoral
1. As eleições da Assembleia da República e do Presidente da República serão realizadas em simultâneo e terão lugar um ano após o dia da assinatura do Acordo Geral de Paz, conforme previsto no Protocolo III.
2. Para além do estabelecido no Protocolo III, as Partes acordam ainda no seguinte:
   a) Até ao dia E + 60 o Governo constituirá a Comissão Nacional de Eleições prevista no Protocolo III;
   b) Logo após a assinatura do Acordo Geral de Paz, o Governo, para efeitos do previsto no Protocolo III, solicitará apoio técnico e material às Nações Unidas e à OUA;
   c) O Governo elaborará a Lei Eleitoral em consulta com a RENAMO e com os outros partidos no período máximo de 2 (dois) meses a partir da adopção, pela Assembleia da República, dos instrumentos legais que incorporam na Lei moçambicana os Protocolos e as garantias, assim como o

Acordo Geral de Paz. A aprovação e publicação desta Lei Eleitoral ocorrerão num prazo não superior a um mês após a conclusão da sua elaboração;

d) Até 60 dias após a assinatura do Acordo Geral de Paz, o Governo e a RENAMO acordarão quanto aos observadores a convidar para o processo eleitoral. O Governo formulará os respectivos convites;

e) A campanha eleitoral iniciar-se-á 45 dias antes da data das eleições;

f) Até à data do início da campanha eleitoral todos os partidos concorrentes deverão estar já registados, e deverão já ter apresentado as suas listas de candidatos bem como os respectivos símbolos;

g) Até à data do início da campanha eleitoral os candidatos à Presidência da República deverão ter apresentado as suas candidaturas em conformidade com os requisitos previstos na lei;

h) A campanha eleitoral terminará 48 horas antes do início da votação;

i) A Assembleia da República eleita tomará posse 15 (quinze) dias após a publicação dos mapas dos resultados eleitorais. Os mapas dos resultados eleitorais serão publicados no prazo máximo de 8 (oito) dias após o encerramento da votação;

j) O Presidente da República eleito será investido no cargo uma semana depois da tomada de posse da Assembleia da República eleita.

II – Comissão de supervisão do cessar-fogo e de controlo do respeito e implementação dos acordos entre as Partes no quadro destas negociações: sua composição e competências

1. Nos termos do Protocolo I é criada a Comissão de Supervisão e Controlo (CSC), que entrará em funções com a nomeação do seu Presidente pelo Secretário-Geral das Nações Unidas.

2. Esta Comissão será composta pelos representantes do Governo, da RENAMO, das Nações Unidas, da OUA e dos países a acordar entre as Partes. A Comissão será presidida pela ONU e terá a sua sede em Maputo.

3. As decisões da CSC serão tomadas por consenso de ambas as Partes.

4. A CSC elaborará o seu próprio Regulamento de funcionamento e sempre que achar oportuno poderá criar subcomissões, para além das previstas no n.º II, 7 do presente Protocolo.

5. A CSC, em particular:

a) Garantirá a implementação das disposições contidas no Acordo Geral de Paz;

b) Garantirá o respeito do calendário previsto para o cessar-fogo a para a realização das eleições;

c) Responsabilizar-se-á pela interpretação autêntica dos acordos;

d) Dirimirá litígios que surjam entre as Partes;

e) Orientará e coordenará as actividades das Comissões subordinadas referidas no n.º II, 7 deste Protocolo.

I – Acordo Geral de Paz

6. A CSC cessará as suas funções com a tomada de posse do novo Governo.
7. À CSC estão subordinadas as seguintes Comissões:
a) Comissão Conjunta para a Formação das Forças Armadas de Defesa de Moçambique (CCFADM):
As suas competências são as definidas no ponto I, iii do Protocolo IV, sobre a Formação das Forças Armadas de Defesa de Moçambique.
A CCFADM será composta pelos representantes das Partes e dos Governos escolhidos pelas Partes antes da assinatura do Acordo Geral de Paz para prestar assistência ao processo de formação das FADM em conformidade com o previsto no Protocolo IV, I.
b) Comissão de Cessar-Fogo (CCF);
A sua composição e competências são as constantes do Protocolo IV, VI e do Protocolo VI, I.
c) Comissão de Reintegração (CORE):
A sua composição e competências são as definidas no Protocolo IV, VI.

III – Garantias específicas para o período que vai do cessar-fogo à realização das eleições

1. O Governo da República de Moçambique enviará um pedido formal às Nações Unidas solicitando a participação destas na fiscalização e garantia da implementação do Acordo Geral de Paz, em particular do Cessar-Fogo e do processo eleitoral, dando prioridade imediata à coordenação e à disponibilização de alimentos, assistência médica e todo o tipo de apoio indispensável aos locais de reunião e acomodação das forças conforme o previsto no Protocolo VI.

2. Com os meios à sua disposição e com a ajuda da Comunidade Internacional o Governo da República de Moçambique disponibilizará à CSC e às suas Comissões subordinadas à logística necessária ao seu funcionamento,

3. O Governo da República de Moçambique enviará os pedidos formais aos Governos e organizações que terão sido escolhidos, pelas duas Partes, para participarem nas Comissões acima acordadas.

4. Os meios e as instalações previstas nos termos do Protocolo HUM, serão disponibilizados pelo Governo da República de Moçambique, a partir da adopção do Acordo Geral de Paz na Lei moçambicana pela Assembleia da República. A parte principal de tal processo, dever-se-á concluir até ao Dia E.

5. O Comité previsto na Declaração do dia 16 de Julho de 1992 exercerá as suas funções até à tomada de posse da CSC. A CSC poderá eventualmente decidir do prolongamento das actividades do referido Comité, estabelecendo para o efeito as normas da actuação.

6. O Governo da República de Moçambique elaborará, em concordância com a RENAMO e com os respectivos organismos das Nações Unidas, nos termos do Protocolo III, o plano de assistência aos refugiados e deslocados, o qual deverá ser apresentado à Conferência de doadores, cuja realização se encontra acordada no Protocolo VII.

7. Após a entrada em vigor do cessar-fogo até à tomada de posse do novo Governo, não será consentido o ingresso de tropas ou contingentes estrangeiros no território moçambicano, à excepção de casos a acordar pela CSC.

8. A RENAMO será responsável pela segurança pessoal imediata dos seus mais altos dirigentes. O Governo da República de Moçambique concederá estatuto policial aos elementos da RENAMO encarregados de garantir aquela segurança.

9. Garantia da legalidade, estabilidade e tranquilidade em todo o território da República de Moçambique:

   a) As partes reconhecem que a Administração Pública na República de Moçambique durante o período entre a entrada em vigor do cessar-fogo e a tomada de posse do novo Governo continuará a obedecer à Lei em vigor e a ser exercida através das instituições previstas pela Lei;

   b) A Administração Pública deve garantir a tranquilidade e estabilidade públicas, zelar pela manutenção da paz e pela criação do clima necessário para a realização das eleições gerais e presidenciais justas e livres conforme previsto no Acordo Geral de Paz e na Lei Eleitoral;

   c) Ambas as partes se comprometem a garantir que as leis e normas legais da República de Moçambique bem como os Direitos Cívicos e Políticos dos cidadãos, os Direitos Humanos e as Liberdades Fundamentais serão respeitados e garantidos em todas as partes do território nacional em conformidade com o Protocolo I de 18 de Outubro de 1991;

   d) Para garantir maior tranquilidade e estabilidade no período que vai da entrada em vigor do cessar-fogo até à tomada de posse do novo Governo, as partes acordam no princípio de que as instituições previstas pela lei para o exercício da administração pública nas zonas controladas pela RENAMO deverão fazer uso unicamente de cidadãos nelas residentes podendo estes ser membros da RENAMO. O Estado deverá dar a tais cidadãos e às instituições que dirigem, respeito, tratamento e apoio necessários para o exercício das suas funções, na base da estrita igualdade e sem quaisquer discriminações em relação a outras que exercem funções análogas e instituições do mesmo nível em outras zonas do País. O relacionamento entre o Ministério da Administração Estatal e a administração nas zonas controladas pela RENAMO será feito através de uma Comissão Nacional, composta pelas partes para facilitar a colaboração e o bom entendimento. A referida Comissão será composta por 4 representantes de cada uma das partes e entrará em funções 15 (quinze) dias após a assinatura do Acordo Geral de Paz;

   e) O Governo compromete-se a respeitar e a não antagonizar as estruturas e autoridades tradicionais onde elas estejam actualmente de facto exercendo tal autoridade, permitindo a sua substituição apenas nos casos exigidos pelos próprios procedimentos da tradição local;

   f) O Governo compromete-se a não realizar eleições de localidade, de posto administrativo, de distrito ou de província em antecipação das próximas eleições gerais;

g) As partes comprometem-se a garantir em todo o território nacional o exercício dos direitos e liberdades democráticos por todos os cidadãos bem como a realização do trabalho partidário por todos os Partidos Políticos;

h) As partes garantem às Comissões previstas no Acordo Geral de Paz, aos representantes e funcionários das Instituições do Estado previstas na lei e seus funcionários, acesso a qualquer lugar do território nacional para onde tiverem necessidade de se deslocar em serviço bem como o exercício do direito à livre circulação em todos os lugares não restritos por qualquer medida, diploma ou norma legal.

IV – Questões constitucionais

A Declaração Conjunta do dia 7 de Agosto de 1992, assinada por Joaquim Alberto Chissano, Presidente da República de Moçambique, e Afonso Macacho Marceta Dhlakama, Presidente da RENAMO, é parte integrante do Acordo Geral de Paz. Nesta conformidade, os princípios contidos no Protocolo I são válidos também relativamente ao problema das garantias constitucionais levantado pela RENAMO e ilustrado no Documento apresentado ao Presidente da República do Zimbabwe, Robert Gabriel Mugabe, aos 4 de Julho de 1992, em Gaberone, Botswana.

Com este fim, o Governo da República de Moçambique submeterá à Assembleia da República, para adopção, os instrumentos legais incorporando os Protocolos, as garantias, assim como o Acordo Geral de Paz, na Lei moçambicana.

E, para constar, as partes decidiram assinar o presente Protocolo.

Pela delegação do Governo da República de Moçambique, *Armando Emílio Guebuza*. – Pela delegação da RENAMO, *Raul Manuel Domingos*.

Os mediadores: On. *Mario Raffaelli, D. Jaime Gonçalves,* prof. *Andrea Riccardi, D. Matteo Zuppi.*

S. Egídio, Roma, aos 4 de Outubro de 1992.

PROTOCOLO VI
Do Cessar-Fogo

No dia 4 de Outubro de 1992, a Delegação do Governo da República de Moçambique, chefiada por Armando Emílio Guebuza, Ministro dos Transportes e Comunicações, e composta por Mariano de Araújo Matsinha, Ministro sem Pasta, Aguiar Mazula, Ministro da Administração Estatal, Teodato Hunguana, Ministro do Trabalho, Tenente-General Tobias Dai, Francisco Madeira, Assessor Diplomático do Presidente da República, Brigadeiro Aleixo Malunga, Coronel Fideles de Sousa, Major Justino Nrepo, Major Eduardo Lauchande, e a Delegação da RENAMO, chefiada por Raul Manuel Domingos, Chefe do Departamento da Organização, e composta por José de Castro, Chefe do Departamento das Relações Exteriores, Agostinho Semende Murrial, Chefe do Departamento da Informação, José Augusto Xavier, Director-Geral do Departamento Administração Interna, Major--General Hermínio Morais, Coronel Fernando Canivete, Tenente-Coronel Arone Julai, Tenente António Domingos, reunidas em Roma, na presença dos mediadores, On. Mario Raffaelli, representante do Governo italiano e o coordenador dos mediadores, D. Jaime Gonçalves, Arcebispo da Beira, professor Andrea Riccardi e D. Matteo Zuppi, da Comunidade de S. Egídio, e dos observadores das Nações Unidas e dos Governos dos Estados Unidos da América, da França, da Grã-Bretanha e de Portugal, abordaram o ponto 4 da Agenda Acordada no dia 28 de Maio de 1991, intitulado «Cessar-Fogo», e acordaram no seguinte:

I – Termo do Conflito Armado

1. O Termo do Conflito Armado (TCA) é um processo irreversível, curto, dinâmico e de duração pré-determinada, que se deve aplicar a todo o território nacional de Moçambique.

A execução do processo será da responsabilidade do Governo da República de Moçambique e da RENAMO, actuando no âmbito da Comissão de Cessar--Fogo (CCF), a qual se subordina funcionalmente à CSC, órgão responsável pelo controlo político global do cessar-fogo.

A CCF será composta por representantes do Governo e da RENAMO, por representantes dos países por estes aceites e por um representante das Nações Unidas que a ela presidirá.

2. A CCF, que será estruturada nos termos do Protocolo IV, VI, 1, 2, tem como funções:
   – Planificar, verificar e garantir a implementação das normas do cessar-fogo;
   – Definir itinerários dos movimentos das forças para reduzir riscos de incidentes;
   – Organizar e implementar as operações de desminagem;
   – Analisar e verificar a exactidão dos dados estatísticos fornecidos pelas Partes sobre pessoal, armamento e equipamento militar;
   – Receber, analisar e decidir sobre queixas ou reclamações sobre eventuais violações ao cessar-fogo;
   – Efectuar a necessária articulação com os órgãos do sistema de verificação das Nações Unidas;
   – As previstas nos pontos II, III e VI do Protocolo IV.

3. O TCA começará no dia E e terminará no dia E + 180.

4. O TCA compreende 4 (quatro) fases:
   – cessar-fogo;
   – separação das forças;
   – concentração das forças;
   – desmobilização.

5. O cessar-fogo.

As partes concordam que:

a) O cessar-fogo entrará em vigor no Dia E.

O Dia E é o dia da adopção do Acordo Geral de Paz pela Assembleia da República, incorporando-o na Lei moçambicana. Neste mesmo dia, iniciar-se-á o desdobramento dos efectivos das Nações Unidas no território moçambicano para a verificação do cessar-fogo.

b) A partir do Dia E nenhuma das Partes realizará qualquer operação ou acto hostil por meio de forças ou indivíduos sob seu controlo. Desse modo, não poderão:
– empreender qualquer tipo de ataque, por terra, por mar ou por ar;
– realizar patrulhas ou manobras ofensivas:
– ocupar novas posições;
– colocar minas e impedir acções de desminagem;
– interferir nas comunicações militares;
– realizar operações de reconhecimento de qualquer tipo;
– realizar actos de sabotagem e terrorismo;
– adquirir ou receber material letal;
– levar a cabo actos de violência contra a população civil;
– restringir e impedir injustificadamente à livre circulação de pessoas e bens;
– levar a cabo qualquer outra actividade militar que, a juízo da CCF e das Nações Unidas, possa perturbar o cessar-fogo.

Para cumprir a sua missão, a CCF e as Nações Unidas gozarão de completa liberdade de movimentos em todo o território do Moçambique.

c) No Dia E, as Nações Unidas darão início à verificação oficial do compromisso descrito na alínea b), investigando qualquer alegada violação do cessar-fogo. Toda a violação devidamente comprovada será denunciada pelas Nações Unidas ao nível apropriado;

d) A partir da data da assinatura do Acordo Geral de Paz até ao Dia E, as duas Partes acordam em observar uma cessação completa das hostilidades e das actividades descritas na alínea b), a fim de permitir às Nações Unidas o desdobramento dos seus efectivos no território para verificar todos os aspectos do TCA a partir do Dia E.

6. A separação das forças.

As partes concordam que:

a) A finalidade da separação das forças é a de reduzir os riscos de incidentes, fortalecer a confiança e permitir que as Nações Unidas tenham condições para verificar, eficazmente, os compromissos assumidos pelas partes;

b) A separação das forças terá a duração de 6 (seis) dias, do Dia E ao Dia E + 5;

c) Nesse período, as FAM dirigir-se-ão aos quartéis, bases, instalações semifixas existentes ou aos outros lugares discriminados no Anexo A;
d) Ao mesmo tempo, as forças da RENAMO dirigir-se-ão aos locais discriminados no Anexo B;
e) A identificação dos locais constantes dos anexos acima referidos é a acordada entre as Partes e as Nações Unidas até 7 (sete) dias após a assinatura do Acordo Geral de Paz, especificando a localização e o nome dos 29 locais de reunião e acomodação das FAM, assim como os 20 das forças da RENAMO;
f) Desse modo, até às 24.00 horas do Dia E + 5, as FAM e as forças da RENAMO deverão estar nos locais discriminados nos anexos A e B, respectivamente;
g) Todos os movimentos realizar-se-ão sob a supervisão e a coordenação das Nações Unidas. Nenhuma das partes poderá impedir ou pôr em perigo os movimentos das forças da outra Parte. As Nações Unidas supervisionarão todos os locais discriminados nos anexos A e B, e, a partir do Dia E estarão em princípio presentes durante as 24 horas do dia em cada um dos locais discriminados, a partir do Dia E;
h) Nesse período de 6 (seis) dias, nenhuma força ou indivíduo poderá sair dos locais de reunião e acomodação, a não ser para assistência médica ou outro motivo humanitário, mas sempre sob autorização e controlo das Nações Unidas. Em cada local o Comandante das tropas será responsável pela manutenção da ordem e da disciplina, e de que essas tropas se conduzam conforme os princípios e o espírito deste Protocolo.

7. A concentração das forças.

As partes acordam em que:
a) A concentração das forças iniciar-se-á no Dia E + 6 e terminará no Dia E + 30;
b) Nesse período, as FAM concentrar-se-ão nos quartéis e nas bases militares normais para tempo de paz, discriminados no Anexo C;
c) Ao mesmo tempo, as forças da RENAMO dirigir-se-ão para os locais de reunião e acomodação discriminados no anexo D;
d) Todos os movimentos realizar-se-ão sob a supervisão e a coordenação das Nações Unidas, e as suas condições serão as mesmas que as estabelecidas na separação das forças;
e) Todas as principais instituições militares de ambas as partes que não se possam deslocar para os locais de reunião e acomodação tais como hospitais militares, unidades logísticas, instalações de treino, serão sujeitas a verificação no lugar onde se encontram. Estes locais deverão ser igualmente identificados até 7 (sete) dias após a Assinatura do Acordo Geral de Paz;
f) Cada local de reunião e acomodação será dirigido por um Comandante Militar designado pela Parte respectiva. O Comandante Militar é respon-

I – Acordo Geral de Paz

sável pela manutenção da ordem e disciplina das tropas, pela distribuição da comida e pela ligação com os órgãos de verificação e fiscalização do cessar-fogo.
Em caso de incidente ou violação do cessar-fogo o Comandante Militar deve tomar medidas imediatas com vista a evitar a escalada e fazer cessar o incidente ou a violação. Qualquer incidente ou violação será comunicado a estrutura de comando de escalão superior e aos órgãos de verificação e fiscalização do cessar-fogo;

g) A segurança de cada local de reunião e acomodação é acordada entre o respectivo Comandante e a CCF, com conhecimento das Nações Unidas. A unidade militar estacionada em cada local garante a sua própria segurança. Cada local de reunião e acomodação terá uma extensão máxima de 5 km de raio. Apenas poderão ser distribuídas as armas individuais e as munições necessárias ao pessoal de serviço de segurança dos locais de reunião e acomodação;

h) Cada local deverá ter a capacidade de acolher um mínimo de mil militares.

8. Desmobilização.
Processar-se-á nos termos do ponto VI do Protocolo IV.

9. Formação das FADM.
Processar-se-á nos termos do ponto I do Protocolo IV.

10. Prescrições diversas.

a) As partes acordam no seguinte:
   1) Entregar às Nações Unidas inventário completos dos efectivos em pessoal, armas, munições, minas e outros explosivos, nos dias E — 6, E, E + 6, E + 30, e, a partir daí, de quinze em quinze dias;
   2) Permitir às Nações Unidas proceder à verificação dos aspectos e datas referidas na alínea anterior;
   3) Que, a partir do Dia E + 31, todas as armas colectivas e individuais, incluindo o armamento de bordo das aeronaves e navios, estarão armazenadas em depósitos, sob controlo das Nações Unidas;
   4) Que, a partir do Dia E + 6, as tropas poderão somente sair dos respectivos locais de reunião e acomodação mediante autorização e sob controlo das Nações Unidas.

b) A partir do Dia E, a Força Aérea e Marinha das Forças Armadas de Moçambique abster-se-ão de qualquer acção ofensiva. Essas forças poderão somente realizar missões de carácter não bélico necessárias ao cumprimento dos seus deveres não relacionados com o conflito armado. Relativamente à Força Aérea, todos os planos de voo deverão ser comunicados, antecipadamente às Nações Unidas. De qualquer modo, as aeronaves não poderão estar armadas e nem sobrevoar os locais de reunião e acomodação;

c) As forças estrangeiras actualmente existentes no território de Moçambique deverão, também, respeitar o cessar-fogo acordado a partir do Dia E. De acordo com o ponto II do Protocolo IV, no Dia E o Governo da

República de Moçambique comunicará às Nações Unidas e à CSC, os planos para a retirada das tropas estrangeiras do território moçambicano. Esses planos incluirão efectivos e dispositivos dessas tropas. A retirada iniciar-se-á no Dia E + 6 e terminará no Dia E + 30. Todos os movimentos deverão ser coordenados e verificados pela CCF;
  d) As partes concordam que, a partir do Dia E, cessarão toda a propaganda hostil, tanto a nível interno como externo;
  e) O controlo das fronteiras a partir do Dia E será garantido pelos serviços de Migração e pela Polícia.

II – Calendário operacional do cessar-fogo
  Dia E: Entrada em vigor do cessar-fogo e início da verificação pelas Nações Unidas.
  Início do Termo do Conflito Armado (TCA).
  Início da fase da Separação das Forças.
  Dia E + 5: Fim da fase da Separação das Forças.
  Dia E + 6: Início da fase da Concentração das Forças.
  Início da retirada das Forças e contingentes estrangeiros do País.
  Dia E + 30: Fim da fase da Concentração das Forças.
  Fim da retirada das Forças e contingentes estrangeiros do País.
  Dia E + 31: Início da fase da Desmobilização
  Dia E + 180: Fim da fase da Desmobilização e do TCA.

III – Libertação de prisioneiros à excepção dos detidos por crimes de delito comum
  1. Todos os prisioneiros que no Dia E eventualmente se encontrem detidos, à excepção dos detidos por crimes de delito comum, serão libertos pelas partes.
  2. O Comité Internacional da Cruz Vermelha, juntamente com as partes, acordará as modalidades e a verificação do processo de libertação dos prisioneiros, referidos no ponto 1.

  E, para constar, as partes decidiram assinar o presente Protocolo.
  Pela delegação do Governo da República de Moçambique, *Armando Emílio Guebuza*. – Pela delegação da RENAMO, *Raul Manuel Domingos*.
  Os mediadores: On *Mario Raffaelli*, D. *Jaime Gonçalves*, Professor *Andrea Riccardi*, D. *Matteo Zuppi*.
  S. Egídio, Roma, aos 4 de Outubro de 1992.

I – Acordo Geral de Paz

PROTOCOLO VII
Da Conferência dos doadores

No dia 4 de Outubro de 1992, a Delegação do Governo da República de Moçambique, chefiada por Armando Emílio Guebuza, Ministro dos Transportes e Comunicações, e composta por Mariano de Araújo Matsinha, Ministro sem Pasta, Aguiar Mazula, Ministro da Administração Estatal, Teodato Hunguana, Ministro do Trabalho, Tenente-General Tobias Dai, Francisco Madeira, Assessor Diplomático do Presidente da República, Brigadeiro Aleixo Malunga, Coronel Fideles de Sousa, Major Justino Nrepo, Major Eduardo Lauchande, e a Delegação da RENAMO, chefiada por Raul Manuel Domingos, Chefe do Departamento da Organização, e composta por José de Castro, Chefe do Departamento das Relações Exteriores, Agostinho Semende Murrial, Chefe do Departamento da Informação, José Augusto Xavier, Director-Geral do Departamento da Administração Interna, Major-General Hermínio Morais, Coronel Fernando Canivete, Tenente--Coronel Arone Julai, Tenente António Domingos, reunidas em Roma, na presença dos mediadores, On. Mario Raffaelli; representante do Governo italiano e coordenador dos mediadores, D. Jaime Gonçalves, Arcebispo da Beira, professor Andrea Riccardi e D. Matteo Zuppi, da Comunidade de S. Egídio, e dos observadores das Nações Unidas e dos Governos dos Estados Unidos da América, da França, da Grã-Bretanha e de Portugal, abordaram o ponto 6 da Agenda Acordada no dia 28 de Maio de 1991, intitulado «Conferência de Doadores, e acordaram no seguinte:

1. As partes decidem solicitar ao Governo italiano a convocação de uma Conferência de países e organizações doadoras para financiamento do processo eleitoral e de programas de emergência e reintegração das populações deslocadas e refugiadas e dos militares desmobilizados.

2. As partes concordam em pedir que, dos fundos concedidos pelos países doadores, uma quota adequada seja posta à disposição dos Partidos Políticos para o financiamento das suas actividades.

3. As partes apelam que a Conferência de Doadores seja convocada até 30 dias após o Dia E. Para além dos países e organizações doadoras serão igualmente convidados a enviar representantes o Governo e a RENAMO.

E, para constar, as partes decidiram assinar o presente Protocolo.
Pela delegação do Governo da República de Moçambique, *Armando Emílio Guebuza.* – Pela delegação da RENAMO, *Raul Manuel Domingos.*
Os mediadores: On. Mario *Raffaelli,* D. Jaime *Gonçalves,* Professor *Andrea Riccardi, D. Matteo Zuppi.*
S. Egídio, Roma, aos 4 de Outubro de 1992.

COMUNICADO CONJUNTO

Teve lugar em Roma, na sede da Comunidade de Santo Egídio, de 8 a 10 de Julho de 1990, um encontro directo entre uma delegação do Governo da República Popular de Moçambique, chefiada pelo Senhor Armando Emílio Guebuza, Ministro dos Transportes e Comunicações e uma delegação da RENAMO, chefiada pelo Senhor Raul Manuel Domingos, Chefe do Departamento das Relações Exteriores.

Presentes ao encontro, na qualidade de observadores, estavam, o On. Mario Raffaelli, representante do Governo da República Italiana, o Prof. Andrea Riccardi e Dom Matteo Zuppi, ambos da Comunidade de Santo Egídio, assim como Dom Jaime Gonçalves, Arcebispo da Beira.

Ambas as delegações, reconhecendo-se como compatriotas e membros da grande família moçambicana, expressaram satisfação e agrado por este encontro directo, aberto e franco, o primeiro a ter lugar entre as duas partes.

As duas delegações manifestaram interesse e vontade de tudo fazerem para levarem a cabo um processo construtivo de busca de uma paz duradoura para o seu país e para o seu povo.

Tendo em consideração os superiores interesses da nação moçambicana, as duas partes concordaram que é necessário que se ponha de lado aquilo que as divide e que se concentre, com prioridade, a atenção naquilo que as une, com vista a criarem uma base comum de trabalho para, no espírito de compreensão e entendimento mútuos, realizarem um diálogo no qual debatam os diferentes pontos de vista.

As duas delegações afirmaram estar prontas a empenhar-se profundamente e no espírito de respeito e compreensão mútuos, na busca de uma plataforma de trabalho para pôr fim à guerra, e criar condições políticas, económicas e sociais que permitam trazer uma paz duradoura e normalizar a vida de todos os cidadãos moçambicanos.

No termo da reunião, as duas delegações decidiram voltar a encontrar-se oportunamente em Roma, na presença dos mesmos observadores. Elas expressaram satisfação e gratidão pelo espírito de amizade, e pela hospitalidade e apoio que lhes foram dispensados pelo Governo italiano e por todos aqueles que contribuíram para tornar possível este encontro,

Feito, aos 10 de Julho de 1990, S. Egídio, Roma.

Pela Delegação do Governo da República Popular de Moçambique, *Armando Emílio Guebuza.*

Pela Delegação da RENAMO, *Raul Manuel Domingos.*

Os mediadores; On. *Mario Raffaelli,* D. *Jaime Gonçalves,* Professor *Andrea Riccardi,* D. *Matteo Zuppi.*

I – Acordo Geral de Paz

ACORDO

Movidos pelo espírito e pelo engajamento recíproco de rapidamente obterem a pacificação de Moçambique, as delegações do Governo da República de Moçambique e da RENAMO, chefiadas respectivamente por Armando Emílio Guebuza, Ministro dos Transportes e Comunicações, e Raul Manuel Domingos, Chefe do Departamento das Relações Exteriores, reuniram-se em Roma, na sede da Comunidade de Santo Egídio, na presença dos mediadores, On. Mario Raffaelli, representante do Governo da República Italiana, D. Jaime Gonçalves, Arcebispo da Beira, professor Andrea Riccardi e D. Matteo Zuppi, em representação da Comunidade de Santo Egídio, e acordaram na necessidade de imediatamente implementarem os entendimentos e conclusões alcançados na discussão do ponto 1 da agenda aprovada no dia 9 de Novembro de 1990 com a designação de «Pre-sença e papel das forças militares do Zimbabwe no período antecedente à proclamação do cessar-fogo», nos seguintes termos:

1. O Governo da República de Moçambique acordará com o Governo da República do Zimbabwe as modalidades de concentração das tropas zimbabweanas ao longo das áreas denominadas por «corredor da Beira» e «corredor do Limpopo», numa extensão mínima de 3 km para fora, a partir das linhas mais externas de cada corredor. Este limite pode ser alterado sob proposta da Comissão Mista de Verificação referida no ponto 3, em conformidade com critérios que garantam maior segurança e eficácia da verificação. A concentração das tropas zimbabweanas nos corredores acima referidos terá início até 15 dias após a assinatura do presente Acordo concluindo-se num prazo de 20 dias após a data limite do início da referida concentração.

1.1. O Governo da República de Moçambique comunicará à mesa das conversações o número limite dos efectivos zimbabweanos a permanecerem nos corredores.

1.2. Durante as operações de concentração as tropas zimbabweanas não poderão ser envolvidas em operações militares de carácter ofensivo.

2. Para facilitar o processo de paz em Moçambique, a RENAMO cessará todas as operações militares ofensivas e ataques nos corredores da Beira e do Limpopo, ao longo das áreas acordadas nos termos do ponto 1.

3. Com o fim de velar pela estrita aplicação do presente Acordo, é criada uma Comissão Mista de Verificação composta por representantes civis e militares designados pelo Governo da República de Moçambique e pela RENAMO, em número de 3 por cada parte, a comunicar aos mediadores até 7 dias após as assinaturas deste Acordo.

O Governo da República do Zimbabwe poderá integrar a Comissão Mista de Verificação com igual número de representantes.

3.1. A Comissão Mista de Verificação será ainda integrada pelos mediadores ou seus representantes, que a ela presidirão, e por 8 países acordados entre as partes.

3.2. A Comissão Mista de Verificação terá a sua sede em Maputo. Periodicamente, ela apresentará relatório à mesa das conversações ou sempre que uma das partes o solicitar.

3.3. A Comissão Mista de Verificação poderá constituir subcomissões com igual composição aptas a verificar «in loco» a aplicação do presente Acordo.

3.4. Os membros da Comissão Mista de Verificação gozarão de imunidades diplomáticas. O Governo da República de Moçambique por um lado, e a RENAMO por outro, garantirão segurança e livre circulação dos membros da Comissão e das subcomissões, bem como dos seus enviados em qualquer área sujeita à aplicação do presente Acordo.

3.5. A Comissão Mista de Verificação acordará, pontualmente, com o Governo da República de Moçambique as medidas de segurança necessárias para os seus membros. O Governo da República de Moçambique fornecerá as instalações para a sede da Comissão Mista de Verificação assim como todo o apoio logístico necessário ao seu funcionamento.

3.6. A Comissão Mista de Verificação tomará posse até 15 dias após a assinatura do presente Acordo e iniciará imediatamente as suas actividades. Ela exercerá o controlo da aplicação do presente Acordo por um período de 6 meses, renovável de comum acordo entre as partes, sempre que necessário.

3.7. Logo após a tomada de posse, a Comissão Mista de Verificação submeterá à aprovação da mesa das conversações os critérios fundamentais que regerão a respectiva actividade.

3.8. As delegações do Governo da República de Moçambique e da RENAMO solicitam ao Governo italiano e aos outros Governos dos países membros da Comissão Mista de Verificação, o desenvolvimento de esforço a nível bilateral e multilateral para garantir financiamento e apoio técnico necessários ao funcionamento eficaz da Comissão Mista de Verificação, criada neste Acordo.

4. As Partes comprometem-se a evitar toda a acção que directa ou indirectamente possa violar o espírito ou letra do presente Acordo. A pedido de uma das Partes, no caso de se verificar qualquer acontecimento anormal de carácter militar que comprometa a implementação deste Acordo, os mediadores poderão assumir iniciativas úteis para identificar e superar o problema.

4.1 O Governo da República de Moçambique e a RENAMO convencidos de que a assinatura e a aplicação do presente Acordo contribuirão significativamente para o reforço do clima de confiança necessário ao diálogo, renovam o compromisso de prosseguirem na análise dos restantes pontos da agenda para o estabelecimento da Paz em Moçambique.

5. Este Acordo entra em vigor na data da sua assinatura.

Pela Delegação do Governo da República de Moçambique, *Armando Emílio Guebuza.* – Pela Delegação da RENAMO, *Raul Manuel Domingos.*

Os Mediadores: *Mario Raffaelli, D. Jaime Gonçalves, Andrea Riacardi, D. Matteo Zuppi.*

Feito em S. Egídio, Roma, 1 de Dezembro de 1990.

I – Acordo Geral de Paz

DECLARAÇÃO CONJUNTA

Nós, Joaquim Alberto Chissano, Presidente da República de Moçambique, e Afonso Macacho Marceta Dhlakama, Presidente da RENAMO,

Tendo-nos encontrado em Roma, na presença de S. Ex.ª Robert Gabriel Mugabe, Presidente da República do Zimbabwe; S. Ex.ª Emilio Colombo, Ministro dos Negócios Estrangeiros da República da Itália; a representante de S. Ex.ª o Presidente da República do Botswana, Dr.ª Gaositwe Keagakwa Tibe Chiepe, Ministro dos Negócios Estrangeiros, os mediadores do processo de paz, On. Mario Raffaelli, representante do Governo italiano e coordenador dos mediadores, D. Jaime Gonçalves, Arcebispo da Beira, professor Andrea Riccardi e D. Matteo Zuppi, da Comunidade de S. Egídio; e

Reconhecendo que

O alcance da Paz, da Democracia, e da Unidade Nacional baseada na Reconciliação Nacional é o maior anseio e desejo de todo o povo moçambicano;

Na prossecução desse objectivo, o processo de paz foi iniciado em Roma entre o Governo da República do Moçambique e a RENAMO, assistidos pelos mediadores do Governo Italiano, da Comunidade de S. Egídio e da Igreja Católica de Moçambique;

Importantes resultados foram conseguidos até agora, conforme exemplificado e demonstrado pela assinatura do Acordo de cessar-fogo parcial de 1 de Dezembro de 1990, e a adopção dos seguintes Protocolos e Acordos:

i) Agenda Acordada no dia 28 de Maio de 1991 e as emendas nela introduzidas pela Acta Acordada do dia 19 de Junho de 1992;

ii) Protocolo n. I «Dos Princípios Fundamentais», assinado aos 18 de Outubro de 1991;

iii) Protocolo n. II «Critérios e modalidades para a formação e reconhecimento dos partidos políticos», assinado aos 13 de Novembro de 1991;

iv) Protocolo n. III sobre os «Princípios da Lei Eleitoral», assinado aos 12 de Março de 1992;

v) Acta Acordada de 2 de Julho de 1992, para melhorar o funcionamento da COMIVE;

vi) Declaração sobre os Princípios orientadores da ajuda humanitária, assinada aos 16 de Julho de 1992, E;

Complementando estes esforços na busca de Paz, Democracia e Unidade Nacional baseada na Reconciliação em Moçambique, teve lugar um encontro em Gaberone, Botswana, aos 4 de Julho de 1992, entre S. Ex.ª Robert Gabriel Mugabe, Presidente da República de Zimbabwe, e S. Ex.ª Sir Ketumile Masire, Presidente da República do Botswana, dum lado, e o Senhor Afonso Macacho Marceta Dhlakama, Presidente da RENAMO, doutro lado;

A seguir ao qual, o Presidente da República de Moçambique, Joaquim Alberto Chissano, foi detalhadamente informado pelo Presidente do Zimbabwe aos 19 de Julho de 1992;

Considerando que o Senhor Afonso Macacho Marceta Dhlakama declarou a sua disponibilidade em assinar um cessar-fogo imediato, caso fossem providenciadas certas garantias e segurança no que se refere tanto à sua segurança pessoal, como à dos seus membros e à liberdade do seu partido de se organizar e fazer campanha sem interferências ou impedimentos;

Considerando o seu pedido de garantias para permitir à RENAMO operar livremente como partido político depois da assinatura do Acordo Geral de Paz;

Convencidos de que o sofrimento do povo moçambicano, resultante da guerra e agravado pelas consequências da pior seca de que há memória, exige a tomada de rápidas medidas para acabar com a guerra;

Reconhecendo a necessidade do estabelecimento imediato da Paz em Moçambique;

Reafirmando o compromisso do Governo da República de Moçambique e da RENAMO em acabar com as hostilidades em Moçambique;

Determinados a fazer tudo aquilo que estiver em nosso poder para acabar a catástrofe resultante das consequências combinadas da guerra e da seca no nosso País;

Apreciando o progresso alcançado nas negociações de paz de Roma entre as nossas respectivas delegações;

Considerando o espírito do encontro de Gaberone de 4 de Julho de 1992;

Nestes termos, comprometemo-nos ao seguinte:

i) Garantir as condições que permitam a completa liberdade política, de acordo com os princípios de democracia internacionalmente reconhecidos;

ii) Garantir a segurança pessoal de todos os cidadãos moçambicanos e a todos os membros de partidos políticos;

iii) Aceitar o papel da comunidade internacional, e particularmente das Nações Unidas, na fiscalização e garantia da implementação do Acordo Geral de Paz, em particular do cessar-fogo e do processo eleitoral;

iv) Respeitar plenamente os Princípios contidos no Protocolo n.º 1, nos termos dos quais ao Governo compromete-se a não agir de forma contrária aos termos dos Protocolos que se estabeleçam, a não adoptar leis ou medidas e a não aplicar as leis vigentes que eventualmente contrariem os mesmos «Protocolos» e ainda que «a RENAMO compromete-se a não combater pela força das armas, mas a conduzir a sua luta política na observância das leis em vigor, no âmbito das instituições do Estado existentes e no respeito das condições e garantias estabelecidas no Acordo Geral de Paz»;

v) Salvaguardar os direitos políticos, clarificando que os princípios contidos no Protocolo n.º 1 são válidos e também relacionados ao problema das garantias constitucionais, levantado pela RENAMO, e ilustrado no Documento apresentado ao Presidente Mugabe. Com este fim o Governo

I – Acordo Geral de Paz

da República de Moçambique submeterá à Assembleia da República a adopção dos instrumentos legais incorporando os Protocolos e as garantias, assim como o Acordo Geral de Paz, na Lei moçambicana;
vi) Na base dos princípios acima enunciados e do nosso compromisso, como referido nesta Declaração Solene, nós, Joaquim Alberto Chissano, Presidente da República de Moçambique, e Afonso Macacho Marceta Dhlakama, Presidente da RENAMO, mandatamos e damos instruções às nossas respectivas delegações participantes no processo de Paz em Roma para concluirem, até ao dia 1 de Outubro de 1992, os restantes Protocolos previstos na Agenda Acordada, permitindo assim a assinatura do Acordo Geral de Paz até essa data.

A assinatura do Acordo Geral de Paz e a respectiva adopção pela Assembleia da República, nos termos do previsto no parágrafo «V» da presente Declaração, determinarão a imediata entrada em vigor do cessar-fogo acordado no âmbito do Acordo Geral de Paz,

Joaquim Alberto Chissano – Presidente da República de Moçambique. – *Afonso Macacho Marceta Dhlakama*, Presidente da RENAMO. – *Robert Gabriel Mugabe*, Presidente da República do Zimbabwe.

Testemunhado por: Drª. *Gaositwe Keagakwa Tibe Chiepe*, Ministro dos Negócios Estrangeiros do Botswana, e

Pelos Mediadores: On *Mario Raffaelli*, D. *Jaime Gonçalves*, Professor *Andrea Riccardi*, D. *Matteo Zuppi*.

Roma, aos 7 de Agosto de 1992.

DECLARAÇÃO DO GOVERNO DA REPÚBLICA DE MOÇAMBIQUE E DA RENAMO SOBRE OS PRINCÍPIOS ORIENTADORES DA AJUDA HUMANITÁRIA

No dia 6 de Julho de 1992, a Delegação do Governo da República de Moçambique, chefiada por Armando Emílio Guebuza, Ministro dos Transportes e Comunicações, e a Delegação da RENAMO, chefiada por Raul Manuel Domingos, Chefe do Departamento da Organização, na presença dos Mediadores, dos Observadores e dos Representantes das Organizações Internacionais, acordaram na seguinte declaração:

Considerando que, para a população, as consequências do conflito armado foram dramaticamente agravadas pela pior seca dos últimos 50 anos no País e na região;

Determinados a mobiliar todos os recursos para aliviar a inanição e prevenir mortes em Moçambique;

Enquanto prosseguem os esforços para alcançar um acordo total de Paz em Moçambique o mais cedo possível;

Reafirmando os princípios contidos na Resolução n.º 46/182, da Assembleia Geral das Nações Unidas, relativos à ajuda humanitária;

Reafirmando o entendimento alcançado em Dezembro de 1990 entre o Governo, a RENAMO e o Comité Internacional da Cruz Vermelha, sobre os princípios do livre movimento das populações e, na ajuda para todos os moçambicanos onde quer que estes se encontrem;

I. O Governo e a RENAMO, solenemente, acordam e comprometem-se a observar os seguintes princípios orientadores da ajuda humanitária:

a) A ajuda será destinada a todos os moçambicanos afectados, livremente e sem discriminação;

b) Será garantida a livre circulação e o respeito às pessoas e aos meios que, sob a bandeira das Nações Unidas ou do CICV, estejam empenhados em acções humanitárias, e não sejam acompanhados de escoltas militares;

c) A liberdade e a neutralidade da ajuda humanitária será reconhecida e respeitada;

d) Será permitido o acesso a toda a população afectada, utilizando-se todos os meios de transporte.

e) Será permitida e facilitada a utilização de todos os meios para a rápida e expedita distribuição da ajuda humanitária;

f) Será garantida a liberdade de movimento a todo o pessoal que, sob os auspícios da ONU/CICV, tenha como objectivo identificar as populações necessitadas, as áreas prioritárias, os meios de transporte e as vias de acesso, bem como fiscalizar a distribuição da ajuda;

g) Será permitida a livre circulação das pessoas a fim de lhes possibilitar o total acesso à ajuda humanitária.

II. Com o objectivo de socorrer a situações de extrema urgência, que já se verificam no País, as Partes concordam em:

a) Permitir e facilitar, de imediato, a circulação por via aérea a todos os pontos do País para transporte da ajuda humanitária e do seu pessoal considerado necessário e viável;

b) Com o mesmo fim, permitir e facilitar a imediata utilização e reabilitação, onde necessário, das outras vias de acesso às populações afectadas, incluindo aquelas vias com pontos de partida nos Países vizinhos, que serão acordadas pelas partes e comunicadas pelo Comité referido no ponto V desta Declaração.

III. Para além disso, o Governo e a RENAMO continuarão a negociar com objectivo de alcançar, o mais rapidamente possível, um acordo sobre a abertura de estradas e a remoção de todos os obstáculos que possam impedir a distribuição da ajuda humanitária.

IV. O Governo e a RENAMO comprometem-se a não tirar vantagens militares das operações de ajuda humanitária realizadas ao abrigo da presente Declaração.

V. Ambas as partes concordam que a coordenação e a fiscalização de todas as operações de ajuda humanitária, feitas ao abrigo da presente Declaração, serão

I – Acordo Geral de Paz

da responsabilidade de um Comité presidido pelas Nações Unidas. Esse Comité será integrado pelos Mediadores, pelos Observadores às negociações de Roma e pelo CICV. Os mediadores terão também a tarefa de verificar o respeito a esta Declaração e de submeter à mesa das conversações eventuais reclamações e protestos.

O Comité informará as partes, em devido tempo, sobre detalhes operacionais.

VI. Ambas as partes concordam em participar e colaborar com a Comunidade Internacional em Moçambique na formulação de planos de acção a fim de os implementar nos termos desta Declaração. O Comité coordenará essas actividades. Para este efeito, a RENAMO indicará o seu representante ao quadro e nos procedimentos da COMIVE, que terá o estatuto aí previsto.

VII. Ambas as partes se comprometem ao estrito cumprimento dos termos desta Declaração e concordam que qualquer violação, comprovada pelo Comité, poderá ser comunicada à Comunidade Internacional.

VIII. A esta Declaração será dada a máxima divulgação possível em Moçambique.

Pela Delegação do Governo da República de Moçambique, *Armando Emílio Guebuza.*
Pela Delegação da RENAMO, *Raul Manuel Domingos.*
Os Mediadores: On. *Mário Raffaelli, D. Jaime Gonçalves,* Professor *Andrea Riccardi, D. Matteo Zuppi*

PROTOCOLO
Roma, aos 28 da Maio da 1991

No dia 28 de Maio de 1991, a delegação do Governo da República de Moçambique, chefiada pelo senhor Armando Emílio Guebuza, Ministro dos Transportes e Comunicações, e composta pelos senhores Teodato Hunguana, Ministro do Trabalho, Aguiar Mazula, Ministro da Administração Estatal, e Francisco Madeira, Assessor Diplomático do Presidente da República; e a delegação da RENAMO, chefiada pelo Senhor Raul Manuel Domingos, Chefe do Departamento para as Relações Exteriores e composta pelos senhores Vicente Zacarias Ululu, Chefe do Departamento da Informação, Anselmo Victor, Chefe do Departamento dos Assuntos-Políticos, Agostinho Semende Murrial, Vice-Chefe do Departamento dos Assuntos Políticos, José de Castro, Chefe do Gabinete da Administração Interna, e João Francisco Almirante, membro do Gabinete Presidencial, encontraram-se em Roma, na sede da Comunidade de Santo Egídio, na presença dos mediadores, On. Mario Raffaelli, representante do Governo da República Italiana e coordenador dos mediadores, D. Jaime Gonçalves, Arcebispo da Beira, professor Andrea Riccardi e D. Matteo Zuppi da Comunidade de Santo Egídio.

As duas partes acordaram no detalhamento da agenda aprovada no dia 10 de Novembro de 1990, com base na proposta apresentada pelos mediadores, nos seguintes termos:
1. Lei dos partidos políticos:
   a) Critérios e modalidades para a formação e reconhecimento de partidos políticos.
2. Lei eleitoral:
   a) Liberdade de imprensa e acesso aos meios de comunicação;
   b) Liberdade de associação, expressão e propaganda política;
   c) Liberdade de circulação e domicílio no país;
   d) Regresso de refugiados e deslocados e sua reintegração social;
   e) Procedimentos eleitorais: sistema de voto democrático, imparcial e pluralístico;
   f) Garantias do processo eleitoral e papel de observadores internacionais.
3. Questões militares:
   a) Exército nacional apartidário; critérios de formação, composição e número;
   b) Retirada de tropas estrangeiras do País;
   c) Funcionamento dos grupos armados privados e irregulares;
   d) Funcionamento do SNASP;
   e) Despartidarização e reestruturação das Forças Policiais;
   f) Reintegração económica e social dos militares desmobilizados;
4. Cessar-fogo:
   a) Modalidades do cessar-fogo e da libertação de prisioneiros à excepção dos detidos por crimes de delito comum;
   b) Órgãos e modalidades de observação, supervisão e controlo do cessar--fogo e papel internacional no processo;
   c) Calendário operacional do cessar-fogo.
5. Garantias:
   a) Calendário de implementação do processo eleitoral;
   b) Comissão Político-Militar de supervisão do cessar-fogo e de controlo do respeito e implementação dos acordos alcançados entre as partes no quadro destas negociações; sua composição e competências;
   c) Garantias específicas para o período que vai do cessar-fogo à realização das eleições.
6. Conferência de doadores:
Organização de uma conferência dos países doadores para financiamento de processo eleitoral e para programas de emergência para reintegração das populações deslocadas e refugiadas.
7. Assinatura dos documentos acordados e do protocolo final.

E, para constar, as partes decidiram assinar o presente protocolo.
Pela delegação do Governo da República de Moçambique, *Armando Emílio Guebuza.* – Pela delegação da RENAMO, *Raul Manuel Domingos.*

I – Acordo Geral de Paz

Os mediadores: On. *Mario Raffaelli*, D. *Jaime Gonçalves*, Professor *Andrea Riccardi*, D. *Matteo Zuppi*.
Feito em Santo Egídio, Roma, 28 de Maio de 1991.

ACTA ACORDADA

No decurso da 10.ª ronda das conversações de paz, a delegação do Governo da República de Moçambique, chefiada por Armando Emílio Guebuza, Ministro dos Transportes e Comunicações, e composta por Mariano de Araújo Matsinha, Ministro sem Pasta, Aguiar Mazula, Ministro da Administração Estatal, Teodato Hunguana, Ministro do Trabalho, e Francisco Madeira, Assessor Diplomático do Presidente da República, e a delegação da RENAMO, chefiada por Raul Manuel Domingos, Chefe do Departamento da Organização, e composta por Vicente Zacarias Ululu, Chefe do Departamento da Informação, Agostinho Semende Murrial, Vice-Chefe do Departamento da Organização, José Augusto Xavier, Director-Geral do Departamento da Administração Interna, reunidas em Roma, na presença dos mediadores, On. Mario Raffaelli, representante do Governo italiano e coordenador dos mediadores, D. Jaime Gonçalves, Arcebispo da Beira, professor Andrea Riccardi e D. Matteo Zuppi, da Comunidade de. S. Egídio, e dos observadores dos Governos dos Estados Unidos da América, da França, da Grã-Bretanha e de Portugal.

Tendo em conta e aceitando a Comunicação do dia 17 de Junho de 1992, feita pelos mediadores, de acordo com a Acta Acordada no dia 12 de Março de 1992, concordaram no seguinte:
  a) Alterar a ordem da Agenda Acordada, na parte ainda por discutir, que passa a ser a seguinte:
  3. Questões militares:
  a) Exército nacional apartidário: critérios de formação, composição e número;
  b) Retirada de tropas estrangeiras do País;
  c) Funcionamento dos grupos armados privados e irregulares;
  d) Funcionamento do SNASP;
  e) Despartidarização e reestruturação das Forças policiais;
  f) Reintegração económica e social dos militares desmobilizados.
  4. Garantias:
  a) Calendário de implementação do processo eleitoral;
  b) Comissão de supervisão do cessar-fogo e de controlo do respeito e implementação dos acordos entre as partes no quadro destas negociações, sua composição e competências;
  c) Garantias específicas para o período que vai do cessar-fogo à realização das eleições;
  d) Questões constitucionais.

5. Cessar-fogo:
a) Modalidades do cessar-fogo e da libertação de prisioneiros à excepção dos detidos por crimes de delito comum;
b) Órgãos e modalidades de observação, supervisão e controlo do cessar--fogo e papel internacional no processo;
c) Calendário operacional do cessar-fogo.
6. Conferência de doadores:
a) Organização duma Conferência dos Países doadores para financiamento do Processo Eleitoral e para programas de emergência para a reintegração das populações deslocadas e refugiadas.
7. Assinatura dos documentos acordados e do Protocolo final:
b) Considerar os pontos 3, 4, 5 da Agenda Acordada como partes de um todo e, uma vez alcançado o acordo em cada ponto, rubricar os respectivos Protocolos, os quais serão assinados em conjunto o mais rapidamente possível, conforme expresso pelas partes no Protocolo n.º I «Dos Princípios Fundamentais».

Pela delegação do Governo da República de Moçambique, *Armando Emílio Guebuza.* – Pela delegação da RENAMO, *Raul Manuel Domingos.*

Os mediadores: On *Mario Raffaelli, D. Jaime Gonçalves,* professor *Andrea Riccardi* e *D. Matteo Zuppi.*

S. Egídio, Roma, aos 19 de Junho de 1992.

ACTA ACORDADA

No decurso da 10.ª ronda das conversações de paz, a delegação do Governo da República de Moçambique, chefiada por Armando Emílio Guebuza, Ministro dos Transportes e Comunicações, e composta por Mariano de Araújo Matsinha, Ministro sem Pasta, Aguiar Mazula, Ministro da Administração Estatal, Teodato Hunguana, Ministro do Trabalho, e Francisco Madeira, Assessor Diplomático do Presidente da República, e a delegação da RENAMO, chefiada por Raul Manuel Domingos, Chefe do Departamento da Organização, e composta por Vicente Zacarias Ululu, Chefe do Departamento da Informação, Agostinho Semende Murrial, Vice-Chefe do Departamento da Organização, José Augusto Xavier, Director-Geral do Departamento da Administração Interna, reunidas em Roma, na presença dos mediadores, On. Mario Raffaelli representante do Governo italiano e coordenador dos mediadores, D. Jaime Gonçalves, Arcebispo da Beira, professor Andrea Riccardi e D. Matteo Zuppi, da Comunidade de S. Egídio, e dos observadores dos Governos dos Estados Unidos da América, da França, da Grã-Bretanha, de Portugal e das Nações Unidas;

Após a discussão sobre o relatório do Presidente da COMIVE e tomando em conta as medidas que foram adoptadas pelos mediadores e que estão contidas na

I – Acordo Geral de Paz

Carta prot. 1/92, que no dia 2 de Julho de 1992 dirigiram ao Presidente da própria COMIVE, as Partes comprometeram-se a envidar esforços com vista a facilitar a implementação de tais medidas.

Pela delegação do Governo da República de Moçambique, *Armando Emílio Guebuza.* – Pela delegação da RENAMO, *Raul Manuel Domingos.*
Os mediadores: On. *Mario Raffaelli, D. Jaime Gonçalves,* professor *Andrea Riceardi* e *D. Matteo Zuppi.*
S. Egídio, Roma, aos 2 de Julho de 1992.

II – LEI RELATIVA AO DIREITO DO MAR

Lei n.º 4/96, de 4 de Janeiro

As actividades marítimas assumem um lugar de relevo no contexto político, económico e social.

Este facto justifica a necessidade de se adoptar um quadro legal que redefina os direitos de jurisdição sobre a faixa do mar ao longo da costa moçambicana e que disponha sobre as bases normativas para a regulamentação da administração e das actividades marítimas no País.

Nestes termos, e ao abrigo do preceituado no n.º 1 do artigo 135.º da Constituição, a Assembleia da República determina:

CAPÍTULO I. Disposições gerais

Art. 1.º (Definições)
Para efeitos da presente lei:
a) «Águas interiores», significa águas situadas no interior da linha de base a partir da qual se mede a largura do mar territorial;
b) «Autoridade Marítima», significa um órgão, oficial ou agente público, com competência para superintender, supervisar e controlar qualquer actividade marítima, de ordem pública e de integridade territorial, de acordo com a legislação aplicável;
c) «Embarcação», significa toda a espécie de construção flutuante empregada ou capaz de ser usada como meio de transporte sobre águas ou por via submarina;
d) «Estado», significa a República de Moçambique;
e) «Linha de base normal», para a medição da largura do mar territorial, significa a linha de baixa-mar ao longo da costa, tal como indicada nas cartas marítimas de grande escala oficialmente reconhecidas pelo Estado, que é suplementada pelas linhas de fecho e pelas linhas de base rectas definidas e traçadas de acordo com as regras do direito internacional;
f) «Linhas de base rectas», significa linhas que se obtêm unindo os pontos aproximados para traçar a linha de base nos casos em que a costa apre-

sente recortes profundos, reentrâncias ou em que exista uma franja de ilhas ao longo da costa na proximidade imediata, bem como nos casos em que exista um delta ou outros acidentes naturais, não devendo tais linhas afastar-se consideravelmente da direcção geral da costa nem ser traçadas em direcção aos baixios que emergem na baixa-mar nem a partir deles, salvo nos casos em que sobre tais baixios tenham sido construídos faróis ou instalações análogas que estejam permanentemente acima do nível do mar;

g) «Passagem», significa a navegação pelas águas territoriais com o fim de atravessar o mar territorial, sem penetrar nas águas interiores nem fazer escala num ancoradouro ou instalação portuária situada fora das águas interiores bem como se dirigir para as águas interiores ou delas sair ou fazer escala num desses ancoradouros ou instalação portuária;

h) «Passagem Inofensiva», significa passagem que não seja prejudicial à paz, à boa ordem ou à segurança do Estado costeiro, devendo efectuar-se de conformidade com as normas de Direito Internacional.

Art. 2.º (Âmbito de aplicação)

1. A presente lei aplica-se:
   a) Ao mar e todas as águas navegáveis e o respectivo leito e subsolo sujeitos à jurisdição marítima, nos termos da lei aplicável, bem como ao domínio público adjacente a tais águas;
   b) A todas as embarcações e outros objectos marítimos, incluindo cabos, ductos, instalações e estruturas marítimas sob jurisdição moçambicana;
   c) A todas as embarcações nacionais, onde quer que se encontrem;
   d) A todas as entidades, pessoas singulares ou colectivas, de algum modo vinculadas com embarcações ou com a navegação em Moçambique;
   e) A todas as actividades marítimas que se realizem dentro dos limites da jurisdição moçambicana, sem prejuízo da legislação específica aplicável às actividades piscatórias e outras.

2. Salvo nos casos em que a lei disponha de outro modo, a presente lei não se aplica a embarcações e ao pessoal da Marinha de Guerra.

Art. 3.º (Política marítima)

1. A política marítima da República de Moçambique terá como objectivos:
   a) A manutenção da soberania e integridade marítimas nacionais;
   b) O desenvolvimento e a melhoria da economia marítima nacional;
   c) O desenvolvimento e a melhoria das condições sociais, ambientais e outras decorrentes das actividades marítimas.

2. Na formulação da política marítima referida no n.º 1 deste artigo, cabe ao Governo adoptar planos e normas para:
   a) O exercício da soberania do Estado sobre as águas da sua jurisdição marítima, fluvial e lacustre em conformidade com a lei vigente e outras disposições internacionais aplicáveis;

b) A adopção de medidas necessárias à aplicação e execução de todas as convenções internacionais marítimas de que Moçambique seja parte;
c) A administração do tráfego marítimo nacional e internacional nas águas sob jurisdição da República de Moçambique;
d) O desenvolvimento da economia marítima moçambicana através do encorajamento da propriedade e operação de navios por cidadãos e empresas moçambicanas;
e) A promoção do desenvolvimento tecnológico e científico no sector marítimo.

CAPÍTULO II.   Zonas marítimas

Art. 4.º   (Mar territorial)

1. O mar territorial da República de Moçambique compreende a faixa do mar adjacente, além do território e das águas interiores moçambicanas, limitada pela linha de base e pelo limite exterior definido nos números subsequentes ou pelas fronteiras marítimas bilaterais, conforme os casos.

2. A largura do mar territorial é de doze milhas marítimas medidas a partir da linha de base.

3. O limite exterior do mar territorial é definido por uma linha em que cada um dos pontos fica a uma distância do ponto mais próximo da linha de base igual à largura do mar territorial.

4. As linhas de fecho e de base rectas que suplementam a linha de base normal são definidas de acordo com as coordenadas seguintes:

Pontes	Latitude S	Longitude E
Cabo Delgado	10.º41'24"	40.º38'54"
Ilha Tecomagi	10.º45'24"	40.º40'22"
Ilha Rongui	10.º50'08"	40.º41'38"
Ilha Vamizi	11.º00'50"	40.º43'53"
Ilha Quero-Niuni	11.º41'30"	40.º39'12"
Ilha Medjumbi	11.º49'09"	40.º38'09"
Ilha Querimba	12.º27'09"	40.º38'40"
Ponta do Diabo	12.º45'48"	40.º38'09"
Ponta Maunhane	12.º58'32"	40.º36'02"
Ponta Metampia	14.º01'24"	40.º38'42"
Ponta a N. da Ponta Cogune	14.º10'39"	40.º44'06"
Ponto a E. do Baixo da Pinda	14.º13'52"	40.º47'49"
Ponta Relamzapo	14.º27'43"	40.º50'55"
Ilha Quitangonha	14.º51'15"	40.º50'04"
Ilha Injaca	15.º00'12"	40.º48'17"
Ilha de Goa	15.º03'14"	40.º47'33"

Arts. 4.º-7.º   Direito Internacional Público Geral e Africano

Ilha de Sena	15.º05'12"	40.º46'37"
Farol de Infusse	15.º29'42"	40.º33'54"
Ilha de Mafamede	16.º21'38"	40.º02'45"
Ilha Puga-Puga	16.º27'36"	39.º57'12"
Ilha Caldeira	16.º39'12"	39.º43'52"
Ilha de Moma	16.º49'04"	39.º31'52"
Ilha Epidendron	17.º05'54"	39.º08'12"
Ilha Casuar'na	17.º07'82"	39.º05'28"
Ilha do Fogo	17.º14'58"	38.º52'47"
Ilha Quisungo	17.º19'40"	38.º05'15"
Ponto a N. E. da Ponta Pabjini	25.º17'12"	33.º19'20"
Cabo Inhaca	25.º58'10"	32.º59'40"

    5. A soberania do Estado estende-se, para além do território e das suas águas interiores, ao mar territorial e ao espaço aéreo sobrejacente, bem como ao leito e subsolo do mar territorial, sendo exercida de acordo com as disposições da lei.

Art. 5.º   **(Delimitação de fronteiras marítimas no mar territorial)**
    Nos casos em que a costa moçambicana esteja adjacente à costa de outro Estado, salvo acordo celebrado entre a República de Moçambique e esse outro Estado, o mar territorial será limitado pela linha mediana cujos pontos sejam equidistantes dos pontos mais próximos das linhas de base a partir das quais é medida a largura do mar territorial de cada um dos Estados.

Art. 6.º   **(Navios da guerra estrangeiros e outras embarcações de Estado estrangeiro não empregados em comércio)**
    1. Sem prejuízo do disposto nos n.ºs 2 e 3 do presente artigo, os navios de guerra estrangeiros e outras embarcações de Estado estrangeiro não empregados para fins comerciais, quando passem através do mar territorial, gozam de imunidade, nos termos do Direito Internacional.
    2. Quando um navio de guerra estrangeiro ou outra embarcação de Estado estrangeiro não empregado em comércio não cumpra com a lei moçambicana ou não leve em conta qualquer pedido no sentido de observar a referida lei, exigir-se-á que tal navio ou embarcação saia imediatamente do mar territorial moçambicano.
    3. Quando um navio de guerra estrangeiro ou outra embarcação de Estado estrangeiro não cumpra com a lei moçambicana relativa à passagem inofensiva através do mar territorial e cause perdas ou danos ao Estado, caberá ao Estado de bandeira dessa embarcação a responsabilidade pela reparação dos danos causados.

Art. 7.º   **(Submarinos)**
    Os submarinos e outros veículos submersíveis devem, quando estejam no mar territorial moçambicano, navegar à superfície e arvorar a respectiva bandeira.

Art. 8.º (Zona contígua ao mar territorial)
 1. A zona contígua ao mar territorial é definida como a faixa do mar adjacente ao mar territorial, a qual se estende até 24 milhas marítimas medidas a partir da linha de base.
 2. Na zona contígua ao mar territorial o Estado exerce o controlo necessário a:
   a) Prevenção da violação das leis e regulamentos aduaneiros, fiscais, de migração e sanitários, de protecção e preservação do meio ambiente marinho, vigentes no território moçambicano;
   b) Repressão das infracções às leis e regulamentos referidos na alínea anterior.

Art. 9.º (Zona económica exclusiva)
 A zona económica exclusiva da República de Moçambique compreende a faixa do mar além e adjacente ao mar territorial que se estende até à distância de 200 milhas marítimas medidas a partir da linha de base a partir da qual se mede o mar territorial.

Art. 10.º (Delimitação das fronteiras marítimas na zona económica exclusiva)
 Nos casos em que a costa moçambicana esteja oposta ou adjacente à costa de um outro Estado, a delimitação da zona económica exclusiva será feita mediante acordo, ou, não havendo acordo, nos termos do Direito Internacional, na base de equidade e à luz de todas as circunstâncias pertinentes, tendo em conta a importância respectiva dos interesses em causa e para o conjunto da comunidade internacional.

Art. 11.º (Direitos soberanos na zona económica exclusiva)
 1. Na zona económica exclusiva o Estado tem direitos soberanos para fins de exploração e aproveitamento, conservação e gestão dos recursos naturais vivos ou não vivos das águas sobrejacentes ao leito do mar, do leito do mar e subsolo, bem como no que se refere a outras actividades com vista à exploração e aproveitamento da zona para fins económicos, para a produção de energia a partir da água, das correntes e dos ventos.
 2. A jurisdição do Estado sobre a zona económica exclusiva será exercida nos termos da presente lei, no que se refere a:
   a) Estabelecimento e utilização de ilhas artificiais, instalações e estruturas;
   b) Investigação científica marítima;
   c) Protecção e preservação do meio ambiente marinho.

Art. 12.º (Direitos de outros Estados na zona económica exclusiva)
 Na zona económica exclusiva todos os Estados, quer costeiros, quer sem litoral, gozam, sem prejuízo das disposições da presente lei, de liberdades de navegação, sobrevoo e colocação de cabos e ductos submarinos, bem como de outros usos lícitos do mar relativos a tais liberdades.

Art. 13.º (Limites da plataforma continental)

1. A plataforma continental da República de Moçambique compreende o leito e o subsolo subjacentes às águas do mar, que se estendem além do mar territorial em toda a extensão do prolongamento natural terrestre até uma distância de 200 milhas marítimas da linha de base ou até o bordo exterior da margem continental, nos casos em que este não atinja aquela distância.

2. A margem continental compreende o prolongamento submerso da massa terrestre do território da República de Moçambique e é constituído pelo leito e subsolo da plataforma continental e pelo talude e elevação continental, não abrangendo nem os grandes fundos oceânicos, com as suas cristas oceânicas, nem o seu subsolo.

Art. 14.º (Delimitação de fronteiras marítimas na plataforma continental)

1. A delimitação da plataforma continental entre a República de Moçambique e Estados com costas adjacentes ou situados do lado oposto à sua, será feita por acordo, nos termos do Direito Internacional.

2. Não se chegando a acordo dentro do prazo razoável, recorrer-se-á aos procedimentos recomendados pelo Direito Internacional.

3. A linha do limite exterior da plataforma continental e as linhas de delimitação traçadas de conformidade com os n.ᵒˢ 1 e 2 do presente artigo serão indicadas em cartas de escala ou escalas adequadas para a determinação da sua posição, podendo tais cartas serem substituídas por listas de coordenadas geográficas de pontos em que conste especialmente a sua origem geodésica.

Art. 15.º (Direitos soberanos na plataforma continental)

1. O Estado exerce direitos de soberania exclusivos na plataforma continental, para efeitos de exploração e aproveitamento dos seus recursos naturais e tais direitos são independentes da ocupação real ou fictícia da plataforma continental.

2. Os recursos naturais a que se referem as disposições do presente artigo compreendem os recursos minerais e outros recursos não vivos do leito do mar, isto é, aqueles que no período de captura estão imóveis no leito do mar ou no seu subsolo ou só podem mover-se em constante contacto físico com o tal leito e subsolo.

Art. 16.º (Colocação de cabos e ductos submarinos na plataforma continental)

1. A colocação e manutenção dos cabos e ductos na plataforma continental por estrangeiros, fica sujeita à autorização prévia do Estado e deverá observar as normas e regulamentos vigentes, bem como ter em conta os cabos e ductos já instalados.

2. A disposição do n.º precedente não prejudica a reserva do direito do Estado de tomar medidas razoáveis para a exploração da plataforma continental, o aproveitamento dos recursos naturais nela existentes e a prevenção e controlo da poluição causada por ductos.

3. O traçado da linha para a colocação de tais ductos na plataforma continental fica sujeito ao consentimento do Estado.
4. Cabe ao Governo estabelecer condições para a colocação de cabos e ductos que penetrem no território ou mar territorial da República de Moçambique.

Art. 17.º (Ilhas artificiais, instalações e estruturas)
O Estado tem o direito exclusivo de construir, autorizar e regular a construção, operação e uso de ilhas artificiais, instalações e estruturas na zona económica exclusiva ou na plataforma continental, nos termos do Direito Internacional.

Art. 18.º (Perfurações na plataforma continental)
O Estado tem o direito exclusivo de realizar, autorizar e regulamentar as perfurações na sua plataforma continental, quaisquer que sejam os fins a que tais perfurações se destinem.

CAPÍTULO III. Domínio público hídrico

Art. 19.º (Domínio público marítimo)
O domínio público marítimo compreende as águas interiores, o mar territorial, a zona e a faixa de terra que orla as águas marítimas até 100 metros medidos a partir da linha de praia-mar.

Art. 20.º (Domínios públicos lacustre e fluvial)
O leito e as águas lacustres e fluviais navegáveis, bem como as respectivas faixas de terra até 50 metros medidos a partir de linha máxima de tais águas constituem, respectivamente, os domínios públicos lacustre e fluvial.

Art. 21.º (Alteração dos limites dos domínios públicos)
Os limites das faixas de terra que orlam as águas marítimas, lacustres e fluviais a que se referem os artigos 19.º e 20.º poderão ser alterados por razões específicas conexas com interesses económicos, culturais, ambientais ou por outros motivos ponderosos.

CAPÍTULO IV. Embarcações

Art. 22.º (Natureza jurídica e classificação de embarcações)
1. Uma embarcação é reputada coisa móvel sujeita a registo nos termos da lei.
2. Cabe ao Governo estabelecer a classificação das embarcações consoante os tipos, categorias, funções e características das mesmas em regulamentação específica.

Art. 23.º (Registo, propriedade e licenciamento de embarcações)
O registo de propriedade e licenciamento da actividade das embarcações será feito de acordo com o regime a estabelecer pelo Governo, por regulamento específico, de harmonia com as normas pertinentes do direito internacional.

Art. 24.º (Construção, aquisição ou venda de embarcações)
A construção, aquisição ou venda de embarcações sujeitas ao regime de registo carecem da aprovação da Autoridade Marítima.

Art. 25.º (Responsabilidade do proprietário de embarcação)
1. Quando uma embarcação esteja em doca seca ou flutuante, estaleiro de construção ou de reparação, seja qual for o seu estado ou condição, e ocorra um sinistro a bordo ou em conexação com essa embarcação, o proprietário da mesma incorre na responsabilidade civil pelas faltas na tomada de medidas de precaução e pelas perdas, danos ou ferimentos em pessoas ou de coisas daí resultantes, salvo nos casos em que se prove que a negligência é imputável a outra pessoa.
2. O disposto no n.º 1 do presente artigo não será aplicado em prejuízo de outras disposições legais ou regulamentares relativas à responsabilidade dos proprietários de embarcações.

CAPÍTULO V. Indústria marítima

Art. 26.º (Constituição de empresas de indústria marítima)
A constituição de empresas de navegação comercial, dragagem, salvação marítima ou recuperação de carga, recolha de destroços de embarcações afundadas nas águas territoriais e outras actividades afins sujeita-se a um regime especial a fixar por regulamentação apropriada.

Art. 27.º (Comércio marítimo entre portos nacionais)
1. O transporte comercial marítimo entre portos nacionais está exclusivamente reservado a embarcações nacionais ou afretadas por pessoas ou instituições nacionais.
2. O Governo poderá definir excepções ao disposto no n.º 1, na base de interesses sociais ou económicos do País.

CAPÍTULO VI. Regime laboral marítimo

Art. 28.º (Regime aplicável ao trabalho marítimo)
O regime aplicável ao trabalho marítimo será estabelecido em regulamentação específica decorrente desta Lei e das Convenções Internacionais de que a República de Moçambique seja parte ou venha a ser parte.

Art. 29.º (Sujeição de marítimos à Autoridade Marítima)

Todos os indivíduos que exerçam uma profissão marítima estão sujeitos à jurisdição da Autoridade Marítima e à inscrição marítima, nos termos fixados na lei, e têm a designação genérica de marítimos.

CAPÍTULO VII. Administração marítima

Art. 30.º (Poderes da Autoridade Marítima sobre embarcações estrangeiras)

1. A Autoridade Marítima pode, nos termos da lei, reter qualquer embarcação em porto moçambicano e realizar inspecções e investigações para assegurar o cumprimento, pela embarcação, dos regulamentos marítimos internacionais, particularmente no interesse da segurança marítima, bem como da prevenção e controlo da poluição marinha.

2. Nos casos em que a embarcação é retida nos termos do n.º 1 do presente artigo, a Autoridade Marítima informará sem demora a entidade consular do Estado de bandeira sobre essa retenção, bem como facilitará o contacto entre o representante consular e o comandante da embarcação.

3. Nenhuma embarcação estrangeira que passe pelo mar territorial será obrigada a parar ou a desviar-se da sua rota com o propósito de se exercer jurisdição civil sobre uma pessoa que se encontre a bordo dessa embarcação.

4. A Autoridade Marítima não pode tomar contra essa embarcação medidas executórias ou cautelares em matéria cível, a não ser que essas medidas sejam tomadas por força de obrigações assumidas pela embarcação ou de responsabilidade em que a mesma haja incorrido durante a navegação ou devido a esta, quando da sua passagem pelas águas jurisdicionais moçambicanas.

Art. 31.º (Sujeição das embarcações estrangeiras à perseguição)

1. Qualquer embarcação estrangeira sujeita-se à perseguição nos casos em que as autoridades competentes do Estado tenham motivos fundados para acreditar que tal embarcação infringiu as leis e regulamentos vigentes no território ou em qualquer das zonas marítimas sob jurisdição do Estado.

2. A perseguição a que se refere o número precedente será feita de acordo com as normas estabelecidas por decreto do Conselho de Ministros, tendo em conta as regras do Direito Internacional.

CAPÍTULO VIII. Disposições finais

Art. 32.º (Papel auxiliar dos navios nacionais em tempo de guerra ou de emergência)

Em tempo de guerra ou de emergência, os navios mercantes poderão ser requisitados nos termos da lei.

Art. 33.º (Medidas regulamentares)

1. Cabe ao Governo adoptar as medidas regulamentares necessárias à efectivação da política marítima definida nos termos da presente lei.
2. Na adopção das medidas referidas no n.º 1, o Governo adoptará os necessários diplomas legais, versando sobre os vários aspectos específicos, nomeadamente:

   a) Registo e licenciamento de embarcações;
   b) Emprego e bem-estar dos marítimos servindo a bordo de navios nacionais;
   c) Lotação dos navios nacionais, bem como a formação e a certificação de competência dos marítimos moçambicanos;
   d) Todas as questões relativas à segurança das embarcações mercantis e pesqueiras, construção e vistoria de navios, investigação de sinistros ou acontecimentos marítimos em águas jurisdicionais moçambicanas;
   e) Administração de carcaças ou destroços de navios e salvados marítimos em águas jurisdicionais moçambicanas:
   f) Actividades de classificação e registo de embarcações por sociedades classificadoras, de registo nacional ou estrangeiro representadas por empresas nacionais devidamente autorizadas e licenciadas para o efeito;
   g) Controlo do tráfego marítimo, bem como da pilotagem e reboque nas águas moçambicanas;
   h) Estabelecimento e administração de faróis, bóias, balizas e outras ajudas à navegação;
   i) Questões relativas à poluição marítima;
   j) Questões relativas ao comércio e indústria marítimos;
   l) Gestão dos levantamentos hidrográficos e produção de cartas marítimas e publicações;
   m) Administração dos portos moçambicanos e de todas as obras públicas com eles relacionados, incluindo a dragagem dos canais de navegação e outras vias marítimas;
   n) Todas as matérias relativas às águas interiores navegáveis, incluindo as actividades que nelas se possam realizar;
   o) Representação da República de Moçambique nos foros marítimos internacionais;
   p) Implementação de todos os tratados e outros instrumentos de que Moçambique seja parte;
   q) Desenvolvimento e actualização da legislação marítima.

Art. 34.º (Outras competências)

Cabe ainda ao Governo regulamentar e administrar todas as actividades de uso do mar dentro das águas jurisdicionais moçambicanas, em conformidade com o Direito Internacional, nomeadamente:

   a) A investigação científica marítima;

b) A exploração e aproveitamento de todos os recursos naturais marinhos, vivos e não vivos;
   c) A protecção e preservação do meio ambiente marinho;
   d) A protecção de objectos de carácter arqueológico no mar;
   e) Desporto marítimo e actividades recreativas marítimas;
   f) Gestão geral do mar territorial, zona contígua, zona económica exclusiva e plataforma continental moçambicanas.

Art. 35.º (Legislação revogada)
Fica revogada toda a legislação em contrário à presente lei.

Aprovada pela Assembleia da República, aos 6 de Dezembro de 1995.

O Presidente da Assembleia da República, *Eduardo Joaquim Mulémbwè*.

Promulgada aos 4 de Janeiro de 1996.

Publique-se.

O Presidente da República, JOAQUIM ALBERTO CHISSANO.